ESTUDOS EM COMEMORAÇÃO
DO 10.º ANIVERSÁRIO
DA LICENCIATURA EM DIREITO
DA UNIVERSIDADE DO MINHO

ESTUDOS EM COMEMORAÇÃO
DO 10.º ANIVERSÁRIO
DA LICENCIATURA EM DIREITO
DA UNIVERSIDADE DO MINHO

ALMEDINA

TÍTULO:	ESTUDOS EM COMEMORAÇÃO DO 10.º ANIVERSÁRIO DA LICENCIATURA EM DIREITO DA UNIVERSIDADE DO MINHO
COORDENAÇÃO:	ANTÓNIO CÂNDIDO DE OLIVEIRA
EDITOR:	LIVRARIA ALMEDINA – COIMBRA www.almedina.net
LIVRARIAS:	LIVRARIA ALMEDINA ARCO DE ALMEDINA, 15 TELEF. 239851900 FAX 239851901 3004-509 COIMBRA – PORTUGAL livraria@almedina.net
	LIVRARIA ALMEDINA ARRÁBIDA SHOPPING, LOJA 158 PRACETA HENRIQUE MOREIRA AFURADA 4400-475 V. N. GAIA – PORTUGAL arrabida@almedina.net
	LIVRARIA ALMEDINA – PORTO R. DE CEUTA, 79 TELEF. 222059773 FAX 222039497 4050-191 PORTO – PORTUGAL porto@almedina.net
	EDIÇÕES GLOBO, LDA. R. S. FILIPE NERY, 37-A (AO RATO) TELEF. 213857619 FAX 213844661 1250-225 LISBOA – PORTUGAL globo@almedina.net
	LIVRARIA ALMEDINA ATRIUM SALDANHA LOJAS 71 A 74 PRAÇA DUQUE DE SALDANHA, 1 TELEF. 213712690 1050-094 LISBOA atrium@almedina.net
	LIVRARIA ALMEDINA – BRAGA CAMPUS DE GUALTAR, UNIVERSIDADE DO MINHO, 4700-320 BRAGA TELEF. 253678822 braga@almedina.net
EXECUÇÃO GRÁFICA:	G.C. – GRÁFICA DE COIMBRA, LDA. PALHEIRA – ASSAFARGE 3001-453 COIMBRA E-mail: producao@graficadecoimbra.pt
	JANEIRO, 2004
DEPÓSITO LEGAL:	204495/03
	Toda a reprodução desta obra, por fotocópia ou outro qualquer processo, sem prévia autorização escrita do Editor, é ilícita e passível de procedimento judicial contra o infractor.

ABERTURA

Uma das iniciativas em que a actual Presidência da Escola pôs mais empenho quando assumiu o compromisso de comemorar o 10.° aniversário da Licenciatura em Direito da Universidade do Minho, que se celebra no ano lectivo 2003/2004, foi a da publicação de uma obra colectiva que registasse para o futuro o momento presente da Escola.

Felizmente o resultado correspondeu às melhores expectativas. Os colegas corresponderam com entusiasmo a este importante desafio e o resultado aqui está para apreciação da comunidade do Direito.

Pensamos que este livro contribui para conferir ainda maior visibilidade à dimensão científica que a Escola de Direito já alcançou, apesar da sua juventude. Não se trata apenas de uma instituição de ensino, mas de uma Escola que procura afirmar-se cada vez mais no âmbito da Ciência Jurídica.

Vivemos um momento importante de afirmação e crescimento e, em breve, vamos ter condições para dar um salto qualitativo com a oferta de cursos de ensino pós-graduado, beneficiando do aumento muito acentuado de docentes doutorados a breve prazo.

A todos os colegas que colaboraram nesta obra o meu reconhecimento pela disponibilidade e solidariedade demonstradas. Uma palavra especial ao Prof. Doutor António Cândido de Oliveira que aceitou ser o coordenador desta obra.

Uma saudação muito afectuosa ainda a todos os estudantes da nossa licenciatura sem os quais o sonho de criar um Curso de Direito não teria sido possível.

Agradeço a todos os que, dentro e fora da Escola, contribuíram para chegarmos até aqui e manifesto o desejo de poder continuar a contar com a mesma colaboração e apoio no futuro.

Uma palavra final de agradecimento à Livraria Almedina por ter acedido à edição desta publicação.

O PRESIDENTE DA ESCOLA DE DIREITO
LUÍS M. COUTO GONÇALVES

APRESENTAÇÃO

A obra que o leitor tem nas suas mãos é fundamentalmente o fruto do trabalho dos actuais docentes da Escola de Direito da Universidade do Minho (UM). No ano lectivo de 2002/2003, foi pedido aos assistentes estagiários, assistentes e professores da Escola de Direito, bem como aos docentes de outras escolas de Direito que nela leccionavam, que participassem, com um trabalho inédito, não muito extenso, numa publicação comemorativa dos 10 anos da licenciatura e assim fizeram.

Não é por acaso que a estrutura desta obra está alicerçada fundamentalmente nos recursos próprios, sem descurar contribuições externas. Ela corresponde e está inteiramente ligada à história da Licenciatura e da Escola que, por ser particularmente interessantes e diferentes de outras, se descreve em traços muito breves. Deve esclarecer-se, antes de mais, que a designação Escola é própria do modelo matricial da nossa Universidade e corresponde no essencial à de Faculdade utilizada pelas universidades tradicionais.

A Licenciatura e a Escola de Direito da UM não surgiram, como frequentemente sucede, por simples decreto. Durante mais de dez anos formou-se progressivamente um corpo docente de juristas para leccionar disciplinas de diversos cursos que a Universidade do Minho foi criando, nos quais a componente jurídica tinha um papel significativo. Em princípios dos anos noventa esse corpo docente, que às tarefas de leccionação juntava obrigatoriamente as de investigação, era superior a uma dezena.

A criação da Licenciatura em Direito surgiu então como resultado normal do desenvolvimento dos estudos jurídicos na Universidade do Minho, acompanhado pelas importantes tradições da cidade de Braga expressas na vida da Associação Jurídica e na publicação regular, desde 1951, da revista "Scientia Iuridica" e correspondia a uma necessidade da região onde se inseria. Efectivamente, apesar de contar com mais de três milhões de habitantes, a Região Norte não possuía licenciatura em Direito nas três universidades públicas nela sediadas. A Universidade do Minho tinha criado as condições para dar esse passo.

Foi assim uma decisão natural, embora muito difícil, porque as duas únicas Escolas de Direito estatais então existentes (Coimbra e Lisboa) tinham poucos doutores e os doutoramentos nesta área eram muito raros, carecendo de uma longa preparação. Não se podia contar, pois, com estas escolas para preencher o corpo docente de uma outra que, ainda por cima, se situava na periferia. Foi possível, porém, contar com a compreensão de ambas para o legítimo desejo da região e da Universidade do Minho de avançar para a criação da licenciatura e, desde o início, qualificados professores, de uma e outra escola, deram a sua decisiva ajuda para acompanhar o nível científico do projecto. Neste último aspecto, a Universidade não descurou também a sua posição geográfica e soube tirar partido da proximidade das Universidades da Galiza, muito particularmente da multi-secular e prestigiada Universidade de Santiago de Compostela.

A criação da Licenciatura em Direito tinha fundamentos sólidos, era necessária e foi feita. O modelo da nossa Universidade facilitou também muito as coisas. Não foi preciso criar uma Faculdade com as dificuldades inerentes, bastando aproveitar as potencialidades do modelo matricial e avançar com o projecto do Curso de Licenciatura em Direito como se fez. A preparação desse projecto coube aos docentes de então, principalmente aos mais experientes. A Universidade, a nível da Reitoria, funcionou bem para ultrapassar as dificuldades que foram surgindo.

Iniciada a Licenciatura em 1993/94 a motivação do corpo docente, que já era elevada, cresceu ainda mais e foi correspondendo aos novos desafios. A obrigação de aumentar e qualificar o corpo docente e a necessidade rapidamente sentida de criar uma estrutura orgânica para o enquadrar devidamente foram enfrentadas e resolvidas. Quanto ao corpo docente foi mantido o rigor na contratação e fortemente incentivada a formação científica e quanto ao respectivo enquadramento foi criado, logo em 1995, o Departamento Autónomo de Direito e em 2000 a Escola de Direito.

O crescimento do número de alunos foi constante, confirmando as expectativas sobre a necessidade da criação do Curso. Tendo começado com um cauteloso número de 50 alunos, frequentam hoje a licenciatura cerca de 1000 (o *numerus clausus* é actualmente de 110). O corpo discente não deverá crescer mais para permitir manter um relacionamento relativamente próximo entre professores e alunos. Registe-se que a entrada no curso exige uma média de classificação de cerca de 14 valores.

Apresentação

O número de docentes subiu para cerca de quatro dezenas, prevendo--se uma tendência para a estabilização. Assiste-se agora a um período de recolha de resultados do investimento efectuado, esperando-se uma subida significativa do número de doutorados. Actualmente estes são oito e cerca de vinte os que tem o grau de mestre ou equivalente, para efeito de carreira académica.

Cabe terminar, voltando à obra agora publicada. Ela aí está para o julgamento dos leitores. Sem prejuízo da necessária exigência, importa lembrar que é de uma escola nova que se trata. De uma escola que tem de percorrer ainda muito caminho para cumprir cada vez melhor a sua missão.

A ordenação dos trabalhos apresentados seguiu o critério alfabético resultante do primeiro nome do bilhete de identidade. Essa ordenação não transparece de imediato porque, por vezes, os autores não utilizam o primeiro nome nos textos que publicam.

O COORDENADOR
ANTÓNIO CÂNDIDO DE OLIVEIRA

NOTAS SOBRE O CONSTITUCIONALISMO EUROPEU

ALESSANDRA SILVEIRA

1. Do sentido e relevância da Constituição nas sociedades pluralistas da actualidade

Numa entrevista publicada em 1999, *Gustavo Zagrebelsky* discorre sobre a actual função da Constituição. Sustenta que a clássica definição de Constituição constante do art. 16.° da *Declaração dos Direitos do Homem e do Cidadão de 1789* (nos termos da qual a Constituição seria a organização do poder segundo o princípio da separação dos poderes e a garantia dos direitos) pressupunha a existência de um *povo*, de uma *unidade popular*, de uma *colectividade humana que constitui uma unidade*. Ou seja, àquela definição clássica estaria subjacente a ideia de unidade que se organiza politicamente.

Ocorre que nas sociedades pluralistas e multiculturais da actualidade, a unidade deixou de ser um dado: a unidade tem de ser construída. E as Constituições servem precisamente para criar tal unidade, para possibilitar a convivência da diversidade. Mas trata-se de uma unidade distinta da de outro tempo: já não representa uma pretensa homogeneidade popular, mas talvez corresponda à ideia *habermasiana* de uma *unidade comunicativa* ou de um espaço deliberativo onde exista lugar para todos. Esta seria, portanto, a primeira tarefa da Constituição e do Direito Constitucional nos dias que correm: manter unidas as diversas partes da sociedade pluralista, evitando a anomia e o conflito civil. *Zagrebelsky* atribui à Constituição esta função primária: a de fornecer as bases da convivência pluralista.

Tal raciocínio é tão simples quanto genial (a genialidade reside precisamente na simplicidade, ou nos versos de *Alberto Caeiro "o único sentido oculto das coisas é elas não terem sentido oculto nenhum"*). É que se pensarmos o Direito Constitucional como um conjunto de pressupostos básicos para a vida política/comunitária, seria muito mais fácil criar tecidos comuns ou encontrar aspectos comuns nas várias Constituições dos Estados-membros da União Europeia (lógica da *interconstitucionalidade*). Seria muito mais fácil entender o constitucionalismo europeu enquanto *plataforma de entendimento entre as distintas perspectivas nacionais* (*Lucas Pires*). O grande desafio do Direito Constitucional actual é este: superar a ideia de que o poder político e as Constituições estão vinculadas ao território e a um conceito de povo aparentemente homogéneo.

A complexidade política e jurídica do projecto europeu interroga o constitucionalismo moderno centrado no Estado soberano e dá origem a um novo constitucionalismo baseado nos princípios fundamentais da cultura jurídica europeia. Estão lançados os desafios à teoria da Constituição – que os há-de enfrentar fornecendo novos suportes ou novo instrumentário para entender a União Europeia enquanto *fórmula política verdadeiramente pós-moderna* (*John Gerard Duggie*). O conceito de Europa *é complexo, mutante, aberto – está à espera de uma fronteira tanto física quanto conceptual* (*Peter Häberle*). Os elementos tradicionais/prefixos do Estado moderno estão ausentes na Europa – povo, território, soberania, autoridade hierárquica. Daí que os modelos da modernidade não se lhe adaptem perfeitamente.

No presente texto propomos o seguinte exercício: se a Constituição das sociedades pluralistas/multiculturais da actualidade ostenta precisamente a função de construir a unidade (*Zagrebelsky*) e se a Constituição Europeia é capaz de produzir o efeito indutor de criar um contexto de comunicação pública que transcenda as fronteiras nacionais (*Habermas*), então talvez seja possível (e oportuno) percorrer o caminho constituinte da pós-modernidade, qual seja, aquele que parte da Constituição para a sociedade civil europeia, e já não do povo para a Constituição. Aqui relevam os contributos filosófico-constitucionais de *Jürgen Habermas* relativos à construção de *unidade comunicativa: uma nação de cidadãos, diferentemente de uma nação étnica, baseia-se na partilha de entendimento possível*. Captemos o sentido destas sugestões pós-modernas – pois um Direito Constitucional que se pretenda vigilante e crítico há-de estar aberto às *discussões políticas da polis* e *sobre elas deve apresentar aspectos de reflexão* (*Gomes Canotilho*).

2. Da utilidade da Constituição enquanto base jurídico-institucional da UE

Quase mais ninguém refuta que o Estado soberano passa por um processo de desgaste crítico a que já se chamou a *recessão do Estado soberano* (não obstante os recentes desdobramentos internacionais que sugerem o *revival* da soberania isolacionista na sua pior vertente, traduzida em bizarrices ao estilo *guerra preventiva*). A ideia de Estado soberano teria recuado para uma posição mais modesta e os elementos tradicionais do Estado já não são o que eram no início do século XX: *o território tornou-se menos estanque, a população menos exclusiva e a soberania menos indivisível* (*Lucas Pires*). Isto não significa que o Estado tem a morte anunciada (escusam-se as trombetas apocalípticas): o Estado ainda funciona como quadro de identidade e democracia. Ocorre que a unidade do Estado deixa de ser determinada pelos *tradicionais elementos de definição nacional* (económico, étnico e político) *que se diluem cada vez mais* (*Peter Häberle*). Os imperativos do processo globalitário esbateram as fronteiras entre política interna e externa, e resulta praticamente inegável a actual transição de um Estado soberano/nacional/hermético para outro Estado *internacionalmente orientado* (pelos standards de direito e política internacional) e *supranacionalmente vinculado* (pelos objectivos da construção europeia, no nosso caso) (*Gomes Canotilho*). O princípio da autodeterminação tem sido reinterpretado: o exercício da autoridade política vai buscar justificação/suporte nos espaços supranacionais e já não apenas no Estado-nação.

A conclusão disso tudo só pode ser esta: a interdependência globalitária e a integração europeia (ou a lógica da partilha de poderes soberanos) transformaram as ordens jurídicas nacionais em ordens jurídicas parciais. Por conta disso, as Constituições nacionais perderam a primazia de outrora: são agora Constituições dos Estados-membros da União Europeia, cujos conteúdos devem ser harmonizados com a construção europeia. Prova dessa adaptação seria o acolhimento da recepção automática de certas normas comunitárias (art. 8.º/3 CRP) e a admissão da partilha de poder público entre a ordem nacional e a comunitária (art. 7.º/6 CRP). Isso não significa que a ordem constitucional nacional esteja em causa: primeiro porque está mais interiorizada pelos cidadãos; segundo porque, como brilhantemente preconizou *Lucas Pires, se o constitucionalismo europeu fala para baixo, as Constituições nacionais também falam para cima* e as identidades constitucionais nacionais resultam salvaguardadas.

14 *Estudos em Comemoração do 10.º Aniversário da Licenciatura em Direito*

Ocorre que o dinamismo da construção europeia autonomiza-se: ainda que os tratados constitutivos e as Constituições nacionais prevejam o *princípio da limitação de competências* (segundo o qual a Comunidade possui apenas competências de atribuição que lhe vão sendo adjudicadas pelos Estados-membros via tratados constitutivos), não se pode negar a existência de uma dinâmica de apropriação de competências por parte dos órgãos comunitários, seja via *doutrina dos poderes implícitos* ou via *cláusula de necessidade e oportunidade*. A primeira sustenta a possibilidade de competências adicionais, ou não expressamente previstas nos tratados constituivos, mas deduzíveis dos mesmos. Já a *cláusula de necessidade e oportunidade* permite ampliar os poderes de acção comunitários a partir do acordo unânime do Conselho: quando uma acção da Comunidade resulte necessária para a prossecução dos seus objectivos, sem que os tratados prevejam os poderes de acção requeridos para o efeito, o Conselho pode adoptar as disposições pertinentes por unanimidade. Trata-se de uma cláusula de imprevisão só invocável quando nenhuma outra disposição dos tratados confira às instituições comunitárias a competência necessária para a adopção de certo acto. *García de Enterría* afirma mesmo que a maior parte das competências exercidas actualmente a nível europeu não foram directamente atribuídas pelo Tratado da União Europeia, mas sim via *cláusula de necessidade e oportunidade*. Tem sido feita uma leitura teleológica dos poderes comunitários que alimenta, *endogenamente*, a expansão competencial (*Andreu Rayo*): os objectivos da Comunidade (ou as necessidades funcionais da organização) são a fonte de competência – e os Estados-membros já não são tão donos do tratado quanto se pretende fazer crer!

Daí a nossa grande perplexidade: como é que se resolve o problema da expansão competencial no espaço europeu? Através de quais mecanismos jurídicos e políticos? Talvez seja esse o grande desafio constitucional que hoje se põe à Europa. O poder político, a quem competia impor limites à expansão de competências eximiu-se de o fazer porque a partir de Bruxelas podem ser tomadas decisões impopulares ou difíceis de serem aprovadas internamente (*Jose Carvajal*). E os Estados-membros resistem em submeter as questões competenciais ao Tribunal de Justiça das Comunidades porque temem a judicialização da construção europeia, ou seja, receiam uma política judicial activa sobre a subsidiariedade que incorpore o controlo de oportunidade da acção do legislador comunitário.

O certo é que as teorias sobre distribuição competencial não conseguem captar o dinamismo da construção europeia, sobretudo no que respeita ao fenómeno da *apropriação de competências que transforma as competências concorrentes em exclusivas a partir da sua avocação prévia pela União* (*Lucas Pires*). *Não existe um critério claro e único que, presida à repartição competencial no espaço europeu* (*Moura Ramos*). Os tratados constitutivos não densificam o sentido e os limites do sistema comunitário de competências (sequer contemplam qualquer indicação sobre as competências de cada nível decisório). E as zonas de actuação concorrente ainda restam mal arbitradas pelo princípio da subsidiariedade. Ainda que aponte para uma partilha ideal de responsabilidades, o princípio da subsidiariedade tem sido adoptado num sentido meramente formal/técnico (para fundamentar a necessidade do acto comunitário) e não num sentido material/substantivo (para justificar a mais-valia da intervenção comunitária ou a ineficácia da actuação nacional) (*Antonio Estella de Noriega*).

É desejável que a subsidiariedade evolua no sentido da definição satisfatória de *quem faz o quê e até onde*. O Protocolo relativo à aplicação dos princípios da subsidiariedade e proporcionalidade anexado ao Projecto de Constituição aponta precisamente no sentido de clarificar a actuação de cada uma das partes na construção do edifício europeu. O Protocolo institui um sistema de controlo (político e jurídico) da aplicação dos referidos princípios pelas instituições envolvidas na construção europeia, o qual reforça o papel dos Parlamentos Nacionais (ou de qualquer câmara destes parlamentos) e do Comité das Regiões. Note-se que as reivindicações das entidades regionais e locais em matéria de controlo da subsidiariedade nunca dantes fora acolhida (o actual Protocolo sobre subsidiariedade e proporcionalidade anexado aos tratados constitutivos apenas prevê a apresentação anual de um relatório da Comissão ao Comité das Regiões, relativo à aplicação do princípio da subsidiariedade). O Projecto de Constituição contempla a possibilidade de que tanto os Parlamentos Nacionais quanto o Comité das Regiões interponham recursos para o Tribunal de Justiça das Comunidades alegando que um acto legislativo comunitário viola o princípio da subsidiariedade. Foi o arranjo possível – mas o êxito da iniciativa sempre depende do desenvolvimento de uma cultura cooperativa que oriente o exercício competencial.

A exposição de nossas perplexidades relativas a expansão de competências europeias só pode ter uma conclusão: a Constituição é a fórmula capaz de estabelecer um quadro de responsabilidades específicas e instituir critérios credíveis de repartição competencial (*García de Enterría*) entre as componentes de uma organização federal. Lamentamos decepcionar os refractários ao federalismo, mas a União Europeia funciona se-

16 *Estudos em Comemoração do 10.º Aniversário da Licenciatura em Direito*

gundo a lógica federal: a compensação financeira (através dos fundos estruturais e de coesão), o processo decisório multinível, a prevalência do direito comunitário, a aplicabilidade directa das normas comunitárias, tudo aponta para o federalismo. Ainda que a União Europeia não seja um Estado federal em sentido moderno, repetimos, a sua lógica de funcionamento é a federal – daí que toda a problemática relativa aos Estados compostos não lhe seja alheia, sobretudo saber *quem controla a repartição de competências e o respeito pelos princípios federais.* A diabolização do federalismo não ajuda nem altera nada – só confirma o absoluto desconhecimento dos resistentes à teoria federal. Há quem insista na existência de uma pretensa controvérsia ou dicotomia entre uma Europa de modelo federal e outra Europa baseada no princípio da cooperação e na igualdade entre os Estados-membros. Trata-se de uma incoerência porque as Federações assentam precisamente num *compromisso constitucional de cooperação* e no reconhecimento da *igualdade dos entes federados.*

Senão vejamos. O compromisso constitucional de cooperação protege as Federações contra as ameaças à boa governação: isto significa que os Estados federados partilham a governação orientados por uma lógica organizatória que os impede de frustrar os projectos alheios (*Daniel Halberstam*). Seria uma espécie de ética institucional tendente a evitar que os interesses comuns não sejam prejudicados pelos interesses de alguns (cfr. art. 5.º/2 do Projecto de Constituição Europeia que consagra o *princípio da cooperação leal* e art. 15.º/2 que dispõe sobre lealdade e solidariedade mútua em matéria de política externa e segurança comum). Através dos princípios da solidariedade e da cooperação, as Constituições federais definem os limites entre a heterogeneidade (pluralidade/diferença) e a assimetria (desproporção). A lógica federal não apregoa a uniformização (porque a heterogeneidade enriquece o processo federal), mas sim uma lógica de coesão (ou de progressiva diminuição das antinomias regionais em favor da tendencial equiparação das condições de vida/situações jurídicas em todo o território federal). Por isso se diz que o federalismo prossegue a manutenção da pluralidade na unidade (não uniformidade), uma unidade que será mantida nos termos dos princípios constitucionalmente plasmados. Os Estados-membros de uma Federação ostentam um estatuto de igualdade jurídica ou paridade uns em relação aos outros. Isto significa basicamente: igualdade de direitos dos seus cidadãos, reconhecimento do igual valor dos actos jurídicos celebrados nos Estados-membros, participação igualitária nos órgãos federais (que pode ser matizada pela proporcionalidade em termos populacionais, coisa que não afecta a paridade, só a reforça). Daqui depreende-se que só o robustecimento do federalismo pode salvaguardar a igualdade dos entes federados numa Europa alargada.

Mas este não foi o resultado alcançado pela convenção encarregue de elaborar o projecto de Constituição Europeia: o Reino Unido conseguiu mesmo que se eliminasse o termo *federal* do texto e o ajuste foi feito a favor dos chamados *grandes*. Perdeu-se a oportunidade de avançar, formalmente e sem complexos, para um modelo federal marcadamente europeu, que conservasse o *equilíbrio instável* da construção europeia. Urge desassombrar o federalismo. A invocação *federal* não identifica um único percurso e um idêntico destino: existem tantos federalismos quantos são os Estados federais (*Alessandro Pace*). Ou seja, não há um modelo federal apriorístico ou pré-constitucional: *o modelo define-se a partir da Constituição* (*Konrad Hesse*), segundo os objectivos e necessidades das colectividades envolvidas no processo federador.

O passo decisivo foi, entretanto, adiado. Mas o resultado a que se chegou (Projecto de Constituição apresentado ao Conselho Europeu reunido em Salónica, 20 de Junho de 2003) ordena, minimamente, o emaranhado competencial europeu e respectivos mecanismos de controlo. O projecto não estabelece listas competenciais exaustivas (o que estaria na contra-mão da dinâmica europeia e tendências federais da actualidade), mas lança alguma luz distintiva entre competências exclusivas e partilhadas, o que funcionaliza o princípio da subsidiariedade enquanto critério de actuação das competências concorrentes (cfr. Parte I, *Título III* do Projecto de Constituição Europeia). É já um avanço no sentido de encontrar mecanismos institucionais tendentes a definir limites e corrigir excessos. É certo que o exercício de competências num sistema federal tem sempre natureza transaccional, ou seja, demanda um processo de negociação contínua sobre *quem faz o quê* (dimensão procedimental ou marcadamente política da distribuição competencial). Aqui a cooperação entre as instâncias envolvidas desempenha um papel preponderante na definição de mecanismos políticos que permitam às unidades periféricas intervir no processo decisório central e controlar o exercício da subsidiariedade. O Projecto de Constituição indicia o desenvolvimento de uma tal cultura cooperativa, mas disso trataremos noutra oportunidade.

Conclusão: afinamos pelo mesmo diapasão dos que sustentam que somente uma Constituição é capaz de trazer transparência e alguma simplificação ao aparato institucional europeu. Os cidadãos não entendem o complexo institucional europeu, que tem sido reajustado e complicado pelas revisões dos tratados. Tal obscuridade/opacidade no funcionamento das instituições alimenta o défice democrático: *se os cidadãos não compreendem as decisões europeias, não as assumem como suas* (*García de Enterría*). Estima-se que três quartos dos europeus sintam-se mal informados sobre os seus direitos enquanto cidadãos comunitários. Num texto recentemente publicado na Revista *Scientia Iuridica*, o Presidente *Jorge Sampaio* interrogava a si próprio e aos seus interlocutores: *como é que se mantém a Europa próxima dos cidadãos*? Julgamos que alguma simplificação das instituições europeias aos olhos do cidadão (de forma a torná-las minimamente perceptíveis) seja a condição para a legitimação democrática. E aqui a existência de uma Constituição também resulta útil para definir a estrutura e as funções institucionais de maneira clara e compreensível. A Constituição promove o reajustamento do poder entre Estados e cidadãos – e nesta medida *representa muito mais do que uma qualquer reforma institucional que se limite a redistribuir poder e peso entre os Estados. Seria paradoxal que se dilatasse o poder dos Estados em vez dos cidadãos* (*Lucas Pires*). A Constituição não só põe limites e freios ao exercício político, como também alimenta a cultura democrática porque estabelece os princípios orientantes das decisões políticas e controla o exercício do domínio.

E sobretudo: a Constituição é certamente o melhor meio (e talvez o único) de promover o consenso fundamental num certo momento histórico (ou promover a cultura republicana de todas as consciências e instituições, em linguagem rawlsiana). Na esfera do Estado nacional, a Constituição pretende ser o local de diálogo, o espaço de interactividade entre os vários subsistemas sociais e seus respectivos discursos, concepções, mundividências. Ou seja, a Constituição nacional fornece as regras mínimas que garantam a *integração dos vários subsistemas sociais* – ou que garantam uma *dimensão de justiça no seio da complexidade social* (*Gomes Canotilho*). Transpostas tais premissas para o espaço supranacional, o constitucionalismo europeu funciona como *plataforma de entendimento entre as várias perspectivas nacionais: consolida-se o património comum adquirido (direitos fundamentais, separação de poderes, princípio da legalidade, controlo da constitucionalidade) e decantam-se princípios comuns emergentes. Representa a convergência dos distintos constitucionalismos nacionais ou um prolongamento das Constituições nacionais – não uma ruptura* (*Lucas Pires*).

É certo que respeitáveis doutrinadores têm apresentado ponderadas reservas quanto ao procedimento constituinte europeu em curso. Pensamos sobretudo nos argumentos do Professor *Paulo Ferreira da Cunha* relativos à desnecessidade de uma Constituição formal europeia (porque a Europa já teria a sua *Constituição natural, feita de tratados, de sentenças, de experiência*, que tem funcionado como ordenação fundamental do espaço europeu) e à ausência de uma assembleia constituinte eleita directamente e encarregue de elaborar a Constituição. A frontalidade dos argumentos desarma-nos, sobretudo quando os mesmos provêm do adorável Professor com o qual aprendemos que *o céu de Ícaro tem mais poesia que o de Galileu*. Talvez as coisas pudessem ter sido diferentes – não obstante a publicidade que se tentou imprimir aos trabalhos da Convenção. Mas parece-nos que a tentativa de formalização da Constituição Europeia indicia a procura da *autodescrição textual por parte da nova organização política* (*Gomes Canotilho*). Por *autodescrição* entenda-se a produção de um texto fundador com o qual e através do qual uma determinada organização se identifica com si própria. A questão prende-se, portanto, com o *reforço da identidade europeia* num momento histórico particularmente bicudo para a convivência internacional – eis a relevância jurídico-política da presente formalização constitucional. E por reforço da identidade europeia não se entenda uma qualquer abstracção irrelevante, mas sim uma disposição jurídico-constitucional plasmada no art. 7.°/5 da CRP (vivamente enaltecida por constitucionalistas estrangeiros!) que aponta para o *reforço do papel da Europa na defesa e promoção dos ideais de paz e solidariedade nas relações entre os povos (Canotilho/Vital Moreira)*. Se porventura faltou legitimidade democrática à Convenção que elaborou o projecto de Constituição, o debate público e o referendo que se lhe seguem talvez possam recompor a situação. Nada está definitivamente decidido. Mas este é apenas o nosso despretensioso entendimento – e em ciência, como diria *Popper*, nada sabemos, apenas conjecturamos.

3. Da intriga constituinte europeia

A intriga constituinte entronca no défice democrático das instituições europeias. Explicamos. A União Europeia não é um Estado constitucional soberano baseado no monopólio da decisão política e da força física. Os órgãos comunitários não são órgãos de um *"Estado europeu"* que tenha sido criado pela vontade dos cidadãos europeus unidos (*Habermas*). Entretanto, os órgãos comunitários criam direito vinculativo para os Estados-membros e seus cidadãos – exercem, portanto, poderes soberanos originalmente reservados ao Estado, na concepção moderna. O executivo

20   *Estudos em Comemoração do 10.° Aniversário da Licenciatura em Direito*

comunitário pode inclusivamente impor suas resoluções contra a oposição dos governos nacionais (através de mecanismos sancionatórios que obrigam os Estados à vontade comunitária). Mas afinal: quem oferece legitimidade democrática aos órgãos e às decisões comunitárias? À excepção do Parlamento, cujas competências decisórias são reduzidas, os órgãos comunitários aparentemente derivam a sua legitimação dos governos dos Estados-membros. E o grosso das deliberações comunitárias não resultam de um *debate racional entre iguais, teleologicamente ordenado à tomada de uma decisão suficientemente ajustada aos valores, princípios e interesses publicamente argumentados, contra-argumentados e criticados pelos intervenientes (Barbosa de Melo)*. Por tudo isso, muito se tem lamentado a existência de um défice democrático europeu.

Daí a intriga: se as instituições europeias carecem de legitimidade democrática, onde está o poder constituinte criador da Constituição Europeia? Onde está o povo, titular do poder constituinte? Quem exercita o poder constituinte europeu? Em nome desta perplexidade, constitucionalistas autorizados entendem que enquanto não existir um povo europeu que seja suficientemente homogéneo e que configure a vontade democrática, *não deveria existir nenhuma Constituição Europeia (Dieter Grimm, Vital Moreira)*. Tais doutrinadores não rejeitam a necessidade de uma Constituição que regule o funcionamento das instituições comunitárias de maneira clara e compreensível, mas temem que ainda não estejam reunidos os requisitos sociais e culturais para a constitucionalização de uma entidade federal europeia. A dúvida reside no *timing*.

Parece-nos que a espera ou a manutenção do *statu quo* europeu apenas congela o défice democrático: à falta de legitimidade, acresce a falta de controlo. Num texto celebrizado pela oportunidade e lucidez, *Habermas* responde às dúvidas suscitadas por *Dieter Grimm*, e fá-lo nos seguintes termos: enquanto falte uma sociedade civil europeia, enquanto falte uma cultura política comum, os processos decisórios supranacionais continuarão autonomizando-se, as competências nacionais serão progressivamente esvaziadas e o direito comunitário (democraticamente deficitário) robustecerá. É melhor abandonarmos o albergue seguro do Estado nacional e ocuparmo-nos da regulação das instâncias supranacionais, porque este é já um caminho sem volta: só as instâncias supranacionais são capazes de salvar a substância do Estado social (ou as dimensões básicas de socialidade do modelo europeu de desenvolvimento). Perigo mesmo, prelecciona *Habermas*, é o que advém da autonomização das redes e mercados globalizados: se nenhuma instituição supranacional enfrenta tais des-

Notas sobre o constitucionalismo europeu 21

dobramentos, então abre-se espaço ao fatalismo dos grandes impérios! Ainda iremos a tempo?

Habermas rejeita, portanto, um conceito tão concreto e aparentemente homogéneo de povo. Acredita que as instituições políticas eventualmente criadas pela Constituição Europeia teriam um efeito indutor, qual seja, o de criar um contexto de comunicação pública que transcenda as fronteiras nacionais. Através da Constituição seria possível criar uma cultura política comum: uma sociedade civil com associações de interesses, organizações não governamentais, movimentos de mobilização cidadã e um sistema de partidos apropriado ao cenário europeu. A Constituição impulsionaria o contexto de comunicação pública, ou em outros termos, a Constituição promoveria *unidade comunicativa*.

Mas há quem simplesmente entenda a discussão constituinte por superada. *Lucas Pires* defendia que não se devem confundir as coisas: na órbita do Estado nacional, o poder constituinte opera a passagem do Estado pré-constitucional para o Estado constitucional – o que exige uma concentração de energia, um acto revolucionário, a manifestação do poder popular através de um acto voluntário de criação. Nada disso ocorre com o constitucionalismo europeu, que já não precisa de fórceps – não se trata de nascer, mas de crescer, de percorrer uma nova etapa. Para *Lucas Pires*, a Constituição Europeia sem poder constituinte revela-se sobretudo através da função jurisprudencial que foi erguendo os pilares da constitucionalização dos tratados (os quais instituíram uma ordem jurídica própria pautada na ideia de comunidade de valores, interesses e aspirações). Numa outra perspectiva, *García de Enterría* também desdramatiza a questão constituinte. O Professor espanhol entende que os titulares do poder constituinte europeu seriam os povos dos respectivos Estados-membros representados pelos últimos. Tal entendimento deriva da teoria federal associativa: as Federações resultam de um pacto celebrado entre Estados soberanos, pacto este que será consagrado numa Constituição, onde se definem competências e distribuem os recursos disponíveis. Tão simples quanto isso.

Em jeito de conclusão do presente tópico, diríamos que não se pode transportar todo o instrumentário da modernidade para a Europa. É preciso encontrar outros suportes para entender e explicar tal novo *fenótipo organizatório*. Os modelos da modernidade não se lhe adaptam perfeitamente. Desprovida dos atributos estatais clássicos (e inclusivamente dos fundamentos tradicionais da democracia), a Europa constitui um *modelo de governação policêntrico, fragmentado e interdependente, caracterizado pela ausência de hierarquias claras.* No processo decisório comunitário resul-

22 *Estudos em Comemoração do 10.º Aniversário da Licenciatura em Direito*

tam implicados vários comités de especialistas públicos e privados, acto-res e redes subestaduais, grupos transnacionais, ou seja, *um complexo de redes de governação onde a coordenação multinível joga um papel fundamental.* A legitimidade, num tal modelo pós-moderno de governação, baseia-se essencialmente nos *outputs*, ou seja, *na eficiência funcional resultante da interacção entre as numerosas redes estruturadas ao redor do policy-making comunitário* (*Francesc Morata*). Há quem entenda tal modelo como sendo a expressão da hegemonia do mercado: quem lucra são os *lobbies* industriais e multinacionais dedicados à formulação, nego-ciação e desenvolvimento da política comunitária, que vêem diminuídos os seus custos de transacção ao conseguir que, a partir de Bruxelas, medi-das comunitárias substituam outras quinze nacionais (já agora vinte e cinco)...Mas há quem sustente que a democracia supranacional não tem de reproduzir os mecanismos da democracia nacional (de resto, um tanto desacreditada) e prefira sublinhar a aparição de elementos alternativos de legitimação democrática, como sejam a intervenção dos diferentes inte-resses organizados no processo decisório europeu (legitimidade de ori-gem) e os resultados mais eficazes (legitimidade de resultado). A discussão entre os politólogos se prevê longa e fértil. Na esfera jurídico-constitucional, onde nos movemos mais tranquilamente, arriscaríamos sugerir que a legiti-midade de uma Constituição (sobretudo a Europeia) não depende tão só *de quem a fez e falou por meio dela* (*Zagrebelsky*), mas depende, certamente, da capacidade de responder justa e adequadamente aos problemas do nosso tempo (*reflexividade constitucional*).

4. Dos fundamentos teóricos: a unidade comunicativa habermasiana e o debate constitucional europeu

Para costurar o desfecho do presente discurso, voltemos ao ponto de partida: *Gustavo Zagrebelsky*. Segundo o Professor italiano, a primordial função da Constituição nas sociedades pluralistas e multiculturais da ac-tualidade seria, precisamente, a de construir unidade comunicativa em sen-tido *habermasiano*. A Constituição não incorpora a predefinição do que seja a política e a sociedade. A dinâmica social não pode estar prefixada na Constituição: se a Constituição fosse um programa de Governo, escu-savam-se eleições e partidos, bastava que o Tribunal Constitucional deri-vasse todo o ordenamento jurídico da Constituição. Mas a Constituição incorpora, isto sim, os fundamentos do contexto comunicativo de que fala

Habermas, garantindo os princípios que estruturam o processo político--democrático e a lealdade na comunicação política. A Constituição fornece os pressupostos básicos da convivência pluralista – e a partir deste postulado incrivelmente simples seria possível criar tecidos comuns e superar a ideia de Constituição necessariamente vinculada ao território, ao povo, à soberania. A sugestão é intrigante: talvez valha a pena mergulhar no universo *habermasiano* para entender o que seriam *unidade comunicativa* e *democracia discursiva*.

Através da teoria do discurso, *Habermas* pretende legitimar a produção normativa do Estado constitucional. Desenvolve um conceito discursivo de democracia, a partir do qual a política é concebida como um processo racional de discussão dos problemas e alternativas. Está visivelmente preocupado com a participação racional dos cidadãos no processo decisório e defende que o discurso ético conduz à legitimação democrática. Mas apela a um novo registo de legitimidade normativa: serão válidas as normas com as quais os afectados possam minimamente concordar enquanto participantes de discursos racionais. A legitimidade da norma depende da sua submissão a um teste discursivo que incorpore elementos morais, éticos e pragmáticos – e se o conflito de valores e interesses não permitir o consenso (ou que todos os envolvidos se revejam, minimamente, nas soluções adoptadas), que subsista a convicção de que a regulação resultou de compromissos honestos.

Habermas ultrapassa, portanto, o registo *kantiano* que subordina a lei à moralidade universalizável, mas também rejeita a vertente positivista *luhmanniana*, segundo a qual a legitimidade deriva do cumprimento de procedimentos previamente estabelecidos. *Habermas* apela a um registo discursivo de legitimidade, segundo o qual a norma cumpre a função de estabilizar expectativas somente se estiver conectada à força socialmente integradora da acção comunicativa. O sistema político pode legitimar-se qualitativamente através da discursividade: a deliberação institucionalizada e a decisão devem ser permeáveis aos *inputs* oriundos das esferas públicas informais.

Habermas preocupa-se com a instrumentalização do processo político pelas distintas forças sociais que destroem as condições de legitimação do *law making*. Daí que a democracia discursiva não se possa fiar somente nos canais oficiais de deliberação política: depende do intercâmbio entre os canais de formação de vontade institucionalizados e a opinião pública partilhada informal e racionalmente (leia-se devidamente esclarecida sobre os melhores argumentos e interesses gerais). O Estado constitucional representaria o aparato de instituições e mecanismos capazes de converter o poder comunicativo dos cidadãos em acção administrativa eficaz e legítima. *Habermas procedimentaliza* o conceito rousseauniano de soberania popular precisamente porque sustenta que a legitimidade da política e da lei depende de uma rede difusa de processos comunicativos desenvolvidos nos espaços públicos informais. Com efeito, a racionalidade discursiva projecta a possibilidade de soluções políticas discursivamente validadas. Não se pretende que os cidadãos atinjam um consenso (ou um *dissenso razoável*) relativamente a *todas* as possibilidades ou opções – o que acabaria por suprimir a diversidade. O objectivo do discurso é criar entendimento onde há desentendimento, onde há conflito. O que importa é a existência de interacção discursiva e que todos os interesses envolvidos disponham de igual e efectiva oportunidade de se fazerem conhecer. O que efectivamente interessa é reencontrar o sentido do debate público ou *reinventar a democracia* – e que o discurso desenvolva a capacidade de apreciação crítica dos participantes, relativamente a si mesmos e aos outros.

Há quem diga que o homem esclarecido e tendencialmente tolerante pretendido por *Habermas* não existe – e nem teria a menor hipótese de vir a existir. Há quem conteste o recurso a concepções idealizadas ou abstractas da sociedade e da pessoa para abordar conflitos políticos profundos, como são os relativos à tolerância e à cooperação. Ocorre que em matéria de filosofia política, o exercício de abstracção não é gratuito. Como prelecciona *John Rawls*, quanto mais profundo for o conflito, maior é o nível de abstracção a que devemos ascender para obter uma perspectiva clara e descomprometida das suas raízes e soluções. A democracia discursiva proposta por *Habermas* livra-se da aparência irrealista que lhe pretendem imprimir quando a vemos como *processo de aprendizagem reflexivamente orientado à sensibilização dos latentes mecanismos de integração social* (*Gomes Canotilho*). Aqui a ideia do progresso histórico converge com a aprendizagem dos indivíduos – da perspectiva egocêntrica para a social, como em *Piaget*.

Em que medida tais construções teóricas relacionam-se com o debate constitucional europeu? Precisamente nisto: a democracia discursiva sugere uma nova forma de se conceber a identidade colectiva. A legitimação comunicativa produz um novo nível de coesão social onde a autocompreensão ético-política dos cidadãos pode ser construída e reproduzida comunicativamente. Tudo depende da institucionalização jurídica da comunicação cidadã – e aqui a Constituição pode ter um efeito indutor.

O que une uma nação de cidadãos não é (ou não é somente) a existência de um substrato histórico-cultural, mas sim a partilha de entendimento possível num contexto comunicativo (ou num contexto de solidariedade forjado politicamente entre cidadãos que, apesar de estranhos, sentem-se responsáveis uns pelos outros). Se a *integração* nas sociedades pluralistas da actualidade (ou a convivência de várias doutrinas religiosas, filosóficas, ideológicas) é patrocinada pela interacção discursiva, então a identidade colectiva europeia pode ter uma base distinta da procedência étnica. *Habermas* defende que a unidade europeia pode significar, simplesmente, unidade na diversidade nacional. *Não se procure uma aparente homogeneidade lá onde só tropeçamos com a heterogeneidade.* Uma tal afirmação só poderia partir de um discípulo kantiano profundamente marcado pelo ideário federal e a lógica cooperativa que lhe oferece sustentação.

REFERÊNCIAS BIBLIOGRÁFICAS:

1) Alessandro Pace (org). *Quale, dei Tanti Federalismi?*, Cedam, 1997.

2) Andreu Olesti Rayo. *Los Principios del Tratado de la Unión Europea*, Editorial Ariel, Barcelona, 1998.

3) António Barbosa de Melo. *Legitimidade Democrática e Legislação Governamental na União Europeia*, *in* Boletim da Faculdade de Direito da Universidade de Coimbra, Estudos em Homenagem ao Prof. Doutor Rogério Soares, Coimbra Editora, 2001.

4) Antonio Estella de Noriega. *La Paradoja de la Subsidiariedad: Reflexiones en Torno a la Jurisprudencia Comunitaria Relativa al Artículo 3B(2) del Tratado de la Comunidad Europea*, *in* Revista Española de Derecho Administrativo, n.º 101, 1999.

5) Daniel Halberstam. *The Duty to Cooperate in the Federal Systems: of Harmony and Voice*, *in* Workshop Multi-level Constitutionalism – Transatlantic Perspectives. Cooperative Federalism: the US and the EU, Faculdade de Direito da Universidade Nova de Lisboa, 2001 (policopiado).

6) Eduardo García de Enterría. *El Proyecto de Constitución Europea*, *in* Revista Española de Derecho Constitucional, n.º 45, 1995.

7) Francesc Morata. *Governanza Multinivel en la Unión Europea*, *in* Documentos del VII Congreso Internacional del CLAD sobre la Reforma del Estado y de la Administración Pública, Caracas, Septiembre 2002.

8) Francisco Lucas Pires. *O Factor Comunitário no Desenvolvimento Constitucional Português*, *in* Boletim da Faculdade de Direito da Universidade de Coimbra – 20 Anos da Constituição de 1976, Coimbra Editora, 2000.

26 *Estudos em Comemoração do 10.° Aniversário da Licenciatura em Direito*

9) Francisco Lucas Pires. *Introdução ao Direito Constitucional Europeu*, Almedina, Coimbra, 1997.

10) Gustavo Zagrebelsky. *El Derecho Constitucional del Pluralismo*, *in* Anuario de Derecho Constitucional y Parlamentário, n.°11, 1999.

11) Gustavo Zagrebelsky (org). *Il Futuro della Costituzione*, Einaudi, Torino, 1996.

12) Gustavo Zagrebelsky (org). *Il Federalismo e la Democrazia Europea*, La Nuova Italia Scientifica, Roma, 1995.

13) John Rawls. *O Liberalismo Político*, Editorial Presença, Lisboa, 1997.

14) Jorge Miranda. *Teoria do Estado e da Constituição*, Coimbra Editora, Coimbra, 2002.

15) Jorge Sampaio. *A Governação Europeia – Expectativas e Preocupações, uma Visão Pessoal*, *in* Scientia Iuridica, n.° 294, 2002.

16) José Joaquim Gomes Canotilho. *Direito Constitucional e Teoria da Constituição*, Almedina, Coimbra, 2002.

17) José Joaquim Gomes Canotilho e Vital Moreira. *Constituição da República Portuguesa Anotada*, Coimbra Editora, 1993.

18) José M. de Areilza Carvajal. *El Principio de Subsidiariedad en la Construccion de la Union Europea*, *in* Revista Española de Derecho Constitucional, n.°45, 1995.

19) Jürgen Habermas. *Between Facts and Norms*, The Mit Press, Cambridge, Massachusetts, 1996.

20) Jürgen Habermas. *La Inclusión del Otro*, Ediciones Paidós Ibérica, Barcelona, 1999.

21) Paulo Castro Rangel. *Uma Teoria da Interconstitucionalidade (Pluralismo e Constituição no Pensamento de Francisco Lucas Pires)*, *in* Themis, ano I, n.°2, 2000.

22) Paulo Ferreira da Cunha. *Constituição Europeia?*, Jornal de Notícias, 18 de Junho de 2003.

22) Peter Häberle. *Retos Actuales del Estado Constitucional*, IVAP, Oñati, 1996.

24) Peter Häberle. *Derecho Constitucional Comun Europeo*, *in* Revista de Estudios Politicos, Jan/Março, 1993.

25) *Projecto de Tratado que Institui uma Constituição para a Europa* (apresentado no Conselho Europeu reunido em Salónica, 20 de Junho de 2003), Serviço das Publicações Oficiais das Comunidades Europeias, Luxemburgo, 2003.

26) Rui Manuel Gens Moura Ramos. *Direito Comunitário (Programa, Conteúdos e Métodos de Ensino)*, Coimbra Editora, Coimbra, 2003.

27) Simone Chambers/Kenneth Baynes/Mark Warren. *The Cambridge Companion to Habermas*, Cambridge University Press, 1995.

28) Vital Moreira. *A Questão da "Constituição Europeia"*, Público, 19 de Dezembro de 2000.

A UTILIZAÇÃO FRAUDULENTA DE CARTÕES DE CRÉDITO NA CONTRATAÇÃO À DISTÂNCIA

GRAVATO MORAIS

> SUMÁRIO: 1. A situação fáctica. 2. A contratação à distância e o pagamento com cartão de crédito. 3. Requisitos de aplicação do art. 10.°, do DL 143/2001; a) Pagamento do preço de uma transacção mediante cartão de crédito; b) Utilização não presencial do cartão de crédito; c) Utilização fraudulenta do cartão de crédito por pessoa diversa do titular; d) Existência de uma situação de débito em conta. 4. A declaração do consumidor dirigida ao credor. 4.1. Caracterização. 4.2. Efeitos. 4.3. Enquadramento dogmático. 5. O direito de regresso da entidade emitente.

1. A situação fáctica

O pagamento mediante cartão de crédito pressupõe a celebração de um contrato (de emissão), nos termos do qual o emitente põe à disposição do titular do cartão um determinado montante mensal que este pode utilizar, através do uso do documento, para efectuar o pagamento do preço (dos bens adquiridos ou dos serviços prestados) junto dos comerciantes associados ao sistema[1], sendo que ulteriormente deve reembolsar o emitente

---

[1] Pressupõe-se, portanto, a prévia conclusão de um contrato entre o emitente e o fornecedor dos bens ou dos serviços, designado de associação, ao abrigo do qual este se obriga a aceitar o cartão de crédito sempre que o titular o pretenda utilizar como forma de pagamento do preço e aquele correspectivamente se obriga ao pagamento das notas de despesa, em regra subscritas pelo titular do cartão, desde que observadas certas condições apostas no contrato. Acresce que o comerciante, por cada transacção efectuada, paga ao emitente uma determinada quantia, percentualmente fixada no contrato. Sobre este contrato, ver,

das quantias por este despendidas. No caso de o cartão de crédito permitir o fraccionamento da obrigação de restituição do preço incumbe ao titular o pagamento dos juros remuneratórios estipulados[2].

A hipótese típica associada ao pagamento com cartão de crédito é a da utilização física do mesmo junto dos fornecedores que aderiram ao sistema. Por via de regra, o documento é reconhecido electronicamente através de máquinas, adquiridas ou alugadas ao emitente. Em casos pouco frequentes, seja porque o comerciante não dispõe das referidas máquinas, seja porque o sistema se encontra a funcionar *off-line*, o cartão é usado em máquinas manuais, do tipo 'fer à repasser'. Em qualquer das situações mencionadas, o fornecedor encontra-se adstrito a comprovar a similitude da assinatura aposta no cartão com aquela outra efectuada, por ocasião do pagamento, pelo respectivo titular e a verificar a data de validade impressa no documento. Na sua forma clássica, o pagamento com cartão de crédito reveste, portanto, natureza presencial.

Paralelamente a estas hipóteses, o documento em apreço é, nos nossos dias, usado amiudadamente sem que ocorra a sua presença física. Do que se trata é de proceder ao pagamento de uma transacção mediante a indicação do nome do titular, do número do cartão, da data da sua validade e do código de verificação da validade do cartão (os últimos três dígitos de um conjunto de sete, apostos no seu verso).

A realização de uma operação deste género não implica sequer a posse do cartão de crédito, mas tão só o conhecimento de alguns dos seus elementos visíveis. Deste modo, qualquer pessoa que esteja em contacto directo com o documento pode aceder, com relativa facilidade, a tais dados (*v.g.*, o empregado do fornecedor a quem é entregue o cartão, a pessoa que convive com o titular).

Acresce que, por outro lado, o fornecedor não tem possibilidade de conferir pessoalmente a similitude das assinaturas, tal como sucede no domínio da utilização tradicional, e de comprovar a regularidade da transacção. Também a inexistência de uma máquina electrónica impede a detecção de um eventual cancelamento do cartão.

---

entre outros, JOANA VASCONCELOS, "Cartões de Crédito", RDES, 1993, pp. 150 ss. e, na doutrina estrangeira, GIUSEPPE RESTUCCIA, *La carta di credito nell'ordinamento giuridico italiano e comunitario*, Milano, 1999, pp. 61 ss.

[2] Os cartões de crédito bancários permitem ainda ao seu titular efectuar operações do tipo "cash advance", que se traduzem na possibilidade de retirar dinheiro a crédito junto das máquinas ATM/POS ou mesmo nos balcões da instituição de crédito. Neste campo, há sempre lugar ao pagamento de juros.

A utilização fraudulenta de cartões de crédito na contratação à distância 29

Como se percebe, nestes casos, o risco de uso do cartão de crédito por pessoa diversa do titular é bastante superior do que quando ocorre a utilização física, electrónica ou mecânica, do documento.

É esta realidade que procuramos seguidamente analisar, no sentido de saber de que modo se encontra protegido o titular do cartão de crédito.

2. A contratação à distância e o pagamento com cartão de crédito

O cenário aludido enquadra-se no domínio dos contratos celebrados à distância. Nesta sede, importa assinalar a existência de um diploma, o DL 143/2001, de 26 de Abril[3] – que transpôs a Directiva 97/7/CE, de 20 de Maio –, que consagra regras específicas sobre a matéria (cfr. arts. 1.° a 12.°[4]).

Dentre elas, realce-se o art. 10.° – sem expressão no anterior regime – que regula o problema da utilização fraudulenta de cartão de crédito (e de débito).

Tal normativo é fruto da transposição de um preceito da Directiva – o art. 8.° [5] –, o qual sofreu algumas transformações em relação à disposição constante da Proposta de Directiva do Conselho de 20 de Maio de 1992 que tinha por base[6].

Relativamente ao acolhimento da norma em causa nos respectivos ordenamentos jurídicos dos Estados-membros, salientem-se, entre outros, o § 676 h BGB, o § 31 a) *Konsumschutzgesetz*, o art. 8.° do *Dec. Leg. 22*

---

[3] O diploma revogou o DL 272/87, de 3 de Julho, relativo às vendas ao domicílio, às vendas por correspondência, às vendas em cadeia e às vendas forçadas.

[4] No âmbito deste trabalho, todas as referências efectuadas sem alusão ao respectivo diploma devem entender-se como realizadas ao DL 143/2001, de 26 de Abril.

[5] Determina o preceito que "Os Estados-membros devem zelar pela existência de medidas adequadas para que o consumidor:

– possa pedir a anulação de um pagamento no caso de utilização fraudulenta do seu cartão de pagamento em contratos à distância abrangidos pela presente directiva,

– em caso de utilização fraudulenta, seja de novo creditado dos montantes debitados para pagamento ou os montantes lhe sejam restituídos" (JOCE, n.° L 144/23, de 4.6.1997)

[6] Dispõe o art. 12.° que "a contestação, por parte do titular de um cartão de pagamento, da validade de uma operação na qual tinha sido anotado o número do cartão sem apresentação ou identificação electrónica do meio de pagamento implica a anulação da operação. A conta do fornecedor será então debitada e a conta do titular será recreditada no mais curto prazo possível, sem prejuízo de indemnização em caso de contestação abusiva". Ver COM (92) 11 final – SYN 411, p. 82.

30   *Estudos em Comemoração do 10.º Aniversário da Licenciatura em Direito*

maggio 1999, n. 185, o art. L. 132-4 a 6 do *Code Monétaire et Financier* (correspondentes aos arts. 36.º a 38.º da *Loi n.º 2001-1062, du 15 novembre 2001*) e o art. 46.º da *Ley 7/1996* (*Ley de Ordenación del Comercio Minorista*)[7].

A determinação do alcance da disposição em estudo impõe um exame breve do âmbito – subjectivo e objectivo – de aplicação do diploma onde se encontra integrado.

Do ponto de vista dos sujeitos intervenientes, é necessário que o negócio se celebre entre um fornecedor, pessoa singular ou colectiva, que actue no quadro da sua actividade profissional (art. 1.º, n.º 3, al. b)), e um consumidor, enquanto pessoa singular que actue com fins que não pertençam ao domínio da sua actividade profissional (art. 1.º, n.º 3, al. a)).

Por outro lado, impõe-se a conclusão de um contrato à distância, ou seja, um negócio integrado num sistema de venda ou de prestação de serviços organizado pelo fornecedor que utiliza exclusivamente, pelo menos, uma técnica de comunicação à distância (isto é, sem a presença física e simultânea dos contraentes) até ao momento da celebração do contrato (art. 2.º, als. a) e b))[8].

Estamos assim perante contratos realizados entre ausentes. A sua conclusão pode ocorrer através de meios de comunicação tradicionais, designadamente o correio, o telefone, o fax, a televisão, o rádio, o catálogo ou a publicidade impressa, bem como mediante instrumentos de comunicação electrónica, nomeadamente o correio electrónico[9].

Note-se, no entanto, que há ainda um leque de negócios que, embora possam ser outorgados sem a presença física e simultânea das partes, se encontram excluídos do âmbito da disciplina estabelecida. A título exemplificativo, citem-se os contratos à distância relativos a serviços financeiros e as operações efectivadas por meio de distribuidores automáticos ou de estabelecimentos comerciais automatizados (art. 3.º, n.º 1, al. b))[10].

---

[7] Ver ainda a Ley 47/2002, de 19 de diciembre.

[8] Ver ANTONIO FRATERNALE, *I contratti a distanza*, Milano, 2002, pp. 10 ss.

[9] É pacífica a subsunção dos contratos celebrados na internet ao regime da contratação à distância (ver, entre outros, ELSA DIAS OLIVEIRA, *A protecção dos consumidores nos contratos celebrados através da internet*, Coimbra, 2002, pp. 34 ss., CARLOS FERREIRA DE ALMEIDA, *Contratos*, I, 2ª Ed., Coimbra, 2003, pp. 137 e 138 e ANTONIO FRATERNALE, ob. cit., pp. 22 ss.).

[10] Ver sobre a contratação à distância, na doutrina portuguesa, ELSA DIAS OLIVEIRA, ob. cit., esp. pp. 49 ss., PUPO CORREIA "Contratos à distância: uma fase na evolução da defesa do consumidor na sociedade de informação?", Estudos de Direito do Consumidor,

A utilização fraudulenta de cartões de crédito na contratação à distância 31

3. Requisitos de aplicação do art. 10.°, do DL 143/2001

a) *Pagamento do preço de uma transacção mediante cartão de crédito*

Celebrado um contrato de compra e venda ou de prestação de serviços (à distância), o consumidor encontra-se obrigado ao pagamento do preço (cfr. art. 879.°, al. c) e art. 1154.°, ambos do CC).

Em regra, são várias as formas ao alcance do consumidor para efectuar tal pagamento (por exemplo, o cheque, o vale do correio, o cartão de débito). Aliás, o DL 143/2001 impõe ao fornecedor o dever de informar previamente o consumidor acerca dos possíveis modos de realização do pagamento (art. 4.°, n.° 1, al. e)). Nesse sentido, a faculdade de utilização de um cartão de crédito na contratação à distância, quando o fornecedor a possibilitar, integra o conteúdo da obrigação de informação legal.

Ora, o pagamento do preço de uma transacção mediante cartão de crédito é justamente um dos requisitos consagrado no art. 10.°[11].

Cumpre, pois, determinar se todo o tipo de cartões de crédito, atenta a sua variedade, se subsume à hipótese tida em vista.

Embora nos primeiros números do preceito (n.°s 1 e 2) apenas se aluda a "cartão de crédito"[12], ulteriormente existem referências à "entidade bancária ou financeira emissora" do cartão (n.°s 3 e 4). A expressão mencionada parece apoiar-se na distinção resultante do DL 298/92, de 31 de Dezembro, que contrapõe as instituições de crédito (arts. 2.° a 4.°) – designadamente os bancos – às sociedades financeiras (arts. 5.° a 7.°) – nelas cabendo as sociedades emitentes ou gestoras de cartões de crédito (art. 6.°, n.° 1, al. e)).

O elemento literal sugere, portanto, a aplicação da disposição em análise aos cartões de crédito emitidos por outrem que não o fornecedor

---

n.° 4, Coimbra, 2002, pp. 165 ss. Na doutrina estrangeira, cfr. GIOVANNI DI CRISTOFARO, "Contratti a distanza e norme a tutela del consumatore", Studium Juris, 1999, pp. 1191 ss.

[11] O art. 10.° refere-se também aos cartões de débito.

Não é empregue a ampla expressão "cartões de pagamento", como resultava do art. 8.° da Directiva e como o fizeram, em sede de transposição, por exemplo, os legisladores alemão (*Zahlungskarten*, no § 676 h BGB), italiano (*carta di pagamento*, no dec. leg. 22 maggio 1999, n. 185) e francês (*carte de paiement*, no art. L. 132-1 CMF).

[12] Não é dada no diploma qualquer noção de cartão de crédito. Veja-se, no entanto, a noção constante do Aviso do Banco de Portugal n.° 11/2001, n.° 1, al. a), tendo por referência apenas os cartões de crédito trilaterais.

dos bens. Utilizando um critério amplo de qualificação, cabem aqui não só os cartões bancários *stricto sensu*, assim como os cartões do tipo *Travel and Enterteinment*. Estes, também nomeados por certa doutrina como cartões de despesa (*charge cards*), permitem ao respectivo titular o seu uso junto dos comerciantes associados ao sistema e caracterizam-se pelo facto de a obrigação de reembolso dever ser efectuada no final de cada mês (daí a designação *cartes à paiement fin de mois*), sendo certo que, em regra, inexiste um *plafond* máximo ao qual está sujeito o seu titular (por isso são ainda denominados cartões de acreditação – *cartes accréditives*)[13]. Aqueles facultam o pagamento diferido (cujo limite máximo pode ascender a 50 dias) mas também rateado (havendo aqui lugar à cobrança de juros remuneratórios) junto do emitente, bem como estabelecem um limite mensal de disponibilidade que o titular não deve ultrapassar.

Suscita-se ainda o problema de saber se os cartões emitidos pelo próprio comerciante – ditos bilaterais, atendendo à existência de apenas duas partes – são subsumíveis à hipótese legal[14]. Estamos a pensar, por exemplo, na utilização de cartões emitidos pelo próprio fornecedor para aquisição de bens no seu sítio na internet.

Respondemos afirmativamente à questão enunciada. Na verdade, se o próprio comerciante emite um cartão de crédito em nome de uma pessoa física que actua com fins que não pertençam ao âmbito da sua actividade profissional e outrem o usa para pagamento de um contrato celebrado à distância, o titular, consumidor, pode socorrer-se do regime consagrado. O interesse em causa é o mesmo: a protecção do consumidor, titular de um

---

[13] No sentido expendido, PEDRO FROUFE, "Cartões de Crédito – sua emissão e exploração", Fides, I, pp. 77 ss., MENEZES CORDEIRO, *Manual de Direito Bancário*, 2ª Ed., Coimbra, 2001, p. 561 (embora o autor não se debruce sobre a questão, assim os designa). Alguma doutrina entende que tais documentos não configuram cartões de crédito, mas cartões de despesa (ou universais). É a posição defendida por JOANA VASCONCELOS, "Cartões de Crédito", cit., p. 331 (no entanto, a autora considera que envolvem "ainda uma certa vertente creditícia") e por RAQUEL GUIMARÃES, *As transferência electrónicas de fundos e os cartões de débito*, Coimbra, 1999, pp. 79 ss.

De todo o modo, refira-se que a não qualificação como cartão de crédito não afasta o emprego do preceito, dado o seu vasto alcance. Com efeito, esta abrange também os cartões de débito. Ora, os cartões em causa situam-se, segundo cremos, para os autores citados, numa zona intermédia, logo subsumíveis à hipótese da norma.

[14] Não se exclua, porém, a possibilidade de um cartão emitido por um comerciante permitir o pagamento junto de outros comerciantes. Neste caso, a relação assume igualmente uma natureza trilateral.

A utilização fraudulenta de cartões de crédito na contratação à distância   33

cartão de crédito. Por outro lado, o *modus operandi* é idêntico, apesar de estarem em causa apenas duas partes[15].

Impõe-se ainda relevar – embora no sentido oposto – os cartões de crédito de empresa[16]. Neste domínio, o respectivo titular não é um consumidor mas uma empresa. No entanto, no documento figura, para além da denominação desta entidade, igualmente o nome do seu específico utilizador, pessoa física por aquela autorizada a pagar com cartão.

Neste quadro, o regime do art. 10.º não encontra aplicação, dado que o respectivo titular não é um consumidor, pressuposto da norma em estudo e do próprio regime das vendas à distância. Portanto, o uso fraudulento do cartão por outrem que não o utilizador não permite àquela entidade socorrer-se da respectiva disciplina.

Cumpre, por fim, salientar que o emprego da disposição não está dependente da circunstância de a transacção não exceder ou ser superior a um determinado valor. Não é, assim, imposto nenhum tipo de exclusão ou de limitação a nível pecuniário, como sucede noutras áreas[17], pelo que a tutela do consumidor é, quanto a este específico aspecto, plena.

b) *Utilização não presencial do cartão de crédito*

Originariamente a Proposta de Directiva de 1992 referia-se, no art. 12.º, à "não apresentação ou à não identificação electrónica do meio de pagamento"[18]. A expressão foi retirada do correspondente art. 8.º da Directiva, que se basta com a locução "contratos à distância".

Reflectindo a menção aposta na directiva, o texto do art. 10.º não alude à ausência de identificação electrónica ou ao uso não presencial do

---

[15] No mesmo sentido, GETE-ALONSO Y CALERA, *Las tarjetas de crédito. Relaciones contractuales y conflictividad*, Madrid, 1997, p. 112.

[16] Esta é a designação habitual dos cartões em questão. No entanto, importa afirmar que não só as empresas como também todas as pessoas colectivas (*v.g.*, associações, fundações) são susceptíveis de serem titulares de cartões deste género.

[17] Em sede de crédito ao consumo, existe um regime de exclusão que afasta o emprego do diploma no caso de a concessão de crédito exceder ou ficar àquem de dado limite (art. 3.º, al. c) do DL 359/91, de 21 de Setembro) – ver GRAVATO MORAIS, "Do regime jurídico do crédito ao consumo", Scientia Ivridica, 2000, p. 383.

[18] Aliás, idêntica locução encontra-se prevista no art. 6.º, n.º 3, 1ª frase, da Recomendação 97/489/CE, relativa às transacções realizadas através de um instrumento de pagamento electrónico.

cartão de crédito, embora se refira à contratação à distância (n.º 1), onde como sabemos não existe a presença física e simultânea do fornecedor e do consumidor.

De todo o modo, do que se trata nas operações realizadas à distância é do "pagamento por cartão sem cartão"[19], pelo que os procedimentos típicos de verificação da regularidade da utilização do documento não ocorrem (v.g., o confronto da similitude das assinaturas no momento em que é empregue o documento).

De resto, uma das modalidades de contratação à distância, justamente a negociação através da internet, levou ao surgimento de cartões de crédito que permitem o pagamento tão somente nesse contexto. Tais documentos são designados como cartões virtuais[20], pois não dispõem de uma tarja magnética nem de um microchip, o que impede o uso e o reconhecimento electrónicos, nem de números gravados no próprio cartão, o que obsta igualmente à sua utilização mecânica.

Dado que o risco de uso fraudulento do cartão por outrem é elevado, o emitente procura através do emprego de meios técnicos específicos oferecer aos seus clientes um grau de segurança mais elevado[21].

Note-se que nem mesmo a transmissão dos dados do cartão sob a forma encriptada torna a transacção absolutamente segura.

No nosso país, está à disposição dos clientes bancários um serviço que permite o pagamento na internet com garantia acrescida de segurança para todos os contraentes envolvidos. O sistema instituído – MBNet – pressupõe a prévia adesão do cliente[22], titular de um cartão de crédito emi-

---

[19] A expressão é empregue na exposição de motivos da citada Proposta de Directiva (p. 21).

[20] Ver, sobre este aspecto, JOANA VASCONCELOS, "Sobre a repartição entre titular e emitente do risco de utilização abusiva do cartão de crédito no direito português", Estudos em homenagem ao Prof. Doutor I. Galvão Telles, Vol. III, Coimbra, 2002, p. 510, nota 57.

[21] É o caso do sistema SET (*Secure Electronic Transaction*), desenvolvido especificamente para a realização de operações de comércio electrónico. Concebido pelas empresas Visa e Master Card e com a cooperação de outras (*v.g.*, a Microsoft), o sistema usa algoritmos de chaves públicas e de chaves simétricas, pressupondo a existência de certificados digitais que ligam uma chave pública a uma concreta pessoa e que permite às partes envolvidas no processo de utilização do cartão enviar entre si os dados através da rede. Ver, quanto a este assunto, JOSÉ VILA SOBRINO, "Aspectos técnicos para el desarrollo de aplicaciones de comercio electrónico", em Comercio Electrónico en internet, Madrid, Barcelona, 2001, p. 58 e, na mesma obra, JAVIER FRAMIÑÁN SANTAS, "Medios de pago *on line* a través de internet", pp. 374 ss. Cfr. ainda RUFUS PICHLER, "Kreditkartenzahlung im Internet", NJW, 1998, pp. 3237 ss.

[22] A adesão pode ser efectuada, por exemplo, numa caixa ATM.

A utilização fraudulenta de cartões de crédito na contratação à distância   35

tido por uma instituição naquele participante, na sequência da qual lhe é atribuída uma identificação, um código secreto e, eventualmente, um montante máximo diário para a realização de compras. A activação do sistema, exclusivamente associada, no nosso caso, ao cartão de crédito do titular (e, portanto, à conta-cartão), tem o mesmo prazo de validade que o documento ao qual está ligado, estando também dependente da sua renovação. Ora, efectuada a adesão, os dados pessoais e secretos possibilitam o pagamento do preço de bens ou dos serviços na internet. Deste modo, os números do cartão de crédito do titular não mais circulam na rede.

Há que distinguir, no entanto, duas hipóteses. No caso de o fornecedor ter celebrado com o emitente um contrato de associação ao serviço, o titular do cartão virtual tendo em vista a aquisição de um objecto no sítio do comerciante na internet, deve aceder ao sítio do MBNet e introduzir os elementos de identificação secretos acima mencionados, reconhecendo o sistema os dados relativos ao pagamento.

Se se trata de um comerciante não aderente, o titular do cartão pode requerer um cartão temporário, indicando o montante pretendido para a transacção a realizar. Reconhecendo o sistema o pedido, é atribuído um número de cartão (temporário), uma data de validade e um código que permite ao consumidor realizar o pagamento no sítio do comerciante. O cartão virtual é válido para uma única transacção pelo valor solicitado.

Em jeito de conclusão, refira-se que, para efeito de aplicação do normativo, o cartão de crédito não pode ter sido usado presencialmente[23]. Fica, por esta via, afastada do âmbito legal qualquer utilização material, ainda que não electrónica, do documento. É o que ocorre no caso das máquinas do tipo 'ferro de engomar', onde o cartão é efectivamente usado, sendo que o comerciante tem a possibilidade de comprovar a similitude das assinaturas, a do cartão e a realizada na sua presença pelo seu titular.

c) *Utilização fraudulenta do cartão de crédito por pessoa diversa do titular*

A aplicação da norma em análise está ainda dependente da "utilização fraudulenta" de um cartão de crédito por pessoa diversa do titular.

---

[23] Tal exigência resulta expressamente do art. L. 132-4, 1.º par., parte final, do CMF. O 2.º par. determina que não há responsabilidade (do titular) "em caso de contrafacção" e "se, no momento da operação contestada, ele se encontra na posse física do cartão".

36 *Estudos em Comemoração do 10.º Aniversário da Licenciatura em Direito*

A expressão, que tem origem na Directiva 97/7/CE (art. 8.º, 1.º e 2.º travessões)[24], foi consagrada na generalidade dos Estados-membros que operaram a transposição, inclusivamente no art. 10.º em estudo. Cumpre realçar, contudo, que o legislador alemão, no § 676 h BGB, optou por uma formulação distinta: utilização abusiva (*missbräuchliche Verwendung*). Embora a locução "utilização fraudulenta" conste do art. 10.º não é, porém, explicitado o seu significado, tal como sucede, de resto, nos distintos ordenamentos jurídicos que a empregam. Impõe-se, pois, determinar o seu alcance, não sem previamente traçar uma breve panorâmica sobre a fraude noutras áreas do direito.

Deve assinalar-se, por um lado, a sua associação ao direito público, nomeadamente ao direito penal. Vejam-se, por exemplo, os arts. 339.º e 341.º do Código Penal, relativos, respectivamente, à "fraude em eleição" e à "fraude e corrupção do eleitor". No entanto, também numa perspectiva civilista, assume contornos determinantes, através do instituto da fraude à lei. Saliente-se, por exemplo, a sua consagração no art. 19.º do DL 359/91, de 21 de Setembro[25]. Através desta figura, no caso concreto, proíbe-se a prática de actos que visem, com o seu intuito fraudulento, evitar a aplicação do diploma[26].

Em sede de pagamento com cartão, o termo foi empregue, a nível comunitário, na Recomendação 97/489/CE. Aí se alude, no que toca à comunicação pelo titular do "extravio" ou do "furto" do cartão, à "forma fraudulenta" de actuação (art. 6.º, n.º 1). O Aviso do Banco de Portugal

---

[24] As várias versões da Directiva usam locuções idênticas. Vejam-se, por exemplo, a versão alemã que se refere a uma *betrügerische Verwendung* e a versão italiana que alude à *utilizzazione fraudolenta*.

Quer a Proposta de Directiva de 1992, quer a Proposta alterada de Directiva de 1993 não utilizavam a expressão. Afirmava-se, de modo abrangente, que a contestação da validade da operação tinha como consequência a sua anulação (art. 12.º), afastando-se qualquer dos diplomas da formulação de conceitos.

[25] O Código Civil italiano dispõe de uma norma, o art. 1344.º, que consagra o instituto da fraude à lei.

O nosso Código Civil, por sua vez, refere-se no art. 242, n.º 1, parte final, à "simulação fraudulenta" (esta "visa enganar e, com isso, prejudicar o terceiro", Heinrich Hörster, *A parte geral do Código Civil português*, Coimbra, 1992 (reimp. 2000), p. 537), e, no art. 330.º, n.º 1, à "fraude às regras legais da prescrição" (art. 330.º, n.º 1).

[26] A fraude, em termos gerais, configura "um acto cometido de má-fé, com a intenção de enganar, lesar, prejudicar outrem" (Dicionário da Língua Portuguesa Contemporânea, Vol. I, Lisboa, p. 1816).

A utilização fraudulenta de cartões de crédito na contratação à distância   37

mencionado, ao tratar a mesma questão, usa a palavra "dolo", afastando-se da formulação consagrada no diploma comunitário.

Efectuado este pequeno parêntesis, importa, por um lado, realçar que, para alguma doutrina, a locução utilizada na directiva não é isenta de críticas. Por exemplo, Anne Salaün sustenta que a tutela conferida é "extremamente minimalista" e "não responde às necessidades legítimas de protecção dos consumidores", pois não abrange os casos de "má execução, de inexecução ou de negligência que podem ser a causa de um incidente no pagamento"[27].

A nosso ver, as constantes mutações conceptuais, em função do específico campo de aplicação, não fornecem um particular auxílio. No seu sentido literal, a expressão pressupõe o uso intencional por parte de outrem dos elementos visíveis do cartão de crédito sem o consentimento ou sem o conhecimento do respectivo titular. Portanto, é dada uma ordem de pagamento através de cartão de crédito à revelia do titular.

Refira-se que, nestas hipóteses, não há que averiguar se o titular do cartão de crédito actuou ou não na veste de consumidor, já que não foi por ele realizada qualquer transacção. Desta sorte, a finalidade subjacente ao uso do cartão de crédito pelo terceiro mostra-se irrelevante para efeito de aplicação da norma. O consumidor, titular do cartão, merece protecção, porque, em regra, usa o documento naquela veste. Assim, apenas é decisivo que tenha sido emitido em nome de um consumidor[28].

Retomando a procura do alcance da norma, cabe afirmar que a locução não parece prejudicar, de igual forma, as situações em que a transacção é efectivamente realizada pelo titular, mas em que o montante debitado ou a debitar excede o valor da operação[29]. Com efeito, neste quadro, pode ocorrer uma utilização do cartão que não reveste natureza fraudulenta (dada a inexistência de uma intenção de um terceiro lesar os interesses do titular), mas tão só indevida do cartão (*v.g.*, um mero lapso do fornecedor origina o débito pelo emitente da conta-cartão em montante superior ao preço relativo à transacção).

---

[27] "Les paiements électroniques au regard de la vente à distance", http//www.droit.fundp.ac.be/crid/eclip/default.htm, p. 12.

[28] Alguns ordenamentos jurídicos (como é o caso do francês e do alemão) tutelam o interesse do titular do cartão, independentemente de este ser ou não consumidor. Posição idêntica à consagrada na nossa lei é seguida pelo legislador italiano.

[29] A lei italiana, o Dec. Leg. 22 maggio 1999, n. 185, distingue as duas hipóteses (o pagamento que excede o preço estipulado e o uso fraudulento).

38 Estudos em Comemoração do 10.º Aniversário da Licenciatura em Direito

A interpretação que propomos é consentânea com a teleologia do preceito, o não agravamento da posição do consumidor que não utiliza (ou que utiliza dentro de determinado limite pecuniário) o cartão de crédito de que é titular para pagamentos à distância e a quem é debitado sem fundamento uma determinada soma. Explicitemos. Por um lado, a razão de decidir e também a decisão são as mesmas em ambas as situações. Com efeito, o interesse do consumidor em não ver agravada a sua posição ao nível da contratação à distância deve prevalecer sobre o interesse do emitente na cobrança do valor relativo à transacção. Por outro, se a lei permite ao consumidor "solicitar a anulação do pagamento" quando ocorre o uso fraudulento do cartão por outrem de igual modo há-de inevitavelmente ter querido abarcar aqueles casos em que inexiste um motivo justificativo para a cobrança. Também aqui o cartão de crédito não foi empregue no que toca ao valor que excede a soma que corresponde ao preço da aquisição. Assim, um mero equívoco, v.g., do fornecedor deve fazer operar o mesmo efeito[30].

De todo o modo, neste campo, se, por exemplo, a aquisição do titular serve os seus interesses profissionais (v.g., a compra de um computador para o seu consultório médico) e o débito ultrapassa o valor da transacção, o consumidor, porque não actuou nessa veste, não parece que possa beneficiar do regime em análise.

Propomos, desta forma, uma interpretação lata da expressão, de molde a abranger as hipóteses em que ocorra um uso não só fraudulento mas também indevido do cartão[31].

Como referimos cabem aqui as situações em que "outrem" (art. 10.º, n.º 2), ou seja, um terceiro, estranho à relação bilateral ou trilateral, ou mesmo o próprio fornecedor ou ainda o emitente, utiliza os dados visíveis do cartão de crédito do titular para a realização de transacções[32].

Excluídos do manto de protecção legal encontram-se aqueles casos em que o titular do cartão de crédito emprega efectivamente o cartão ou

---

[30] Caso se trate de um erro do emitente, também aqui tendemos a considerar aplicável a norma.

[31] Propondo uma interpretação lata, RUFUS PICHLER, ob. cit., p. 3236, PALANDT/ /SPRAU, em comentário ao § 676 h BGB, refere que a "utilização sem ou contra a vontade do titular" integra o conceito de utilização abusiva (Bürgerliches Gesetzbuch, 61., neubearbeitete Auflage, München, 2002, p. 923).

[32] Se o terceiro utilizador dos dados do cartão tem uma relação de proximidade com o titular do documento e tem, por via disso, um acesso mais fácil aqueles elementos, tal não impede o consumidor de se socorrer da disciplina legal.

A utilização fraudulenta de cartões de crédito na contratação à distância   39

em conluio com o fornecedor ou mesmo com um terceiro permite o seu uso e, posteriormente, invoca o preceito no sentido de se eximir ao cumprimento da sua obrigação perante o emitente. Tratar-se-á, então, de um abuso individual do direito de "anular o pagamento" mediante cartão, configurando o seu exercício uma atitude contrária à regra da boa fé (art. 334.° CC)[33].

A amplitude da noção apresentada suscita uma ulterior questão: deve entender-se que a perda, o furto ou o roubo do cartão e a sua utilização posterior por outrem, em sede de contratos celebrados à distância, configuram hipóteses de utilização fraudulenta subsumíveis ao regime do art. 10.°[34]?

A pertinência do problema resulta da circunstância de dispormos de um regime específico que regula aquela à matéria, constante do n.° 8, do Aviso 11/2001, do Banco de Portugal.

Dele decorre que o titular do cartão no período que antecede a comunicação (a qual deve ser imediata) da ocorrência (a que está adstrito, ao abrigo do n.° 8, § 1) ao emitente é responsável pelas transacções realizadas com cartão até ao valor do saldo disponível face ao limite do crédito à data da primeira operação considerada irregular. No entanto, se o titular actua dolosamente ou é grosseiramente negligente a restrição não se aplica (n.° 8, § 6). No período subsequente à notificação de qualquer dos factos, o titular não é responsável por operações efectuadas electronicamente com cartão de crédito. Nos outros casos (utilização não electrónica), a sua responsabilidade permanece (limitada) nas primeiras vinte e quatro horas subsequentes à comunicação, podendo todavia ter um âmbito mais lato se o titular actuou dolosamente ou foi grosseiramente negligente (n.° 8, § 2).

Joana Vasconcelos considera que o art. 10.° disciplina todas as utilizações "não presenciais" dos cartões de crédito, ainda que derivadas da perda, do furto ou do roubo do documento, abrangendo o citado aviso as utilizações presenciais subsequentes a qualquer das ocorrências enunciadas[35].

Framiñan Santas, comentando o uso do cartão no âmbito do sistema SET, sustenta que "mesmo que o titular tenha uma série de obrigações de custódia, de notificação e de utilização do programa na forma determinada

---

[33] HEINRICH HÖRSTER, ob. cit., p. 282.

[34] Afastamos a concepção que engloba a fraude numa noção lata de falsificação. A ideia é sugerida por JOANA VASCONCELOS ("Sobre a repartição...", cit., p. 505, nota 43).

[35] Últ. ob. cit., p. 505.

40   *Estudos em Comemoração do 10.º Aniversário da Licenciatura em Direito*

pelo emitente, no caso de incumprimento das mesmas que origine um uso ilegítimo do cartão na rede, o emitente está obrigado a restituir os montantes despendidos em virtude da ordem de pagamento irregular"[36]. Para o autor, as consequências para o consumidor reflectem-se tão só ao nível do pagamento de maiores comissões.

Outro sector da doutrina, porém, restringe o alcance do art. 46.º da *Ley 7/1996* (correspondente ao normativo em discussão) aos casos em que inexiste dolo ou negligência grave do titular do cartão em relação à obrigação de custódia[37].

Outros autores ainda entendem que "deve ser tida em conta" a Recomendação da Comissão de 30 de Julho de 1997, relativa a transacções efectuadas mediante instrumentos electrónicos de pagamento, julgando conveniente "negar o direito de anulação quando o titular do cartão não comunique rapidamente à entidade emitente a sua perda ou roubo"[38].

A resposta à questão suscitada envolve duas vertentes: por um lado, a de saber se os diplomas têm âmbitos de aplicação distintos ou se se pode afirmar a existência de uma intersecção entre eles; por outro lado, a de averiguar se se impõe uma valoração do grau de diligência empregue quer na custódia do cartão, quer na comunicação da respectiva ocorrência ao emitente.

De uma primeira análise, ressalta que os diplomas têm campos de aplicação não coincidentes. O Aviso do Banco de Portugal confere protecção a todos os titulares de cartões de crédito, enquanto que o DL 143/2001 se emprega apenas no caso de o titular ser um consumidor. Acresce que não há qualquer alusão, nos vários parágrafos do referido Aviso, à utilização de cartão para pagamento à distância e às especificidades inerentes a tal forma peculiar de pagamento, nomeadamente às transacções na internet. O art. 10.º surge, por sua vez, como regra especial em relação ao regime geral (o Aviso 11/2001), visto que consagra uma disciplina diversa que tutela um círculo restrito de pessoas (os consumidores)[39].

---

[36] Ob. cit., pp. 384 e 385.

[37] É este o entendimento de FERNÁNDEZ-ALBOR BALTAR no quadro da lei espanhola (art. 46.º) – "Régimen jurídico de la contratación en internet", em Comercio electrónico..., cit., p. 301.

[38] BOTANA GARCÍA, Los contratos a distancia y la protección de los consumidores, em Derecho del comercio electrónico, cit., pp. 349 e 350.

[39] A Recomendação 97/489/CE, no n.º 3, 1ª parte, do art. 6.º, depois de previamente ter estabelecido – em termos relativamente próximos ao Aviso do Banco de Portugal 11/2001 – uma limitação da responsabilidade do titular, dispõe que "o detentor não é res-

A utilização fraudulenta de cartões de crédito na contratação à distância 41

De todo o modo, cumpre também avaliar se, de alguma sorte, a obrigação de garantir a segurança do cartão e o dever de comunicar, *v.g.*, o seu furto, logo que detectado (que não deixam de existir, pois o cartão de crédito serve potencialmente todo o tipo de pagamentos, sejam eles presenciais ou não) interferem de alguma forma – nos termos gerais de direito – com o regime estabelecido no art. 10.º.

Vejamos um exemplo, com uma dupla variação. A, consumidor e titular de um cartão de crédito, perdeu o documento em causa. Entretanto, no período anterior à comunicação ao emitente (efectuada, diligentemente, no momento da tomada de conhecimento da perda, mas 24 horas após a ocorrência), foram realizadas transacções no valor de 2.000 euros (soma relativa ao saldo disponível), sendo que 1.500 euros correspondiam a operações efectuadas à distância. Figuremos idêntica situação, com a ressalva de que o titular apenas comunicou a vicissitude ao emitente 3 dias após ter tido dela conhecimento.

Em nossa opinião, não se deve desconsiderar a negligência grosseira ou o dolo do titular do cartão que permite a utilização não presencial. Assim, o titular não se pode eximir à sua responsabilidade, havendo, no entanto, que apurar a medida dessa responsabilidade.

d) *Existência de uma situação de débito em conta*

Por fim, é necessário que exista uma situação de débito na conta do titular do cartão. Portanto, o emitente deverá ter enviado ao titular o extracto de conta mensal onde consta a realização de um operação à distância ou até ter já debitado a conta-cartão (*v.g.*, porque foi ultrapassado o *plafond* mensal atribuído).

4. A declaração do consumidor dirigida ao credor

4.1. *Caracterização*

Verificados os requisitos referidos, o consumidor, titular do cartão, dispõe da possibilidade de "solicitar a anulação do pagamento" – art. 10.º, n.º 2. Impõe-se a sua análise e a sua caracterização.

---

ponsável se o instrumento de pagamento tiver sido utilizado sem presença física ou sem identificação electrónica".

42 *Estudos em Comemoração do 10.° Aniversário da Licenciatura em Direito*

Na sua globalidade, a expressão empregue pelo legislador não é a mais adequada. O termo solicitar é desprovido de sentido jurídico específico. Aliás, atendendo ao seu teor literal parece ter em vista um pedido que leve alguém a praticar determinada acção, colocando nas mãos do solicitado a anuência (ou não) ao pedido formulado. Ora, a nosso ver, do que se trata é justamente de uma pretensão jurídica que assiste ao consumidor, de um verdadeiro direito subjectivo, que produz os seus efeitos independentemente da concordância da outra parte[40].

No sentido de fazer operar o efeito legal, o consumidor deve, em primeiro lugar, emitir uma declaração – cujo destinatário é o emitente do cartão, seja a entidade bancária ou financeira, seja o próprio comerciante –, onde identifica os pagamentos efectuados à distância com cartão sem a sua aquiescência ou à sua revelia, aqui se englobando os casos de uso fraudulento ou de utilização indevida.

Essa declaração, que reveste natureza extrajudicial, deve ser fundamentada pelo consumidor. É o que resulta do 10.°, n.° 3, parte final.

Importa, porém, averiguar que tipo de motivação se exige e ainda determinar se o emitente pode efectuar um juízo de valor quanto às razões da declaração emitida.

Gete-Alonso y Calera, em face do referido art. 46, n.° 1, considera suficiente a negação da realização da compra[41]. Fernández-Albor Baltar entende que "basta a invocação perante o intermediário financeiro do direito que deriva do preceito", não se exigindo "prova de nenhum tipo, nem sequer indício de prova, que acompanhe a pretensão"[42].

Em face do nosso regime jurídico, se é certo que não parece bastar uma declaração dirigida ao emitente onde se exige a "anulação do pagamento", também não é menos verdade que o consumidor apenas pode aduzir razões que sustentam a sua pretensão na medida do seu conhecimento dos factos. Com efeito, a transacção e o pagamento com cartão realizados são desconhecidos do consumidor, que aliás não tem acesso a quaisquer outros dados que lhe permitam uma fundamentação precisa dos factos. Também o autor da fraude lhe é, em regra, absolutamente estranho. Não pode, portanto, afirmar mais do que sabe (ou seja, que não deu qualquer ordem de pagamento com cartão relativa à aquisição de bens ou à prestação de serviços). Deste modo, a alegação, por exemplo, do desconheci-

---

[40] Ver *infra* 4.2.
[41] Ob. cit., p. 112.
[42] Ob. cit., p. 299.

mento da transacção, da não realização do pagamento através do cartão, de um (eventual) lapso do fornecedor quanto ao valor da aquisição efectuada, são elementos suficientes para que se opere o efeito legal.

Esta é, de resto, a posição mais consentânea com a interpretação do art. 12.º da Dir. 97/7/CE. O legislador português concretizou, num sentido próximo ao consagrado na lei italiana, o seu carácter vago (a proposta de directiva era até mais clara, afirmando que "a contestação … da validade de uma operação … implica a anulação da operação" (art. 12.º)), embora não tenha sido tão claro como o legislador espanhol[43].

A razão de ser da norma é a da transferência do risco de utilização fraudulenta do cartão de crédito para a entidade emitente (a partir do momento do envio da comunicação pelo titular) e não o de permitir a esta valorar a (in)existência de um tal uso do cartão.

Por via do regime consagrado, transmite-se ainda para a entidade emitente o risco da não localização do autor da fraude, bem como o risco de falência do vendedor. Tais efeitos são conseguidos através da imposição ao emitente do dever de reembolsar o consumidor, embora se permita subsequentemente o exercício de um direito de regresso junto do autor da fraude ou do próprio fornecedor.

Reduzem-se assim para o titular, consumidor, as consequências nefastas da utilização do cartão de crédito na contratação à distância.

Quanto ao modo do exercício da pretensão, rege o princípio geral da liberdade de forma, expresso no art. 219.º CC, pelo que pode mesmo ser verbal. No entanto, para efeito de prova ulterior, o consumidor deve socorrer-se de carta registada com aviso de recepção, sem prejuízo todavia do envio da declaração por correio electrónico[44].

O normativo nada dispõe quanto ao prazo dentro do qual deve ser invocada fundamentalmente "a anulação do pagamento". Só a partir da recepção do extracto de conta mensal, donde consta um valor a debitar que não resulta de uma qualquer transacção por si efectuada, o consumidor pode reagir junto do emitente, pois só nessa altura tem conhecimento do facto. De todo o modo, não parece que o seu pedido fique prejudicado se nada fez até à data em que a conta-cartão é realmente debitada (em regra, medeiam

---

[43] O art. 46.º dispõe que nos casos de utilização fraudulenta ou indevida do cartão, "o seu titular pode exigir a imediata anulação do pagamento". No sentido do art. 10.º em análise, o art. 8.º, n.º 2 refere que "o instituto emitente … credita ao consumidor os pagamentos relativamente aos quais este demonstre…". Esta exigência, contudo, deve ser entendida no sentido que afirmámos.

[44] O art. L. 132-4 CMF exige a forma escrita.

vinte dias entre a data da comunicação e o débito da conta). É certo que se poderia considerar que a não contestação da ordem de pagamento através de cartão de crédito configura uma confirmação tácita da mencionada ordem e, desta sorte, uma renúncia ao direito que assiste ao consumidor. Assim não entendemos. Por analogia com o n.° 3, o consumidor deve dispor de um prazo de 60 dias, contado da data em que teve conhecimento da existência do débito, para contestar a operação[45].

Quid juris se o titular do cartão realizou efectivamente a aquisição e solicitou a anulação do pagamento junto do emitente, tendo sido a sua conta-cartão creditada (ou até não debitada)?

O art. 10.° em análise nada diz quanto a esta questão, ao contrário do que sucedia com o art. 12.°, *in fine*, da Proposta de Directiva que consagrava uma "indemnização em caso de contestação abusiva".

Já a lei espanhola determina que o titular do cartão "fica obrigado perante o vendedor ao ressarcimento dos danos e prejuízos derivados da anulação" (art. 46.°, n.° 1). Por isso, Gete-Alonso y Calera alude à responsabilidade contratual do titular perante o vendedor[46].

A orientação que perfilhamos, em face da nossa lei, é distinta desta última. Sem dúvida, trata-se de uma hipótese de contestação abusiva por parte do titular do cartão de crédito. No entanto, este não incorre em responsabilidade contratual perante o fornecedor dos bens, mas sim em face da entidade emitente[47]. Por um lado, a solicitação da anulação do pagamento ocorre perante esta e não junto daquele. Por outro lado, é o emitente quem suporta os prejuízos com o carácter abusivo da pretensão invocada e, portanto, é ele quem tem legitimidade para exigir o ressarcimento dos danos causados. O dever geral de boa fé (art. 762.°, n.° 2) fundamenta a pretensão ressarcitória do emitente, atento o incumprimento daquela obrigação pelo titular do cartão.

4.2. *Efeitos*

Antes de debater as consequências que a declaração do consumidor faz operar, impõe-se uma observação prévia.

---

[45] O art. L. 132-6 CMF refere-se a um prazo de 70 dias, contado da data da operação contestada, permitindo a sua prorrogação contratual até ao limite de 120 dias.

[46] Ob. cit., p. 113.

[47] Salvo se o fornecedor for o emitente do cartão.

Quando se trata da utilização de um cartão de crédito, o emitente envia mensalmente ao titular, antes de proceder ao débito em conta, um extracto de conta, donde constam os valores a debitar. Entre a data da recepção do extracto e o momento do correspondente débito medeiam, aproximadamente, 20 dias. Deste modo, há que ler a disposição em função desta especificidade.

Assim, a declaração do consumidor, dado que extingue a pretensão do emitente, tem, por via de regra, como efeito impedir este último de proceder ao débito na conta-cartão do valor impugnado. Caso aquele tenha já ocorrido[48] – como sucede no âmbito dos cartões de débito – o emitente constitui-se na obrigação de restituir as somas já debitadas. É o que resulta da conjugação dos n.°s 1 e 2 do art. 10.° e de uma interpretação adequada do normativo aos cartões de crédito.

Cumpre ainda apreciar se o exercício da pretensão pelo titular do cartão abrange outros custos, originados pela circunstância de a contratação ter sido efectuada à distância. Estamos a aludir às despesas com a remessa ou com o envio dos bens. Sustentamos que o âmbito da pretensão do consumidor, titular do cartão, engloba tais encargos. Com efeito, embora não esteja em causa a obrigação de pagamento do preço, tais custos integram a ordem de pagamento através de cartão de crédito e são também cobrados pela entidade emitente na sequência da ordem referida. Por outro lado, mostrar-se-ia contraditório com o espírito da lei (a tutela do titular que não usou o cartão de crédito) que se permitisse ao consumidor apenas a restituição do preço e não o reembolso das outras despesas ligadas a uma transacção que não foi por si realizada e que foi, de resto, contestada. Acresce que o consumidor não recebeu o bem, pelo que não lhe pode ser cobrado qualquer valor pela sua remessa.

De igual modo, o art. 10.° nada refere quanto à não cobrança ou à devolução de eventuais encargos bancários a debitar ou debitados na sequência da transacção à distância[49]. Ora, as mesmas razões que justificam a ilegitimidade do emitente no tocante à cobrança dos custos tidos com a

---

[48] Não se exclua, como vimos, a possibilidade de a conta ser de imediato debitada, porque o titular ultrapassou o saldo mensal disponível.

[49] Note-se que os extractos de conta, no caso de utilização de cartões de crédito que envolva moeda estrangeira, devem conter as comissões e outros encargos aplicados (§ 13.°, do Aviso do BP).

Realce-se que, o art. L. 132-5 CMF prevê expressamente o reembolso ao titular da "totalidade dos encargos bancários".

46 *Estudos em Comemoração do 10.º Aniversário da Licenciatura em Direito*

entrega do bem servem para sustentar uma orientação similar. Também aqui o risco de utilização fraudulenta é suportado, em primeira linha, pelo emitente.

Finalmente, assinale-se que havendo lugar à restituição, esta deve ser primacialmente efectuada através de crédito em conta, enquanto meio mais expedito e mais prático, sem causar transtorno ao consumidor. Na impossibilidade da sua realização, "qualquer outro meio adequado" se mostra suficiente. É o caso, por exemplo, do envio de cheque ao consumidor pelo valor a restituir.

Fixa ainda o normativo o prazo máximo de 60 dias (a contar da data de recepção do pedido) para a restituição. Se tal não ocorrer, a entidade emitente fica constituída em mora, com as consequências daí inerentes (art. 804.º ss. CC).

4.3. *Enquadramento dogmático*

Temos feito, até ao momento e de forma intencional, referência à expressão legal "anulação do pagamento efectuado". Cumpre, seguidamente, tratar do seu enquadramento dogmático.

Impõe-se referir, em primeiro lugar, que o titular do cartão não pretende a extinção do contrato celebrado à distância, que de resto não concluiu. Não se pode, pois, sustentar a aplicação da figura típica conducente à cessação contratual de forma motivada: a resolução.

Do que se trata é de tornar sem efeito a ordem de pagamento – em regra, irrevogável – dada por pessoa distinta do titular.

No entanto, não cabe também aqui, como parece indiciar a norma, afirmar que o consumidor tem em vista a arguição da anulabilidade da ordem de pagamento. A esta não subjaz uma "deficiência genética", em que a vontade do consumidor foi mal formada ou não se manifestou de uma forma correcta. Apenas sucede que a ordem é dada por uma pessoa que não a legitimada para a emitir. Acresce que a pretensão em causa não está sujeita aos requisitos do art. 287.º CC, designadamente ao modo como opera ou ao prazo para o exercício.

Por sua vez, outros autores entendem que está em causa uma "condição resolutiva vinculada à potestatividade do pagamento"[50]. Nestes termos, a consolidação da eficácia da ordem de pagamento depende da não

---

[50] FERNANDEZ-ALBOR BALTAR, ob. cit., p. 300.

A utilização fraudulenta de cartões de crédito na contratação à distância   47

verificação do evento condicionante. O preenchimento da condição acarreta, pelo contrário, a destruição automática e retroactiva dos efeitos da mencionada ordem[51].

Assim não consideramos. A condição é vista como um elemento (acidental) que as partes aditam ao contrato, o que não ocorre *in casu*. O que afirmámos não pretende significar que a ordem de pagamento não se encontra sujeita a um evento condicionante incerto e futuro. Só que tal subordinação resulta da lei, tal como dela decorrem os efeitos dessa disciplina. Trata-se, portanto, de uma condição imprópria *ex lege*.

Já a declaração do titular configura um verdadeiro direito potestativo dirigido à revogação da ordem de pagamento (dada por pessoa diversa). A pretensão opera preenchidos os pressupostos legais de que depende, sem possibilidade de o emitente se lhe opor legitimamente. Por outro lado, produz o efeito de fazer cessar, em relação a si, uma ordem de pagamento presumivelmente eficaz até declaração fundamentada em contrário. Este direito potestativo tem ainda como consequência a extinção do direito (subjectivo) de crédito do emitente, resultante do contrato de abertura de crédito celebrado com o titular do cartão[52].

5. O direito de regresso da entidade emitente

O art. 10.º regula ainda, no seu n.º 4, o "direito de regresso" da entidade emitente do cartão de crédito[53]. A norma vai mais além do que a Directiva que tem por base.

Mas tratar-se-á, no caso, de um verdadeiro direito de regresso?

A lei consagra inúmeros casos de direitos de regresso, com âmbitos distintos e estendendo-se para além do campo das obrigações solidárias, sem que possamos concretizar um mínimo denominador comum em rela-

---

[51] MOTA PINTO, *Teoria Geral do Direito Civil*, Coimbra, 1986, p. 571.

[52] No sentido da qualificação do contrato de crédito como contrato de abertura de crédito, JOANA VASCONCELOS, "Cartões de crédito", cit., pp. 149 e 150.

[53] A Directiva não tratava desta problemática. No entanto, alguns legisladores foram sensíveis no tocante à atribuição de uma pretensão de reembolso ao emitente. É o que sucede na lei italiana, onde se consagra "o direito de debitar o fornecedor quanto à soma creditada ao consumidor" (art. 8.º, n.º 2, parte final), e também na lei espanhola, quando se determina as "anotações do débito... na conta do fornecedor" (art. 46.º, *in fine*).

ção a todos eles[54]. Não repugna assim sustentar a existência de um direito de regresso (embora fora do quadro da solidariedade entre devedores), no exacto sentido em que configura um direito de reintegração – nascido *ex novo* – conferido por lei àquele que, tendo reembolsado o consumidor, titular do cartão, *cumpriu para além do que devia*.

O titular do direito de regresso – o emitente – deve, assim, exercer a sua pretensão contra o autor (ou autores) da fraude, ou seja, aquele que deu origem ao pagamento indevido, que tanto pode ser um terceiro estranho à operação triangular realizada, como o próprio fornecedor.

Naquele caso, o legislador onera o emitente, visto que não pode, por via de regra, exigir do fornecedor o valor creditado na sua conta. Deste modo, ao emitente caberá a recolha de todos os elementos que lhe permitam demandar o autor da fraude, designadamente a averiguação da sua identidade e da sua localização. Assim, o risco de não ser reembolsado da quantia restituída ao titular do cartão corre por sua conta[55].

Não se exclua, porém, que o autor da fraude possa ser o próprio fornecedor, que, aliás, tem acesso aos elementos visíveis do cartão de crédito.

Pode, todavia, ocorrer que o comerciante seja accionado pelo emitente, apesar de não ser o autor da fraude. Para que tal suceda a entidade bancária ou financeira deve fazer a prova de que o fornecedor conhecia o uso fraudulento da cartão ou que, em razão das circunstâncias concretas, devia tê-lo conhecido. Neste contexto, são, pelo menos, dois os responsáveis pela restituição ao emitente (o autor da fraude e o fornecedor).

Uma última nota para afirmar que o direito de regresso não se confina aos valores creditados ao consumidor, integrados na ordem de pagamento, mas envolve todos os prejuízos causados ao emitente.

---

[54] Esta é a posição de RUI PINTO DUARTE ao analisar as várias hipóteses em que a lei e mesmo a doutrina fazem alusão ao direito de regresso. O autor sustenta que as "expressões têm flutuações de sentido e que não lhes é possível assinalar um sentido técnico preciso" ("O direito de regresso do vendedor final na venda para consumo", Themis, 2001, p. 192).

[55] Caso o emitente do cartão seja o próprio fornecedor também a este assiste um direito de regresso contra o autor da fraude.

ORDEM PÚBLICA POSITIVA E ORDEM PÚBLICA NEGATIVA NO CONTRATO DE TRABALHO INTERNACIONAL*

ANABELA GONÇALVES

1. Normas internacionalmente imperativas

1.1. *Noção e características*

A regulamentação do contrato de trabalho internacional envolve questões particularmente sensíveis. Isto explica o interesse particular do direito do foro em regular a matéria, e a consequente importância de circunscrever o seu domínio de aplicação. A aplicação da lei do foro pode ser determinado por normas de conflitos que para ela remetam, mas também através das normas internacionalmente imperativas do foro que reclamem a sua aplicação ao caso concreto.

Estas normas assumem denominações diferentes que traduzem a mesma realidade: normas de aplicação imediata; normas de aplicação necessária; normas de aplicação necessária e imediata; normas internacionalmente imperativas[1].

---

* Este artigo corresponde parcialmente a um capítulo da dissertação de mestrado defendida, em 27/07/2003, na Faculdade de Direito de Coimbra, sob orientação do Professor Doutor Rui Gens Moura Ramos, com o título *O regime jurídico do teletrabalho em Direito Internacional Privado*.

[1] V., *v.g.*, Andrea Bonomi, *Le norme imperative nel diritto internazionale privato, Considerazioni sulla convenzione europea sulla legge applicabile alle obbligaziono contrattuali del 19 giugno 1980 nonché sulle leggi italiana e svizzera di diritto internazionale privato*, Publications de l'Institut suisse de droit comparé, 1998, p. 2 e segs; A. Marques dos Santos, *As Normas de Aplicação Imediata no Direito Internacional Privado*,

50   *Estudos em Comemoração do 10.° Aniversário da Licenciatura em Direito*

As normas de aplicação imediata assumem natureza pública ou privada[2]. As normas de carácter público que povoam o direito do trabalho podem ter aplicação por força deste mecanismo. Mas não será esta característica que determina a sua aplicação independentemente da lei competente para regular a situação, segundo a norma de conflitos do foro. Será antes, o seu fim social e a sua especial densidade valorativa. São normas materiais[3] que testemunham a intervenção do Estado para tutela de fins públicos e sociais e para a própria organização económica estadual[4]. Entre estes interesses situam-se, por vezes, a tutela de determinadas partes contratualmente mais débeis, que o ordenamento jurídico em causa entende merecedoras de especial protecção[5]. Este escopo vale-lhes, por vezes,

---

Almedina, Coimbra, 1991, Vol. II, p. 897; Dário Moura Vicente, *Da Responsabilidade Pré-contratual em Direito Internacional Privado*, Colecção Teses, Almedina, Coimbra, 2001, p. 627, n. 1908.

[2] Neste sentido Lima Pinheiro, *Joint Venture, Contrato de Empreendimento Comum em Direito Internacional Privado*, Edições Cosmos, Lisboa, 1998, p. 770; António Marques dos Santos, *As Normas de Aplicação...*, Vol. II, pp. 767 e segs; Dário Moura Vicente, *Da Responsabilidade...*, pp. 638 e segs.

[3] Neste sentido, Ferrer Correia, *Lições de Direito Internacional Privado I*, Almedina, Coimbra, 2000, pp. 161 e segs; *idem*, *Direito Internacional Privado, Alguns Problemas*, Almedina, Coimbra, 1997, p. 60 e segs; Rui Moura Ramos, «Aspects récents du droit international privé au Portugal», *RCDIP*, 77 (3) juillet-septembre 1998, p. 479; *idem*, «La Protection de la Partie Contractuelle la Plus Faible en Droit International Privé Portugais» in *Das Relações Privadas Internacionais, Estudos de Direito Internacional Privado*, Coimbra Editora, 1995, pp. 223 e segs; *Direito Internacional Privado e Constituição, Introdução a uma Análise das suas Relações*, Coimbra Editora, 3ª reimpressão, Coimbra, 1994, pp. 112 e segs; A. Marques dos Santos, *As Normas de Aplicação Imediata...*, Vol. II, pp. 815 e segs; *idem*, « Les regles d'application immediate dans le droit international privé portugais» in *Droit International et Droit Communautaire*, Actes du Colloque, Paris, 5 et 6 avril 1990, Fondation Calouste Gulbenkian, 1991, p. 190.

[4] Segundo Ph. Francescakis, «Lois d'application immédiate et droit du travail», *RCDIP*, Année 1974, p. 275 «(...) il s'agit de lois (ou même plus analytiquement de «règles» législatives) dont l'application est nécessaire pour la sauvegarde de l'organisation politique, sociale ou économique du pays». Neste sentido, Ferrer Correia, *Lições...*, pp. 161 e segs; A. Marques dos Santos, *As Normas de Aplicação Imediata...*, Vol. II, pp. 926 e segs.

[5] Maria Helena Brito, *A Representação nos Contratos Internacionais, Um contributo para o estudo do princípio da coerência em direito internacional privado*, Colecção Teses, Almedina, Coimbra, 1999, pp. 705 e segs; Rui Moura Ramos, «La Protection de la Partie Contractuelle...», pp. 225 e segs; *idem*, «Contratos internacionais e protecção da parte mais fraca no sistema jurídico português» in *Contratos: Actualidade e Evolução*, Universidade Católica Portuguesa, Porto, 1997, pp. 550 e segs, A. Marques dos Santos, *As Normas de Aplicação Imediata...*, Vol. II, pp. 926 e segs.

o nome de regras de ordem pública[6]. Por isso, o Direito do trabalho é um terreno fértil para a sua proliferação, sobretudo em relação às condições de trabalho e à execução do contrato de trabalho.

Como refere Franceskakis, este conceito é mais adequado para caracterizar algumas normas de direito do trabalho do que a ideia de territorialidade ou de leis de ordem pública[7], a que muitos autores recorrem para justificar a aplicação para além da norma de conflitos de algumas normas materiais de natureza laboral.

É certo que a maioria das ordens jurídicas consagra uma protecção especial ao trabalhador enquanto parte mais fraca. Todavia, o nível e o grau de protecção varia. É este fenómeno, segundo Malintoppi[8], que justifica a proliferação deste tipo de normas no Direito do trabalho: cada Estado considera o seu direito mais capaz de proteger o trabalhador. Isto sobretudo, em relação ao trabalho executado no Estado do foro.

Além da necessidade de protecção do trabalhador, o Direito do trabalho afirma-se como um terreno fértil para a existência destas normas por várias razões: devido à importância económica do trabalho, enquanto gerador de riqueza, atracção de investimento estrangeiro no país e manutenção do investimento interno; pela importância social do trabalho, enquanto variável nuclear da paz e estabilidade social; pela sua importância axiológica-jurídica fundamental como tradução da ideia do respeito da dignidade da pessoa humana.

Uma especificidade que caracteriza as normas internacionalmente imperativas é o facto do seu âmbito de aplicação extravasar o do ordenamento a que pertence. Aquele é determinado de forma autónoma, em relação à norma de conflitos do foro aplicável à matéria versada. No entanto, são coadjuvadas por normas instrumentais, implícitas ou explícitas, que determinam o seu âmbito de aplicação. A grande maioria será implícita,

---

[6] Andreas Bucher, «L'ordre public et le but social des lois en Droit International Privé», *Rec. Cours*, tome 239, 1994, pp. 39 e segs. *Cfr.*, Ac. da Relação de Lisboa de 05.07.2000, www.dgsi.pt de 15.09.2002, considerando as normas de aplicação necessárias normas de interesse e ordem pública. «(...) não no sentido de "ordem pública internacional", mas antes no sentido de as razões injuntivas dos seus comandos, assentes na salvaguarda da organização política, social e económica do Estado, tornarem obrigatória, duma forma directa, e imediata, a sua aplicação».

[7] Andreas Bucher, «L'ordre public...», p. 294.

[8] «Les Rapports de Travail en Droit International Privé», *Rec. Cours*, 1987, vol. 205, Martinus Nijhoff Publishers, The Hague, Boston, London, p. 360.

o que constitui fonte de alguma incerteza. Neste caso, a sua conexão espacial e vontade de aplicação são apuradas pela análise do conteúdo e dos fins que lhes são inerentes. Mas não só: são regras de conflitos unilaterais *ad hoc* que circunscrevem o âmbito de aplicação espacial da norma material à qual estão adjacentes[9], ou normas auxiliares das regras de conflitos ou um princípio geral do direito de conflitos do foro[10]. A localização operada através de elementos que lhe são inerentes explicam a natureza que lhes é geralmente atribuída enquanto espécie de normas materiais espacialmente autolimitadas[11].

Como normas internacionalmente imperativas, e pela particular intensidade dos fins que prosseguem, estas normas intervêm em fase anterior face às normas da *lex contractus*[12]. Por vezes, extravasam o âmbito de competência da ordem jurídica a que pertencem. O problema que se coloca será, então, a atribuição de efeitos a disposições internacionalmente imperativas, pertencentes a uma lei que não é a competente segundo a norma de conflitos aplicável. O reconhecimento de eficácia a estas normas pode, ainda, conduzir à sua aplicação ou à ponderação das mesmas como pressuposto de aplicação das normas materiais da *lex causae*[13].

---

[9] Regras de extensão. *V.* Ferrer Correia, *Lições...*, p. 162; Baptista Machado, *Âmbito de Eficácia e Âmbito de Competência das Leis*, Colecção Teses, reimpressão, Almedina, Coimbra, 1998, p. 279; A. Marques dos Santos, *As Normas de Aplicação Imediata...*, Vol. II, p. 890.

[10] Neste sentido, Dário Moura Vicente, *Da Responsabilidade...*, p. 644. Para uma análise dos princípios do foro a considerar neste domínio *v.*, Dário Moura Vicente, *Da Responsabilidade...*, pp. 648 e segs. Segundo o A., serão de considerar, entre outros, a certeza e segurança jurídica como exigência da conexão mais estreita; o princípio da harmonia de julgados; a salvaguarda da coerência jurídica da *lex causae*; a ideia de cooperação internacional; o princípio da tutela da confiança legítima.

[11] Segundo Rodolfo De Nova, «Conflits des lois et normes fixant leur propre domaine d'application» *in Mélanges offerts à Jacques Maury, Droit International Privé et Public*, Tome I, Librairie Dalloz & Sirey, Paris, p. 381, uma vez que a esfera de aplicação espacial da sua disciplina material retira-se de critérios de localização (conexão) presentes na própria norma. *Cfr.*, A. Marques dos Santos, *Normas de Aplicação...*, Vol. II, pp. 886 e segs; Lima Pinheiro, *últ. op. cit.*, pp. 771 e segs; Ugo Villani, *La Convenzione di Roma Sulla Legge Applicabile ai Contratti*, Cacucci Editore, Bari, 1997, p. 192.

[12] Neste sentido, A. Marques dos Santos, *As Normas de Aplicação...*, Vol. II, pp. 897-898.

[13] Neste sentido, Dário Moura Vicente, *Da Responsabilidade...*, p. 647. Ainda, segundo o referido A., as relações da norma em questão e das normas materiais da lei competente poderão ainda ser «(...) de cumulação, de combinação de efeitos ou de mútua exclusão»: *ibidem*, p. 640. *Cfr.*, no mesmo sentido Andrea Bonomi, «Mandatory rules in Private International Law, The quest for uniformity of decisions in a global environment», *YPIL*, Vol. I – 1999, pp. 226-227. Este A. fala em «interacção» das normas internacional-

Por fim, são caracterizadas por uma certa relatividade espacial e temporal[14]. Por um lado, porque são o resultado da valoração particular e intervencionismo de cada Estado. Por outro, a relevância dos fins sociais a tutelar pode variar no tempo.

1.2. *Normas internacionalmente imperativas pertencentes ao direito do foro e normas internacionalmente imperativas pertencentes a um direito estrangeiro*

Como referimos, as normas internacionalmente imperativas permitem empregar nas relações laborais plurilocalizadas a lei do foro, ainda que o mecanismo conflitual aplicável ao caso, atribua competência a outro ordenamento jurídico[15]. Não em bloco, mas a algumas das suas normas. São normas imperativas que se aplicam ainda que a situação controvertida seja regulada por uma lei estrangeira. Assim, justificaremos a territorialidade de algumas normas sem necessidade de recorrer à noção de Direito público ou de excluir as normas com carácter público do domínio conflitual. Esta é a função positiva da norma internacionalmente imperativa: in-

---

mente imperativas com as normas de conflitos bilaterais. Isto porque, ao contrário das normas de conflitos bilaterais que regulam integralmente as questões controvertidas, as normas internacionalmente imperativas apenas o fazem de forma parcelar.

[14] Neste sentido, A. Marques dos Santos, *As Normas de Aplicação...*, Vol. II, pp. 958 e segs.

[15] A este nível coloca-se na doutrina a questão de saber se o método subjacente ao reconhecimento de efeitos às normas internacionalmente imperativas é autónomo ou não face ao método conflitual tradicional. A. Marques dos Santos encara as normas de aplicação imediata como um método de resolução das questões privadas internacionais alternativo face ao método conflitual; como uma excepção ao sistema conflitual: *idem, As Normas de Aplicação...*, Vol. II, pp. 945 e segs,; *idem*, «Les règles d'application...», pp. 191 e segs.

Outros autores integram o modo de funcionamento das normas de aplicação imediata no método conflitual. É o caso de Dário Moura Vicente, *Da Responsabilidade...*, pp. 642 e segs. Segundo este A. o reconhecimento de efeitos a normas internacionalmente imperativas de uma lei não competente para regular a causa rege-se por condições fixadas pelo sistema conflitual do foro. Uma será a existência de uma conexão entre a causa em questão e o ordenamento jurídico de onde dimana a referida norma. Para o A., a ideia da conexão é o cerne do método conflitual, logo «(...) tem de concluir-se que o reconhecimento de eficácia àquelas disposições não se situa à margem dele, antes se processa em conformidade com o pensamento fundamental que o inspira»: *idem, Da Responsabilidade...*, p. 644.

54 *Estudos em Comemoração do 10.º Aniversário da Licenciatura em Direito*

tervém independentemente da norma de conflitos bilateral normalmente aplicável ao caso[16].

A doutrina reconhece a necessidade da existência de uma conexão espacial entre a questão plurilocalizada e a ordem jurídica do foro[17]. Como referimos, as normas internacionalmente imperativas do Estado do foro serão aplicadas a uma situação plurilocalizada sempre que uma norma de conflitos especial, expressa ou implícita, inerente à própria norma material, assim o determine. Esta conexão, e o consequente âmbito de aplicação, também poderão ser apurados em função do seu objecto e fins.

O julgador estará necessariamente vinculado a aplicar as normas internacionalmente imperativas do Estado do foro. É com base nesta ideia que o art. 7°, n.º 2 da CR salvaguarda a aplicação das disposições imperativamente aplicáveis à situação controvertida do Estado do foro, ainda que aquela esteja sujeita a outra lei, por força das disposições da CR[18].

Note-se que o art. 7°, n.º 2 da CR não exige qualquer conexão entre a situação e o foro[19]. Contudo, pensamos que esta é inerente ao modo de actuação das normas internacionalmente imperativas do Estado do foro.

---

[16] Concordamos, no entanto, com Andreas Bucher, *op. cit.*, p. 39 quando este refere, que a aplicação destas tem uma consequência negativa: a exclusão da norma estrangeira.

[17] Neste sentido, Ferrer Correia, *Lições...*, p. 161; Dário Moura Vicente, *Da Responsabilidade...*, p. 659.

[18] A nível da legislação nacional de DIP, a matéria das obrigações contratuais é regulada nos arts. 35.º a 42.º do CC. No entanto, por força do art. 8.º, n.º 2 da CRP, as normas de carácter internacional da Convenção de Roma aplicável às Obrigações Contratuais (CR), de 1980, prevalecem sobre as normas de fonte interna. A CR entrou em vigor em 1 de Abril de 1991. Portugal aderiu através de uma convenção assinada no Funchal, em 18 de Maio de 1992.

Nos termos do seu art. 1.º, a CR é aplicável a todas as obrigações contratuais que envolvam um conflito de leis. Ficam excluídas as obrigações emergentes de negócios unilaterais e as matérias presentes no n.º 2 a n.º 4 do mesmo artigo. Quanto ao âmbito espacial, estamos perante uma convenção de carácter universal: a lei designada pelas normas de conflito presentes na CR aplica-se, ainda que esta pertença a um Estado não contratante (art. 2.º da CR). Do ponto de vista temporal, a CR só se aplica a contratos celebrados após a sua entrada em vigor (art. 17.º da CR): em Portugal, aplica-se a contratos celebrados após 1 de Setembro de 1994.

O contrato de trabalho internacional está expressamente regulado no art. 6.º da CR. O art. 7.º da CR é uma norma de aplicação geral que regula o regime das normas internacionalmente imperativas.

[19] Nos termos deste artigo «2. O disposto na presente Convenção não pode prejudicar a aplicação das regras do país do foro que regulem imperativamente o caso concreto, independentemente da lei aplicável ao contrato».

Será necessário demonstrar que a norma material do foro reclama, imperativamente, o reconhecimento de efeitos no caso concreto.

A aplicação de normas internacionalmente imperativas estrangeiras justifica-se quando estas pertencem à *lex causae* e dentro do seu domínio de competência. Neste caso, a natureza das normas em questão não apresenta dificuldades, sendo chamadas como quaisquer outras normas materiais da *lex causae*.

Questão diferente, se coloca relativamente às normas internacionalmente imperativas que pertençam à *lex causae*, mas não se integrem no seu âmbito de competência ou pertençam a uma terceira lei.

Não existe qualquer obrigação para o Estado do foro em reconhecer efeitos a normas internacionalmente imperativas estrangeiras, fora do domínio de aplicação da *lex causae*. A vontade de aplicação ao caso concreto, destas normas de países terceiros, não se impõe imperativamente ao Estado do foro. A sua aplicação resulta antes «(...) de um interesse geral da ordem jurídica do foro»[20].

Este reconhecimento só se pode verificar por vontade do Estado do foro, através de regras de reconhecimento de normas internacionamente imperativas, que estabeleçam os pressupostos de reconhecimento: que lhes «(...)dê um título e legitime a [sua] relevância no Estado do foro»[21]. A aplicação destas não se fundamenta, apenas, na sua vontade de aplicação ao caso. A excepção parece residir naquelas constantes do direito comunitário originário e derivado[22]. A aplicação destas normas independentemente das normas de conflitos, quando estas assim o determinem face à

---

[20] Segundo expressão de Rui Moura Ramos, *Da Lei Aplicável ao Contrato de Trabalho Internacional*, Colecção teses, Almedina, Coimbra, 1991, p. 717. *Cfr.*, no mesmo sentido Andreas Bucher, *op. cit.*, pp. 92 e segs. Segundo este A. o reconhecimento de efeitos a estas normas de países terceiros está sujeito a um interesse «propre et prépondérant» do Estado do foro. Resulta da reunião do interesse do Estado terceiro e do Estado do foro. Nas palavras do mesmo A., «Une pareille convergence suppose, de la part de l'État du for, une volonté de contribuer au dévelloppement des relations internationales de droit privé, ce en suivant la direction des objectifs poursuivis par les dispositions impératives de l'Etat tiers concerné»: *ibidem*, p. 95.

[21] A. Marques dos Santos, *As Normas de Aplicação...*, p. 1046. No mesmo sentido em relação ao art. 7.º, n.º 1 da CR, Tullio Treves, «Norme Imperative e di Applicazione Necessaria nella Convenzione di Roma del 19 Giugno 1980» *in Verso Una Disciplina Comunitaria della Legge Applicabile ai Contratti*, Padova, Cedam, 1983, p. 33.

[22] Neste sentido, *v.* Dário Moura Vicente, *Da Responsabilidade...*, p. 667.

existência de conexões com um Estado membro, decorre do Direito Internacional Público e do compromisso dos Estados membros ao instituírem e aderirem à CE.

O art. 7.º, n.º 1 da CR é a regra auxiliar que estabelece algumas valorações a ponderar pelo julgador para o reconhecimento de efeitos a estas normas internacionalmente imperativas de Estados terceiros[23]. O referido artigo fixa a possibilidade do reconhecimento destas normas após a avaliação de determinados pressupostos[24]. Encontramos igual aceitação de normas de aplicação estrangeiras no art. 16.º da Convenção de Haia de 1978 sobre a Lei Aplicável aos Contratos de Mediação e à Representação.

Em primeiro lugar, é necessário a existência de uma conexão estreita entre a situação controvertida e o país de origem da norma. A concretização do conceito de conexão suficiente permanece no poder discricionário do julgador, uma vez que não existe qualquer indicação da norma neste sentido. O juízo de prognose sobre a conexão mais estreita pode-se revelar difícil para as partes, daí a incerteza que lhe é inerente. Neste âmbito poderá ser equacionada o interesse das partes, a tutela da confiança e das legítimas expectativas das mesmas. Quando tenha havido escolha de lei, as conexões presentes nas normas da CR, aplicáveis na falta de escolha, podem constituir um indício a ponderar.

---

[23] Nos termos desta norma «1. Ao aplicar-se, por força da presente Convenção, a lei de um determinado país, pode ser dada prevalência às disposições imperativas da lei de um outro país com o qual a situação apresente uma conexão mais estreita se, e na medida em que, de acordo com o direito deste último país, essas disposições forem aplicáveis, qualquer que seja a lei reguladora do contrato. Para decidir se deve ser dada prevalência a estas disposições imperativas, ter-se-á em conta a sua natureza e o seu objecto, bem como as consequências que resultariam da sua aplicação ou da sua não aplicação».

[24] O legislador da CR conferiu um poder discricionário ao julgador. Neste sentido, Philippe Coursier, *Le Conflit de Lois en Matière de Contrat de Travail, Étude en Droit International Privé Français*, L.G.D.J., Paris, 1993, pp. 233-234; M. Giuliano-P. Lagarde, «Relatório relativo à Convenção sobre a lei aplicável às obrigações contratuais», *JOCE*, n.º C 327/1, de 11.12.92, p. 25; Peter Kaye, *The New Private International Law of Contract of the European Community*, Dartmouth, 1993, p. 248; A. Marques dos Santos, *As Normas de Aplicação...*, p. 1021 ; Tullio Treves, «Norme Imperative e di Applicazione Necessaria nella Convenzione di Roma del 19 Giugno 1980» *in Verso Una Disciplina Comunitaria della Legge Applicabile ai Contratti*, Padova, Cedam, 1983...», p. 35; Ugo Vilani, *La Convenzione...*, pp. 195-196. Lima Pinheiro, *últ. op. cit.*, p. 778, não considera que a aplicação das normas internacionalmente imperativas de terceiros países seja facultativa. Na prática, acaba por ser, pois o juízo que o julgador deve formar depende da ponderação que este der aos vários elementos prescritos pelo art. 7.º, n.º 2 da CR.

Segundo o relatório Guiliano-Lagarde[25], a conexão deve ser avaliada entre o conjunto do contrato e determinada lei, de forma a evitar o desmembramento do mesmo. Peter Kaye[26], pelo contrário, com alguns argumentos razoáveis, defende a ponderação da conexão entre a questão controvertida e a lei de um Estado. Considera o referido A., que quando se está a julgar uma questão controvertida plurilocalizada, o objectivo deve ser a aplicação da norma internacionalmente imperativa mais adequada para a resolver. De notar que a letra da norma refere a conexão mais estreita com a situação e não com o contrato no seu conjunto.

Outro elemento a ponderar será a sua vontade de aplicação ao caso independentemente da *lex causae*: ou seja, que estejamos perante uma norma internacionalmente imperativa para o ordenamento jurídico de origem. Apenas se este considerar que os fins e valores que a norma tutela justificam um âmbito que extravase a competência da ordem jurídica em que se integra, é que se pode justificar que outros Estados encarem a norma da mesma forma.

A natureza e o objecto da norma em questão e as consequências resultantes da sua aplicação, ou não, serão as últimas variáveis a equacionar. Estará em causa apurar o tipo de interesses que a norma visa proteger, o que permitirá uma certa adesão, ou não, pela ordem jurídica do foro[27]. Esta análise reporta-se, também, à consideração de outras normas aplicáveis à situação e da possibilidade de as combinar ou excluir, já aqui referida.

Como resulta da análise do art. 7°, n.° 1, os critérios utilizados pela norma são caracterizados por uma grande indeterminação e pelo poder dis-

---

[25] *Op. cit.*, p. 25.

[26] *The New Private International Law...*, pp. 254-255. No mesmo sentido Richard Plender – Michael Wilderspin, *The European Contracts Convention, The Rome Convention on the Choice of Law for Contracts*, Second Edition, Sweet & Maxwell, London, 2001, s. 9-08.

[27] Segundo Andrea Bonomi, «Il nuovo diritto internazionali...», p. 81, este elemento é um modo de selecção do foro, de forma a só aplicar as normas internacionalmente imperativas estrangeiras compatíveis com os interesses do mesmo foro. Na realidade, assim acaba por ser, pois como o próprio relatório M. Guiliano-P. Lagarde, *op. cit.*, p. 25, reconhece não é possível apurar critérios internacionais de aferição. É o que Julio González Campos, «Diversification, Spécialisation, Flexibilisation et Matérialisation des Règles de Droit International Privé», *Rec. cours*, t. 287, 2000, Martinus Nijhoff Publishers, The Hague, Boston, London, 2002, p. 382 apelida de «shared-value test». Segundo o A., é necessário que o escopo de política legislativa, presente na norma, tenda para o mesmo fim ou coincida com o do foro ou corresponda a um «(...) Intérêt international généralement reconnu.» : *ibidem*.

58 *Estudos em Comemoração do 10.° Aniversário da Licenciatura em Direito*

cricionário que conferem ao juiz do foro. Na realidade, servem de forma deficiente o propósito da CR: a aplicação uniforme das suas disposições. Além disso, devido ao seu conteúdo extremamente vago, pouco orientam o julgador[28]. Como podemos observar, esta regra fixa um conjunto de variáveis a ponderar pelo julgador que torna difícil a previsibilidade do direito a aplicar. Isto prejudica a uniformidade de aplicação da CR. A difícil concretização do art. 7.°. n.° 1 da CR motivou a reserva que Portugal fez a este artigo, nos termos do art. 22°, n.° 1 da CR. Através desta, o nosso país reservou o direito de não aplicação desta norma. Mas isto não significa que a questão tenha ficado resolvida. Como reconhece grande parte da doutrina, a incerteza inerente à reserva é maior, pois esta criou uma lacuna[29]. A reserva não proíbe o reconhecimento a este tipo de normas, apenas isenta à ponderação dos elementos impostos pelo 7°, n.° 1 da CR, determinando a procura de outros[30].

A análise que António Marques dos Santos efectuou deste art. 7°, n.° 1 da CR parece-nos a mais adequada para o caracterizar. Segundo

---

[28] Neste sentido, *v.* David McClean, «De Conflictu Legum, Perspectives on Private International Law at the Turn of the Century, General Course on Private International Law», *Rec. cours*, t. 282, 2000, Martinus Nijhoff Publishers, The Hague, Boston, London, 2000, p. 220.

[29] Paul Lagarde, «Le nouveau droit international privé des contrats après l'entrée en vigueur de la Convention de Rome du 19 juin 1980», *RCDIP* 1991, pp. 324; Lima Pinheiro, *Joint Venture...*, pp. 783 e segs; A. Marques dos Santos, «Le statut des biens culturels en DIP» *in Estudos de DIP e de Direito Processual Civil Internacional*, Coimbra, Almedina, 1994, pp. 195-196, n. 82; Dário Moura Vicente, *Da Responsabilidade...*, p. 664 e segs. Peter Kaye, *The New Private...*, p. 249, apresenta algumas objecções do Reino Unido a este artigo, das quais destacamos: a confusão para os tribunais que teriam de ponderar vários tipos de normas imperativas; o atraso e a incerteza negocial causada pela discricionariedade inerente à referida disposição legal.

[30] Neste sentido, A. Marques dos Santos, «Alguns Princípios de Direito Internacional...», p. 29; Dário Moura Vicente, *últ. op. cit.*, p. 663 e segs. Este último A. justifica esta ideia com base no art. 23.° do Regime Jurídico das Cláusulas Contratuais Gerais, que abrange estas disposições. Além do mais, considera o A. que a reserva não resolveu o problema, não podendo impedir o reconhecimento de efeitos a estas normas «(...) quando os valores e interesses presentes neste domínio o impuserem (...)»: *ibidem*, p. 664. Nestes casos, não nos parece que a reserva formulada por Portugal a esta norma impeça o julgador português de ponderar os elementos enunciados no art. 7.°, n.° 1 da CR, ainda que não o tenha de fazer imperativamente. Isto justificar-se-á até em nome de uma certa harmonia na aplicação da CR. Em sentido contrário, Maria Helena Brito, *op. cit.*, p. 716; Lima Pinheiro, *Direito Internacional Privado, Introdução e Direito de Conflitos, Parte Geral*, vol. I, Almedina, Coimbra, 2001, p. 222; *idem, Direito Internacional Privado, Parte Especial (Direito de Conflitos)*, Almedina Coimbra, 1999, p. 196.

Ordem pública positiva e ordem pública negativa no contrato de trabalho   59

o A.[31] existe nesta norma «(...) uma nítida tensão entre dois elementos em si mesmo contraditórios no plano metodológico (....). A questão consiste em saber qual desses dois pressupostos – a *vontade de aplicação* das normas materiais de aplicação imediata estrangeiras ou a sua *ligação estreita* com a situação a regular – deve levar a melhor».

O art. 7° da CR acaba por funcionar como um limite à autonomia da vontade. Andrea Bonomi considera que as normas de aplicação imediata têm como função a correcção dos resultados que se obtêm pela escolha de lei[32]. Preferimos dizer que as normas de aplicação imediata, na prática, modelam o resultado que se obtém pela escolha de lei. O art. 7°, n.° 1 da CR assim o permite, pois determina que o julgador deve ponderar os resultados de aplicação, ou não, da norma internacionalmente imperativa. Já o art. 7°, n.° 2 da CR impõe a visão do Estado do foro.

1.3. *Relação entre o art. 6.° da CR e o art. 7.° da CR*

O art. 7° da CR é de aplicação genérica a todos os contratos abarcados pela CR. Por isso, terá natural aplicação ao contrato de trabalho internacional. No entanto, este é abrangido por uma norma de conflitos especial da CR: o art. 6°. Logo, teremos de conjugar estes dois artigos.

---

[31] *As Normas...*, Vol. II, pp. 1023-1024.

[32] Segundo a opinião de Andrea Bonomi, *últ. op. cit.*, p. 226. Esse papel é reservado à ROPI. Esta é uma das críticas que a tese do referido A. nos suscita. O A. não partilha da perspectiva tradicional que encara as normas internacionalmente imperativas como mecanismos que intervêm numa fase anterior; enquanto a ROPI avança numa fase posterior ao funcionamento da norma de conflitos, para corrigir o resultado da aplicação da lei estrangeira. Segundo António Marques dos Santos, *As Normas...*, Vol. II, pp. 955-956, a aplicação da norma de aplicação imediata funciona *à priori* em relação à norma de conflitos «(...) porque a importância dos objectivos prosseguidos pelas normas de aplicação necessária é de tal modo capital para a ordem jurídica do foro – em que elas se inserem – (...) [que] em tais domínios a ordem jurídica do foro não tolera a aplicação de um direito estrangeiro». No mesmo sentido, *v.* Ugo Villani, *La Convenzioni...*, p. 191.

Considera, o primeiro A. referido, que a norma internacionalmente imperativa é aplicada em conjunto com a *lex causae* e que a exclusão da lei estrangeira só pode funcionar à *posteriori*. Como estabelecer a distinção entre as duas figuras? Para o referido A., reside numa maior concretização das normas internacionalmente imperativas face à ROPI.

Não concordamos com esta posição. Como veremos a distinção entre a ROPI e as normas de aplicação imediata é a concretização, mas também a sua intervenção à *posteriori*, a correcção do resultado material, entre outros.

Num contrato de trabalho internacional, tendo existido escolha de lei, aplica-se o art. 6°, n.° 1 da CR. Esta norma é motivada pela protecção do trabalhador: é permitida uma escolha de lei limitada. Nos termos do art. 6°, n.° 1 da CR, «1. Sem prejuízo do disposto no artigo 3°, a escolha pelas partes da lei aplicável ao contrato de trabalho não pode ter como consequência privar o trabalhador da protecção que lhe garantem as disposições imperativas da lei que seria aplicável, na falta de escolha, por força do n.° 2 do presente artigo». São, portanto, aplicáveis as disposições imperativas da lei escolhida ou da lei apurada objectivamente nos termos do art. 6°, n.° 2, que sejam mais favoráveis ao trabalhador. Não é este o mesmo escopo do art. 7° da CR. Como vimos, as normas internacionalmente imperativas materializam um certo intervencionismo do Estado para a preservação de certos valores, mas também para a organização económica, social e política do mesmo Estado. Ora, por força do art. 7° da CR podem ser tutelados outros valores, que não sejam justificados pela protecção do trabalhador.

Ponderemos, em primeiro lugar, a conjugação do art. 6°, n.° 1 com o reconhecimento de efeitos a normas internacionalmente imperativas de um terceiro Estado que a não o do foro (seja da *lex causae* fora do seu âmbito de aplicação, seja de outro Estado conexo com a situação).

Por força do 7°, n.° 1 da CR podem ser reconhecidos efeitos a normas internacionalmente imperativas de um país com conexão com o contrato, que não o designado pelo art. 6°, n.° 2[33]. De referir, no entanto, que se o país com maior conexão for o do lugar de execução do contrato ou do lugar do estabelecimento que contratou o trabalhador, as suas normas internacionalmente imperativas que tenham intuito protector do trabalhador entrarão no juízo de comparabilidade do art. 6°, n.° 1 da CR. Esta será a situação habitual pois o país com a conexão mais estreita do contrato de

---

[33] De acordo com este artigo «2. Não obstante o disposto no artigo 4.°, e na falta de escolha feita nos termos do artigo 3.°, o contrato de trabalho é regulado:

a) Pela lei do país em que o trabalhador, no cumprimento do contrato, presta habitualmente o seu trabalho, mesmo que tenha sido destacado temporariamente para outro país; ou

b) Se o trabalhador não prestar habitualmente o seu trabalho no mesmo país, pela lei do país em que esteja situado o estabelecimento que contratou o trabalhador;

A não ser que resulte do conjunto das circunstâncias que o contrato de trabalho apresenta uma conexão mais estreita com um outro país, sendo em tal caso aplicável a lei desse outro país».

Ordem pública positiva e ordem pública negativa no contrato de trabalho   61

trabalho será: o indicado pela al. a) ou b), do n.º 2 do art. 6º; ou o indicado pela cláusula de excepção presente na mesma norma, que tem, precisamente, a função de corrigir a localização indicada pelas conexões objectivas das alíneas precedentes.

Pelo art. 7º, n.º 1 da CR, o julgador tem o poder discricionário de aplicar as normas internacionalmente imperativas de um país que tenha uma conexão estreita com o contrato, depois de ponderar uma série de elementos. A ideia da conexão estreita presente nesta norma deve ser interpretada no sentido de uma conexão suficientemente forte, que justifique a tomada em consideração do interesse desse Estado em ver a sua lei aplicada, e que as partes possam prever a sua aplicação. Nos contratos em geral pertencerão ao país da conexão mais estreita com o contrato. Logo, esta norma assume particular importância como limite ao princípio da autonomia da vontade.

Já pelo art. 6º, n.º 1, o julgador tem o dever de aplicar as disposições que sejam mais protectoras do trabalhador, comparando: a lei escolhida e a lei do país que tem a conexão mais estreita com o contrato de trabalho.

Se a lei apurada em função do art. 7º, n.º 1 coincidir com a que se obtiver pelo funcionamento do art. 6º, n.º 1, deve prevalecer a aplicação deste, enquanto norma especial. Além disso, não haverá consequências de maior, pois as disposições imperativas, de que nos fala o art. 6º, n.º 1, abrangem as disposições internacionalmente imperativas e aquelas de direito interno que não podem ser afastadas por vontade das partes.

E se não coincidirem? Nesse caso, o julgador parece poder reconhecer efeitos à norma internacionalmente imperativa aplicável por força do art. 7º, n.º 1 da CR. Contudo, como o julgador tem a faculdade de aplicar estas normas internacionalmente imperativas, deve evitar que, pela aplicação destas, se prejudique o sistema protector do trabalhador subjacente ao art. 6º, n.º 1, em nome da coerência sistemática das disposições da CR. Logo, só as deve aplicar se mais protectoras do trabalhador e, ainda assim, ponderando outros aspectos: como a consequência da sua aplicação, *v.g.*, a nível da execução da sentença ou da tutela da confiança das partes. Fora desta hipóteses, a aplicação conjunta dos dois artigos parece possível[34].

---

[34] Neste sentido, *v.*, Peter Kaye, *op. cit.*, pp. 259-260. Em sentido contrário Frédéric Leclerc, *La Protection de la Partie Faible dans les Contrats Internationaux, (Etude de conflits de lois)*, Bruylant, Bruxelles, 1995, pp. 567 e segs. Segundo o A., o contrato de trabalho está sujeito a uma norma de conflitos especial. Logo, não devia ser permitido a intervenção do art. 7.º da CR, que visa temperar a forma ampla como o art. 3.º admite a

Na falta de escolha de lei aplica-se o art. 6°, n.° 2 da CR. A relação do art. 7° da CR com esta norma parece respeitar a mesma linha de raciocínio já referida para o n.° 1. Raros serão os casos em que a *lex causae* determinada pelo art. 6°, n.° 2 da CR não coincide com a lei estreitamente conexa do art. 7°, n.° 1. Em caso afirmativo deve prevalecer a aplicação do art. 6°, n.° 2 da CR.

Em caso negativo, nada parece depor contra a aplicação conjunta das duas disposições, podendo o julgador reconhecer efeitos a uma norma internacionalmente imperativa de um terceiro país. E se esta, apurada em função do art. 7°, n.° 1, for menos protectora do trabalhador do que as disposições da *lex causae*? O motor de funcionamento do art. 6°, n.° 2 é aplicar a lei melhor localizada para dirimir o litígio, e não a protecção do trabalhador como no art. 6°, n.° 1. Será que a resposta à questão colocada deverá prejudicar o trabalhador, só por que não houve escolha de lei? Pensamos que não, sobretudo porque na aplicação do art. 7°, n.° 1 o julgador tem a faculdade de aplicar ou não a norma internacionalmente imperativa em questão. O julgador deve ter em atenção que a escolha dos elementos de conexão objectivos presentes no art. 6°, n.° 2 obedeceram à ponderação de determinados interesses: sobretudo, o interesse do país mais conexo com o contrato em ver aplicada a sua lei, tendo em conta a importância do trabalho e efeitos do mesmo em determinado país. As disposições imperativas de um terceiro país, que não o melhor localizado para regular o contrato, terão uma legitimidade de aplicação mais frágil e deverão ceder face à estrutura geral do art. 6° da CR.

Falta, ainda, ponderar a conjugação do art. 7°, n.° 2 com o art. 6°, ambos da CR. Em relação ao art. 7°, n.° 2 a situação é um pouco diferente,

---

autonomia da vontade. Além disso, considera que diminui o nível de previsibilidade do direito aplicável.

Como vimos, face ao art. 7.° da CR, o julgador tem liberdade para nortear a intervenção da norma internacionalmente imperativa de um terceiro país pelo objectivo de protecção do trabalhador. Além disso, como o próprio A. reconhece, nem o texto, nem a inserção sistemática da norma, permitem uma interpretação diferente da que avançamos *supra*. O texto é formulado em termos amplos, parecendo incluir normas internacionalmente imperativas referentes ao contrato de trabalho. A inserção sistemática do art. 7.°, depois das normas de conflitos referentes ao contrato de consumo e ao contrato de trabalho, parece militar no mesmo sentido. Questão diferente será ponderar, se em futuras alterações da CR, a aplicação do art. 6.° não deveria excluir o art. 7.°, ambos da CR. Pensamos que esta seria a opção mais correcta.

Ordem pública positiva e ordem pública negativa no contrato de trabalho 63

pois o juiz encara as normas internacionalmente imperativas do foro como de aplicação obrigatória. O que, aliás, o art. 7°, n.° 2 não contradiz.

Como já dissemos, a norma internacionalmente imperativa tem como objectivo a protecção de interesses sociais, económicos e políticos do seu Estado de origem. Na conjugação do art. 6°, n.° 1 com o art. 7°, n.° 2 da CR, Peter Kaye[35] estabelece uma distinção que nos parece relevante. Quando o objectivo da norma internacionalmente imperativa do foro é a protecção do trabalhador, considera o A. que o art. 7°, n.° 2 só se deve aplicar se for mais protector do trabalhador. Esta ideia parece-nos correcta: baseia-se na prioridade da norma especial e respeita o espírito de protecção do trabalhador. Quando a norma internacionalmente imperativa do foro visar a protecção de outros interesses, então a norma do art. 7°, n.° 2 da CR assumirá prioridade, sendo aplicada a norma do foro, ainda que menos favorável ao trabalhador[36].

É claro que esta distinção não pode funcionar face ao art. 6°, n.° 2. Não tendo havido escolha de lei, sendo aplicável o art. 6°, n.° 2, e existindo uma norma internacionalmente imperativa do foro que reclama a sua aplicação ao caso concreto, por força do art. 7°, n.° 2, parece-nos que esta será de atender: ainda que esta tenha o intuito de proteger o trabalhador, mas se revele menos favorável a este em confronto com a lei emergente do art. 6°, n.° 2. O art. 6°, n.° 2 não tem qualquer função protectora, nem art.

---

[35] *Últ. op. cit.*, p. 264.

[36] Peter North, *Private International Law problems in Common Law Jurisdictions*, Martinus Nijhoff Publishers, p. 131 é da opinião que o foro pode considerar a sua protecção do trabalhador mais importante e, por isso, aplicar a sua lei, independentemente da *lex causae.*

Um conflito real poderá surgir quando o art. 6°, n.° 1 da CR manda aplicar uma lei diferente da lei do foro por ser a mais favorável e existir, simultaneamente, uma norma de aplicação do foro que estabelece um limite máximo de protecção para o trabalhador, menor do que o fixado pela *lex causae*, indicada pelo art. 6°. Richard Plender, *op. cit.*, s. 9-17, ainda que com confessa hesitação, considera que deve prevalecer a norma internacionalmente imperativa do foro, devido à letra incondicional do 7°, n.° 2 da CR. Também, nos parece que esta é a solução a que chegamos necessariamente, facc à letra das normas em causa. Porém, é de salientar a incoerência do resultado pelo facto do art. 7°, n.° 2 não ressalvar as normas especiais relativas ao contrato de consumo e de trabalho. De facto, o regime protector presente nestas normas pode ser minado por outra norma presente na mesma convenção. Parece-nos, assim, correcta a posição de Rui Moura Ramos, «O Contrato Individual de Trabalho...», pp. 70-71, ao considerar que «(...) a finalidade particular perseguida pela Convenção em sede de contrato individual de trabalho pode ser posta em causa pelos objectivos gerais desta última»: *ibidem,* p. 70.

7° da CR confere ao julgador o poder discricionário existente no n.° 1 do mesmo artigo. Assim, surge uma distinção consoante tenha existido ou não escolha de lei.

Analisando o descrito, chegamos à conclusão que o trabalhador goza de um regime menos favorável quando não existe *electio iuris*. Por isso, parece-nos que a escolha de lei é desfavorável para o empregador. Esta análise assim o comprova.

Nesta ordem de ideias, as normas internacionalmente imperativas do foro prevalecem sobre as normas de Estados terceiros, segundo o regime do art. 7° da CR.

De referir que, como as regras atributivas de jurisdição presentes na CB, CL e no reg. 44/2001 para o contrato de trabalho, em grande medida, coincidem com os elementos de conexão presentes no art. 6°, n.° 2 da CR, será provável que as normas internacionalmente imperativas do foro sejam as da *lex causae*.

1.4. *As normas de aplicação imediata e a jurisprudência comunitária*

Recentemente, no ac. Arblade, o TJCE avançou com uma definição de norma internacionalmente imperativa para efeitos do Direito comunitário. A questão versou sobre o destacamento temporário de trabalhadores franceses, na Bélgica. Estavam em causa normas sobre o salário mínimo que o tribunal belga considerava de aplicação imediata. A questão envolvia matéria abrangida pela dir. 71/96/CE[37], referente ao destacamento temporário de trabalhadores. Embora esta ainda não fosse aplicada ao caso, as orientações enunciadas podem ajudar à sua aplicação.

Nos termos do art. 3°, n.° 1 da dir. 71/96/CE, independentemente da lei aplicável ao contrato de trabalho, se preenchido o âmbito de aplicação material da directiva, serão aplicadas as disposições normativas relativas às condições de trabalho especificadas na norma[38], do país do destaca-

---

[37] Dir. 96/71/CE, do Parlamento Europeu e do Conselho, de 16 de Dezembro, relativa ao destacamento de trabalhadores no âmbito de uma prestação de serviços, publicada no JOCE n.° L 18, de 21/01/1997, pp. 1 e segs. Esta dir. foi transposta para a ordem jurídica interna pela L n.° 9/2000, de 15 de Junho.

[38] As matérias em causa dizem respeito: à duração do trabalho; à duração de férias remuneradas; ao salário mínimo, inclusive ao pagamento de horas extraordinárias; às regras que regulam a disponibilização de trabalhadores pelas empresas temporárias; às

mento temporário. O art. 3°, n.° 7 da mesma dir. estabelece ainda que «O disposto nos n.°s 1 a 6 não obsta à aplicação das condições de emprego e trabalho mais favoráveis aos trabalhadores». Isto significa que as disposições relativas às condições de trabalho do país de acolhimento só serão aplicáveis, se mais protectoras do trabalhador do que as previstas pela lei competente nos termos do art. 6° da CR. Apesar de restringirem a livre circulação de serviços, considerou o TJCE que as disposições do Estado de acolhimento eram justificadas em função da protecção social do trabalhador. Dando uma noção inspirada em Franceskakis, referida *supra*, o TJCE definiu a norma internacionalmente imperativa como «(...) la disposition nationale dont l'observation a été jugée cruciale pour la sauvegarde de l'organisation politique, sociale ou économique de l'État, au point d'en imposer le respect à toute personne se trouvant sur le territoire ou à tout rapport juridique localisé dans celui-ci»[39].

No mesmo ac. é afirmada a primazia das normas de direito comunitário originário e derivado. Está em causa o método de reconhecimento do âmbito exorbitante das normas internacionalmente imperativas, no que se refere a aspectos que podem afectar o mercado interno. O reconhecimento do âmbito exorbitante destas normas faz-se em função de um juízo de admissibilidade face ao direito que regula o mercado interno.

Desde logo, pela jurisprudência comunitária, a norma internacionalmente imperativa deve visar um fim de interesse geral. Este fim de interesse geral terá de ser apreciado segundo o direito comunitário[40]. A vontade de aplicação da norma internacionalmente imperativa deve resultar:

---

condições de saúde, segurança e higiene; regras de protecção ao trabalho de mulheres grávidas puerperas, das crianças e dos jovens; medidas de promoção de igualdade e não discriminação em função do sexo do trabalhador. O preâmbulo da dir. apelida este corpo de matérias como o núcleo duro das normas protectoras do Estado de acolhimento.

[39] «Ac. J-C Arblade, Arblade & fils SARL, B. Et S. Leloup et Sofrage SARL, TJCE de 23.11.1999», comentado por Marc Fallon, *RCDIP* 89 (4) octobre-décembre 2000, pp. 711 e segs.

[40] Podemos ter a situação apontada por Etienne Pataut no seu comentário ao «Ac. A. Mazzoleni et Inter Surveillance Assistance SARL, TJCE de 15.03.2001», *RCDIP* 90 (3) juillet-septembre 2001, p. 508: uma determinada norma em certo país comunitário ter a natureza de norma de aplicação imediata e noutro país não. Ou, o órgão jurisdicional reconhecer essa natureza a determinada norma, e o TJCE não. Em todo o caso, as normas de direito comunitário derivado facilmente terão uma qualificação uniforme, por influência da jurisprudência do TJCE.

66 Estudos em Comemoração do 10.º Aniversário da Licenciatura em Direito

da ponderação do escopo desta e da norma de conflitos sobre a matéria; e da inadaptação desta para salvaguardar o fim visado por aquela[41].

Está, também, sujeita a um juízo de proporcionalidade da norma em função do objectivo. Este avalia-se apurando, por exemplo: se o mesmo fim não pode ser obtido por uma norma menos perturbadora do mercado interno; se não há sujeição às mesmas exigências ou equivalentes no Estado de origem e de acolhimento. Esta comparação, segundo o ac. Mazzoleni, não se limita à norma em causa, mas ao conjunto de benefícios interrelacionados com a questão a tratar, segundo as legislações em presença[42]. Não podemos esquecer que estamos a tratar de domínios que foram objecto de harmonização comunitária, verificando-se uma maior proximidade das legislações dos Estados membros.

A jurisprudência comunitária resultante deste ac. releva sobretudo ao nível do art. 7.º, n.º 2 da CR. O art. 7.º, n.º 1 já permite uma série de ponderações: a natureza, o objecto, as consequências da aplicação ou não. O n.º 2 da mesma norma, estabelece a aplicação imediata da lei material do foro, sem qualquer outra consideração. O ac. Arblade parece introduzir aquilo a que Marc Fallon apelida de cláusula implícita de «mercado interno»[43]. Ou seja, nas matérias referentes ao mercado interno, a intervenção da norma internacionalmente imperativa do Estado do foro não depende apenas da sua vontade de intervenção. A sua aplicação já não é imediata: faz-se em função do método *supra* descrito, que obriga, entre outros aspectos, a considerar outras normas da *lex causae* equivalentes[44].

Ficamos na expectativa de saber como os tribunais nacionais irão pôr em prática esta jurisprudência. De referir, que o Grupo Europeu de Direito Internacional Privado propôs a introdução de uma cláusula de salvaguarda do mercado interno na redacção do art. 7.º da CR[45].

---

[41] Neste sentido, Marc Fallon, «Les Conflits de Lois et de Juridiction dans un Espace Économique Intégré, L'expérience de la Communauté Européenne», *Rec. cours*, t. 253, 1995, Martinus Nijhoff Publishers, The Hague, Boston, London, 1995, p. 734.

[42] «Ac. A. Mazzoleni et Inter Surveillance Assistance SARL, TJCE de 15.03.2001», comentado por Etienne Pataut, *RCDIP* 90 (3) juillet-septembre 2001, p. 501.

[43] Marc Fallon, «Les Conflits de Lois et de Juridiction...», p. 733.

[44] *Últ. op. cit.*, p. 737. *Cfr.* «Ac. A. Mazzoleni et Inter Surveillance Assistance SARL, TJCE de 15.03.2001», comentado por Etienne Pataut, *RCDIP* 90 (3) juillet-septembre 2001, pp. 509 e segs.

[45] Groupe européen de droit international privé, «Proposition de modification des articles 3,5 et 7 de la Convention de Rome du 19 juin 1980, et de l'article 15 de la proposition de règlement «Bruxelles I», *RCDIP*, 89 (4), octobre-décembre 2000, pp. 929 e segs.

1.5. *O princípio da segurança e estabilidade no emprego*

O art. 53° da CRP consagra um princípio de segurança e estabilidade no emprego, proibindo os despedimentos sem justa causa ou com base política ou ideológica.

Esta norma, assim como as disposições da lei ordinária que o concretizam, são considerados pela doutrina normas internacionalmente imperativas. O âmbito de aplicação espacial desta norma foi inferido, pela doutrina portuguesa, em função do fim e conteúdo da referida norma constitucional[46]. Independentemente do âmbito de competência da lei portuguesa, esta norma é aplicável aos contratos executados em Portugal. É aplicável, também, aos trabalhadores de nacionalidade ou residência em Portugal, contratados por empregadores portugueses ou estabelecidos no país, ainda que esse contrato seja executado no estrangeiro. Esta norma tem um claro escopo de protecção do trabalhador.

A norma do art. 53° da CRP será aplicada, pelos tribunais portugueses aos contratos de trabalho plurilocalizados como norma internacionalmente imperativa do Estado português, por força do art. 7°, n.° 2 da CR.

Quanto à questão do despedimento sem justa causa nos contratos plurilocalizados, na situação acima descrita, a jurisprudência portuguesa não tem revelado consenso. Algumas decisões ignoram a questão[47]. Outras ponderam a existência de ofensa da reserva de ordem pública internacional (ROPI) do Estado português ou não[48]. Outras, de forma pouco clara,

---

[46] Neste sentido, Rui Moura Ramos, *Da Lei Aplicável...*, pp. 790-791; *idem*, «Contratos internacionais e protecção da parte mais fraca no sistema jurídico português» in *Contratos: Actualidade e Evolução*, Universidade Católica Portuguesa, Porto, 1997, pp. 351-352; Lima Pinheiro, *Direito Internacional Privado, Vol. I...*, p. 482; António Marques dos Santos, *As Normas de Aplicação...*, Vol. II, p. 833, n. 2681; *idem*, «Les règles d'application..., p. 204-206 ; *idem* «Alguns Princípios de Direito Internacional Privado e de Direito Internacional Público do Trabalho» in *Estudos do Instituto de Direito do Trabalho*, Vol. III, Instituto de Direito do Trabalho da Faculdade de Direito de Lisboa, Almedina, 2002, pp. 27-28.

[47] É o caso do ac. do STJ de 21.04.1993, proc. 3582, *Sub judice – novos estilos*, 4, Abril 1993, pp. 87 e segs, que aplica o direito francês como lei do lugar de execução. *Cfr.*, no mesmo sentido, Ac. do STJ de 12.01.1994, *CJ, Acórdãos do Supremo Tribunal de Justiça*, I, 1994, pp. 274 e segs.

[48] É o caso do Ac. do STJ de 26.10.1994, Proc. N.° 4048, *BMJ* 440, 1994, pp. 253 e segs. Um trabalhador português, contratado pelo estado português, para laborar no estrangeiro, onde residia, foi despedido sem justa causa de acordo com a lei do Estado de Rhode Island. O STJ considerou que este resultado não violava as concepções ético-jurídicas fundamentais do ordenamento jurídico português. *Cfr.*, Ac. do tribunal da Relação de Lisboa de 19.06.1991, *CJ* III, 1991, pp. 221 e segs

68   Estudos em Comemoração do 10.º Aniversário da Licenciatura em Direito

misturam a ROPI e a figura da norma internacionalmente imperativa[49]. No entanto, várias sentenças têm acompanhado o entendimento da doutrina, afirmando a primazia da aplicação do art. 53º da CRP independentemente da lei competente para regular o caso, assim como a sua natureza de norma internacionalmente imperativa do Estado português[50].

2. Reserva de ordem pública internacional

2.1. Noção e características

A reserva de ordem pública internacional (ROPI) tem uma intervenção particularmente intensa a nível do direito do trabalho. As normas de direito do trabalho são por vezes apelidadas pela doutrina de normas de ordem pública. Esta expressão visa exprimir a sua importância económica e social. Todavia, esta expressão é, por vezes, utilizada sem grande rigor terminológico, sendo aplicada, indistintamente, a várias figuras. Impõe-se esclarecer o conceito de ordem pública, e proceder à distinção de ordem pública interna e ordem pública internacional. Impõe-se, também, distinguir esta figura das já faladas normas internacionalmente imperativas.

Quando tentamos resolver uma questão privada internacional controvertida, por recurso ao direito estrangeiro, a ROPI é o último instrumento que o foro tem ao seu dispor para a defesa dos princípios e valores nucleares, inspiradores da sua ordem jurídica. A intervenção desta figura baseia-se, então, em considerações materiais do Estado do foro. Porém, funciona em moldes diferentes das normas internacionalmente imperativas. Ao contrário das normas internacionalmente imperativas, é um limite à aplicação do direito estrangeiro competente que funciona *a posteriori*, tendo em conta o resultado a que se chega pela aplicação da lei estrangeira

---

[49] É o caso do Ac. do STJ de 30.09.1998, Proc. 131/98, *BMJ* 479, pp. 358 e segs. O STJ fundamenta o ac. com base na ROPI, acabando por aplicar o art. 53.º da CRP como norma de aplicação imediata do foro.

[50] Ac. do tribunal da Relação do Porto de 25.11.1991, CJ V, 1991, pp. 222 e segs; Ac. do tribunal da Relação de Lisboa de 10.03.1993, *CJ* II, pp. 155 e segs; Ac. do tribunal da Relação de Lisboa de 10.01.1996, *CJ* I, pp. 160 e segs; Ac. do STJ de 11.06.1996, *CJ*, *Acórdãos do Supremo Tribunal de Justiça*, II, 1996, pp. 266 e segs; Ac. do tribunal da Relação de Lisboa, de 5.07.2000, *CJ* IV, 2000. pp. 159 e segs.

Ordem pública positiva e ordem pública negativa no contrato de trabalho 69

competente[51]. Na apreciação do resultado da aplicação das normas estrangeiras, inclui-se a aplicação de normas internacionalmente imperativas estrangeiras.

A ROPI não pode substituir a normas internacionalmente imperativas por duas razões: pelos seus pressupostos de aplicação e pelo momento em que as duas figuras intervêm. Por sua vez, a existência de normas internacionalmente imperativas não substitui o papel da ROPI. Aquelas têm um âmbito de aplicação limitado. Para além do mesmo, só pode funcionar a ROPI. Na ROPI estamos a falar de princípios, com a indeterminação que lhes é característica. Já as normas internacionalmente imperativas são normas materiais concretas, de direito positivo.

A ROPI, manifestando os traços económicos e políticos que orientam determinada ordem jurídica, acompanha a evolução destes. É a estrutura axiológica sobre a qual repousa a ordem jurídica, política, social e económica de determinado Estado. É um limite constituído pelos princípios inderrogáveis do Estado do foro. Princípios que este não pode abdicar, ainda que a lei competente seja uma lei estrangeira[52]. Daí que o seu conteúdo tenha um âmbito mais restrito do que a ordem pública interna. Esta será constituída pelas normas e princípios imperativos da mesma ordem jurídica[53].

---

[51] Esta é uma concepção de ordem pública aposteriorística, consequência da existência de norma de conflitos bilaterais que remetem para leis estrangeiras e das diferenças entre as várias ordens jurídicas. A ROPI é vista como uma excepção ao funcionamento normal das regras de conflitos. Neste sentido, *v.* Rui Moura Ramos, «L'Ordre Public International en Droit Portugais» *in Estudos de Direito Internacional Privado e de Direito Processual Civil Internacional*, Coimbra Editora, Coimbra, 2002, p. 246 e pp. 248 e segs. *Cfr.* Ferrer Correia, *Lições...*, pp. 406-407; Carlos Fernandes, *Lições de Direito Internacional Privado I, Teoria Geral do Direito Internacional Privado com incidência no direito português*, Coimbra Editora, 1994, pp. 297 e segs; Baptista Machado, *Lições de Direito Internacional Privado*, 3ª edição, Almedina, Coimbra, 1997, pp. 257-259, Lima Pinheiro, *Direito Internacional Privado, Vol. I...*, p. 466; Marques dos Santos, *Direito Internacional Privado, Sumários*, Associação Académica da Faculdade de direito, Lisboa, 1997, pp. 183 e segs.

[52] Para exemplos na jurisprudência, *v.*, *v.g.*, Ac. da Relação de Lisboa de 22.02.1978, *CJ* II, pp. 367 e segs; Ac. da Relação de Coimbra de 8.4.1980, *CJ* II, pp. 35 e segs; Ac. da Relação de Lisboa, de 12.05.1993, www.dgsi.pt de 15.09.2002; Ac. da Relação de Lisboa, *CJ* V, pp. 36 e segs; Ac. do STJ de 04.10.94, www.dgsi.pt de 15.09.2002; Ac. da Relação do Porto, de 06.07.98, www.dgsi.pt de 15.09.2002.

[53] *V.* Andreas Bucher, «L'Ordre Public et le but social des lois en Droit International Privé», *Rec. Cours*, Tome 239, 1993, pp. 23-24; Ferrer Correia, *Lições...*, p. 405; David McClean, *op. cit.*, pp. 207-209; Lima Pinheiro, *Direito Internacional Privado, Vol. I...*,

70   *Estudos em Comemoração do 10.º Aniversário da Licenciatura em Direito*

A ROPI está prevista no art. 16° da CR[54] e no art. 22 do CC[55]. Da noção que aí encontramos podemos retirar algumas características desta figura: por um lado o seu carácter excepcional; por outro, a intervenção em concreto, quando o resultado da aplicação da lei estrangeira competente seja incompatível com os princípios jurídicos fundamentais do Estado do foro. A ordem pública internacional tem, assim, como características a excepcionalidade, a imprecisão, a actualidade ou relatividade temporal e o carácter nacional ou relatividade espacial.

A excepcionalidade está bem patente na formulação do art. 16° da CR e compreende-se: a CR aspira a uma aplicação uniforme, que é comprometida pelo funcionamento da ROPI. É uma excepção, no sentido de ser um limite à aplicação do direito estrangeiro competente, devendo ser reduzida ao mínimo a sua intervenção. É um conceito indeterminado, devendo ser concretizado casuísticamente pelo julgador, em função das concepções ético-juridicas do foro, no momento em que a questão está a ser apreciada[56]. Daí falar-se da justiça relativa, ou espácio-temporalmente circunscrita, que caracteriza esta figura. Isto determina a impossibilidade de se fixar *a priori* o seu conteúdo. A ROPI só funciona face à aplicação concreta da norma estrangeira, dependendo de uma apreciação subjectiva do julgador. O limite da aplicação da lei estrangeira será, então, o «sentimento

---

p. 465; Rui Moura Ramos, «L'Ordre Public International en Droit Portugais», *BFD*, 1998 (publicado também em *Estudos de Direito Internacional Privado e de Direito Processual Civil Internacional*, Coimbra Editora, Coimbra, 2002), p. 248.

[54] Nos termos desta norma «A aplicação de uma disposição da lei designada pela presente Convenção só pode ser afastada se essa aplicação for manifestamente incompatível com a ordem pública do foro».

[55] Segundo o art. 22.º do CC: «1. Não são aplicados os preceitos da lei estrangeira indicados pela norma de conflitos, quando essa aplicação envolva ofensa dos princípios fundamentais da ordem pública internacional do Estado português.

2. São aplicáveis, neste caso, as normas mais apropriadas da legislação estrangeira competente ou, subsidiariamente, as regras do direito interno protuguês».

[56] Por isso, parece-nos exemplar a expressão de Bernard Dutoit, «L'ordre public: caméléon du droit international privé?, Un survol de la jurisprudence suisse» in *Mélanges Guy Flattet*, Université de Lausanne-Faculté de Droit, Difusion Payot Lausanne, p. 456, que apelida esta figura de camaleão, face às suas características evolutivas, em função das mudanças operadas no seio da ordem jurídica, em que se integra. No sentido apontado no texto, *v.*, *v.g.*, Ac. da Relação do Porto de 29.10.1981, *CJ* IV, 1981,pp. 223 e segs. Em sentido divergente *v.* Ac. da Relação de Coimbra de 12.03.1985, *CJ* II, 42, pp. 42 e segs., considerando a ROPI como «(...) aquele complexo de normas, inspiradas por razões políticas, morais e económicas, que é aceite por determinado número de nações como expressão de uma civilização e cultura idênticas».

Ordem pública positiva e ordem pública negativa no contrato de trabalho 71

jurídico dominante na colectividade»[57], «o reduto inviolável»[58], o «estilo ou alma de uma ordem jurídica»[59]. Do referido, conclui-se que a imprecisão é uma imperfeição congénita à noção de ROPI.

Do descrito é fácil retirar a conclusão que a ROPI é constituída por aqueles princípios mais característicos da ordem jurídica a que pertence[60].

A intervenção desta figura depende da conexão entre os factos a apreciar e a ordem jurídica do foro. Esta conexão é exigida pela relatividade espacial que caracteriza esta figura. Porém, quanto maior a importância do princípio violado menor será a conexão exigível. A aplicação em concreto de uma norma estrangeira que ponha em causa a proibição de trabalho escravo, v.g., como corolário do princípio da dignidade da pessoa humana, princípio estrutural da nossa ordem jurídica, terá intervenção num caso que se coloque perante os nossos tribunais com um mínimo de conexão, seja em sede de reconhecimento ou de constituição de determinada situação.

Outro requisito de intervenção da ROPI exige que o resultado da aplicação da lei estrangeira seja incompatível com os princípios fundamentais do Estado do foro[61], não estando em causa qualquer tipo de censura da *lex fori* face às opções da *lex causae*. É admitida pela doutrina a ideia de ordem pública atenuada em relação ao reconhecimento de situações constituídas no estrangeiro[62].

---

[57] Segundo expressão de Ferrer Correia, *Lições...*, p. 410.

[58] Segundo expressão de João Reis, «Contrato de trabalho plurilocalizado e Ordem pública internacional», *QL*, ano III, 1996, p. 176.

[59] Segundo expressão de Baptista Machado, *Lições...*, p. 259.

[60] Fala-se actualmente de uma ordem pública comunitária constituída por princípios fundamentais comuns aos estados comunitários. Esta será fácil de determinar se nos mantivermos no quadro dos tratados da CE e da legislação comunitária: como, *v.g.*, o princípio do tratamento igualitário entre cidadãos europeus. Estes princípios são facilmente reconhecidos pelo recurso aos tratados da CE e pela jurisprudência do TJCE. Além deste domínio é mais difícil encontrar um consenso. *V.* sobre Ugo Vilani, *op. cit.*, p. 189.

[61] Esta ideia de resultado incompatível está presente, *v.g.*, no Ac. do STJ de 26.10.94, *BMJ* n.º 440, ano 1994, pp. 253 e segs e no Ac. do STJ de 17.11.93, www.dgsi.pt de 15.09.2002.

[62] A ROPI terá uma intervenção mais limitada no caso de situações a reconhecer. *V.* Andreas Bucher, *op. cit.*, pp. 47 e segs; Ferrer Correia, *Lições...*, pp. 414 e segs; Carlos Fernandes, *op. cit.*, pp. 301 e segs; Baptista Machado, *Lições...*, p. 267; Rui Moura Ramos, «L'Ordre Public International...», pp. 255-256; A. Marques dos Santos, *Direito Internacional Privado. Sumários...*, p. 188.

72   *Estudos em Comemoração do 10.° Aniversário da Licenciatura em Direito*

A intervenção da ROPI tem como consequência a não consideração das disposições estrangeiras, cuja aplicação produz um resultado incompatível com as concepções fundamentais do Estado do foro. Assim se justifica a ideia de ordem pública em sentido negativo[63]. A evicção da lei estrangeira limita-se ao mínimo necessário para salvaguardar o espírito da *lex fori*.

Por vezes, com a intervenção da ROPI o caso fica resolvido. Noutros casos, com a não aplicação da norma da *lex causae* surge uma lacuna. Tendo em conta o princípio do mínimo dano à lei estrangeira, e porque a ROPI do foro apenas afastou uma determinada disposição legal, é opinião da doutrina que a solução deve-se encontrar pelo recurso a uma norma, no âmbito dessa mesma ordem jurídica[64]. Só nesta impossibilidade se recorreria ao direito do foro.

2.2. *A ROPI e o contrato de trabalho*

Nas relações de trabalho a salvaguarda da dignidade da pessoas humana, princípio enformador da ordem jurídica portuguesa, assume um papel preponderante na identificação dos conteúdos da ROPI. Podemos afirmar, a partir deste princípio que integra a ROPI do Estado português a proibição de discriminação do trabalhador em função da raça, religião ou sexo. Assim como, a proibição de trabalho escravo.

Grande parte dos princípios de protecção do trabalhador têm assento constitucional. Logo, também gozam da força jurídica especial dos direitos liberdades e garantias do art. 17° e 18° da CRP[65]. É o caso da liberdade de escolha de profissão (art. 47° da CRP), liberdade sindical (art. 55° da CRP), princípio da igualdade (art. 13° e 58°, n.° 2, al. b) da CRP).

---

[63] Segundo Andreas Bucher, *op. cit.*, pp. 37 e segs, a solução a aplicar ao caso, pela intervenção da ROPI, constituiria o efeito positivo da ordem pública internacional.

[64] Esta foi, aliás, a solução consagrada no art. 22.°, n.° 2 do CC português. *V.*, sobre esta questão, Ferrer Correia, *Lições...*, pp. 419-420; Baptista Machado, *Lições...*, p. 272; Lima Pinheiro, *Direito Internacional* Privado, Vol. I..., pp. 471-472; Dário Moura Vicente, *Da Responsabilidade...*, p. 684. Andreas Bucher, *op. cit.*, fala, neste caso, na construção de uma regra material especial, por adaptação, cujo conteúdo se aproximasse da lei do foro e da *lex causae*.

[65] *V.*, sobre a influência dos princípios constitucionais face à lei designada pelo direito conflitual do foro e delimitação da intervenção destes e da ROPI, Rui Moura Ramos, *Direito Internacional Privado e Constituição...*, pp. 210 e segs.

É por vezes referido pela doutrina que as normas de conflitos substanciais, da índole do art. 6° da CR, reduzem o papel interventor reservado à ROPI[66]. Na realidade estamos perante uma norma construída em função de certo resultado material: a protecção do trabalhador. Este valor está subjacente à própria construção da norma. Logo, o resultado obtido evita a aplicação da ROPI, por desnecessidade. A ROPI pode, contudo, intervir se for necessário corrigir o resultado obtido pela aplicação da norma de conflitos.

BIBLIOGRAFIA

BONOMI, Andrea, Le norme imperative nel diritto internazionale privato, Considerazioni sulla Convenzione europea sulla legge applicabile alle obbligaziono contrattuali del 19 giugno 1980 nonché sulle leggi italiana e svizzera di diritto internazionale privato, Publications de l'Institut suisse de droit comparé, 1998.
— «Mandatory rules in Private International Law, The quest for uniformity of decisions in a global environment», YPIL, Vol. I – 1999.
BRITO, Maria Helena, A Representação nos Contratos Internacionais, Um contributo para o estudo do princípio da coerência em direito internacional privado, Colecção Teses, Almedina, Coimbra, 1999.
BUCHER, Andreas, «L'ordre public et le but social des lois en droit international privé», Rec. Cours, vol. 239, 1993-II, Martinus Nijhoff Publishers, The Hague, Boston, London, 1994.
CORREIA, A. Ferrer, DIP. Alguns Problemas, Almedina, Coimbra, 1997.
— Lições de DIP I, Almedina, Coimbra, 2000.
COURSIER, Philippe, Le Conflit de Lois en Matière de Contrat de Travail, Étude en Droit International Privé Français, L.G.D.J., Paris, 1993.
DUTOIT, Bernard, «L'ordre public : caméléon du droit international privé ? Un survol de la jurisprudence suisse» in Mélanges Guy Flattet, Université de Lausanne-Faculté de Droit, Lausanne, Lausanne, Diffusion Payot Lausanne, 1985.
FALLON, Marc, «Les Conflits de Lois et de Juridiction dans un Espace Économique Intégré, L'expérience de la Communauté Européenne», Rec. cours, t. 253, 1995, Martinus Nijhoff Publishers, The Hague, Boston, London, 1995.

---

[66] V. Julio González Campos, op. cit., pp. 197 e segs; Frédéric Leclerc, op. cit., pp. 733 e segs.

74 *Estudos em Comemoração do 10.º Aniversário da Licenciatura em Direito*

FERNANDES, Carlos, *Lições de Direito Internacional Privado I, Teoria Geral do Direito Internacional Privado com incidência no direito português*, Coimbra Editora, 1994.

FRANCESCAKIS, Ph., «Lois d'application immédiate et droit du travail», RCDIP, Année 1974.

GIULIANO, Mario – LAGARDE, Paul, «Relatório relativo à Convenção sobre a lei aplicável às obrigações contratuais», *JOCE*, n.º C 327/1, de 11.12.92.

GONZÁLEZ CAMPOS, Julio, «Diversification, Spécialisation, Flexibilisation et Matérialisation des Règles de Droit International Privé», *Rec. cours*, t. 287, 2000, Martinus Nijhoff Publishers, The Hague, Boston, London, 2002.

GROUPE EUROPÉEN DE DROIT INTERNATIONAL PRIVÉ – protection des consommateurs, «Proposition de modification des articles 3, 5, et 7 de la Convention de Rome du 19 Juin 1980, et de l'article 15 de la proposition de règlement Bruxelles I», *RCDIP*, 89 (4) octobre-décembre, 2000.

KAYE, Peter, *The New Private International Law of Contract of the European Community*, Dartmouth, 1993.

LAGARDE, Paul, «Le nouveau droit international privé des contrats après l'entrée en vigueur de la Convention de Rome du 19 juin 1980», *RCDIP*, 80 (2), avril-juin, 1991.

— *v.* GIULIANO, Mario.

LECLERC, Frédéric, *La Protection de la Partie Faible dans les Contrats Internationaux, (Etude de conflits de lois)*, Bruylant, Bruxelles, 1995.

MACHADO, João Baptista, Lições de Direito Internacional Privado, 3ª edição, Almedina, Coimbra, 1997.

— Âmbito de Eficácia e Âmbito de Competência das Leis, Colecção Teses, reimpressão, Almedina, Coimbra, 1998.

MALINTOPPI, Antonio, «Les Rapports de Travail en Droit International Privé», Rec. Cours, 1987, vol. 205, Martinus Nijhoff Publishers, The Hague, Boston, London.

MCCLEAN, David, «De Conflictu Legum, Perspectives on Private International Law at the Turn of the Century, General Course on Private International Law», *Rec. cours*, t. 282, 2000, Martinus Nijhoff Publishers, The Hague, Boston, London, 2000.

NOVA, Rodolfo De, «Conflits des lois et normes fixant leur propre domaine d'application» in Mélanges offerts à Jacques Maury, Droit International Privé et Public, Tome I, Librairie Dalloz & Sirey, Paris, 1960.

NORTH, Peter, *Private International Law problems in Common Law Jurisdictions*, Martinus Nijhoff Publishers.

PINHEIRO, Luís de Lima, Joint venture, Contrato de Empreendimento Comum em Direito Internacional Privado, Edições Cosmos, Lisboa, 1998.

— Direito Internacional Privado, Parte Especial (Direito de Conflitos), Almedina Coimbra, 1999.

Ordem pública positiva e ordem pública negativa no contrato de trabalho 75

- Direito Internacional Privado, Introdução e Direito de Conflitos, Parte Geral, vol. I, Almedina, Coimbra, 2001.

PLENDER, Richard – WILDERSPIN, Michael, *The European Contracts Convention, The Rome Convention on the Choice of Law for Contracts*, Second Edition, Sweet & Maxwell, London, 2001.

RAMOS, Rui Manuel Moura, *Da Lei Aplicável ao Contrato de Trabalho Internacional*, Colecção teses, Almedina, Coimbra, 1991.

- *Direito Internacional Privado e Constituição, Introdução a uma Análise das suas Relações*, Coimbra Editora, 3ª reimpressão, Coimbra, 1994.

- «La Protection de la Partie Contractuelle la Plus Faible en Droit International Privé Portugais» in Das Relações Privadas Internacionais, Estudos de Direito Internacional Privado, Coimbra Editora, 1995.

- «Contratos internacionais e protecção da parte mais fraca no sistema jurídico português» in Contratos: Actualidade e Evolução, Universidade Católica Portuguesa, Porto, 1997.

- «O contrato individual em Direito Internacional Privado» *in Juris et de Jure, Nos 20 anos da Faculdade de Direito da Universidade Católica do Porto*, Universidade Católica, Porto, 1998.

- «Aspects récents du droit international privé au Portugal», RCDIP, 77 (3) Juill.-sept. 1998.

- « L'Ordre Public International en Droit Portugais», *BFD*, 1998 (publicado também em *Estudos de Direito Internacional Privado e de Direito Processual Civil Internacional*, Coimbra Editora, Coimbra, 2002).

REIS, João,«Lei aplicável ao contrato de trabalho segundo a Convenção de Roma», *QL*, Ano II, n.º 4, 1995.

- «Contrato de trabalho plurilocalizado e Ordem pública internacional», *QL*, ano III, 1996.

SANTOS, António Marques dos, As Normas de Aplicação Imediata no Direito Internacional Privado, Almedina, Coimbra, vol. I, vol. II, 1991.

- «Les règles d'application immédiate dans le droit international privé portugais» in Droit International et Droit Communautaire, Actes du Colloque, Paris, 5 et 6 avril 1990, Fondation Calouste Gulbenkian, 1991.

- *Direito Internacional Privado, Sumários*, Associação Académica da Faculdade de direito, Lisboa, 1997.

- «Le statut des biens culturels en droit international privé portugais» *in Estudos de Direito Internacional Privado e de Direito Processual Civil Internacional*, Almedina, Coimbra, 1998.

- «Le statut des biens culturels en droit international privé portugais» *in Estudos de Direito Internacional Privado e de Direito Processual Civil Internacional*, Almedina, Coimbra, 1998.

- *Direito Internacional Privado, Introdução*, vol. I, Associação Académica da Faculdade de Direito de Lisboa, Lisboa, 2000.

76 *Estudos em Comemoração do 10.° Aniversário da Licenciatura em Direito*

— «Alguns Princípios de Direito Internacional Privado e de Direito Internacional Público do Trabalho» *in Estudos do Instituto de Direito do Trabalho*, Vol. III, Instituto de Direito do Trabalho da Faculdade de Direito de Lisboa, Almedina, 2002.

Treves, Tullio, «Norme Imperative e di Applicazione Necessaria nella Convenzione di Roma del 19 Giugno 1980» *in Verso Una Disciplina Comunitaria della Legge Applicabile ai Contratti*, Padova, Cedam, 1983.

Vicente, Dário Moura, Da responsabilidade pré-contratual em Direito Internacional Privado, Colecção teses, Almedina, Coimbra, 2001.

Villani, Ugo, La Convenzione di Roma Sulla Legge Applicabile ai Contratti, Cacucci Editore, Bari, 1997.

Wilderspin, Michael, – *v.* Plender, Richard

PRINCIPAIS SIGLAS E ABREVIATURAS UTILIZADAS

A.	Autor/Autora
AAFDL	Associação Académica da Faculdade de Direito de Lisboa
Ac.	Acórdão
Al.	Alínea
Art./Arts.	Artigo/Artigos
BFD	Boletim da Faculdade de Direito da Universidade de Coimbra
c.	Contra
CC	Código Civil
CE	Comunidade Europeia
Cit.	Citado / Citada
CJ	Colectânea de Jurisprudência
CJTJ	Colectânea de Jurisprudência do Tribunal de Justiça
CR	Convenção de Roma sobre a Lei Aplicável às Obrigações Contratuais
CRP	Constituição da República Portuguesa
DIP	Direito Internacional Privado
Dir.	Directiva
IDTFDUL	Instituto de Direito do Trabalho da Faculdade de Direito da Universidade de Lisboa
ISDC	Instituto suíço de Direito comparado
n.	Nota de rodapé
n.°	Número
p./pp.	Página/Páginas
Proc.	Processo
QL	Questões Laborais

RCDIP	Revue Critique de Droit International Privé
Rec. cours	Recueil des cours de l'Académie de la Haye de Droit International
RFD	Revista da Faculdade de Direito da Universidade de Coimbra
RFDUL	Revista da Faculdade de Direito da Universidade de Lisboa
ROPI	Reserva de Ordem Pública Internacional
S.	Secção
Segs.	Seguintes
SI	Scientia Iuridica
t.	tomo
T 1ª inst.	Tribunal de Primeira Instância das Comunidades Europeias
Últ.	Último/Última
Vol.	Volume
YPIL	Yearbook of Private International Law

A RECUSA DE PEDIDOS DE ASILO POR "INADMISSIBILIDADE"

ANDREIA SOFIA PINTO OLIVEIRA

1. Introdução

Um estrangeiro ou um apátrida, que apresenta um pedido de asilo às autoridades portuguesas, pede, por esse meio, ao Estado português que lhe conceda protecção face à perseguição de que é vítima no seu país de origem, admitindo-o no território nacional e reconhecendo-lhe o estatuto de refugiado.

Na ordem jurídica portuguesa, existe um verdadeiro direito ao asilo, titulado por quem seja perseguido ou ameaçado de perseguição em consequência de actividade exercida no Estado da sua nacionalidade ou da sua residência habitual em favor da democracia, da libertação social e nacional, da paz entre os povos, da liberdade e dos direitos da pessoa humana, conforme resulta expressamente da Constituição, do artigo 33, número 8, ou em virtude da sua raça, religião, nacionalidade, opiniões políticas ou integração em certo grupo social, conforme consta do artigo 1, da lei 15/98, de 26 de Março (de ora em diante, lei do asilo), que acolhe assim a definição de refugiado contida na Convenção de Genebra sobre o Estatuto do Refugiado (de ora em diante, Convenção de Genebra).

Desde a apresentação do pedido até ao reconhecimento do estatuto do refugiado decorre o procedimento previsto na lei do asilo. Nos termos do dispositivo actualmente aplicável, a apreciação dos pedidos de asilo compreende duas fases: a fase de admissibilidade, prevista na secção I do capítulo II, e a fase da concessão, prevista na secção II do mesmo capítulo.

80 Estudos em Comemoração do 10.º Aniversário da Licenciatura em Direito

Esta estruturação do procedimento em duas fases e a autonomização de uma fase prévia à apreciação do mérito do pedido é uma manifestação de uma tendência actualmente verificada em toda a Europa. O crescente número de pedidos formulados com fins meramente dilatórios, muitas vezes na sequência de uma decisão administrativa de expulsão do território nacional de estrangeiros em situação clandestina, levou a que em quase todos os Estados europeus concebessem os procedimentos de apreciação dos pedidos de asilo em dois tempos: num primeiro momento, faz-se uma triagem dos pedidos fraudulentos e, depois, num segundo tempo, aprecia--se a questão de fundo[1].

Esta opção do legislador, em 1998, veio, aliás, na sequência da opção consagrada na lei anterior, lei 70/93, de 29 de Setembro, que previa, em lugar de duas fases de um mesmo procedimento, dois processos – um processo acelerado, sempre que houvesse suspeitas de se tratar de um pedido infundado ou fraudulento – e um processo normal[2].

A maior parte dos pedidos de asilo apresentados no nosso país são considerados inadmissíveis, logo, não chega a ser feita sobre eles uma apreciação de fundo quanto aos fundamentos apresentados para efeitos de asilo.

Este facto podia ser interpretado como uma confirmação da suspeita de que parte o legislador de que um grande número dos pedidos apresentados são fraudulentos, se fosse possível provar que, efectivamente, a fase de inadmissibilidade está concebida em termos tais que afasta apenas aqueles que formulam pedidos de asilo sem terem reais motivos para pedir protecção ao Estado português. Não podemos, no entanto, comprovar essa suspeita.

Impõe-se, por isso, que reflictamos sobre os termos em que é feita esta apreciação sobre a admissibilidade dos pedidos de asilo.

Concebida como fase obrigatória por que têm de passar todos os pedidos, é nela que tudo se decide. Se o pedido for considerado inadmissível, o mais provável é que venha a ser ditada uma decisão de expulsão do requerente. Se o pedido for considerado admissível, o requerente terá

---

[1] Dois estudos recentes de direito comparado que nos serviram de referência foram Hélène Lambert, *Seeking Asylum: comparative law and practice in selected European countries*, Dordrecht, Martunus Nijhoff Publishers, 1995 e Laure Jeannin e outros, *Le droit d'asile en Europe – Étude comparée*, Paris, L'Harmattan, 1999.

[2] A opção legislativa de 1998 inspira-se nos modelos belga e espanhol. Ver sobre esta opção, José Leitão, "Avanços e Recuos na Política Portuguesa sobre Refugiados", em *A Inclusão do Outro*, Coimbra, Coimbra Editora, 2002, p. 26-27.

A recusa de pedidos de asilo por "inadmissibilidade" 81

passado o "cabo das tormentas" deste procedimento e vencido a primeira grande prova, sendo muito grande a probabilidade de não mais voltar ao país de origem, já que os prazos na segunda fase são muito mais relaxados, o requerente e a sua família beneficiam de uma autorização de residência provisória, tem acesso ao mercado de trabalho, pode ser-lhe concedido apoio social, caso se verifique uma situação de carência económica, goza de assistência médica e, mesmo que, no final, o seu pedido venha a ser recusado, pode interpor recurso com efeito suspensivo para o Supremo Tribunal Administrativo. Segundo os estudos sociológicos mais recentes, o mais provável é que o requerente entretanto se integre na sociedade portuguesa e nela seja autorizado a permanecer ao abrigo de outro estatuto que não o de refugiado, não vindo a ser executada nenhuma medida de expulsão contra si.

Ser ou não ser "admissível"? Eis a questão fundamental dos pedidos de asilo em Portugal.

2. A importância do procedimento

A importância decisiva que nós reconhecemos a esta fase de admissibilidade no âmbito do procedimento de apreciação dos pedidos de asilo vem provar, mais uma vez, a relevância das opções legislativas tomadas ao nível do procedimento para a efectivação dos direitos das pessoas, devendo dar-se especial atenção a esta questão quando está em causa o exercício de direitos fundamentais, como é o caso do direito de asilo.

Se atendermos ao que se passa actualmente em matéria de protecção aos estrangeiros, vemos que o único procedimento de que resulta o direito de não-nacionais permanecerem em território nacional que é alvo de previsão legal específica é o direito de asilo. A todas as outras formas de concessão de autorização de residência aplicam-se, em boa parte, as regras normais dos procedimentos administrativos.

A projecção da defesa dos direitos fundamentais para o domínio do procedimento foi desenvolvida pela doutrina alemã nos anos 70. O Tribunal Constitucional Federal alemão veio a desenvolver esta ideia da tutela de direitos fundamentais através de procedimentos adequados numa série de acórdãos, um dos quais sobre direito de asilo[3].

---

[3] Decisão de 25 de Fevereiro de 1981. Sobre a sequência de acórdãos sobre esta matéria, Denninger, "Staatliche Hilfe zur Grundrechtsausübung" em Isensee/Kirchhof, *Hand-*

82   Estudos em Comemoração do 10.º Aniversário da Licenciatura em Direito

Se a questão da tutela dos direitos através de procedimentos adequados é, em geral, importante e, se essa importância é ainda maior quando estão em causa direitos fundamentais, num direito como o asilo a questão do procedimento assume importância fundamental dada a dependência completa e absoluta deste direito de um procedimento destinado a provar que determinado indivíduo reúne as condições necessárias para lhe ser reconhecido o direito ao asilo. O direito de asilo é um direito cuja efectivação depende, fundamentalmente, do procedimento através do qual se reconhece a um determinado indivíduo o estatuto de refugiado. Cabe, por isso, nas qualificações de "direitos sujeitos a um procedimento"[4] ou de "direito fundamentais administrativos" (*Verfahrensgrundrechte*)[5].

Antes de ser um direito à protecção por parte de um Estado, nos termos em que vimos acima, o direito ao asilo é um direito a um procedimento.

A importância do procedimento para a efectivação do direito de asilo foi também reconhecida pelo Tribunal Constitucional português no Acórdão 962/96, de 11 de Julho[6], relatado por Assunção Esteves, em que este órgão, a propósito da necessidade de prestar patrocínio judiciário ao requerente de asilo, veio afirmar que a recusa de apoio judiciário aos requerentes de asilo "desconstrói a efectividade do direito de asilo, garantido aos estrangeiros e apátridas, nos termos do artigo 33, número 6, da Constituição. A desejabilidade constitucional de realização do direito de asilo, que se radica nos valores da dignidade do homem, na ideia de uma República de 'indivíduos', e não apenas de cidadãos, e na protecção reflexa da democracia e da liberdade seria claramente inconseguida aí onde à proclamação do direito apenas correspondesse o poder de impetrar o asilo junto da Administração sem garantia de controlo judicial".

A consagração do direito de asilo como direito fundamental seria um facto de importância menor se não fosse acompanhado pelo reco-

---

buch des Staatsrechts, Tomo V, 2ª edição, 2000, p. 293 e sobre o asilo em particular, p. 298 e Goehrlich, *Grundrechte als Verfahrensgarantien*, Baden-Baden, Nomos Verlagsgesellschaft, 1981.

[4] Segundo a classificação proposta por Vieira de Andrade, ver do autor *Os Direitos Fundamentais na Constituição Portuguesa de 1976*, Coimbra, Almedina, 2001, p. 147.

[5] Segundo a classificação de Denninger, já que a previsão de um procedimento específico integra a garantia constitucional e a concretização desta não é possível à margem do procedimento. Ver do autor, "Staatliche Hilfe zur Grundrechtsausübung" em Isensee/ /Kirchhof, *Handbuch des Staatsrechts*, Tomo V, 2ª edição, 2000, p. 296 e seguintes.

[6] Publicado no *Diário da República*, I Série, 15 de Outubro de 1996.

nhecimento que os actos administrativos praticados na sequência de um pedido de asilo devem integrar-se num procedimento previamente determinado e adequado ao objecto do pedido apresentado e devem ser objecto de controlo.

Sem procedimento e sem controlo sobre os actos que o deferem ou que o negam, o direito de asilo, ainda que consagrado na Constituição, não constituiria garantia suficiente para todos os que se integrassem no seu âmbito subjectivo de protecção, porque o requerente de asilo é sempre alguém colocado numa situação de especial vulnerabilidade, desde logo, por não ser cidadão e, para provar ser titular do direito de asilo, necessita de que se lhe sejam criadas condições para o fazer.

Acresce ainda que as opções legislativas tomadas ao nível do procedimento encerram em si mesmo critérios de selecção dos candidatos ao asilo, pelo que aos critérios substanciais têm de ser somados os critérios procedimentais para que possamos avaliar as probabilidades de êxito de um pedido.

3. Breve descrição do procedimento previsto na lei

O procedimento inicia-se com a apresentação do pedido de asilo, à semelhança do que sucede em geral com os procedimentos administrativos que não são de iniciativa oficiosa.

Em território nacional, o pedido deve ser apresentado ou no posto de fronteira (art. 17.º/1) ou no interior do território, "a qualquer autoridade policial" num prazo de oito dias a contar da data de entrada no país. Quando a possibilidade de perseguição decorra para o requerente de alterações na situação do país de origem posteriores à saída do mesmo (caso em que os motivos de asilo são supervenientes à entrada no país[7]),

---

[7] É a situação dos chamados refugiados "sur place", em que se dá a situação peculiar de a perseguição não ter sido o motivo da fuga, mas, encontrando-se o requerente já no estrangeiro, devido a uma alteração de circunstâncias, passou a ser alvo potencial de perseguição no país de origem, receando com razão regressar. Estas situações são também protegidas pelo direito de asilo, mas é necessário ter cuidados especiais relativamente a elas, porque há que ter atenção àquelas situações em que os motivos de perseguição decorrem de actividades políticas desenvolvidas pelo requerente no país onde pretende obter asilo com o intuito de se colocar em situação de poder invocar esse receio de perseguição como fundamento para pedir o estatuto de refugiado.

84 *Estudos em Comemoração do 10.° Aniversário da Licenciatura em Direito*

o mesmo prazo conta-se a partir do conhecimento dos factos que servem de fundamento ao pedido (artigo 11, números 1 e 2).

Embora a possibilidade de apresentar pedidos a partir do estrangeiro não esteja expressamente prevista na lei do asilo, em nosso entender, podem também ser apresentados pedidos de asilo a partir do estrangeiro através de representações diplomáticas ou consulares, por aplicação do artigo 78 do Código do Procedimento Administrativo. Estes procedimentos não são objecto de regulação específica, devendo, por isso, entender-se que se lhes aplica, por analogia, o previsto na lei do asilo, salvo quando o cumprimento das disposições contidas nesta última for incompatível com a ausência do país. *De iure condendo* entendemos que esta possibilidade deveria estar prevista e regulada na lei do asilo, devendo fazer-se, antes da concessão do visto ou do cumprimento de outras tarefas burocráticas que permitam o acesso ao território português, uma apreciação perfunctória dos fundamentos do pedido e, depois, caso Portugal entendesse ser possível dar-lhe continuidade deveriam poder as pessoas em causa aceder e permanecer em território português até ser feita uma avaliação definitiva da situação em termos de se decidir haver ou não fundamento para o reconhecimento do asilo[8].

O não cumprimento do prazo para apresentação do pedido tem efeitos para a apreciação que se vai fazer sobre a admissibilidade do pedidos, na medida em que faz presumir *iuris tantum* que a razão pela qual o pedido foi apresentado não foi a necessidade efectiva de protecção por parte

---

[8] A Espanha e a Dinamarca consagram procedimentos específicos para estas situações. Em Espanha, os pedidos de asilo são apresentados à embaixada ou ao consulado que os envia, acompanhados de um relatório, ao Ministério dos Negócios Estrangeiros que, depois, os encaminha para a *Oficina de Asilo y Refugio* (responsável pela primeira fase do procedimento). Se se concluir que a situação é de grave risco, a *Oficina* envia o processo à *Comisión Interministerial de Asilo y Refugio* (responsável pela segunda fase dos procedimentos de asilo) para que esta emita os documentos necessários à transferência da pessoa para território espanhol, onde deverá, no prazo de um mês, apresentar um pedido de asilo. Na Dinamarca, o pedido apresentado na missão diplomática tem de alegar necessidade de protecção e justificar a razão por que o requerente considera ser a Dinamarca o país escolhido para procurar asilo, justificando-se as razões de especial ligação àquele país – já ter residido na Dinamarca, ou ter ligações familiares ou equivalentes com aquele país. Todo o processo é conduzido estando o requerente fora do país. Mesmo o recurso em caso de rejeição pode ser interposto através da missão diplomática. Laure Jeannin e outros, *Le droit d'asile en Europe – Étude comparée*, Paris, L'Harmattan, 1999, p. 156-157.

A recusa de pedidos de asilo por *"inadmissibilidade"* 85

do Estado português, mas a vontade de protelar a saída do território nacional. É o que resulta da interpretação do artigo 11, número 1 e do artigo 13, número 1, alínea d). O pedido de asilo apresentado fora de prazo deve, nos termos desta última disposição legal, ser considerado inadmissível, se "o pedido foi apresentado, injustificadamente, fora do prazo (...)" (art.13, número 1, alínea d).

Um pedido de asilo pode ainda ser submetido à apreciação das autoridades portuguesas, não obstante tenha sido apresentado em outro Estado--membro da União Europeia, sempre que, no quadro da União Europeia e dentro do espírito de partilha das responsabilidades pela apreciação dos pedidos de asilo entre os Estados pertencentes ao sistema Schengen, seja Portugal o Estado responsável pela análise do pedido de asilo e o director do SEF aceite receber o pedido (art. 32), devendo este seguir, então, a tramitação normal dos pedidos de asilo.

3.1. *Fase de admissibilidade*

Na fase da admissibilidade do pedido, que tem lugar em todos os procedimentos após a apresentação do pedido, devem destrinçar-se os pedidos manifestamente infundados ou fraudulentos dos que mereçam uma apreciação mais aprofundada na fase seguinte. Funciona como um filtro que permite, num prazo curto, decidir quais os pedidos que merecem uma análise mais criteriosa e quais os que estão em condições de ser resolvidos imediatamente[9].

Nesta fase do procedimento, os prazos consagrados na lei são todos muito curtos.

O juízo sobre a inadmissibilidade do pedido tem de ser formulado pelo Director do Serviços de Estrangeiros e Fronteiras (de ora em diante, SEF) num prazo de 20 dias, caso o pedido seja formulado no interior do território, ou de 5 dias, caso o pedido seja formulado no posto de fronteira por estrangeiro que não preencha os requisitos legais para a entrada em território nacional (artigos 11, número 1 e 18, número 3).

Com a apresentação do pedido, suspendem-se as reacções administrativas ou criminais à sua presença irregular no território, conforme

---

[9] Esta fase de admissibilidade é muito semelhante na lei espanhola, designando-se aí *Procedimiento ordinario de inadmission a trámite.*

consta do artigo 12 da lei do asilo e resulta do artigo 31 da Convenção de Genebra. Caso o pedido venha a ser considerado inadmissível (ou recusado), pode a pessoa em causa ser sancionada. É este o nosso entendimento da norma contida no artigo 12, número 1, que, a nosso ver, embora de forma pouco clara, determina a suspensão do procedimento enquanto o pedido de asilo está em apreciação e o seu arquivamento quando o pedido venha a ser concedido.

Se a decisão for no sentido da admissibilidade, o procedimento segue para a fase seguinte.

Se a decisão for no sentido da inadmissibilidade, há possibilidade de recurso, com efeito suspensivo, para o comissário nacional para os Refugiados, que deverá pronunciar-se num prazo de vinte e quatro horas, se o recorrente estiver detido, e num prazo de cinco dias, nas restantes situações.

Se, interposto o recurso para o Comissário, se mantiver a decisão de inadmissibilidade, podem ocorrer três coisas: se o requerente se encontrava em situação regular no interior do território, volta ao *statu quo ante*[10]; se o requerente se encontrava clandestinamente no território, tem dez dias para abandonar o país voluntariamente; se o requerente se encontra detido, é obrigado a deixar o país em direcção ao país de origem, ao país que lhe emitiu os documentos de viagem ou a um país terceiro de acolhimento, podendo apenas solicitar um adiamento por quarenta e oito horas, "a fim de habilitar advogado com os elementos necessários à posterior interposição de recurso contencioso" (artigo 20, número 4).

O recurso contencioso pode pois ser interposto, ao contrário do que estava previsto na lei anterior, mas, dado que não se prevê efeito suspensivo automático para o recurso contencioso contra o acto que determine a inadmissibilidade do pedido e dado ser muito curto o espaço de tempo entre a decisão de inadmissibilidade e a execução da decisão de expulsão, na prática, fica inviabilizada a possibilidade de interpor recurso, acompanhado ou precedido de pedido de suspensão de eficácia do acto que determina a inadmissibilidade do pedido, já que os prazos previstos na lei geral para a decisão do tribunal são mais amplos do que os concedidos ao recorrente para permanecer no país. A solução legal foi, pois, no sentido de admitir a expulsão mesmo antes de o requerente ver a decisão de inadmis-

---

10 Esta possibilidade não se encontra prevista na lei do asilo. O legislador parece partir do princípio de que quem apresenta um pedido de asilo é sempre necessariamente "clandestino".

sibilidade de que foi alvo apreciada por um juiz, o que pode levantar dúvidas quanto à constitucionalidade de uma tal norma[11].

3.2. *Fase de "concessão"*

A segunda fase do procedimento de asilo designa-se por "concessão do asilo"[12].

Esta fase tem como objectivo decidir sobre o fundo da questão, sendo decisivo num procedimento desta natureza o apuramento dos factos de que depende o reconhecimento do direito. Trata-se de um procedimento de índole fundamentalmente probatória.

Assim sendo, a instrução revela-se da maior importância. Nos termos do artigo 22, o SEF "procede às diligências requeridas e averigua todos os factos cujo conhecimento seja conveniente para uma justa e rápida decisão", o que deve ser lido como uma manifestação do princípio do inquisitório, previsto no artigo 56 do Código do Procedimento Administrativo. Assim, o poder de investigação do SEF não se encontra limitado aos factos apresentados pelo requerente nem às diligências por este requeridas. A Administração participa na definição do objecto da prova relevante para a solução do caso concreto e decide os meios probatórios adequados ao apuramento dos factos.

Os prazos previstos nesta fase são flexíveis (o SEF tem 60 dias prorrogáveis por iguais períodos para terminar a instrução), o que contrasta flagrantemente com o que se passa na primeira fase e faz crer que a celeridade só é necessária na fase de admissibilidade.

Finda a instrução compete ao SEF elaborar um relatório que envia, junto com o processo, ao Comissariado nacional para os Refugiados, a quem compete elaborar "um projecto de proposta fundamentada"(*sic*) no

---

[11] Considerando que esta opção legislativa frustra o princípio da tutela judicial efectiva dos direitos e interesses legalmente protegidos, Nuno Piçarra, Em Direcção a um Procedimento Comum de Asilo, em *Themis*, ano II, n.º 3, 2001, p. 291-292.

[12] Em nosso entender, esta designação induz em erro quanto à verdadeira natureza do acto aqui em causa. O acto pelo qual a Administração defere um pedido de asilo é um acto de mero reconhecimento de um direito, que se constituiu na esfera jurídica do particular a partir do momento em que se reuniram os pressupostos de facto para a sua constituição. A Administração mais não faz do que verificar a existência desses pressupostos e declarar o direito. A decisão de reconhecimento do direito de asilo não tem, pois, eficácia constitutiva, mas meramente declarativa.

prazo de 10 dias. Sobre esta proposta podem pronunciar-se o Conselho Português para os Refugiados[13] e o requerente. Caso o façam, deve o Comissariado proceder à reapreciação do projecto, seguindo, depois, num prazo de cinco dias, a proposta fundamentada para o Ministro da Administração Interna, que profere decisão no prazo de 8 dias.

Se a decisão for no sentido do não-reconhecimento do direito de asilo, desta decisão cabe recurso para o STA, "a interpor no prazo de 20 dias", com efeitos suspensivos automáticos. Em todo o caso, a decisão implica a cessação do apoio social ao requerente, salvo se "avaliada a situação económica e social do requerente, se concluir pela necessidade da sua manutenção".

A recusa do pedido de asilo tem como efeito "a sujeição à legislação sobre estrangeiros" passados 30 dias sobre a decisão de recusa ou a sentença que confirme tal decisão.

4. Causas de inadmissibilidade

As causas de inadmissibilidade dos pedidos de asilo encontram-se enumeradas taxativamente no artigo 13 da lei do asilo e são, além da já referida apresentação do pedido injustificadamente fora de prazo, aquelas que, a seguir, passamos a expor.

Devem ser considerados inadmissíveis os pedidos de asilo quando seja manifesto que o requerente tenha praticado actos contrários aos interesses fundamentais ou à soberania de Portugal, tenha cometido crimes contra a paz, crimes de guerra ou crimes contra a humanidade, tal como são definidos nos instrumentos internacionais destinados a preveni-los, tenha cometido crimes dolosos de direitos comum puníveis com pena de prisão superior a três anos, tenha praticado actos contrários aos fins e aos princípios das Nações Unidas.

Se o pedido não satisfaz nenhum dos critérios definidos pela Convenção de Genebra e pelo Protocolo de Nova Iorque, se as alegações do requerente são destituídas de fundamento, se há "indícios de que o pedido é claramente fraudulento ou constitui uma utilização abusiva do processo de asilo", porque se descobriu serem falsos (ou terem sido falsificados) os documentos apresentados a instruir o pedido de asilo, terem sido prestadas

---

[13] A lei fala também do ACNUR que, no entanto, desde 1998, deixou de estar representado em Portugal, tendo as suas funções sido assumidas pelo CPR.

falsas declarações, ter sido destruída prova da sua identidade, ter sido "omitido deliberadamente" o facto de já ter sido formulado um pedido a outro(s) Estado(s) ou apresentar-se com uma falsa identidade, o pedido deve igualmente considerar-se inadmissível (art. 13.º/1/a) e 2/a) e b)).

Outras causas de inadmissibilidade resultam do facto de o pedido ser formulado por requerente que venha de país seguro "ou país terceiro de acolhimento". São países seguros aqueles em relação aos quais se pode afirmar "de forma objectiva e verificável" que não dão origem a quaisquer refugiados. Relativamente a Estados em que, no passado recente, se verificavam situações de perseguição, podem ser considerados países seguros, atendendo aos seguintes elementos: "respeito pelos direitos humanos, existência e funcionamento normal das instituições democráticas, estabilidade política". Relativamente aos países terceiros de acolhimento, o legislador foi pouco preciso na sua definição. De acordo com o artigo 13.º, alínea d), o pedido é considerado inadmissível se for "formulado por requerente que seja nacional ou residente habitual em país susceptível de ser qualificado como (...) país terceiro de acolhimento". Ora, o país terceiro, por definição, não pode ser o da nacionalidade ou da residência habitual, sendo, normalmente, um país de passagem, no qual o requerente de asilo teve uma estada mais ou menos curta. O artigo 13 número 1, alínea b) deve, pois, ser objecto de interpretação correctiva, sendo que onde se lê: "formulado por requerente que seja nacional ou residente habitual em país susceptível de ser qualificado com país seguro ou país terceiro de acolhimento", deve ler-se: "formulado por requerente que seja nacional ou residente habitual em país susceptível de ser qualificado como país seguro ou que tenha passado por um país terceiro de acolhimento". Um país terceiro pode ser considerado de acolhimento, para efeitos de definição do país onde deve ser pedida protecção, se nele, nos termos do artigo 13 número 3, alínea b), o requerente de asilo não for "objecto de ameaças à sua vida e liberdade, na acepção do artigo 33 da Convenção de Genebra, nem sujeito a torturas ou a tratamento desumano ou degradante", tiver obtido protecção ou usufruído da oportunidade de, na fronteira ou no interior do território, contactar com as autoridades desse país para pedir protecção, ou tiver sido admitido e "beneficie de uma protecção real contra a repulsão, na acepção da Convenção de Genebra".

Nas alíneas que dedica à enumeração das causas de inadmissibilidade do pedido encontra-se ainda a possibilidade de o pedido de asilo se "inscrever nas situações previstas no artigo 1.º-F da Convenção de Genebra". Este artigo da Convenção contém as cláusulas de exclusão, isto é, aquelas

90 Estudos em Comemoração do 10.º Aniversário da Licenciatura em Direito

situações a que, não obstante haver perseguição, a Convenção não se aplica e que são a prática de actos contrários aos fins e aos princípios das Nações Unidas, de crimes graves de direito comum ou de crimes contra a paz, contra a humanidade ou crimes de guerra. A apreciação destas cláusulas para fins de pronúncia quanto à admissibilidade do pedido já se encontra prevista pela remissão feita no artigo 13 para o artigo 3 da lei do asilo, não se percebendo, por isso, a necessidade de duplicação legal.

Por último deve ser também considerado inadmissível o pedido formulado por quem tenha sido alvo de medida de expulsão do território nacional.

5. Apreciação crítica da opção legislativa

Há três aspectos da lei do asilo que merecem, a nosso ver, uma reflexão crítica. O primeiro tem a ver com a necessidade de existir uma fase de admissibilidade nestes procedimentos. O segundo relaciona-se com a forma como o legislador concebeu esta fase, o conjunto de aspectos que entendeu nela deverem ser ponderados e o caminho que desenhou até à pronúncia de uma decisão sobre a admissibilidade ou inadmissibilidade do pedido. O terceiro refere-se a algo que a lei não disciplina, mas que é, a nosso ver, essencial nesta matéria: a definição de regras sobre o ónus da prova quanto aos pressupostos de admissibilidade do pedido de asilo.

5.1. *A necessidade de uma fase prévia à apreciação do mérito do pedido*

A primeira questão que merece ser analisada é a da necessidade de existir uma fase de admissibilidade nos procedimentos de asilo e de, consequentemente, se poder dispensar relativamente a alguns pedidos uma apreciação do mérito do pedido.

Cremos, que, efectivamente, esta foi uma boa opção legislativa.

Embora de uma decisão de inadmissibilidade possa resultar a expulsão para o país de origem do requerente de asilo sem ter havido uma apreciação aprofundada sobre o mérito do pedido e isso possa ter consequências graves do ponto de vista da defesa dos direitos humanos da pessoa que pede asilo em Portugal, esta solução é equilibrada, atendendo ao complexo de interesses que estão aqui em jogo e que não são só os interesses do requerente, mas são também os interesses do Estado de acolhimento na eficácia dos seus mecanismos de controlo da imigração clandestina e na não sobrecarga da máquina administrativa com pedidos manifestamente infundados.

A existência de um pré-procedimento célere que permita afastar *ab initio* os pedidos formulados com intuito meramente dilatório contribui, assim, para desincentivar o recurso abusivo ao asilo e a consequente descredibilização deste instituto jurídico.

Em toda a Europa tem sido reconhecida a necessidade de identificar os pedidos abusivos ou fraudulentos, sendo esse, aliás, um ponto importante da directiva sobre o procedimento de asilo[14].

Esta fase prévia só faz sentido se for célere na resposta. Se o não for, não se conseguirão desmobilizar pedidos com intuitos meramente dilatórios e não se cumprirá, assim, um dos objectivos primordiais desta fase. Não nos repugna, por isso, a ideia de um "turboprocedimento", desde que se limitem os aspectos que devem ser objecto de ponderação[15] e se reconheça um conjunto razoável e equilibrado de garantias procedimentais nesta fase.

5.2. *A concepção do legislador português da fase de admissibilidade*

A forma como o legislador concebeu esta fase de admissibilidade foi, a nosso ver, muito infeliz.

O conjunto das causas de inadmissibilidade, tal como está apresentado, encobre o objectivo primordial desta fase: reconhecer entre os pedidos apresentados aqueles que são manifestamente infundados.

Todas as causas de inadmissibilidade devem ser interpretadas como concretizações desta ideia.

Ora o legislador inclui no elenco de causas de inadmissibilidade a evidente ausência de fundamento, como se fosse *uma das* causas a apreciar e não constituísse, em rigor, *a* causa única que pode levar a uma decisão de inadmissibilidade.

---

[14] Ver, neste sentido, Nuno Piçarra, "Em Direcção a um Procedimento Comum de Asilo", em *Themis*, ano II, n.° 3, 2001, p. 291. Sobre as linhas estratégicas gerais da política europeia em matéria de asilo, ver também António Vitorino, "O Futuro da Política de Asilo na União Europeia", em *Themis*, ano II, n.° 3, 2001, p. 295-301.

[15] Ver *infra*.

O facto de o requerente vir de um país seguro ou já ter obtido protecção noutro país, a circunstância de apresentar o pedido fora de prazo ou na sequência de uma decisão de expulsão constituem presunções de ausência de real necessidade de protecção por parte do requerente e só podem levar a uma decisão de inadmissibilidade na medida em que não consiga ilidir-se a presunção de que, efectivamente, não há fundamento real para a apresentação de um pedido de asilo. É assim que se devem interpretar, em nossa opinião, aquelas "causas de inadmissibilidade" que, no fundo, não constituem mais do que indícios de invocação abusiva do direito de asilo.

Também nos parece censurável o facto de o legislador considerar passíveis de levar a uma decisão de inadmissibilidade a manifesta verificação das situações previstas para a exclusão do asilo: prática de crimes, de actos contrários aos fins e aos princípios das Nações Unidas ou aos interesses fundamentais ou à soberania de Portugal. A apreciação destas situações é das tarefas mais complexas na apreciação de um pedido de asilo e, a nosso ver, só deve ser feita após a verificação de que se cumprem os pressupostos de facto positivos para o reconhecimento do direito de asilo.

A opção por prazos curtos nesta fase do procedimento foi uma boa opção legislativa, embora um ou outro prazo nos pareça irrazoavelmente curto[16]. Contudo, não pode pretender-se numa fase assim concebida apreciar tantos aspectos e, ainda por cima, de tão elevada complexidade.

Outro dos aspectos merecedor de críticas tem a ver com o facto de da decisão de inadmissibilidade do pedido de asilo haver recurso contencioso com efeito meramente devolutivo, o que implica que, na maioria dos casos, o direito de recurso só poderá ser exercido pelo requerente quando este já se encontrar fora do território nacional. Na prática, isto significa a inviabilização de recorrer contenciosamente da decisão de inadmissibilidade do pedido, porque o efeito útil que se pretendia obter do recurso se perde a partir do momento em que a decisão de expulsão é executada[17].

No quadro do novo Código de Processo nos Tribunais Administrativos, foi instituída a possibilidade de decretamento provisório de provi-

---

[16] Sobretudo no caso dos pedidos apresentados nos postos de fronteira, em que, por exemplo, são dadas vinte e quatro horas ao comissário para reapreciar a decisão de inadmissibilidade do SEF.

[17] Neste sentido, Nuno Piçarra, "Em Direcção a um Procedimento Comum de Asilo", em *Themis*, ano II, n.º 3, 2001, p. 291-292.

A *recusa de pedidos de asilo por "inadmissibilidade"* 93

dência cautelar, quando esta "se destine a tutelar direitos, liberdades e garantias que de outro modo não possam ser exercidos em tempo útil" ou quando o interessado entenda haver especial urgência. Nestes casos, em que o requerente solicita o decretamento provisório da providência nos termos do artigo 131, número 3, é possível obtê-lo no prazo de 48 horas sendo dada às partes possibilidade de se pronunciarem num prazo de 5 dias e podendo, depois, o juiz confirmar ou alterar a decisão que decretou a providência. Cremos que este é um meio processual adequado e expedito de garantir a combinação das exigências de celeridade com as garantias que devem ser reconhecidas ao requerente de asilo. Por este meio, é possível que decisão de expulsão possa ser executada em poucos dias, mas depois de ter sido permitida uma apreciação judicial da situação. De qualquer modo, cremos que a boa harmonização desta possibilidade de decretamento provisório da providência com os prazos previstos na lei do asilo exige que estes sejam ligeiramente dilatados.

5.3. *A distribuição do ónus da prova nesta fase*

Vemos o procedimento para a concessão do asilo como essencialmente probatório. O que está em causa nestes procedimentos é a prova de que determinada pessoa carece efectivamente de protecção e se verificam no seu caso concreto os pressupostos de facto previstos na norma que define o âmbito subjectivo de protecção do direito de asilo. Ora, a prova é, nestas situações especialmente complicada. Sem grande esforço, podemos imaginar que, quando alguém se refugia num outro país, muitas vezes, bem distante do país de que partiu não leva consigo um "dossier" com todas as provas da perseguição de que já foi vítima ou de que receia vir a ser ou da tirania e do desrespeito frequente dos direitos humanos que aí se verifica. O mais provável até é que, para facilitar a fuga, destrua ou não traga consigo elementos que o possam incriminar. À chegada ao país onde quer receber asilo, exigem-lhe, no entanto, que prove verificarem-se no seu caso, um a um, os requisitos definidos na lei para a concessão do asilo. Nestes procedimentos, a prova é sempre, ou quase sempre, insuficiente. É importante, pois, definir regras sobre esta matéria, que permanece um domínio muito pouco claro da actividade administrativa e judicial. Precisamos de regras que, em primeiro lugar, definam, ou que, pelo menos, indiquem directrizes, sobre qual deve ser a medida da prova considerada suficiente para se dar como provada a verificação dos pressupostos de facto de que depende o direito de asilo. E se esta medida não se encontrar satisfeita num caso concreto, como se deve distribuir o ónus da prova? Em nosso entender, há que distinguir a fase de admissibilidade da fase posterior. Na primeira, deve apenas ser exigível ao requerente um princípio de prova, uma versão coerente dos factos que, caso não seja contrariada em termos convincentes pela Administração, é suficiente para que lhe seja reconhecido o direito que invoca. O ónus da prova recai, pois, sobre a Administração. Na segunda fase, cabe ao requerente o ónus de provar os factos constitutivos do seu direito, tendo, no entanto, a Administração o dever de desenvolver as diligências instrutórias necessárias à boa solução do caso.

A DIFÍCIL DEMOCRACIA LOCAL E O CONTRIBUTO DO DIREITO

ANTÓNIO CÂNDIDO DE OLIVEIRA

1. Introdução[1]

A expressão democracia local não é a mais usada entre nós, gozando a de poder local de muito mais apreço. A distinção não é despicienda e é importante fazer sobre ela uma devida reflexão. Adiantando algo que tentaremos desenvolver, a noção de poder local remete-nos mais para os órgãos das autarquias locais, enquanto a noção de democracia local põe em relevo as populações das comunidades locais. O poder local faz-nos lembrar logo a câmara municipal e principalmente o seu presidente, a democracia leva-nos a percorrer os procedimentos da tomada de decisão a nível das comunidades locais.

Começaremos por descrever, em breves linhas, alguns conceitos que devem estar sempre bem presentes ao longo da exposição. Importa antes de mais ter em atenção o conceito de autarquia local que corresponde aproximadamente aos conceitos de "entidade local" (Espanha), "collectivité locale"(França) e "ente locale"(Itália). As autarquias locais são pessoas colectivas de população e território dotadas de órgãos representativos que visam a prossecução de interesses próprios das populações respectivas. Elas exprimem uma particular organização do Estado a nível das comunidades locais, nos termos da qual estas constituem organizações dotadas de órgãos representativos eleitos, com poderes para levar a cabo

---

[1] O presente texto tem por base uma intervenção no VI Seminário para Eleitos Locais da Região Autónoma dos Açores realizada em Ponta Delgada, em 26 de Setembro de 2003, reflectindo em muitos aspectos essa origem.

tarefas de interesse para as respectivas populações, através de pessoal próprio e meios financeiros adequados. Devem actuar de acordo com a lei e por isso estão sujeitas a um controlo para verificação do cumprimento desta. São actualmente, em todo o território nacional, os municípios e as freguesias.

Tudo isto está bem estabelecido na Constituição da República Portuguesa de 1976 (CRP) e assim, logo nos termos do n.º 1 do artigo 6.º, em sede de princípios fundamentais da Constituição se diz que "(O) Estado é unitário e respeita na sua organização e funcionamento o regime autonómico insular e os princípios da subsidiariedade, da autonomia das autarquias locais e da descentralização democrática da administração pública". A Constituição não se limita, longe disso, a este importante artigo e trata extensamente (artigos 235.º a 265.º) das autarquias locais no título VIII (Poder Local) do título III (Organização do Poder Político). Ela dificilmente poderia ser mais expressiva, pois prescreve logo a abrir que "(A) organização democrática do Estado compreende a existências das autarquias locais" (artigo 235.º, n.º 1). A CRP não se limita a esta solene proclamação e, em sede de princípios gerais do poder local, depois de dar uma noção de autarquias locais (artigo 235.º, n.º 2), não esquece a "descentralização administrativa" (artigo 237.º), a existência de um órgão deliberativo e de um órgão executivo responsável perante aquele (artigo 239.º, n.º 1), as eleições por "sufrágio universal, directo e secreto dos cidadãos recenseados na área da respectiva autarquia, segundo o sistema da representação proporcional" (artigo 239.º, n.º 2), a possibilidade de haver referendos locais (artigo 240.º), o "poder regulamentar próprio" (artigo 241.º), a necessidade também de "património e finanças próprios" (artigo 238.º), bem como de "quadros de pessoal próprio" (artigo 243.º). Estas cautelas relativas à defesa das autarquias locais perante o Estado-Administração completam-se com a delimitação da "tutela administrativa sobre as autarquias locais" à "verificação do cumprimento da lei por parte dos órgãos autárquicos" (artigo 242.º, n.º 1).

Autonomia local, por sua vez, é uma expressão que põe a tónica na não dependência das autarquias locais perante a Administração do Estado. Quando falamos de autonomia local estamos a dizer que as autarquias locais podem tomar decisões sob responsabilidade própria, não precisando do consentimento do poder central. Elas gozam de uma esfera de liberdade de decisão relacionada com os assuntos próprios das respectivas comunidades que o Estado é obrigado a respeitar. Uma interferência da Administração do Estado nesses assuntos será inconstitucional. Problema complicado é saber o que são esses assuntos próprios, mas não cabe no âmbito deste trabalho desenvolver este ponto. A sociedade do nosso tempo é cada vez mais complexa e a distinção clássica e aparentemente simples entre assuntos locais e assuntos nacionais já não serve, como tivemos a oportunidade de salientar[2].

Por descentralização administrativa, uma expressão muito usada e com vários sentidos, deve entender-se aqui principalmente como um movimento. Movimento que se traduz na transferência, feita por lei, de atribuições e competências do Estado (e das regiões autónomas) para as autarquias locais. Deveremos distinguir a descentralização administrativa de desconcentração administrativa vertical. A desconcentração administrativa vertical é também um movimento de transferência de atribuições e competências de um centro (em regra o Estado) para a periferia (serviços desconcentrados do Estado) mas não para as autarquias locais. A desconcentração administrativa visa diminuir poderes de um centro que se considera demasiado sobrecarregado. Pode operar-se de modo horizontal e então dividem-se tarefas (e correspondentes poderes) entre vários departamentos situados ao mesmo nível e pode fazer-se de modo vertical e nesse caso confiam-se tarefas a serviços periféricos mais próximos das populações (e assim com um âmbito territorial mais limitado) para resolver os seus problemas administrativos. Aproxima-se neste sentido da descentralização administrativa. Distingue-se, porém, desta porque não se trata de confiar atribuições e competências às autarquias locais para que as exerçam sob sua responsabilidade própria. Os beneficiários da desconcentração são serviços ou entes públicos que estão na dependência do Estado, podendo variar apenas o grau dessa dependência. É de notar que pode imaginar-se uma desconcentração feita a favor das autarquias locais, mas nesse caso estas não exerceriam os poderes conferidos a título próprio mas em nome do Estado ou das regiões autónomas, ficando, nessa parte, também numa situação de dependência. As autarquias locais seriam utilizadas como se fossem "serviços" do Estado ou das regiões autónomas, devendo obediência às instruções que lhes fossem transmitidas.

A expressão que goza largamente de mais favor e que é constantemente invocada é a de poder local. Ela chama a atenção para o exercício de um conjunto de poderes pelas autarquias locais que, doutra forma, seriam exercidos pelo Estado ou pelas regiões autónomas. É a distribuição

---

[2] A. CÂNDIDO OLIVEIRA – Direito das Autarquias Locais, 1993, pp. 129 e ss.

do poder administrativo que está em causa. O poder administrativo não é exercido apenas pelos órgãos do Estado ou das regiões autónomas, estando também nas mãos dos titulares dos órgãos das autarquias locais.

A democracia local vai merecer-nos particular atenção havendo a preocupação de a situar em relação às expressões acabadas de referir. Deve dizer-se que autarquias locais, autonomia local, descentralização administrativa territorial, poder local e democracia local têm muito de comum. Acentuando mais fortemente uma vertente ou outra, todas exprimem o fenómeno da atribuição de poderes administrativos em favor de comunidades locais e em "prejuízo" do Estado-Administração[3]. O que caracteriza particularmente a democracia local é essencialmente o modo de exercício do poder administrativo a nível das autarquias locais. A democracia local exige, é evidente, que haja um título democrático para o exercício do poder, carece de atribuições e competências para as exercer sob responsabilidade própria, requer pessoal, finanças e património próprios, limita o exercício de tutela à mera legalidade, mas não se basta com tudo isso. Vai muito mais longe e de tal forma que é possível afirmar-se que pode haver autonomia local, descentralização administrativa e poder local e não haver democracia local. Aliás é principalmente em diálogo com o poder local que melhor se podem ver as diferenças que podem separar dois conceitos que deveriam andar sempre ligados.

2. O que deve entender-se por democracia local.

Pretendemos fazer uma exposição de âmbito jurídico, uma exposição sobre direito da democracia local mas com a plena consciência de que a democracia local não se faz com preceitos jurídicos, ou melhor não se faz apenas com preceitos jurídicos. É necessária a assimilação de uma teoria e de uma prática política que a sustente.

Uma teoria que assenta na ideia de que os cidadãos (todos e cada um) são os titulares do poder político não só a nível nacional como a nível local, cujo exercício apenas delegam, sem dele perderem o controle, a órgãos eleitos, directa ou indirectamente. A democracia não tolera de ne-

---

[3] Referimos aqui por comodidade apenas o Estado mas não se deve esquecer que o mesmo fenómeno pode ocorrer com as regiões autónomas dos Açores e da Madeira.

nhum modo que os cidadãos sejam expropriados do poder mesmo a favor de órgãos que elegem. Esta teoria exige depois uma prática política consequente.

O direito tem aqui a função importante, mas sempre secundária, de estabelecer regras que explicitem a teoria e facilitem o efectivo exercício da democracia. A função do direito é aperfeiçoar a organização e funcionamento das instituições locais, mas sempre com a humildade de saber de que pouco servem as regras se os actores depois não as cumprem ou cumprem defeituosamente.

Dir-se-á que para isso, para a falta de cumprimento das regras, o direito possui instrumentos de sanção. Assim é na verdade, mas os instrumentos de sanção nesta área não são de fácil nem de pronta aplicação.

Como em muitos outros sectores, as regras de direito precisam de um consenso da comunidade para serem aplicadas. Precisam que a comunidade reaja efectivamente perante a sua violação e nem sempre assim sucede. Veja-se, a título de mero exemplo, o que se passa com a violação das regras de trânsito. O bom cumprimento das normas jurídicas neste sector, principalmente em termos de velocidade e de manobras perigosas, baixaria para níveis hoje impensáveis a sinistralidade. Não é isso, no entanto, o que sucede como a prática demonstra, verificando-se que, de um modo geral, os cidadãos toleram tais comportamentos apesar de proibidos por lei.

A democracia local tem sido também objecto de particular atenção por parte do Conselho da Europa que considera "a democracia local uma das pedras angulares da democracia nos países da Europa e que o seu reforço é um factor de estabilidade" (Recomendação Rec (2001) 19) do Comité de Ministros dos Estados-Membros sobre a participação dos cidadãos na vida local aprovada em 6 de Dezembro de 2001).

Já dissemos, mas importa repetir para que não fiquem dúvidas, que a democracia local exige a eleição de órgãos representativos pela respectiva população. É fundamental, mas não chega. Para além do título, é necessário o exercício. E tudo isto porque pode haver um exercício não democrático ou pelo menos pouco democrático do poder. É aquele que se pode resumir assim: "fui eleito, agora sou eu quem manda. A forma como actuo será julgada no fim do mandato."

O vício desta atitude está na convicção de que o eleito passa a ser o dono (detentor) do poder. Não é. Quem é eleito continua a ser um delegado, um mandatário da comunidade local. Não manda em nome próprio, manda em nome de quem tem o poder (a comunidade local).

Isto é o que dizem os princípios democráticos e que o direito sustenta mas que muitas vezes não é praticado. E não se pense que esta ausência de prática é vista pela comunidade em geral como um grave atentado às regras da democracia. Não é. Pensa-se que o eleito (ou os eleitos) têm o direito de mandar e que cabe aos membros da comunidade apenas criticar (se for caso disso) e esperar o termo do mandato para fazerem então um julgamento sobre o exercício do poder durante o período em causa.

Antes de avançar e para evitar uma qualquer ideia, frequentemente difundida, de ligação da democracia local à paralisia do exercício do poder por parte dos eleitos importa dizer que estes tem o poder de "mandar", o poder (e o dever) de exercer as competências que a lei lhes confere.

Mas então, se assim é, onde está a diferença?

Está, antes de mais, na forma de exercer o poder. Uma coisa é a atitude de mandar na convicção de que o poder lhe pertence e que, por isso, não tem de prestar contas (a não ser, porque a lei assim o obriga, no fim do mandato). Outra é mandar, tendo sempre presente a atenção que é devida ao "mandante" que, após eleições, é toda a comunidade eleitoral e não apenas a parte dela que ganhou.

Há efectivamente uma forma de mandar "fechada" que faz dos assuntos locais um problema de poucos, um problema dos que têm o "fardo" de mandar ("se soubessem o que custa mandar...") e que são resolvidos nos gabinetes. A "abertura", a divulgação dos problemas, o debate, a participação são um estorvo, algo a evitar sempre que possível.

Ora, a democracia local é um outro modo de exercer o poder. É uma forma aberta, que procura a participação informada do maior número de elementos da comunidade no debate dos grandes problemas. Os gabinetes são locais de trabalho mas as decisões são públicas e devidamente debatidas. A ideia de que comunidade eleitoral perde o poder após eleições precisa de ser revista. Não no sentido de que pode exercer competências próprias da democracia directa, mas no sentido de que lhe cabe um papel importante a desempenhar, como veremos.

Não se pense que estamos aqui a defender que, para tomar qualquer decisão, seja preciso consultar toda a gente. Não há necessidade de convocar toda a comunidade para tomar decisões de rotina, dentro da lei. Também as decisões já devidamente discutidas e aprovadas são para executar (dentro das limites do que foi decidido) e para executar mesmo. Não há que voltar ao princípio!

Da abertura e da participação que estamos a falar é da que diz respeito a assuntos importantes, que é necessário resolver e que não foram

A difícil democracia local e o contributo do direito 101

ainda objecto da discussão devida. É no que toca a estes assuntos que se vê como funciona (ou se funciona) a democracia local.

Se eles são resolvidos no gabinete, sem participação, sem discussão, aí temos uma forma típica do mando próprio de quem entende o exercício do poder como coisa sua, como problema seu, da sua "quinta", da sua propriedade. Ainda que saiba que a "quinta" não lhe pertence, adopta a mesma atitude daquele mandatário que, tendo obtido uma procuração com poderes amplos, pouco se interessa sobre o que pensa quem lhe passou a procuração, actuando como se dono fosse. No seu agir não pensa consultar o dono, nem sequer fazer ideia do que ele pretenderia em concreto. Pensa antes: agora sou eu quem manda, recebi procuração, faço o que entendo que deve ser feito e depois prestarei contas.

E pode até ir mais longe e pensar: como eu sou bom administrador, sei o que faço, vou fazer boas coisas e o "dono" vai ficar satisfeito e vai agradecer-me; se porventura não gostar, paciência; eu vou embora, mas ao menos enquanto tive procuração fiz o que entendia dever ser feito.

Repare-se que uma situação próxima da democracia local, seria a de uma associação, mesmo privada, que tem muitos sócios e funciona bem. Como tem muitos sócios, também precisa de órgãos eleitos para movimentar a vida associativa. Mas como funciona bem, a assembleia geral da associação reúne regularmente e pede contas à direcção que assim se vê obrigada a orientar a sua actuação pela vontade dos sócios.

Este exemplo só tem a fraqueza de pôr em evidência que, tal como na vida política, também na vida associativa, a democracia frequentemente funciona mal e que, na grande maioria das associações, os sócios abdicam do poder que têm e entregam a gestão da associação nas mãos da direcção. O exemplo da associação que funciona bem é um exemplo raro.

Mas serve bem para meditar. Andamos sempre a dizer que a democracia não funciona, que os órgãos executivos fazem o que querem, que não prestam contas a ninguém. Mas parece que esquecemos que nas associações de que fazemos parte e que nada têm a ver com a política (culturais, desportivas, sociais ou outras) acontece frequentemente o mesmo. Pululam entre nós associações que apenas formalmente são democráticas. Há efectivamente eleições (embora saibamos quão limitada é tantas vezes a participação dos sócios eleitores) mas depois é dada total liberdade ao órgão executivo para actuar.

Em vez de andarmos sempre a atirar as culpas para os outros, deveríamos assumir as nossas como cidadãos de uma comunidade, como sócios de uma associação.

102 Estudos em Comemoração do 10.º Aniversário da Licenciatura em Direito

Voltando de novo directamente ao tema.

Se o eleito pensa que não é o dono do poder mas um mandatário que deve conduzir da melhor forma os negócios que lhe foram confiados, sempre pensando na vontade do titular do poder, outro é o seu actuar.

A este propósito devemos ter presente que, os eleitos, os detentores precários do poder só fazem o que os mandantes, os membros da comunidade permitem. Numa associação, numa autarquia local a direcção, o órgão executivo só faz o que a assembleia permite, seja por ser a vontade que esta exprimiu, seja por um atitude de demissão ou de submissão da mesma.

Normalmente, não se tem consciência disso. Se houvesse efectivamente essa consciência e se actuasse em consequência muitas coisas se passariam de modo diferente. Haveria muito mais exigência por parte dos cidadãos e muito maior sentido da responsabilidade por parte dos detentores (precários) do poder.

3. Exigências da democracia local

A ideia muito difundida de que a democracia local, exigindo como exige uma participação activa dos cidadãos, pode pôr em causa a democracia representativa e impedir uma actuação eficaz dos órgãos eleitos precisa de ser refutada.

Quanto ao primeiro aspecto não é excessivo repetir que a democracia local exige antes de mais que as comunidades locais sejam dirigidas por órgãos eleitos pelos seus membros. Dada a impraticabilidade da democracia directa, por virtude da extensão das comunidades locais, deve existir uma assembleia eleita e um órgão executivo responsável perante ela. Aliás, é importante que tais comunidades tenham uma significativa população e extensão. Doutro modo pouco podem fazer que seja relevante.

Não tem sentido atribuir às autarquias locais um feixe amplo atribuições e de competências, dotá-las de um quadro de pessoal próprio devidamente qualificado e garantir-lhes equipamentos, meios técnicos e financeiros sem paralelamente terem suficiente população e território. Seria um intolerável desperdício.

É preciso ter a este propósito bem presente que entre uma necessária administração central para os problemas que devem ser resolvidos à escala nacional e uma também necessária administração muito próxima dos ci-

A difícil democracia local e o contributo do direito 103

dadãos para resolver problemas da mais variada ordem que pedem esse contacto mais directo e de que a freguesia é, entre nós, um bom exemplo, fazem falta comunidades intermédias para resolver problemas que nem o Estado (Administração) nem a freguesia podem resolver. É esse o lugar do município. Como já diziam de modo sábio os reformadores da nossa administração territorial do século XIX (reforma de 1836) um município não deve ser nem demasiado pequeno nem demasiado extenso. Curiosamente, mais de um século depois, na segunda metade do século XX (fins dos anos setenta) operou-se na Alemanha e noutros países do Norte da Europa, como a Bélgica, a Dinamarca e a Suécia, uma reforma territorial dos municípios, com significativa redução do número destes, por razões que tinham sido fundamentalmente as que determinaram a recomposição territorial em Portugal na reforma que Passos Manuel concretizou por decreto de 6 de Novembro de 1836.

Uma nota ainda para dizer que a administração pública exige, em termos territoriais, um espaço entre os municípios (actualmente 308) e o Estado. A Constituição prevê desde 1976 que ele seja preenchido pelas regiões e a sua necessidade é tão evidente que, apesar de frustrada a tentativa de regionalização pelo referendo efectuado em 8 de Novembro de 1998, continuaram a funcionar estruturas regionais de administração pública (as actuais comissões de coordenação e desenvolvimento regional) e está em andamento um processo criação de estruturas territoriais supra-municipais (áreas metropolitanas e comunidades intermunicipais de fins gerais)[4] para resolver problemas que a escala municipal não permite resolver. Estas estruturas intermédias não são um qualquer luxo mas uma exigência de adaptação da Administração à dimensão territorial dos problemas a resolver. Problema diferente é saber se constituem a solução mais apropriada.

Avancemos um pouco mais no terreno da democracia local. Se nos dias de hoje se não discute a necessidade da democracia representativa e do consequente título democrático para exercer o poder a nível local ainda há muito caminho a percorrer no que respeita ao respectivo exercício.

Vejamos as respectivas exigências, dando particular atenção à autarquia local município por ser a mais significativa em múltiplos aspectos, desde logo no que respeita aos poderes que lhe estão conferidos.

Só pode haver democracia local (municipal) quando os cidadãos de um município (não todos como seria ideal, mas um número significativo deles) estiverem bem informados sobre a realidade local.

---

[4] Leis n.os 10/2003 e 11/2003, de 13 de Maio de 2003.

Para conseguir este objectivo os responsáveis dos municípios, que tomem a sério a democracia local, têm de percorrer um caminho longo. Desde logo, fomentar o gosto pelo município e o desejo de o conhecer bem.

Isto implica, antes de mais, uma actuação a nível do ensino básico e secundário. Nada impede – e antes aconselha – que os municípios utilizem a ligação que possuem às escolas para incentivar o conhecimento da respectiva autarquia pelas mais variadas formas.

Mas não basta uma actuação a nível das escolas. Outros meios devem ser utilizados, dentro e fora dos espaços escolares, como, por exemplo, uma boa página na "internet", boletins informativos e muitos outros instrumentos (palestras, filmes, vídeos), que a criatividade de cada município deve pôr em marcha.

Esse conhecimento terá de incluir as coisas boas e más que todo o município possui: as belezas naturais, mas a destruição progressiva que, muitas vezes, delas se faz; o crescimento populacional, mas também a eventual desordem urbanística; as vias de comunicação e os seus problemas; os transportes; as actividades económicas e a eventual crise de alguns sectores; as dificuldades do espaço rural; os problemas sociais e tantos outros.

O conhecimento deve abranger também os aspectos relativos ao governo local. Conhecer os órgãos e os seus membros, os serviços municipais, as receitas e as despesas, o pessoal ao serviço do município, as associações de que ele faz parte, o património municipal, entre outras coisas.

Repare-se um pouco no que acabámos de escrever porque reflecte bem quanto devemos a uma forma de pensar que aqui procuramos combater. Dissemos com toda a naturalidade que os responsáveis devem fomentar o gosto pelo município e o desejo de o conhecer, esquecendo que essa tarefa pertence antes de mais a todos os munícipes. É este muito naturalmente um trabalho partilhado que precisa da vontade dos cidadãos e da ajuda e estímulo dos responsáveis. Mas é mais fácil – e foi assim que procedemos – remeter essa tarefa exclusivamente para os eleitos.

Conhecida a realidade e conhecidos os problemas do município importa ter uma opinião sobre estes e sobre o modo de os resolver. Aqui os munícipes devem tomar posição, tomar partido. Este tomar partido é natural. Perante os problemas mais importantes do concelho, os seus habitantes não devem ficar indiferentes.

Mas tomar partido de forma ponderada só pode fazer-se após um adequado debate dos problemas. Fomentar o debate, eis outra tarefa fundamental no processo de democracia local.

Mal de um município no qual os seus principais problemas não são devidamente discutidos, impedindo-se a formação de uma forte opinião pública.

Não se trata, já o dissemos, de estar a discutir tudo. Estamos a falar da participação nas discussões dos assuntos de relevo ainda não devidamente debatidos.

O Conselho da Europa recomenda às entidades locais fazer regularmente a publicidade mais ampla possível sobre as decisões ou debates em curso que respeitem à vida da colectividade local (resolução do CE n.º 139 de 2002).

A falta de hábitos de debate implica a necessidade de criar de formas de os incentivar. É muito importante, neste aspecto, o papel que as assembleias deliberativas a nível local podem desempenhar.

De um modo geral não há grande cuidado na escolha dos membros das assembleias. Não se procura tão insistentemente quanto seria necessário que sejam compostas por pessoas com adequada formação política e peso cívico na comunidade. Ao mesmo tempo, tais membros não se assumem frequentemente como mandatários que igualmente são. Assumem, quando assumem, o seu papel de fiscalização da câmara municipal mas praticamente esquecem o dever de prestar contas perante os eleitores. A ideia de que um membro de uma assembleia municipal deveria ter reuniões com os munícipes para lhes dar conta do trabalho que estão a fazer e receberem destes indicações ou sugestões para nortear a sua acção é-lhes quase completamente estranha.

Abordados, ainda que de forma breve, os problemas da informação e da participação importa tratar agora da decisão. A ideia de que a democracia local se esgota na informação e discussão é profundamente errada. A decisão é o momento mais importante da democracia local. A informação e participação, sendo da maior relevância, constituem apenas momentos preparatórios. Sem decisão, não há democracia.

A decisão cabe aos órgãos legitimados para o efeito (assembleia municipal/câmara municipal/presidente da câmara municipal) apoiados, agora, num bom conhecimento das questões e num amplo debate que permitirá (deverá permitir) uma melhor e muito mais fundamentada decisão.

Mas de pouco vale decidir, se depois não se executa. A execução é o momento da verdade. A democracia local não é uma democracia de promessas ou de realizações avulsas. Ela só se afirma pelos resultados no terreno.

106 *Estudos em Comemoração do 10.° Aniversário da Licenciatura em Direito*

O processo democrático exige finalmente que, depois de executada uma decisão ou uma política num determinado domínio, se faça a sua avaliação. É necessário ver efectivamente quais os resultados obtidos. A avaliação permite ver em que medida os objectivos foram atingidos.

Deixamos de lado uma referência mais alargada ao referendo local, também incentivado a nível do Conselho da Europa, por entendermos que ele implica uma fase de avanço da democracia local que estamos ainda longe de atingir. Veja-se a sua pouca utilização entre nós, apesar de previsto na lei.

4. Situação actual

A democracia local (tomando principalmente como referência, pelas razões já mencionadas, o município) deixa, actualmente, muito a desejar.

Desde logo, a nível de organização. O órgão deliberativo, assembleia municipal, tem uma composição que só aparentemente é boa: reúne elementos directamente eleitos com elementos das freguesias (presidentes de junta), mas essa mistura, pela enorme variabilidade do número de freguesias integradas nos municípios, determina que uma assembleia possa ter, independentemente da sua população, entre pouco mais de 15 até cerca de 180 elementos.

Ela terá sempre o triplo do número de membros da respectiva câmara municipal escolhidos por eleição directa e método de Hondt e a sua composição completar-se-á com os presidentes das juntas de freguesia do município em causa sempre que o seu número for inferior ao dos eleitos directamente. Quando o número dos presidentes de junta for superior, aumenta-se o número de membros eleitos directamente por forma a que estes sejam sempre em número igual ao daqueles mais um. O município de Barcelos, por exemplo, porque possui 89 freguesias tem 90 membros eleitos directamente o que dá um total de 179 membros na assembleia municipal.

Este número frequentemente muito elevado de membros da assembleia do município contrasta com o que se passa noutros países quanto à composição do órgão deliberativo. Em Espanha, o limite do número de membros do "pleno do ayuntamiento" varia entre 5 (municípios até 250 residentes) e 25 (municípios entre 50 001 e 100 000 habitantes), prevendo-se ainda para os municípios com mais de 100 000 habitantes o acréscimo de um membro por cada cem mil residentes mais ou fracção. Em França o número de membros do "conseil municipal" varia, sempre conforme a população, entre 9 e 69 elementos. Na Itália, o "consiglio comunale" tem entre 12 e 60 membros (o número máximo está reservado para os de população superior a um milhão de habitantes). E para não citar apenas países de grande dimensão atente-se que, na Bélgica, o número de membros do conselho municipal tem entre 7 e 55 membros e, na Grécia, o órgão correspondente tem entre 11 e 41 membros.

Repare-se que esta disparidade do número de membros provocada pelo número de freguesias determina que, em Portugal, um município como Bragança, por exemplo, tenha uma assembleia com 99 membros para cerca de 34 mil habitantes e um município como Faro, por outro lado, tenha 27 membros para 58 mil habitantes. Isto não faz sentido até porque uma assembleia muito numerosa torna-se pouco operacional.

Acresce que os presidentes da junta, muitas vezes, ocupam-se primordialmente com a sua freguesia e não com o município no seu todo. Estão quase sempre muito mais preocupados com a leitura que o presidente da câmara fará das posições que tomar na assembleia do que com as questões nesta discutidas, salvo as respeitantes ao orçamento e, mesmo quando a este, a atenção dirige-se em primeira linha para os investimentos e verbas que respeitam à freguesia que representam.

O sistema actual tem revelado, por sua vez, uma tendência para uma excessiva presidencialização, apesar de nem sequer mencionar expressamente o presidente da câmara como órgão do município.

O órgão executivo é, nos termos da Constituição e da lei, a câmara municipal eleita directamente e pelo método proporcional de Hondt, com um número de membros que varia, conforme o número de eleitores, entre 5 e 11 membros[5], sendo presidente da câmara o primeiro elemento da lista mais votada.

O presidente da câmara, principalmente numa situação de maioria absoluta, é o verdadeiro centro do poder. Os vereadores que pertencem à maioria são auxiliares que terão pelouros (e com eles poderes mais efectivos) ou não, conforme a vontade do presidente, pois a este cabe escolhê-los livremente.

É certo que, por vezes, o presidente da câmara municipal se vê, por efeito da eleição proporcional, na situação de não poder executar devidamente uma política municipal por falta de uma maioria. É uma dificuldade

---

[5] O município do Porto tem 13 e o de Lisboa 17.

108 *Estudos em Comemoração do 10.º Aniversário da Licenciatura em Direito*

que, por vezes, se ultrapassa de forma aceitável através de acordos, feitos com a(s) lista(s) da oposição, que permitem uma actuação estável e com bons resultados. Mas muitas vezes a situação de minoria não é ultrapassada e assiste-se então a uma administração municipal difícil, procurando o presidente da câmara fazer acordos que são meros arranjos e não expressão de uma política clara.

A prática tem demonstrado que, de um modo geral, os presidentes de câmara ultrapassam as dificuldades que resultam da falta de maioria e seguramente para isso muito tem contribuído o facto de não poder ser discutido o seu estatuto de presidente. Determinando a lei que o presidente é sempre o primeiro da lista mais votada, não há lugar para arranjos políticos que tenham por finalidade a sua substituição por outro membro da câmara. A coabitação é imposta por lei e numa situação destas a tendência natural é para encontrar formas de entendimento, facto que os presidentes costumam saber explorar bem.

Note-se que a queda da câmara não é possível sequer por aprovação de moções de censura pela assembleia municipal. Estas estão previstas na lei mas é entendimento dominante que a aprovação de uma moção de censura não tem o efeito de provocar a queda de um órgão que foi, tal como a assembleia, escolhido por eleição directa. A queda da câmara só ocorrerá se, por esvaziamento resultante da saída dos seus membros (efectivos e suplentes) através de renúncia, perda de mandato ou outra forma, não for possível reunir metade mais um dos seus membros. Uma câmara com 9 membros, por exemplo, apenas cairá se não tiver em exercício efectivo de funções pelo menos 5 membros. Uma tal situação, muito pouco frequente entre nós, determinaria eleições intercalares apenas para a câmara municipal e para efeito de completar o mandato da anterior.

A assembleia municipal tornou-se um órgão secundário, com a missão de confirmar o que já foi deliberado na câmara municipal. A assembleia municipal não tem força política nem sequer visibilidade.

Aliás, a existência de um órgão executivo com membros da oposição, como sucede actualmente por virtude do sistema de eleição directa e proporcional, é objecto de fundadas críticas.

Os vereadores da oposição (ou seja aqueles que não pertencem à força política do presidente ou que, com ela, não fizeram acordo de governo) não estão a executar nenhuma política, estão a exercer uma função de fiscalização.

Registe-se, no entanto, que há situações, ainda que raras, em que os vereadores da oposição são chamados a exercer tarefas independentemente de acordo de governo. É uma situação difícil pois tais vereadores encontram-se na dupla qualidade de, por um lado, serem executores da política municipal, pelo menos para um dos seus sectores, e de serem opositores quanto à restante.

O mais curioso ainda é que esta chamada ao exercício de tarefas a tempo inteiro ou meio tempo de vereadores da minoria pode surgir em casos de maioria absoluta da força política do presidente. São situações raras que procuram conciliar o interesse da maioria de mostrar abertura democrática e o interesse da minoria de ter na câmara um papel mais activo e uma maior visibilidade para o exterior.

Fora destas situações os vereadores que não pertencem à maioria fazem oposição e a mais viva possível, fiscalizando a actuação da câmara.

Só que então é de perguntar o que está a fazer a assembleia municipal? Dá a impressão de que não se acredita na eficácia da fiscalização feita por esta.

Mas se assim não é, se se acredita que a assembleia municipal fiscaliza a câmara municipal então a que título esta dupla fiscalização? Haverá boas razões para pensar até que, em nenhum outro país, o órgão executivo é tão fiscalizado. E infelizmente sabemos que o nível de fiscalização sobre o executivo está longe de ser satisfatório entre nós.

É frequente acontecer que os vereadores (da oposição) não tenham sequer um gabinete para trabalhar. Detêm claramente um estatuto menor em relação aos vereadores da maioria, deparando frequentemente com dificuldades de acesso até à mera informação. Consequentemente, o seu papel limita-se a participar nas reuniões do executivo e a exprimir aí as suas opiniões e críticas.

Por sua vez, a situação da assembleia municipal também está longe de ser satisfatória. Os grupos municipais que dela fazem parte e que correspondem em regra às forças políticas representadas na câmara não dispõem dos meios necessários para exercer devidamente as funções de fiscalização e acompanhamento que a lei lhes atribui. Não possuem muitas vezes um espaço dentro das instalações municipais para reunir, nem possuem apoio financeiro ou técnico para recolha de informação, estudo dos "dossiers" e análise dos problemas.

Passando dos aspectos organizativos para outros também aqui a democracia local está longe de atingir níveis satisfatórios.

Não existe em regra uma política municipal com a finalidade de dar a conhecer, com objectividade, a realidade municipal.

110 *Estudos em Comemoração do 10.º Aniversário da Licenciatura em Direito*

Os boletins municipais são muitas vezes meros instrumentos de propaganda e de voz única (a do presidente). E isto apesar de a lei prever a existência de boletins informativos do município que deveriam naturalmente transmitir informação completa e objectiva.

A página na "internet", sempre que existe, é também uma página de exaltação das coisas boas que o município possui e das actividades da câmara, com o presidente em primeiro plano.

Por sua vez, os debates dos principais problemas municipais são escassíssimos. Eles não são fomentados pelos órgãos do município que preferem uma administração municipal fechada à participação dos munícipes.

Os meios de comunicação social locais são frequentemente muito débeis, embora neste domínio se venha a notar uma mudança cada vez mais positiva. Registe-se também a existência de uma maior cobertura dada por jornais de âmbito nacional aos problemas locais, através de edições regionais.

De qualquer modo a ausência, em regra, de uma participação dos cidadãos na vida municipal faz diminuir o círculo de pessoas interessadas pela vida pública. As pessoas têm tendência para desvalorizar os políticos (e a política) também a nível local.

Desta pobreza de participação cívica decorre também uma pobreza da vida política municipal com particular desvantagem para a oposição. Esta sem meios de participação e sem visibilidade de actuação (por falta de debate público) tende a deixar o campo aberto à força política que está no poder. A oposição muitas vezes não existe na prática. Estão assim criadas as condições para a "eternização" de um presidente que se saiba insinuar e vá fazendo obras "visíveis". Essa "eternização" é facilitada também pela ausência da limitação de mandatos.

5. Perspectivas

Há quem entenda que esta situação não é alterável por muitos esforços que se façam. Aceitamos que é difícil.

Mas se tivermos presente que só depois de 25 de Abril de 1974, passamos a ter eleições gerais e locais cujos resultados não são, em geral, discutidos por resultarem de um processo eleitoral devidamente organizado e executado, então há uma luz de esperança pelo menos a longo prazo.

Tal como se mudou, para melhor, o processo eleitoral, talvez seja possível melhorar também outros aspectos do processo democrático. Para

A difícil democracia local e o contributo do direito 111

já cabe a chamada de atenção e o apontar de caminhos que obrigariam, pelo menos alguns deles, a uma modificação da Constituição. Esta é demasiado minuciosa e o que dela se pede não são outras regras mas menos de modo a não colocar entraves às soluções mais adequadas. Um dos melhores exemplos dos excessos da Constituição está na matéria respeitante à regionalização. Parecendo aparentemente "amiga" da regionalização administrativa do país, consagrando-a solenemente, a CRP acaba por lhe colocar tantos obstáculos que bem se poderá dizer que satisfaz plenamente os seus adversários.

Em termos de democracia local mais não pretendemos aqui do que referir alguns caminhos que deverão ser objecto de um tratamento mais cuidado e de um indispensável debate.

A assembleia municipal não pode continuar a ter a constituição actual.

Uma solução poderia ser a composição da mesma apenas com membros eleitos directamente, deixando de fazer parte dela os presidentes de junta de freguesia. Teria uma composição, de acordo com a população, entre 15 membros para os municípios menos populosos e 61 membros para os mais populosos. Dela sairia, por eleição, o presidente da câmara escolhido de entre os seus membros, o qual, por sua vez, escolheria uma equipa de governo (câmara municipal). Esta teria um número de membros também proporcional à população (mas seria sempre menos numerosa do que actualmente) e constaria de membros da assembleia. Não repugnaria, no entanto, que um ou dois membros da câmara não pertencessem à assembleia. A inclusão de membros exteriores na equipa de governo (câmara municipal) pode parecer estranha mas representa sensibilidade à inclusão de um ou outro munícipe que, tendo particulares qualidades, não quer estar sujeito a campanhas eleitorais ou a compromissos partidários. Estas pessoas não deveriam ser excluídas, sem mais. O que seria inaceitável é que formassem a maioria do governo municipal. Os membros da assembleia que passassem a integrar a câmara suspenderiam o seu mandato na assembleia durante o tempo que exercessem funções executivas.

Uma outra solução muito semelhante à anterior divergiria dela no que toca à integração dos presidentes das juntas de freguesia. O número total de membros seria também entre 15 e 61 conforme a população e os presidente de junta fariam parte da assembleia quando o seu número não fosse muito elevado. Se, como frequentemente acontece, o número de presidentes de junta fosse muito elevado teriam assento apenas parte deles. O órgão teria sempre, pelo menos, 2/3 de membros eleitos directamente e quando os presidentes da junta excedessem o terço restante haveria entre eles uma

112 Estudos em Comemoração do 10.º Aniversário da Licenciatura em Direito

eleição para escolher aqueles que completariam a composição do órgão. Nada impediria que a eleição destes fosse anual, havendo assim possibilidade de rotação.

Uma alternativa mais audaciosa seria a extinção do órgão assembleia municipal (sem grandes tradições no nosso sistema de organização municipal) e sua substituição por uma câmara municipal alargada eleita directamente e pelo método de Hondt com um número de membros de acordo com a população tal como previsto para a assembleia municipal nas alternativas anteriores. Também aqui não haveria grandes modificações em relação ao executivo. Do pleno da câmara municipal sairia, por eleição, o presidente do município que formaria um gabinete (comissão de governo) que poderia incluir membros da câmara ou não (neste último caso apenas um ou dois pelas razões já apontadas). Os membros da equipa de governo municipal deixariam de fazer parte do pleno da câmara (suspendendo o seu mandato).

Aliás, sobre esta matéria e outras bem se poderia admitir que deixasse de vigorar no nosso direito o princípio da uniformidade de organização, permitindo a Lei das Autarquias Locais que, dentro de certos limites, cada município pudesse elaborar um estatuto próprio. É o que sucede actualmente em Espanha e na Itália e uma tal solução poderia resolver, por exemplo, o problema da articulação das freguesias com os órgãos do município.

Estas alterações à actual organização municipal fariam aproximar o nosso sistema de governo do de outros países europeus. Seria uma organização mais simples e mais leve. O órgão executivo seria responsável perante o órgão deliberativo e haveria lugar para moções de censura construtivas, contendo, pois, a indicação do novo presidente para o caso de a moção prosperar.

Dentro da assembleia, os grupos municipais existentes deveriam ter apoio financeiro e técnico. Esse apoio, para além de locais para reunir, deveria incluir funcionários eventuais como sucede em Espanha (nos municípios de maior população) ou ajuda financeira que lhes permitisse contratar pessoal de apoio. Só assim seria possível estudar os "dossiers" e exercer devidamente as funções de acompanhamento e fiscalização da equipa de governo que cabem à assembleia. O acréscimo de despesas que daí resultaria seria compensado por uma melhor administração municipal.

Dentro do princípio de liberdade de organização (ainda que limitado pela lei base das autarquias locais) seria de prever a criação de um órgão consultivo amplo composto por todos os presidentes de junta de freguesia

A *difícil democracia local e o contributo do direito*

e só por eles ou eventualmente também por representantes de outras entidades relevantes existentes no município, para tomar posição sobre determinados problemas que pudessem beneficiar dessa consulta. Poderia ser uma boa alternativa à integração dos presidentes de junta na assembleia municipal.

A promoção da democracia local exige o estabelecimento de uma política activa de informação municipal com o objectivo de aumentar a percentagem de munícipes que conhecem efectivamente o concelho a que pertencem. Procuraria formar-se uma "escola de democracia" em constante actividade. Também aqui um conselho, integrando diversas sensibilidades e pessoas bem aceites na comunidade, poderia aumentar o interesse pela vida pública local. Esse conselho poderia nomeadamente supervisionar os conteúdos e a actualização de uma página na "internet" que seria um livro aberto sobre o município.

O boletim informativo deveria ter um conteúdo de acordo com o nome como sucede já em alguns municípios, incluindo apenas as deliberações dos órgãos municipais. No caso de conter uma página do presidente ou as actividades da câmara, então deveria haver nele lugar para as diversas forças políticas do concelho.

Seria necessário encontrar processos de fomentar o debate dos principais problemas municipais para formar uma opinião pública esclarecida.

O estabelecimento da limitação de mandatos deveria ser igualmente consagrado dentro da ideia de que uma equipa de governo municipal ao fim de 10 ou 12 anos já deu provas do que vale e, se bem governou, deixou as bases para a continuação do trabalho iniciado. A prática tem revelado que a manutenção durante largos anos no poder das mesmas pessoas conduz, muitas vezes, a uma grave desvalorização das regras democráticas.

O município deverá ser, efectivamente, uma verdadeira "escola de democracia". Esta afirmação, que vem do século XIX, precisa de ser revalorizada. Ela foi perdendo importância e hoje quase dela não se fala. Está aqui um espaço para os municípios afirmarem perante o poder central a sua importância e indispensabilidade. Não seria preciso fazer grandes despesas para ensinar aos munícipes os princípios básicos da convivência cívica, incluindo a política.

É fundamental que tal suceda. Não é só a democracia a nível local que está em causa é a democracia em geral e com ela o Estado de Direito que queremos e temos o dever de defender.

A RESTAURAÇÃO PORTUGUESA DE 1640 NO CONTEXTO DAS "LIBERDADES IBÉRICAS TRADICIONAIS"

ANTÓNIO LEMOS SOARES

Prolegómenos

Sabe-se bem que qualquer pesquisa a desenvolver no domínio Historiográfico – mais ainda, talvez, no âmbito da História do Direito – implica uma certa dose de subjectividade. Bem longe parecem os tempos em que se pensava ser possível ao investigador indagar sobre o passado como se de um objecto neutro se tratasse. Somos de opinião que, neste como noutro qualquer campo epistemológico, a verdade do historiador, ter-se-á que relativizar. Não pretendemos, porém, afirmar a impossibilidade da obtenção da verdade histórica. Pensamos sim, como muito bem ensina o Professor Paulo Ferreira da Cunha, que: «A História é, sem dúvida, indagação do passado mas preocupação e labor datados, e, nela, não falta mesmo, apesar de todas as criticas, um pendor conselheiral, ideológico ou programático, a espreitar e a desejar moldar o futuro. Por detrás da aparente frieza e assepsia de muitos estudos, esconde-se uma "moral da história" subentendida a coroar as narrativas ainda que aparentemente neutras e "seriais". A História acaba assim por ser um dos discursos propostos para compreensão, interpretação e acção do/no Mundo»[1].

Esta dificuldade, diríamos genérica, mais se torna premente quando se analisa o período restauracionista. «A Restauração (...) foi dos períodos da História portuguesa – observa o Professor Luís Reis Torgal – que mais

---

[1] Paulo Ferreira da CUNHA, *Para uma História Constitucional do Direito Português*, Coimbra, Almedina, 1995, p. 27.

atraiu a atenção dos ideólogos e historiadores pressionados pelas ideologias, pelo que a interpretação dela feita denunciava até há pouco tempo a influência de tais sistemas de Pensamento»[2]. A explicação deste facto deve-se, a nosso ver, a duas ordens de razões essenciais. Por um lado, a necessidade quase "imediata" de fundamentar ou contestar, aos olhos de uma Europa "legitimista", o movimento de 1640, poderá ter levado a algum tipo de deturpação da "realidade" histórica. Isto é, quer de um ponto de vista português procurando justificar os acontecimentos de 1 de Dezembro, quer de uma posição pró castelhana pretendendo a sua refutação, poder-se-ão ter esgrimido argumentos jurídicos, doutrinais e políticos, sem excessivo rigor. Por outro, a interpretação dos factos históricos, é isso mesmo, uma interpretação e como tal, não isenta de variadas contingências. Tudo dependerá de quem seja o historiador, das fontes a que teve acesso, do maior ou menor rigor da indagação e, talvez o aspecto mais importante, da época em que procede ao seu labor académico. Este último factor parece-nos decisivo. Ao tratarmos da Restauração, não poderemos deixar de ter em conta tratar-se de uma análise historiográfica sobre matéria do *Antigo Regime*. Ora, durante largo tempo, o estudo da sociedade e da época pré revolucionárias, foi vitima dos conceitos (preconceitos?) de uma Historiografia Liberal preocupada em adaptar aos seus esquemas racionalistas e "Estadualistas", a compreensão de uma realidade que, sob variadíssimos pontos de vista, tanto se distinguia dos paradigmas políticos ulteriores[3].

Não se trata, portanto, de um estudo isento de dificuldades; mais ainda, se tivermos em conta as óbvias limitações de quem o elaborou. Pensamos, no entanto, ser de todo o interesse debruçarmo-nos sobre a matéria. Desde logo, porque sempre consideramos que o conhecimento do que, de um ponto de vista jurídico, constitucional e político, se passou em Portugal em meados de Seiscentos poderá ajudar a explicar muito do que foram (ou, talvez, do que poderiam ter sido) os séculos XVIII e XIX no nosso país. Por outro, e quiçá mais relevante neste caso, porque é possível que desperte em nossos alunos – vitimas ao longo dos anos da sua formação, de um ensino pouco menos do que "barbarizante" – algum interesse sobre a História do seu passado comum. É precisamente a pensar neles,

---

[2] Luís Reis Torgal, *Ideologia Política e Teoria do Estado na Restauração,* vol. I, Coimbra, Biblioteca Geral da Universidade, 1981, p. 3.

[3] Num sentido não apenas circunscrito à Restauração, mas antes a toda a problemática da análise por parte da Historiografia Liberal do Antigo Regime, vg., António Manuel Hespanha, *As Vésperas do Leviathã,* Coimbra, Almedina, 1994, pp. 21 e ss.

que procederemos a uma introdução histórica obrigatoriamente longa, seguida da matéria que mais directamente é nosso escopo tratar. Acreditamos – talvez hoje mais do que nunca – que se o Futuro a Deus pertence o Passado pertence aos Homens[4], e como tal, a Restauração portuguesa de 1640, é também património seu.

O reino de Portugal e a monarquia de Castela no Período Anterior a 1580.

Num interessante estudo sobre a Restauração, foi considerado pelo Professor Vitorino Magalhães Godinho ter sido 1580 muito mais «um ponto de chegada do que um ponto de partida»[5]. Esta opinião, que corroboramos, leva-nos, em primeiro lugar, a examinar algumas realidades, não apenas jurídicas ou políticas, do período anterior à crise dinástica de 1578-1580.

Antes de mais, importa determo-nos sobre o aspecto económico. Quanto este importante factor, parece que o acercar de interesses entre Portugal e a Monarquia dos Áustria por meados de Quinhentos, se torna cada vez mais profícuo. Deve ter-se em atenção, desde logo, que quer o império português quer o império espanhol, são vítimas da cada vez mais assídua e violenta investida de "novas" nações marítimas – França, Inglaterra e Holanda – interessadas em destruir a actividade mercantil peninsular com as Índias. Esta actuação, a maior parte das vezes belicista, levará (conscientemente ao que pensamos) a uma progressiva comunhão de esforços no sentido de fazer face à ameaça proveniente do norte da Europa. O aspecto militar é, a nosso ver, indissociável do vector económico. A colaboração entre as duas esquadras navais visando limitar os danos, obviamente económicos, dos recorrentes ataques marítimos da pirataria inimiga torna-se habitual[6].

Deve referir-se, outrossim, que o império marítimo português se encontra em crise. Sobretudo com a expansão a oriente, atinge no reinado de

---

[4] Colhemos a expressão, que nos pareceu muito feliz, de um livro que nada tem a ver com a Restauração. Parece-nos, contudo, ser possível aplicá-la a todo e qualquer indagação no domínio da Historiografia. Diogo FREITAS DO AMARAL, *O Antigo Regime e a Revolução, Memórias Políticas (1941-1975)*, 4ª edição, Lisboa, Bertrand/Nomen, 1995, p. 10.

[5] Vitorino MAGALHÃES GODINHO, *1580 e a Restauração*, in, *Ensaios*, 2ª edição, correcta e ampliada, pp. 379 a 421, Lisboa, Sá da Costa Editora, 1978, p. 381.

[6] *Idem*, p. 382.

D. João III, uma dimensão extraordinária. No entanto, se tal permitiu escrever páginas de inegável valor para as armas portuguesas, levou também a um rápido declínio. Só no reinado do rei *Piedoso*, teve Portugal de retirar das praças africanas de Azamor, Safim, Alcácer Ceguer e Arzila[7]. O tráfico oriental acarretava despesas insuportáveis. A partir de 1570, a coroa abandona o monopólio do comércio das Índias, preferindo o seu arrendamento a mercadores particulares. Propõe-se a exploração de novos territórios mais lucrativos para o reino, e chegar-se-á ao ponto de conjecturar a conquista da China. Sugere-se mesmo o encerramento da Universidade de Coimbra de modo a conter as dificuldades financeiras do país[8]. Deve, porém, notar-se que se promove com ímpeto decisivo a colonização do Brasil através, sobretudo, da criação do Governo-Geral[9]. A ideia que subjaz a esta preocupação com a América, parece percorrer toda História da expansão portuguesa. Sempre que algum dos territórios que constituíam o vasto império português se encontra em dificuldade, a coroa volta-se para outro, ou para outros. O Brasil surge assim, no século XVI, como uma possibilidade real de se conseguir as riquezas que no oriente se dissipavam.

Nesta conjuntura, de dificuldades económicas e de pressão internacional, não se estranhará que o aparentemente pujante império dos Habsburgo – longe ainda, por essa altura, da imagem de decadência e de castigo divino que também o assolaria durante o século XVII[10] –, constituísse uma ligação privilegiada para a depauperada economia portuguesa.

Se, de um ponto de vista económico, a interligação entre Portugal e a Casa de Áustria se nos afigura evidente, o mesmo parece ocorrer de um ponto de vista jurídico-político. Deve, desde logo, ter-se em atenção o elemento dinástico.

A monarquia portuguesa dos primeiros séculos parece decidir-se por uma política de alianças matrimoniais que não se comprometa, excessivamente, com a casa real de Castela. D. Afonso Henriques, por exemplo, ce-

---

[7] Afonso ZÚQUETE, coordenação e compilação, *Nobreza de Portugal e do Brasil*, 2ª edição, reimp., vol. I, Lisboa, Editorial Enciclopédica, 1989, p. 394.

[8] José Hermano SARAIVA, *História Concisa de Portugal*, 20ª edição, Lisboa, Publicações Europa-América, 1994, p. 168.

[9] Alfredo PIMENTA, *Elementos de História de Portugal*, 5ª edição, Lisboa, Empresa Nacional de Publicidade, 1937, pp. 254 e ss.

[10] António de OLIVEIRA, *Poder e Oposição Política em Portugal no Período Filipino (1580-1640)*, Lisboa, Diffel, 1990, p. 49.

lebra casamento com D. Mafalda de Sabóia, por volta de 1146[11]. D. Sancho I contrai matrimónio em 1174, com princesa de Aragão, D. Dulce[12]. Ter-se-á de esperar, assim, até D. Afonso II, para deparar com o primeiro monarca português que celebra esponsais com princesa de Castela – no caso D. Urraca – em 1208 ou 1209[13]. Esta prudente estratégia de compromissos dinásticos, retirando Portugal da órbita política de Castela, não será, a maior parte das vezes, a seguida pela dinastia de Avis. Pelo contrário. Os descendentes do rei de *Boa memória*, ele próprio aclamado rei em virtude de uma tergiversação desta linha de acção política, fomentam uma política de alianças que, em última instância, pretende a unidade dinástica da Península Ibérica. D. Afonso V, D. João II e D. Manuel I, são exemplo do que referimos. O sonho de união de todos os reinos peninsulares sob a Coroa portuguesa, atinge o seu zénite com o nascimento do príncipe D. Miguel da Paz em 1498. Na verdade, o *Venturoso*, obtém, mediante o casamento com D. Isabel de Castela e Aragão a descendência que seu infeliz sobrinho D. Afonso não pudera garantir. Com ela, a ideia de união peninsular parecia confirmar-se. Como se sabe, não permitiu a Providência que tal ocorresse. A morte prematura do infante em 1500[14], destruiu num momento os sonhos portugueses que permitiriam antecipar 1580 em quase um século.

Após o nascimento de D. Miguel, fez publicar o rei de Portugal um importante diploma explicitando a forma como se deveria reger o seu reino depois da aclamação do príncipe herdeiro das Coroas de Portugal, Castela e Aragão. Intitula-se sugestivamente:

> «*Declarações del Rei D. Manoel, de como se havia de governar o Reyno de Portugal, depois de que o Principe seu filho, que herdava Castella, succedesse naquelles Reynos*»[15].

A relevância do documento deve aferir-se a dois níveis. Em primeiro lugar, parece clara a intenção do rei de Portugal de não promover com a união dinástica, a absorção política do seu reino pelo de Castela. A ideia que subjaz a D. Manuel é a da existência de dois reinos separados, embora

---

[11] Afonso ZÚQUETE, ob. cit., p. 112.

[12] *Idem*, p.128

[13] *Idem, Ibidem*, p. 148

[14] *Idem, Ibidem*, p. 380.

[15] José Joaquim LOPES PRAÇA, *Colecção de Leis e Subsídios Para o Estudo do Direito Constitucional Português*, vol. I, Coimbra, Imprensa da Universidade, 1893-1894, pp. 127 e ss.

120   *Estudos em Comemoração do 10.º Aniversário da Licenciatura em Direito*

sob o mesmo soberano. Na realidade, pretendia-se a conformação de uma verdadeira monarquia dualista. Em segundo lugar, deve reconhecer-se-lhe importância, na medida em que, aquando da crise sucessória de 1578-1580, foi utilizado para fundamentar a aclamação de Felipe II. O rei de Castela, comprometeu-se, de facto, a respeitar a independência do reino de Portugal nos mesmos termos que se havia determinado em 1499[16].

Deve reconhecer-se, todavia, que, sob a perspectiva jurídico-política, seria redutor circunscrever a interligação peninsular ao elemento, sem dúvida importante, das relações dinásticas entre casas reinantes.

A História de Portugal e Castela, bem como a dos restantes reinos da antiga *Ibéria*, entrelaça-se desde muito cedo e por motivos diversos. Desde a Alta Idade Média – antes, portanto, do nascimento de Portugal – parece desenvolver-se na Península Ibérica um especial modelo de protecção política e jurídica das pessoas, da vida, da fazenda, da honra e da liberdade de cada um. O que se poderá designar, segundo várias opiniões, de " Liberdades Ibéricas Tradicionais". Ao longo dos séculos, este esquecido sistema de protecção jurídica, foi parte constitutiva do acervo de princípios fundamentais, historicamente adquiridos, de um esquecido "constitucionalismo" "natural", "tradicional" ou "histórico" lusófono e hispano[17]. Modelo de específica matriz ibérica, que, entre outros autores, Bernardino Bravo Lira, considera percorrer a História dos povos de língua portuguesa e castelhana ao longo dos séculos, e que coloca a par, quanto às virtualidades, de regimes protecção jurídica bem mais famosos: «Tenemos pues, que en Europa y en América, dejando de lado otras menores, ha habido tres formas fundamentales de abordar los componentes de una comunidad. En primer lugar estan las seguridades personales, que tienen gran desarrollo en los pueblos de habla castellana y portuguesa. Luego vienen los derechos subjetivos de los pueblos de habla inglesa. Por ultimo, estan las declaraciones universales de derechos que se difunden con la ilustración»[18]. Referindo-se a uma perspectiva especificamente política, considera o Professor de Santiago do Chile, mais adiante: «Por estar centrada en bie-

---

[16] Alfredo PIMENTA, ob cit., p. 310.

[17] Paulo Ferreira da CUNHA, *Rex Propter Regnum, Do modelo de constitucionalismo tradicional nos países de língua portuguesa e castelhana,* in, *Tradição, Revolução e Pós--Modernidade,* organização de Ricardo Dip, Campinas, S. P., Millennium Editora, 2001, pp. 377 e ss.

[18] Bernardino BRAVO LIRA, *Derechos Politicos y Civiles en España, Portugal y América Latina, apuntes de una historia por hacer,* in, *Revista de Derecho Publico,* n.º 39/40, pp. 73 a 112, Santiago de Chile, Universidad de Chile, 1986, p. 74.

A Restauração Portuguesa de 1640 no contexto das Liberdades Ibéricas Tradicionais 121

nes concretos, la tradición hispánica no conoce otros derechos que los que miran al buen gobierno, uno de cuyos aspectos primordiales es asegurar a cada uno el pacifico disfrute de lo suyo»[19].

O modelo de "Liberdades" a que se refere o ilustre Professor, tem uma origem que se perde na noite dos tempos. Podemos buscar o seu prelúdio nos Concílios da Igreja peninsular, sobretudo os que se realizam a partir dos séculos VI e VII. Nesses importantes conclaves com funções também seculares, surge fulgurante a figura de Santo Isidoro de Sevilha a recordar aos soberanos da Monarquia Visigótica – talvez, a lembrança se aplique a todos os governantes de todos os tempos – que: «*rex eris si recte facias si non facias non eris*»[20]. Este princípio simples tem, para o nosso tema, a maior relevância. Impõe ao soberano um limite ao seu governo, precisamente, o bom governo de seus vassalos. Ora, como teremos ocasião de verificar, um dos argumentos esgrimidos em 1640 por parte dos restauradores portugueses para a deposição do rei, foi, além do fundamento sucessório, o mau governo a que os Felipes sujeitavam Portugal.

Esta específica forma de protecção, preocupada com bens jurídicos concretos e não com proclamações altissonantes, podemos perscrutá-la em vários momentos da nossa História. Desde logo, durante o período medieval foi possível a sua manutenção e desenvolvimento, graças à organização municipal portuguesa. Os nossos concelhos de cariz obviamente popular e ciosos das suas prerrogativas, são anteriores à independência de Portugal e precedem em quase um século, outras entidades comunitárias do mesmo tipo no centro da Europa[21]. Da mesma maneira, muitas das normas foraleiras onde se encontravam vertidas grande número destas "Liberdades", fizeram parte dessa obra monumental que foram as *Siete Partidas*[22]. Esta compilação do tempo de Afonso X que teve aplicação em Portugal durante vários séculos[23], fazia referência expressa à protecção jurídica das pessoas. Sem nunca considerar a vida, a propriedade ou a liberdade, como direitos; permitia, contudo, a protecção jurídica concreta destes bens jurí-

---

[19] *Idem*, p. 75.

[20] S. Isidoro de SEVILHA, *Etimologias*, Madrid, cap. IX, Biblioteca de Autores Cristianos, Introdução Geral de Manuel Diaz Y Diaz, 1993, p. 764.

[21] Henrique da GAMA BARROS, *História da Administração Publica em Portugal, séculos XII a XV*, Tomo I, Lisboa, Imprensa Nacional, 1885, p. 46.

[22] Bernardino BRAVO LIRA, ob. cit., p. 81.

[23] Ruy e Martim de ALBUQUERQUE, *História do Direito Português, 1140-1415*, 10ª edição, Lisboa, PF, 1999, p. 194.

122 *Estudos em Comemoração do 10.º Aniversário da Licenciatura em Direito*

dicos vitais para a comunidade[24]. O início da expansão durante o século XV, poderá ter permitido que as naus de Portugal e Castela transportassem para os confins do planeta e sobretudo para o "Novo Mundo", muitos dos princípios constitutivos do sistema de "Liberdades Ibéricas" a que temos vindo a fazer referência. É mesmo de admitir que, nas Américas, a milhares de quilómetros dos centros políticos europeus, se tivesse desenvolvido com mais fulgor do que nas monarquias do velho continente, assoladas durante os séculos XVI e XVII por uma progressiva centralização política de pendor absolutista[25].

Com o breve excurso que acabamos de proceder, não pretendemos afirmar que o conteúdo das "Liberdades Ibéricas Tradicionais" tivesse sido a causa próxima dos acontecimentos de Dezembro de 1640. Pensamos, isso sim, que era parte integrante do acervo de princípios constitutivos da tradição constitucional portuguesa, moldada ao longo de vários séculos e que os Felipes violaram pelo menos a partir de certa altura. Tradição que datava dos primeiros séculos da nossa monarquia e que alguns autores descrevem:

«Nos primeiros tempos da monarquia – observa o Professor Franz Paul de Almeida Langhans – o reino era, sem dúvida património do monarca, mas património *político*, cujo carácter jurídico não pode ser pautado pelas regras de direito privado da época posterior, mas pelo impreciso e mal definido direito público da alta Idade Média. Por outras palavras, o carácter jurídico encontra-se na própria natureza do poder de governar que, por incontestado e benéfica influência da Igreja, implicava uma reciprocidade de obrigações entre reis e súbditos, com vista ao bem superior do bem estar da comunidade do – "bem comum" – doutrina que não eram estranhos os princípios basilares proclamados nos concílios visigodos e neogodos, *rex eris si recte facias...; regnum non est propter regem...*»[26].

Esta concepção do poder político, que na nossa opinião, será comum aos vários reinos peninsulares parece ter uma importância determinante em Portugal. A deposição de D. Sancho II, a aclamação do mestre de Avis, e, porque não dizê-lo, a destituição de Felipe IV – só para citar alguns dos momentos mais relevantes da nossa História –, conferem à monarquia por-

---

[24] Bernardino Bravo Lira, ob. cit., p. 83.

[25] Bernardino Bravo Lira, *Por la Razón o la Fuerza, El Estado de Derecho en la História de Chile,* Santiago de Chile, Ediciones Universidad Católica de Chile, 1996, p. 138.

[26] Franz Paul de Almeida Langhans, *Fundamentos Jurídicos da Monarquia Portuguesa,* in, *Estudos de Direito,* Coimbra, pp. 225 a 355, Acta Universitatis Conimbrigensis, 1957, p.233.

tuguesa uma tradição "democrática" que lhe é atribuída para o período da sua formação[27]. Concordamos com a tese, mas pensamos ser possível perscrutar a mesma linha política em acontecimentos ulteriores, alguns, ocorridos mesmo em finais do século XVII[28].

Outro factor de inegável aproximação entre Portugal e Castela é, sem dúvida, o religioso. Depois da Reforma protestante, a Península Ibérica constitui-se como baluarte da ortodoxia católica. No concílio que se reúne em Trento, destinado a definir os princípios da Contra-Reforma, o nosso país é mesmo o único reino europeu que não apresenta quaisquer reticências perante as conclusões alcançadas[29]. Em Portugal, como em Aragão e Castela, as lutas religiosas são pouco menos do que insignificantes quando comparadas com as que, durante o século XVI e XVII, dilaceram o resto da Europa[30].

De um ponto de vista cultural, deve ter-se em conta que a interligação sempre existente entre os dois reinos ibéricos, parece até ganhar fulgor durante o século XVI. Sobretudo nas ordens sociais mais elevadas da sociedade portuguesa, a influência cultural de Castela não oferece dúvidas. Para as universidades castelhanas dirigem-se estudantes portugueses, professores espanhóis leccionam nas portuguesas, o bilinguismo é aceite com toda a naturalidade nos círculos culturais dominantes.[31].

A interligação entre as duas sociedades parece enorme e verifica-se em todos os sectores. Utilizando uma expressão muito conhecida, talvez três quartos da união entre Portugal e Castela estivesse realizada antes de 1580.

---

[27] Jaime CORTESÃO, *Os Factores Democráticos na Formação de Portugal,* 4ª edição, Lxª, Livros Horizonte, 1984.

[28] João AGUIAR, *Nós somos livres, o nosso rei é livre,* in, *A Monarquia Portuguesa, Reis e Rainhas na História de um Povo,* Lisboa, Selecções do Readers Digest, 1999, p. 19.

[29] Luís REIS TORGAL, ob. cit., p. 110.

[30] Referindo-se a um contexto não apenas religioso considera Luís Reis Torgal: «Diferente foi já evolução política da Península Ibérica, porque diferente foi também a sua realidade religiosa, como foi a realidade sócio-económica conforme aludimos. Devido à sua situação económica em relação à Europa e à vigilância constante das inquisições régias, desde cedo instaladas nos seus Estados, não sofreu directa e substancialmente o embate protestante, tendo a contra-reforma tridentina sido aceite aqui sem grandes atritos» *Idem,* p. 63.

[31] Vitorino MAGALHÃES GODINHO, ob. cit., p. 383.

Alcácer Quibir e a Crise de Sucessão

Como referimos no início deste estudo, a Restauração implica um conjunto não menosprezável de escolhos para a Historiografia. Parece-nos claro. E, é nossa opinião, que os problemas só parecem aumentar quando nos debruçamos sobre o reinado de D. Sebastião. Neste caso, a caricatura substitui muitas vezes a correcta indagação e os preconceitos ideológicos parecem sobrepor-se sobremaneira ao estudo da época e do homem. A análise do reinado do *Desejado* poderá ter sido vítima de mal disfarçadas conveniências de ordem política. Felizmente, nem todas as opiniões parecem seguir esta bitola. Referindo-se ao interesse castelhano na política portuguesa de Quinhentos, considera Maria Leonor Themudo Barata a propósito:

«Na perspectiva de tais interesses sobre Portugal, não é de estranhar com tal pano de fundo, que venha a suceder-se sobre D. Sebastião a glosa do tema das doenças, da incapacidade ou inapetência para o casamento, dos desvios de carácter, da má escolha dos conselheiros, da antipatia por Lisboa, da cegueira das decisões. Toda a acção do rei é entendida ao nível da caractereologia, despojada de capacidade política, preparação para o cargo, lucidez nas decisões, conhecimento da situação interna ou da conjuntura internacional. Outros, que não o rei, são apresentados como perspicazes, sensatos, inteligentes intérpretes dos interesses nacionais, conselheiros isentos, estrangeiros desinteressados, que não interferem na vida portuguesa. (...) Todos os temas aqui estão. Mas todos deverão ser entendidos no seu significado político, porque é de um rei que se trata, num mundo de concorrência política, económica, cultural»[32].

Não podemos estar mais de acordo com a observação. A simplificação em História, como aliás noutra qualquer área de investigação, é sempre de proscrever. Poder-se-á contestar com Alcácer Quibir como prova plena dos desvarios do rei. Deve, porém, ter-se em conta que a conquista (em muitos casos reconquista) das praças do norte de África, surgia, perante a crise económica que antes se abordou, como uma das hipóteses de recuperação do país. As cortes de 1562, perante a possibilidade de abandono de Mazagão e Tânger, manifestam com clareza a intenção de manter e prosseguir a conquista africana[33].

---

[32] Maria do Rosário THEMUDO BARATA, *D. Sebastião*, in, *História de Portugal*, vol. VI, direcção e coordenação, João Medina, Barcelona, Ediclube, 2001, p. 206.

[33] José Maria de QUEIRÓS VELOSO, *D. Sebastião*, Lisboa, Empresa Nacional de Publicidade, 1935, p. 62.

Parece existir na opinião pública do reino um certo consenso nesse sentido. Camões não se exime de escrever o seguinte e elucidativo trecho que parece ir de encontro ao que se acabou de defender:

> «*E, enquanto eu estes canto, e a vós não posso,*
> *Sublime Rei, que não me atrevo a tanto,*
> *Tomai as rédeas vós do Reino vosso:*
> *Dareis matéria a nunca ouvido canto.*
> *Comecem a sentir o peso grosso*
> *(Que polo mundo todo faça espanto)*
> *De exércitos e feitos singulares*
> *De África as terras e de Oriente os mares*
>
> *Em vós os olhos tem o Mouro frio,*
> *Em quem vê exício afigurado;*
> *Só com vos ver, o bárbaro Gentio*
> *Mostra o pescoço ao jugo já inclinado;*
> Tethys *todo o cerúleo senhorio*
> *Tem pera vós por dote aparelhado,*
> *Que, afeiçoada ao gesto belo e tenro,*
> *Deseja de comprovar-vos para genro.*»[34]

Apesar do que acabamos de apontar, é evidente que Alcácer Quibir constituiu uma verdadeira catástrofe. No dia 4 de Agosto de 1578, Portual perdeu o seu rei, perdeu o exército, colocou em cheque a sua independência. A tese para a qual nos inclinamos, todavia, é a de que, a "batalha dos três reis", longe de se tratar de um acto tresloucado de um jovem e inexperiente rei fazia parte, isso sim, de uma ampla tentativa de recolocar o centro do império português no norte de África, recuando-se no oriente dadas as crescentes dificuldades de manutenção de territórios tão longínquos.

O reinado do cardeal D. Henrique inicia-se, pois, sob os mais negativos auspícios. A principal preocupação do velho rei de Portugal, além do resgate dos cativos de Alcácer, é a resolução do delicadíssimo problema sucessório. A primeira possibilidade que parece colocar-se é a do casamento do cardeal-rei. Pensa-se para tal desiderato, em Isabel de Áustria, viúva de Carlos IX de França, ou na filha mais velha dos duques de

---

[34] Luís Vaz de CAMÕES, *Os Lusíadas*, Canto I, Estrofes 15-16.

Bragança. Contudo, os agentes diplomáticos de Felipe II desenvolvem uma intensíssima actividade diplomática junto da Santa Sé, de modo a evitar que a necessária dispensa papal chegasse a Portugal. Foram bem sucedidos na missão e impossibilitaram assim a viabilidade do projecto[35]. Por outro lado, tentou ainda D. Henrique, a constituição em Portugal de um ramo autónomo da Casa de Habsburgo. Para este efeito, tentou convencer o sobrinho e rei de Castela a abdicar os seus putativos direitos ao trono de Portugal em seu filho segundo – D. Felipe – à época ainda vivo o herdeiro presuntivo da coroa D. Diogo. No entanto, Felipe II esgrimiu o argumento de que tal seria lesivo dos direitos de seu filho primogénito. Deste modo, mais uma possibilidade de Portugal continuar com rei diferente de Castela se esboroou[36].

A batalha pelo trono de Portugal, foi, num primeiro momento e como tantas vezes sucede, sobretudo jurídica e política. Os vários pretendentes mandam-se citar de modo a poderem fazer valer os vários argumentos legais a favor das suas pretensões. Perfilam-se várias candidaturas; umas portuguesas, outras estrangeiras. Dois são os pretendentes portugueses. D. António Prior do Crato filho natural do infante D. Luís e de Violante Gomes, pela sua formosura, chamada a *Pelicana*, e D. Catarina; filha do infante D. Duarte e de D. Isabel de Bragança, pelo casamento duquesa Bragança.

São vários os príncipes estrangeiros que se candidatam. São eles: Felipe II; rei de Castela e Aragão, filho da infanta D. Isabel e do imperador Carlos V; Manuel Felisberto, duque de Sabóia, filho da infanta D. Beatriz e de Carlos III; Alberto Rainúncio príncipe de Parma, filho da infanta D. Maria, irmã mais velha da duquesa de Bragança e de Alexandre Farnésio – ao contrário de todos os outros até aqui citados não era neto de D. Manuel I, mas sim bisneto. Perfilam-se ainda mais duas pretensões, diríamos insólitas. A de Catarina de Médicis, rainha-mãe de França, que baseava os seus propósitos no facto de descender de D. Afonso III e, ao que foi sugerido, a do próprio papa Gregório XIII que fundamentava os seus direitos no enfeudamento do reino de Portugal à Santa Sé feita no tempo de D. Afonso Henriques[37].

---

[35] Afonso ZÚQUETE, ob. cit., p. 445.

[36] Carlos MARGAÇA VEIGA, *A crise de 1578-1580 e a perda da independência*, in, *História de Portugal*, vol., VI, direcção e coordenação, João Medina, Barcelona, Ediclube, 2001, p. 231.

[37] Afonso ZÚQUETE, ob. cit., pp. 444/445.

Dos vários pretendentes deve dizer-se, desde já, que nem todos tinham as mesmas possibilidades. Três eram os que concitavam mais apoios políticos e sociais. Eram eles: D. António, D. Catarina e Felipe II.

D. António Prior do Crato tinha contra si a mácula de bastardia. Era pois, de um ponto de vista dinástico, o mais fraco de todos pretendentes. Concitava, no entanto, importantes apoios na sociedade portuguesa. Nas camadas populares, onde o secular ódio a Castela mais se manifestava, era visto como um novo mestre de Avis capaz de repetir 1385. No clero, foram sobretudo as ordens mendicantes e a baixa clerezia que suportaram as suas pretensões. Na nobreza, os seus partidários escasseavam. Tinha a seu favor o apoio dos cristãos-novos responsáveis, por exemplo, pelo seu resgate de Alcácer Quibir. Despertava, porém, a fortíssima oposição do cardeal D. Henrique que, a partir de determinado momento, tudo fez para obstar à sua ascensão ao trono[38].

D. Catarina de Bragança era representante da mais importante casa nobre do país. Tinha, por isso, fortes apoios nas camadas superiores da sociedade portuguesa. Teria, da mesma forma, a preferência do cardeal-rei que, no entanto, não soube ou não foi capaz de se expressar de maneira convincente e tempestiva. O duque de Bragança, D. João, por seu turno, estava longe de concitar o consenso necessário em face dos tempos tão difíceis que se viviam[39].

Felipe II, contava sobretudo com o apoio, ainda assim não unânime, do clero e nobreza. Tinha contra si, o facto de ser castelhano o que repugnaria a muitos portugueses. Teve a seu favor a decadência moral de uma nação traumatizada pela derrota militar de 1578, a indecisão do cardeal D. Henrique e a acção corruptora de Cristóvão de Moura, – seu agente em Lisboa – que «tudo fez para captar as simpatias portuguesas»[40].

Entretanto reúnem-se Cortes[41]. Estas demonstram o clima de cisão social existente no reino de Portugal. Em menos de um ano, convocam-se

---

[38] Carlos MARGAÇA VEIGA, ob. cit., pp. 233/234.

[39] *Idem*, pp. 234/235.

[40] *Idem, Ibidem*, p. 235, *in fine*.

[41] Quanto ao carácter jurídico das Cortes, concordamos com a ideia de que tinham, na maioria das ocasiões, uma função consultiva e, excepcionalmente, função deliberativa. No mesmo sentido, parece ser a opinião de Almeida Langhans quando afirma: «Mas nas cortes o rei ouvia as reclamações e, nas respostas aos capítulos, o rei decidia como queria. Não é portanto nas cortes para se pronunciarem sobre negócios correntes da administração pública que deve procurar descobrir-se a realidade da soberania nacional. Estas cortes eram grandes conselhos consultivos convocados para por o monarca a par das necessidades de reino. A soberania nacional encontramo-la de facto nas cortes quando recebiam o jura-

128 *Estudos em Comemoração do 10.º Aniversário da Licenciatura em Direito*

por duas vezes, e por duas vezes nada decidem quanto à sucessão do trono. As primeiras decorrem em Lisboa em 1579 e determinam os três estados que conformam a nação: «*que não reconheceremos por Rey, nem por Principe destes Reynos, e Senhorios de Portugal, nem obedeceremos a Pessoa alguma como tal, senão áquelle somente, a quem por justiça for determinado que pertence a sucessão delles*»[42]. E mais adiante, reafirmam a via judicial como preferencial para a resolução do conflito, «*E assim juramos que (...) se algum, ou alguns, dos Pertendentes da dita sucessão por força das armas, ou por qualquer outro modo illicito que traga alguma perturbação ou inquietação na Republica, quizer, ou intentar haver a dita successão; lhe não obedeceremos; antes lhe resistiremos com todas as nossas forças e poder*»[43]. Na verdade, pretendia-se limitar as possibilidades de D. António, o único que se pensava ser capaz de levantar o país contra Felipe II.

Depois, em Janeiro de 1580, convocam-se para Almeirim. São, uma vez mais, inconclusivas, dramaticamente inconclusivas, diríamos nós. «As cortes viam-se divididas. Nem os três Braços estavam de acordo, – opina Alfredo Pimenta – nem em cada um dos Braços havia unanimidade de opiniões. Não aparecia ainda entre eles quem tivesse prestígio e habilidade para os conduzir»[44]. Nada decidiram pois. Na crise de 1578-1580 não foi possível às Cortes desempenhar o papel decisivo que, em circunstâncias semelhantes quanto à sucessão do reino, permitiu ao mestre de Avis cingir a coroa de Portugal em 1385[45].

A morte do rei D. Henrique no decurso da reunião de Almeirim, vem precipitar os acontecimentos. O reino fica entregue a uma junta de cinco governadores com a pesada incumbência de decidir sobre a sucessão do trono. Maioritariamente favoráveis às pretensões de Felipe II, vão tomar uma decisão que ficará para a História. Em Julho de 1580, com as tropas castelhanas já entradas em Portugal e em fuga precipitada de Lisboa, apenas três dos cinco governadores, proclamam Felipe II rei de Portugal[46].

---

mento e aclamavam o novo rei, quando decidiam da sucessão e quando elegiam o monarca no caso do trono estar vago». vg., Franz Paul de ALMEIDA LANGHANS, ob. cit., p. 256.

[42] José Joaquim LOPES PRAÇA, ob. cit., p. 149.

[43] *Idem*, p. 149, *in fine*.

[44] Alfredo PIMENTA, ob. cit., p. 289.

[45] Sobre as Cortes de Coimbra de 1385, vg., Marcello CAETANO, *História do Direito Português (sécs. XII-XVI) seguida de Subsídios para a História das Fontes do Direito em Portugal no sec. XVI*, 4ª edição, Lisboa/São Paulo, Editorial Verbo, 2000, pp. 445 e ss.

[46] Alfredo PIMENTA, ob. cit., p. 293.

A resistência portuguesa concentra-se em D. António Prior do Crato. O único que, nas difíceis circunstâncias de 1580, soube, em nossa opinião, corresponder ao que se devia esperar de um príncipe português. O povo parece que assim o entendeu e aclamou-o tumultuosamente rei em Santarém. Exerceu efectiva soberania de 23 de Junho a 25 de Agosto de 1580, data em que, à vista de Lisboa, na Ribeira de Alcântara, se vê derrotado com as suas improvisadas tropas pelo duque de Alba[47].

O rei de Castela e de Aragão tinha, agora, tudo para sê-lo também de Portugal. Faltava, porém, a aclamação das Cortes. Estas celebram-se em Tomar em 1581. Fica definido o quadro constitucional da relação entre os dois reinos peninsulares, estabelece-se o princípio da monarquia dualista. O mesmo rei governaria dois reinos separados, conservando cada um, governo próprio e identidade jurídica própria[48]. Os capítulos das cortes foram transcritos em carta patente de 1582. Neste diploma, estabelecia-se, entre outros pontos de relevo, os seguintes princípios: os foros, usos, costumes, privilégios e liberdades concedidos pelos reis de Portugal seriam respeitados; as cortes do reino, efectuar-se-iam sempre em território nacional; o vice-rei seria sempre português, ou em contrapartida, filho, irmão, tio, ou sobrinho do rei de Castela; os cargos de governo seriam sempre providos por portugueses; estabelecer-se-ia um Conselho de Portugal, constituído exclusivamente por portugueses, que acompanharia o rei e despacharia os negócios de Portugal; a moeda seria sempre cunhada em Portugal e teria as armas do reino[49].

Como se verifica, repetiam-se, genericamente, as condições a que D. Manuel I havia proposto aos seus vassalos portugueses em 1599[50].

O Governo dos Habsburgo em Portugal.

Como se percebe, apesar das condições "autonomistas" acordadas entre o reino e o rei, as Cortes de Tomar não implicaram, *de per se,* o fim de toda e qualquer resistência ao domínio estrangeiro. Muitos foram os que se conformaram, mas noutros, pelo contrário, a atitude de contestação

---

[47] *Idem*, pp. 294 e ss.

[48] Joaquim VERISSIMO SERRÃO, *História de Portugal*, 2ª edição revista e melhorada, vol. IV, Editorial Verbo, Lisboa, 1990, p. 16.

[49] José Joaquim LOPES PRAÇA, ob. cit., pp. 212 e ss.

[50] *Vide*, a propósito, as notas 15 e 16, deste trabalho.

ao domínio alheio manteve-se e até se incrementou nos anos subsequentes à união político-dinástica com a Casa de Áustria.

Podem apontar-se, a propósito, dois elementos de relevo a confirmar o que acabamos de referir. Por um lado, a ilha Terceira defendeu até 1583 a causa de D. António Prior do Crato resistindo durante quase três anos com o maior patriotismo a todas as tentativas da armada de Espanha para a conquistar. A insubmissão do povo açoreano poder-se-á personificar na figura de Cipriano de Figueiredo e Vasconcelos, corregedor da ilha, que durante o seu governo transformou a Terceira em símbolo da independência portuguesa[51].

Por outro lado, o sebastianismo constituiu, de forma mais constante que o reduto açoreano, uma velada forma de resistência à realidade com que a nação se defrontava. Não é objecto deste estudo aprofundar o tema, somos, no entanto, de opinião que esse mito tão português foi um dos mais firmes obstáculos à absorção de Portugal nos sessenta anos de governo dos Habsburgo. A esperança de que o *Desejado* não tivesse tombado na plagas africanas, permitiria afastar qualquer pretensão alheia sob o reino. Mais tarde, deu-se a consubstanciação desta esperança noutra, com o mesmo efeito: a de que, de certo numa manhã de cerrada névoa, surgiria quem pudesse substituir a dinastia estranha. Esta ideia encontrava no país terreno muito fértil. Havia, além das penosas condições políticas, muitas outras que favoreciam que o mito emergisse e se mantivesse. Na verdade, ninguém vira morrer o rei[52], e mesmo alguns, afirmavam terem visto na madrugada seguinte ao dia da batalha a D. Sebastião numa das praças portuguesas do norte de África[53].

---

[51] Joaquim VERISSIMO SERRÃO, ob. cit., p. 26.

[52] João MEDINA, *o Sebastianismo, exame crítico de um mito português*, in, *História de Portugal*, vol. VI, direcção e coordenação do mesmo autor, Barcelona, Ediclube, 2001, p. 282.

[53] A curiosa história narrada pelo ilustre historiador, José Maria de Queirós Veloso é a seguinte: «Na noite da derrota, a altas horas, três ou quatro cavaleiros, apresentaram-se às portas de praça – refere-se Queirós Veloso a Arzila, entretanto regressada ao domínio português em 1577 – pedindo lhes dessem entrada. O terror da pequena guarnição era tal, que se negaram a recebê-los, como se as hostes inimigas viessem de envolta com os fugitivos (...) e um deles lembrou-se de dizer que vinha ali o rei. Logo as portas se abriram com alvoroço, e como não podiam descobrir a mentira, pelos vexames a que se expunham diante da soldadesca silenciosa e comovida, um deles passou embuçado por entre as tochas acesas, seguido dos companheiros a respeitosa distância». José Maria de QUEIRÓS VELOSO, *Sebastião, ob. cit.*, pp. 403 e ss.

Estas foram, provavelmente, as causas próximas do surgimento do mito sebástico. Mas havia, como é evidente, motivações mais longínquas e bem mais profundas na alma nacional a que se uniu o desejo de separação política em face da realeza estranha. É a opinião defendida pelo Professor Joaquim Veríssimo Serrão quando afirma: «Na saturação a que os espíritos haviam chegado pelo governo estranho, não se tornou difícil transformar o sentimento em doutrina anunciadora da restauração. Se o profetismo revelava a vinda próxima de um salvador para cumprimento da vontade messiânica, a imaginação popular foi ainda mais longe, buscando a via concreta do bandarrismo e fazendo do sapateiro de Trancoso uma espécie de S. João Baptista da redenção nacional»[54].

Depois da Restauração o sebastianismo manteve-se como elemento característico do ser nacional, não foi a inexorável passagem do tempo que o derrotou, mais bem o fortaleceu. A ideia de que da bruma, surgirá quem resolva todos os problemas individuais e da colectividade parece não nos abandonar[55]. Pensamos que, sob este ponto de vista, foi mesmo o *Desejado* que venceu nos campos africanos.

De uma perspectiva jurídica e constitucional e, apesar da oposição popular à união dinástica, deve reconhecer-se que o governo dos Habsburgo manteve em vigor, pelo menos no tempo de Felipe II, os elementos jurídicos necessários à separação entre os dois reinos. Esta preocupação, com evidentes repercussões políticas já que se não pretendia hostilizar os ânimos dos portugueses, podemos verificá-la a vários níveis de governo. Por exemplo, é no tempo do domínio dos Felipes em Portugal que se procede à substituição das Ordenações Manuelinas através de uma nova compilação: as Ordenações Filipinas. Estas manterão, no essencial, a tradição jurídica nacional procurando sobretudo proceder a uma actualização de velhos preceitos nacionais alguns deles, entretanto, revogados ou

---

[54] Joaquim Veríssimo Serrão, *História de Portugal*, cit., p. 391.

[55] Não resistimos citar o trecho seguinte que, a nosso ver, representa muito bem o que seja a sobrevivência do sebastianismo: «Continuamos sebastianistas em tudo: na política, na vida pessoal, no desporto. Um dia virá o totoloto e a fortuna: outro, o grande político redentor: outro ainda, o goleador que arrebatará o campeonato. Entusiasmamo-nos facilmente com uma faúlha de esperança. Mas à primeira adversidade esmorecemos, e – pior ainda já estamos prontos a mandar para o pelourinho aquele ou aqueles em que depositáramos todas as nossas complacências» vg., Paulo Ferreira da Cunha, *Mysteria Ivris, Raízes Mitosóficas do Pensamento Jurídico – Político Português*, Porto, Legis Editora, 1999, pp. 106/107.

132 Estudos em Comemoração do 10.º Aniversário da Licenciatura em Direito

caídos em desuso[56]. Da mesma maneira, é durante este período da nossa História que se procede a uma reorganização do sistema judicial de modo a facilitar o acesso das populações mais remotas aos tribunais do reino[57].

Deve, porém, ter-se em conta que na transição para o século XVII se aprofundava inexoravelmente por toda a Europa um processo de centralização política e administrativa de tipo absolutista. A Península Ibérica, apesar das suas características específicas de protecção jurídica de inúmeras Liberdades pessoais e patrimoniais, não pôde ficar incólume aos ventos de concentração do poder que sopravam de além Pirinéus. O modelo de governo centralista, que implicava uma uniformização política e jurídica – à maneira de Castela – de todos os reinos da Monarquia de Felipe IV, vai ter como principal arauto o conde-duque de Olivares[58]. O modelo de organização política e administrativa que se vai tentar aplicar ao reino de Portugal, mais próximo de uma organização moderna do Poder e do Estado, feria, como nunca antes tinha ocorrido, o sentimento de autonomia política e estamental tão arreigado nos povos peninsulares desde a mais Alta Idade Média[59]. Esta perspectiva política do valido de Felipe IV proporcionou, assim que se produziram as condições mínimas necessárias para tal, a oposição activa das várias populações que formavam o vasto domínio dos Habsburgo na Península. A Restauração portuguesa, a revolta da Catalunha e as alterações da Andaluzia, podem integrar-se, em nossa opinião, no movimento de contestação à política centralista de Madrid.

A tentativa de concentração absoluta do poder político proporcionava alterações de vulto na tradição constitucional portuguesa, sobretudo no que concerne às relações entre o soberano e o reino. Estudos de muito in-

---

[56] Nuno J. Espinosa GOMES DA SILVA, *História do Direito Português,* 3ª edição, revista e actualizada, Lisboa, Fundação Calouste Gulbenkian, 2003, p. 313.

[57] Mário Júlio de ALMEIDA COSTA, *História do Direito Português,* 3ª edição (reimp.), Coimbra, Almedina, 2003, pp. 302 e ss.

[58] São muito famosas as palavras que o conde-duque dirigiu ao rei em que deixa bem vincado qual deveria ser o caminho a seguir pelo governo: «Tenga V. M. por el negocio mas importante de su monarquia el hacerse rey de España. Quiero decir (...) que no se contente V. M en ser rey de Portugal, de Aragón, de Valência, Conde de Barcelona; sino trabaje y piense com consejo maduro y secreto por reducir estos reynos de que se compone España, al estilo y leyes de Castilla, sin ninguna diferencia» vg., Juan S. J LOJENDIO., *História de España,* p. 533, Apud. Alfredo Pimenta, ob. cit., p. 334.

[59] António Manuel HESPANHA, *o Governo dos Áustria e a Modernização da Constituição Política Portuguesa,* in, *Penélope, Fazer e Desfazer História,* pp. 50 a 73, Lisboa, n.º 2, 1989, p. 51.

A Restauração Portuguesa de 1640 no contexto das Liberdades Ibéricas Tradicionais 133

teresse sobre o assunto, sintetizaram a mudança em alguns pontos essenciais todos tendentes a afirmar uma progressiva diminuição do papel dos órgãos e dos modelos de representação dos vários estratos sociais perante o monarca. Primeiro; através consulta individual das várias ordens sociais em matéria de tributação. Segundo; na hierarquização dos que contribuem, representados por uma cabeça que decide em nome dos restantes membros do corpo social em causa. Terceiro; na desvalorização do papel das Cortes como órgão de representação por excelência, substituídas progressivamente por conselhos e tribunais que proporcionam uma óbvia limitação dos poderes tradicionais[60]. Do que se trata, com efeito, é da tentativa de progressiva substituição da pluralidade de poderes sociais que conformam a sociedade política num só poder que – pelo menos de um ponto de vista teórico – se confunde com o rei. O soberano deixará de ser entendido como «a trave mestra» de uma heterogénea malha de poderes plurais[61] e será caracterizado como titular de todo o poder depois da eliminação de todos os poderes que lhe faziam frente. Esta estratégia do governo de Madrid trouxe, evidentemente, consequências de vulto para a monarquia dualista. Pô-la em causa, contribuiu em muito para a Restauração.

Como, a nosso ver, terão contribuído dois outros factores de muito relevo, relacionados com o aspecto que acabamos de referir. Em primeiro lugar, parece ocorrer a partir do primeiro quartel de Seiscentos, uma certa oposição de interesses entre os dois reinos peninsulares, o que terá proporcionado alguma subalternização da política portuguesa. Portugal parece, após 1385, definitivamente voltado para a expansão ultramarina. A dicotomia entre o Atlântico e o Continente parece poder ser aqui chamada à colação e a pressão exercida pelos portugueses no sentido da capital se transferir para a marítima Lisboa terá tido em conta esta preocupação[62].

---

[60] *Idem*, pp. 52/53. A respeito das Cortes deve dizer-se que, mesmo depois da Restauração e da importante assembleia de Lisboa de 1641, o papel deste órgão tradicional vai perdendo relevância. As últimas Cortes do século XVII, ocorrem em 1698 e a partir desta data só voltam a reunir-se com o Liberalismo. Nunca pudemos deixar de nos questionar sobre esta matéria. Quer dizer, algo há que nos permite, pelo menos, questionar muitas das ideias (feitas?) sobre o absolutismo. Sobretudo se considerarmos que as Cortes denotam algum grau de representação das várias ordens sociais junto do monarca, talvez seja de admitir que o absolutismo português garantiu, durante toda a Idade Média e mesmo durante o século XVII, uma certa dose de participação política das várias ordens sociais no governo da nação.

[61] António de OLIVEIRA, ob. cit., p. 15.

[62] Vitorino MAGALHÃES GODINHO, ob. cit., pp. 403/404.

A Casa de Áustria, ao invés, parece hesitar entre duas visões estratégicas. Por um lado, intervém com enorme frequência nos destinos da Europa continental em conflitos que, para os imediatos interesses portugueses, parecem não trazer quaisquer vantagens. Por outro, mantém um vastíssimo império marítimo que, como antes ocorrera com Portugal, tem agora as maiores dificuldades em manter longe da cobiça alheia. Deve ter-se em atenção que, como resultado da união com Castela, teve o nosso país de inverter as suas tradicionais alianças diplomáticas e militares. Lembremos, por exemplo, que o desastre da Invencível Armada é, também, uma derrota portuguesa numa guerra contra o mais velho aliado do reino[63]. As dificuldades manifestadas pela da Casa de Habsburgo, em manter as suas possessões na Flandres acicatará, outrossim, contra Portugal a hostilidade de holandeses que, impedidos de negociar em Lisboa, se lançam com decisão na exploração das rotas que os portugueses dominavam em exclusividade. A partir deste momento, acentua-se o ataque dos "rebeldes" às possessões portuguesas do Brasil e da Índias. Para agravar a situação, criam em 1602 a Companhia Holandesa das Índias Orientais com intenção de alcançar directamente as especiarias que na Europa lhes eram negadas[64].

Sob outro ponto de vista, o antagonismo tradicional a Castela terá oportunidade de se manifestar com veemência após o aumento exponencial da carga fiscal sobre as populações. Os levantamentos populares contra o fisco são muitas vezes aproveitados pelas forças oposicionistas portuguesas, interessadas em responsabilizar o domínio estrangeiro pelo aumento insuportável da tributação. Concordamos, pois, com a tese de que: «Os levantamentos antifiscais – como é opinião do Professor António de Oliveira – têm uma profunda expressão no tempo filipino, sobretudo entre 1629 e 1638, constituindo um dos aspectos mais relevantes da oposição política. A opressão corrente dos poderes sobre os mais desfavorecidos é então potenciada pelo poder régio, engolfado, numa política de prestígio da monarquia a partir de 1626, cada vez mais sanguessuga, com o intuito de alimentar a guerra depradadora das reformas internas que, conjuntamente, Olivares procurava implementar. Sucção fiscal que as forças políticas adversas ao regime não pretendiam avalizar nem tão pouco a crise económica poderia sustentar, o que multiplicava e agravava as oposições»[65].

---

[63] Joaquim VERISSIMO SERRÃO, ob. cit., p. 35.
[64] *Idem*, p. 65.
[65] António de OLIVEIRA, ob. cit., p. 45.

A *Restauração Portuguesa de 1640 no contexto das Liberdades Ibéricas Tradicionais* 135

Os motins sucedem-se. No Porto em 1629; em Setúbal em 1631; em Arcozelo em 1635; em Chaves em 1636. Em Évora em 1637, ocorre o mais importante de todos eles: quer pela dimensão geográfica que alcançou; quer pelas implicações políticas que acabou por ter[66]. Parece tratar-se de uma nação em armas contra a ameaça constituída pelos impostos. Não se pode, porém, quedar por esta constatação. Do que se trata, em nossa opinião, é de uma comunidade política a que, sessenta anos de domínio alheio, não conseguira fazer olvidar o instinto de independência. Portugal havia tido rei próprio durante séculos e seis décadas não bastaram para afastar essa lembrança. Necessário se tornava, contudo, agora que uma acção definitiva parecia estar próxima na consciência colectiva, que a ordem social mais directamente ligada às armas – a nobreza – respondesse aos apelos que o povo não parece ter deixado de manifestar desde 1580. Quer dizer, pretendia-se que se devolvesse o trono a quem dele tinha sido privado injustamente à luz do Direito e da História.

A Restauração portuguesa de 1640. Seus Fundamentos Jurídicos, Políticos e Doutrinários.

A Restauração portuguesa de 1640 ocorre, na verdade, como movimento em que não há participação directa do braço popular. É, por exemplo, a opinião de ilustríssimos autores tantas vezes citados ao longo deste estudo, tão diferentes nas suas concepções políticas e ideológicas, como Alfredo Pimenta[67] ou Vitorino Magalhães Godinho[68]. Tal posição não infirma, pelo contrário atesta, que a adesão popular ao movimento não seria difícil de conseguir. Foi o que de facto ocorreu. Por todo o reino, quase sem excepções, as várias ordens sociais parecem acorrer, em apenas dezassete dias, ao duque de Bragança para o confirmar como rei[69].

A Restauração não teve, pois, dificuldades de maior em ser apoiada pelos vários sectores sociais que formavam a nação. Não se pense, no en-

---

[66] *Idem*, p. 177.

[67] Alfredo PIMENTA, ob. cit., pp. 342 e ss.

[68] Citamos o excerto seguinte, como exemplo da posição que defendemos: «Em 1 de Dezembro de 1640, pois, uma organização conspirativa de nobres e letrados que sabe poder contar com a adesão popular mas não recorre ao povo para a realização de seus intentos, por um golpe de palácio restitui o trono a quem pertence imprescritivelmente e restaura o Estado na forma anterior à tirania.», Vitorino MAGALHÃES GODINHO, *1580 e a Restauração*, cit., p. 404.

[69] Alfredo PIMENTA, ob. cit., p. 345.

136 *Estudos em Comemoração do 10.º Aniversário da Licenciatura em Direito*

tanto, que a fundamentação jurídica, doutrinal e política do que se passara na manhã de 1 de Dezembro de 1640 não suscitava as maiores dificuldades para os restauradores. Não se apresentava fácil, com efeito, fundamentar perante uma Europa monárquica e "legitimista", a destituição de um rei e a sua substituição por outro que, apesar da importância histórica e política da sua casa senhorial, não o era à luz das concepções ideológicas dominantes no século XVII. Foi por tal motivo, que, além da vitória militar numa longa guerra de vinte e oito anos, foi necessário vencer uma outra ademais. Para este combate não eram necessários militares, precisava-se sobretudo de letrados e a batalha não se travaria noutro campo, senão no jurídico e ideológico.

Para se perceber a argumentação dos apologistas da Restauração, deve, desde logo, fazer-se referência a uma descoberta da maior importância para a causa de D. João IV. Em 1632 um monge de Alcobaça, Frei António Brandão, vai trazer à luz do dia, apesar das dúvidas que ele próprio coloca quanto à veracidade do documento sem data de que falamos, as actas de umas supostas Cortes celebradas provavelmente depois de 1143, na igreja de Santa Maria de Almacave. O documento, transcrito na terceira parte da *Monarquia Lusitana*[70], a que tivemos acesso na edição de 1806, é, nos nossos dias, considerado apócrifo. Não nos deve esta verificação, impedir de o considerar um dos elementos de maior relevância para a fundamentação jurídica da aclamação do novo monarca português em 1640. São dois os motivos essenciais que explicam a nossa posição. Primeiro, as actas de Lamego foram consideradas verdadeiras quando publicadas e por isso tiveram tanta relevância na época. Segundo, e sem dúvida mais importante, porque o patriótico diploma continha normas de Direito Público bem verdadeiras e que, como é óbvio, eram parte integrante do Direito Constitucional português[71]. Direito Constitucional material, evidentemente, já que constituições escritas só as encontraremos em Portugal depois da revolução de 1820.

As actas de Lamego começam por narrar a eleição de D. Afonso Henriques como rei de Portugal. De seguida, os nobres, prelados e procuradores dos concelhos, determinam as normas de sucessão ao trono português. Deve sublinhar-se, que a maioria destes preceitos foram estabe-

---

[70] Frei António BRANDÃO, *A Monarquia Lusitana*, Terceira Parte, Tomo II, Lisboa, Academia Real das Ciências, 1806, pp. 109 e ss.

[71] Paulo Ferreira da CUNHA, *Teoria da Constituição, Mitos, Memórias, Conceitos*, vol., I, Lisboa/São Paulo, Editorial Verbo, 2002, p. 120.

lecidos ao longo dos séculos por uma tradição jurídico-constitucional, de que é possível colher valiosos testemunhos nos testamentos dos nossos primeiros reis. Neste sentido, as supostas Cortes de Lamego, confirmam o direito vigente no reino desde há vários séculos sobre a matéria. Porém, em nenhum destes documentos que constituíam a parte mais importante da nossa Constituição Tradicional, se encontra disposição alguma onde, sem margem para quaisquer dúvidas, se determinasse que: «(...) a herança da coroa só podia ser legitimamente deferida a um português ou portuguesa e que uma descendente de rei português casada com príncipe estrangeiro, com a nacionalidade perdia o direito à coroa de Portugal»[72]. Foi esta omissão, que permitiu em 1580 que Felipe II pudesse ter concorrido à sucessão do trono como descendente por via feminina de D. Manuel I. Ora, as actas de Lamego, corrigem o lapso com todo aparato que as circunstâncias exigiam e sem deixar lugar a equívocos ao referirem:

> *«Se el Rey de Portugal não tiver filho varão, & tiver filha, ella será Raynha tanto que el Rey morrer; porem serà deste modo: não casarà senão com Portugues nobre, & este não se chamarà Rey, senão despois que tiver filho varão. (...)»*[73].

De acordo, portanto, com o direito tradicional do reino de Portugal, em 1580 quem deveria ter assumido o governo como legítima sucessora de D. Henrique deveria ter sido D. Catarina de Bragança e não Felipe II. O facto de ser mulher, não a afastava do trono e cumpria o requisito indispensável de estar casada com português e nobre. Pelo contrário, a Infanta D. Isabel mãe do rei de Castela apesar de portuguesa, estava consorciada com príncipe estrangeiro. A argumentação aqui focada é de natureza estritamente dinástica, o que se não pode considerar surpreendente dados os condicionalismos políticos da época que estamos a estudar. No entanto, recorre-se também a uma fundamentação de outra ordem: apela-se a um argumento político de tipo nacionalista, determina-se que em Portugal só poderão reinar portugueses. O texto de Lamego é assaz saboroso pela descrição da reunião verdadeiramente constituinte – visto que altera a orgânica do Estado – e sobretudo definitivo quanto a este importante aspecto. Assim reza o extracto do documento a que fazemos referência:

---

[72] Franz Paul de ALMEIDA LANGHANS, *Fundamentos jurídicos da Monarquia Portuguesa, cit.*, p. 282.

[73] Frei António BRANDÃO, ob. cit., p. 121.

138 Estudos em Comemoração do 10.º Aniversário da Licenciatura em Direito

> *«E disse o Procurador del Rey Lourenço Viegas, quereis que el Rey nosso Senhor va às Cortes del Rey de Leão, ou lhe de tributo, ou a alguma outra pessoa, tirando ao Senhor Papa que o confirmou no Reyno todos se levantarão, & tendo as espadas nuas, postos em pé disserão Nós somos livres, nosso rey he livre, nossas mãos nos libertarão, & o senhor que tal consentir morra, & se for Rey não reine mas perca o senhorio. E o Senhor Rey se levantou outra vez com a Coroa na cabeça & com espada nua na mão fallou a todos. Vòs sabeis muito bem quantas batalhas tenho feitas pela vossa liberdade, sois disto boas testemunhas, & o he tambem meu braço & espada; se alguem tal cousa consentir, morra pelo mesmo caso, & se for filho meu, ou neto, não reine: & disserão todos: boa palavra, morra. El Rey se for tal que consinta em domínio alheo, não reine; & el Rey outra vez: assi se faça, &c.»*[74].

As actas de Lamego publicadas no tempo de Felipe IV, continham os elementos que permitiam aos restauradores portugueses impugnar a realeza estrangeira e fundamentar os legítimos direitos da casa de Bragança ao trono de Portugal. Elas constituíam, com efeito, uma verdadeira compilação das leis constitucionais portuguesas[75]. As regras de sucessão do trono estão assim depois de 1632, perfeitamente definidas na tradição constitucional nacional.

Não surpreende, por isso, que as cortes de Lisboa de Janeiro 1641 façam apelo directo ao fundamental da argumentação contida nas actas de Lamego. Reunidas menos de dois meses após a Restauração pretenderam fundamentar o sucedido no dia 1 de Dezembro à luz do Direito. A fundamentação que se segue tem como primeiro escopo provar a ilegitimidade do título dos reis castelhanos. Num segundo momento pretende-se demonstrar a ilegitimidade de exercício, sobretudo, de Felipe IV.

Recorre-se, pois, a um complexo e intrincado conjunto de argumentos sucessórios, que pretendem atestar que em 1580 o trono cabia por direito à Casa de Bragança. Assim parece demonstrar o *Assento* das mesmas Cortes, designado a propósito:

> *«Assento feito em cortes pellos tres estados dos Reinos de Portugal da acclamação, restituição, e juramento dos mesmos Reinos. Ao muito alto e muito poderoso Senhor Rey Dom João o 4.º deste nome»*[76].

---

[74] *Idem*, pp. 124/125.
[75] Franz Paul de ALMEIDA LANGHANS, ob. cit., p. 289.
[76] José Joaquim LOPES PRAÇA, ob. cit., pp. 247 e ss.

Não pode haver terminologia mais tradicionalista do que esta. Do que se tratava, verdadeiramente, era da restituição do trono de Portugal ao seu legítimo titular, quer dizer, restaurar a legitima linha sucessória interrompida com a aclamação de Felipe II. Não pretendendo ser tautológico, parece-nos que o movimento de 1 de Dezembro de 1640, não teve outra motivação senão realizar uma verdadeira "restauração". Muito longe esteve de se tratar de uma qualquer "revolução".

O primeiro aspecto que se deve ter em conta na argumentação seguida é o que afirma que, em caso de dúvidas sobre quem deva ser o sucessor da coroa de Portugal, a decisão é da competência das Cortes.[77] Esta perspectiva vai de encontro ao arrazoado de Lamego e parece-nos poder ter ligação com o modelo de "Liberdades Ibéricas Tradicionais" a que já fizemos referência. No reino de Portugal, a ideia de serem as assembleias tradicionais do reino a decidir a quem cabe o trono tem toda a relevância. Tinha, pelo menos, um precedente em 1641: a eleição de D. João I nas Cortes celebradas em Coimbra em 1385.

Segundo as alegações da reunião de Lisboa, D. Catarina era a pretendente que melhores direitos tinha sessenta anos antes. Desde logo, por *benefício de representação,* já que concorria à sucessão em representação de um homem – o já referido infante D. Duarte – enquanto o rei de Castela pretendia suceder mas em representação de uma mulher, a imperatriz D. Isabel.[78]

Depois, porque se o *benefício de representação* não fosse suficiente para sustentar os seus direitos, era a duquesa de Bragança quem gozava da *melhor linha*, no que se apela directamente ao testamento de D. João I, que fez «*expressa constituição de linhas entre seus filhos para a sucessão destes reinos*». Ora por ser varão, segundo a mesma posição das Cortes, a linha sucessória constituída pelo Infante D. Duarte preferia à de D. Isabel[79].

Por *vocação expressa*[80], apelando-se novamente ao testamento do rei de *Boa Memória*. Ocorre quando o testador chama à sucessão não apenas os filhos nascidos à data do testamento mas todos os seus descendentes. Ora, por este argumento, mais uma vez, era D. Catarina que deveria ter sido preferida em 1580.

---

[77] *Idem*, p. 248.
[78] *Idem*, pp. 248 e ss., *maxim.*, 250.
[79] *Idem*, pp. 250/251.
[80] *Idem*, pp. 251/252.

Por não ter tido o rei de Castela consentimento dos três estados do reino quando se tornou rei de Portugal, já que o último monarca faleceu sem descendência[81]. Trata-se de outra das "inovações" que as Cortes de Lamego aportam. Determina-se, expressamente, a necessidade de os três estados do reino se pronunciarem acerca da sucessão, nas situações em que quem sucede não é o filho do rei mas seu irmão[82].

Finalmente, quanto a este denso e variado esquema argumentativo; utiliza-se a justificação a que já se fez referência, retirada também da *Monarquia Lusitana*. Impõe-se às princesas portuguesas a obrigação de casar sempre com português nobre para poderem entrar na sucessão ao trono[83].

A relevância que é conferida a este tipo de fundamentação, não nos deve surpreender. A Restauração ocorre, na verdade, numa Europa em que o elemento dinástico continua a ter uma enorme preponderância. Concordamos, pois, com a opinião que defende que o 1.º de Dezembro de 1640 constituiu «(...) o primeiro escândalo histórico-político moderno, o primeiro golpe do século XVII sobre a velha ordem constitucional»[84]. Assim sendo, as intrincadas árvores genealógicas e as complexas regras de direito sucessório, não poderiam deixar de se apresentar de modo a provar a legitimidade da nova dinastia portuguesa. Na realidade, pretendia-se, com o primeiro leque de argumentação, restaurar o *stato quo ante* em matéria de legitimidade dinástica.

Referem-se, da mesma forma, outro tipo de fundamentos estritamente legalistas. Antes de mais, a posse do reino de Portugal durante sessenta anos não conferia à dinastia castelhana direitos sobre o mesmo. A tese que as Cortes seguiram, apela a alguns elementos essenciais para sustentar esta posição. Em primeiro lugar, recordam que Felipe II tomou Portugal pela força. Depois, questionam que os governadores nomeados por D. Henrique tivessem legitimidade para determinar a quem cabia a sucessão. Por último, consideram que a sentença que proferiram não se poderia considerar válida, por ter sido realizada por apenas três dos cinco governadores. Deste modo, por se tratar de posse violenta e, porque para existir prescrição aquisitiva dos reinos, deveria ter havido pelo menos um período de cem anos, este argumento não poderia ser de considerar[85].

---

[81] *Idem. Ibidem.* p. 252.

[82] Frei António BRANDÃO. ob. cit.. p. 120.

[83] José Joaquim LOPES PRAÇA. ob. cit.. p. 253.

[84] Paulo Ferreira da CUNHA. *Temas e Perfis da Filosofia do Direito Luso-Brasileira,* Lisboa. Imprensa-Nacional Casa da Moeda. 2000. p. 40.

[85] José Joaquim LOPES PRAÇA. ob. cit.. pp. 253/254.

Como já referimos, os defensores da Restauração erguem outro tipo de elementos para a defesa da sua causa. Vão socorrer-se de outras armas para defender a dinastia portuguesa. O *Assento* de Lisboa procede à sua referência expressa.

Durante o governo dos Felipes, as Cortes reuniram-se por duas ocasiões no reino de Portugal. A primeira, em 1581 em Tomar; a segunda, em 1619 em Lisboa. Nessas duas assembleias, as várias ordens sociais juraram fidelidade e obediência à dinastia que em 1 de Dezembro se tinha deposto.

Como ultrapassar, pois, esta possível incongruência?

O *Assento* de 1641, justifica a Restauração pelo facto de Felipe IV, depois de suceder no trono, ter governado de acordo com as suas próprias «(...) *commodidades, e utilidades, e não ao bem comum, e se compunha de quasi todos os modos, que os Doctores apontão para o Rey ser indigno de reinar*»[86].

As Cortes de Lisboa, apelam directamente para a melhor doutrina escolástica e invocam como mais um dos motivos do movimento restaurador, já não a ilegitimidade do título, mas sim a ilegitimidade de exercício por parte do último soberano estrangeiro que reinou em Portugal durante o século XVII. Um pouco mais adiante, sublinham a mesma posição ao referirem:

> «*Nos quais temos, ainda que os ditos Reys Catholicos de Castella, tiverão titulo justo, e legitimo, de Reys deste Reino que não tinhão, e por falta delles, se não puderão julgar por intrusos. Comtudo o eram pelo modo de governo, e assi podia o Reino eximir-se da sua obediência, e negarlha sem quebrar o juramento que lhe tinhão feito. Por quanto conforme as regras de direito natural, e humano, aindaque os Reinos transferissem nos Reys todo o seu poder, e império pera os governarem foi debaixo de huma tacita condição de o regerem, e mandarem com justiça, sem tirannia, e tantoque no modo de gouernar vsarem dellas, podem os Pouos priualos dos reinos, em sua legitima e natural defensão, e nunca forão nestes casos vistos obrigar-se, nem o uinculo do juramento extenderse a elles*»[87].

Para se poder compreender esta segunda linha de fundamentação, deve ter-se em conta um factor de grande relevância. Numa conjuntura in-

---

[86] *Idem*, p. 254.

[87] *Idem, Ibidem*, p. 255.

142 Estudos em Comemoração do 10.º Aniversário da Licenciatura em Direito

ternacional em que o protestantismo tendia a afirmar a doutrina do denominado *direito divino dos reis*, a Igreja Católica, todos esforços envidou para a combater[88]. Ora, para cumprir este desiderato, não será surpreendente que a fundamentação doutrinal católica, se filie em autores como São Tomás de Aquino ou Francisco Suárez. Os apologistas da Restauração seguirão, neste ponto, em plenitude a perspectiva católica. Sobre o *Doutor Angélico,* e apesar da sua filosofia política ser – como reputados autores tiveram já oportunidade de salientar – tudo menos unívoca[89], parece não haver dúvidas acerca de um ponto. São Tomás de Aquino, admite, ainda que em moldes moderados, a resistência activa perante a tirania. De acordo com esta perspectiva, a comunidade, através dos seus membros qualificados, pode depor o tirano[90]. Na Restauração é, efectivamente, o que sucede. São os representantes máximos da comunidade nacional, que se decidem a depor o rei, e fazem-no, com a temperança – em 1 de Dezembro de 1640, aliás à boa maneira portuguesa, não há, praticamente, efusão de sangue – que, decerto, muito agradaria a Frei Tomás de Aquino.

A Filosofia Política de Francisco Suárez parece estar, da mesma maneira, no cerne da fundamentação dos autores do *Assento* das Cortes de Lisboa de 1641. O excerto que citamos, *supra*, parece ir de encontro ao pensamento do ilustre Professor de Coimbra[91]. Ficaram famosas algumas das suas concepções acerca do Direito e do Estado. Deve referir-se, desde logo, a ideia de um certo *contratualismo,* como fundamento da organização da sociedade política. Para Suárez, os homens começaram por se reunir em comunidade mediante o que designa por pacto de união. Depois, transferiram a soberania do povo para o príncipe, é o que denomina de pacto de sujeição[92]. A teoria da origem popular do poder, que São Tomás aflora, ganha no século XVII, uma inusitada relevância com Suárez. En-

---

[88] Luís CABRAL DE MONCADA, Filosofia do Direito e do Estado, 2ª edição, reimp., Coimbra, Coimbra Editora, 1995, p. 132.

[89] Vg., por ex., Paulo Ferreira da CUNHA, Temas e Perfis da Filosofia do Direito Luso-Brasileira, Lisboa, Imprensa-Nacional Casa da Moeda, 2000, p. 47.

[90] António TRUYOL Y SERRA, *História da Filosofia do Direito e do Estado*, Tomo I, 7ª edição espanhola aumentada, tradução portuguesa de Henrique Barrilaro Ruas, Lisboa, Instituto de Novas Profissões, 1985, p. 303.

[91] Francisco Suárez, nasceu em Granada em 1548. Depois de leccionar em prestigiadas Universidades espanholas e em Roma, doutorou-se em Teologia em Évora. Ensinou em Coimbra desde finais do século XVI. O granadino, pode bem representar neste percurso, a interligação cultural e académica que se acentua entre Portugal e Castela por meados de Quinhentos.

[92] Luís CABRAL DE MONCADA, ob. cit., p. 141.

contramos neste autor, como aliás em toda a escolástica hispânica, uma preocupação que se pode perceber, como se notou, desde Santo Isidoro de Sevilha. É a de distinguir entre tirano *quod titulum* – como se lhe refere Suárez – entendido como aquele que usurpa o poder que por direito de sucessão lhe não pertence. E o tirano *quod administrationem*, como o mau soberano que não respeita as liberdades de seus vassalos, que abusa do poder em seu proveito, não tendo em vista o bem comum da comunidade. O autor que vimos referindo, vai defender que o governante se encontra sempre adstrito ao Direito, à lei natural e eterna. Se não cumprir os seus preceitos, ou se desrespeitar o segundo pacto a que fizemos referência, a comunidade pode, não só, depor o tirano, mas mesmo recorrer ao tiranícidio ainda que em circunstâncias determinadas[93]. Ora, em 1 de Dezembro de 1640, concorrendo nos Felipes os dois tipos de tirania a que se refere Suárez, nem sequer se procedeu à morte do tirano mas apenas à sua deposição.

No entanto, não se pense que os defensores da realeza de D. João IV, se quedaram pelo importante documento a que se acabou de fazer referência. Importava, por um lado, desenvolver os princípios aí expostos, de modo a garantir a aceitação – sobretudo no plano internacional – da Restauração. Por outro, demonstrar ao povo que, o sucedido em 1 de Dezembro de 1640, estava de acordo com a vontade dos céus.

Talvez, de toda a vasta colecção de obras que fundamentaram no plano doutrinal a Restauração, não exista outra que tanta importância tenha tido para a causa portuguesa, como a que se deve ao insigne jurista Francisco Velasco de Gouveia. Trata-se do conhecido livro: *Justa Aclamação do Seriníssimo Rey de Portugal D. João o IV*[94]. O texto pu-

---

[93] *Idem*, nr. I, p. 143.

[94] A edição a que tivemos acesso é a de 1846. Esta circunstância despertou em nós algum espanto. Na verdade, tinha sido já com alguma perplexidade, apesar de conhecermos o labor desenvolvido pela Academia Real de Ciências de Lisboa, que verificáramos que em 1806 se republicara a obra de tanta importância para a Restauração como é a *Monarquia Lusitana*. Quer em 1806, quer em 1846, Portugal vivia circunstâncias políticas de enorme dificuldade. No primeiro caso, parecia anunciar-se a próxima e dramática invasão do país por parte das tropas de Junot. No segundo, todo o conjunto de Guerras civis que marcaram a implantação do Liberalismo, assistiam a mais um momento de apogeu com a sublevação conhecida como a Maria da Fonte. Ora, assaltou-nos uma ideia, provavelmente, não original mas que nos parece poder ser avançada como hipótese. Talvez, em momentos de profundíssima crise nacional alguns dos documentos fundamentais que marcaram a História da nação, se recuperem quase inconscientemente. Em 1806, são os princípios vertidos nas apócrifas actas das Cortes de Lamego que, novamente, se proclamam.

144 *Estudos em Comemoração do 10.º Aniversário da Licenciatura em Direito*

blicado em 1644, em grande medida amplia as linhas político-doutrinais defendidas no *Assento* das Cortes de Lisboa de 1641. O monumental tratado de Francisco Velasco de Gouveia está dividida em três partes, denotando o autor a mesma preocupação fundamental em todas elas:

> «(…) *affirmar, que a justiça da acclamação d´el Rey D. João o IV se defende justamente com a espada e com a penna* (…)»[95].

O Lente jubilado de Coimbra utiliza, com toda a acuidade, a arma predilecta de quem dedicara toda uma vida à Universidade. Para tal, serve-se de um manancial enorme de citações e argumentos. Procura provar alguns dos pontos que já se tinham aflorado no *Assento* das Cortes de Lisboa, bem como trazer ao debate outros argumentos jurídicos que pudessem legitimar a aclamação do rei *Restaurador*.

Na primeira das partes deste interessante tratado, Velasco de Gouveia pretende demonstrar:

> «*QUE O REYNO DE PORTUGAL TEM LEGITIMO PODER PARA ACCLAMAR REY A QUEM TIVER LEGITIMO DIREITO PARA O SER; E PRIVAR O QUE O NÃO TIVER, E FOR INTRUZO, SEM SER NECESSÁRIO AUTHORIDADE, OU SENTENÇA DO SUMMO PONTIFICE, NEM DE OUTRA PESSOA ALGUMA*»[96].

Esgrime, para tal, alguns argumentos de fundo:

Em primeiro lugar, defende-se que o poder dos reis está originariamente nos povos e nas repúblicas que dela o receberam de maneira imediata[97]. Verifica-se, neste ponto, uma influência directa da concepção filosófica e política de Francisco Suárez. Pretende-se infirmar a já citada doutrina do *direito divino dos reis*. Sob este ponto de vista, Francisco Velasco de Gouveia, utiliza uma argumentação que se encontra, perfeitamente, de acordo com a política católica.

De seguida, afirma-se que, ainda que os povos transfiram o poder nos reis, lhes ficou habitualmente, e o podem reassumir, quando lhes for ne-

---

Em 1846, é o livro que melhor serviu para fundamentar a Restauração ao recordar princípios fundamentais da nossa constituição tradicional, mas que Pombal proibiu e condenou, que renasce, curiosamente numa tipografia denominada Fénix.

[95] Francisco VELASCO DE GOUVEIA, *Justa Aclamação do Serreníssimo Rey de Portugal D. João o IV*, Lisboa, Typ. Fénix, 1846, pp. 5/6.

[96] *Idem*, p. 27.

[97] *Idem, Ibidem*, § I, pp. 28 e ss.

cessário para a sua conservação[98]. Neste caso, recorre-se a uma distinção cara à escolástica medieval. Uma coisa é o poder *in actu*, que pertence ao soberano e lhe foi conferido pela comunidade para exercê-lo ordinariamente. Coisa diferente, é o poder *in habitu*, que se encontra no povo, e que poderá ser transposto a acto em circunstâncias excepcionais.

Terceiro. Os reinos e os povos podem negar obediência aos reis intrusos e tiranos[99]. A principal preocupação deste parágrafo prende-se com a já nossa conhecida distinção entre tirano de título e tirano de exercício. Os povos não estão obrigados a sujeitar-se a rei que não tenha título para reinar, como, da mesma maneira, não estão sujeitos a soberano que exerça a tirania.

No quarto ponto da primeira parte, defende-se que: ainda que sejam católicos, só em determinadas circunstâncias têm os reinos dependência do Sumo Pontífice, para privarem os reis tiranos e intrusos, e aclamarem os que forem legitimos[100]. O autor da *Justa Aclamação*, defende aqui a separação entre o aspecto temporal e espiritual. Os reinos só têm dependência do papa para a deposição do tirano, se os motivos forem de ordem espiritual e, mesmo nesses casos, se não tiverem poder temporal para o fazerem. Ora, não era esse o caso português.

Como quinto e último ponto da primeira parte, que lhe serve de conclusão e de alguma maneira se aplica a toda a obra, advoga-se: que o reino de Portugal teve legitimo poder para privar da posse do mesmo o rei de Castela e restitui-lo ao rei D. João IV[101].

Os princípios que se expuseram são consequência directa da doutrina defendida pela escolástica medieval e, sobretudo, pela neo-escolástica dos séculos XVI e XVII. Não deixa de ser interessante pensar que, alguns súbditos fidelíssimos da casa de Habsburgo, de que o exemplo máximo é Francisco Suárez, tivessem, através as suas ideias, servido, diríamos, na perfeição, os desígnios dos restauradores portugueses de 1640.

Se concatenarmos os fundamentos vertidos nesta primeira parte da obra de Velasco de Gouveia, com os elementos de tipo "legitimista" presentes no *Assento* das Cortes de Lisboa de 1641, encontramos o cerne de toda fundamentação jurídica da Restauração.

---

[98] *Idem, Ibidem*, § II, pp. 45 e ss.
[99] *Idem, Ibidem*, § III, pp. 50 e ss.
[100] *Idem, Ibidem*, § IV, pp. 61 e ss.
[101] *Idem, Ibidem*, § V, pp. 84 e ss.

Na segunda parte da *Justa Aclamação*, tentar-se-á provar:

«*QUE O REYNO DE PORTUGAL TEVE CAUSA JUSTAS, LEGITIMAS E VERDADEIRAS PARA PRIVAR DA POSSE DELLE AO CATHOLICO REY D. PHELLIPPE IV. DE CASTELLA, E PARA ACCLAMAR POR REY AO SERENISSIMO D. JOÃO O IV*»[102].

Esta segunda parte da obra de Velasco de Gouveia é a mais extensa das três que a conformam. Os argumentos que se vão aduzir repetem em muitos aspectos, aquilo que as Cortes de Lisboa haviam determinado. A fundamentação é uma vez mais de tipo "legitimista" e pretende-se demonstrar que o reino de Portugal teve justos motivos para depor Felipe IV. Procura-se provar a ilegitimidade de título da dinastia estrangeira, defendendo que em 1580, o trono de Portugal cabia à pretendente da Casa de Bragança e a ilegitimidade de exercício, sobretudo, de Felipe IV, enquanto cingiu a coroa de Portugal. Conclui-se, utilizando um argumento que serve para legitimar a Restauração de maneira inequívoca: se o rei for tirano não lhe deve o reino obediência. Recupera-se, assim, o disposto no § 3 da primeira parte[103] e uma velha tradição peninsular que se pode encontrar, como vimos, desde, pelo menos, a Alta Idade Média.

A terceira parte, é destinada por Velasco de Gouveia a contestar os argumentos dos que, do lado castelhano, contestavam a aclamação do duque de Bragança. Intitula-se sugestivamente:

«*EM QUE SE CONTEM A RESPOSTA DOS FUNDAMENTOS, QUE SE PODERÃO ALLEGAR CONTRA O ACTO DA JUSTA ACCLAMAÇÃO DO SERENISSIMO REY D. JOÃO O IV*»[104].

Como antes se fez referência, o movimento da Restauração fez surgir um vasto conjunto de textos no sentido de o fundamentar. Da mesma maneira, deu origem a variadas obras que pretendiam contestá-lo e que, na maior parte dos casos, invertiam a fundamentação doutrinal dos autores portugueses. Neste sentido, ganha relevo a posição "filipista" de um autor conhecido de Seiscentos: João Caramuel. Francisco Velasco de Gouveia contraporá aos argumentos de seu opositor a seguinte fundamentação: que o reino não cabia aos Felipes pelo facto de o possuírem há sessenta anos; que os repetidos juramentos feitos não vinculavam os portugueses; que a

---

[102] *Idem, Ibidem*, pp. 99 e ss.
[103] *Idem, Ibidem*, p. 538.
[104] *Idem, Ibidem*, pp. 543 e ss.

sentença dada pelos governadores em 1580 havia sido nula, e, finalmente, que Felipe IV não deveria ser citado para defender os direitos que tivesse ao trono de Portugal[105].

O cerne dos argumentos jurídicos a favor da legitimidade de D. João IV, encontramo-los no tratado que acabamos de citar. Porém, não se tornava menos importante transmitir à opinião pública a ideia de que os factos de 1 de Dezembro estavam de acordo com a vontade de Deus. Para tal, nada melhor do que utilizar-se o importante meio de comunicação que, na sociedade portuguesa de Seiscentos, era constituído pela Parenética.

Num importante estudo sobre o tema, o Doutor João Marques considera que: «o *corpus* reunido, como grande parte da literatura apologética e polémica referente a este sucesso da história portuguesa é da autoria de eclesiásticos (...). Possuidores de uma formação teológica, filosófica e humanista, os pregadores na defesa do movimento restauracionista e no fortalecimento de uma opinião pública colaborante situada nos centros urbanos»[106]. Apesar da intenção dos clérigos que pregaram a favor da dinastia de Bragança não ser, como é óbvio, apenas o de legitimar a Restauração portuguesa a nível jurídico, não deixaram de, inúmeras vezes, focar matéria jurídica. O papel desempenhado pela Igreja não deve, pois, ser menosprezado no que concerne à fundamentação política, ideológica e mesmo jurídica do movimento de 1640. Concordamos, assim, com o mesmo autor quando refere:

«A parenética da Restauração seguirá, perante os seus auditórios heterogéneos no Continente e Conquistas, este mesmo teor doutrinário e ideológico, (...). Deste rio de confluências emerge nitidamente a imagem da legitimidade de um rei escolhido pelo consenso de uma nação solidária no feito revolucionário que exprime o seu inalienável poder soberano e denuncia a ilegitimidade da de um outro monarca, tirano *de facto*, e de *exercício*. O reforço orgânico de um profetismo messianista apõe a essa legitimidade o selo da protecção divina, sacralizando-a»[107].

Em 1640 a Igreja portuguesa vai unir-se às restantes ordens sociais que conformavam a sociedade política, para contribuir – sobretudo na ordem interna – para a aceitação generalizada da realeza do duque de Bragança.

---

[105] *Idem, Ibidem*, p. 632.

[106] João Marques, *A Parenética Portuguesa e a Restauração 1640-1668, A Revolta e a Mentalidade*, vol. I, Porto, Instituto Nacional de Investigação Cientifica, Centro de História da Universidade do Porto, 1989, pp. 13 e 14.

[107] João Marques, *Idem*, vol. II, p. 24.

148   *Estudos em Comemoração do 10.º Aniversário da Licenciatura em Direito*

Conclusão.

A Restauração portuguesa de 1640 constitui, em nossa opinião, um momento da maior importância na História do nosso país.

Depois de seis décadas de governo de um soberano estrangeiro, os portugueses recuperaram a sua dinastia legítima em 1 de Dezembro de 1640. A Restauração não constituiu, porém, a primeira revolução "constitucionalista" dos tempos modernos. A mera constatação de, em 1820, ter ocorrido em Portugal uma revolução liberal parece confirmar a nossa posição[108]. A fundamentação jurídica e doutrinal dos arautos do movimento restaurador não traz, com efeito, grandes novidades teóricas. O que se reafirma são princípios já conhecidos e que, de alguma maneira, se levam às suas últimas consequências. Alguns deles, eram constitutivos da tradição constitucional portuguesa, onde incluímos mesmo, o texto apócrifo das actas das Cortes de Lamego bem como todo o acervo de princípios do que designamos por "Liberdades Ibéricas Tradicionais". Outros, encontramo-los na doutrina da escolástica medieval e, mais directamente, nas ideias da neo-escolástica peninsular. Sobretudo no que se refere ao reafirmar da distinção entre tirania de título e tirania de exercício como fundamento da deposição dos soberanos castelhanos, bem como na defesa da origem popular do poder.

Devemos dizer que algo há que muito nos impressiona na Restauração. É o facto de o acervo essencial de princípios que fundamentou o movimento de 1640, ter sido delapidado durante o século XVIII pela ideologia política em que se baseou o despotismo iluminado de Pombal. Não temos, devemos confessá-lo, posição definitiva sobre a matéria. Propendemos, todavia, para a ideia de que o consulado de Sebastião José de Carvalho e Melo constituiu um desvio na tradição constitucional portuguesa e é o símbolo máximo do que pensamos ter sido o absolutismo *proprio sensu* da monarquia portuguesa. Este tipo de governo despótico situamo-lo no período que decorre de 1698 – data das últimas Cortes tradicionais portuguesas, se, evidentemente, não considerarmos as de 1828 – até 1820, momento em que se produz a já referida revolução liberal.

---

[108] No mesmo sentido, vg., Paulo Ferreira da CUNHA, *Temas e Perfis da Filosofia do Direito Luso-Brasileira*, Lisboa, Imprensa -Nacional Casa da Moeda, 2000, p. 69.

BIBLIOGRAFIA CITADA

AGUIAR, João, *Nós somos livres, o nosso rei é livre,* in, *A Monarquia Portuguesa, Reis e Rainhas na História de um Povo,* Lisboa, Selecções de Readers Digest, 1999.

ALBUQUERQUE, Ruy e Martim de, *História do Direito Português, 1140-1415,* 10ª edição, Lisboa, PF, 1999.

ALMEIDA COSTA, Mário Júlio de, *História do Direito Português,* 3ª edição, reimp., Coimbra, Almedina, 2003.

BRAVO LIRA, Bernardino, *Derechos Políticos y Civiles en España, Portugal y América Latina, apuntes de una historia por hacer,* in, *Revista de Derecho Publico,* n.º 39/40, pp. 73 a 112, Santiago do Chile, Universidad de Chile, 1986.

— *Por la Rázon o la Fuerza, El Estado de Derecho en la Historia de Chile,* Santiago do Chile, Ediciones Universad Católica de Chile, 1996.

CABRAL DE MONCADA, Luís, *Filosofia do Direito e do Estado,* 2ª edição, reimp., Coimbra, Coimbra Editora, 1995.

CAETANO, Marcello, *História do Direito Português (sécs. XII-XVI), seguida de Subsídios para a História das Fontes do Direito em Portugal no séc. XVI,* 4ª edição, Lisboa/São Paulo, Editorial Verbo, 2000.

CAMÕES, Luís Vaz de, *Os Lusíadas.*

CORTESÃO, Jaime, *Os Factores Democráticos na Formação de Portugal,* 4ª edição, Lxª, Livros Horizonte, 1984.

CUNHA, Paulo Ferreira da, *Mysteria Yvris, Raízes Mitosóficas do Pensamento Jurídico Português,* Porto, Legis Editora, 1999.

— *Para uma História Constitucional do Direito Português,* Coimbra, Almedina, 1995.

— *Rex Propter Regnum, Do modelo de constitucionalismo tradicional nos países de língua portuguesa e castelhana,* in, *Tradição, Revolução e Pós-Modernidade,* organização de Ricardo Dip, Campinas, SP., Brasil, Millenium Editora, 2001.

— *Temas e Perfis da Filosofia do Direito Luso-Brasileira,* Lisboa, Imprensa-Nacional Casa da Moeda, 2000.

— *Teoria da Constituição, Mitos, Memórias, Conceitos,* vol. I, Lisboa/São Paulo, Editorial Verbo, 2002.

FREITAS DO AMARAL, Diogo, *O Antigo Regime e a Revolução, Memórias Políticas (1941-1975),* 4ª edição, Lisboa, Bertrand/Nomen, 1995.

GAMA BARROS, Henrique da, *História da Administração Pública em Portugal, séculos XII a XV,* Tomo I, Lisboa, Imprensa Nacional, 1885.

GOMES DA SILVA, Nuno J. Espinosa, *História do Direito Português,* 3ª edição revista e actualizada, Lisboa, Fundação Calouste Gulbenkian, 2003.

HESPANHA, António Manuel, As *Vésperas do Leviathã,* Coimbra, Almedina, 1994.

— *O Governo dos Áustria e a Modernização da constituição histórica portuguesa,* in, *Penélope, Fazer e Desfazer a História,* Lisboa, n.º 2, 1989.

150 *Estudos em Comemoração do 10.º Aniversário da Licenciatura em Direito*

LANGHANS, Franz Paul de Almeida, *Fundamentos Jurídicos da Monarquia Portuguesa*, in, *Estudos de Direito*, pp. 225 a 355, Coimbra, Acta Universitatis Conimbrigensis, 1957.

LOPES PRAÇA, José Joaquim, *Colecção de Leis e Subsídios para a História do Direito Constitucional Português*, vol. I, Coimbra, Imprensa da Universidade, 1893/1894.

MAGALHÃES GODINHO, Vitorino, *1580 e a Restauração*, in, *Ensaios*, 2ª edição correcta e ampliada, pp. 379 a 421, Lisboa, Sá da Costa Editora, 1978.

MARGAÇA VEIGA, Carlos, *A crise de 1578-1580 e a perda da independência*, in, *História de Portugal*, vol. VI, coordenação e direcção, João Medina, Barcelona, Ediclube, 2001.

MARQUES, João, *A Parenética Portuguesa e a Restauração, 1640-1668, A Revolta e a Mentalidade*, (2 volumes), Porto, Instituto de Investigação Cientifica, Centro de História da Universidade do Porto, 1989.

MEDINA, João, *O Sebastianismo, exame critico de um mito português*, in, *História de Portugal*, vol. VI, direcção e coordenação do mesmo autor, Barcelona, Ediclube, 2001.

OLIVEIRA, António de, *O Poder e a Oposição Política em Portugal no Período Filipino (1580-1640)*, Lisboa, Diffel, 1990.

PIMENTA, Alfredo, *Elementos de História de Portugal*, 5ª edição, Lisboa, Empresa Nacional de Publicidade, 1937.

QUEIRÓS VELOSO, José Maria de, *D. Sebastião*, Lisboa, Empresa Nacional de Publicidade, 1935.

REIS TORGAL, Luís, *Ideologia Política e Teoria do Estado na Restauração*, vol. I, Coimbra, Biblioteca Geral da Universidade, 1981.

SARAIVA, José Hermano, *História Concisa de Portugal*, 20ª edição, Lisboa, Publicações Europa-América, 1994.

SEVILHA, S. Isidoro, *Etimologias*, Madrid, Biblioteca de Autores Cristianos, Introdução Geral de Manuel Diaz y Diaz, 1993.

THEMUDO BARATA, Maria do Rosário, *D. Sebastião*, in, *História de Portugal*, vol. VI, coordenação e direcção, João Medina, Barcelona, Ediclube, 2001.

TRUYOL Y SERRA, António, *História da Filosofia do Direito e do Estado*, Tomo I, 7ª edição espanhola aumentada, tradução portuguesa de Henrique Barrilaro Ruas, Lisboa, Instituto de Novas Profissões, 1985.

VEIGA, Carlos Margaça, *A crise de 1578-1580 e a perda da independência*, in, *História de Portugal*, vol. VI, coordenação e direcção, João Medina, Barcelona, Ediclube, 2001.

VELASCO DE GOUVEIA, *Francisco, Justa Aclamação do Sereníssimo Rey de Portugal D. João o IV*, Lisboa, Academia Real das Ciências, Typ. Fénix, 1846.

VERISSÍMO SERRÃO, Joaquim, *História de Portugal*, 2ª edição revista e melhorada, vol. IV, Lisboa, Editorial Verbo, 1990.

ZÚQUETE, Afonso, coordenação e compilação, *Nobreza de Portugal e do Brasil*, 2ª edição, reimp., vol. I, Lisboa, Editorial Enciclopédica, 1989.

O RECURSO AO PRINCÍPIO DA DIGNIDADE DA PESSOA HUMANA NA JURISPRUDÊNCIA DO TRIBUNAL CONSTITUCIONAL[1]

BENEDITA MAC CRORIE

> SUMÁRIO: I – Introdução. II – O princípio da dignidade da pessoa humana. 1. Consagração constitucional. 2. A multifuncionalidade do princípio. 2.1. A função normogenética. 2.1.1. O princípio da dignidade da pessoa como fundamento de direitos fundamentais. 2.1.2. O princípio da dignidade da pessoa humana como fundamento de princípios de direito criminal. 2.2. A função de interpretação e de integração. 2.3. A dignidade da pessoa humana invocada directamente. III – A dignidade da pessoa humana: densificação do conceito. IV – Conclusões.

I. INTRODUÇÃO

Neste artigo propomo-nos fazer uma análise das decisões do Tribunal Constitucional (TC), nas quais este tenha feito referência directa ou indirecta ao princípio da dignidade da pessoa humana, na fundamentação da sua decisão.

É nosso propósito, em primeiro lugar, tentar discernir qual a orientação de método que este Tribunal tem seguido quando invoca o princípio da dignidade da pessoa humana, isto é, se o aplica sempre da mesma forma ou se, pelo contrário, lhe confere uma multifuncionalidade.

---

[1] Este artigo tem como base o relatório elaborado para o seminário de Metodologia do Direito, do 4.º Programa de Doutoramento da Faculdade de Direito da Universidade Nova de Lisboa, no ano lectivo de 2001/2002.

Em segundo lugar, e partindo da jurisprudência analisada, tentaremos determinar qual o sentido atribuído a este princípio pelo TC. Nos anos mais recentes tem tido lugar um debate referente à justificação racional do conceito de dignidade,[2] uma vez que existem quase tantas interpretações deste conceito como doutrinas ou correntes filosóficas.[3] Consequentemente, nos documentos modernos relativos aos direitos fundamentais, a questão de saber como se justifica a dignidade do ponto de vista teórico é deixada em aberto. O legislador não dá qualquer definição explícita deste conceito, preferindo uma abordagem pragmática, de forma a facilitar o acordo nesta matéria.[4] Assim também o nosso legislador constituinte[5] deixou essa tarefa nas mãos do julgador, pelo que procuraremos aferir se o TC tem interpretado o conceito de dignidade da pessoa humana da forma que consideramos mais adequada. Para isso tentaremos densificar este conceito, uma vez que, sem uma ideia geral razoavelmente clara do seu sentido, não podemos rejeitar as suas más utilizações.[6]

Não temos a pretensão de fazer uma análise exaustiva de todos os acórdãos que dizem respeito a esta matéria, mas pensamos ter conseguido reunir um número suficientemente exemplificativo das diferentes situações em que o Tribunal tem aplicado este princípio.

II – O PRINCÍPIO DA DIGNIDADE DA PESSOA HUMANA

1. Consagração constitucional

Um dos aspectos característicos da técnica legislativa actual é a declaração e utilização de princípios pelo legislador. Esta metodologia cons-

---

[2] ROBERTO ADORNO, The paradoxical notion of human dignity, in *Rivista Internazionale di Filosofia del Diritto*, serie V, anno LXXVIII, n. 2, aprile/giugno 2001, p. 151.

[3] FRANZ JOSEF WETZ, Die *Würde der Menschen ist antastbar. Eine Provokation*, Klett-Cotta, 1998, p.14.

[4] ROBERTO ADORNO, The paradoxical notion of human dignity, *cit.*, p. 156.

[5] Neste sentido, MARCOS KEEL PEREIRA, "O lugar do princípio da dignidade da pessoa humana na jurisprudência dos tribunais portugueses. Uma perspectiva metodológica", *Faculdade de Direito da Universidade Nova de Lisboa Working Papers, Working Paper 4/02.*

[6] Neste sentido, OSCAR SCHACHTER, "Human dignity as a normative concept" *in American Journal of International Law*, Vol. 77, October 1983, p. 849.

titucional veio potenciar a renovação do método jurídico, uma vez que se passa a confiar aos tribunais a concretização das disposições constitucionais, dando-se a superação da divisão tradicional do trabalho jurídico nas funções de criação, interpretação e aplicação da lei, e da supremacia do poder legislativo sobre o poder de julgar.[7]

Na parte introdutória da Constituição da República Portuguesa de 1976 podemos identificar vários princípios jurídicos. Esta Constituição deve ser compreendida como um sistema interno assente em princípios estruturantes fundamentais que, por sua vez, assentam em sub-princípios e regras constitucionais que os concretizam.[8] Estes princípios são verdadeiras normas jurídicas na medida em que, tal como as regras, estabelecem o que "deve-ser". Distinguem-se, no entanto, destas porque são normas jurídicas impositivas de uma optimização. Os princípios ordenam que algo seja realizado na maior medida possível, dentro das possibilidades jurídicas e fácticas existentes. As regras, por seu lado, são normas de tudo ou nada, que só podem ser ou não cumpridas.[9]

Um dos princípios estabelecidos na parte introdutória da Constituição, que tem como epígrafe "Princípios fundamentais", é o princípio da dignidade da pessoa humana (artigo 1.°). Este é estruturante do ordenamento jurídico português, uma vez que é constitutivo ou indicativo de uma ideia directiva básica de toda a ordem constitucional, ou seja, a concepção que faz da pessoa fundamento e fim do Estado e que vem na linha da tradição cultural do Ocidente e marca o seu constitucionalismo democrático.[10] É esse o entendimento do Tribunal Constitucional, no Acórdão

---

[7] ANTÓNIO PEDRO BARBAS HOMEM, "A utilização de princípios na metódica legislativa", in *Separata de Legislação. Cadernos de Ciência de Legislação*, n.° 21, INA, 1998, p. 93-95 e p. 102 e 103.

[8] JOSÉ JOAQUIM GOMES CANOTILHO, *Direito Constitucional e Teoria da Constituição*, 4ª edição, Livraria Almedina, Coimbra, 2000, p. 1137.

[9] Nesse sentido, ver JOSÉ JOAQUIM GOMES CANOTILHO, *Direito Constitucional e Teoria da Constituição, cit.*, p. 1124 e 1125; ROBERT ALEXY, *Teoria de los derechos fundamentales*, Centro de Estudios Constitucionales, Madrid, 1993, p. 83; IDEM, *El concepto y la validez del derecho*, Gedisa, Barcelona, 1994, p. 162.

[10] JORGE MIRANDA, *Manual de Direito Constitucional*, Tomo IV, Coimbra Editora, 2000, p. 180; também JOSÉ MANUEL CARDOSO DA COSTA, "O Princípio da Dignidade da Pessoa Humana na Constituição e na Jurisprudência Constitucional Portuguesas", in *Direito Constitucional, Estudos em Homenagem a Manoel Gonçalves Ferreira Filho*, Dialéctica, S. Paulo, 1999, p. 191.

n.º 16/84.[11] Neste Acórdão o Tribunal Constitucional estabelece que "(...) a nossa actual Constituição, partindo da dignidade da pessoa humana, princípio estrutural da República Portuguesa, (...) intentou retirar às penas todo o carácter infamante (...). Também no Acórdão n.º 43/86,[12] o Tribunal considera que: "(...) ao instituir a pena relativamente indeterminada, o legislador pretendeu que o Estado se assumisse como um Estado de Direito democrático, actuando no respeito do basilar princípio da dignidade da pessoa humana (...)." Este princípio estruturante ganha densidade através das suas concretizações, em princípios gerais, princípios especiais ou regras que com ele formam uma unidade material.[13]

O princípio da dignidade é um princípio jurídico fundamental na medida em que é historicamente objectivado e progressivamente introduzido na consciência jurídica, encontrando uma recepção expressa no nosso texto constitucional. Os princípios jurídicos fundamentais reconduzem-se àquele património axiológico-normativo e jurídico que, uma vez revelado, fica verdadeiramente adquirido para sempre – pelo menos no âmbito de uma mesma intencionalidade culturalmente fundamental. Estes princípios transcendem o plano da existência jurídico-positiva em que os direitos positivos se manifestam e se sucedem uns aos outros, e isto porque se trata de princípios que, ao serem uma vez intencionalmente assumidos, se compreendem como determinações da própria intenção axiológica constitutiva do direito enquanto tal.[14] Este princípio fundamental da dignidade da pessoa humana é um princípio ético-jurídico, uma vez que radica numa "ideia jurídica material", sendo uma manifestação especial da ideia de direito.[15]

2. A multifuncionalidade do princípio

Aos princípios constitucionais e, neste caso concreto, ao princípio da dignidade da pessoa humana, não é atribuída apenas uma função. Também

---

[11] Publicado no *Diário da República*, 2.ª série, de 12 de Maio de 1984.

[12] Publicado no *Diário da República*, 2.ª série, n.º 111, de 15 de Maio de 1986.

[13] JOSÉ JOAQUIM GOMES CANOTILHO, *Direito Constitucional e Teoria da Constituição, cit.*, p. 1137-1139.

[14] A. CASTANHEIRA NEVES, "Justiça e Direito", in *Separata do Volume LI do Boletim da Faculdade de Direito da Universidade de Coimbra*, Coimbra, 1976, p. 51 e 52; JOSÉ JOAQUIM GOMES CANOTILHO, *Direito Constitucional e Teoria da Constituição, cit.*, p. 1128.

[15] KARL LARENZ, *Metodologia da Ciência do Direito*, 3ª edição, Fundação Calouste Gulbenkian, 1997, p. 487 e 674.

O *recurso ao princípio da dignidade da pessoa humana* 155

os princípios, enquanto normas constitucionais, são dotados de uma multifuncionalidade.[16] Ao princípio da dignidade da pessoa humana cabem funções diferenciadas: umas vezes, este é fundamento de regras ou princípios, desempenhando uma função normogenética, ou seja, é um princípio gerador de outras normas;[17] outras vezes, serve como critério de interpretação ou de integração,[18] atribuindo um significado coerente aos enunciados de interpretação dúbia ou explicitando as normas que o legislador constituinte não exprimiu cabalmente,[19] e, outras vezes ainda, é utilizado como fonte directamente aplicável, uma vez que, como entende ALEXY, a norma da dignidade da pessoa humana é tratada em parte como regra e, em parte, como princípio.[20]

Esta distinção que, em termos teóricos, parece clara e precisa, na experiência concreta é mais difícil de ser feita.[21] Pudemos constatar isso na análise jurisprudencial que fizemos, uma vez que o princípio da dignidade da pessoa humana é, por vezes, utilizado num mesmo acórdão de forma diferenciada.

Vamos, agora, procurar identificar estas diferentes funções na jurisprudência do Tribunal Constitucional.

---

[16] Na doutrina italiana, SERGIO BARTOLE considera que são atribuíveis três funções distintas aos princípios: uma função integrativa, uma função interpretativa e uma função programática. Estes exercem uma função integrativa quando são utilizados para dar regulamentação a casos que não correspondem a nenhuma norma específica; por sua vez, a função interpretativa consiste na atribuição de um significado coerente com o próprio princípio às disposições já vigentes e de sentido incerto; finalmente, a função programática dos princípios traduz-se na utilização destes como ordens e orientações a prosseguir na actividade legislativa. Nesse sentido, ver SERGIO BARTOLE, "Principi del diritto", in *Enciclopedia del Diritto*, XXXV, Giuffrè Editore, p. 514-516.

[17] Acerca da função normogenética dos princípios, ver JOSÉ JOAQUIM GOMES CANOTILHO, *Direito Constitucional e Teoria da Constituição*, cit., p. 1125; também JORGE MIRANDA *Manual de Direito Constitucional*, Tomo II, 3ª edição, Coimbra Editora, 1991, p. 227, parece reconhecer esta função aos princípios atribuindo-lhe o nome de função prospectiva, dinamizadora e transformadora.

[18] JORGE MIRANDA, *Manual de Direito Constitucional*, Tomo II, cit., p.227.

[19] O que parece resultar daquilo a que JOSÉ JOAQUIM GOMES CANOTILHO, *Direito Constitucional e Teoria da Constituição*, cit., p. 1127 designa por função sistémica dos princípios, uma vez que estes têm uma *idoneidade irradiante* que lhes permite ligar ou cimentar objectivamente todo o sistema constitucional.

[20] ROBERT ALEXY, *Teoria de los derechos fundamentales*, cit., p. 106.

[21] SERGIO BARTOLE, "Principi del diritto", cit., p. 516.

2.1. *A função normogenética*

2.1.1. *A dignidade da pessoa como fundamento de direitos fundamentais*

O princípio da dignidade da pessoa humana exerce uma função normogenética na medida em que, por um lado, é fundamento de regras ou princípios já expressamente consagrados no nosso ordenamento jurídico constituindo a sua *ratio*, e, por outro, é dotado de uma vertente criadora, sendo princípio gerador de novas normas.

Esta função assume uma particular importância no que se refere a matéria de direitos fundamentais. De facto, a raiz ética dos direitos fundamentais reside na dignidade da pessoa humana.[22] Esta é o fundamento destes direitos, não só dos direitos liberdades e garantias, mas também dos direitos económicos sociais e culturais, uma vez que estes visam garantir as bases da existência humana.[23] É o caso do direito à habitação, como constatamos no Acórdão n.° 151/92.[24] Afirma o Tribunal: "(…) fundando-se o direito à habitação na dignidade da pessoa humana, ou seja, naquilo que a pessoa realmente é: um ser livre com direito a viver dignamente, existe aí um mínimo que o Estado sempre deve satisfazer." Também no Acórdão n.° 420/00,[25] o Tribunal, na sua fundamentação se refere mais uma vez ao direito à habitação, considerando que "(…) o direito à habitação, embora seja um direito cuja realização – uma realização gradual, pois é um direito colocado sob reserva do possível – constitui, essencialmente, tarefa do Estado (…), funda-se na dignidade da pessoa humana."

No Acórdão n.° 951/96,[26] o direito em causa é o direito ao trabalho. Aqui, o Tribunal estabelece que, "com efeito, a nossa lei fundamental assenta na dignidade da pessoa humana, que é o fundamento de todo o ordenamento jurídico, base do próprio Estado, ideia que unifica todos os direitos fundamentais e que perpassa também pelos direitos sociais, que incluem o próprio direito ao trabalho."

---

[22] JORGE MIRANDA, *A Constituição de 1976. Formação, estrutura, princípios fundamentais*, Livraria Petrony, Lisboa, 1978, p. 348.

[23] JOSÉ JOAQUIM GOMES CANOTILHO – VITAL MOREIRA, *Constituição da República Portuguesa Anotada*, 3ª edição, Coimbra Editora, 1993, p. 58 e 59.

[24] Publicado no *Diário da República*, 2.ª série, de 2 de Maio de 1984.

[25] http://www.tribunalconstitucional.pt/Acordaos00/401-500/42000.htm.

[26] Publicado em *Diário da República*, n.° 292, 2.ª série, de 2 de Novembro de 1995.

O recurso ao princípio da dignidade da pessoa humana   157

Por outro lado, ainda dentro da função normogenética, este princípio serve para atribuir a outros direitos, que não os expressamente consagrados na Constituição, o carácter de direitos fundamentais. De facto, para aferir se um determinado direito tem uma natureza análoga a direitos, liberdades e garantias (artigo 17.° da Constituição), um dos elementos a respeitar é "tratar-se de uma posição subjectiva individual ou de uma garantia que possa ser referida de modo imediato à ideia de dignidade da pessoa humana (…)".[27] É o caso do Acórdão n.° 6/84.[28] Neste caso, o Tribunal considerou que a Constituição admite um direito geral de personalidade, o qual, nesta altura, não estava consagrado de forma expressa na Constituição:[29] "(…) tudo parece levar à conclusão de que a nossa Constituição admite e consagra um direito geral de personalidade. O mais poderoso argumento pode equacionar-se assim: a nossa Constituição declara que Portugal é uma República soberana baseada na dignidade da pessoa humana, logo acolhe o princípio de que a todo e qualquer direito de personalidade, isto é, a todo e qualquer aspecto em que necessariamente se desdobra um direito geral de personalidade, deve caber o maior grau de protecção do ordenamento jurídico, ou seja, o que assiste aos direitos fundamentais, pois os direitos de personalidade são inerentes à própria pessoa, não podendo, por isso, ser postergados por qualquer modo, sob pena de se negar o papel da pessoa como figura central da sociedade. No Acórdão n.° 436/00[30] o Tribunal utiliza a mesma argumentação: "(…) o direito geral de personalidade radica no princípio da dignidade da pessoa humana que o artigo 1.° da Constituição proclama."

É também neste princípio que se fundam os direitos de informação sobre o andamento dos processos em que cada cidadão seja interessado e o direito ao conhecimento das resoluções definitivas através da sua notificação ou publicação, enquanto direitos de natureza análoga a direitos, liberdades e garantias, o que podemos constatar no Acórdão n.° 193/92,[31]

---

[27] JOSÉ CARLOS VIEIRA DE ANDRADE, *Os Direitos Fundamentais na Constituição Portuguesa de 1976*, 2ª edição, Almedina, Coimbra, 2001, p. 193.

[28] Publicado no *Diário da República*, 2.ª série, de 2 de Maio de 1984.

[29] Concordamos aqui com PAULO MOTA PINTO, "O direito ao livre desenvolvimento da personalidade", in *Boletim da Faculdade de Direito da Universidade de Coimbra, Portugal – Brasil, ano 2000*, Coimbra Editora, 1999, p. 173, onde o autor considera que o direito ao livre desenvolvimento da personalidade, consagrado no artigo 26.°, n.° 1 da Constituição, na Revisão Constitucional de 1997, passou a constituir o fundamento constitucional expresso do direito geral de personalidade no direito português.

[30] http://www.tribunalconstitucional.pt/Acordaos00/401-500/43600.htm.

[31] Publicado no *Diário da República*, 2.ª série, de 25 de Agosto de 1992.

no qual se afirma que "o princípio constitucional do respeito pela dignidade da pessoa humana (é o) princípio inspirador dos direitos fundamentais (...)". Aqui, o Tribunal julga inconstitucional a norma constante do n.º 4 do artigo 9.º do Decreto-Lei n.º 498/88, de 30 de Dezembro, que restringe o direito de acesso de candidatos a concurso de provimento a parte das actas do júri em que são definidos os critérios de apreciação aplicáveis a todos os candidatos e aquela em que são directamente apreciados."

É também o princípio da dignidade da pessoa humana que serve de fundamento a um direito à existência mínima, enquanto direito fundamental. No Acórdão n.º 232/91[32] o Tribunal afirma que "não pode esquecer-se que o respeito incondicional da dignidade da pessoa humana exige, antes do mais, a garantia de um mínimo de sobrevivência." Igualmente no Acórdão n.º 349/91[33] o Tribunal reconheceu um direito à existência mínima, utilizando os seguintes argumentos: "(...) o artigo 63.º, n.º 1 da CRP reconhece a todos os cidadãos um direito à segurança social (...). Este preceito poderá, desde logo, ser interpretado como garantindo a todo o cidadão a percepção de uma prestação proveniente do sistema de segurança social que lhe possibilite uma existência condigna (...). Mas ainda que não possa ver-se garantido no artigo 63.º um direito a um mínimo de sobrevivência, é seguro que este direito há-de extraír-se do princípio da dignidade da pessoa humana, condensado no artigo 1.º da Constituição." Finalmente, no Acórdão n.º 583/00,[34] o Tribunal considerou o "direito à existência mínima inerente ao respeito pela dignidade da pessoa humana."

2.1.2. *O princípio da dignidade da pessoa humana como fundamento de princípios de direito criminal*

Também no domínio do direito criminal o princípio da dignidade da pessoa humana assume uma grande importância. Este ramo do direito assenta neste princípio, uma vez que toda a sua construção gira em torno de uma concepção do homem como ser digno e livre, que deve poder ser responsabilizado pelas suas condutas, sendo susceptível de um juízo de censurabilidade, isto é, de culpa. O Tribunal Constitucional di-lo expressamente no supra citado Acórdão n.º 43/86: "Uma corrente penalística

---

[32] Publicado no *Diário da República*, 2.ª série, de 17 de Setembro de 1991.
[33] Publicado no *Diário da República*, 2.ª série, de 2 de Dezembro de 1991.
[34] http://www.tribunalconstitucional.pt/Acordaos00/501-600/58300.htm.

marcante, partindo do princípio da dignidade humana, imputa a culpa à personalidade censurável do agente. O juízo de censura radica-se ou na decisão de conduzir a sua vida por forma a não respeitar os valores jurídico-criminais emanados da sociedade em que se insere ou na emissão do dever de formar ou de corrigir a sua personalidade por forma a actuar em conformidade com esses valores." Também no Acórdão n.° 527/95[35] o Tribunal entende que, "(...) assentando o direito criminal de um Estado de direito democrático na dignidade da pessoa humana e sendo a culpa entendida como fundamento legitimador e limite ou, pelo menos, um dos fundamentos irrenunciáveis da aplicação de qualquer pena (...), em qualquer situação de interrogação sobre a qualificação de certa conduta como crime, há que averiguar da relação entre a ordem axiológica constitucional e a ordem legal dos bens jurídicos protegidos pelo direito penal (...)."

O princípio da dignidade da pessoa humana tem sido especialmente invocado para fundar o princípio da culpa. Há uma série de acórdãos que nos poderão servir de exemplo:

– O já citado Acórdão n.° 16/84, no qual o Tribunal sustenta que "o n.° 4 do artigo 30.° da Constituição deriva, em linha recta, dos primordiais princípios definidores da actuação do Estado de direito democrático que estruturaram a nossa lei fundamental, ou sejam: os princípios do respeito da dignidade da pessoa humana e os do respeito e garantia dos direitos fundamentais. Daí decorrem os grandes princípios constitucionais de política criminal: o princípio da culpa; o princípio da necessidade da pena ou das medidas de segurança; o princípio da legalidade e o da jurisdicionalidade da aplicação do direito penal; o princípio da humanidade; e o princípio da igualdade." Esta ideia é reafirmada no Acórdão n.° 203/00.[36]

– O Acórdão n.° 426/91.[37] Aqui, o Tribunal sublinha que "o princípio da culpa está consagrado conjugadamente nos artigos 1.° e 25.° n.° 1 da Constituição: deriva da essencial dignidade da pessoa humana, que não pode ser tomada como simples meio para a prossecução de fins preventivos (...)" Esta mesma argumentação é utilizada posteriormente no Acórdão n.° 89/00.[38]

– O Acórdão n.° 312/00,[39] no qual o Tribunal Constitucional considera que "a tutela das obrigações contratuais do cidadão (se) faz através

---

[35] Publicado no *Diário da República*, I série, A, n.° 260, de 10 de Outubro de 1995.
[36] http://www.tribunalconstitucional.pt/Acordaos00/201-300/20300.htm
[37] Publicado no *Diário da República*, 2.ª série, de 2 de Abril de 1992.
[38] http://www.tribunalconstitucional.pt/Acordaos00/1-100/8900.htm.
[39] http://www.tribunalconstitucional.pt/Acordaos00/301-400/31200.htm.

das adequadas sanções no âmbito do direito privado. Na verdade, uma eventual prisão por dívidas viola os princípios da necessidade das restrições dos direitos fundamentais, designadamente da pena (art. 18, n.º 2) e da culpa (decorrente da dignidade da pessoa humana)."

– O Acórdão n.º 95/01.[40] O Tribunal entende, neste caso, que "o princípio da culpa (...) emana da Constituição e se deduz da dignidade da pessoa humana, em que se baseia a República."

– O Acórdão n.º 547/01.[41]Aqui, o Tribunal entende que "(...) uma certa extensão da moldura sancionatória é de algum modo o tributo que o princípio da legalidade das sanções tem de pagar ao princípio da culpa, que deriva da essencial dignidade da pessoa humana e se extrai dos artigos 1.º e 25.º, n.º 1 da Constituição."

A culpa pressupõe, então, a liberdade e a dignidade da pessoa humana, na medida em que a pena se funda em um juízo de reprovação do agente por não ter agido em conformidade com o dever jurídico, quando poderia tê-lo feito.[42] Isso demonstra a relação incindível que se estabelece entre dignidade, liberdade e culpa e que é expressamente referida no Acórdão n.º 1/2001.[43] Diz o Tribunal: "(...) os fins das penas articulam-se com a dignidade da pessoa humana e com o princípio do Estado de direito, tal como ele se concretiza na Constituição portuguesa. A dignidade da pessoa não é respeitada se ela não é tratada como livre e, por isso, susceptível de culpa." Também no já citado Acórdão n.º 95/01, o Tribunal assume posição idêntica, defendendo que "o direito penal, no Estado de Direito, tem de edificar-se no homem como ser pessoal e livre – no homem que, sendo responsável pelos seus actos, é capaz de se decidir pelo Direito ou contra o Direito." Porque o homem é digno e livre, ele deve poder ser responsabilizado pelas suas condutas, ou seja, deve ser susceptível de um juízo de censurabilidade, isto é, de culpa. Não conferir ao homem responsabilidade pelas suas opções seria, de alguma forma, desvalorizá-lo, retirar-lhe dignidade.

A punição da culpa deriva da necessidade de defesa de bens jurídicos essenciais para que seja possível a vida em sociedade.[44] O direito penal

---

[40] http://www.tribunalconstitucional.pt/Acordaos01/1-100/9501.htm.

[41] http://www.tribunalconstitucional.pt/Acordaos01/501-600/54701.htm.

[42] JOSÉ DE SOUSA E BRITO, "A lei penal e a Constituição", in *Estudos sobre a Constituição*, 2.º Vol., Livraria Petrony, Lisboa, 1978, p. 198 e 199.

[43] http://www.tribunalconstitucional.pt/Acordaos 01/1-100/101.htm

[44] Também considerando que que o direito penal se configura como um direito

O recurso ao princípio da dignidade da pessoa humana 161

não se propõe mais realizar na terra uma justiça metafísica nem pretende ser sua expressão e torna-se, simplesmente, um dos instrumentos da política estadual-social.[45] À pena cabe, primordialmente, esta função de tutela necessária dos bens jurídicos, visando garantir a estabilização das expectativas da comunidade na manutenção da validade e vigência da norma violada.[46] É este o fundamento da intervenção de todo o direito penal; este arranca sempre da protecção de bens jurídicos e, portanto, de interesses socialmente relevantes. Esta função, porém, tem sempre que ser limitada pela ideia e princípio da culpa.[47] No âmbito de um direito penal preventivo atribui-se à culpa o papel de pressuposto e limite da intervenção punitiva.[48] O que o princípio da culpa visa garantir é que só seja aplicada uma sanção penal quando a pessoa poderia ter agido de outra maneira. Quem é inimputável, ou seja, incapaz de culpa, e comete um facto ilícito típico, não pode ser sujeito a uma pena, sendo-lhe antes aplicável uma medida de segurança, que tem na sua base a perigosidade do delinquente.[49] Não há, então, "pena sem culpa e a medida da pena não pode em modo algum ultrapassar a medida da culpa."[50] É precisamente isto que o Tribunal salienta no Acórdão n.° 95/01, que já tivemos oportunidade de analisar: "há-de ser, por isso, um direito penal ancorado na dignidade da pessoa humana, que tenha a culpa como fundamento e limite da pena, pois não é admissível pena sem culpa, nem em medida tal que exceda a da culpa." Assim sendo, é também função da culpa estabelecer o máximo de pena ainda compatível com as exigências da dignidade da pessoa e a ga-

---

penal de protecção de bens jurídicos ver ANABELA RODRIGUES, *A determinação da medida da pena privativa da liberdade*, Coimbra Editora, 1995, p. 238.

[45] ANABELA RODRIGUES, *A determinação da medida da pena privativa da liberdade*, *cit.*, p. 316 e 317.

[46] O que corresponde à ideia de prevenção geral positiva ou prevenção de integração. Nesse sentido ver JORGE DE FIGUEIREDO DIAS – MANUEL DA COSTA ANDRADE, *Direito Penal, Questões fundamentais: A doutrina geral do crime*, Faculdade de Direito da Universidade de Coimbra, 1996, p. 115 e 116; também ANABELA RODRIGUES, *A determinação da medida da pena privativa da liberdade*, *cit.*, p. 320 e 321.

[47] JORGE DE FIGUEIREDO DIAS, *Liberdade, Culpa e Direito Penal*, Colecção Coimbra Editora, Coimbra, 1976, p. 15.

[48] ANABELA RODRIGUES, *A determinação da medida da pena privativa da liberdade*, *cit.*, p.394.

[49] JORGE DE FIGUEIREDO DIAS – MANUEL DA COSTA ANDRADE, *Direito Penal, Questões fundamentais: A doutrina geral do crime*, *cit.*, p. 123.

[50] IDEM, *ibidem*, p. 79.

rantia do livre desenvolvimento da sua personalidade. A culpa constitui o limite inultrapassável da pena.[51]

A pena visa igualmente prosseguir uma finalidade mais positiva que se traduz na reparação das tendências do delinquente para o crime através da sua readaptação social.[52] Também este princípio da ressocialização deriva do princípio da dignidade da pessoa humana, o que vem expressamente referido no Acórdão n.° 43/86:[53] "Partindo do mesmo princípio da dignidade humana, o sistema punitivo do Código Penal visa atingir a ressocialização ou reinserção social do delinquente." O Acórdão n.° 549/94[54] também estabelece o mesmo: "os princípios da culpa e da ressocialização, ambos assentes no princípio constitucional da dignidade humana encontram especial expressão no Código Penal de 1982 (...)". Temos, finalmente, o Acórdão n.° 474/95:[55] neste, o Tribunal, para fundamentar a sua decisão, utiliza os seguintes argumentos: "tendo sido a prisão perpétua abolida em Portugal há mais de 100 anos (...), encontra-se a mesma proscrita pela Constituição da República, em virtude de a sua aplicação repugnar a consciência jurídica que enforma o nosso ordenamento, tendo em conta a prevalência da dignidade da pessoa humana e do seu reflexo nos fins das penas, onde necessariamente avulta a recuperação e a reintegração social do delinquente."

É, então, a dignidade que exige que a pena tenha em vista a readaptação do delinquente.

Finalmente, o Tribunal Constitucional também recorreu ao princípio da dignidade da pessoa humana para fundamentar princípios de processo penal: no Acórdão n.° 394/89[56] o Tribunal considera que "a realização da audiência sem a presença do arguido viola, pois, o princípio das garantias de defesa a que o processo criminal deve obedecer (...), o princípio do contraditório, a que a audiência há-de subordinar-se (...). E viola também o princípio da verdade material e, consequentemente, o princípio da imediação, que vão ínsitos na própria ideia de processo criminal de um Estado

---

[51] IDEM, *ibidem*, p. 120.
[52] JORGE DE FIGUEIREDO DIAS, *Direito Penal*, Universidade de Coimbra, 1975, p.79.
[53] Publicado no *Diário da República*, 2.ª série, de 15 de Maio de 1986.
[54] Publicado no *Diário da República*, 2.ª série, de 20 de Dezembro de 1994.
[55] Publicado no *Diário da República*, 2.ª série, n.° 266, de 17 de Novembro de 1995.
[56] Publicado no *Diário da República*, 2.ª série, n.° 212, de 14 de Setembro de 1989.

O recurso ao princípio da dignidade da pessoa humana

de direito como exigências fundamentais que são do princípio do respeito pela dignidade humana."

2.2. A função de interpretação e de integração:

Sendo a dignidade da pessoa humana um princípio ético-jurídico, cabe-lhe também um papel especialmente importante na interpretação e na integração de preceitos normativos.[57] Este princípio confere uma unidade de sentido ao sistema de direitos fundamentais,[58] sendo uma referência constitucional unificadora de todos eles.[59] No supra citado Acórdão n.º 951/96, o Tribunal declara que "a nossa lei fundamental assenta na dignidade da pessoa humana, (...), ideia que unifica todos os direitos fundamentais (...)." Assim sendo, ele servirá como princípio interpretativo destes direitos e como instrumento metódico de resolução de conflitos. Temos alguns acórdãos exemplificativos da invocação do princípio da dignidade da pessoa humana enquanto critério de interpretação:

– O Acórdão n.º 25/84[60], onde, na sua decisão, o Tribunal sublinha que "é também a interpretação que para nós melhor se harmoniza com o princípio jurídico fundamental regulativo da própria interpretação das normas constitucionais, designadamente das referentes aos direitos, liberdades e garantias, como são os chamados direitos de personalidade, a saber, o princípio da dignidade da pessoa humana."

– O Acórdão n.º 349/91, já referido, no qual não se julga inconstitucional a norma constante do n.º 1 do artigo 45.º da Lei n.º 28/84, na parte em que estabelece que as pensões pagas pelo Centro Nacional de Pensões são absolutamente impenhoráveis. O Tribunal, para resolver o conflito existente entre os direitos fundamentais de que são titulares o credor e o pensionista, decide que "(...) deve o legislador, para tutela do valor su-

---

[57] KARL LARENZ, *Metodologia da Ciência do Direito*, *cit.*, p. 487 e 674.

[58] JORGE MIRANDA, *Manual de Direito Constitucional*, *cit.*, p. 180; JORGE REIS NOVAIS, "Renúncia a direitos fundamentais", in JORGE MIRANDA (org.), *Perspectivas Constitucionais – Nos 20 anos da Constituição*, Coimbra Editora, 1996, p. 326; JOSÉ CARLOS VIEIRA DE ANDRADE, *Os Direitos Fundamentais na Constituição Portuguesa de 1976*, *cit.*, p. 264-265; JOSÉ MANUEL CARDOSO DA COSTA, "O Princípio da Dignidade da Pessoa Humana na Constituição e na Jurisprudência Constitucional Portuguesas", *cit.*, p. 192.

[59] JOSÉ JOAQUIM GOMES CANOTILHO – VITAL MOREIRA, *Constituição da República Portuguesa Anotada*, *cit.*, p. 58.

[60] Publicado no *Diário da República*, 2.ª série, de 2 de Maio de 1984.

premo da dignidade humana, sacrificar o direito do credor, na medida do necessário e, se tanto for preciso, mesmo totalmente, não permitindo que a realização desse direito ponha em causa a sobrevivência ou subsistência do devedor."

– O Acórdão n.° 192/01,[61] onde está presente a função interpretativa do princípio da dignidade, uma vez que o Tribunal considera que "(…) o conceito de domicílio deve ser dimensionado e moldado a partir da observância do respeito pela dignidade da pessoa humana, na sua vertente de intimidade da vida privada (…)".

2.3. *A dignidade da pessoa humana invocada directamente:*

Finalmente, uma vez que entendemos que a norma da dignidade da pessoa é tratada, em parte, como regra e, em parte, como princípio, esta também poderá ser invocada directamente. O carácter de regra da norma da dignidade da pessoa humana mostra-se nos casos em que sendo esta norma relevante, não se pergunta se precede outras normas ou não, mas antes se é violada ou não.[62] No Acórdão n.° 105/90[63] o Tribunal considera que "(…) o princípio da dignidade da pessoa humana é também seguramente, só por si, padrão ou critério possível para a emissão de um juízo de constitucionalidade sobre normas jurídicas." Posteriormente, no Acórdão n.° 319/95[64], o Tribunal invoca directamente a dignidade da pessoa ao lado de outros direitos fundamentais: "a submissão do condutor ao teste de detecção de álcool também não viola o dever de respeito pela dignidade da pessoa do condutor, nem o seu direito ao bom nome e à reputação, nem o direito que ele tem à reserva da intimidade da vida privada. (…) Concretamente no que concerne ao dever de respeito pela dignidade da pessoa do condutor, não é a submissão deste a exame para detecção de álcool que pode violá-lo. O que atentaria contra essa dignidade seria o facto de se sujeitar o condutor a exame de pesquisa de álcool, fazendo-se no local alarde público do resultado, no caso de ele ser positivo." Neste caso, é directamente a partir do conceito de dignidade que se afere da inconstitucionalidade ou não inconstitucionalidade da medida em causa.

---

[61] http://www.tribunalconstitucional.pt/Acordaos01/101-200/19201.htm.

[62] ROBERT ALEXY, *Teoria de los derechos fundamentales, cit.*, p. 107.

[63] Publicado em *Acórdãos do Tribunal Constitucional*, 15.° volume, Janeiro a Abril, 1990.

[64] Publicado em *Diário da República*, n.° 292, 2.ª série, de 18 de Dezembro de 1996

III – A DIGNIDADE DA PESSOA HUMANA: DENSIFICAÇÃO DO CONCEITO

Ora se o princípio da dignidade da pessoa humana é dotado desta multifuncionalidade, na medida em que pode ser utilizado como princípio fundamentante e gerador de outras normas, exercer uma função de interpretação e integração de outros preceitos normativos do ordenamento e ser invocado de forma directa, assumindo, assim, um papel fundamental no nosso ordenamento jurídico, é essencial saber que sentido lhe tem atribuído o TC, na medida em que a sua interpretação se reflectirá, necessariamente, em todas essas funções. A utilização do princípio da dignidade da pessoa humana enquanto instrumento metódico de resolução de conflitos entre direitos fundamentais, por exemplo, poderá conduzir a resultados diferentes consoante a interpretação que se faça do conceito de dignidade. Vamos, por isso, agora, tentar densificar este conceito de dignidade da pessoa humana através de uma análise da jurisprudência do Tribunal Constitucional.

Antes do mais, o conceito de dignidade da pessoa humana é um conceito que se concretiza historicamente, assumindo um valor eminentemente cultural.[65] O Tribunal Constitucional, no supra citado Acórdão n.º 105/90, diz precisamente que a ideia de dignidade "(…) não é algo de puramente apriorístico e ou a-histórico, mas algo que justamente se vai fazendo (e que vai progredindo) na história, assumindo, assim, uma dimensão eminentemente cultural." A centralidade da dignidade é um reflexo do antropocentrismo hebraico-cristão.[66] A base para a especial dignidade do homem é, segundo o Antigo e o Novo Testamentos, a circunstância de o Homem ter sido criado à imagem de Deus. A partir daí é-lhe atribuído um valor insubstituível.[67] Apesar disso, até ao Renascimento domina uma tradição de pensamento que se baseia numa ordem cósmica, na qual cada

---

[65] FRANK MODERNE, "La dignité de la personne comme principe constitutionnel dans les constitutions portugaise et française", in JORGE MIRANDA (org.), *Perspectivas Constitucionais – Nos 20 anos da Constituição*, Coimbra Editora, 1996, p. 207.

[66] MARCO OLIVETTI, "art. 1. Dignità umana", in RAFFAELE BIFULCO – MARTA CARTABIA – ALFONSO CELOTTO, *L'Europa dei diritti – commento alla Carta dei diritti fondamentali dell' Unione Europea*, il Mulino, Bologna, 2001, p. 39.

[67] CHRISTIAN STARCK, "Menschenwürde als Verfassungsgarantie im modernen Staat", in *JZ*, n.º 14, Juli, 1981, p. 458.

166   *Estudos em Comemoração do 10.° Aniversário da Licenciatura em Direito*

ser tem um lugar pré-definido.[68] É com Pico della Mirandolla que surge a concepção do Homem como multiplicidade de possibilidades, sendo a sua dignidade, precisamente, essa possibilidade de escolha.[69-70] Graças a ele, a partir do Renascimento a dignidade do homem passará a estar no centro do novo humanismo individualista da filosofia iluminista.[71] Pufendorf, por sua vez, acrescentou à ideia de dignidade a ideia de igualdade de todos os homens. A conclusão de Kant de todos estes pensamentos culmina na ideia da natureza insubstituível do homem, ser dotado de um valor intrínseco absoluto.[72] Assim, a dignidade consiste no facto de o homem não poder ser considerado um simples meio, mas só e sempre como um fim.[73]

Apesar de o Tribunal Constitucional invocar, de uma maneira geral, o princípio da dignidade da pessoa humana sem mais, isto é, não esclarecendo de uma forma explícita o conteúdo deste preceito, ainda assim, com base nos acórdãos analisados, podemos constatar que a sua interpretação deste conceito reflecte esta influência histórico-cultural. Desde logo, pelo

---

[68] GUSTAVO ZAGREBELSKY, *Società – Stato – Costituzione*, G. Giappichelli Editore, Torino, 1988, p. 24.

[69] PETER HÄBERLE, "Die Menschenwürde als Grundlage der staatlichen Gemeinschaft", in JOSEF ISENSEE – PAUL KIRCHOF, *Handbuch des Stadtsrechts der Bundesrepublik Deutschland*, vol. I, C. F. Müller, Heidelberg, 1995, p. 834; PANAJOTIS KONDYLIS, "Würde", in *Geschichtliche Grundbegriffe, Historisches Lexicon zur politisch-sozialen Sprache in Deutschland*, Band 7, Klett-Cotta, 1997, p. 661.

[70] Este excerto da sua obra parece-nos bastante expressivo desta nova concepção de dignidade: "Finalmente, pareceu-me ter compreendido porque razão é o homem o mais feliz de todos os seres animados e digno, por isso, de toda a admiração, e qual enfim a condição que lhe coube em sorte na ordem universal, invejável não só pelas bestas, mas também pelos astros e até pelos espíritos supramundanos (…). Deus tomou o Homem como obra de natureza indefinida e, colocando-o no meio do mundo, falou-lhe deste modo:" Ó Adão, não te demos nem um lugar determinado, nem um aspecto que te seja próprio, nem tarefa alguma específica, a fim que obtenhas e possuas aquele lugar, aquele aspecto, aquela tarefa que tu seguramente desejares, tudo segundo o teu parecer e a tua decisão.(…) Não te fizemos celeste nem terreno, nem mortal nem imortal, a fim de que tu, árbitro e soberano artífice de ti mesmo, te plasmasses e te informasses, na forma que tivesses seguramente escolhido. Poderás degenerar até aos seres que são as bestas, poderás regenerar-te até às realidades superiores que são divinas, por decisão do teu ânimo. Ó suma liberalidade de Deus pai, ó suma e admirável felicidade do Homem! Ao qual é concedido obter o que deseja, ser aquilo que quer." GIOVANNI PICO DELLA MIRANDOLLA, *Discurso sobre a Dignidade do Homem*, Edições 70, p. 49-52.

[71] GUSTAVO ZAGREBELSKY, *Società – Stato – Costituzione*, cit., p. 24.

[72] PETER HÄBERLE, "Die Menschenwürde als Grundlage der staatlichen Gemeinschaft", cit., p. 834.

[73] MARCO OLIVETTI, "art. 1. Dignità umana", cit., p. 39.

papel central assumido pela dignidade da pessoa humana, que é um princípio estruturante do nosso ordenamento jurídico. Depois, uma vez que o Tribunal funda o princípio da culpa na dignidade da pessoa humana, parece que parte de uma concepção do homem como ser livre e autodeterminado. Se assim não fosse, o homem não poderia ser susceptível de um juízo de censurabilidade, uma vez que não lhe era possível ter agido de outro modo. O Tribunal afirma, assim, a incindibilidade existente entre dignidade e autonomia pessoal.

Assumir a importância do contexto cultural no conceito da dignidade da pessoa humana não significa, no entanto, dizer que os contornos deste princípio são intangíveis ou imutáveis.[74] O contexto cultural não é estático, estando em constante mutação, até porque, cada vez mais, este conceito se desenvolve através de um intercâmbio com outras culturas.[75]

Por outro lado, o conceito de dignidade não é um conceito descritivo, o que tem como consequência que as controvérsias quanto à sua aplicação sejam necessariamente controvérsias de valoração ética.[76] É, por isso, muito difícil de definir, uma vez que não existe consenso acerca do que torna a vida humana "boa", tanto para os indivíduos como para as sociedades.[77] Em vários campos da vida impera, de facto, o dissenso acerca do que é eticamente legítimo, especialmente quanto à questão de saber quais os limites da livre autodeterminação. Assim, o princípio da dignidade não é mais nem menos do que o veículo de uma decisão moral sobre a admissibilidade ou inadmissibilidade de possíveis limitações à autodeterminação individual.[78] A ideia de dignidade não está necessariamente ligada a uma perspectiva liberal-individualista dos seres humanos como pessoas cujas decisões de vida merecem ser respeitadas. Se o Estado se considerar

---

[74] Considerando que os contornos do princípio da dignidade não são nem intangíveis nem imutáveis ver BERTRAND MATHIEU, "La dignité de la personne humaine: quel droit? quel titulaire", in *Recueil Dalloz Sirey*, 33.º Cahier, 1996, p. 286; ver também JOSÉ CARLOS VIEIRA DE ANDRADE, *Os Direitos Fundamentais na Constituição Portuguesa de 1976*, *cit.*, pág. 102, que considera que a descoberta de uma unidade de sentido cultural nos direitos fundamentais, não implica, contudo, a adesão a uma determinada teoria de valores ou de ordem de valores e muito menos de uma ordem de valores hierárquica, abstracta e fechada.

[75] PETER HÄBERLE, "Die Menschenwürde als Grundlage der staatlichen Gemeinschaft", *cit.*, p. 842 e 843.

[76] NORBERT HOERSTER, "Zur Bedeutung des Prinzips der Menschenwürde", *Jus*, Heft 2, 1983, p. 95.

[77] DAVID FELDMAN, "Human Dignity as a Legal Value – Part II", in *Public Law*, Spring 2000, p. 75.

[78] NORBERT HOERSTER, "Zur Bedeutung des Prinzips der Menschenwürde", *cit.*, p. 96.

competente para assumir uma determinada perspectiva acerca do que é exigível para as pessoas viverem uma vida digna, poderá impor restrições à liberdade que estas têm de fazer escolhas, sendo a dignidade utilizada de forma a restringir a autonomia individual.[79] O conteúdo do princípio da dignidade será diferente consoante se adopte uma noção liberal-individualista ou uma noção paternalista deste conceito.[80]

A aplicação do princípio da dignidade da pessoa humana pressupõe, então, uma juízo de valor, uma vez que se trata de uma fórmula vazia. Isso não significa dizer que as soluções de todos os casos, nos quais se recorre a este princípio, se encontrem apenas através desse juízo de valor. Muitas vezes, as conclusões a que se chega nessas decisões, através do recurso ao princípio da dignidade, ancoram-se no direito vigente. É evidente que os preceitos jurídicos que servem de suporte a essas decisões contêm em si mesmos uma valoração. É, no entanto, consideravelmente diferente ser o legislador quem procede a essa valoração necessária ou ele delegar essa função ao julgador através de uma fórmula vazia, atribuindo-lhe um cheque em branco para juízos de valor pessoais.[81]

Assim, a solução para o conflito entre uma noção paternalista e uma noção liberal-individualista de dignidade parece-nos dever ancorar-se no direito vigente, nomeadamente no direito ao livre desenvolvimento da personalidade previsto na nossa Constituição desde 1997. A consagração deste direito não pode deixar de ser vista como uma decisão valorativa fundamental, fundadora, em situações de dúvida, de uma presunção a favor da liberdade de actuação. A consulta dos trabalhos preparatórios da IV revisão constitucional permite concluir que a discussão em torno da consagração do direito ao desenvolvimento da personalidade teve sobretudo em vista a tutela da individualidade, e, em particular, das suas diferenças. Também na doutrina germânica se aponta ao direito ao livre desenvolvimento da personalidade um conteúdo de direito objectivo, no sentido de fundar uma presunção a favor da liberdade, em confronto com outros valores.[82]

---

[79] Nesse sentido ver DAVID FELDMAN, "Human Dignity as a Legal Value – Part I", *cit.*, p. 685 e 697.

[80] Considerando que existe um conflito entre uma noção paternalística e uma noção liberal-individualista de dignidade ver DAVID FELDMAN, "Human Dignity as a Legal Value – Part II", *cit.*, p. 75.

[81] NORBERT HOERSTER, "Zur Bedeutung des Prinzips der Menschenwürde, *cit.*, p. 96.

[82] PAULO MOTA PINTO, "O direito ao livre desenvolvimento da personalidade", *cit.*, p. 157 a 161.

O TC, no entanto, parece-nos ter optado por uma noção paternalista da dignidade. Apesar de, no já citado Acórdão n.º 105/90, ter considerado que o princípio da dignidade da pessoa humana é um "princípio aberto, sublinhando a necessidade de se reconhecer como legítimo um "pluralismo" mundividencial de concepções", não assumiu a mesma posição no Acórdão n.º 368/2002.[83] Neste último, levantou-se a questão de saber se a obrigação de o Estado legislar para proteger a saúde dos trabalhadores poderia ir ao ponto de obrigar esses trabalhadores a exames médicos para defesa da própria saúde quando não estão já primacialmente em causa interesses públicos relevantes ou direitos fundamentais de terceiros. O Tribunal, apesar de ter realçado que após a revisão constitucional de 1997, o artigo 26.º, n.º 1 da Constituição passou a consagrar expressamente o direito ao livre desenvolvimento da personalidade, assegurando a cada um a liberdade de traçar o seu próprio plano de vida, o que implica o reconhecimento de uma liberdade geral de acção, considerou que perante uma "especial fundamentação social" o legislador se encontra excepcionalmente autorizado a, relativamente a certos direitos fundamentais, estabelecer "restrições justificadas pela protecção legislativa dos indivíduos contra si próprios", tratando-se, em regra, de proteger a integridade física (saúde) ou o património da própria pessoa. Com o devido respeito, não concordamos com esta posição defendida pelo Tribunal, na medida em que implica um excessivo paternalismo da parte do Estado, que aparece a garantir a segurança do cidadão contra si próprio, através da usurpação de parcelas de liberdade e autonomia individuais.[84] Ao Estado liberal é proibido tentar "melhorar" a vontade da pessoa, obrigando-a a ser protegida contra si própria.[85-86] Coloca-se a questão de saber qual a legitimidade do Tribunal

---

[83] http://www.tribunalconstitucional.pt/Acordaos/Acordaos02/301-400/36802.htm.

[84] JOSÉ CASALTA NABAIS, "Algumas reflexões críticas sobre os direitos fundamentais" in ANTUNES VARELA, DIOGO FREITAS DO AMARAL, JORGE MIRANDA, J.J. GOMES CANOTILHO (org.), *Ab Uno Ad Omnes*, Coimbra Editora, 1995, p. 971.

[85] WOLFRAM HÖFLING, " Menschenwürde und Gute Sitten", ", in *NJW*, Heft 29, 1983, p. 1585.

[86] Como exemplos de situações deste tipo temos, em primeiro lugar, a decisão do caso *Peep Show*, do SupremoTribunal Administrativo alemão, na qual este considerou haver uma renúncia ilegítima à dignidade da pessoa humana pela parte das mulheres que participavam neste tipo de espectáculos de strip-tease. Contra esta decisão, ver WOLFRAM HÖFLING, "Menschenwürde und Gute Sitten", *cit.*, p. 1582-1585; também contra, ver INGO VON MÜNCH, "Die Würde des Menschen im Deutschen Verfassungsrecht", in JÖRN IPSEN – EDZARD SCHMIDT-JORTZIG, *Recht – Staat – Gemeinwohl, Festschrift für Dietrich Rauschning*, Carl Heymanns Verlag KG, 2001, p. 38. Este autor considerou que o Tribunal

170   Estudos em Comemoração do 10.° Aniversário da Licenciatura em Direito

para determinar uma "imagem do homem da lei fundamental", que veicule as concepções ideológicas dominantes da sociedade, quando não estão já em causa interesses públicos relevantes ou direitos fundamentais de terceiros. É que a protecção legal poderá, no limite, tornar-se uma forma de "terrorismo do pensamento".[87] A história dos direitos fundamentais, in-

---

Constitucional alemão decidiu erradamente ao pretender proteger a pessoa contra si própria, uma vez que os direitos fundamentais são, pela sua natureza, direitos de liberdade; a favor, ALFONS GERN, "Menschenwürde und Gute Sitten", cit., p. 1585-1590. Outra decisão que nos suscita reservas é a decisão do Conselho de Estado francês que confirmou a proibição de competições de lançamento de anões, ainda que com o consentimento destes, por considerar que estas competições atentavam contra a dignidade da pessoa. Esta decisão encontra-se disponível na *Revue française de droit administratif*, 11, (6), Nov.-Déc. 1995, p. 1024 e seg.. Sobre esta decisão ver também DAVID FELDMAN, "Human Dignity as a Legal Value – Part I", in *Public Law*, Winter 1999, p. 701 e 702; finalmente, a jurisprudência do Supremo Tribunal Americano tem, progressivamente, vindo a alterar a sua posição quanto à sua função de garante da moralidade. Já num caso de 1978, o caso *FCC v. Pacifica Foundation* ("http://caselaw.lp.findlaw.com/scripts/getcase.pl?court=US&vol =438&invol"=726) relativo à difusão por um programa de rádio de um monólogo chamado *Filthy Words*, o Juíz Brennan, no seu voto de vencido, criticou a decisão do Tribunal considerando-a como mais um esforço da cultura dominante para forçar os grupos que não partilham os seus usos a adaptar-se à sua forma de pensar, agir e falar. Ver a referência a este caso também em J. J. GOMES CANOTILHO – JÓNATAS MACHADO, *Reality Shows e liberdade de programação, cit.*, p. 82. Mais recentemente, no caso *Lawrence v. Texas* ("http://caselaw".lp. findlaw.c... /getcase. pl?court=US&navby=case&vol=000&invol=02-10) este Tribunal revogou a decisão do caso *Bowers v. Hardwick* ("http://caselaw.lp.findlaw.com /scripts/getcase.pl? court=US&vol =478&Invol =186"). No caso *Bowers versus Hardwick*, o Supremo Tribunal considerou não serem inconstitucionais as disposições legislativas de alguns Estados que proíbiam a sodomia, por se tratar de uma prática imoral. No caso *Lawrence*, por sua vez, estava em causa a inconstitucionalidade da legislação do Texas que criminalizava a prática de determinados actos sexuais entre duas pessoas do mesmo sexo. Aqui, o Tribunal considerou que o direito à liberdade dá o direito aos requerentes de manterem a sua conduta sem qualquer intervenção governamental. Na sua fundamentação o Tribunal estabelece que: "*Had those who drew and ratified the Due Process Clauses of the Fifth Amendment or the Fourteenth Amendment known the components of liberty in its manifold possibilities, they might have been more specific. They did not presume to have this insight. They knew times can blind us to certain truths and later generations can see that laws once thought necessary and proper in fact serve only to oppress. As the Constitution endures, persons in every generation can invoke its principles in their own search for greater freedom.*" Esta decisão põe em causa o papel do Estado enquanto garante da moralidade e sugere que, onde ninguém é afectado, as decisões devem ser, em geral, deixadas nas mãos do indivíduo. Nesse sentido ver SHERRY F. COLB, "Welcoming Gay People Back Into the Fold: The Supreme Court Overrules Bowers v.Hardwick", "*http://writ.news". findlaw. com/ colb/ 20030630. html.*

[87] ULFRID NEUMANN, "Die Tyrannei der Würde", in *Archiv für Rechts-und Sozialphilosophie* 1998, 2, p. 162.

O *recurso ao princípio da dignidade da pessoa humana* 171

cluindo a história constitucional portuguesa, está cheia de exemplos de restrições a estes direitos inspiradas na busca, por parte de um autocrata ou de uma elite de iluminados, do sentido mais puro (do ponto de vista religioso, moral, racial, económico, etc.) da humanidade.[88]

A "imagem do homem da lei fundamental" tem que ser necessariamente compatível com a radical diversidade de ontologias, mundividências, epistemas, concepções do bem, valorações, perspectivas, opiniões, etc., que coexistem no seio da comunidade política.[89-90] A liberdade, enquanto núcleo da dignidade da pessoa humana, deverá ser uma liberdade sem juízos de valor.[91] A dignidade da pessoa humana significará, assim, o contrário de "verdades" ou "fixismos" políticos, religiosos ou filosóficos.[92] O pluralismo, seja religioso, mundividencial ou político, é o marco de um mundo livre, no qual coexistem amigavelmente homens com diferentes perspectivas, mundividências e valores.[93] Com o reconhecimento constitucional de um direito ao livre desenvolvimento da personalidade procurou-se deixar consagrado um direito de liberdade do indivíduo em relação a modelos de personalidade, que integra um direito à diferença e que permite a cada um eleger o seu modo de vida, desde que não cause prejuízo a terceiros.[94] Consideramos, por isso, que deverá prevalecer uma perspectiva liberal-individualista do conceito de dignidade.

Por outro lado, nos já referidos Acórdãos n.°s 426/91 e 89/00, o Tribunal utiliza a "fórmula do objecto" para densificar o conceito de dignidade. Esta "fórmula" tem a sua origem na doutrina alemã, com GÜNTER

---

[88] J. J. GOMES CANOTILHO – JÓNATAS MACHADO, *Reality Shows e liberdade de programação*, *cit.*, p. 73.

[89] J. J. GOMES CANOTILHO – JÓNATAS MACHADO, *Reality Shows e liberdade de programação*, Argumentum 12, Coimbra Editora, 2003, p. 46 e 47.

[90] Também GOMES CANOTILHO E JÓNATAS MACHADO quando consideram que "(…) o conceito de dignidade humana (se) apresenta desvinculado de qualquer concepção mundividencial fechada e heterónoma acerca do sentido existencial e ético da vida, não podendo servir para a imposição constitucional de um qualquer absolutismo valorativo". Nesse sentido ver J. J. GOMES CANOTILHO – JÓNATAS MACHADO, *Reality Shows e liberdade de programação*, *cit.*, p. 45 e 46.

[91] WOLFRAM HÖFLING *apud* ALFONS GERN, "Menschenwürde und Gute Sitten", in *NJW*, Heft 29, 1983, p. 1585.

[92] J.J. GOMES CANOTILHO, *Direito Constitucional e Teoria da Constituição*, *cit.*, p. 226.

[93] Nesse sentido ver FRANZ JOSEF WETZ, *Die Würde der Menschen ist antastbar. Eine Provokation*, *cit.*, p. 102.

[94] PAULO MOTA PINTO, "O direito ao livre desenvolvimento da personalidade", *cit.*, p. 157 e 158.

Dürig, e inspira-se na filosofia moral de Kant. Dürig considera que é possível delimitar um núcleo material mínimo de dignidade pessoal, que deve constituir uma garantia irredutível num Estado de Direito,[95] e que não depende da concepção que a própria pessoa tenha da sua dignidade. Esse núcleo abrange as situações em que o homem concreto é reduzido à condição de objecto ou de um simples meio.[96] Temos dúvidas que a adopção desta "fórmula" seja a solução mais adequada para a interpretação do conceito de dignidade. A fórmula do objecto é demasiado abstracta sendo, também ela, uma fórmula vazia, onde poderá caber tudo.[97] Determinar quais as situações em que a pessoa é tratada como um objecto ou um meio pressupõe também, necessariamente, um juízo de valor moral.[98-99] Através desta fórmula está-se, mais uma vez, a deixar nas mãos do Tribunal a tarefa de determinar esse núcleo material mínimo de dignidade que se pode sobrepor à concepção que a pessoa faz da sua própria dignidade.

Parece-nos, então, que a utilização da "fórmula do objecto" não traz qualquer vantagem para a determinação do conteúdo do conceito de dignidade.[100] No fundo, o Tribunal densifica uma fórmula vazia com outra

---

[95] Jorge Reis Novais, "Renúncia a direitos fundamentais", cit., p. 329.

[96] Também Vieira de Andrade entende que esse núcleo mínimo se refere às situações em que o indivíduo se reduz à condição de objecto ou de não pessoa. Nesse sentido ver José Carlos Vieira de Andrade, Os Direitos Fundamentais na Constituição Portuguesa de 1976, cit., p. 266.

[97] Podemos ver também uma crítica à fórmula do objecto em J. J. Gomes Canotilho – Jónatas Machado, Reality Shows e liberdade de programação, cit., p.48: "alusões vagas à consideração dos indivíduos como "fins em si mesmos", ou aos perigos do voyerismo e do sensacionalismo" e "pesadelos" de depravação", apresentam-se particularmente débeis quando confrontadas com o respeito devido aos indivíduos e à pluralidade de razões que os mesmos podem invocar para a edificação do seu plano de vida."

[98] Também alertando para o facto de o uso inflaccionado desta expressão conduzir a uma certa desvalorização argumentativa, ver João Loureiro, "O direito à identidade genética do ser humano", in Portugal-Brasil Ano 2000, Coimbra Editora, 1999, p. 282 e 283.

[99] O Tribunal Constitucional alemão aderiu inicialmente a esta "fórmula do objecto", tendo, no entanto, posteriormente passado a referir-se a uma "fórmula do objecto modificada." Uma vez que o Homem é muitas vezes objecto de medidas estaduais, sem dessa forma ver violada a sua dignidade, o Tribunal Constitucional passou a considerar que só há um atentado ao princípio da dignidade, quando o comportamento em questão seja manifestação de desprezo pelo Homem. Neste sentido, ver Ingo Von Münch, "Die Würde des Menschen im Deutschen Verfassungsrecht", cit., p. 33.

[100] Schopenhauer considera que a formulação kantiana, "devemos tratar o homem nunca como um meio mas sempre e só como um fim" é uma formulação vaga, indeterminada, insuficiente e, para além do mais, problemática. Nesse sentido ver Arthur Schopenhauer apud Norbert Hoerster, "Zur Bedeutung des Prinzips der Menschenwürde", cit., p. 93.

O recurso ao princípio da dignidade da pessoa humana   173

fórmula vazia que exige igualmente, para a sua densificação, um juízo de valor moral.[101]

IV – CONCLUSÕES

1. Em primeiro lugar, constatamos que o princípio da dignidade da pessoa humana é um princípio fundamental e estruturante da Constituição da República portuguesa, assumindo, por isso, um papel central no nosso ordenamento jurídico.

2. Vimos, depois, que este princípio é susceptível de uma aplicação diferenciada, sendo dotado de uma multifuncionalidade, uma vez que pode: ser utilizado como princípio fundamentante e gerador de outras normas, assumindo uma função normogenética; exercer uma função de interpretação e integração de outras normas do ordenamento e, finalmente, ser invocado de forma directa.

3. Num segundo momento, e em virtude da importância que este princípio assume no nosso ordenamento jurídico, tentamos densificar o conceito de dignidade da pessoa humana partindo da jurisprudência do Tribunal Constitucional. Chegamos à conclusão que este é um conceito histórico-cultural e que está em permanente evolução. Para além disso, vimos que se trata de uma fórmula vazia, pelo que este é um conceito extremamente complexo e que pode ser utilizado quer de forma a potenciar quer de forma a limitar a liberdade individual, se utilizado de forma paternalista pela parte do Estado. A nosso ver, em virtude da consagração expressa de um direito ao livre desenvolvimento da personalidade na nossa Constituição, este conceito está intimamente relacionado com uma concepção de homem como ser dotado de liberdade e auto-determinação, o que faz com que através do conceito de dignidade não se lhe possa impôr

---

[101] Por outro lado, utilizar esta fórmula para densificar este conceito implica optar por uma concepção da dignidade que decorre da filosofia racionalista. Ora o Tribunal, na sua jurisprudência, faz referência a esta fórmula sem mais, isto é, não justificando a sua preferência por esta perspectiva relativamente a todas as outras possíveis fundamentações, sejam religioso-metafísicas ou jusnaturalistas, o que nos parece redutor. Fazendo esta crítica à jurisprudência do Tribunal Constitucional alemão e colocando a questão de saber se os "Protectores da Constituição" não se tornam desta forma "Senhores da Constituição", ver FRANZ JOSEF WETZ, *Die Würde der Menschen ist Antastbar. Eine Provokation, cit.*, p. 91.

uma determinada moral objectiva, devendo ser deixado espaço a um pluralismo mundividencial e aos projectos pessoais de cada um.

4. Assim sendo, a aplicação do conceito de dignidade da pessoa humana pela jurisprudência do Tribunal Constitucional sofre, por tudo o que ficou dito, de duas deficiências: por um lado, o Tribunal, parece optar por uma noção paternalista de dignidade, visando garantir a segurança do cidadão contra si próprio, através da usurpação de parcelas da sua liberdade e autonomia individuais. Ora não nos parece que este Tribunal tenha legitimidade para eleger, sem mais, um modelo pré-determinado de homem a seguir, que veicule as concepções ideológicas dominantes da sociedade, quando não estão já em causa interesses públicos relevantes ou direitos fundamentais de terceiros, o que poderá conduzir a uma ética substantiva; por outro lado, não nos parece útil a utilização da "fórmula do objecto" como critério de interpretação do princípio da dignidade, uma vez que esta é, tal como o próprio conceito de dignidade, uma fórmula vazia e que, consequentemente, também obriga a um juízo de valor moral da parte do julgador.

DIREITO E ESTADO NO PENSAMENTO DE ANTHONY DE JASAY

CARLOS DE ABREU AMORIM

«La logique de la croissance du pouvoir découle de cette quête d'adhésion: de fait, plus l'État étend ses compétences, plus grand est en général le gain potentiel à solliciter son assistance, et par voie de conséquence l'avantage à former le groupe»

ANTHONY DE JASAY

SUMÁRIO: 1. Levantar perplexidades e ouvir percursores. 2. Da pretensa inevitabilidade do Estado. 2.1. O dilema do prisioneiro. 2.2. Um jogo de pombas e de falcões. 3. Da Justiça e dos seus alvoroços conceptuais. 3.1. Justiça como *fairness* – o «defeito kanteano» de Rawls. 3.2. Pilares, princípios e domínios da Justiça. 4. Direito sem Estado? Os indícios da última das utopias.

1. Levantar perplexidades e ouvir percursores

«… the bizarre fact that alone among the great political currents, liberalism has no ideology»

ANTHONY DE JASAY

Uma mudança de era, i. é uma evolução significativamente completa na idade de uma civilização, fatalmente implica alterações substanciais nas compreensões globais do mundo e dos conceitos que enformaram a sua essencialidade até então.

176 Estudos em Comemoração do 10.º Aniversário da Licenciatura em Direito

Para além das áreas que suscitaram directamente as transformações mais relevantes,[1] gerou-se um ímpeto dificilmente reprimível noutros âmbitos de afectação social. Particularmente nos domínios em que assentam as ciências humanas, onde se buscam os parâmetros de organização da sociedade e as directrizes que conformam os comportamentos das pessoas.

Numa transição de idade as coisas deixam de ser as que eram, gerando realidades novas ou ganhando características diferentes naquelas que conseguem permanecer. Mas quando a deslocação não é acompanhada de factores identificativos, visíveis e patentes no todo das suas consequências para a generalidade dos observadores, os sectores sociais e políticos revelam a tendência de sobrestar nas lógicas já experimentadas, nas realidades em que vivificaram. Perante factos novos ou transmutados insistem em percepções e conceitos, muitas vezes tornados insuficientes e sem praticabilidade.

Isto é sobretudo assim, mas não só, no âmbito da estruturação dos comportamentos colectivos, nomeadamente no que tange ao Estado e ao Direito. Com bastante mais facilidade do que noutros campos, aí, as premissas de raciocínio tendem a assumir-se como pressupostos de garantida inquestionabilidade dada a sua perenidade temporal.

São conhecidas as origens do Estado moderno. Consabida, também, importância deste na criação das bases fundamentais da modernidade jurídica. O Direito que temos é resultado directo da versão de Estado que triunfou durante o período absolutista, nas suas diversas variantes, e que transitou para o período liberal sob a égide de princípios, lógicas e estruturações metamorfoseadas. Não se trata propriamente de uma simples influência, mas de uma relação paternal, de autêntica progenitura entre aquele Estado e este Direito. Com o dealbar do constitucionalismo novecentista, criaram-se as condições para que a essência do Direito que ainda hoje está, fosse desenhada pelas diversas escolas de pensamento jurídico, principalmente as de origem germânica. Num quadro contextual semelhante

---

[1] Na nossa contemporaneidade, os influxos principais são oriundos da física, da informática e da genética. Daí brotaram diversos vectores capazes de transfigurarem distintas áreas do conhecimento científico. Nesse contexto, os acontecimentos históricos, de raízes políticas, sociais e económicas, das últimas décadas do século XX catapultaram a humanidade para uma nova época. A esse propósito, ver o nosso *Direito Administrativo e Sistema Jurídico Autopoiético. Breves Reflexões*, Scientia Iuridica, Setembro-Dezembro 2002, Tomo LI – n.º 294, pp. 484-488.

Direito e Estado no Pensamento de Anthony de Jasay

ao desenhado por Tocqueville[2] para as instituições e os movimentos sociais, também no Direito, sobretudo por Savigny, se partiu do muito que havia[3] para construir um edifício completamente inovador.

Mas o que aproveita aqui realçar é a improtelável necessidade sentida então, face às perplexidades do princípio do século XIX, de refundar o Direito, de o enquadrar logicamente com a realidade originada no período pós-revolucionário. Não devido a que as ideias dominantes fossem totalmente novas, nem por urgências económicas, nem ainda por especiais motivações políticas – mas, fundamentalmente, porque o mundo de então não se justapunha às percepções coevas obtidas pelo jurídico e vice-versa. Tudo tinha mudado demasiado depressa para que o Direito o pudesse acompanhar. Pelas vicissitudes históricas daquele momento, a transição deu-se no modelo de Estado e a partir deste para o Direito. O Estado liberal novecentista, crismado pelo movimento constitucional e pelos seus princípios fundacionais, permitiu um amplo espaço de manobra criativa aos que perceberam que se tinha de implantar um direito novo. Foi o direito público, ainda infante, que forçou a mudança nos quadros gerais daquele Direito agora tido como privado.

Essa foi uma época singular. Tudo pôde ser discutido e muito foi posto em causa. Algumas peculiaridades foram experimentadas, outras nem chegaram a ser ensaiadas. A final, quase nada tinha ficado como dantes.

Dissecou-se a função da Lei e as razões da sua preponderância face às demais fontes de direito, particularmente o Costume. Foi nesse contexto histórico que se afirmaram os traços gerais da técnica normativa moderna; antigos conceitos jurídicos, como o negócio jurídico, direito substantivo e a relevância da vontade, entre outros, foram redesenhados por Savigny e demais elementos das escolas filosóficas e jurídicas do tempo; novas figuras foram criadas para preencher as necessidades do sistema, salientando-se a ideia de "instituição" que, depois, se transformou em "relação jurídica"; mediante a implementação da separação dos poderes, estatuiu-se o papel dos Tribunais e a subordinação do poder executivo à Lei, dando origem ao direito definidor da actividade e da organização da Administração Pública. A ideia positivista do Direito e da Justiça já vinha de trás, mas foi

---

[2] Alexis de TOCQUEVILLE, L'Ancien Regime et la Revolution (1856), Garnier-Flammarion, 2 t., Paris, 1981.

[3] Com os conhecidos percalços nesse processo de transição que, aliás, provocam irreparáveis angústias em qualquer sensibilidade liberal. Nas palavras de JASAY «inheriting a strong, centralized state apparatus is part of the secret of the sucesses both of the Jacobin terror and of Bonapart», *The State*, Liberty Fund, Indianapolis, 1998, p. 33.

reedificada. Na plenitude desse momento extraordinário há uma intenção nítida de refazer, de construir de novo, depurando o que já estava[4]. Há um esforço, muitas vezes consciente, de fabricar um sistema[5] jurídico alternativo para um mundo que se sentia diferente.

Ou seja, estabeleceram-se as bases do sistema da modernidade jurídica que, então, recebeu a sua indelével marca de nascimento. As múltiplas evoluções sofridas nos quase 200 anos que passaram, provocaram grandes variações nos modos de perceber o Direito mas não nos parece que este tenha perdido a sua identidade genética obtida na transição do absolutismo para o liberalismo novecentista.

Mas, tal como acontece nos dias de hoje, a percepção da mudança não atingia todos. Na verdade, durante bastante tempo muitos insistiam nas soluções de outrora apregoando a sua actualidade ou, até, tentando encontrar nelas quiméricas características de intemporalidade. Foi mais fácil, apesar de tudo, alterar drasticamente hábitos culturais e sociais relativos a pressupostos estéticos, a regras de vestuário, a gostos musicais e literários, do que fazer perceber à maioria dos interessados que o Direito seria forçado a sofrer transformações tremendas para poder funcionar na nova época que já tinha começado.

O momento histórico e social contemporâneo tem óbvias sintonias com esse período tão profícuo para o Direito. Para nós, também hoje estão-se a alterar significativamente os paradigmas que perfizeram a modernidade, nomeadamente aqueles que se sedimentaram após o advento do século XIX. Também hoje muitos princípios e lógicas prevalecentes no Direito desde essa altura, revelam-se insuficientes ou mesmo discrepantes com a realidade. Também hoje as soluções experimentadas e tidas como seguras exteriorizam uma falência preocupante. Também hoje muitos dos protagonistas do Direito tardam sair do seu "estado de negação" face à mudança.

Esta condição de recusa constitui uma linha de observação com diversas variáveis que vão desde os que pura e simplesmente não se apercebem das alterações que estão a ocorrer, os que as conseguem detectar mas falham na análise da sua dimensão, até aos que as vêem mas fingem que

---

[4] Seguimos aqui, como referência geral, FRANZ WIEACKER, *História do Direito Privado Moderno*, Fund. Calouste Gulbenkian, Lisboa, 1980, pp. 403 e ss., em especial pp. 421 e ss.

[5] A ideia de "sistema" também terá sido afirmada por essa altura. Ver o nosso *Direito Administrativo e Sistema Jurídico Autopoiético...*, ob. cit., em notas 2 e 3, p. 484.

nada se passa porque a perspectiva não lhes é agradável. Outros, pelo contrário, deixam cair os frutos que excederam a madureza apropriada e procuram parâmetros essenciais renovados.

Caso se aceite este pressuposto, urge buscar lógicas distintas nas preocupações acerca do Direito. Nem sempre isso é viável quando a pesquisa se remete ao pensamento desenhado na circularidade interna do sistema que está. Os quadros mentais circunscritos às linhas de raciocínio geradas nos pressupostos da modernidade jurídica têm naturais dificuldades em deles se desligarem. "Dar o salto" para outras dimensões lógicas do jurídico é uma tarefa arriscada e incerta. Fazê-lo implica enorme ponderação e uma percepção bastante abrangente e multifacetada das transformações que ocorrem[6]. Um equilíbrio entre a recusa da "rotina das fontes" e um difícil exercício de prognose acerca dos aspectos concretos que eventualmente possam vir a ser varridos pela mudança.

Para isso, torna-se indispensável ouvir vozes apartadas do sistema que temos. Perceber a originalidade e esquivarmo-nos às reproduções camufladas – típica característica dos tempos de transição –, tantas vezes tautológicas ou apenas providas de "nova embalagem". Será muito difícil encontrar lógicas renovadas para o Direito sem sentir as preocupações dos que não estão amarrados aos fundamentos da modernidade, que conseguiram preconizar conclusões destoantes, talvez impraticáveis, porventura percursoras.

É essa a nossa intenção ao estudarmos a obra de Anthony de JASAY[7]. Não tanto para seguirmos de perto a sua visão, mas antes para percebermos as interrogações que levanta, os pressentimentos que assume, os argumentos que discorre, por vezes quase assustadores na simplicidade da sua extravagância.

---

[6] «Quais são as possibilidades de a revolução biotecnológica desencadear consequências políticas e não afectar apenas as vidas de cada casal e dos respectivos filhos? Quais serão as possibilidades de modificar ou de controlar o comportamento humano a nível da espécie e, em especial, até que ponto poderemos um dia ser capazes de modificar conscientemente a natureza humana?», FRANCIS FUKUYAMA, *O Nosso Futuro Pós-Humano*, Quetzal Editores, Lisboa, 2002.

[7] Anthony de Jasay nasceu em 1925 na Hungria. Detentor de um espírito original é geralmente considerado um pensador liberal de pendor libertário, embora dificilmente enquadrável na dogmática de qualquer escola. A sua obra revela uma marca cultural acentuadamente anglo-saxónica. Actualmente reside em França.

180   *Estudos em Comemoração do 10.° Aniversário da Licenciatura em Direito*

2. Da pretensa inevitabilidade do Estado

What would you do if you were the state?

ANTHONY DE JASAY

«It is strange but not
patently irrational for the state
to minimize itself»

ANTHONY DE JASAY

A inquietação fulcral de Anthony de JASAY[8] é o Estado. Aqui as suas preocupações são partilhadas por grande parte da teoria liberal. Desde a

---

[8] A bibliografia de Anthony de Jasay é vasta. Deixamos aqui uma resenha das suas obras principais, designadamente livros e artigos. **Livros:** *The State*. Basil Blackwell, 1985. Liberty Fund, Indianapolis, 1998. *Social Contract, Free Ride: A Study of the Public Goods Problem*. Oxford University Press, 1989. *Market Socialism: A Scrutiny*. 'This Square Circle'. Institute of Economic Affairs, 1990. *Choice, Contract, Consent: A Restatement of Liberalism*. Institute of Economic Affairs, 1991. *Before Resrting to Politics*. Edward Elgar Publishing, 1996. *Against Politics*. Routledge, 1997. *Justice and its Surroundings*. Liberty Fund, Indianapolis, 2002. **Artigos:** *The Ethics and Mechanics of Social Democracy or Having it Both Ways*. Economic Affairs 7,Institute of Economic Affairs, pp. 34-37, 1987. *Pour une Tyrannie Paresseuse*. Commentaire 10, 317-325, 1987. *The Quality of Life in Capitalist and Socialist Economies*. Paper for the PWPA Colloquium on «The Common Heritage and Future of Europe» in Dubrovnik, 1-5 October 1987; in typescript. *Is Limited Government Possible?* Critical Review, Volume 3, Number 2, 1989 / G. Radnitzky and H. Boullion (eds) – Government: Servant or Master?, Editions Rodopi, 1993. *A Stocktaking of Perversities*. Critical Review, Volume 4, Number 4, 1990. (incluído em *Justice and its Surroundings*). *The Twistable is not Testable: Reflexions on the Political Thought of Karl Popper*. Journal des Economistes et des Etudes Humaines», vol. 2, no. 4, Dezembro, 1991. *Public Goods: Contribution and Benefit*. Journal of Public Finance and Public Choice, Vol IX, 1991. *After socialism, what ?* National Review, May 27, 1991, pp. 25-29. *Rational Choice in Conflict*. Gerard Radnitzky (ed.) – Universal Economics: Assessing the Achievements of the Economic Approach, Paragon House Publishers, 1992. *Taxpayers, Suckers, and Free Riders*. Journal of Theoretical Politics 5, No. 1, 1993. (incluído em *Justice and its Surroundings*). *Ownership, Agency, Socialism*. Gerard Radnitzky and Hardy Boullion (eds) – Government: Servant or Master?, Editions Rodopi, 1993. (incluído em *Justice and its Surroundings*). *Slicing the Cake Nobody Baked*. Originally published as «Comment on Brian Barry, 'Justice, Freedom and Basic Income':Slicing the Cake Nobody Baked» in Horst Siebert (ed.) – The Ethical Foundations of the Market Economy, J.C.B. Mohr, 1994. (incluído em *Justice and its Surroundings*). *Public Goods Theory*. The Elgar Companion to Austrian Economics, Peter J. Boettke ed. (Edward Elgar Publishing 1994) 276-284. *The Glass is Half-full*. Constitutional Political Economy, vol. 5, no.3, 1994. *The Cart before the Horse. On Emergent and Constructed Orders, and their*

Wherewithal. Christoph Frei & Robert Nef (eds.), Contending with Hayek, Peter Lang, 1994, p. 29-44. *The Rule Of Forces, The Force Of Rules.* The Cato Journal, Volume 14, No. 1, 1994. *Disjunction, Conjunction.* Nirls Karlson (ed.) – Can the Present Problems of Mature Welfare States such as Sweden be Solved?, Stockholm: City University Press, 1995. (incluído em *Justice and its Surroundings*). *Liberties, Rights, and the Standing of Groups.* Pal Foss (ed.) – Economic Approaches to Organizations ans Institutions, Aldershot, 1995. *Conventions: Some Thoughts on the Economics of Ordered Anarchy.* Max Planck Institute for Research into Economic Systems (ed.), Lectiones Jenenses, Volume 3, 1995. *Values and the Social Order.* Gerard. Radnitzky and H. Bouillon (eds) – Values and the Social Order vol. 1, Ashgate, 1995. *On Redistribution.* Advances in Austrian Economics, Volume 2, 1995 (incluído em *Justice and its Surroundings*). *Frogs's Legs, Shared Ends and the Rationality of Politics.* Journal of Libertarian Studies, Volume 11, No. 2, Summer 1995. *Right, Wrong, and Economics.* Paper delivered at a Liberty Fund Colloquium on the work of George Stigler in Chicago in May 1995 and subsequently published in Journal des Economists et des Etudes Humaines, Vol. 6, No. 4, December 1995. (incluído em *Justice and its Surroundings*). *The Bitter Medicine of Freedom.* Roger Michener (ed.) – The Balance of Freedom, Paragon House, 1995 / Hardy Bouillon (ed.) – Libertarians and Liberalism: Essays in Honour of Gerard Radnitzky, Avebury, 1996. (incluído em *Justice and its Surroundings*). *Hayek: Some Missing Pieces – Review of Austrian Economics.* Volume 9, No.1, 1996. *Self-contradictory Contractarianism.* J.T. Sanders and J. Narveson (eds) – For and Against the State, Rowman & Littlefield, 1996. *The Paretian Liberal, his Liberties and his Contracts* (Anthony de Jasay & Hartmut Kliemt) Analyse & Kritik, Issue 1, 1996 (incluído em *Justice and its Surroundings*). *Justice As Something Else.* The Cato Journal, Volume 16, No. 2, Fall 1996 (incluído em *Justice and its Surroundings*). *Who Gave Us Order? On Exclusion, Enforcement, and Its Wherewithal.* Gerard Radnitzky (ed) – Values and the Social Order vol. 3, Ashgate, 1997 (incluído em *Justice and its Surroundings*). *Justice.* The New Palgrave Dictionary on Economics and the Law, Vol. 2, p. 400-409, 1998. (incluído em *Justice and its Surroundings*). *Prisoners' Dilemma and the Theory of the State.* The New Palgrave Dictionary on Economics and the Law, Vol. 3, p. 95-103, 1998 (incluído em *Justice and its Surroundings*). *Is National Rational?* The Independent Review, Volume 3, Number 1 Summer 1998. (incluído em *Justice and its Surroundings*). *Taking Criticism in the Grand Manner.* Contribution to James M. Buchanan online Festschrift, 1999. Gerechtigkeit. Analyse & Kritik, Issue 2, 1999. *On Treating Like Cases Alike (Review Essay).* The Independent Review, Volume 4, Number 1, Summer 1999 (incluído em *Justice and its Surroundings*). *Empirical Evidence.* (incluído em *Justice and its Surroundings*). *Violence: The Disease and the Vaccine.* Economic Affairs, Institute of Economic Affairs, Volume 21, no. 1, 2001, pp. 35-36. *The Concept of Rule-Bound Collective Choice and the Idea of Constitutional Safeguards.* Hardy Bouillon (ed.) Do Ideas Matter? Essays in Honour of Gerard Radnitzky, July 2001. *Between Colbert and Adam Smith.* Cato Journal, Volume 21 Number 3, Winter 2002. *Your Dog Owns your House.* The Library of Economics and Liberty, April 22, 2002. *Thirty-five Hours.* The Library of Economics and Liberty, July 15, 2002. *How Not to Combat Corporate Curruption.* Ideas on Liberty, October 2002. *The Sins of the Fathers and the sins*

182   *Estudos em Comemoração do 10.º Aniversário da Licenciatura em Direito*

consideração fatalista de que se tratava de um «mal necessário»[9], passando pela ideia de «grande ficção»[10], até ao famoso «direito a ignorá-lo»[11], todo o percurso clássico do liberalismo revelou uma corrente que fazia do receio do Estado o denominador comum. Apesar de não se poder considerar que todos os pensadores liberais são anti-estatistas, a ideia de que há um perigo potencial para a liberdade dos indivíduos na tendência (irreprimível?) dos poderes públicos em extravasarem as suas funções e exagerarem os seus domínios, constitui uma lógica que atravessa o pensamento liberal, com intensidades variáveis. Mas o fortalecimento do intervencionismo estatal nos finais do século XIX, em parte devido ao esgotamento dos esquemas e à falta de soluções para os novos problemas do modelo liberal clássico, aportaram entendimentos que visavam enquadrar devidamente o Estado no contexto social, numa perspectiva de prevenção de danos. Por exemplo, a vertente hayekeana da Escola Austríaca evoluiu para uma concepção de Estado como uma entre várias instituições sociais, interligado com as demais, cuja finalidade é prover as pessoas dos instrumentos necessários à realização das expectativas individuais e dos seus custos individuais e sociais. Assim, para além do reconhecimento da legitimidade social do Estado, a ideia da sua conexão com as restantes instituições implica uma lógica de unidade estratégica nas suas actuações. O comportamento de uma instituição social tem implicações na esfera das outras; no caso de se tratar do Estado, dada a sua histórica preponderância, esses reflexos poderão ser potenciados para o bem mas, muitas vezes, com resultados perversos; donde, a regulação da actuação do Estado assume uma enorme re-

---

of the Sons: Economic Consequences of a United States of Europe. The Library of Economics and Liberty, March 3, 2003. *Turkey Knocking on Europe's Door.* The Library of Economics and Liberty, April 7, 2003. *What Price Pride? On the Hidden Costs of Economic Illiteracy.* The Library of Economics and Liberty, April 7, 2003. *More Nonsense on Stilts: Mr Bentham Is At It Again.* Institute of Economic Affairs, Discussion Paper 7. *Float or Sink? The Millstone of the "Social Market" in Germany.* The Library of Economics and Liberty, May 15, 2003. *Capitalism and Virtue: Politicians Do Not Understand the Economy, But Do Managers?* The Library of Economics and Liberty, June 2, 2003. *Property and its Enemies, Part I: "Design Faults" in Locke's Theory of Property Taint Ownership with Guilt.* The Library of Economics and Liberty, August 4, 2003. *Property and its Enemies, Part II: Is Ownership a Myth?* The Library of Economics and Liberty, August 4, 2003. *Property and its Enemies, Part III: How to Get a Free Lunch? Just Apply for It.* The Library of Economics and Liberty, September 1, 2003.

[9] Célebre expressão atribuída a Thomas Paine (1737-1809).
[10] Frédéric Bastiat (1801-1850).
[11] Herbert Spencer (1820-1903).

Direito e Estado no Pensamento de Anthony de Jasay

levância nesta perspectiva liberal. Embora subsista alguma polémica nesta matéria, considera-se que esta Escola "fez as pazes com o Estado", ao menos nos aspectos relativos à sua consideração como uma modalidade histórico-cultural na busca permanente do equilíbrio visando a implementação dos fins dos indivíduos. Mas, apesar de ter vindo a funcionar há já alguns séculos, mantém-se maioritariamente na perspectiva liberal a figuração do Estado como uma solução datada, historicamente determinada e desprovida do carácter de intemporalidade e, muito menos, de perpetuidade.

Um dos maiores nomes da Escola Austríaca, HAYEK[12], trabalhou a distinção entre modelo político nomocrático e teleocrático[13]. O primeiro tem como factor predominante a conjugação entre o mercado e o *rule of law*[14]; o segundo vive da lógica de dependência entre a planificação e a

---

[12] Para um enquadramento desta Escola, embora num prisma económico, veja-se JOSÉ MANUEL MOREIRA, *Hayek e a história da Escola Austríaca de economia*, Ed. Afrontamento, Porto, 1994. Do mesmo autor, *Liberalismos: entre o Conservadorismo e o Socialismo*, PF, Lisboa, 1996.

[13] Aspectos intensamente desenvolvidos em *Law, Legislation and Liberty*, 3 vol., Routledge, Londres, 1973-79. Esta obra, essencial para a compreensão liberal do direito, está traduzida em praticamente todas as línguas – sintomaticamente, não existe edição portuguesa.

[14] Em HAYEK, e não só, a expressão *rule of law* não se deverá limitar à corrente representação de Estado de Direito. Não se trata apenas de constatar a existência de uma ordem jurídica que também regula e controla os comportamentos dos poderes públicos, mas releva sobretudo a ideia de que o processo de elaboração do Direito está separado, orgânica e materialmente, dos modos de formação da vontade política. O que pressupõe uma legitimação democrática, ainda que indirecta, dos órgãos competentes para fazer e aplicar o Direito e o reconhecimento de limites intrínsecos e extrínsecos aos indivíduos, um espaço que o Direito não poderá afectar (um pouco, na esteira de Locke, a acepção de *property rights*). Além de que o Direito será sempre um meio de realização da ordem e dos fins dos indivíduos, antes e apesar de todos os demais. Em HAYEK o Direito resulta do reconhecimento de terrenos exclusivos do individual delimitados por regras universais de conduta. Como o Direito determina o território privativo de cada um, o indivíduo tem direito à defesa do seu domínio. No caso de existirem organizações (o Estado poderá ser uma delas) instituídas para a garantia dessas regras universais de conduta, todos terão igual direito à protecção da sua esfera individual de direitos. HAYEK destaca que uma ordem justa é definida pelo respeito por um conjunto de normas gerais e abstractas de conduta individual, as quais, por sua vez, garantem o respeito pelos direitos de todos os indivíduos. A Justiça não pode impor a ninguém o dever de fornecer a outrem os bens de que necessita, excepto se esse dever resultar de um contrato voluntariamente assumido ou da livre pertença a uma organização que assumiu esse fim. Na perspectiva de HAYEK os direitos cívicos decorrem de todos os cidadãos serem obrigados a consentir o Estado, esperando deste um tratamento homogéneo e não discriminatório. Mas isso não justifica, por si só, a legitimidade da coacção dos poderes públicos. As normas gerais e abstractas são condições necessárias para

legislação. O primeiro modelo é a base de uma "sociedade aberta", enquanto que o segundo origina a "sociedade fechada"[15]. Desde logo, a primeira seria sempre preferível à segunda por assegurar a realização da liberdade individual e, assim, permitir a implementação dos fins dos indivíduos. Mas, também, o modelo teleocrático pressupõe uma ideia de legislação inserida num fim, i. é um escopo necessariamente posto ao serviço de uma supra-organização, o Estado, que colocou à sua própria cura os fins que considerou convenientes ou eticamente aconselháveis. De todo o modo, a vontade de prosseguir esses fins, acompanhada dos instrumentos de autoridade e coacção, são de molde a impelir o Estado a confundir fins com meios, muitas vezes transformando a legislação (i. é, para o efeito do presente raciocínio, o Direito) num fim e não numa simples ferramenta.

Uma vez mais se afirmam os típicos receios de todos os liberais quanto ao resvalamento do Estado para terrenos fronteiros ao despotismo. Fundamental no pensamento liberal é a ideia de "separação essencial de águas" quando se analisam os conceitos de Sociedade e Estado – já que qualquer confusão nesta matéria conduzirá a uma hegemonia intolerável da parte deste. Enquanto que a Sociedade se gera espontaneamente e é determinada pelas características mais intrínsecas do homem, logo assume-se como indispensável, o Estado limita-se a ser uma organização. Pode não ter sido criado por um acto de vontade consciente e premeditado, mas sempre será produto da realização volitiva de uma colectividade historicamente motivada e das evoluções subsequentes ditadas pelas várias cir-

---

garantir os direitos individuais, mas não suficientes para suportar a noção de "direitos sociais", já que se coloca o perigo concreto de violação dos direitos individuais que visava proteger em primeira instância. Apenas uma sociedade totalitária pode afirmar que as obrigações sociais recaem sobre o todo da «sociedade». Trata-se de uma asserção oca, desprovida de significação atingível uma vez que a Sociedade não é uma entidade autónoma com objectivos próprios e com uma organização adequada à sua prossecução deliberada. A referida concepção de «direitos sociais» só é compreensível se perspectivarmos a Sociedade como uma organização centralizada e dotada do poder de coacção sobre os seus membros para prosseguir os seus objectivos colectivos. No entanto, isso inviabilizará certamente o respeito pelos direitos individuais «tradicionais» ou negativos. Daqui decorre que os direitos cívicos e os direitos sociais não podem ser prosseguidos simultaneamente e são incompatíveis. Assim, HAYEK conclui que a aplicação dos direitos sociais através da lei conduz perigosamente à ruína dos direitos fundamentais de primeira geração. Cfr., *The Constitution of Liberty*, Routledge, Londres, 1960.

[15] Expressões já trabalhadas por Karl POPPER, *The Open Society and its Enemies*, 2 vol., Routledge, Londres, 1945 (há edição portuguesa).

cunstâncias[16-17]. Portanto, uma organização criada pela Sociedade, que, por sua vez, obviamente, tinha existência prévia. O Estado[18-19], nada mais do que «uma forma contingente de organização política», na feliz expressão de VERLARDE[20], deve ser tido como uma estrutura que teve um princípio, diversos desenvolvimentos e aperfeiçoamentos, mas que poderá também ter um fim ditado pela história e pela vontade livre da Sociedade. Sem que isso signifique o termo de alguma coisa mais do que essa mesma organização.

Anthony de JASAY, em *The State*[21], tenta demonstrar a tese de que a possibilidade de um governo constitucional, democraticamente legitimado, que mantenha uma distância de decoro entre a Política e o Direito e que respeite os limites inerentes à Sociedade e aos indivíduos não passa de uma ilusão. Esta conclusão, em certa medida, está em contradição com a corrente principal do liberalismo clássico, nomeadamente a que se revê no pensamento de HAYEK[22].

JASAY começa por contrapor as duas origens possíveis para o surgimento do Estado: a conquista e o contrato social. Apesar de no seu âmago não serem situações antagónicas, parece existir uma aparente contradição entre elas. Por um lado a génese violenta do Estado, por outro a vontade racional em perfazer um ente analiticamente pré-figurado, através de um

---

[16] A literatura acerca da génese do Estado é imensa. Entre nós, apontamos, designadamente, José Adelino MALTEZ, *Ensaio sobre o Problema do Estado*, 2 Tomos, Academia Internacional da Cultura Portuguesa, Lisboa, 1991.

[17] Para uma visão estruturante do Estado, particularmente quanto aos aspectos constitucionais portugueses, ver JORGE MIRANDA, *Manual de Direito Constitucional*, Tomo III. *Estrutura Constitucional do Estado*, 4ª. Ed., Coimbra Ed., Coimbra, 1998; Tomo V. *A Actividade Constitucional do Estado*, 2ª. Ed., Coimbra Ed., Coimbra, 2000. Do mesmo autor, *Teoria do Estado e da Constituição*, Coimbra Ed., Coimbra, 2002.

[18] A ideia clássica e preponderante no século passado acerca do Estado pode ser encontrada em REINHOLD ZIPPELIUS, *Teoria Geral do Estado*, Fund. Calouste Gulbenkian, Lisboa, 1997; ver, em especial, o seu conceito de "Estado de Direito" nas pp. 383 e ss..

[19] Para uma panorâmica liberal acerca da invenção do Estado, ver JIM POWELL, The Triumph of Liberty, The Free Press, Nova York, 2000.

[20] *Hayek. Una teoria de la Justicia, de la Moral y el Derecho*, Civitas, Madrid, 1994, p. 191.

[21] Consultamos a edição americana – Liberty Fund, Indianapolis, 1998.

[22] Num artigo célebre, JASAY contesta directamente a teoria da ordem social de HAYEK, afirmando que «My thesis (…) is that Hayek shows us pieces of a complex jigsaw that are intriguing and inspiring, but they do not suffice to let us predict whether, if we had all the pieces, the completed puzzle would show a cow, a goat, or the devil.», JASAY, *Hayek: Some Missing Pieces*, The Review of the Austrian Economics, Vol. 9, n.º 1, 1996.

186 Estudos em Comemoração do 10.° Aniversário da Licenciatura em Direito

acordo de vontade. A superação deste provável paradoxo passa pela assunção de que, apesar das suas proveniências violentas ou pacíficas, o Estado ajuda as pessoas a prosseguir aquilo que estas têm por conveniente[23]. No seu estilo peculiar de demandar a raiz dos problemas, JASAY questiona a razão da generalidade das análises acerca do Estado partirem do pressuposto que as pessoas preferem o Estado ao estado de natureza. Se existissem indivíduos no estado de natureza e dado que, como a história demonstra, sempre foi necessária a força para impor o Estado a uma comunidade, seria interessante colocar as seguintes perguntas: as pessoas no estado de natureza, preferem essa situação ao Estado? E as pessoas inseridas numa sociedade com Estado, elegem isso face ao estado de natureza?[24]

Como nota JASAY, estas perguntas nunca poderão obter uma réplica satisfatoriamente lícita. Só se poderia aceitar a resposta de alguém que pudesse motivar-se e optar com verdadeiro conhecimento de causa. Ora, historicamente, ninguém esteve em condições de o fazer já que, hipoteticamente, quem estava em estado de natureza não sabia o que era o Estado e quem convivia com o Estado desconhecia o estado de natureza. As únicas respostas possíveis só conseguiriam fundamentar-se numa expectativa, numa crença desprovida de bases racionais ou no puro e simples "ouvir dizer". Onde estão pois as bases para se ter como autêntica a livre e generalizada opção estatizante? Ainda que esta recaia sobre uma ideia de Estado Mínimo, ou Estado Capitalista[25]?

JASAY identifica dois requisitos essenciais para a qualificação deste tipo de Estado: o *ownership*, visto como a titularidade cuja legitimidade não depende das características específicas do seu detentor, nem do fim que este pretende impor à coisa (o que implica uma abstenção valorativa finalística dos poderes públicos); e uma quase ilimitada *liberdade contratual*.

A teoria do contrato por mais tecnicamente perfeita que esteja delineada pelo Direito, não se pode completar se o Estado quiser entrar na equação, como normalmente acontece, impondo restrições e excepções. JASAY nega a legitimidade de um Estado Capitalista poder elaborar um có-

---

[23] JASAY, *The State*, p. 18.

[24] Idem, idem.

[25] «The state is a capitalit state if it does not demand ownership to be justified, and does not interfere for is own good with a person's contracts», JASAY, *The State*, p. 22. Mais à frente densifica a ideia «my definition of a capitalist state, however, requires it to opt for a sort of *unilateral disarmament, for a self-denying ordinance* concerning the property of its subjects and their freedom to negotiate contracts with each other», p. 32.

digo regulador da liberdade contratual, já que dificilmente as limitações[26] aí contidas se conseguiriam compaginar com as premissas que definem um *Estado* como *Capitalista*. E o grande problema coloca-se quando o Estado Capitalista, donde Mínimo, assume a prossecução de fins que só poderão ser implementados com a sua própria maximização, i. é, objectivos de interesses público que necessitam de uma actuação concreta do Estado implicando instrumentos de autoridade, uma aparelho administrativo consistente e um regime jurídico condescendente com o provável uso da força. Será sensato admitir que um Estado com esses poderes e essas necessidades se auto-limite livremente de os usar cerceando os seus próprios requisitos? Será curial acreditar que um Estado imbuído de tais potencialidades se contenha na «*self-denying ordinance*»[27]? Conclui JASAY que tal só se poderia acolher se os fins desse Estado se encontrassem fora do espaço da governação, i. é numa espécie de *meta-governo* exclusivamente preocupado com aquilo que não interferisse com os fins individuais e a liberdade das pessoas evitando, desse modo, o perigo do exercício do poder para cumprimento de fins próprios (do Estado ou dos seus agentes) ou visando a reprodução compulsiva do próprio poder público[28].

Mas, pergunta JASAY, se encontrássemos um Estado assim, que razões justificariam a sua existência? Qual os propósitos a preencher para que um "Estado nesse estado" permanecesse com essas contingências?

A resposta traduz, uma vez mais, o incontrolável receio dos liberais – o objectivo da manutenção de um Estado Mínimo é impedir que os poderes públicos sejam conquistados por aqueles que não querem que um Estado Mínimo exista[29], ou seja, impedir a tomada de assalto pelos que crêem nas virtudes da intervenção pública e aceitam pacatamente a limitação desrazoável da liberdade dos indivíduos. A não existência de qualquer Estado torna-se, assim tão potencialmente perigosa para a liberdade como a constatação de um Estado intervencionista, dotado de uma ampla estrutura administrativa e dos correspondentes privilégios de coacção sobre as pessoas. Paradoxalmente, poderá ser preciso um Estado (Mínimo) para

---

[26] Invariavelmente, o princípio geral é de tal forma atacado pelas restrições e excepções que estas acabam por ofuscar a sua lógica inicial, transformando-se numa espécie de reserva histórica de utilidade duvidosa. O caso português será, talvez, um dos vários exemplos disso mesmo.

[27] Cfr. nota 19.

[28] JASAY, *The State*, p. 268.

[29] Idem, p. 33.

188 Estudos em Comemoração do 10.º Aniversário da Licenciatura em Direito

evitar que a Sociedade possa ser facilmente submergida por aquilo que os liberais mais temem: o Estado despótico.

JASAY insiste num ponto de análise onde, aliás, está bastante acompanhado – a falta de operatividade do modelo actual da separação de poderes. O finalizar da versão liberal novecentista da compartimentação rígida dos poderes e funções do Estado redundou no presente panorama de permanente confusão orgânica e material, à custa de disputas fronteiriças e lutas de conquista territorial, quase sempre objecto de resoluções decorrentes de parâmetros políticos e circunstanciais, em detrimento do fundamento racional do problema. Por outro lado, esta crise é incrementada pela falibilidade histórica do Direito em subordinar devidamente o Estado nos seus domínios próprios. Nesse sentido, o Estado de Direito formal, aqui sinónimo de «government of law», revelou uma propensão irresistível para atenuar o seu esperado esforço de auto-limitação. A crença nessa vontade, embora não seja totalmente irrealizável, é normalmente resultado de uma conjuntura bastante propícia e tende a ser transitória a médio prazo. Ao contrário, em situação de normalidade (ainda que democrática e constitucionalmente apetrechada, i. é um governo constitucional liberal) a expectativa racional aproxima-se da ideia do aprofundamento contínuo dos poderes do Estado pela actuação consequente, que induz um novo comportamento público naturalmente reforçado na sua força coactiva e assim sucessivamente, até aos limites que o contexto político, económico e social estiverem em condições de ditar.

Concludentemente, JASAY propõe um novo critério de racionalidade com o propósito de analisar o Estado sob o prisma da busca constante da maximização do seu poder discricionário – sem relações ontológicas com as propostas da doutrina portuguesa, designadamente a administrativista[30], acerca deste conceito –, entendido genericamente como o tipo de poder que permite ao Estado compelir as pessoas (JASAY utiliza a expressão *sub-*

---

[30] Referimo-nos, nomeadamente, às significações acerca da discricionaridade administrativa encontradas por ROGÉRIO EHRHARDT SOARES designadamente em *Administração Pública e Controlo Judicial*, Revista de Legislação Pública e de Jurisprudência, Ano 127.º, n.º 3845, p. 226-233, bem como por VIEIRA DE ANDRADE, *Ordenamento Jurídico Administrativo Português*, Contencioso Administrativo, Braga, 1986, pp. 41-48, reproduzidas por FERNANDA PAULA OLIVEIRA e JOSÉ EDUARDO FIGUEIREDO DIAS, *A Discricionaridade Administrativa*, Scientia Iuridica, Tomo XLVIII, n.º 280/282, Julho-Dezembro de 1999, pp. 371-386, e reflectidas, no essencial, por SÉRVULO CORREIA, *Legalidade e Autonomia Contratual nos Contratos Administrativos*, Almedina, Coimbra, 1987, em especial, pp. 72-
-137.

jects) a fazer o que o Estado quer, em vez daquilo que as próprias pessoas pretendem[31]. Este poder não está eticamente referenciado, podendo ser usado para o "bem" ou para o "prejuízo" dos cidadãos consoante os fins que o Estado entendeu maximizar. Fins esses, como vimos, fundamentalmente dirigidos ao seu próprio reforço. Essa escolha primordial está submetida a lógicas políticas e carece de suporte racional. Neste sentido, o poder discricionário assume-se como definidor do papel do Estado, predominantemente neutro e "a-valorativo", vocacionado para a reprodução do poder[32], sem perda da possibilidade da prossecução de fins ancorados em preocupações morais.

2.1. *O dilema do prisioneiro*

> «*The theoria of the state,*
> *with strong consent to its authority,*
> *continues to be reproduced on the bases*
> *of a prisioners dilemma whose social*
> *significance seems to shrink remarkably*
> *under an analytical stare*»
>
> ANTHONY DE JASAY

Jasay avança um pouco mais na sua última obra de referência *Justice and its Surroundings*[33]. Aí são analisadas algumas questões mais directamente relacionadas com o Direito, nomeadamente as relativas às consequências que a ideia de Estado de JASAY é suposto ocasionar.

O intuito confessado por JASAY é a ideia que a promoção de um pensamento claro e logicamente delineado é prestar um melhor serviço do que a figuração dogmática de bons princípios.[34] No Direito, como acontece noutras realidade do conhecimento, os constantes tumultos conceptuais

---

[31] «Discretionary power is what the state can use to make its subjects listen to Bach and not listen to rock; to change the course of migthy rivers and transform nature; to build presidential palaces and government offices in keeping with its taste and sense of proportion; to deal out rewards and privileges to those who deserve it and to keeep down those who deserve that, regardless of political expedincy; to do good and aid causes its subjects care little about; to pursue national greatness; to invest in the well-being of a distant posterity and to make others adopt its values», *The State*, pp. 269-270.

[32] Idem, p. 271.

[33] Liberty Fund, Indianapolis, 2002.

[34] JASAY, *Justice...*, (Introduction, vii).

190 *Estudos em Comemoração do 10.° Aniversário da Licenciatura em Direito*

levam a um estado permanente de confusão acerca dos valores e dos princípios que deverão ser constituídos como fins do Direito. A clarificação destes bens jurídicos[35] é o ponto de partida para a refutação de certas teorias da justiça acolhidas por algum pensamento liberal, nomeadamente John RAWLS e HAYEK. Ao fazê-lo, JASAY afasta-se irremediavelmente da escola liberal clássica e aproxima-se das ideias libertárias[36].

Assim, JASAY tenta demonstrar que os fins do Estado, implementados graças ao seu típico poder de coacção, não terão grandeza para serem prosseguidos à custa dos sacrifícios nos direitos e nas liberdades das pessoas, essencialmente por se revelarem indesejáveis ou impraticáveis. E ainda que estes fins mereçam ser desenvolvidos, os privilégios de autoridade pública estão longe de ser necessários na esmagadora maioria das situações.

É precisamente esta última resposta que JASAY ensaia na Parte 1[37] da sua obra, quanto ao problema da imprescindibilidade do Estado para assegurar a ordem social. A esquematização deste problema assemelha-se ao "dilema de um prisioneiro[38]", já que os defensores da intervenção estatal assumem que a manutenção do equilíbrio social é racional do ponto de vista colectivo, mas implica um conjunto de comportamentos irracionais (ou, pelo menos, destituídos de lógica finalística na sua prognose) quando equacionados na perspectiva individual. Partindo deste pressuposto, os "estatistas" legitimam a intervenção coactiva do Estado como único modo de conseguir a cooperação dos indivíduos em prol da realização dos fins comuns (aqueles dos quais ninguém poderá ser excluído) tendentes à obtenção do tal equilíbrio social. Assim, nessa perspectiva, o emprego da força pública está justificado e será mesmo aconselhado face à magnitude das finalidades em causa. A actuação coactiva do Estado será, assim, uma fatalidade imprescindível apesar de existir algum consenso quanto aos seus perigos e degenerações potenciais.

---

[35] «Wealth is wealth, and not freedom. One is a relation between persons and things; the other a relation between persons and acts. A freedom is a freedom, and not a right (…) to assert a right to same freedom isto confuse a freedom with a privilege. If you needed a right to a freedom, it would not be a freedom. (…) Justice is justice, and not fairness or equality of some kind», Jasay, idem, idem.

[36] Uma boa súmula das ideias libertárias está presente na obra de MURRAY N. ROTHBARD, *The Ethics of Liberty*, Humanities Press, N.J., 1982; ver, também, DAVID BOAZ, *Libertarianism: A Primer*, disponível em rttf://www.libertarianism.org, ainda, CHARLES MURRAY, *What It Means to Be a Libertarian: A Personal Interpretation*, Broadway Books, Dezembro 1997.

[37] Intitulada "The Needless State", *Justice…*, pp. 3-70.

[38] Idem. pp. 30 e ss.

2.2. **Um jogo de pombas e falcões**

«As a result, two pure strategies,
the "hawk" and the "dove",
would both be equilibria»

ANTHONY DE JASAY

JASAY argumenta que a questão da implementação dos fins públicos tendentes ao equilíbrio social deverá ser resolvido preferentemente com um "jogo de pomba e de falcões"[39] que possuem esquemas de retribuição e de incentivos bastantes distintos. Ao contrário do "dilema do prisioneiro" o sistema de retribuição em cada interacção pode ter uma mútua não-contribuição, i. é a impossibilidade de produzir os bens públicos, no último lugar da escala; ao mesmo tempo que o agente ingénuo[40] contribui voluntariamente e dá aos outros uma "boleia", mesmo assim consegue subir na escala desde o fundo até ao terceiro melhor lugar. No final, duas estratégias individuais distintas, a da "pomba" e a do "falcão" acabam por se equilibrar. Os falcões aproveitam as "boleias" assumindo que um número suficiente de "pombas" conseguirão ajudar à prossecução dos fins públicos necessários, enquanto que as pombas preferirão contribuir unilateralmente para o equilíbrio social em vez de correrem o risco de surgirem desequilíbrios que os prejudiquem. O ponto fundamental de Jasay é que os fins públicos podem ser adquiridos sem coacção e sem intervenção estatal, já que em quase todas as circunstâncias, mesmo extremadas, existe uma tendência para um equilíbrio entre a "fuga" e a contribuição voluntária. E Jasay reafirma que muitas das contribuições sociais se podem dar sem a necessidade de se recorrer à força pública, ou à sua ameaça. Voluntariamente os indivíduos estabelecem laços de cooperação, de entreajuda, tornando a possibilidade de coacção estatal um abuso a evitar. Porque a cooperação é sempre preferível à imposição[41].

JASAY responde à declaração comum de que o "Estado é um requisito do equilíbrio social" com a demonstração de que, pelo contrário, o estabe-

---

[39] «Hawk-and-dove games», idem, p. 49.

[40] «The "sucker" payoff», idem, idem.

[41] Esta teoria já tinha sido exposta por JASAY em 1989, *Social Contract, Free Ride*, Oxford University Press, e foi refutada por ROBERT SUGDEN, *Suckers, Free Riders, and Public Goods*, Humane Studies Review, Volume 7, n.° 1, Winter 1991/92; ANTHONY DE JASAY, por sua vez, replicou em *Indivisibility, Probability and the Game Theory*, Humane Studies Review, Volume 7, n.° 1, Winter 1991/92.

lecimento e a perpetuação do Estado é que pressupõe o equilíbrio social. I. é, este é prévio àquele. Ou a Sociedade se concebe separada do Estado e, concomitantemente, é capaz de proteger os direitos e fins dos indivíduos, suportando os custos inerentes a isso – neste caso, o Estado não seria indispensável ou necessário –, ou, em alternativa, não considera essa distinção como uma possibilidade. Se assim for, se a Sociedade não conseguir prescindir do Estado, o primeiro requisito que tem de alcançar prende-se com os meios económicos e sociais indispensáveis para assegurar a conservação do aparelho do Estado. O que se tem provado cada vez mais difícil. Para Jasay, em qualquer uma das hipóteses, os defensores do Estado ficarão sempre a perder já que este se revelará sempre desnecessário ou impossível.

A explicação de JASAY para que historicamente essa sua conclusão nunca se tivesse verificado reside, novamente, na actuação culposa do Estado. Tal dever-se-á não à impraticabilidade intrínseca da ideia, mas devido ao facto de que o Estado tudo faz para impedir o surgimento de qualquer "ordem social sem Estado" e quando esta pode estar prestes a emergir a intromissão estatal deita tudo a perder.[42]

Existe nesta argumentação uma deficiência difícil de superar. Se, por um lado, JASAY convictamente tenta demonstrar que o equilíbrio social não depende da existência ou da actuação dos poderes públicos, a sua força retórica parece ceder quando confrontado com a evidência de que na vasta experiência histórica disponível não se conhecer nenhum modelo que se aproxime daquele que diz ser realizável. A justificação de que, em todos os casos e situações possíveis, isso só não aconteceu por interferência do Estado (quase parecendo esta ser premeditada ou, no mínimo, maliciosa) revela-se, de algum modo, carenciada de sustentabilidade lógica e histórica.

3. Da Justiça e dos seus alvoroços conceptuais

3.1. *Justiça como fairness – o «defeito kanteano» de Rawls*

> *«Why must nearlly all the current*
> *normative theories of distribution*
> *referent justice as something else?»*
>
> ANTHONY DE JASAY

---

[42] *Justice...*, p.15.

A parte 3 de *Justice and its Surroundings* é dedicada à Justiça[43]. JASAY identifica um defeito tornado endémico nas análises sobre a Justiça: a tentativa da sua reinvenção como se fosse outra coisa que não a Justiça[44]. JASAY atribui o precedente desse esforço de variação a Kant quando, por imperativo categórico, a assimilou à universalidade. Para JASAY a universalidade é incapaz de dar origem a regras de distribuição que sistematicamente sejam susceptíveis de favorecer os que mais precisam. As pessoas só desejam tornar uma regra universal e aplicá-la a si próprias se, por um ditame da razão, desenvolverem a intenção de a aplicar a todos os outros. Os que perfizeram as melhores opções nas suas vidas dificilmente aceitarão a aplicação de regras que os desfavoreçam. No mesmo erro terá laborado JOHN RAWLS[45]. Na sua famosa formulação de Justiça, esta é dada como equivalente a *fairness*[46]. Seria esta qualidade que impulsionaria os membros de uma Sociedade a adoptarem os princípios de Justiça, mediante a sua inserção na "posição original" que acompanhada de um "véu de ignorância", faria com que as pessoas se alheassem das suas vantagens iniciais, ficando em situação de igualdade, e, consequentemente, ficassem em condições de aceitarem a aplicação de regras potencialmente desvantajosas para elas.

Assim, JASAY considera que a construção de RAWLS de "Justiça como *fairness*" tem como componentes essenciais a reciprocidade, o estabelecimento de um amplo acordo que ninguém razoavelmente poderá rejeitar, até porque este resultará da maximização das vantagens mútuas e da minimização das concessões relativas, tudo em conjunto tornando o conceito propício à sua universalidade.

---

[43] Uma análise da evolução das várias ideias de Justiça está em NORBERTO BOBBIO, *Teoria Generale Della Politica,* Giulio Einaudi Editore, 1999. Apenas consultamos a edição brasileira, *Teoria Geral da Política*, Editora Campus, Rio de Janeiro, 2000. Ver, em especial, pp. 306 e ss..

[44] «This Kantian defect...», *Justice...,* p. 127. Temos algumas dúvidas acerca do rigor desta imputação. Sem, presentemente, nos queremos alongar na questão somos levados a pensar que esse ensaio de renomear a Justiça se terá iniciado alguns séculos antes. Cfr. PAULO FERREIRA DA CUNHA, *O Ponto de Arquimedes*, Almedina, Coimbra, 2001, em especial pp. 57 e ss..

[45] *A Theorie of Justice*, Harvard University Press, 1971. Consultamos a edição portuguesa, *Uma Teoria da Justiça*, Editorial Presença, Lisboa, 1993.

[46] Na edição portuguesa a expressão *fairness* é traduzida por *equidade*. Não temos razões excessivas para discordar, mas o significado jurídico de *equidade*, a sua génese histórica (e, já agora, a significação singular de *equity* no direito anglo-saxónico), levam-nos a preferir não traduzir o termo por falta de adequação.

Mas o que é que RAWLS quer dizer com "igual"? Esta poderá parecer uma pergunta demasiado óbvia: "igual" significa que cada pessoa obtém a mesma quantidade. E RAWLS especifica que se trata de uma distribuição igual, mas que permite desigualdades, desde que a parcela menos favorecida da população fique na melhor situação possível. Contudo, a sua interpretação de "igualdade" é tal, que compromete o critério máximo/mínimo de distribuição (maximizando o mínimo) como o explicitamente formulado em termos máximo/mínimo.

Se adoptarmos um critério de distribuição igual e não o combinamos com nenhum outro critério, acabaremos por concluir que uma maior igualdade seja melhor que uma menor. Mas RAWLS não queria ser interpretado dessa maneira, o que significa que o seu critério de distribuição não é simplesmente o da igualdade. E RAWLS alude ao «mais vasto sistema total de liberdades básicas»[47]. O que se refere a dois critérios, igualdade e quantidade, mas não se explica por si mesmo. Como se relacionarão estes dois critérios entre si?

Dada a ênfase que RAWLS coloca na natureza igualitária do primeiro, a interpretação mais natural do enunciado seria dizer que em duas situações, uma das quais é mais igualitária que a outra, se for preferida a mais igualitária; mas se duas situações são tão igualitárias entre si, será preferida aquela com a quantidade total de liberdade mais alta. Desta maneira, a quantidade de liberdade seria de importância secundária e trabalharia apenas como elemento de desempate. Seria razoável dizer que ele estabelece um princípio "da maior liberdade igual" o qual de certo foi sugerido quando RAWLS afirma que seria irracional escolher uma liberdade igual menor a uma maior. Esta interpretação seria, desde logo, fortemente igualitária. Não se trata – e nele se apoia a questão decisiva – da interpretação abordada por RAWLS no primeiro princípio. RAWLS está disposto a conceder que poderiam existir direitos desiguais desde que as liberdades dos que têm menos liberdade fossem a mais extensa possível. Assim, RAWLS afirma que poderia ser racional que certos indivíduos renunciassem aos seus direitos iguais no que toca à vida política visando assegurar outros direitos de modo mais pleno e efectivo; porém, não sugere que obteriam mais desses outros direitos que o resto das pessoas.

Portanto, se forem respeitados os outros direitos que já estão na mesma posição e não possuindo, ao mesmo tempo, os direitos políticos que outros indivíduos possuem, necessariamente a sua liberdade total seria

---

[47] RAWLS, *Uma Teoria da Justiça*, p. 203.

menor. Para RAWLS uma sociedade com uma massa de restrições igualmente aplicadas conforme uma base pessoal seria de menor acordo social com o primeiro princípio, que uma sociedade levemente menos igualitária mas com um nível total muito menor de restrições.

Se reflectirmos sobre a lógica da posição original, poderemos concluir que esta conduz RAWLS a um binómio máximo/mínimo tanto no primeiro como no segundo princípios, pois as partes na posição original procuram avançar até uma posição em que possam incrementar seu "bem", o que exige a obtenção de tantos bens primários quanto forem possíveis; além disso, não mostram interesse mútuo, o que significa que não lhes interessa a quantidade de bens primários possuídos por outros indivíduos. Nem invejam aqueles que têm mais nem se compadecem daqueles que têm menos. Contudo, tais condições implicam que as partes na posição original não podem interferir na distribuição de bens primários, considerada puramente distribuição.

O que perseguem, segundo RAWLS, é assegurar, para si mesmos, tanto quanto for possível. Isto significa que o primeiro princípio não pode ser genuinamente igualitário. Mas RAWLS propõe um argumento: o primeiro princípio é igualitário porque nega a possibilidade de que uma diminuição na liberdade pessoal possa justificar-se em virtude de que aumenta a liberdade de outro indivíduo, incrementando assim a soma total de liberdade.

Um princípio igualitário implica que a quantidade de uma substância determinada, propriedade de certo indivíduo, não pode ser reduzida justificadamente apenas em razão de que assim a quantidade total de dita substância será incrementada.

JASAY rejeita esta visão. Recusa a ideia da justeza das pessoas prescindirem das suas vantagens iniciais, não por efeito de uma escolha racional e livremente determinada, mas por estarem envolvidas num véu de ignorância, numa espécie de acordo para-racional[48], situadas artificialmente numa situação igualitária. Considera que este ângulo da Justiça, que originou uma importante corrente doutrinária, acaba por remetê-la a uma questão de escolha social em vez da preferível aproximação à Justiça como a qualidade observada (ou não) nos comportamentos dos indivíduos[49].

---

[48] JASAY, *Justice...*, p. 128.
[49] JASAY, *Justice...*, p. 129.

3.2. Pilares, princípios e domínios da Justiça

> «Free contracts are unfree if they are unfair»
>
> ANTHONY DE JASAY

JASAY admite e compreende que o conceito de Justiça não corresponde a uma evidência; e que a sua delimitação origina diversos problemas com territórios afins susceptíveis de trazer a confusão ou de a subverter por completo.

Fiel aos seus intuitos clarificadores, JASAY tenta representar os fundamentos do edifício da Justiça em que deverá assentar o Direito. Estes terão de possuir a amplitude suficiente para abarcarem a generalidade das preocupações que envolvem a temática, mas serem suficientemente agudos e subtis para se enquadrarem às matérias multifacetadas com que a Justiça tem de se defrontar.

O primeiro pilar é a possibilidade da sua atestação, i. é verificação[50]. Um preceito será justo quando a demonstração da sua veracidade for possível e se conseguir tornar indisputável.

O segundo, em aparente antinomia com o anterior, é a capacidade de falsificação[51], já que todo o problema passa a depender do ónus da prova de quem afirma a proposição. Funcionando esse ónus da prova a falsificação é afastada (ou não) tornando o preceito justo.

O terceiro é integrado pela praticabilidade[52], pela faculdade de realização de uma determinação jurídica ou de um comportamento por parte de um indivíduo. Uma asserção que não tem implementação possível na realidade não é direito ("não passa de palavra vã", na famosa expressão de Ihering). Para além disso, essa discrepância aporta a injustiça. O que pressupõe, para a evitar, um conhecimento intenso do terreno onde o Direito irá precipitar as suas determinações. Do mesmo modo, uma pessoa ao figurar um acto como possível terá de equacionar as demais variantes (morais, reais e jurídicas) que lhe permitirão exercer essa conduta.

O quarto pilar é o prejuízo[53], i. é o dano directo ou indirecto motivado por um preceito ou por um acto jurídico. Claramente, o excesso ou a falta de sensatez que possam provocar conduzirá à sua tipificação como

---

[50] «Verifiability», idem, p. 145.

[51] «Falsifiability», idem, idem.

[52] «Feasibility», idem, idem.

[53] «Harm», idem, idem.

Direito e Estado no Pensamento de Anthony de Jasay

197

injusto. Qualquer acto ou determinação corre o risco de causar danos; assim, só será considerado injusto aquele em que isso seja patente, por demais gravoso ou lese direitos e liberdades protegidos de outrem.

Por último, o quinto pilar da Justiça é a confiança[54]. Intimamente ligada ao entendimento da certeza, prende-se com a ideia de comportamento do indivíduo racional, como uma série de actos encadeados que visam atingir um resultado pretendido previamente. Tal revela-se essencial para o funcionamento da Justiça, já que os indivíduos só aceitarão desenvolver as suas acções por modos e formas justas caso tenham confiança na obtenção do resultado querido. I. é se racionalmente puderem razoavelmente prognosticar que esta sua atitude irá originar aquela consequência. De contrário, a falta dessa confiança poderá desencadear comportamentos injustos. Se os indivíduos não conseguirem fazer essas previsões de resultados e não estiverem cientes de que as atitudes que tomam proporcionarão os frutos que desejam poderão tentar obtê-los de outra forma. Em todo o caso, sem a confiança qualquer preceito, processo ou acto está ferido de injustiça.

A partir dos seus pilares, a Justiça está capaz de apreender os seus princípios gerais. Segundo Jasay, estes são a Responsabilização, a Presunção e a Convenção. Interagindo uns com os outros, os princípios revelam-se como lógicas dominantes e valorativas, capazes de informar preceitos e comportamentos.

Depois dos fundamentos e dos princípios gerais, o edifício da Justiça compõe-se de dois elementos principais.

Para Jasay, o universo da Justiça está dividido em dois domínios adjacentes, mas sem comunicações passíveis de se influenciar mutuamente. Esses domínios têm como parâmetros reguladores duas máximas: o "suum cuique" (dar a cada um o que é seu); e " a cada um segundo o seu...", portanto uma referência variável de acordo com a qualidade que seja inserida na proposição[55].

Jasay afirma que o primeiro princípio pode ser realizado entre os sujeitos sendo que a única questão consistirá na atribuição da titularidade. Mas não resultarão daí problemas especiais dado que, assegurada essa titularidade, tal «leaves little space for judgements».[56]

---

[54] «Trust», idem, idem.
[55] Idem, p. 143.
[56] Idem, idem.

Ao contrário, o segundo parâmetro requer uma valoração que poderá depender de preceitos variados, de contextos formais, de acordos e de verificações de requisitos de determinabilidade complexa. A dificuldade maior estará em impedir que na divagação tendente à densificação do segundo parâmetro se impeça esse domínio de penetrar nos terrenos do primeiro. I. é, a Justiça estaria em causa se a questão da titularidade fosse invadida pelos critérios de valoração da referência variável do segundo parâmetro.

Prosseguindo o seu raciocínio, JASAY descreve que aquilo que um indivíduo tem levanta uma questão de *o quê?*, dentro de uma série de actos praticáveis, relativamente aos quais ele possui a liberdade de protagonizar. Quanto à fórmula do "suum cuique", divide-se em comportamentos admissíveis e não admissíveis.[57] Assim, este princípio da Justiça lida, essencialmente, com liberdades. É a partir da noção de liberdades que JASAY funda a sua ideia de propriedade:

> «If finding and appropriating what is unowned is a liberty, abstaining from consumption is a liberty, and voluntary exchange is a liberty, then property is a liberty. Under "suum cuique" a person's property is his if and because the acts that led to his possessing it where his liberties»[58]

Deste modo, a legitimidade da propriedade deriva da cadeia de comportamentos legitimados que fazem com que seja possível e válido a um indivíduo possuir uma coisa.

Esta distinção entre liberdades e direitos é das mais atacadas na obra de JASAY. De facto, na preocupação cirúrgica de clarificar e apartar conceitos pode-se ter dado o quase absurdo de se negar a existência do direito à liberdade. Será um direito ou uma liberdade? São conceitos relacionados, dependentes, ou separados conceptualmente como JASAY parece indicar?

Na Introdução de *Justice and its Surroundings* responde-se a esta questão:

> «It is not that we have a "right" to freedom; it is that they (and we) have no "right" to commit wrong acts»[59]

---

[57] Idem, p. 157.
[58] Idem, p. 162.
[59] Introduction, p. xxvi.

Mas se os outros não podem interferir com as minhas liberdades, isso deve-se a que lhes falta essa liberdade, i. é estão adstritos a um dever de respeitar a liberdade que eu detenho. Ora isso significa que eu sou titular de um direito que posso exercer, o do respeito pela minha liberdade; por outras palavras um direito à liberdade inscrito na minha esfera jurídica.

Poder-se-á pensar que a argumentação de JASAY é artificiosa e que apenas se deve à fidelidade conceptual devida ao edifício que erigiu. Mas a memória chama-me para aqueloutro argumento de Guilherme de Ockam face ao direito de propriedade. Dizia Ockam que não era proprietário da coisa, apenas detinha um direito a dever geral de abstenção, i. é podia exigir que os outros não interferissem com o seu direito. Aquilo que parecia ser uma astúcia franciscana, transformou-se na base originária do direito subjectivo moderno. Nada mau para um artifício de retórica[60].

4. Direito sem Estado? Os indícios da última das utopias

> «*Parece ser destino da liberdade individual no nosso tempo que seja defendida principalmente por economistas melhor do que por juristas ou cientistas políticos.*
>
> *Quanto aos juristas, a razão é, talvez, que de alguma maneira se vêem obrigados a falar baseados no seu conhecimento profissional, e portanto, em termos dos sistemas legais contemporâneos. Como disse Lord Bacon, "falam como se estivessem amarrados". Os sistemas jurídicos contemporâneos a que se sentem ligados parece que vão reduzindo paulatinamente o terreno da liberdade individual»*

> BRUNO LEONI

Quando se põe em causa a imprescindibilidade do Estado e se defende a possibilidade de uma Sociedade equilibrada e ordenada sem ele, emerge o problema do Direito. A razão para tal é simples. No nosso paradigma civilizacional, desde que o Estado despontou a partir do final da Idade Média, o Direito é resultado de um processo em que o Estado tem um papel predominante. Como seu criador, como seu aplicador e suporte da sua eficácia, a maior parte das vezes nas duas maneiras. O Estado é omnipresente no Direito. E só não é também omnipotente a partir da implementação do movimento constitucional, embora tenha resvalado para di-

---

[60] Cfr. MICHEL VILLEY, *Leçons d'Histoire de la Philosophie du Droit*, Dalloz, Paris, 1962; A. TRUYOL SERRA, *História da Filosofia do Direito e do Estado*, Vol. 1, INP, 1985.

versos tipos de despotismo, sob a capa formal do Estado de Direito, vezes demais depois disso. Progressivamente, o Costume como fonte de direito não estatal perdeu relevância e foi-se apagando gradualmente até desaparecer, quase por completo, no seio de um espaço normativo que se pretendia global. Os princípios fundamentais, quando não inscritos e reconhecidos expressamente pela Lei, deixaram também de ter viabilidade. A opção do Direito pela sua filiação estatal tornou-se um dogma insofismável[61].

Ao pôr-se em causa o Estado, está-se a questionar todo o Direito conforme hoje o conhecemos. Uma tarefa de tal grandeza só poderá ser equacionada no caso da já referida "transição de idade" assumir aspectos mais drásticos do que aqueles que, até agora, se conseguem visualizar.

Mas já existem sinais[62] de uma progressiva, mas segura, "desestatização" do direito contemporâneo. Em primeiro lugar, devido à patente crise dos sistemas jurídicos actuais, designadamente aqueles que continuam a elevar a Lei ao nível de paradigma maior e, muitas vezes, exclusivo. A impotência destes em compreender a evolução do mundo e em se aperfeiçoarem adequadamente, em lidar com a intensa aceleração dos fenómenos, as cada vez mais acentuadas incompletudes das previsões normativas, as desconformidades crescentes das situações jurídicas que conduzem as supra-valorizadas características normativas da generalidade e abstracção a verdadeiros becos sem saída, a falência dos esquemas tradicionais de resolução dos conflitos, entre outros aspectos da actual conjuntura do Direito que parecem convocar uma mudança significativa.

Se a tudo isso acrescentarmos outros indícios, já não de crise do que está mas de movimentações inovadoras, como o fenómeno da transnacionalização, intimamente ligado à mundialização das relações jurídicas[63]; a revitalização do costume, não apenas visto como o "direito da tradição", mas antes como a fonte de direito mais capaz, porque acentuadamente mais plástica, de resolver alguns dos muitos problemas com que o Direito

---

[61] Estas asserções, embora tenham por base a família jurídica romano-germânica, são aplicáveis nos seus traços essenciais ao direito anglo-saxónico, embora nesses sistemas exista uma maior predisposição para a aceitação do Costume.

[62] Estes sinais poderão estar presentes há várias décadas segundo alguns autores. A referencia primeira desse entendimento é da autoria de BRUNO LEONI, *Freedom and the Law*, Nash Publishing, LA, 1961. Apenas consultamos a tradução castelhana, *La Libertad y la Lei*, Unión Editorial, Madrid, 1995.

[63] Acerca das consequências da globalização das relações comerciais, veja-se NORBERG, *In Defence of Global Capitalism*, Timbro, 2001.

se vem debatendo[64]; paralelamente, o recurso constante a formas de arbitragem para regulação e resolução de conflitos; a figuração de "tribunais privados"[65]; culminando num certo ressurgimento do jusnaturalismo que, em qualquer das suas versões, não pode deixar de ser uma construção jurídica separada do Estado e dos seus poderes legitimadores[66].

O conjunto de alterações que aqui se resumiram não podem deixar de suscitar perplexidades acerca das tentativas de elaboração de novas respostas, por muito extraordinárias que estas possam parecer face à nossa sensibilidade jurídica e aos quadros habituais em que ela se desenvolveu.

JASAY fornece bastantes interrogações e algumas respostas que deverão ser tomadas em consideração. Veremos se estamos perante um percursor ou de um simples fantasista.

---

[64] É o exemplo da denominada Lex Mercatoria. Cfr. PEDRO MADEIRA FROUFE, *O Direito Económico – Algumas Notas relativas à superação de uma crise de identidade pública* in Instituições de Direito, II Vol., Almedina, Coimbra, 2000

[65] Obra fundamental sobre esta matéria é a de BRUCE L. BENSON, *The Enterprise of Law. Justice Without the State*, Pacific Research Institute for Puvlic Policy, San Francisco, s.d..

[66] Alguns tópicos acerca destas preocupações estão condensados nos tópicos de uma alocução que fizemos em 22 de Fevereiro de 2003 para a associação Causa Liberal, intitulada *Crise do Direito Contemporâneo – Perspectivas de um Direito Liberal*, disponível em http://www.causaliberal.net/documentosCAA/direitoliberal.htm

AS NOVAS TENDÊNCIAS DO DIREITO PORTUGUÊS DA INSOLVÊNCIA – COMENTÁRIO AO REGIME DOS EFEITOS DA INSOLVÊNCIA SOBRE O DEVEDOR NO PROJECTO DE CÓDIGO DA INSOLVÊNCIA[1-2]

CATARINA SERRA

1. Apresentação

1.1. Fui convidada para apreciar o regime dos efeitos da declaração de insolvência relativamente ao devedor no Projecto de Código da Insolvência. Antes, no entanto, gostaria de manifestar o meu apreço pelo paradigma proposto. O novo regime da insolvência é, a meu ver, globalmente positivo, ao nível tanto da técnica como da política legislativas. Como se sabe, é um trabalho muito inspirado na lei alemã, a *Insolvenzordnung* (*InsO*), de 5 de Outubro de 1994, que foi transposta para o sistema português de forma bem pensada e, sobretudo, muito atenta. Há sempre, no entanto, um ou outro ponto mais duvidoso, uma ou outra questão a discutir.

---

[1] O presente texto corresponde, sem alterações, à minha intervenção oral no colóquio "O Código da Insolvência e Recuperação de Empresas", organizado pelo Gabinete de Política Legislativa e Planeamento do Ministério da Justiça e realizado na Universidade Nova de Lisboa, no dia 16 de Julho de 2003. Apenas se reproduziu, para melhor compreensão, as principais disposições do Projecto que são objecto de análise no texto.

[2] Trata-se do Projecto de "Código da Insolvência e Recuperação de Empresas", que acompanha a Proposta de Lei de autorização legislativa aprovada em reunião do Conselho de Ministros de 27 de Março de 2003 e apresentada à Assembleia da República em 2 de Abril de 2003 [Consult. 27 Jun. 2003]. Disponível em WWW: <URL: http://www.mj.gov.pt>. Existe já uma segunda versão do Projecto, resultante da introdução de ligeiras modificações à versão original. São as disposições desta versão mais recente que são apreciadas e reproduzidas no presente texto.

1.2. Antes de mais, o nome do Código no Projecto: "Código da Insolvência e Recuperação de Empresas". Continuará a justificar-se a referência à recuperação? É que a inclusão da palavra no nome do Código pode sugerir um paralelismo entre recuperação e insolvência (em substituição do anterior paralelismo entre recuperação e falência). Ora, a recuperação já não é um processo. O único processo admissível é o processo de insolvência e a recuperação passa a ser uma das suas duas finalidades, em alternativa à liquidação, conforme resulta claramente do art. 1.° do Projecto.

Artigo 1.°
Finalidade do processo de insolvência
O processo de insolvência é um processo de execução universal que tem como finalidade a liquidação do património de um devedor insolvente e a repartição do produto obtido pelos credores, ou a satisfação destes pela forma prevista num Plano de insolvência, que nomeadamente se baseie na recuperação da empresa compreendida na massa insolvente.

Daí que fosse aconselhável reduzir o título para "Código da Insolvência". Mantendo-se o título proposto, será necessário aditar uma segunda preposição antes da palavra "Recuperação", ficando, então: "Código da Insolvência e *da* Recuperação de Empresas"[3].

1.3. Não resisto ainda a uma referência à disposição que fixa os sujeitos passivos da insolvência: o art. 2.° do Projecto.

Artigo 2.°
Sujeitos passivos da declaração de insolvência
1. Podem ser objecto de processo de insolvência:
a) Quaisquer pessoas singulares ou colectivas;
b) A herança jacente;
c) As associações sem personalidade jurídica e as comissões especiais;

---

[3] Como é natural, há outras gralhas além desta. Grande parte foi corrigida na revisão da primeira versão do Projecto, mas algumas escaparam e outras apareceram. A título meramente exemplificativo veja-se o art. 3.°, n.° 3, do Projecto. Há ainda problemas de ordenação numérica dos Títulos e Capítulos (adiante referidos) e dúvidas sobre a conveniência de regulação de certas matérias na mesma norma (veja-se, por exemplo, o art. 10.° do Projecto).

d) As sociedades civis;
e) As sociedades comerciais, até à data do registo definitivo do contrato pelo qual se constituem;
f) As cooperativas, antes do registo da sua constituição;
g) As sociedades irregulares;
h) O estabelecimento individual de responsabilidade limitada;
i) O estabelecimento em Portugal de entidade que tenha no estrangeiro a sua sede ou domicílio e o centro dos seus principais interesses.
(…)

Há anos atrás, defendi a conveniência de adoptar como critério do âmbito subjectivo da falência, em vez da personalidade jurídica, a autonomia patrimonial ou a personalidade judiciária[4]. O que parece ter sido acolhido. Agora, perante a nova redacção da norma, pergunto-me se, no plano da técnica legislativa, não seria mais conveniente, em vez da enumeração proposta, formular uma cláusula geral[5]. Isto porque, além dos conhecidos inconvenientes que toda a enumeração comporta, ainda para mais quando é taxativa (os riscos de omissão), podem surgir algumas dúvidas quanto aos casos concretamente enumerados. Falo, nomeadamente, da menção às "sociedades irregulares", contida na al. g) do n.° 1. Esta é uma expressão praticamente já extinta do Direito das Sociedades[6]. E se mais não houvesse, isto bastaria para ponderar a sua utilização aqui. Acresce que à expressão se faz corresponder, hoje, os casos de "sociedades comerciais até à data do registo definitivo do contrato pelo qual se constituem", que já são objecto de previsão na al. e)[7]. A que "sociedades irregulares" pretende,

---

[4] Cfr. CATARINA SERRA, *Falências derivadas e âmbito subjectivo da falência*, Coimbra, Coimbra Editora, 1999.

[5] E, de facto, noutro ponto, o Projecto adoptou uma categoria, para se referir ao devedor, que seria adequada aqui: "entidade ou património" (cfr. art. 6.°, al. a), do Projecto).

[6] O legislador absteve-se de usá-la nos arts. 36.° a 40.° do CSC, onde está regulada a matéria tradicionalmente designada por ela. À abstenção do seu uso só escapa o art. 174.°, n.° 1, al. e), do CSC. Sobre o significado da expressão e as razões do seu desuso cfr. JOÃO LABAREDA, "Sociedades irregulares – algumas reflexões", in: VVAA, *Novas perspectivas do Direito Comercial*, Coimbra, Almedina, 1988, 177 e s., e CATARINA SERRA, *Falências derivadas e âmbito subjectivo da falência, cit.*, 221 e s.

[7] Cfr. JOÃO LABAREDA, "Sociedades irregulares – algumas reflexões", *cit.*, 183--184, JOSÉ DE OLIVEIRA ASCENSÃO, *Direito Comercial*, volume IV – *Sociedades Comerciais*, Lisboa, 1993, 133 e s., ANTÓNIO PEREIRA DE ALMEIDA, *Sociedades Comerciais*, Coimbra, Coimbra Editora, 1997, 159, JORGE HENRIQUE PINTO FURTADO, *Curso de Direito das Sociedades*, Coimbra, Almedina, 2001, 206-207, ANTÓNIO MENEZES CORDEIRO, *Ma-*

206 *Estudos em Comemoração do 10.º Aniversário da Licenciatura em Direito*

então, a norma referir-se? Pressupondo que a irregularidade advém de uma malformação das sociedades, restam apenas os casos das sociedades que, não obstante não serem comerciais, estão também sujeitas a requisitos de constituição: as sociedades civis sob forma comercial[8] e certas sociedades civis simples[9]. A referência da norma terá, então, o propósito de submeter à insolvência estas sociedades quando elas não estão regularmente constituídas[10]? Mas justificará isto uma categoria autónoma e, para mais, subordinada a uma tão duvidosa expressão?

2. Os efeitos da declaração de insolvência

2.1. E agora o nosso tema.

Desde já, note-se a necessidade de corrigir dois lapsos de ordenação numérica[11]. No Título IV, relativo aos "Efeitos da declaração de insolvência", a matéria dos "Efeitos processuais" não corresponde ao "Capítulo III" mas sim ao "Capítulo II" e a matéria da "Resolução em benefício da massa insolvente" não corresponde ao "Capítulo VI" mas sim ao "Capítulo V".

2.2. Mas passemos à substância.

A novidade mais ostensiva é que os efeitos da declaração de insolvência são submetidos a uma nova sistematização. Distinguem-se agora os "Efeitos sobre o devedor e outras pessoas" – os "Efeitos em relação ao falido" do Código dos Processos Especiais de Recuperação da Empresa

---

nual de Direito Comercial, II volume, Coimbra, Almedina, 2001, 216-217, e JORGE COUTINHO DE ABREU, *Curso de Direito Comercial*, vol. II – *Das sociedades*, Coimbra, Almedina, 2002, 115 (nota 52).

[8] Como as Sociedades de Gestores Judiciais e as Sociedades de Liquidatários Judiciais (cfr. DL n.º 79/98, de 2 de Abril) e as Sociedades Gestoras de Empresas (cfr. DL n.º 82/98, de 2 de Abril).

[9] Certas sociedades profissionais como, por exemplo, as Sociedades de Advogados (cfr. DL n.º 513-Q/79, de 26 de Dezembro) e as Sociedades de Revisores Oficiais de Contas (cfr. DL n.º 487/99, de 16 de Novembro).

[10] Quando estão regularmente constituídas elas já estão abrangidas pela al. a) (quanto às sociedades civis sob forma comercial) e pela al. d) (quanto às sociedades civis simples).

[11] Há um outro lapso de ordenação no Título III ("Massa insolvente e intervenientes no processo"): a matéria dos "Órgãos da insolvência" não corresponde ao "Capítulo III" mas sim ao "Capítulo II".

e de Falência (CPEREF) –, os "Efeitos processuais", os "Efeitos sobre os créditos", os "Efeitos sobre os negócios em curso" e a "Resolução em benefício da massa insolvente" – todos, fundamentalmente, inseridos, no CPEREF, numa única secção sob o título "Efeitos em relação aos negócios jurídicos do falido"[12].

2.3. Delimite-se a matéria.

O tema que me foi atribuído é, mais especificamente, o dos efeitos da insolvência sobre o devedor. Cabe-me, portanto, desde logo, apreciar o regime estabelecido nas normas dos arts. 75.° a 78.° do Projecto, pois são elas que, em rigor, se subordinam à epígrafe homónima. Deixo de fora o art. 76.° do Projecto, que versa sobre efeitos sobre os administradores e outras pessoas relacionadas com o devedor[13].

Em contrapartida, há normas deslocadas do quadro sistemático dos efeitos da insolvência estabelecido no Projecto que, todavia, se integram substancialmente na categoria. Serão, também elas, objecto de apreciação.

---

[12] Não existe no Projecto um capítulo homólogo à secção dos "Efeitos em relação aos trabalhadores do falido" do CPEREF. Nem havia necessidade. No CPEREF a matéria compõe-se de três disposições (cfr. arts. 172.°, 173.° e 174.° do CPEREF). As duas primeiras desempenham, quase em exclusivo, uma função de remissão para a legislação laboral. Cfr. CATARINA SERRA, "A crise da empresa, os trabalhadores e a falência", in: *Revista de Direito e de Estudos Sociais*, Julho-Dezembro – 2001, Ano XLII, n.°s. 3 e 4, 427. De qualquer modo, pode dizer-se que elas estão, no essencial, contidas nos arts. 103.°, 51.°, n.° 4, e 76.°, n.° 1, do Projecto, respectivamente.

[13] A norma do art. 76.° do Projecto parece ter por finalidade principal reduzir os riscos de insuficiente satisfação dos credores do insolvente. Há medidas tendentes a evitar a diminuição do valor da massa insolvente e a aumentá-lo e medidas destinadas a constituir e a reforçar a garantia que os patrimónios de outros responsáveis representam para os credores do insolvente. O seu n.° 1 causa, contudo, alguma surpresa quando determina que os órgãos da entidade devedora se mantêm em funcionamento, embora sem remuneração, após a declaração de insolvência. Como se concilia isto com a privação de poderes de administração e de disposição dos administradores da entidade devedora a partir da declaração de insolvência do art. 75.°, n.° 1, do Projecto? Não se trata da hipótese de administração da massa insolvente pelo devedor (cfr. arts. 206.° e s. do Projecto), pois aí mantêm-se as remunerações dos administradores da entidade devedora (cfr. art. 210.° do Projecto). Parece mais tratar-se de um preceito que regula uma situação temporária (entre a data da declaração de insolvência da entidade devedora e a data da decisão definitiva sobre o seu destino) e que homenageia o princípio da não interrupção da actividade (mínima) da empresa (cfr. art. 140.° do Projecto). Por se tratar deste período de transição e por não existir uma "reinvestidura" formal dos sujeitos é que se lhes retira a remuneração e se prevê, em vista disto, o direito de renúncia aos respectivos cargos.

208 *Estudos em Comemoração do 10.° Aniversário da Licenciatura em Direito*

Além dos efeitos sobre a *pessoa* do devedor, não seria descabida uma referência aos restantes efeitos[14]. Infelizmente, por limitações de tempo, não poderá ser feita aqui.

3. Os efeitos sobre a *pessoa* do devedor

I – *Efeitos necessários*

Dos efeitos sobre o devedor previstos no Capítulo I saliente-se dois: a privação dos poderes de administração e de disposição de bens e o grupo constituído pelos deveres de apresentação e de colaboração. Noutro ponto do Projecto encontram-se mais dois (o dever de respeitar a residência fixada na sentença e o dever de entrega imediata de certos documentos). Os quatro são aquilo a que se pode chamar *efeitos necessários*, já que, como se verá, ao contrário de outros, a sua produção é automática e não depende senão da prolação da sentença que declara a insolvência do devedor.

3.1. *A privação dos poderes de administração e de disposição dos bens integrantes da massa insolvente (cfr. art. 75.° do Projecto)*[15]

Artigo 75.°
Transferência dos poderes de administração e disposição
1. Sem prejuízo do disposto no Título X, a declaração de insolvência priva imediatamente o insolvente, por si ou pelos seus administradores, dos poderes de administração e de disposição dos bens ntegrantes da massa insolvente, os quais passam a competir ao administrador da insolvência.
2. Ao devedor fica interdita a cessão de rendimentos futuros susceptíveis de penhora, qualquer que seja a sua natureza, mesmo que de constituição posterior ao encerramento do processo.

---

[14] Como já antes defendi perante a sistematização (se bem que diversa) do CPEREF. Cfr. CATARINA SERRA, "Efeitos da declaração de falência sobre o falido no CPEREF (após a alteração do DL n.° 315/98, de 20 de Outubro)", in: *Scientia Juridica*, tomo XLVII, Julho-Dezembro de 1998, n.°s. 274/276, 267 e s.

[15] Aplica-se ao devedor insolvente, por si ou pelos seus administradores (cfr. art. 75.°, n.° 1, do Projecto).

3. Não são aplicáveis ao administrador da insolvência limitações ao poder de disposição do devedor estabelecidas por decisão judicial ou administrativa, ou impostas por lei apenas em favor de pessoas determinadas.

4. O administrador da insolvência assume a representação do devedor para todos os efeitos de carácter patrimonial que interessem à insolvência.

5. São ineficazes os actos realizados pelo insolvente em contravenção do disposto nos números anteriores, respondendo a massa insolvente pela restituição do que lhe tiver sido prestado apenas segundo as regras do enriquecimento sem causa, salvo se, cumulativamente:

a) forem celebrados a título oneroso com terceiros de boa fé anteriormente ao registo da sentença da declaração de insolvência efectuado nos termos do n.° 2 do Artigo 35.°;

b) não se tratar de actos de algum dos tipos referidos no n.° 1 do Artigo 106.°.

6. Os pagamentos efectuados ao insolvente pelos seus devedores após a declaração de insolvência serão liberatórios nas condições do número anterior, e ainda se o devedor provar que o respectivo montante deu efectiva entrada na massa insolvente.

Comentário:

a) Antes de mais, diga-se que a privação (total ou parcial) dos poderes de administração e de disposição dos bens *não é um efeito exclusivo da declaração de insolvência*, ou seja, pode ter lugar antes da declaração de insolvência e mesmo antes da citação do devedor. Associada à possibilidade de nomeação de um administrador judicial provisório, ela constitui uma das medidas cautelares expressamente previstas para o caso de justificado receio da prática de actos de má gestão (cfr. art. 30.°, n.ºs 1 e 2, do Projecto). Nessa como na hipótese típica, de privação dos poderes após a declaração de insolvência (cfr. art. 75.° do Projecto), não é um efeito novo (cfr., respectivamente, arts. 21.°-A[16] e 147.° do CPEREF). Mas há novidades a assinalar, muito por influência da lei alemã (cfr. §§ 21 e 22 e §§ 80 e 81 da *InsO*). Concentremo-nos na hipótese típica.

---

[16] Isto embora da norma do art. 21.°-A, n.° 1, do CPEREF apenas resulte a possibilidade de privação parcial dos poderes, já que o administrador judicial provisório se limita a *assistir* ao devedor e a *aprovar* determinados actos seus, e o art. 30.° do Projecto preveja não só essa mas também a hipótese de titularidade *exclusiva* de poderes de administração pelo administrador judicial provisório.

210   *Estudos em Comemoração do 10.° Aniversário da Licenciatura em Direito*

b) Há uma nova e importante excepção ao efeito. O art. 75.°, n.° 1, do Projecto ressalva agora "o disposto no Título X". O art. 33.°, n.° 1, al. e), do Projecto dispõe que na sentença de declaração de insolvência o juiz pode determinar a "administração da massa insolvente pelo devedor", quando se verifiquem a condição do art. 206.° (a massa insolvente compreender uma empresa) e os pressupostos do art. 207.°, n.° 2, do Projecto. A medida corresponde à *Eigenverwaltung* da lei alemã (cfr. §§ 270 a 285 da *InsO*). Na lei norte-americana (*Bankruptcy Code*), quando o fim é recuperar a empresa, a regra é mesmo a da manutenção do devedor à frente da empresa (*debtor in possession*) e a nomeação do administrador (*trustee*) a excepção (cfr. Sec. 1104 do *Chapter 11 – Reorganization*)[17].

É uma novidade bem-vinda no direito português. Pode vir a revelar-se especialmente útil para efeitos de conservação da empresa, ao aproveitar a familiaridade do devedor com a empresa e o seu conhecimento dos motivos da crise. Por esta razão e pelo facto de a remuneração atribuída ao devedor ser limitada aos "fundos necessários para uma vida modesta dele próprio e do seu agregado familiar, tendo em conta a sua condição anterior e as possibilidades da massa" (cfr. art. 210.° do Projecto), permite ainda, e quanto mais não seja, diminuir os custos do processo.

c) Pela primeira vez prevê-se a sanção que recai sobre os actos praticados pelo insolvente em violação do efeito na própria norma que o consagra (cfr. art. 75.°, n.° 5, do Projecto), ao contrário do que acontece no CPEREF (cfr. art. 155.°, n.° 1, do CPEREF)[18], e adopta-se o termo "inefi-

---

[17] Cfr. LUCA PICONE, *La Reorganization nel diritto fallimentare statunitense*, Milano, Giuffrè, 1993, 21 e 32 e s., esp. 34-35, e CORRADO FERRI, "La «grande riforma» del diritto fallimentare nella Repubblica Federale Tedesca", in: *Rivista di Diritto Processuale*, 1995, n.° 1, 201.

[18] E também ao contrário do CPEREF (cfr. art. 155.°, n.° 3, do CPEREF), do regime a que fica subordinado o cumprimento das obrigações pelo devedor do insolvente (cfr. art. 75.°, n.° 6, do Projecto). Mas continua a empregar-se – indevidamente – os termos restritivos *"pagamento"* e *"montante"*. Cfr. LUÍS CARVALHO FERNANDES, "Efeitos substantivos da declaração de falência", in: *Direito e Justiça*, vol. IX, tomo 2, 1995, Faculdade de Direito da Universidade Católica Portuguesa, 28 (notas 10 e 11), e CATARINA SERRA, "Efeitos da declaração de falência sobre o falido...", *cit.*, 290 (nota 77). Em contrapartida, não se transpôs para a norma o caso previsto no art. 155.°, n.° 4, do CPEREF. E bem, pois o preceito respeita a uma hipótese de acto *anterior* à sentença judicial e não, como os restantes regulados na norma, posterior a ela. Cfr. JOSÉ DE OLIVEIRA ASCENSÃO, "Efeitos da falência sobre a pessoa e negócios do falido", in: *Revista da Ordem dos Advogados*, III, ano 55, Dezembro 1995, 656.

cácia" (cfr. art. 75.º, n.º 5, do Projecto)[19] para qualificar esta sanção, em substituição do termo "inoponibilidade" (cfr. art. 155.º, n.º 1, do CPE-REF), que tanto contribuiu para a controvérsia sobre a qualificação da situação jurídica do falido[20].

d) Mas agora acrescenta-se, a seguir à previsão da ineficácia dos actos, que a massa responde por tudo quanto lhe tenha sido prestado apenas segundo as regras do enriquecimento sem causa. Ao aditamento, só introduzido na segunda versão do Projecto, não foi, com certeza, alheia a lei alemã (cfr. § 81 da *InsO*). Sendo certo que a contraparte do insolvente deve restituir o objecto da prestação à massa, por força da ineficácia do acto, esclarece-se agora que esta fica, por seu lado, constituída na obrigação de restituir-lhe o objecto prestado (a contraprestação)[21-22]. A referência ao enriquecimento sem causa, precedida do advérbio "apenas", tem a função de excluir qualquer expectativa da contraparte quanto a uma indemnização pelos prejuízos sofridos[23-24].

---

[19] Regressando-se à fórmula do art. 1190.º, n.º 1, do Código de Processo Civil.

[20] Cfr. CATARINA SERRA, "Efeitos da declaração de falência sobre o falido...", *cit.*, 269 e s.

[21] Isto, naturalmente, sempre que a massa a tenha recebido, pois pode acontecer que a contraprestação seja efectuada ao insolvente e não ao administrador. Nesse caso, o direito à restituição só poderá ser feito valer contra o insolvente depois de concluído o processo de insolvência. Cfr. LINO GUGLIELMUCCI (a cura di), *La legge tedesca sull' insolvenza (Insolvenzordnung) del 5 ottobre 1994*, Milano, Giuffrè, 2000, 73 (nota 54).

[22] Deverá o objecto da obrigação de restituição calcular-se com base numa concepção *real* da restituição? Em se tratando de enriquecimento por prestação de coisa parece que a restituição deve ser primariamente orientada em relação ao objecto (restituição em espécie). No caso de esta ser impossível, parece lógico que se fixe o dever de restituição do valor correspondente à coisa, determinado através do seu preço comum no mercado. Cfr. LUÍS MENEZES LEITÃO, *Direito das Obrigações*, Coimbra, Almedina, 2003, 460 e s., esp. 466-467 e 470-471. Sobre o enriquecimento sem causa cfr. LUÍS MENEZES LEITÃO, *O enriquecimento sem causa no Direito Civil*, Lisboa, Centro de Estudos Fiscais, 1993, e JÚLIO GOMES, *O conceito de enriquecimento, o enriquecimento forçado e os vários paradigmas do enriquecimento sem causa*, Porto, Universidade Católica Portuguesa, 1998.

[23] A fórmula é igual a outra, contida no art. 468.º, n.º 2, do Código Civil.

[24] Com a referência ao enriquecimento sem causa se exclui também a hipótese de a massa conservar a contraprestação e de a contraparte do insolvente ficar titular de um direito exercitável contra o insolvente após a conclusão do processo de insolvência (direito a exigir a entrega do objecto da prestação ou direito a ser indemnizado por incumprimento do contrato), como parece ser o entendimento de alguma doutrina. Cfr., entre outros, FERRER CORREIA, *Lições de Direito Comercial*, vol. I, Coimbra, 1973, 174, MANUEL DE ANDRADE, *Teoria Geral da Relação* Jurídica, vol. II, *Facto jurídico, em especial negócio jurídico*, Coimbra, Almedina, 1983, 114, CARLOS ALBERTO DA MOTA PINTO, *Teoria Geral*

212 *Estudos em Comemoração do 10.º Aniversário da Licenciatura em Direito*

e) Continua a ressalvar-se os actos onerosos praticados antes do registo da sentença quando a contraparte do insolvente estiver de boa fé. Mas acrescentou-se um requisito negativo: não ser um acto de algum dos tipos referidos no art. 106.º, n.º 1, do Projecto (cfr. art. 75.º, n.º 5, als. a) e b), do Projecto), isto é, não ser um dos actos que agora estão sujeitos a "resolução incondicional[25].

f) Mas onde ficou a possibilidade de "sanação", pelo administrador da insolvência, dos actos praticados pelo insolvente, a possibilidade de "confirmação"[26] que o art. 155.º, n.º 2, do CPEREF atribui ao liquidatário

---

do Direito Civil, Coimbra, Coimbra Editora, 1985, 250, e JORGE COUTINHO DE ABREU, *Curso de Direito Comercial*, vol. I, 111-112.

[25] Estes são actos relativamente aos quais existe uma presunção inilidível de *prejudicialidade* à massa (cfr. art. 105.º, n.ºs 1 e 3, do Projecto) e se dispensa a *má fé* da contraparte do insolvente (cfr. art. 105.º, n.º 4, do Projecto), que são, por sua vez, as duas condições de que depende, em regra, a resolução. Eles correspondem, de uma forma geral, aos actos expressamente sujeitos a resolução e a impugnação pauliana dos arts. 156.º e 158.º do CPEREF. Note-se que no CPEREF a resolução é incondicional para os actos a ela sujeitos (cfr. art. 156.º do CPEREF) e a impugnação pauliana depende dos requisitos gerais da lei civil (cfr. art. 157.º do CPEREF), sendo que os actos referidos se presumem celebrados de má fé (cfr. art. 158.º do CPEREF). Cfr. CATARINA SERRA, "Efeitos da declaração de falência sobre o falido...", *cit.*, 296 e s.

[26] Seria preferível, a meu ver, o regresso ao termo "ratificação" do art. 1190.º, n.º 2, do Código de Processo Civil, em detrimento do termo "confirmação", que se adequa melhor aos actos inválidos do que ineficazes. Cfr. JOSÉ DE OLIVEIRA ASCENSÃO, "Efeitos da falência sobre a pessoa e negócios do falido", *cit.*, 683, *Direito Civil – Teoria Geral, vol. I, Introdução, as pessoas, os bens, Coimbra, Coimbra Editora, 2000*, 208, e LUÍS CARVALHO FERNANDES/JOÃO LABAREDA, *Código dos Processos Especiais de Recuperação da Empresa e de Falência Anotado*, Lisboa, Quid Juris, 1999, 410. JOSÉ DE OLIVEIRA ASCENSÃO (*Op. ult. cit.*, 207-208) defende ainda a necessidade de aproximar o regime destes actos do regime da venda de bens alheios: a venda de bens alheios que as partes consideraram como futuros fica sujeita à disciplina da venda de bens futuros (cfr. art. 893.º do Código Civil), mas se as partes não consideraram os bens como futuros mantém-se a aplicação da disciplina da venda de bens alheios. Assim, se a contraparte do insolvente desconhece a situação deste em relação aos seus bens, para melhor tutela dos seus interesses, o acto deve considerar-se inválido, pois só essa solução evita que ele fique vinculado a actos sobre bens de disponibilidade duvidosa ou eventual. A ineficácia de que a lei fala deve, então, ser entendida em sentido amplo, (só ela) permitindo e compreendendo a alternativa acto ineficaz em sentido restrito (e válido) / acto inválido, consoante a contraparte do insolvente saiba / não saiba da situação do insolvente. É claro que – acrescento – o problema da tutela do sujeito de boa fé só se põe quando se trata de actos onerosos e, além disso, quando o acto é praticado depois do registo da sentença que declara a insolvência, pois nos restantes casos, pressuposta a boa fé do sujeito e existindo anterioridade do acto relativamente à data ao registo da sentença, estão verificadas as duas condições legais cumulativas de eficácia plena dos actos onerosos.

As novas tendências do direito português da insolvência 213

judicial? Tão-pouco está prevista na lei alemã mas, a meu ver, justificar--se-ia a sua manutenção. Se a ideia é o favorecimento dos interesses da massa, há que repelir os actos com efeitos prejudiciais à massa e aproveitar os actos com efeitos benéficos[27].

3.2. *Os deveres de apresentação no tribunal e de colaboração com os órgãos da insolvência (cfr. art. 77.° do Projecto)*[28]

Artigo 77.°
Dever de apresentação e de colaboração
1. O devedor insolvente fica obrigado a:
a) Fornecer todas as informações relevantes para o processo que lhe sejam solicitadas pelo administrador da insolvência, pela assembleia de credores, pela comissão de credores ou pelo tribunal;
b) Apresentar-se pessoalmente no tribunal, sempre que a apresentação seja determinada pelo juiz ou pelo administrador da insolvência, salvo a ocorrência de legítimo impedimento ou expressa permissão de se fazer representar por mandatário;
c) Prestar a colaboração que lhe seja requerida pelo administrador da insolvência para efeitos do desempenho das suas funções.
2. O juiz ordena que o devedor que sem justificação tenha faltado compareça sob custódia, sem prejuízo da multa aplicável.
3. A recusa de prestação de informações ou de colaboração é livremente apreciada pelo juiz, nomeadamente para efeito da qualificação da insolvência como culposa.
4. O disposto nos números anteriores é aplicável aos administradores do devedor e membros do seu órgão de fiscalização, se for o caso, bem

---

[27] Cfr., entre outros, FERRER CORREIA, *Lições de Direito Comercial, cit.*, 171 e s., MANUEL DE ANDRADE, *Teoria Geral da Relação* Jurídica, *cit.*, 113, CARLOS ALBERTO DA MOTA PINTO, *Teoria Geral do Direito Civil, cit.*, 249-250, HEINRICH EWALD HÖRSTER, *A parte geral do Código Civil português – Teoria Geral do Direito* Civil, Coimbra, Almedina, 1992, 499, e CATARINA SERRA, "Efeitos da declaração de falência sobre o falido...", *cit.*, 273.

[28] Aplica-se ao devedor insolvente (cfr. art. 77.°, n.° 1, do Projecto) e aos administradores do devedor e membros do seu órgão de fiscalização, bem como às pessoas que tenham desempenhado esses cargos nos dois anos anteriores à data da declaração da insolvência (cfr. art. 77.°, n.° 4, do Projecto) e ainda, em certos termos, aos empregados do devedor, bem como às pessoas que o tenham sido nos dois anos anteriores à data da declaração da insolvência (cfr. art. 77.°, n.° 5, do Projecto).

214 *Estudos em Comemoração do 10.º Aniversário da Licenciatura em Direito*

como às pessoas que tenham desempenhado esses cargos dentro dos dois anos anteriores à data da declaração da insolvência.

5. *O disposto nos n.ºs 1, alíneas. a) e b), e 2 é também aplicável aos empregados do devedor, bem como às pessoas que o tenham sido dentro dos dois anos anteriores à data da declaração da insolvência.*

3.3. *O dever de respeitar a residência fixada na sentença (cfr. art. 33.º, n.º 1, al. c), do Projecto)*[29]

3.4. *O dever de entrega imediata de documentos relevantes (cfr. art. 33.º, n.º 1, al. f), do Projecto)*[30]

Artigo 33.º
Sentença de declaração de insolvência
1. *Na sentença que declara a insolvência o juiz:*
(...)
c) *Fixa residência aos administradores do devedor, bem como ao próprio devedor, se este for pessoa singular;*
(...)
f) *Determina que o devedor entregue imediatamente ao administrador da insolvência os documentos referidos no n.º 1 do Artigo 24.º que ainda não constem dos autos;*
(...)

Comentário:
a) Entre estes efeitos existe grande complementaridade: a fixação de residência está prevista para auxiliar o cumprimento dos deveres de apresentação e de colaboração[31] e o dever de entrega de documentos é um mero desenvolvimento do dever de colaboração. Tão-pouco estes efeitos constituem uma novidade do Projecto. A sua concepção é idêntica à do

---

[29] Aplica-se aos administradores do devedor insolvente, bem como ao próprio devedor insolvente, se este for pessoa singular (cfr. art. 33.º, n.º 1, al. c), do Projecto).

[30] Aplica-se ao devedor insolvente (cfr. art. 33.º, n.º 1, al. f), do Projecto).

[31] Cfr. Luís Carvalho Fernandes, "Efeitos substantivos da declaração de falência", *cit.*, 24. Além da função ao nível da eficácia e da celeridade dos sucessivos contactos com o insolvente ou com os seus administradores, a fixação de residência visa ainda garantir a segurança do processo, designadamente evitando o risco de fuga do insolvente ou dos seus administradores.

CPEREF (cfr. arts. 149.°, 128.°, n.° 1, als. a) e c), e 135.° do CPEREF). O que há é uma incontestável melhor "arrumação".

b) Saliente-se, sobretudo, quanto aos deveres de apresentação e de colaboração, o maior alcance da norma, que resulta da *maior definição* do conteúdo de cada um e das sanções respectivas e da *extensão* do âmbito subjectivo de aplicabilidade – tanto do lado passivo (quanto aos dois deveres)[32], como do lado activo (sobretudo quanto ao dever de colaboração na sua modalidade de dever de informação)[33].

c) Quanto ao dever de respeitar a residência, deve entender-se que consiste proibição de mudar de residência e de se ausentar dela sem autorização do tribunal (cfr. art. 1192.° do Código de Processo Civil)[34]. De aplaudir a menção expressa aos "administradores do devedor", que pretende acabar com a discussão a que o silêncio da norma do art. 128.°, n.° 1, al. a), do CPEREF dá origem[35]. Mas não seria oportuna a previsão de uma sanção específica para a violação do dever, em vez de continuar a entender-se que a norma comporta uma remissão implícita para os princípios gerais do direito penal, designadamente, para o crime de desobediência (cfr. art. 348.° do Código Penal)?

d) Quanto ao dever de entrega de documentos, pouco há a dizer. Aparece no Projecto, nestes termos, pela primeira vez[36], mas reconduz-se ao dever, mais lato, de colaboração do insolvente com os órgãos da insolvência (cfr. art. 77.°, n.° 1, al. c), do Projecto). Os documentos objecto do

---

[32] O devedor insolvente (cfr. art. 77.°, n.° 1, do Projecto) e os administradores do devedor e membros do seu órgão de fiscalização, bem como as pessoas que tenham desempenhado esses cargos nos dois anos anteriores à data da declaração da insolvência (cfr. art. 77.°, n.° 4, do Projecto) e ainda, em certos termos, os empregados do devedor, bem como as pessoas que o tenham sido nos dois anos anteriores à data da declaração da insolvência (cfr. art. 77.°, n.° 5, do Projecto).

[33] O administrador da insolvência, a assembleia de credores, a comissão de credores e o tribunal (cfr. art. 77.°, n.° 1, al. a), do Projecto).

[34] Para determinar o conteúdo do dever poder-se-á também recorrer ao art. 196.° do Código de Processo Penal.

[35] Contra a sujeição dos administradores a este efeito cfr. José de Oliveira Ascensão, "Efeitos da falência sobre a pessoa e negócios do falido", *cit.*, 645. A favor da sua sujeição cfr. Luís Carvalho Fernandes, "Efeitos substantivos da declaração de falência", *cit.*, 24, Luís Carvalho Fernandes/João Labareda *Código dos Processos Especiais de Recuperação da Empresa e de Falência Anotado*, *cit.*, 358, Catarina Serra, "Efeitos da declaração de falência sobre o falido…", *cit.*, 280, e Maria do Rosário Epifânio, *Os efeitos substantivos da falência*, Porto, Publicações Universidade Católica, 2000, 64.

[36] Cfr. art. 135.° do CPEREF.

dever de entrega são os referidos no art. 24.°, n.° 1, do Projecto, ou seja, todos os que, por respeitarem à situação patrimonial do insolvente, são indispensáveis ao bom curso do processo, por isso, devendo ser do conhecimento e estar na posse do administrador da insolvência.

II – *Efeitos eventuais*

Outros efeitos há a que se poderia chamar *efeitos eventuais*, dado que a sua produção depende, para além da declaração judicial de insolvência do devedor, da verificação, em concreto, de outras condições. Um está previsto ainda no Capítulo I: o direito a alimentos à custa dos rendimentos da massa insolvente. Depende, fundamentalmente, da carência absoluta de meios de subsistência do sujeito. Os outros dois (a inabilitação e a inibição para o exercício do comércio e para a ocupação de certos cargos) enquadram-se na nova disciplina da qualificação da insolvência (cfr. arts. 170.° e s. do Projecto) e dependem da qualificação da insolvência como *culposa*.

3.5. *O direito a alimentos à custa dos rendimentos da massa insolvente (cfr. art. 78.° do Projecto)*[37]

Artigo 78.°
Alimentos ao insolvente e aos trabalhadores
1. *Se o devedor carecer absolutamente de meios de subsistência e os não puder angariar pelo seu trabalho, pode o administrador da insolvência, com o acordo da comissão de credores, ou da assembleia de credores, se aquela não existir, arbitrar-lhe um subsídio à custa dos rendimentos da massa insolvente, a título de alimentos.*
2. *Havendo justo motivo, pode a atribuição de alimentos cessar em qualquer estado do processo, por decisão do administrador da insolvência.*
3. *O disposto nos números anteriores é aplicável aos trabalhadores que se encontrem na situação prevista no n.° 1 e detenham créditos labo-*

---

[37] Aplica-se ao devedor insolvente (cfr. art. 78.°, n.° 1, do Projecto) e aos trabalhadores que detenham créditos laborais sobre a massa insolvente (cfr. art. 78.°, n.° 3, do Projecto).

rais sobre a massa insolvente, até ao limite destes, mas, a final, deduzir-se-ão os subsídios ao valor desses créditos.

Comentário:

a) Da gama de efeitos sobre a pessoa do insolvente é o único efeito que lhe é inequivocamente *favorável*[38]. A nova redacção do preceito comporta algumas novidades.

b) Excluiu-se os administradores do devedor do âmbito de beneficiários do direito. A sua inclusão na lei vigente (cfr. art. 150.º, n.º 1, do CPEREF) é objecto de dura crítica[39]. Bem se compreende. A possibilidade funciona como contrapartida às limitações a que o devedor fica sujeito após a sua declaração de insolvência, designadamente a privação dos poderes de administração e de disposição e a correspectiva apreensão dos seus bens penhoráveis, que o podem atirar para uma situação de indigência. Ora, os administradores conservam, em princípio, os poderes sobre os bens próprios[40].

c) Houve uma (tendencial[41]) concentração dos poderes de concessão do direito a alimentos (cfr. art. 78.º, n.º 1, do Projecto) e da respectiva revogação (cfr. art. 78.º, n.º 2, do Projecto) no administrador da insolvência. A partilha dos poderes entre o liquidatário judicial e o juiz nesta matéria (cfr. art. 150.º, n.ºs 1 e 2, do CPEREF) é, de facto, criticável[42]. Mas, tratando-se de poderes de natureza jurisdicional, não seria mais correcto atribuí-los ao órgão judicial? E como pode o requerente reagir contra uma decisão desfavorável[43]?

---

[38] Cfr. JOSÉ DE OLIVEIRA ASCENSÃO, *Direito Civil – Teoria Geral, cit.*, 202. Há outros efeitos *indirectamente* favoráveis, como, por exemplo, o dever de apresentação no tribunal e de colaboração com os órgãos da insolvência. Cfr. CATARINA SERRA, "Efeitos da declaração de falência sobre o falido...", *cit.*, 279.

[39] Cfr. JOSÉ DE OLIVEIRA ASCENSÃO, "Efeitos da falência sobre a pessoa e negócios do falido", *cit.*, 646.

[40] Cfr. MARIA DO ROSÁRIO EPIFÂNIO, *Os efeitos substantivos da falência, cit.*, 94.

[41] O administrador da insolvência tem de obter o acordo da comissão de credores ou da assembleia de credores para a concessão do direito a alimentos (cfr. art. 78.º, n.º 1, do Projecto).

[42] Cfr. LUÍS CARVALHO FERNANDES/JOÃO LABAREDA *Código dos Processos Especiais de Recuperação da Empresa e de Falência Anotado, cit.*, 398-399.

[43] Tratando-se, como se disse, de um poder discricionário que pertence conjuntamente ao administrador da insolvência e à comissão de credores ou, quando esta não exista, à assembleia de credores. Cfr. LUÍS CARVALHO FERNANDES/JOÃO LABAREDA *Código dos Processos Especiais de Recuperação da Empresa e de Falência Anotado, cit.*, 399.

218 *Estudos em Comemoração do 10.° Aniversário da Licenciatura em Direito*

d) Houve também uma modificação quanto à qualificação dos créditos como laborais (cfr. art. 78.°, n.° 3, do Projecto). Torna-se, assim, mais claro que não são abrangidos os trabalhadores titulares de uns quaisquer créditos privilegiados ou, por maioria de razão, de créditos comuns[44]. O benefício a favor dos trabalhadores funda-se, de facto, no valor alimentar dos créditos laborais, sobretudo dos salariais[45]. O que talvez fosse oportuno era a previsão de um "Plano Social", como o *Sozialplan* da lei alemã (cfr. §§ 123 a 124 da *InsO*), visando a compensação ou atenuação dos prejuízos económicos decorrentes da reestruturação da empresa e compreendendo a atribuição de um montante, à custa da massa insolvente, a favor dos trabalhadores despedidos[46].

3.6. *A inabilitação (cfr. art. 173.°, n.° 2, al. b), do Projecto)*[47]

Artigo 173.°
Sentença de qualificação

(…)
2. *Da sentença que qualifique a insolvência como culposa consta:*
(…)
b) *A inabilitação das pessoas afectadas durante um período de 2 a 10 anos;*
(…)

Comentário:
a) É um efeito completamente *novo*. Mas desde sempre houve quem aproximasse o falido e o pródigo, sob o ponto de vista da causa (ineptidão

---

[44] Apesar da ausência desta qualificação na norma homóloga do art. 150.°, n.° 3, do CPEREF, a exclusão dos trabalhadores titulares de créditos comuns já era evidente, pois é a única interpretação consentânea com o princípio de igualdade entre os credores. Cfr. Luís Carvalho Fernandes/João Labareda *Código dos Processos Especiais de Recuperação da Empresa e de Falência Anotado, cit.*, 400.

[45] Já chegou, inclusivamente, a ser proposto um "salário de substituição". Cfr. António Nunes de Carvalho, "Reflexos laborais do Código dos Processos Especiais de Recuperação da Empresa e de Falência", in: *RDES*, n.°s 1-2-3, Janeiro-Setembro,1995, 83.

[46] Cfr. Catarina Serra, "A crise da empresa, os trabalhadores e a falência", *cit.*, 443.

[47] Aplica-se ao devedor insolvente e aos seus administradores, de direito ou de facto (cfr. art. 171.°, n.° 1, do Projecto).

para a administração de bens)[48] e, sobretudo, dos efeitos das duas situações[49]. E, de facto, às vezes, a lei aproxima-os[50].

b) O efeito insere-se num *regime novo*: a "qualificação da insolvência" (cfr. arts. 170.º e s. do Projecto).

Artigo 170.º
Tipos de insolvência

A insolvência é qualificada como culposa ou fortuita, mas a qualificação atribuída não é vinculativa para efeitos da decisão de causas penais, nem das acções a que se reportam os n.ºs 2 e 4 do Artigo 76.º.

Artigo 171.º
Insolvência culposa

1. A insolvência é culposa quando a situação tiver sido criada ou agravada em consequência da actuação, dolosa ou com culpa grave, do devedor, ou dos seus administradores, de direito ou de facto, nos três anos anteriores ao início do processo de insolvência.

(...)

Artigo 173.º
Sentença de qualificação

1. A sentença qualifica a insolvência como culposa ou como fortuita.
2. Da sentença que qualifique a insolvência como culposa consta:
a) A identificação das pessoas afectadas pela qualificação;
b) A inabilitação das pessoas afectadas durante um período de 2 a 10 anos;

---

[48] Cfr. JOSÉ GABRIEL PINTO COELHO "Efeitos da falência sobre a capacidade do falido, segundo o novo Código de Processo Civil, in: *Estudos de direito comercial*, vol. I (Das Falências), Coimbra, Almedina, 1989, 12 e 17.

[49] Cfr. LUÍS CARVALHO FERNANDES/JOÃO LABAREDA *Código dos Processos Especiais de Recuperação da Empresa e de Falência Anotado, cit.*, 392.

[50] Cfr. arts. 1933.º, n.º 2, e 1970.º, al. a), do Código Civil. Estas disposições impedem-nos ainda hoje, respectivamente, de ser tutores para efeitos de administração de bens do menor e administradores de bens em geral. No âmbito das limitações comuns são também de referir os arts. 1953.º, n.º 1, 1955.º, n.º 1, e 154.º, n.º 2, do Código Civil, que os impedem de ser, respectivamente, vogais do conselho de família, protutores e subcuradores. Cfr. LUÍS CARVALHO FERNANDES, "Efeitos substantivos da declaração de falência", *cit.*, 32. Antes, era a própria lei falimentar que falava na "incapacidade" do falido, relativamente à administração de bens (cfr. art. 198.º do Código de Processo Comercial de 1905).

220 Estudos em Comemoração do 10.º Aniversário da Licenciatura em Direito

c) A inibição das pessoas afectadas para o exercício do comércio durante um período de 2 a 10 anos, bem como para a ocupação de qualquer cargo de titular de órgão de sociedade comercial ou civil, associação ou fundação privada de actividade económica, empresa pública ou cooperativa;

d) A perda de quaisquer créditos da insolvência ou sobre a massa insolvente detidos pelas pessoas afectadas pela qualificação e a condenação destas a restituírem os bens ou direitos já recebidos em pagamento desses créditos;

3. A inibição para o exercício do comércio, tal como a inabilitação, são oficiosamente registadas na Conservatória do Registo Civil, e bem assim, quando a pessoa afectada fosse comerciante em nome individual, na Conservatória do Registo Comercial, com base em certidão da sentença remetida pela secretaria.

O regime dos efeitos da qualificação da insolvência como culposa é sintomático da vontade legal em *punir os culpados* de forma *exclusiva, absoluta e mais severa*: *exclusiva* quando se retiram os efeitos da parte geral e se consegue a isenção automática dos inocentes; *absoluta* quando se põe fim à possibilidade de isenção dos culpados; *mais severamente* quando se leva a cabo uma acção generalizada de agravamento dos efeitos sobre os culpados e se concebem efeitos novos, mais gravosos, como a inabilitação. O objectivo é, sem dúvida, moralizar mais o sistema[51].

c) Quanto à inabilitação, uma única dúvida. O Projecto prevê, em harmonia com o regime geral, a nomeação de um curador (cfr. art. 174.º do Projecto), a cuja autorização pode ficar subordinada a prática de determinados actos patrimoniais (cfr. art. 153.º, n.º 1, do Código Civil) – suprimento por assistência – ou a quem pode mesmo ser entregue a admi-

---

[51] A tendência de moralização já se vinha fazendo sentir, por exemplo, com a introdução do regime de responsabilização dos dirigentes da entidade falida dos arts. 126.º-A e 126.º-B do CPEREF, pelo DL n.º 315/98, de 20 de Outubro. Cfr. CATARINA SERRA, "Alguns aspectos da revisão do regime da falência pelo DL n.º 315/98, de 20 de Outubro", in: *Scientia Juridica*, tomo XLVIII, Janeiro-Junho de 1999, n.ºs. 277/279, 199. Onde o Projecto se afasta do CPEREF é na ausência de previsão das "falências conjuntas" (cfr. art. 126.º-A do CPEREF). Mas isso dever-se-á, com certeza, apenas ao respeito pela regra da circunscrição da declaração de falência / insolvência aos insolventes e à necessidade de, por isso, eliminar as excepções (cfr. *infra* nota 54). Não preclude a previsão de outras medidas de agravamento da responsabilidade dos sujeitos no Projecto, como, por sinal, acabou por acontecer.

nistração do património do inabilitado (cfr. art. 154.º, n.º 1, do Código Civil) – suprimento por representação.

Artigo 174.º
Suprimento da inabilidade
O juiz, ouvidos os interessados, nomeia um curador para cada um dos inabilitados, fixando os poderes que lhe competem.

Ora, *se o inabilitado for o próprio insolvente*, quando o curador vem a ser nomeado, já o administrador da insolvência terá assumido a representação daquele para todos os efeitos de carácter patrimonial que interessem à insolvência (art. 75.º, n.º 4, do Projecto)[52]. Como se delimitam, neste caso, as esferas de competência do administrador e do curador? E os actos de ordem patrimonial indevidamente praticados pelo insolvente são ineficazes (cfr. art. 75.º, n.º 5, do Projecto) ou anuláveis, como os de qualquer inabilitado (cfr. art. 148.º, por força do art. 156.º do Código Civil)? Em homenagem às finalidades do processo de insolvência e ao papel aí desempenhado pelo administrador, deve entender-se que nestas hipóteses de cumulação dos efeitos sobre o insolvente a acção do curador é naturalmente residual. A sentença que declara a inabilitação e define os poderes do curador só lhe deve atribuir poderes *no âmbito dos actos sobre os bens que permanecem ainda na disponibilidade do insolvente* (por exemplo, os actos sobre bens não integrantes da massa e o subsídio de alimentos), só estes devendo ser, quando praticados sem a autorização ou a representação do curador, anuláveis.

3.7. *A inibição para o exercício do comércio e para a ocupação de certos cargos (cfr. art. 173.º, n.º 2, al. c), do Projecto)*[53]

Artigo 173.º
Sentença de qualificação
(...)
2. Da sentença que qualifique a insolvência como culposa consta:

---

[52] É provável que a inabilitação, como os efeitos da declaração da insolvência como culposa em geral, tenham sido pensados mais para o caso em que o responsável é uma pessoa diversa do insolvente e em que, portanto, não há aplicação simultânea dos efeitos da mera declaração de insolvência.

[53] Aplica-se ao devedor insolvente e aos seus administradores, de direito ou de facto (cfr. art. 171.º, n.º 1, do Projecto).

(…)

c) A inibição das pessoas afectadas para o exercício do comércio durante um período de 2 a 10 anos, bem como para a ocupação de qualquer cargo de titular de órgão de sociedade comercial ou civil, associação ou fundação privada de actividade económica, empresa pública ou cooperativa;

(…)

Comentário:

a) Não se trata, ao contrário do antecedente, de um efeito novo. Ele corresponde ao efeito homónimo do art. 148.º do CPEREF.

b) Mas sofre uma profunda modificação, em virtude da sua inserção no *novo regime* de qualificação da insolvência.

O art. 148.º do CPEREF distingue os casos de declaração de falência de uma pessoa singular dos casos de declaração de falência de uma "sociedade ou pessoa colectiva". Nestes a inibição dos respectivos "gerentes, administradores ou directores" não é um efeito necessário da declaração de falência, porque depende da sua contribuição para a insolvência (cfr. arts. 148.º, n.º 2, e 126.º-A e 126.º-B do CPEREF[54])[55], nem um efeito automático ou *ope legis*, porque necessita de uma sentença judicial que o aplique. Mas nos primeiros a inibição é um efeito necessário e automático da declaração de falência (cfr. art. 148.º, n.º 1, do CPEREF), podendo,

---

[54] No Projecto desaparecem as "falências conjuntas" (cfr. art. 126.º-C do CPEREF), aplicáveis nos casos em que os responsáveis nos termos dos arts. 126.º-A e 126.º-B do CPEREF não cumprem a obrigação em que foram condenados. Isto, associado ao fim simultâneo das "falências derivadas", indicia, talvez, a vontade de repor a regra da circunscrição da declaração de falência / insolvência aos insolventes e de eliminar as excepções. Tal vontade, a confirmar-se, corresponde a uma inversão da tendência anterior, de aumento das hipóteses de "falidos não insolventes". Cfr. CATARINA SERRA, *Falências derivadas e âmbito subjectivo da falência, cit.,* 76 e s., e "Alguns aspectos da revisão do regime da falência pelo DL n.º 315/98, de 20 de Outubro", 196 e s. Todavia, embora assim se obtenha a coincidência entre a esfera dos sujeitos em situação de insolvência e a esfera dos sujeitos que vêm a ser declarados insolventes, ao ampliar-se o conceito de "insolvência-situação" (cfr. art. 3.º do Projecto) e o âmbito subjectivo da "insolvência-declaração" (cfr. art. 2.º do Projecto), vai aumentar-se, seguramente, o número de declarações de insolvência.

[55] Foi o DL n.º 315/98, de 20 de Outubro, que introduziu este condicionamento. O legislador terá sido sensível às críticas que classificavam, justamente, a solução anterior de "excessiva e injusta". Cfr. ABÍLIO MORGADO, "Processos especiais de recuperação da empresa e de falência – Uma apreciação do novo regime", in: *Ciência e Técnica Fiscal,* n.º 370, Abril-Junho, 1993, 107.

As novas tendências do direito português da insolvência   223

embora, mais tarde, quando se justificar, a pessoa objecto da inibição vir a ser autorizada a exercer as actividades vedadas (cfr. art. 148.º, n.º 3, do CPEREF) ou o efeito vir a ser levantado (cfr. art. 238.º, n.º 1, al. d), do CPEREF)[56].

O Projecto acaba com esta distinção. A inibição passa a aplicar-se a *todos* mas *apenas* se eles tiverem causado ou agravado *com culpa* (dolo ou culpa grave) a situação de insolvência. Este é um regime mais eficiente, porque o efeito produz-se *apenas quando se justifica* – consegue-se a isenção automática dos sujeitos sem culpa – e mais justo, porque o efeito justifica-se *sempre que existe culpa* do sujeito – acaba-se com a possibilidade de isenção dos sujeitos sem mérito[57]. Restabelece-se, então, a correspondência entre o regime do efeito e a função sancionatória que sempre se lhe atribuiu[58].

c) Houve uma alteração formal quanto ao âmbito subjectivo da inibição. Adoptou-se a expressão "administradores" (cfr. art. 171.º, n.º 1, e art. 6.º do Projecto) em substituição da expressão "gerentes, administradores e directores" do CPEREF (cfr. art. 148.º, n.º 2, do CPEREF). Substancialmente nada muda: nem a primeira nem a segunda devem ser entendidas em sentido técnico, mas sim em sentido amplo, significando titulares do órgão de administração da entidade em causa[59-60]. O encurtamento só traz vantagem.

---

[56] Há uma espécie de presunção relativa de culpa do falido pessoa singular. Cfr. Maria do Rosário Epifânio, *Os efeitos substantivos da falência*, cit., 78.

[57] O CPEREF deixa margem para a possibilidade de isenção de sujeitos sem mérito: o art. 148.º, n.º 3, do CPEREF não faz depender a autorização para o exercício das actividades proibidas senão da necessidade do sujeito de angariar meios de subsistência e da ausência de prejuízo para a liquidação da massa. A alteração do Projecto é, portanto, bem-vinda para os que já há muito vêm criticando a benevolência desta solução, baseada unicamente em critérios de conveniência particular, e defendendo a aplicação do critério do mérito para a concessão da autorização. Cfr. José de Oliveira Ascensão, "Efeitos da falência sobre a pessoa e negócios do falido", *cit.*, 649-650, e *Direito Civil – Teoria Geral*, *cit.*, 210.

[58] Cfr. Pedro de Sousa Macedo, *Manual de Direito das Falências*, vol. II, Coimbra, Almedina, 1968, 47, e Maria do Rosário Epifânio, *Os efeitos substantivos da falência*, *cit.*, 71. A proibição do exercício de funções e de profissão é, aliás, uma sanção penal avulsa para os arguidos em acção penal em geral (cfr. art. 199.º do Código de Processo Penal).

[59] Cfr., quanto à primeira expressão (do CPEREF), Luís Carvalho Fernandes, "Efeitos substantivos da declaração de falência", *cit.*, 22 (nota 3), "O novo regime da inibição do falido para o exercício do comércio", in: *Direito e Justiça*, vol. XIII, tomo 2, 1999, Faculdade de Direito da Universidade Católica, 9 (nota 5), Luís Carvalho Fernandes/

224 Estudos em Comemoração do 10.º Aniversário da Licenciatura em Direito

d) Em contrapartida, quanto aos cargos objecto da inibição, a medida de substituição da expressão "incluindo" (cfr. art. 148.º, n.º 1, do CPEREF) por "bem como" (cfr. art. 173.º, n.º 2, al. c), do Projecto) não é feliz. Aquela pode ser vista como uma enumeração não exaustiva ou meramente exemplificativa[61] e autorizar a conclusão de que os cargos vedados podem respeitar à titularidade de órgãos de outras "pessoas colectivas de fim económico"[62] para lá das expressamente referidas ("sociedade comercial ou civil, associação ou fundação privada de actividade económica, empresa pública ou cooperativa"). Já esta constitui uma enumeração taxativa e impede que se estenda a proibição à titularidade de órgãos de outras pessoas pertencentes àquela categoria, como, por exemplo, os Agrupamentos Complementares de Empresas e os Agrupamentos Europeus de Interesse Económico.

4. A *cessação* dos efeitos (cfr. art. 216.º, n.º 2, do Projecto)

Artigo 216.º
Publicidade e efeitos do encerramento
1. A decisão de encerramento do processo é notificada aos credores e objecto da publicidade e do registo previstos no Artigo 35.º, com indicação da razão determinante.
2. Encerrado o processo, o devedor recupera o direito de disposição dos seus bens e a livre gestão dos seus negócios, sem prejuízo dos efeitos da qualificação da insolvência como culposa, cessando as atribuições da comissão de credores e do administrador da insolvência, com excepção das referentes à apresentação de contas e das conferidas, se for o caso, pelo Plano de insolvência, e os credores poderão exercer os seus direitos contra o devedor sem outras restrições que não as constantes do eventual Plano de insolvência e do Plano de pagamentos e do n.º 1 do Artigo 224.º.
(…)

/João Labareda *Código dos Processos Especiais de Recuperação da Empresa e de Falência Anotado, cit.,* 395, e Maria do Rosário Epifânio. *Os efeitos substantivos da falência, cit.,* 73 (e nota 121).

[60] Veja-se a definição legal do conceito no art. 6.º do Projecto.

[61] Cfr. Maria do Rosário Epifânio. *Os efeitos substantivos da falência, cit.,* 79.

[62] Cfr. Luís Carvalho Fernandes. "O novo regime da inibição do falido para o exercício do comércio", *cit.,* 8.

4.1. Ao contrário do que acontece no CPEREF (cfr. art. 238.º do CPEREF), a cessação dos efeitos é matéria que não tem – e bem – autonomia no Projecto. Ela é, em regra, um resultado automático do encerramento do processo (cfr. arts. 213.º e s. do Projecto)[63].

Artigo 213.º
Quando se encerra o processo

1. Prosseguindo o processo após a declaração de insolvência, o juiz declara o seu encerramento:

a) Após a realização do rateio final;

b) Após o trânsito em julgado da decisão de homologação do Plano de insolvência, se a isso não se opuser o conteúdo deste;

c) A pedido do devedor, quando este deixe de se encontrar em situação de insolvência ou todos os credores prestem o seu consentimento;

d) Quando o administrador da insolvência constate a insuficiência da massa insolvente para satisfazer as custas do processo e as restantes dívidas da massa insolvente.

· (…)

Sendo os efeitos da insolvência, na sua maioria, instrumentais em relação ao processo, é natural que se mantenham durante o seu curso e que cessem automaticamente aquando do seu encerramento. Assim, expressamente, quanto ao efeito principal da insolvência: o insolvente recupera os poderes de administração e de disposição dos seus bens (cfr. art. 216.º, n.º 2, do Projecto). Assim também, presumivelmente, quanto aos outros efeitos instrumentais[64]. E o encerramento do processo produz-se no Projecto por causas e em momentos muito diferentes dos previstos no CPEREF. A hipótese normal de encerramento do processo de insolvência é após a conclusão do rateio final (cfr. art. 213.º, n.º 1, al. a), do Projecto), o que representa uma antecipação considerável da cessação dos efeitos relativamente ao CPEREF (cfr. art. 238.º, n.º 1, al. c), do CPEREF).

4.2. Mas os efeitos especiais da declaração da insolvência como culposa (a inabilitação e a inibição para o exercício do comércio e de certos cargos) não são afectados pelo encerramento do processo (cfr. ressalva do

---

[63] Que é matéria destituída de sistematização no CPEREF.

[64] Para a cessação destes efeitos a publicidade da decisão de encerramento do processo (cfr. art. 216.º, n.º 1, do Projecto) parece ser suficiente.

art. 216.º, n.º 2, do Projecto). Bem se compreende esta independência. Os efeitos em causa não são determinados por interesses que se relacionem com a vida do processo, que se extingam com o encerramento dele, não são, como os anteriores, instrumentais[65]. São, sim, mecanismos de tutela de interesses do próprio sujeito (protecção do sujeito contra a sua inabilidade no caso da inabilitação) ou de interesses de carácter mais geral (protecção dos interesses do comércio e dos cargos vedados no caso da inibição[66]). Têm, por consequência, a duração que for definida na sentença que os aplica, respeitados os limites legais (dois a dez anos) (cfr. art. 173.º, n.º 1, als. b) e c), do Projecto)[67].

4.3. No Projecto não se prevê a "reabilitação do falido" (cfr. 239.º do CPEREF). Esta visa a cessação do "estado de falido" e desempenha uma função de reinserção social[68]. Depende da cessação cumulativa dos efeitos da lei falimentar e dos efeitos penais, quando tenha havido indiciação pela prática de infracções penais, e nos restantes casos, da cessação exclusiva dos primeiros[69]. No Projecto, como se viu, os primeiros cessam por força do encerramento do processo (efeitos instrumentais) ou pelo decurso do prazo determinado na sentença que os aplica (efeitos não instrumentais). Só quanto aos segundos é que pode haver necessidade de uma declaração de reabilitação. Mas estes são eventuais e, principalmente, não respeitam ao processo de insolvência mas sim à acção penal. Ao eliminar a reabilitação, o Projecto não deixou, assim, matéria sua por tratar[70]. Evita

---

[65] Cfr. MARIA DO ROSÁRIO EPIFÂNIO, *Os efeitos substantivos da falência, cit.*, 165.

[66] Cfr. JOSÉ DE OLIVEIRA ASCENSÃO, "Efeitos da falência sobre a pessoa e negócios do falido", *cit.*, 650-651, e *Direito Civil – Teoria Geral, cit.*, 213-214.

[67] Sendo a aplicação destes efeitos objecto de publicidade especial (cfr. art. 173.º, n.º 3, do Projecto), em conformidade com o regime geral (cfr. art. 1920.º-B, por força dos arts. 156.º e 147.º do Código Civil, e art. 1.º, n.º 1, al. h), do Código do Registo Civil e art. 2.º do Código do Registo Comercial), a sua cessação deve estar sujeita à mesma exigência, de acordo com os princípios gerais do registo (cfr. art. 1.º, n.º 1, h) e l), do Código do Registo Civil e art. 2.º do Código do Registo Comercial).

[68] Cfr. MARIA DO ROSÁRIO EPIFÂNIO, *Os efeitos substantivos da falência, cit.*, 182.

[69] Cfr. LUÍS CARVALHO FERNANDES, "Efeitos substantivos da declaração de falência", *cit.*, 31, LUÍS CARVALHO FERNANDES/JOÃO LABAREDA *Código dos Processos Especiais de Recuperação da Empresa e de Falência Anotado, cit.*, 538, e MARIA DO ROSÁRIO EPIFÂNIO, *Os efeitos substantivos da falência, cit.*, 178-179.

[70] É claro que resta ainda um conjunto de efeitos avulsos, nomeadamente, no âmbito das limitações aos direitos políticos, cujo fim depende expressamente da declaração de reabilitação (cfr. *infra* 5.6.). Caso seja de mantê-los, terá de encontrar-se para eles um meio de cessação alternativo e eliminar-se das respectivas normas a referência à reabilitação.

As novas tendências do direito português da insolvência   227

é a duplicação de regimes[71] que de outro modo existiria (cessação de efeitos / reabilitação) e, simultaneamente, promove o fim da concepção da insolvência como um "estado civil especial".

5. Observações finais

5.1. Em conclusão, a matéria dos efeitos não se alterou por aí além. Nem sequer é uma matéria em que se note particularmente a influência da lei alemã. Os efeitos são, na sua maior parte, decalcados do CPEREF. Alguns apuramentos, pequenas alterações, rectificações. Efeitos novos só a inabilitação, integrada, conjuntamente com a inibição, no regime novo da qualificação da insolvência. A outra novidade é a possibilidade de administração da massa pelo devedor, que constitui a grande excepção à privação dos poderes de administração e de disposição dos bens da massa insolvente.

5.2. Continua, em geral, a ser um regime equilibrado. A propósito do CPEREF alguns falam da «ternura da lei pelo falido» ou em «patológica afeição»[72]. Com certeza que, a existir, ela se terá atenuado no Projecto, aqui e ali, mas não o suficiente para os que assim pensam mudarem de opinião, pois o regime dos efeitos não se transfigurou no Projecto.

5.3. Moralizou-se, porém, mais o sistema. Uma parte significativa dos efeitos está fora da parte geral e integrada no quadro especial da "qualificação da insolvência como culposa", o que comporta a *isenção* automática dos efeitos sobre os sujeitos sem culpa e permite a aplicação *mais rigorosa* dos efeitos sobre os culpados e o seu *agravamento*.

5.4. Resta esperar os resultados. Note-se que é sob a égide da *InsO*, inspiradora do Projecto, que se atingiu o ano passado (ou seja no 3.° ano da sua vigência) um número recorde de insolvências na Alemanha (19.200, segundo os últimos dados estatísticos) e que este ameaça ser ultrapassado em 2003, de acordo com os dados relativos ao primeiro semes-

---

[71] Que é objecto de crítica. Cfr. PEDRO DE SOUSA MACEDO, *Manual de Direito das Falências, cit.*, 125-126.

[72] Cfr. JOSÉ DE OLIVEIRA ASCENSÃO, "Efeitos da falência sobre a pessoa e negócios do falido", *cit.*, 649, e *Direito Civil – Teoria Geral, cit.*, 210.

228 *Estudos em Comemoração do 10.º Aniversário da Licenciatura em Direito*

tre já apurados. Não é auspicioso. Mas, como me garantiram, o problema não é a lei da insolvência mas sim as deficiências do sistema jurídico em que ela se enquadra, nomeadamente, as opções de ordem fiscal e laboral.

5.5. Termino, então, com um repto: não se esqueça a necessidade de enquadramento deste Projecto numa política mais geral e da sua harmonização com outros pontos do sistema jurídico. Ele é indispensável à operatividade de qualquer lei especial e ao pleno aproveitamento das suas virtudes. Isto compreende tarefas bem simples, de "saneamento do sistema", como a revogação ou a correcção das disposições avulsas que sejam anacrónicas ou estejam mal formuladas.

5.6. Só no âmbito dos efeitos, foi-se "acumulando poeira" sobre um conjunto de efeitos dispersos, esquecidos, e não tão inofensivos quanto se poderia pensar. Falo, por exemplo, da perda de capacidade eleitoral passiva dos *"falidos* e *insolventes*, salvo se *reabilitados"* para os órgãos das autarquias locais (cfr. art. 6.º, n.º 2, al. a), da Lei Orgânica n.º 1/2001, de 14 de Agosto). Faz sentido mantê-la, sabendo que as restrições aos direitos políticos têm uma função eminentemente sancionatória[73]? Por outro lado, se for de mantê-la, não se justifica estendê-la aos outros cargos públicos? Recorde-se que todas as normas com limitações à capacidade eleitoral activa dos condenados a prisão por crime doloso foram declaradas inconstitucionais pelo Acórdão n.º 748/93, do Tribunal Constitucional, de 23 de Dezembro[74], o que provocou a decadência automática das respectivas limitações à capacidade passiva (implicitamente contidas nas normas por força do princípio "não é elegível quem não é eleitor"). Criou-se aqui um vazio legislativo. Terá isto sido mesmo intencional?

5.7. E não será urgente a adaptação desta e de outras normas às alterações ocorridas há tempo no "direito da insolvência" (por exemplo, o fim do processo de insolvência para não comerciantes) e a todas que estão por vir (por exemplo, a instituição do processo único de insolvência e o desaparecimento da "reabilitação" no Projecto)?

Ficam estas dúvidas.

---

[73] Cfr. PEDRO DE SOUSA MACEDO, *Manual de Direito das Falências, cit.*, 47.

[74] Cfr. CATARINA SERRA, "Efeitos da declaração de falência sobre o falido...", *cit.*, 269 (nota 2), e MARIA DO ROSÁRIO EPIFÂNIO, *Os efeitos substantivos da falência, cit.*, 105 e 106.

DA ACESSÃO NO ÂMBITO DA TITULARIDADE DOS BENS NO REGIME DE COMUNHÃO DE ADQUIRIDOS: BENS ADQUIRIDOS POR VIRTUDE DA TITULARIDADE DE BENS PRÓPRIOS

CRISTINA DIAS

I. Introdução

A questão que pretendemos analisar é a de identificar as hipóteses que o art. 1728.°, n.° 2, al. a), do Cód. Civil[1] prevê ao qualificar como bem próprio o bem adquirido por um dos cônjuges, casado em regime de comunhão de adquiridos, por acessão.

O presente estudo surge na sequência de algumas decisões jurisprudenciais que na hipótese, relativamente frequente, de um dos cônjuges, num casamento celebrado sob o regime supletivo de comunhão de adquiridos, levar para o casamento um terreno no qual, no decurso do matrimónio, os cônjuges, com recurso a um empréstimo bancário, suportado pelo salário de cada um dos cônjuges, começaram a construir uma casa onde o casal passaria a viver, aplicarem o regime da acessão, em termos gerais. Ora, duas questões se colocam: como qualificar a casa em termos de titularidade pelo regime da acessão, regulado na parte geral, sendo certo que não temos aí a intervenção de um terceiro, mas o relacionamento entre os cônjuges e, eventualmente, com o património comum; comparar a regulamentação geral da acessão com a regulamentação específica das relações patrimoniais entre cônjuges, descrevendo as situações contempladas no referido art. 1728.°.

---

[1] Sempre que no texto sejam citados artigos, sem indicação expressa do diploma a que pertencem, a menção reporta-se ao Cód. Civil.

230 *Estudos em Comemoração do 10.° Aniversário da Licenciatura em Direito*

A primeira questão levar-nos-ia a analisar a argumentação das decisões jurisprudenciais que, aplicando o regime da acessão industrial imobiliária, qualificam como bem próprio ou comum a casa construída em terreno de um dos cônjuges, esquecendo que não temos qualquer construção em terreno alheio[2], e dificilmente será possível qualificar o cônjuge não proprietário do terreno como estando de boa fé, para efeitos do art. 1340.°, bem como não parece termos construção em terreno próprio com materiais alheios[3], para efeitos do art. 1339.°. Forçar-nos-ia a justificar a qualificação da titularidade do bem no regime específico regulador das relações patrimoniais entre os cônjuges, ou seja, e para este efeito, nos arts. 1722.° e segs., e em especial, no art. 1726.°. Com efeito, a determinação da titularidade do bem como próprio ou comum passaria pela análise da natureza das prestações em causa na construção da casa, ou seja, tendo a construção sido efectuada com recurso a bens próprios de um dos cônjuges[4] e com dinheiro comum, o bem adquirido reveste a natureza da mais valiosa das duas prestações. Assim, por aplicação do art. 1726.°, n.° 1, o mais normal será a qualificação da casa como bem comum (pois, habitualmente, a construção fica mais cara que o terreno), sem prejuízo das compensações devidas ao proprietário do terreno, no momento da liquidação e partilha da comunhão (art. 1726.°, n.° 2)[5].

---

[2] Repare-se que se ambos os cônjuges constroem em terreno de um deles, não teremos propriamente construção em terreno alheio, pois um dos cônjuges é o proprietário, não se verificando a intervenção de um terceiro alheio à relação.

[3] Com efeito, a casa construída em terreno de um dos cônjuges foi custeada com recurso a um empréstimo suportado pelo salário dos cônjuges que, no regime de comunhão de adquiridos, é bem comum do casal (art. 1724.°, al. a)).

[4] Em rigor, o terreno não é utilizado na construção (como os materiais necessários para a edificação da casa), mas permite a construção. Aliás, se em vez da utilização do terreno de um dos cônjuges, onde se construiu a casa, se tivesse alienado o mesmo e ambos os cônjuges tivessem adquirido uma casa, tendo a contribuição de um, anterior proprietário do terreno, sido superior à do outro, pois entrou com o montante adquirido com a venda (por aplicação do art. 1723.°, al. b)), a solução passaria (e não se verificando qualquer sub-rogação de bens, para efeitos do art. 1723.°, al. c)), pela ponderação dos valores das prestações efectuadas por cada um dos cônjuges (art. 1726.°). Não nos parece que a solução possa ser diferente no caso da construção por ambos os cônjuges em terreno próprio de um deles.

[5] A questão da titularidade da construção realizada, durante o regime matrimonial, em terreno próprio de um dos cônjuges, é também debatida no direito italiano. Seguindo o entendimento de Tommaso Aulettta ("Acquisti ricompresi in comunione", *Trattato di Diritto Privato. Il Diritto di Famiglia*, sob a direcção de Mario Bessone, vol. IV, tomo II, Torino, G. Giappichelli Editore, 1999, pp. 66 e segs.), três soluções podem configurar-se como possíveis. Na primeira, a construção pertencerá ao cônjuge proprietário do terreno,

Porém, procuraremos incidir este estudo fundamentalmente sobre o segundo problema, isto é, em que situações será de aplicar o regime da

mas se foi realizada com dinheiro comum ou próprio do outro cônjuge surge a obrigação de reembolsar o património comum ou próprio. De acordo com a segunda hipótese, a construção pertencerá ao proprietário do terreno, surgindo sempre um débito, para com o património comum, pelo valor da obra realizada. Por fim, e para uma terceira posição, a construção seria, por acessão, adquirida pelo proprietário do terreno, mas como que se estende a favor do outro cônjuge de acordo com as regras da aquisição de bens no regime de comunhão legal, tornando-se bem comum.

A última posição é, de acordo com o autor citado, a mais seguida na doutrina. Assim, o cônjuge proprietário torna-se titular da construção edificada no seu solo, mas tal titularidade estende-se, por força da lei (art. 177.°, al. a), do Cód. Civil italiano), ao outro cônjuge, o qual não adquire, porém, qualquer direito sobre o solo. A favor do cônjuge proprietário surge um direito a uma compensação sobre o património comum pela diminuição de valor sofrida pelo terreno. Trata-se, contudo, de uma solução que redunda na existência de um terreno próprio e de uma casa comum. Pronunciando-se sobre a aquisição pela comunhão da construção, v., entre outros, De Paola/A. Macri, *Il nuovo regime patrimoniale della famiglia*, Milano, Giuffrè Editore, 1978, p. 112 (ao referirem que cabem na comunhão todos os bens adquiridos ao longo do casamento, seja a título originário (p. ex., por ocupação, acessão...) ou derivado; C. M. Bianca, *Diritto Civile*, vol. II, 2ª ed., Milano, Giuffrè Editore, 1989, pp. 73 e 74; De Paola, *Il Diritto patrimoniale della famiglia coniugale. Il regime patrimoniale della famiglia*, tomo II, Milano, Giuffrè Editore, 1995, pp. 370 e segs..

Porém, a jurisprudência e a prática do direito preferem a primeira posição por fornecer um critério seguro para a resolução do problema. A favor da primeira solução surgem argumentos como o de ser ela a conforme com o regime da acessão do art. 934.° do Cód. Civil italiano, que confere a propriedade da construção ao proprietário do terreno; o de permitir que o proprietário do solo não se veja privado da sua propriedade, como aconteceria se a construção passasse a ser bem comum; o património comum ou o próprio do outro cônjuge nunca serão prejudicados atendendo à existência de uma compensação; a não ser assim, admitindo que a construção seria comum, o cônjuge proprietário do terreno passaria, ao mesmo tempo, a ser titular de um direito de superfície sobre o mesmo, o que não se configura como possível; etc. T. Auletta, *op.* e *loc. cit.*, pp. 70 e segs., rebate os argumentos da jurisprudência, alegando que o art. 934.° do Cód. Civil italiano atribui a propriedade da construção ao dono do terreno se não existir norma diversa, o que acontece no âmbito do Direito da Família, nos termos do art. 177.°, al. a), do Cód. Civil italiano; o art. 179.° do mesmo código não exclui da comunhão os bens adquiridos por efeito da acessão, como acontece com os arts. 1406.° do Cód. Civil francês e 1359.° do Cód. Civil espanhol; mesmo que se verifique o fenómeno da acessão, o bem que um cônjuge adquire por efeito de acessão transmite-se ao outro cônjuge, passando a ser comum; apesar da aquisição da construção pela comunhão, com prejuízo para o cônjuge proprietário do terreno, haverá sempre uma compensação a efectuar pela comunhão ao património próprio desse cônjuge; a única hipótese de o cônjuge titular do solo evitar a comunicabilidade da construção será demonstrar, nos termos do art. 179.°, al. f), do Cód. Civil italiano, que utilizou dinheiro ou valores próprios, funcionando o fenómeno da sub-rogação (o que não será o caso se se utilizaram bens comuns); nenhum problema se levanta ao facto de a favor do proprietário do

232 *Estudos em Comemoração do 10.º Aniversário da Licenciatura em Direito*

acessão contemplado no art. 1728.º, n.º 2, al. a), sendo certo que hipóteses como as expostas anteriormente, e não obstante a jurisprudência tender nesse sentido, não podem ser resolvidas pelo instituto da acessão, na medida em que temos um relacionamento entre cônjuges, não se vislumbrando a possibilidade de qualificar um deles como terceiro, para efeitos de construção em terreno alheio ou com materiais alheios.

II. Uma análise do art. 1728.º do Cód. Civil

O art. 1728.º do Cód. Civil corresponde, com pequenas alterações, ao art. 54.º do Anteprojecto de Braga da Cruz[6].

Da disposição do art. 1728.º infere-se que são bens próprios os bens adquiridos por virtude da titularidade de bens próprios e que não possam considerar-se como frutos destes[7]. Com efeito, os frutos de bens próprios são, no regime de comunhão de adquiridos, considerados comuns.

O n.º 2 do art. 1728.º apresenta alguns exemplos característicos de aquisição de bens por virtude da titularidade de bens próprios, não sendo tal enumeração taxativa.

---

solo se constituir um direito separado, de usufruto, constituído por força da lei, sobre a construção... Critica ainda o argumento, defendido pelas duas primeiras correntes, de a defesa do outro cônjuge ser sempre tutelada mediante a existência de uma compensação, pelo valor da soma utilizada ou pelo valor da construção, ao património comum (se foram utilizados bens comuns), do qual esse cônjuge terá uma meação, ou de um crédito ao património próprio do cônjuge não proprietário (se foram utilizados valores deste património). É que não se trata de encontrar uma forma de tutela do outro cônjuge, mas de apresentar a solução que mais conforme esteja com o carácter da comunhão apresentado pela lei. O esquema do ordenamento italiano, quanto ao regime supletivo de comunhão, vai no sentido de realização de uma contitularidade dos bens adquiridos ao longo do casamento. Em todo o caso, a solução da comunicabilidade da construção em terreno próprio é aquela que, sem prejudicar o cônjuge proprietário, melhor salvaguarda o interesse do outro cônjuge, passando a ter poderes de administração e disposição sobre o novo bem comum construído em terreno próprio.

  6 V. Braga da Cruz, "Regimes de bens do casamento. Disposições gerais – Regimes de comunhão. Anteprojecto para o novo Código Civil", *Bol. Min. Just.*, n.º 122, 1963, p. 218.

  7 Sobre o art. 1728.º, v., entre outros, Pires de Lima/Antunes Varela, *Código Civil Anotado*, vol. IV, 2ª ed., Coimbra, Coimbra Editora, 1992, pp. 432-434; Abílio Neto, *Código Civil Anotado*, 12ª ed., Lisboa, Ediforum, Edições Jurídicas, Lda., 1999, p. 1287; Pereira Coelho/Guilherme de Oliveira, *Curso de Direito da Família*, vol.I, 2ª ed., Coimbra, Coimbra Editora, 2001, pp. 527-530.

Não se confundem os bens próprios por virtude da titularidade de bens próprios com os bens adquiridos por virtude de direito próprio anterior, referidos na al. c) do n.º 1 e no n.º 2 do art. 1722.º. Neste último caso, a aquisição baseia-se na *"concretização, conversão* ou *exercício* de um *direito* ou *expectativa* (de um poder) anterior à celebração do casamento; no primeiro, a aquisição não nasce de um direito anterior, mas de um direito posteriormente atribuído ao cônjuge, com base na relação de conexão existente entre os novos bens e os bens de que o cônjuge já era titular"[8].

O primeiro caso apresentado no n.º 2 do art. 1728.º como incluindo a lista de bens próprios é o das acessões (arts. 1325.º e segs.), abrangendo as várias modalidades que a acessão pode revestir. Assim, serão próprios os bens que se unam com um bem próprio ou se incorporem nele (art. 1325.º). Compreendem-se aqui todas as formas de acessão natural que se verifiquem em imóveis de um dos cônjuges (arts. 1327.º e segs.), bem como as formas de acessão industrial mobiliária (arts. 1333.º e segs.) e imobiliária (como será o caso de obra ou construção em terreno próprio de um dos cônjuges[9] – arts. 1339.º e segs.).

Os materiais resultantes da demolição ou da destruição de bens próprios são também considerados bens próprios, nos termos da al. b) do n.º 2 do art. 1728.º. Tais materiais são coisas diferentes das unidades demolidas ou destruídas de onde provieram, possuindo um qualquer valor de mercado também autónomo. Apesar de, em certo sentido, poderem ser

---

[8] Pires de Lima/Antunes Varela, *op. cit.*, p. 433. Em todo o caso, e seguindo os autores citados, a relação de conexão existente entre os bens próprios originários e os bens adquiridos tem como resultado que a integração destes no património próprio do cônjuge pode, em certo sentido, ser considerada como uma expansão do direito de propriedade desse cônjuge.

[9] No entendimento de Pereira Coelho/Guilherme de Oliveira, *op. cit.*, p. 527, o caso da acessão industrial imobiliária pode também ter relevo no caso de um dos cônjuges realizar melhoramentos em terreno seu à custa do investimento de frutos desse bem. Como se sabe, no regime de comunhão de adquiridos, os frutos são bens comuns e, por isso, neste caso, o cônjuge titular do bem próprio faz melhoramentos no seu terreno com bens que pertencem ao património comum. De acordo com o art. 1728.º em análise, a mais valia obtida com a realização de tais melhoramentos pertenceria ao cônjuge proprietário, mas não poderá esquecer-se as devidas compensações ao património comum.

A questão que aqui se nos coloca é a de saber se verdadeiramente, e admitindo que não se tratam de meras benfeitorias, temos aí um caso de acessão, dado que os frutos, como bens comuns, não deixam de pertencer também ao cônjuge proprietário do terreno, co-titular dos bens comuns. A situação apresentada deverá resolver-se por recurso ao art. 1726.º, pertencendo os melhoramentos ao proprietário, sem prejuízo das devidas compensações.

234 *Estudos em Comemoração do 10.° Aniversário da Licenciatura em Direito*

considerados bens adquiridos no decurso do casamento, o próprio princípio da sub-rogação real não permitiria que fossem bens comuns. Tais materiais ocupam, no património de qualquer um dos cônjuges, a posição da coisa demolida ou destruída[10].

É também bem próprio a parte do tesouro que pertence ao cônjuge proprietário (p. ex., dono do terreno) do bem em que ele é encontrado (arts. 1728.°, n.° 2, al. c), e 1324.°). O art. 1324.°, n.° 1, atribui ao dono do móvel ou imóvel, onde o tesouro se encontre escondido ou enterrado, o direito a metade do achado. Se o móvel ou imóvel pertencer exclusivamente a um dos cônjuges, também lhe competirá, e apenas a ele, o tesouro que a lei reserva para o proprietário da coisa. No entendimento de Pereira Coelho e Guilherme de Oliveira[11], a propriedade do cônjuge titular do terreno próprio sobre o tesouro já resultaria da regra geral acerca do conteúdo da propriedade dos imóveis que abrange, em princípio, todas as utilidades contidas no subsolo (art. 1344.°, n.° 1). A al. c) do n.° 2 do art. 1728.° ganha sentido útil mais para limitar o direito do proprietário à metade que não pertence ao achador (cfr. o art. 1324.°)[12].

Por último, o art. 1728.°, n.° 2, abrange os prémios de amortização de títulos de crédito ou de outros valores mobiliários próprios (p. ex., quotas sociais, certificados de aforro...), bem como os títulos ou valores adquiridos no exercício de um direito de subscrição inerente àqueles (p. ex., acções reservadas a antigos accionistas, viagens proporcionadas ou estadias facultadas aos portadores de certos títulos...). Os bens adquiridos como prémios de amortização de títulos próprios têm uma forte conexão com estes e, por isso, entram no património próprio do cônjuge titular dos títulos. Por outro lado, os títulos novos são adquiridos em consequência do

---

[10] Repare-se que, também neste caso, se a demolição ou destruição originar despesas e estas forem, total ou parcialmente, suportadas com bens comuns, haverá que compensar o património comum.

[11] Pereira Coelho/Guilherme de Oliveira, *op. cit.*, p. 528.

[12] Entendem os mesmos autores que, e ainda que os tesouros ou coisas perdidas não se confundam com os recursos geológicos, a propriedade do cônjuge titular do terreno próprio sobre esses recursos também resultaria da regra geral acerca do conteúdo da propriedade dos imóveis (art. 1344.°, n.°1).

Quando a utilização deste tipo de recursos assumir a forma de uma exploração industrial, tudo leva a crer que os lucros, os frutos civis da exploração, pertencem ao património comum. Entendem, contudo, os autores citados que o cônjuge dono do imóvel pode adquirir o direito de exploração como direito próprio, sem prejuízo da qualificação dos frutos como comuns, segundo as regras gerais.

exercício de um direito de subscrição preferencial que se reconhece ao cônjuge que já é dono dos títulos anteriores[13].

Após a análise, necessariamente sumária, do art. 1728.°, cabe agora uma breve abordagem do regime da acessão, em especial da acessão industrial imobiliária, o que nos permitirá um melhor conhecimento do instituto.

III. Da acessão

O art. 1316.° estipula que o direito de propriedade se adquire por contrato, sucessão por morte, usucapião, ocupação, acessão e demais modos previstos na lei.

Dá-se a acessão, quando com a coisa que é propriedade de alguém se une e incorpora outra coisa que lhe não pertencia (art. 1325.°)[14].

O Cód. Civil de 1966 aceitou o conceito de acessão expresso no art. 2289.° do Cód. de Seabra[15], aceitando igualmente o sistema tradicional

---

[13] Quanto à questão da eventual aplicação de tal regime aos títulos sociais novos que não assentem numa subscrição mas numa atribuição fundada em incorporação de reservas, v. Pereira Coelho/Guilherme de Oliveira, *op. cit.*, p. 529 e, na doutrina francesa, entre outros, A. Colomer, *Droit Civil. Régimes matrimoniaux*, 10ª ed., Éditions Litec, 2000, pp. 322-325 e pp. 333 e 334.

[14] Considerando a acessão causa genérica de constituição de direitos reais, v. Oliveira Ascensão, *Direito Civil. Reais*, 5ª ed., reimpressão, Coimbra, Coimbra Editora, 2000, pp. 301 e 302. Aí refere que o beneficiário da acessão é aquele a quem cabia o direito de fazer a mudança física da coisa que justifica a acessão. "Normalmente é legítimo o proprietário; mas pode não o ser: quando ao proprietário não couber o poder de transformação; quando o poder concreto de transformação que estiver em causa couber ao titular de um direito menor".

Menezes Cordeiro, *Direitos Reais*, Lisboa, Lex, 1993, Reprint, pp. 510-512, defende que, apesar de a doutrina comum considerar que pela acessão apenas se constitui o direito de propriedade, a acessão, tal como a união e a especificação, são formas de constituição de quaisquer direitos reais. Argumenta com o disposto no art. 691.°: "A hipoteca abrange; a) As coisas imóveis referidas nas alíneas c) e e) do n.°1 do artigo 204.°; b) As acessões naturais; c) As benfeitorias, salvo o direito de terceiros". Apesar de a al. b) apenas referir as acessões naturais, as coisas imóveis referidas nas als. c) e e) do art. 204.° podem derivar de acessão que assim constituirá sobre elas o direito de hipoteca, da mesma forma que a aquisição de benfeitorias se pode efectuar por acessão. Ora, se a hipoteca pode derivar de acessão, o mesmo poderá suceder com os restantes direitos reais.

[15] Art. 2289.°: "Dá-se acessão quando com a coisa que é propriedade de alguém se une e incorpora outra coisa que lhe não pertencia".

quanto à regulamentação dos casos particulares de acessão. Será apenas de salientar que o actual Código Civil deixou de considerar o direito de acessão como um desmembramento do direito de fruição. Com efeito, trata--se de coisas diferentes. Como referia Cunha Gonçalves[16], a aquisição dos frutos opera-se, "não porque eles *acedem* externamente à coisa apropriada, mas sim porque esta se *desenvolve* internamente e os *exterioriza*; e eles *acabam por serem dela separados*, maneira única de serem utilizados. Os frutos podem pertencer a pessoa que não é proprietário da coisa que os produziu (...). Mas, quando pertençam ao proprietário, os frutos *são seus por direito imanente*. Pelo contrário, a verdadeira acessão é uma extensão do direito de propriedade de uma coisa à qual se une ou *incorpora* outra que *não lhe pertencia*. É esta a característica da acessão e que a distingue, não só dos *frutos*, mas também das *benfeitorias*".

De facto, as benfeitorias e a acessão, ainda que com caracteres idênticos (há um benefício material para a coisa)[17], constituem realidades jurídicas distintas.

Para alguns autores[18], a benfeitoria consiste num melhoramento feito por quem está ligado à coisa por uma relação ou vínculo jurídico, enquanto que a acessão é um fenómeno que parte de pessoa que não tem contacto jurídico com a coisa. Seriam, por isso, benfeitorias os melhoramentos feitos na coisa pelo proprietário, pelo locatário, comodatário ou usufrutuário, ao passo que seriam acessões os melhoramentos feitos por qualquer terceiro, juridicamente não relacionado com a coisa e que poderia ser um simples detentor ocasional. Segundo este entendimento, o possuidor nunca poderia adquirir por acessão[19]. Assim, as benfeitorias e a acessão constituem fenómenos paralelos que se distinguiriam pela existência ou inexistência de uma relação jurídica que vincule à pessoa a coisa beneficiada.

Em sentido diverso[20], defende-se que a benfeitoria, do tipo que nos interessa para a distinção, é toda a coisa que se incorpora ao imóvel para

---

[16] Cunha Gonçalves, *Tratado de Direito Civil, em comentário ao Código Civil Português*, vol. XI, Coimbra, Coimbra Editora, 1936, p. 717.

[17] Como refere Menezes Cordeiro, *op. cit.*, p. 516, "o legislador não atentou na diversidade de regimes que criava: quando não, teria delimitado mais cuidadosamente os seus campos de aplicação".

[18] Neste sentido, Pires de Lima/Antunes Varela, *op. cit.*, p. 163.

[19] Posição, aliás, acolhida na nossa jurisprudência. Contra, v. Júlio Manuel Vieira Gomes, *O conceito de enriquecimento, o enriquecimento forçado e os vários paradigmas do enriquecimento sem causa*, Porto, Universidade Católica, 1998, pp. 367 e 368.

[20] V. Menezes Cordeiro, *op. cit.*, pp. 512-517.

o conservar ou melhorar (art. 216.°). A acessão é a forma de constituição de direitos reais derivada da incorporação inseparável de uma coisa a outra, imóvel. A acessão pode derivar de coisa que nada conserve ou melhore, assim como a benfeitoria pode ser separável, não consubstanciando qualquer acessão. Mas, a coisa unida, na acessão, pode conservar ou melhorar a coisa, sendo uma benfeitoria, podendo, paralelamente, a benfeitoria estar inseparadamente incorporada no solo, provocando uma acessão. Quando isto suceda, "a única distinção possível é dizer que a benfeitoria e a acessão estão, entre si, numa relação de causa-efeito"[21]. Com vista à harmonização dos regimes das duas figuras, e apesar de se tentar "harmonizar o inarmonizável"[22], sugere-se que a regra geral seja sempre a da acessão. Portanto, sempre que, por qualquer razão, a coisa incorporada não seja qualificável como benfeitoria, aplica-se o regime da acessão, e nomeadamente, quando a coisa incorporada valha mais do que a coisa incorporadora; quando a coisa incorporada modifique o destino económico do conjunto; quando a coisa incorporada não conserve ou melhore a coisa e não sirva para recreio do benfeitor, correspondendo antes ao normal exercício do direito acedido. A regra especial, a das benfeitorias, aplica-se quando a lei expressamente diga, como sucede na locação (art. 1046.°), no comodato (art. 1138.°) e no usufruto (art. 1450.°). Em caso de dúvidas deverá prevalecer a acessão.

Como se pode verificar, parece necessário o recurso a outros critérios de distinção, como o valor e o destino económico[23]. Assim, a benfeitoria será toda a despesa realizada para conservar ou melhorar uma coisa e não para a transformar. A benfeitoria será uma despesa feita para a conservação ou melhoramento da coisa que, assim, não é alterada na sua substância, ao passo que a acessão supõe a união e a incorporação de uma coisa com outra pertencente a proprietário diverso. Porém, nem sempre será fácil estabelecer a distinção entre as despesas que visam conservar ou melhorar uma coisa e aquelas que a transformam numa coisa nova e distinta ou que visam retirar dela certas utilidades ou proveitos, sendo necessário

---

[21] Menezes Cordeiro, *op. cit.*, p. 515.

[22] Menezes Cordeiro, *op. cit.*, p. 516.

[23] Assentando a distinção entre benfeitorias e acessão na finalidade e no regime jurídico das figuras, v. Vaz Serra, *Revista de Legislação e Jurisprudência*, Ano 108.°, p. 266.

Para uma visão sumária sobre as distintas opiniões em matéria de acessão e benfeitorias, v. Júlio Manuel Vieira Gomes, *op. cit.*, pp. 330 e segs..

238 *Estudos em Comemoração do 10.° Aniversário da Licenciatura em Direito*

o recurso a "padrões gerais da vida" (o valor da despesa realizada, se houve alteração do destino económico da coisa a que outra foi adjunta, etc.)[24].

Por outro lado, na acessão a coisa acrescida pode ser uma *res nullius* ou pertencer a outrem. A lei apenas refere a sua não pertença ao proprietário e ao facto de ela se unir à coisa principal e se incorporar nela. Não há, assim, semelhança entre acessão e ocupação (cfr. o art. 1318.°). São, pois, dois distintos modos de aquisição da propriedade, não exigindo a lei que haja na acessão qualquer intenção de adquirir. Ao contrário da ocupação, a aquisição no caso da acessão resulta da lei.

A acessão repousa, portanto, numa determinada situação material resultante da união de duas coisas pertencentes a dono diverso. Acresce que o beneficiário da acessão actua na qualidade de titular de direito real sobre uma das coisas em presença.

O art. 1326.°, n.° 1, sobre as espécies de acessão, dispõe que "a acessão diz-se natural, quando resulta exclusivamente das forças da natureza; dá-se a acessão industrial, quando, por facto do homem, se confundem objectos pertencentes a diversos donos, ou quando alguém aplica o trabalho próprio a matéria pertencente a outrem, confundindo o resultado desse trabalho com propriedade alheia"[25].

---

[24] Júlio Manuel Vieira Gomes, *op. cit.*, p. 333.

[25] No entendimento de Menezes Cordeiro, *op. cit.*, p. 491, "quando alguém aplica o trabalho próprio a matéria pertencente a outrem", não há sequer duas coisas, em termos de possibilitar a "união" ou "incorporação" a que refere o art. 1325.°. O trabalho não é uma coisa corpórea, para efeitos do Cód. Civil. O resultado do trabalho, a matéria pertencente a outrem é uma nova coisa que não se confunde com nenhum direito de propriedade ou coisa anterior.

Por isso, a especificação (arts. 1336.° a 1338.°), matéria que o legislador enquadrou no campo da acessão, deve dela excluir-se. A especificação deverá ser considerada como uma forma autónoma de constituição de direitos reais, como um modo de aquisição originária. Em todo o caso, o seu regime jurídico obedece a regras semelhantes às que disciplinam os casos de acessão e, por isso, o legislador englobou no mesmo conceito situações que postulam uma regulamentação análoga (v. Pires de Lima/Antunes Varela, *op. cit.*, p. 140).

Dá-se a especificação quando alguém, pelo seu trabalho, dá nova forma a coisa móvel pertencente a outrem, de tal modo que ela não poderá ser restituída à primitiva forma, ou o não pode ser sem perda do valor criado pela especificação. A qualificação como acessão suporia considerar o trabalho como coisa, o que não será admissível. Assim, não se verifica a presença de duas coisas que se unem.

O regime da especificação depende da boa ou má fé do especificador, do valor relativo acrescentado pela operação e da vontade do titular da coisa modificada (Menezes Cordeiro, *op. cit.*, pp. 505 e 506).

A especificação de boa fé, quando a coisa não possa ser restituída à forma primitiva sem perda do valor acrescentado, confere a titularidade da coisa resultante ao trabalhador ou ao dono da coisa anterior, consoante o valor aditado seja ou não superior ao valor da

Assim, a acessão é natural quando derive da incorporação de uma coisa que seja propriedade de alguém com outra coisa que lhe não pertença (art. 1325.°), por obra exclusiva das forças da natureza (art. 1326.°, n.° 1). O princípio geral é o de que pertence ao dono da coisa tudo o que a esta acrescer por efeito da natureza (art. 1327.°). Prevêem-se depois quatro hipóteses (aluvião, avulsão, mudança de leito e formação de ilhas e mouchões – arts. 1328.° a 1331.°), concretizadoras deste princípio geral de expansão do direito de propriedade, quanto à possibilidade de acrescer por força da Natureza[26].

Na aluvião dá-se um acrescento imperceptível a um prédio por acção das águas (art. 1328.°, n.° 1)[27]; na avulsão o acrescento é devido à acção violenta dessas forças naturais (art. 1329.°, n.° 1)[28].

---

coisa e podendo o dono da coisa, no último caso, preferir a indemnização, a que se encontrará sempre obrigada a parte que a adquirir (art. 1336.°).

A especificação de má fé confere a titularidade da coisa transformada ao titular da coisa primitiva, independentemente do valor acrescentado, devendo o especificador ser indemnizado apenas se o acréscimo de valor for superior, em um terço, ao valor da coisa e na medida em que exceder esse terço (art. 1337.°).

[26] Oliveira Ascensão, *op. cit.*, pp. 303 e 304, defendendo que apenas na aluvião e na avulsão verdadeiramente haverá acessão natural (nas restantes não haverá qualquer união ou incorporação de coisas), observa que a hipótese padrão da acessão natural, ou seja, a que resulta da incorporação de depósitos por força de agentes como a água ou o vento, sem que, todavia, se individualize o que foi depositado, não representa em rigor uma hipótese de acessão. O que se verifica é uma modificação do objecto. Não há uma união de coisas, que é o mínimo indispensável para haver acessão, já que o depósito não tem as características que permitam falar-se juridicamente de uma coisa. Tal situação decorre, aliás, do previsto no art. 1328.°, n.°1, relativo ao aluvião, em que se estabelece que pertence aos donos dos prédios confinantes com quaisquer correntes de água tudo o que, por acção das águas, se lhes unir ou neles for depositado, sucessiva e imperceptivelmente.

No mesmo sentido, Menezes Cordeiro, *op. cit.*, p. 499, ao dizer que "quando a aluvião opere de tal forma que não seja possível individualizar a incorporação de uma coisa *proprio sensu*, não há que falar em acessão ou em constituição de novos direitos. O sistema do Código só interessa *quando da aluvião resulte algo que substancialmente traduza o aditamento efectivo de nova coisa*".

[27] Tal princípio vigora mesmo quando a aluvião se dá em detrimento de outro prédio. O titular do prédio diminuído nada pode fazer para se ressarcir do prejuízo que lhe foi infringido pela Natureza. A acessão opera imediata e automaticamente (e independentemente da vontade do adquirente) – v. Menezes Cordeiro, *op. cit.*, p. 500.

Com efeito, dá-se também o fenómeno da aluvião (chamado *aluvião impróprio*) quando, de modo imperceptível, terrenos se forem deslocando de um prédio para outro. Na medida em que permite ao dono do prédio confinante adquirir, sem nenhuma compensação, os bens abrangidos pela aluvião, o art. 1328.° prevê mais um caso de enriquecimento à custa alheia.

À acessão natural contrapõe a lei a acessão industrial, que é a que resulta de facto do homem. Distingue-se a acessão industrial mobiliária e imobiliária, conforme a natureza das coisas (cfr. o art. 1326.°, n.° 2).

Na acessão industrial há uma iniciativa que se exerce sobre bens alheios e de que resulta a criação de um novo valor económico, valor que é atribuído por lei ou ao autor da iniciativa ou ao titular dos direitos ou bens alheios empregados. Por outro lado, há ainda uma obrigação de restituir imposta ao sujeito a quem a lei atribui a propriedade da coisa e a favor do outro sujeito.

A acessão mobiliária é representada no nosso Cód. Civil pela união e pela confusão de coisas móveis objecto de direitos pertencentes a pessoas diferentes, em termos tais que a separação não seja possível. A união ou confusão é, normalmente, originada por acção do homem, mas poderá também sê-lo casualmente (art. 1335.°).

O regime da união ou confusão é ditado pela boa ou má fé dos autores da operação, pelo valor relativo das coisas e pela própria vontade dos intervenientes, depois da ocorrência[29].

---

[28] Neste caso, quando, pela acção das forças naturais, materiais alheios sejam arrojados sobre um prédio, o titular de direitos sobre eles pode exigir, no prazo de seis meses, a sua entrega, podendo tal prazo ser diminuído por decisão do tribunal (art. 1329.°, n.°1). No entendimento de Menezes Cordeiro, *op. cit.*, p. 500, nota 1115, a expressão da lei não é a mais adequada. O dono de tais materiais não tem o direito de exigir a entrega, mas sim de fazer a remoção, a menos que o proprietário do prédio prefira fazer a entrega a consentir na invasão. Tal resulta do próprio art. 1329.°, n.° 1, dos princípios gerais e, até, da aplicação analógica do art. 1349.°, n.° 2.

Não se fazendo a remoção naqueles prazos, o titular do prédio adquire, automaticamente (cfr. o art. 1329.°, n.°2, que remete para o disposto no art. 1328.°), o direito sobre os materiais em causa.

[29] A união provocada de boa fé (e a boa fé parece consistir na ignorância de que se lesa, com a união, o direito de outrem), quando a separação das coisas acarrete danos a quaisquer das partes, confere ao titular da coisa mais valiosa o direito à aquisição do conjunto, desde que indemnize o outro titular (art. 1333.°, n.°1); porém, o autor da união fica sempre com o resultado da adjunção, independentemente do valor das coisas, se a outra parte preferir a indemnização.

A união provocada de má fé, quando a separação das coisas acarrete danos à outra parte, confere a esta o direito à aquisição do conjunto, pagando ao autor da união um valor calculado segundo as regras do enriquecimento sem causa (valor que corresponde, nos termos do art. 479.°, ao que foi obtido à custa do empobrecido) ou, em alternativa, o direito a uma indemnização, ficando então o autor da confusão com a coisa dela derivada (art. 1334.°).

A união casual (aquela que, embora derivada de facto do homem e não exclusivamente das forças da Natureza, não foi intencionalmente pelo seu autor) confere ao titular da coisa mais valiosa o direito a adquirir o conjunto, pagando ao outro titular o justo valor

Quanto à acessão industrial imobiliária, os arts. 1339.° e segs. tratam conjuntamente as hipóteses de obras, sementeiras ou plantações, distinguindo-se três situações, ou seja, as hipóteses de alguém utilizar materiais, sementes ou plantas alheias em terreno próprio (art. 1339.°), de alguém utilizar materiais, sementes ou plantas próprias em terreno alheio (arts. 1340.° e 1341.°) e de alguém utilizar materiais, sementes ou plantas alheias em terreno alheio (art. 1342.°). Acrescentou ainda o Código Civil, no art. 1343.°, a hipótese de na construção de um edifício em terreno próprio se ocupar, de boa fé, uma parcela[30] de terreno alheio. Nesta última situação, o construtor pode adquirir a propriedade do terreno ocupado, se tiverem decorrido três meses a contar do início da ocupação, sem oposição do proprietário[31], pagando o valor do terreno e reparando o prejuízo causado, nomeadamente o resultante da depreciação eventual do terreno restante[32].

Repare-se que o beneficiário da acessão pode ser quer o dono do solo quer o dono do implante. A acessão não é emanação do princípio *superfi-*

---

da sua coisa ou, em alternativa, o direito ao justo valor da sua coisa, adquirindo então o titular da coisa menos valiosa (art. 1335.°). Se as coisas forem de igual valor ou se nenhum dos intervenientes quiser ficar com a resultante da união, regem os n.°s 2 e 3 do art. 1335.°.

[30] No entendimento de Menezes Cordeiro, *op. cit.*, pp. 502 e 503, o termo "parcela" é importante porque traduz a ideia de que apenas uma pequena parte da construção poderá ocupar o terreno vizinho. Se se tratar da maior parte da construção, deverá aplicar-se o regime geral da acessão, tal como consta do art. 1340.°.

[31] A lei favorece o construtor logo após um prazo mínimo de três meses, pelo que quem tiver um terreno e não o visitar durante três meses pode, após esse tempo, verificar que o perdeu (Oliveira Ascensão, "Acessão", *Scientia Iuridica*, 1973, p. 353). Ora, face aos longos períodos exigidos para a usucapião de imóveis, três meses é um prazo muito curto que não traduzirá, frequentemente, qualquer desleixo do proprietário. Por isso, dever-se-á fazer uma interpretação restritiva do preceito legal e entender que, para que haja três meses sem oposição, será necessário que o proprietário tenha tomado conhecimento e se pudesse, assim, opor (Júlio Manuel Vieira Gomes, *op. cit.*, p. 349).

[32] O art. 1343.° prevê o único caso em que, noutros países, o autor de uma obra em terreno alheio pode adquirir o terreno por acessão, a qual é, frequentemente, denominada, nesses países, de *acessão invertida*. Entre nós, não se trata propriamente de uma inversão da regra geral, já que, a regra não é a de que o proprietário do solo, independentemente da sua boa ou má fé, adquire o que neste for incorporado. Só se pode afirmar que a regra contida no art. 1343.° se desvia do princípio geral, na medida em que, normalmente, a construção numa parcela de terreno alheio não implica um acréscimo de valor, para a totalidade desse terreno, superior ao valor que ele tinha antes, pelo que, a aquisição da propriedade pelo construtor de boa fé não resultaria da aplicação do disposto no art. 1340.° (v. Júlio Manuel Vieira Gomes, *op. cit.*, p. 342).

242 *Estudos em Comemoração do 10.º Aniversário da Licenciatura em Direito*

cies solo cedit[33], não se verificando necessariamente a reversão para o dono do solo de tudo o que a ele se une.

O art. 1339.º regula a situação de incorporação feita pelo titular do terreno com materiais, sementes ou plantas alheios. Neste caso, é conferido ao titular do terreno o direito à aquisição, independentemente da boa ou má fé e do valor relativo do terreno ou das coisas incorporadas, pagando o seu valor e a indemnização a que haja lugar[34]. Não atendeu aqui a lei ao facto de ser ou não possível a separação sem dano para a obra, sementeira ou plantação. Por outro lado, parece ser de sustentar que o autor da acessão não está inibido de entregar, em vez do valor das coisas incorporadas, outros materiais, sementes ou plantas da mesma espécie, qualidade e quantidade, desde que tais coisas não tenham perdido o interesse para o lesado.

No caso de incorporação feita em terreno alheio com materiais, sementes ou plantas próprios, de boa fé[35], o direito à aquisição do conjunto é conferido ao titular da coisa mais valiosa, desde que pague ao outro o valor da coisa adquirida (art. 1340.º, n.ºs 1 e 3). Há que comparar o valor acrescentado pelas obras, sementeiras ou plantações, à totalidade do prédio, e o valor que o prédio tinha antes das obras, sementeiras ou plantações. Caso o valor acrescentado seja superior, o autor da incorporação adquire a propriedade do prédio pagando o valor que o prédio tinha antes das

---

[33] Como refere Menezes Cordeiro, *op. cit.*, pp. 508 e 509, o regime do direito português parece, neste ponto, bastante original. Tradicionalmente, a acessão natural obedecia ao brocardo *acessorium principali cedit* (o acessório cede ao principal), ou seja, tudo que acedesse à sua coisa imóvel seria adquirido pelo proprietário. Por seu lado, na acessão industrial imobiliária valia o princípio *superficies solo cedit* (a superfície cede ao solo), com a consequente aquisição, pelo proprietário do terreno, de tudo quanto sobre ele fosse incorporado. Este princípio terá sido abandonado pelo direito português a favor dos critérios de valor e boa fé. Tal como refere Júlio Manuel Vieira Gomes, *op. cit.*, p. 335, nota 564, difícil de explicar é a razão de ser de tal originalidade...

Apesar de tudo, o art. 1339.º apresenta uma solução que, desprezando a boa ou má fé do proprietário do terreno, traduz o princípio *superficies solo cedit*.

[34] A indemnização só tem lugar, nos termos do art. 483.º, se houver culpa do autor. V. Pires de Lima/Antunes Varela, *op. cit.*, p. 160.

[35] Quanto à noção de boa fé, v. o art. 1340.º, n.º 4. O autor da incorporação só poderá ignorar ser o terreno alheio se o julgar seu ou se julgar que tinha direito bastante para justificar a plantação. Quanto à autorização para a prática dos actos em que a acessão se traduz, tanto pode ser atribuída mediante uma declaração de vontade expressa, feita pelo proprietário da coisa, como resultar de outros factos (como, p. ex., de um contrato nulo por falta de forma, ou de um contrato-promessa em que se convencione a entrega imediata da coisa...) – v. Pires de Lima/Antunes Varela, *op. cit.*, p. 164.

obras, sementeiras ou plantações (art. 1340.°, n.° 1). Se o valor acrescentado for menor, as obras, sementeiras ou plantações pertencem ao dono do terreno, com obrigação de indemnizar o autor delas pelo valor que tinham ao tempo da incorporação. Se o valor for igual, o art. 1340.°, n.° 2, remete para o art. 1333.°, n.° 2, havendo licitação[36].

A noção de incorporação sugere a ideia de que deve formar-se, com a acessão, um único corpo e, assim, há-de resultar dela uma ligação "*material, definitiva e permanente*, entre a coisa acrescida e o prédio, que torne impossível a separação sem alteração da substância da coisa"[37].

A incorporação feita em terreno alheio com materiais, plantas ou sementes próprios, de má fé, confere ao titular do terreno a possibilidade de exigir que o terreno seja restituído ao seu primitivo estado à custa do autor da incorporação ou de adquirir as coisas incorporadas, pelo valor que for fixado segundo as regras do enriquecimento sem causa (art. 1341.°)[38]. Apenas neste último caso há verdadeiramente uma acessão. No primeiro, o proprietário limita-se a pedir, em face da intervenção de terceiro, que o prédio seja restituído à situação anterior.

Quando as obras, sementeiras ou plantações sejam feitas em terreno alheio com materiais, sementes ou plantas alheias, ao dono dos materiais, sementes ou plantas cabem os direitos conferidos no art. 1340.° ao autor da incorporação, quer este esteja de boa ou má fé, ou seja, confere-se o direito à aquisição ao titular da coisa mais valiosa. Porém, se o titular das

---

[36] Repare-se que o art. 1340.°, n.°2, refere que haverá licitação entre o *antigo dono* e o autor da incorporação, parecendo fazer com que a mera incorporação implique a perda da propriedade pelo proprietário do terreno.

[37] Pires de Lima/Antunes Varela, *ibidem*. Nesse sentido, a construção de uma casa móvel, susceptível de ser levantada, não conduz à acessão, nem uma tenda ligada ao solo por meios artificiais que podem, a todo o tempo, desaparecer sem prejuízo para a tenda ou para o prédio. Ainda que algumas dúvidas se possam colocar, em relação às partes integrantes não pode falar-se em acessão. Embora essas partes fiquem ligadas materialmente à coisa principal, elas não perdem normalmente a sua individualidade, a sua autonomia, podendo ser retiradas e entregues a seu dono sem alteração substancial do prédio.

[38] A aplicação das regras do enriquecimento sem causa, considerando o valor do enriquecimento, o valor acrescentado pela intervenção e não o valor despendido, traduz um regime mais desfavorável do que aquele que resultaria se o valor se aferisse pelo próprio valor das coisas incorporadas, como acontece no caso de incorporação feita de boa fé (art. 1340.°, n.°s 1 e 3). "O titular do direito tem, por força desse mesmo direito, uma pretensão a todo o benefício obtido com esses mesmos bens – a todo o lucro que foi realizado com os seus bens. É todo este benefício que pertence ao empobrecido *potencialmente*, que a lei lhe *destinava*" – Diogo Leite de Campos, *A Subsidiariedade da Obrigação de Restituir o Enriquecimento*, Coimbra, Almedina, 1974, p. 484.

244   *Estudos em Comemoração do 10.º Aniversário da Licenciatura em Direito*

coisas incorporadas tiver culpa na incorporação, o titular do terreno poderá adquirir, pagando de acordo com as regras do enriquecimento sem causa, ou exigir que o terreno seja restituído ao seu estado primitivo. Neste caso, se o autor da incorporação estiver de má fé, é solidária a responsabilidade de ambos, e a divisão do enriquecimento é feita em proporção do valor das coisas e da mão-de-obra.

Como se pode verificar, da análise sumária realizada da acessão, o regime adoptado pelo Código Civil é confuso e lacunoso, "consagrando, frequentemente, situações de genuína expropriação privada, só compreensíveis à luz do ambiente político que rodeou a feitura do Código"[39], e incompatíveis com o respeito pela propriedade privada.

IV. Bens adquiridos por acessão e sua titularidade no regime de comunhão de adquiridos

Analisado o regime da acessão e tendo presente a disposição do art. 1728.º, n.º 1, e n.º 2, al. a), somos levados a concluir que a aplicação do

---

[39] Júlio Manuel Vieira Gomes, *op. cit.*, p. 337. No seguimento de tal entendimento, refere o A. que é escassa e insuficiente a tutela concedida ao proprietário de uma coisa, o qual não desencadeia o processo de confusão ou incorporação. Na acessão mobiliária, quando o autor da mesma esteja de boa fé, pode o proprietário perder o seu objecto, caso o objecto adjunto pelo outro seja de maior valor (a lei apenas assegura que o proprietário não seja obrigado a ficar com a coisa adjunta e possa preferir a indemnização). Na acessão imobiliária, por seu lado, a lei parece aceitar a possibilidade de o proprietário do terreno em que outrem, de boa fé, constrói obra, sementeira ou plantação, vir a sofrer um verdadeiro prejuízo. Com efeito, a lei manda comparar o valor do terreno antes da incorporação com o valor que lhe foi acrescentado por esta. Mas, se o primeiro valor for superior, o proprietário adquire as obras, sementeiras ou plantações e terá de indemnizar o autor delas do valor que tinham ao tempo da incorporação, mesmo que este valor seja superior ao próprio valor acrescentado. A não ser que se entendam aplicáveis as regras do enriquecimento sem causa (ou que se adira à tese segundo a qual na acessão existe um direito potestativo de aquisição e não uma aquisição automática), o proprietário de um terreno acaba por suportar o risco do fracasso das obras, sementeiras ou plantações realizadas por outrem no seu próprio terreno. Com efeito, se o valor acrescentado pela obra for nulo é, logicamente, menor do que o valor que o terreno tinha antes. Ora, o proprietário do terreno torna-se também proprietário de uma obra cujo valor acrescentado é nulo e ainda terá que pagar pelo valor da obra ao tempo da incorporação.

Sobre as várias posições quanto à questão de saber a quem pertence o valor acrescentado criado pela união, confusão, especificação ou incorporação, e se a acessão terá um carácter automático ou se deverá considerar-se a existência de um direito potestativo à aquisição, v. Júlio Manuel Vieira Gomes, *op. cit.*, pp. 352 e segs..

art. 1728.° implica a existência e intervenção de um terceiro alheio à relação matrimonial, ou seja, um dos cônjuges que, em terreno de um terceiro ou em terreno próprio com materiais alheios, procede a uma edificação, aplicando-se, assim, o regime geral da acessão. Assim, poderemos estar perante a situação regulada no art. 1339.° que, conjugada com a al. a) do n.° 2 do art. 1728.°, defende a manutenção do bem como próprio do cônjuge proprietário do terreno, sem prejuízo das devidas compensações ao património comum, se a elas houver lugar, independentemente da boa ou má fé do cônjuge proprietário do terreno e do valor deste. Por outro lado, podemos também estar perante a solução do art. 1340.°, onde um cônjuge constrói, com materiais próprios, em terreno alheio. Assim sendo, e se o valor que as obras tiverem trazido à totalidade do prédio for maior que o valor que este tinha antes, o autor da incorporação (o cônjuge), adquire a propriedade dele (passando o bem a ser próprio, sem prejuízo das devidas compensações ao património comum se este auxiliou, de alguma forma, na construção ou no pagamento da indemnização ao terceiro), pagando o valor que o prédio tinha antes das obras, ou seja, compensando o terceiro empobrecido[40].

Nos ordenamentos jurídicos estrangeiros, os direitos francês (cfr. os arts. 551.° e segs. do Cód. Civil francês), italiano (cfr. os arts. 934.° e segs. do Cód. Civil italiano) e espanhol (cfr. os arts. 353.° e segs. do Cód. Civil espanhol) estabelecem um regime da acessão em que o beneficiário da mesma será sempre o proprietário do solo, traduzindo o princípio *superficies solo cedit*, seja ele o cônjuge ou o terceiro.

Nestes termos, o art. 551.° do Cód. Civil francês, o art. 358.° do Cód. Civil espanhol e o art. 934.° do Cód. Civil italiano estabelecem o princípio de que tudo que se une ou incorpore à coisa pertence ao proprietário, de acordo com as regras estabelecidas nos respectivos ordenamentos jurídicos.

Em matéria de acessão industrial imobiliária, o ordenamento jurídico francês dispõe, no art. 555.° do Cód. Civil francês, que realizando-se plantação, construção ou obra, por terceiro, com materiais a ele pertencentes e em terreno alheio, o proprietário do solo tem o direito ou de conservar tais materiais na sua propriedade ou de exigir a demolição das mesmas plantações, construções ou obras. Se optar pela sua conservação, deverá reem-

---

[40] A solução do art. 1340.° exige a boa fé do autor da incorporação e ela existe quando haja desconhecimento de que o terreno era alheio ou se foi autorizada a incorporação pelo dono do terreno.

Poderíamos ainda configurar as hipóteses reguladas nos arts. 1341.° a 1343.°.

bolsar o terceiro, nos termos do §3.º do art. 555.º, ou seja, deverá reembolsar-lhe seja o valor correspondente à mais valia adquirida para o terreno, seja o valor dos materiais e o preço da mão-de-obra calculados à data do reembolso atendendo à situação em que se encontrem as construções, plantações ou obras. Se, pelo contrário, preferir a demolição do que foi construído ou plantado, tal será executado à custa do terceiro que poderá também ser responsável pelo pagamento de uma indemnização pelos prejuízos eventualmente sofridos pelo proprietário.

Por seu lado, os arts. 360.º a 365.º do Cód. Civil espanhol regulam as hipóteses de plantações, construções ou obras feitas com materiais alheios em terreno próprio[41] e de plantações ou construções realizadas com materiais próprios em terreno alheio de boa fé[42] ou má fé[43].

Os arts. 935.º a 937.º do Cód. Civil italiano referem os casos de obra realizada pelo proprietário do solo com materiais alheios[44], de obra realizada por terceiro com materiais próprios em terreno alheio[45] e obra feita por terceiro com materiais e em terreno alheios[46]. Em todos os casos é tra-

---

[41] Neste caso, o proprietário que construiu ou plantou com materiais alheios, conserva a construção ou plantação, reembolsando o seu valor. Se actuou de má fé deverá também responder pelos prejuízos causados. O dono dos materiais poderá retirá-los do seu local, mas apenas quando tal não afecte a obra construída nem ponha em causa as plantações efectuadas.

[42] Aqui o proprietário tem direito a ficar com a plantação ou construção, mediante o pagamento de uma indemnização, ou exigir ao terceiro que construiu ou plantou o valor do terreno.

[43] O proprietário tem direito, neste caso, a adquirir a obra ou plantação sem efectuar qualquer indemnização ou reembolso ou exigir ao que construiu ou plantou a demolição da construção ou plantação, à custa deste.

[44] Quando o proprietário do solo realize construção, plantação ou obra com materiais alheios adquire a propriedade desses materiais, mediante o pagamento do seu valor e, havendo culpa, indemnização para ressarcimento dos danos causados ao proprietário dos materiais. O dono dos materiais tem a possibilidade, num prazo de seis meses, de os reivindicar, mas só os poderá retirar do seu local se tal não afectar a construção realizada ou a plantação efectuada (art. 935.º do Cód. Civil italiano).

[45] Se um terceiro realiza uma construção, obra ou plantação em terreno alheio, o proprietário do solo pode ficar com a plantação ou construção ou exigir ao terceiro a demolição da construção ou plantação. Se o terceiro estiver de boa fé, ou seja, se o proprietário do solo concedeu o seu consentimento ou, pelo menos, não se opôs à construção, não pode este exigir àquele a demolição da obra ou destruição da plantação, ficando com a construção, obra ou plantação mediante o pagamento de uma indemnização. Se o terceiro agiu de má fé deverá remover os materiais à sua custa e sem qualquer indemnização (art. 936.º do Cód. Civil italiano).

[46] Quando um terceiro constrói ou planta em terreno alheio com materiais alheios, é reconhecido ao proprietário do solo o direito de exigir a demolição da construção ou da

Da acessão no âmbito da titularidade dos bens no regime de comunhão de adquiridos 247

duzido o princípio *superficies solo cedit*. Contrariamente ao que se verifica nesses artigos, em que o proprietário do solo adquire aquilo que nele se constrói, o art. 938.° do Cód. Civil italiano prevê um caso de acessão *invertida*. Por força deste artigo é o proprietário da construção que, mediante certas condições e por decisão judicial, se torna o proprietário do terreno[47].

Em matéria de regime de bens e titularidade dos mesmos, o art. 1406.°, 1.°, do Cód. Civil francês considera bens próprios os bens adquiridos a título de acessórios de um bem próprio. Tal concepção vai além da noção estrita de acessão: na acessão atribui-se ao proprietário da coisa tudo o que a ela se une ou incorpora (cfr. o art. 551.°) e no art. 1406.° não se exige a união de dois bens. Basta uma mera ligação económica entre um bem móvel e um imóvel próprio de um dos cônjuges[48].

Assim, o Cód. Civil francês entende que as construções e plantações efectuadas em imóvel próprio de um dos cônjuges, por terceiro, são próprias por nesse imóvel se unirem ou incorporarem, traduzindo o princípio *superficies solo cedit*, tendo, porém, a comunhão direito a compensação pelas somas adiantadas[49].

De igual modo, o art. 1359.° do Cód. Civil espanhol determina que as construções, plantações e quaisquer melhoramentos efectuados em bens próprios são também próprios, sem prejuízo das devidas compensações. A natureza comum ou própria dos bens não é afectada pela construção, isto é, os bens em causa preservam a natureza que tinham antes da construção, resolvendo o art. 1359.° o problema relativo aos reembolsos entre patrimónios[50].

---

plantação, num prazo de seis meses, salvo se a separação se revelar danosa. Não se verificando a separação, ou não sendo esta possível, há a aquisição da construção ou plantação a favor do proprietário do solo. Nesta situação, há que proceder ao pagamento, pelo terceiro e pelo proprietário do solo de má fé, do valor dos materiais ao seu proprietário. Neste caso caberá também ao proprietário de má fé a reparação dos danos causados. Se o proprietário do solo estiver de boa fé apenas deverá reembolsar o valor dos materiais (art. 937.° do Cód. Civil italiano).

[47] V. F. Salaris, "L'acquisto della proprietà. L'accessione", *Trattato de Diritto Privato, Proprietà*, sob a direcção de Pietro Rescigno, vol. VII, tomo I, Utet, Torino, 1992, pp. 653-655.

[48] V. A. Colomer, *op. cit.*, p. 329.

[49] É, aliás, numerosa a jurisprudência francesa nesse sentido. V., p. ex., Civ. 1.°, de 6 de Junho de 1990: *Bull. Civ. I*, n.° 134; Civ. 1.°, de 25 de Fevereiro de 1986: *J.C.P.* 1986.II.20702, note Simler, citados no *Code Civil*, 100ª ed., Dalloz, 2001, p. 526 e p. 1207.

[50] Abandonou-se a solução consagrada no antigo art. 1404.°, 2.°, do Cód. Civil espanhol que considerava integrar a comunhão as edificações realizadas em terreno próprio de um dos cônjuges. Desapareceu, portanto, a *"accesión invertida"* então existente. V.,

Retomando a nossa questão, e como sabemos, as particularidades das relações patrimoniais entre os cônjuges, traduzidas na obrigação de comunhão de vida e na realização de um equilíbrio patrimonial justo, exigem um estatuto próprio e uma regulamentação específica face às restantes relações jurídicas estabelecidas entre pessoas não casadas. Por isso, justifica-se, no âmbito da regulamentação legal da titularidade dos bens, e dentro do espírito do regime de comunhão de adquiridos, uma referência específica ao regime da acessão. O art. 1728.º, ao remeter para o regime da acessão, pressupõe a sua aplicação a situações em que se verifique a intervenção de um terceiro que se relaciona, em termos patrimoniais, com um dos cônjuges e não uma situação que implique apenas o relacionamento entre cônjuges (ou com o património comum), como aquela em que ambos os cônjuges constroem em terreno próprio de um deles.

Ao considerar como bens próprios, por força do n.º 1 do art. 1728.º, as acessões, haverá sempre uma questão prévia a resolver antes da determinação da titularidade do bem no âmbito do Direito da Família. Com efeito, não havendo no nosso ordenamento jurídico o seguimento rigoroso do princípio *superficies solo cedit*, o cônjuge proprietário do bem em causa terá de adquirir a propriedade por aplicação das regras da acessão, ou seja, quando à coisa sua propriedade se uniu ou incorporou uma outra coisa que lhe não pertencia (art. 1325.º), passando a ser também sua propriedade. Só então, e por aplicação do art. 1728.º, n.ºs 1 e 2, al. a), o bem será havido como próprio desse cônjuge (por aquisição por acessão).

Para acautelar o equilíbrio entre os patrimónios em confronto nos regimes de comunhão, evitando o enriquecimento de um dos cônjuges, e se for o caso, serão devidas compensações ao património comum, nos termos do art. 1728.º. Apurada a compensação a favor do património comum, o seu valor integrará o activo da comunhão, devendo o cônjuge devedor reembolsá-la no momento da liquidação e partilha (art. 1689.º)[51].

---

entre outros, Luis Díez-Picazo/Antonio Gullón, *Sistema de Derecho Civil. Derecho de Familia. Derecho de Sucesiones*, vol. IV, 6ª ed., Madrid, Editorial Tecnos, 1992, pp. 183 e 184, e A. Guardiola, *et allii, Comentarios a las reformas del Derecho de Familia*, vol. II, Madrid, Editorial Tecnos, 1994, pp. 1645-1655.

[51] O art. 1728.º não remete expressamente o pagamento da compensação para o momento da partilha. Porém, para além dessa solução estar consagrada em outras disposições legais (arts. 1697.º; 1726.º, n.º2), é a natureza jurídica do património comum que exige o diferimento das compensações para a altura da liquidação e partilha da comunhão.

V. Conclusões

I. Se um dos cônjuges, num casamento celebrado sob o regime supletivo de comunhão de adquiridos, levou para o casamento um terreno no qual, no decurso do matrimónio, os cônjuges começaram a construir uma casa onde o casal passaria a viver, com recurso a um empréstimo bancário, suportado pelos proventos que os cônjuges auferiam com o seu trabalho, a qualificação da casa como bem próprio ou bem comum não pode resolver-se pela aplicação das regras da acessão, mas pela regra do art. 1726.º.

II. Analisados o art. 1728.º, em matéria de titularidade dos bens no regime de comunhão de adquiridos, e os artigos relativos à acessão (arts. 1339.º e segs.), a aplicação do regime da acessão pressupõe uma situação diferente da anterior, com intervenção de um terceiro, podendo configurar-se a construção em terreno próprio de um dos cônjuges com materiais alheios, ou em terreno alheio ou ainda em terreno alheio e com materiais alheios.

III. Não valendo, entre nós, como regra, em matéria de acessão, o princípio *superficies solo cedit*, o cônjuge proprietário do bem em causa terá de adquirir a propriedade por aplicação das regras da acessão, ou seja, quando à coisa sua propriedade se unir ou incorporar uma outra coisa que lhe não pertencia (art. 1325.º), passando também a ser sua propriedade. Uma vez adquirido o bem por acessão, e por aplicação do art. 1728.º, n.ºs 1 e 2, al. a), o mesmo será havido como próprio desse cônjuge.

COOPERAÇÃO JUDICIÁRIA EM MATÉRIA CIVIL NA COMUNIDADE EUROPEIA*

DÁRIO MOURA VICENTE

SUMÁRIO: § 1.º Introdução. § 2.º Evolução da cooperação judiciária em matéria civil na Comunidade Europeia. § 3.º Linhas gerais do regime vigente. § 4.º O papel do Tribunal de Justiça das Comunidades Europeias. § 5.º Relações entre actos comunitários e instrumentos internacionais em matéria de cooperação judiciária celebrados com terceiros Estados. § 6.º Conclusão.

§ 1.º Introdução

1. Propomo-nos traçar nesta exposição as linhas gerais do regime jurídico da cooperação judiciária internacional em matéria civil vigente na Comunidade Europeia.

Vamos, antes de mais, procurar definir o conceito de cooperação judiciária internacional. Da conclusão a que chegarmos a este respeito resultarão, ao menos em parte, os limites da indagação a efectuar.

Ora, a primeira observação que se pode fazer a este respeito é que não há um conceito único de cooperação judiciária internacional.

Esta pode ser entendida em sentido restrito, como a colaboração entre autoridades judiciárias de países diversos no âmbito de processos civis. Mas também se fala de cooperação judiciária numa acepção mais ampla,

---

* Conferência proferida em Lisboa, em 3 de Outubro de 2002, no Centro de Estudos Judiciários, e em Braga, em 28 de Maio de 2003, na Escola de Direito da Universidade do Minho.

que inclui a cooperação entre as entidades que decidem ou gerem processos extrajudiciais com carácter transfronteiriço, ou entre estas e as autoridades judiciais, e a própria unificação do Direito de Conflitos. Este conceito aflora, por exemplo, em diversos documentos oficiais emanados da Comunidade Europeia.

Não obstante a importância inegável que assume aquela segunda forma de cooperação, em virtude da crescente tendência para o recurso a meios extrajudiciais de composição litígios, assim como a elaboração de regras de conflitos uniformes, parece-nos que a referida concepção leva longe demais a ideia de cooperação judiciária. Na presente exposição iremos, por isso, cingir-nos à cooperação judiciária na primeira acepção mencionada.

Apenas nos ocuparemos, além disso, da cooperação judiciária no seio da Comunidade Europeia; está fora do nosso propósito tratar da cooperação com autoridades judiciárias de terceiros países. As considerações que se seguem têm, assim, por base os actos e outros instrumentos normativos que vinculam exclusivamente os Estados-Membros da Comunidade.

2. Para efeitos de análise, vamos distinguir duas espécies de cooperação judiciária internacional: a activa e a passiva[1].

A primeira consiste em actos levados a cabo num Estado diverso daquele onde decorre o processo, em auxílio da autoridade judiciária perante a qual esse processo se encontra pendente.

Compreendem-se nesta modalidade da cooperação judiciária a citação e a notificação no estrangeiro de actos judiciais e extrajudiciais, a obtenção de provas no estrangeiro e a troca de informações entre autoridades judiciárias e entre estas e autoridades administrativas incumbidas da cooperação judiciária.

A segunda é a colaboração entre autoridades judiciárias que se traduz fundamentalmente, ou que pressupõe, a abstenção de julgar uma causa, já julgada ou pendente perante um tribunal estrangeiro, ou que deveria ser julgada por este.

Explicitando esta ideia, podem a nosso ver incluir-se na cooperação passiva dois tipos de actuações.

---

[1] A distinção é proposta por Peter Schlosser: cfr. «Jurisdiction and International Judicial Administrative Co-operation», *Recueil des Cours de l'Académie de La Haye de Droit International*, vol. 284 (2000), pp. 9 ss. (p. 29).

Desde logo, a declaração oficiosa de incompetência para julgar uma acção que, de acordo com o Direito vigente no Estado do foro, é da exclusiva competência de um tribunal estrangeiro.

Depois, o reconhecimento de eficácia no Estado do foro a actos praticados por uma ou perante uma jurisdição estrangeira. Nesta subcategoria incluem-se: *a)* a prevenção de processos paralelos mediante a suspensão da instância ou a declaração de incompetência a favor de um tribunal estrangeiro a que a mesma acção ou uma acção conexa foi submetida em primeiro lugar, i. é, nos casos de litispendência estrangeira e de conexão entre acções; e *b)* o reconhecimento de decisões judiciais estrangeiras.

3. Quais os valores e interesses que reclamam a instituição da cooperação judiciária internacional?

Supomos que entre eles avulta, em primeiro lugar, a tutela da confiança legítima das partes e de terceiros na continuidade e na estabilidade das situações jurídicas através das fronteiras. A circunstância de uma situação jurídica controvertida ter sido definida, mediante sentença transitada em julgado, por um tribunal de certo país estrangeiro, confere à expectativa das partes na sua eficácia além-fronteiras uma força especial, que depõe fortemente no sentido de que lhe sejam reconhecidos nos demais países os efeitos que lhe pertencem segundo a lei do respectivo país de origem.

A cooperação judiciária internacional funda-se, em segundo lugar, no princípio da igualdade perante a lei. Este exige uma valoração uniforme das mesmas situações da vida, tanto na ordem interna como na internacional: a causa igual deve ser dado tratamento igual. À parte mais expedita na propositura da acção não deve ser consentida a manipulação do resultado desta através da sua propositura em determinado foro (i. é, o chamado *forum shopping*). As relações plurilocalizadas devem, por isso, ser apreciadas, tanto quanto possível, à luz das mesmas regras, onde quer que os feitos a elas referentes sejam submetidos a julgamento. E a decisão proferida por tribunal com legitimidade para o efeito, assim como a pendência da causa perante ele, devem ser reconhecidas no estrangeiro, a fim de evitar que a parte que decair na acção possa renovar a lide noutro país para aí obter uma decisão mais favorável.

Em terceiro lugar, a cooperação judiciária internacional é reclamada pela liberdade de circulação de pessoas, mercadorias, serviços e capitais. Esta não pode tornar-se efectiva sem mecanismos que assegurem aos que vivem, trabalham ou desenvolvem uma actividade empresarial no estran-

254 Estudos em Comemoração do 10.º Aniversário da Licenciatura em Direito

geiro o acesso aos tribunais locais para a defesa dos direitos e interesses legalmente protegidos e uma tutela jurisdicional efectiva e em tempo útil contra ameaças ou violações desses direitos. Compreende-se assim a importância que o tema reveste num espaço que se quer economicamente integrado, como a Comunidade Europeia.

Em quarto lugar, a cooperação judiciária internacional funda-se no respeito pela soberania dos Estados. É, por exemplo, por a citação e a notificação de actos judiciais e a realização de diligências probatórias que importem o exercício de poderes de coacção serem entendidas como actos de soberania que, como veremos, os Estados se reservam o direito de as efectuar, ou pelo menos de as controlar, quando devam ter lugar no respectivo território a pedido de uma autoridade judiciária estrangeira.

Finalmente, a cooperação judiciária internacional justifica-se pelo imperativo de realizar certos valores próprios do Direito Processual, como o contraditório, a economia processual e a prevenção do erro judiciário.

4. Não é de hoje a institucionalização de mecanismos de cooperação judiciária internacional.

Já nos primórdios do século passado a Conferência da Haia para o Direito Internacional Privado os consignou na Convenção Relativa ao Processo Civil, assinada em 17 de Julho de 1905[2], posteriormente substituída pela Convenção com a mesma designação de 1 de Março de 1954[3] e pela Convenção Relativa à Citação e à Notificação no Estrangeiro de Actos Judiciais e Extrajudiciais em Matéria Civil e Comercial, assinada em 15 de Novembro de 1965[4].

Porém, a importância fáctica daqueles mecanismos nem sempre foi a mesma – como o demonstra, além do mais, o exíguo número de Estados que são partes destas Convenções.

O desenvolvimento do comércio internacional e a intensificação dos movimentos migratórios e da circulação de capitais proporcionados pela integração económica levada a cabo em certos espaços geográficos e pela disseminação da internet, assim como o crescente entrosamento das co-

---

[2] Ratificada pela Carta Régia de 31 de Março de 1909, publicada no *Diário do Governo*, n.º 96, de 3 de Maio de 1909.
[3] Aprovada para ratificação pelo Decreto-Lei n.º 47.097, de 14 de Julho de 1966. Em vigor em Portugal desde 31 de Agosto de 1967.
[4] Aprovada para ratificação pelo Decreto-Lei n.º 210/71, de 18 de Maio, e em vigor no nosso país desde 25 de Fevereiro de 1974.

Cooperação Judiciária em Matéria Civil na Comunidade Europeia   255

munidades locais a que se chama globalização, acarretaram um significativo acréscimo do número de litígios com elementos internacionais[5].

E o número de situações em que os tribunais se vêem confrontados com a necessidade de recorrer ao auxílio de jurisdições estrangeiras, *v.g.* a fim de proceder a citações ou notificações ou de obter provas no estrangeiro, bem como de reconhecer efeitos a actos praticados por essas jurisdições, aumentou também consideravelmente.

A existência de regras que consagrem mecanismos céleres e eficazes de cooperação judiciária internacional ganhou, por isso, acrescida importância a fim de assegurar a realização dos valores acima mencionados.

Eis o que, a nosso ver, permite explicar a importante legiferação que se encontra presentemente em curso neste domínio na Comunidade Europeia.

§ 2.º Evolução da cooperação judiciária em matéria civil na Comunidade Europeia

5. Antes, porém, de examinarmos *ex professo* essa legiferação, vejamos rapidamente quais os marcos fundamentais da evolução da cooperação judiciária em matéria civil na Comunidade.

Os antecedentes do regime actual remontam a 1957. Com efeito, o artigo art. 220.º (actual art. 293.º) do Tratado de Roma, que nesse ano instituiu a Comunidade Europeia, previa que os Estados-Membros da Comunidade assumiriam a obrigação de entabular negociações destinadas a garantir, em benefício dos seus nacionais, a simplificação das formalidades a que se encontram subordinados o reconhecimento e a execução recíprocos das decisões judiciais.

A Convenção de Bruxelas Relativa à Competência Judiciária e à Execução de Decisões em Matéria Civil e Comercial, celebrada em 27 de Setembro de 1968[6], destinou-se a dar cumprimento a esse preceito.

---

[5] Cfr., sobre o tema, Jürgen Basedow, «The Effects of Globalization on Private International Law», *in* Jürgen Basedow/Toshiyuki Kono (organizadores), *Legal Aspects of Globalization*, Haia/Londres/Boston, s/d, pp. 1 ss.; Pedro de Miguel Asensio, «El Derecho Internacional Privado ante la globalización», *Anuario Español de Derecho Internacional Privado*, tomo I, 2001, pp. 37 ss.

[6] A que Portugal aderiu pela Convenção de Sán Sebastián de 26 de Maio de 1989, ratificada pelo Decreto do Presidente da República n.º 52/91, de 30 de Outubro. O texto integral de ambas as Convenções encontra-se publicado no suplemento ao *Diário da República*, I série-A, n.º 250, de 30 de Outubro de 1991. Veja-se a respectiva versão conso-

256 Estudos em Comemoração do 10.º Aniversário da Licenciatura em Direito

Em 1992, o Tratado de Maastricht previu, nos seus arts. B e K, a cooperação nos domínios da justiça e assuntos internos como o chamado terceiro pilar da União Europeia, que acresceria à Comunidade Europeia e à Política Externa e de Segurança Comum.

No art. K.3, n.º 2, alínea c), daquele Tratado estabeleceu-se que o Conselho poderia, «sem prejuízo do disposto no artigo 220.º do Tratado que institui a Comunidade Europeia, elaborar convenções e recomendar a sua adopção pelos Estados-membros, nos termos das respectivas normas constitucionais».

Ao abrigo desse preceito foi elaborada a Convenção relativa à Citação e à Notificação dos Actos Judiciais e Extrajudiciais em Matérias Civil e Comercial nos Estados-Membros da União Europeia, estabelecida por acto do Conselho de 26 de Maio de 1997[7], que todavia não chegou a entrar em vigor.

Outro tanto sucedeu com a Convenção Relativa à Competência, ao Reconhecimento e à Execução de Decisões em Matéria Matrimonial, assinada em Bruxelas em 28 de Maio de 1998 (também designada por Convenção de Bruxelas II)[8].

O Tratado de Amesterdão, celebrado em 1997, integrou a cooperação judiciária no «primeiro pilar» da construção europeia, ou seja, *comunitarizou-o*, mantendo todavia a possibilidade de ela se efectivar por via intergovernamental ao abrigo do art. 293.º (ex-art. 220.º).

---

lidada, que incorpora as alterações introduzidas pelas convenções de adesão posteriores, no *Jornal Oficial das Comunidades Europeias*, n.º C 27, de 26 de Janeiro de 1998, pp. 1 ss. Cfr., sobre esse texto, na doutrina portuguesa, Miguel Teixeira de Sousa/Dário Moura Vicente, *Comentário à Convenção de Bruxelas de 27 de Setembro de 1968 Relativa à Competência Judiciária e à Execução de Decisões em Matéria Civil e Comercial e textos complementares*, Lisboa, 1994; Rui de Moura Ramos, *Das relações privadas internacionais. Estudos de Direito Internacional Privado*, Coimbra, 1995, pp. 143 ss. e 171 ss.; e António Ferrer Correia, *Lições de Direito Internacional Privado*, vol. I, Coimbra, 2000 (com a colaboração de Luís Barreto Xavier), pp. 485 ss., bem como a demais bibliografia citada nestas obras.

[7] Publicada no *Jornal Oficial das Comunidades Europeias*, n.º C 261, de 27 de Agosto de 1997, pp. 1 ss. Cfr. Paul Meiknecht, «Service of Documents in the European Union: The Brussels Convention of 1997», *European Review of Private Law*, 1999, pp. 445 ss.

[8] Publicada no *Jornal Oficial das Comunidades Europeias*, série C, n.º 221, de 16 de Julho de 1998, pp. 1 ss. Cfr. Mathilde Sumampouw, «Parental Responsibility under Brussels II», *in* Jürgen Basedow *et al.*, *Private Law in the International Arena. From National Conflict Rules Towards Harmonisation and Unification. Liber Amicorum Kurt Siehr*, Haia, 2000, pp. 729 ss.

Na verdade, esse Tratado introduziu no Tratado da Comunidade Europeia um novo título IV (integrado pelos arts. 61.° a 69.°), com a epígrafe «Vistos, Asilo, Imigração e Outras Políticas Relativas à Livre Circulação de Pessoas», no qual se conferem à Comunidade poderes legislativos em matéria de cooperação judiciária.

As medidas a adoptar no exercício destes poderes teriam por objectivo, segundo o art. 65.° do Tratado: melhorar e simplificar o sistema de citação e de notificação transfronteiriça dos actos judiciais e extrajudiciais, a cooperação em matéria de obtenção de meios de prova e o reconhecimento e a execução de decisões em matéria civil e comercial; promover a compatibilidade das normas aplicáveis nos Estados-Membros em matéria de conflitos de leis e de jurisdições; e eliminar os obstáculos à boa tramitação das acções cíveis, promovendo, se necessário, a compatibilidade das normas de processo civil aplicáveis nos Estados-Membros.

Por força do art. 67.°, o Conselho delibera nestas matérias, durante um período transitório de cinco anos, por unanimidade; mas poderá vir a deliberar posteriormente por maioria qualificada, nos termos do art. 251.°.

A palavra «medidas» empregada nos arts. 61.° e 65.° deve interpretar-se no sentido de que compreende, nos termos do art. 249.°, regulamentos, directivas, decisões, recomendações e pareceres, i. é, medidas obrigatórias para os Estados-Membros e medidas não obrigatórias.

De notar que, nos termos dos Protocolos relativos à posição do Reino Unido, da Irlanda e da Dinamarca, anexos ao Tratado de Amesterdão, estes países não participam na adopção pelo Conselho das medidas propostas em aplicação do Título IV do Tratado.

Relativamente ao Reino Unido e à Irlanda consagra-se, no entanto, um *opting in*, pois prevê-se, no art. 3.° do respectivo Protocolo, que estes países podem notificar por escrito o Presidente do Conselho, no prazo de três meses a contar da apresentação ao Conselho de uma proposta ou iniciativa ao abrigo do Título IV do Tratado, de que desejam participar na adopção e na aplicação da medida proposta.

Em 3 de Dezembro de 1998 foi aprovado o Plano de Acção do Conselho e da Comissão sobre a melhor forma de aplicar as disposições do Tratado de Amesterdão relativas à criação de um espaço de liberdade, de segurança e de justiça[9].

---

[9] Publicado no *Jornal Oficial das Comunidades Europeias*, n.° L 19, de 23 de Janeiro de 1999, pp. 1 ss.

258 *Estudos em Comemoração do 10.º Aniversário da Licenciatura em Direito*

Aí se anuncia como objectivo a criação de um *espaço judiciário europeu*, tendo em vista simplificar a vida dos cidadãos europeus (n.ºs 16 e 39). Estabelece-se para o efeito um ambicioso programa de medidas a tomar após a entrada em vigor do Tratado.

Este compreende, em dois anos, a revisão das Convenções de Bruxelas e de Lugano, a revisão da Convenção de Roma I (relativa à lei aplicável às obrigações contratuais), a elaboração da Convenção de Roma II (relativa à lei aplicável às obrigações não contratuais) e o lançamento de uma rede judiciária europeia.

Em cinco anos, prevê-se a elaboração da Convenção de Roma III (atinente à lei aplicável ao divórcio), a instituição de mecanismos de resolução extrajudiciária de conflitos, a elaboração de instrumentos internacionais sobre competência internacional, lei aplicável e reconhecimento de sentenças estrangeiras em matéria de regimes matrimoniais e de sucessões, a harmonização de regras de processo civil com implicações transfronteiras, a melhoria e simplificação da cooperação entre tribunais na recolha de elementos de prova e a aproximação de certos domínios do Direito Civil.

O Conselho Europeu reunido em Tampere, em 15 de 16 de Outubro de 1999, convidou o Conselho a estabelecer, com base em propostas da Comissão, «normas mínimas que assegurem em toda a União um nível adequado de assistência jurídica nos processos transfronteiras, assim como regras processuais comuns específicas para processos judiciais transfronteiras» (n.º 30 das conclusões). Além disso, o Conselho subscreveu o princípio do *reconhecimento mútuo* das sentenças e decisões judiciais, que, na sua opinião, se deve tornar na pedra angular da cooperação judiciária na União, tanto em matéria civil como penal (n.º 33); e exortou a Comissão a apresentar uma proposta tendo em vista uma «maior redução dos trâmites intermediários que ainda são necessários para o reconhecimento e execução de uma decisão ou sentença no Estado requerido» (n.º 34). Finalmente, o Conselho Europeu solicitou ao Conselho e à Comissão que preparassem «nova legislação em matéria processual para os processos transfronteiras, em especial sobre os elementos determinantes para facilitar a cooperação judiciária e reforçar o acesso à justiça, tais como as medidas provisórias, a recolha de provas, as ordens de pagamento em dinheiro e os prazos» (n.º 38).

6. O regime vigente da cooperação judiciária internacional em matéria civil na Comunidade Europeia consta de uma densa teia de instrumentos jurídicos cuja delimitação recíproca nem sempre é fácil.

Cooperação Judiciária em Matéria Civil na Comunidade Europeia 259

Esses instrumentos repartem-se por duas categorias fundamentais. A primeira consiste nas convenções internacionais celebradas entre os Estados membros da Comunidade ou entre estes e terceiros Estados. São elas:

– A Convenção Relativa à Competência Judiciária e à Execução de Decisões em Matéria Civil e Comercial, celebrada em Bruxelas em 27 de Setembro de 1968 (Convenção de Bruxelas I), e o protocolo a ela anexo, em vigor desde 1 de Fevereiro de 1973;

– O Protocolo relativo à interpretação pelo Tribunal de Justiça da Convenção de 27 de Setembro de 1968 relativa à Competência Judiciária e à Execução de Decisões em Matéria Civil e Comercial, em vigor desde 1 de Setembro de 1975[10];

– As Convenções de adesão à Convenção de Bruxelas, que introduziram no respectivo texto diversos ajustamentos ditados pelas especificidades do Direito interno dos novos Estados contratantes, bem como alguns aperfeiçoamentos às suas soluções primitivas: *a)* a Convenção de Adesão da Dinamarca, da Irlanda e do Reino Unido, assinada no Luxemburgo em 9 de Outubro de 1978; *b)* a Convenção de Adesão da Grécia, concluída no mesmo local em 25 de Outubro de 1982; *c)* a Convenção de Adesão da Espanha e de Portugal, assinada em San Sebastián em 26 de Maio de 1989[11], em vigor em Portugal, nos termos do seu art. 32.°, desde 1 de Julho de 1992[12]; e *d)* a Convenção de Adesão da Áustria, da Finlândia e da Suécia, assinada em Bruxelas em 29 de Novembro de 1996[13], em vigor em Portugal, nos termos do seu art. 16.°, desde 1 de Fevereiro de 2000[14];

– Finalmente, a Convenção Relativa à Competência Judiciária e à Execução de Decisões em Matéria Civil e Comercial, celebrada em Lugano em 16 de Setembro de 1988, que visou estender os princípios da Convenção de Bruxelas aos Estados-Membros da Associação Europeia de Comércio Livre (EFTA), em vigor em Portugal desde 1 de Julho de 1992[15].

---

[10] Ver a nota 5.

[11] Ratificada pelo Decreto do Presidente da República n.° 52/91, de 30 de Outubro. O texto integral das Convenções encontra-se publicado no suplemento ao *Diário da República*, I série-A, n.° 250, de 30 de Outubro de 1991.

[12] Cfr. o Aviso do Ministério dos Negócios Estrangeiros n.° 276, publicado no *Diário da República*, série I-A, n.° 236/1997, de 11 de Outubro de 1997.

[13] Ratificada pelo Decreto do Presidente da República n.° 148/99, de 21 de Junho.

[14] Cfr. o Aviso do Ministério dos Negócios Estrangeiros n.° 171/2000, publicado no *Diário da República*, série I-A, n.° 193, de 22 de Agosto de 2000.

[15] Ratificada pelo Decreto do Presidente da República n.° 51/91, de 30 de Outubro. Publicada no suplemento ao *Diario da República*, I Série-A, n.° 250, de 30 de Outubro de 1991.

260 *Estudos em Comemoração do 10.° Aniversário da Licenciatura em Direito*

A segunda categoria de instrumentos acima referida é constituída por actos jurídicos comunitários. Destes, os principais são os seguintes:

– O Regulamento n.° 1346/2000, relativo aos processos de insolvência[16], em vigor desde 31 de Maio de 2002;

– O Regulamento n.° 1347/2000, relativo à competência, ao reconhecimento e à execução de decisões em matéria matrimonial e de regulação do poder paternal em relação a filhos comuns do casal (Regulamento de Bruxelas II)[17], em vigor desde 1 de Março de 2001;

– O Regulamento n.° 1348/2000, relativo à citação e à notificação dos actos judiciais e extrajudiciais em matérias civil e comercial nos Estados-Membros[18], em vigor desde 31 de Maio de 2001;

– O Regulamento (CE) n.° 44/2001 do Conselho, de 22 de Dezembro de 2000, relativo à competência judiciária, ao reconhecimento e à exe-

---

[16] Publicado no *Jornal Oficial das Comunidades Europeias*, n.° L 160, de 30 de Junho de 2000, pp. 1 ss. Cfr. Horst Eidenmüller, «Europäische Verordnung über Insolvenzverfahren und zukünftiges deutsches internationales Insolvenzrecht», *IPRax*, 2001, pp. 2 ss.; Peter Huber, «Internationales Insolvenzrecht in Europa», *Zeitschrift für Zivilprozess*, 2001, pp. 133 ss.; e Luigi Daniele, «Legge applicabile e diritto uniforme nel regolamento comunitario relativo alle procedure di insolvenza», *Rivista di Diritto Internazionale Privato e Processuale*, 2002, pp. 33 ss.

[17] Publicado no *Jornal Oficial das Comunidades Europeias*, n.° L 160, de 30 de Junho de 2000, pp. 19 ss. Cfr. Christian Kohler, «Internationales Verfahrensrecht für Ehesachen in der Europäischen Union: Die Verordnung "Brussel II"», *Neue Juristische Wochenschrift*, 2001, pp. 9 ss.; Rolf Wagner, «Die Anerkennung und Vollstreckung von Entscheidungen nach der Brüssel-II Verordnung», *IPRax*, 2001, pp. 73 ss.; Karl Peter Puszkajler, «Das internationale Scheidungs- und Sorgerecht nach Inkraftreten der Brüssel-Verordnung. Erste Hinweise für die Praxis anhand von Fällen», *IPRax*, 2001, pp. 81 ss.; Hélène Gaudemet-Tallon, «Le Règlement n.° 1347/2000 du Conseil du 29 mai 2000: Compétence, reconnaissance et exécution des décisions en matière matrimoniale et en matière de responsabilité parentale des enfants communs », *Clunet*, 2001, pp. 381 ss. ; Rui de Moura Ramos, in Francisco Pereira Coelho/Guilherme de Oliveira, *Curso de Direito da Família*, vol. I, *Introdução. Direito Matrimonial*, 2ª ed., Coimbra, 2001, pp. 723 s.; Dário Moura Vicente, «Novas regras de Direito Internacional da Família», *Revista da Ordem dos Advogados*, 2001, pp. 1101 ss.; e Luís de Lima Pinheiro, *Direito Internacional Privado*, vol. III, Coimbra, 2002, pp. 162 ss. e 313 ss.

[18] Publicado no *Jornal Oficial das Comunidades Europeias*, n.° L 160, de 30 de Junho de 2000, pp. 37 ss. Cfr. Burkhard Hess, «Die Zustellung von Schriftstücken im europäischen Justizraum», *Neue Juristische Wochenschrift*, 2001, pp. 15 ss.; Astrid Stadler, «Neues europäisches Zustellungsrecht», *IPRax*, 2001, pp. 514 ss.; e Walter Lindacher, «Europäisches Zustellungsrecht», *Zeitschrift für Zivilprozess*, 2001, pp. 179 ss.

Cooperação Judiciária em Matéria Civil na Comunidade Europeia

cução de decisões em matéria civil e comercial (Regulamento de Bruxelas I)[19], em vigor desde 1 de Março de 2002;

– O Regulamento (CE) n.º 1206/2001 do Conselho, de 28 de Maio de 2001, relativo à cooperação entre os tribunais dos Estados-Membros no domínio da obtenção de provas em matéria civil ou comercial[20], em vigor desde 1 de Julho de 2001, mas apenas aplicável pelo que respeita aos mecanismos de cooperação nele previstos a partir de 1 de Janeiro de 2004; e

– A Decisão do Conselho n.º 2001/470, de 28 de Maio de 2001, que cria uma rede judiciária europeia em matéria civil e comercial[21], a qual será aplicável a partir de 1 de Dezembro de 2002.

Além destes actos, foi adoptado o Regulamento (CE) n.º 743/2002 do Conselho, de 25 de Abril de 2002, que cria um quadro geral comunitário de actividades para facilitar a cooperação judiciária em matéria civil[22].

Encontram-se presentemente em preparação outros actos comunitários em matéria de cooperação judiciária internacional, entre os quais se

---

[19] Publicado no *Jornal Oficial das Comunidades Europeias*, n.º L 12, de 16 de Janeiro de 2001, pp. 1 ss. Cfr. Georges Droz/Hélène Gaudemet-Tallon, «La transformation de la Convention de Bruxelles du 27 septembre 1968 en Règlement du Conseil concernant la compétence judiciaire, la reconnaissance et l'exécution des décisions en matière civile et commerciale», *Revue Critique de Droit International Privé*, 2001, pp. 601 ss.; Jean-Paul Beraudo, «Le Règlement (CE) du Conseil du 22 décembre 2000 concernant la compétence judiciaire, la reconnaissance et l'exécution des décisions en matière civile et commerciale», *Clunet*, 2001, pp. 1033 ss.; Reinhold Geimer, «Salut für die Verordnung (EG) Nr. 44/2001 (Brüssel I-VO). Einige Betrachtungen zur "Vergemeinschaftung" des EuGVÜ», *IPRax*, 2002, pp. 69 ss.; Jan Kropholler, *Internationales Privatrecht*, 4ª ed., Tubinga, 2001, p. 549, e *Europäisches Zivilprozessrecht. Kommentar zu EuGVO und Lugano-Übereinkommen*, 7ª ed., Heidelberga, 2002; Dário Moura Vicente, «Competência judiciária e reconhecimento de decisões estrangeiras no Regulamento (CE) n.º 44/2001», *Scientia Iuridica*, 2002, pp. 342 ss. (reproduzido em *Direito Internacional Privado. Ensaios*, vol. I, Coimbra, 2002, pp. 291 ss.); Luís de Lima Pinheiro, ob. cit. (nota 17), pp. 54 ss. e 268 ss.; e Miguel Teixeira de Sousa, «Âmbito de aplicação do regulamento n.º 44/2001, de 22 de Dezembro de 2000 (regulamento Bruxelas I)», *in* Rui de Moura Ramos e outros (organizadores), *Estudos em homenagem à Professora Doutora Isabel de Magalhães Collaço*, vol. II, Coimbra, 2002, pp. 675 ss.

[20] Publicado no *Jornal Oficial das Comunidades Europeias*, n.º L 174, de 27 de Junho de 2001, pp. 1 ss. Cfr. Christian Berger, «Die EG-Verordnung über die Zusammenarbeit der Gerichte auf dem Gebiet der Beweisaufnahme in Zivil- und Handelssachen (EuBVO)», *IPRax*, 2001, pp. 522 ss.

[21] Publicada no *Jornal Oficial das Comunidades Europeias*, n.º L 174, de 27 de Junho de 2001, pp. 25 ss.

[22] Publicado no *Jornal Oficial das Comunidades Europeias*, n.º L 115, de 1 de Maio de 2002, pp. 1 ss.

262 *Estudos em Comemoração do 10.° Aniversário da Licenciatura em Direito*

destacam a Proposta de Regulamento do Conselho que cria o Título Executivo Europeu para créditos não contestados[23] e a Proposta de Regulamento do Conselho relativo à competência, ao reconhecimento e à execução de decisões em matéria matrimonial e de responsabilidade parental, que revoga o Regulamento de Bruxelas II e altera o Regulamento de Bruxelas I em matéria de obrigação de alimentos[24].

Nos termos do Protocolo relativo à sua posição, anexo ao Tratado da Comunidade Europeia, a Dinamarca não participou na adopção destes actos, pelo que os mesmos não lhe são aplicáveis. Já o Reino Unido e a Irlanda participaram na sua aprovação, encontrando-se por isso vinculados aos mesmos.

7. Perguntar-se-á agora como se relacionam estes instrumentos entre si.

Deixando por enquanto de parte a Convenção de Lugano, que, por ter também como partes terceiros Estados, será examinada adiante, importa notar a este respeito o seguinte.

O regime comum da cooperação judiciária activa figura no art. IV do Protocolo Anexo à Convenção de Bruxelas I, que disciplina a transmissão de actos judiciais e extrajudiciais entre Estados contratantes, nos Regulamentos n.°s 1348/2000 e 1206/2001 e na Decisão n.° 2001/470.

No seu âmbito de aplicação, aquele primeiro Regulamento prevalece, nos termos do seu art. 20.°, n.° 1, sobre o Protocolo Anexo à Convenção de Bruxelas.

Por outro lado, a integração na rede judiciária europeia criada pela Decisão n.° 2001/470 das autoridades competentes em matéria de cooperação judiciária previstas noutros actos comunitários não prejudica as competências que lhes foram atribuídas pelos actos que prevêem a sua designação: art. 6.°, n.° 1, da Decisão.

O regime comum da cooperação passiva consta da Convenção de Bruxelas e do Regulamento n.° 44/2001.

Este último substitui, nos termos do seu art. 68.°, as disposições da Convenção de Bruxelas entre os Estados membros. Por força do n.° 3 do art. 1.°, entende-se por «Estado-Membro» qualquer Estado-Membro da Comunidade Europeia excepto a Dinamarca, que, nos termos do Protocolo

---

[23] Documento COM (2002) 159 final, de 18 de Abril de 2002. Cfr. Rolf Wagner, «Vom Brüsseler Übereinkommen über die Brüssel I – Verordnung zum Europäischen Vollstreckungstitel», *IPRax*, 2002, pp. 75 ss.

[24] Documento COM (2002) 222 final/2, de 17 de Maio de 2002.

Cooperação Judiciária em Matéria Civil na Comunidade Europeia 263

anexo ao Tratado de Amesterdão, não participou na aprovação do Regulamento. A Convenção de Bruxelas continua, pois, a vigorar, mesmo após a adopção do novo Regulamento, nas relações entre os Estados a ele vinculados e a Dinamarca; outro tanto sucede com o Protocolo relativo à sua interpretação pelo Tribunal de Justiça[25].

Os Regulamentos n.°s 1346/2000 e 1347/2000 contêm regras relativas à cooperação passiva em domínios específicos, que o Regulamento n.° 44/ /2001 não abrange, pois que se encontram excluídos do seu âmbito de aplicação por força do disposto no art. 1.°, n.° 2. Aqueles Regulamentos complementam, nesta medida, este acto comunitário.

§ 3.° Linhas gerais do regime vigente

8. Examinaremos agora o regime da cooperação judiciária internacional constante dos instrumentos acima referidos.

Comecemos pela citação e notificação no estrangeiro de actos judiciais e extrajudiciais. É matéria que, como se disse, constitui objecto do Regulamento n.° 1348/2000.

O sistema instituído por este Regulamento assenta na possibilidade de *transmissão directa* dos actos judiciais e extrajudiciais entre as entidades locais para o efeito designadas pelos Estados-Membros, ditas entidades de origem e entidades requeridas (arts. 2.° e 4.°). Em Portugal a entidade de origem e a entidade requerida é o Tribunal de Comarca, na pessoa do secretário de justiça[26].

Dispensa-se, assim, no Regulamento a intervenção no processo de citação ou notificação da autoridade central prevista na Convenção da Haia de 1965 a que acima fizemos alusão.

Prevê-se, em todo o caso, no Regulamento a existência em cada Estado-Membro de uma entidade central – que em Portugal é a Direcção-Geral da Administração da Justiça[27] – à qual cabe fornecer informações às entidades de origem, procurar soluções para as dificuldades que possam

---

[25] *Vide* neste sentido o considerando n.° 22 do preâmbulo ao Regulamento.

[26] Cfr. as «Comunicações dos Estados-Membros em conformidade com o disposto no artigo 23.° do Regulamento (CE) n.° 1348/2000 do Conselho, de 29 de Maio de 2000, relativo à citação e à notificação dos actos judiciais e extrajudiciais em matérias civil e comercial nos Estados-Membros», *in Jornal Oficial das Comunidades Europeias*, n.° C 151, de 22 de Maio de 2001, pp. 4 ss. (p. 12).

[27] *Ibidem.*

264 *Estudos em Comemoração do 10.º Aniversário da Licenciatura em Direito*

surgir na transmissão de actos e remeter, em casos excepcionais, mediante solicitação da entidade de origem, um pedido de citação ou notificação à entidade requerida competente (art. 3.º).

O Regulamento é complementado pela Decisão da Comissão n.º 2001/781, de 25 de Setembro de 2001, que contém um elenco de entidades requeridas e um glossário de actos que podem ser objecto de citação ou de notificação ao abrigo desse acto[28].

A possibilidade de transmissão directa não prejudica a faculdade de cada Estado de utilizar, em circunstâncias excepcionais, a via diplomática ou consular para transmitir actos judiciais, para citação ou notificação, às entidades de outro Estado-Membro (art. 12.º), bem como de cada Estado-Membro mandar proceder directamente, sem coacção, por diligência dos seus agentes diplomáticos ou consulares, às citações ou às notificações de actos judiciais destinadas a pessoas que residam noutro Estado-Membro (art. 13.º, n.º 1) ou de proceder directamente, por via postal, às citações e às notificações de actos judiciais destinadas a pessoas que residam noutro Estado-Membro (art. 14.º, n.º 1).

O exercício destas duas últimas faculdades está, no entanto, sujeita a restrições. Relativamente à primeira, qualquer Estado pode indicar que se opõe ao seu exercício no respectivo território, excepto se a citação ou notificação houver de ser feita a um nacional do Estado-Membro de origem (art. 13.º, n.º 2). Quanto à segunda, qualquer Estado membro pode precisar sob que condições aceitará as citações ou notificações por via postal (art. 14.º, n.º 2). Portugal não formulou qualquer reserva com base nestes preceitos.

A possibilidade de transmissão directa de actos também não obsta à faculdade de os interessados num processo judicial promoverem as citações e as notificações de actos judiciais directamente por diligência de oficiais de justiça, funcionários ou outras pessoas competentes do Estado-Membro requerido (art. 15.º, n.º 1). Nos termos do art. 15.º, n.º 2, Portugal declarou que se opõe a essa forma de citação ou notificação em território nacional[29].

Nos termos do Regulamento, o acto a transmitir deve ser acompanhado de um pedido, feito de acordo com o formulário anexo (art. 4.º,

---

[28] Publicada no *Jornal Oficial das Comunidades Europeias*, n.º L 298, de 15 de Novembro de 2001, pp. 1 ss. Igualmente disponível, com actualizações periódicas, em http://europaeuint/comm/justice_home/unit/civil_reg1348_en htm.

[29] Cfr. as comunicações cits. *supra*, na nota 26.

n.º 3). Os actos e quaisquer documentos transmitidos ficam dispensados de legalização ou de qualquer outra formalidade equivalente (art. 4.º, n.º 4).

Aspecto particularmente importante do regime instituído pelo Regulamento é o facto de tanto a entidade requerida como o destinatário do acto só poderem recusar o pedido de citação ou de notificação em situações excepcionais.

Na verdade, a recusa de cumprimento do pedido de citação ou notificação apenas pode ter lugar nos casos em que este se encontre manifestamente fora do âmbito de aplicação do Regulamento ou em que o não cumprimento das formalidades necessárias torne impossível a citação ou notificação (art. 6.º, n.º 3); a recusa de recepção pelo destinatário só pode ocorrer quando os actos se encontrem redigidos numa língua diversa da língua oficial do Estado requerido ou do local da citação ou notificação ou numa língua do Estado de origem que o destinatário não compreenda (art. 8.º, n.º 1).

A entidade requerida procede ou manda proceder à citação ou notificação do acto, quer segundo a lei do Estado requerido, quer segundo a forma própria pedida pela entidade de origem, a menos que esta seja incompatível com a lei do Estado requerido (art. 7.º, n.º 1). Todas as diligências necessárias à citação ou notificação são efectuadas no mais breve prazo possível (art. 7.º, n.º 2).

A data da citação ou notificação é a data em que o acto foi citado ou notificado de acordo com a lei do Estado-Membro requerido: art. 9.º, n.º 1[30].

Cumpridas as formalidades relativas à citação ou notificação do acto, deve ser lavrada certidão de cumprimento nos termos do formulário igualmente constante de um anexo ao Regulamento, a qual é enviada à entidade de origem (art. 10.º, n.º 1).

Todo o regime deste Regulamento é, em suma, dominado por duas preocupações fundamentais: a simplificação do processo de citação ou notificação no estrangeiro e a celeridade desse processo. Já a harmonização dos Direitos nacionais só em limitada medida é prosseguida, dadas as múltiplas reservas que são consentidas aos Estados-Membros.

---

[30] Em Portugal não é atendível, pelo que respeita aos actos que hajam de ser citados ou notificados no âmbito de um processo a instaurar ou pendente no Estado membro de origem, a data fixada na lei desse Estado, consoante admite o n.º 2 do art. 9.º, visto que o nosso país declarou pretender derrogar a aplicação deste preceito do Regulamento: veja-se a comunicação cit. *supra*, na nota 26.

266 *Estudos em Comemoração do 10.º Aniversário da Licenciatura em Direito*

9. Outro domínio relevante da cooperação judiciária internacional é a obtenção de provas no estrangeiro.

Essa matéria encontra-se disciplinada, consoante se disse atrás, no Regulamento n.º 1206/2001.

Também este acto consagra um mecanismo de transmissão directa de pedidos de obtenção de provas entre os tribunais dos Estados-Membros: nos termos do art. 2.º, n.º 1, esses pedidos devem ser comunicados pelo tribunal onde o processo tenha sido iniciado ou esteja previsto (o «tribunal requerente») ao tribunal competente do outro Estado-Membro (o «tribunal requerido»). Aos Estados-Membros cabe elaborar uma lista dos tribunais competentes para a obtenção de provas ao abrigo do Regulamento, na qual deve ser indicado o âmbito de competência territorial e, sempre que oportuno, as competências especiais desses tribunais (art. 2.º, n.º 2). Essa lista deverá ser comunicada à Comissão Europeia até 1 de Julho de 2003 (art. 22.º).

Os pedidos são elaborados utilizando um formulário constante do anexo ao Regulamento, e devem conter um certo número de informações enunciadas no art. 4.º, n.º 1. Devem ser executados no prazo de 90 dias a contar da sua recepção (art. 10.º, n.º 1). A execução só pode ser recusada com base nos motivos taxativamente referidos no art. 14.º do Regulamento.

Além da obtenção de provas por intermédio de tribunais estrangeiros, prevê-se no Regulamento a possibilidade de os tribunais dos Estados--Membros obterem provas directamente noutros Estados-Membros, recorrendo, por exemplo, à videoconferência ou à teleconferência. Para o efeito, deve o tribunal interessado apresentar um pedido a uma autoridade designada para o efeito pelo Estado-Membro onde a prova haja de ser produzida (art. 17.º, n.º 1). A obtenção directa de provas só pode ter lugar, contudo, se for feita «numa base voluntária, sem recorrer a medidas coercivas» (art. 17.º, n.º 2).

10. Não menos importante, como forma de cooperação judiciária, é a troca de informações entre autoridades judiciárias e autoridades administrativas responsáveis pela cooperação judiciária.

Ela acha-se prevista em várias disposições constantes de actos até aqui considerados; porém, é na mencionada Decisão do Conselho n.º 2001//470 que se encontra disciplinada de forma mais sistemática.

Aí se prevê a criação de uma *rede judiciária europeia* em matéria civil e comercial, que é responsável, nos termos do art. 3.º, n.º 1, por fa-

Cooperação Judiciária em Matéria Civil na Comunidade Europeia   267

cilitar a cooperação judiciária, nomeadamente através da concepção, da criação progressiva e da actualização de um sistema de informação destinado aos membros da rede, e conceber, criar de forma progressiva e actualizar um sistema de informação acessível ao público.

A rede baseia-se em «pontos de contacto» designados pelos Estados-Membros de acordo com o art. 2.º que estão à disposição das autoridades judiciárias e administrativas referidas no art. 5.º, n.º 1. A sua função precípua consiste em fornecer todas as informações necessárias à boa cooperação judiciária entre os Estados membros (art. 5.º, n.º 2).

11. Passaremos agora à cooperação judiciária que caracterizámos como passiva.

Entre as modalidades que a integram conta-se, consoante referimos, a declaração de incompetência a favor de um tribunal estrangeiro.

Não existe decerto no Direito Comunitário a possibilidade, consagrada nos Direitos de certos países de *Common Law*, de um tribunal declinar a sua competência em benefício de uma jurisdição de outro país, por se julgar foro inconveniente (*forum non conveniens*).

Mas o Regulamento de Bruxelas I prevê, no seu art. 25.º, que o juiz de um Estado-Membro perante o qual tiver sido proposta, a título principal, uma acção relativamente à qual tenha competência exclusiva um tribunal de outro Estado-Membro por força do disposto no art. 22.º do Regulamento, declarar-se oficiosamente incompetente.

Uma outra categoria de situações em que um tribunal pode declarar-se incompetente a favor de uma jurisdição estrangeira tem lugar quando ocorram a litispendência estrangeira e a conexão entre acções pendentes em tribunais de diferentes países.

Ocupam-se da primeira hipótese o art. 27.º do Regulamento de Bruxelas I e o art. 11.º do Regulamento de Bruxelas II.

O princípio que domina estas disposições é o da *prevenção da jurisdição*.

Por força delas, quando acções com o mesmo pedido, a mesma causa de pedir e entre as mesmas partes forem instauradas em tribunais de Estados membros diferentes, o tribunal em que a acção foi instaurada em segundo lugar suspende oficiosamente a instância até que seja estabelecida a competência do tribunal em que a acção foi instaurada em primeiro lugar. Uma vez estabelecida a competência deste tribunal, aquele em que a acção foi instaurada em segundo lugar declara-se incompetente a favor dele.

268　*Estudos em Comemoração do 10.º Aniversário da Licenciatura em Direito*

Procura-se deste modo evitar a prossecução de processos paralelos perante os tribunais de Estados-Membros e a desarmonia de julgados que daí pode resultar.

Estas regras derrogam, no seu âmbito próprio de aplicação, o disposto no art. 497.º, n.º 3, do Código de Processo Civil português, que, como se sabe, estabelece ser irrelevante a pendência de causa perante jurisdição estrangeira, salvo se for outra a solução estabelecida em convenções internacionais.

O art. 30.º do Regulamento de Bruxelas I e o art. 11.º, n.º 4, do Regulamento de Bruxelas II definem o momento em que a acção é considerada submetida à apreciação do tribunal, para os efeitos daquelas regras. Esse momento corresponde, em princípio, à data em que é apresentado ao tribunal o acto que determina o início da instância ou acto equivalente.

Por outro lado, em virtude do disposto nos arts. 28.º do Regulamento de Bruxelas I e 11.º, n.º 2, do Regulamento de Bruxelas II, sempre que acções conexas estejam pendentes em tribunais de diferentes Estados-Membros, aquele a que a acção foi submetida em segundo lugar pode, sob certos pressupostos, suspender a instância e declarar-se incompetente a favor daquele a que a acção foi submetida em primeiro lugar (no caso do Regulamento de Bruxelas II, esta regra apenas vale, no entanto, para a conexão entre acções de divórcio, de separação de pessoas e bens e de anulação do casamento que se traduza numa relação de dependência).

Visa-se assim evitar decisões inconciliáveis, ainda que estas não sejam proferidas em causas idênticas, e promover a economia processual.

12. Vejamos o regime do reconhecimento e execução de sentenças estrangeiras.

O Regulamento n.º 44/2001 adopta nesta matéria o sistema do *reconhecimento automático* das decisões proferidas nos Estados-Membros, por força do qual essas decisões podem ser invocadas perante quaisquer entidades públicas ou privadas dos demais Estados membros, independentemente da sua prévia revisão e confirmação.

É o que resulta do artigo 33.º, n.º 1, segundo o qual «[a]s decisões proferidas num Estado-Membro são reconhecidas nos outros Estados-Membros sem necessidade de recurso a qualquer processo».

Se, porém, o reconhecimento for impugnado, a decisão estrangeira terá de ser objecto de uma revisão, tendente a averiguar se se verifica algum dos fundamentos de recusa desse reconhecimento. É o que decorre do n.º 2 do art. 33.º.

O reconhecimento automático tem, assim, no Regulamento n.° 44/ /2001 – como na Convenção de Bruxelas – carácter meramente tendencial. No tocante ao efeito executivo, o reconhecimento é, numa primeira fase, quase automático.

De facto, no art. 38.° do Regulamento sujeita-se a execução das decisões proferidas nos Estados-Membros a uma declaração prévia de exequibilidade (*exequatur*)[31]. Esta é proferida, nos termos do art. 41.°, num processo que, em primeira instância, não tem carácter contraditório nem dá lugar à verificação dos motivos de recusa do reconhecimento.

O Regulamento prevê diversos fundamentos de recusa do reconhecimento e da execução das decisões estrangeiras, que podem ser invocados por via de impugnação das mesmas (prevista no artigo 33.°, n.° 2) ou em sede de recurso da decisão que autorizar a execução (previsto no artigo 43.°, n.° 1).

Os fundamentos de recusa do reconhecimento estão enunciados nos arts. 34.° e 35.° do Regulamento.

Vários desses fundamentos encontram-se consignados na Convenção de Bruxelas e no Código de Processo Civil português: é o caso da ofensa da ordem pública do Estado do *exequatur* (prevista no art. 34.°, n.° 1); da falta de notificação ao réu do acto que iniciou a instância perante o tribunal de origem, em tempo útil e de modo a permitir-lhe a defesa (art. 34.°, n.° 2); da existência de uma decisão inconciliável com a decisão revidenda (art. 34.°, n.°s 3 e 4); e da violação da competência imperativa ou exclusiva de certos tribunais (art. 35.°, n.° 1).

De salientar que, nos termos do n.° 3 do art. 35.° do Regulamento, em geral a competência do tribunal *a quo* não pode ser controlada. O que bem se comprende, pois tal controlo é desnecessário no âmbito de um sistema unificado de factores de atribuição de competência internacional, como o do Regulamento, que possibilita a centralização da fiscalização da competência no tribunal de origem.

Não se encontra no Regulamento um fundamento de recusa da confirmação das sentenças estrangeiras previsto na Convenção de Bruxelas: o desrespeito das regras de Direito Internacional Privado do Estado requerido na apreciação de questão relativa ao estado ou à capacidade das pes-

---

[31] Formalidade essa que se tem em vista suprimir pelo que respeita às decisões relativas a créditos não contestados, que sejam objecto de certificação enquanto Título Executivo Europeu: *vide* a Proposta de Regulamento do Conselho que cria esse título, cit. *supra*, na nota 23, e o texto correspondente.

270 *Estudos em Comemoração do 10.º Aniversário da Licenciatura em Direito*

soas singulares, aos regimes matrimoniais, aos testamentos e às sucessões, a que alude o art. 27.º, n.º 4, das mesmas. Tal facto prende-se com a circunstância de ter entretanto entrado em vigor nos Estados-Membros da Comunidade o Regulamento de Bruxelas II. Uma vez que, por força deste Regulamento, esses Estados passaram a estar vinculados ao reconhecimento automático das sentenças estrangeiras em matéria matrimonial e de regulação do poder paternal em relação a filhos comuns do casal, que o art. 1.º da Convenção de Bruxelas excluíra do seu âmbito de aplicação, deixou de fazer sentido quanto a essa matéria o controlo da lei aplicada pelo tribunal do Estado de origem da sentença; daí a omissão no Regulamento de Bruxelas I dessa causa de recusa do reconhecimento.

Tão-pouco figuram no Regulamento dois outros fundamentos de recusa do reconhecimento previstos no Direito interno: a litispendência nacional, a que se refere o art. 1096.º, alínea *d)*, do Código de Processo Civil, e a hipótese contemplada no artigo 1100.º, n.º 2, do mesmo Código.

A omissão da primeira destas causas de recusa do reconhecimento radica no facto de, como vimos, a litispendência estrangeira constituir perante o Regulamento motivo de suspensão oficiosa da instância e de declaração de incompetência pelo tribunal a que a acção foi submetida em segundo lugar.

Quanto à segunda, a sua exclusão prende-se com o facto de constituir uma forma de revisão de mérito das decisões estrangeiras, que o artigo 36.º do Regulamento proscreve em termos gerais e constitui um privilégio de nacionalidade, fundamentalmente contrário ao espírito do Direito Comunitário.

Por força do art. 39.º, n.º 1, e do anexo II, a competência para o reconhecimento e a declaração de exequibilidade das sentenças estrangeiras pertence, entre nós, ao Tribunal de Comarca.

A competência territorial para a declaração da exequibilidade é determinada, em alternativa, pelo domicílio da parte contra a qual a execução foi promovida ou pelo lugar da execução: art. 39.º, n.º 2.

Qualquer das partes pode interpor recurso (em Portugal para o Tribunal da Relação) da decisão tomada sobre o pedido de declaração de exequibilidade (art. 43.º e anexo III ao Regulamento). A decisão relativa a esse recurso pode, entre nós, ser objecto de um recurso restrito a matéria de Direito (art. 44.º e anexo IV).

13. Uma palavra agora a respeito da disciplina específica do reconhecimento e da execução de decisões proferidas em processos de insolvência e em matéria familiar.

Consoante se disse, regem estas matérias, respectivamente, os Regulamentos n.ºs 1346/2000 e 1347/2000. Vejamo-los.

O primeiro consagra, no art. 16.º, n.º 1, o princípio segundo o qual é reconhecida em todos os Estados-Membros, logo que produza efeitos no Estado de abertura do processo, qualquer decisão que determine a abertura de um processo de insolvência, proferida por um órgão jurisdicional competente por força do artigo 3.º. Este é em regra um órgão do Estado em cujo território está situado o centro dos interesses principais do devedor, presumindo-se, relativamente às sociedades e pessoas colectivas, que tal centro é o local da sua sede estatutária.

Os efeitos que essa decisão produz no Estado de reconhecimento são, de acordo com o art. 17.º, n.º 1, os que lhe são atribuídos pela lei do Estado de abertura do processo.

Todavia, o reconhecimento dessa decisão não impede a abertura noutro Estado membro (onde o devedor tenha, por hipótese, um estabelecimento) de um processo de insolvência dito secundário cujos efeitos são limitados aos bens do devedor que se encontrem no território deste Estado (art. 16.º, n.º 2, conjugado com os arts. 3.º, n.º 2, e 27.º). Com a abertura do processo secundário, a decisão de abertura do processo principal deixa de produzir efeitos no território do Estado onde decorra o processo secundário (art. 17.º, n.º 1).

O síndico do processo principal pode exercer no território dos demais Estados-Membros todos os poderes que lhe são atribuídos pela lei do Estado de abertura do processo enquanto nesses Estados não tiver sido aberto qualquer processo de insolvência nem tomada qualquer medida cautelar em contrário, podendo inclusive deslocar os bens do devedor para fora do Estado-Membro onde se encontrem (art. 18.º, n.º 1). Para tanto, o síndico apenas tem de provar a sua nomeação mediante a apresentação de uma cópia autenticada da decisão da sua nomeação ou de qualquer outro certificado emitido pelo órgão jurisdicional competente e, eventualmente, de juntar uma tradução desse documento na língua local (art. 19.º).

As decisões relativas à tramitação e ao encerramento de processos de insolvência proferidas por um órgão jurisdicional cuja decisão de abertura do processo seja reconhecida por força do art. 16.º, bem como qualquer acordo homologado por esse órgão jurisdicional, são igualmente reconhecidos sem mais formalidades (art. 25.º, n.º 1). Tais decisões são executadas nos termos do Regulamento de Bruxelas I. Os Estados-Membros não são, porém, obrigados a reconhecer ou a executar qualquer decisão que possa resultar numa restrição da liberdade individual ou do sigilo postal (art. 25.º, n.º 1).

Pelo que respeita às decisões em matéria matrimonial e de regulação do poder paternal em relação a filhos comuns do casal, o Regulamento n.° 1347/2000 consagra também um princípio de reconhecimento automático das decisões proferidas por tribunais dos Estados-Membros da Comunidade, por força do qual essas decisões podem ser invocadas perante entidades públicas ou privadas dos demais Estados-Membros independentemente da sua prévia revisão e confirmação (art. 14.°, n.° 1)[32]. Esta é, aliás, expressamente dispensada para o averbamento de decisões de divórcio, separação de pessoas e bens ou anulação do casamento nos registos do estado civil dos Estados-Membros, desde que tais decisões sejam insusceptíveis de recurso segundo a lei do respectivo Estado de origem (art. 14.°, n.° 2).

Conforme resulta do preâmbulo do Regulamento (n.° 15), apenas as decisões que conduzam a um divórcio, separação ou anulação do casamento são abrangidas por esse sistema; não as que julguem improcedente a acção para o efeito intentada. O cônjuge que tiver decaído nesta pode, assim, renová-la perante os tribunais de outro Estado-Membro, que sejam igualmente competentes nos termos do Regulamento. Subjacente ao Regulamento, parece assim haver um certo *favor divortii* cuja coerência com os sistemas jurídicos dos Estados-Membros não é isenta de dúvidas.

Se o reconhecimento for impugnado, a decisão será objecto de revisão, tendente a averiguar se ocorre algum dos fundamentos de recusa desse reconhecimento (arts. 14.°, n.° 3, e 15.°). O carácter automático do reconhecimento é, assim, também aqui, apenas tendencial. A decisão não pode, em qualquer o caso, ser objecto de revisão de mérito (art. 19.°); e o seu reconhecimento não pode ser recusado unicamente em virtude de a lei do Estado *ad quem* não permitir o divórcio, a separação de pessoas e bens ou a anulação do casamento com base nos factos invocados perante o tribunal *a quo* (art. 18.°).

De notar que, diferentemente do que sucede no Regulamento de Bruxelas I (art. 33.°, n .° 1), o Regulamento em apreço não exige a impugnação como condição do pedido de reconhecimento; e prevê expressamente a possibilidade de qualquer parte interessada pedir o não reconhecimento da decisão estrangeira (art. 14.°, n.° 3).

---

[32] Para um confronto entre este Regulamento e o de Bruxelas I, *vide* Franco Mosconi, «Un confronto tra la disciplina del riconoscimento e dell'esecuzione delle decisioni straniere nei recenti regolamenti comunitari», *Rivista di Diritto Internazionale Privato e Processuale*, 2001, pp. 545 ss.

Cooperação Judiciária em Matéria Civil na Comunidade Europeia   273

A execução de decisões sobre o exercício do poder paternal relativamente a um filho comum está sujeita a uma declaração prévia de exequibilidade, proferida a pedido de qualquer interessada (art. 21.°)[33]. Também aqui se verifica uma diferença significativa relativamente ao regime do Regulamento de Bruxelas I: enquanto que neste a declaração de exequibilidade não é precedida, como dissemos, de qualquer verificação oficiosa dos motivos de recusa do reconhecimento (art. 41.°), no Regulamento n.° 1347/2000 essa verificação encontra-se expressamente prevista no art. 24.°, n.° 2.

Em Portugal o tribunal competente para a revisão e a declaração de exequibilidade é o Tribunal de Comarca ou o Tribunal de Família[34] do lugar da residência habitual da parte contra a qual a execução é requerida ou da residência habitual do filho a quem o requerimento diga respeito[35].

A decisão proferida sobre a declaração de exequibilidade é susceptível de recurso, que em Portugal deve ser interposto para o Tribunal da Relação[36]. A decisão deste Tribunal apenas pode, no nosso país, ser objecto de um recurso restrito a matéria de Direito[37].

§ 4.° O papel do Tribunal de Justiça das Comunidades Europeias

14. Um dos aspectos mais significativos do regime da cooperação judiciária erigido em torno da Convenção de Bruxelas é a competência interpretativa deste instrumento atribuída ao Tribunal de Justiça das Comunidades Europeias pelo Protocolo do Luxemburgo de 1971.

Ora, nos termos do art. 68.° do Tratado da Comunidade Europeia, o Tribunal de Justiça passou a ser competente para decidir, a título prejudicial, as questões de interpretação do actos adoptados pelas instituições

---

[33] É essa exigência que a Proposta de Regulamento do Conselho relativa à competência, ao reconhecimento e à execução de decisões em matéria matrimonial e de responsabilidade parental, citada *supra* na nota 24 e no texto correspondente, tem em vista suprimir, nos seus arts. 45.° e seguintes, pelo que respeita às decisões proferidas em matéria de direito de visita e de regresso da criança, desde que as mesmas tenham sido objecto de uma certificação no Estado membro de origem. Por conseguinte, tais decisões serão tratadas, para efeitos de execução, como se houvessem sido proferidas no Estado de execução.

[34] Cfr. o art. 22.°, n.° 1, e o anexo I ao Regulamento.

[35] Art. 22.°, n.° 2.

[36] Art. 26.°, n.° 2, e anexo II ao Regulamento.

[37] Art. 27.° e anexo III ao Regulamento.

da Comunidade com base no título IV do Tratado, que lhe sejam submetidas por tribunais nacionais de última instância. Pode também pronunciar-se sobre essas questões quando o Conselho, a Comissão ou um Estado-Membro lho solicitem. Neste caso, porém, a decisão proferida pelo Tribunal em resposta ao pedido de interpretação não produz efeitos relativamente às decisões dos órgãos jurisdicionais dos Estados-Membros transitadas em julgado.

Verifica-se aqui uma diferença de tomo relativamente ao regime da interpretação da Convenção de Bruxelas consignado no Protocolo do Luxemburgo. De acordo com este, podem pedir ao Tribunal de Justiça que se pronuncie a título prejudicial sobre uma questão de interpretação dessa Convenção não apenas os tribunais supremos de cada Estado contratante, mas também outros tribunais, quando decidam um recurso (art. 2.º, n.º 2). E esta faculdade foi efectivamente utilizada pelos tribunais de instância em diversos casos que deram origem a acórdãos hoje tidos como fundamentais na interpretação da Convenção.

Existem também diferenças relevantes entre o disposto no art. 68.º do Tratado e o regime comum do reenvio prejudicial consignado no art. 234.º do mesmo instrumento. Aí se prevê, na verdade, que qualquer órgão jurisdicional de um dos Estados membros perante o qual seja suscitada uma questão de interpretação do Tratado ou dos actos adoptados pelas instituições da Comunidade pode, se considerar que uma decisão sobre essa questão é necessária ao julgamento da causa, pedir ao Tribunal de Justiça que se pronuncie sobre ela.

A restrição, no art. 68.º do Tratado da Comunidade Europeia, aos tribunais nacionais de última instância da competência para solicitar ao Tribunal de Justiça a interpretação dos actos comunitários em matéria de cooperação judiciária, é susceptível de prejudicar a harmonia de julgados neste domínio. Ela representa, nesta medida, um retrocesso relativamente ao regime anterior[38].

---

[38] Veja-se igualmente em sentido crítico quanto a esta solução do Tratado, Jürgen Basedow, «Der Raum des Rechts – ohne Justiz», *Zeitschrift für Europäisches Privatrecht*, 2001, pp. 437 ss.

Cooperação Judiciária em Matéria Civil na Comunidade Europeia 275

§ 5.° Relações entre actos comunitários e instrumentos internacionais em matéria de cooperação judiciária celebrados com terceiros Estados

15. Da circunstância de os actos comunitários em matéria de cooperação judiciária acima examinados coexistirem com instrumentos de Direito Internacional sobre a mesma matéria, celebrados entre os Estados-Membros da Comunidade e terceiros Estados, resultam por vezes conflitos entre as regras constantes dessas duas categorias de fontes.

Esses conflitos podem ser prevenidos ou resolvidos por diversas vias.

Desde logo, através da atribuição de competência à Comunidade para negociar e concluir acordos com terceiros Estados. Depois, mediante a adopção de regras que disciplinem os conflitos entre as normas de Direito Comunitário e de Direito Internacional referentes a esta matéria.

Ambas as vias têm sido ensaiadas.

A primeira parece ser uma decorrência da comunitarização da cooperação judiciária internacional em matéria civil e do *princípio do paralelismo* entre a competência interna e a competência externa da Comunidade[39].

A segunda foi tentada em várias disposições constantes dos actos comunitários acima examinados. Vejamo-las.

No tocante à cooperação activa, Portugal, tal como diversos outros Estados-Membros da Comunidade, é parte da Convenção da Haia de 15 de Novembro de 1965 Relativa à Citação e à Notificação no Estrangeiro de Actos judiciais e Extrajudiciais em Matéria Civil e Comercial, que mencionámos acima. Ora, segundo o art. 20.°, n.° 1, do Regulamento n.° 1348//2000, este prevalece, no respectivo âmbito de aplicação, sobre essa Convenção.

---

[39] Neste sentido Fausto Pocar, «La comunitarizzazione del diritto internazionale privato: una "european conflict of laws revolution"?», *Rivista di Diritto Internazionale Privato e Processuale*, 2000, pp. 873 ss. (p. 880). Ver ainda, sobre o tema, Alegría Borrás, «La incidencia de la comunitarización del Derecho Internacional Privado en la elaboración de convenios internacionales», *in* Rui de Moura Ramos e outros (organizadores), *Estudos em homenagem à Professora Doutora Isabel de Magalhães Collaço*, vol. I, Coimbra, 2002, pp. 45 ss.; e Jürgen Basedow, «Die Europäische Gemeinschaft als Partei von Übereinkommen des einheitlichen Privatrechts», *in* Ingeborg Schwenzer e Günter Hager (organizadores), *Festschrift für Peter Schlechtriem zum 70. Geburtstag*, Tubinga, Mohr Siebeck, 2003, pp. 165 ss. (pp. 169 s.).

O nosso país é também parte da Convenção sobre a Obtenção de Provas no Estrangeiro em Matéria Civil e Comercial, concluída na Haia em 18 de Março de 1970[40]. O Regulamento n.° 1206/2001 prevalece igualmente sobre as disposições dessa Convenção nas relações entre os Estados-Membros que dela são partes: art. 21.°, n.° 1, do Regulamento.

Mais complexa se afigura a coordenação das regras constantes das fontes em apreço no tocante à cooperação judiciária passiva.

Segundo o art. 71.°, n.° 1, do Regulamento n.° 44/2001, este «não prejudica as convenções em que os Estados-Membros são partes e que, em matérias especiais, regulem a competência judiciária, o reconhecimento ou a execução de decisões».

As convenções a que se refere este preceito prevalecem, pois, sobre a disciplina instituída pelo Regulamento n.° 44/2001. Entre essas convenções incluem-se várias de que Portugal é parte: a Convenção Relativa ao Reconhecimento e Execução de Decisões em Matéria de Prestação de Alimentos a Menores, concluída na Haia em 15 de Abril de 1958[41]; a Convenção sobre o Reconhecimento e Execução de Decisões Relativas a Obrigações Alimentares, concluída na Haia em 2 de Outubro de 1973[42]; e a Convenção sobre a Patente Europeia, de 5 de Outubro de 1973[43].

Por seu turno, a Convenção de Lugano de 1988 não prejudica a aplicação do Regulamento às relações entre os Estados-Membros da Comunidade Europeia que dele são partes; mas, nos termos do seu art. 54.°-B, será aplicada em matéria de reconhecimento e execução de decisões sempre que um Estado contratante que não seja membro da Comunidade Europeia – isto é, a Islândia, a Noruega, a Polónia e a Suíça – for o Estado de origem da decisão ou o Estado onde for pedido o seu reconhecimento. As decisões dimanadas dos «Estados Lugano» beneficiam, assim, em todos os países signatários da Convenção de Lugano, do regime de reconhecimento e execução nela previsto, ao passo que as decisões proferidas por tribunais dos Estados-Membros do Regulamento n.° 44/2001 estão subordinadas ou ao regime do Regulamento ou ao da Convenção de Lugano, consoante o país onde o seu reconhecimento ou execução forem reclamados.

Por força do disposto no seu art. 37.°, o Regulamento n.° 1347/2000 prevalece, nas relações entre os Estados-Membros, sobre as convenções

---

[40] Aprovada para ratificação pelo Decreto n.° 764/74, de 30 de Dezembro.
[41] Aprovada para ratificação pelo Decreto-Lei n.° 246/71, de 3 de Junho.
[42] Aprovada para ratificação pelo Decreto n.° 338/75, de 2 de Julho.
[43] Aprovada para ratificação pelo Decreto n.° 52/91, de 30 de Agosto.

Cooperação Judiciária em Matéria Civil na Comunidade Europeia 277

multilaterais de que esses Estados sejam partes, na medida em que estas se refiram a matérias por ele disciplinadas.

Estão neste caso a Convenção Relativa à Competência das Autoridades e à Lei Aplicável em Matéria de Protecção de Menores, concluída na Haia em 5 de Outubro de 1961[44], e a Convenção Sobre o Reconhecimento dos Divórcios e Separações de Pessoas, concluída na Haia em 1 de Junho de 1970[45], das quais Portugal é parte.

Ressalva-se, além disso, no Regulamento n.° 1347/2000 a Concordata entre a Santa Sé e a República Portuguesa (art. 40.°). A competência exclusiva dos tribunais eclesiásticos para conhecer das causas respeitantes à nulidade do casamento católico e à dispensa do casamento rato e não consumado ficou assim intacta. As decisões proferidas por esses tribunais são reconhecidas nos restantes Estados membros, nas condições previstas no Regulamento.

Encontra-se ainda por definir a forma de coordenação dos actos comunitários em matéria de cooperação judiciária internacional com a futura Convenção sobre a Competência e as Sentenças Estrangeiras em Matéria Civil e Comercial, em preparação na Conferência da Haia de Direito Internacional Privado[46].

Trata-se de um instrumento que terá a maior relevância nas relações civis e comerciais entre a Europa e os países dos demais continentes. Contudo, os esforços empreendidos na Conferência da Haia com vista aprová-lo não chegaram ainda a bom termo[47].

A circunstância de a futura Convenção regular matérias que são também objecto das Convenções de Bruxelas e Lugano e do Regulamento n.° 44/2001 torna indispensável uma disciplina das suas relações com estes instrumentos.

---

[44] Aprovada para ratificação pelo Decreto-Lei n.° 48.494, de 22 de Julho de 1968.

[45] Aprovada para ratificação pela Resolução da Assembleia da República n.° 23/84, de 4 de Outubro de 1984, publicada no *Diário da República* n.° 275, de 27 de Novembro de 1984.

[46] O texto do anteprojecto de Convenção adoptado em 1999 encontra-se disponível em www.hcch.net.

[47] Sobre as razões desse facto, veja-se Arthur Taylor von Mehren, «The Hague Jurisdiction and Enforcement Convention Project Faces an Impasse – A Diagnosis and Guidelines for a Cure», *IPRax*, 2000, pp. 465 ss.; *idem*, «La rédaction d'une convention universellement acceptable sur la compétence judiciaire internationale et les effes des jugements étrangers: Le projet de la Conférence de La Haye peut-il aboutir?», *Revue Critique de Droit International Privé*, 2001, pp. 85 ss.

278   *Estudos em Comemoração do 10.º Aniversário da Licenciatura em Direito*

A este respeito foram formuladas diversas propostas[48], ainda não decididas[49]. Mais do que o simples primado de uma das categorias de instrumentos em questão sobre a outra (*v. g.* dos instrumentos regionais sobre o de âmbito mundial, previsto, com certas limitações, na primeira das referidas propostas), está em causa a *combinação* desses instrumentos, em ordem a que, por exemplo, as sentenças proferidas ao abrigo de um deles possam ser reconhecidas com base no outro (hipótese que o art. 71.º, n.º 2, alínea *b)*, do Regulamento n.º 44/2001 já prevê pelo que respeita a decisões proferidas num Estado-Membro por um tribunal cuja competência se funde numa convenção relativa a uma matéria especial; e que a terceira das referidas propostas também permite, embora se ressalve nela a formulação de reservas pelos Estados contratantes).

§ 6.º Conclusão

16. Uma última nota, à guisa de conclusão.

Os mecanismos de cooperação judiciária internacional acima examinados não são a única via possível de resolução dos problemas que versámos.

Pode, na verdade, conceber-se uma outra ordem de soluções, radicalmente diversa desta, assente na unificação do Direito Processual Civil dos Estados-Membros da Comunidade Europeia, em ordem a constituir-se nela um espaço judiciário único[50].

Nesse contexto, as citações e notificações em países estrangeiros, por exemplo, far-se-iam predominantemente pela via postal ou por diligências de funcionários ou outras pessoas autorizadas pelo próprio Estado-Membro onde o processo se encontra pendente; a prova seria obtida directamente por este tribunal sem necessidade de autorização do Estado onde

---

[48] Cfr. Hague Conference on Private International Law, *Summary of the Outcome of the Discussion in Commission II of the First Part of the Diplomatic Conference 6-20 June 2001*, pp. 31 s. (disponível em www.hcch.net).

[49] Cfr. Hague Conference on Private International Law, *Some Reflections on the Present State of Negotiations on the Judgments Project in the Context of the Future Work Programme of the Conference*, Fevereiro de 2002, p. 7 (disponível em www.hcch.net).

[50] Sobre o tema, *vide*, por último, Konstantinos Kerameus, «Angleichung des Zivilprozessrechts in Europa. Einige grundlegende Aspekte», *Rabels Zeitschrift für ausländisches und internationales Privatrecht*, 2002, pp. 1 ss.

deva ser produzida; e a revisão e o *exequatur* das sentenças estrangeiras seriam abolidos.

Temos, porém, dúvidas de que seja esse o melhor caminho. Uma unificação da Europa levada a cabo através da eliminação da diversidade dos Direitos nacionais redundaria inevitavelmente num empobrecimento cultural. A nosso ver, só a institucionalização e o efectivo funcionamento de mecanismos de cooperação judiciária internacional em matéria civil permitirão realizar, neste domínio, a desejável *unidade sem uniformidade* de uma Europa norteada pelo ideal da Justiça.

O ÓNUS DA PROVA NA RESPONSABILIDADE PRÉ-CONTRATUAL POR VIOLAÇÃO DE DEVERES DE INFORMAÇÃO

SÓNIA MOREIRA

SUMÁRIO: 1. Introdução. 2. O ónus da prova. 2.1. O ónus da prova da existência do dever de informação. 2.2. O ónus da prova do cumprimento do dever de informação. 2.3. O ónus da prova da culpa. 2.3.1. A natureza jurídica da responsabilidade pré-contratual. 2.3.2. O ónus da prova da culpa na responsabilidade pré-contratual.

1. Introdução

No âmbito de negociações para a celebração de um contrato, as partes encontram-se vinculadas às regras impostas pelo princípio da boa fé. Assim o determina o art. 227.º do Código Civil. O fundamento jurídico da *culpa in contrahendo* será a violação de um dever imposto pela boa fé, dever este que nasce em virtude de se ter criado entre as partes negociadoras uma vinculação jurídica especial, de acordo com a qual cada um deve comportar-se segundo é de esperar de um honrado participante no tráfego[1].

Tal significa que, em determinadas circunstâncias, uma das partes poderá ser obrigada a prestar informações à outra. É evidente que as partes não serão obrigadas a transmitir à outra todas e quaisquer informações, nem serão obrigadas a esclarecer todos os erros em que a outra tenha in-

---

[1] Karl LARENZ, *Lehrbuch des Schuldrechts*, vol. I *(Allgemeiner Teil)*, 14ª ed., München, C. H. Beck, 1987, p. 106.

corrido. O contrato é um espaço de confronto: cada um dos contraentes procura atingir os seus interesses, normalmente, antagónicos entre si. E isso é legítimo. Apesar de o princípio da boa fé criar um espaço de solidariedade no decurso das negociações, tal não significa que se tenha consagrado a existência de um dever pré-contratual geral de informação. O dever pré-contratual de informação nasce apenas em condições especiais. E em que consiste, afinal?

O dever pré-contratual de informação é o dever de esclarecer[2] espontaneamente o outro contraente sobre certas circunstâncias atinentes com o contrato em negociação, de tal forma relevantes que têm influência sobre a sua decisão. Normalmente, serão informações que permaneceriam ocultas sem o esclarecimento espontâneo por parte do devedor. Caso este dever de informação na fase pré-contratual não seja cumprido, fá-lo-á incorrer em responsabilidade pré-contratual. O problema que aqui colocamos é o de se saber sobre quem recai o ónus de provar este incumprimento e, consequentemente, determinar quem perderá o processo caso não seja possível ao juiz formar a sua convicção por falta de provas[3]. Bem vemos que a determinação do ónus da prova acaba por ser, na verdade, uma opção entre qual das partes consideramos que deve perder ou ganhar a acção, caso não seja possível provar os factos que sustentam a sua posição[4].

É necessário, em primeiro lugar, determinar sobre quem recairá o ónus de provar a existência (ou inexistência) do dever de informação em causa. Para tanto, embora sumariamente, teremos de fazer uma breve abordagem aos pressupostos dos deveres de informação[5]. Em segundo

---

[2] Abordamos o dever de informação em sentido lato, ou seja, não distinguindo entre dever de esclarecimento e dever de informação, embora seja possível entender que o primeiro pressupõe um cumprimento espontâneo por parte do devedor e o segundo existe no seguimento de questões previamente colocadas pelo credor. Neste sentido, v. Jorge Ferreira SINDE MONTEIRO, *Responsabilidade por conselhos, recomendações ou informações*, Coimbra, Almedina, 1989, pp. 358 e 359, n. 65.

[3] Nuno Manuel Pinto OLIVEIRA, «Ónus da prova e não cumprimento das obrigações», *Scientia Ivrídica*, Tomo XLIX, n.º 283/285, 2000, p. 177.

[4] Neste sentido, PIRES DE LIMA e ANTUNES VARELA dizem que "o significado essencial do ónus da prova não está tanto em saber a quem incumbe fazer a prova do facto como em determinar o sentido em que deve o tribunal decidir no caso de se não fazer essa prova". PIRES DE LIMA / ANTUNES VARELA (com a colaboração de M. HENRIQUE MESQUITA), *Código Civil anotado*, vol. I, 4ª ed., Coimbra, Coimbra Editora, 1987, anotação ao art. 342.º, p. 306.

[5] Esta questão é tratada com mais desenvolvimento em Eva Sónia MOREIRA DA SILVA, *Da responsabilidade pré-contratual por violação dos deveres de informação*, Coimbra, Almedina, 2003, pp. 121 e segs.

O ónus da prova na responsabilidade pré-contratual por violação de deveres   283

lugar, determinaremos qual das partes terá de provar o cumprimento (ou incumprimento) do dever em causa. E, finalmente, visto que a responsabilidade pré-contratual é uma responsabilidade que implica culpa, quem terá o ónus da prova da culpa.

2. O ónus da prova

2.1. *O ónus da prova da existência do dever de informação*

Nos termos do art. 342.º, n.º 1, do Código Civil, é a quem invocar um direito que cabe fazer a prova dos factos que o constituem[6]. Isto significa que, aparentemente, é o credor do direito à informação que terá de provar que o direito existia, demonstrando o preenchimento dos seus pressupostos. No entanto, se esta é a regra geral, será necessário atendermos à especificidade da matéria em questão para verificarmos da justeza e rectidão da solução referida.

Como já referimos, entendemos que o dever pré-contratual de informação surge apenas em determinadas circunstâncias, ou seja, verificados certos pressupostos, pressupostos estes que serão os elementos constitutivos do direito do credor. Para além disso, é necessário também que se não verifique um desconhecimento culposo por parte do suposto credor da informação. Na verdade, se a parte que esperava ser informada só desconhece as circunstâncias em causa porque não procedeu às investigações que lhe cabia ter feito para adquirir todos os conhecimentos necessários à boa formação da sua vontade negocial, não usou da diligência que lhe era exigível. O seu desconhecimento é culposo e não merece qualquer protecção. Daí que entendamos que não possa nunca ser credor de um dever pré-contratual de informação quem não cumpriu este ónus de auto-informação. O desconhecimento é-lhe imputável. Foi negligente e, por isso, não poderá deslocar as consequências da sua falta de cuidado para o outro contraente, dizendo-se credor de um dever de informação. Caso paradigmático é o do comprador que não se dá ao trabalho de averiguar onde é mais barato o produto que pretende adquirir.

---

[6] Segundo Alberto dos REIS, factos constitutivos são "os factos idóneos, segundo a lei substantiva, para fazer nascer o direito que o autor se arroga contra o réu". José Alberto dos REIS, *Código de Processo Civil anotado*, vol. III, 3ª ed., reimpr., Coimbra, Coimbra Editora, 1981, p. 282.

O cumprimento deste ónus de auto-informação é condição essencial para que o dever de informação nasça na esfera jurídica da contraparte. Daí que estejamos perante um facto constitutivo do direito alegado pelo credor que, nos termos da regra geral do art. 342.º, n.º 1, terá de ser por este provado.

Encontrando-se cumprido este ónus, é necessário verificar ainda o preenchimento de três pressupostos: a essencialidade da informação, a assimetria informacional conducente a uma necessidade de protecção e a exigibilidade.

Assim, em primeiro lugar, a informação deve ser essencial[7]. Isto significa que a informação em causa é tão relevante que é susceptível de influenciar a decisão da contraparte. Se o contraente conhecesse aquela circunstância, não teria realizado o contrato ou tê-lo-ia feito de forma substancialmente diferente[8]. Cabem aqui, sem dúvida, as circunstâncias que colocam em risco a realização do fim do contrato e causas de invalidade do mesmo[9]. Contudo, quaisquer outras circunstâncias

---

[7] GRIGOLEIT considera que se encontra na jurisprudência do BGH o requisito da essencialidade da informação: o BGH exige que a circunstância em causa seja reconhecidamente essencial para a decisão da contraparte, em especial por colocar em perigo a realização do fim do contrato. Hans-Christoph GRIGOLEIT, *Vorvertragliche Informationshaftung – Vorsatzdogma, Rechtsfolgen, Schranken*, München, C.H. Beck, 1997, p. 7. Também FLEISCHER, quanto aos pressupostos dos deveres pré-contratuais de informação relativos ao objecto da informação, exige a essencialidade da informação, ou seja, o dever de informação só existe em relação a elementos essenciais para a conclusão do contrato. Holger FLEISCHER, *Informationsasymmetrie im Vertragsrecht*, München, C. H. Beck, 2001, pp. 576, 577 e 985.

[8] Jacques GHESTIN, *Traité de droit civil – La formation du contrat*, 3ª ed., Paris, LGDJ, 1993, p. 614.

[9] Günther ROTH apresenta como circunstâncias essenciais, por exemplo, as desvantagens essenciais da coisa, os riscos económicos anormais e os riscos relacionados com o uso de novas tecnologias. Günther ROTH, anotação ao § 242 do BGB in *Münchener Kommentar*, vol. II (§ 242-432), 3ª ed., München, C. H. Beck, 1994, pp. 158 e 159, n.m. 218. Por outro lado, entende que não existirá, em regra, um dever de informação em relação às circunstâncias que só possivelmente (e não necessariamente ou com grande probabilidade) sejam relevantes para a decisão da contraparte; às condições gerais do mercado (pois, sobre estas, cada parte deve informar-se por si, ou seja, caem dentro do âmbito do ónus de auto-informação); aos elementos relevantes para o cálculo do preço (excepto, por exemplo, o comprador reconhecer um erro de cálculo por parte do vendedor...); à origem do produto; aos riscos típicos do negócio; à situação patrimonial do próprio ou de terceiro. Günther ROTH, anotação ao § 242 do BGB in *Münchener Kommentar cit.*, pp. 159 a 161, n.m. 222 a 225.

poderão, no caso concreto, ser de importância crucial para a decisão do credor da informação.

Sendo um elemento constitutivo do seu direito à prestação da informação pela contraparte, o ónus da prova há-de recair sobre o credor. A aplicação da regra geral é aqui plenamente justificada: a essencialidade da informação é algo que se encontra na esfera do credor. É este a pessoa mais indicada para demonstrar que a informação em causa era de uma importância essencial para a sua decisão de contratar e em que termos.

Em segundo lugar, encontramos a assimetria informacional: só existirá o dever de informar aquele que desconhece apesar de ter realizado todas as diligências que lhe cabia realizar para se auto-informar. A desigualdade – no acesso à informação – é imprescindível, pois determina a necessidade de protecção da parte contratual mais fraca. É assim, normalmente, quando estamos perante relações entre um profissional e um leigo. Será o caso de um vendedor que possui uma especial competência técnica, enquanto o comprador, simples leigo, não tem outro remédio senão confiar nas informações prestadas pelo primeiro. Ainda assim, em princípio, o ónus de auto-informação impõe que o comprador coloque as questões ao vendedor, a menos que a sua manifesta inaptidão torne patente aos olhos do vendedor a necessidade de o informar espontaneamente.

Como vemos, este requisito torna a *culpa in contrahendo* num instrumento de protecção da parte mais fraca. Contudo, esta necessidade de protecção do contraente menos informado terá de ser conhecida ou cognoscível pela contraparte[10].

Sendo a assimetria informacional um pressuposto do dever de informação, o ónus da prova recai, mais uma vez, sobre o credor, pretenso titular do direito. Será o credor a provar que desconhecia a informação, enquanto o devedor a conhecia ou a devia conhecer[11]. Terá, ainda, de provar

---

[10] Jorge Ferreira SINDE MONTEIRO, *Responsabilidade por conselhos, recomendações ou informações cit.*, pp. 360 e 361.

[11] Em regra, o devedor só tem de informar aquilo que conhece. No entanto, poderá também encontrar-se vinculado ao dever de se informar para poder informar. Por exemplo, um médico é obrigado a manter-se informado do actual estado da técnica no que toca à sua área. Mesmo que desconheça a informação relativa a riscos de determinado tratamento, não deixa de ser responsável por violar deveres de informação do paciente. É assim porque a responsabilidade pré-contratual se basta com a mera culpa na formação nos contratos: o médico foi negligente. Igualmente neste sentido, Muriel FABRE-MAGNAN, «Duties of Disclosure and French Contract Law: Contribution to an Economic Analysis», in Jack

286   *Estudos em Comemoração do 10.° Aniversário da Licenciatura em Direito*

que este desnível de informação o coloca num estado de inferioridade merecedor de protecção.

Em alguns casos, a prova destes factos pode ser simples. Por exemplo, se o credor é o comprador de um automóvel em segunda mão, automóvel este que sofreu um grave acidente mas que o vendedor se furta a mencionar ao comprador, é fácil provar que se desconhecia o acidente e as consequentes mazelas sofridas pelo automóvel, visto não serem visíveis a olho nu após a reparação. Além disso, bastará alegar que o vendedor, usufruindo do automóvel e tendo sofrido o acidente, tem ou deverá ter conhecimento das referidas mazelas. O comprador encontrava-se em estado de inferioridade e não lhe era exigível que recorresse a peritos que vistoriassem o automóvel antes da venda, tendo este o aspecto e aparentando o funcionamento de um veículo em perfeitas condições.

Contudo, casos há em que esta prova se torna praticamente impossível. Nem sempre se consegue demonstrar que a outra parte conhecia algo que não transmitiu, ou o próprio desconhecimento. Deste modo, parece razoável, em determinadas situações, admitir algumas presunções, embora ilidíveis. Quando estamos perante negociações entre um leigo e um profissional, deve presumir-se o estado de inferioridade do leigo perante o profissional informado. O ónus da prova, aqui, deve caber ao devedor da informação: será o profissional a provar que a contraparte já se encontrava informada (ou que tinha o dever de conhecer a informação), não existindo, assim, qualquer inferioridade ou necessidade de protecção da sua parte[12].

Finalmente, encontramos o pressuposto da exigibilidade. Em determinadas situações, não é exigível à parte informada que transmita à outra parte as informações em causa. Em princípio, será o caso de informações que contendam com o seu direito geral de personalidade ou com deveres de segredo[13]. Este tipo de situações são, afinal, factos impeditivos[14] do di-

---

Beatson/ Daniel Friedmann, *Good Faith and Fault in Contract Law*, Oxford, Clarendon Press, 1995, p. 104.

[12] Esta solução é coerente com o estado actual da legislação relativa à protecção do consumidor. A legislação neste campo estabelece inúmeros deveres de informação do profissional, sem sequer exigir o preenchimento dos pressupostos expostos *supra*.

[13] Segundo Günther Roth, estes são dois limites dos deveres pré-contratuais de informação. Günther ROTH, anotação ao § 242 do BGB in *Münchener Kommentar cit.*, p. 161, n.m. 226 a 228.

[14] São impeditivos "os factos que se destinam a determinar a ineficácia jurídica dos factos constitutivos": José Alberto dos Reis, *Código de Processo Civil anotado cit.*, anotação ao art. 519.°, p. 296.

reito à informação. Deste modo, será de aplicar aqui o n.º 2 do art. 342.º: o ónus da prova do facto impeditivo cabe àquele contra quem a invocação do direito é feita, ou seja, cabe ao devedor da informação provar que estes factos se verificam.

Contudo, há outras situações que podem determinar a inexigibilidade da transmissão da informação. Estando em causa uma informação obtida através de um esforço, dispêndio, diligência extraordinária por parte do contraente informado, tratando-se de uma informação que lhe traz uma vantagem negocial que perderá caso tenha de a transmitir, a existência de um dever pré-contratual de informação desencorajará a futura procura de mais informação. Considerando que a obtenção de informações é muito importante para a correcta afectação de valor dos bens, o tráfico jurídico negocial seria afectado caso consagrássemos a existência de um dever de informação. O contraente não voltaria a investir na procura de informações sabendo que nada ganharia, visto ter de partilhar a vantagem informativa que adquirira a seu custo.

Estas considerações fazem sentido quando estão em causa informações adquiridas através de uma diligência excepcional por parte do contraente informado. Já não será assim caso este tenha adquirido a informação casualmente – pois caso seja obrigado a partilhar a informação não sofre qualquer prejuízo, visto não ter tido quaisquer gastos, custos ou dispêndio de esforços na obtenção da informação – ou através de uma diligência normal. Neste último caso é justo que exista o dever de informação, uma vez que, tendo a parte não informada cumprido o seu ónus de auto-informação, terá realizado as diligências que estavam ao seu alcance para se informar, sem o ter conseguido. Ambas utilizaram uma diligência normal mas o credor da informação não conseguiu ter acesso a esta: existe uma desigualdade informacional que, caso exista a já referida necessidade de protecção, deverá ser eliminada através da existência do dever de informação.

Resumindo: caso a informação tenha sido obtida através de uma diligência extraordinária, não será exigível que a parte informada a transmita à contraparte. Trata-se, portanto, de um facto impeditivo do direito da contraparte. Assim, o ónus da prova há-de recair sobre o devedor da informação. Este terá de provar que adquiriu a informação através de uma diligência extraordinária, concluindo-se, deste modo, que não chegou a nascer o dever pré-contratual de informação, visto falhar o pressuposto da exigibilidade.

288 *Estudos em Comemoração do 10.º Aniversário da Licenciatura em Direito*

Em suma:

– relativamente à prova da existência do dever de informação, cabe à parte não informada, pretensa credora, provar que a informação em causa lhe era essencial;

– em regra, cabe, igualmente, à parte não informada demonstrar o desnível de informação conducente a uma especial necessidade de protecção; deve admitir-se, no entanto, a presunção da existência deste pressuposto, tratando-se de negociações entre um profissional e um leigo;

– cabe ao devedor do dever de informação provar a inexigibilidade do cumprimento do dever.

2.2. *O ónus da prova do cumprimento do dever de informação*

Chegados a este ponto, devemos discutir o ónus da prova do cumprimento do dever de informação. Está agora em causa o cumprimento, o incumprimento e o cumprimento defeituoso da prestação da informação. Qual das partes terá de os provar? Será o credor que tem de provar que a informação não lhe foi transmitida ou que a transmissão foi realizada de forma incorrecta? Ou, pelo contrário, será o não cumprimento presumido, sendo o devedor da informação a provar que cumpriu o seu dever?

Caso entendêssemos que é ao credor da informação que cabe provar que esta não foi transmitida, ou seja, que não houve cumprimento, este ver-se-ia a braços com a prova de um facto negativo. Ora, a prova de um facto negativo é muito difícil. Por outro lado, se couber ao devedor provar que cumpriu, já estaremos perante a prova de um facto positivo, bastante mais simples de realizar. Qual é a opção mais correcta?

O cumprimento do dever de informar é uma "obrigação positiva"[15]. Ora, nas acções de cumprimento, a regra relativamente à distribuição do ónus da prova quanto às obrigações positivas é a seguinte: ao credor cabe provar a existência da obrigação e ao devedor o cumprimento ou a sua impossibilidade por factos que lhe não sejam imputáveis[16].

---

[15] Expressão que parece mais correcta do que "obrigação de prestação de facto positivo" e que significa "obrigações dirigidas a alterar a realidade material ou jurídica". Nuno Manuel Pinto OLIVEIRA, «Ónus da prova e não cumprimento das obrigações», *cit.*, p. 190.

[16] Adriano Vaz Serra, «Encargo da prova em matéria de impossibilidade ou de cumprimento imperfeito e da sua imputabilidade a uma das partes», *BMJ* n.º 47 (1955), p. 99.

No nosso caso, não nos encontramos perante obrigações em sentido técnico, pelo que será discutível a aplicação das regras relativas ao não cumprimento das obrigações. No entanto, para este efeito, o dever pré-contratual de informação encontra-se-lhes bastante próximo. Apesar de ainda não existir um contrato, surgiu, por força da lei, um dever de informar a contraparte sobre determinado facto no período pré-contratual. Este dever existe devido à relação especial em que se encontram as partes e aproxima-se mais das obrigações contratuais do que da obrigação passiva universal que corresponde aos direitos absolutos. Por isso, a aplicação das regras relativas ao ónus da prova do cumprimento das obrigações não parece ser desrazoável[17].

Deste modo, sendo o cumprimento de um dever um facto extintivo[18] desse dever, nos termos do art. 342.º, n.º 2, a sua prova incumbe à parte que pretende que o seu dever seja considerado extinto[19]. Será o devedor a provar que transmitiu a informação em causa. Justifica-se que assim seja também por razões de ordem prática: ao devedor é mais fácil provar que cumpriu do que ao credor provar que não houve cumprimento. É razoável

---

[17] Rui Manuel de Freitas RANGEL entende que, na hipótese de responsabilidade pré-contratual, a regra aplicável é a do art. 342.º, pelo que é o credor quem tem de provar os factos constitutivos do direito que invoca (provar o nascimento da obrigação de informação, no exemplo que apresenta). O autor acrescenta que considera que esta hipótese se enquadra na responsabilidade contratual pelo que o ónus da prova funcionará nos mesmos termos desta. Rui Manuel de Freitas RANGEL, *O ónus da prova no processo civil*, Coimbra, Almedina, 2000, pp. 161 e 162, n. 243.

[18] Segundo Nuno OLIVEIRA, a "distinção entre os factos constitutivos e os factos extintivos baseia-se em dois critérios complementares: o critério cronológico e o critério funcional". Segundo o primeiro, "o facto constitutivo é contemporâneo da formação da relação jurídica, enquanto o facto extintivo lhe é posterior". Nos termos do segundo critério, "o facto constitutivo faz nascer um direito, enquanto o facto extintivo destrói um direito previamente constituído". Nuno Manuel Pinto OLIVEIRA, «Ónus da prova e não cumprimento das obrigações», *cit.*, p. 178.

[19] Segundo Galvão Telles, a inexecução da obrigação é um dos elementos constitutivos do direito à indemnização, pelo que o ónus da sua prova pertenceria ao credor, nos termos do art. 342.º, n.º 1. Contudo, o cumprimento extinguiria o direito correspectivo pelo que será ao devedor que caberá provar essa extinção, nos termos do n.º 2 do mesmo artigo. Inocêncio GALVÃO TELLES, *Direito das Obrigações*, Coimbra, Coimbra Editora, 7ª edição, 1997, pp. 334 a 335. No mesmo sentido, Adriano VAZ SERRA, *Provas (Direito Probatório Material)*, Lisboa, 1962, p. 83 e João de Matos ANTUNES VARELA/J. Miguel BEZERRA/SAMPAIO E NORA, *Manual de Processo Civil*, 2ª ed., Coimbra, Coimbra Editora, 1985, pp. 462 e 463.

290 *Estudos em Comemoração do 10.º Aniversário da Licenciatura em Direito*

aceitar-se estas considerações pois, tendo sido o credor a provar a existência do dever, é justo que o risco da falta da prova do seu cumprimento recaia sobre o devedor. Caso não consiga provar o cumprimento, perderá a acção.

Por outro lado, é necessário, ainda, determinar a solução em caso de cumprimento defeituoso do dever de informar. Referimo-nos aos casos em que o devedor da informação não informa correctamente o credor. A informação é falsa ou insuficiente. Apesar de existir um aparente cumprimento, visto ter sido transmitida, a verdade é que não permitiu ao seu credor determinar o seu consentimento de forma esclarecida, sofrendo com isso danos, por acabar por se vincular a um contrato que, afinal, ou não é válido, ou lhe é desvantajoso. Certo é que, caso a informação transmitida fosse correcta, o credor ou não teria celebrado o negócio, ou tê-lo-ia feito em termos diferentes.

Evidentemente, o ónus da prova da existência do dever de informação continua a caber ao credor da informação, nos termos acima descritos. Mas, concluindo-se pela existência do seu direito, o credor pode, em seguida alegar que houve, efectivamente, uma transmissão de informação, só que esta não correspondia à verdade, ou seja, o credor reconhece ter existido um cumprimento mas afirma que este foi um cumprimento defeituoso. Ora, o defeito no cumprimento será um facto constitutivo do direito à indemnização. Assim sendo, caberá ao credor não só provar a existência do seu direito como também a existência deste defeito ou, em outros termos, caber-lhe-á provar que o devedor transmitiu informações falsas, incorrectas ou que a transmissão foi mal feita. A solução será, portanto, a solução oposta da que foi dada quanto à prova do incumprimento *tout court*[20]: se, relativamente ao cumprimento, é o devedor quem tem o ónus da prova, quanto ao cumprimento defeituoso, este ónus pertence ao credor.

2.3. *O ónus da prova da culpa*

Tendo já determinado a quem incumbe o ónus da prova do cumprimento e do cumprimento defeituoso, resta saber a quem incumbe provar a existência ou não existência de culpa.

---

[20] Neste sentido. Adriano Vaz Serra. *Provas cit.*, pp. 107 e 108.

O ónus da prova na responsabilidade pré-contratual por violação de deveres   291

A culpa, como sabemos, é um dos pressupostos da responsabilidade pré-contratual. Nos termos do art. 227.º, só a violação culposa de deveres nascidos do princípio da boa fé pode dar lugar a responsabilidade pré-contratual. Deste modo, a culpa é um dos elementos constitutivos do direito à indemnização com fundamento em *culpa in contrahendo*. Assim, parece que, seria de aplicar a regra geral do art. 342.º, n.º 1, pelo que a prova da sua existência caberia ao credor. Contudo, há outra regra a ter em consideração: o art. 344.º, n.º 1. Este determina a inversão do ónus da prova quando haja presunção legal. Ora, sabemos que existe, no âmbito da responsabilidade contratual, uma presunção legal de culpa do devedor inadimplente, nos termos do art. 799.º, n.º 1: incumbe ao devedor provar que a falta de cumprimento ou o cumprimento defeituoso da obrigação não procede de culpa sua.

Qual das duas regras deve ser aplicada? Qual das duas é a solução mais adequada? Tudo depende da forma como qualificarmos a responsabilidade pré-contratual. Se entendermos que é uma responsabilidade extracontratual, aplicar-se-á a regra do art. 342.º, n.º 1, e o ónus da prova caberá ao credor; se, pelo contrário, considerarmos que a responsabilidade pré-contratual é uma responsabilidade contratual, aplicar-se-á a inversão do ónus determinada pelo art. 799.º, n.º 1, sendo o devedor a provar que não teve culpa.

2.3.1. *A natureza jurídica da responsabilidade pré-contratual*

Já não é nova a querela que divide os autores relativamente à natureza jurídica da responsabilidade pré-contratual. Há autores que entendem estar perante responsabilidade extracontratual, outros perante responsabilidade contratual e, ainda, autores que optam por ver nela um *tertium genus*.

Os autores que defendem tratar-se de responsabilidade extracontratual baseiam-se na ideia de que entre as partes ainda não existe um contrato, pelo que caracterizá-la como responsabilidade contratual seria reconhecer algo semelhante a uma relação contratual de facto, o que não é sustentável no nosso ordenamento jurídico[21]. A relação entre as partes que se encontram em negociações será uma relação *ex lege*.

---

[21] Heinrich Ewald HÖRSTER, *A parte geral do Código Civil português*, Coimbra, Almedina, 1992, pp. 345 e 346. Igualmente no sentido de que a responsabilidade pré-

292 *Estudos em Comemoração do 10.º Aniversário da Licenciatura em Direito*

Reconhecendo que a relação jurídica em causa é, de facto, uma relação *ex lege* e não uma relação contratual, outros autores, no entanto, defendem que o vínculo existente entre as partes que negoceiam para a conclusão de um contrato será um vínculo muito mais próximo do vínculo contratual do que daquele que une o titular de um direito absoluto e o lesante desse direito[22]. Daí que fosse de aplicar o regime da responsabilidade contratual. Outros acrescentam que a responsabilidade contratual é, na verdade, uma responsabilidade obrigacional, aplicável mesmo às obrigações nascidas por força da lei, como é o caso das que nascem nos termos do art. 227.º[23].

No entanto, cremos que merece vencimento a posição de autores que optam por considerar que estamos aqui perante uma terceira via de responsabilidade. Na verdade, a *culpa in contrahendo* não pode ser uma responsabilidade delitual, uma vez que surge no contexto de uma relação específica pré-existente entre as partes, mas também não pode ser uma responsabilidade obrigacional, pois os deveres a que dá azo não são obrigações em sentido estrito, nos termos do art. 397.º[24]. Não são obrigações em sentido técnico pelo que não possuem uma tutela primária[25].

-contratual reveste natureza extracontratual, Mário Júlio de ALMEIDA COSTA, «A responsabilidade pré-contratual pela ruptura das negociações preparatórias de um contrato», *RLJ*, ano 116.º (1983-1984), p. 255. Este autor considera que a opção pela qualificação da responsabilidade pré-contratual se deve basear também em considerações de ordem prática e atender às suas consequências, nomeadamente, na sujeição ao regime ora da responsabilidade contratual ora da responsabilidade extracontratual. Sensível a esta ideia parece Mota Pinto, embora o autor conclua pelo inverso, ou seja, que a qualificação da responsabilidade pré-contratual como responsabilidade contratual visa sujeitá-la ao regime dos arts. 798.º e segs. Carlos Alberto MOTA PINTO, *Cessão da posição contratual*, reimpr., Coimbra, Almedina, 1982, p. 351.

[22] João de Matos ANTUNES VARELA, *Das obrigações em Geral*, vol. I, 10ª ed., Coimbra, Almedina, 2000, pp. 271 e 272.

[23] Inocêncio Galvão TELLES, *Direito das obrigações cit.*, pp. 74 e 75.

[24] Manuel A. Carneiro da FRADA, *Uma "terceira via" no direito da responsabilidade civil?*, Coimbra, Almedina, 1997, p. 95.

[25] Luís Manuel Teles de MENEZES LEITÃO, *Direito das obrigações*, vol. I, Coimbra, Almedina, 2000, p. 254. Segundo o autor, os problemas jurídicos específicos que aqui se levantam não podem ser resolvidos pela aplicação em bloco do regime da responsabilidade obrigacional ou da responsabilidade delitual. O seu regime será específico, a determinar caso a caso, através das regras de integração de lacunas. Luís Manuel Teles de MENEZES LEITÃO, *op. cit.*, p. 312.

SINDE MONTEIRO entende que a lei não qualificou a natureza jurídica da responsabilidade pré-contratual, sendo esta uma opção correcta pois permite, deste modo, a aplicação das normas de qualquer um dos tipos de responsabilidade civil[26]. Esta ideia é defensável em especial quando consideramos as diferenças existentes entre os diversos casos de responsabilidade pré-contratual. Podemos encontrar responsabilidade pré-contratual por ruptura abusiva das negociações, em caso da celebração de um contrato inválido ou ineficaz ou devido à celebração de um contrato válido e eficaz mas que vem a revelar-se desvantajoso pois foi celebrado de tal modo que veio a provocar danos a uma das partes[27]. Ora, se em alguns casos pode justificar-se a aplicação das regras da responsabilidade delitual, em outros pode não ser assim.

Além disso, não podemos deixar de verificar que a intenção da maior parte dos autores é, precisamente, aplicar o regime que lhes parece ser o mais adequado, de certo modo, à semelhança da jurisprudência e doutrina alemãs. Considerar a *culpa in contrahendo* como responsabilidade contratual permitiu à jurisprudência alemã aplicar o regime mais favorável ao lesado, em situações que ficariam sem solução à luz do ordenamento alemão. Ora, tais "lacunas" não existem no ordenamento português pelo que a natureza jurídica da *c.i.c.* não tem de ser, necessariamente, contratual.

Deste modo, entendemos que antes de proceder ao enquadramento dogmático ou teórico da *culpa in contrahendo* devemos investigar qual o regime que lhe é mais adequado, para, então, decidir a qual dos universos – contratual ou extracontratual – deve pertencer[28]. No entanto, como dis-

---

[26] Jorge Ferreira SINDE MONTEIRO, *Responsabilidade por conselhos, recomendações ou informações cit.*, pp. 509 e 510 e Jorge Ferreira SINDE MONTEIRO, «Responsabilidade por informações face a terceiros», separata do *BFDUC*, vol. LXXIII, Coimbra, 1997, pp. 54 e 55.

[27] Inocêncio GALVÃO TELLES, *Direito das obrigações cit.*, pp. 71 e 72.

[28] Neste sentido, Mário Júlio ALMEIDA COSTA, «A responsabilidade pré-contratual pela ruptura das negociações preparatórias de um contrato», *cit.*, n.º 3713, p. 255. Um outro autor que considera que mais importante que a qualificação dogmática é a adequação das soluções às necessidades da vida é Dário MOURA VICENTE. Neste sentido, o autor entende que o julgador não se encontra vinculado a aplicar exclusivamente as regras de qualquer dos dois regimes de responsabilidade civil. Haverá que ponderar qual o regime a aplicar de acordo com os interesses e os valores em jogo, podendo mesmo defender-se um regime jurídico híbrido. A natureza da *c.i.c.* seria dualista ou mista. Dário MOURA VICENTE, *Da responsabilidade pré-contratual em direito internacional privado*, Coimbra, Almedina, 2001, pp. 273 e 274.

semos, a responsabilidade pré-contratual abrange um sem número de casos distintos, com diversas naturezas. E, na verdade, se às situações de *c.i.c.* por ruptura abusiva das negociações, em geral, parece adequada a aplicação das regras da responsabilidade extracontratual, em caso de celebração de um contrato válido e eficaz mas desvantajoso para uma das partes, por exemplo, será, talvez, mais adequada a aplicação do regime contratual, embora tudo possa depender do caso concreto[29]. Uma vez que a situação fáctica subjacente à *c.i.c.* pode assumir uma variedade tal que não se coadune com um único enquadramento jurídico – seja contratual, seja extracontratual – cremos que é de defender uma solução mais flexível e esta só poderemos encontrar numa terceira via de responsabilidade.

2.3.2. *O ónus da prova da culpa na responsabilidade pré-contratual*

Visto que a lei não indicou a natureza jurídica da responsabilidade pré-contratual, e tendo nós concluído pela possibilidade de optar pelas normas tanto da responsabilidade contratual como da responsabilidade extracontratual, é possível escolhermos a solução mais adequada para a questão colocada. Esta escolha requer ponderação.

Por um lado, temos a regra geral do art. 342.º, n.º 1[30]. Nos termos desta, o credor da informação terá de provar que o incumprimento ou o cumprimento defeituoso foram culposos. Esta prova é feita de acordo com o critério dado pelo art. 487.º, n.º 2: o credor terá de provar que o devedor não agiu com o zelo e a diligência que eram exigíveis a um *bonus pater familias*, em face das circunstâncias do caso. Terá de demonstrar que o devedor podia e devia ter agido de outra forma. O devedor pode ter sido negligente, por exemplo, ao transmitir informações falsas por não ter confirmado a sua veracidade ou a sua exactidão; outra hipótese é não ter sequer

---

[29] No sentido de que, quanto ao ónus da prova, se justifica a aplicação das regras delituais em caso de ruptura abusiva das negociações e das regras contratuais em caso de violação de deveres de esclarecimento, v. SINDE MONTEIRO, anotação ao acórdão do STJ de 17 de Fevereiro de 2000, *RLJ*, ano 133.º (2000/2001), p. 28, 2ª col.

[30] Que será a regra a aplicar nos casos de responsabilidade extracontratual, visto a culpa funcionar como facto constitutivo do direito à indemnização. João de Matos ANTUNES VARELA, *Das obrigações em geral cit.*, p. 589 e Rui Manuel de Freitas RANGEL, *O ónus da prova cit.*, p. 174.

O ónus da prova na responsabilidade pré-contratual por violação de deveres   295

transmitido a informação porque a desconhecia, quando era obrigado a co-nhecê-la. Há, ainda, a possibilidade de ter usado de dolo: pode ter trans-mitido propositadamente informações falsas ou ter-se abstido de transmi-tir quaisquer informações, beneficiando, deste modo, de uma posição de superioridade negocial. O certo é que qualquer uma destas circunstâncias se verifica na esfera de acção do devedor, pelo que a produção da prova não é fácil para o credor. Daí que a aplicação da regra da responsabilidade extracontratual pareça ser demasiado onerosa.

Por outro lado, é possível invertermos o ónus da prova da culpa, caso entendamos que se justifica a aplicação do art. 799.°, n.° 1. Nos termos deste artigo, será o devedor a provar que agiu sem culpa, ou seja, que agiu de forma semelhante à de um bom pai de família. O critério da avaliação do grau de diligência, como sabemos, é o mesmo, visto o art. 799.°, n.° 2, remeter para o art. 487.°, n.° 2. O devedor terá de provar que julgava cor-rectas as informações que transmitiu e, além disso, que um bom pai de fa-mília, no seu lugar, também não teria descoberto o seu carácter erróneo, ou também as desconheceria.

Como vemos, pertencendo as circunstâncias em causa à esfera do de-vedor, é mais fácil a este proceder à prova da sua diligência do que ao cre-dor provar a culpa do primeiro. Ora, dissemos nós *supra*, que o ónus da prova tem como função determinar sobre qual das partes é mais razoável impor a perda da acção, por não conseguir provar os factos que poderiam dar-lhe vencimento. Assim, parece-nos que é sobre o devedor que deverá recair o risco de não conseguir provar que não houve culpa da sua parte por ter sido tão ou mais diligente quanto era exigível à luz do caso con-creto. Na verdade, trata-se da transmissão de informações que o devedor conhece ou devia conhecer; existe um dever de as transmitir à sua contra-parte negocial... E já coube ao credor provar a existência deste dever! Sem falar que a situação em que se encontra o devedor da transmissão da in-formação na responsabilidade pré-contratual e o devedor de uma obriga-ção em sentido técnico na responsabilidade contratual é bastante próxima, de maneira que nos parece que é de entender que a ausência de culpa da violação se deve encontrar a seu cargo.

Além disso, há outras considerações a ter em conta. Onerando o de-vedor criamos um incentivo a um maior cuidado no âmbito das negocia-ções, o que sempre beneficiará a segurança do tráfico jurídico negocial. Por outro lado, acabamos por proteger a parte menos informada, o que não nos repugna, visto a prova da culpa do devedor lhe ser demasiado difícil.

Em suma, consideramos que será mais correcto optar pela aplicação da norma da responsabilidade contratual: será o devedor quem deve provar não ter tido culpa na falta de cumprimento ou no cumprimento defeituoso[31].

---

[31] Também SINDE MONTEIRO entende que, quanto ao ónus da prova, se justifica a aplicação das regras contratuais em caso de violação de deveres de esclarecimento. SINDE MONTEIRO, anotação ao acórdão do STJ de 17 de Fevereiro de 2000, *RLJ,* ano 133.° (2000/2001), p. 28, 2ª col.

A CELEBRAÇÃO DE CONTRATOS POR EDI – INTERCÂMBIO ELECTRÓNICO DE DADOS

FRANCISCO CARNEIRO PACHECO ANDRADE

"EDI" é uma das técnicas possíveis de troca de dados entre computadores interligados, através de uma transmissão de fluxos de bites ou dados entre cada equipamento conectado[1].

"EDI" é a sigla internacionalmente utilizada para referir o fenómeno do "Intercâmbio Electrónico de dados", o qual pode ser entendido como "transferência electrónica, entre terminais, de dados processados por computador, relativos a uma transacção comercial ou administrativa, utilizando um standard[2] comunmente aceite para estruturar os dados"[3].

"EDI" é a sigla correspondente à expressão "Electronic data interchange" (em língua inglesa), ou ainda "échange de données informatisé" (em língua francesa) e é a sigla internacionalmente utilizada e aceite. Em Portugal vem também sendo empregada a sigla "TED", correspondente, em português, a "Transferência Electrónica de Dados", comunmente utilizada na prática comercial em Portugal e que vem sendo promovida pelas entidades associativas e até por instâncias oficiais. No entanto, permitimo-nos um reparo: esta sigla enferma de alguma incorrecção, por não abar-

---

[1] Sobre comunicações entre computadores ver as obras seguintes: "Computer communications – principles and business applications" de Andy Sloane, Mcgraw Hill Book Company, 1994; "Data and computer communications", de William Stallings, Maxwell Macmillan International, 1994.

[2] Standard pode ser definido como formato e/ou especificações acordados para objectos e serviços – Cfr. "Computer communications – principles and business applications", Andy Sloane, Mcgraw Hill Book Company, 1994, página 269.

[3] "Essentials of EDI Law", Peter Jones/David Marsh (UK edition), Electronic Data Interchange Council of Canada, 1993, pág. 5.

298 *Estudos em Comemoração do 10.° Aniversário da Licenciatura em Direito*

car na íntegra o fenómeno que aqui se descreve. É que a expressão "Transferência electrónica de dados" não nos elucida sobre o que realmente se passa – um verdadeiro "Intercâmbio electrónico automatizado de dados", já que os dados podem ser trocados automaticamente entre dois ou mais equipamentos (ao contrário do que acontece com o correio electrónico, esse sim um verdadeiro sistema de "Transferência electrónica de informação"..., mas que requer a intervenção humana). No Brasil utiliza-se a sigla EDI como correspondendo a "Intercâmbio Eletrônico de Dados", o que, pelo menos, tem a vantagem de fazer realçar de uma forma mais clara o fenómeno do "Intercâmbio" ou troca automatizada de mensagens entre os utilizadores. Dado que a sigla EDI é a mais conhecida internacionalmente, optamos pela sua utilização no sentido de "Intercâmbio Electrónico de Dados".

Através de transmissão "EDI" é possível transferir electronicamente dados[4], de um computador para outro, através das linhas telefónicas – e por intermédio de um "modem" –, assim possibilitando uma muito mais rápida e barata transmissão entre os participantes na transferência.

(É de notar desde já que autores como Peter Jones e David Marsh[5] salientam a diferença existente entre informação e dados, sendo que os últimos são entendidos enquanto comunicação de conhecimento, informação ou notícias já instruídas ou elaboradas, enquanto que a primeira é entendida num sentido mais restritivo, enquanto palavra que significa algo assumido como facto e base para um posterior raciocínio ou cálculo. Neste sentido, a informação deve ser interpretada e processada pelo receptor (humano), enquanto os dados (dados processados ou processáveis por computador) não requerem qualquer interpretação humana e podem, por conseguinte, ser processados sem qualquer intervenção humana. Esta é uma das mais relevantes diferenças entre Correio Electrónico e Intercâmbio Electrónico de Dados).

Esta transmissão de dados pode ocorrer com ou sem intervenção humana. No entanto, é evidente que um dos principais objectivos do EDI é a criação de mecanismos totalmente automatizados, assim se possibilitando uma eficaz redução de custos, quer, dos relativos a tempos de transmissão, quer, dos relativos a recursos humanos. Pelo que, diversamente do Correio Electrónico, nas transmissões EDI os dados são previamente estruturados

---

[4] Idem, página 7.
[5] Idem.

A celebração de contratos por EDI – Intercâmbio Electrónico de Dados   299

de acordo com um formato ou standard acordado[6], em mensagens com formatos equivalentes aos inúmeros documentos utilizados no comércio, de modo que mesmo computadores de diferentes marcas e tipo – e em países diferentes ! – possam comunicar entre si[7].

(Para Michael S. Baum e Henry H. Perritt Jr,[8] a comunicação EDI pode entender-se como: "communication of structured business information in recognized formats. EDI has been described as a set of generally recognized rules and procedures that allow business transactions to be conducted electronically. EDI converts business information that traditionally would be conveyed on paper into a standard electronic format. This information is sent without human intervention in accordance with established procedures and agreed-to routing". Pelo que já daqui ressaltam com bastante nitidez alguns dos aspectos mais característicos da comunicação EDI: comunicação automática entre computadores, de forma estruturada e sem intervenção humana, de dados que reproduzem electronicamente modelos tipo de documentos comerciais).

Na comunicação EDI, por cada operação comercial, representada por um determinado tipo de documento na prática do comércio, haverá um determinado formato de mensagem EDI. Pelo que, qualquer computador pode, imediatamente e sem intervenção humana, identificar o conteúdo das respectivas mensagens[9] (e actuar automaticamente, de acordo com a mensagem recebida. Deste modo, numa operação EDI, como refere Chris Reed[10] "the manufacturer's stock control system automatically generates the (buying) order when stocks of any part are low. The order is sent without any human intervention to the supplier's computer, which accepts the order and commences manufacture. The payment mechanism is set up in a similar way, again with little or no human intervention, as is the contract of carriage. To perform the contract, the only physical movement is

---

[6] Esta é uma das principais diferenças entre Correio Electrónico e Intercâmbio Electrónico de Dados; outra importante diferença reside no facto de, como já vimos, no EDI ser possível a troca de mensagens em modo automatizado, sem qualquer intervenção humana.

[7] Comunicação estabelecida computador a computador. Cfr. "Electronic Contracting, Publishing and EDI Law", de Michael S. Baum e Henry H. Perritt, Jr., Wiley Law Publications 1991.

[8] Idem.

[9] Cfr. "Advising clients on EDI contracts", Chris Reed, in "Computer Law and Practice", volume 10, nr. 3, 1994, página 90.

[10] Idem.

that of the goods from the supplier's premises to those of the manufacturer. All the messages which would have been placed on paper and circulated between the parties involved, are replaced by structured EDI messages, which are processed automatically, the relevant portions being copied to accountings and other computer systems").

Mas para que se possa verificar uma real comunicação entre computadores, estes devem satisfazer determinados requisitos, nomeadamente estarem de acordo com o modelo de 7 níveís da OSI[11].

("OSI" é a sigla para "Open Systems Interconnections" ou, para utilizar uma expressão portuguesa, "Interligação de Sistemas Abertos". Trata-se de um standard promulgado pela Organização Internacional de Standards (International Standars Organization) e permite sistemas abertos, ou seja, permite a comunicação "sem necessidade de se considerar a estrutura interna de cada um dos terminais ou sistemas intermédios utilizados para a comunicação", a qual se pode desenvolver por intermédio de qualquer combinação de hardware ou software. O sistema OSI considera o processo de comunicação entre computadores como um conjunto de níveis (um modelo de sete níveis) ou camadas de tarefas definidas, cada uma das quais utiliza os serviços do nível inferior para prestar serviços ao nivel superior. Os sete níveis são os seguintes:

1) Nível físico (physical layer) – assegura a transmissão de "bits" através de um meio físico;

2) Nível da ligação de dados (data link layer) – assegura a troca de dados, sem erros, entre dois nós de uma rede;

3) Nível de rede (Network layer) – assegura o encaminhamento dos dados e o controle das ligações numa determinada rede;

4) Nível de transporte (Transport layer) – assegura uma transmissão transparente de dados entre terminais;

5) Nível de sessão (session layer) – mantém um controle de fluxos lógicos de dados entre os pontos terminais da comunicação;

6) Nível de apresentação (presentation layer) – assegura a tradução e formatação de dados;

7) Nível de aplicação (application layer) – garante ao utilizador um conjunto ou serviço de aplicações, como sejam a transferência de ficheiros ou correio electrónico;

---

[11] Ver a propósito "Computer communications – principles and business applications", Andy Sloane, Macgraw Hill Book Company, 1994, páginas 101-111.

A celebração de contratos por EDI – Intercâmbio Electrónico de Dados   301

O Modelo OSI tem como principal vantagem a sua flexibilidade e capacidade para permitir novos desenvolvimentos que se possam adaptar a cada estrutura definida para a comunicação entre computadores).

Para além do que acima fica dito, os standards EDI devem ser acordados a nível internacional para que possa ser garantida uma efectiva comunicação entre computadores, independentemente do país em que os mesmos estejam situados. Os standards internacionais mais importantes são o "EDIFACT", promovido pelas próprias Nações Unidas e o "ANSI ASC X12", promulgado pelo "North American Transport Data Coordinating Commitee"[12].

(O standard de uma mensagem EDI permite o encaminhamento de dados "in a form that must be followed exactly to permit its automated application to the business purposes of the recipient. If the message diverges from this form, the receiving computer will reject it" [13]).

A utilização de mensagens estruturadas EDI comporta inúmeras vantagens[14] para os seus utilizadores:

– total abolição do suporte físico papel [15];

– completa automação do ciclo "ordem de compra, entrega, pagamento"

– enorme redução do tempo gasto com a troca de documentos entre empresas, bem como significativa redução do tempo necessário para os arquivar, procurar, encontrar;

– aumento significativo da fiabilidade e segurança dos processos de troca de dados, evitando erros e melhorando a qualidade dos serviços;

– aumento da produtividade e da competitividade das empresas[16]

– velocidade de transferência de dados[17]

---

[12] "Essentials of EDI Law" – Peter Jones e David Marsh (Edição do Reino Unido), 1993, páginas 10-13.

[13] Idem.

[14] Cfr. "EDI and the law: an introduction", Ian Walden, in ""Computer Law and Practice" (6), 1990, pág. 35.

[15] Estima-se que os custos envolvidos na produção e processamento dos documentos em papel seja de cerca de 10% do valor total dos bens ou serviços produzidos. "Computer Law", Chris Reed, Blackstone Press Limited, 1990, página 254.

[16] Ver a propósito "Computer Law", Chris Reed, Blackstone Press Limited, 1990, pág. 254 e ainda "Servícios básicos de seguridad en la contractación electrónica", Jorge D'Ávila Muro, José Luís Morant Ramón e Justo Sanchez Rodriguez, em "Encuentros sobre Informática y Derecho 1994-1995", Aranzadi Editorial, Madrid, 1995, págs. 36-37.

[17] Cfr. "EDI and the law: an introduction", Ian Walden, in "Computer Law and Practice" (6), 1990, pág. 35.

("One of the major benefits of EDI technology is the speed with which information can be transferred through a production process, both intra-company, inter-company and to the various third parties involved, such as insurers and custom authorities. The increased speed with which data can be disseminated allows parties to adjust to changing circumstances quicker, with the increased possibility of modifying production schedules. One possible "legal" consequence of this is that there may be fewer cancellation claims. Trading parties will also be able to receive information at an earlier stage in the transaction process. This will enable early problem recognition, concerning delivery for example, and possible adjustments and resolution at a more reasonable and acceptable stage for both parties. EDI linkages between trading partners will mean fewer transcription errors, and this, again, lessens the potential ground for disputes"[18]).

Formação do contrato na relação electrónica EDI

A transmissão de dados entre computadores sem qualquer intervenção humana, coloca desde logo um razoável número de pertinentes questões que se prendem com o regime da formação dos contratos. Será que os contratos concluídos entre computadores são juridicamente válidos? Poderão os computadores, de per si, gerar obrigações contratuais, pelo simples facto de enviarem, de forma totalmente automatizada, mensagens electrónicas standardizadas? E, em caso positivo, quem são os sujeitos das ditas obrigações contratuais? E em que momento e lugar se deve considerar que o contrato celebrado por EDI se terá por celebrado?

Na verdade, para que se possa falar de contrato, é necessária a existência de duas ou mais declarações de vontade, consistindo numa oferta e numa aceitação e contendo, portanto, um acordo. Os elementos essenciais do contrato[19], segundo a teoria geral do direito civil – e que a lei portuguesa obviamente reflecte – são:
– a capacidade (e legitimidade) das partes
– as declarações de vontade das partes, no sentido de um consenso[20]

---

[18] Cfr. "EDI and the law: an introduction", Ian Walden, in ""Computer Law and Practice" (6), 1990, pág. 35.

[19] Cfr. "Teoria Geral do Direito Civil" Carlos Alberto da Mota Pinto, Coimbra Editora Limitada, 1976, pág. 263 e "Teoria Geral da Relação Jurídica" Manuel Domingues de Andrade, Coimbra 1983, vol. II, pág. 34.

[20] "A declaração de vontade, enquanto exteriorização da vontade, elemento interno,

A celebração de contratos por EDI – Intercâmbio Electrónico de Dados 303

– o objecto do contrato

A relação electrónica EDI pode ser distinguida de outros meios de comunicar – e de contratar – pelo grau de envolvimento humano nos processos de formação e execução dos contratos. Na utilização de todos os meios de comunicação convencionais, tais como cartas, telex, fax (e até de outros não tão convencionais como a conversa electrónica ou o correio electrónico) a intervenção humana está sempre presente no ínicio de cada transacção. Mas com o EDI todo o processo de comunicação se opera unicamente "entre aplicações" sem qualquer intervenção humana[21]: a mensagem é gerada na (pela) aplicação de um computador (emissor) e automaticamente enviada, sendo recebida pela aplicação de outro computador (receptor). Através da utilização deste sistema deixa de ser necessário que uma pessoa se sente em frente ao ecrã para criar, enviar ou receber mensagens – a máquina encarrega-se de fazer tudo por si mesma!! Contudo, claro está que o computador, por si só, não pode ser fonte de obrigações contratuais – obviamente, o computador não tem personalidade nem capacidade jurídicas! –, ele apenas actua, automaticamente, na sequência de decisões tomadas por pessoas dotadas de personalidade jurídica e de capacidade para determinar o âmbito de acção (e os efeitos jurídicos) da operação. Só que a total automação do processo transaccional opera uma verdadeira rotura entre dois momentos importantes: o momento de emissão da livre declaração de vontade das partes e o momento em que os dois mais relevantes momentos do processo declarativo – neste caso, os momentos da oferta e da aceitação – têm lugar, o que não pode deixar de colocar relevantes questões no que toca à validade e ao momento e lugar de celebração dos contratos.

No que respeita à capacidade das partes[22], o Código Civil Português

---

destina-se a levar ao conhecimento da outra parte a intenção de se alcançar determinado efeito jurídico". Cfr. "Contratos eletrônicos"Erica Brandini Barbagalo, Editora Saraiva, 2001, pág. 60.

[21] Cfr. Lieve Elias e Jacques Gerard "Formation of the contract by Electronic Data Interchange", Comissão das Comunidades Europeias, Julho 1991, págs. 2-3.

[22] E que, obviamente, se distingue do conceito de "legitimidade". Cfr. "Teoria Geral da Relação Jurídica" Manuel A. Domingues de Andrade, Livraria Almedina, 1983, volume II, pág. 118. A Capacidade depende de uma qualidade própria da pessoa, enquanto a legitimidade depende de uma posição especial da pessoa perante terceiros. Capacidade é uma qualidade que alguém tem (ou não) de acordo com a lei; enquanto legitimidade se refere ao direito de se envolver (vinculativamente) em determinada operação. Cfr. "L'échange de données informatisé et le droit" Memento Guide Alain Bensoussan, Hermés, Paris 1991, pág. 65. O problema da legitimidade também releva nas relações EDI, já que tais relações

reconhece a capacidade das pessoas singulares (artigos 66.°, 67.° e 68.° do C. Civil) e das pessoas colectivas (arts. 158.° e 160.° C. Civil). As pessoas singulares podem ser sujeitos de qualquer relação jurídica, desde o momento do nascimento até ao momento da morte, com as únicas excepções legais previstas na Lei – em casos excepcionais, para protecção de determinadas pessoas, como é o caso dos menores de 18 anos ou de pessoas que sejam – ou se revelem – incapazes, por si, de devidamente regerem os seus rendimentos e património. Quanto às pessoas colectivas podem ser sujeitas dos direitos e obrigações necessários à prossecução do seu objecto social. Portanto, tanto as pessoas singulares como as pessoas colectivas veem reconhecida pela Lei a sua capacidade para se envolverem e vincularem numa relação contratual, nomeadamente numa que seja celebrada e executada através da utilização de computadores dotados de software de aplicações EDI.

Os sujeitos da relação contratual, de acordo com as teorias da autonomia da vontade[23] e da liberdade contratual, deverão prestar o seu consentimento, livre e esclarecido[24]. Este princípio básico é reconhecido pelo Código Civil no seu art. 405.°: "Dentro dos limites da lei, as partes têm a faculdade de fixar livremente o conteúdo dos contratos, celebrar contratos diferentes dos previstos nestes códigos ou incluir nestes as cláusulas que lhes aprouver". A vontade é pois a fonte autónoma da força vinculativa dos contratos[25]. Ninguém pode ser forçado a nada que não tenha sido por si querido. É apenas a vontade manifestada das partes que pode criar o contrato e todos os efeitos dele resultantes. Cada pessoa é totalmente livre para poder escolher: celebrar ou não celebrar um contrato, aceitar ou não aceitar a outra parte contratante, determinar o conteúdo e âmbito do contrato, escolher o meio mais adequado de expressão da sua vontade[26]. De

---

normalmente são realizadas entre empresas e estas deverão ser representadas por alguém que possua a necessária legitimidade para o efeito.

[23] Cfr. Lieve Elias e Jacques Gerard "Formation of Contract by Electronic Data Interchange" Comissão das Comunidades Europeias, Julho 1991, págs. 4-5.

[24] "The giving of consent is regarded as the essence of a contract" – idem, pág. 4

[25] Idem, pág. 4. Cfr. também "Teoria Geral do Direito Civil", Carlos Alberto da Mota Pinto, Coimbra Editora Limitada, 1976, pág. 334 – "Numa declaração negocial, podem-se distinguir os seguintes elementos:

a) a declaração em si mesma (elemento externo);

b) a vontade (elemento interno).

[26] Cfr. Lieve Elias e Jacques Gerard "Formation of contract by Electronic Data Interchange", Comissão das Comunidades Europeias, Julho 1991, pág. 4.

A *celebração de contratos por EDI – Intercâmbio Electrónico de Dados*   305

acordo com a lei civil portuguesa, um contrato pode ser celebrado por qualquer meio[27] e, por isso, não haverá qualquer dificuldade em aceitar a validade de contratos celebrados electronicamente, nomeadamente através de recurso ao EDI. (Com as excepções, evidentemente, dos casos em que a própria lei exija forma ou instrumento específico. O que é o caso, na lei civil portuguesa, de contratos para os quais seja exigida a outorga de documento autêntico ou de instrumentos que englobem um direito incorpóreo. Como exemplo do primeiro caso, na lei portuguesa, encontramos o contrato de compra e venda de imóveis (art. 875.° do C. Civil) que só pode ser celebrado mediante escritura pública. Como exemplo do segundo temos os arts. 369.° e 370.° do Código Comercial. Quando uma determinada forma seja exigida, a falta de observância da forma prescrita leva a que a declaração negocial seja considerada nula – art. 220.° do C. Civil –).

No entanto, mesmo reconhecendo-se que o contrato poderá, em princípio, ser celebrado por qualquer forma, algumas questões continuam a ter de ser colocadas, de forma absolutamente incontornável. A primeira grande questão, no que à transferência EDI diz respeito, prende-se com o facto de os computadores não terem personalidade jurídica – não podendo, portanto, vincular-se, por si sós, juridicamente –; ora, sendo a personalidade, capacidade e consentimento elementos essenciais à perfeição da relação contratual, até que ponto se poderá dizer que, através de uma comunicação automatizada entre aplicações informáticas, existe uma exteriorização ou manifestação de uma declaração de vontade?[28] É que o EDI introduz uma total automação, tanto no que respeita à criação, como

---

[27] Cfr. Código Civil, art. 217.°: "A declaração negocial pode ser expressa ou tácita" e respectiva anotação in "Código Civil Anotado" Fernando Andrade Pires de Lima e João de Matos Antunes Varela, Coimbra Editora Limitada, 1987, volume 1 – "São múltiplos os meios admitidos para a declaração negocial. Qualquer processo de expressão directa ou indirecta da vontade é, em tese geral, relevante. Pode ser a palavra, pode ser um escrito, pode ser um simples gesto ou sinal". Ver também o art. 219.° do C. Civil: "A validade da declaração negocial não depende da observância de forma especial, salvo quando a lei a exigir".

[28] O considerarmos apenas, como momentos do processo de formação do contrato, os momentos em que ocorre comunicação entre as aplicações, poderia conduzir-nos à solução absurda de negar todo e qualquer valor jurídico às referidas transacções, pela razão simples de que só os seres humanos (ou as pessoas colectivas representadas por seres humanos) têm capacidade para celebrar contratos. Em França, tal como refere Alain Bensoussan, a doutrina e a jurisprudência são unânimes em considerar que tais contratos são válidos desde que "ces dernières restent sous le contrôle des êtres humains". Cfr. "L'échange de données informatisé et le droit", Memento Guide Alain Bensoussan, Hermés, Paris, 1991, pág. 67.

à transmissão e ao processamento de mensagens. O que significa que, neste caso, as pessoas singulares envolvidas, utilizadores ou beneficiários do sistema – esses sim dotados de personalidade e capacidade jurídica – podem nem sequer ter mais consciência do número de transacções efectuadas automaticamente pelas máquinas, nem mesmo do conteúdo das mesmas transacções, nem do tempo (ou lugar) quando (ou onde) os contratos produzem efeitos. Será que, posta a questão nestes precisos termos, tais transacções ainda se deverão considerar válidas? Ou seja, para formular correctamente a questão, haverá ainda uma real livre troca de consentimentos quando as mensagens transaccionais são automaticamente criadas, transmitidas e processadas entre aplicações de computador? Será que a vontade de cada parte deve ser manifestada e reconhecida em cada transacção contratual (ordem de compra, aceitação)? Ou será suficiente que haja uma manifestação de vontade apenas quando o sistema é inicializado?

Sem entrarmos agora em linha de conta com a relevante questão da prova dos próprios contratos[29], será importante referir as duas maneiras possíveis de abordarmos a questão do consentimento na relação EDI:

– a exigência de uma expressão ou manifestação de vontade para cada mensagem intercambiada (o que, forçosamente, nos conduzirá a ter de abordar aqui a figura das assinaturas electrónica e/ou digital)[30] – (forma de "assinatura" que Chris Reed define como "method of authenticating the message while permitting the sender and recipient to store it on their own computers"[31]).

– a exigência de uma única manifestação ou expressão de vontade quando o sistema EDI é inicializado (o que, forçosamente, nos conduzirá a ter de abordar aqui a figura do "Acordo de Intercâmbio" – "Interchange Agreement" na terminologia anglo-saxónica).[32] – ("such an agreement is justified for reasons of both technical and legal security. The parties need

---

[29] Trata-se da questão do valor de prova dos documentos electrónicos, hoje resolvida, de acordo com o disposto nos artigos 2.º e 3.º do D.L. n.º 290-D/99, de 2 de Agosto, com a redacção dada pelo D.L. n.º 62/2003, de 3 de Abril, mas cujo enquadramento, face à lei civil portuguesa, já era possível, anteriormente à entrada em vigor dos diplomas citados, por meio de uma interpretação extensiva do artigo 362.º do Código Civil, e do reconhecimento de que o documento electrónico, também ele, é "elaborado pelo homem com o fim de reproduzir ou representar uma pessoa, coisa ou facto".

[30] Cfr. ainda Chris Reed "Computer Law" Blackstone Press Limited, 1990, pág. 268.

[31] Idem.

[32] In "EDI and the Law: an introduction" Ian Walden in "Computer Law and Practice" (6) 1990, pág. 35.

A assinatura digital por EDI – Intercâmbio Electrónico de Dados 307

to agree on a message standard and set of rules which will govern the interchange of trade data. These rules will therefore create a degree of legal certainty, as well as enhancing enforceability, and since both parties are required to clarify such details in advance, the likelihood of disputes is reduced"[33]).

A assinatura digital – (assim chamada por permitir identificar a parte que emite a mensagem, utilizando o modo electrónico "as a stream of digital information") –[34] é uma função matemática do conteúdo da mensagem, a qual permite identificar o emitente e autenticar o conteúdo. Para poder ser considerada uma verdadeira assinatura tem que preencher dois requisitos essenciais: identificar o autor do documento e razoavelmente "garantir" a sua aceitação e concordância com o conteúdo. Relativamente à assinatura electrónica ou digital, duas questões primordiais deverão agora ser analisadas: o problema da segurança (será que é fácil, ou pelo menos razoavelmente possível, forjar uma assinatura digital, o que permitiria a uma pessoa tentar fazer-se passar por outra e, consequentemente, contratar utilizando o seu nome ou identificação electrónica?); o problema jurídico (quando a lei exige que um documento seja datado e assinado, será possível, de um modo válido para o direito, utilizar documento electrónico e assinatura digital?) A resposta à primeira questão exige uma análise mais atenta dos principais sistemas ou métodos utilizados nas assinaturas digitais; a resposta à segunda questão deve ser conseguida pela análise e interpretação da lei.

As assinaturas digitais são conseguidas através do recurso a métodos criptográficos. Os mais conhecidos e comunmente utilizados são o DES (Data Encryption Standard) e o RSA[35]. O método DES requer a utilização de uma chave comum a ser utilizada tanto pelo emissor como pelo receptor e mantida secreta de todo e qualquer terceiro. Esta chave é usada para "desmontar" ou codificar a mensagem de tal forma que se torna quase "impossível" descodificar a mensagem sem utilizar a chave. A utilização deste método supõe que a mensagem seja encriptada e desencriptada através do recurso à mesma chave. O que não pode deixar de significar que existe uma elevadíssima probabilidade de que a mensagem só poderia ter sido emitida por um ou outro dos detentores da chave[36]. Contudo, este

---

[33] Idem.

[34] Cfr. "Computer Law" Chris Reed, Blackstone Press Limited, 1990, pág. 268.

[35] Assim designada a partir das iniciais dos seus inventores: Rivers, Shamir e Adleman. Cfr. "Computer Law", Chris Reed, Blackstone Press Limited, 1990, pág. 268.

[36] "Strong evidence that it could have emanated only from one or other of the keyholders". Cfr. "Computer Law" Chris Reed, Blackstone Press Limited, 1990, pág. 268.

sistema DES, não obstante a sua fiabilidade, comporta a enorme desvantagem de não comprovar a exacta origem da mensagem. Em caso de alteração da mensagem, por um dos detentores da chave, tal alteração seria extremamente difícil de detectar e, possivelmente, chegar-se-ia a uma situação em que existiriam duas mensagens diferentes, cada uma das quais supostamente autêntica[37]. Pelo que este método não garante uma suficiente autenticação das mensagens[38], ou seja, não comporta uma verdadeira assinatura !! Muito mais efectivo é o método RSA, que utiliza as chamadas chaves assimétricas. Neste sistema, cada agente ou operador detém duas chaves, uma privada – apenas do seu conhecimento – e uma outra pública, que os terceiros conhecem ou têm possibilidade de conhecer[39]. A mensagem é encriptada com a chave privada do emissor e desencriptada com a chave pública – sendo certo que o receptor não tem qualquer possibilidade de encriptar novamente a mensagem. Torna-se assim possível assegurar, não só que a mensagem foi realmente originada pelo emissor[40], mas também que a mensagem foi recebida tal como foi enviada, sem qualquer modificação ulterior ao seu envio. O método RSA consegue assim preencher todos os requisitos de uma verdadeira assinatura, oferecendo além disso um nível de segurança que torna as falsificações muito mais difíceis do que na assinatura manuscrita[41].

---

[37] Idem.

[38] Pelo menos, no sentido que é apontado por Peter Jones/David Marsh em "Essentials of EDI Law" (UK Edition), Electronic Data Interchange Council of Canada, 1993, pág. 37. Para estes autores, autenticação terá o sentido de: "identify oneself as the party originating, authorizing, acknowledging or agreeing to stated information through the use of physical, photographic, electronic, magnetic or optical means including personal signature or such other means as may be prescribed by regulation or agreed upon with the other party or government agency concerned".

[39] O emissor pode comunicar a sua chave pública directamente ao receptor ou, indirectamente, através do recurso a um terceiro de confiança: o chamado "notário electrónico". Cfr. "Seguridad en la transmisión electrónica: validez jurídica" Lorenc Hughet Rotger e Guillermo Alcover Garau, in "Encuentros sobre Informática y Derecho 1994--1995" Aranzadi Editorial, 1995, págs. 131-136. Cfr. também "Tedis – Digital Signatures in EDI – Demonstration Disk", Comissão das Comunidades Europeias.

[40] E não por um qualquer pirata ou "hacker" que pudesse ter interceptado a mensagem. Cfr. "Tedis – Digital Signatures in EDI – Demonstration Disk", Comissão das Comunidades Europeias.

[41] Cfr. "Computer Law" Chris Reed, Blackstone Press Limited, 1990, pág. 271 e "L'échange de donnés informatisé et le droit", Memento Guide Alain Bensoussan, Hermés, Paris, 1991, pág. 33.

A celebração de contratos por EDI – Intercâmbio Electrónico de Dados   309

A ideia de que a assinatura manuscrita é mais segura do que a assinatura digital está longe de poder ser comprovada. É que a assinatura manuscrita pode ser facilmente forjada, falsificada. Como bem refere Alain Bensoussan, a propósito da utilização de cartões accionados através da utilização de código electrónico "la fraude au moyen des chèques falsifiés serait actuellemnt cinq fois plus importante que celle comise à l'aide de cartes bancaires".[42] Por outro lado, como bem refere Erica Brandini Barbagalo, mesmo para o sistema DES "decifrar a chave do DES de 64 bits, a uma proporção de uma tentativa por micro-segundo, levaria mais de 2000 anos. Executar essa operação com cem mil máquinas, na mesma proporção (uma tentativa por micro-segundo) levaria aproximadamente 70 horas".[43]

A assinatura digital pode assim tornar-se uma das formas de resolver o problema da expressão do consentimento na contratação electrónica. Contudo, torna-se também claro que, deste modo, deverá ser aposta uma assinatura electrónica de cada vez que um contrato é concluído – ou seja, cada mensagem electronicamente enviada deverá conter uma expressão de vontade certificada pela assinatura electrónica. Ora, isto torna as assinaturas digitais muito mais prestáveis para a contratação através de Correio Electrónico, Conversa Electrónica ou Transferência Electrónica de Ficheiros, do que propriamente para os casos de troca de mensagens EDI – Transferência Electrónica de Dados[44]. É que a relação contratual EDI, para se tornar vantajosa para as partes envolvidas, supõe uma completa automatização de processos, pelo que se tornaria totalmente inútil e absurda se fosse exigida uma assinatura digital – manualmente introduzida – para cada mensagem trocada, (obstáculo que será ultrapassado desde que as aplicações envolvidas sejam configuradas para, de forma automatizada, encriptarem e desencriptarem mensagens, utilizando uma a chave privada do contratante "emissor", e utilizando a outra a chave pública do mesmo. Tal procedimento parece não oferecer grandes problemas numa relação EDI bilateral, mas também poderá ser utilizada numa relação EDI multilateral com um grande número de partes envolvidas, desde que seja assegurado o necessário secretismo da chave privada do emissor).

---

[42] Cfr. "L'échange de donnés informatisé et le droit", Memento Guide Alain Bensoussan, Hermés, Paris, 1991, pág. 33.

[43] Erica Brandini Barbagalo "Contratos Eletrônicos", Editora Saraiva 2001, pág. 45.

[44] Cfr. acima as as diferenças entre mensagens de Correio Electrónico e Mensagens EDI.

310 *Estudos em Comemoração do 10.° Aniversário da Licenciatura em Direito*

(Em Portugal, a utilização de assinaturas digitais está contemplada pelo Dec. Lei n.° 290-D/99 de 22 de Agosto, agora revisto pelo Dec. Lei n.° 62/2003 de 3 de Abril que, no seu artigo 2.° al. d) define o que é entendido por assinatura digital: "modalidade de assinatura electrónica avançada[45] baseado em sistema criptográfico assimétrico composto de um algoritmo ou série de algoritmos, mediante o qual é gerado um par de chaves assimétrica exclusivas e interdependentes, uma das quais privada[46] e outra pública[47], e que permite ao titular usar a chave privada para declarar a autoria do documento electrónico ao qual a assinatura é aposta e concordância com o seu conteúdo, e ao declaratário usar a chave pública para verificar se a assinatura foi criada mediante o uso da correspondente chave privada e se o documento electrónico foi alterado depois de aposta a assinatura". Como vemos, o legislador português – que optou inicialmente, no âmbito do Dec. Lei 290D/99, por um sistema de chaves assimétricas, – veio agora com o novo diploma instituir um sistema de assinaturas, electrónicas ou digitais, tecnologicamente mais neutro, distinguindo agora entre o referido conceito de "assinatura digital" (art. 2.° al. d)) e os novos conceitos de "assinatura electrónica" ("resultado de um processamento electrónico de dados susceptível de constituir objecto de direito individual e exclusivo e de ser utilizado para dar a conhecer a autoria de um documento electrónico" – art. 2.° al. b)), "assinatura electrónica avançada", (a que, sendo "criada com meios que o titular pode manter sob o seu controlo exclusivo", e cuja "aposição ao documento depende apenas da vontade do titular", permite não só identificar "de forma unívoca o titular como autor do documento", como, devido à sua íntima ligação com o documento "detectar toda e qualquer alteração superveniente do conteúdo deste" – art. 2.° al. c)) e, ainda de "assinatura electrónica qualificada" (ou "assinatura digital ou outra modalidade de assinatura electrónica avançada que satisfaça exigências de segurança idênticas às da

---

[45] Entre outros, o que nos leva a ter de entender que os processos de assinatura de chaves simétricas, como o DES, não integrando o conceito de assinatura digital definido no decreto lei, não deixam no entanto de ser considerados como assinaturas electrónicas... Cfr. o n.° 4 do art. 3.° do DL.

[46] "Chave privada: elemento do par de chaves assimétricas destinado a ser conhecido apenas pelo seu titular, mediante o qual se apõe a assinatura digital no documento electrónico" art. 2.° al. d).

[47] "Chave pública: elemento de chaves assimétricas destinado a ser divulgado, com o qual se verifica a assinatura digital aposta no documento electrónico pelo titular do par de chaves assimétricas" art. 2.° al. e).

A celebração de contratos por EDI – Intercâmbio Electrónico de Dados   311

assinatura digital baseadas num certificado qualificado e criadas através de um dispositivo seguro de criação de assinaturas" – art. 2.º al. g). O que, abrindo as portas a novos métodos de "assinatura", e garantindo a necessária neutralidade tecnológica da terminologia adoptada, nos termos da Directiva 1999/93/CE, não obsta a que as partes numa convenção de utilização de Intercâmbio Electrónico de Dados – nomeadamente numa relação bilateral em que o elemento confiança prevaleça – não possam continuar a utilizar outros sistemas de comprovação de autoria de mensagens e de assinatura digital, como o sistema DES[48]. Cfr. o n.º 4 do art. 3.º do DL 290 – D/99 de 2 de Agosto, revisto pelo Dec. Lei 62/2003: "O disposto nos números anteriores não obsta à utilização de outro meio de comprovação de autoria e integridade de documentos electrónicos, incluindo outras modalidades de assinatura electrónica, desde que tal meio seja adoptado pelas partes ao abrigo de válida convenção sobre prova ou seja aceite pela pessoa a quem for oposto o documento". No entanto há que referir aqui o diferente valor de prova dos vários tipos de assinatura que a lei agora prevê: mediante a aposição de assinatura electrónica qualificada "certificada por uma entidade certificadora credenciada, o documento electrónico... tem a força probatória de documento particular assinado, nos termos do art. 376.º do Código Civil"); mediante a aposição de assinatura electrónica simples – a menos que haja uma convenção válida sobre prova ou o documento seja aceite pela pessoa a quem for oposto – o documento será apreciado "nos termos gerais de direito" (art. 3.º n.º 5)).

No entanto, a questão da manifestação do consentimento nas relações EDI deverá ser resolvida de forma a que as partes possam trocar mensagens de forma automatizada – sem intervenção humana – sem terem que assinar (manualmente) todas e cada uma das mensagens, mas aceitando, no entanto, a vinculação jurídica e os efeitos ou resultados dos contratos assim concluídos. O que nos obriga a voltar à ideia de uma única expressão de vontade, manifestada no momento em que as partes acordam em activar o sistema de Intercâmbio Electrónico (Automatizado) de Dados.[49]

(Para Erica Brandini Barbagalo, a contratação EDI inclui-se na categoria dos contratos electrónicos inter-sistémicos. Esta autora brasileira re-

---

[48] Que, em nosso entender, já ao abrigo do Dec. Lei 290 D/99 estaria abrangido pelo n.º 4 do art. 3.º, desde que "adoptado pelas partes ao abrigo de válida convenção sobre prova".

[49] Cfr. Erica Brandini Barbagalo "Contratos eletrônicos", Editora Saraiva, 2001, pág. 51.

312 *Estudos em Comemoração do 10.º Aniversário da Licenciatura em Direito*

fere que estes contratos se baseiam num especial tipo de contratação, a "contratação inter-sistêmica": "os sistemas de computador dos contratantes se interligam para a comunicação. As partes previamente acordam um protocolo de comunicação e a instalação deste, e a interligação dos sistemas caracteriza já a aceitação dos termos dos negócios jurídicos que vierem a ser realizados por meio dessa comunicação, que dispensa a atuação humana em cada negócio jurídico efetuado, existindo tal intervenção somente no momento da preparação dos sistemas computacionais para a comunicação".[50])

Assim, a vontade das partes em se vincularem através de operações EDI poderá ser manifestada através de um contrato prévio à utilização do sistema[51] – um contrato entre as partes que se poderia designar como "Acordo de Intercâmbio" ou "Interchange Agreement".[52]

("As partes apenas transpõem para o computador as vontades resultantes de negociação prévia, sem que o equipamento interligado em rede tenha interferência na formação dessas vontades"[53]. No entanto, e ainda que se aceitasse que "a manifestação volitiva das partes envolvidas nas contratações inter-sistêmicas" ocorresse "no momento em que os sistemas aplicativos são programados para a realização de cada uma das comunicações eletrônicas"[54] – com o que não estamos totalmente de acordo, pois parece-nos que a manifestação de vontade se exterioriza com a assinatura ou subscrição, manuscrita ou electrónica, do "Acordo de Intercâmbio", momento que pode ser prévio à programação ou instalação dos referidos aplicativos, e no qual, portanto, os sistemas aplicativos poderão estar ou não prontos a funcionar – a verdade é que não podemos deixar de atender a que, na relação EDI precedida de "Acordo de Intercâmbio" o processo formativo dos contratos se decompõe: a uma declaração inicial de vontade das partes – primeiro e decisivo momento da sua vinculação jurídica –, seguir-se-ão, com intervalos de tempo mais ou menos longos, múltiplos actos de vinculação jurídica, ou de emissão de propostas e aceitações, operados unicamente, de uma forma automatizada, pelas aplicações informá-

---

[50] Idem.

[51] Contrato esse normalmente celebrado por meio de declarações expressas e por escrito.

[52] Cfr. Erica Brandini Brabagalo, op. citada, pág. 51 e Viterbo Matos Santolim in "Formação e eficácia probatória dos contratos por computador", citado por Erica Brandini Barbagalo in "Contratos eletrônicos".

[53] Idem.

[54] Idem.

ticas. Razão pela qual se poderá falar, na relação contratual EDI, na existência de múltiplos contratos: um "contrato principal", expressamente celebrado pelas partes, e múltiplos "contratos derivados", celebrados pelas próprias aplicações informáticas, agora já sem intervenção humana, como é aliás referido por Cesar Viterbo Matos Santolim in "Formação e eficácia probatória dos contratos por computador", citado por Erica Brandini Barbagalo in "Contratos eletrônicos"[55].)

O "Acordo de Intercâmbio" é uma convenção celebrada entre utilizadores de EDI, vinculando as partes a aceitarem as transacções efectuadas por este meio electrónico[56] e definindo, por assim dizer, as regras do jogo. Trata-se de um documento escrito, anterior a qualquer troca de mensagens EDI, com o objectivo de regular, previamente ao início das transacções, as mais diversas questões que se poderão suscitar durante a relação EDI: como aderir ao acordo, standards utilizados, documentos que podem ser trocados, questões de responsabilidade, de segurança, de regras de prova, etc., e, de um modo geral, os precisos termos em que as partes aceitarão utilizar o EDI no seu relacionamento comercial[57]. O "Acordo de Intercâmbio" é a base sobre a qual assentará toda e qualquer futura troca de mensagens EDI entre as partes. Por uma questão de segurança, tal acordo deverá ser celebrado por escrito e assinado, de modo a tornar claro e expresso que as partes efectivamente quiseram aquele acordo nos precisos termos indicados. Consequentemente, todos os direitos e obrigações, ou quaisquer consequências legais da utilização de EDI entre as partes, terão a sua fonte neste "Acordo"[58]. Normalmente, deste "Acordo de Inter-

---

[55] Idem.

[56] Cfr. Recomendação da Comissão Europeia de 19 de Outubro de 1994 relativa aos aspectos jurídicos da transferência electrónica de dados (94/820/CE), e que institui um Acordo-Tipo EDI Europeu, artigo 3.º ponto 3.1: " As partes que pretendam ficar juridicamente vinculadas pelo acordo renunciam expressamente a quaisquer direitos de contestar a validade de um contrato efectuado através da utilização da EDI de acordo com os termos e condições do acordo com o fundamento exclusivo de que foi efectuado através da EDI."

[57] Cfr. "Computer Law" Chris Reed, Blackstone Press Limited, 1993, págs. 262--263: "It is important to make a distinction between the interchange agreement, which deals only with the details of the communication process, and the underlying commercial transaction such as sale of goods, which is entered into and performed using the communication process". É que "EDI can be used for many different types of underlying transactions without changing the agreement on interchange".

[58] Sobre "Acordos de Intercâmbio", cfr. "L'échange de données informatisé et le droit", Memento Guide Alain Bensoussan, Hermés, Paris, 1991, págs. 59-72.

câmbio" constarão três partes principais: uma especificação jurídica, uma especificação técnica e uma especificação de segurança.

Especificação Jurídica:

Algumas questões relativas à responsabilidade civil poderão desde logo ser mencionadas no "Acordo de Intercâmbio". Desde logo, as partes deverão acordar que cada uma será responsável pelo funcionamento, em boas condições, do seu próprio sistema informático[59]. Mas também, e mais importante ainda, que as partes expressamente acordam na utilização do sistema EDI e aceitam inequivocamente todos os efeitos dos contratos que venham a ser concluídos entre as suas aplicações. Podem ainda ser previstos especiais procedimentos ou requisitos relativos à recepção de propostas e envio de aceitações, à validação de facturas[60], regras especiais no que toca à prova das transacções e ao armazenamento e conservação das mensagens intercambiadas.

Especificação Técnica:

No "Acordo de Intercâmbio" as partes deverão definir o sentido exacto do vocabulário técnico constante do acordo, nomeadamente "EDI", "mensagem EDI", "identificação das partes", "autenticação das mensagens", "assinatura", "aviso de recepção", etc. As partes devem ainda chegar a acordo quanto aos procedimentos técnicos a utilizar, bem como quanto aos standards e formatos normalizados de mensagens a utilizar. É que, para que a comunicação através de sistema EDI seja possível, as partes devem chegar a acordo em relação a questões técnicas tais como a dos formatos em que os dados devem ser enviados, os standards a utilizar, as orientações de utilização do sistema, o recurso a terceiros de confiança e prestadores de serviços de comunicação, e o desenvolvimento e manutenção de um apropriado sistema informático e de comunicações; na au-

---

[59] Sistema informático tecnicamente capaz de enviar e receber mensagens, incluindo portanto tanto o hardware (bem como todos os periféricos requeridos para a comunicação) como o software. Cfr. "L'échange de données informatisé et le droit" Memento Guide Alain Bensoussan, Hermés, Paris, 1991, pág. 60.

[60] Que obviamente têm que se coadunar com os requisitos legais.

A celebração de contratos por EDI – Intercâmbio Electrónico de Dados   315

sência de acordo sobre estas questões, a comunicação electrónica pode tornar-se impossível[61].

("In order to communicate through the use of electronic data interchange, the parties must reach agreement on such technical issues such as the formats in which the data will be sent, the standards and possible implementation guidelines to be used, the use of third party providers and the development and maintenance of appropriate computer and communications systems". "In the absence of agreement on such requirements, electronic communication is impossible"[62]).

De todo modo, será sempre prudente fazer referência à Recomendação da Comissão Europeia de 19 de Outubro de 1994 relativa aos aspectos jurídicos da transferência electrónica de dados – e ao seu Acordo-Tipo EDI Europeu – ou às regras da Lei Modelo da UNCITRAL sobre comércio electrónico, aprovadas pela UNCITRAL – Comissão das Nações Unidas para o Direito do Comércio Internacional[63]. Ainda que as disposições constantes destes diplomas não sejam vinculativas para os utilizadores de EDI, a observância dos aspectos contidos nas mesmas – dentro dos limites impostos pelas leis nacionais, obviamente – garantirá uma maior segurança, tanto do ponto de vista técnico quanto jurídico, às transacções a efectuar.

Especificação de Segurança[64]:

("Security procedures are important to ensure that all transmissions are sent by authorized individuals, to protect the integrity of the data from unauthorized individuals, to protect the integrity of the data from unauthorized manipulation, and to prevent unauthorized access to business records and data"[65].)

---

[61] "Cfr. "Electronic Data Interchange Agreements – Private contracting towards a global environment" Amelia Boss in "Northwestern Journal of International Law and Business", 1992, Spring/Summer, pág. 45.

[62] Idem.

[63] Aprovada por Resolução 51/162 da Assembleia Geral das Nações Unidas a 16 de Dezembro de 1996.

[64] Cfr. "Electronic data interchange agreements – Private contracting towards a global environment" Amelia Boss in "Northwestern Journal of International Law and Business, 1992, Spring/Summer pág. 54.

[65] Idem.

Por outro lado, torna-se incontornável, num "Acordo de Intercâmbio", a abordagem das questões relativas à segurança das transacções. É imprescindível, no mínimo, fazer referência aos procedimentos a adoptar para assegurar a confidencialidade das mensagens, ou para evitar – até aos limites do possível – qualquer fraude, pirataria, intercepção e adulteramento de mensagens ou qualquer acesso indevido ao sistema. Para reforçar a segurança do sistema TED seria sempre útili considerar os seguintes pontos:

– aviso de recepção de mensagens – conhecimento (pelo emissor) do recebimento de mensagens pelo destinatário[66]

– não repúdio de mensagens

– métodos e procedimentos de segurança (criptologia), nomeadamente no que concerne à integridade e confidencialidade das mensagens

– identificação/autenticação[67]

– responsabilidades pelos procedimentos de segurança

– acordo quanto ao registo e arquivamento de mensagens[68]

Os "Acordos de Intercâmbio" podem ser bilaterais ou multilaterais e, neste caso, podem vincular diferentes tipos de utilizadores ou apenas utilizadores de um determinado sector de actividade, utilizadores de apenas um determinado País ou Estado ou de várias nacionalidades. No entanto, independentemente do seu âmbito de aplicação – mais vasto ou mais restrito – um "Acordo de Intercâmbio" é vinculativo para as partes que o assinaram ou subscreveram. Através dele, as partes confirmam a sua intençao de comunicar e contratar através de um sistema EDI. Depois de assinarem o "Acordo de Intercâmbio", as partes não mais podem invocar ignorância quanto às regras de comportamento prescritas ou aos efeitos

---

[66] A Recomendação da Comissão Europeia de 19 de Outubro de 1994 que institui o "Acordo-Tipo EDI Europeu" define, no seu artigo 2.º, o que deve ser entendido por "conhecimento do recebimento de mensagens": " o procedimento pelo qual, no momento da recepção de uma mensagem EDI, a sintax e semântica da mensagem são verificadas e o respectivo aviso de recepção é enviado pelo receptor".

[67] "Authentication means: being able to identify the sender of the message; being able to identify the source of the message; being able to verify that the person whose name appears in the message did in fact send (or authorize the transmission of) the message; and being able to confirm the accuracy or integrity of the contents of the message". Cfr. "Electronic data interchange agreements – Private contracting towards a global environment" Amelia Boss in "Northwestern Journal of International Law and Business" 1992, Spring/Summer, pág. 52.

[68] Registo integral dos dados intercambiados. Cfr. art. 8.º Acordo-Tipo EDI Europeu.

A celebração de contratos por EDI – Intercâmbio Electrónico de Dados   317

dos contratos concluídos por EDI. O "Acordo de Intercâmbio" é a verdadeira manifestação de vontade das partes e, em consequência, a fonte última donde emana a força vinculativa dos contratos concluídos de forma automatizada entre aplicações interconectadas.

Considerando-se assim o "Acordo de Intercâmbio" como a real fonte de validade dos contratos concluídos por EDI, – em caso de não utilização automatizada de assinaturas digitais – a verdade é que, em qualquer caso, sempre haverá que questionar quais os exactos momento e lugar em que cada contrato se perfecciona, de modo a determinar o momento a partir do qual o contrato produz efeitos e, provavelmente, a lei e jurisdição aplicáveis em caso de litígio decorrente da relação contratual. Em termos muito gerais, haverá que referir que várias teorias vêm sendo, desde há anos, formuladas, desenvolvidas e apresentadas pelos juristas, no sentido de se encontrar uma resposta para a questão da determinação do momento e lugar de formação do contrato[69], sobretudo nos casos referidos pela doutrina como de "contratação entre ausentes"[70-71]:

1) Doutrina da aceitação: o contrato considera-se concluído quando o destinatário da proposta exterioriza a sua vontade de aceitação

---

[69] Ainda que importante, esta questão não é específica dos contratos concluídos por EDI: problemas semelhantes se poderão colocar relativamente aos contratos celebrados através da clássica correspondência postal, por telex, por fax ou ainda por correio electrónico. No entanto, no caso da utilização de um sistema de intercâmbio automatizado, como é o caso do sistema EDI, em que se verifica a acima enunciada fractura entre o momento da declaração das vontades e o momento da conclusão do contrato, é razoável pensar-se que, por exemplo, para que os contratos sejam válidos, a capacidade das partes deve existir no momento da assinatura do "Acordo de Intercâmbio" (ou de aposição da assinatura digital) e não necessariamente no momento em que a aplicação envia o pedido ou a proposta.

[70] Cfr. "Teoria Geral do Direito Civil" Carlos Alberto da Mota Pinto, Coimbra Editora, 1976, pág. 268 e "A parte geral do Código Civil Português – Teoria Geral do Direito Civil" Heinrich Ewald Hörster, Livraria Almedina 1992, pág. 448. Cfr. ainda, numa perspectiva ligeiramente diferente, Lieve Elias e Jacques Gerard "Formation of contract by electronic data interchange" Comission of the European Communities, Julho de 1991, págs. 34 e 39-45.

[71] Para Luís A. Carvalho Fernandes, citando o Prof. Galvão Telles, o "critério da destrinça" (entre contratos entre presentes e contratos entre ausentes) não é meramente físico. "Não se exige, para o negócio ser entre presentes, que as partes estejam na presença física, material, uma da outra; basta a presença ideal". É que o que verdadeiramente importa é "a possibilidade de uma imediata aceitação ou recusa, possibilidade que existe na oferta telefónica". Cfr. "Teoria Geral do Direito Civil", Luís A. Carvalho Fernandes, AAFDL, Lisboa, 1983, vol. II, pág. 331. Acrescentar-se-á a propósito que, de acordo com o critério supra enunciado, também haverá de ser considerada "contratação entre presentes" a celebrada via chat ou video-conferência, ainda que os contratantes estejam fisicamente situados em países ou continentes diferentes.

318 *Estudos em Comemoração do 10.º Aniversário da Licenciatura em Direito*

2) Doutrina da expedição: o contrato considera-se concluído quando o destinatário expediu, por qualquer meio, a sua aceitação

3) Doutrina da recepção: o contrato conclui-se quando a resposta, contendo a aceitação, chega à esfera de acção do proponente[72]

4) Doutrina da percepção ou do conhecimento: o contrato conclui-se quando o proponente tomou conhecimento efectivo da aceitação.

O Código Civil Português, no seu artigo 224.º, acolheu a Doutrina da Recepção, ainda que moderada pela Doutrina do Conhecimento, no sentido de que se o proponente efectivamente tiver tomado conhecimento do conteúdo da declaração, não se torna necessário provar que a declaração foi mesmo recebida.[73] A declaração de vontade de aceitação produz efeitos – e o contrato considera-se concluído – a partir do momento em que chega à esfera do proponente; não é necessário que este tenha tomado um conhecimento completo e exacto do conteúdo da declaração. Basta que a declaração tenha chegado ao seu poder ou deja dele conhecida.

(O número 2 do artigo 224.º do Código Civil Português refere ainda que a declaração é também considerada eficaz, ainda que não recebida, se " só por culpa do destinatário não foi por ele oportunamente recebida". O que nos faz imediatamente pensar que, no caso EDI, se a mensagem de aceitação for enviada para o endereço previamente fixado – no "Acordo de Intercâmbio" – mas o destinatário mantiver o seu sistema desligado, deve presumir-se a culpa do destinatário, pelo que o contrato se formará ainda que sem efectiva recepção. Destes artigos do Código Civil, aplicados agora à transmissão electrónica de dados, ressalta evidente a enorme importância de os utilizadores EDI manterem activos os mecanismos de segurança do sistema, nomeadamente o sistema de aviso de recepção de mensagens e o registo de mensagens enviadas. Claro que estas funcionali-

---

[72] Ou, como diz o Prof. Mota Pinto, "o proponente passa a estar em condições de a conhecer" (a aceitação, evidentemente). Cfr. "Teoria Geral do Direito Civil" Carlos Alberto da Mota Pinto, Coimbra Editora Limitada, 1976, pág. 268. Esta Doutrina é a mais comunmente aceite internacionalmente. Cfr. Recomendação da Comissão Europeia de 19 de Outubro de 1994, relativa aos aspectos jurídicos da transferência electrónica de dados, e que expressamente prevê no seu artigo 3, ponto 3.3: "Um contrato efectuado através da utilização da EDI será considerado concluído no momento e no local em que a mensagem EDI que traduz aceitação de uma oferta fica disponível no sistema informático do proponente."

[73] Cfr. a propósito "The legal position of the member states with respect to electronic data interchange", Comissão das Comunidades Europeias, Setembro de 1989, pág. 216 e, sobretudo, "Código Civil anotado", Fernando Andrade Pires de Lima e João de Matos Antunes Varela, Coimbra Editora Limitada, 1987, pág. 214.

A celebração de contratos por EDI – Intercâmbio Electrónico de Dados   319

dades de segurança também poderão ser asseguradas por um terceiro, prestador de serviço de acesso à rede. O que verdadeiramente importa é que todas estas questões estejam contempladas no "Acordo de Intercâmbio").

Pelo que o contrato se tem por celebrado:

– no momento em que a aceitação chega à esfera de poder ou conhecimento do proponente

– no lugar a que chega a aceitação (desde que aí se possa considerar que entrou na esfera de poder do proponente)[74].

Assim, na relação contratual EDI – não obstante a manifestação de vontade das partes poder ocorrer num momento prévio à inicialização do sistema – para cada contrato, concluído de modo automatizado pelas aplicações informáticas envolvidas, haverá uma data diferente de conclusão, data essa que corresponderá ao momento em que a resposta a um pedido ou proposta fôr recebido pelo sistema informático indicado pelo proponente[75]. Na verdade, pode-se afirmar que, na contratação electrónica por EDI, as declarações negociais de cada contrato a celebrar são emitidas electronicamente, de forma automatizada, por cada uma das partes. Ou seja, a partir da aceitação pelas partes (normalmente de forma expressa e até por escrito) de um "Acordo de Intercâmbio"[76], estas ficam vinculadas a aceitar a produção dos efeitos jurídicos que venham a resultar da actividade automatizada das suas aplicações informáticas interconectadas. E, pode-se dizer que, a cada contrato electrónico assim celebrado, corresponderão duas declarações de vontade, expressamente exteriorizadas pelas máquinas – que, obviamente, não têm personalidade jurídica – mas tácitamente emitidas pelas partes, já que resultantes de "uma manifestação indirecta da vontade que se baseiam num comportamento concludente do declarante".[77] O comportamento das partes de manterem activo o sistema electrónico automatizado de interconexão de dados – sobretudo se subsequente e decorrente da celebração de um "Acordo de Intercâmbio – é perfeitamente concludente quanto à vontade das partes de contratarem por

---

[74] Cfr. "Transferencia electrónica de dados: a formação dos contratos (o novo regime jurídico dos documentos electrónicos)" Paula Costa e Silva, in "Direito da Sociedade da Informação", vol. I, Coimbra Editora 1999, pág. 211.

[75] E que tanto pode ser o sistema informático da própria parte como de um terceiro prestador do serviço, por aquele escolhido. O importante é que a mensagem enviada esteja efectivamente à disposição da parte.

[76] Que, no entanto, também pode ser celebrado electronicamente.

[77] Cfr. "A parte geral do Código Civil Português – Teoria Geral do Direito Civil", Heinrich Ewald Hörster, Livraria Almedina 1992, pág. 434.

320 *Estudos em Comemoração do 10.° Aniversário da Licenciatura em Direito*

esse meio e de assim se vincularem juridicamente. (Há que referir que, mesmo que as partes optem por não celebrar por escrito um "Acordo de Intercâmbio" mas, ainda assim, efectivamente instalem, interconectem e inicializem as aplicações de intercâmbio de mensagens, ficarão de todo o modo vinculadas pelos contratos decorrentes da actividade de máquinas, tendo em consideração o que acima fica dito relativamente a declarações tácitas e comportamentos concludentes)

É de referir ainda que, quanto à questão do momento e lugar de celebração de contratos por Transferência Electrónica de Dados, também o "Acordo-Tipo EDI Europeu", instituído pela RECOMENDAÇÃO DA COMISSÃO EUROPEIA de 19 de Outubro de 1994 relativa aos aspectos jurídicos da transferência electrónica de dados (94/820/CE), prevê, no seu artigo 3.°, que "um contrato efectuado através da utilização de EDI será considerado concluído no momento e no local em que a mensagem EDI que traduz aceitação de uma oferta fica disponível no sistema informático do proponente". A referida recomendação, apesar de não ser directamente vinculativa para as partes, poderá bem ser utilizada como fonte ou modelo de configuração dos "Acordos de Intercâmbio", de modo a que as próprias partes moldem a sua relação EDI em plena segurança, tanto técnica[78], quanto juridica[79].

Feita uma breve referência a dois dos elementos essenciais da formação do contrato – a capacidade das partes e a declaração de vontade – en-

---

[78] Cfr. "L'échange de données informatisé et le droit" Memento Guide Alain Bensoussan, Hermés, Paris, 1991, pags. 79-84. Apesar de se poderem colocar ainda algumas questões de segurança, "EDI can offer an higher level of technical security than that found in a paper environment. Security techniques are built into the communications protocol (e.g. X25, X400), as well as the EDI message standards (e.g. EDIFACT). For example, in EDIFACT each message contains an interchange header segment which contains a sender identification field (including an address for reverse routing), a password field (which can be encrypted) and information control. The information control is repeated in the interchange trailor segment as check. Such technical security is closely linked with the commercial requirement for legal security". Cfr. "EDI: contracting for legal security", Ian Walden in "International Yearbook of Law, Computers and Technology", volume 6, 1992, pág. 25.

[79] O Acordo Tipo EDI Europeu, no seu ponto 3.2. estipula que "Cada parte deve garantir que o conteúdo de uma mensagem EDI enviada ou recebida não é incompatível com a legislação do seu próprio país, cuja aplicação pode restringir o conteúdo de uma mensagem EDI, e tomará todas as medidas necessárias para informar sem demora a outra parte de tal incompatibilidade".

cerraremos este artigo quase "sem nos referirmos" à "questão" do objecto do contrato EDI. É que há apenas que fazer a distinção entre o contrato EDI e a transacção subjacente: como já pudemos verificar, o "Acordo de Intercâmbio", respeitando apenas ao processo de comunicação, é válido enquanto contrato bilateral ou multilateral que regula as relações comerciais entre as partes. Quanto ao objecto de cada transação individualmente considerada, obviamente tem que ser fisica ou legalmente possível, determinado ou determinável e não pode ser contrário à lei, à ordem pública ou aos bons costumes – artigo 280.° do Código Civil. Mas no que ao objecto respeita, não é realmente muito importante que o contrato seja concluído através de um sistema EDI ou por qualquer outro meio válido de celebração de contratos.

BIBLIOGRAFIA:

ANDRADE, Manuel Domingues de *"Teoria Geral da Relação Jurídica"*, Coimbra 1983.

BARBAGALO, Erica Brandini *"Contratos eletrônicos"*, Editora Saraiva, 2001.

BAUM, Michael S./PERRITT JR., Henry H. *"Electronic Contracting, Publishing and EDI Law"* Wiley Law Publications 1991.

BENSOUSSAN, Alain *"L'échange de données informatisé et le droit"* Memento Guide Alain Bensoussan, Hermés, Paris 1991.

BOSS, Amelia *"Electronic Data Interchange Agreements – Private contracting towards a global environment"* in "Northwestern Journal of International Law and Business", 1992, Spring/Summer.

Comissão das Comunidades Europeias, *"The legal position of the member states with respect to electronic data interchange"*, Setembro de 1989.

ELIAS, Lieve/GERARD, Jacques *"Formation of the contract by Electronic Data Interchange"*, Comissão das Comunidades Europeias, Julho 1991.

FERNANDES, Luís A. Carvalho *"Teoria Geral do Direito Civil"*, AAFDL, Lisboa, 1983, vol. II.

HÖRSTER, Heinrich Ewald *"A parte geral do Código Civil Português – Teoria Geral do Direito Civil"*, Livraria Almedina 1992.

JONES, Peter/MARSH, David *"Essentials of EDI Law"*, (UK edition), Electronic Data Interchange Council of Canada, 1993.

LIMA, Fernando Andrade Pires de/VARELA, João de Matos Antunes *"Código Civil Anotado"* Coimbra Editora Limitada, 1987, volume 1.

MURO, Jorge d'Ávila/RAMÓN, José Luís Morant/RODRIGUEZ, Justo Sanchez *"Servícios básicos de seguridad en la contractación electrónica"*, em

322 *Estudos em Comemoração do 10.º Aniversário da Licenciatura em Direito*

"Encuentros sobre Informática y Derecho 1994-1995", Aranzadi Editorial. Madrid. 1995.

PINTO. Carlos Alberto da Mota *"Teoria Geral do Direito Civil"*, Coimbra Editora Limitada. 1976.

REED. Chris *"Advising clients on EDI contracts"* in "Computer Law and Practice", volume 10, nr. 3, 1994.

REED. Chris *"Computer Law"*, Blackstone Press Limited. 1990.

ROTGER. Lorenc Hughet/GARAU. Guillermo Alcover *"Seguridad en la transmisión electrónica: validez jurídica"* in "Encuentros sobre Informática y Derecho 1994-1995" Aranzadi Editorial. 1995.

SILVA. Paula Costa e *"Transferencia electrónica de dados: a formação dos contratos (o novo regime jurídico dos documentos electrónicos)"* in "Direito da Sociedade da Informação", vol. I, Coimbra Editora 1999.

SLOANE. Andy *"Computer communications – principles and business applications"* Mcgraw Hill Book Company. 1994.

STALLINGS. William *"Data and computer communications"*, Maxwell Macmillan International. 1994.

WALDEN. Ian *"EDI and the law: an introduction"* in ""Computer Law and Practice" (6). 1990.

WALDEN. Ian *"EDI: contracting for legal security"*, in "International Yearbook of Law, Computers and Technology", volume 6, 1992.

ESBOÇO ESQUEMÁTICO SOBRE A RESPONSABILIDADE CIVIL DE ACORDO COM AS REGRAS DO CÓDIGO CIVIL*

HEINRICH EWALD HÖRSTER

SUMÁRIO: I. Considerações introdutórias; 1. A atitude tendencial de recusa da responsabilidade; 2. A exigência de um agir com responsabilidade; 3. O risco geral da vida e a regra "casum sentit dominus"; 4. A necessidade de deslocar o dano ocorrido de quem o sofreu para aquele que o causou: a razão de ser da responsabilidade civil; 5. As responsabilidades contratual e extracontratual, responsabilidade civil em sentido amplo e em sentido restrito. II. A responsabilidade individual por actos próprios; 1. A responsabilidade cotratual; a culpa presumida do devedor; 2. A responsabilidade extracontratual; 3. A responsabilidade solidária. III. A responsabilidade por actos de outrem; 1. A responsabilidade contratual; 2. A responsabilidade extracontratual. IV. As limitações da responsabilidade; 1. O património do devedor como garantia geral da responsabilidade; 2. Limitações por via negocial; 3. Limitações por via legal; 4. A deslocação da responsabilidade para o seguro. V. Considerações finais.

I. 1. "Nunca ninguém tem culpa, nunca ninguém é responsável, nem pelas praias desfiguradas, nem pelos rios poluídos, nem pelos fogos que destroem a floresta."[1] Parece que podemos concordar com esta observação. Sempre que ocorre um facto causador de um dano não há ninguém que se sinta responsável por ele e, de modo igual, também não há ninguém que aceite arcar com o prejuízo sofrido. "Não fui eu" ou "não tive culpa" ou "não pude fazer nada"; estas ou outras reacções parecidas ouvem-se sempre, e todas elas destinam-se, invariavelmente, a afastar quaisquer responsabilidades. Por outro lado, por parte de quem sofreu o prejuízo, tais

---

* Trabalho concebido com fins essencialmente didácticos.

[1] Manuel Alegre, *Expresso*, 23 de Agosto de 2003, p. 12.

reacções, espontâneas, encontram a sua correspondência: a procura, quase instintiva, de alguém que paga. Portanto, o que é que importa é sacudir a responsabilidade ou o prejuízo, fazendo ombrear outros com eles.

Mas acontece, por mais estranho que possa parecer às mentalidades de hoje, que estas reacções não correspondem à realidade legal. Sofrer um dano significa ter sido lesado, em princípio, num direito subjectivo. Um direito subjectivo é a expressão do facto de a ordem jurídica, designadamente o direito privado, ter reconhecido a uma pessoa um "domínio" sobre um bem. Todavia, na medida em que a pessoa tem o "domínio" sobre o bem é precisamente ela quem assume os riscos que lhe são inerentes, inclusive o de se verificar um dano ou um prejuízo. Apenas nos precisos casos em que a ordem jurídica prevê que a violação de um direito subjectivo acarreta o dever de indemnizar, o prejuízo acaba por ser afastado de quem o sofreu.

2. O direito privado considera a pessoa humana um ser responsável, melhor dizendo: auto-responsável, e, por conseguinte, o Código Civil (CCiv) diz no seu artigo 130.º: "Aquele que perfizer dezoito anos de idade adquire plena capacidade de exercício de direitos, ficando habilitado a reger a sua pessoa e a dispor dos seus bens." Com esta disposição a lei civil reconhece autonomia à pessoa humana. Isto significa que uma pessoa pode, de acordo com a sua vontade, tratar em princípio de si própria e dos seus bens com todo o cuidado mas também com o descuido que achar por bem, podendo ser diligente ou negligente, como lhe convém ou como corresponde à sua maneira de ser.

De facto, o homem possui capacidade para, conforme a sua vontade autónoma, determinar as suas condutas, estabelecer metas, criar ou conformar relações sociais ou jurídicas, escolher e estabelecer o seu modo de vida, aceitar desafios ou assumir responsabilidades. A possibilidade de agir neste sentido significa ter liberdade.

Contudo, antes de agir, o homem deve ponderar os efeitos e os riscos da sua acção (para ele próprio, para familiares, para terceiros ou até para a comunidade), reflectir sobre as consequências e procurar antever os resultados de acordo com a experiência, os conhecimentos, as informações e os aconselhamentos de que dispõe e dentro do humanamente previsível.

De facto, a consciência de incluir na sua decisão de agir (ou a consciência de assumir ou de se identificar com) os efeitos e as consequências dos actos que vierem a ser praticados modera e limita a liberdade de decisão do agente no sentido de evitar voluntarismos, arbitrariedades ou abusos ou de correr riscos de modo irreflectido. Esta constatação vale para todo e qualquer tipo de actividade. Agir livremente significa por isso assumir os riscos e as consequências dos actos praticados, ou seja, ser responsável. É precisamente este modo de agir que representa uma prerrogativa e um ónus do homem. Por outro lado, é também precisamente este modo de agir que muitas vezes não é seguido.

3. Acresce que o homem há-de assumir também riscos independentemente da sua vontade. Porque viver significa arcar com os riscos próprios da vida. Estes riscos são vários, mudando com a evolução dos tempos, e podem afectar tanto a pessoa como os seus bens. Em parte são evitáveis (homem prevenido vale por dois), em parte não o são. Há riscos cuja concretização pode mesmo arruinar a existência privada da pessoa. Pertencem aqui a doença, a invalidez, a morte, a dissolução do casamento (ou, também, da união de facto) e a responsabilidade civil. Estes riscos da sua vida uma pessoa não os pode eliminar, embora possa procurar evitá-los ou, em parte, atenuá-los ou adiá-los. Por exemplo, uma pessoa vai regularmente ao seu médico, não pratica desportos perigosos, não aceita o transporte gratuito ("boleia") de alguém manifestamente embriagado, não casa (ou não se divorcia; ou o divórcio revela-se como um remédio de uma situação insustentável) ou não se envolve em negócios demasiadamente arriscados.

Todavia, casos há – e são muitos – em que a concretização do risco e, com ele, a ocorrência do dano, não se conseguem prevenir ou são até o preciso resultado da conduta negligente da pessoa prejudicada. Nestes casos a verdade é a de que a pessoa prejudicada assume todos os efeitos danosos. Ela arca com os prejuízos sofridos na sua pessoa ou nos seus bens. "Casum sentit dominus" diziam os velhos romanos. De facto, uma pessoa não se pode subtrair de todo aos riscos que a ameaçam na sua vida ou nos seus bens. Esta é a realidade. E é desta realidade que parte a lei civil: o prejuízo é suportado por quem o sofrer – como já constatámos.

4. Contudo, a justeza do princípio de que o prejuízo é de suportar por parte de quem o tiver sofrido gera logo dúvidas quando olharmos para as circunstâncias concretas em que ele pode ter surgido. Vejamos os seguintes exemplos: a) um comprador não paga o preço da coisa comprada por ter perdido no jogo; assim, o vendedor fica (para já) sem o dinheiro devido; b) na "época de fogos"[2] um proprietário vê arder um pinhal seu por-

---

[2] Circunstâncias semelhantes são as épocas de nevoeiro ou as alturas da chuva em que se sucedem, com frequência, acidentes de viação devidos, evidentemente, ao nevoeiro e à chuva …

que durante uma trovoada seca caiu um relâmpago que o incendiou; c) o proprietário vê arder o seu pinhal porque houve fogo posto por um vizinho rancoroso; d) o proprietário vê arder o seu pinhal que foi incendiado por crianças ou por um débil mental; e) uma pessoa, ao dar um passeio à noite, é atropelada por um carro cujo condutor perdeu o controlo de direcção sobre o veículo porque furou um pneu das rodas de frente quando passou por cima de um buraco na estrada; f) para se defender do ataque de um cão, uma pessoa arranca a bengala a um cego e, ao bater no cão, parte a bengala; além disso, o cego perde o equilíbrio, cai e fica com um ligeiro hematoma; g) uma senhora, querendo fazer um telefonema com o seu telemóvel, sofre graves queimaduras na cara porque, inexplicavelmente, o telemóvel explodiu. Na verdade, pretender aplicar em todas estas situações, indiscriminadamente, o princípio "casum sentit dominus" não parece nem adequado nem justo.

É neste contexto que surge a responsabilidade civil. A sua razão de ser e função fundam-se na necessidade de deslocar um dano ocorrido de quem o sofreu, o lesado, para aquele que o causou, o lesante, e isto de acordo com determinados critérios legais, iguais para todos. A responsabilidade civil tem a ver assim com a ocorrência de um dano e o dever de indemnizar este dano, precisamente por parte do lesante, na medida em que o dano vai para além do risco geral de vida que o lesado deve assumir (em sintonia com as concepções reinantes e o estado de evolução social). Nestes termos, deve indemnizar aquele a quem o facto causador do dano é imputado por lei.

Segundo o art. 562.º CCiv "quem estiver obrigado a reparar um dano deve reconstituir a situação que existiria, se não se tivesse verificado o evento que obriga à reparação." Vale o princípio da reconstituição natural. Neste contexto "o dever de indemnizar compreende não só o prejuízo causado, como os benefícios que o lesado deixou de obter em consequência da lesão" (art. 564.º, n.º 1), ou seja, a indemnização abrange ainda os chamados lucros cessantes. Todavia, "a indemnização é fixada em dinheiro, sempre que a reconstituição natural não seja possível, não repare integralmente os danos ou seja excessivamente onerosa para o devedor" (art. 566.º, n.º 1).

5. Como mostram os exemplos referidos, os danos e a correspondente responsabilidade civil poderão encontrar o seu fundamento num contrato, um negócio jurídico, ou fora dele. Daí que se distingue a responsabilidade contratual da responsabilidade extracontratual, ambos compreendidos pelo conceito da "responsabilidade civil em sentido amplo". Contudo, as responsabilidades contratual e extracontratual têm origens

bem distintas. Na primeira, a razão última para a responsabilidade resulta sempre de vínculos criados por uma vontade autónomo-privada, sendo de ajuizar, por isso, o resultado danoso em função desta vontade privada. Na segunda, bem pelo contrário, não se trata de ajuizar vontades autónomo--privadas e os resultados dela decorrentes mas são de avaliar, isso sim, condutas ilícitas, ou seja, condutas desconformes com a lei, às quais esta reage normalmente com efeitos sancionatórios.

A sistematização do CCiv, ao regular a matéria da responsabilidade civil, diferencia entre as duas modalidades referidas, atendendo às suas origens distintas, e trata-as em contextos diferentes. A responsabilidade contratual aparece, deste modo, inserida na matéria do não cumprimento das obrigações referentes ao contrato (arts. 790.º e ss.). A responsabilidade extracontratual, por seu lado, ocupa o seu lugar entre as fontes das obrigações, sendo precisamente a última destas (arts. 483.º e ss.).

O CCiv equipara na sua terminologia a responsabilidade extracontratual à responsabilidade civil, utilizando assim um conceito de "responsabilidade civil em sentido restrito". Esta diferenciação corresponde, de resto, também ao facto de a responsabilidade contratual atender à violação de direitos relativos, que obrigam apenas as partes entre si (art. 406.º, n.º 1, 1.ª parte: "pacta sunt servanda"), enquanto a responsabilidade extracontratual aqui em causa respeita à violação de direitos absolutos,[3] cuja observância se impõe a todos.

II. Por via de regra, a responsabilidade do lesante é individual e respeita a actos próprios. O princípio-base em que assenta é o facto de o lesante ter agido com culpa o que exprime, por isso mesmo, uma censura ao seu comportamento. É na culpa, e não tanto na necessidade de reparar os danos causados ao lesado, que reside a justificação originária da responsabilidade. Visto nestes termos, a responsabilidade tem um fundamento ético, decorrente da concepção do homem como um ser auto-responsável.

1. Quanto à responsabilidade contratual, o art. 798.º determina: "O devedor que falta culposamente ao cumprimento da obrigação torna--se responsável pelo prejuízo que causa ao credor." Em ordem a fortalecer a posição do credor, e ainda tendo em conta a origem autónomo-privada do vínculo obrigacional, o art. 799.º, n.º 1, acrescenta: "Incumbe ao devedor provar que a falta de cumprimento ou o cumprimento defeituoso da

---

[3] Bem como à violação de interesses legalmente protegidos.

obrigação não procede de culpa sua." Quer dizer, a lei presume a culpa do devedor, cabendo a este o ónus de provar que não a teve. A intenção da lei é a de não permitir ao devedor uma "saída" fácil e de contribuir para que obrigações assumidas sejam também cumpridas. A culpa é apreciada nos termos aplicáveis à responsabilidade civil (art. 799.°, n.° 2).

2. *a*) No que toca à responsabilidade civil, encontramos a regra fundamental no art. 483.°, n.° 1. Aqui lê-se: "Aquele que, com dolo ou mera culpa, violar ilicitamente o direito de outrem ou qualquer disposição legal destinada a proteger interesses alheios fica obrigado a indemnizar o lesado pelos danos resultantes da violação." A responsabilidade aqui consagrada é uma responsabilidade por factos ilícitos, baseada na culpa e, por isso mesmo, subjectiva.

aa) Segundo o entendimento tradicional o art. 483.°, n.° 1, estabelece uma sanção: O lesante que culposamente, i.é., de maneira proposital ou negligente, violar de modo ilícito, ou seja, em desrespeito à lei, um direito, mais precisamente um direito absoluto, de outrem fica obrigado a indemnizar o lesado pelos danos, quer dizer, todos os danos sofridos. Estes podem ser danos patrimoniais ou morais, i.é., não patrimoniais (art. 496.°).[4] Todavia, o lesado, querendo ver os seus danos reparados, não se encontra numa situação muito cómoda. Ao contrário do que sucede ao credor na responsabilidade contratual, é a ele que incumbe provar a culpa do autor da lesão (art. 487.°, n.° 1, 1ª parte). O lesado arca, portanto, com o ónus (pesado) da prova.

A culpa é apreciada pela diligência de um bom pai de família, em face das circunstâncias de cada caso (art. 487.°, n.° 2), de acordo com os cuidados necessários no tráfico jurídico. Além de provar a culpa do lesante, que há-de individualizar para o efeito, o lesado deve provar ainda que existe, entre o dano que sofreu e o facto danoso, um nexo de causalidade adequada, quer dizer, o facto danoso era, dentro do razoável e humanamente previsível, susceptível de provocar o dano sofrido. A ocorrência do dano nestes termos indicia regularmente a ilicitude do facto.[5]

bb) Obviamente, a atribuição do ónus da prova pode dificultar ou mesmo obstar à obtenção de uma indemnização, em princípio devida, se o lesado não consegue provar os pressupostos enunciados no art. 483.°,

---

[4] Nestes casos a indemnização tem o carácter de uma compensação.

[5] Todavia, nos casos em que o direito violado é disponível, o titular do direito pode eliminar a ilicitude através do seu consentimento (art. 340.°, n.° 1). Por exemplo, uma pessoa pode consentir na violação do seu direito de propriedade, mas já não pode consentir na violação do seu direito à integridade física ao permitir que seja mutilada ou torturada.

Esboço esquemático sobre a responsabilidade civil de acordo com as regras do CCiv 329

n.º 1, designadamente o da culpa. Por isso, em determinadas situações, a própria lei procedeu a uma redistribuição, melhor dizendo, a uma inversão do ónus da prova ao presumir a culpa do lesante, sendo certo que isto não significa o abandono do princípio da culpa.

Temos aqui os casos da responsabilidade das pessoas obrigadas à vigilância de outrem (art. 491.º), dos danos causados por edifícios ou outras obras (art. 492.º) e dos danos causados por coisas, animais ou actividades perigosas (art. 493.º). Se nas situações referidas tiver ocorrido um facto danoso, as pessoas respondem pelos danos causados, salvo se provarem que cumpriram os seus deveres e que nenhuma culpa houve da sua parte. Também não respondem se os danos eram inevitáveis de todo, visto a culpa, eventualmente existente, não ter sido decisiva, de modo que não há razão para uma censura.

Em certas constelações danosas típicas, os tribunais, ao apreciar os factos de acordo com a experiência da vida, procedem a uma prova "prima facie" e, presumem, deste modo, a culpa do lesante. Também estas presunções judiciais acabam por facilitar o ónus da prova que incumbe ao lesado.

cc) Atendendo ao princípio da culpa, não responde pelas consequências do facto danoso quem, no momento em que o facto ocorreu, estava, por qualquer causa, incapacitado de entender ou querer (art. 488.º, n.º 1, 1ª parte). Nestas circunstâncias, uma pessoa não pode agir culposamente e é, por isso mesmo, inimputável. A falta de imputabilidade é presumida nos menores de sete anos e nos interditos por anomalia psíquica (art. 488.º, n.º 2). Esta presunção é ilidível mediante prova em contrário (art. 350, n.º 2). Todavia, a lei não ignora que a incapacidade de querer e entender pode resultar, ela mesma, de um agir culposo do lesante. Se este se colocou culposamente nesse estado, sendo este transitório,[6] responde (art. 488.º, n.º 1, parte final).

Do ponto de vista do lesado, que vê preenchidos todos os pressupostos da responsabilidade por factos ilícitos menos o da culpa, devido à falta da imputabilidade do autor da lesão, a situação não é confortante. É difícil argumentar que tal situação faz parte do risco geral de vida do lesado, tanto mais que ele, p.ex., pode não possuir grandes bens, mas o lesante sim. A lei sentiu o problema e dispõe, quanto à indemnização por pessoa não imputável, "se o acto causador dos danos tiver sido praticado por pessoa não imputável, pode esta, por motivo de equidade, ser condenada a repará-los, total ou parcialmente" (art. 489.º, n.º 1, 1ª parte). Todavia, esta solução da lei é subsidiária:

---

[6] Como sucede, nomeadamente, nos casos de embriaguez.

330 *Estudos em Comemoração do 10.° Aniversário da Licenciatura em Direito*

apenas se aplica desde que não seja possível obter a devida reparação das pessoas a quem incumbe a vigilância do não imputável (art. 489.°, n.° 1, 2ª parte), de acordo com o previsto no art. 491.°. Mas sempre que estas pessoas não respondem será o não imputável a reparar os danos nos termos definidos pelo artigo 489.°, n.° 1, 1ª parte, e n.° 2).

dd) Por outro lado, também o lesante pode sentir que a aplicação rigorosa do princípio da culpa o atinge de uma maneira não merecida. Na verdade, o lesante pode ter agido apenas com culpa leve, houve da parte dele simples negligência, como tantas vezes acontece na vida, mas o prejuízo causado é muito elevado. Todavia, segundo a regra-base do art. 483.°, em caso de culpa, o dever de indemnizar abrange todos os danos causados ao lesado.

Neste contexto, em situações de culpa leve, o art. 484.° permite uma limitação da indemnização. Diz ele: "Quando a responsabilidade se fundar na mera culpa, poderá a indemnização ser fixada, equitativamente, em montante inferior ao que corresponderia aos danos causados, desde que o grau de culpabilidade do agente, a situação económica deste e do lesado e as demais circunstâncias do caso o justifiquem." Aqui, a lei atenua os efeitos sancionatórios da responsabilidade por factos ilícitos a favor do lesante e à custa do lesado. Mas este tem de aceitar o resultado, uma vez que não pode contar, em todas as situações, com a diligência dos outros.[7]

b) A responsabilidade por factos ilícitos, baseada no princípio da culpa, não tem resposta para os casos em que surgem danos independentemente de culpa mas em que não é de aceitar como justo que sejam suportados pelo lesado que os sofreu. Para estes casos surge um outro tipo de responsabilidade civil, ou seja, a responsabilidade pelo risco, como responsabilidade objectiva. Contudo, de acordo com o art. 483.°, n.° 2, "só existe obrigação de indemnizar independentemente de culpa nos casos especificados na lei", o que significa que há, a seu respeito, uma tipicidade ou "numerus clausus".

A responsabilidade pelo risco constitui, ao lado da responsabilidade por factos ilícitos, uma modalidade autónoma com fundamentos próprios para a deslocação do dano de quem o sofreu para quem o causou, imputando-o desta

---

[7] Cf., neste contexto, o art. 486.° que esclarece que "as simples omissões (apenas) dão lugar à obrigação de reparar os danos, quando, independentemente dos outros requisitos legais, havia, por força da lei ou de negócio jurídico, o dever de praticar o acto."

maneira ao lesante.[8] O seu fundamento reside no raciocínio que os danos resultantes de actividades lícitas, úteis e socialmente aceites por serem indispensáveis, mas com riscos inerentes e nem sempre possíveis de evitar, devem ser assumidos, caso o risco se concretize, por quem exercer esta actividade, tirando dela os seus proveitos, mas não por quem ficar prejudicado por elas. Aplica-se ao agente a velha máxima "ubi commoda, ibi incommoda".

O CCiv regula a responsabilidade pelo risco nos arts. 499.º e seguintes, sendo de realçar aqui os arts. 502.º (danos causados por animais que resultem do perigo especial da sua utilização), 503.º (danos provenientes dos riscos próprios de veículos de circulação terrestre) e 509.º (danos causados por instalações de energia eléctrica ou gás), sendo certo que este último caso se distingue um pouco dos dois primeiros, dado que a responsabilidade não resulta de uma actividade mas é inerente à instalação. Há, além do CCiv, muitas leis especiais que vieram a contemplar novos casos da responsabilidade pelo risco.

c) Além da responsabilidade por factos ilícitos e da responsabilidade pelo risco, o CCiv conhece ainda uma outra modalidade de responsabilidade civil que é a responsabilidade por factos lícitos. Esta última não encontra, porém, no CCiv um regime geral. Os casos, todos excepcionais, estão regulados de maneira dispersa na lei (ver os arts. 339.º, n.º 2; 1322.º, n.º 1; 1347.º, n.º 3; 1348.º, n.º 2; 1349.º, n.º 3, e 1367.º). Nestes casos, o titular de um direito é obrigado a tolerar determinadas intervenções mas obtém, em contrapartida, um direito de ser indemnizado pelos danos sofridos. Pode ser referido como paradigmático o caso do estado de necessidade previsto no art. 339.º.

Segundo o art. 339.º, n.º 1, "é lícita a acção daquele que destruir ou danificar coisa alheia com o fim de remover o perigo actual de um dano manifestamente superior, quer do agente, quer de terceiro." Trata-se de uma situação de emergência. É esta que justifica e torna lícita a acção danosa, destrutiva ou danificadora de uma coisa, da parte do lesante. Todavia, "o autor da destruição ou do dano é obrigado a indemnizar o lesado pelo prejuízo sofrido, se o perigo for provocado por sua culpa exclusiva; em qualquer outro caso, o tribunal pode fixar uma indemnização equitativa e condenar nela não só o agente, como aqueles que tiraram proveito do acto ou contribuíram para o estado de necessidade."

---

[8] Inicialmente, quando começou a surgir, a responsabilidade pelo risco foi entendida como uma excepção ao princípio da culpa, mas com o alargamento contínuo desse tipo de responsabilidade a cada vez mais actividades, este entendimento deixou de ser adequado.

d) Acontece que todas as modalidades de responsabilidade civil que foram mencionadas e que têm o seu regime no CCiv se mostram insuficientes quando a responsabilidade individual não pode ser apurada. De facto, o funcionamento de instalações técnicas sofisticadas, a informatização de muitos processos, o fabrico robotizado em grandes séries, a automatização da produção acompanhada por uma cadeia anónima de actos isolados e especializados, os meios de transporte e de distribuição modernos, etc. impossibilitam praticamente sempre a individualização de um lesante e, além disso, impedem de todo o apuramento de culpas pessoais que possam existir.

Nas condições referidas parece indicado que os danos causados sejam imputados a quem utilizar estes modos de produção e tirar deles os seus lucros. Para este efeito, foi introduzido pelo DL n.º 383/89, de 6 de Novembro, um regime especial que regula a responsabilidade do produtor como mais uma forma de responsabilidade objectiva que não pressupõe nem culpa nem ilicitude.[9] "O produtor é responsável, independentemente de culpa, pelos danos causados por defeitos dos produtos que põe em circulação" lê-se no art. 1.º do DL n.º 383/89. Em princípio, o produto deve ter sido correctamente utilizado.

São apenas economias com padrões de evolução muito avançados que podem admitir este tipo de responsabilidade objectiva cuja extensão, de resto, não pode ser exagerada sob pena de tornar incalculáveis os riscos de certas actividades económicas. Pode dizer-se, contudo, que quanto mais desenvolvida for uma sociedade, mais abrangente será o seu sistema legal de responsabilidade civil.

3. Em muitas circunstâncias sucede que a causação de um dano resulta de actos praticados por vários autores. Se assim for, todos eles respondem civilmente por actos próprios pelos danos que hajam causado (art. 490.º). De acordo com o disposto no art.497.º, n.º 1, a sua responsabilidade perante o lesado é solidária.[10] Como explica o art. 512.º, n.º 1, 1ª parte, "a obrigação é solidária, quando cada um dos devedores res-

---

[9] Um outro tipo de responsabilidade objectiva, a mencionar neste contexto, é a responsabilidade do poluidor do ambiente, embora aqui o lesante ainda possa ser individualizado. O art. 41.º da Lei de Bases do Ambiente, a L n.º 11/87, de 7 de Abril, proclama que "existe obrigação de indemnizar, independentemente de culpa, sempre que o agente tenha causado danos significativos no ambiente, em virtude de uma acção especialmente perigosa, muito embora com respeito do normativo aplicável."

[10] O art. 513.º determina que a solidariedade de devedores ou credores só existe quando resulte da lei ou da vontade das partes.

ponde pela prestação integral e esta a todos libera." Por isso, "o credor tem o direito de exigir de qualquer dos devedores toda a prestação" (art. 519.°, n.° 1, 1ª parte).

Este regime de responsabilidade solidária coloca o lesado numa posição muito vantajosa: ele pode, de entre os vários autores do facto danoso, escolher aquele onde lhe é mais fácil obter a indemnização pelo prejuízo sofrido. Obviamente, o lesado pode receber a sua indemnização apenas uma vez. Na verdade, a satisfação do seu direito por um dos lesantes responsáveis (art. 490.°) produz a extinção, em relação ao lesado, das obrigações dos restantes devedores da indemnização (art. 523.°). Estes hão-de acertar, agora, as contas entre si, o que sucede com o recurso ao direito de regresso regulado no art. 524.°. "O devedor que satisfizer o direito do credor além da parte que lhe competir tem direito de regresso contra cada um dos condevedores, na parte que a estes compete."

III. Em todos os casos de responsabilidade regulados pelo CCiv, descritos até agora, o lesante, ao qual incumbe ressarcir o lesado dos danos sofridos, responde por actos próprios. Contudo, casos há – e na vida prática são muito frequentes e importantes – em que alguém tem de responder por actos de outrem. Esta responsabilidade por actos de outrem verifica-se tanto na responsabilidade contratual com na extracontratual.

1. Na responsabilidade contratual compete ao devedor o cumprimento da sua obrigação para com o credor. "O devedor cumpre a obrigação quando realiza a prestação a que está vinculado" (art. 762.°, n.° 1) ao credor certo (art. 769.°), no lugar certo (art. 772.°, n.° 1) e dentro do prazo certo (art. 777.°, n.° 1). Mas com frequência o devedor não pode ou não precisa de cumprir em pessoa. Nestes casos serve-se de um auxiliar no cumprimento e, consequentemente, há-de assumir a responsabilidade pelos actos deste.

Para o efeito, o CCiv prevê no art. 800.°, n.° 1: "O devedor é responsável perante o credor pelos actos ... das pessoas que utilize para o cumprimento da obrigação, como se tais actos fossem praticados pelo próprio devedor." Estamos aqui em face de uma responsabilidade muito severa destinada a assegurar que obrigações uma vez assumidas por efeito de uma vinculação autónomo-privada são também cumpridas. Vale, de novo, o princípio "pacta sunt servanda", consagrado no art. 406.°, n.° 1, 1ª parte.

334 *Estudos em Comemoração do 10.º Aniversário da Licenciatura em Direito*

2. Mas também na responsabilidade extracontratual, na responsabilidade civil em sentido restrito, encontramos um exemplo, aliás importante, em que alguém responde por actos praticados por outrem. É o caso da responsabilidade do comitente pelos actos do seu comissário, regulado no art. 500.º. "Aquele que encarrega outrem de qualquer comissão responde, independentemente de culpa, pelos danos que o comissário causar, desde que sobre este recaia também a obrigação de indemnizar" (art. 500.º, n.º 1).

O art. 500.º é um caso da responsabilidade pelo risco no que respeita ao comitente. Este assume, independentemente de culpa sua, o risco de o seu comissário causar danos ao incorrer em responsabilidade civil – ou por factos ilícitos, ou pelo risco, ou por factos lícitos – e ao ficar obrigado a indemnizar, por causa disso, o lesado. Apenas quando a obrigação de indemnizar, por efeito da responsabilidade civil, se tiver concretizado, primeiro, na pessoa do comissário, esta obrigação é assumida, a seguir, pelo comitente em relação ao lesado.

Para o lesado esta solução da lei significa uma melhoria considerável quanto às suas possibilidades de vir a ser indemnizado. Comitente e comissário respondem-lhe solidariamente (art. 497.º, n.º 1) de modo que o lesado pode pedir a indemnização a quem lhe parece mais oportuno. Normalmente, será o comitente que se vê obrigado a indemnizar o lesado, mas pode não ser assim.

O comitente que indemnizar o lesado tem o direito de exigir do comissário o reembolso de tudo quanto haja pago, excepto se houver também culpa da sua parte (art. 500.º, n.º 3, 1ª parte). Quer dizer, o direito de reembolso apenas existe se só o comissário tiver agido com culpa. Esta solução da lei está perfeitamente correcta, uma vez que não corresponderia às suas decisões valorativas se o autor de uma lesão, causada culposamente, ficasse isento da sua responsabilidade unicamente em virtude do facto de ter havido um terceiro que se viu obrigado, por lei, a indemnizar o lesado.

Porém, se houver culpa igualmente do lado do comitente, aplicam-se as regras do art. 497.º, n.º 2, que determina que "o direito de regresso entre vários responsáveis existe na medida das respectivas culpas e das consequências que delas advieram, presumindo-se iguais as culpas das pessoas responsáveis." Acrescenta-se que do disposto nos arts. 500.º, n.º 3, e 497.º, n.º 2, resulta ainda que não há direito de reembolso ou de regresso contra o comissário quando este tiver incorrido em responsabilidade civil por facto não culposo.[11]

---

[11] A mesma conclusão decorre também do art. 503.º, n.º 3, 1ª parte, que reza o seguinte: "Aquele que conduzir o veículo por conta de outrem responde pelos danos que cau-

De qualquer maneira, "a responsabilidade do comitente só existe se o facto danoso for praticado pelo comissário no exercício das suas funções" (art. 500.°, n.° 2), mas não por ocasião das mesmas. Significa isto que o comitente pode afastar a sua responsabilidade para com o lesado se provar que o comissário agira fora das suas funções, uma possibilidade que um devedor que no cumprimento da sua obrigação se servir de um auxiliar (art. 800.°, n.° 1) não tem nem pode ter. Trata-se de situações de interesse não comparáveis, visto na responsabilidade contratual existir uma vinculação prévia ao acto lesivo, vinculação essa em relação à qual há uma estrita obrigação do cumprimento.

IV. 1. O lesante que for chamado a cumprir a sua obrigação de indemnizar o lesado, responde para o efeito com todos os seus bens susceptíveis de penhora (art. 601.°, 1ª parte), ou seja, com os activos do seu património. Ora, como referimos (ver I. 3.), a responsabilidade civil é susceptível de destruir uma pessoa, na medida em que o seu património pode ficar completamente arruinado sob o peso das indemnizações. Por isso mesmo devem existir caminhos em ordem a limitar a responsabilidade. E, de facto, estas limitações existem, quer por via negocial quer por via legal, mas apresentam uma grande heterogeneidade que dificulta qualquer esforço de sistematização.

2. *a)* É logo o art. 602.° que nos diz ser possível negociar uma limitação da responsabilidade por convenção na medida em que permite, salvo quando se trate de matéria subtraída à disponibilidade das partes, limitar a responsabilidade do devedor a alguns dos seus bens no caso de a obrigação não ser voluntariamente cumprida. E também o n.° 2 do art. 800.°, prevê, face à responsabilidade severa estabelecida no seu n.° 1, que esta pode ser convencionalmente excluída ou limitada, mediante acordo prévio dos interessados, desde que a exclusão ou limitação não compreenda actos que representem a violação de deveres impostos por normas de ordem pública. As partes têm, portanto, um espaço negocial bastante amplo para compor os seus interesses nesta matéria.

b) Cláusulas limitativas ou exclusivas da responsabilidade podem ser estabelecidas também por via de declarações negociais unilaterais sem-

---

sar, salvo se provar que não houve culpa a sua parte." Se, porém, conduzir o veículo fora do exercício das suas funções de comissário, responde, nos termos do art. 503.°, n.° 1, pelos danos provenientes dos riscos próprios do veículo, ou seja, responde pelo risco.

336 *Estudos em Comemoração do 10.º Aniversário da Licenciatura em Direito*

pre que a lei não as proíba. De qualquer maneira, a lei encara as cláusulas limitativas com reserva ao determinar, no art. 809.º, que "é nula a cláusula pela qual o credor renuncia antecipadamente a qualquer dos direitos que lhe são facultados nos casos de não cumprimento ou mora do devedor, salvo o disposto no n.º 2 do artigo 800.º." Há quem entenda que a norma do art. 809.º deve ser interpretada restritivamente.

Um outro meio negocial, mas já fora do CCiv, com vista a circunscrever a responsabilidade a apenas uma parte do património consiste na adopção de uma forma jurídica, adequada para efeito desejado. A este respeito, a ordem jurídica oferece aos interessados, p.ex., os modelos do e.i.r.l., do estabelecimento mercantil individual de responsabilidade limitada (DL n.º 248/86, de 25 de Agosto), ou da sociedade unipessoal por quotas (DL n.º 257/96, de 31 de Dezembro). Nesses casos, a responsabilidade por dívidas abrange apenas os bens afectos ao estabelecimento ou à sociedade.

3. Contudo, existem também limitações da responsabilidade por força da lei, já previstas no próprio CCiv.

a) Temos neste contexto, em primeiro lugar, a culpa do lesado. "Quando um facto culposo do lesado tiver concorrido para a produção ou agravamento dos danos, cabe ao tribunal determinar, com base na gravidade das culpas de ambas as partes e nas consequências que delas resultaram, se a indemnização deve ser totalmente concedida, reduzida ou mesmo excluída" (art. 570.º, n.º 1). Se a responsabilidade do lesante se basear numa simples presunção de culpa, a culpa do lesado, na falta de disposição legal em contrário, até exclui o dever de indemnizar da parte do lesante (art. 570.º, n.º 2). Também no caso previsto no art. 505.º, a responsabilidade do lesante com base no art. 503.º é excluída pela culpa do lesado.

De resto, ao facto culposo do lesado é equiparado o facto culposo dos seus representantes legais e das pessoas de quem ele se tenha utilizado (art. 571.º), uma disposição, aliás, em sintonia com o disposto no art. 800.º, n.º 1.

Além das duas situações já referidas, há mais casos de exclusão da responsabilidade que encontramos nos arts. 505.º e 509.º, n.º 2, nomeadamente quanto a danos devidos à força maior. Em todos os casos de exclusão da responsabilidade o lesante fica isento da indemnização.

b) Noutras situações, o CCiv, como de resto já vimos várias vezes, recorre a critérios, nem sempre infalíveis, de equidade para limitar o mon-

Esboço esquemático sobre a responsabilidade civil de acordo com as regras do CCiv 337

tante da responsabilidade. São de lembrar os arts. 339.º, n.º 2; 489.º, n.º 1; 494.º; 496.º, n.º 3, ou 503.º, n.º 2. A lei procura aqui permitir que venha a ser estabelecido um justo equilíbrio entre os interesses e expectativas em causa.

c) Repetidas vezes, o CCiv recorre à fixação de limites máximos como sucede, p.ex., nos casos previstos nos arts. 504.º, n.º s 2 e 3; 508.º e 510.º.

d) Por fim podem ser mencionados os casos em que a lei se serve da figura da separação dos patrimónios, prevista no art. 601.º, 2ª parte. Surgem-nos como exemplos a responsabilidade limitada do menor, nos termos dos arts. 127.º, n.º 1, al. c) e 1649.º, n.º 2, 2ª parte; a responsabilidade do herdeiro limitada aos bens da herança (art. 2071.º); a responsabilidade dos cônjuges pelas dívidas contraídas, limitada ou aos bens comuns ou aos bens próprios de cada um deles (arts. 1695.º e 1696.º) ou a responsabilidade por dívidas da associação sem personalidade jurídica, limitada em princípio ao património que constitui o seu fundo comum (art. 198.º).

4. Porém, todas estas limitações da responsabilidade, nas suas várias configurações e constelações, muitas vezes não satisfazem. Uma protecção eficaz contra as consequências patrimoniais ruinosas que podem decorrer da responsabilidade oferecem normalmente os seguros. Os seguros são quase sempre indicados em casos de responsabilidade civil objectiva, onde a concretização dos riscos danosos pode dar origem a prejuízos muito avultados ou mesmo incalculáveis que ultrapassam as capacidades económicas do lesante, de qualquer lesante. Por isso, é a lei que em muitas situações deste tipo – e com o objectivo de proteger o lesante e também a sociedade – impõe um seguro obrigatório (p.ex., o seguro automóvel ou o seguro de actividades industriais que envolvam alto grau de risco).

Mas também para os riscos gerais de vida (doença, invalidez, desemprego, etc.) e os casos da responsabilidade civil subjectiva ou da responsabilidade contratual, um seguro, mesmo não obrigatório, pode ser vantajoso em atenção às circunstâncias concretas, embora possa não abranger os danos causados com dolo ou culpa grave.

O recurso ao seguro não significa, todavia, a eliminação dos riscos. Os riscos subsistem, uma vez que não podem ser eliminados. Apenas as consequências da sua concretização são deslocados para o seguro. A protecção patrimonial por meio do seguro, por seu lado, leva a uma colectivização dos danos bem como da responsabilidade, que deixa de ser individual. Esta conclusão põe em causa o sistema valorativo em que assenta a responsabilidade. Sendo porém indiscutível a necessidade social do seguro, a colectivização daí resultante deve ser atenuada por meio de um sistema de individualização dos prémios de seguro, que beneficia quem não causar danos e onera quem os produzir. O sentimento da responsabilidade individual deve ser preservado e, na medida em que a obrigação de indemnizar constitui uma sanção, o efeito sancionatório não pode ser iludido por completo.

Em contrapartida, também deve ser mencionado que a existência do seguro torna possível correr riscos económicos que, doutra maneira, talvez não fossem assumidos. Sob este aspecto o seguro constitui um apoio a actividades dinâmicas e empreendedoras.

V. Resta agora apenas dar resposta breve aos casos exemplificados (ver I. 4.): a) No que respeita ao comprador que não paga por ter perdido no jogo, responde pelos prejuízos causados nos termos do art. 798.°; b) quanto ao pinhal que ardeu devido à queda de um relâmpago, aplica-se ao seu proprietário a regra "casum sentit dominus"; c) no caso do fogo posto ao pinhal, o vizinho que causou o dano é responsável de acordo com art. 483.°; d) tendo o pinhal sido incendiado por uma criança ou um débil mental, a questão da indemnização resolve-se com o recurso ao art. 489.°; e) no caso da lesão de um transeunte por um veículo automóvel descomandado, o condutor há-de indemnizar o lesado com base no art. 503.°, n.° 1 (podendo o risco estar coberto pelo seguro);[12] f) a destruição da bengala na defesa contra o cão pode levar a uma indemnização segundo o art. 339.°, n.° 2, mas quanto ao hematoma, não parece que seja o resultado de um acto culposo que obriga a indemnizar o lesado ao abrigo do art. 483.°, uma conclusão que não parece muito satisfatória; g) as lesões causadas pela explosão do telemóvel, por fim, devem ser indemnizadas de acordo com as regras da responsabilidade do produtor.

Claro, muitas situações danosas não se verificariam se as pessoas tivessem uma actuação consciente e se assumissem como auto-responsáveis. Mas isso pressupõe uma cultura de responsabilidade. Esta falta.

---

[12] Ainda se põe a questão da responsabilidade do Estado por actos danosos da sua gestão pública, uma vez que faltou à sua obrigação de manutenção das vias públicas.

DO NOVO CONTENCIOSO ADMINISTRATIVO E DO DIREITO À JUSTIÇA EM PRAZO RAZOÁVEL

ISABEL FONSECA

SUMÁRIO: I. Introdução. II. do direito à justiça em prazo razoável, no plano de direito internacional (art. 6.º, § 1 da CEDH) e no de direito interno português (art. 20.º, n.º 1, n.º 4 e n.º 5, art. 268.º, n.º 4 e n.º 5 da CRP e art. 2.º, n.º 1 CPTA). A. da sua aplicação no contencioso administrativo. B. da apreciação do conceito de «prazo razoável». C. das obrigações de resultado aceites pelos Estados contratantes e das garantias dos particulares em face da violação do direito de acesso à justiça em prazo razoável. III. das medidas de gestão do tempo processual introduzidas no contencioso administrativo no sentido da concretização do direito à justiça em prazo razoável. A. das soluções de gestão do tempo longo: o elemento «oferta» e a racionalização da organização, funcionamento e competência dos tribunais administrativos. B. das soluções de gestão do tempo longo, médio e curto: o elemento «procura» e as soluções consagradas no CPTA. C. das soluções de gestão do tempo processual que dependem da actuação do juiz. IV. Conclusão

I. Introdução

É o direito de acesso aos tribunais administrativos e a inerente garantia processual a uma decisão judicial em prazo razoável, em confronto com a problemática da demora excessiva dos processos administrativos e a «transformação» que o tempo «traz consigo» – já que «o tempo é activo, tem carácter verbal»[1] – e com as soluções para o tempo que o novo regime do contencioso administrativo consagra, que nos leva a escreve˙ este texto.

---

[1] Nesta página recorremos constantemente a extractos da obra de Thomas Mann, *Der Zauberberg* (A Montanha Mágica), tradução de Herbert Caro, Edição Livros do Brasil Lisboa.

340 *Estudos em Comemoração do 10.° Aniversário da Licenciatura em Direito*

Ao perguntar sobre o que se deve entender por duração razoável do processo, lembramo-nos das personagens criadas por *Thomas Mann, Hans* e *Joachim*, ambos *internados* no Sanatório, e recordamo-nos especialmente das suas longas e inconclusivas conversas sobre «o tempo». «Que é o tempo? Um mistério: é imaterial e omnipotente. É uma condição do mundo exterior; é um movimento ligado e relacionado com a existência dos corpos no espaço e com a sua marcha». Talvez, também nós, como *Hans Castorp*, nos estejamos a inquietar «*improficuamente* sobre o tempo». «Não adianta prosseguir, perguntando». «O tempo não tem nenhuma realidade»: quando nos parece longo, é longo, e quando nos parece curto, é curto, mas ninguém sabe na realidade a sua verdadeira extensão». Pelo que, a valoração do conceito de razoabilidade da duração do processo talvez seja desprovida de racionalidade e objectividade. Talvez. E talvez porque: «para que o tempo fosse mensurável seria preciso que ele decorresse de modo uniforme, o que para a nossa consciência nunca é». Nós «somente o supomos para a boa ordem das coisas, e as nossas medidas não passam de convenções …».

Ou talvez não. «Há calendários e relógios» e «um minuto dura tanto tempo quanto necessita o ponteiro dos segundos para dar uma volta completa ao mostrador». Invocando o método de *Joachim*, para quem o tempo se quantifica por unidades de medida, talvez seja possível com objectividade e com sucesso apurar se a lentidão processual da justiça administrativa – devida a factores jurídicos, políticos e sociais[2] e fundamentalmente ao crescimento desproporcional da procura de tutela judicial em relação ao incremento de oferta[3] – torna ineficaz o direito fundamental de acesso aos tribunais e se o qualificativo de «crise quantitativa»[4], por isso, lhe assenta.

Ainda com algum receio de que uma das personagens, *Hans Castorp*, fale verdade sobre o tempo – «o tempo não se diz»: «um minuto pode ser longo, conforme a sensação que experimentamos» –, vamos reflectir sobre

---

[2] A este propósito, vd. PAULO OTERO, «A crise na concretização jurisdicional da justiça», in: *O debate da justiça. Estudos sobre a crise da justiça em Portugal,* coord. A. P. BARBAS HOMEM/J. BACELAR GOUVEIA, 2001, pp. 160 ss.

[3] A este propósito, vd. *Estudo de Organização e Funcionamento dos Tribunais Administrativos,* Reforma do Contencioso Administrativo, trabalhos preparatórios, Ministério da Justiça, 2000, pp. 16 ss.

[4] Neste sentido, J. M. SÉRVULO CORREIA, «Vinte e cinco anos de mutação no Direito», *Forum Iustitiae,* 1999, p. 6.

Do novo contencioso administrativo e do direito à justiça em prazo razoável   341

o fenómeno da morosidade dos tribunais, na perspectiva da complexidade temporal que envolve a realização da justiça – nas variações de tempo psicológico das partes, tempo social, tempo dos negócios e interesses, tempo legal e tempo processual – e procurar saber se é possível traduzir por algarismos o tempo que demora o processo e se a duração do mesmo pode ser qualificada como irrazoável. Esta questão é, em suma, a razão de ser de uma parte deste trabalho.

O direito de acesso à justiça administrativa em prazo razoável integra o conjunto das garantias processuais que a Convenção Europeia dos Direitos do Homem (=CEDH) consagra no art. 6.º, § 1 e que há muito é designado por «direito ao processo equitativo», sendo este o mais frequentemente invocado tanto perante os órgãos de Estrasburgo como nos tribunais nacionais, visto que assegura às pessoas que beneficiam da Convenção a defesa tanto dos direitos e garantias que a CEDH também lhes reconhece, como os direitos que lhes são atribuídos pelos Estados signatários da Convenção[5]. Do direito à justiça em prazo razoável depende a credibilidade e a eficácia da decisão judicial, como já foi de resto considerado pela jurisprudência *construtiva* de Estrasburgo.

De anos de contínua evolução da jurisprudência dos órgãos da Convenção – jurisprudência que avança de modo tão dinâmico que leva a questionar se o TEDH não se terá mesmo aventurado no «campo da política legislativa»[6] –, tem surgido importante esclarecimento quanto à amplitude do direito ao processo equitativo e à noção de «duração razoável do processo». Vamos seguir a metodologia dos órgãos da Convenção e tentar apurar o conceito de «prazo razoável»: um conceito que, não obstante ter sido pensado para as jurisdições cível e criminal, também serve para o domínio do contencioso administrativo, ainda que não para todo. Assim o tem vindo a afirmar o Tribunal Europeu dos Direitos do Homem (=TEDH) ao proceder à interpretação extensiva – e «generosa»[7]– do âmbito da aplicação do art. 6.º § 1da CEDH. É sobre dois destes aspectos que vamos tratar no capítulo II: sobre o alargamento do campo de aplicação do art. 6.º a uma parte maior do contencioso administrativo (A) e sobre o conteúdo do direito de acesso à justiça em prazo razoável (B).

---

[5] A este propósito, vd. F. SUDRE, «À propos du dynamisme interprétatif de la cour européenne des droits de l'homme», *La Semaine Juridique* (JCP), I-335, 2001, pp. 1365 ss.; F. MODERNE, «Le juge administratif français et les règles du procès équitable», RUDH, 1991, pp. 352 ss.

[6] A este propósito, F. SUDRE, «À propos du dynamisme interprétatif de la cour européenne des droits de l'homme ... cit., p. 1368.

342   *Estudos em Comemoração do 10.º Aniversário da Licenciatura em Direito*

No plano do ordenamento jurídico português, o direito de acesso à justiça administrativa em prazo razoável tem sido considerado como garantia inerente ao direito de acesso aos tribunais e à tutela jurisdicional efectiva – art. 20.º, n.º 4 e n.º 5 e art. 268.º, n.º 4 e n.º 5 CRP. Contudo, não obstante a sua consagração autónoma na CRP, desde 1997, o conteúdo do direito do particular a que uma causa em que intervenha seja objecto de decisão em prazo razoável – previsto no n.º 4 do art. 20.º CRP e na legislação ordinária, após a reforma de 2002, no Código de Processo nos Tribunais Administrativos (=CPTA), no art. 2.º, n.º 1– não tem sido desenvolvido, nem pela doutrina nem pela jurisprudência nacional. E deste facto tem resultado a insuficiência de critérios de apreciação da razoabilidade da duração processual, muito embora, dada a demora do contencioso administrativo, este seja um direito violado constantemente.

Uma das garantias mais eficazes perante o desrespeito do direito à justiça em prazo razoável continua a ser, quer no plano do direito interno, quer no internacional a obtenção de uma compensação pelos prejuízos causados. É sobre este assunto que vamos tratar ao finalizar o capítulo II.

Na perspectiva de direito internacional, a garantia de compensação equitativa tem-se mostrado mais coerente. A violação do direito a obter justiça em prazo razoável tem sido fundamento de uma parte significativa das queixas levadas aos órgãos da Convenção, tendo algumas sido decididas pelo TEDH. Aos órgãos de Estrasburgo chegaram queixas contra a França, Itália, Áustria, Grécia, Bélgica, Países Baixos, Reino Unido, Alemanha, Noruega e Portugal[8]. Em 1996, perante a Comissão Europeia dos Direitos do Homem estavam pendentes 800 processos relativos à duração excessiva do processo, sendo a maior parte deles dirigidos contra a Itália (652) e contra a França (92). Contra Portugal havia nessa altura 10 processos pendentes[9]. Os casos *Guincho* (1984), *Barahona* (1987), *Martins Moreira* (1988), *Neves e Silva* (1989), *Oliveira Neves e Clube de Futebol União de Coimbra* (1989), *Moreira Azevedo* (1990), *Silva Pontes* (1994) e *Estima Jorge* (1998) constituem exemplo de processos levados ao TEDH e dos quais resultou a condenação do Estado português pela violação das

---

[7] Expressão de E. García de Enterría, «Prólogo» a J. M. B. Sanchez-Cruzat, *Derecho Administrativo y Tribunal Europeo de Derechos Humanos*, Madrid, 1996, p. 18.

[8] Neste sentido, vd. P. Lambert, «Les notions de 'délai raisonnable' dans la jurisprudence de la cour européenne des droits de l'homme», *revue trimestrielle des droits de l'homme*, n.º especial, n.º 5, 1991, pp. 3 ss.

[9] Neste sentido, M. A. Nowicki, «Les lenteurs des procedures civiles et penales et la manière de les combattre», *Bulletin de Droits de l'Homme* (Bull.dr.h.), 8, 1998, p. 50.

garantias consagradas no § 1 do art. 6.º da CEDH[10], e não obstante as desculpas invocadas pelo nosso país assentarem em problemas de ordem sócio-política decorrentes do período pós-revolução de Abril e crise económica. A censura dos órgãos de Estrasburgo aos Estados por atentarem contra as garantias do processo equitativo previstas no art. 6.º e, nomeadamente, por consentirem nas suas jurisdições a existência de justiça «escargot»[11], tem vindo, pouco a pouco, a ser alargada ao campo do contencioso administrativo.

Na actualidade, após a entrada em vigor do Protocolo n.º 11, o número de queixas por quebra das obrigações resultantes do art. 6.º apresentadas ao TEDH contra os Estados – designadamente contra novos Estados contratantes, Polónia, Ucrânia e Rússia – não pára de crescer, pelo que a jurisprudência europeia, recorrendo à «teoria dos elementos inerentes ao direito», continua a enunciar para os Estados novas obrigações e deveres decorrentes da Convenção. A violação do direito à justiça em prazo razoável pode agora, desde o caso *Kudla c. Polónia*/2000, ter por fundamento tanto a violação do art. 6.º como do art. 13.º da Convenção[12].

No plano do direito interno a responsabilização do Estado-juiz pelo atraso indevido na pronúncia de decisões judiciais continua a ser a garantia mais eficaz do direito de acesso à justiça em prazo razoável, contudo não deixa de ser uma questão «delicadíssima»[13] que trataremos no final da primeira parte do trabalho C). Ao contrário do legislador italiano, que através da Lei de 24 de Março de 2001– «Lei Pinto»[14] – consagrou um regime próprio da responsabilidade por danos patrimoniais e não patrimoniais resultantes da violação do direito à justiça em prazo razoável, o legislador português ainda não positivou uma disciplina específica de responsabilização por este tipo de danos. Cumpre, por isso, saber se a responsabilidade

---

[10] Neste sentido, IRENEU CABRAL BARRETO, *A Convenção Europeia dos Direitos do Homem anotada*, 2.ª ed., Coimbra, 1999, pp. 57 ss.

[11] Expressão de B. LE GENDRE, «La Cour européenne contre la justice escargot», *Le Monde*, Mercredi, 4 janvier, 1989, p. 10.

[12] Neste sentido, com algumas críticas, vd. J.-F. FLAUSS, «Le droit à un recours effectif au secours de la règle du délai raisonnable: un revirement de jurisprudence historique», *Revue trimestrielle de droits de l'homme*, 2002, pp. 179 ss.

[13] Expressão utilizada a propósito da análise, num caso concreto, da responsabilidade civil do Estado pela demora na prolação de decisões judiciais, MARIA LÚCIA AMARAL, «Responsabilidade civil extracontratual do Estado: a propósito do prazo de prescrição do direito à indemnização», *Cadernos de Justiça Administrativa*, 12, 1998, p. 36.

[14] A este propósito, para mais desenvolvimentos, J.-F. FLAUSS, «Le droit à un recours effectif au secours de la règle du délai raisonnable... cit., pp. 194 ss.

344 *Estudos em Comemoração do 10.º Aniversário da Licenciatura em Direito*

do Estado-juiz português pelos prejuízos que resultam para os particulares da violação do direito a uma decisão jurisdicional em prazo razoável se concretiza pelo melhor regime jurídico (art. 22.º CRP e Decreto-Lei 48 051, de 21 de Novembro de 1967) na actualidade – no momento em que se discute o projecto da lei sobre o regime de responsabilidade civil extracontratual do Estado e demais entidades públicas – ou se também ela deve estar expressamente contemplada na nova (eventual) lei, como realmente, segundo o projecto, parece estar consagrada como exemplo de situações decorrentes de mau funcionamento da *administração* da justiça[15].

Na segunda parte do trabalho, vamos partir do tipo de obrigação de resultado que do art. 6.º CEDH é exigida ao Estado português – nas suas vertentes de Estado-legislador, Estado-executivo e Estado-juiz – para apreciar sumariamente em que medida a obrigação tem sido concretizada no âmbito da justiça administrativa. E, por isso, saber que tipo de reformas foram desencadeadas no contencioso administrativo na perspectiva da satisfação das exigências do direito ao processo equitativo, principalmente da garantia dos particulares à justiça em prazo razoável (6.º § 1 CEDH, art. 20.º, n.º 4 e n.º 5 e art. 268.º, n.º 4 e n.º 5 CRP).

Considerando que na análise da relação do factor tempo com o processo, este se revela nas vertentes de tempo longo, tempo médio e tempo curto, enunciaremos algumas das medidas de solução do tempo processual introduzidas no contencioso administrativo, na sua jurisdição e no CPTA, na perspectiva de consagrar o direito de acesso à justiça em prazo razoável.

Em primeiro lugar, na perspectiva da «oferta», vamos considerar as soluções de gestão do tempo longo – ou da demora patológica do processo – que tanto incidiram sobre a jurisdição administrativa como nas regras do CPTA (A). Depois, no plano da «procura», enunciamos as soluções introduzidas no CPTA para gerir o tempo longo. E indicaremos igualmente as medidas adoptadas no CPTA para proporcionar justiça em prazo razoável, na perspectiva do tempo médio e curto (B).

Na parte final, ainda antes de uma breve conclusão (IV), vamos procurar identificar que tipo de poderes atribui a lei ao juiz administrativo para assegurar o direito dos particulares à justiça em prazo razoável (C).

---

[15] Neste sentido, RUI MEDEIROS, «Apreciação geral dos projectos», *Cadernos de Justiça Administrativa*, 40, 2003, p. 14.

II. Do direito à justiça em prazo razoável, no plano de direito internacional (art. 6.°, § 1 da CEDH) e no de direito interno português (art. 20.°, n.° 1, n.° 4 e n.° 5, art. 268.°, n.° 4 e n.° 5 da CRP e art. 2.°, n.° 1 CPTA).

A. *Da sua aplicação no contencioso administrativo*

Tem o particular que recorre à justiça administrativa direito a obter uma decisão judicial em prazo razoável?

Na perspectiva de direito internacional o direito à justiça em prazo razoável integra o conjunto de garantias do processo equitativo, previsto no art. 6.° da Convenção Europeia dos Direitos do Homem (=CEDH). Dispõe o art. 6.° § 1, que qualquer pessoa tem direito a que a sua causa seja examinada equitativa e publicamente, num prazo razoável, por um tribunal independente e imparcial, estabelecido pela lei, o qual decidirá, quer sobre a determinação dos seus direitos e obrigações de carácter civil, quer sobre o fundamento de qualquer acusação em matéria penal dirigida contra ela. (...).

Como o âmbito de aplicação deste normativo não está definido de forma precisa na Convenção, poderíamos pensar que a resolução dos litígios emergentes das relações jurídico administrativas estaria afastada do seu âmbito e, por conseguinte, entender que o art. 6.° somente visaria – ou visaria fundamentalmente[16] – as jurisdições cível e penal. Com efeito, o próprio TEDH assim o afirmou no primeiro julgamento, no caso *Lawless* (1960). Contudo, desde essa altura até hoje a evolução tem sido significativa[17].

Como consequência do que acabámos de dizer, a primeira questão a resolver é saber se o direito da pessoa a aceder a um tribunal que decidirá, num prazo razoável, sobre um direito ou uma obrigação de carácter civil ou sobre uma acusação em matéria penal, assim consagrado no direito internacional, também vale para os particulares que se dirigem ao contencioso administrativo. É então por aqui que devemos começar, tanto mais

---

[16] Neste sentido, R. ERGEC/J. VELU, «La notion de 'délai raisonnable' dans les articles 5 et 6 de la convention européenne des droits de l'homme. Essai de synthèse», *revue trimestrielle des droits de l'homme,* 5, 1991, pp. 143 ss.

[17] A este propósito, vd. O. DUGRIP, «L'applicabilité de l'article 6 de la CEDH aux juridictions administratives», RUDH, 1991, pp. 336 ss.

346 *Estudos em Comemoração do 10.º Aniversário da Licenciatura em Direito*

quanto sabemos que a interpretação da norma tem sido pouco uniforme, não só no seio dos órgãos da Convenção como também entre estes e as jurisdições dos Estados[18].

A bem dizer, nem a própria metodologia interpretativa do TEDH tem sido coerente. Se inicialmente, ao esclarecer se as garantias do processo equitativo se aplicariam ou não ao processo administrativo, o órgão de Estrasburgo foi interpretando «com descrição e sem activismo»[19] o art. 6.º, mais recentemente, o TEDH tem procedido à alteração radical de posições afirmadas[20]. E desta jurisprudência evolutiva do TEDH faz parte tanto o alargamento ao contencioso classicamente de direito público da aplicabilidade da norma como a extensão do próprio conteúdo do direito ao processo equitativo.

O alargamento acontece primeiro no caso *Ringeisen*/1971, no qual a jurisprudência de Estrasburgo esclareceu que a aplicabilidade do art. 6.º não devia depender do tipo de jurisdição (judicial ou administrativa), nem da natureza da lei que regeria a questão (civil, comercial, penal ou administrativa), nem da qualidade pública ou privada das partes, mas, sim, da natureza material da questão. Ficou, então, explicado, desde este momento, que da natureza da jurisdição, administrativa ou judicial, não deveria resultar qualquer tipo de consequências quanto à aplicabilidade do ar. 6.º, uma vez que à luz da Convenção apenas se exige que o órgão em causa tenha natureza jurisdicional.

Contudo, ainda que *a priori* a jurisdição administrativa não tenha sido afastada do campo de aplicação da norma[21], a questão não fica toda resolvida, pois os órgãos da Convenção nunca afirmaram que todo o con-

---

[18] A propósito da aplicação da CEDH (e da interpretação do art. 6.º) pelo *Conseil d'État* e das divergências existentes entre a jurisprudência deste tribunal e a do TEDH, vd. O. DUGRIP/F. SUDRE, «Du droit à un procès équitable devant les juridictions administratives: l'arrêt de la Cour européenne des droits de l'Homme du 24 octobre 1989», *revue française de droit administratif*, 6 (2), 1990, pp. 209 ss.; L. SERMET, «Jurisprudence administrative et Convention européenne des droits de l'homme», *Revue française de droit administratif*, 15 (4), 1999, pp. 803 a 808.

[19] A este propósito, E. GARCÍA DE ENTERRÍA, «Les garanties procédurales en matière de droit public: Les droits latins de l'Europe», in: *Garanties judiciaires pour les procédures administratives*, coord. F. MATSCHER, Strasbourg, 1989, pp. 81 ss., esp. p. 87.

[20] Neste sentido, J.-F. FLAUSS, «Le droit à un recours effectif au secours de la règle du délai raisonnable: un revirement de jurisprudence historique ... cit., pp. 179 ss.

[21] Neste sentido, vd. O. DUGRIP/F. SUDRE, «Du droit à un procès équitable devant les juridictions administratives... cit., pp. 206 ss.

tencioso administrativo cai no âmbito da norma. Pelo contrário, têm dito que o direito à boa administração da justiça não pode ser senão invocado em processos que tenham por objecto a determinação de direitos e obrigações de natureza civil ou processos que decidam sobre o fundamento de qualquer acusação em matéria penal.

A aplicação ao contencioso administrativo das garantias previstas no artigo 6.° da CEDH é, como esclarecem os órgãos de Estrasburgo, fixado em função de um ou de outro objecto[22]. E deve-se, pois, ao dinamismo da interpretação realizada pelo TEDH quanto à definição dos conceitos chave «carácter civil» do direito ou da obrigação e de «acusação em matéria penal» a submissão de parte do contencioso administrativo às garantias do art. 6.° da CEDH.

Quanto ao conceito «civil», sempre existiram dificuldades quanto ao entendimento do seu sentido. E bem se compreende porquê: o conceito «direito civil» não deveria corresponder a direito incluído no Código Civil, nem se poderia remeter para o direito interno o seu apuramento – uma vez que a interpretação tem de ser autónoma, teológica e funcional (caso *König*/1978). Ao mesmo tempo, a existência de diferenças entre os sistemas jurídicos dos Estados contratantes, ainda que seja cada vez mais reduzida[23], dificulta o apuramento dos conceitos: basta lembrar a expressão *civil rights* do sistema anglo-saxónico e verificar qual a expressão que lhe corresponde nos sistemas românicos (*clássicas liberdades públicas*).

O TEDH, procurando resolver o impasse – e, neste sentido, contribuindo para que se considerasse desnecessário celebrar um novo Protocolo para redacção de um *novo* art. 6.° (dito, *6.° bis*) com o objectivo de nele prever as garantias processuais aplicáveis às matérias e procedimentos de direito público[24] – tem afirmado a autonomia da noção «civil» por via de uma metodologia, segundo a qual as cláusulas da Convenção são entendidas, não tanto exclusivamente à luz do sentido que estas podem ter no ordenamento do Estado contratante, mas em função do conteúdo e dos ob-

---

[22] A este propósito, vd. F. MATSCHER, «Les garanties judiciaires pour les procédures administratives: Rapport introductif», in: *Garanties judiciaires pour les procédures administratives,* Strasbourg, 1989, pp. 9 ss.

[23] A propósito da pressão que a CEDH e o direito comunitário têm exercido no sentido da aproximação dos sistemas na Europa e entre o direito público e privado, vd. M. FROMONT, «La Convergence des systèmes de justice administrative en europe», *Rivista trimestrale di diritto pubblico,* 1, 2001, pp. 125 ss.

[24] Neste sentido, E. GARCÍA DE ENTERRÍA, «Les garanties procédurales en matière de droit public ... cit., p. 88.

348 *Estudos em Comemoração do 10.° Aniversário da Licenciatura em Direito*

jectivos da Convenção (não descurando, porém, da consideração dos sistemas de direito dos outros Estados contratantes)[25]. E deste modo, o TEDH vem valorando mais o conteúdo material do que a classificação formal que o direito possa ter no ordenamento jurídico do Estado em causa. Seguindo esta metodologia iniciada em 1971, o TEDH vem confirmá-la em 1978, no caso König: afastando a tradicional concepção de direito privado – direito que rege uma relação entre particulares (ou entre particulares e entidades públicas desprovidas de poderes públicos –, o TEDH esclareceu que para determinar a natureza civil do direito ou da obrigação pouco importa a natureza da lei – civil, comercial, trabalho ou administrativa – ou a autoridade competente na matéria – jurisdição de direito comum, administrativa[26] ou constitucional[27]. Decidindo *in concreto* e privilegiando a análise material e os efeitos pelo direito produzidos em detrimento da qualificação formal, a *Cour de Estrasbourg* analisou se o objecto do processo seria a determinação de direitos de carácter privado. Contudo, desde então até hoje, como a interpretação extensiva do campo de aplicação do art. 6.° da CEDH se tem realizado caso a caso, os órgãos da Convenção têm evitado dar definições gerais e abstractas do conceito.

Com efeito, nos processos que opõem um particular a uma entidade pública os órgãos de Estrasburgo consideram que o carácter civil da questão existe se no processo o particular exerce um direito privado pré-existente[28]. Contam-se como exemplo acções de responsabilidade intentadas contra o Estado – já que está em causa um direito pessoal e patrimonial – por danos ao direito de propriedade (caso *Barahona*/1987), ou por prejuízos decorrentes da interdição do exercício de uma actividade (caso *Neves e Silva*/1989) e também por prejuízos causados por aplicação de um medicamento a um doente durante o internamento hospitalar (caso *H. c. France*/1989) ou por uma transfusão de sangue contaminado com o vírus da SIDA (caso *Vallée c. France*/1994). E versa sobre um direito de carácter civil o processo que tem por objecto «o direito pessoal e patrimonial»

---

[25] A este propósito, vd. P. LAMBERT, «La cour européenne de droits de l'homme», *Journal des Tribunaux Droit Européen,* n.° 17- 3.° ano, 1995, pp. 58 ss.

[26] Neste sentido, IRENEU CABRAL BARRETO, *A Convenção Europeia dos Direitos do Homem* ... cit., p. 57.

[27] A este propósito, vd. G. MALINVERNI, «Droit à un procès équitable et cours constitutionnelles», RUDH, 1994, pp. 391 ss.

[28] Neste sentido, vd. O. DUGRIP/F. SUDRE, «Du droit à un procès équitable devant les juridictions administratives... cit., p. 207.

dos vizinhos de um aeroporto que se queixam contra o barulho e a poluição por este causados e pedem uma reparação por danos (caso *Zimmermann e Steiner*/1983).

Fora do contencioso de plena jurisdição, são de igual modo exemplo de casos aos quais se aplica o art. 6.° da Convenção – a título de «determinação de direitos ou obrigações de carácter civil» – os processos em que se solicita a anulação de um acto administrativo que lesa um direito privado por estar em causa o exercício de uma profissão (caso *Jaxel*/1987), a abertura de um estabelecimento, a exploração de um serviço (caso *Tre Traktörer*/1989) ou o exercício de uma actividade (caso *Benthem*/1985 e caso *Pudas*/1987). Bem como são exemplos de casos que satisfazem o pressuposto do texto da Convenção, os litígios em que esteja em causa o direito de propriedade num caso de expropriação (caso *Sporrong e Lönroth*/1982), ou o direito ao licenciamento de uma construção (caso *Jacobson*/1989), ou a conservação de uma propriedade (caso *Aktiebolag*/1989).

Podemos em síntese apurar que as garantias processuais do art. 6.° da Convenção são aplicáveis ao contencioso administrativo que versa sobre «direitos e obrigações de carácter civil». O TEDH, valorando o conceito segundo a técnica das «noções autónomas», procedendo ao desenvolvimento de conceitos e considerando que a Convenção deve oferecer ao indivíduo uma protecção efectiva contra a actuação lesiva dos poderes públicos, tem vindo a considerar, caso a caso, se os processos que lhe são apresentados incidem sobre um direito (ou interesse) privado – por estar em causa, nomeadamente um interesse pessoal ou patrimonial – que possa à luz da Convenção qualificar-se como *direito civil*.

Na verdade, o caminho da discricionariedade tomado pelo juiz europeu para proceder à distinção entre *jus imperii* e *jus gestionis* e para atribuir, ou recusar, o carácter «civil» a certos direitos pertencentes ao domínio do ordenamento jurídico interno tem provocado um tratamento pouco equitativo – «e de coerência duvidosa»[29] – das matérias administrativas e do seu contencioso. Bem vistas as coisas, continuam a existir questões emergentes das relações jurídico administrativas que escapam à aplicação das disposições do art. 6.° da CEDH: processos que tenham por base decisões discricionárias relativas a estrangeiros, visto que nestas não se reconhece nenhum direito ou obrigação de natureza civil, e processos relati-

---

[29] Neste sentido, H. LABAYLE/F. SUDRE, «Jurisprudence de la Cour européenne des droits de l'homme et droit administratif», *revue française de droit administratif*, 15 (4), 1999, p. 793.

350 *Estudos em Comemoração do 10.° Aniversário da Licenciatura em Direito*

vos a extradição, expulsão ou recusa de estatuto de refugiado. E de igual modo, de tal atitude discricionária quanto à valoração do «direito puramente ou essencialmente patrimonial» tem resultado a incerteza quanto à aplicabilidade das garantias processuais do art. 6.° ao contencioso da função pública (caso *Huber c. França*/1998) e a questões de natureza fiscal e eleitoral[30]. Enfim, a redução da área de inaplicabilidade do art. 6.° da CEDH, mesmo na ausência de «denominador comum que permitisse encontrar na matéria uma noção europeia uniforme»[31], tem sido conseguida por via da interpretação autónoma do conceito-chave «civil».

E é com base em semelhante metodologia que os órgãos da Convenção fazem aplicar as garantias do art. 6.° à matéria administrativa a título do conceito «acusação em matéria penal». Na verdade, procurando evitar que a política de descriminalização em alguns Estados contratantes possa ser incompatível com os objectivos da Convenção, e nesse sentido privar os particulares das garantias do art. 6.° (caso *Öztürk*/1984), o TEDH tem entendido que o conceito de matéria penal pode, à luz do ordenamento jurídico interno, corresponder ao direito administrativo sancionador das infracções administrativas[32]. E, por isso, considerando a autonomia da noção «acusação em matéria penal» – que é sinónimo de «notificação oficial» a uma pessoa, realizada pelas entidades competentes, da censura de ter realizado uma infracção penal – recorrendo a critérios próprios que atendem à natureza geral da norma infringida e ao objectivo dissuasor e punitivo da sanção, os órgãos de Estrasburgo têm considerado aplicáveis as garantias do art. 6.° da CEDH às sanções administrativas[33].

---

[30] Neste sentido, O. DUGRIP, «L'applicabilité de l'article 6 de la CEDH aux juridictions administratives ... cit., pp. 346 ss.

[31] Neste sentido, F. SUDRE, «À propos du dynamisme interprétatif de la cour européenne des droits de l'homme ... cit., p. 1366.

[32] Neste sentido, J. M. B. SANCHEZ-CRUZAT, *Derecho Administrativo y Tribunal Europeo de Derechos Humanos...* cit., p. 127.

[33] O TEDH tem-se servido de três critérios para proceder à qualificação material do conceito de «acusação em matéria penal» (caso *Engel*/1976): a qualificação dada no direito interno, a natureza da infracção, considerada em relação com a sanção correspondente, e o grau de severidade da sanção. A qualificação formal dada à matéria no direito interno é apenas o ponto de partida. A *Cour de Estrasburgo* analisa se a infracção corresponde ao direito penal no ordenamento interno e se a solução jurídica é idêntica nos demais Estados contratantes. As conclusões têm sempre um «valor relativo». A natureza da infracção, considerada em conjunto com a sanção correspondente, tem sido o pressuposto mais importante para o Tribunal. Este adopta uma concepção alargada de infracção penal: a natureza penal da infracção resulta do carácter geral da norma a aplicar e do objectivo preventivo

No caso *Engel*/1976, os órgãos da Convenção consideraram que o tipo de sanção privativa de liberdade aplicada a soldados por entidades militares constituía matéria penal à luz do art. 6.º da CEDH, pelo que este seria aplicável àquele processo. E a mesma jurisprudência vingou para as sanções aplicadas a detidos em estabelecimentos prisionais (caso *Campbell e Fell*/1984)[34].

Já diferentemente das sanções no domínio militar e penitenciário, em matéria do contencioso disciplinar da função pública a jurisprudência do TEDH tem sido mais «ambígua»[35], uma vez que neste as sanções não se traduzem em penas privativas de liberdade. A tendência é para excluir esses litígios da aplicação do art. 6.º, não obstante, mais recentemente, após a jurisprudência *Pellegrin c. France*/1999, o Tribunal o ter aplicado ao contencioso da função pública.

De um modo geral, as sanções administrativas, aplicadas tanto no âmbito das contra-ordenações, traduzidas na aplicação de coima (incluindo penas acessórias) (caso *Deweer*/1980), como as «contravenções administrativas» têm integrado o conceito de «matéria penal» e, por isso, os processos em que se dirimem os litígios referentes a essas matérias têm sido sujeitos à aplicação das garantias do art. 6.º (casos *Lutz*/1986 e *Öztürk*/1984)[36]. Os órgãos da Convenção, fazendo aplicação dos critérios clássicos de «matéria penal» consideram que algumas sanções por infracção ao Código da Estrada preenchem o texto da Convenção (caso *Malige c. França*/1998), tal como acontece com as «sanções fiscais» (caso *J. J. c. Países Baixos*/1998). E, atendendo ao carácter geral da norma infringida e à finalidade preventiva e repressiva das sanções, as multas por contra-

---

ou repressivo da sanção (caso *Öztürk*/1984). O critério da gravidade da sanção, algumas vezes apreciado cumulativamente e outras de modo alternativo com este último, tem tido pouco peso (caso *Lutz*/1986). Para mais desenvolvimentos, vd. J. P. CÉRÉ, «L'article 6 de la Convention européenne des droits de l'homme et le procès disciplinaire en prison», *La Semaine Juridique* (JCP), I-316, 2001, p. 869 ss.

[34] A este propósito, seguimos o raciocínio de O. DUGRIP, «L'applicabilité de l'article 6 de la CEDH aux juridictions administratives... cit., pp. 348 ss.; J. P. CÉRÉ, «L'article 6 de la Convention européenne des droits de l'homme et le procès disciplinaire en prison ... cit., pp. 869 ss.

[35] Neste sentido, J. JORDA, «Le délai raisonnable et le droit disciplinaire de la fonction publique», AJDA, 2002, pp. 13 ss.

[36] Neste sentido, O. DUGRIP, «L'applicabilité de l'article 6 de la CEDH aux juridictions administratives ... cit., p. 351.

venção à ordem pública (caso *Kadubec c. Eslováquia*/1998) apresentam natureza penal[37].

Enfim, podemos dizer que os órgãos da Convenção têm vindo a considerar que uma parte significativa do contencioso em matéria administrativa entra no campo de aplicação do art. 6.° da CEDH, seja a título da «determinação de direitos e obrigações de carácter civil», seja a título de «matéria penal». E a técnica das «noções autónomas», muito ensaiada no campo do direito ao processo equitativo, tem permitido a submissão de contencioso inédito ao 6.° da CEDH: desde o contencioso das sanções fiscais às diversas sanções administrativas, incluindo o contencioso classicamente de direito público.

E desta evolução da jurisprudência dos órgãos da Convenção conta-se ainda a sujeição crescente do contencioso constitucional às garantias do processo equitativo[38]. A posição dos órgãos de Estrasburgo de negar a aplicação do art. 6.° da Convenção – *maxime* a garantia à justiça em prazo razoável – ao contencioso constitucional, afirmada nos casos *Buchholz*/1981 e *Sramek*/1984, foi definitivamente invertida no caso *Deumeland*/1986 e seguida posteriormente nos processos *Poiss*/1987 e *Ruiz-Mateos*/1993. A extensão operada pelo TEDH contemplou inclusive algumas jurisdições administrativas especializadas, como a do contencioso do Tribunal de Contas italiano (casos *Giancarlo Lombardi*/1992; *Finasotti*/1998).

Contudo, a jurisprudência de Estrasburgo continua a afastar as garantias do processo equitativo, previstas no art. 6.°, ao contencioso administrativo que versa sobre discricionariedade administrativa: como as referentes à atribuição de asilo político, expulsão de estrangeiros, «taxations fiscales» e os litígios que opõem a Administração aos seus funcionários detentores de poderes de autoridade pública. E isso demonstra a falta de equidade – «e falta de lógica?»[39] – na aplicação do art. 6.° da CEDH. O desejável seria, pois, que, no plano do direito internacional, todo o contencioso administrativo se conformasse com esta norma e assegurasse aos particulares a plenitude das garantias que ela prevê.

---

[37] Neste sentido, H. LABAYLE/F. SUDRE, «Jurisprudence de la Cour européenne des droits de l'homme et droit administratif... cit., p. 794.

[38] Neste sentido, G. MALINVERNI, «Droit à un procès équitable et cours constitutionnelles», RUDH, 1994, pp. 391 ss.; G. COHEN-JONATHAN, «Justice constitutionnelle et Convention européenne des droits de l'homme», *Revue française de droit constitutionnel*, 1994, pp. 175 ss.

[39] Neste sentido, F. SUDRE, «À propos du dynamisme interprétatif de la cour européenne des droits de l'homme ... cit., p. 1366.

Do novo contencioso administrativo e do direito à justiça em prazo razoável   353

E esta necessidade é tanto mais evidente quanto mais o próprio TEDH, reconhecendo a ampliação do próprio conceito do direito ao processo equitativo, integra no art. 6.º o direito de acesso a um tribunal e o direito à execução de uma sentença (caso *Hornsby*/1997). Por via da «teoria dos elementos inerentes ao direito»[40], o TEDH faz recair sobre os Estados novas obrigações que deveriam contemplar o contencioso administrativo no seu todo.

E consequentemente também o português… Pois, na medida em que o art. 8.º, n.º 2 da CRP consagra uma cláusula geral de recepção plena do direito internacional convencional, a CEDH aplica-se na ordem jurídica interna desde o momento que se realizou a sua regular ratificação ou aprovação e desde que foi publicada[41]. E no plano de direito interno, as normas da Convenção, inclusive as garantias do art. 6.º, § 1, obrigam todas as entidades aplicadoras de direito ao seu cumprimento com a mesma força que as normas nacionais[42], após a sua publicação e enquanto vincularem no plano internacional o Estado português.

O direito de acesso à justiça em prazo razoável, com o conteúdo e o sentido que lhe decorre do art. 6.º da CEDH, aplica-se, portanto, na ordem jurídica portuguesa e, ainda que a sua autoridade não seja igual à das normas da Constituição, pelo menos tem um valor supralegal, prevalecendo sobre as leis internas posteriores ou anteriores[43]. O facto de o direito de acesso à justiça razoável ter esta natureza de direito internacional não impede que na ordem jurídica portuguesa seja considerado como direito fundamental (art. 16.º, n.º 1 da CRP) e que possa beneficiar de um particular regime jurídico (art. 17.º) – isto se tal direito não tivesse consagração constitucional no direito interno português[44].

---

[40] Neste sentido, F. SUDRE, «À propos du dynamisme interprétatif de la cour européenne des droits de l'homme … cit., p. 1367.

[41] Sobre este assunto, vd. A. GONÇALVES PEREIRA/FAUSTO DE QUADROS, *Manual de Direito Internacional Público*, 3.ª ed., Coimbra, 1993, pp. 110 ss e, quanto ao preenchimento concreto destes pressupostos pelo Estado português, vd. IRENEU CABRAL BARRETO, *A Convenção Europeia dos Direitos do Homem*… cit., pp. 33 ss.

[42] A este propósito, vd. RUI DE MOURA RAMOS, *A Convenção Europeia dos Direitos do Homem. Sua posição face ao ordenamento jurídico português*, Coimbra, 1982, p. 163.

[43] Sobre este assunto, vd. A. GONÇALVES PEREIRA/FAUSTO DE QUADROS, *Manual de Direito Internacional Público*… cit., pp. 119 a 121.

[44] Neste sentido, e para outras considerações, vd. LUÍS G. CATARINO, «A responsabilidade do Estado-Juiz (alguns aspectos a propósito dos 'casos' Lowry e Assento n.º 1/99)», *Revista do Ministério Público*, Janeiro-Março, 1999, pp. 40 e 41.

354 Estudos em Comemoração do 10.º Aniversário da Licenciatura em Direito

Mas tem previsão autónoma no art. 20.º, n.º 4 da CRP, desde 1997. O legislador constituinte, talvez motivado pelo «impressionismo jurídico»[45] da jurisprudência dos órgãos de Estrasburgo veio confirmar a garantia processual à justiça em prazo razoável já antes compreendida no direito de acesso aos tribunais. Assim o defendia a doutrina[46] e assim o afirmou o Tribunal Constitucional, no Acórdão n.º 86/88 de 13 de Abril[47]: «o direito de acesso aos tribunais é, entre mais, um direito a uma solução jurídica dos conflitos, a que se deve chegar em prazo razoável (...)».

O direito de acesso aos tribunais previsto com carácter geral no art. 20.º CRP – que inclui o direito a uma decisão em prazo razoável e à justiça efectiva – tem para o contencioso administrativo confirmação no art. 268.º, n.º 4 e n.º 5, onde se prevê o direito de acesso à justiça administrativa efectiva, tendo este uma natureza análoga aos direitos, liberdades e garantias[48], pelo que, sendo directamente aplicável (art. 17.º), permite «a formatação judicial constitucionalmente adequada de instrumentos processuais já existentes»[49] e obriga à formatação de novos processos adequados, principalmente para os casos em que a duração do processo é logo em termos constitucionais exigida em termos de celeridade e prioridade, como acontece para protecção de direitos, liberdades e garantias (art. 20.º, n.º 5)[50].

Em síntese, o direito de acesso aos tribunais administrativos – na dimensão que lhe é dada pelo art. 6.º da CEDH ou que lhe é confirmada pelo direito interno constitucional, no art. 20.º, n.º 1, n.º 4 e n.º 5 e no art. 268.º, n.º 4 e n.º 5 – inclui a garantia de protecção jurisdicional eficaz e temporalmente adequada, isto é, a garantia de tutela jurisdicional em tempo útil, com adequação temporal e sem dilações indevidas.

---

[45] Expressão de LUIS CATARINO, «Responsabilidade por facto jurisdicional – contributo para a reforma do sistema geral de responsabilidade civil extracontratual do Estado», Responsabilidade Civil Extra-contratual do Estado, Trabalhos preparatórios da reforma, Ministério da Justiça, 2002, p. 283.

[46] Neste sentido, J. J. GOMES CANOTILHO/VITAL MOREIRA, Constituição da República Portuguesa Anotada, 3.ª ed., Coimbra, 1993, p. 163.

[47] Acórdão publicado in: Acórdãos dos Tribunal Constitucional, Vol. 11.º, 1988, pp. 741 ss.

[48] Neste sentido, J. C. VIEIRA DE ANDRADE, Os Direitos Fundamentais na Constituição Portuguesa de 1976, 2.ª ed., Coimbra, 2001, p. 356.

[49] Neste sentido, J. J. GOMES CANOTILHO, Direito Constitucional e Teoria da Constituição, 6.ª ed., Coimbra, p. 498.

[50] Neste sentido, J. J. GOMES CANOTILHO/VITAL MOREIRA, Constituição da República Portuguesa Anotada ... cit., p. 163.

Enfim, o direito à justiça em prazo razoável, com a dimensão que lhe dá o TEDH ou de acordo com *indirizzo* constitucional, é um direito que deve ser respeitado na jurisdição administrativa, por mais difícil que seja controlar e avaliar a razoabilidade da duração do processo e delimitar o sentido do direito a um processo célere e prioritário[51].

B. *Da apreciação do conceito de «prazo razoável»*

Esta dificuldade em avaliar a razoabilidade da duração do processo existe também no plano do direito internacional, não obstante a longa experiência dos órgãos da Convenção. A razoabilidade da duração de um processo nunca é aferida em abstracto. Bem pelo contrário, para avaliar do fundamento das queixas que lhes são apresentadas contra os Estados por violarem a garantia do prazo razoável, os órgãos da Convenção seguem uma metodologia sistemática, assente em critérios que são testados caso a caso[52].

Os órgãos da Convenção apreciam a razoabilidade da duração do processo *in concreto* e numa perspectiva global[53]: desde que é iniciado, com a introdução da acção no tribunal competente, até que finaliza com o pronunciamento de uma decisão final, sendo certo que a jurisprudência de Estrasburgo contabiliza também a duração dos processos graciosos obrigatórios que decorrem junto da Administração, accionados previamente à interposição da acção nos tribunais administrativos (casos *X. c. France*/1989 e *Vallée c. Frace*/1994 e caso *Cazenave de la Roche c. France*/1998). Não obstante este princípio orientador, os órgãos de Estrasburgo consideram as especificidades do processo civil e do processo penal quanto ao período a ter em conta para o cálculo do «prazo razoável»[54]. E assim, no que respeita ao primeiro, o ponto de partida para a contagem é, por norma, a data da entrada da acção no tribunal competente (caso *Buccholz*/1981). No direito penal, o *dies ad quo* é a data da «acusação», sendo que esta é considerada

---

[51] A este propósito, vd. J. J. GOMES CANOTILHO, *Direito Constitucional e Teoria da Constituição*, 6.ª ed., Coimbra, p. 502.

[52] Neste sentido, O. CORTEN, *L'utilisation du 'raisonnable' par le juge internacional*, Bruxelles, 1997, p. 557

[53] Neste sentido, J. M. B. SANCHEZ-CRUZAT, *Derecho Administrativo y Tribunal Europeo de Derechos Humanos*, Madrid, 1996, p. 113.

[54] A este propósito, vd. G. COHEN-JONATHAN, *La Convention Européenne des Droits de l'Homme*, Economica-PUAM, 1989, pp. 419 a 423.

não em sentido rigoroso formal, mas como acto, qualquer que seja, pelo qual a autoridade competente censura alguém de ter cometido uma infracção penal, desencadeando repercussões importantes sobre a sua situação. Quanto ao *dies ad quem*, tanto em matéria penal como civil, este situa-se na data em que é tomada a decisão definitiva, contando as instâncias de recurso (caso *König*/1978) e a intervenção do juiz constitucional, quando o sentido da sua decisão não é indiferente ao processo principal (caso *Deumeland*/1986) – deixando, todavia, de fora da contabilização do tempo de demora o recurso para o Tribunal das Comunidades Europeias (caso *Pafitis e o. c. Grécia*/1998)[55]. Os órgãos da Convenção já admitiram também que a duração da instância em matéria civil pode incluir a ulterior fase executiva.

Continuando a investigar sobre a noção de «prazo razoável», vamos considerar a metodologia, assente em critérios, seguida pela jurisprudência de Estrasburgo para avaliar a razoabilidade da duração de um processo.

Inicialmente, os órgãos de Estrasburgo serviam-se de apenas três critérios: (*i*) a complexidade do processo, (*ii*) o comportamento das partes e (*iii*) a actuação das autoridades competentes no processo. Era com base apenas nestes pressupostos que os órgãos da Convenção avaliavam da violação do direito à justiça em prazo razoável. Mais recentemente, porém, a jurisprudência de Estrasburgo acrescentou a estes um outro critério, que concerne ao assunto do processo e ao significado que ele pode ter para o requerente («l'enjeu du litige»). Estes critérios são valorados *in concreto*, atendendo «às circunstâncias da causa»[56], como de resto já afirmámos.

Na apreciação da complexidade do processo, a Comissão e o Tribunal de Estrasburgo analisam tanto as circunstâncias de facto como os aspectos de direito do processo: número de pessoas a que respeita a causa; o tipo de peças processuais, nomeadamente os articulados; a produção de prova, inclusive a pericial, a realizada por via de cartas precatórias e as investigações quando se trata de um processo de dimensão internacional; a sentença, número de jurisdições envolvidas por via de recursos e a elaboração de conta. As dificuldades decorrentes da própria aplicação do direito ao caso concreto, considerando as dúvidas sobre as questões de direito ou

---

[55] Neste sentido, H. LABAYLE/F. SUDRE, «Jurisprudence de la Cour européenne des droits de l'homme et droit administratif ... cit., pp. 794 ss.

[56] A este propósito, vd. L. SERMET, *Convention Européenne des Droits de l'Homme et Contentieux Administratif français,* Faculté de droit et de science politique d'Aix-Marseille, 1993-1994, pp. 322 ss.

Do novo contencioso administrativo e do direito à justiça em prazo razoável   357

a própria natureza complexa do litígio, são também tidas em conta pelo juiz europeu no momento de examinar se a duração do processo é ou não excessiva.

Quanto ao comportamento das partes no processo, o juiz de Estrasburgo avalia a actuação daquelas tanto no que respeita à vinda ao processo para exercício de direitos como na utilização de mecanismos processuais. Mais concretamente, o TEDH examina em que termos a utilização de expedientes ou certas faculdades podem ter obstado ao regular andamento do processo e contribuído para exceder a demora razoável na obtenção de decisão judicial. Os órgãos de Estrasburgo já afirmaram que são exemplo de tais comportamentos a constante substituição do advogado, a demora na entrega de peças processuais, a recusa em aceitar as vias de instrução oral, o abuso de vias de impugnação e recurso, sempre que a atitude das partes se revele como abusiva e dilatória (caso *Buccholz*/1981). O Tribunal tem entendido que certo tipo de actuações no processo justificam objectivamente a excessiva demora processual, pelo que, nesses casos, a demora não poderá qualificar-se como irrazoável e as partes não poderão queixar-se dela[57].

O terceiro critério, o modo como as autoridades competentes dirigem o processo, tem sido um dos fundamentos mais invocados nas queixas apresentadas aos órgãos da convenção e ele atende não só ao comportamento das autoridades judiciárias no processo como também diz respeito ao comportamento dos órgãos do poder executivo e legislativo. O Tribunal referiu até que «só a lentidão imputável ao Estado permite concluir pela inobservância do «prazo razoável» (caso *Zimmermann e Steiner*/1983). Neste sentido, o TEDH tem considerado que nem a invocação de excesso de zelo para realização de prova (caso *Bock*/1989), nem a doença temporária do pessoal do tribunal (caso *Bunkate c. Países Baixos*/1985), nem a falta de meios e recursos servem como razão suficiente para no plano internacional desculpar o Estado pela demora excessiva do processo.

A jurisprudência tem estimado que os períodos prolongados de inactividade de um tribunal – ainda que tenham por fundamento uma crise política temporária ou a insuficiência provisória de meios e recursos (caso *Garcia c. Portugal*/1989) – constituem violação do art. 6.º da Convenção. E, aliás, este tipo de inércia, por via da qual os processos estão parados pe-

---

[57] Neste sentido, O. CORTEN, *L'utilisation du 'raisonnable' par le juge international* ... cit., p. 559.

358 Estudos em Comemoração do 10.º Aniversário da Licenciatura em Direito

ríodos de tempo, tem sido invocada amiúde contra o Estado português[58] e tem sido fundamento para censurar o nosso país por atraso na administração da justiça[59].

E a propósito da apreciação do comportamento do poder judicial, o TEDH referiu igualmente que, mesmo nos processos em que cumpre às partes promover o andamento do processo, os órgãos que intervêm na realização da justiça devem assegurar a celeridade do mesmo. Mais em concreto, o tribunal entendeu que, ainda que o processo seja regido pelo princípio do dispositivo, aos magistrados cumpre a obrigação de intervir no sentido de providenciar pelo andamento célere do processo.

Este critério visa em suma apurar em que medida as autoridades nacionais competentes – incluindo as do poder judicial, legislativo e executivo[60] – contribuem para que o processo em causa demore para além do razoável a definir-se.

Um quarto critério, relativo à natureza do litígio é igualmente considerado, uma vez que esta pode exigir por parte das jurisdições competentes uma celeridade particular[61]. Mais propriamente, o Tribunal de Estrasburgo, por via deste critério, analisa o assunto sob que versa o processo e o tipo de consequências que dele resultam para a vida pessoal ou profissional das pessoas a que aquele diz respeito. O TEDH esclareceu que uma duração que em abstracto pode considerar-se como razoável pode deixar de o ser num caso concreto, bastando para isso que o assunto sobre que o processo incida exija uma actuação mais imediata ou a prática de uma diligência urgente e excepcional por parte do tribunal.

No caso *König*/1978, o Tribunal, a par da análise dos três tradicionais critérios, apreciou em que medida a demora na obtenção da decisão do processo interferia com a situação profissional do requerente. E no caso *Deumeland*/1986, o Tribunal de Estrasburgo continuou o mesmo género

---

[58] Para mais desenvolvimentos quanto ao tipo de causas da morosidade da justiça em Portugal, particularmente a citada no texto: a existência de tempos mortos no processo, vd. CONCEIÇÃO GOMES, *O tempo dos Tribunais: Um estudo sobre a morosidade da Justiça*, Coimbra, 2003, pp. 253 ss.

[59] Neste sentido, IRENEU CABRAL BARRETO, *A Convenção Europeia dos Direitos do Homem anotada...* cit., p. 57.

[60] Neste sentido, P. LAMBERT, «Les notions de 'délai raisonnable' dans la jurisprudence de la cour européenne des droits de l'homme... cit., pp. 14 e 15.

[61] Neste sentido, L. SERMET, *Convention Européenne des Droits de l'Homme et Contentieux Administratif français...* cit., pp. 330 ss.

de exame ao averiguar da necessidade de uma particular diligência requerida em matéria de assistência social.

No conjunto dos demais critérios «habituais» para apreciação do conceito de «prazo razoável», o da natureza do processo assumiu particular relevo a partir dos processos do sangue contaminado dirigidos contra a
França, primeiro em 1992, depois três vezes em 1994 e duas em 1995.
Como no primeiro, accionado por uma pessoa infectada com o vírus da
SIDA, após uma transfusão de sangue realizada num serviço público francês (caso *X.c. França*/1992), foi com base neste critério que em quatro dos
cinco processos de 1994/1995 – *Vallée, Karakaya, Demai* e *Marlhens* – os
órgãos de Estrasburgo reconheceram que o Estado francês tinha violado o
art. 6.° da CEDH e, em consequência disso, devia compensar equitativamente as vítimas[62].

E o TEDH explicou em que termos este critério, que considera «l'enjeu de la procédure», se verifica no caso concreto. Em 1992, tendo a vítima de uma transfusão de sangue contaminado pedido uma compensação
pela violação do direito ao prazo razoável, o TEDH reconheceu-lhe tal direito, pois, uma vez que sofria de um mal que lhe diminuía consideravelmente a esperança de vida, essa pessoa tinha um interesse legítimo a obter
uma decisão sobre o processo: uma decisão que se impunha por via de
uma diligência especial. E nos casos *Vallée c. França*/1994 e *Karakaya c.
França*/1994 os órgãos de Estrasburgo reafirmaram que a razoabilidade da
duração do processo devia tomar em consideração o assunto do processo
e a importância que a decisão tinha para os requerentes, já que nos casos
invocados, o mal incurável de que sofriam as vítimas obrigava as autoridades a tomar diligências excepcionais no sentido de definirem o direito,
ainda em vida dos requerentes.

Ultimamente, este critério tem vindo mesmo a assumir relevância autónoma e, por isso, já não surpreende que os órgãos de Estrasburgo o utilizem na apreciação da razoabilidade da duração de processos que versam
sobre certos direitos, designadamente ao emprego, a uma indemnização
por acidente rodoviário, ou que digam respeito a especiais situações, como
por exemplo em caso de pedidos de assistência social e regularização
de estados civis. E ao mesmo tempo já surpreende – pela negativa – que

---

[62] Para mais desenvolvimentos sobre este assunto, vd. G. LEBRETON, «L'affaire du
sang contaminé devant la Cour européenne des droits de l'Homme», *Cahiers du CREDHO*,
3, 1997, pp. 47 ss.

360   *Estudos em Comemoração do 10.º Aniversário da Licenciatura em Direito*

seja afastado do exame da duração de processos que versem sobre uma questão «tão sensível como é a do urbanismo e de protecção do ambiente»[63].

Em síntese, podemos afirmar que o método para avaliação do carácter razoável da demora do julgamento no sentido do art. 6.º § 1 da CEDH, seguido pelos órgãos da Convenção, e pelo TEDH desde o Protocolo n.º 11, assenta na análise sistemática *in concreto* destes critérios. E são eles que permitem, no conjunto de tanta diversidade e variáveis, ditar princípios precisos e coerentes que transmitem a previsibilidade e segurança jurídicas, próprias de todas as interpretações de direito. Este é um verdadeiro método em que se encontra uma «suficiente dose de racionalidade»[64].

C. *Das obrigações de resultado aceites pelos Estados contratantes e das garantias dos particulares em face da violação do direito de acesso à justiça em prazo razoável*

O direito à justiça em prazo razoável, quer com o conteúdo que lhe é dado no plano de direito internacional, quer com a natureza de garantia inerente ao direito de acesso à justiça (à justiça temporalmente adequada[65]) – ou constituindo «uma dimensão ineliminável do direito a uma tutela judicial efectiva»[66]– assegura às partes formais num processo judicial em tramitação o direito de obter do órgão jurisdicional competente uma decisão dentro dos prazos legais pré-estabelecidos, ou, no caso de esses prazos não estarem fixados na lei, de um lapso temporal proporcional e adequado à complexidade do processo[67].

Pois bem, este é o direito. Contudo, dado o estado da justiça administrativa em Portugal, em que por regra um recurso de anulação dura em

---

[63] Neste sentido, F. SUDRE, «Droit de la Convention européenne des droits de l'homme», *La Semaine Juridique* (JCP), I-3823, 1995, p. 88.

[64] Neste sentido, O. CORTEN, *L'utilisation du 'raisonnable' par le juge international* ... cit., p. 560 e 561.

[65] Neste sentido, J. J. GOMES CANOTILHO, *Direito Constitucional e Teoria da Constituição...* cit., p. 495.

[66] Neste sentido, J. J. GOMES CANOTILHO/VITAL MOREIRA, *Constituição da República Portuguesa Anotada* ... cit., p. 163.

[67] Neste sentido, J. J. GOMES CANOTILHO/VITAL MOREIRA, *Constituição da República Portuguesa Anotada...* cit., p. 163.

média mais de quinze meses e uma acção mais de vinte[68], parece que «tanto o *indirizzo* constitucional como as imposições da Convenção Europeia dos Direitos do Homem, ainda que bem conhecidas do legislador e da jurisprudência portuguesa, estão longe de ser respeitadas no que respeita à celeridade processual»[69]. E, por isso, assistimos vezes repetidas à sua violação: uma violação que, ainda que não se traduza no atentado ao próprio direito substantivo que se pretenda fazer valer em tribunal, como também se pode pensar[70], sempre corresponde à desconsideração do direito de acesso à justiça e, por isso, gera consequências, não só no plano do direito interno como no plano internacional.

A convenção não especifica nenhum tipo de consequências que no plano do direito interno acarreta a confirmação pelo TEDH de ter ocorrido uma ofensa ao direito à justiça em «prazo razoável», pelo que os Estados contratantes têm liberdade para determinar esses efeitos, nomeadamente para consagrar a possibilidade de anulação de decisões ou de revisão das sentenças transitadas em julgado, fixar sanções disciplinares apropriadas[71] ou criar um regime próprio de indemnização pecuniária pelos prejuízos causados às partes[72].

No entanto, para sermos mais precisos, na medida em que a CEDH consagra o direito de recurso efectivo no art. 13.º – que assegura a qualquer pessoa, em caso de violação dos direitos e liberdades reconhecidos na Convenção, a garantia de recurso às instâncias nacionais para os defender – os particulares, lesados com a demora na prolação de decisão judicial,

---

[68] A este propósito, vd. ISABEL CELESTE M. FONSECA, *Introdução ao Estudo Sistemático da Tutela Cautelar no Processo Administrativo*, Coimbra, 2002, pp. 18 ss.

[69] Neste sentido, vd., SÉRVULO CORREIA/RUI MEDEIROS/BERNARDO DINIZ DE AYALA, «Vers une protection juridictionnelle commune des citoyens en europe (?)», in: *Estudos de Direito Processual Administrativo*, Lisboa, 2002, p. 116.

[70] Neste sentido, FAUSTO DE QUADROS, «Intervenção», *Responsabilidade Civil Extra-contratual do Estado*, Trabalhos preparatórios da reforma, Ministério da Justiça, 2002, pp. 63 e 64.

[71] No sentido de que as regras que fixam prazos aos magistrados ou funcionários para praticarem actos são normas ordenadoras ou disciplinadoras da actividade processual e, como tal, da sua violação não resulta qualquer sanção processual, quando muito a responsabilidade disciplinar dos agentes considerados, vd. Acórdão do STA de 16 de Junho de 1987, in AD, n.º 316, p. 450.

[72] Neste sentido, R. ERGEC/J. VELU, «La notion de 'délai raisonnable' dans les articles 5 et 6 de la convention européenne des droits de l'homme. Essai de synthèse ... cit., pp. 158 ss.

devem poder usar de garantias internas úteis e eficazes, que, contudo, não substituem o direito de recorrer às instâncias internacionais se não obstarem, sem imperfeição, à violação do direito.

No âmbito do direito interno, a garantia mais eficaz contra a violação do art. 6.º por parte dos Estados continua a ser a de accionar no tribunal competente uma acção de responsabilidade com vista a obter uma indemnização pelos prejuízos causados[73]. Contudo, ao contrário da garantia internacional, que sempre se mostrou mais coerente, o recurso aos tribunais nacionais para obter uma indemnização por danos resultantes da demora indevida (irrazoável) do processo tem sido mais incerto, principalmente nos Estados onde ainda não foram criados mecanismos jurídicos conformes com a CEDH e especialmente quando a violação do prazo razoável acontece na jurisdição administrativa[74].

No sistema francês, por exemplo, a responsabilização do Estado pela actividade judicial, que tem o seu regime previsto no art. L. 781-1 do Código da Organização Judiciária (segundo as disposições da Lei de 5 de Julho de 1972), resulta do «funcionamento defeituoso do serviço de justiça» e assenta na verificação de dois pressupostos: ter existido «faute lourde» ou ter resultado uma «denegação da justiça». E é precisamente ao pressuposto da «denegação da justiça» que se faz corresponder as situações de demora excessiva do processo[75]. Por outras palavras, é com base neste critério que as vítimas obtêm a indemnização por violação do direito à justiça em prazo razoável.

Contrastando, porém, com a jurisprudência segura dos tribunais judiciais a este respeito (que é, aliás, confirmada pela jurisprudência do TEDH (Caso *Van Der Kar e Van Zest*/2000), a existência da garantia interna à indemnização pela demora excessiva do processo tem sido mais duvidosa no domínio da justiça administrativa, quer à luz da jurisprudência europeia (caso *Lutz c. France*/2002), quer à da jurisprudência francesa.

Na verdade, depois do processo *Darmot*/1978, no qual se entendeu que uma «faute lourde» praticada no exercício do poder jurisdicional pela

---

[73] Neste sentido, G. ULSAMER, «Art. 6 Menschenrechtskonvention und die Dauer von Strafverfahren», *Festschrift Hans Joachim Faller*, München, 1984, pp. 373 ss.

[74] Sobre este assunto, vd. J.-F. FLAUSS, «Le droit à un recours effectif au secours de la règle du délai raisonnable... cit., pp. 193 ss.

[75] A este propósito, M. FROMONT, «La responsabilité de l'État en droit français», *Responsabilidade Civil Extra-contratual do Estado,* Trabalhos preparatórios da reforma, Ministério da Justiça, 2002, p. 164.

Do novo contencioso administrativo e do direito à justiça em prazo razoável 363

jurisdição administrativa poderia dar direito a uma indemnização, o juiz administrativo pouco mais avançou.

É que se no domínio dos tribunais comuns, desde 1994, se tem considerado que a «demora anormal (...), que resulta do funcionamento defeituoso do serviço da justiça, equivale à negação da justiça, na medida em que priva as partes da protecção judicial que o Estado lhes deve assegurar», o Conselho de Estado não teve ocasião para se pronunciar se a duração excessiva do contencioso administrativo se poderia fazer corresponder ao mesmo pressuposto, falta grave/culpa (faute lourde) ou ao de denegação de justiça («déni de justice»). Por claro só se podia ter que, invocando a violação do direito à justiça em prazo razoável, segundo o art. 6.º da CEDH, o particular que pretendesse obter uma indemnização por danos deveria accionar a via graciosa ou administrativa e só em caso de recusa ou de indemnização insuficiente poderia recorrer aos tribunais administrativos (decisão do CE de 21 de Janeiro de 1994). Nada diz o Conselho de Estado quanto a saber se a duração excessiva do processo constitui ou não uma «faute lourde».

Após a decisão do *Conseil d'Etat* de 28 de Junho de 2002, no processo *Garde des Sceaux c. Magiera,* que confirma a condenação do Estado francês ao pagamento de uma indemnização de 30 000 Francos pela violação do direito à justiça em prazo razoável, tudo parece mudar. E tudo parece ficar mais claro, uma vez que não só se afirma a existência no direito interno francês de uma via de recurso efectivo, nos termos do art. 13.º da Convenção, em caso de violação pela justiça administrativa da garantia do prazo razoável, prevista no art. 6.º da mesma convenção, como também se esclarece quais são as condições de que depende a responsabilização do Estado pela violação dessa garantia.

A história subjacente à decisão remonta a 1988, quando o proprietário de uma habitação recorre aos tribunais administrativos com vista a obter uma indemnização pelos danos nela causados no decurso de trabalhos realizados na via pública. Depois de sete anos e meio de espera – gastos a aguardar a realização de prova (cinco anos), mais algum tempo para obter decisão favorável (dois anos e meio) e mais demora para em sede de recurso ser fixado definitivamente o valor da indemnização –, o proprietário do imóvel, esgotado com tanta ansiedade e desassossego, vê em 1997 terminado, finalmente, o processo.

Considerando que a demora excessiva do processo lhe havia causado prejuízos de ordem pessoal e existencial, este particular, pessoa com idade superior a setenta anos, intentou uma acção para apurar a responsabilidade

364 *Estudos em Comemoração do 10.° Aniversário da Licenciatura em Direito*

do Estado por violação do art. 6.° da CEDH. Rejeitada em 1.ª instância e acolhida pela *Cour administrative d'appel* de Paris (=CAA), a sua pretensão vem a ter sucesso. Assim, considerando que *M. Magiera* podia invocar o direito ao processo equitativo, *ex vi* art. 13.° da mesma Convenção – que assegura o direito ao recurso efectivo perante as instâncias nacionais para tutela dos direitos e liberdades reconhecidos pela Convenção – e que a demora de sete anos se poderia considerar excessiva, pois o processo não apresentava especial complexidade, a CAA considerou o Estado «responsável pelo funcionamento defeituoso do serviço público de justiça»[76].

E o Conselho de Estado, confirmando a rectidão da decisão da CAA inspirada na jurisprudência de Estrasburgo e nos critérios de apreciação do conceito de prazo razoável, explicou que «logo que a violação do direito ao prazo razoável cause um prejuízo, [os particulares] podem obter uma indemnização pelos prejuízos causados pelo funcionamento defeituoso do serviço público de justiça», parecendo ter abandonado as condições de «faute lourde» e de «denegação da justiça»[77].

A afirmação de que, doravante, os particulares têm no direito interno francês a possibilidade de recurso efectivo para tutela do direito à justiça em prazo razoável, logo que este é violado pela jurisdição administrativa; o afastamento dos pressupostos de responsabilização segundo a jurisprudência *Darmont* e aplicação interna dos critérios de valoração do conceito de prazo razoável apontados na jurisprudência do TEDH, que simplificam os pressupostos de responsabilização do Estado à «culpa simples do serviço»[78] são os ensinamentos que podemos retirar desta decisão judicial do *Conseil d'État*, que se julga que será seguida no futuro na França[79].

Em Portugal, a responsabilidade do Estado-juiz – na parte que respeita ao «funcionamento do serviço público da justiça, [à] lentidão da justiça, [ao] ilícito da burocracia dos tribunais, [ao] processo que se perde,

---

[76] Vd. Decisão do *Conseil d'État*, de 28 de Junho de 2002, *Garde des Sceaux c. Magiera*, publ. *Droit administratif- Éditions du Juris-Classeur*, 2002, pp. 27 ss.

[77] A este propósito, vd. M. LOMBARD, anotação à decisão do *Conseil d'État*, de 28 de Junho de 2002, *Garde des Sceaux c. Magiera*, publ. *Droit administratif- Éditions du Juris-Classeur*, 2002, pp. 28 ss.

[78] Neste sentido, M. LOMBARD, anotação à decisão do *Conseil d'État*, de 28 de Junho de 2002, *Garde des Sceaux c. Magiera...* cit., p. 28.

[79] Neste sentido, duvidando quanto ao seguimento desta jurisprudência, M. LOMBARD, anotação à decisão do *Conseil d'État*, de 28 de Junho de 2002, *Garde des Sceaux c. Magiera...* cit., p. 29.

que se extravia, que fica escondido debaixo de um monte»[80] ... enfim pela não pronúncia de decisão judicial em tempo razoável – está envolvida em algumas incertezas. O próprio Tribunal Constitucional (=TC) nunca se pronunciou, salvo o erro, quanto ao direito à decisão judicial em prazo razoável. Afirmou apenas que a exigência da via hierárquica necessária não viola o direito de acesso à justiça, mas quanto a saber se também atenta contra o direito à justiça em prazo razoável (Acórdão n.° 99/2001, p. 640/99, de 13.03.2001)[81], o TC nem «uma única palavra»[82] referiu.

As incertezas que cercam a responsabilidade do Estado pela violação do direito à justiça em prazo razoável no plano do direito interno português dizem respeito não só à problemática da quantificação e avaliação do «prazo razoável», como também ao regime jurídico por via do qual se concretiza essa responsabilidade. A este propósito, a hesitação concerne a saber se existe uma específica disciplina da responsabilidade do Estado por este tipo de prejuízos ou se, na falta de melhor via de responsabilização, a aplicação do regime do Decreto-Lei 48 051 atenua bem o *deficit* que a existência de uma lacuna legislativa causa na protecção dos particulares quanto à violação dessa garantia – e atenua bem se entendermos que existe uma situação semelhante entre este tipo de responsabilidade e a do Estado no exercício da função administrativa[83]. Acresce ainda à questão delicada apresentada a consequente interrogação quanto à jurisdição competente para conhecer da acção pelas «dilações temporais indevidas»[84].

Numa perspectiva, que parece ser a mais segura e coerente na jurisprudência dos tribunais administrativos, a responsabilidade do Estado pela demora irrazoável na prolação das decisões judiciais decorre do art. 22.° da CRP[85] e concretiza-se por via do regime do Decreto-lei n.° 48 051,

---

[80] Neste sentido. D. Freitas do Amaral. «Intervenção». *Responsabilidade Civil Extra-contratual do Estado*. Trabalhos preparatórios da reforma. Ministério da Justiça. 2002. p. 50.

[81] Publicado in: DR. II série. n.° 131. 06.06.2001. p. 9557.

[82] Neste sentido. Mário Torres. «Informação de jurisprudência». CJA. 27. 2001. p. 57.

[83] Neste sentido. quanto à analogia entre as duas situações. vd. D. Freitas do Amaral. «Intervenção». *Responsabilidade Civil Extra-contratual do Estado*, Trabalhos preparatórios da reforma. Ministério da Justiça. 2002. p. 51.

[84] Expressão de Luis Catarino. «Responsabilidade por facto jurisdicional ... cit., p. 282.

366 *Estudos em Comemoração do 10.º Aniversário da Licenciatura em Direito*

que é o regime de responsabilidade civil da Administração. E a jurisdição administrativa é a competente para decidir sobre estas questões[86].

Esta jurisprudência foi iniciada pelo Supremo Tribunal Administrativo no conhecido *processo das garagens Pintosinho*, no Acórdão de 7 de Março de 1989[87], no qual o Supremo esclareceu que age com culpa o juiz que, tendo realizado o julgamento de uma acção, só cinco anos mais tarde profere correspondente sentença, sem que houvesse qualquer circunstância anormal que o justificasse, sendo que a lei vigente determinava que a mesma fosse ditava para a acta ou lavrada no prazo máximo de três dias.

Mas, esta jurisprudência nem sempre foi seguida. No Acórdão de 9 de Outubro de 1990, o STA entendeu que nem o art. 22.º da CRP, nem o Decreto-Lei 48 051 se aplicavam à responsabilidade do Estado por actos da função jurisdicional. E em 1994, o Supremo Tribunal Administrativo vacilou várias vezes: tanto admitiu (Ac. de 31/5, proc. n.º 33677) como excluiu (Ac. de 12/4, 3/5 e 12/5, respectivamente nos procs. n.ºs 32906, 32950 e 33954) a jurisdição administrativa do exame da duração excessiva do processo. E a jurisprudência do STA tremeu também quanto a excluir da jurisdição administrativa o conhecimento das acções de responsabilidade por puros actos jurisdicionais. Na verdade, no Acórdão de 12 de Janeiro de 1988, o STA reconheceu-lhe competência para isso[88].

Contudo, no que diz respeito a este último assunto, esta jurisprudência parece estar definitivamente ultrapassada. E para isso muito tem contribuído a posição coerente do Tribunal de Conflitos. Com efeito, desde 1994 (Acórdão de 12 de Maio, p. 266)[89], o Tribunal tem vindo a dizer reiteradamente que «os tribunais administrativos não têm competência para conhecer do facto ilícito imputado a um juiz no exercício da função jurisdicional (na função de julgar), hipótese em que serão competentes os tribunais judiciais». E em 2001, no Acórdão de 23 de Janeiro de 2001, o Tribunal de Conflitos voltou a considerar os «tribunais judiciais competentes para conhecer da responsabilidade do Estado pelos prejuízos resultantes de uma decisão que ordena a falência e a venda de bens sem prece-

---

[85] Neste sentido, JORGE MIRANDA, *Manual de Direito Constitucional,* Tomo IV, 3.ª ed., 2000, p. 289.

[86] A este propósito, vd. J. C. VIEIRA DE ANDRADE, *A Justiça Administrativa. Lições,* 3.ª ed., Coimbra, 2000, pp. 30 e 31.

[87] Publicado in: AD, 344-345, p. 1035. Vd. a anotação de J. J. GOMES CANOTILHO, *Revista de Legislação e Jurisprudência,* n.º 3799, pp. 293 ss.

[88] Acórdão publicado in: BMJ, 373, 1988, p. 349.

[89] Sumariado nos *Cadernos de Justiça Administrativa,* 24, 2000, p. 63.

dência de citação da requerida e de notificação da sentença que declarara a falência». E no mesmo sentido, pronunciou-se o Tribunal de Conflitos mais vezes no ano de 2001: no Acórdão de 1 de Março (p. 306) e no de 10 de Maio (p. 362).

Também o STA segue esta orientação: no Acórdão de 12 de Outubro de 2000 (proc. 46313) entendeu que «os tribunais judiciais são os competentes para conhecer da responsabilidade do Estado por factos ocorridos no domínio da actividade dos tribunais, sendo a causa de pedir um facto ilícito imputado a um juiz no exercício da sua função jurisdicional (na sua função de julgar)»; e no acórdão de 3 de Dezembro de 2002, afirma a incompetência dos tribunais administrativos para conhecer das acções de responsabilidade civil extracontratual pela prática de actos no exercício da função jurisdicional, tendo considerado como tal o erro na realização de uma penhora[90]. Quanto a este assunto as incertezas parecem estar definitivamente afastadas.

Se a competência da jurisdição administrativa para conhecer de uma acção de indemnização contra o Estado por violação «do prazo razoável» é já segura – o STA afirmou-o mais recentemente no Acórdão de 9 de Abril de 2003, a propósito da demora excessiva de oito anos num processo de impugnação relativo à liquidação de imposto de capitais – contudo, também, em parte, à semelhança da mesma situação de incerteza que paira no sistema francês, no ordenamento jurídico português ainda não se sedimentou uma jurisprudência relativa aos pressupostos de responsabilização do Estado pela demora excessiva do processo.

Por um lado, nos termos do Decreto-lei n.º 48 051, o STA vai exigindo os pressupostos do facto, ilicitude, culpa, dano e nexo de causalidade, outras vezes, contudo, os critérios de apreciação utilizados pela jurisprudência dos órgãos de Estrasburgo – complexidade do processo, comportamento das partes e actuação das autoridades – vão sendo aplicados em cumulação com aqueles no momento de apreciar a razoabilidade da duração do processo. Por outro lado, em algumas situações, estes últimos são aplicados em alternativa e noutras nem sequer são tidos em conta no exame (Acórdão de 7 de Março de 1995, proc. n.º 36350).

Se no Acórdão de 7 de Março de 1989 (proc. n.º 26525), o STA apreciou fundamentalmente os pressupostos do Decreto-Lei n.º 48 051 – sendo que considerou que «age com culpa o juiz que, tendo realizado o julgamento de uma acção com processo sumário (...) só cinco anos mais tarde

---

[90] Acórdão publicado in: AD, 495, p. 379.

368 *Estudos em Comemoração do 10.º Aniversário da Licenciatura em Direito*

profere a correspondente sentença sem que houvesse qualquer circunstância anormal que o justificasse (…)», devendo a mesma ter sido ditada para
a acta ou lavrada no prazo de três dias – já no Acórdão de 15 de Outubro
de 1998 (proc. 36811), o Supremo, não obstante também considerar existir violação ilícita e culposa do direito à decisão em prazo razoável, procedeu fundamentalmente à apreciação do prazo razoável segundo os critérios do TEDH, a complexidade da causa, o comportamento dos demandan-
tes e a conduta dos órgãos, funcionários e agentes do serviço de justiça.

E se no Acórdão de 17 de Junho de 1999 (proc. n.º 44687), o STA
examinou apenas os pressupostos do Decreto-Lei n.º 48 051, sem fazer
qualquer referência ao art. 6.º da CEDH, e se do mesmo modo, no
Acórdão de 24 de Dezembro de 1999 (proc. 45248), o Supremo apenas faz
referência ao nexo de causalidade entre a conduta ilícita imputada aos órgãos e agentes do Estado (na demora na administração da justiça) e o prejuízo alegado, já no Acórdão de 7 de Dezembro de 1999 (proc. 45 159), a
propósito de actuação negligente de um oficial de justiça na efectivação de
uma penhora, o tribunal desenvolve, explicando, em que termos se deve
apurar a responsabilidade do Estado, por mau funcionamento do serviço:
«nos casos em que a causa de pedir é um facto ilícito imputado a um órgão
da Administração judiciária (ou a este serviço globalmente considerado
(…), [o Estado é responsável] quando não seja individualizável a responsabilidade de um concreto agente dessa administração – falta de serviço)».

E este raciocínio assente na culpa de serviço foi seguido pelo STA no
Acórdão de 1 de Fevereiro de 2001 (proc. 46805), contudo, neste caso o
Supremo foi mais longe, já que combinou a jurisprudência já referida com
as orientações do TEDH. O STA, a propósito da demora excessiva na realização de uma penhora, não só atribuiu a responsabilidade ao Estado
pelos danos patrimoniais resultantes do defeituoso funcionamento dos
seus serviços de justiça, tendo reconhecido a existência de ilicitude e de
culpa do serviço, como, quanto à determinação do «prazo razoável», utilizando uma metodologia semelhante à dos órgãos de Estrasburgo, apreciou
in concreto o período gasto na diligência, as suas circunstâncias, a sua
complexidade e a conduta dos serviços do tribunal.

Enfim, quanto sabemos, nunca se condenou o Estado-juiz pela demora excessiva do processo, independentemente de culpa – até porque
esta também seria contrária à jurisprudência do TEDH, pois este não restringe a possibilidade de indemnização apenas aos danos especiais e anormais. O STA, em grande parte, tem adoptado a figura da culpa *do* serviço,
pela qual se evita procurar a sede para a determinação das culpas indivi-

Do novo contencioso administrativo e do direito à justiça em prazo razoável   369

duais, atribuindo-a ao serviço globalmente considerado. Para além de outros aspectos essenciais referentes ao melhor regime de responsabilidade do Estado-juiz *de iure condendo*[91], resta ainda alguma incerteza quanto à metodologia de apreciação do «prazo razoável». Enfim, já se tem percorrido algum caminho, contudo, após a consagração do direito à justiça em prazo razoável (art. 20.°, n.° 4), desde 1997, ainda não se seguiu uma reforma conforme dos remédios em face da violação do direito à justiça em prazo razoável, pelo que se tem afirmado que urge continuar a percorrer o caminho e pôr termo às dúvidas que o actual regime comporta[92]. O projecto de lei (nas várias versões existentes) sobre a responsabilidade civil extracontratual do Estado e demais entidades públicas reconhece que o Estado é obrigado a indemnizar os danos resultantes do funcionamento defeituoso da Administração da justiça, destacando a violação do direito a uma decisão jurisdicional em prazo razoável como exemplo desse tipo de actuação materialmente administrativa (ainda que inserida no âmbito de um processo judicial)[93]. O regime da responsabilidade civil por factos ilícitos cometidos no exercício da função administrativa é a disciplina que, nos termos do projecto, se aplica com adaptações a estas situações[94].

É, pois, por causa do *deficit* de protecção no plano dos ordenamentos jurídicos dos Estados contratantes (ou depois de esgotados os meios internos consideradas eficazes, nos termos do art. 35.°, n.° 1 CEDH) que a garantia do recurso ao TEDH ganha utilidade[95]. No plano do direito internacional, a violação das obrigações resultantes do art. 6.° da CEDH constitui

---

[91] Quanto a algumas propostas, vd. MARIA DA GLÓRIA GARCIA, *A responsabilidade civil do Estado e demais pessoas colectivas públicas*, Lisboa, 1997, pp. 54 ss.; LUÍS G. CATARINO, *A Responsabilidade do Estado pela Administração da Justiça,* Coimbra, 1999, pp. 381 ss., pp. 393 ss.; JOÃO AVEIRO PEREIRA, *A Responsabilidade Civil por Actos Jurisdicionais,* Coimbra, 2001, pp. 187 ss;. esp. pp. 234 a 237; FAUSTO DE QUADROS, «Intervenção», *Responsabilidade Civil Extra-contratual do Estado ...* cit., p. 64; D. FREITAS DO AMARAL, «Intervenção», *Responsabilidade Civil Extra-contratual do Estado ...* cit., p. 51.

[92] Neste sentido, JORGE MIRANDA, *Manual de Direito Constitucional...* cit., p. 292; MARIA LÚCIA AMARAL, «Responsabilidade civil extracontratual do Estado ... cit., p. 37.

[93] Neste sentido, e para outras considerações sobre o regime da responsabilidade do magistrado na prolação da justiça (nomeadamente na demora na elaboração de Acórdão) e do eventual direito de regresso, JOÃO CAUPERS, «Responsabilidade pelo exercício da função jurisdicional», *Cadernos de Justiça Administrativa,* 40, 2003, p. 47 e p. 49.

[94] Neste sentido, RUI MEDEIROS, «Apreciação geral dos projectos ... cit., p. 14.

[95] Neste sentido, J. C. VIEIRA DE ANDRADE, *Os Direitos Fundamentais na Constituição Portuguesa de 1976,* 2.ª ed., Coimbra, 2001, p. 268.

o Estado (que aceitou submeter-se à jurisdição internacional) numa situação de responsabilidade e na do dever de compensar equitativamente as vítimas da demora excessiva do processo, sempre que não exista no plano de direito interno uma via que permita obviar, senão com imperfeição, às consequências resultantes da violação, nos termos do artigo 41.º da CEDH (ex-art. 50.º)[96].

O TEDH refere constantemente que os Estados, ratificando a CEDH, se comprometem a organizar os respectivos sistemas judiciários de modo a estes responderem às exigências do art. 6.º § 1, nomeadamente quanto à do «prazo razoável». E as exigências impõem-se a todos os órgãos do Estado que integram os poderes judicial, legislativo e executivo.

E o TEDH já afirmou também que o Estado não pode invocar «lacunas na sua ordem jurídica» ou «a complexidade da sua estrutura judiciária» para não cumprir as obrigações do art. 6.º, pois a garantia do prazo razoável é de extrema importância para alcançar uma boa administração da justiça, uma vez que a demora excessiva do processo pode condicionar a sua «eficácia e a sua credibilidade» (caso *H. c. França*/1989). O Estado não pode justificar o não cumprimento da obrigação imposta pela mesma norma, alegando estar a sofrer transitoriamente uma recessão económica ou uma crise política. Esta ideia foi sublinhada no caso *Guincho*, contra Portugal, e no caso *Union Alimentaria Sanders S. A*, contra Espanha: as dificuldades estruturais do aparelho judiciário, decorrentes do período de instabilidade política, não justificam a lentidão excessiva do processo.

A jurisprudência de Estrasburgo tem dado indicações precisas no sentido de os Estados aproximarem os seus aparelhos de justiça dos *standards europeus*. Para que as exigências do direito ao processo equitativo sejam respeitadas, às reformas legislativas, que incidem sobre as regras do processo, deve o Estado procurar juntar as reformas estruturais: aquelas que se traduzem no reforço dos meios humanos (magistrados e pessoal administrativo) e materiais (criação de tribunais e reforma de competências)[97].

Algumas das recomendações dos órgãos da Convenção dizem respeito à adopção de medidas de correcção processual: simplificação, brevidade e concisão de prazos; o recurso à oralidade; novas técnicas de reco-

---

[96] Neste sentido, R. ERGEC/J. VELU, «La notion de 'délai raisonnable' dans les articles 5 et 6 de la convention européenne des droits de l'homme. Essai de synthèse ... cit., p. 158.

[97] Neste sentido, P. LAMBERT, «Les notions de 'délai raisonnable' ... cit., p. 19.

Do novo contencioso administrativo e do direito à justiça em prazo razoável   371

lha de prova: entrega ao juiz de poderes de direcção e intervenção processuais e criação de meios expeditos de aceleração dos processos – pelo menos para alguns processos, tendo em conta certos critérios, como a urgência e a importância do processo, e em especial sobre os riscos/ganhos que envolve a decisão do processo para os interessados (caso *Zimmermann e Steiner*/1983)[98]. Isto sem que se deva entender, claro está, que a exigência do prazo razoável obriga a criar mecanismos demasiado céleres, pois estes podem igualmente ser contrários às garantias do art. 6.º da CEDH[99].

A bem dizer, para além das condenações e das recomendações, os órgãos de Estrasburgo têm reconhecido que os Estados estão a fazer um esforço de organização judiciária interna[100]. E ao mesmo tempo, por via da sua influência tanto a legislação dos Estados membros, quer constitucional, quer legal[101] tem sido melhorada, como também os intervenientes na realização da justiça e em geral a opinião pública e as pessoas atentas à actividade jurisdicional estão mais sensibilizadas para o fenómeno da morosidade da justiça e para a violação do direito à justiça em prazo razoável[102].

III. Das medidas de gestão do tempo processual introduzidas no contencioso administrativo no sentido da concretização do direito à justiça em prazo razoável

Depois de, no plano do direito internacional, termos confirmado as obrigações que do art. 6.º § 1 da CEDH – na perspectiva do direito à jus-

---

[98] Neste sentido. J. M. B. SANCHEZ-CRUZAT. *Derecho Administrativo y Tribunal Europeo de Derechos Humanos...* cit., p. 131.

[99] Neste sentido. J.-F. RENUCCI. *Droit Européen des droits de l'Homme*, 2.ª ed., Paris. 2001. p. 218.

[100] A este propósito. vd. M. A. NOWICKI. «Les lenteurs des procedures civiles et penales et la manière de les combattre ... cit., p. 61 ss.

[101] A este propósito. vd., SÉRVULO CORREIA/RUI MEDEIROS/BERNARDO DINIZ DE AYALA. «Vers une protection juridictionnelle commune des citoyens en europe (?)... cit., pp.60 e 61.

[102] O tema da morosidade da justiça sensibiliza cada vez mais a opinião pública e os intervenientes na realização da justiça. Este é um tema amplamente discutido. A este propósito. vd. AA.VV. *O debate da justiça. Estudos sobre a crise da justiça em Portugal*, coord. A. P. BARBAS HOMEM/J. BACELAR GOUVEIA. 2001.

372 Estudos em Comemoração do 10.º Aniversário da Licenciatura em Direito

tiça em prazo razoável – resultam para os Estados contratantes, e nomeadamente para os seus órgãos judiciais, executivo e legislativo, e lembrado algumas das sugestões que o TEDH tem vindo a apresentar no sentido de os Estados aproximarem os seus sistemas judiciários dos *standards europeus*, é altura de confirmar se as recentes reformas introduzidas no contencioso administrativo português vão nesse sentido e se seguem o *indirizzo* constitucional.

Por isso, na perspectiva de, em abstracto, podermos verificar de que modo a demora pode ser combatida, achamos oportuno destacar (identificando) os tempos processuais, os tempos das partes, os tempos dos interesses privados e públicos, os tempos legais *et cetera* e relacioná-los com o processo e, em função disso, meditar sobre as formas de o economizar. Já se sabe que o tempo da Administração não é o tempo dos particulares e o tempo destes não é o do juiz administrativo. O tempo na sua relação com o processo tem, portanto, diferentes facetas[103]. Há processos mais longos, há processos mais longos mas simplificáveis e há processos prioritários, nem sempre a celeridade se identifica com a urgência e nem todos os processos simplificados e céleres visam remediar iguais situações de urgência[104].

A consideração das soluções de tratamento da duração (eventualmente) excessiva do processo obriga, pois, a tomar em consideração três tipos diferentes de tempo processual[105]: o tempo longo, que fazemos corresponder às situações de demora patológica do processo, o tempo médio, que é o tempo da sua duração fisiológica (normal)[106] e o tempo curto que é o tempo das situações urgentes[107].

---

[103] Como já lembrámos no nosso, *Dos novos processos urgentes no contencioso administrativo,* no prelo.

[104] Neste sentido, vd. a nossa *Introdução ao Estudo Sistemático da Tutela Cautelar no Processo Administrativo…*cit., pp. 60 ss.; O. DUGRIP, *L'urgence contentieuse devant les juridictions administratives,* Paris, 2001, pp. 27 ss.; C. DEBBASCH/J.-C. RICCI, *Contentieux administratif,* 8.ª ed., Paris, 2001, pp. 490 e 491.

[105] Como já afirmámos no nosso, *Dos novos processos urgentes no contencioso administrativo,* no prelo.

[106] Quanto ao sentido dos conceitos, vd. a nossa, *Introdução ao Estudo Sistemático da Tutela Cautelar no Processo Administrativo…* cit., pp. 38 ss.

[107] A este propósito utilizamos as expressões «tempo longo», «tempo médio» e «tempo curto». Tanto a primeira expressão como a última foram empregues, embora em sentido não absolutamente coincidente, por MARIA DA GLÓRIA FERREIRA PINTO DIAS GARCIA («Os procedimentos cautelares. Em especial, a suspensão da eficácia do acto administrativo», Separata de *Direito e Justiça,* Volume X, Tomo, 1, 1996, p. 200).

A. Das soluções de gestão do tempo longo: o elemento «oferta» e a racionalização da organização, funcionamento e competência dos tribunais administrativos

Para gerir o tempo longo – enquanto tempo anormal, demora patológica do processo, lentidão processual que excede a razoabilidade ou, finalmente, tipo de demora que normalmente nos faz pensar na violação do direito à justiça em prazo razoável – as vias de solução habitualmente seguidas (ou tentadas)[108] são de vária ordem e, conforme o ângulo sobre que se olhem, podem concretizar duas finalidades distintas: a realização efectiva da justiça e (ou) o princípio da economia processual. Podemos configurar diferentes soluções para o tempo longo conforme a perspectiva institucional ou processual sobre que incidam. Inclusive, as soluções podem visar melhorar os elementos «oferta» e (ou) «procura».

Como a demora do processo administrativo foi sendo justificada perante os órgãos de Estrasburgo com as particularidades do contencioso administrativo e as insuficiências estruturais da jurisdição administrativa, pensemos, em primeiro lugar, no elemento «oferta». Assim, as soluções para o tempo longo podem apontar para a estrutura judiciária do contencioso administrativo. Lembrando as orientações do Ministro da Justiça para a reforma da justiça administrativa (contidas no Despacho n.º 1602/2001, de 15.1.200)[109], num período que antecedeu a elaboração do projecto do novo Estatuto dos Tribunais Administrativos e Fiscais (=ETAF), fica claro que a demora irrazoável do processo administrativo também se combate com a introdução de medidas de racionalização na organização, no funcionamento e nas competências dos tribunais administrativos e, especificando, com a criação de mais tribunais administrativos de círculo (=TACs) e a instalação dos já criados (em face das diversas dificuldades dos três tribunais em funcionamento no continente)[110], com a redistribuição de competências entre o STA, TCA e os TACs, e com o reforço dos seus serviços e pessoal, incluindo a promoção da especialização profissional e de carreira. A valorização das funções do presidente do tribunal, pela complementaridade de competências nas vertentes de assegu-

---

[108] A este propósito, vd. M. TEIXEIRA DE SOUSA, *Estudos sobre o Novo Processo Civil*, Lisboa, 1997, pp. 50 ss.; J. O. CARDONA FERREIRA, «Há soluções para os problemas da justiça», in: *O debate da justiça...cit.*, pp. 40 ss.

[109] Publicado tb. in: *Cadernos de Justiça Administrativa*, 25, 2001, pp. 60 ss.

[110] Sobre este assunto, vd. ANTÓNIO CÂNDIDO DE OLIVEIRA, *Organização Judiciária Administrativa (e Tributária)*, Coimbra, 2003, pp. 183 ss, esp., pp. 195 ss.

374 *Estudos em Comemoração do 10.° Aniversário da Licenciatura em Direito*

rar o andamento dos processos, no cumprimento dos prazos estabelecidos, e a introdução de um mecanismo que dê segurança ao particular na previsibilidade do tempo de segurança de um processo e simultaneamente vincule responsavelmente funcionários e magistrados no cumprimento dos prazos previstos para os seus actos constituíram ambas orientações governamentais para a reforma do contencioso administrativo, na perspectiva do tratamento do tempo longo.

Dito isto, parece-nos, pois, que as reformas que têm vindo a ser introduzidas na jurisdição administrativa[111], desde 1996, e, particularmente, desde a reforma operada pela Lei n.° 13/2002, de 19 de Fevereiro (novo ETAF)[112], vão no sentido das exigências da CEDH e do direito constitucional. Pôr a funcionar dezasseis tribunais até 1 de Janeiro de 2004 e o recrutamento e formação especializada de 85 juízes[113], «sem o qual a reforma legislativa, por melhor que [fosse] não [poderia] vingar»[114], traduzem com certeza essa preocupação. E na mesma linha está o reforço dos poderes dos presidentes do STA, TCA e dos TACs, nos quais se inclui o de dirigir o tribunal, superintender nos seus serviços e assegurar o seu funcionamento normal, assegurar o andamento dos processos no respeito pelos prazos estabelecidos (art. 23.°, n.° 1, b) e j); art. 36.°, n.° 1, b), l); art. 43.°, n.° 3, b), e), respectivamente, do ETAF) e a existência no Conselho Superior dos Tribunais Administrativos e Fiscais de inspectores com competência para averiguar do estado, necessidades e deficiências dos serviços, propondo medidas convenientes, e para colher, por via de inspecção, elementos esclarecedores do serviço e do mérito dos magistrados (arts. 82.° e 83.° ETAF).

---

[111] E que, quanto à racionalização das competências dos tribunais administrativos, veio após a reforma a realizar-se da seguinte forma: transferência de (quase) totalidade de competências de primeira instância para os TACs; transformação do TCA em tribunal de apelação e a atribuição ao STA do poder de julgar recursos de revista, dirimir conflitos de jurisdição e uniformizar jurisprudência.

[112] A este propósito, vd. D. FREITAS DO AMARAL/M. AROSO DE ALMEIDA. *Grandes Linhas da Reforma do Contencioso Administrativo*, Coimbra. 2002. pp. 21 ss.

[113] Neste sentido, MIGUEL MACEDO. «Intervenção do Secretário de Estado da Justiça», *Cadernos de Justiça Administrativa*, 40. 2003. p. 6.

[114] Neste sentido, M. F. SANTOS SERRA. «Intervenção do Presidente do Supremo Tribunal Administrativo», *Cadernos de Justiça Administrativa*, 34. 2002. p. 86.

B. *Das soluções de gestão do tempo longo, médio e curto: o elemento «procura» e as soluções consagradas no CPTA*

Continuando o nosso raciocínio, atendendo ao tipo de tratamento que pode ser dado ao tempo longo, médio e curto, vamos considerar as inovações introduzidas no CPTA.

Começando pelo tempo longo, e partindo do elemento «procura», devemos dizer que a morosidade indevida do processo, pode ser tratada por via de soluções que têm como objectivo afastar a resolução de conflitos emergentes de uma relação jurídico administrativa dos tribunais. Neste sentido, como se depreende das orientações do Ministro da Justiça para a elaboração do projecto do CPTA, a promoção de instrumentos de resolução extrajudicial de conflitos permite evitar a propositura de acções na jurisdição administrativa. A criação de meios alternativos de resolução de conflitos, como o recurso aos tribunais arbitrais e às comissões de conciliação administrativa, é um tipo de remédio que, nesta perspectiva, trata o tempo longo.

E, assim, tanto a criação de centros de arbitragem permanente, que o CPTA acolhe no artigo 187.° – com funções de conciliação, mediação ou consulta, no âmbito dos contratos, da responsabilidade civil, do funcionalismo público, da protecção social e do urbanismo –, como o instituto da extensão de efeitos de sentenças a outras pessoas que se encontrem na mesma situação jurídica são soluções que, ao dar tratamento ao tempo longo[115], vão ao encontro do art. 6.° da CEDH e do art. 20.°, n.° 4 CRP. Esta via, que não só contempla os particulares que tenham recorrido judicialmente como os que o não fizeram, cuja apreciação cabe, numa primeira fase, à própria Administração (artigo 161.° CPTA) contribui para a diminuição do número de recursos ao tribunal e portanto trata o elemento procura.

E a conservação das impugnações administrativas necessárias, não obstante a reforma do CPTA (art. 59.°, n.° 4 e n.° 5), pode igualmente tratar o mesmo elemento. Como mencionou o Tribunal Constitucional (Acórdão n.° 99/2001, p. 640/99, de 13.03.2001)[116], os recursos administrativos necessários também têm como função economizar um recurso contencioso e, por isso, podem servir como instrumento de racionalização do acesso à via judiciária. Ora, o CPTA ao manter o regime dos recursos administrativos contribui, neste contexto, para a economia processual no contencioso administra-

---

[115] Para outras considerações e bibliografia citada, vd. D. Freitas do Amaral/M. Aroso de Almeida, *Grandes Linhas da Reforma do Contencioso Administrativo ... cit.,* pp. 108 ss.

[116] Publicado in: DR. II série, n.° 131, 06.06.2001, p. 9557.

376   *Estudos em Comemoração do 10.° Aniversário da Licenciatura em Direito*

tivo – e essa é mais uma das vantagens de um recurso que suspende a eficácia do acto recorrido, que «é fácil», que «é barato» e pode dar um solução definitiva favorável ao particular[117]. Porém, não obstante não eliminar definitivamente a figura das impugnações administrativas necessárias[118], o CPTA adopta um novo regime que permite ao interessado simultaneamente recorrer à Administração e aos tribunais (nomeadamente para pedir providências cautelares). Salvo melhor opinião, a abertura desta possibilidade, que poderá ter igualmente vantagens, anula – pelo menos enquanto não for criada uma alternativa[119] – uma vantagem maior: a diminuição da procura judicial.

Também vai no mesmo sentido da economia processual, ainda que não seja tão eficaz a reduzir a propositura de acções, a especial apensação de processos, de inspiração espanhola, prevista no artigo 48.° do CPTA. A possibilidade de resolução de processos em massa, através da tramitação dos processos urgentes (art. 48.°, n.° 4), quando sejam propostos mais de vinte processos, por existir uma mesma relação jurídica material ou por se aplicarem as mesmas normas a idênticas situações de facto no caso de coexistirem relações jurídicas em paralelo, constitui uma solução semelhante de «agilização»[120] e de combate à demora excessiva do processo que o CPTA consagra[121]. E consagra bem, se a apreciarmos na perspectiva das exigências do art. 6.° § 1 da CEDH e do art. 20.°, n.° 4 CRP.

Atendendo ainda à duração do processo, mas numa perspectiva de tempo médio, ou de tempo normal, ou de demora técnica ou fisiológica (e daquilo que tem de ser feito com celeridade normal e com presteza), o seu tratamento pode atingir tanto a própria estrutura dos processos principais comuns como a de processos especiais[122], como se percebe, mais

---

[117] A este propósito, vd. J. C. VIEIRA DE ANDRADE, «Em defesa do recurso hierárquico», *Cadernos de Justiça Administrativa*, 0, 1996, pp. 19 ss.

[118] A este propósito, vd. M. AROSO DE ALMEIDA, «Implicações de direito substantivo da reforma do contencioso administrativo», *Cadernos de Justiça Administrativa*, 34, 2002, p. 71.

[119] A este propósito, para mais desenvolvimentos, vd. M. AROSO DE ALMEIDA, «Implicações de direito substantivo da reforma do contencioso administrativo... cit., pp. 72 a 74.

[120] A este propósito, vd. D. FREITAS DO AMARAL/M. AROSO DE ALMEIDA, *Grandes Linhas da Reforma do Contencioso Administrativo... cit.*, pp. 103 ss.

[121] A este propósito, vd. SÉRVULO CORREIA, «O Recurso Contencioso no Projecto da Reforma: Tópicos Esparsos», in: *Estudos de Direito Processual Administrativo... cit.*, p. 187.

[122] Numa perspectiva de comparação, quanto às reformas recentes introduzidas no sistema italiano e francês, vd., respectivamente, quanto à diversidade de processos especiais previstos no novo sistema italiano (de «tutela accelerata», de tutela «immediata e sommaria» e de «tutela abbreviata»), D. VAIANO, «L'accelerazione dei tempi processuali», *Giornale di Diritto Amministrativo*, Luglio 2000, 7, pp. 1080 ss., esp. 1087; e, quanto ao modelo francês, vd. R. CHAPUS, *Droit du contentieux administratif*, Paris, 2002, pp. 1231 ss.

uma vez, das recomendações do Ministério da Justiça para a elaboração do projecto do CPTA.

Comecemos pelos primeiros. As distintas possibilidades de modificação objectiva da instância, (arts. 45.°, n.° 1 e 63.°, n.° 1 e n.° 2 CPTA); de cumulação de pedidos (art. 47.° CPTA); de, por despacho saneador, o juiz ou relator conhecer total ou parcialmente do mérito da causa (art. 87.°, n.° 1, b) CPTA), na de fundamentação sumária de sentença ou de acórdão que resolva uma questão simples (designadamente por já ter sido apreciada de modo uniforme e reiterado) ou que resolva uma pretensão manifestamente infundada, podendo a fundamentação consistir na remissão para decisão precedente (art. 94.°, n.° 3 CPTA); a prática em simultâneo de actos processuais (como notificações ou vistas pelos juízes intervenientes no julgamento) são exemplos de solução da demora fisiológica do processo consagrados no CPTA que traduzem simplificação e economia processual que, a terem sucesso, contribuirão para que a «demora fisiológica» não se transforme em «demora patológica».

Também outros instrumentos processuais se podem ocupar da gestão do tempo médio, como por exemplo: o estabelecimento, entre as fases do processo, de regras de preclusão que obstam a que um acto omitido possa ser praticado fora do seu momento (art. 84.°, n.° 5); a concentração do processo numa audiência na qual a causa possa ser discutida (art. 91.°, n.°1); o efeito devolutivo de recursos jurisdicionais e a consequente exequibilidade provisória da decisão recorrida (art. 143.°, n.° 2 e n.° 3 CPTA) e o recurso *per saltum* (art. 151.° CPTA). Estas são soluções de gestão do tempo médio do processo que o CPTA também contém[123].

E o CPTA, ao prever o princípio da cooperação e boa-fé processual, nos arts. 1.° e 8.°, n.° 1 e n.° 2, submete todo o processo administrativo a um imperativo categórico: o dever de actuação célere e diligente por parte dos magistrados, mandatários e partes, quer na obtenção da justa composição do litígio, com brevidade e eficácia, quer na luta contra o supérfluo, contra a diligência inútil e expedientes meramente dilatórios.

Resta-nos o tratamento do tempo curto, ou do tempo das situações de urgência[124]. E estas estão também relacionadas com a duração do processo

---

[123] Quanto à relação entre este tipo de medidas e a aceleração do processo, vd. SÉRVULO CORREIA, «O Recurso Contencioso no Projecto da Reforma: Tópicos Esparsos ... cit., p. 187.

[124] A este propósito, para mais desenvolvimentos, vd. ISABEL CELESTE M. FONSECA, *Dos novos processos urgentes no contencioso administrativo*, no prelo.

378 *Estudos em Comemoração do 10.º Aniversário da Licenciatura em Direito*

e concretizam o direito à justiça em prazo razoável, ainda que não nos pareça à primeira vista. É certo que o direito à justiça em prazo razoável não exige, nem na perspectiva do direito internacional, nem de direito interno – salvo a excepção dos processos que servem para defender direitos, liberdades ou garantias pessoais (art. 20.º, n.º 5) – que todo o contencioso administrativo seja prioritário[125]. E nem a jurisprudência do TEDH obriga o juiz a tratar como urgentes situações que o não são. Contudo, o tribunal de Estrasburgo já referiu – a propósito da aplicação do critério da natureza do litígio e da importância que este pode ter para o requerente, principalmente a partir dos processos das transfusões de sangue contaminado – que o direito à justiça em prazo razoável impõe que a duração do processo seja gerida em função da urgência e da complexidade do caso. Pois bem, tudo isto nos leva a crer que para tutela de situações de urgência só a previsão de processos adequados, simplificados e céleres, permite satisfazer as exigências do art. 6.º § 1 da CEDH e do comando constitucional (art. 20.º, n.º 4 e n.º 5 e art. 268.º, n.º 4 e n.º 5).

Nesta perspectiva, a previsão de processos urgentes no CPTA, tanto autónomos como cautelares – cujos prazos e existência de fases são proporcionais às distintas situações de urgência a que se aplicam, que correm em férias, com dispensa de vistos prévios, cujos actos de secretaria precedem quaisquer outros e cujos prazos de recurso são reduzidos a metade (arts. 36.º e 97.º e ss. e art. 147.º) – vai ao encontro das orientações do TEDH, já que para situações de urgência específicas concretiza remédios que são conformes ao direito de acesso à justiça em prazo razoável[126]. Para além da adequação processual que se impunha, desde 1997, para defesa de direitos, liberdades e garantias, o legislador trata prioritariamente as situações de urgência referentes a informação procedimental, consulta de documentos e passagem de certidões; contencioso pré-contratual e eleitoral. No que se refere especialmente ao primeiro tipo de situações, apesar de «não [ser] fácil delimitar o sentido do direito a um processo célere e prioritário»[127], julgamos que o legislador ordinário seguiu o *indirizzo*

---

[125] Aliás, a aceleração da protecção jurídica poderia traduzir-se numa diminuição das garantias processuais e materiais, como refere J. J. GOMES CANOTILHO, *Direito Constitucional e Teoria da* Constituição... cit., p. 495.

[126] Neste sentido, CARLA AMADO GOMES, «O regresso de Ulisses: um olhar sobre a reforma da justiça cautelar administrativa», *Cadernos da Justiça Administrativa*, 39, 2003, p. 3.

[127] Neste sentido, J. J. GOMES CANOTILHO, *Direito Constitucional e Teoria da Constituição...cit.*, p. 502.

Do novo contencioso administrativo e do direito à justiça em prazo razoável 379

constitucional, uma vez que este concretiza uma via «preferente e sumária para protecção destes direitos»[128].

E enfim, o tempo curto pode ser também cuidado por algumas técnicas processuais que visam deliberadamente acelerar a realização do direito: designadamente pela admissibilidade de providências cautelares de natureza antecipatória, que o fazem apenas provisoriamente (art. 112.° CPTA), ou por via da antecipação, no âmbito do processo cautelar, do juízo sobre a causa principal (art. 121.°, n.° 1 CPTA). A possibilidade de convolação do processo cautelar em processo principal também pode traduzir essa preocupação. E igualmente a possibilidade de concentração do processo numa audiência, na qual a causa possa ser discutida e eventualmente decidida, pode constituir um dos instrumentos determinantes de simplificação e de rapidez (art. 103.° e 111.°, n.°1). De diferentes modos todas constituem exemplo de concretização no CPTA do direito de acesso à justiça em prazo razoável para as situações de urgência ou para tratamento do tempo curto.

C. *Das soluções de gestão do tempo processual que dependem da actuação do juiz*

No final cumpre questionar de que modo poderá o juiz administrativo assegurar, nos seus espaços próprios de gestão do tempo processual, o direito dos particulares à justiça em prazo razoável, uma vez que o cumprimento desse direito cabe também a todos os que integram o serviço público de justiça, especialmente ao juiz administrativo que é a entidade que vela pelo regular andamento do processo. O TEDH já mencionou, a propósito da verificação do critério que atende ao comportamento das autoridades competentes no momento da apreciação da razoabilidade da demora do processo, que mesmo nos processos regidos pelo princípio do dispositivo, o juiz não está dispensado «de assegurar a celeridade do processo» (caso *Guincho*/1987). Ora, esta obrigação é ainda mais evidente no contencioso que se rege pelos princípios da igualdade de partes (art. 6.° CPTA), da promoção processual (art. 7.° CPTA) e da cooperação e boa fé processual[129]. Com a reforma de 2002, o juiz claramente não passa a ser

---

[128] Seguimos o pensamento de J. J. GOMES CANOTILHO, *Direito Constitucional e Teoria da* Constituição... cit., p. 502.

[129] Sobre este assunto, vd. M. AROSO DE ALMEIDA, *O Novo Regime do Processo nos Tribunais Administrativos,* Coimbra, 2003, pp. 14 ss.

380 *Estudos em Comemoração do 10.º Aniversário da Licenciatura em Direito*

um intermediário passivo entre as partes e, por conseguinte, da sua actuação poderá resultar um contributo para a prolação das sentenças sem dilações indevidas.

Para além do dever de o juiz actuar de modo diligente no sentido de proporcionar a tutela judicial efectiva e em prazo razoável, de acordo com o princípio da cooperação e boa fé processual (arts. 2.º, n.º 1 e 8.º, n.º 1), a lei ao mesmo tempo que prevê momentos de intervenção oficiosa do juiz no processo, designadamente de proceder à correcção do mesmo (art. 88.º, n.º 1), também lhe entrega poderes mais discricionários, como o de escolha da tramitação processual, como acontece a propósito da realização de uma audiência pública para discussão oral da matéria de facto, quando a complexidade do processo o justifique (art. 91.º, n.º 1).

O dever de o juiz conduzir e intervir no processo no sentido de concorrer para que a justa composição do litígio seja encontrada com brevidade e eficácia impõe-se em diferentes momentos do processo, portanto. Mas, é na fase de realização de prova que se percebe a importância do seu cumprimento, uma vez que há momentos do processo administrativo mais lentos e sujeitos a delongas. Na acção administrativa especial, as fases de articulados e de instrução são propícias para gerar dilações indevidas, uma vez que o cumprimento dos princípios da igualdade de partes (art. 6.º CPTA) e do contraditório (arts. 81.º, 82.º, 83.º e 84.º) obriga a dar a ambas as partes tempo para conhecer das peças processuais, para as analisar e contestar. E, por si mesmos, os prazos fixados contribuem para um abrandamento do processo.

No que se refere à realização de prova, o magistrado deve conduzir esta fase e estar atento ao tipo de diligências e expedientes de que as partes se socorrem e impedir as que tenham carácter inútil ou desnecessário e dilatório (art. 90.º, n.º 2). O poder de o juiz fixar prazos e poder aplicar a uma das partes sanções pecuniárias compulsórias pelo não cumprimento de deveres (art. 84.º, n.º 4), bem como o poder de dar continuidade ou andamento à acção – no caso de a Administração não enviar o *processo administrativo* ou demais documentos respeitantes à matéria da acção – e considerar como verdade as alegações de uma das partes, se a realização da prova se tornar impossível ou de considerável dificuldade, constitui mais um exemplo de poderes de intervenção no processo que o CPTA adopta no sentido do andamento célere do processo (art. 84.º, n.º 5).

E nos processos urgentes, a previsão no CPTA do poder de o juiz conduzir e intervir no processo é ainda mais evidente e, logo, «quanto mais vastos [são] os seus poderes de condução do processo» mais ele é «destinatário directo e sujeito passivo do direito a uma decisão em prazo razoável»[130]. O juiz da urgência desenhado no Código assemelha-se à figura *calamendreiana* do juiz como polícia do processo[131]. Aqui, o legislador esteve em clara e oportuna sintonia com a jurisprudência europeia que, ao apreciar da razoabilidade da demora dos processos administrativos – e mais propriamente, a propósito da análise de dois dos quatro critérios, o que atende ao comportamento das autoridades competentes e à importância do processo para o requerente –, tem esclarecido que mais importante que tudo é que o juiz ao assegurar a celeridade normal do processo saiba estabelecer uma adequação entre a duração do exame da causa e as circunstâncias do caso. Mais precisamente, refere o TEDH que a razoabilidade se deve apurar atendendo à urgência e à complexidade do caso.

Pois bem, a jurisprudência da *Cour de Estrasburgo* está consagrada no novo regime dos processos urgentes, principalmente nos momentos em que a lei entrega ao juiz da urgência poderes discricionários[132]. Não só vai nesse sentido a simples previsão no CPTA de processos urgentes, com todas as características que lhes são próprias como também a reflecte a jurisprudência europeia a entrega ao juiz da possibilidade de gerir os instrumentos originais de aceleração. Demonstra principalmente inspiração europeia a entrega ao juiz do poder de realizar audiências públicas para esclarecimento de matéria de facto e de direito no contencioso pré-contratual: o poder de, em função da complexidade e da urgência do caso, o juiz escolher a tramitação processual mais lenta ou mais célere do processo de intimação para defesa de direitos, liberdades e garantias: a possibilidade de o juiz escolher o meio de comunicação mais adequado para proceder à audição e notificação de partes: e o poder de antecipação da decisão de mérito no âmbito dos processos cautelares (art. 121.°).

É bem verdade que nem todo o contencioso administrativo pode beneficiar de um tratamento prioritário e compreende-se bem porquê. E nem a Constituição dá indicações precisas – nem tinha de o fazer – quanto ao conceito de prazo razoável, nem a exigência do TEDH vai ao ponto de querer que o juiz trate como urgentes situações que o não são ou que o legislador não quis que fossem, contudo o magistrado tem poder (e dever

---

[130] Neste sentido, J. C. Vieira de Andrade, *Os Direitos Fundamentais na Constituição Portuguesa de 1976*, 2.ª ed., Coimbra, 2001, p. 235.

[131] Como já afirmámos no nosso *Dos novos processos urgentes no contencioso administrativo*, no prelo.

[132] Para maiores desenvolvimentos, considere-se o que já se dissemos em *Dos novos processos urgentes no contencioso administrativo*, no prelo.

382 *Estudos em Comemoração do 10.º Aniversário da Licenciatura em Direito*

moral?) para avaliar, decidir e controlar a duração do processo, principalmente em face de prazos que tenham uma natureza orientadora. O que é importante, como asseverou a *Cour de Estrasburgo,* é que o juiz administrativo proceda a um controlo da duração do processo, sendo que, para que se realize uma boa administração da justiça, a duração deve ser gerida em função da urgência e da complexidade do mesmo[133].

IV. Conclusão

Depois do diagnóstico, todos reconheceram que o excesso de procura dos tribunais administrativos e a demora excessiva dos processos obrigariam a tomar medidas apropriadas em conjunto[134]: o reforço de meios e de recursos materiais e humanos; a criação e instalação de mais tribunais administrativos de círculo, a redistribuição de competências, a formação especial de magistrados e a reforma legislativa com a publicação do CPTA, que consagra expedientes arrojados de simplificação e abreviação. Todas estas medidas vão ao encontro do direito à justiça em prazo razoável e, por conseguinte, salvarão o Estado português da censura do Tribunal de Estrasburgo e pouparão as finanças públicas de despesas indesejadas. Podemos, pois, questionar-nos sobre se falta mais alguma coisa para que o direito à justiça em prazo razoável seja concretizado – mesmo partindo do princípio de que as medidas, no seu conjunto, vão ser bem sucedidas em concreto.

Pois bem, talvez a vontade dos intervenientes na realização da justiça seja aquilo que sempre faz falta[135]: «o querer» que não se prevê na lei, a

---

[133] Neste sentido, O. DUGRIP/F. SUDRE, «Du droit à un procès équitable devant les juridictions administratives ... cit., p. 213.

[134] Neste sentido, MÁRIO TORRES, «A reforma do contencioso administrativo: Que metodologia?», *Cadernos de Justiça Administrativa,* 9, 1998, pp. 3 ss; e tb «Relatórios de síntese», *Cadernos de Justiça Administrativa,* 16, 1999, pp. 87 ss.

[135] A vontade de concretizar o direito à justiça em prazo razoável, como foi revelada no Acórdão de 14 de Fevereiro de 1995 (proc. n.º 32237). Tendo sido requerido ao STA a requisição de um documento que, afinal, já se encontrava no processo e tendo o recorrente deixado correr um prazo para proceder à substituição do objecto do recurso, o tribunal negou a pretensão do requerente, por entender que tal seria contrário ao direito a uma decisão em prazo razoável, que implica obrigações para todos os poderes do Estado, incluindo o poder judicial. Como referiu o Supremo, os juízes, na sua função de direcção dos processos devem adoptar as providências necessárias para que, num prazo razoável, embora sem prejuízo do acerto da decisão, os litígios sejam resolvidos.

determinação no cumprimento de prazos, a afoiteza na concretização de expedientes originais consagrados no CPTA, o empenho na realização do princípio da boa fé e da celeridade processual e a coragem na aplicação de sanções pecuniárias compulsórias (sem prejuízo do apuramento de outro tipo de responsabilidade) – nos casos em que a Administração não cumpre obrigações (de entrega do *processo administrativo*, de informação sobre a existência de actos conexos praticados na pendência da acção administrativa especial) – e, enfim, a vontade de todos os que estão envolvidos na realização da justiça de lutar contra os espaços mortos do processo e de não adoptar uma atitude passiva de olhar para o relógio como o fazia *Hans*, numa altura em que já tinha perdido a noção do tempo.

Hans Castorp «era capaz de ficar sentado com o relógio na mão – o relógio de algibeira, chato, liso e de ouro fino, cuja tampa com o monograma gravado estava aberta, e contemplar o mostrador redondo, de porcelana, rodeado por uma dupla fileira de algarismos árabes, pretos e vermelhos, e em cima do qual os dois ponteiros de ouro, enfeitados de sumptuosos arabescos, apontava em diferentes direcções, enquanto o delgado ponteiro dos segundos, tiquetaqueando, dava pressurosas voltas na sua esferazinha particular. A minúscula agulha saltitava pelo seu caminho, sem se importar com os números que alcançava, percorria, ultrapassava, ultrapassava muito, aproximava-se e alcançava de novo. Era insensível aos objectivos, às divisões e aos marcos. Deveria demorar-se por um instante no sessenta ou pelo menos assinalar de qualquer maneira que alguma coisa findara ali. Mas pela maneira como apressava a franquear esse algarismo, assim como qualquer outra divisão não numerada, reconhecia-se que todas essas marcações e subdivisões do seu caminho eram apenas acessórias, e que o ponteiro se limitava a caminhar, a caminhar sempre ...»[136].

Ao abandonar durante sete anos o tempo à sua sorte, *Hans* era incapaz de distinguir o «presente» do «passado», o «anteontem» do «três dias antes», «o amanhã» do «ontem» e do «hoje», o «há um ano» do «no ano que vem», e o em «breve» do «há um instante» – de cuja mistura e confusão resulta o «sempre» e o «nunca», situados fora do tempo – de tal modo que já não sabia há quanto tempo vivia ali no *Berghof,* perto da *montanha mágica...*

---

[136] Nesta página recorremos constantemente a extractos da obra de Thomas Mann, *Der Zauberberg* (A Montanha Mágica), tradução de Herbert Caro, Edição Livros do Brasil Lisboa.

A CIÊNCIA JURÍDICA MEDIEVAL:
MAIS DO QUE A PASSAGEM DE UM TESTEMUNHO

JOANA AGUIAR E SILVA

O RENASCIMENTO MEDIEVAL DO DIREITO ROMANO

1. **Renascimento ou sobrevivência? A presença do Digesto no séc. XII europeu.**

O chamado renascimento medieval do direito romano justinianeu data do início do séc. XII e tem nacionalidade marcadamente italiana. Reza a lenda, hoje sobejamente contrariada por aturadas investigações, que na origem de tal renascimento terá estado a descoberta em Amalfi de um manuscrito integral do Digesto de Justiniano. Este manuscrito, encontrado casualmente por volta de 1135 pelo Imperador Lotário II, aquando da conquista da referida cidade, foi pelo mesmo enviado para Pisa. A intenção de Lotário II seria, por um lado, a de fornecer aos pisanos material com o qual pudessem resolver os seus litígio; por outro, a de lhes pôr à disposição textos suficientemente ricos para apoio ao ensino escolar. Este terá sido então o manuscrito do Digesto, datado de finais do séc. VI, que veio a ser conhecido como *littera pisana*, por ter permanecido em Pisa até à conquista da cidade, em 1406, pelos florentinos, que, vitoriosos, o levaram como troféu para Florença, de onde nunca mais saiu. Daí a designação mais corrente com que hoje é conhecido de *littera fiorentina*. Ora bem. Sabemos que tal manuscrito esteve realmente em Pisa até essa altura, em que foi levado para Florença. Quanto à data a partir da qual se encontra em Pisa, e razões pelas quais isso sucedeu, melhor é pouco se acrescentar... O grande historiador do Direito Peter Stein, parece entender que a versão que desde o início do séc. XII começou a ser estudada e trabalhada em Bolonha, coincide com uma cópia daquela *littera pisana*, que teria sido re-

386   *Estudos em Comemoração do 10.º Aniversário da Licenciatura em Direito*

digida por volta do séc. XI[1]. Depois de perdida e sucessivamente emendada, esta teria vindo a constituir a chamada *littera bononiensis*, também denominada *littera vulgata*[2].

2. Vicissitudes do ensino jurídico na alta Idade Média (sécs. V-XI)

Certo parece ser, apesar de tudo o exposto, que já antes do séc. XII, nos anteriores sécs. X e XI, se assistia a um claro ressurgir do interesse pelas matérias jurídicas, e mais concretamente pelo estudo do direito romano justinianeu. E se são escassas as referências, durante este primeiro período, aos textos do Digesto, elas não são de todo inexistentes, lado a lado com referências ao Código, às Institutas e às Novelas. Só muito lentamente, num processo que se prolongou pela maior parte do séc. XII, se foi reconstruindo a totalidade da obra jurídica justinianeia. Quando em 1583 Dionísio Gotofredo procede à primeira impressão conjunta destes textos, dá-lhes o nome de *Corpus Iuris Civilis*[3]. O que parece ter sucedido é o estudo do direito ter-se desenrolado sem grande autonomia até esses finais do séc. XI, inícios do séc. XII. Ele faria parte do tradicional ensino das artes liberais, compostas pelo *trivium* e pelo *quadrivium*. Do *trivium* faziam parte a gramática, a retórica e a dialéctica[4], no seio das quais eram

---

[1] Cfr. PETER STEIN, *Römisches Recht und Europa. Die Geschichte einer Rechtskultur*; trad. esp. de César Hornero e Armando Romanos, *El Derecho romano en la historia de Europa. Historia de una cultura jurídica*, Madrid, Siglo Veintiuno de España Editores, 2001, p. 61.

[2] *Littera bononiensis* cujo texto, de acordo com Vincenzo Piano Mortari, não coincidiria exactamente com o texto da *littera fiorentina*. Cfr. VINCENZO PIANO MORTARI, *I Commentatori e la Scienza Giuridica Medievale*, Catania, Libreria Giannotta Editrice, 1965, p. 60; cfr. também os autores espanhóis EMMA MONTANOS FERRIN e JOSE SANCHEZ-ARCILLA, *Historia del Derecho y de las Instituciones*, tomo I, Madrid, Dykinson, 1991, p. 605, nota 400. Esta falta de correspondência teria levantado a hipótese da existência de uma versão mais antiga que tivesse, eventualmente, servido de modelo às outras duas.

[3] Este dado, que parece pacífico para a maior parte da doutrina, é contestado por Van Caenegem, quem em várias ocasiões atribui a paternidade da designação aos próprios glosadores, ainda nos sécs. XII e XIII. Cfr. R.C. VAN CAENEGEM, *Introduction Historique au Droit Privé*, trad. port. de Carlos Eduardo Machado, *Uma introdução histórica ao Direito Privado*, S. Paulo, Martins Fontes, 1995, pp. 19 e 51.

[4] As também chamadas *artes sermocinales*. Cfr. MANLIO BELLOMO, *L'Europa del Diritto Comune*, trad. ing. de Lydia Cochrane, *The Common Legal Past of Europe: 1000-1800*, Washington, D.C., The Catholic University of America Press, 1995, p. 48.

trabalhadas algumas noções jurídicas, enquanto ao *quadrivium* pertenciam a matemática, a geometria, a astronomia e a música[5]. Durante o período que mediou entre os sécs. VI e XI, foi assim que a cultura, nomeadamente a cultura jurídica, sobreviveu. Nas pequenas escolas de artes liberais, maioritariamente eclesiásticas, assegurou-se a passagem do testemunho, com a íntima e silenciosa preservação de laboriosos manuscritos. Até àquela data, pensa-se que as únicas escolas especificamente jurídicas estariam sediadas no oriente bizantino. Na Síria, mais concretamente em Berito, parece ter havido por volta do séc. V uma florescente escola de Direito; temos mesmo notícia da influência exercida por mestres desta escola na elaboração, ordenada no séc. VI por Justiniano, do texto do Digesto[6]. No ocidente, as primeiras escolas a autonomizarem o ensino do Direito terão sido precisamente aquelas que maior ligação tinham com o oriente bizantino, nomeadamente a escola de Ravena, onde, ainda no séc. XI, prosperava uma escola civil, não eclesiástica, em que eram conhecidos e ensinados os textos jurídicos justinianeus. Também Pavia, capital do reino da Lombardia, é apontada como precursora da escola de Bolonha, por já no séc. XI os juristas da escola de direito que a cidade albergava utilizarem o método da glosa no estudo que faziam, sobretudo, do direito lombardo[7]. Wieacker sublinha o carácter fluido da transição operada entre a formação geral proporcionada pelas escolas de artes liberais e os estudos jurídicos especializados, manifestado nos materiais, intenções e métodos de trabalho empregues pelos juristas do século que an-

---

[5] Também ministradas sob a designação de *artes reales. Ibidem*, p. 48. Cfr. igualmente Piano Mortari, *op. cit.*, p. 20.

[6] Cfr. Emma Montanos Ferris e Jose Sanchez-Arcilla, *op. cit.*, pp. 599-600, nota 386.

[7] Os juristas de Pavia, diz-nos Peter Stein, não prestaram grande atenção ao direito romano, antes se centrando no que constituía, à data, a principal fonte de direito vigente: o direito germânico. Cfr. Peter Stein, *op. cit.*, p.63 e Ludwig Ennecerus, *Tratado de Derecho Civil*, tomo I, Barcelona, Bosch, 1953, p. 65. Hermann Fitting liderou, historicamente, a tese extrema de que o cultivo do direito romano floresceu nas escolas de Ravena, Pavia e Roma, nos séculos anteriores à criação do *studium civile* de Bolonha, constituindo estas, no fundo, as precursoras que tornaram aquela possível. Para Fitting, inclusivamente, a criação da universidade em Bolonha, no séc. XII, significaria um retrocesso nos estudos jurídicos, relativamente aos séculos antecedentes. Cfr. Sebastião Cruz, *Direito Romano*, I, Coimbra, 1973, pp. 93 e ss.; Ramón Fernandez Espinar, *Manual de Historia del Derecho Español, I, Las Fuentes*, Madrid, Editorial Centro de Estudios Ramon Areces, S.A., 1990, p.347.

388 Estudos em Comemoração do 10.º Aniversário da Licenciatura em Direito

tecede o da criação da universidade de Bolonha[8]. A própria universidade de Bolonha começa por ser uma modesta escola de artes, criada por decisão da comuna, para satisfazer a necessidade de formar funcionários públicos competentes, desde procuradores a notários, passando por advogados[9]. Wieacker fala a este propósito na necessidade de satisfazer os interesses profanos das novas gerações.

3. A escola de Bolonha do séc. XII

Assim, de pequena escola de artes liberais que era em finais do séc. X, o *studium civile* de Bolonha adquire no início do séc. XII o estatuto de Universidade[10]. A ideia que nos é dada por um autor de meados do séc. XIII, Odofredo, é a de que os próprios mestres dessas artes se transformaram, forçados por todo um conjunto de circunstâncias, em professores de direito[11]. Assim teria acontecido com Pepo, lendário mestre de leis em Bolonha, em relação ao qual a história reservou escassas e pouco claras referências e que não deixou obra escrita, e com Irnério, aquele que é considerado o verdadeiro fundador dos estudos jurídicos em Bolonha.

---

[8] Cfr. FRANZ WIEACKER, *Privatrechtsgeschichte der Neuzeit*, trad. port. de A.M. Hespanha, *História do Direito Privado Moderno*, 2.ª ed., Lisboa, Fundação Calouste Gulbenkian, 1993, p. 32. Referindo-se ao período compreendido entre o séc. V e o séc. XI, como o período de cimentação medieval, Paolo Grossi considera esta uma época não de incultura, mas de cultura não circulante. E uma época em que "ninguém poderia negar a existência de escolas de direito...". "O importante", continua o autor, "é não as transfigurar, como tem sido feito (...). Não estamos ante lugares de acrisolada reflexão científica, mas sim ante escolas de formação profissional onde, com instrumentos intelectuais rudimentares, se fornece aos aspirantes a juiz ou notário as noções jurídicas indispensáveis para um melhor cumprimento das funções próprias. (...) Os séculos que vão do V ao XI apresentam-se-nos como a oficina da *praxis*, o laborioso laboratório onde se molda um costume jurídico". Cfr. PAOLO GROSSI, *L'Ordine Giuridico Medievale*, trad. esp. de Francisco Tomás y Valiente e Clara Álvarez, *El Orden Jurídico Medieval*, Madrid, Marcial Pons, 1996, pp.79 e ss.. Cfr. PAUL KOSCHAKER, *Europa und das Römische Recht*, trad. ital. de Arnaldo Biscardi, *L'Europa e il Diritto Romano*, Firenze, Sansoni Editore, 1962, pp. 101 e ss..

[9] Cfr. FRANZ WIEACKER, *op. cit.*, p.41.

[10] Várias são as teses que rodeiam as origens do nascimento da universidade de Bolonha. Cfr. RAFAEL GIBERT, *Elementos Formativos del Derecho en Europa. Germanico, Romano, Canonico*, Madrid, Granada, Imprenta de Francisco Román, 1975, pp. 72 e ss..

[11] Numa escola medieval, mestre era precisamente o título usualmente atribuído aos professores de artes. Cfr. CHARLES M. RADDING, *The Origins of Medieval Jurisprudence. Pavia and Bologna 850 – 1150*, New Haven, Yale University Press, 1988, p. 71, nota 1.

A Ciência Jurídica Medieval: mais do que a passagem de um testemunho   389

Irnério, Wernerius, ou Guarnerius, como era conhecido dos seus contemporâneos, parece ter sido mestre, em Bolonha, de retórica e dialéctica. A familiaridade que tinha com os métodos escolásticos do *trivium*, com as técnicas de ensino das artes liberais, herdadas da antiguidade, habilitam-no a começar o trabalho sobre os textos de direito justinianeu, em torno dos quais se vinha observando um novo interesse. Talvez inicialmente a sua intenção se cingisse ao esclarecimento de alguma terminologia de sentido mais obscuro ou menos evidente, mas a partir daí Irnério passa a analisar passagens integrais dos textos em questão. De tal maneira que acaba por passar à história como jurista[12].

Dois aspectos merecem alguma atenção. Os antecedentes, por um lado. Isto é, por que razão é que Irnério decide dedicar-se nesta altura, e será uma dedicação vitalícia, ao estudo das fontes jurídicas justinianeias? Ele que, ao que tudo indica, nem especialista em Direito era. Por outro lado, claro, cumpre-nos uma referência mais detalhada ao próprio labor que empreendeu sobre essas mesmas fontes, e que constituiu ponto de partida para a chamada escola dos glosadores.

Quanto ao primeiro aspecto, parece-nos curiosa a expressão empregue por Franz Wieacker a este respeito. Referindo-se, concretamente, à elaboração da *lettera bononiensis* como sendo um "acto de entusiasmo científico", o autor alemão realça o facto de todo este desenvolvimento jurídico se inserir numa mais vasta tendência cultural, num interesse geral da cultura europeia pela evocação da ideia universal de Roma. É, no fundo, o ressurgir da ideia de império, e a continuidade que se quer ver do império romano no sacro império romano germânico, aquilo que alimenta grande parte deste interesse.

É certo que, no impressivo dizer do historiador de direito Paolo Grossi, a sociedade que vive e zelosamente opera nos sécs. XI e XII, é uma sociedade em espera: "em espera de ser ordenada juridicamente"[13]. Num texto que, além de riquíssimo em sugestões e análises histórico-jurídicas,

---

[12] A partir da análise de um certo número de glosas da autoria do mestre bolonhês, O. Robinson, T.Fergus e W.Gordon contestam este quadro um tanto idílico de Irnério enquanto auto-didacta. Cf. O.F. ROBINSON, T.D. FERGUS e W.M. GORDON, *An Introduction to European Legal History*, Abingdon, Oxon, Professional Books, 1985, pp. 168 e ss.. De acordo com os autores, as perguntas de Irnério são perguntas de jurista, e de jurista treinado, aluno que deve ter sido de Pepo, também ele jurista de formação.

[13] Cfr. PAOLO GROSSI, *op. cit.*, p. 159.

constitui sem dúvida uma belíssima peça de pura feição literária, o autor aponta como fundamentais eixos impulsionadores do estudo do direito romano justinianeu, a necessidade de encontrar para o discurso da ciência jurídica um manto de validade, de legitimidade. Isto por duas razões. Em primeiro lugar porque se assiste neste período ao desenvolvimento de toda uma nova ordem económico-social, com um sem número de relações carecidas de nova regulamentação, carecidas de um direito que acompanhe toda a sua complexificação. São as exigências reais de tempos que não se compadecem já com a limitada parafernália consuetudinária. "São demasiados os vazios a preencher, os factos não previstos que esperam qualificações jurídicas idóneas"[14]. Por outro lado, esta tarefa, que mais não é do que uma tarefa de criação jurídica, terá que, nesta altura, ser adjudicada à nascente ciência jurídica. Um dos *leitmotiv* do texto de Grossi é precisamente o da vocacional incompletude do poder político medieval e da relativa indiferença que por essa razão o poder político nutre pelo direito. Aquilo a que o autor italiano se refere como sendo a leveza do poder político na Idade Média, a sua carência de vocação totalizante, a sua "incapacidade para se situar como facto global e absorvente de todas as manifestações sociais", acentuam justamente a autonomia e concomitante pluralismo da instância jurídica. Uma autonomia que se identifica com a própria historicidade do direito, a sua mais íntima e ôntica ligação ao pulsar da sociedade[15]. E é todo este enquadramento que deixa margem de manobra à ciência jurídica para criar direito. Ciência jurídica e direito que se irão mover entre exigências de validade, pela necessidade de legitimação, e efectividade, pela exigência prática de acompanhar o evoluir da realidade. O direito romano justinianeu surge, nesta altura, como genial e fundamental instância de validação de direito novo[16].

---

[14] *Ibidem*, p. 159.

[15] Grossi vê aqui a verificação da hipótese de Santi Romano, do direito como voz da sociedade e já não como monopólio do poder: "voz de inumeráveis grupos sociais cada um dos quais encarna um ordenamento jurídico". *Ibidem*, p. 61.

[16] Isto permite desde já adiantar uma noção extremamente importante quando falamos no direito romano medieval. Não se trata, nas escolas jurídicas medievais, de operar uma mera recuperação de direito com séculos de existência, para o aplicar às realidades económicas, sociais e políticas da Idade Média. Não se trata de modernizar o direito romano. Essa convicção leva Grossi ao ponto de considerar o direito justinianeu como "um recipiente vazio que os novos conteúdos deformam desapiedadamente, um contentor de que apenas resta a função de conter o signo da validade, cuja contribuição, em muitos casos, se reduz à linguagem e a refinados instrumentos técnico-jurídicos". O esplendor dos estudos medievais de direito romano justinianeu adviria para o autor da procura de um

4. O império e o direito

Dizíamos antes que na base deste novo interesse pelo estudo do direito romano está a própria ideia de império. Como nos diz Charles Radding, a ideia de *renovatio imperii* era um lugar comum no final do séc. XI, representando os imperadores tedescos os verdadeiros sucessores dos imperadores romanos[17]. Foi desse sentimento, dessa convicção, que os juristas de Bolonha souberam tirar proveito, como tão elucidativamente nos mostra Koschaker: sendo o direito romano o direito do *imperium romanum*, é um direito imperial; se o sacro império romano-germânico representa a continuidade com esse império, aquele direito está naturalmente apto a acompanhá-lo. A própria pertença ao império se afere pelo *vivere secundum legem romanam*. Koschaker conclui as suas observações com a reiteração da sua tese: "mesmo que o direito romano fosse cem vezes mais perfeito do que se reconhece ser, nem um só estudante se teria sentido atraído a Bolonha, à escola dos glosadores, se por acaso aquele direito não fosse o direito do *imperium romanum*"[18].

É certo que, se num primeiro momento o direito romano assumiu esta função fortalecedora do poder imperial, não podemos escamotear que numa segunda fase passa a cumprir essa mesma função em relação ao poder político dos monarcas, dentro dos seus respectivos reinos. Monarcas que se querem claramente demarcar da jurisdição política do imperador e que vêem na imagem deste um digno modelo de imitação a nível interno.

Um outro aspecto curioso se prende com estes. Sendo tão estreita a ligação entre a recuperação do direito justinianeu e a existência do impé-

---

suporte de validade para uma construção jurídica que se desenvolve autonomamente, e que "encontra a sua fonte substancial na incandescência dos novíssimos factos económicos e sociais da civilização medieval". *Ibidem*, pp. 32 e ss.; p. 174.

[17] Cfr. CHARLES M. RADDING, *op. cit.*, pp. 75 e ss.; cfr. também HELMUT COING, *Europäisches Privatrecht*, trad. esp. de Antonio Pérez Martín, *Derecho Privado Europeu*, Madrid, Fundación Cultural del Notariado, 1996, p. 42.

[18] Cfr. PAUL KOSCHAKER, *op. cit.*, pp. 125 e ss.. O autor espanhol Francisco Tomás y Valiente, reiterando esta força legitimante do direito romano justinianeu, enquanto *lex imperii*, não deixa no entanto de sublinhar a importância que teve para a sua vigência e difusão o enorme prestígio de que, merecidamente, gozava. Cfr. FRANCISCO TOMÁS Y VALIENTE, *Manual de Historia del Derecho Español*, Madrid, Tecnos, 5.ª reimp. 1992, p. 192. Já Piano Mortari, algumas décadas antes, fizera questão de realçar a importância que para este retorno ao estudo da compilação justinianeia tivera o reconhecimento pelos glosadores do valor intrínseco da mesma. Cfr. PIANO MORTARI, *op. cit.*, p. 140.

392 *Estudos em Comemoração do 10.° Aniversário da Licenciatura em Direito*

rio romano-germânico, não será de estranhar uma certa familiaridade entre os próprios juristas, glosadores, e os imperadores tedescos. Ora, é sabido que uma das principais fontes de apoio e financiamento de que beneficiou Irnério, e antes dele, o próprio Pepo, foi a Condessa Matilde, do poderoso senhorio da Toscânia, que por sua vez era apoiante do papado na contenda das investiduras. O que não impediu Irnério de publicamente demonstrar o seu apoio ao imperador Henrique V e ao anti-papa Gregório VIII[19]. Esta sua dedicação, aliás, obrigou-o a se ausentar de Bolonha frequentemente, como nos recorda Bellomo, para visitar a corte de Matilde, ou para, mais tarde, seguir o imperador Henrique V, ou para se deslocar a Roma para defender o anti-papa Gregório VIII na luta que o opunha a Gelásio II[20].

5. O *corpus iuris civilis* medieval

Ainda assim, o labor desenvolvido ao longo de toda uma vida por Irnério, em torno dos textos de direito justinianeu, será fundamental na configuração com que os mesmos atravessarão a Idade Média. Aquele que podemos considerar o primeiro glosador foi responsável não só pela autonomização que a escolástica até aí denegara aos estudos jurídicos, como pela recolha e sistematização de todas as disposições da compilação justinianeia, que à altura se encontravam totalmente dispersas. Escrevendo no séc. XIII, *Burchardus Biberacensis* diz-nos que Irnério "renovou os livros de leis e, reconstruindo a ordem pela qual o imperador Justiniano os tinha compilado, com a possível adição de algumas palavras aqui e acolá, dividiu-os"[21]. Assim nasceu o *corpus iuris civilis* medieval, obra marcante para a ciência jurídica europeia dos séculos seguintes, e que virá a constituir material nuclear para o estudo do direito feito a partir desta altura nas

---

[19] Robinson adverte contra a possibilidade de se entender que tanto Matilde como o próprio Henrique V tivessem interesse directo no estudo do direito romano; o apoio que ambos concederam a Irnério ter-se-á prendido sobretudo com a conveniência por ambos sentida de dispor de um conselheiro com prática na análise de situações e a argumentar de forma hábil e inteligente. Cfr. O.F. ROBINSON, T.D. FERGUS e W.M. GORDON, *op. cit.*, p. 164.

[20] Cfr. MANLIO BELLOMO, *op. cit.*, pp. 61 e ss..

[21] Cfr. BURCHARDUS BIBERACENSIS, *Chronicon*, ed. Oswald Holder-Egger e Bernhard von Simson, *in Monumenta Germaniae Historica. Scriptores Rerum germanicarum in usum scholarum*, Hannover, Hahnsche buchhandlung, 1916, *apud* MANLIO BELLOMO, *op. cit.*, pp. 60 e ss..

A *Ciência Jurídica Medieval: mais do que a passagem de um testemunho*

universidades medievais. A estrutura a que obedece, com a tripartição do Digesto em *vetus, infortiatum* e *novum*, e com a junção das institutas às novelas, aos três últimos livros do código, e ainda a um pequeno código de direito feudal, difere da sistematização justinianeia, que os humanistas do séc. XVI tentarão recuperar[22]. Irnério terá também o mérito de reconhecer ao Digesto o seu devido valor, em termos teóricos como em termos práticos. Com efeito, este será talvez o mais trabalhado, o mais glosado e mais comentado texto de direito justinianeu ao longo de toda a baixa Idade Média.

Irnério é pois uma figura central para a criação do *studium civile* em Bolonha, e é habitualmente identificado como pai da escola dos glosadores. Uma designação que advém dos métodos de trabalho empregues pelo jurista bolonhês e pelos seus discípulos.

6. O direito civil e os glosadores: metodologias.

Quanto a estes métodos, e ao mérito em geral de todo o trabalho desenvolvido pelos juristas da escola dos glosadores, vamos assistindo à defesa de posições assaz contraditórias. Alguma coisa já adiantámos quanto à natureza do labor empreendido por esta escola, quando contrariámos a ideia por alguns defendida da reprodução medieval de um direito romano modernizado. Não era admiração histórica aquela que os glosadores sentiam pelos textos justinianeus; eram as concretas necessidades do seu tempo, da sua sociedade, as que urgia resolver. E isto, em certa medida, desmente aqueles para quem os glosadores mais não foram do que puros exegetas da letra das leis romanas, numa tarefa essencialmente analítica e casuística. Esta a imagem dominante que dos glosadores nos foi transmitida por Savigny – a de meros anotadores de textos jurídicos que, como admiradores da antiguidade, se mostravam alheios aos problemas do seu tempo. Uma imagem que por muito tempo perdurou e fez escola nos meios da história do direito, e a que a própria denominação sob a qual a escola ficou conhecida não é totalmente alheia. O emprego da glosa por estes primeiros juristas bolonheses valeu-lhes o rótulo de glosadores, sendo que por glosa se entende uma breve nótula explicativa aposta ao texto com o intuito de clarificar uma determinada palavra, ou até uma expressão.

---

[22] Quanto às várias divisões apresentadas pelo Digesto, e respectivas razões explicativas, *vide, v.g.* PIANO MORTARI, *op. cit.*, pp. 58 e ss..

Da mais simples à mais complexa, a glosa pode-se traduzir na mera substituição de um termo mais obscuro por um mais transparente, ou na explicitação singular, clara e eficaz, de um termo ou de um conceito, até chegar a constituir verdadeiros desenvolvimentos teóricos de matéria jurídica que iam muito para além da formalidade da letra do texto. Na glosa se encontra frequentemente a procura de lugares paralelos, a concordância com outros textos do *corpus*, a análise de contradições e de excepções, tudo isto numa clara exposição do sentido racional dos textos, e muitas vezes com verdadeiras preocupações de índole sistemática. Desenganem-se pois aqueles que vêem nas glosas um instrumento de pura exegese analítica e literal dos textos, superada apenas pela metodologia das posteriores gerações de comentadores, que gozariam já da faculdade de alcançar o respectivo espírito e sentido racionais. Aliás é esta noção tão ampla de glosa que permite actualmente uma classificação mais rica deste género literário. Se numa primeira análise as glosas se dividiam em lineares e marginais[23], há agora muito quem discuta a classificação das mesmas em declarativas, ou meramente explicativas, aclaratórias do sentido de um termo ou de toda uma passagem textual, e discursivas, correspondendo esta designação às glosas já não de índole meramente exegética mas de amplitude verdadeiramente interpretativa. Os historiadores Rui e Martim de Albuquerque chamam a atenção para o carácter tendencioso do rigor de qualquer uma destas classificações, ao mesmo tempo que assinalam toda a riqueza encerrada pelo uso que deste género literário fazem os juristas glosadores[24]. Um género literário que, diga-se em abono da verdade, é anterior à criação dos estudos jurídicos de Bolonha, anterior a Irnério. Não parece ter sido essa a ideia veiculada por Odofredo no séc. XIII, reclamando para o primeiro glosador a autoria de tal metodologia, mas tudo indica ser essa já bastante utilizada no tratamento de textos jurídicos e também noutros domínios do saber e do ensino, nomeadamente na teologia, ainda antes do séc. XII. A glosa, aliás, era técnica de emprego frequente no ensino do *trivium*, e como nos recorda Charles Radding, não podemos esperar dos glosadores que não conhecessem as matérias do *trivium* e do *quadrivium*,

---

[23] As glosas lineares terão antecedido cronologicamente as marginais, por corresponderem à mais pura exegese textual, enquanto a necessidade de ocupar as margens surge mais tarde por força do próprio desenvolvimento natural, e da natural complexificação do comentário em que se traduzia a glosa.

[24] Cfr. RUY DE ALBUQUERQUE e MARTIM DE ALBUQUERQUE, *História do Direito Português*, I volume, Lisboa, Edição Pedro Ferreira, 1999, pp. 260 e ss..

A Ciência Jurídica Medieval: mais do que a passagem de um testemunho   395

mais concretamente a dialéctica, ou a lógica e a retórica[25]. Também Wieacker traça uma linha de continuidade entre a técnica expositiva da escola de Bolonha e a tradição do ensino trivial – "mantêm-se ainda as figuras de explicação e de raciocínio elaboradas originariamente pela lógica, gramática e retórica gregas, aplicadas inicialmente pelos eruditos alexandrinos à exegese dos textos filológicos: a glosa gramatical ou semântica, a exegese ou interpretação do texto, a concordância e a distinção"[26]. Robinson localiza a proveniência desta metodologia nos métodos jurídicos lombardos, sublinhando a importância que ao lado do *corpus iuris* o direito lombardo ainda tem para os glosadores[27]. Mais uma vez há vozes discordantes, como a de Caenegem, ao escrever que os glosadores tiveram que criar e desenvolver métodos e princípios próprios para assimilar e compreender os textos jurídicos justinianeus[28].

7. A cultura jurídica medieval da *interpretatio*

De uma ou de outra forma, um dado parece incontestável: a importância que para as escolas jurídicas medievais, a começar pela dos glosadores, assumem os processos de *interpretatio*. Para a cultura medieval, diz-nos Castanheira Neves, citando Heidegger, conhecer não é investigar, "mas entender devidamente a palavra decisiva e as doutrinas das autoridades que a proclamam"[29]. Esta, com efeito, a preocupação inicial dos glosadores. Numa cultura como a medieval, em que o direito, mais do que criado, pré-existe à actividade de jurisprudentes, senhores ou monarcas; num mundo em que o único e verdadeiro legislador é Deus, a principal actividade normativa do príncipe e da comunidade, através do veículo do costume, é a *interpretatio*, como *interpretatio* é "a administração da justiça pelo juiz ou a construção teórica do *magister*"[30]. Aqui, mais uma vez, nos socorremos das admiráveis páginas escritas por Grossi. Justifica o autor italiano a sua clara preferência pela utilização do termo latino de *in-*

---

[25] Cfr. CHARLES M. RADDING, *op. cit.*, p. 75.
[26] Cfr. FRANZ WIEACKER, *op. cit.*, p. 47.
[27] Cfr. O.F. ROBINSON, T.D. FERGUS e W.M. GORDON, *op. cit.*, pp. 167 e ss..
[28] Cfr. R.C. VAN CAENEGEM, *op. cit.*, p. 51.
[29] Cfr. MARTIN HEIDEGGER, *Holswege*, segundo a trad. esp. de J. Rovira Armengol, *apud* ANTÓNIO CASTANHEIRA NEVES, *Método Jurídico*, Polis. Enciclopédia Verbo da Sociedade e do Estado, p. 225.
[30] Cfr. PAOLO GROSSI, *op. cit.*, pp. 168-169.

terpretatio, face ao vocábulo romance de interpretação, pelas claras conotações (ou contaminações...) positivistas de que este padece. "Tememos", adverte Grossi, "a infecção de uma noção de interpretação como actividade puramente lógica", "cingida à ideia demasiado estreita de uma actividade meramente cognoscitiva de um texto legal rígido que constitui para o intérprete um vínculo formalmente insuperável". A _interpretatio_ medieval é plena de possibilidades criativas, nela se manifestando por completo a vontade e liberdade do intérprete. Uma faculdade que talvez devesse ser recuperada para os nossos dias, como mediadora entre textos e factos, como elemento de correcção, integração e modificação do texto em função dessa realidade, como fundamental instância construtora e criadora de direito[31].

8. Relação dos glosadores com os textos justinianeus

Um outro aspecto importante que se prende com o valor nuclear desta actividade interpretativa na construção da ciência medieval, é o do material sobre o qual ela se vai exercer. Um dos traços mais característicos da ciência medieva é, assegura Coing, o facto de, relativamente a cada disciplina, ela se fundar sobre livros de autoridade[32]. Livros sagrados, que contêm em si a verdade última, que não admitem contradições ou incoerências. Estes são textos que fundamentam todo o discurso científico e para lá dos quais nada há que mereça conhecer. É assim que para os glosadores o _corpus iuris civilis_ adquire uma mística aura de sacralidade. Pelo menos teoricamente, em obediência àquela vital necessidade de legitimação, daquilo a que Grossi chamou, como já vimos, instância de validade. A concordância com o texto, o cumprimento do mesmo, proporcionará ao direito uma autoridade que o poder político não está em condições de assegurar. A atitude dos glosadores frente às fontes de direito justinianeu em tudo se assemelha à dos teólogos quando trabalham os textos bíblicos. São textos

---

[31] Para justificar a marcada diferença entre a _interpretatio_ medieval e a exegese de textos romanos, Grossi qualifica a primeira como "reapropriação e reconsideração, sob a protecção dos textos romanos, de toda uma ordem jurídica, de uma ordem de valores jurídicos que aflora à superfície histórica sob o aspecto de _aequitas_". _Ibidem_, p. 36.

[32] Cfr. HELMUT COING, "Trois formes historiques d'interprétation", _in Revue historique de droit français et étranger_, n.° 48, 1970, p. 535, _apud_ ANTÓNIO CASTANHEIRA NEVES, _op. cit._, p. 225.

A *Ciência Jurídica Medieval: mais do que a passagem de um testemunho*

revelados, e como tal inatingíveis. Textos, por outro lado, subtraídos ao seu contexto histórico, cuja efectiva vigência é inquestionável.

Claro que, para muitos autores, sobretudo para aqueles ainda muito presos à visão depreciativa que dos juristas medievais em geral nos deu Savigny, aqui residem os fundamentais defeitos da obra dos glosadores. Em primeiro lugar, o excessivo apego aos textos justinianeus, à sua *littera*. Vimos já, quando tentámos justificar a designação da própria escola, que os glosadores são por muitos acusados de se limitarem a uma magra exegese dos textos do *corpus iuris civilis*. E dissemos então, como dizemos agora, que nem a glosa foi entendida sempre da mesma maneira pelos glosadores, nem foi, por outro lado, o único método empregue pela escola, como vamos ver. A reverência sentida pelos glosadores para com o texto do *corpus iuris civilis*, que deixava satisfeita a sede de validade, era habilmente temperada com as exigências de efectividade. Grossi refere a este propósito duas imagens extremamente sugestivas. Uma destas, atribuída por João da Salisbúria a Bernardo de Chartres, vê os glosadores como anões subidos aos ombros de gigantes, beneficiando assim da sua altura para ver objectos maiores e mais longínquos. O gigante é instrumentalizado pelos anões, que humildemente lhe pedem auxílio, sem perderem a consciência do dever de usar os próprios olhos, de analisar a sua própria circunstância. Dito de outra forma, a autoridade dos textos é maleável, dirigível, dúctil. Deve ser manuseada de forma inteligente, de forma cuidadosa, para que a aplicação à prática seja assegurada[33]. Daí a outra imagem, da autoria de outro autor do séc. XII, desta feita Alano de Lille, segundo o qual o nariz da autoridade é feito de cera, na medida em que esta autoridade pode e deve ser encaminhada no melhor sentido, de forma plástica, mantendo-se dúctil como a cera[34]. Aqui se refere precisamente o papel que nesta conformação do direito romano justinianeu à realidade prática da Idade Média assumiu a *aequitas*, enquanto manifestação da justiça nas normas dos homens. *Aequitas* como essa noção natural de justiça, que já está nas coisas, que está nos factos, "onde já é direito, mas de onde espera ser transportada, traduzida, interpretada, reduzida a preceitos"[35].

---

[33] Esta íntima relação entre teoria e *praxis* abraçada pelos glosadores é contestada, nomeadamente, por Ennecerus, que vê como um dos principais defeitos da escola a sua vocação puramente teórica, não curando os seus juristas da "aplicação prática do direito e das novas formações jurídicas". Cfr. LUDWIG ENNECCERUS, *op. cit.*, p. 66.

[34] Cfr. PAOLO GROSSI, *op. cit.*, pp. 166 e ss..

[35] Mais uma vez Grossi opta pelo termo latino, "para evitar equívocos com a sobreposição dos nossos actuais esquemas mentais que fazem da equidade um espaço inter-

398 Estudos em Comemoração do 10.º Aniversário da Licenciatura em Direito

Também Francesco Calasso sai em defesa da originalidade e criatividade da obra realizada pelos glosadores, nomeadamente no que toca à sua participação na vida pública do seu tempo. A insensibilidade e clausura mental de que Savigny os censurou face aos problemas publicísticos constitui, no entender do professor italiano, um lugar comum largamente infirmado pelos factos[36].

Uma outra crítica habitualmente dirigida a este juristas medievais tem igualmente origem naquela veneração pelos intocáveis textos justinianeus. Na ânsia de rejeitar qualquer incoerência, qualquer contradição, apressam-se a perder contacto com a realidade, enveredando por excessivas subtilezas, pelo emprego de subterfúgios e artifícios lógicos, que acabam por justificar alguns dos que os acusam de distorcer o direito e de deturpar o verdadeiro significado dos textos. Uma técnica da qual abusavam nesta tentativa de eliminar as antinomias, que viam como aparentes e sempre inadmissíveis, era a da distinção. Abusavam também, neste mesmo espírito, das minuciosas definições e descrições, embatendo aqui, contudo, com a aversão que desde sempre os romanos demonstraram pelas mesmas, que consideravam perigosas[37].

A excessiva fidelidade aos textos manifestada pelos glosadores reflecte-se também no consequente desprezo a que hão-de votar os restantes ordenamentos jurídicos. O direito romano é o direito por antonomásia, pelo que todos os outros se lhe hão-de subjugar, sejam os direitos particulares de cada reino ou cidade, sejam os vários direitos estatutários ou o próprio direito feudal. Seja, inclusivamente, o próprio direito canónico, que como vamos analisar, assumia à época um prestígio que em pouco tempo se iria tornar irrefutável. Como teremos oportunidade de ver, o tratamento dado pelos juristas a estes direitos particulares marcará indelevelmente a transição da escola dos glosadores para a escola dos comentadores.

Um outro defeito geralmente assacado ao trabalho dos glosadores reside na absoluta carência de perspectiva histórica. Traduz-se esta atitude numa completa descontextualização histórica do texto do *corpus iuris ci-*

---

pretativo livre nas mãos do juiz, aborrecido e rejeitado pelo nosso exasperado legalismo". *Ibidem*, pp. 180 e 182.

[36] Cfr. FRANCESCO CALASSO, *Gli Ordinamenti Giuridici del Rinascimento Medievale*, Milano, Giuffrè, 1953, pp. 203 e ss..

[37] Cfr. EMMA MONTANOS FERRIN e JOSE SANCHEZ-ARCILLA, *op. cit.*, p. 609.

A Ciência Jurídica Medieval: mais do que a passagem de um testemunho   399

vilis, que é pelos seus intérpretes visto como um direito positivo e vigente no âmbito do império, um direito actual que importa aplicar. Não se tem noção do carácter histórico da compilação justinianeia, das circunstâncias em que surgiu, dos males cuja resolução visava. E essa ignorância permitiu numerosos erros de interpretação, dando azo simultaneamente a algum desfazamento entre os textos jurídicos e a realidade na qual era suposto estes se verterem. A este propósito, Mário Reis Marques dá-nos conta de uma interessante controvérsia, gerada em grande medida, mais uma vez, pelo prestígio de Savigny. De acordo com o ilustre jurista alemão, Justiniano teria consagrado na sua compilação jurídica a proibição de interpretar a mesma. Isto é, a leitura dos seus textos teria que ser uma tarefa "disciplinada e funcional, e não um exercício livre do espírito", pelo que os juízes surgiriam como meros aplicadores da lei[38]. Os textos justinianeus sugeririam a proibição, nomeadamente, da interpretação doutrinal e da interpretação judicial, quer em casos duvidosos quer nos chamados *nuova negotia*, ou seja "nas novas ordens económico-sociais que a prática inventa segundo as suas exigências e que necessitam de uma vestimenta jurídica"[39]. Estes casos solicitariam uma intervenção do imperador, impedindo os intérpretes de comentar a compilação de Justiniano, sobretudo o Digesto. A verdade é que os glosadores souberam contornar essa proibição, interpretando-a muito subtilmente como uma disposição tendente a preservar substancialmente a integridade e autenticidade do texto. Daí que, embora tendo mantido a sua actividade interpretativa sempre bastante arrimada ao texto, se tenham permitido exceder a mera exegese textual na interpretação que empreenderam da compilação justinianeia.

9. Géneros literários mais caros aos glosadores

Pudemos assim assistir à evolução da própria noção de glosa, e à utilização pelos glosadores de outros géneros literários, que não obstante poderem ter tido a sua origem mais ou menos remota na mesma glosa, se apartaram claramente daqueles intuitos meramente explicativos de palavras ou fragmentos textuais. Ruy e Martim de Albuquerque apresentam-nos uma detalhada enumeração do extenso material ao dispor dos juristas

---

[38] Cfr. MÁRIO REIS MARQUES, *História do Direito Português Medieval e Moderno*, Coimbra, Almedina, 2.ª ed., 2002, pp. 32 e ss..

[39] A caracterização é de PAOLO GROSSI, *op. cit.*, p. 172.

medievais, dos métodos mais simples aos instrumentos mais elaborados[40]. Um aspecto a ter em consideração prende-se com a importância de que para o ensino medieval se revestia a oralidade. Quer a formação do conhecimento quer a sua transmissão são nesta altura tipicamente orais, sendo que os próprios materiais jurídicos que em seu torno se vão produzindo reflectem frequentemente essa natureza. Assim a *lectura* constituía uma peça fundamental do ensino jurídico medieval, agrupando as anotações, as glosas, produzidas durante uma lição. Falámos antes na necessidade sentida pelos glosadores de mostrar e demonstrar a coerência unitária e harmónica do todo da compilação justinianeia. O mais relevante instrumento de que lançavam mão para combater as frequentes antinomias e contradições com que se deparavam ao trabalhar os textos romanos era o da *distinctio*, género que melhor corresponde ao tão censurado vício do espírito medieval para dividir e subdividir, catalogando e definindo conceitos de modo a suprir aquelas contradições. Um outro tipo de procedimento interessante era o que se levava a cabo nas *quaestiones*, em que os autores face a uma situação controvertida, surgida na prática contemporânea, ou no seio da discussão académica, ensaiavam soluções partindo do material justinianeu. Apresentavam para tal variadas posições, entre as quais as suas, recolhendo argumentos pró e contra, e desta forma tratando de adequar os textos normativos à concreta realidade do seu tempo.

Um género literário já mais elaborado, também empregue pelos glosadores, foi o da *summa*. Consistia numa exposição detalhada, escrita e organizada de forma homogénea, sobre um determinado assunto, ou sobre um título ou livro *do corpus iuris civilis*. Pretendia-se um estudo integral de uma específica matéria, apontando-se como antecessores os tratados, "que constituíam glosas excepcionalmente completas"[41].

Por último, nesta muito breve enumeração dos mais importantes géneros literários empregues pela escola dos glosadores, está o *apparatus*, ou *apparatus glossarum*. Como a própria designação indica, tratava-se de uma sequência lógica de glosas, já existentes ou criadas para a ocasião, com uma ordem e uma conformação internas muito precisas, pretendendo fornecer uma visão completa (mais completa mesmo do que a *summa*) de um determinado assunto ou parte da compilação justinianeia.

---

[40] Cfr. RUY DE ALBUQUERQUE e MARTIM DE ALBUQUERQUE. *op. cit.*, pp. 260 e ss..
[41] Cfr. MANLIO BELLOMO, *op. cit.*, p. 134.

10. As gerações de glosadores

Como já tínhamos avançado, este material foi sendo gradualmente empregue pelos juristas da escola de Bolonha. Assim, parece duvidoso que os primeiros, nomeadamente Irnério, tenham produzido verdadeiros *apparatus*. A dúvida põe-se igualmente em relação aos directos sucessores daquele. Foram estes os chamados quatro doutores, Martinus, Bulgarus, Jacobus e Hugo. Conta a lenda que no seu leito de morte, Irnério terá escolhido Jacobus como herdeiro, mas o facto é que aqueles que verdadeiramente continuaram a sua obra, embora assumindo a liderança de escolas próprias, foram os dois primeiros, Martinus Gosia e Bulgarus. Juristas de muito diferente têmpera, discordavam fundamentalmente sobre o caminho que a interpretação deveria seguir para se alcançar o resultado mais justo: enquanto Bulgarus propugnava uma maior fidelidade aos textos justinianeus, com recurso a uma lógica mais rigorosa e formalista, Martinus entendia que se deveria procurar mais além do texto, explorando as potencialidades equitativas dos mesmos e preferindo "lutar pela justiça do caso individual mesmo às custas da previsibilidade[42]".

Outro glosador de renome, já de uma segunda geração, foi Placentino, que além de ter elaborado uma *summa* ao código, se notabilizou pelo facto de ter fundado uma escola de Direito em Montpellier, onde viria a falecer em 1192.

11. Accursius e a magna glosa

Uma outra geração de glosadores opôs Azo de Bolonha a Hugolinus de Presbyteris, ambos alunos de Johannes Bassianus, numa rivalidade que foi herdada pelos respectivos discípulos, Accursius e Odofredus. De acordo com os escritos de Savigny, Azo terá sido o primeiro glosador a lançar mão do *apparatus*[43], ao mesmo tempo que se afastou consideravelmente dos hábitos doutrinais do seu tempo, que iam no sentido de fazer referência aos acontecimentos do seu quotidiano na discussão de matérias jurídicas. Azo procurou manter-se estritamente arrimado às leis de

---

[42] Cfr. CHARLES M. RADDING, *op. cit.*, p. 93.

[43] Uma ideia contestada por Radding, que afirma a anterioridade do género em questão. *Ibidem*, pp. 79-80.

Justiniano, depurando todo o seu discurso de alusões a acontecimentos reais, contingentes, do seu tempo. Esta também a linha de Accursius, seu mais proeminente discípulo, e provavelmente o mais citado dos glosadores. Isto por ter empreendido a recolha de mais de cem mil glosas, acumuladas ao longo dos tempos pelas várias gerações de glosadores, numa obra que adquiriu de imediato uma vasta aceitação e autoridade. Aquela que ficou conhecida como a Magna Glosa de Accursius, ou simplesmente por Glosa Ordinária, de tão difundida se tornou, respondia a prementes necessidades da prática jurídica, que se via inundada por um sem número de glosas, redigidas ao longo dos tempos às várias partes do *corpus iuris civilis*, e que não conseguia sequer conhecer na totalidade ou minimamente organizar. Impunha-se, pois, um *apparatus glossarum* desta magnitude, que facilitasse o conhecimento e utilização do material jurídico existente. O mérito de Accursius foi sobretudo o de ter levado a cabo tão grandiosa tarefa de recolha, de compilação, mais do que o de o ter sistematizado ou organizado de forma particularmente brilhante. Apesar de ter acrescentado à sua obra algumas glosas da sua autoria, também não é pela novidade dos conteúdos que a Glosa alcança êxito. Muito censurados são os critérios de selecção, ou ausência deles, seguidos por Accursius ao longo do seu trabalho. Com efeito, a Magna Glosa não reuniu todas as glosas existentes, não esgotou todo o material de que os juristas dispunham à altura. E sugere-se ter havido alguma arbitrariedade na escolha do material consagrado por Accursius, além de alguma viciação do material efectivamente seleccionado. Eram conhecidas as rivalidades que haviam oposto Azo, mestre de Accursius, a Hugolino, mestre por sua vez do então grande rival de Accursius, Odofredo[44]. E todas estas rivalidades pareciam transparecer do texto nem sempre muito claro da Glosa Ordinária. Por outro lado, era também manifesto o desprezo a que, na linha aliás seguida pelos seus antecessores, Accursius votava os direitos particulares, o chamado *ius proprium*, e a sua relação com o direito romano[45]. Uma realidade a que as seguintes gerações de juristas não se vão conseguir furtar.

---

[44] Um certo dia, estas hostilidades terão levado Odofredo a afirmar que Azo vivia tão preocupado com as suas aulas que só se podia dar ao luxo de adoecer num dia de férias, o que tornava inevitável que a sua morte acontecesse num dia em que não estivesse a trabalhar. Uma lenda mais mordaz conta ter Accursius descoberto a certa altura que a sua esposa teria um caso com Hugolino, pelo que o primeiro teria movido as suas influências para banir o segundo da cidade de Bolonha. Cfr. MANLIO BELLOMO, *op. cit.*, p. 168.

[45] Defeitos que, segundo Cabral de Moncada, mais do que defeitos de Accursius eram defeitos inerentes à pedagogia do tempo. Cfr. CABRAL DE MONCADA, *Elementos de História do Direito Romano*, Coimbra, Coimbra Editora, Lda, 1923, pp. 292-293, nota 1.

A verdade é que, defeitos à parte, a obra levada a cabo por Accursius em meados do séc. XIII adquiriu imediatamente um prestígio extraordinário, satisfazendo as exigências de certeza do direito. De tal forma que gradualmente vai sendo dada prioridade ao seu estudo, passando mesmo a sobrepôr-se aos próprios textos justinianeus. Ela representava o que de melhor a escola havia conseguido. E não esqueçamos que um dos principais méritos dos glosadores era o de terem alcançado um conhecimento quase perfeito dos textos justinianeus. Dizia-se que a sua familiaridade com estes era tão grande que conseguiam citar qualquer fragmento do mesmo a partir das suas primeiras palavras[46]. Este conhecimento, e a consequente autoridade que conferia aos glosadores, tornava por vezes abusiva a fidelidade devida à Glosa. Era frequente ver magistrados, receosos de ser responsabilizados por alguma falha, seguir à risca os ensinamentos da glosa, e isto mesmo em detrimento do texto original. Foi, bem vistas as coisas, o que permitiu o salto para a seguinte geração de juristas comentadores, mais livres dos textos sagrados para melhor responderem às necessidades do seu tempo. Um processo que se foi desenvolvendo paulatinamente, pois como tivemos oportunidade de ver, essas preocupações não estiveram ausentes da mente e do trabalho dos glosadores. Mas os preconceitos textuais só são definitivamente arredados depois da consagração da magna glosa de Accursius, que constitui assim um importante marco na evolução da ciência jurídica medieval. Um ponto de chegada, do labor e metodologias da escola dos glosadores, e um ponto de partida, para uma nova forma de encarar e viver a juridicidade[47].

12. A presença da Igreja. O direito canónico e os glosadores.

Um elemento ao qual até agora nos temos vindo conscientemente a furtar, por razões de ordem meramente sistemática, prende-se com o valor jurídico representado nesta altura pela Igreja e seu ordenamento normativo. Durante os primeiros tempos da Idade Média, graças à sua estrutura organizativa, à sua mensagem de salvação, ao seu poder económico e social, a Igreja ocupou, de certo modo, o lugar deixado vago pela queda do império romano. Nas palavras de Grossi, "a civilização medieval é em boa parte criatura da Igreja"[48]. Foi ela a herdeira do sentido de unidade repre-

---

[46] Cfr. PETER STEIN, op. cit., p. 66.
[47] Cfr. MÁRIO REIS MARQUES, op. cit., p. 38.
[48] Cfr. PAOLO GROSSI, op. cit., p. 121.

404 *Estudos em Comemoração do 10.º Aniversário da Licenciatura em Direito*

sentado por Roma. Como foi também a herdeira da convicção da importância do direito para a harmonia social e para a pacífica manutenção das hierarquias; da importância do direito como instrumento de poder. Esta sociedade religiosa tem, pois, perfeita consciência das vantagens em se estruturar num ordenamento jurídico, em se dotar de um direito próprio. E, naturalmente, esse será um direito intimamente vinculado ao direito romano, nomeadamente às suas técnicas, ao seu rigor conceptual, aos seus enquadramentos sistemáticos. Mas um direito que tem que permanecer fiel às suas raízes, às suas especificidades.

No quadro da reforma introduzida por Gregório VII no governo da Igreja, com o claro reforço do poder pontifício e da configuração do Papa como legislador supremo do corpo cristão, o renascer do interesse pelos textos jurídicos justinianeus em Bolonha vem suscitar um imediato entusiasmo por parte dos canonistas. Os glosadores, civilistas, acabam por fornecer aos canonistas os métodos e as técnicas de que careciam para desenvolver e fortalecer os seus próprios estudos jurídicos. Punha-se, naturalmente, o problema de saber sobre que material iam estes estudiosos debruçar-se, uma vez que não dispunham de um corpo acabado de textos semelhante ao *corpus iuris civilis* de Justiniano. O estímulo veio de um mestre bolonhês de teologia, de seu nome João Graciano, monge camaldulense, que se dispôs, uma vez retirado da actividade pública, a coligir numa só obra todo o material até aí disperso de direito canónico. Tal obra recebeu o nome de *Concordia discordantium canonum*, pelo facto de nela se pretender operar a conciliação, a concordância, entre as várias fontes de direito canónico que se pareciam contrariar[49]. Terminada, ao que parece, em 1140, rapidamente adquiriu a mais simples designação de *decretum* de Graciano, tendo alcançado, apesar de nunca ter sido oficialmente promulgado, uma extraordinária difusão nos países europeus. A escola de intérpretes que se foi desenvolvendo em torno do estudo da obra de Graciano tomou o nome de decretalista, sendo que mais adequada talvez fosse a designação de glosadores canonistas. Pois, no fundo, estes estudiosos mais não eram do que glosadores, em técnica, na forma, apenas dedicados ao estudo de um diferente material. Já não o direito civil de Justiniano mas o direito canónico.

E se podemos traçar alguma identidade entre civilistas e canonistas a nível metodológico, a nível material as diferenças são marcantes. É que

---

[49] Quanto à estrutura interna da obra de Graciano, cfr. RAFAEL GIBERT, *op. cit.*, pp. 95 e ss.; e também PIANO MORTARI, *op. cit.*, pp. 65 e ss..

A Ciência Jurídica Medieval: mais do que a passagem de um testemunho   405

enquanto os primeiros trabalham sobre textos antigos, com séculos de existência, que se fixaram no tempo, invariáveis, os canonistas pelo contrário lidam com um acervo normativo que é ampliado de dia para dia, lidam com legislação actual que constantemente vem acrescer à já existente, ou mesmo esclarecê-la, ou até modificá-la. A maior liberdade interpretativa de que gozam os glosadores canonistas, pela menor constrição textual a que estão sujeitos, é no entanto atenuada pela dependência mais ou menos manifesta que une o direito canónico aos ensinamentos teológicos. Isto mal-grado o esforço desenvolvido por Graciano no sentido de autonomizar da teologia o cânone jurídico, o que justifica o facto de muitos canonistas serem laicos[50].

13. O *utrumque ius*

Este ressurgimento do direito canónico, propiciado pelo trabalho desenvolvido em Bolonha pelos glosadores civilistas em torno do direito romano justinianeu, levantou alguns problemas, nomeadamente a nível da concordância mútua das respectivas disciplinas. A primeira reacção dos juristas civilistas foi de desagrado perante esta nova classe de juristas e perante uma nova ordem que poderia vir a contender com o seu próprio campo de acção. Mas, apesar de inicialmente procurarem rebaixar o direito canónico, como disciplina largamente inferior à do direito civil, a verdade é que por volta do séc. XIII os dois sistemas se igualavam em importância, na realidade que dava pelo nome de *utrumque ius*, ou seja, um e outro direito. Esta uma qualificação que era conferida a todos aqueles que haviam feito estudos em ambos os sistema, e que constituiria a base do *ius commune*. A convivência entre ordenamentos, como seria de esperar, nem sempre era pacífica, já que as respectivas jurisdições nem sempre estavam muito bem delimitadas. Isto, sobretudo, porque muitas eram as situações da vida quotidiana que suscitavam a apetência da jurisdição eclesiástica, que, em teoria, se deveria cingir ao restrito domínio das matérias do foro espiritual. O próprio Accursius havia declarado que nem o Papa se deveria imiscuir nos assuntos temporais nem o Imperador nas matérias es-

---

[50] Como acentua Calasso, do mesmo modo que Irnério conseguiu separar o direito da retórica, Graciano teve a certeira intuição de separar o direito canónico da teologia. Cfr. FRANCESCO CALASSO, *Medioevo del Diritto*, Milano, 1954, *apud* FRANCISCO TOMÁS Y VALIENTE, *op. cit.*, p. 186.

pirituais. Ora, o que sucedia era que, como dá conta Paolo Grossi, a presença de todo o património religioso e moral da Igreja se fazia sentir com muita intensidade na conformação de numerosos negócios da convivência quotidiana[51]. Todos os assuntos de natureza terrena em que os sujeitos pudessem eventualmente incorrer numa situação de pecado, reclamavam automaticamente uma aplicação da jurisdição canónica, e disto se valia frequentemente o Papado para intervir em domínios que, à partida, competiriam à jurisdição imperial[52]. Bellomo dá-nos o elucidativo exemplo dos contratos de hipoteca ou de arrendamento, que, como matérias terrenas, cairiam sob a alçada do imperador, mas que poderiam envolver o pagamento de juros. Ora, qualquer pessoa que pedisse juros incorria, aos olhos do direito canónico, em pecado, uma vez que a usura era proibída por motivos religiosos. Perante tal situação, imediatamente o papa se arrogaria o direito de intervir em tais matérias, ditando medidas tendentes a evitar esse mesmo pecado[53].

Gradualmente, pois, a ascensão do direito canónico lado a lado com o direito civil, também dito imperial, mostrou-se imparável. Ao mesmo tempo, como vimos, cada vez era em maior quantidade a legislação emitida pelos pontífices, que assim manifestavam o seu crescente poder. Tantas foram as decretais emanadas nos finais do séc. XII e princípios do XIII, que em 1234 surge outra obra de compilação, desta feita levada a cabo por Gregório IX. Os juristas que imediatamente a tomaram como objecto de estudo receberam o nome de decretalistas. Mais uma vez canonistas glosadores, que viram o seu trabalho reunido na que foi talvez a última grande obra da escola das glosas: a glosa ordinária às decretais, elaborada por Bottoni, ou Bernardo de Parma, que constituíu, em meados da década de 60 do séc. XIII, "o canto do cisne do método dos glosadores", decadente e exaurido como se encontrava em finais do séc. XIII, tanto na vertente civilística como na canonística[54].

---

[51] Cfr. PAOLO GROSSI, *op. cit.*, pp. 121 e ss..

[52] As contendas entre papado e império foram uma constante ao longo da baixa Idade Média. Cfr., v.g. DANIEL-ROPS, *História da Igreja de Cristo*, III volume, Porto, Livraria Tavares Martins, 1961, sobretudo o cap. V.

[53] Cfr. MANLIO BELLOMO, *op. cit.*, pp. 75-76.

[54] Cfr. FRANCISCO TOMÁS Y VALIENTE, *op. cit.*, p. 187.

14. De glosadores a comentadores: um processo gradual

Decadente e exaurido, ou nem por isso. A verdade é que não é fácil discernirmos e apreciarmos o processo de transição que mediou entre a escola dos glosadores e os comentadores, seus herdeiros. Alguns autores caracterizam muito rigidamente a escola dos glosadores como uma escola meramente teórica, preocupada tão só com o conhecimento literal dos textos justinianeus, desligada da realidade em que seria suposto verter os seus conhecimentos. Para estes, só os seus herdeiros post-glosadores, teriam efectivado o salto para lá do texto. Só estes teriam abraçado a tarefa de adequação das prescrições normativas justinianeias às concretas realidades medievas. O emprego intensivo pelos post-glosadores das metodologias escolásticas, o conhecimento da dialéctica e da lógica aristotélica, altamente potenciado pela obra tomista que nessa altura se afirmava, teriam por completo transfigurado a expressão da ciência e da prática jurídicas. Antecipando já alguns dos traços mais marcantes da escola dos comentadores, estes distinguir-se-iam claramente dos seus antecessores pelo espírito sintético e sistemático que presidiu às suas análises e labor hermenêutico. As metodologias empregues pelos glosadores teriam, contrariamente, obedecido a esquemas tópicos e casuístas, incapazes do pensamento silogístico e sistemático que viria a caracterizar as seguintes gerações de juristas.

Nem todos os estudiosos partilham do juízo envolto nesta representação algo espartilhada. Fizemos já várias referências a Grossi ao longo deste texto. De Paolo Grossi poderíamos dizer que leva ao extremo a exaltação das virtudes e dos méritos da escola dos glosadores, vendo-os como verdadeiros paladinos de um delicado equilíbrio de fidelidades nem sempre fácil de manter. Homens do seu tempo, divididos entre as exigências de validade e legitimação impostas pelas suas tarefas normativas e as necessidades de eficácia postas pelas suas concretas sociedades, souberam levar a bom porto a sua missão, tendo-se os seus sucessores quase limitado a colher os frutos por eles plantados e acarinhados.

Ainda que, aqui e ali, o quadro traçado pelo historiador italiano se possa mostrar talvez excessivamente apologético, a verdade é que a maioria dos autores parece, ainda que mais comedidamente, concordar com ele. O próprio Savigny, sempre tão crítico das metodologias jurídicas medievais, em particular das utilizadas pela escola dos glosadores, terá afirmado de Bártolo, um dos mais eminentes representantes da escola dos comentadores, ter este feito o mesmo que os seus sucessores, só que melhor[55]. O que não significa, naturalmente, que os comentadores não tenham desenvolvido, sobre o material herdado dos seus antecessores, uma obra original, com um cariz profundamente idiossincrático. Aliás, isso mesmo explica a oscilação a que se tem assistido quanto à nomenclatura mais adequada a atribuir à escola jurisprudencial dominante nos séculos XIV e XV. Vai sendo habitual a designação de post-glosadores, que no entanto se censura pela ideia que parece veicular de mera continuação anódina da escola dos glosadores. Post-glosadores porque vêm depois dos glosadores e porque, no fundo, continuam a obra destes sem registar grande originalidade ou rasgos inovadores. Para sublinhar a autonomia e independência desta escola, metodologicamente e a nível de resultados, são cunhados os termos, mais correctos, de comentadores e também de consiliadores. Termos intimamente relacionados com as actividades mais especificamente levadas a cabo por estes juristas, como teremos oportunidade de ver.

De qualquer dos modos, a decadência da metodologia da glosa, que se pretende observar no final do séc. XIII com a redacção da Magna Glosa de Accursius, passa a ser vista com outros olhos se atentarmos na fluidez da transição operada entre as duas experiências. A Glosa Ordinária pode mesmo ser contemplada como um marco de transição. Aliás, como também já tínhamos observado: como um ponto de chegada que era absolutamente necessário como ponto de partida. Senão vejamos. Na Glosa se consagra, no fundo, todo o potencial da metodologia empregue pela escola. E com ela, como que se conclui um ciclo. Lombardi compara os efeitos tidos pela Magna Glosa aos efeitos exercidos pelo digesto justinieneu sobre os escritos dos clássicos: salva aquilo que nela se inclui e faz cair no esquecimento tudo aquilo que dela fica excluído[56]. Isto significa que, pelo menos tendencialmente, todas as interpretações, todas as glosas não consagradas por Accursius deixam de ser citadas, deixam de ser referidas no quotidiano da *praxis* jurídica.

---

[55] Cfr. RAFAEL GIBERT, *op. cit.*, p. 84.

[56] Cfr. L. LOMBARDI, *Saggio sul Diritto Giurisprudenziale, apud* NUNO ESPINOSA GOMES DA SILVA, *História do Direito Português*, 3.ª ed., Lisboa, Fundação Calouste Gulbenkian, 2000, p. 212, nota 2.

A Ciência Jurídica Medieval: mais do que a passagem de um testemunho

15. A vocação prática dos comentadores. Sua relação com os textos.

A partir desta altura, uma outra característica se vai acentuando. Se inicialmente os glosadores mostravam um excessivo apego aos textos justinianeus, com o Glosa Ordinária começa a assistir-se a um gradual afastamento relativamente à mesma. O prestígio e a difusão da Glosa, operam a transmissão da autoridade do texto de Justiniano para as interpretações consagradas do mesmo, que passam inclusive a ter mais valor que os textos originais. A partir de dado momento, as glosas são até redigidas sobre glosas já existentes, sem sequer passarem pelo texto original. O desabrochar desta tendência, já manifesta no tempo dos últimos glosadores, acontece com os comentadores, e é mais um sinal da passagem da fronteira entre as duas escolas. Este progressivo desprendimento dos textos é potenciado por aquele que é o interesse prioritário da nova orientação metodológica ao estudar o direito romano justinianeu: a aplicação prática dos textos de direito romano. A atitude dos comentadores foi, como nos refere Almeida Costa, de um grande pragmatismo, tendo-se os seus representantes embrenhado na construção de uma dogmática dirigida à solução de questões concretas[57]. Não esquece o autor, contudo, que também os glosadores tiveram presentes as exigências normativas do seu tempo. Simplesmente, o gradual desapego dos comentadores face aos textos da compilação justinianeia permite-lhes assumir esse compromisso com acrescida liberdade. Grossi caracteriza a passagem da escola dos glosadores à escola dos comentadores como o momento em que se generaliza a carência de preconceitos relativamente aos fundamentos romanos[58]. Se para os primeiros o momento de validade, e logo, a dependência face à autoridade da compilação justinianeia, era prioritário, uma vez esse cristalizado, logo assume protagonismo o momento da efectividade. É curioso que Almeida Costa se refira aos pós-acursianos como juristas do ciclo intermédio, nem glosadores nem comentadores, caracterizando a sua actividade como um particular estado de receptividade às exigências práticas[59].

O que é certo é que depois da obra de Accursius, a interpretação dos textos jurídicos romanos se considera definitivamente feita. E perante o

---

[57] Cfr. M. J. ALMEIDA COSTA, *História do Direito Português*, 3.ª ed., Coimbra, Almedina, 1996, pp. 238 e ss..

[58] Cfr. PAOLO GROSSI, *op. cit.*, p. 175

[59] Cfr. M. J. ALMEIDA COSTA, *op. cit.*, p. 217.

410 *Estudos em Comemoração do 10.º Aniversário da Licenciatura em Direito*

prestígio e autoridade que esta vai gradualmente adquirindo, é compreensível que as posteriores gerações de juristas tendam a ver aí o objecto do seu estudo, da sua exegese e da sua actividade científica. Já não nos textos autênticos, mas nos comentários e glosas por Accursius seleccionados. É o que leva Cabral de Moncada a afirmar que os juristas do séc. XIV são ainda glosadores; já não dos originais textos legais de Justiniano, mas das glosas que em torno destes se foram elaborando ao longo de séculos e que Accursius reuniu na sua ingente compilação. Uma classificação que aproxima, mais uma vez, glosadores de comentadores[60].

16. Os comentadores e a escolástica

Também não parece que o emprego pelos juristas dos séculos XIV e XV dos métodos escolásticos ou dialécticos, sistemático-dedutivos, configure mais do que uma diferença de grau na metodologia das respectivas escolas. É verdade que os comentadores se caracterizam pela utilização massiva na ciência do direito de toda a parafernália metodológica da escolástica. Ennecerus, para quem o especialmente característico dos séculos XIV e XV é o predomínio do método escolástico, consubstancia-o na "formação de regras com numerosas *ampliationes* e *limitationes*, (n)o estabelecimento de distinções e sub-distinções, divisões e sub-divisões, (n)a comparação das instituições jurídicas, (n)a extensa invocação de citações autoritárias e tentativa de combinar os seus pronunciamentos"[61]. A toda esta actividade presidiria um espírito sistemático, empenhado em encontrar a harmonia lógica e racional do todo coerente que é o direito. Não se nega que o recurso a estas figuras metodológicas da escolástica e este espírito sistemático se tenham efectivamente acentuado com o advento do séc. XIV, mas o facto é que já os glosadores deles se tinham prevalecido. Vimos, nomeadamente, a importância que para o ensino dos glosadores tiveram as matérias do *trivium*. E se podemos descrever a escolástica, à imagem de Radding, como um sistema filosófico que tentava, pela dialéctica, extrair da realidade a ordem racional, harmónica e divina que se acreditava existir no universo, então, como também sugere o autor, toda a atitude dos glosadores corresponde aos anseios da escolástica: "harmonizar e sistematizar, usar a razão para explicar e justificar uma autoridade que estava no

---

[60] Cfr. CABRAL DE MONCADA, *op. cit.*, p. 294.
[61] Cfr. LUDWIG ENNECCERUS, *op. cit.*, p. 67.

A Ciência Jurídica Medieval: mais do que a passagem de um testemunho   411

centro dos seus estudos como guia para uma ordem harmoniosa que procuravam descobrir"[62]. Sendo que, para estes estudiosos, a autoridade central sobre a qual faziam recair as suas análises era precisamente a do *corpus iuris civilis*. Theodor Viehweg parece andar ao arrepio do conjunto de historiadores do direito, que não hesitam em reconhecer aos glosadores preocupações de sistematicidade[63]. Se mais não houvesse, a própria elaboração de *summae* e o tratamento das *quaestiones disputatae* por estes disso mesmo é mostra. Mais longe vai Piano Mortari, para quem os glosadores viam a ordem jurídica como um conjunto de unidade e harmonia, assim manifestando a visão sintética, orgânica e unitária que tinham da realidade do direito: "um espírito sintético era a alma da exegese analítica dos glosadores, que procuraram as relações sistemáticas e a unidade entre o conjunto dos textos mediante a dedução, com um valor criativo tal que a ciência dos glosadores constitui os inícios da ciência jurídica ocidental"[64]. Não é a posição de Viehweg, para quem a jurisprudência medieval apenas pôde desenvolver o direito romano e preparar o direito comum graças aos méritos da tópica. Contra estudiosos como Wieacker, Mortari, Cannata ou Koschaker, Viehweg, civilista e não historiador[65], compara a actuação dos juristas medievais com a dos jurisprudentes romanos, eminentemente casuística e a-sistemática. Compara a jurisprudência medieval com o *ius civile*, orientados ambos para o problema e tendo que desenvolver técnicas adequadas[66].

17. Os *ultramontani* como precursores dos comentadores.

Também num outro aspecto parece o autor alemão discordar das vozes dominantes que atribuem aos métodos escolásticos grande responsabilidade na configuração da ciência jurídica medieval. Não deixando, naturalmente, de reconhecer a sua importação pela jurisprudência, o civilista considera a metodologia de trabalho escolástica indissoluvelmente li-

---

[62] Cfr. CHARLES M. RADDING, *op. cit.*, p. 75.

[63] Cfr. THEODOR VIEHWEG, *Topik und Jurisprudenz*, trad. esp. de Luis Díez-Picazo Ponce de Léon, *Tópica y Jurisprudencia*, Madrid, Taurus, 1964, cap. V.

[64] Cfr. PIANO MORTARI, *Dogmatica e interpretazione. I giuristi medievale*, apud ALFONSO RUIZ MIGUEL, *Una Filosofía del Derecho en Modelos Históricos*, Madrid, Editorial Trotta, 2002, p. 88, nota 14.

[65] Como faz questão de sublinhar, e bem, ALFONSO RUIZ MIGUEL, *op. cit.*, p. 94.

[66] Cfr. THEODOR VIEHWEG, *op. cit.*, pp. 100 e ss..

gada ao conteúdo filosófico da teologia, alertando para os diferentes contornos assumidos pela escolástica na teologia e na jurisprudência.

É um facto que os métodos dialécticos da escolástica se caldearam na teologia, tendo a partir daí sido introduzidos no domínio da jurisprudência. E se já eram conhecidos e utilizados pelos glosadores, o seu estudo e aplicação intensificou-se a partir da segunda metade do séc. XIII, quando se assiste a uma momentânea deslocação do centro do estudo dos textos justinianeus de Itália para França. Mais concretamente para Orléans, onde nesta altura floresce uma escola de direito que, embora sem se alhear das metodologias anteriormente praticadas pelos juristas da escola dos glosadores, não deixa, no entanto, de apresentar algumas particularidades no tratamento das matérias jurídicas. São os começos da escola dos comentadores, com uma aproximação muito mais livre aos textos e um largo recurso à lógica e à dialéctica. Os chamados ultramontanos, designação cunhada pelos juristas italianos, não sem um certo intuito pejorativo, para aludir à localização geográfica dos juristas franceses, não hesitam em criticar os resultados obtidos pelos glosadores. À disponibilidade que demonstraram para argumentar juridicamente com independência relativamente aos textos outrora sagrados, não é decerto alheia a influência das doutrinas aristotélicas veiculadas sobretudo pela obra tomista. Ainda assim, os juristas de Orléans, maioritariamente clérigos, não conseguem abdicar por completo de um escrupuloso respeito pela ordem original dos textos justinianeus, o que os impede de explorar os instrumentos de que dispõem em toda a sua dimensão.

Essa tarefa caberá, mais uma vez, a juristas italianos, que se vão fazer eco do importante passo dado pelos *ultramontani*, e a quem, a partir de certa altura, estes se vão limitar a seguir. Destes, os mais citados pelos comentadores italianos, serão sem dúvida Jacques de Révigny (*Jacobus de Ravinis*) e Pierre Belleperche (*Petrus de Bellapertica*), juristas que operaram, precisamente, na escola de Orleans. Já Guillaume de Cuhn ensinou em Toulouse.

18. **Os comentadores e o *ius commune***

O grande arauto italiano das novas ideias e técnicas ensaiadas pelos *ultramontani* será Cino Sighibuldi de Pistóia. Nascido em 1270, contemporâneo e amigo pessoal de Dante, Cino destaca-se como poeta, além de como jurista. Discípulo de Pierre de Belleperche e dotado de uma notável independência intelectual. Cino vem a ensinar jurisprudência nas universidades de Siena. Perugia. Nápoles e Florença. Talvez o primeiro grande representante da escola dos comentadores, o jurista sobressai pela enorme liberdade e independência com que trata de interpretar as normas de direito, pelo divórcio que opera entre a argumentação jurídica e os textos e. sobretudo, por aquela que é a mais distintiva característica desta escola: o alargamento do objecto de trabalho aos chamados *iura propria*.

Tínhamos visto que já os glosadores haviam conhecido e utilizado, ainda que mais incipientemente, os métodos dialécticos da escolástica. Tinham inclusivamente manifestado ao longo da sua actividade um certo espírito lógico e sistemático. Se em vez da glosa a nova escola preferia o comentário, tecnicamente mais orientado para o sentido de um texto ou de um fragmento textual do que para a sua *littera*, não deixa de ser verdade que já os últimos glosadores mais comentavam do que propriamente glosavam. E que em ambos encontramos preocupações de ordem prática lado a lado com interesses de natureza teórica, não parece também problemático, muito embora os comentadores se tenham empenhado mais assiduamente na resolução de problemas concretos da sua realidade circundante.

Mas o que verdadeiramente distingue os glosadores dos comentadores seus herdeiros é a abertura por estes manifestada, a nível do ensino como a nível da prática jurisprudencial, aos chamados direitos particulares ou *iura propria*. Se bem estamos lembrados, os glosadores tinham como exclusivo objecto de trabalho os textos sagrados do *corpus iuris civilis* e as compilações existentes de direito canónico, confessando abertamente o desprezo com que encaravam os direitos particulares das comunidades, vertessem-se estes em costumes, estatutos ou regras de direito feudal[67]. Movimentavam-se pois num universo fechado que se esforçavam por ver como coerente e unitário. Nem sempre lhes terá sido fácil iludir a existência, a vigência e a efectividade dos *iura propria*, como atestam documentos da prática judiciária de então, mas a verdade é que estes só vêm a ser reconhecidos de pleno direito, e como tal valorados, pelos comentadores. O que explica a própria oposição, que a partir desta escola se vulgariza, entre *ius commune* e *iura propria*. É que falar num direito comum só faz sentido a partir do momento em que se reconhece a efectiva vigência dos direitos particulares. E isso acontece com os comentadores, em grande

---

[67] Para uma noção mais detalhada daqueles que constituíam os direitos próprios, *vide. v.g.*, VINCENZO PIANO MORTARI, *op. cit.*, p. 54 e 248 e ss..

medida pela impossibilidade de a isso se continuar a obviar. A autonomia política conquistada por tantas cidades italianas, reclamava uma correspondente autonomia jurídica, que certamente não se compadecia com uma absoluta submissão ao direito romano-canónico. Ao mesmo tempo, as monarquias europeias tinham vindo a, paulatinamente, fortalecer os seus poderes, não vendo também com bons olhos a aplicação directa e imediata dentro dos seus territórios de um ordenamento jurídico intimamente vinculado à existência do sacro império romano-germânico, de cuja tutela se queriam claramente demarcar. A certa altura, torna-se impossível não reconhecer a existência e o valor dos estatutos municipais, dos costumes locais, da legislação dos príncipes e monarcas europeus, do direito feudal ou do direito mercantil[68]. E não deixa de ser curioso constatarmos que nesta altura, em que verdadeiramente toma sentido a distinção *ius commune – iura propria*, o primeiro se torna supletivo em relação ao segundo, numa clara alteração do equilíbrio de forças anterior. Não é fácil, se é que é de todo possível, falarmos em hierarquias no seio destes ordenamentos jurídicos. O que há entre eles é uma relação de íntima dependência, uma vez que cada um deles como que se afirma em função dos ditames do outro. O direito comum, romano-canónico mas maioritariamente romano, constitui uma espécie de gramática universal do direito. Não se limita a suprir as falhas dos direitos particulares, a actuar como reservatório comum de técnicas, noções e princípios, a que se recorre sempre que outros ordenamentos, utilizados em primeira linha, claudicam[69]. Ele é um direito comum a todos os povos por isso, mas também porque os mesmos direitos particulares florescem apenas graças a ele e sob o seu modelo. Vejamos o que a este respeito nos diz Bellomo: "qualquer pessoa que redigisse uma norma como meio de fixar um costume fluido na escrita, ou que retirasse a vontade de uma assembleia de cidadãos ou de um príncipe, usava o latim e, dentro dessa língua, a parafernália lexical específica dos juristas romanos. Então, tal pessoa conhecia, e tinha que conhecer, o *corpus iuris civilis* de Justiniano, uma vez que os termos técnicos da ciência jurídica estavam dispostos nesse *corpus* e eram transmitidos por ele. Se falasse em

---

[68] "...os costumes mercantis são excêntricos face aos enquadramentos jurídicos impostos pelo material conceptual do direito romano. Existe uma evidente incapacidade quer deste direito quer do direito canónico para compreenderem a nova realidade económica. O comércio exige um espaço jurídico protegido onde os seus costumes se possam impor ao *ius commune*". Cfr. MÁRIO REIS MARQUES, *op. cit.*, p. 57.

[69] Não se limita, diria Stein, a constituir uma espécie de supermercado jurídico da Idade Média. Cfr. PETER STEIN, *op. cit.*, p. 3.

dominium, em *obligatio* ou em *emptio-venditio*, tinha que o fazer forçosamente em referência aos sentidos que esses termos tinham nas leis de Justiniano, quer quisesse utilizá-los nesse mesmo sentido ou afastar-se deles"[70]. Quer isto dizer que legisladores, juízes, advogados, notários, todos tinham que conhecer o direito comum para fazer vingar os vários direitos particulares. Estes só podiam existir, por seu lado, no pressuposto da vigência do pano de fundo jurídico do *ius commune*. É ainda Bellomo quem traça um curioso paralelismo entre as vicissitudes do direito e as da língua latina. As várias línguas nacionais europeias existiam sobre o fundo comum da língua erudita que era o latim, e do qual retiravam toda uma série de noções, regras, termos. Não só o latim não é rejeitado pelas línguas nacionais como, pelo contrário, se mostra um valioso património ao dispor destas. Por outro lado, estas diferentes línguas nacionais, que se vão gradualmente afirmando e aperfeiçoando, carecem do modelo, da estabilidade e completude representadas pelo latim, enquanto língua quase universal. O mesmo tipo de ligação terá vinculado dialecticamente o *ius commune* aos diversos *iura propria*[71].

Ora bem. Estávamos nós a falar em Cino de Pistóia. Cino foi não só discípulo de Petrus de Bellapertica como também de Dinus de Mugello, um pioneiro da escola dos comentadores. E com Dinus aprendeu a conhecer e explorar o direito estatutário e costumeiro, muito embora em toda a sua obra seja manifesta a subalternidade a que votava os direitos particulares. No seu entender eram realidades normativas mais facilmente corrompíveis, mais sensíveis a certo tipo de abusos e tiranias, sendo, em contrapartida, o direito romano uma ordem incomparavelmente superior, em qualidade, quantidade e estabilidade[72]. De qualquer forma, Cino abre as portas ao estudo de outro direito que não o romano-canónico. Quem verdadeiramente opera a respectiva fusão, com aquilo a que Wieacker chama de alargamento do objecto de trabalho[73], é o mais douto dos discípulos de

---

[70] Cfr. MANLIO BELLOMO, *op. cit.*, p. 152.

[71] Este paralelismo entre o direito romano e a língua latina é traçado a propósito de diferentes períodos históricos. É claro quando assistimos à vulgarização do direito romano e simultaneamente da língua latina, posteriores à queda do império romano do ocidente, como é também visível aquando das alterações que os humanistas do séc. XVI pretendem introduzir quer no direito romano quer na língua latina: a preocupação que demonstram pela recondução de cada um aos respectivos contextos históricos tira-lhes todo o vigor, remetendo-os a meras relíquias sem vida.

[72] Cfr. MANLIO BELLOMO, *op. cit.*, p. 189.

[73] Cfr. FRANZ WIEACKER, *op. cit.*, p. 82.

Estudos em Comemoração do 10.º Aniversário da Licenciatura em Direito

Cino, talvez um dos mais geniais juristas de todos os tempos, de seu nome Bártolo de Saxoferrato. Personagem de proporções míticas, Bártolo é senhor de uma vasta e qualificadíssima obra jurídica, desenvolvida ao longo dos escassos anos da sua vida[74]. Com ele, os comentadores fixam definitivamente as relações entre o *ius commune* e os direitos próprios, em particular os direitos dos municípios italianos. A reconciliação pelos juristas italianos dos sécs. XIV e XV destas ordens jurídicas, produz a chamada "teoria estatutária", segundo a qual se reconhece ao lado da vigência subsidiária, comum, do direito romano-canónico, a vigência preferencial em cada cidade do seu próprio direito estatutário, ou em cada nação politicamente independente do seu direito real[75]. Esta subsidiariedade do direito comum deve, contudo, ser entendida em toda a sua especificidade. É que não só nós sabemos que praticamente até aos finais do séc. XVII apenas os direitos romano e canónico eram ensinados nas universidades, não havendo pois um estudo e ensino sistemático das ordens jurídicas particulares, como o próprio entendimento que se tinha dos *iura propria* estava altamente condicionado pelos princípios estruturantes impostos pelo conhecimento do direito romano. Entre um e outro produz-se, sugere Mário Reis Marques, uma interacção interpretativa, sendo o *ius proprium* interpretado à luz dos conceitos do *ius commune*, cujos princípios, figuras e conceitos funcionam como instância de validade e princípio vivificador do mesmo *ius proprium*, ao mesmo tempo que o *ius commune*, por sua vez, vai sendo adequado às realidades do contexto dos direitos particulares[76]. Já nos tínhamos referido à íntima dialecticidade que nesta altura se gera entre os dois universos normativos em questão.

19. Géneros literários mais caros aos comentadores

O último grande expoente da escola dos comentadores é Baldo de Ubaldis, brilhante discípulo de Bártolo, que soube como ninguém clarificar o pensamento de seu mestre. Baldo domina o panorama jurídico da segunda metade do séc. XIV, consolidando a importância para o futuro direito europeu da obra desenvolvida pelos comentadores. Uma obra que se

---

[74] Bártolo, nascido em Venatura, no território da cidade de Saxoferrato, entre 1313 e 1314, vem a falecer em Perugia em 1357.

[75] Cfr., v.g., CHARLES RADDING, *op. cit.*, pp. 116 e ss..

[76] Cfr. MÁRIO REIS MARQUES, *op. cit.*, p. 74.

A *Ciência Jurídica Medieval: mais do que a passagem de um testemunho* 417

compõe não apenas de extensos comentários ao direito romano-canónico e aos direitos particulares, mas também de um notável conjunto de *consilia*. Estes, aliás, dois dos géneros com que estes juristas mais se distinguiram. Bártolo, com efeito, muito se notabilizou pela elaboração e também recolha de comentários até aí dispersos, elaborados no seu tempo e nos antecedentes. Uma tarefa em tudo semelhante à empreendida por Accursius relativamente às glosas. Mas igualmente se destacou o eminente jurista pelos brilhantes *consilia* que redigiu, a pedido das partes envolvidas num litígio judicial, ou, mais frequentemente, a pedido do próprio magistrado a quem eram suscitadas dúvidas no decorrer de alguma lide submetida à sua apreciação. Igualmente Baldo se celebrizou pela redacção de *consilia*, ou opiniões. Um género literário que corresponderia, aproximadamente, aos nossos actuais pareceres, e que representava, como nos revela Koschaker, um meio extremamente eficaz para os comentadores introduzirem na prática o direito romano[77].

20. O nascimento da *communis opinio doctorum*

Curiosamente, é a gradual importância assumida por estes dois instrumentos ao serviço de glosadores e comentadores que justifica o posterior nascimento de uma outra fonte de direito, que verdadeiramente se consolida com Baldo, mas que nem por isso deixou de se manifestar no período anterior. A crescente independência face aos textos autoritários, operou a transferência dessa mesma autoridade dos textos para os autores que os comentavam. O recurso ao argumento de autoridade e a citação de opiniões alheias, de anteriores intérpretes tornou-se a certa altura verdadeiramente abusiva. A dada altura, as opiniões dos doutores substituem-se às decisões do *corpus iuris civilis*[78]. "Quando sobre uma questão debatida", diz-nos Tomás y Valiente, "se formava uma *communis opinio*, pela coincidência das opiniões de vários juristas notáveis, era muito difícil conseguir que na prática prevalecessem contra ela opiniões novas, por muito razoáveis que fossem"[79]. A este processo se chamou a doutrina da *communis opinio doctorum*. Uma doutrina que se foi enraizando na prática graças à necessidade desta em dispor de modelares decisões autoritárias.

---

[77] Cfr. PAUL KOSCHAKER, *op. cit.*, p. 163.
[78] *Ibidem*, p. 162.
[79] Cfr. FRANCISCO TOMÁS Y VALIENTE, *op. cit.*, p. 192.

418 *Estudos em Comemoração do 10.º Aniversário da Licenciatura em Direito*

Ainda que a doutrina jurídica admitisse a possibilidade de um tribunal afastar esta *communis opinio*, ainda que o próprio Bártolo não reconhecesse ao juiz a obrigação de a observar, não nos podemos esquecer que é o mesmo Bártolo quem afirma a certa altura: "nós, juristas, coramos ao falar sem referência a uma autoridade"[80]. Triste estigma este, que persegue a classe até aos dias de hoje. E se durante os gloriosos séculos marcados pela recuperação dos eruditos textos jurídicos justinianeus, estes consubstanciaram em si tal autoridade, agora a mesma desloca-se então para os autores que sobre esses textos escrevem e desenvolvem os seus argumentos. Um *consilium* será tão mais vinculante quanto maior o prestígio e reputação de quem o redigiu. E mais vinculante será se estiver de acordo com a opinião da maioria dos doutores. A certa altura, a obediência pelos tribunais a esta opinião comum, autorizada, torna-se um seguro de vida para os próprios magistrados, a coberto de qualquer tipo de responsabilidade pelo facto de terem julgado com base no parecer dos doutores. E se Bártolo era ainda daquele parecer, já Baldo, seu discípulo, achava temerário da parte do tribunal afastar-se do consenso dos doutores[81]. Se os principais comentadores estavam de acordo numa doutrina concreta, essa opinião adquiria a força de costume[82].

É interessante verificarmos como, gradualmente, se vai modificando toda uma forma de pensar. O pensamento medieval é contrário ao protagonismo de um ou outro indivíduo, antes fomentando a convicção da imperfeição do indivíduo e da perfeição da comunidade. É um aspecto muito caro a Paolo Grossi, que aí vê um dos fundamentais pressupostos de toda a sociedade medieval e de todo o saber medieval. Lentamente, as autoridades, que não a imperial, vão ganhando rostos.

---

[80] Referido em CHARLES M. RADDING, *op. cit.*, p. 119.

[81] É, aliás, com Baldo, que a *communis opinio doctorum* assume as feições que lhe conhecemos, identificada com o comum parecer dos doutores. Durante muito tempo a expressão designou o parecer generalizado das pessoas, do leigo, passando a partir da segunda metade do séc. XIII a abranger igualmente o parecer dos doutores. A própria Glosa de Accursius recorre à expressão, dando-lhe o sentido da opinião geral da multidão. Só a partir de Baldo é que a expressão ganha um sentido unívoco, referindo-se apenas ao consenso dos doutores. Cfr. MÁRIO REIS MARQUES, *op. cit.*, pp. 63 e ss..

[82] Cfr. PETER STEIN, *op. cit.*, p. 120.

21. A supervivência dos métodos comentaristas

Lado a lado com o emprego abusivo destas autoridades, e com a interminável citação de opiniões a favor e contra determinada posição, o recurso excessivo aos métodos e figuras escolásticas, com as suas infindáveis divisões e sub-divisões, distinções e sub-distinções, oposições, regras e excepções, conduziu a algum cansaço dos métodos comentaristas[83]. Métodos que, no entanto, vão alimentar a prática jurídica europeia ainda por muito tempo. Os comentadores foram os verdadeiros criadores da ciência jurídica, com o estudo sistemático que empreenderam do sentido das prescrições jurídicas justinianeias e da sua relação com os direitos particulares. Se podem ser acusados, como foram, de falta de sensibilidade histórica, e de alguma falta de rigor filológico no tratamento das fontes que eram seu objecto de trabalho, fizeram-no em benefício da funcionalidade e efectividade do direito. Precisamente as características que lhe permitirão sobreviver à própria Idade Média. Também conhecida sob a designação de *mos italicus iuris docendi*, isto é, o método italiano de ensino do direito, esta escola vem a ser duramente criticada pelos juristas humanistas do séc. XVI, de origem predominantemente francesa[84].

---

[83] A este propósito, diz-nos Paulo Ferreira da Cunha que os juristas comentadores se transformaram, a dada altura, em "malabaristas dialécticos, muito mais interessados em urdir a sua teia em filigrana de distinções e argumentos subtis, que em alcançar soluções de verdade e de justiça. Isso significa que a decadência do bartolismo deriva do nominalismo, ou pelo menos com ele comunga da manifestação dessa esterilidade dialéctica que, por efeitos de antonomásia, foi designada durante muito tempo, simples e abusivamente, como escolástica". Cfr. PAULO FERREIRA DA CUNHA, *História Constitucional do Direito Português*. Coimbra, Almedina, 1995, p. 123. É curioso cruzar esta referência ao nominalismo por parte deste autor com uma referência feita por Grossi ao mesmo nominalismo. Ainda que com um sentido ligeiramente diferente, o contexto é o mesmo: o de uma viragem nos métodos de trabalho dos comentadores. Uma viragem negativa, acrescente-se. A referência feita por Grossi vai no sentido de apreciar o impacto exercido pelo nominalismo no nascimento do individualismo, tão contrário, como vimos, ao espírito medieval, ao pensar e sentir dos homens e mulheres da Idade Média. Um individualismo que no âmbito jurídico se vem a verter de forma negativa, nomeadamente, na consagração das autoridades pessoais, no abuso da invocação do argumento de autoridade, na citação infindável de autoridades prestigiadas, em detrimento das preocupações da verdade e da justiça materiais. Cfr. PAOLO GROSSI, *op. cit.*, pp. 198 e ss..

[84] Sebastião Cruz refere-se ao *mos italicus* como sendo um sistema formado pelas escolas dos glosadores e dos comentadores, numa clara aproximação das respectivas metodologias. Não parece de todo incongruente, face ao que ficou exposto, embora essa não pareça ser a voz corrente, que identifica o *mos italicus* concretamente com a escola dos comentadores. Cfr. SEBASTIÃO CRUZ, *op. cit.*, p. 99.

420   *Estudos em Comemoração do 10.º Aniversário da Licenciatura em Direito*

Embora a maioria das críticas fosse acertada, e a obra destes juristas quinhentistas tivesse contribuído largamente para um aprofundamento do estudo do direito antigo, no seu devido contexto, o *mos gallicus*, como fica conhecida esta orientação, não conseguiu de forma alguma obscurecer o esplendor e o prestígio de que gozavam na prática os métodos comentaristas. O acervo de comentários, tratados, *consilia, quaestiones*, de que dispunham os comentadores, fornecia material concreto para a resolução de problemas reais do quotidiano. Esta preocupação pelos aspectos mais pragmáticos do direito constitui uma enorme diferença entre estas duas escolas, não nos competindo, no entanto, nesta sede tratar das particularidades da escola do humanismo jurídico. Interessa-nos apenas sublinhar que o brocardo *"nemo bonus iurista nisi bartolista"* se manteve activo e pertinente até praticamente ao momento em que na Europa começam a surgir as codificações. Momento esse em que, no fundo, o jurista é remetido a uma mecânica função de intérprete e aplicador do direito, não já usufruindo dos privilégios de se apresentar como verdadeiro artífice do mesmo. Se podemos dizer que o direito comum é um direito de juristas, elaborado e trabalhado por estes, composto pela obra destes, isso deve-se à iniciativa e ao esforço das escolas medievais, em particular à escola dos comentadores, verdadeira alma do *ius commune*.

BIBLIOGRAFIA UTILIZADA:

*   ALBUQUERQUE, RUY DE e ALBUQUERQUE, MARTIM DE, *História do Direito Português*, I volume, Lisboa, Edição Pedro Ferreira, 1999
*   BELLOMO, MANLIO, *L'Europa del Diritto Comune*, trad. ing. de Lydia Cochrane, *The Common Legal Past of Europe: 1000-1800*, Washington, D.C., The Catholic University of America Press, 1995
*   CAENEGEM, R.C. VAN, *Introduction Historique au Droit Privé*, trad. port. de Carlos Eduardo Machado, *Uma introdução histórica ao Direito Privado*, S. Paulo, Martins Fontes, 1995
*   CALASSO, FRANCESCO, *Gli Ordinamenti Giuridici del Rinascimento Medievale*, Milano, Giuffrè, 1953
*   COING, HELMUT, *Europäisches Privatrecht*, trad. esp. de Antonio Pérez Martín, *Derecho Privado Europeu*, Madrid, Fundación Cultural del Notariado, 1996
*   COSTA, M. J. ALMEIDA, *História do Direito Português*, 3.ª ed., Coimbra, Almedina, 1996

A *Ciência Jurídica Medieval: mais do que a passagem de um testemunho* 421

- CRUZ, SEBASTIÃO, *Direito Romano*, I, Coimbra, 1973
- CUNHA, PAULO FERREIRA DA, *História Constitucional do Direito Português*, Coimbra, Almedina, 1995
- DANIEL-ROPS, *História da Igreja de Cristo*, III volume, Porto, Livraria Tavares Martins, 1961
- ENNECERUS, LUDWIG, *Tratado de Derecho Civil*, tomo I, Barcelona, Bosch, 1953
- FERNANDEZ ESPINAR, RAMÓN, *Manual de Historia del Derecho Español. I. Las Fuentes*, Madrid, Editorial Centro de Estudios Ramon Areces, S.A., 1990
- GIBERT, RAFAEL, *Elementos Formativos del Derecho en Europa. Germanico, Romano, Canonico*, Madrid, Granada, Imprenta de Francisco Román, 1975
- GROSSI, PAOLO, *L'Ordine Giuridico Medievale*, trad. esp. de Francisco Tomás y Valiente e Clara Álvarez, *El Orden Jurídico Medieval*, Madrid, Marcial Pons, 1996
- KOSCHAKER, PAUL, *Europa und das Römische Recht*, trad. ital. de Arnaldo Biscardi, *L'Europa e il Diritto Romano*, Firenze, Sansoni Editore, 1962
- MARQUES, MÁRIO REIS, *História do Direito Português Medieval e Moderno*, Coimbra, Almedina, 2.ª ed., 2002
- MONCADA, LUÍS CABRAL DE, *Elementos de História do Direito Romano*, Coimbra, Coimbra Editora, Lda, 1923
- MONTANOS FERRIN, EMMA e SANCHEZ-ARCILLA, JOSE, *Historia del Derecho y de las Instituciones*, tomo I, Madrid, Dykinson, 1991
- MORTARI, VINCENZO PIANO, *I Commentatori e la Scienza Giuridica Medievale*, Catania, Libreria Giannotta Editrice, 1965
- NEVES, ANTÓNIO CASTANHEIRA, *Método Jurídico*, Polis. Enciclopédia Verbo da Sociedade e do Estado
- RADDING, CHARLES, *The Origins of Medieval Jurisprudence. Pavia and Bologna 850 – 1150*, New Haven, Yale University Press, 1988
- ROBINSON, O.F., FERGUS, T.D., e GORDON, W.M., *An Introduction to European Legal History*, Abingdon, Oxon, Professional Books, 1985
- RUIZ MIGUEL, ALFONSO, *Una Filosofía del Derecho en Modelos Históricos*, Madrid, Editorial Trotta, 2002
- SILVA, NUNO ESPINOSA GOMES DA, *História do Direito Português*, 3.ª ed., Lisboa, Fundação Calouste Gulbenkian, 2000
- STEIN, PETER, *Römisches Recht und Europa. Die Geschichte einer Rechtskultur*; trad. esp. de César Hornero e Armando Romanos, *El Derecho romano en la historia de Europa. Historia de una cultura jurídica*, Madrid, Siglo Veintiuno de España Editores, 2001
- TOMÁS Y VALIENTE, FRANCISCO, *Manual de Historia del Derecho Español*, Madrid, Tecnos, 5.ª reimp. 1992

422 *Estudos em Comemoração do 10.º Aniversário da Licenciatura em Direito*

- VIEHWEG. THEODOR. *Topik und Jurisprudenz*. trad. esp. de Luis Díez-Picazo Ponce de Léon. *Tópica y Jurisprudencia*. Madrid. Taurus. 1964
- WIEACKER. FRANZ. *Privatrechtsgeschichte der Neuzeit*. trad. port. de A.M. Hespanha. *História do Direito Privado Moderno*. 2.ª ed.. Lisboa. Fundação Calouste Gulbenkian. 1993.

JUSTIÇA DISTRIBUTIVA ATRAVÉS DOS IMPOSTOS
PERSPECTIVA COMPARADA E COMUNITÁRIA

JOÃO SÉRGIO RIBEIRO

INTRODUÇÃO

1. Justiça distributiva

O princípio da «justiça distributiva», enquanto expressão do conceito mais alargado de justiça social, tem uma amplitude muito lata, contendendo nos seus fundamentos com vários campos de conhecimento, nomeadamente o da filosofia política. Nesse campo, em particular, o tema da justiça distributiva tem sido objecto de diversas análises, sobretudo por parte da doutrina Anglo-americana, de acordo com tendências como: «estrito igualitarismo»[1]; «princípio da diferença»[2]; «princípios baseados na fonte»[3]; «princípios baseados no 'welfare'»[4]; «princípios baseados no merecimento»[5]; «princípios libertários»[6] e «princípios feministas»[7].

---

[1] Cfr. Carens, Joseph, «Equality, Moral Incentives and the Market», Chicago University Press, 1981; Nielsen, Kai, «Radical Egalitarian Justice: Justice as Equality», Social Theory and Practice, 1979, p. 209-226.

[2] Cfr. Crocker, Lawrence, «Equality, Solidarity, and Rawls' Maximin'» Philosophy and Public Affairs, 1977, p. 262-266.

[3] Cfr. Arneson, Richard, «Liberalism, Distributive Subjectivism, and Equal Opportunity for Welfare» Philosophy and Public Affairs 19, 1990, p. 158-194; Daniels, Norman, «Equality of What: Welfare, Resources, or Capabilities?» Philosophy and Phenomenological Research, 1990; Dworkin, Ronald, «Sovereign Virtue», Harvard University Press, 2000.

[4] Cfr. Glover, Jonathan (ed.), «Utilitarianism and Its Critics», Macmillan Publishing Company, 1990; Goodin, Robert E., «Utilitarianism as a Public Philosophy», Cambridge University Press, 1995.

424 *Estudos em Comemoração do 10.º Aniversário da Licenciatura em Direito*

A despeito do interesse que representa uma análise de ordem mais filosófica, (ao nível dos fundamentos últimos da justiça distributiva), o escopo da presente dissertação impõe uma abordagem mais limitada. Tratar-se-á, por conseguinte, a questão da justiça distributiva, unicamente, na sua articulação com os impostos, tomando por esse motivo, o conceito (justiça distributiva) na sua acepção mais corrente na literatura de direito fiscal.

O conceito de justiça distributiva, relevante para esta análise, será, em consonância com o exposto, entendido como o *princípio normativo que determina o modo como os recursos escassos devem ser distribuídos de uma forma justa*. Esta noção é, ainda assim, fluida, podendo assumir diversas dimensões em função (a) dos bens a distribuir (riqueza, rendimento, educação, direitos civis e políticos, oportunidades,...), (b) da natureza dos sujeitos da distribuição (pessoas jurídicas, grupos de pessoas, classes de referência,...) e (c) de acordo com o critério segundo o qual os bens devem ser distribuídos (igualdade, características pessoas, leis do mercado,...). Assim, torna-se necessário circunscrever essa noção ao plano de análise escolhido. Nesse sentido, a justiça distributiva a abordar, será entendida como o princípio normativo que determina como a riqueza, tomada num sentido amplo, (de forma a englobar os rendimentos[8]), será distribuída entre os contribuintes (pessoas jurídicas) de acordo com o princípio da igualdade[9]. Será esta noção de justiça distributiva que perpassará o presente trabalho.

---

[5] Cfr. Feinberg, Joel, «Incentive Income, Deserved Income, and Economic Rents», Journal of Political Philosophy, 5, 1997, 26-46; «The Concept of Desert in Distributive Justice», The Philosophical Quarterly, 44, 1994, p. 45-64; Mill, John Stuart, «Principles of Political Economy»; Miller, David, «Market, State, and Community», Clarendon Press, Oxford, 1989.

[6] Cfr. Bogart, J. H., «Lockean Provisos and State of Nature Theories», Ethics, 1985, págs. 824-836; Christman, John, «Self-Ownership, Equality, and the Structure of Property Rights' Political Theory», 1991, p. 28-46; Hayek, Friedrich A., «The Constitution of Liberty», Routledge and Kegan Paul, London, 1960.

[7] Cfr. Okin, Susan Moller, «Justice, Gender and the Family», Basic Books, New York, 1991; Hampton, Jean, «Political Philosophy», Westview Press, Boulder, Colorado, 1997; Gatens, Moira, «Feminism and Philosophy: Perspectives on Difference and Equality», Indianan University Press, Indianopolis, 1991; MacKinnon, Catherine A., «Sex Equality», Foundation Press, 2001.

[8] Cfr. Artigo 103.º, n.º 1 da Constituição da República Portuguesa: «O sistema fiscal visa a satisfação das necessidades financeiras do Estado e outras entidades públicas e uma repartição justa dos rendimentos e da riqueza».

[9] Aceite como o critério mais justo para a repartição.

Relativamente à acepção adoptada, face à preponderância do princípio da igualdade enquanto critério «justo» de distribuição, justificam-se algumas referências.

O princípio da igualdade é entendido, não sob o ponto de vista estritamente formal, como era comum durante o período liberal, mas sob um ponto de vista material, dado que a situação concreta dos contribuintes é tomada em consideração. Consequentemente, impõe-se que se trate de igual modo quem se encontra na mesma situação e de modo diferente quem se encontra numa situação diferente, o que se afere através da capacidade contributiva ou capacidade para pagar impostos[10].

A distribuição da riqueza deverá ser feita também segundo o princípio da igualdade, em consonância, aliás, com o critério que preside à tributação em termos gerais. Pretende-se, assim, que o critério que permite aferir a igualdade em termos de tributação, seja também o critério que permite aferir a igualdade na distribuição. Sem prejuízo de a distribuição ser, agora, inversamente proporcional à capacidade contributiva[11].

A acepção a utilizar de justiça distributiva, corresponderá portanto à distribuição da riqueza pelos contribuintes de acordo com o princípio da igualdade entendido de forma dinâmica, i.e., assente na capacidade contributiva[12], e tendo como instrumento os impostos.

2. Contextualização do tema em análise

O tópico em análise está intimamente ligado ao Estado Social de Direito, pelo que só terá sentido se analisado a essa luz. Apesar de a for-

---

[10] Cfr. Nabais, Casalta, «O Dever Fundamental de Pagar Impostos», p. 442 – 443: «Assim, repetindo a velha fórmula aristotélica, podemos dizer que o princípio da igualdade fiscal exige que o que é (essencialmente) igual, seja tributado igualmente, e o que é (essencialmente) desigual, seja tributado igualmente na medida dessa desigualdade»; p. 444: «...o princípio da igualdade e o princípio da capacidade contributiva não se justapõem cumulativamente, constituindo antes o princípio da capacidade contributiva o critério de comparação com base no qual se mede a igualdade na tributação».

[11] Cfr. Nabais, Casalta, op. cit., p. 458: «este princípio jurídico-constitucional [princípio da capacidade contributiva], não implica uma igualdade pelo imposto, mas tão-só uma igualdade no imposto, tendo aquela, quando exigida, outros suportes constitucionais, como o do carácter social do estado». Como se demonstrará infra, a existência do Estado Social de Direito é um dos requisitos essenciais para que exista justiça distributiva através dos impostos.

[12] Para maiores desenvolvimentos vide Nabais, Casalta, op. cit., p. 444 e segs.

426 *Estudos em Comemoração do 10.º Aniversário da Licenciatura em Direito*

mulação em foco – «*Justiça distributiva através dos impostos*» – ter tido a sua génese com o Estado de Direito Social, os elementos que a compõem têm raízes em momentos anteriores.

Para um melhor entendimento das ideias que se pretende articular através daquela fórmula, convém fazer um breve recuo no tempo, para assim, lançar alguma luz sobre os preliminares da articulação dos conceitos que agora se interligam.

2.1. *Ideia de Imposto*

Apesar da ideia de imposto se poder reportar a épocas muito remotas, a afirmação da noção actual de imposto como «prestação patrimonial, unilateral, definitiva, estabelecida por lei exigida a detentores de capacidade contributiva, a favor de entidades que exerçam funções públicas, para a realização dessas funções, conquanto não tenham carácter sancionatório»[13], remonta à Idade Moderna, não podendo até aí, falar-se em impostos tal e qual hoje os conhecemos. Até essa época pode, quando muito, falar-se da pré-história dos impostos.

Com efeito, durante a época clássica não havia uma distinção clara entre a esfera pública e privada, elemento essencial ao conceito de imposto.

Na Idade Média, por sua vez, face à fragmentação do poder, não havia uma autoridade pública suficientemente estruturada para os impor, nem uma verdadeira comunidade política. Assim, os impostos traduziam-se, frequentemente, num apossar arbitrário da propriedade dos súbditos por parte dos soberanos.

Só com a afirmação do Estado moderno, ligada à afirmação do poder soberano dos Reis, é que a figura do imposto, tal e qual como a conhecemos, se começou a esboçar.

Com as revoluções liberais os impostos aproximaram-se do conceito hodierno de imposto, dado que se afirmaram como a principal forma de receita do Estado, e além disso passaram a ser definidos como um dever público em relação à comunidade identificada com o Estado (em vez de se definirem como dever em relação a um poder soberano de ordem pessoal[14]). É, portanto, a partir dessa época que o Estado se afirma como

---

[13] Cfr. Nabais, Casalta, «Direito Fiscal», Almedina, Coimbra, 2000; Teixeira, Braz, «Princípios de Direito Fiscal», vol. I, Almedina, Coimbra, 1993.

[14] Cfr. Menéndez, A. José, «Justifying Taxes: Some Elements for a General Theory of Tax Law», Kluwer, Dordrecht, 2001, p. 94 e segs.

Justiça distributiva através dos Impostos 427

«Estado Fiscal»[15], ou seja, como um Estado que tem como suporte financeiro determinante a figura dos impostos. Contudo, durante esta época, face ao papel residual do Estado e tendo em conta que os impostos funcionavam como um sucedâneo de preços devidos pelas actividades prestadas pelo Estado, o conceito de imposto (apesar de próximo do que foi transmitido como sendo o dominante nos dias de hoje), ainda não se encontrava totalmente cumprido, falhando no que respeitava à característica da unilateralidade. Isto porque, a relação de imposto era bilateral, uma vez que os bens públicos fornecidos funcionavam como uma verdadeira contraprestação.

2.2. *Afirmação da justiça distributiva através dos impostos*

Durante o período liberal, o grande princípio dominante era a igualdade formal[16] perante os impostos e o tipo de justiça assegurado era, meramente, uma justiça comutativa[17]. Paralelamente, os impostos eram essencialmente reais, pois não atendiam à situação concreta do contribuinte. Dominava, assim, uma concepção de imposto, que ainda não apontava para a realização de uma justiça distributiva, pelo facto de as funções do Estado estarem reduzidas ao mínimo e por se ter uma forte confiança no papel auto-regulador do mercado.

Só com o Estado Social é que a situação se altera. Apesar de este modelo ter origens em período anterior[18], afirma-se essencialmente a seguir à Segunda Guerra mundial, a ponto de ser, hoje, dominante na Europa Ocidental. Este tipo de Estado já não coincide com o perfil do Estado liberal, dado que a par de múltiplas e diversificadas tarefas, que não têm

---

[15] Cfr. Nabais, Casalta, «O Dever...», p. 191 e segs.

[16] Cfr. Nabais, «Direito Fiscal», p. 154: «Mesmo nas constituições liberais, a previsão específica do princípio da igualdade fiscal, como uma igualdade material enquanto pautada pela capacidade contributiva, contraposta ao entendimento que prevaleceu do princípio geral da igualdade, como uma igualdade formal, não teve consequências de maior, em virtude do carácter programático que por regra, foi atribuído aos preceitos constitucionais concernentes ao princípio da capacidade contributiva».

[17] Cfr. Nabais, «O Dever....», p. 576: «...uma tributação assente no princípio da capacidade contributiva (isto é, na justiça contributiva) permite uma tributação mais extensiva e intensiva do que a baseada no princípio da equivalência (isto é, na justiça comutativa que estende a relação de troca, típica do mercado, às relações estado/contribuintes»; Menéndez, op. cit. p. 124 e segs.

[18] Meados do século XIX.

428   Estudos em Comemoração do 10.º Aniversário da Licenciatura em Direito

cessado de aumentar, tem igualmente de assegurar uma justiça distributiva, que pode realizar através dos impostos (que, aliás, têm como uma das suas principais funções a redistribuição do rendimento[19]). Isto implica, igualmente, a necessidade de um financiamento crescente, feito essencialmente através da tributação.

A ideia de realização de justiça distributiva através dos impostos é, portanto, uma ideia relativamente recente na história das instituições políticas, a qual está intimamente ligada ao Estado Social de Direito. A afirmação da necessidade do Estado assegurar uma justiça distributiva através dos impostos[20] leva, por seu lado, a que neste período os impostos passem a ser pessoais, na medida em que tomam em consideração a situação concreta do contribuinte.

Evidencia-se, assim, que a formulação que nos ocupa só surgiu com o Estado social de Direito.

3. Elementos essenciais para que exista justiça distributiva através dos impostos

Feita a contextualização da fórmula, torna-se necessário abstrair da explanação feita os elementos essenciais para que seja possível a realização de justiça distributiva através dos impostos. Este exercício terá a utilidade de permitir aplicar o teste a várias realidades políticas, para assim determinar, num primeiro plano, a exequibilidade de tal fórmula à luz da comunidade a considerar.

Em primeiro lugar é necessário que estejam presentes as condições necessárias à existência da própria figura dos impostos, ou seja, que exista um poder capaz de os impor e uma comunidade política capaz de os justi-

---

[19] Entende-se que o sistema fiscal deve assegurar três funções básicas: a obtenção de receitas para financiamento dos bens públicos básicos (função de afectação de recursos), redistribuição do rendimento dentro da comunidade política (função distributiva) e gestão e condução da economia (política estrutural e conjuntural). Cfr. Menéndez, op. cit., p. 330 – 331; Pinheiro, Gabriela, «A Fiscalidade Directa na União Europeia», Porto, 1998, p. 21.

[20] Cfr. Menéndez, A. J., «Three Paradigms of Taxation. Towards a Procedural Reconstruction of Tax Law», Themis, ano II, n.º 3, 2000, p. 184-185: «Podemos distinguir três pré-condições básicas para a existência de um sistema fiscal: a instituição da propriedade, a monetarização das trocas comerciais e a elaboração de um critério intersubjectivo para medir riqueza e rendimento»: «A emergência do dinheiro como moeda comum...abre a possibilidade de acesso a um standard abstracto de justiça distributiva».

Justiça distributiva através dos Impostos

ficar. Este ponto pode ser identificado com o conceito de soberania fiscal, i.e., o poder de criar impostos, de extingui-los, de restringir ou alargar o seu âmbito e de estabelecer proibições de natureza fiscal. A soberania fiscal, entendida como aspecto da soberania estadual, participará das mesmas características daquela, ou seja, só os Estados, quer unitários, quer compostos, quer membros[21] dos Estados compostos, podem exercer soberania fiscal.

Em segundo lugar é necessário que exista uma comunidade política. Esse facto mostra-se essencial na justificação da existência de impostos, enquanto encargos inerentes à existência da própria comunidade, dado que na ausência desta é impossível a existência de laços solidários capazes de sustentar que um indivíduo contribua para um bem comum. Sem a solidariedade que serve de elemento agregador da comunidade política, não se imporia o dever de pagar impostos. A existência de uma comunidade política é, além de ser imprescindível no que respeita à justificação dos próprios impostos, também fundamental para que haja justiça distributiva, independentemente da forma por que seja perpetrada. Isto porque, para que haja redistribuição de recursos é necessário que estes sejam vistos como bens colectivos, o que só poderá ser defensável se se encarar os indivíduos como fazendo parte de uma comunidade que seja dona desses bens.

Em terceiro lugar e como resulta implícito da exposição feita no ponto anterior, é igualmente imperativo que estejamos perante uma comunidade política que tenha afinidades com o modelo de Estado Social de Direito. Não seria possível, realizar justiça distributiva através dos impostos num sistema onde fosse dominante uma filosofia libertária[22] (de acordo com a qual o Estado tivesse um mero papel residual), com eventuais raízes num autor como Hayek, ou Nozick (que se opõe expressamente à justiça distributiva e considera os impostos pessoais, essenciais à realização desse tipo de justiça, como um verdadeiro roubo[23]).

---

[21] Cfr. Martínez. Soares. «Direito Fiscal». Almedina. Coimbra. 1993, p. 70. «Pelo que respeita aos Estados membros. eles exercem a soberania tributária sempre que os preceitos constitucionais lhes atribuem o poder de criar impostos, sem dependência de autorizações concedidas por leis emanadas dos órgãos legislativos das respectivas federações ou confederações».

[22] O mesmo se diga dos Estados Socialistas «que consubstanciaram. através de formas de resto muito diversas. fundamentalmente uma forma de Estado patrimonial ou dominal (produtive state)» in Nabais. Casalta. «Direito Fiscal». pág. 134.

[23] In Nozick. Robert. «Anarchy. State and Utopia». Blackwell. Oxford. 1974 apud Menéndez. op. cit.. p. 156.

430 Estudos em Comemoração do 10.º Aniversário da Licenciatura em Direito

Em quarto lugar e em estreita relação com o ponto anterior é necessário que existam impostos pessoais para que se atenda à situação concreta dos contribuintes.

Para que exista justiça distributiva através dos impostos é portanto necessário que estejam presentes os seguintes requisitos: (a) soberania fiscal, (b) comunidade política, (c) modelo Social e (d) existência de impostos pessoais.

PERSPECTIVA COMPARADA

4. Sistemas escolhidos

A questão da realização de justiça distributiva através dos impostos será considerada, a nível constitucional, no sistema jurídico português, espanhol, alemão e comunitário.

A análise do sistema português impõe-se por ser o nosso e pelas peculiaridades que reveste no que se refere à articulação do tema em análise, a nível da própria constituição fiscal. O espanhol pela proximidade geográfica e pelo facto de se tratar de um Estado regional. O alemão pelo facto de ser um Estado federal e de, por esse motivo, poder servir como modelo futuro à praticabilidade da fórmula em análise, a nível comunitário. Finalmente o sistema comunitário impõe-se, não só pela necessidade de testar conceitos de ordem constitucional num nível supranacional, como pela estreita relação recíproca que existe entre esse sistema e os vários direitos nacionais.

5. Portugal

Aplicando o teste ao nosso sistema jurídico verifica-se que os vários requisitos para que seja possível uma justiça distributiva através dos impostos se cumprem. O facto de Portugal ser reconhecidamente um Estado soberano implica que exista uma soberania fiscal[24] e uma comunidade po-

---

[24] Sistema nervoso do Estado nas próprias palavras de Bodin. Cfr. Menéndez, J. A., «Towards cosmopolitan redistribution» in Multi-level Constitutionalism – Transatlantic

Justiça distributiva através dos Impostos

lítica. Além disso, como resulta do artigo 2.º da Constituição da República Portuguesa[25], o nosso Estado identifica-se com o Estado Social de Direito. Além do mais, existem impostos pessoais previstos igualmente na própria Constituição (art.º 104, n.º 1). Verificadas as condições que se identificaram para que possa existir justiça distributiva através dos impostos, resta saber se, além de estarem reunidas essas condições, se verifica efectivamente a realização de justiça distributiva através dos impostos ao nível constitucional.

A Constituição portuguesa vai mais longe do que a dos sistemas em análise e, seguramente, mais do que a maioria das Constituições europeias, ao reconhecer expressamente um princípio de justiça social a nível da constituição fiscal. Não se limita, portanto, como outros sistemas, a reconhecer um princípio de justiça social a nível geral, ou a consagrar um princípio de justiça fiscal, unicamente a nível infraconstitucional[26].

Vejamos os artigos da constituição fiscal que especificamente se referem à questão da justiça distributiva.

Artigo 103.º
(Sistema fiscal)
1. *O sistema fiscal visa a satisfação das necessidades financeiras do Estado e outras entidades públicas e uma repartição justa dos rendimentos e da riqueza.*

Artigo 104.º
(Impostos)
1. *O imposto sobre o rendimento pessoal visa a diminuição das desigualdades e será único e progressivo, tendo em conta as necessidades e os rendimentos do agregado familiar.*

Perspectives Comparative Federalism, Workshop, Faculdade de Direito da Universidade de Lisboa, Dezembro, Lisboa, 2001, nota 1.

[25] Artigo 2.º da CRP (Estado de direito democrático): «A República Portuguesa é um Estado de direito democrático, baseado na soberania popular, no pluralismo de expressão e organização política democráticas, no respeito e na garantia de efectivação dos direitos e liberdades fundamentais e na separação e interdependência de poderes, visando a realização da democracia económica, social e cultural e o aprofundamento da democracia participativa».

[26] Ao nível infraconstitucional destaca-se o artigo 5.º, n.º 1 da Lei Geral Tributária aprovada pelo Decreto-Lei n.º 398/98, de 17 de Dezembro: «A tributação visa a satisfação das necessidades financeiras do Estado e de outras entidades públicas e promove a justiça social, a igualdade de oportunidades e as necessárias correcções das desigualdades na tributação da riqueza e do rendimento».

432 *Estudos em Comemoração do 10.º Aniversário da Licenciatura em Direito*

3. *A tributação do património deve contribuir para a igualdade entre os cidadãos.*

4. *A tributação do consumo visa adaptar a estrutura do consumo à evolução das necessidades do desenvolvimento económico e da justiça social, devendo onerar os consumos de luxo.*

É notório que, apesar da natureza programática das normas, se revela uma certa instrumentalização do sistema fiscal com vista à distribuição da riqueza e dos rendimentos. Facto que, devido à originalidade relativamente a outras ordens jurídicas, é digno de destaque.

6. Espanha

Da mesma forma que Portugal, também o Reino de Espanha é um Estado soberano. Isso implica a verificação dos requisitos relativos à existência de soberania fiscal e de comunidade política. Além do mais, trata-se igualmente de um Estado Social de Direito, como atesta a própria constituição no artigo 1.º[27]. Finalmente, tal como no sistema fiscal português, também no sistema espanhol existem impostos pessoais[28]. Estão assim, verificadas as condições para que haja justiça distributiva através dos impostos.

Diferentemente da nossa Constituição, a Constituição Espanhola não consagra o princípio da justiça distributiva directamente nas disposições constitucionais de ordem fiscal. A consagração de disposições de índole distributiva limita-se a disposições constitucionais de ordem geral, como os artigos 40 n.º 1; art. 130, n.º 1 e art. 131, n.º 1.

Ainda que uma leitura menos cuidada do artigo 31.º, n.º 1 possa levar a concluir que, também, a Constituição espanhola consagra a nível da sua constituição fiscal a justiça distributiva, uma análise mais atenta imporá

---

[27] Artigo 1.º, n.º 1 da Constituição Espanhola: «Espanha constitui-se como um Estado social e democrático de direito, que afirma como valores superiores do seu ordenamento jurídico a liberdade a justiça, a igualdade e o pluralismo político».

[28] Foi assinalado pelo tribunal constitucional que o «Impuesto sobre la renta de las personas Físicas» constitui um dos pilares estruturais do sistema tributário espanhol. Tendo sido dito que este imposto é o meio mais idóneo par alcançar os objectivos de redistribuição do rendimento e de solidariedade que a Constituição propugna e que resulta da concepção de Estado social e democrático dominante. Cfr. Sentença do Tribunal Constitucional 45/1989 que levou a alterações no Imposto referido.

uma reconsideração. Com efeito, a disposição limita-se à afirmação do princípio da igualdade em sentido material através de uma tributação progressiva, o que apesar de poder contribuir para a que haja uma justiça distributiva através dos impostos, não significa automaticamente que aquela seja levada a cabo.

Artigo 31

1. Todos contribuirão para suportar os gastos públicos de acordo com a sua capacidade económica mediante um sistema tributário justo inspirado nos princípios da igualdade e da progressividade, que em nenhum caso, terá alcance confiscatório[29].

A progressividade das taxas pode de facto ser um instrumento privilegiado no que respeita à redistribuição da riqueza e dos rendimentos, desde que conjugados com outros instrumentos de ordem fiscal, como isenções, deduções e uma política de despesas públicas direccionada para a prossecução desse objectivo. Contudo, da progressividade dos impostos resulta apenas que se obtém mais dos que mais ganham e menos dos que menos auferem, e não que o aumento da tributação daqueles reverta a favor destes[30]. Aliás, se tomarmos em consideração que de acordo com o princípio do sacrifício[31], este é tanto menor quanto maior for a riqueza ou o rendimento do indivíduo, verificamos que, a progressividade não faz mais do que igualar os sacrifícios associados à imposição fiscal, ou seja, assegurar uma igualdade material entre os indivíduos em termos fiscais[32].

---

[29] Artigo 31.º, n.º 1 da Constituição Espanhola «Todos contribuirán al sostenimiento de los gastos públicos de acuerdo con su capacidad económica mediante un sistema tributario justo inspirado en los principios de igualdad y progresividad que, en ningún caso, tendrá alcance confiscatorio».

[30] Cfr. Nabais, Casalta, «O Dever...», p. 577.

[31] Apesar da teoria do sacrifício ser contestada por alguns autores por assentar em premissas indemonstráveis, constitui uma doutrina baseada em «postulados aceites por consenso geral, ou tendencialmente geral, derivado fundamentalmente seja em estudos sociológicos que demonstram ser a semelhança de conduta dos indivíduos uma tendência natural, seja do carácter de dogma que nos países desenvolvidos adquiriram os conceitos de utilidade e sacrifício. Doutrinas, que embora não possam fornecer assim uma base segura à compreensão da capacidade contributiva, mormente ao montante dos impostos a pagar por cada cidadão, sempre permitem ancorar a ideia de que os impostos que cada um deve suportar hão-de basear-se, seja no rendimento obtido ou utilizado, seja na riqueza possuída ou utilizada...» in Nabais, Casalta, «O Dever...», p. 454.

[32] Além disso a teoria da igualdade do sacrifício não goza de um entendimento único, podendo ser aferida pela teoria do sacrifício igual, pela teoria do sacrifício propor-

434 *Estudos em Comemoração do 10.º Aniversário da Licenciatura em Direito*

Conclui-se que apesar de a justiça distributiva através dos impostos ser efectivamente levada a cabo em Espanha, esta não resulta claramente da constituição fiscal, resultando antes, nomeadamente, da Lei Geral Tributária[33].

7. Alemanha

Tal como os sistemas jurídicos anteriores, também neste sistema se preenchem os requisitos para que possa existir justiça distributiva através dos impostos. Além de ser um Estado soberano e de existirem impostos pessoais, a Constituição Alemã estabelece, no artigo 20.º, n.º 1[34], que a República Federal Alemã é um Estado Social.

Diferentemente do sistema português, a Lei Fundamental alemã não se refere ao princípio do Estado Social de Direito no plano fiscal ao nível da tributação de ordem pessoal, sendo aquele princípio moldado essencialmente ao nível infraconstitucional[35]. Existe, no entanto, uma importante disposição constitucional, que consagra expressamente o princípio de justiça distributiva ao nível dos Estados Federados e do Estado Federal – o artigo 107.º. Através deste artigo promove-se uma igualação financeira[36] *(Finanzausgleich)* entre os Estados, empreendendo-se a redistri-

---

cional, teoria do sacrifício marginal. Daí que seja comum falar-se em teorias do sacrifício. «...nenhum destes três entendimentos de igualdade de sacrifício nos dá uma resposta unívoca relativamente ao tipo de taxa dos impostos e, consequentemente, da distribuição da carga fiscal, já que com base nas teorias do sacrifício igual e do sacrifício proporcional os impostos podem ser regressivos, proporcionais ou progressivos, consoante o decrescimento da utilidade total seja menos que proporcional, proporcional ou mais que proporcional». In Nabais, Casalta, «O Dever...», p. 453.

[33] Cfr. Ley General Tributaria (Ley 230/1963) de 28 de Dezembro, artigo 3.º «La ordenación de los tributos ha de basarse en la capacidad económica de las personas llamadas a satisfacerlos y en los principios de justicia, generalidad, igualdad, progresividad, equitativa distribución de la carga tributaria y no confiscatoriedad» e principalmente o artigo 4.º «Los tributos, además de ser medios para recaudar ingresos públicos, han de servir como instrumentos de la política económica general, atender a las exigencias de estabilidad y progreso sociales y procurar una mejor distribución de la renta nacional» in http://www.aeat.es/normlegi/otros/lgt_ind.htm.

[34] «A República Federal Alemã é um Estado democrático e social».

[35] A nível da Lei Geral Tributária Alemã *(Abgabenordnung)*.

[36] A igualização financeira faz-se no caso Alemão através da técnica de perequação que, de acordo com a «definição dada pela comissão [COM (83) 10 final du 4 Février

Justiça distributiva através dos Impostos   435

buição dos recursos financeiros, provenientes dos impostos, entre a federação e os Estados (*Länder*), e entre estes últimos. A possibilidade de exercer justiça distributiva ao nível dos vários Estados assenta num federalismo fiscal de características muito próprias.

Enquanto noutras federações, como os Estados Unidos e Canadá, se aceita uma soberania fiscal concorrente aos vários níveis de governo, com poderes fiscais plenos, (sem prejuízo de haver uma limitação através de disposições constitucionais para dirimir eventuais conflitos), o modelo de federalismo alemão, caracteriza-se por uma partilha de poder assimétrica. De acordo com este modelo, a federação estabelece as linhas gerais da política de tributação para todos os Estados, cabendo a esses últimos implementar e administrar soluções fiscais no quadro dessas orientações gerais. Existe portanto, uma interdependência fiscal entre os dois níveis de governo (Estado Federal e Estados Federados) que se traduz no facto de o rendimento dos impostos mais importantes (e.g. impostos sobre o rendimento), ser partilhado no quadro de um sistema fiscal integrado, entre Estado Federal e Estados Federais.

Esse sistema, a que faz referência o artigo 107.º da Lei fundamental Alemã e que tem fundamento no imperativo constitucional de assegurar condições de vida uniformes dentro do território Alemão constante dos artigos 72.º e 106.º da Lei Fundamental, é bastante complexo[37], implicando, não só pagamentos horizontais dos Estados ricos aos pobres, como também pagamentos verticais do Estado Federal aos Estados Federados. Não

---

1983]. consiste no processo sistemático de transferências financeiras orientadas para o equilíbrio da capacidade orçamental ou dos resultados económicos dos diferentes níveis de governo. O objectivo deste equilíbrio é permitir aos Estados fornecer aos seus cidadãos um leque e uma qualidade de serviços públicos uniformes. mantendo uma pressão fiscal sensivelmente semelhante quanto às taxas dos impostos e outros tributos uniformizados». «A perequação pode ser horizontal (quando são os Estados federados entre eles que regulam a intensidade e direcção dos fluxos financeiros de transferência) e vertical (quando é o Estado federal que assegura a redistribuição de receitas)» in Isaac. Guy. op. cit. p. 387-389 apud Pinheiro. Gabriela. op. cit., p. 83-84.

[37] «Como muitos autores já afirmaram. o sistema Alemão de relações fiscais intergovernamentais é demasiado complicado. gerando incentivos adversos para as partes envolvidas (Governo Federal e Estados federados). [Aliás] uma decisão recente do *Bundesverfassungsgerich, Tribunal Constitucional Alemão, resultando de uma acção dos Estados da Baviera, Baden – Wurttemberg e Hesse, os chamados 'Estados-pagadores', trouxe esta questão de volta para a agenda política»* in Spahn. Paul. B. & Oliver. Franz. «Consensus Democracy and Interjurisdictional Fiscal Solidarity in Germany. November. 2000 http://www.imf.org/external/pubs/ft/seminar/2000/fiscal/spahn.pdf

436   *Estudos em Comemoração do 10.° Aniversário da Licenciatura em Direito*

se procederá, por isso, a uma explicação detalhada do sistema, sendo avançadas apenas algumas ideias gerais.

No que respeita à solidariedade horizontal, num primeiro nível são atribuídas aos Estados parte das receitas fiscais de acordo com a população. Num segundo nível, os Estados Financeiramente mais fracos recebem transferências suplementares.

No que respeita à solidariedade vertical, que actua num terceiro nível, existe uma distribuição correctiva das receitas públicas sob a forma de dotações verticais assimétricas por parte do governo federal – as chamadas dotações federais complementares (*Bundesergänzungszuweisungen*). Essas transferências, previstas no artigo 107 n.° 2 da Constituição Alemã, têm sido usadas de forma mais alargada desde que ocorreu a unificação, tendo no período anterior àquela uma expressão insignificante[38]. Diferentemente da equalização horizontal, os Estados que beneficiam daquelas dotações não são considerados financeiramente fracos, mas 'fracos no que respeita ao fornecimento de serviços' (critério legal para suportar o direito de beneficiar do apoio Federal[39]).

Do exposto, importa essencialmente salientar o facto de neste sistema jurídico a justiça distributiva através dos impostos se realizar a dois níveis – ao nível de cada um dos Estados e ao nível do Estado Federal, – o que poderá servir como um dos modelos possíveis para a União Europeia.

PERSPECTIVA COMUNITÁRIA

8. União Europeia

Apliquemos agora o teste à União Europeia de forma a verificar se a este nível se verificam as condições para que haja uma justiça distributiva através dos impostos, nos mesmos termos que ao nível dos sistemas analisados.

---

[38] Com efeito a última reforma que sofreu a lei respeitante à equalização, resultou de um pacote aprovado por consenso pela CDU, FDP e SPD em 1992 para fazer face à reunificação (Gesetz über ein Föderales Konsolidierungsprogramm) in Spahn, Paul. B. & Oliver, Franz, «Consensus Democracy...», op.cit., nota 23.

[39] Para maiores desenvolvimentos vide Spahn, Paul. B. & Oliver, Franz, «Consensus Democracy...», op. cit.

Justiça distributiva através dos Impostos 437

8.1. *Soberania Fiscal*

A existência, ou não, de soberania fiscal a nível comunitário pode ser aferida através da consideração (a) da natureza dos recursos próprios da União Europeia; (b) da natureza das medidas de harmonização fiscal e (c) da natureza da fiscalização comunitária dos direitos fiscais nacionais.

a) *Natureza dos recursos próprios da União Europeia*

Os recursos da União Europeia são essencialmente: (a) os direitos aduaneiros; (b) os direitos niveladores agrícolas e quotizações da política agrícola comum; (c) uma percentagem do IVA calculada numa base comum harmonizada e (d) as transferências dos Estados membros, calculadas com base no Produto Nacional Bruto de cada um deles.

Dos recursos elencados apenas são considerados impostos comunitários: os direitos aduaneiros, os direitos niveladores agrícolas e as quotizações da política comum. Apesar de serem impostos que resultam de uma competência expressamente atribuída à União Europeia, não decorrem de uma competência fiscal geral, tendo mais uma finalidade intervencionista que uma finalidade financeira. Por conseguinte, revelam apenas uma competência fiscal limitada e condicionada, exclusivamente sectorial.

No que respeita ao IVA, apesar de os Estados descontarem parte deste imposto nos termos fixados pela União, de forma a contribuírem para o orçamento comunitário, essa contribuição não é um verdadeiro imposto, a despeito da sua origem fiscal. Nessa situação precisa, o IVA não é um tributo lançado pela União, mas apenas um «imposto de referência para o financiamento da União Europeia, via participação em impostos nacionais»[40]. O IVA é, portanto, tão só, um imposto nacional comunitariamente harmonizado, não se tratando de um imposto comunitário.

b) *Natureza das medidas de harmonização fiscal*

A harmonização fiscal constitui igualmente uma expressão da soberania fiscal. Contudo, apesar de haver tentativas de promover uma

---

[40] Cfr. Berlin, Dominique,«Droit fiscal communautaire; Paris: PUF, 1988, nota 36, p.17, apud Pinheiro, G., op. cit., p. 90-91.

438   *Estudos em Comemoração do 10.° Aniversário da Licenciatura em Direito*

maior harmonização[41] e do suporte legal dado pelo artigo 93.° do Tr.CE, aquela limita-se, para já, aos impostos indirectos[42], sendo ainda muito incipiente[43]. Esta situação deve-se em grande parte à necessidade de unanimidade (artigo 95.°, n.° 2)[44] para decidir sobre matérias fiscais. Além disso, as situações de harmonização empreendidas até à data têm um papel meramente instrumental relativamente à realização dos objectivos comunitários, nomeadamente: (a) «*realização do mercado comum,* através da eliminação das discriminações e distorções económicas resultantes da aplicação de sistemas fiscais nacionais», (b) «*a integração das economias nacionais,* seja por via da adopção de medidas sectoriais, seja por via da promoção de uma política fiscal comum e (c) «*financiamento do orçamento comunitário* com base na participação de impostos nacionais previamente harmonizados»[45]. Conclui-se, deste modo, que a União não dispõe de uma competência de imposição de medidas fiscais *ab initio,* (elemento essencial para que se fale numa soberania fiscal plena).

No futuro próximo, não se vislumbram avanços, antevendo-se, quiçá, um abrandamento do processo de harmonização devido ao alargamento da União e consequente necessidade de conciliar as diferenças entre países bastante heterogéneos sob o ponto de vista político, económico, social e cultural.

---

[41] Cfr. Pinheiro, Gabriela, op.cit., p. 12: «Do ponto de vista económico, os custos das distorções e perdas de eficiência resultantes das disparidades fiscais entre os Estados-membros para as empresas europeias, em concorrência com as norte-americanas e asiáticas, levariam as empresas a pressionar os governos no sentido da harmonização».

[42] Ainda que o Tratado, no art.° 94.°, preveja a 'aproximação' das disposições em matéria directa que 'tenham uma incidência directa no estabelecimento ou no funcionamento do mercado comum'.

[43] Cfr. COM (2001) 260 final, 'A política fiscal da União Europeia – prioridades para os próximos anos', p. 23: «...o ritmo de aprovação das propostas de directivas no domínio fiscal é verdadeiramente decepcionante».

[44] Esta situação deve-se a várias razões. Em primeiro lugar, à união económica e monetária introduzida com o Tratado de Maastricht e ao facto de os Estados não quererem perder um dos últimos instrumentos na sua disponibilidade de condução da política financeira. E num segundo plano, não menos importante, ao facto de os Estados-membros terem uma grande relutância em abdicar do exercício da soberania fiscal, dada a carga simbólica e histórica a que esta está associada. Com efeito, a soberania fiscal enquanto elemento essencial da soberania nacional tem sido considerada uma prerrogativa fundamental dos órgãos legislativos nacionais (parlamentos).

[45] In Pinheiro, Gabriela, op. cit., p. 23.

Justiça distributiva através dos Impostos

c) *Natureza da fiscalização comunitária dos direitos fiscais nacionais*

O controlo dos direitos fiscais nacionais por parte do TJ (Tribunal de Justiça das Comunidades) decorre dos princípios do primado e do efeito directo do Direito Comunitário e afere-se em relação às disposições do TrCE de incidência fiscal com o alcance que lhes é dado pela jurisprudência comunitária e pelo Direito derivado[46].

No que concerne à análise em curso, a acção do TJ não é mais do que uma harmonização por vias transversas, pelo que os argumentos invocados para afastar a expressão de soberania fiscal plena, no ponto anterior, podem ser de novo invocados. Com efeito, através da acção do TJ faz-se uma verdadeira harmonização das matérias fiscais, contornando a exigência de unanimidade entre os Ministros das Finanças dos Estados membros (no ECOFIN) quando estejam em causa esse tipo de matérias. Através do TJ afirma-se, assim, um instrumento alternativo para levar a cabo iniciativas no domínio fiscal[47].

A despeito de o TJ ter já proferido várias decisões que contendem, inclusivamente, com os impostos directos[48] de cada um dos Estados, fê-lo, tal como na alínea anterior, apenas tendo em vista a realização dos objectivos da comunidade[49], designadamente, em nome do princípio do livre es-

---

[46] Cfr. Pinheiro, Gabriela, op. cit., p. 92.

[47] Cfr. COM (2001) 260 final, 'A política fiscal...', p. 10: «...embora a Comissão continue a considerar que é indispensável avançar no sentido da votação por maioria qualificada, pelo menos no que respeita a determinadas matérias fiscais, de momento, a base jurídica mantém-se a unanimidade. Tendo em conta a dificuldade em alcançar decisões por unanimidade no tocante a propostas legislativas, situação que se agravará com o alargamento, a Comunidade deverá igualmente ponderar a possibilidade de recorrer a instrumentos alternativos como base para as suas iniciativas no domínio fiscal».

[48] TJ: 28.1.1986 (Avoir Fiscal); 27.9.1988 (Daily Mail); 8.5.1990 (Biehl); 28.1.1992 (Bachmann); 26.1.1993 (Werner); 13.7.1993; 13.7.1993 (Commerzbank); 14.2.1995 (Schumacker); 11.8.1995 (Wielockx); 27.6.1996 (Asscher); 15.5.1997 (Futura--Singer); 12.5.1998 (Gilly); 16.7.1998 (ICI); 9.3.1999 (Centros); 29.4.1999 (Royal Bank of Scotland); 14.9.1999 (Gschwind); 21.9.1999 (Compagnie de Saint-Gobain); 26.10.1999 (Eurowings). Para resumo e comentário dos casos vide Laule, Gerhard & Weber, Robert, «Harmonisation of the Tax Systems in Europe: Judgements of the European Court of Justice», Frankfurt/Main, p. 7 e segs. Mais recentemente 26.9.2002 (Lankhorst-Hohorst GmbH).

[49] Cfr. Pinheiro, Gabriela, op. cit., p. 37-38: «Compreende-se, assim, que o tribunal de Justiça, através, de uma interpretação teleológica e extensiva de normas de natureza 'não fiscal', por referência aos objectivos do TrCE e apoiada no princípio do efeito útil das

440   *Estudos em Comemoração do 10.º Aniversário da Licenciatura em Direito*

tabelecimento (necessidade de eliminar, quer obstáculos à livre circulação, quer medidas fiscais que distorcem a concorrência) e não enquanto expressão de uma competência fiscal *ab initio.*

d) *Balanço*

Após a análise de algumas manifestações possíveis da soberania fiscal a nível comunitário, verificamos que não existe uma soberania fiscal plena da União que lhe possibilite em relação aos impostos: a imposição ab initio, a definição da base tributável, a liquidação e a cobrança. Esta situação talvez se justifique pelo facto de o preenchimento do requisito da soberania fiscal ter efeitos de extrema importância, como atestam as afirmações de certos autores. Há quem diga que a União já tem a maioria das características necessárias para que se fale de uma federação[50] faltando-lhe unicamente dois elementos: (a) o preenchimento desse requisito – uma verdadeira soberania fiscal – sem o qual os poderes legislativos e executivos da União serão vazios, na medida em que faltarão os recursos financeiros necessários para lhes dar efectividade, (b) e o fim do domínio por parte dos Estados dos tratados constitutivos da UE sobre os quais têm o poder de emenda ou alteração.

Dado que a soberania fiscal e a união política estão intimamente ligadas, (dependendo cada uma da outra na sua sustentação), para se afirmar uma soberania fiscal plena é, portanto, necessário um empenho mais forte dos Estados membros e não unicamente das instituições comunitárias.

---

normas de Direito Comunitário, tenha explorado as potencialidades fiscais do TrCE»; «...TrCE e as políticas comuns constituem bases jurídicas para o controlo comunitário sobre os Estados-membros no âmbito da fiscalidade directa e servem de fundamento para a harmonização».

[50] Vide Börzel, Tanja, Risse, Thomas, «Who is Afraid of a European Federation? How to Constitutionalise a Multi-Level Governance System», Jean Monnet Working Paper, N.º 7/00, Symposium: Responses to Joschka Fischer, Harvard Law School, Cambridge, 2000. http://www.jeanmonnetprogram.org/papers/00/00f0101.html, p. 10.

8.2. *Comunidade Política*

O tratamento deste ponto apresenta-se como tarefa difícil devido à fluidez do conceito e às pressões que tem vindo a sofrer no contexto do fenómeno da globalização.

Face à complexidade do tema, a abordagem desta problemática limitar-se-á a ser meramente introdutória.

Existem autores para quem a União Europeia é já uma comunidade política, estruturando a sua argumentação de acordo com o que de seguida se apresenta. Se no início a CE era essencialmente definida como uma organização de integração económica, a partir essencialmente dos Tratados de Maastricht e Amesterdão, o mercado comum passa a estar integrado numa verdadeira união política com um território definido e os seus próprios cidadãos, a quem são garantidos direitos fundamentais pelos tratados e pela jurisdição do TJ. Além disso, os cidadãos comunitários são afectados directamente pelas leis comunitárias[51].

Outros autores, agregados sob a égide da 'The No Demos Thesis'[52], negam, porém, terminantemente a natureza de comunidade política à União Europeia. Esta é a posição do Tribunal Constitucional Alemão e dos constitucionalistas que lhe dão suporte[53]. De acordo com esta orientação só existirá comunidade política se existirem certos elementos subjectivos (coesão social, partilha de destino e identidade colectiva, que juntos geram lealdade) e condições objectivas (homogeneidade das condições de carácter ôrganico-cultural: língua comum, história comum, hábitos e sensibilidades culturais comuns). Pressupõem, ao fim ao cabo, a existência de um Estado-Nação[54].

As duas posições apresentadas podem reconduzir-se, no essencial, a dois modelos de comunidade política. O que foi exposto em primeiro

---

[51] Cfr. Börzel. Risse «Who is afraid...». p. 9: Menendez. «Towards...», p. 23.

[52] Para exploração desta problemática vide Weiler. J.H.H., «The State 'über alles' Demos. Telos and the German Maastricht Decision». 1995.
http://www.jeanmonnetprogram.org/papers/95/9506ind.html

[53] Este posicionamento tem efeitos no próprio direito positivo Alemão. Cfr. Weiler, «The State...». op.cit., p. 14: «É por isso que a naturalização na Alemanha é um acto que implica não o simples aceitar das obrigações civis inerentes à cidadania e lealdade ao Estado. mas também abraçar a identidade nacional alemã entendida no seu 'espesso' sentido cultural. uma verdadeira assimilação cultural...».

[54] Entendido como Estado com uma só identidade nacional predominante. responsável pela existência de uma forte ligação psicológica entre os cidadãos.

442   *Estudos em Comemoração do 10.º Aniversário da Licenciatura em Direito*

lugar quadra com a 'comunidade de associação'. Neste modelo a comunidade política tem como elementos estruturantes: (a) a partilha de valores universais, implícitos ou explícitos, entre os seus membros; (b) o visar de objectivos comuns e (c) e o facto de derivar de uma escolha individual dos seus membros no sentido de viverem juntos sob as mesmas leis e instituições (tese contratualista)[55]. O que se referiu em segundo lugar, por seu turno, corresponde a uma 'comunidade de identidade'[56] que tem como ponto central uma identidade comum suportada por laços pré-políticos partilhados, como a língua, cultura, raça, religião e etnia[57], estando, por isso, identificada com o Estado, enquanto base sociológica da nação.

Face ao exposto, será a União Europeia uma Comunidade Política?

De acordo com o modelo 'comunidade de identidade' dificilmente se poderá responder afirmativamente[58].

Se, alternativamente, optarmos pela concepção de 'comunidade de associação' a União Europeia poderá, de facto, ser considerada uma comunidade política[59], na medida em que se baseia, quer em valores e fins

---

[55] Cfr, Habermas, Jürgen, «Why Europe Needs a Constitution», New Left Review, 11, Sep.-Oc., 2001, p. 15-16: «Uma nação de cidadãos não pode ser confundida com uma comunidade de destino conformada por uma descendência, língua ou história comuns. Esta confusão falha no que respeita à captação do carácter voluntarista da nação cívica, ou seja, a identidade colectiva, a qual não existe quer independentemente ou previamente ao processo democrático de que deriva. Tal concepção cívica de nação oposta à concepção étnica da mesma reflecte... a actual trajectória histórica dos Estados-nação europeus...».

[56] Característica das concepções nacionalistas de comunidade política.

[57] Cfr. Howse, Robert, «Association, Identity and Federal Community» in Multilevel Constitutionalism – Transatlantic Perspectives Comparative Federalism, Workshop, Faculdade de Direito da Universidade de Lisboa, Dezembro, Lisboa, 2001.

[58] Há contudo autores que indiciam que mesmo de acordo com uma concepção 'comunidade identidade' a UE pode ser considerada uma comunidade política. Cfr Piris, Jean-Claude, «Does the European Union have a Constitution? Does it need one?», European Law Review, 24, Dezembro, 1999, p. 567 e segs.

[59] Neste sentido Habermas, J. «The Postnational Constellation», Polity Press, 2001, p. 100: «O prognóstico de que de que não pode existir algo como povo europeu apenas é plausível se 'o povo', enquanto fonte de solidariedade, depender de uma comunidade assente numa base de confiança pré-política, herdada na forma de destino comum pelos vários 'compatriotas'»; Weiler, op. cit. Cfr. ainda Van Ham, Peter, «European Integration and the Postmodern Condition: Governance, democracy, identity», Routledge, London, 2001, p. 58 e segs.

Justiça distributiva através dos Impostos 443

comuns, quer em relações económicas e sociais entre os membros, devidamente especificados num 'texto fundamental de natureza política'[60].

A controvérsia não será aqui esmiuçada[61], dado o interesse meramente instrumental que esse conceito reveste para a nossa análise. Isto porque, interessa unicamente aferir da existência de uma comunidade política, para verificar se existe uma base de solidariedade que funde, quer o dever de pagar impostos, quer a viabilidade de uma justiça distributiva. De acordo com o ângulo da nossa análise e admitindo que a solidariedade é uma causa e efeito da comunidade política, parece não haver dúvidas de que existe já, a nível da UE, uma comunidade política. Esse facto é evidenciado pela solidariedade presente na, ainda que modesta, política distributiva (que representa, ainda assim, uma grande parte das despesas da União), entre sectores económicos, realizada através da política agrícola comum e de uma redistribuição entre regiões, através dos fundos de coesão.

8.3. *Impostos pessoais*

O facto de não existir uma soberania fiscal plena, parece indiciar que não existem impostos pessoais na União Europeia, o que, a acontecer, implicaria a não verificação deste terceiro requisito. Contudo, não obstante os indícios em sentido contrário, existem impostos pessoais na União Europeia, uma vez que aquela os cobra aos seus funcionários. Trata-se, no entanto, de uma situação de grande especificidade e de relevo ínfimo no orçamento da UE, desde logo, pelo número reduzido de funcionários. Apesar da pouca abrangência e pequenez desse imposto, convém realçar o seu importante valor simbólico. Este imposto assenta em duas características essenciais a eventuais impostos directos comunitários. Por um lado, aquele imposto está associado aos benefícios que decorrem da União (os funcionários beneficiam directamente da União), por outro é progressivo,

---

[60] A formulação adoptada visou evitar o termo 'constituição', dado o debate que a inclusão de tal conceito implicaria. Sobre a importância da constituição na definição da comunidade política nacional vide Lieberman, Evans, «National Political Community and the Politics of Income Taxation in Brazil and South Africa in the Twentieth Century», Politics & Society, vol. 29, N.º 4, December 2000, p. 517 e segs.

[61] Para maiores desenvolvimentos vide Linklater, Andrew, «The Transformation of Political Community», Polity Press,Cambridge, 1998, p. 2: «...um dos propósitos centrais deste livro é reafirmar a crítica cosmopolita ao sistema dos Estados soberanos e defender o alargamento das fronteiras morais das comunidades políticas».

444 *Estudos em Comemoração do 10.º Aniversário da Licenciatura em Direito*

dado que a tributação é mais pesada para os que têm rendimentos mais elevados. Das duas características apresentadas, decorre ainda, a ideia de que é o indivíduo, e não o Estado membro, a unidade objecto de justiça distributiva, elemento que poderá constituir o gérmen de uma tributação directa mais alargada a nível europeu.

Apesar do pretenso pulsão de mudança, a situação caracteriza-se pela ausência de uma política coerente em matéria de fiscalidade directa, a ponto de a Comissão, na sua comunicação de 1 de Outubro de 1997[62], que constituiu a base de um debate em matéria de política fiscal realizada no Conselho em 13 de Outubro de 1997, ter preconizado a necessidade de uma maior coordenação. No entanto, dado que os impostos sobre o rendimento têm sido vistos como uma matéria de competência exclusiva dos Estados membros, esta propugnada coordenação ter-se-á limitado apenas a ser uma resposta necessária para evitar a discriminação transfronteiras ou os obstáculos ao exercício das quatro liberdades, e não a preparar uma tributação directa comum.

8.4. *Europa Social*

O último requisito apontado para que fosse possível uma justiça distributiva através dos impostos, foi a necessidade de existência de uma comunidade política que tivesse afinidades com o modelo de Estado Social de Direito – o que, no contexto agora considerado, significa a necessidade de existência de uma 'Europa social'.

O conceito 'social' exprime uma assunção por parte da comunidade política de uma função de conformação económica, social e cultural da sociedade. Uma das expressões mais importantes da aplicação desse conceito é a atenuação por parte dos poderes públicos, quer das desigualdades fácticas entre os cidadãos, com vista a assegurar uma igualdade em sentido material entre eles, quer em termos sociais económicos ou culturais.

O conceito 'Europa social' diz respeito a uma série de questões, entre as quais a receptividade para a realização de uma verdadeira justiça distributiva. Apesar de os Estados membros alinharem por esse modelo, e de disposições do Tratado, como por exemplo os artigos 136.º e 158.º (mais ligado ao específico campo de que se trata ao longo do texto), apon-

---

[62] COM (97) 495, pontos 3 a 11.

tarem nesse sentido, até à data, os desenvolvimentos em termos da afirmação de uma Europa social têm sido tímidos.

«*A fraqueza da Europa Social resulta não só da falta de preocupações directas e suficientes com os standards sociais a nível europeu, mas também da falta de programas dirigidos a corrigir as desigualdades e problemas sociais a nível comunitário. A falta de vontade de transferir competências nacionais relativas à política social e a insuficiência de receitas[63] obtidas através de impostos ao nível comunitário, explicam a situação*».

AGUSTÍN JOSÉ MENÉNDEZ[64]

As evoluções entretanto verificadas, estão geralmente ligadas a matérias com uma atinência mais directa com os objectivos comunitários, nomeadamente, emprego e liberdade de estabelecimento. Com efeito, directivas relativas à igualdade de tratamento e oportunidades[65], e decisões do TEJ com base naqueles instrumentos, têm vindo a estabelecer uma série de direitos[66] para os cidadãos dos Estados membros.

Todavia, os desenvolvimentos nas outras áreas do vasto escopo do 'social', nomeadamente no que concerne à redistribuição de recursos económicos, têm sido muito menores, mas, ainda assim, promissores. Isto porque tem havido, não só um intenso diálogo sobre essas matérias entre os Estados Membros, como tentativas por parte daqueles de fortalecer actores não estaduais, como a Comissão, o Parlamento Europeu e o Tribunal Europeu de Justiça, afirmando-se, assim, a base da criação de uma rede de produção de política social supranacional.

---

[63] Cfr. Nabais, Casalta, «Os Deveres...», p. 575-576: «...o princípio do estado social tem importantes implicações para a tributação e para os impostos. Implicações essas que, em geral, vão mais no sentido da expansão e da intensificação da tributação do que no da sua limitação, o que, naturalmente, não surpreende se tivermos na devida conta que é o estado fiscal que paga a conta do estado social, e que esta, ao concretizar-se no alargamento da acção do estado muito para além do seu homogéneo e restrito domínio clássico (rectius liberal), se consubstancia em mais e maior estado a implicar maiores despesas e, consequentemente, maior tributação ou carga fiscal».

[64] Cfr. Menéndez, A. J., «Towards...», p. 24.

[65] Garantia de direitos de segurança e saúde para trabalhadores atípicos, especial tratamento no local de trabalho para mulheres grávidas, protecção de trabalhadores jovens, prova de contratos de emprego, tempo de trabalho.

[66] Tendo regulado despedimentos colectivos, a cessão de actividades produtivas e direitos dos trabalhadores relativamente a empregadores insolventes.

446 *Estudos em Comemoração do 10.º Aniversário da Licenciatura em Direito*

Foi precisamente devido aos esforços da Comissão e do Parlamento Europeu que o processo de coordenação das políticas sociais começou. Marcaram esse início, duas recomendações no sentido da convergência dos objectivos relativos à protecção social, em 1992. Os desenvolvimentos prosseguiram, nos anos seguintes, com a criação de um sistema de informação acerca das políticas sociais praticadas ('the Social protection in Europe reports') e com o lançamento de uma iniciativa de enquadramento ('framework initiative') sobre o futuro da protecção social e sua modernização. O culminar do processo de coordenação, contudo, ocorreu recentemente com a proposta da Comissão no sentido de estabelecer uma estratégia concertada para modernizar a protecção social[67].

Todos estes desenvolvimentos já mereceram o acordo na cimeira de Lisboa, onde foi reafirmada a Europa Social[68], o que representa algo de significativo.

A construção da 'Europa Social' tem produzido menos efeitos do que os seus muitos defensores têm aspirado, em particular no domínio que concerne ao presente trabalho (justiça distributiva através dos impostos). Apesar disso, os avanços das últimas décadas têm ajudado a reforçar os princípios estruturantes do modelo social europeu – i.e., assegurar cobertura para todos os cidadãos por esquemas básicos generalizados de segurança social; alto grau de coordenação de interesses e negociações entre os Estados membros; maior igualdade nos salários e na estrutura dos rendimentos do que a maioria dos países não comunitários. Este legado fornece a base para uma nova fase de desenvolvimento baseado num processo de decisão política mais complexo e, potencialmente, com maiores ambições em termos de política social do que no passado[69].

---

[67] Cfr. Ferrera, Maurizio; Hemerijck, Anton e Rhodes, Martin; «The Future of social Europe: Recasting Work and Welfare in the New Economy».
http://www.iue.it/SPS/People/Faculty/CurrentProfessors/PDFFiles/RhodesPDFfiles/report.pdf

[68] Documentos directamente atinentes a matérias de ordem fiscal, como o Relatório Monti (Março 1996) reiteraram igualmente a manutenção do modelo social existente na Europa.

[69] Muitos dos Estados membros são a favor de que nos objectivos da União seja feita uma referência ao modelo social europeu ('European Social Model'). A este respeito, foi identificada a necessidade de fazer uma interpretação desse conceito, tendo alguns dos Estados apontado para a definição avançada pelas conclusões da Presidência do Conselho Europeu de Barcelona, em 2002, que afirmava que «o modelo social europeu se baseia numa boa performance económica, competitividade, um elevado nível de protecção social, educação e diálogo social». Cfr. «Final report of Working Group XI on Social Europe», Bruxelas, 30 de Janeiro de 2003, http://ue.eu.int/pressdata/EN/conveur/74345.PDF

Justiça distributiva através dos Impostos 447

9. Viabilização de uma justiça distributiva a nível da União Europeia

Do teste feito, transparece que, para que seja possível a realização de justiça distributiva através dos impostos na União Europeia, falta apenas vontade política no sentido de atribuir à União uma verdadeira soberania fiscal[70] (elemento de que depende a afirmação plena dos outros requisitos identificados). Essa evolução representa um grande passo dado que, como já se referiu, segundo algumas opiniões, o permitir que a fiscalidade fosse utilizada com carácter intervencionista nos mesmos moldes em que o fazem os Estados, implicaria um avanço para uma Federação e consequente perda de soberania fiscal por parte dos parlamentos nacionais. Apesar de os argumentos contra a transferência de soberania fiscal para a União Europeia poderem ter alguma pertinência, o avanço para um federalismo apresenta-se como a única via para assegurar uma justiça distributiva através dos impostos a nível da União Europeia.

9.1. *Necessidade de um federalismo fiscal*

Impõe-se um elevado grau de integração política que, como foi dito, só poderá ser efectivado através do avanço para um modelo de federalismo fiscal. O federalismo fiscal não pode, apesar de tudo, ser dissociado da questão do federalismo, entendida em termos globais, pelo que se pressupõe a afirmação daquele (federalismo) em toda a sua plenitude.

Podem identificar-se dois modelos de federalismo: um 'modelo cooperativo ou de federalismo intra-estadual' e o modelo 'dual ou do federalismo inter-estadual'.

O primeiro corresponde ao que se verifica na Alemanha e baseia-se numa divisão funcional entre os diferentes níveis de governo, traduzida no facto de a federação produzir as leis, e os Estados, por seu lado, terem a seu cargo a implementação daquelas. A maioria das competências é, por consequência, partilhada e concorrente. Em termos fiscais, corresponde a um sistema onde a competência fiscal cabe essencialmente ao Estado Federal e onde existe uma partilha do produto de um sistema con-

---

[70] De forma a que o orçamento comunitário se torne suficiente para ter impacto nas disparidades no seio da União, dado que actualmente é demasiado pequeno e insuficiente para suportar uma verdadeira justiça distributiva.

junto de tributação[71], normalmente complementada por um sistema de equalização financeira[72]. Nesse sistema, o Estado Federal e Estados Federados partilham a maioria dos impostos mais importantes. Desse modo, a partilha das receitas dos impostos permite a redistribuição dos recursos entre os Estados. Essa interdependência funcional e fiscal entre os dois níveis de governo, não só reforça o 'federalismo cooperativo', interligando políticas e processos de decisão conjunta, como favorece a emergência de um processo de decisão política, no qual as decisões políticas são formuladas e implementadas pelas administrações dos dois níveis de governo.

O segundo tipo de Federalismo, vigora essencialmente nos EUA e num grau menor no Canadá, e caracteriza-se por dar especial ênfase à autonomia institucional dos vários níveis de governo, no sentido de ser obtida uma clara separação vertical dos poderes ('checks and balances'). Cada nível de governo deve ter uma esfera autónoma de responsabilidades, tendo quer poderes legislativos, quer poderes executivos. Consequentemente, todo o aparelho de governo tende a ser duplicado, dado que cada nível deve tratar dos seus assuntos autonomamente. A autonomia institucional de cada nível de governo pressupõe um sistema fiscal que garanta aos Estados recursos suficientes para o exercício das suas competências sem necessidade da intervenção do Estado Federal. Nesse sentido, uma extensa autonomia fiscal deve ser assegurada aos Estados, o que lhes permite criar os seus próprios impostos de modo a terem uma

---

[71] «Na Alemanha verifica-se uma grande centralização fiscal, existindo mais uma partilha de receitas do que de impostos. Normalmente, os impostos federais são impostos sobre o rendimento das pessoas singulares e colectivas, o imposto sobre as sucessões e os impostos aduaneiros; os impostos dos Estados federados ou províncias são os impostos sobre o rendimento dos particulares, mas com uma taxa limitada e múltiplos impostos indirectos; os impostos das colectividades locais são os impostos sobre o património imobiliário» in Isaac, Guy, «Les Ressources Financières de la Communauté Européenne». Paris: Economica, 1986, p. 395, 410 apud Pinheiro, Gabriela, op. cit., p. 83.

[72] Que pode ser atingida não só através da técnica de perequação, como acontece no caso específico alemão (vide supra), mas também através da técnica das subvenções: «gerais (quando respeitam a autonomia dos Estados federados no que toca à afectação das subvenções às despesas, não permitindo o controlo dessa afectação) e específicas (quando limitam a autonomia dos Estados no que toca à afectação das subvenções às despesas e, deste modo, asseguram o controlo federal sobre aquelas)» in Isaac, Guy, op. cit. p. 387-389 apud Pinheiro, Gabriela, op. cit. p. 84

fonte de receitas independente. Neste sistema existe, portanto, uma partilha da competência fiscal entre Estado Federal e Estados federados[73]. Qual destes modelos se adaptará mais a uma Federação Europeia? As posições serão por certo díspares. Não se cuidará aqui de fazer essa reflexão, pretendendo-se apenas levantar o problema. Convém, no entanto, deixar uma referência que identifica com mestria uma das principais questões levantadas pelo avanço para um federalismo – que é sem dúvida uma questão fiscal.

> *«Enquanto uma transferência futura de competências políticas para o plano Comunitário não parece completamente irrealista, a grande questão é a debilidade do poder de tributar e de realizar despesas ('taxation and spending' power) por parte da União Europeia. A capacidade redistributiva daquela está no momento limitada a 1,27% do PIB gerado por todos os Estados membros, em contraste com a capacidade redistributiva dos Estados membros individualmente considerados, que se traduz em aproximadamente 50% do PIB de cada um deles. Na Alemanha, a federação recebe cerca de 40% de todas as receitas fiscais. Assim, um poder financeiro de uma eventual federação europeia comparável corresponderia a cerca de 20% do PIB europeu. Um aumento de quase vinte vezes o poder financeiro da União Europeia poderia reforçar a legitimidade e efectividade da governação europeia, mas seria pouco credível que os Estados membros concordassem com um tamanho decréscimo das suas receitas».*
> TANJA BÖRZEL e THOMAS RISSE[74]

10. Vantagens da justiça distributiva através dos impostos

A possibilidade de assegurar a realização de justiça distributiva através de impostos directos[75] e pessoais na União Europeia teria, no entanto,

---

[73] Cfr. Börzel, Tanja; Risse, Thomas, «Who is afraid of a European Federation? ...», p. 10 e segs.

[74] Cfr. Börzel, Tanja; Risse, Thomas, «Who is afraid of a European Federation? ...», p. 14.

[75] Os impostos indirectos não servem esse desígnio. Assim, ainda que o IVA, fonte principal das receitas comunitárias, fosse um imposto verdadeiramente comunitário, ou seja, cobrado directamente pela União, não seria um meio idóneo para assegurar justiça distributiva. Isto porque este imposto tem um efeito regressivo, não havendo proporcionalidade entre o montante de IVA que reverte para a União e a riqueza nacional dos Estados

450 *Estudos em Comemoração do 10.º Aniversário da Licenciatura em Direito*

inúmeras vantagens não só para a UE, como para os próprios Estados Membros e cidadãos.

a) *Vantagens para a União Europeia*

O assumir declaradamente de uma função de redistribuição da riqueza a nível Europeu por parte da UE, fomentaria desde logo a integração das várias sociedades europeias[76], aumentando a legitimidade das próprias instituições.

> «*Federalize their wallets and their hearts and their minds will follow*».
>
> JAMES MADISON[77]

Até agora, as unidades objecto da justiça distributiva têm sido os Estados e Regiões, no entanto, através do avanço para o financiamento através de impostos directos e pessoais, o indivíduo passaria a ser a unidade objecto da redistribuição (justiça distributiva). Esta situação teria efeitos muito importantes, dado que o facto de os cidadãos sentirem, quer o efeito directo dos impostos, quer a justiça distributiva, os predisporia para uma maior participação, aumentando potencialmente a legitimidade e a qualidade da Democracia a nível comunitário[78].

Directamente decorrente do facto de a distribuição se fazer através de impostos criados directamente pela União Europeia, e por respeito do princípio «no taxation without representation», teriam de ser criados mecanismos para assegurar um maior envolvimento do parlamento Europeu, saindo assim igualmente reforçada a legitimidade democrática da União. Uma possibilidade poderia ser a determinação de que estas matérias fiscais caíssem no procedimento de co-decisão prescrito no artigo 251.º do TCE, corrigindo assim o desequilíbrio de poderes que actualmente existe em detrimento do Parlamento Europeu, no processo de decisão orçamental.

---

membros. Isto é, quanto mais rico é o país menor percentagem do seu rendimento é utilizado no consumo, logo menos pesada é a contribuição em termos deste imposto. Cfr. Menéndez, J. A., «Towards cosmopolitan...», p. 7-8; Pinheiro, Gabriela, op. cit, p. 76.

[76] Obviando à desarticulação entre as finanças europeias e as finanças públicas nacionais dos Estados membros.

[77] Cfr. Börzel, Tanja; Risse, Thomas, «Who is afraid of a European Federation? ...», nota 5.

[78] Cfr. Menéndez, J.A., «Towards...», p. 15.

Outra vantagem, de forma alguma negligenciável, seria a possibilidade de resolver, ainda que por via indirecta, alguns dos mais prementes problemas das finanças europeias. A justiça distributiva, tal como foi dito, pressupõe a existência de impostos directos e pessoais, consequentemente a existência destes novos impostos teria a vantagem de aumentar o Orçamento Comunitário.

Seria, assim, solucionado um problema que se tem vindo a tornar cada vez mais grave face ao acréscimo de funções e inerentes despesas, atribuídas à União (peso excessivo das despesas com a política agrícola comum que absorve cerca de metade dos recursos comunitários; lançamento de novas políticas comuns e continuidade e reforço das existentes; alargamento da União), assim como decréscimo de receitas (os impostos aduaneiros cada vez geram menos receitas face aos esforços internacionais para a liberalização do comércio; a percentagem de transferências relativas ao IVA também tem vindo a ser reduzida[79]).

b) *Vantagens para os Estados membros*

Face à crescente mobilidade do capital, os Estados têm cada vez mais dificuldade em tributar essas operações. Além disso, a competição entre sistemas fiscais implica muitas vezes uma «race to the bottom», no que respeita à tributação do lucro e dos rendimentos do capital, levando os Estados a perder muitas receitas. Esta perda de receitas tem consequências muito graves. Por um lado, implica que se ponha em causa o próprio modelo social e consequentemente a possibilidade de, como é apanágio deste modelo, levar a cabo uma justiça distributiva. Por outro lado, surge um fenómeno altamente perverso e contrário à própria justiça distributiva, que se traduz na crescente tributação do trabalho, que em muitos dos Estados membros é elevadíssima em relação aos parâmetros internacionais (isto porque se impõe aos Estados como necessário, compensar a perda de receitas relativas ao desagravamento da tributação do lucro e dos rendimentos de capital).

Uma tributação a nível da União dos Rendimentos do capital teria a vantagem de não permitir a fuga de receitas, pelo menos a nível da União.

---

[79] Cfr. Menéndez, «Towards...», p. 9: «A Taxa a ser aplicada à base comum de IVA será reduzida dos actuais 1% para 0.50% em 2004, com uma taxa transitória de 0.75% para 2002 e 2003».

452 Estudos em Comemoração do 10.º Aniversário da Licenciatura em Direito

Além disso, acabaria com a competição entre os Estados a esse nível, permitindo, em último termo, transferir algumas das receitas para os Estados, de modo semelhante ao que se passa no modelo alemão.

c) Vantagens para os cidadãos

Finalmente, uma justiça distributiva através dos impostos a nível da União Europeia, teria igualmente vantagens para os cidadãos. Além do já aludido aumento de legitimidade democrática da União Europeia e das acrescidas possibilidades de participação por parte dos cidadãos, permitiria maior justiça a nível das contribuições dos vários cidadãos europeus para o Orçamento da União. De acordo com o actual sistema, e tendo em conta os padrões de distribuição dos vários Estados membros, um alemão pobre acaba por contribuir mais através dos seus impostos do que um português abastado[80], dependendo as contribuições da nacionalidade e não de princípios de justiça distributiva.

CONCLUSÃO:

Da análise desenvolvida, parece que os requisitos necessários para que exista justiça distributiva através dos impostos a nível comunitário, não se verificam ainda na sua plenitude. No entanto, das reflexões que foram avançadas parece resultar que a chave do problema reside na existência de um poder tributário próprio da União Europeia, ab initio. Esse elemento serviria como catalizador capaz de levar à verificação plena de todos os outros requisitos identificados. Aliás, a necessidade de um genuíno poder de tributar já foi indiciada na Comunicação da Comissão sobre o futuro da União Europeia[81]. Além disso, certos membros do Grupo de Trabalho sobre «Governança[82]» Económica já reiteraram a necessidade de afirmação de um poder tributário comunitário, em sintonia com o desejo de um dos mais influentes comissários – o comissário Pascal Lamy[83].

---

[80] Cfr. Menéndez, A.J., «Towards...», p. 12 e segs.

[81] Vide http://europa.eu.int/futurum/documents/offtext/doc151201en.htm.

[82] Forma como normalmente é traduzido o termo «governance», nos textos comunitários.

[83] Cfr. Menéndez, «Taxing Europe...», p. 6.

Justiça distributiva através dos Impostos 453

Estas aspirações e as vantagens acima referidas parecem justificar que se avance para uma soberania fiscal europeia.

Certos autores[84] são de tal modo entusiastas da possibilidade de assegurar solidariedade distributiva a nível da União Europeia, que defendem que a consagração de tal mecanismo poderia ser uma boa plataforma para implementar essa mesma justiça distributiva num plano global. Isto porque, a redistribuição a nível comunitário assenta na ideia de que a União Europeia não é o último nível político, mas apenas uma camada intermédia entre a política nacional e a política global[85]. Outra razão invocada reside no facto de a redistribuição a nível comunitário significar, de certa forma, uma solidariedade entre estranhos, dada a inexistência de uma entidade comum (mera 'comunidade de associação'), ideia que poderia ser igualmente aplicada de forma a se assegurar uma redistribuição a nível global[86]. O triunfar dessa ideia traria inúmeras vantagens para a humanidade, nomeadamente, permitir a aplicação do imposto (*vulgo* taxa) Tobin ('Tobin Tax') que, por falta de equivalentes funcionais ao poder de tributar nacional, no plano internacional, ainda não foi implementado.

---

[84] Cfr. Habermas, J., «The Postnational Constellation», p. 108: «Eu não vejo obstáculos estruturais à expansão da solidariedade cívica nacional e políticas do Estado Social para a escala de uma federação pós-nacional».

[85] Cfr. Menéndez, A. J., «Towards Cosmopolitan…», p. 2.

[86] Idem, p. 30.

A CAMINHO DE UM FEDERALISMO FISCAL? CONTRIBUTO PARA UM ESTUDO DAS RELAÇÕES FINANCEIRAS E TRIBUTÁRIAS ENTRE SUJEITOS PÚBLICOS NOS ORDENAMENTOS COMPOSTOS

JOAQUIM ROCHA

> SUMÁRIO: Introdução – o fenómeno da pulverização do poder normativo tributário: a) as teorias da descentralização tributária: *Fiscal Federalism* e *Finanzausgleich*; b) repartição competencial e autonomia financeira. 1. Construção escalonada do ordenamento tributário e Direito intraordenamental tributário. 2. Princípios enformadores. 2.1. Princípio da autonomia. 2.2. Princípio da suficiência. 2.3. Princípio do equilíbrio. 2.4. Princípio da solidariedade. 2.5. Princípio da subsidiariedade. 2.6. Princípio da tipicidade. 3. Dimensões jurídicas relevantes. 3.1. Dimensão formal: a repartição das competências tributárias. 3.1.1. Uma noção adequada de competência tributária. 3.1.2. Modelos de repartição competencial tributária: a) a titularidade da *Kompetenz-kompetenz* tributária; b) o princípio "receita-função" (*Die Ausgaben folgen den Aufgaben*). 3.2. Dimensão material: a repartição das receitas tributárias. 4. Perspectivas de evolução: a caminho de um sistema financeiro europeu comunitário?

Introdução: o fenómeno da pulverização do poder normativo tributário

a) *As teorias da descentralização tributária: Fiscal Federalism e Finanzausgleich.*

A partir do momento em que no âmbito da ciência jurídica os ventos da denominada *pós-modernidade jurídica* começaram a soprar – vindos

456 Estudos em Comemoração do 10.° Aniversário da Licenciatura em Direito

quer dos suspeitos quadrantes jurídicos Norte-Americanos quer dos ingénuos quadrantes jurídicos Europeus comunitários –, não se tem parado de fazer referência ao fenómeno da des-estadualização como uma das características nucleares dos ordenamentos jurídicos actuais. Contudo, e procurando-se sob a capa de tal fórmula vaga identificar fenómenos de policentrismo da produção jurídica, tem-se repetidamente englobado num mesmo esquema classificatório realidades bastante díspares e que apenas apresentam como traço comum o abandono pela *pessoa* Estado, voluntário em alguns casos e não tão voluntário em outros, de certos complexos de fins e meios de acção que tradicionalmente lhe eram atribuídos.

Neste contexto, é corrente a alusão à *internacionalização* de certos segmentos de determinadas disciplinas jurídicas (como, por exemplo, a tutela penal de determinados bens jurídicos) à *europeização* de outros (será o caso, designadamente, da regulamentação e protecção das posições jurídicas ambientais e consumerístas), ou à *municipalização / regionalização* de outros (como, também a título exemplificativo, a prestação de serviços nas áreas do fornecimento de determinados bens essenciais, como a electricidade, o gás, a água, etc.) sem, contudo, se cuidar de saber se se trata indistintamente de um verdadeiro abandono ou antes de uma intromissão abusiva, *maxime* inconstitucional, nessas áreas.

Ora, no domínio tributário as coisas não se passam de modo diferente. Aqui, embora a *supra-estadualização* não se tenha ainda manifestado de forma significativa, a *infra* e a *para-estadualização* já assumem contornos marcantes em bastantes ordenamentos jurídicos. A disseminação e pulverização constitucional do poder político em muitos desses ordenamentos tem reflectido também já uma clara intenção de disseminação e pulverização constitucional do poder tributário e fiscal, dando origem a um fenómeno que cada vez mais é designado – de uma forma que nos parece no mínimo equívoca – como *federalismo fiscal*.

O federalismo fiscal assume-se como um sector do conhecimento jurídico que procura estudar as relações jurídico-financeiras que se estabelecem entre os vários escalões de um ordenamento financeiro composto[1]. Num sentido amplo, contudo, não se pode dizer que seja uma nova figura,

---

[1] Numa perspectiva não jurídica, mas (estritamente) financeira v. Richard e Peggy MUSGRAVE, "*Public Finance in Theory and Practice*", 5.ª edição, McGraw- Hill, 1989, 445 e ss., em especial 457 e ss.; e Joseph STIGLITZ, "*Economics of the Public Sector* ", 2.ª edição, W. W. Norton & Co., New York, 1988, 631 e ss..

mas antes uma maneira de tornar actuantes os princípios de autonomia (orçamental e de despesas) já previstos na maior parte das Constituições[2] e, neste sentido, confunde-se com fenómenos como o regionalismo, o municipalismo ou até certas formas de descentralização. Por outro lado, e num sentido impropriamente restrito, esse mesmo federalismo fiscal aparece muitas vezes intimamente ligado (e quase se reduzindo) ao problema das transferências de receitas públicas entre sub-ordenamentos financeiros (*Finanzausgleich*). As conhecidas "transferências de verbas" ou "compensações" (a maior parte das vezes no sentido Federação – Federado ou *Bund-Land*) não esgotam, todavia, as possibilidades teóricas e práticas do problema. A par delas, as questões ligadas à distribuição da provisão pública de bens, à distribuição das competências entre os diversos escalões, ao "efeito de deslocação" das despesas públicas, às regras de preparação, elaboração, aprovação, execução e fiscalização dos vários orçamentos envolvidos, às receitas creditícias, entre outras, também fazem parte do seu cerne.

b) *Repartição competencial e autonomia financeira*

Ora, tal pulverização do poder tributário por vários núcleos obriga a repensar em termos jurídicos dois problemas que desde sempre se têm assumido como fundamentais na arquitectura jurídico-constitucional-financeira dos entes públicos: (i) a repartição da competências tributárias e (ii) a repartição do produto das receitas tributárias; O primeiro, um problema de natureza orgânico-formal e o segundo um problema de natureza material-substancial.

(i) O primeiro problema ganha hoje contornos de questão fundamental em face, quer da descentralização tributária que caracteriza muitos ordenamentos financeiros e tributários, quer da tentativa de construção de novos ordenamentos a partir da integração dos já existentes. Neste particular, a questão da distribuição das competências tributárias não se colocaria se todos os poderes tributários estivessem na titularidade do mesmo ente jurídico, o que não acontece. Pelo contrário, assiste-se, cada vez mais, a uma difusão do poder decisional que reclama quase inevitavelmente um maior grau de autonomia político-administrativa e, consequentemente, au-

---

[2] V. NICOLA D'AMATI, *"L'Autonomia finanziaria delle regioni: dalla negazione al federalismo fiscale"*, in DPT, LXX, 1, 1999, 11.

458   *Estudos em Comemoração do 10.º Aniversário da Licenciatura em Direito*

tonomia financeira[3], com o respectivo incremento das competências a atribuir. Preconiza-se em muitos casos, e dentro do próprio Estado unitário, um alargamento competencial dos sujeitos infra-estaduais (de base territorial) que só se torna real e efectivo se for acompanhado de um aumento dos recursos que coloque de lado os receios do *fiscal stress*[4]. Pode-se falar, deste modo, numa progressão linear no sentido:

Disseminação do poder – Aumento de competências – Aumento de recursos.

(ii) Daí a necessidade de (re)pensar o segundo problema. A verdadeira autonomia (política, normativa e administrativa) só se consegue se for acompanhada de meios de financiamento, próprios ou não, que a tornem efectiva. No quadro dos Estados federais chega-se mesmo a dizer que a autonomia financeira (principalmente sob a forma de autonomia das receitas) constitui a pedra de toque do carácter estadual dos federados.

Sendo sobre estes dois problemas que o presente estudo incidirá, procuraremos de uma forma necessariamente sintética averiguar, sob um ponto de vista estritamente jurídico, quais as perspectivas de evolução dos arranjos organizatório-competenciais tributários, indagando designadamente quais as bases de uma descentralização tributária em sentido próprio ou da concepção de um ordenamento tributário europeu. Contudo uma precisão prévia entendemos necessária: não concebemos estas questões, como por vezes é feito, como núcleos da teoria do *fiscal federalism* ou da *finanzausgleich*.

Por um lado, porque entendemos que a expressão "federalismo fiscal" pode revelar-se dúbia e polissémica. Embora a equivalência linguística não seja exacta, não poderá deixar de se aceitar que o uso de tal expressão será mais próprio no âmbito de Estados compostos de estrutura federal e revelar-se-ia manifestamente inadequada se reportada a um ordenamento jurídico como o português ou (se aceitarmos a sua existência, o que não se nos afigura líquido...) europeu comunitário. É que embora muitas vezes redutoramente designada por "Teoria do federalismo fiscal", tem-se mais em vista uma verdadeira "Teoria da *descentralização tributá-*

---

[3] Neste sentido, por exemplo, Tremonti e Vitaletti, "*Il federalismo fiscale. Autonomia municipale e solidarietà sociale*", Sag. Laterza, Bari, 1994, 61.

[4] Mario Rey, "*Il finanziamento degli enti sub-centrali di Governo: verso una revisione della teoria del federalismo fiscale?*", RDFSF, XLIX, I, 1990, 7.

ria", a qual, note-se, e como melhor veremos adiante, pode ser perspectivada não só nos quadros de um verdadeiro e autêntico Estado Constitucional Federal mas também nos quadros de um Estado Regionalizado ou até de um Estado Unitário com alguma percentagem de disseminação normativa[5].

Por outro lado, também não é verdade que os problemas que estamos aqui a analisar se reduzam às preocupações de solidariedade que estão sempre presentes no estados compostos. É certo que a vertente material das questões que aqui analisamos a elas se prendem, mas de fora ficariam domínios de natureza orgânica e formal que também pretendemos aqui trazer.

1. Construção escalonada do ordenamento tributário e Direito intraordenamental tributário

Ora, se num estado unitário os problemas apontados se colocam com bastante acuidade, em face dos fenómenos já referidos de pulverização normativa tributária, num estado composto tais problemas multiplicam-se pelos escalões ou degraus que constituem o ordenamento tributário. Formam-se dentro deste corpo verdadeiros sub-ordenamentos tributários (ou *mehrstufigen Systems*[6]), que se relacionam com o ordenamento principal e que se relacionam entre si, fazendo nascer todo um conjunto de problemas jurídicos que, em ordem às exigências de previsibilidade e segurança que o princípio do Estado de Direito traz a qualquer Ordenamento, requer um indispensável enquadramento normativo, se não ao nível de regras pelo menos ao nível de princípios.

Neste quadro, em que a um *multilevel constitucionalism* (PERNICE[7]) sucederia um esquema de *multilevel finance*, o conjunto de normas jurídicas que disciplinam as relações entre os vários escalões de um ordenamento

---

[5] V., por exemplo, TREMONTI e VITALETTI, *"Il federalismo fiscale...*, cit., 57; Avelino García VILLAREJO e Javier Salinas SANCHEZ, *«Manual de hacienda pública general y de España «*, 3ª edição, Editorial Tecnos, Madrid, 1995, 565 e ss. (onde se poderá encontrar um interessante, se bem que não exaustivo, quadro das vantagens e inconvenientes da "descentralização fiscal"); SAINZ DE BUJANDA, *«Lecciones de Derecho Financiero»*, 10ª edição, Universidad Complutense, Madrid, 1993, 75 e ss..

[6] Cfr., a propósito, Michael SACHS (org.), *"Grundgesetz Kommentar"*, 2.ª edição, C.H. Beck, München, 1999, observações prévias ao art.° 104.° – A, 34, 1882 e BVerGE, 72, 330 (*Finanzausgleich I*).

[7] V. INGOLF PERNICE, *"Multilevel constitutionalism and the treaty of Amsterdam: european constitution-making revisited?"*, in *CMLReview*, 1999, 36, 703 e ss..

tributário assume-se como um *Direito Intraordenamental Tributário*. Este é composto, fundamentalmente, por dois núcleos problemáticos distintos:

a) o Direito competencial tributário, enquanto conjunto de normas jurídicas que disciplinam *a distribuição* de competências (legislativas, administrativas e jurisdicionais) em matéria tributária[8]; e

b) o federalismo fiscal em sentido restrito, enquanto conjunto de normas jurídicas disciplinadoras da repartição do produto das receitas tributárias entre os vários escalões de um ordenamento tributário composto[9].

A referência a um direito intraordenamental tributário pressupõe necessariamente a consideração de uma pluralidade de núcleos de competência tributária. Não se colocam problemas de atribuições competenciais, nem de infra- ou supra-ordenação ali, onde as competências tributárias (entendidas num sentido amplíssimo) estão concentradas num único órgão. Em tal hipótese, teórica e praticamente remota convenhamos, não existem ordenamentos tributários distintos entre os quais se tenham de estudar o estado e o estatuto jurídico das respectivas relações.

Para além disso, deve-se salientar que tal direito intraordenamental tributário, como já apontamos, tanto pode ser perspectivado (i) no âmbito de um estado unitário ou simples como (ii) no âmbito de um estado composto.

Vejamos em que termos.

(i) No âmbito do estado unitário[10] as relações recíprocas entre subordenamentos tributários surgem na medida em que se assume a existên-

---

[8] Ficará assim fora do seu âmbito o exercício em concreto dessas competências, o que já que será um problema de Direito tributário substantivo – o exercício das competências legislativas – ou adjectivo – o exercício das competências administrativas (procedimento tributário) e jurisdicionais (processo tributário).

[9] Daqui resulta que não cai na sua alçada o estudo das relações entre ordenamentos tributários distintos mas não integrados. Tal será objecto quer do Direito Internacional Tributário, quer do Direito Tributário Internacional.

[10] A referência do texto a um "Estado unitário" significa sob o ponto de vista jurídico, e utilizando as palavras de Gomes Canotilho ("Direito Constitucional e Teoria da Constituição", 6.ª edição, Almedina, Coimbra, 2002, 357: V. tb Jorge Miranda, "Teoria do Estado e da Constituição", Coimbra editora, Coimbra, 2002, 437 e ss.), a existência de um suporte único para a estadualidade, suporte esse ancorado, ao menos em princípio, numa tripla (i) unidade de "soberanias internas", (ii) unidade de ordenamentos jurídicos originários e (iii) unidade de manifestações de poder constituinte (unidade constitucional).

Tal referência acolhe igualmente a consideração da unidade como um verdadeiro "princípio ordenador fundamentalmente virado para a vertebração organizatório-

A caminho de um federalismo fiscal? 461

cia de um ordenamento tributário maior e de um ou vários ordenamento tributários menores, o que permite, de certa forma, encarar esse ordenamento maior de uma forma dimensional e distinguir o direito tributário juridicamente superior e o direito tributário juridicamente inferior. A pedra de toque estará, como facilmente se compreenderá, na maior ou menor dose de "soberania" tributária ou, dito de outra forma, na maior ou menor dose de autonomia[11].

A este propósito, a experiência jurídica tem demonstrado que neste tipo de Estado os ordenamentos tributários menores corporizam-se na existência de entes públicos menores que, na maior parte dos casos, não dispõem de poderes autónomos de criação normativa tributária, não podendo, designadamente, criar impostos ou alterar os seus elementos essenciais e estando a criação de outros tributos (v.g., taxas) subordinada ao estrito respeito do princípio da precedência da lei. Tal não obsta, porém, a que possam dispor de poderes de aplicação normativa tributária (prática

---

-territorial do poder do Estado" e não apenas como uma mera opção doutrinal entre formas teóricas puras.

Tal não impede, note-se, que em tal forma de Estado se possam manifestar alguns fenómenos de "disseminação da soberania", designadamente sob as formas de regionalização e de descentralização, esta última entendida quer numa perspectiva administrativa – territorial (municípios, províncias) ou institucional (pessoas colectivas públicas, v.g., Institutos públicos) – quer numa perspectiva política.

Naturalmente que tais fenómenos disseminatórios acarretarão consequências ao nível da configuração e concatenação dos actos jurídico-normativos consequentes, falando-se, a este propósito, num escalonamento ou construção escalonada de tais actos (a expressão é de MERKL: *Stufenbau*), o que poderá ser feito através de critérios de dependência jurídica (*Rechtlicher Bedingtheit*) – nas situações em que uma determinada prescrição jurídica constitui a base de emanação de uma prescrição jurídica posterior, casos em que a prescrição baseante terá força normativa superior em relação à prescrição baseada –, de forma jurídica ou de capacidade derrogatória (*derogatorischen Kraft*). A este propósito v., por exemplo, Georg DAHM: *"Deutsches Recht. Die geschichtlichen und dogmatischen Grundlagen des geltenden Rechts"*, W. Kohlhammer Verlag, Stuttgart, Köln, 1951, 43 e ss.; Robert WALTER e Heinz MAYER, *"Grundriß des österreichischen Bundesverfassungsrecht"*, Manzsche Verlags- und Universitätsbuchhandlung, Wien, 1996, 3.

[11] Tal autonomia, numa acepção ampla, englobará as denominadas autonomia política (que, em termos gerais, implica a existência de órgãos de governo próprio), autonomia normativa (isto é, a susceptibilidade de disposição de instrumentos normativos – v.g., legais e regulamentares – próprios), autonomia administrativa (a susceptibilidade de disposição de competências administrativas próprias – sem todavia deter a *Kompetenz-kompetenz*) e, por último a autonomia financeira (que significa a existência de receitas e despesas próprias e o poder de delas dispor). V., a propósito, GOMES CANOTILHO, ob. cit., 358.

462   *Estudos em Comemoração do 10.º Aniversário da Licenciatura em Direito*

de actos administrativos como por exemplo, o reconhecimento de benefícios fiscais, a liquidação ou a cobrança de tributos).

(ii) No âmbito do estado composto, as coisas terão necessariamente de se passar de modo diverso. Na forma mais comum de Estado composto – o Estado federal – estamos em face de uma verdadeira estrutura de sobreposição[12], o que significa, em termos gerais que o destinatário das normas jurídicas fica sujeito a duas manifestações de poder constituinte [logo, a duas Constituições em sentido formal, embora seja a Constituição Federal que contém (i) o fundamento de validade e de eficácia de todo o ordenamento jurídico e (ii) a Competência das Competências (*Kompetenz-kompetenz*)] – assumindo-se aqui a tónica distintiva em relação ao Estado regional que não dispõe de poderes constituintes[13] – e a duas manifestações dos poderes constituídos – a dois legislativos, a dois aparelhos administrativos e a dois aparelhos jurisdicionais. Não será difícil concluir, portanto que também se verificará a sujeição a (no mínimo) dois complexos normativos tributários distintos: o Ordenamento tributário (do Estado) Federal e o ordenamento tributário (do Estado) federado.

Sendo estes, problemas que atravessam transversalmente todas as tradicionais funções estaduais, torna-se compreensível que ultrapassem as fronteiras do (já amplo) Direito Financeiro, e venham a ser discutidos como um verdadeiro problema de Direito Constitucional, no quadro da denominada "Constituição Financeira" (*Finanzverfassung*). Esta, em termos gerais, pode ser encarada como o conjunto de regras que disciplina as relações financeiras entre os vários escalões de um ordenamento tributário[14]. Nela se procura o enquadramento jurídico adequado para questões como a titularidade do poder de criar tributos (soberania tributária) ou outras receitas públicas de natureza coactiva e financeira, a competência para os liquidar e cobrar (administração tributária), para fiscalizar judicialmente essa criação, liquidação e cobrança (jurisdição tributária), bem assim como a forma juridicamente adequada de inserir as receitas e despesas estaduais de uma forma previsional num documento próprio (v.g., orçamento – direito orçamental). Ela contém também os fundamentos e o quadro normativo constitucional da repartição das receitas públicas (*maxime*,

---

[12] Jorge MIRANDA, ob. cit., 448.

[13] Neste sentido, id., 441.

[14] V., por exemplo, § 1.º da F-VG. Cfr. Höpker- Aschoff, *"Das Finanz- und Steuersystem des Bonner Grundgesetzes"* in AöR 75, 321 e ss..

A caminho de um federalismo fiscal? 463

tributárias) entre os vários sujeitos de direito público envolvidos, constituindo uma garantia institucional de preservação da posição financeira de cada um deles, protegendo posições jurídicas e disciplinando regras procedimentais que não poderão ser postergadas[15].

Pode-se até dizer que, em face das especificidades que este segmento jurídico apresenta, a Constituição Financeira contém frequentemente normas derrogadoras das normas competenciais gerais, configurando-se como uma verdadeira *lex specialis*[16].

2. Princípios enformadores

A análise cuidada da Constituição Financeira permite identificar uma série de princípios que, de uma maneira geral, são comuns a todos os ordenamentos que têm preocupações de descentralização tributária. Trata-se, no fundo, do enquadramento jurídico básico que deve presidir às decisões tomadas neste âmbito e cuja violação poderá acarretar inconstitucionalidade material das normas jurídicas em causa.

É sobre tais princípios que nos debruçaremos de seguida.

2.1. *Princípio da autonomia*

De acordo com este princípio, os diversos sujeitos jurídicos integrantes de cada um dos escalões de um ordenamento (composto) devem gozar de autonomia financeira que lhes permita a adequada execução das competências que lhe estão constitucional ou legalmente atribuídas[17].

---

[15] Neste sentido, *BVerGE, 72, 330, Finanzausgleich II* e *BVerGE, 101, 158, (Finanzausgleich III).* Cfr. Josef INSENSEE e Paul KIRCHHOF (org.), *"Handbuch des Staatsrechts der Bundesrepublik Deutschland"*, I, C.F. Müller, Heidelberg, 1995, 1160.; e G.-C. VON UNRUH, Friedrich GREVE e Utz SCHLIESKY, *"Grundkurs öffentliches Recht"*, 5.ª edição, Luchterhand, 44 e ss.

[16] Theodor MAUNZ e Reinhold ZIPPELIUS, *"Deutsches Staatsrecht"*, 30.ª edição, C.H. Beck, München, 1998, 391; Michael BLANK, Helmut FANGMANN e Ulrich HAMMER, *"Grundgesetz. Basiskommentar"* Bund-Verlag, Köln, 1996, anotação ao art.º 105.º, 3, 384; e Michael SACHS (org.), ob.cit., observações prévias ao art.º 104.º – A, 12, 1876.

[17] V., por exemplo, em referência ao ordenamento espanhol, o art.º 1.º e 2.º, n.º 1, alínea d) da LOFCA (Ley Orgánica 8/1980, de 22 de septiembre, de Financiación de las Comunidades Autónomas).

464   *Estudos em Comemoração do 10.º Aniversário da Licenciatura em Direito*

A autonomia financeira[18] do sujeitos públicos materializa-se na existência de "património e finanças próprios"[19], e tal autonomia assenta nos seguintes pilares essenciais:

a) possibilidade de praticar actos de gestão normal (e eventualmente de alienação) do seu património (autonomia patrimonial);

b) possibilidade de elaboração, aprovação e modificação do seu orçamento e outros documentos previsionais (autonomia orçamental);

c) possibilidade de arrecadação das receitas públicas que por lei lhes estão destinadas (autonomia tributária);

d) possibilidade de efectuar despesas (previamente tipificadas) (autonomia de tesouraria).

2.2. *Princípio da suficiência*

Exige-se aqui que a autonomia financeira dos entes inferiores se traduza exactamente nisso: numa verdadeira autonomia. De nada adiantaria atribuir competências, por exemplo, a um ente local se tal atribuição não fosse acompanhada dos meios de financiamento indispensáveis para tornar essas competências operativas e reais. Significa então este princípio que os recursos atribuídos a cada sujeito público devem ser proporcionais às despesas inerentes às suas competências. Esta é, na prática, a verdadeira questão fulcral da disseminação e da descentralização de poderes e talvez tenha sido por razões como esta que BODIN disse que as finanças constituem *"les nerfs de la Republique"*[20].

2.3. *Princípio do equilíbrio*

Este princípio traduz, no seio da Constituição Financeira, uma imposição que tem por destinatário o ordenamento tributário maior, nomeada-

---

[18] Não poderá deixar de se assinalar que, muitas vezes, tal autonomia financeira é limitada pelo exercício da tutela administrativa *a posteriori* (v., por exemplo, art.º 2.º, n.º 2 da LFL), se bem que tal tutela se possa cingir a um controlo de mera legalidade, abstendo-se, dessa forma, de qualquer espécie de controlo de mérito.

[19] V., por exemplo, a propósito do ordenamento jurídico Português e em particular das Autarquias locais, o art.º 238.º da CRP e a "Carta Europeia de Autonomia Local", in DR, I, 23 de Outubro de 1990.

[20] V., Josef INSENSEE e Paul KIRCHHOF (org.), *"Handbuch..."*cit., 1160.

mente o Estado (unitário) ou a Federação. Significa que tal ordenamento deve promover o desenvolvimento harmónico entre as diversas partes do território, devendo nesse sentido adoptar as medidas oportunas tendentes a conseguir uma efectiva estabilidade económica e social no interior de todo o corpo, um desenvolvimento harmónico de todas as regiões, bem como encontrar os necessários mecanismos de correcção que deverão actuar naquelas situações em que as desigualdades originárias são assinaláveis e podem violar a ideia de igualdade jurídica. Neste contexto, assumirão um papel de destaque as denominadas "transferências compensatórias".

Uma das mais importantes dimensões deste princípio será constituída pelo sub-princípio da lealdade institucional, de acordo com o qual devem ser oportunamente ponderados os efeitos que as actuações do legislador tributário maior podem ter sobre os entes menores, designadamente em matéria de assunção de obrigações[21].

2.4. *Princípio da solidariedade*

Ao contrário do anterior, estamos aqui em presença de um princípio que vincula os sub-ordenamentos ou os ordenamentos tributários integrantes do ordenamento tributário maior (*Länder*, Estados federados, Regiões, Províncias, Comunidades).

Pode-se afirmar que a consagração ao nível da Constituição Financeira do princípio da solidariedade comporta uma dupla vertente:

(i) em primeiro lugar, uma vertente positiva, que impõe aos seus destinatários o dever de solidariedade com os demais ordenamentos (maior e menores), inculcando a ideia de que, quando necessário, devem ser feitos sacrifícios financeiros em prol do reforço da consistência da agregação. Este princípio pode-se densificar numa exigência de solidariedade interterritorial[22] e, por exemplo no âmbito de um Estado composto, significará que o princípio federal se funda não apenas em direitos mas também em deveres, constituindo um desses deveres exactamente o de os Estados mais fortes prestarem auxílio financeiro – mesmo através de limitações à sua autonomia financeira – aos Estados mais fracos.

---

[21] V. art.º 2.º, n.º 1, alíneas b) e e) da LOFCA.

[22] V. art.º 2.º, n.º 1, alínea c) e 16.º da LOFCA. Cfr. ainda BVerGE, 1, 117 (Finanzausgleichgesetze).

466 Estudos em Comemoração do 10.º Aniversário da Licenciatura em Direito

(ii) em segundo lugar, uma vertente negativa, que se traduzirá na proibição do estabelecimento – jurídico ou de facto – de privilégios e de barreiras tributárias ou fiscais[23].

2.5. *Princípio da subsidiariedade*

Este é um dos princípios que nos tempos recentes mais tem sido discutido, nomeadamente a propósito do estado das relações entre a UE e os estados-membros. Mas não apenas aí ganha significado e operatividade. Em qualquer ordenamento em que deva ser feita a distinção entre sujeitos "maior" e "menores", a ideia de subsidiariedade é fundamental, significando que "as comunidades ou esquemas organizatório-políticos superiores só deverão assumir as funções que as comunidades mais pequenas não podem cumprir da mesma forma ou de forma mais eficiente"[24].

2.6. *Princípio da tipicidade*

A ideia de previsibilidade normativa desempenha em todo o Direito Tributário, como se sabe, um inegável papel de destaque, até porque constitui o substracto teórico dos princípios da segurança jurídica e da protecção da confiança, uma das traves mestras do Estado de Direito que enforma praticamente todos os ordenamentos jurídicos cuja análise nos é relevante. Uma das manifestações mais visíveis dessa exigência de previsibilidade materializa-se na imposição de tipificação de todas as condutas ou meios de acção tributários (*princípio da tipicidade das competências*), não apenas ao nível da criação, mas também ao nível da aplicação normativa.

No domínio do Direito Tributário Intraordenamental as coisas não se passam de modo diferente. Quer todas as competências tributárias, quer todas as posições de vantagem derivadas da distribuição ou redistribuição de receitas públicas entre os vários escalões de um ordenamento jurídico requerem prévia previsão normativa, a maior parte das vezes sob a forma de lei[25].

---

[23] V. art.º 2.º, n.º 1, alínea a) da LOFCA.
[24] GOMES CANOTILHO, ob. cit., 360-361.
[25] V., por exemplo, § 5 da F-VG.

3. Dimensões jurídicas relevantes

3.1. *Dimensão formal: a repartição das competências tributárias*

Como já assinalamos, o Direito competencial tributário constitui um dos núcleos essenciais do Direito Tributário Intraordenamental e da Constituição Financeira. É sobre ele que dedicaremos a nossa atenção de seguida, começando por averiguar o que é que se deve entender, para estes efeitos, por *competência tributária*.

3.1.1. *Uma noção adequada de competência tributária*

A competência tributária, para os efeitos deste estudo, será o conjunto de poderes tributários que um determinado sujeito jurídico é titular. Trata-se de uma posição de vantagem atribuída pelo ordenamento jurídico através de *normas jurídico-organizatórias* atributivas de competências – sob a forma constitucional ou legal – e que, numa visão de conjunto, permite identificar um aparato organizatório denominado *sistema de competências*.

Uma análise mais atenta da noção acima dada poderá levantar a seguinte questão: sendo a competência tributária um conjunto de poderes tributários, que poderes são esses em que ela se consubstancia ou densifica?

Podemos dizer que são, por um lado, (i) poderes ligados à função legislativa e, por outro lado, (ii) poderes ligados à função administrativa[26-27].

(i) No que diz respeito aos poderes ligados à função legislativa, ganha evidência, desde logo, o poder de criação de tributos. PEREZ ROYO[28] refere-se, a este propósito a um "poder tributário" ou "soberania tributária" para significar o poder de decisão de estabelecer tributos, podendo tal poder ser perspectivado de duas formas:

---

[26] Daqui poderão resultar dois possíveis sentidos da expressão competência tributária: um sentido amplo, que abrange a criação normativa tributária (criação de tributos, modificação do regime dos tributos, extinção de tributos) e a aplicação normativa tributária e um sentido restrito que diz apenas respeito à criação normativa tributária.

[27] Ficam de fora da nossa análise os poderes respeitantes à função jurisdicional, cuja distribuição não tem sido, neste âmbito, particularmente discutida e que, em nossa opinião, devem ser competência exclusiva do Estado.

[28] "Derecho Financiero y Tributario. Parte General", 5.ª edição, Civitas, Madrid, 1995, 46 e ss..

468   *Estudos em Comemoração do 10.º Aniversário da Licenciatura em Direito*

a) enquanto resposta ao problema do fundamento ou justificação dos tributos (o tributo é exigido porque expressão da soberania do Estado), distinguindo-se um poder tributário originário – titulado pelo ente público maior (*maxime* Estado) enquanto titular de soberania – e um poder tributário derivado – titulado pelos entes públicos menores que só têm esse poder na medida em que ele seja atribuído pelo primeiro (que seria o verdadeiro titular da *Kompetenz-kompetenz* tributária);

b) enquanto resposta ao problema – resolvido em princípio pelo pacto constituinte de cada ordenamento[29] – da distribuição, entre os entes públicos de base territorial, do poder de estabelecer tributos (SAÍNZ DE BUJANDA[30], por exemplo, identifica a expressão "Estabelecer tributos" com a faculdade de ditar normas impositivas, de criar direito objectivo).

Contudo, não apenas em relação à criação de tributos se manifestam os poderes legislativos inerentes à competência tributária. Também a configuração do próprio regime dos tributos e a sua modificação e extinção a ela dizem respeito. Numa vertente prática, poderemos dizer que estamos a falar da produção de normas jurídicas de carácter substantivo e da fixação dos tributos

(ii) No que diz respeito aos poderes ligados à função administrativa, eles corporizam-se na prática de regulamentares e de actos administrativos que projectam, em relação a um determinado sujeito, efeitos tributários (*actos tributários* e *actos administrativos em matéria tributária*). Estamos a falar, naturalmente, de poderes que dizem respeito exclusivamente à administração pública, ficando de fora a denominada "Administração privada" (ou administração pública utilizando o direito privado).

Do exposto resulta, em primeiro lugar, que a competência tributária é uma realidade marcadamente coactiva, revelando-se tal coactividade a dois níveis: ao nível da fonte de produção normativa e nível da fixação do conteúdo. Ao primeiro nível, resulta evidente a consequência de que toda a competência tributária – de resto, *toda* a competência – deve ser fixada por acto normativo, revestindo esse acto normativo, a maior parte das vezes e na maior parte dos ordenamentos jurídicos, carácter constitucional ou legal. Ao segundo nível, salienta-se o facto de que também o conteúdo da competência tributária – isto é, o acervo de posições de vantagem,

---

[29] V., por exemplo, os art.°s 103.°, n.° 2 e 165.°, n.° 1, alínea i) da CRP; 133.°, n.° 1 da CE.

[30] SAÍNZ DE BUJANDA, ob. cit., 79 e ss..

A caminho de um federalismo fiscal?

maxime poderes, em que ela se manifesta – deve estar imperativamente fixado por prévio acto normativo juridicamente enquadrado. Como consequência toda a competência tributária é (i) inalterável, (ii) irrenunciável e (iii) incaducável.

(i) Inalterável, uma vez que a competência tributária não pode ser alterada livremente através de qualquer espécie de "contrato" que a tenha por objecto, designadamente não pode um órgão a quem tenha sido atribuída uma determinada competência tributária alterá-la por acto de sua vontade. Como resulta do que já várias vezes referimos, a competência das competência (*Kompetenz-kompetenz*) está situada a um nível supra--subjectivo. Significa tal que apenas o legislador constituinte (ou eventualmente ordinário) pode alterar a competência tributária por ele previamente atribuída. Qualquer alteração por órgão que não disponha do necessário poder terá inevitavelmente por consequência a invalidade do acto respectivo.

(ii) Irrenunciável porque o sujeito a quem a competência tributária foi atribuída não pode a ela renunciar, expressa ou tacitamente, não se podendo entender como acto de renúncia a circunstância de os poderes inerentes não serem exercidos. O contrário, de resto, seria quase considerar a competência tributária como uma *res nullius* que seria ocupada por qualquer sujeito que quisesse dela tirar proveito.

(iii) No que diz respeito ao aspecto temporal, e à relevância do tempo no desenvolvimento da competência tributária, deve-se salientar o seu carácter permanente, incaducável. Compreensivelmente, a competência tributária não caducará se não for exercida pelo órgão a quem ela está atribuída.

Por outro lado, a competência tributária caracteriza-se pelo seu carácter juridicamente reservado. As diferentes áreas de manifestação dos poderes em que essa competência se manifesta foram claramente delimitadas pela Constituição e pela própria lei, em termos de as diversas entidades a quem essa competência foi atribuída terem diferentes círculos de actuação, vigorando uma ideia de exclusão dos restantes sujeitos. A este respeito, assume manifesta importância o carácter indelegável desta competência.

Por último, deve-se assinalar que a competência tributária é facultativa e em certo sentido discricionária. Quer tal ideia significar que apenas o órgão a quem ela foi atribuída sabe se a deve ou não exercer e a melhor maneira de a exercer.

470   *Estudos em Comemoração do 10.º Aniversário da Licenciatura em Direito*

3.1.2. *Modelos de repartição competencial tributária*

a) A titularidade da *Kompetenz-kompetenz* tributária

A repartição das competências estaduais em geral e das competências tributárias em particular constitui o cerne problemático de qualquer estado composto, pois apenas uma correcta repartição das competências que permitem a obtenção de recursos permite assegurar a verdadeira autonomia jurídica dos entes subordinados. Tal repartição pode estar prevista ao nível constitucional[31] – num determinado capítulo a ela respeitante (Constituição Financeira em sentido restrito) ou de forma avulsa – em leis com valor reforçado (por exemplo, em Leis Constitucionais[32]) ou ainda em leis ordinárias sem valor reforçado (que, contudo, entendemos, poderão nestes casos conter normas materialmente constitucionais).

A análise de tais regras de repartição das competências não poderá ser feita sem que previamente se responda à questão de saber *quem* a poderá fazer, ou seja sem que previamente se responda à questão de saber quem tem a titularidade da competência das competências (*Kompetenz-kompetenz*). Esta configura-se como a competência para repartir as competências e o problema da sua titularidade assume uma importância nuclear em qualquer ordenamento composto na medida em que se deve saber de antemão, não apenas quem pode criar as competências mas, e muitas vezes com uma importância acrescida em relação a esse primeiro problema, quem as pode alterar[33].

O problema, compreensivelmente, tem sido mais debatido no âmbito dos estados compostos sob a forma de federação (se bem que recentemente tenha vindo a ser equacionado no quadro dos fenómenos de integração económica e jurídica, nomeadamente no das relações entre a União Europeia e os seus estados membros[34]), se bem que também no quadro de um estado unitário o problema se possa colocar, em face dos problemas de

---

[31] Podendo-se apontar como exemplo a *Grundgesetz* Alemã (art.ºs 104.º-A e ss.). Cfr. Klaus TIPKE, Joachim LANG, *"Steuerrecht"*, 16.ª edição. O.S. Verlag. Köln. 1998. 44 e ss..

[32] Como será o caso da já citada B-VG austríaca (*Bundesverfassungsgesetz vom 21. Jänner 1948 über die Regelung der finanziellen Beziehungen zwischen dem Bund und den übrigen Gebietskörperschaften*).

[33] V. a propósito. Öhlinger, Theo. Verfassungsrecht. 2.ª edição. WUV – Wien Universitätsverlag, Wien, 1995, 94 e ss..

[34] V., por exemplo. BVerGE. 89, 155 (*Maastricht*).

A caminho de um federalismo fiscal? 471

pulverização normativa que temos vindo a referir. De qualquer forma, quer num caso quer no outro a resposta tem sido quase unânime em considerar o ente público maior – Estado federal ou Estado "Central" – como o ente público que é seu titular. Será ele, portanto, quem pode criar e alterar as competências dos restantes sujeitos de direito público que integram o ordenamento[35].

Também no domínio tributário tal conclusão é de aceitar: deve-se entender que é o ente público maior – sob a forma constitucional ou legislativa (reforçada) – que titula a *Kompetenz-kompetenz* e, por conseguinte, será ele que tem o poder de repartir as competências (legislativas e administrativas) tributárias e, nessa medida, procede também a uma repartição (primária, inicial) das receitas tributárias[36]. Só ele poderá, dessa forma, criar novos tributos, reservar para si tributos que já existem e que estão confiados a outros sujeitos, ou transferir para estes tributos que lhe estavam reservados.

Por outro lado, tais competências, repetimos quer as legislativas quer as administrativas, podem ser juridicamente tratadas das formas tradicionais: enquanto competências reservadas (reserva total ou reserva partilhada) – do sujeito público maior ou dos sujeitos públicos menores – ou enquanto competências não reservadas (concorrentes) decorrendo daqui a existência de tributos estaduais e não estaduais[37].

b) O princípio "receita-função" (*Die Ausgaben folgen den Aufgaben*)

A competência tributária, em princípio, será repartida de acordo com o princípio supra-mencionado, nos termos do qual um determinado tributo será adstrito, em termos normativos, ao ente público que deve prosseguir as tarefas que o tributo em causa visa financiar[38]. Assume-se, desta forma, um princípio geral de repartição de encargos.

---

[35] Klaus TIPKE, Joachim LANG, ob. cit., 46.

[36] Cfr., por exemplo, § 3.° da B-VG, de acordo com o qual *"Die Bundesgesetzgebung regelt die Verteilung der Besteuerungsrechte und Abgabenerträge zwischen dem Bund und den Ländern (Gemeinden)"*.

[37] Theodor MAUNZ e Reinhold ZIPPELIUS, ob. cit., 396 e ss.; Cfr. art.° 106.° da GG e § 6.° da F-VG. V., ainda BVerGE, 72, 330 *(Finanzausgleich II)*.

[38] V. Theodor MAUNZ e Reinhold ZIPPELIUS, ob. cit., 391; Konrad HESSE, *"Grundzüge des Verfassungsrechts der Bundesrepublik Deutschland"*, 20.ª edição, C. F. Müller, Heidelberg, 1999, 112; Michael SACHS (org.), ob. cit., anotação ao art.° 104.°-A, 1, 1913;

472 Estudos em Comemoração do 10.º Aniversário da Licenciatura em Direito

Por conseguinte, se estivermos face a tributos que visam financiar bens ou serviços que prestam utilidades indivisíveis e de carácter territorial geral (v.g., diplomacia, defesa, redistribuição geral de rendimentos, desincentivo das importações), como é o caso dos impostos gerais, as competências serão atribuídas ao ente público maior, ou seja o Estado Federal ou o Estado Central, consoante os casos. Diversamente, se estivermos face a tributos que visam financiar bens ou serviços que prestam utilidades divisíveis e de carácter territorial local (v.g., recolhas de lixos, iluminação pública, manutenção de estradas secundárias) já essas competências podem ser atribuídas a entes secundários, como os Estados Federados, Corporações locais ou Municípios[39].

3.2. *Dimensão material: a repartição das receitas tributárias*

Problema diverso é o de saber como deve o produto das receitas ser partilhado, constituindo este um verdadeiro problema jurídico e não um mero problema económico-financeiro. Trata-se de averiguar que critérios jurídicos devem presidir à resolução do problema de saber como a massa total das receitas públicas coactivas, nomeadamente os impostos, deve ser repartida entre os diversos sujeitos incumbidos da prossecução de tarefas públicas[40] (equilíbrio financeiro, federalismo fiscal em sentido restrito, *finanzausgleich*).

Michael BLANK, Helmut FANGMANN e Ulrich HAMMER, ob. cit., anotação ao art.º 104.º-A, 3, 382 e ss.; v. ainda art.º 104-A (1) da GG e § 2.º da F-VG.

[39] Em referência ao ordenamento jurídico-tributário Português, e no que respeita aos impostos, veja-se os art.ºˢ 165.º, n.º 1, alínea i) e 238.º, n.º 4 da CRP bem como o art. 4.º da LFL que estabelece, no seu n.º 1, que "aos municípios cabem os poderes tributários conferidos por lei, relativamente a impostos a cuja receita tenham direito…". Neste contexto, e no seguimento do referido no texto, deve-se referir que a expressão "poderes tributários" significa, designadamente, o poder de liquidar e cobrar os impostos que são receita municipal (como é o caso da Contribuição Autárquica, o Imposto Municipal sobre veículos e o Imposto Municipal de Sisa) e de conceder benefícios fiscais relativamente aos mesmos (art.º 4.º, n.º 4 da LFL). Quanto às taxas: a definição do tipo de taxas que os municípios podem cobrar é feita por lei, cabendo, no entanto, à assembleia municipal, mediante proposta do órgão executivo, definir quais as espécies, bem assim como o respectivo montante, que irão ser aplicadas no respectivo município (v. art.ºˢ 5.º e 19.º da LFL).

V. ainda os art.ºˢ 2.ºe 5.º da LGTE.

[40] V., a propósito, BVerGE, 1, 117 *(Finanzausgleichgesetze)*.

Num ordenamento composto, onde as tarefas estaduais estão repartidas por vários escalões decisórios (Estado Federal / Estados federados; Estado central/ Regiões ou Autarquias, etc.), havendo tarefas atribuídas ao sujeito maior e tarefas atribuídas aos sujeitos menores ou integrantes, levantam-se, a este respeito questões delicadas de *autonomia financeira*, e não se deve perder de vista que a verdadeira autonomia, e em alguns casos a verdadeira estadualidade[41], só será alcançada se os sujeitos públicos, além de serem titulares de competências que lhes permitam prosseguir as tarefas que são sua incumbência, são também titulares de meios de financiamento que lhes permita uma independência em relação aos outros sujeitos[42].

Daí a inegável importância, não apenas jurídica, mas também política destas questões – o *Bundesverfassungsgericht* (*BVerG*) refere com bastante acuidade a este propósito que *"Wie diese Fragen beantwortet werden, hängt von allgemeinen politischen und finanzpolitischen Erwägungen(...) ab"*[43].

Neste contexto, e em abstracto, pode-se dizer que existem três modelos teóricos de financiamento dos sujeitos que fazem parte de um ordenamento composto, a que equivalem outros tantos modelos de repartição das receitas tributárias[44]:

a) um primeiro modelo, de obtenção separada de receitas públicas, em que cada escalão jurídico-político pode fornecer autonomamente os necessários recursos para as tarefas que lhe estão incumbidas (*Trennsystem*);

b) um segundo modelo, de obtenção partilhada de receitas públicas, em que tais receitas são impostas a um nível superior e depois repartidas através de critérios vários (*Verbundsystem*);

c) um terceiro modelo – mais comum nas organizações internacionais ou em sujeitos de base não estadual – em que o financiamento do ordenamento composto é conseguido através das contribuições dos seus membros.

---

[41] Michael SACHS (org.), ob. cit., observações prévias ao art.° 104.° – A, 26, 1880.

[42] Neste sentido, Konrad HESSE, ob. cit., 112.

[43] V. Theodor MAUNZ e Reinhold ZIPPELIUS, ob. cit., 390: BVerGE, 1, 117 *(Finanzausgleichgesetze)*.

[44] Thea EMMERLING, Sabine VON ACKERE, *"Kompetenzordung und Finanzverfassung in Europa. Überlegung zur Konventsdiskussion"*, in CAP Working Paper, Centrum für angewandte Politikforschung, München, Outubro de 2002, 5. Consulte-se a versão electrónica em *www.cap.uni-Muenchen.de*.

474 *Estudos em Comemoração do 10.° Aniversário da Licenciatura em Direito*

Na prática, a efectivação destes modelos também pode ser conseguida de forma diversa o que, na maior parte dos casos (por exemplo, Alemanha, Áustria, União Europeia) dá origem a sistemas mistos. Assim, o mais adequado será proceder, em regra através das normas do pacto constituinte (v.g., Constituição) ou das leis reforçadas do ordenamento maior em causa, a determinados "ajustes financeiros" (*Finanzausgleich*) que deverão ser perspectivados de uma forma dimensional, distinguindo-se[45]:

(i) um ajuste financeiro primário (*primärer Finanzausgleich*), no qual se procede, segundo pressupostos determinados, a uma atribuição directa e separada (*Trennsystem*) a cada instância, num duplo sentido: vertical – fixando as receitas que separadamente serão atribuídas ao ente público maior e aos entes públicos menores – e horizontal – fixando as receitas que, de um ponto de vista abstracto e igualitário, serão atribuídas a cada um dos entes públicos menores;

(ii) um ajuste financeiro secundário (*SekundärereFinanzausgleich*) que terá por objectivo corrigir o primeiro e equilibrar a capacidade financeira dos entes menores ou inferiores e que se realiza através da fixação das receitas comuns e das transferências (orçamentalmente previstas) de uns entes aos outros (*Verbundsystem*), também aqui num duplo sentido: vertical – por exemplo, do *Bund* para os *Länder*, do *Bund* para os entes locais (*Gebietskörperschaften*) e dos *Länder* para os entes locais – e horizontal – entre os diversos *Länder* ou entre os diversos entes locais[46].

4. Perspectivas de evolução: a caminho de um sistema financeiro europeu comunitário?

Os problemas que até aqui temos vindo a analisar não têm, como se viu, correspondência total com o ordenamento jurídico português. Apenas em alguns pontos, nomeadamente, quando afloramos as questões relativas à autonomia financeira dos entes infra-estaduais (no nosso caso, particularmente, as Regiões Autónomas e as Autarquias Locais) é que encontramos alguns pontos normativos de contacto.

---

[45] Theodor MAUNZ e Reinhold ZIPPELIUS, ob. cit., 393 e ss.; Michael SACHS (org.), ob. cit., observações prévias ao art.° 104.°-A, 29 e ss., 1881 e ss.; e Michael BLANK, Helmut FANGMANN e Ulrich HAMMER, ob. cit., anotação ao art.° 106.°, 2, 389.

[46] V., por exemplo, art.° 5.° da LFL. V. ainda *BVerGE, 1, 117 (Finanzausgleichgesetze)* e *BVerGE, 101, 158 (Finanzausgleich III)*. Por último, cfr. Michael BLANK, Helmut FANGMANN e Ulrich HAMMER, ob. cit., anotação ao art.° 107, 2, 394.

A caminho de um federalismo fiscal? 475

Porém, as coisas poderão, a médio prazo, mudar.

Tal possibilidade de mudança deriva da integração do nosso ordenamento jurídico no ordenamento (?) Europeu Comunitário e tal integração, ao menos em teoria, levanta alguns núcleos problemáticos que, directa ou indirectamente, desembocam na questão da construção escalonada de um sistema financeiro.

A tal propósito, pode-se dizer que as visões mais "europeístas" perspectivam a possibilidade de estabelecimento de um sistema financeiro federal, decalcado, pelo menos em parte, da *Finanzverfassung* germânica, em que os actuais estados-membros da UE se transformariam em futuros estados federados, criando-se um sistema autónomo (mas não inovador) de repartição competencial e de repartição de receitas públicas.

Na nossa óptica, contudo, tal será um caminho que dificilmente se conseguirá trilhar, pois, apesar de os estados-membros já se assumirem como verdadeiros estados, a pedra de toque estará na estadualidade da União e esta, convenhamos, não se apresenta como algo líquido (como diz KIRCHHOF: *Ohne Staat, kein Recht*[47]...). A este respeito, se bem que ainda estejamos suspensos dos trabalhos da Convenção Europeia e dos desenvolvimentos consequentes – e aceitando de antemão que ao nível europeu existe um território e um povo[48] –, o certo é que pelo menos dois entraves se afiguram por agora quase intransponíveis:

a) em primeiro lugar, o famosíssimo "défice democrático", isto é, a falta de legitimidade democrática directa, que ao nível financeiro e tributário assume uma importância acrescida em face do princípio sacramental do *no taxation without representation* (problema que, numa possível análise, só será resolvido com o necessário incremento de poderes do Parlamento Europeu)[49];

---

[47] P. KIRCHHOF, *Der Deutsche Staat in Prozeß der europäischen Integration,* in *Handbuch des Staatsrecht* (org. INSENSEE e KIRCHHOF), VII, C.F. Müller, Heidelberg, 1992, 868 e ss. V. também, a propósito, BVerGE, 89, 155 (193) *(Maastricht).*

[48] Em sentido diverso, P. KIRCHHOF, *Die Gewaltenbalance zwischen staatlichen und europäischen Organen,* JZ, 1998, 20, 972.

[49] Não deixa de ser curioso notar que alguma doutrina coloca em evidência o facto de que este problema do défice democrático *(Demokratiedefizit),* sendo um dos pecados originais do ordenamento europeu comunitário, tem as suas raízes no ordenamento interno (estadual), na medida em que este tem progressivamente assistido ao esvaziamento de competências dos órgãos legiferantes primários em detrimento do executivo-legislativo. Daí que se possa concluir que o problema deve ser colocado em primeiro lugar no plano interno e só depois no plano internacional. Neste sentido, PAUL KIRCHHOF, *Deutsches Verfassungsrecht und Europäisches Gemeinschaftsrecht,* in *EuR,* 1991, 1, 14. V., ainda

476   *Estudos em Comemoração do 10.º Aniversário da Licenciatura em Direito*

b) em segundo lugar, a existência de um sistema incipiente de repartição competencial, o que, nestas matérias, como vimos, é dificilmente compatível com garantias de independência e verdadeira autonomia.

Para além disso, as actuais previsões normativas em matéria tributária além de vagas não permitem identificar aquilo a que se possa chamar um "sistema", tal a ausência de conexão entre elas, e, ao nível administrativo não se pode dizer que exista uma administração tributária europeia, pois até assistimos à circunstância pouco comum de termos "impostos europeus" cobrados através de órgãos de administração pública nacionais[50].

A nosso ver, as questões sobre o futuro da Europa são questões acerca de repartição competencial, repartição financeira e construção institucional[51] e em nenhum destes domínios os passos dados são significativos. Vale isto por dizer que, na Europa, como em qualquer ordenamento escalonado, a Constituição Financeira está em estreita conexão com o sistema de repartição competencial[52] e enquanto este não estiver claramente definido, o primeiro não sairá do impasse[53].

Hélène GAUDIN, *Amsterdam: l'échec de la hierarquie des normes?*, RTDEur. 1999. 35 (1). 3 e, com utilidade, BVerGE. 37. 271 (280) (*Solange I*)

[50] Michael BLANK, Helmut FANGMANN e Ulrich HAMMER. ob. cit.. anotação ao art.º 108, 1 e ss., 397. Cfr. art.º 108.º (1) da GG.

[51] Thea EMMERLING. Sabine VON ACKERE. cit.. 5.

[52] *Idem*, 3.

[53] A este propósito, não será errado afirmar que o financiamento actual da UE – que não lhe permite ter autonomia financeira... – é um misto (*Zwitter*) dos 3 modelos acima referidos: *Trennsystem* (os direitos aduaneiros da pauta exterior comum cobrados nas fronteiras externas da União, e os direitos niveladores/montantes compensatórios agrícolas sobre produtos importados de países terceiros). *Verbundsystem* (a fracção do IVA cobrado sobre aquisições de bens e prestações de serviços no interior da União) e contribuições dos Estados membros (uma percentagem no PIB destes). V.. a propósito. A. L. SOUSA FRANCO. "Finanças Públicas e Direito Financeiro". I. 4.ª edição. Almedina. Coimbra. 1996. 235-6: Michael SCHWEITZER e Waldemar HUMMER. "*Europarecht*". 5.ª edição. Luchterhand. 1996. 231 e ss.: Carlos DEL POZO "*Manual de Derecho de la Comunidad Europea*". 3.ª edição. Ed. Trivium, Madrid. 1997. 355 e ss.: e Cesare COSCIANI. "*Scienza delle Finanze*". 8.ª edição (renov.), UTET. Torino. 1991. 432 e ss..

PRINCIPAIS ABREVIATURAS USADAS

Aör	– *Archiv des öffentlichen Rechts*;
BVerG	– *Bundesverfassungsgericht*;
BVerGE	– *Bundesverfassungsgericht Entscheidung*;
CE	– Constitutión Española;
CMLReview	– *Common Market Law Review*;
CRP	– Constituição da República Portuguesa;
F-VG *(Finanz-Verfassungsgesetz)*	– *Bundesverfassungsgesetz vom 21. Jänner 1948 über die Reselung der finanziellen Beziehungen zwischen dem Bund und den übrigen Gebietskörperschaften* (Áustria);
GG	– *Grundgesetz*;
JZ	– *Juristen Zeitung*;
LFL	– Lei das Finanças Locais (Lei 42/98, de 6 de Agosto);
LGTE	– *Ley General Tributaria Española* (230/1963, de 28 de Diciembre);
LOFCA	– Ley Orgánica de Financiación de las Comunidades Autónomas (8/1980 de 22 de septiembre) (Espanha);
DPT	– *Diritto e pratica Tributaria*;
RDFSF	– Rivista di Diritto Finanziaro e Scienza delle Finanze;
RTDEur	– Révue Trimestrielle de Droit Européen;
TCE	– Tratado das comunidades Europeias;
TUE	– Tratado da União Europeia;
UE	– União Europeia.

BIBLIOGRAFIA

– BLANK, Michael, FANGMANN, Helmut e HAMMER, Ulrich, *"Grundgesetz. Basiskommentar"* Bund-Verlag, Köln, 1996;

– CANOTILHO, Gomes, "Direito Constitucional e Teoria da Constituição", 6.ª edição, Almedina, Coimbra, 2002;

– COSCIANI, Cesare, *"Scienza delle Finanze"*, 8.ª edição (renov.), UTET, Torino, 1991;

– D'AMATI, Nicola, *"L'Autonomia finanziaria delle regioni: dalla negazione al federalismo fiscale"*, in DPT, LXX, 1, 1999, 11;

– DAHM, Georg, *"Deutsches Recht. Die geschichtlichen und dogmatischen Grundlagen des geltenden Rechts"*, W. Kohlhammer Verlag, Stuttgart, Köln, 1951;

478   *Estudos em Comemoração do 10.º Aniversário da Licenciatura em Direito*

- DE BUJANDA, Sainz, *«Lecciones de Derecho Financiero»*, 10ª edição, Universidad Complutense, Madrid, 1993;
- DEL POZO, Carlos, *"Manual de Derecho de la Comunidad Europea"*, 3.ª edição, Ed. Trivium, Madrid, 1997;
- EMMERLING, Thea, Sabine Von Ackere, *"Kompetenzordung und Finanzverfassung in Europa. Überlegung zur Konventsdiskussion"*, in CAP Working Paper, Centrum für angewandte Politikforschung, München, Outubro de 2002, 5 (versão electrónica em www.cap.uni-Muenchen.de.);
- GAUDIN, Hélène, *Amsterdam: l'échec de la hierarquie des normes?*, RTDEur, 1999, 35 (1), 3.
- HESSE, Konrad, *"Grundzüge des Verfassungsrechts der Bundesrepublik Deutschland"*, 20.ª edição, C. F. Müller, Heidelberg, 1999;
- HÖPKER-ASCHOFF, *"Das Finanz- und Steuersystem des Bonner Grundgesetzes"* in AöR 75;
- INSENSEE, Josef e KIRCHHOF, Paul (org.), *"Handbuch des Staatsrechts der Bundesrepublik Deutschland"*, I, C.F. Müller, Heidelberg, 1995;
- KIRCHHOF, Paul-, *Deutsches Verfassungsrecht und Europäisches Gemeinschaftsrecht*, in *EuR*, 1991, 1, 14;
  - *Die Gewaltenbalance zwischen staatlichen und europäischen Organen*, JZ, 1998, 20, 972;
  - *Der Deutsche Staat in Prozeß der europäischen Integration*, in *Handbuch des Staatsrecht* (org. INSENSEE e KIRCHHOF), VII, C.F. Müller, Heidelberg, 1992.
- MIRANDA, Jorge, *"Teoria do Estado e da Constituição"*, Coimbra editora, Coimbra, 2002;
- MUSGRAVE, Richard e Peggy, *"Public Finance in Theory and Practice"*, 5.ª edição, McGraw-Hill, 1989;
- ÖHLINGER, Theo, *"Verfassungsrecht"*, 2.ª edição, WUV – Wien Universitätsverlag, Wien, 1995;
- PERNICE, Ingolf, *"Multilevel constitutionalism and the treaty of Amsterdam: european constitution-making revisited?"*, in *CMLReview*, 1999, 36;
- REY, Mario, *"Il finanziamento dedgli enti sub-centrali di Governo: verso una revisione della teoria del federalismo fiscale?"*, RDFSF, XLIX, I, 1990;
- ROSS, ALF, *"Theorie der Rechtsquellen. (Ein Beitrag zur Theorie des positiven Rechts auf Grundlage dogmenhistorischer Untersuchungen)"*, Leipzig/Wien, 1929;
- ROYO, Perez, *"Derecho Financiero y Tributario. Parte General"*, 5.ª edição, Civitas, Madrid, 1995;
- SACHS, Michael (org.), *"Grundgesetz Kommentar"*, 2.ª edição, C.H. Beck, München, 1999;
- SCHWEITZER, Michael e HUMMER, Waldemar, *"Europarecht"*, 5.ª edição, Luchterhand, 1996;

- SOUSA FRANCO, A. L., "Finanças Públicas e Direito Financeiro", 4.ª edição, Almedina, Coimbra, 1996;
- STIGLITZ, Joseph, *"Economics of the Public Sector "*, 2.ª edição, W. W. Norton & Co., New York, 1988;
- TIPKE, Klaus e LANG, Joachim, *"Steuerrecht"*, 16.ª edição, O.S. Verlag, Köln, 1998;
- TREMONTI e VITALETTI, *"Il federalismo fiscale. Autonomia municipale e solidarietà sociale"*, Sag. Laterza, Bari, 1994;
- VON UNRUH, G.-C., Friedrich GREVE e Utz Schliesky, *"Grundkurs öffentliches Recht"*, 5.ª edição, Luchterhand;
- WALTER, Robert e MAYER, Heinz, *"Grundriß des österreichischen Bundesverfassungsrecht"*, Manzsche Verlags- und Universitätsbuchhandlung, Wien, 1996;
- ZIPPELIUS, Reinhold e MAUNZ, Theodor, *"Deutsches Staatsrecht"*, 30.ª edição, C.H. Beck, München, 1998.

DIREITO INDUSTRIAL: OBJECTO E ESTUDO*

Luís Couto Gonçalves

> Sumário: I. Objecto do direito industrial. 1. Visão geral.
> 2. Posição adoptada. II. Estudo do direito industrial em Portugal.

I. OBJECTO DO DIREITO INDUSTRIAL

1. Visão geral

Historicamente, o direito industrial *nasceu* no século XIX, como direito da *indústria* (em sentido económico). É um produto da revolução industrial.

Abrangia fundamentalmente:

a) As relações dos industriais com os consumidores;

b) As relações entre industriais e trabalhadores (direito do trabalho);

c) As relações dos industriais entre si, abrangendo a empresa, a liberdade de concorrência, a concorrência desleal, as criações industriais e os sinais distintivos.

Tratava-se de um direito sectorial assente no conceito económico de indústria e na preocupação principal de salvaguarda dos interesses corporativos dos industriais.

---

* O presente trabalho corresponde, com algumas adaptações e actualizações, a uma parte da Introdução constante do "Relatório do Programa, Conteúdos e Métodos da Disciplina de Direito Industrial" (inédito), apresentado em Março de 2002, no âmbito do concurso para Professor Associado do grupo disciplinar de Ciências Jurídico-Privatísticas da Escola de Direito da Universidade do Minho. Encontra-se actualizado até Setembro/2003.

482 Estudos em Comemoração do 10.º Aniversário da Licenciatura em Direito

Esta perspectiva tão ampla teve escassa aceitação doutrinária e reveste mero valor histórico[1].

A primeira definição de direito industrial pertenceu a RENOUARD: *Le droit industriel embrasse les rapports légaus et juridiques qui se creant entre les hommes par la production des choses et par l'application des choses aux services humains*[2].

Numa segunda fase, depois da Convenção da União de Paris para a Protecção da Propriedade Industrial de 1883 e da Convenção de Berna para a Protecção das Obras Literárias e Artísticas de 1886, o direito industrial passou a designar o direito dos bens incorpóreos (obras autorais, criações industriais e sinais distintivos)[3]. Bens incorpóreos são «ideações que uma vez saídas da mente e, por conseguinte, discerníveis, ganham autonomia em face dos meios que as sensibilizam ou exteriorizam e em face da própria personalidade criadora justificando uma tutela independente da tutela da personalidade como da tutela dos meios ou objectos corpóreos que são o suporte sensível dessas mesmas ideações»[4].

Numa terceira fase, a partir de meados do século anterior, o direito industrial passou a significar o direito da concorrência, isto é, o direito que desempenha uma finalidade concorrencial e que encontra no âmbito da concorrência o respectivo fundamento e valor sistemático. Todavia, a concretização desta concepção ampla não foi consensual na doutrina. As maiores dúvidas estavam em saber se, no seu âmbito, cabiam matérias como as da noção e estrutura da empresa, defesa da concorrência e direitos de autor.

---

[1] Uma concepção próxima desta, na medida em que era abrangido o direito de trabalho, encontrou algum eco em alguma doutrina italiana do final do século XIX. Cfr. AMAR, *Dei nomi, dei marchi e degli altri segni e della concorrenza nell'industria e nel commercio*, UTET, Torino, 1893, pp. 1 a 5 e *Trattato dei marchi e segni distintivi di fabbrica e della concorrenza sleale*, UTET, Torino, 1904 (cit. por ROTONDI, *Diritto Industriale*, 5ª ed., CEDAM, Padova, 1975, p. 22); DI FRANCO, *Trattato della proprietà industriale*, Milano, 1933; La LUMIA, *Lezioni di diritto industrialle*, CEDAM, Padova, 1928, pp. 1 e ss; PIPIA, *Nozioni di diritto industriale*, (sem data), Ed. Vallardi, Milano, pp. 1 e ss.

[2] *Du droit industriel*, Paris, 1850, p. 8 (PIPIA, ob. cit., p. 4).

[3] Neste sentido, GRECO, *I diritti sui beni immateriali*, 1948, abrangendo sinais distintivos, direitos de autor e invenções industriais; KOHLER, *Deutsches Patentrecht*, 1878, pp. 9 e ss; TROLLER, *Immaterialgüterrecht*, 3ª ed., vol. I, 1983 e vol. II, 1985, abrangendo criações industriais, sinais distintivos e direitos de autor.

[4] Para citarmos ORLANDO DE CARVALHO, *Direito das coisas*, Coimbra, 1977, p. 191, nota.

Na posição mais abrangente o direito industrial abrangia um conjunto vasto de institutos: empresa e contratos sobre a empresa; defesa da concorrência; concorrência desleal; criações industriais; sinais distintivos; publicidade; direitos de autor.

Na proposta muito influente de FRANCESCHELLI, na esteira das orientações anteriores de GHIRON[5] e de ASCARELLI[6], o direito industrial só encontraria unidade jurídica do ponto de vista da concorrência[7]. O direito industrial abrangeria os institutos referidos anteriormente, com a excepção da empresa e dos respectivos contratos. Incluiria, pois, as regras de defesa da concorrência, as formas patológicas do seu exercício, os sinais distintivos enquanto instrumentos através dos quais a concorrência se exerce e os direitos de autor e as criações industriais como meios de exclusão da concorrência. Esta posição foi determinante para a criação de uma nova e importante revista (*Rivista di Diritto Industriale* fundada em 1951).

Nesta linha podem ainda referir-se GHIDINI/HASSAN[8], GHIDINI (mais recentemente[9]) e SPADA[10].

GHIDINI sustenta que o objecto de direito industrial se reconduz a "um grupo composto de matérias essencialmente referidas à actividade da empresa, tipicamente postulada em regime de concorrência" que se repartem em três domínios essenciais: as criações industriais e os direitos de autor, os sinais distintivos e a concorrência desleal. Para o autor esta tripla série de matérias apresenta um denominador comum fundamental: "a protecção do interesse da empresa a desfrutar de situações vantajosas no mercado[11]". No âmbito do direito industrial inclui ainda, por afinidade, a disciplina *antitrust*, justificada por uma "convergência teleológica" ligada ao princípio geral da liberdade de concorrência que considera "a estrela polar de todo

---

[5] *Corso di diritto industriale*, vol. I (1935) – concorrência, estabelecimento, nome; vol. II (1937) – sinais distintivos, marca, insígnia, invenção industrial, desenhos e modelos. Ed. Foro Italiano, Roma.

[6] *Teoria della concurrenza y dei beni immateriali*, 1960.

[7] *Contenuto e limiti del diritto industriale*, Rivista di Diritto Industriale (RDI), 1952, pp. 3 e ss e in "Trattato di Diritto Industriale", vol. I, Giuffrè Ed., 1961, pp. 3 e ss.

[8] *Diritto industriale*, IPSOA, 1984 (patentes, modelos de utilidade, marca, firma, insígnia, concorrência desleal e defesa da concorrência).

[9] *Aspectos actuales del derecho industrial. Propiedad intelectual y competencia* (tradução de Marti Moya), Ed. Comares, Granada, 2002.

[10] *Introduzione*, in *Diritto industriale* (AA.VV.) Giapicchelli Ed., Torino, 1999, pp. 12 e ss (direitos de autor, criações industriais, sinais distintivos, concorrência desleal e *antitrust*).

[11] Ob. cit. na penúltima nota, p. 3.

484 *Estudos em Comemoração do 10.º Aniversário da Licenciatura em Direito*

o sistema[12]". Não deixa, porém, de reconhecer que a disciplina normativa da defesa da concorrência, ao contrário da propriedade intelectual e da concorrência desleal, não visa, directamente, a tutela da empresa, mas antes a tutela do mercado[13].

SPADA entende que o problema da «identidade temática do direito industrial (...) é fruto de um arbítrio cognitivo historicamente determinado» (p. 11). Considerando difícil resolver o problema da selecção racional do conteúdo do direito industrial, o autor sustenta que o mais importante será procurar determinar quais as «competências cognitivas e argumentativas que a comunidade nacional e internacional dos juristas atribuem a um especialista de direito industrial». E nessa medida propõe alguns temas jurídicos integrados entre si, quer por pertencerem a fontes internacionais fundamentais, quer por o tratamento especializado de um deles reclamar uma sensibilidade generalista de todos. Nessa medida a principal fonte internacional é a Organização Mundial da Propriedade Industrial (OMPI), na qual se integram a Convenção da União de Paris de 1883 (propriedade industrial) e a Convenção de Berna de 1886 (obras literárias e artísticas). Entre todos os institutos existe uma homogeneidade funcional, um equilíbrio entre economia de mercado e o livre acesso aos meios de produção e a liberdade de empresa e a atribuição de direitos privativos ou exclusivos. A dialéctica entre a economia de mercado e a apropriação individual impõem ainda uma atenção à concorrência desleal e ao *antitrust* (dado o carácter complementar funcional em relação ao direito privativo).

No sentido próximo da perspectiva mais alargada *vide:*

RAVÀ que coloca o estabelecimento (*azienda*) como elemento unificador dos institutos estudados pelo direito industrial[14];

ROTONDI entende que o direito industrial é o ramo de direito privado que estuda a actividade industrial. O seu objecto é determinado segundo uma tradicional tripartição (pessoas, coisas e acções). Estuda os *sujeitos*, o *objecto*, isto é, o estabelecimento (seus atributos, sinais distintivos, elementos materiais e imateriais) e *relações jurídicas* sobre o estabelecimento ou do industrial com terceiros (defesa da concorrência, isto é, limites contratuais, e concorrência desleal, ou seja, responsabilidade extracontratual). Afasta, contudo, os direitos de autor por não terem a ver com a actividade industrial e apenas poderem interessar à actividade editorial[15].

---

[12] Idem, p.10.
[13] Idem, p. 7.
[14] *Diritto industriale*, vol. I, UTET, Torino, 1981, pp. 7 e ss.
[15] *Diritto industriale*, cit., pp. 1 e ss.

BAYLOS CORROZA, com base no tratamento unitário dos chamados direitos intelectuais, entendidos como posições privilegiadas frente à concorrência e como direitos subjectivos, inclui no direito industrial a propriedade industrial, a propriedade intelectual (direitos de autor), a defesa da concorrência e a concorrência desleal[16].

Entre as posições mais recentes destacamos:

a) BOCCHINI, defendendo que ao direito industrial cabe o estudo do mercado e da concorrência como uma sub-espécie de um sistema de informações económicas da empresa ao mercado. E assim abrange a concorrência, sinais distintivos e patentes. O Direito Industrial é visto como o estatuto jurídico da informação económica da empresa no mercado[17].

b) VANZETTI/DI CATALDO, sustentando que o direito industrial abrange as criações industriais, os sinais distintivos e a concorrência (defesa da concorrência e concorrência desleal). O direito industrial disciplina essencialmente o momento operativo da vida da empresa (excluindo por esta via o estudo da empresa e dos direitos de autor)[18].

c) ABRIANI/COTTINO/RICOLFI que, em relação aos últimos autores, alargam o estudo do direito industrial ainda aos direitos de autor[19].

Para terminar refira-se a posição relativamente atípica de MENESINI para quem o baricentro de um sistema unitário do direito industrial não é a empresa, o empresário, a marca, nem sequer o conjunto dos bens imateriais, mas é a fonte de proveniência dos bens objecto das relações industriais que é a pessoa humana. O direito industrial encarna o conjunto de formas juridicamente mais adequadas a consentir a realização da liberdade expressiva humana. O direito industrial tem por isso um papel fundamental que o põe no centro do direito civil moderno. O direito industrial abrange a propriedade industrial, os direitos de autor, a defesa da concorrência, a concorrência desleal, a publicidade e o consumo[20].

2. Posição adoptada

De um ponto de vista exclusivamente jurídico, o direito industrial não pode ser definido com base na natureza do objecto. Não pode ser o di-

---

[16] *Tratado de derecho industrial*, 2ª ed., Civitas, Madrid, 1993.

[17] *Il diritto industriale nella società dell'informazione*, RDI, 1994, I, pp. 23 e ss.

[18] *Manuale di diritto industriale*, Giuffrè Ed., Milano, 2000, pp. XXVII e ss.

[19] *Diritto Industriale*, Cedam, Padova, 2001.

[20] *Introduzione al diritto industriale*, Giappichelli Ed., Torino, 1995.

486 *Estudos em Comemoração do 10.° Aniversário da Licenciatura em Direito*

reito dos bens imateriais. Nem todos os bens imateriais são iguais. Assim como não se pode aceitar uma unidade jurídica à volta dos bens corpóreos, também não se pode moldar uma disciplina jurídica com base no critério exclusivo da natureza do objecto. Um livro não é uma invenção; um sinal distintivo não é uma criação industrial. Pode falar-se de uma natureza incorpórea comum de distintos objectos de direitos, mas não de uma disciplina jurídica comum sobre os bens imateriais. A obra autoral é diferente em relação às criações industriais, quanto ao modo de nascimento do respectivo direito (criação/registo), quanto ao conteúdo do direito (personalista/patrimonialista) e quanto aos requisitos de validade do objecto (originalidade/aplicação industrial)[21].

O critério da unidade do direito industrial não pode ser um critério exclusivamente dogmático-jurídico apoiado na categoria dos bens imateriais. Esta unidade conceptual pode ser o ponto de partida, mas não o ponto de chegada. Deve adoptar-se um outro critério complementar e reunificador. Na nossa opinião esse critério tem de ser finalístico ou funcional. Só a partir deste critério é possível encontrar uma unidade mínima do direito industrial. Também a ideia de direito industrial como um direito da concorrência não procede. A concorrência é a causa do problema, não é o problema. É por causa da concorrência que o direito industrial nasceu com autonomia legislativa e doutrinária, mas o direito industrial não tem por objecto a sua fonte, mas a *realidade* nova que dessa fonte brotou. O objecto do direito industrial é o *quid* que surgiu daquela fonte: o problema da afirmação da empresa em mercado aberto e com produção em série, após o triunfo dos valores do liberalismo e da revolução industrial.

Dito de outra forma, o direito industrial é o direito que surgiu para resolver um problema que se manifestava com particular especificidade: a necessidade de proteger os modos de *afirmação económica da empresa*. Essa protecção concretiza-se por duas vias distintas: pela atribuição de *direitos privativos* em relação a concretas formas de afirmação e pela *proibição de determinados comportamentos* concorrenciais. Pela primeira via (propriedade industrial) é possível proteger, eficazmente, conforme o caso, a afirmação *técnica* (patentes de invenção e modelos de utilidade, de um modo especial), *estética* (desenhos ou modelos) e *distintiva* (sinais distin-

---

[21] Para OLIVEIRA ASCENSÃO, *Direito de Autor e Direitos Conexos*, Coimbra editora, 1992, p. 30, o direito de autor ocupa-se de um "sector da actividade normal dos particulares, centrado na criação literária e artística", devendo ser considerado um "novo ramo do direito civil".

Direito Industrial: Objecto e Estudo 487

tivos) da empresa; pela segunda via (a concorrência desleal), é possível garantir que não seja prejudicada a afirmação autónoma de uma empresa e-ou seja possível a afirmação desleal de uma outra.

O direito industrial protege a afirmação da empresa e, portanto, a sua principal preocupação é a defesa da *actividade empresarial concreta*. Essa defesa é feita através de dois mecanismos legais: pela atribuição de direitos privativos (propriedade industrial) e pela proibição de determinadas condutas (proibição da concorrência desleal).

O instituto da concorrência desleal, embora não conceda nenhum direito subjectivo aos concorrentes, porquanto, essencialmente, estabelece uma proibição de actos desleais, reconhece a cada um deles um interesse juridicamente protegido.

Nesse sentido, o direito industrial regula os bens privativos industriais e ainda os interesses legitimamente protegidos da empresa na sua afirmação concorrencial no mercado. Trata-se de um direito que faz parte da fisiologia da empresa e não da sua anatomia. Não se trata do estudo da empresa em si (a estrutura da empresa), mas do estudo de uma das suas funções vitais: a função de afirmação de uma identidade própria[22].

No nosso entendimento, coincidente com o que se encontra regulado no Código da Propriedade Industrial de 2003 (na linha dos CPI anteriores, de 1995 e de 1940) o direito industrial é o domínio do direito comercial que estuda a propriedade industrial e as normas repressivas da concorrência desleal[23].

---

[22] No mesmo sentido: RAMELLA, *Trattato della proprietà industriale*, UTET, Torino, vols I e II, 1927; GAMA CERQUEIRA, *Tratado da propriedade industrial*, vol I (1946), vol II (1952), vol III (1956), Revista Forense, Rio de Janeiro.(ver vol. I, pp. 181 e ss. considerando que, após a autonomia do direito do trabalho, o direito industrial, *em sentido estrito*, tende a restringir os seus limites à propriedade industrial, incluindo a concorrência desleal); ROUBIER, *Le droit de la propriété industrielle*, vol. I, Librairie du Recueil Sirey, Paris, 1952, pp. 1 a 23; CHAVANNE/BURST, *Droit de la propriété industrielle*, 4ª ed., Dalloz, Paris, 1993, pp. 1 e ss.

[23] É certo que o actual art. 1.° do CPI não manteve o disposto no art. 1.° do CPI de 1995 que referia expressamente que a "propriedade industrial desempenha a função social de garantir a lealdade da concorrência pela atribuição de direitos privativos (...) bem como pela repressão da concorrência desleal". Neste aspecto o CPI de 2003, ao não manter a referência à «repressão da concorrência desleal», regressou ao disposto no art. 1.° do CPI de 1940. No entanto esta alteração não significa que, no plano legal, esteja prejudicada a perspectiva adoptada. Uma coisa é o direito industrial, outra a propriedade industrial. Tecnicamente é mais correcto considerar que a propriedade industrial abrange apenas o conjunto de direitos privativos. Como dizemos no texto, a concorrência desleal não atribui quaisquer direitos subjectivos aos concorrentes. A concorrência desleal opera com outro mecanismo

488 *Estudos em Comemoração do 10.º Aniversário da Licenciatura em Direito*

Em favor desta posição, para além do argumento legislativo nacional, pode aduzir-se um outro, e muito importante, argumento legal: a Convenção da União de Paris (CUP). O art. 1.º n.º 2 desta Convenção considera que a "protecção da propriedade industrial tem por objecto as patentes de invenção, os modelos de utilidade, os desenhos ou modelos industriais, as marcas de fábrica ou de comércio, as marcas de serviço, o nome comercial e as indicações de proveniência ou denominações de origem, bem como a repressão da concorrência desleal".

Em relação a concepções mais amplas pensamos que o direito industrial não deve abranger a actividade publicitária. A publicidade, é certo, também contribui para a afirmação de uma empresa. Mas trata-se de um modo de afirmação substancialmente diferente. A publicidade surge, num segundo momento, como forma de projectar ou ampliar o conhecimento da empresa, através dos seus sinais distintivos (firma, nome ou, de um modo especial, da marca). Mas o pressuposto da actividade publicitária é que esteja salvaguardado o espaço de autonomia conferido pela protecção *primária* e essencial do direito industrial. Não é a publicidade que garante a protecção da afirmação da empresa; a publicidade apenas promove essa afirmação[24]. O que pode acontecer é um concorrente usar o meio publicitário para enganar o consumidor ou denegrir um concorrente. Nessa medida o acto publicitário pode ser considerado, em simultâneo, um acto ilícito publicitário e um acto de concorrência desleal. Mas isto não significa que haja confusão de institutos. O instituto da concorrência desleal visa reprimir condutas desleais (nas quais pode caber a mensagem publicitária) e a sua principal preocupação é a defesa do interesse dos concorrentes; o instituto da publicidade visa regular a actividade publicitária no seu conjunto e a sua principal preocupação é a defesa do interesse dos consumidores.

---

legal: a proibição de condutas. De qualquer modo, o CPI reconhece que as normas da propriedade industrial também visam garantir o mesmo fim prosseguido pela concorrência desleal, isto é, *a lealdade de concorrência*. Neste ponto há uma clara aproximação ao critério finalístico proposto. Em Portugal, esta visão do direito industrial também é partilhada por OEHEN MENDES, *Direito industrial I*, Almedina, Coimbra, 1983/4, p. 14 e CARLOS OLAVO, *Propriedade Industrial*, Liv. Almedina, 1997, pp. 31/33.

[24] De acordo com o disposto no art. 3.º n.º 1 do Código da Publicidade (aprovado pelo Decreto-Lei n.º 330/90 de 23/10, já diversas vezes alterado), entende-se por publicidade "qualquer forma de comunicação feita por entidades de natureza pública ou privada, no âmbito de uma actividade comercial, industrial, artesanal ou liberal, com o objectivo directo ou indirecto de (…) promover, com vista à sua comercialização ou alienação, quaisquer bens ou serviços".

Enquanto a disciplina publicitária integra a legislação de defesa do consumo e do consumidor, a legislação repressiva da concorrência desleal faz parte da legislação de defesa da afirmação da empresa e dos concorrentes.

Também a defesa da concorrência (legislação *antitrust*) não deve ser incluída.

A lei de defesa da concorrência visa garantir a existência de um sistema económico constitucionalmente protegido baseado na livre iniciativa e que garanta uma concorrência possível e praticável e reprima qualquer acto que impeça, restrinja ou falseie a concorrência[25].

A lei de defesa da concorrência reveste natureza publicista, pressupõe um controlo administrativo e tem como objectivo a salvaguarda do interesse público na defesa de um modelo económico considerado essencial para a defesa dos interesses económicos dos cidadãos e dos agentes económicos.

A concorrência desleal, por definição, não põe em causa a concorrência, antes a pressupõe, não tem por finalidade reprimir o fim, mas antes o meio empregue. Para haver concorrência desleal tem de haver defesa da concorrência. A ordem económica é ditada pelas normas publicistas de defesa da concorrência; a lealdade dos meios empregues na concorrência é garantida pelas normas punitivas da concorrência desleal.

As normas de defesa da concorrência proíbem uma «competência insuficiente» enquanto que as normas da concorrência desleal pretendem evitar uma «competência excessiva»[26]. Enquanto o direito *antitrust* trata de «garantir prioritariamente a existência e liberdade de concorrência», o direito contra a concorrência desleal tem como «objectivo central preservar a qualidade da concorrência»[27]. No primeiro caso está em causa

---

[25] No mesmo sentido, JUAN JOSÉ OTAMENDI, *Competencia desleal*, Aranzadi ed., Pamplona, 1992, pp. 51 e ss e MARIANO PEGO, *A posição dominante relativa no direito da concorrência*, Almedina, Coimbra, 2001, pp. 9 e ss. Para este autor «o direito de defesa da concorrência tem como função precípua a preservação das estruturas concorrenciais do mercado contra o comportamento dos agentes económicos em presença nesse mesmo mercado» (p. 11).

[26] Para citarmos MARTIN-LABORDA, *Libre competencia y competencia desleal*, La ley, Madrid, 2001, p. 130.

[27] GÓMEZ SÉGADE, *Prólogo* a HERNÁNDEZ, *Precios predatorios y derecho antitrust. Estudio comparado de los ordenamientos estadounidense, comunitario y español*, Madrid, 1997, p. 10. Todavia, para GÓMEZ SÉGADE «o direito de concorrência deve entender-se como um todo harmónico que tem por objecto a defesa quantitativa e qualitativa da concorrência»(idem).

490 *Estudos em Comemoração do 10.º Aniversário da Licenciatura em Direito*

o modelo económico; no segundo, está em causa o comportamento dos agentes económicos.

Diga-se, para terminar, que, no panorama da nossa doutrina, OLIVEIRA ASCENSÃO, numa perspectiva ainda mais restritiva, defende que o direito industrial abrange apenas os direitos privativos industriais. O direito industrial pertence ao direito de empresa, mas não ao direito comercial. A concorrência desleal pertence também ao direito de empresa, mas não deve fazer parte do direito industrial. O direito industrial regula os bens ou situações jurídicas (bens); a concorrência desleal regula a actividade das empresas (acções)[28].

II. ESTUDO DO DIREITO INDUSTRIAL EM PORTUGAL

É possível descortinar três fases distintas no panorama da doutrina nacional ligada ao direito industrial: uma primeira fase, entre, sensivelmente, os anos 20 e os anos 60 do século passado marcada, indelevelmente, pelo labor pioneiro e praticamente exclusivo de JOSÉ GABRIEL PINTO COELHO; uma segunda, entre os anos 60 e os anos 80, de relativa estagnação nos estudos destas matérias; e uma terceira, desde os anos 80 até ao presente, mais dinâmica, na qual se tem verificado um aumento significativo de contributos doutrinários.

A primeira fase limita-se, praticamente, com algumas excepções[29], aos estudos de PINTO COELHO que privilegiou especialmente o direito de marcas[30].

---

[28] *Direito comercial-Direito industrial*, vol. II, Associação Académica da Faculdade de Direito de Lisboa (AAFDL), 1988, pp. 3 e ss.

[29] D'ÁVILA LIMA, *Concorrência Desleal*, Imprensa da Universidade, Coimbra, 1910 (ainda, pois, num momento, anterior); CARLOS PINTO COELHO, *Imitação de marcas, algumas anomalias*, O Direito, 7/1936, pp. 194 e ss; JOSÉ SÁ CARNEIRO, *Breves anotações a julgados sobre Marcas*, Revista dos Tribunais (RT), 58.º, 1940, p. 114 e *Imitação ou usurpação de marca*, RT, 62.º, 1944, p. 226; DIAS ROSAS, *Alguns aspectos do regime jurídico das marcas colectivas e das denominações de origem*, Revista da Ordem dos Advogados (ROA), ano 7.º, n.ºs 3 e 4, 1947, pp. 224 e ss; RESSANO GARCIA, *Os delitos contra as marcas de fábrica e de comércio e o actual direito positivo português*, ROA, ano 7.º, n.ºs 1 e 2, 1947, pp. 10 e ss; ANTÓNIO MARIA PEREIRA, *Anulação oficiosa de registos ilegais de marcas*, ROA, ano 13.º, n.ºs 3 e 4, 1953, pp. 124 e ss e *Espécies processuais no código da propriedade industrial*, ROA, anos 14.º, 15.º, 16.º, 1954, 1955, 1956, pp. 3 e ss; JUSTINO CRUZ, *Código da Propriedade Industrial anotado*, Liv. Arnado, 1ª ed., 1953.

[30] *Marcas comerciais e industriais*, Lisboa, 1922; *A protecção da marca notoriamente conhecida*, Revista de Legislação e Jurisprudência (RLJ), 84.º, 1952, n.ºs 2958, 2959, 2960, 2962, 2963, 2971, 2972; *A novidade da marca*, RLJ, 85.º, 1953, n.ºs 2993

Direito Industrial: Objecto e Estudo

De salientar ainda pela importância que revestiu o «Parecer da Câmara Corporativa sobre a Proposta de Lei sobre Propriedade Industrial»[31]. Na segunda fase, só encontramos uma publicação dirigida *directa e exclusivamente* ao conjunto de matérias deste trabalho[32]. Mas em obras de FERRER CORREIA[33], ORLANDO DE CARVALHO[34], PEREIRA DE ALMEIDA[35] e MENEZES CORDEIRO[36], com mais ou menos desenvolvimento, também são tratados aspectos pertinentes.

A terceira fase tem sido bem mais *produtiva*. Vamos distinguir as obras de carácter geral e as obras mais especializadas.

Começando pelas primeiras podemos indicar: a publicação dos primeiros manuais de Direito Industrial de OEHEN MENDES, OLIVEIRA ASCENSÃO e CARLOS OLAVO[37]; a publicação de Códigos Anotados[38]; duas dis-

---

a 2995; *A protecção da marca notoriamente conhecida no Congresso de Viena da C.C.I.*, Boletim da Faculdade de Direito da Universidade de Coimbra (BFDUC), XXIX, 1953, 1; *O problema da protecção da marca quando usada por terceiro para produtos não identificados nem similares*, BFDUC, XXX, 1954, pp. 1 e ss; *A Protecção da marca notória e o congresso de Bruxelas de 1954 da AIPPI.*, BFDUC, XXXI, 1955, pp. 1 e ss; *Lições de direito comercial*, Lisboa, 1957, pp. 333 e ss; *Marcas de serviço*, RLJ, 91.°, 1959, n.°s 3134 a 3139; *A protecção da marca notória e da marca de reputação excepcional*, RLJ, 92.°, 1959, n.°s 3142 a 3155, 3160, 3161 e 3166; *Imitação de marca – matéria de facto – matéria de direito*, RLJ, 93.°, 1960, n.°s 3166 a 3169; *O problema da conversão de marca em denominação genérica*, RLJ, 93.°, 1960, n.°s 3181 a 3189; *O problema da admissibilidade da licença em matéria de marcas*, RLJ, 94.°, 1961, n.°s 3208 a 3210; *Ainda o problema da conversão da marca em denominação genérica*, RLJ, 95.°, 1962, n.°s 3230 a 3232, 3236 a 3242, 3244 a 3247; *O nome comercial na Convenção da União de Paris (1883) e no Código da Propriedade Industrial*, RLJ, 95.°, 1962, pp. 81/85 e 97/101; *A protecção do nome do estabelecimento estrangeiro. Interpretação do art. 8.° da Convenção da União*, RLJ, 97.°, 1964, pp. 65/67, 81/82, 97/100, 129/131; *O conceito de concorrência desleal*, Revista da Faculdade de Direito da Universidade de Lisboa (RFDUL), XVII, 1964, pp. 79 e ss.

[31] *Diário das Sessões* n.° 147, da Câmara Corporativa, de 27/11/1937, pp. 48 e ss.

[32] PATRÍCIO PAÚL, *Concorrência desleal*, Coimbra Ed., 1965.

[33] *Lições de direito comercial*, Coimbra, 1973, vol. I, cap. IV, pp. 253 e ss, abordando os sinais distintivos do comércio (firma, nome e insígnia e marca).

[34] *Critério e estrutura do estabelecimento comercial*, Liv. Atlântida, Coimbra, 1967, pp. 71 e ss e respectivas notas e *Direito das Coisas*, Coimbra, 1977, pp. 189 e ss e respectivas notas.

[35] *Direito comercial*, AAFDL, 1976/77, pp. 471 e ss (marca e nome e insígnia).

[36] *Direitos reais*, Reprint, 1979, Ed. Lex, Lisboa, pp. 167/168.

[37] OEHEN-MENDES, *Direito Industrial I* cit. (fundamentos da disciplina); OLIVEIRA ASCENSÃO, *Direito Industrial* cit. (generalidades, concorrência desleal, firma, nome e insígnia, marca, indicações de proveniência, recompensas, modelos de utilidade, modelos e desenhos industriais, patentes de invenção, know-how, negócios sobre bens industriais,

492 *Estudos em Comemoração do 10.° Aniversário da Licenciatura em Direito*

sertações de mestrado[39]; quatro pareceres de OLIVEIRA ASCENSÃO[40], um «Relatório Final de Actividade da Comissão de Acompanhamento da Código da Propriedade Industrial»[41]; três obras colectivas[42]; dois cursos de Direito Comercial que abordam o tema[43] e três artigos[44].

Das obras que tratam direitos privativos industriais em especial ou a concorrência desleal regista-se uma predominância de publicações no domínio do direito de marcas: uma tese de doutoramento[45], duas teses de mestrado[46], dois trabalhos de pós-graduação no Centro de Estudos Inter-

---

patente, depósito ou registo: a publicidade, tutela, natureza jurídica); CARLOS OLAVO, *Propriedade Industrial* cit., (noções gerais, marca, nome e insígnia, firma e concorrência desleal).

[38] CORTE-REAL, *Código da Propriedade Industrial anotado*, 5ª ed., Coimbra Ed., 1982; ABÍLIO NETO/PUPO CORREIA, *Propriedade Industrial anotada*, Liv. Petrony, Lisboa, 1982; JUSTINO CRUZ/JORGE CRUZ, *Código da Propriedade Industrial anotado*, 2ª ed., Liv. Arnado, Coimbra, 1983.

[39] MARQUES DOS SANTOS, *Transferência Internacional de tecnologia, economia e direito, alguns problemas gerais*, Cadernos de Ciência e Técnica Fiscal (CTF), n.° 132, 1984; PEDRO SOUSA E SILVA, *Direito comunitário e propriedade industrial*, Coimbra Ed., 1996.

[40] *Parecer sobre o projecto de código da propriedade industrial e a lei de autorização legislativa*, RFDUL, 1995, pp. 33 e ss; *Observações ao projecto de alterações ao código da propriedade industrial da CIP e da CCI*, RFDUL, 1998, pp. 653 e ss; *Parecer sobre a proposta de alteração ao código da propriedade industrial*, RFDUL, 2000, pp. 317 e ss; *A situação da propriedade intelectual em Macau*, RFDUL, 2001, pp. 691 e ss.

[41] OLIVEIRA ASCENSÃO, RFDUL, 1997, pp. 339 e ss.

[42] AA.VV., *Direito industrial*, vols. I, II e III, Liv. Almedina, Coimbra, 2001, 2002, 2003 (respectivamente).

[43] COUTINHO DE ABREU, *Curso de direito comercial*, vol. I, Liv. Almedina, Coimbra, 2002, pp. 331 e ss (nome e insígnia, marcas, denominações de origem e indicações geográficas, recompensas e logótipos); PUPO CORREIA, *Direito comercial*, 8ª ed., Ediforum, Lisboa, 2003, pp. 330 e ss (dos direitos de propriedade industrial em geral, regras gerais, invenções, modelos de utilidade, modelos e desenhos industriais, marcas, recompensas, nome e insígnia, logotipos, denominações de origem e indicações geográficas, a concorrência desleal, a defesa de concorrência).

[44] PAULO SENDIM, *Uma unidade da propriedade Industrial?*, Direito e Justiça, vol. II, 1981/86, pp. 161 e ss; OEHEN MENDES, *Breve apreciação e desenvolvimento no direito industrial em Portugal no último decénio*, "Actas de Derecho Industrial" (ADI), VIII, 1982, pp. 85 e ss; CARLOS OLAVO, *A propriedade industrial e a competência dos tribunais de comércio*, ROA, 2001, pp. 193 e ss.

[45] LUÍS COUTO GONÇALVES, *Função distintiva da marca*, Liv. Almedina, Coimbra, 1999.

[46] NOGUEIRA SERENS, *A tutela das marcas e a (liberdade de) concorrência*, Coimbra, 1990; MARIA MIGUEL CARVALHO, *Merchandising de marcas (A comercialização do valor sugestivo das marcas)*, no prelo.

Direito Industrial: Objecto e Estudo

nacionais da Propriedade Industrial de Estrasburgo (CEIPI)[47], um manual[48], duas monografias[49], um parecer[50] e vários artigos[51].

Depois do direito de marcas o sub-domínio do direito industrial mais estudado tem sido o da concorrência desleal. Na doutrina, para além de outros contributos[52], é de salientar o nome de OLIVEIRA ASCENSÃO[53]. Tam-

[47] MOREIRA RATO. *La protection des marques notoires et de haute renommée au Portugal*. Université Robert Schuman. Strasbourg III. 1988; JOSÉ LUÍS ARNAUT, *La marque tridimensionnelle en droit portugais*, Université Robert Schuman. Strasbourg III. 1990.

[48] LUÍS COUTO GONÇALVES. *Direito de marcas*. 1ª e 2ª edições. Liv. Almedina. Coimbra. 2000. 2003.

[49] NOGUEIRA SERENS. *A vulgarização da marca na Directiva 89/104/CEE, de 21/12/1988 (id est, no nosso direito futuro)*. Coimbra. 1995; A. SILVA CARVALHO. *Marca comunitária*. Coimbra ed.. 1999.

[50] OLIVEIRA ASCENSÃO. *O confisco realizado no estrangeiro e na titularidade de marca registada em Portugal*. Colectânea de Jurisprudência. (CJ). 1986. tomo II. pp. 16 e ss.

[51] OEHEN MENDES. *Fragen des Benutzungszwangs im Portugiesischen Markenrecht*. Gewerblicher Rechtsschutz und Urheberrecht-Internationaler Teil (GRUR Int.). 1984. 11. *Ausstattungsrechts-Portugal*. «Ausstattungsrechts» (Schricker-Stauder). C.H. Verlag. 1986. pp. 728 e ss; LUÍS COUTO GONÇALVES. *Conversão da marca na denominação usual do produto ou serviço*, ADI. XIV. 1991/92. pp. 197 e ss. *Imitação de marca*, Scientia Iuridica (SI), tomo XLV. 1996. pp. 335 e ss. *Merchandising de marcas*. ADI. XX. 1999. pp. 95 e ss; *A "marca" do Tribunal de Justiça no direito de marcas* in "Estudos em Homenagem à Professora Doutora Isabel de Magalhães Collaço". vol. II. Liv. Almedina. Coimbra. 2002. pp. 79 e ss; *Invalidade do Registo da Marca*. in "Estudos em Homenagem a Francisco José Velozo". Universidade do Minho. 2002. pp. 349 e ss; *A protecção da marca*. Scientia Iuridica (SI). tomo LI. 2002. pp. 545 e ss; *O princípio da liberdade de circulação de bens e a propriedade industrial*. "Maia Jurídica". n.º 1. 2003. pp. 13 e ss; *Merchandising desportivo*, SI, tomo LII. pp. 129 e ss; *Marca olfactiva e o requisito da susceptibilidade de representação gráfica*. Anotação ao Ac. do Tribunal de Justiça das Comunidades de 12/12/2002, Proc. C-273/00 "Cadernos de Direito Privado". n.º 1. 2003. pp. 14 e ss; NOGUEIRA SERENS. *Marcas de forma*. CJ. 1991. pp. 58 e ss; OLIVEIRA ASCENSÃO. *Título Marca e Registo de Imprensa*. ROA. 1997. pp. 1223 e ss; PEDRO SOUSA SILVA. *O princípio da especialidade das marcas. A regra e a excepção: as marcas de grande prestígio*, ROA. 1998. pp. 377 e ss; CARLOS OLAVO. *Contrato de licença de exploração de marca*. ROA. 1999. pp. 87 e ss.

[52] A. SILVA CARVALHO. *Concorrência desleal*. Coimbra Ed.. 1984; LUÍS BIGOTTE CHORÃO. *Notas sobre o âmbito da concorrência desleal*. ROA. 1995. pp. 713 e ss; ADELAIDE MENEZES LEITÃO. *Estudo sobre os interesses protegidos e a legitimidade na concorrência desleal*. RFDUL. 1996. pp. 43 e ss; *Estudo de direito privado sobre a cláusula geral de concorrência desleal*. Liv. Almedina. 2000. De recuperar. ainda. o artigo de PINTO COELHO. *O Conceito de concorrência desleal*. Revista da Faculdade de Direito da Universidade de Lisboa (RFDUL). XVII. 1964. pp. 79 e ss.

[53] *Concorrência desleal*. AAFDL. 1994; *Concorrência desleal, Parte Geral*. AAFDL. 2000; *Concorrência desleal*. Liv. Almedina. Coimbra. 2002; *O princípio da prestação: um novo fundamento para a concorrência desleal*. ROA. 1996. pp. 5 e ss.

494 *Estudos em Comemoração do 10.º Aniversário da Licenciatura em Direito*

bém deve merecer a melhor atenção uma obra colectiva que reúne os textos básicos de um curso sobre a concorrência desleal[54].

Dois outros sinais distintivos que tem merecido alguma atenção têm sido a denominação de origem[55] e o nome e insígnia[56].

As criações industriais (invenções, desenhos ou modelos) têm sido o *parente pobre* do direito industrial no plano doutrinário. O manifesto desequilíbrio existente entre o estudo dos sinais distintivos e o das criações industriais é razão suficiente para a doutrina da especialidade repensar as suas motivações e fazer um esforço para corrigir a situação.

No estudo da invenção tem-se destacado, ultimamente, REMÉDIO MARQUES, com a publicação de trabalhos no domínio bem actual e complexo das novas invenções biotecnológicas[57].

---

[54] AA.VV., *Concorrência desleal*, Liv. Almedina, 1997.

[55] RIBEIRO DE ALMEIDA, *Denominação de origem e marca*, Coimbra Ed., 1999 (dissertação de mestrado). De interesse, ainda, do mesmo autor, *O afastamento do princípio da especialidade nas denominações de origem*, ROA, 2001, pp. 354 e ss.

[56] OEHEN MENDES, *Da protecção do nome comercial estrangeiro em Portugal*, Liv. Almedina, Coimbra, 1982; OLIVEIRA ASCENSÃO, *A aplicação do art. 8.º da CUP nos países que sujeitam a registo o nome comercial*, ROA, 1996, pp. 439 e ss; LUIS MENEZES LEITÃO, *Nome e insígnia de estabelecimento*, in *Direito Industrial, vol. I* (AA.VV.) cit., pp. 157 e ss. Num período anterior, também PINTO COELHO, como referimos atrás (nota 25), havia dado o seu contributo: *O nome comercial na Convenção da União de Paris (1883) e no Código da Propriedade Industrial*, RLJ, 95.º, 1962, pp. 81/85 e 97/101e *A protecção do nome do estabelecimento estrangeiro. Interpretação do art. 8.º da Convenção da União*, RLJ, 97.º, 1964, pp. 65/67, 81/82, 97/100, 129/131.

[57] *Introdução ao problema das invenções biotecnológicas-algumas considerações*, in *Direito Industrial* vol. I cit. (AA.VV.), pp. 177 e ss e *Patentes de genes humanos?* Coimbra Ed., 2001. Com interesse ainda CARLOS OSÓRIO DE CASTRO, *Os efeitos da nulidade da patente sobre o contrato de licença da invenção patenteada*, UCP, Porto, 1994 (dissertação de mestrado) e GABRIELA FIGUEIREDO DIAS, *A assistência técnica nos contratos de know-how*, Coimbra Ed., 1995 (dissertação de mestrado). No âmbito do modelo de utilidade OLIVEIRA ASCENSÃO, *Obra artística e modelo de utilidade*, Direito e Justiça, 1997, tomo 2, pp. 35 e ss.

A INCINDIBILIDADE DA PARTICIPAÇÃO SOCIAL NAS SOCIEDADES ANÓNIMAS

MARGARIDA COSTA ANDRADE

É objectivo deste trabalho analisar a questão da possibilidade de separação dos direitos inerentes à participação social nas sociedades anónimas, quer por acção da autonomia estatutária, quer como consequência da vontade do sócio. Este é o problema da incindibilidade da participação social. O princípio da incindibilidade tem sido afirmado com base na ideia de que tal decorre da natureza da participação social – e, por maioria de razão, também das acções. Todavia, não se pode dizer que não seja uma questão mais ou menos controversa. Na verdade, a esmagadora maioria da doutrina, reconhecemo-lo, tem afirmado a impossibilidade de separação dos chamados direitos abstractos inerentes à acção. Todavia, não deixam de existir alguns argumentos que podem levar à sua problematização. E é isso que pretendemos aqui demonstrar. Não sem antes advertir que não é nossa intenção encontrar uma solução definitiva, mas apenas contribuir para a discussão, já que este labor de interrogação nunca deve deixar o Direito Societário, sob pena de este se cristalizar numa posição incoerente com aquilo que consideramos, agora sim, ser sua característica inarredável: a constante renovação.

I. A acção

Este não é o lugar ideal para levar a cabo um estudo exaustivo sobre a acção como participação social das sociedades anónimas em todas as suas dimensões. Contudo, não podemos prosseguir na tentativa de solução do problema exposto sem definir o que será exactamente o objecto de es-

496   *Estudos em Comemoração do 10.º Aniversário da Licenciatura em Direito*

tudo. É que o conceito de acção não se pode dizer unívoco. De facto, não é novidade o tríplice significado que tal expressão assume por se referir a três fenómenos distintos; 1) a acção como fracção do capital social; 2) a acção como papel ou título que incorpora a socialidade; 3) a acção como participação social[1]. Pensamos que mais se acertaria se se abandonasse esta perspectiva tripartida[2], quedando-nos por utilizar apenas o termo "acção" para nos referirmos à participação social das sociedades anónimas[3]. Por isso, usaremos a palavra "acção" para nos referirmos ao conjunto de direitos e deveres atribuídos a um sócio de uma sociedade anó-

---

[1] A polissemia do vocábulo é afirmação comum entre os autores que se debruçam sobre a temática das acções. Assim, exemplificativamente, JORGE MANUEL COUTINHO DE ABREU (*Curso de Direito Comercial, vol. II- Das Sociedades*, Coimbra, 2002, pág. 219: "'Acção (societária) é vocábulo polissémico.'"); JOSÉ DE OLIVEIRA ASCENSÃO, quando diz, referindo-se ao conceito de acção, "o conceito é polissémico. Os autores alemães distinguem pacificamente três entendimentos: fracção do capital, modalidade de direito social, direito representado." ("As Acções", in *Direito dos Valores Mobiliários*, vol. II, AA. VV., Coimbra, 2000, pág. 61); ALEXANDRE SOVERAL MARTINS e MARIA ELISABETE RAMOS, quando afirmam "relativamente ao termo acção, é preciso, no entanto, ter em conta que por vezes ele é utilizado com outro significado que não o de participação social. Com efeito, a acção pode ser também uma fracção do capital social. Por acção pode ainda entender-se o próprio título ou documento circulável" ("As participações sociais", *Estudos de Direito das Sociedades*, AA. VV., Coimbra, 2002, pág. 94); JOÃO LABAREDA (*Das Acções das Sociedades Anónimas*, Lisboa, 1988, pág. 5) que, antes de se debruçar sobre o conceito de acção, não deixa de salientar que o "sentido de acção é equívoco, mesmo quando referido apenas a sociedades anónimas." Entre os autores estrangeiros que optam também por esta visão tripartida do vocábulo, devemos salientar a doutrina italiana e a espanhola, uma vez que, tal como nós, parecem ter sido influenciados pela doutrina alemã. Assim, os espanhóis RAMÓN GARCÍA LUENGO e RODOLFO SOTO VÁZQUEZ: "la doctrina clásica alemana afirmó que la acción puede considerarse desde un triple punto de vista: como parte del capital social, como expresión de la calidad de socio y como título valor" (*El nuevo régimen Jurídico de la Sociedad Anónima (Comentarios y jurisprudencia)*, Granada, 1991, pág. 247) e o italiano BRUNO VISENTINI começa, precisamente, por dar conta desta tendência, mas para se mostrar discordante com ela ("Azioni di Società", *Enciclopedia del Diritto*, Vol. IV, 1959, págs. 967 ss., pág. 968). O mesmo sucede entre os autores franceses, como MICHEL DE JUGLART e BENJAMIN IPPOLITO: "l'action est à la fois un titre (on dit aussi une 'valeur mobilière') et un droit conféré à son titulaire." (*Cours de Droit Commercial – Les societés commerciales*, Paris, 1992, pág. 424);

[2] Para uma crítica a esta visão tripartida do termo "acção", *vide* COUTINHO DE ABREU, op. cit., págs. 219 e ss.

[3] Parece-nos ir também neste sentido a opinião de COUTINHO DE ABREU quando da sua definição de acção, já que a inicia dizendo que "ela é participação social", para depois acrescentar: "cujo valor nominal é fracção do capital social, e que normalmente será representada por título ou escrituralmente." (op. cit., II, pág. 222)

A Incindibilidade da Participação Social nas Sociedades Anónimas   497

nima. O que aqui ocupará a nossa atenção serão estes direitos que a acção compreende, i. e., aqueles direitos que se usam designar por *direitos inerentes* à participação social ou *direitos sociais*.

II. A indivisibilidade das acções

No âmbito do nosso estudo, assume um especial relevância a indivisibilidade. O que significa a impossibilidade de a acção vir a ser dividida formando novas acções cujo valor nominal resulta precisamente da proporcional divisão da participação social. Isto é, a acção não pode ser fatiada pelos sócios, dando assim origem a duas ou mais novas acções de valor inferior (uma acção com o valor nominal de € 100 não pode ser dividida em duas acções de € 50, por exemplo). Esta proibição encontra-se legalmente consagrada no ordenamento jurídico português no art. 276.º/4 CSC.[4-5]

A cada acção será atribuído um valor nominal que funcionará como determinante do mínimo de participação na sociedade por quem queira dela ser sócio[6], ao mesmo tempo que serve de unidade de medida relativa entre os direitos dos sócios – ora, como unidade de medida que é não poderá ser alterada sem perturbar o esquema organizativo da sociedade estabelecido no seu estatuto, designadamente no que se refere ao equilíbrio entre os poderes dos sócios, que deve ter sempre por fiel o princípio da igualdade de tratamento (aqui numa perspectiva quantitativa). Assim, a indivisibilidade é uma proibição limitadora da autonomia de cada um dos sócios, mas já não da sociedade que no seu estatuto tem a possibilidade de autonomamente determinar – originária ou derivadamente – qual será o

---

[4] É, aliás, uma norma comum a outros ordenamentos, como o espanhol (art. 66.1 LSA), o italiano (art. 2347 Codice Civile) ou o alemão (§8 AktG).

[5] O problema da indivisibilidade coloca-se, não só quando se trate de uma acção pertencente a um sócio, mas principalmente quando se esteja perante uma hipótese de compropriedade. De facto, a compropriedade – ou contitularidade, como é expressão do CSC – não pode determinar a divisão da acção entre os vários titulares, que devem actuar sempre, no exercício dos direitos atribuídos pela participação, como se de um sujeito apenas se tratassem – daí a necessidade de um representante comum (art. 303.º/1 CSC). Sem prejuízo, naturalmente, da distribuição de poderes inerente ao grupo de comproprietários – art. 303.º/4 CSC que remete para o art. 224.º/1 CSC.

[6] Aquilo que CARLO ANGELICI designa por "minimo statutario di partecipazione" ("Sulla 'inscindibilità' della partecipazione azionaria", *Rivista di Diritto Commerciale*, 1985, I, págs 132 e ss., pág 133).

498 *Estudos em Comemoração do 10.° Aniversário da Licenciatura em Direito*

valor nominal de cada acção e, portanto, qual será a unidade de medida dos poderes dos sócios. Desde que, para tanto, respeite as normas imperativas previstas pelo legislador. Isto é, a cada acção terá de ser atribuído o mesmo valor nominal, que não pode ser inferior a um cêntimo (art. 276.°/2 CSC).[7-8]

III. A incindibilidade

1. *Noção. Incindibilidade e indivisibilidade*

Foi partindo da ideia de indivisibilidade que a doutrina foi afirmando a incindibilidade da participação social[9], o que poderá justificar o escasso tratamento doutrinal desta matéria. Todavia, são duas características bas-

---

[7] A mesma proibição já não existe para as sociedades por quotas. Uma quota pode ser dividida em várias situações, ao contrário daquilo que a leitura do art. 221.°/1 poderia fazer prever. É que este artigo prevê três situações de divisão, apresentando-as como únicas: amortização parcial, transmissão parcelada e divisão entre os comproprietários. Todavia, o mesmo artigo vem, no seu n.° 8, acrescentar uma outra possibilidade: a divisão de quota por deliberação da sociedade, quando da exclusão de sócio remisso. Todavia, se nos primeiros casos se impõe o respeito pelo valor mínimo atribuível a cada quota, ou seja, 100 € (art. 219.°/3 CSC), o mesmo já não acontece quando os sócios deliberem limitar a perda da quota à dívida do sócio remisso, o que vem a significar que o sócio conserva uma parte da quota ao passo que o restante da quota passará para as mãos da sociedade. Neste caso, estas divisões da quota já não terão de respeitar o valor nominal mínimo imposto pelo art. 219.°/3, mas o do art. 205.°/3 (25 €). Depois, o art. 205.°/2 permite que aquela quota perdida a favor da sociedade seja dividida entre os sócios (proporcionalmente ou não, dependendo do sentido da deliberação dos sócios). Uma outra situação de divisão da quota é a prevista no art. 231.°/4: quando a sociedade não manifeste o seu consentimento para a cessão de uma quota e a sociedade optar pela aquisição desta, podem os sócios adquiri-la se manifestarem tal intenção no momento da deliberação.

[8] Também a parte social pode ser dividida – pelo menos numa situação legalmente prevista: quando um dos sócios da sociedade em nome colectiva faleça e forem vários os seus sucessores, poder-se-á livremente dividir a parte entre eles (art. 184.° CSC).

[9] Segundo MASSIMO BIONE ("Le azioni", *Trattato delle Società Per Azioni* – vol. 2, 1991, Torino, págs. 1 e ss., pág. 30), esta ideia de que a indivisibilidade e a incindibilidade se apresentem como duas faces da mesma moeda não tem nada de recente, já que remonta a estudos de VIVANTE (comercialista do séc. XIX). É, portanto, comum encontrar afirmações de que a incindibilidade deriva da indivisibilidade na doutrina italiana. Mas, o mesmo sucede entre autores portugueses, como, por exemplo, PEDRO PAIS DE VASCONCELOS ("Direitos destacáveis – o problema da unidade e pluralidade do direito social", *Direito dos Valores Mobiliários*, vol. I, Coimbra, 1999, págs. 167 e ss., págs. 169 e ss.). Ou entre a doutrina alemã, sobre o preceituado no §8, Abs. 5: GODIN-WILHELMI (*Aktiengesetz, I, §§ 1-*

A Incindibilidade da Participação Social nas Sociedades Anónimas   499

tante diversas. Fala-se em incindibilidade[10] da participação social para designar a distribuição *dos direitos inerentes* à participação social por sujeitos diferentes. Uma coisa será dividir a participação social, como um todo,
entre vários sujeitos, dando assim origem a "sub-acções" (caso em que se
fala de divisibilidade); outra coisa será considerar cada um dos direitos
componentes de uma participação social e proceder à sua distribuição por
titulares vários (caso em que se fala de cindibilidade)[11].

Assim, a indivisibilidade aparece como princípio organizativo da sociedade, pelo que pode, como vimos, ser adequada à vontade da sociedade
e não à vontade de cada um dos sócios, individualmente considerado. Já a
incindibilidade surge indicada como descrição da relação entre os direitos
e faculdades da participação social, o que significa, *afirmando-se-a*, que
não está ao alcance, não só da autonomia do sócio, mas também da autonomia estatutária. É que o problema da incindibilidade não tem a ver com
o modo de exercício dos direitos nem com os critérios para a sua quantificação, mas sim com as relações que intercorrem as singulares posições jurídicas compreendidas na participação social.

2. *O âmbito da questão*

O problema da incindibilidade não se confunde com um conjunto de
situações que apenas à primeira vista parecem conformar situações de separação e negociação de singulares direitos sociais.

-178, 1979, Berlim, pág. 39), MEYER-LANDRUT (*Aktiengesetz – Grosskommentar, I*, 1973,
Berlim, pág. 103), ALFONS KRAFT (*Kölner Kommentar zum Aktiengesetz, Band I, §§ 1- 75
AktG*, 1988, Colónia, pag 85), JÖRG H. GEßLER (*Aktiengesellschaft – Kommentar von Jörg
H. Geßler*, Dezembro de 1999, pág. 5).

[10] Esta expressão tem sido usada pela doutrina italiana (*inscindibilità*) e espanhola
(*inescindilidad*). Os alemães referem-se-lhe como *Spaltung*.

[11] Não podemos, então, deixar de discordar com ANTÓNIO SOARES quando afirma
"em nossa opinião, é princípio subjacente ao conceito de valor mobiliário o de este constituir um conjunto unitário de direitos que, salvo as excepções consagradas na lei, é indivisível." ("Direitos inerentes a valores mobiliários", *Direito dos Valores Mobiliários*, Vol. I,
AA, Coimbra, 1999, págs. 133 e ss., pág. 161). Na verdade, esta constatação é feita no seguimento da exposição do problema da separação de direitos sociais da participação social,
pelo que se deveria falar aqui em incindibilidade e não em indivisibilidade. O mesmo se
diga, e com base nos argumentos expostos, de PEDRO PAIS DE VASCONCELOS, quando diz:
"a proibição da divisão da acção exprime a necessidade de manter unido aquele complexo
de posições jurídicas activas e passivas que os códigos e a doutrina designam indistintamente por direitos e deveres." Op. cit. pág. 172.

500   *Estudos em Comemoração do 10.º Aniversário da Licenciatura em Direito*

Uma dessas hipóteses será a de negociação de direitos destacados da participação social, apesar de nela terem tido a sua origem (*Gläubiger-rechte*). Trata-se agora de direitos que perderam a sua socialidade ao terem sido objecto de uma deliberação, passando a ser, assim, livremente negociáveis. É o que sucede com o direito aos dividendos deliberados ou com o direito à quota de liquidação deliberada[12]. De facto, a participação social compõe-se de vários direitos que apenas se encontram num estádio latente, e que necessitam de uma deliberação da sociedade para que se activem[13], tornando-se verdadeiros direitos subjectivos, cuja transmissão deverá apenas respeitar as regras da cessão de créditos[14]. Por isso se diz que a acção é composta de direitos abstractos (aqueles que se encontram ainda naquela primeira fase) e de direitos concretos.

Pelo mesmo motivo, ao accionista será também reconhecida a possibilidade de ceder o direito de opção – desde que, para se não tocar nos limites do problema da incindibilidade, o objecto deste direito sejam acções novas que lhe estejam especificamente reservadas.

É assim que nos colocamos numa posição divergente com a de Pedro Pais de Vasconcelos. De facto, quando este autor se debruça sobre a destacabilidade de direitos sociais, admitindo-a de uma forma bastante ampla, afirma especificamente que "podem ser destacados os chamados direitos concretos, já vencidos, mas não os chamados direitos abstractos, que são ainda expectativas e que não podem ser separados do direito social."[15]

Também não concretiza uma verdadeira hipótese de cisão a representação de sócio em assembleia de voto[16]. De facto, aqui também não há

---

[12] Esta é afimação comum entre a doutrina que se pronuncia sobre o problema da incindibilidade. Entre outros, Godin-Wilhelmi, op. cit., pág. 39, Mayer-Landrut, op. cit., pág. 40, Alfons Kraft, op. cit., pág. 85; Pantaléon Prieto, "Artículo 66. Coproriedad de acciones", *Comentario al Regimen Legal de las Sociedades Mercantiles*, tomo IV, AA. VV., Madrid, 1992, págs. 15 e ss., pág. 28.

[13] Sobre as diversas opiniões que a doutrina foi adiantando quanto à natureza jurídica destas posições dos sócios, vide Raúl Ventura, "Reflexões sobre direitos dos sócios", *Colectânea de Jurisprudência*, II, 1984, págs. 7 e ss., págs. 7 e ss.

[14] Neste sentido, entre outros, Raúl Ventura, op. cit., pág. 8; Jorge Costa Ramos, "Direitos inerentes a valores mobiliários: em especial, os direitos equiparados a valores mobiliários e o direito ao dividendo", *Direito dos Valores Mobiliários*, AA. VV., Lisboa, 1997, págs. 55 e ss, pág. 67; Pedro Pais de Vasconcelos, op. cit., pág. 174; Visentini, op. cit., pág. 976, Pantaléon Prieto, op. cit, pág. 27.

[15] Op. cit., pág. 174.

[16] Assim, Visentini, op. cit., pág. 976 e Bione, op. cit., pág. 33.

A Incindibilidade da Participação Social nas Sociedades Anónimas   501

uma cisão na titularidade do direito de voto, uma vez que é o sócio quem se mantém como titular do direito, apenas passando a outrem a legitimação para o exercício do direito de voto.

Não será igualmente cisão de direitos sociais o compromisso assumido pelo sócio de exercer os direitos sociais de que é titular num sentido pré-acordado com outrem (não-sócio, portanto). Tratar-se-á aqui do âmbito de intervenção dos acordos parassociais, pelo que, mais uma vez se justifica aquela afirmação recorrendo ao argumento anteriormente utilizado: não há distribuição dos direitos sociais por diferentes titulares.

Finalmente, também não será exemplo de cisão da acção o acordo entre um sócio e um não-sócio no sentido de transmitir um direito social patrimonial futuro a deliberar (por exemplo, o direito a lucros). O fundamento desta afirmação repete-se: não há aqui o aparecimento de um não-sócio na posição de titular de um direito social, mas sim de um direito que dimana de um direito social abstracto, uma vez que é o sócio quem se mantém como titular do direito aos lucros[17]. Há aqui, então, a venda de coisa futura.

3. *Incindibilidade e unidade da participação social*

Se do que se trata aqui é do estudo da relação entre os direitos inerentes à acção, não podemos deixar de fazer referência à discussão sobre a unidade da participação social. É que um dos argumentos mais frequentemente empunhados para justificar a incindibilidade da participação social tem sido, precisamente, o da sua natureza unitária. De um lado, afirmando-se a unidade da participação social por esta se relacionar com uma prévia qualidade pessoal; de outro, fundamentando-se a unidade da participação social no próprio conteúdo desta.

A primeira corrente concretiza-se na ideia de *Mitgliedschaft* ou de *status*. Àquela expressão germânica têm sido associados diversos significados[18], equivalendo o seu sentido subjectivo (qualidade de sócio) à noção de *status* usada pela doutrina italiana. Qualquer uma delas tem por objectivo descrever a posição do sócio à qual são acoplados determinados direitos (e deveres). Ou, de outra forma, um sujeito seria titular de direitos e

---

[17] Assim também, JORGE COSTA SANTOS, op. cit., pág. 68.

[18] Seguiremos aqui de perto a exposição de RAÚL VENTURA sobre esta matéria, op. cit., págs. 9 e ss.

502 *Estudos em Comemoração do 10.º Aniversário da Licenciatura em Direito*

deveres sociais *por causa/como consequência* de ser sócio de uma sociedade comercial (há uma prévia qualidade pessoal que vem permitir reconhecer-se a certo indivíduo a titularidade dos direitos sociais).

Aqueles que afirmam que é do próprio conteúdo da participação social que se retira a unidade são certamente influenciados pela teoria de RIVOLTA. Segundo este autor[19], a participação social identifica-se com um direito uno e único. Este direito foi encontrado pela escalpelização da participação, ou seja, pela análise desta em todas as suas camadas, retirando-as uma a uma, de forma a encontrar o seu núcleo. RIVOLTA começou, então, por ir afastando do "verdadeiro" direito social, todos aqueles direitos que deveriam ser considerados dele instrumentais ou acessórios. Nesta primeira fase concluiu que as posições administrativas dos sócios assumiriam uma posição subordinada. Isto porque, por um lado, serviam para a defesa do interesse patrimonial do sócio e, por outro, permitiam o funcionamento da organização colectiva destinada à produção do lucro. Restando os direitos patrimoniais, havia que unificá-los de forma a que constituíssem um só – foi o que RIVOLTA fez, aglutinando-os no direito de perceber[20].

As concepções unitaristas da participação social acabam por afirmar a incindibilidade da participação social e, consequentemente, a impossibilidade de a titularidade dos direitos a ela inerentes ser assumida por um sujeito que não seja o titular de uma participação social: ou porque não é possível a titularidade de direitos sociais por um não-sócio[21] ou porque existe uma ligação entre os direitos que não pode ser ignorada.

Dentro das posições afirmantes da unidade da participação social, outras concepções da participação social devem ser igualmente consideradas.

Não falando de *status*, alguns autores portugueses vêem igualmente a participação social como unitária. PEDRO PAIS DE VASCONCELOS, por exemplo, fala em "direito subjectivo extremamente complexo"[22] para de-

---

[19] RAÚL VENTURA, op. cit., págs. 10 e ss.

[20] "O direito (patrimonial) de participar nas sociedades lucrativas é o direito de perceber – em proporção determinada e constante e em qualquer forma e momento em que venha a ser distribuída aos sócios – a utilidade económica (riqueza) adquirida pelo ente social em função, ou no exercício da actividade a que ele se destina, ou venha para este de qualquer outra fonte.", RIVOLTA, citado por RAÚL VENTURA, op. cit., pág. 10.

[21] Assim, BIONE, op cit., pág. 31.

[22] Op. cit., pág. 170 e ss. Parece ser esta também a opinião de PEDRO DE ALBUQUERQUE quando, citado por JORGE COSTA SANTOS (op. cit., pág. 65 (22)), afirma: "ao entrarem para a sociedade, a lei confere aos sócios um determinado direito subjectivo, cujo conteúdo é – tal como o pode ser o de qualquer outro direito subjectivo – instável e dinâmico. A esse direito dá-se o nome de participação social."

A *Incindibilidade da Participação Social nas Sociedades Anónimas* 503

finir o que seja o direito social, considerando que com o contrato de sociedade se dá a afectação jurídica de um bem a um sujeito que, para daquele retirar todas as potencialidades, deverá ser titular duma ampla série de direitos e faculdades. Já COUTINHO DE ABREU prefere considerar a participação social como uma posição jurídica complexa, definindo-a como "conjunto *unitário* de direitos e obrigações"[23], já que a participação social é uma *unitária* posição jurídica feita de direitos e obrigações, *melior*, uma posição contratual[24]. Para afirmar a unidade da participação social, este autor recorre àqueles casos em que ela é objecto, como um todo, de um direito real ou de um negócio translativo[25]. Cremos, contudo, que esta será uma daquelas situações em que "uma coisa não afasta a outra". Isto é, não é do facto de o legislador prever a negociabilidade da acção em bloco que devemos retirar que a acção é unitária, e, portanto, que os direitos a ela inerentes não possam ser separados.

Todavia, há também quem considere a participação social como um conjunto heterogéneo de direitos, sem ligação inquebrantável entre si. É esta a posição de RAÚL VENTURA[26]. Diz este autor que há vários argumentos que vêm justificar que se afaste a visão unitarista da participação social. Primeiramente, porque se não pode aceitar qualquer uma das posições que afirmam a unidade da participação social. A ideia de *status* ou de *Mitgliedschaft* falha por inverter a ordem natural das coisas: não é porque se é sócio que se possui um conjunto de direitos, mas é porque se é titular destes direitos que se é sócio. A palavra sócio é usada como "uma mera designação de contraente, não uma qualidade determinante de uma massa de direitos e deveres"[27]. Depois, também se não pode, de acordo com este autor, seguir as pisadas da tese de RIVOLTA, uma vez que o desprezar da função e da importância desempenhadas pelos direitos não patrimoniais, ignorando-os completamente, é inaceitável – "a actividade comum não é mero instrumento do ganho individual, mas o meio essencial e característico da obtenção de proventos eventuais no contrato de sociedade."[28] E há mais: mesmo que se aceitasse a subalternização entre os direitos, ainda assim tal não justificaria que se aglutinassem todos os direitos patrimoniais num só direito (o tal direito de perceber), pois seria passar por cima

---

[23] Op. cit., pág. 216.
[24] Op. cit., pág. 218.
[25] Op. cit., pág. 217.
[26] Op. cit., pág. 12.
[27] Op. cit., pág. 10.
[28] Op. cit., pág. 10.

das funções e características distintas que os direitos patrimoniais individualmente transportam, como sucede com o direito ao dividendo e o direito à quota de liquidação.

Em segundo lugar, RAÚL VENTURA acrescenta a esta argumentação dados fornecidos pelo direito positivo português, nomeadamente os arts. 999.º Código Civil (CCv) e 183/1.º CSC[29]. Vêm estes preceitos permitir que o credor particular do sócio execute o direito deste aos lucros e à quota de liquidação. Porque se pretende evitar a execução da parte social por inteiro, permite-se, então, que apenas estes dois direitos venham a ser separadamente afectados. Demonstra-se, pois, que o direito português permite a transmissão isolada de direitos sociais[30] (pelo menos destes, que têm natureza patrimonial).

De acordo com PEDRO PAIS DE VASCONCELOS, não se pode recorrer a estes dois artigos para justificar uma concepção não unitária dos direitos sociais. Isto porque não têm estes normativos tanto a ver com a cindibilidade[31] da participação social, quanto com o facto de as sociedades civis e as sociedades em nome colectivo (a que se aplicam os arts. 999.º CCv e 183.º CSC) serem "sociedades de pessoas". O que leva a que se não possa transportar aqueles argumentos para as sociedades anónimas. Ora, é verdade que as sociedades em nome colectivo são doutrinalmente classificadas como sociedades de pessoas (ou *intuitus personae*), por contraposição às sociedades anónimas e às sociedades por quotas, tidas por sociedades de capitais. Pelo que a diferente natureza dos tipos sociais imporia uma conclusão semelhante à de PEDRO PAIS DE VASCONCELOS. Porém, não deixando de reconhecer algum peso a este argumento, também não podemos deixar de afirmar que se não trata de um argumento muito convincente, já que a distinção entre os conceitos sociedade de pessoas e sociedade de capitais não é, ela própria, muito segura, principalmente devido à utilização de normas supletivas por parte do legislador, que permite ir afeiçoando o desenho societário mais à vontade das partes contratantes do que imediatamente a um ideal legal.

---

[29] Ainda, ao tempo deste trabalho de RAÚL VENTURA, art. 188.º do Projecto do Código das Sociedades.

[30] Como afirma o mesmo autor, "a transmissão isolada de tais direitos, pelo actos compreendidos na acção executiva demonstra que a natureza da participação e desses direitos não se opõe a que sejam transmitidos, mesmo por via extra-judicial, pois não se vê motivo para a via judicial ou extra-judicial, alterar aquela natureza."

[31] O autor fala, a nosso ver erroneamente, em divisibilidade (op. cit., pág. 170).

A *Incindibilidade da Participação Social nas Sociedades Anónimas*   505

Porém, ainda que assim não fosse, outros normativos podem ser acrescentados no sentido de corroborar uma posição não unitarista dos direitos sociais (e, portanto, a sua isolada transmissibilidade). Assim, não podem ser ignorados os arts. 239.°, 267.°, 458.°/3 CSC[32]. Todos eles, desta feita, pertencentes ao regime jurídico de "sociedades de capitais."

O art. 239.°/1 CSC é extremamente significativo nesta matéria, já que determina que a penhora da quota abrange os direitos patrimoniais a ela inerentes, sendo ressalvados, porém, os direitos a lucros já deliberados. Assim, aparece como uma forma de esclarecer que o direito que aqui se afecta é um dos designados direitos abstractos – ou seja, o direito a lucros de que aqui se fala ainda não se autonomizou da participação social por força de uma deliberação, não se tornou ainda um independente direito de crédito que respeita as gerais regras de cessão, sem qualquer afectação da posição da sociedade[33]. É sem dúvida um verdadeiro direito inerente à participação social que acaba por ser transmitido a outrem (um não-sócio), pelo que temos aqui uma verdadeira brecha na participação social.

Um outro direito inerente à participação social das sociedades por quotas que pode ser separado e transmitido independentemente de negócio translativo de toda a participação social – o que é o mesmo que dizer: um outro direito que pode ser cindido – é o de participação no aumento de capital, desde que se obtenha o consentimento da sociedade (art. 267.°/1 CSC). Não faz aqui o legislador qualquer referência à necessidade de um fenómeno que transforme o direito inerente à participação social num autónomo direito, de modo a que assim ele possa passar a considerar-se livremente negociável[34].

O art. 458.° CSC dedica-se ao direito de preferência na subscrição de novas acções por aumento de capital por entradas em dinheiro. No seu número 3 refere-se à eventualidade de alienação do direito de subscrição inerente às acções antigas.

Temos, depois, outros dois institutos jurídicos que não são ultrapassáveis nesta discussão: o usufruto e o penhor. Tanto um como o são men-

---

[32] Estes preceitos foram usados por MÁRIO LEITE SANTOS (em *Contratos Parassociais e Acordos de Voto nas Sociedades Anónimas*, Lisboa, 1996, pág. 200) para se associar à posição de RAÚL VENTURA.

[33] Para mais esclarecimentos, *vide infra*.

[34] Parece-nos que o consentimento a que se refere o art. 267.°/1 CSC não deve ser considerado como propulsor da autonomização do direito, mas "apenas" uma condição de eficácia da transmissão perante a sociedade que, até ao consentimento (ou independentemente dele), verá como devedor apenas o sócio transmitente do direito.

506 Estudos em Comemoração do 10.º Aniversário da Licenciatura em Direito

cionados regularmente quando o tema é a cisão dos direitos inerentes à participação social. A tendência, contudo, é para afirmá-los como excepção do princípio da incindibilidade. O que é o mesmo que admitir que o usufruto e o penhor são, no fundo, provas de cindibilidade (uma excepção que não confirma a regra). Se olharmos para a nossa lei, vemos que se fala em usufruto e penhor "de participação social". Na verdade, como vimos, COUTINHO DE ABREU considera que o facto de se constituírem direitos reais sobre a participação social como um todo (adicionado ao facto de ela se transmitir também em bloco) é um argumento para validar a concepção unitária de participação social. Mas, simultaneamente, também vemos que consequência da constituição destes direitos reais sobre a participação social é a distribuição por sujeitos diferentes (o titular da acção objecto do usufruto, ou nu proprietário, e o usufrutuário) de direitos inerentes à participação.

Podemos, assim, dizer que o nosso legislador não demonstra uma acentuada preocupação em afirmar a unicidade da participação social. Pelo menos, no que aos direitos patrimoniais diz respeito[35].

4. *A incindibilidade e a autonomia estatutária*

Um dos poucos autores que mais proficuamente se debruçou sobre esta matéria, ANGELICI[36], afirma que ao modelo organizativo societário é estranha a ideia de reconhecer posições jurídicas internas à sociedade a quem não é sócio, fazendo-se a distribuição de direitos societários em termos objectivos. Ou seja, entre acções. Ora, a técnica disponível para repartir direitos sociais reduz-se à da criação de diferentes categorias de acções. Ou seja, a sociedade só pode lidar com diferentes posições no seu interior se estas posições possuírem algo que as sustenta, isto é, se tais posições forem consequentes da titularidade de uma acção. Diz ainda o mesmo autor[37]: reconhece-se à sociedade o poder de distribuir os direitos sociais como entender – mas, tem de fazê-lo entre acções. É que a sociedade considera os direitos sociais em termos objectivos, ou melhor, objectivados em unidades accionárias, não conseguindo com aqueles lidar se se não referirem a uma categoria accionária. Assim, para reconhecer apenas

---

[35] Tema a desenvolver *infra*.

[36] *Il Codice Civile: Commentario – Le azioni: artt.2346-2356*, Milão, 1992, pág. 36.

[37] ANGELICI, "Sulla 'inscindibilità'...", op. cit., pág. 131.

A Incindibilidade da Participação Social nas Sociedades Anónimas 507

determinados direitos a um sujeito, teria de criar propositadamente uma categoria de acções específica, umas com um conjunto de direitos e outras com outros de que as primeiras estão destituídas. O que choca com os limites à liberdade estatutária.

1. O princípio da uniformidade das acções é apontado como fundamento para a proibição da cisão de direitos sociais, que aparece como uma espécie de garante do funcionamento democrático das sociedades anónimas. Por imposição deste princípio, a cisão não poderia admitir-se porque viria significar a criação de diversas categorias de acções, fornecidas de direitos sociais também diversos entre si.

Porém, este obstáculo não pode ter-se por inultrapassável. Veja-se o que sucedeu no sistema jurídico francês, onde foi admitida uma solução que não pode ser ignorada em matéria de (in)cindibilidade. No art. 283[38] da *Loi N.° 66-537 du 24 juillet 1966 sur les sociétés commerciales*, prevê-se a possibilidade de serem criados *certificats d'investissement*, que têm por função representar direitos pecuniários, bem como de *certificats de droit de vote*, "representativos dos outros *direitos inerentes* às acções emitidas por ocasião de um aumento de capital ou de um fraccionamento das acções existentes"[39]. Ora, os primeiros serão livremente negociáveis, sendo-lhes atribuído o valor equivalente ao valor nominal das acções (art. 283-1). O mesmo já não acontece com os segundos: na verdade, os certificados de direito de voto só podem ser negociados se acompanhados de *certificat d'investissement* (o que vem a significar a negociação da acção completa), a não ser que sejam cedidos ao portador de um destes títulos[40], sendo que tal negociação ou cessão implicam a *reconstitution de l'action*. Não deixa de ser curiosa esta expressão do legislador francês. É que há aqui, neste preceito, um assumir da possibilidade de retirar da participação social direitos pecuniários que, representados pelo "certificado de investimento", passam a poder negociar-se separadamente do direito de voto. Simultaneamente, entende-se que a emissão de tais certificados vem significar uma desconstrução da acção. De qualquer forma, dúvidas não há de

---

[38] Introduzido em 1983.

[39] Tradução nossa do art. 283-1. A *Loi No 66-537 du 24 juillet 1966 sur les sociétés commerciales* foi consultada no sítio *www.rabenou.org*. Itálico também nosso.

[40] Para permitir o funcionamento desta regra, foi criado um mercado de negociação de certificados de direito de voto. GEORGES RIPERT, RENÉ ROBLOT e MICHEL GERMAIN, *Traité de Droit Commercial*, Paris, 1993, pág. 868.

que o possuidor daqueles certificados passa a ser titular de direitos patrimoniais que normalmente pertenceriam ao complexo dos direitos da participação social, não sendo, porém, considerado accionista.

A opção por esta solução não é, naturalmente, irreflectida. De facto, o objectivo assumido desta "inovação" legislativa foi precisamente possibilitar à sociedade a procura de fundos próprios, mas sem que se alterasse a repartição de poderes dentro da sociedade[41].

Poder-se-á, então, objectar: é verdade que existe aqui uma cisão, mas ela só se deu por lhe ter sido concedido um fundamento legislativo. Ou seja, a cisão não é directamente consequente da manifestação da liberdade estatutária da sociedade, mas sim da inovação legislativa que a esta concede a liberdade de cindir ou não a participação. Porém, não será absolutamente assim. Esta solução teve por modelo os *cértificats pétroliers*, criados em 1957 por duas sociedades de economia mista (a Compagnie Française des Pétroles e a Elf Aquitaine).

Mas, a verdade é que é o legislador, no nosso sistema, como em outros, que reconhece a liberdade de a sociedade autonomamente conformar a participação social. Assim, segundo o art. 302.° CSC, podem ser diversos os direitos inerentes às acções. O limite será o da necessária aglutinação das acções a que são inerentes os mesmos direitos numa mesma categoria categoria. Ora, daqui só se pode retirar que o legislador teve por intenção conceder liberdade à sociedade na tarefa de distribuição dos direitos sociais. E não se diga que tal liberdade diz apenas respeito a direitos patrimoniais. De facto, para além da possibilidade de emitir acções preferenciais sem voto, só se pode entender a referência à atribuição de dividendos e à partilha do activo resultante da liquidação (n.° 1 do mesmo preceito) como meros exemplos de distribuição, como a utilização do advérbio "nomeadamente" comprova[42]. Portanto, se existe um fundamento para a proibição da cisão pela sociedade não será ele constituído pelo princípio da uniformidade das acções, que nos diz apenas que acções iguais devem ser consideradas pela sociedade de igual modo (independentemente, acrescentamos, dos direitos que transportem). A preocupação inerente a esta regra é apenas a do tratamento igualitário dos sócios que possuam o mesmo tipo de acções[43], não sendo possível interpretá-la de uma forma tão extensível que venha a justificar a proibição da cisão.

---

[41]Georges Ripert, René Roblot e Michel Germain, op. cit., pág. 867.

[42] Assim também Alexandre Soveral Martins e Maria Elisabete Ramos, op. cit., pág. 98.

[43] Pode, assim, dizer-se que o princípio da uniformidade das acções vem significar

A *Incindibilidade da Participação Social nas Sociedades Anónimas*   509

2. O que efectivamente é importante nesta matéria é saber até que ponto poderá ir a sociedade quando exerce o seu direito à autonomia privada e à liberdade contratual ou estatutória. Ser-lhe-á possível emitir acções destituídas de direitos patrimoniais ou de direitos administrativos?

São dois os pressupostos fundamentais do direito societário: a natureza contratual das relações entre os que participam na actividade societária e o facto de o objecto dessas relações ser parte componente do mercado. O conceito de sociedade "viene abanderado por la idea de libertad."[44]

Não seria portanto estranho que se afirmasse a genérica liberdade das partes do contrato de sociedade quando da definição dos seus estatutos. Esta é uma posição de origem anglo-saxónica, fundamentada na natureza contratual da sociedade, que é entendida como um *nexus of contracts* (a sociedade é vista como uma *contractual creature*)[45]. Assim sendo, o direito societário apareceria como um conjunto de regras destinadas a orientar as partes contratuais ou a servir como integrador das lacunas da vontade destas[46]. Permite-se assim às partes *freedom-to-opt-out* – ou seja: reconhece-se-lhes a liberdade de autodeterminar os seus interesses, mesmo em sentido antagónico ao *sugerido* pelas normas[47]. Aceitando-se esta perspectiva, aceitar-se-ia consequentemente a possibilidade de a sociedade optar por qualquer modelo organizativo. A sociedade poderia exercer, então, a sua autonomia criando, por exemplo, qualquer classe de acções, independentemente dos direitos a elas acoplados. Um accionista seria tanto aquele que apenas partilha dos lucros, como aquele

---

uma fase posterior do princípio da igualdade, evolução esta motivada pelo reconhecimento de que necessidades de ordem prática seriam bastantes para fazer questionanar – e derrogar – a ideia de total igualdade qualitativa das acções. *Vide* José Gabriel Pinto Coelho, "Estudo sobre as Acções de Sociedades Anónimas", *RLJ*, ano 88 (1955), págs. 161 e ss., ano 89 (1956), págs. 82.

[44] Juan Ignacio Font Galán e Manuel Pino Abad, "La Relevante Causa Negocial de la Sociedad – Una Relectura (Sólo) Jurídica del Concepto Legal de Sociedad", *Revista de Derecho Mercantil, I*, n.º 239, 2001, Madrid, págs. 7 e ss. pág. 11.

[45] Lucian Arye Bebchuck, "Limiting Contractual Freedom in Corporate Law: the Desirable Constraints on Charter Amendments", *Harvard Law Review*, vol. 102, n.º 8, págs. 1820 e ss, pág. 1822.

[46] Seria *a set of standart form provisions* ou um conjunto de *default rules*, que serviriam para reduzir os custos derivados das negociações (*transaction costs*). *Idem, ibidem,* e pág. 1889.

[47] Esta perspectiva é profundamente influenciada pela já ultrapassada ideia (também nos meandros da doutrina anglo-saxónica) de que o mercado, com as suas forças, seria suficientemente autónomo para criar os necessários equilíbrios contratuais.

510   *Estudos em Comemoração do 10.º Aniversário da Licenciatura em Direito*

que somente tem direito de participar na gestão dela, sem qualquer intuito lucrativo *directo*.

3. Comecemos por analisar esta segunda hipótese, i. e., a possibilidade de um sócio (originário ou não) visar unicamente uma participação administrativa na sociedade: participar nas assembleias gerais, votar, ser informado, ser designado para os órgãos sociais de administração e fiscalização... Ninguém duvidará, concerteza, da importância de uma tal posição social, assim como se não pode questionar que qualquer accionista poderá pretender entrar numa sociedade por motivos muito variáveis, mas todos eles diferentes da intenção lucrativa. Mas, entre o querer e o poder há uma longa distância a percorrer.

O art. 980.º CCv define contrato de sociedade como "aquele em que dois ou mais pessoas se obrigam a contribuir com bens ou serviços para o exercício em comum de certa actividade económica, que não seja de mera fruição, a fim de repartirem os lucros resultantes dessa actividade." Desta definição podem retirar-se quatro elementos[48]: 1) associação ou agrupamento de pessoas; 2) fundo patrimonial; 3) o exercício em comum de certa actividade económica que não seja de mera fruição; 4) obtenção de lucros para serem repartidos pelos associados.

Para o legislador, o fim ou causa do contrato social será a produção de lucros (lucro objectivo) e a sua consequente distribuição (lucro subjectivo), entendendo-se por lucro "um ganho traduzível num incremento do património *da sociedade.*"[49] O que quer dizer que quando não haja a intenção da participação dos sócios em geral nos lucros, estamos perante um contrato, sim, mas não de sociedade.

Todavia, esta posição tradicional vem sendo problematizada, no sentido de hipotizar ou mesmo negar a essencialidade da intenção lucrativa.

Há, pois, quem considere que a causa do contrato social não está na produção e atribuição de lucro aos sócios, mas sim no elemento organizativo. Assim, por um lado, há quem justifique tal afirmação no facto de a sociedade – nomeadamente a sociedade anónima – ser uma instituição da economia nacional (ou supranacional ou global), com a qual devem ser cumpridos interesses e realizadas aspirações políticas, económicas e sociais. Também há quem não tenha uma visão tão institucionalista do fenómeno societários, mas mais plurifuncionalista[50]. Ou seja, considera-se a

---

[48] COUTINHO DE ABREU, op. cit., pág. 5.
[49] COUTINHO DE ABREU, *idem*, pág. 14 (it. nosso).
[50] FONT GALÁN e PINO ABAD, op. cit., págs. 46 e ss.

A *Incindibilidade da Participação Social nas Sociedades Anónimas*   511

eficácia funcional e o prestígio da sociedade comercial, usando-os para perseguir uma quantidade plurifacetada de fins não especificamente lucrativos. Há a utilização da figura tradicional pelas suas vantagens organizativas, independentemente de o objectivo traçado logo à partida ser lucrativo.

E a verdade é que, apesar a lei nacional conter como elemento o escopo lucrativo, olhando para o plano dos factos verifica-se, também como produto legal, uma forte tendência para a neutralidade da causa contratual. O que significa admitir uma causa contratual ampla, aberta a vários objectivos[51].

Claro está que aceitando tal concepção da causa contratual, os nossos objectivos mais facilmente seriam atingidos. Na verdade, associando à autonomia contratual a livre iniciativa económica, um contrato de causa neutra poderia permitir às partes num contrato de sociedade organizá-la como considerassem ser mais vantajoso para os seus objectivos[52], incluindo emitir acções desprovidas de direitos patrimoniais.

Esta perspectiva do contrato social vem acusada de significar a erosão da causa negocial, ao mesmo tempo que se chama a atenção para a impossibilidade de as partes alterarem livremente a função típica de um contrato[53]. Além de que muito difícil se apresenta ultrapassar a conformação legal de cada tipo societário – problema que se coloca de uma forma ainda mais nítida quando nos referimos à sociedade anónima, e especialmente se se considera a sociedade aberta. Contudo, recentemente tem-se vindo a tender para abandonar a ideia de *tipo* em favor da de *modelo*[54] para o exer-

---

[51] Não resistimos a citar COUTINHO DE ABREU: "vá-se lá saber porquê (falta de imaginação, ignorância, inebriamento pelo espírito capitalista, amores serôdios pelo 'flexível' 'instrumento maravilhoso'?...), o Estado, derrogando (por meio de actos legislativos) a noção legal-geral e tradicional de sociedade, tem imposto a exclusão do intuito lucrativo a algumas S.A.. Convém fazer obras ou manifestações culturais de grande envergadura? Criam-se sociedades anónimas de capitais públicos alimentadas (só ou sobretudo) pelo orçamento estadual, S.A. gastadoras." E continua: "Exemplos: Centro Cultural de Belém, Sociedade de Gestão e Investimento Imobiliário – S.G.I.I., S.A. (DL 65/89, de 1 de Março), Lisboa 94 – Sociedade Promotora de Lisboa Capital Europeia da Cultura, S.A. (DL 145/92, de 21 de Julho), Portugal 2000, S.A. (DL 98-A/99, de 26 de Março) (...)", em "Sociedade Anónima, a Sedutora (Hospitais, S.A., Portugal, S.A.)", *IDET, Miscelâneas-n.°1*, Coimbra, 2003, págs. 11 e ss., pág. 13.

[52] Aliás, esta vem sendo a tendência de outros ordenamentos europeus – tome-se por exemplo o direito societário italiano que vem sendo reformado desde 1998 (projetto di Riforma Mirone)

[53] FONT GALÁN e PINO ABAD, op. cit., págs. 46 e ss

[54] UBALDO LA PORTA, "Dal 'Tipo Contrattuale' al 'modello di società': autonomia contrattuale e norme inderogabili nel nuovo diritto societario", *Le Società*, n.° 1/2002, págs. 12 e ss., pág. 15.

cício da empresa de forma colectiva. Ou seja, a causa do contrato passa a entender-se como a organização de modo a que se possa abandonar a excessiva rigidez do tipo legislativo, permitindo adaptar os esquemas estruturais à realização dos interesses das partes dentro dos limites de elasticidade da causa contratual[55]. Porém, como afirmam os defensores desta posição, a neutralização total é inalcançável, por ser sempre necessária uma referência de carácter funcional: "isto porque como quer que se queira construir uma estrutura societária, ela deverá sempre ser instrumental ao exercício colectivo da empresa."[56]

Permite-se, assim, na nossa opinião, uma maior coordenação com o actual sócio-padrão, nomeadamente no que diz respeito às sociedades anónimas abertas. É que, actualmente, o número de sócios de uma sociedade anónima é elevado e muito variável. E entram – adquirindo participações sociais – numa sociedade para obter lucros, sim, mas não necessariamente os lucros distribuídos pela sociedade no final do seu exercício. Os lucros obtêm-se pela compra e venda de participações sociais, cujo preço, muitas vezes, nem sequer tem uma relação imediata com a actividade social. I. e., pode acontecer que uma saudável e pujante sociedade não seja atractiva pelos lucros que são distribuídos, mas pela possibilidade de negociação das suas participações sociais[57].

Todavia, somos sensíveis a críticas apresentadas a estas novas compreensões do contrato de sociedade. Concordamos com RAMÓN GARCÍA LUENGO e RODOLFO SOTO VÁZQUEZ[58] quando afirmam que entendendo o lucro como qualquer vantagem económica valorizável em dinheiro pode vir a transformar de tal forma a causa contratual tida em mente pelo legislador que possa dificultar o reconhecimento de uma verdadeira sociedade quando se não possa observar a criação e subsequente repartição dos lucros pelos sócios. Como os mesmos autores afirmam, quando se admite a utilização do contrato de sociedade para satisfazer qualquer interesse ou realizar qualquer aspiração, ainda que muito distanciada da de obter um quinhão dos lucros, é o mesmo que aceitar que a causa do contrato seja a própria sociedade.

Quando se contrapõe que exigir uma causa lucrativa implica uma injustificada limitação do direito à livre iniciativa económica, temos também

---

[55] UBALDO LA PORTA, op. cit., págs. 15 e ss.

[56] UBALDO LA PORTA, op. cit., pág. 15 (tradução nossa).

[57] Esta seria também a opinião de J. RAULT, "Les Cértificats Pétroliers", *Revue Trim. De Droit Comm.*, 1957, págs. 843 e ss., pág. 845.

[58] Op. cit., pág. 47.

de discordar. De facto, não se está com isto a impedir a possibilidade de os cidadãos colectivamente se organizarem com o objectivo de exercerem determinada actividade, uma vez que resta ainda a possibilidade de constituir uma associação. O que o legislador faz é distinguir diferentes padrões organizativos encontrando diversos elementos componentes[59].

Visto isto, concordamos pois que a exigência de um *animus lucrandi* é imprescindível face ao actual panorama legislativo. "A sociedade anónima nasceu para lucrar."[60]

Será isto obstáculo à possibilidade de às sociedades ser reconhecida a liberdade de emitir acções sem direitos patrimoniais?

A liberdade organizacional da sociedade, por muito ampla que a queiramos entender, deverá sempre respeitar um complexo conjunto de normas imperativas – cuja existência não pode ser, apesar de tudo, ignorada – entre as quais está, naturalmente, a que define o que seja sociedade. O que quer dizer que a sociedade deve ter sempre um fim lucrativo. Reconhecê-lo, contudo, não vem a significar que se torne totalmente impossível a emissão de acções sem alguns direitos patrimoniais.

Em primeiro lugar, a exigência de fim lucrativo tem por referência o contrato de sociedade, ou seja, é necessário que *a sociedade* tenha, com a exploração de uma actividade económica, a intenção de criar lucro e de o distribuir pelos titulares de partes sociais[61]. O que não é afectado pela existência de acções sem direitos patrimoniais, pois não é o facto de uma parte do seu capital social ser representado por acções sem direitos patrimoniais que retira o escopo lucrativo *à sociedade*.

Em segundo lugar, há que ter em atenção o que significa este lucro de que aqui falamos. Naturalmente, quando se refere o direito ao lucro, a primeira imagem que nos assola será sempre a da vantagem patrimonial obtida através do investimento em acções e que entra periodicamente na

---

[59] Este argumento da concepção estutural e polifuncionalista tem um fundamento histórico. Na verdade, foi a desconfiança face a organizações em fim lucrativo que levou o legislador a exigir o *animus lucrandi*, relegando para a figura da associação (sujeita a autorização administrativa) todas as entidades que esta intenção não tivessem. Dada, então, a actual consagração da liberdade de associação, tal exigência não faria sentido. Font Galán e Pino Abad, op. cit., pág. 54.

[60] Coutinho de Abreu, "Sociedade Anónima...", op. cit., pág. 13.

[61] "Obter e repartir não são escopos dos próprios sócios, mas sim escopos que eles impõem à sociedade." Filipe Cassiano dos Santos, "O Direito aos Lucros no Código das Sociedades Comerciais (À Luz de 15 Anos de Vigência)", *Problemas do Direito das Sociedades*, Coimbra, 2002, págs. 185 e ss., pág. 186.

514   *Estudos em Comemoração do 10.º Aniversário da Licenciatura em Direito*

esfera jurídica do sócio. Vantagem esta reconhecida pelo art. 21.º/1/a) CSC como um direito social. Só que, esta é uma visão limitadora da intenção legal, quanto à causa do contrato de sociedade. Como afirma BRITO CORREIA[62], o lucro a que o legislador se refere é o lucro entendido em sentido restrito, compreendendo quer o lucro periódico ou de exercício quer o lucro final ou de liquidação. É essencial a repartição de lucros, mas ela não tem de ser necessariamente feita periodicamente. Quando a lei se refere à necessidade de *animus lucrandi* não está, simultaneamente, a obrigar a uma distribuição periódica dos lucros da sociedade. O que se pretende é um incremento patrimonial a chegar às mãos dos sócios, independentemente de tal acontecer periodicamente ou apenas no final da vida da sociedade, aquando da liquidação. O que é necessário é que os sócios venham a ser destinatários de vantagens patrimoniais que advenham da actividade social. Não é com a distribuição periódica dos lucros, portanto, que se identifica a presença de uma sociedade comercial.

Assim, sendo, quando a lei se refere ao direito ao lucro dos sócios, tal não deve ser imediatamente entendido como o direito à distribuição periódica. Aliás, este direito nem sequer é reconhecido aos sócios. Tanto assim é que não se altera a classificação de um contrato, como contrato de sociedade, apenas por nele se preverem cláusulas que excluam tal distribuição temporariamente, ou cláusulas que imponham que a totalidade dos lucros seja levada a reservas. A possibilidade de um contrato de uma sociedade anónima prever uma destas cláusulas é negada por CASSIANO SANTOS, quando a anónima seja uma sociedade aberta, por razões relacionadas com a protecção do interesse público. Antes de mais, daqui podemos retirar que tal cláusula já será admissível quando a sociedade seja fechada. O que ajuda a comprovar a inexistência, também nas sociedades anónimas, do tal direito à distribuição periódica de lucros. Depois, devemos acrescentar que em certas circunstâncias, mesmo numa sociedade aberta, tal se poderá admitir. É claro que haverá necessidade de salvaguardar o interesse público de protecção do aforro privado. Mas, como veremos *infra*, não consideramos que se deva sempre e sem mais afirmar os investidores como partes contratuais fracas e, portanto, destinatários de uma protecção automática; além de que nunca devem ser descuradas as potencialidades da informação no direito societário. Na verdade, apostando-se na informação – ou obrigando-se ao cumprimento de estritas obrigações

---

[62] LUIS BRITO CORREIA, *Direito Comercial – 2.º Volume*, Lisboa, 1989, págs. 166 e ss.

A *Incindibilidade da Participação Social nas Sociedades Anónimas*   515

informacionais –, já por aí se pode abrir de forma mais alargada o campo da autonomia privada, e também às sociedade anónimas abertas.

Parece, então, não haver por que não aceitar a emissão de acções desprovidas do direito aos lucros. Claro que isto significaria que apenas alguns dos sócios (aqueles cujas acções fossem, digamos assim, ordinárias) teriam acesso aos lucros distribuídos periodicamente. O que nos faria desconfiar da existência de um pacto leonino, proibido legalmente pelo art. 994.º CCv. Mas, tendo em conta o que foi até agora dito, só poderíamos discordar de tal objecção. O que com esta figura se pretende impedir é que haja um ou alguns sócios a não comungarem dos lucros criados pela sociedade. E não é porque o direito aos lucros de exercíco foi excluído que passamos a ter sócios destituídos de vantagens patrimoniais.[63] Pode acontecer, por exemplo, que uma acção apenas atribua o direito à uma quota na liquidação da sociedade.

Duas conclusões devem ser então adiantadas. A *primeira* é a de que aquilo que se afirma em relação ao direito ao lucro de exercício vale para qualquer outro direito patrimonial. Usando novamente os mesmos exemplos: podem ser emitidas acções sem direito à quota de liquidação e apenas com o direito aos lucros de exercício. A *segunda* é a de que temos de reconhecer que, pelo menos face ao direito actualmente vigente (enquanto se não começar a ver uma mais veemente tendência para a neutralização da causa contratual, para além de manifestações legais mais ou menos dispersas e avulsas), uma acção *totalmente* vazia de direitos patrimoniais não parece aceitável. Pelo menos, por acção da autonomia estatutária. Algo de patrimonial deverá estar sempre presente, algo que represente o reflexo daquele elemento organizatório lucrativo.

4. Resta agora conhecer da possibilidade de a sociedade, usando da sua liberdade contratual, emitir acções sem direitos administrativos. Ora, já aqui não entra a discussão sobre a causa negocial, pois não se coloca em risco o *animus lucrandi* social. E também, mais uma vez, se não duvida da importância prática de tais acções: na verdade, do ponto de vista do financiamento social, seriam tais acções provavelmente mais eficazes, já que teriam concerteza um valor económico superior ao das acções destituídas de direitos patrimoniais.

---

[63] Discordamos, portanto, de PEDRO PAIS DE VASCONCELOS (op. cit., pág. 174), quando afirma, sem mais, a impossibilidade de o direito ao lucro ser destacado por força da aplicação das regras do pacto leonino.

516   *Estudos em Comemoração do 10.º Aniversário da Licenciatura em Direito*

Comecemos pelo direito de voto que é tido como inafastável da condição de sócio. O direito de voto é um dos direitos reconhecido aos sócios pela lei (art. 21.º CSC) e é visto como uma parte componente do mais geral direito de participação do sócio na vida social – ou seja, a participação plena do sócio acontece com os direitos de estar presente na assembleia, de nela discutir sobre os assuntos sujeitos a deliberação ou de ser consultado sobre a tomada de deliberações por voto escrito e com o direito de voto[64]. O direito de voto é "o poder que o sócio tem de participar na tomada de deliberações através da emissão de votos."[65]

Mas, também se não pode negar a evidência de se preverem já legalmente acções destituídas deste direito – as acções preferenciais sem voto (arts. 341.º a 344.º CSC). Estas acções não transportam no seu conteúdo (não lhes é inerente) o direito de voto. É certo que a ausência do direito de voto é contrabalançada pelo pagamento de um dividendo prioritário e, também, pelo reembolso prioritário do seu valor nominal na liquidação da sociedade (art. 341.º/2 CSC). Mas, não será isso concerteza que apaga que sejam, de facto, acções sem direito de voto. Ora, não deixam estas acções de ser participação social pelo facto de não concederem um direito de voto. Isto é, não deixam os seus titulares de ser considerados sócios. O que é o mesmo que dizer que a qualidade de sócio não é prejudicada pelo facto de não poder votar em assembleia[66]. Estas acções têm por objectivo atrair o investimento, aumentando a sociedade os capitais próprios, sem que haja intervenção dos novos accionistas na participação na vida da sociedade[67] (o que provavelmente nem os interessaria sobremaneira), permitindo-se a manutenção do *status quo* na gestão social[68]. Parece-nos, pois, ser de pensar a eventualidade de a sociedade poder licitamente emitir acções sem voto[69].

---

[64] COUTINHO DE ABREU, *Curso*, op. cit., pág. 237.

[65] COUTINHO DE ABREU, *Curso*, op. cit., pág. 237.

[66] Embora os titulares desta modalidade de acções possam votar em assembleia especial – art. 389.º CSC.

[67] COUTINHO DE ABREU, op. cit., pág. 229.

[68] Esta categoria de acções traz consido um outro dado: é que os seus proprietários apenas estão destituídos do direito de voto, porque assim escolheram. Porque o decidiram trocar por vantagens económicas. PINTO COELHO, op. cit., pág. 274.

[69] E não se diga que isto seria uma total originalidade. Temos como exemplo as *no-voting shares* admitidas pela lei inglesa, diferentes das acções preferenciais sem voto (*Farrar's Company Law*, Grã-Bretanha, 1991, pág. 225). E ainda os anglo-saxónicos *voting certificates*, com que se admite a possibilidade de entregar a pessoas que não são sócios a legitimação de tomar parte, com voz deliberativa, nas assembleias gerais.

A *Incindibilidade da Participação Social nas Sociedades Anónimas* 517

Ora, se se admite tal afastamento do direito de voto, parece-nos poder-se concluir pelo afastamento de outro direito administrativo, por actuação da autonomia estatutária.

5. O que nos parece mais difícil de ver afastado é um outro direito administrativo: o direito à informação.

Temos consciência de que o que vamos adiantando apresenta uma perspectiva de extensa autonomia e liberdade estatutória da sociedade, consequente à sua autonomia contratual. Tão ampla a consideramos que colocamos mesmo a hipótese de emissão de acções sem voto (diferentes das acções preferenciais sem voto) ou das acções sem direito aos lucros. Todavia, parece-nos que uma barreira dificilmente será ultrapassada e que, pelo contrário, deverá daqui sair fortalecida: a do direito à informação.

Na verdade, permitir-se que a sociedade se expresse de uma forma (ainda) tão diferente da normal organização das sociedades anónimas que (actualmente) laboram no mercado, deverá ser contrabalançado com uma maior preocupação com a quantidade de informação disponível aos sócios ou titulares de direitos sociais isolados (ou àqueles que o pretendam ser). Na verdade, se tomarmos por ponto de partida a liberdade contratual, não devemos esquecer que esta só será verdadeira liberdade quando se faça por colocar as partes numa posição paritária. Partes que actuem no uso de uma vontade esclarecida, serão partes verdadeiramente livres, pois só assim poderão conscientemente manifestar a sua autodeterminação. É assegurando a "disponibilidade simétrica do maior número possível de informações relevantes"[70] que se garante a igualdade material entre as partes.

Isto vem a significar que admitindo-se a mais radical cindibilidade dos direitos administrativos, ainda assim um deles deveria sempre permanecer com a acção: o direito à informação. Parece-nos, assim, que o estatuto nunca poderá admitir a emissão de acções que impeçam o seu titular de ser informado ou de se informar sobre a administração da sociedade. Consequentemente, uma acção tem de sempre garantir ao seu titular, independentemente de quais os direitos que titule, o direito à informação nas suas diferentes manifestações[71].

Não consideramos, pois, que o direito à informação deva ser remetido à categoria de mero direito acessório. Mas pensamos que tem um

---

[70] Expressão de PIERGAETANO MARCHETTI, "L'autonomia statutaria nella società per azioni", *Rivista delle Società*, ano 45/2000. págs. 562 e ss., pág. 564.

[71] *Vide* COUTINHO DE ABREU, *Curso*, op. cit., pág. 252.

518 Estudos em Comemoração do 10.º Aniversário da Licenciatura em Direito

lugar próprio, autónomo e relevante no seio dos designados direitos inerentes à participação social. É que o direito à informação é consequente do risco corrido pelos sócios ao participarem na actividade social, pelo que ainda mais se justificará quando a sociedade recorreu, como forma de financiamento, por exemplo, a acções sem direitos patrimoniais ou, principalmente, acções sem direitos administrativos. Aliás, o legislador no art. 214.º/2[72] admite a regulamentação pelos estatutos do direito à informação, mas impede a injustificada limitação do seu exercício ou do seu âmbito.[73]

4.1. Modificação dos estatutos

Há que ter em consideração que a criação de estatutos de uma sociedade é diferente da sua modificação. Não só quanto à sua natureza, mas também quanto aos interesses a ponderar. Tomemos por epicentro a figura do accionista-investidor.

As sociedades anónimas podem ser sociedades abertas ou fechadas, sendo que as primeiras exigem da parte do legislador uma maior preocupação, preocupação esta que deve ser directamente proporcional ao recurso ao aforro público. Nestas situações de sociedades abertas, aumenta a necessidade do *ius imperium* do legislador para assegurar a protecção de uma parte contratual que é mais fraca – a dos investidores.

Devemos afirmar, antes de mais, que não nos convence esta ideia dos investidores como agentes débeis. Principalmente se nos reportarmos ao momento da formação do contrato. Na verdade, se as normas que garantem a adequada informação dos participantes na actividade societária forem cumpridas – e na, na nossa opinião, aperfeiçoadas – tal deverá bastar para os proteger. Para além do facto de se tratar aqui de verdadeira autonomia contratual, na medida em que não só optam por participar ou não,

---

[72] Que pode ser analogicamente aplicado aos outros "tipos" sociais. COUTINHO DE ABREU, op. cit., 259.

[73] O que não deixa de ser um pouco incoerente com a forma como vem regulamentar o direito à informação, já que, sob a epígrafe "direito mínimo à informação", o art. 288.º apenas permite a obtenção de certas informações a quem possua acções correspondentes a, pelo menos, 1% do capital social. Há aqui, como já vimos para o direito de voto, a exigência da titularidade de um certo número de acções para a obtenção de informações — o que pode colocar o sócio em situação de não aceder a informações que podem, para ele, constituir alguma importância. Assim, talvez *de lege ferenda*, se devesse permitir ao sócio aceder a informação (embora admitamos algumas restrições em especiais circunstâncias) independentemente do número de acções possuídas.

A Incindibilidade da Participação Social nas Sociedades Anónimas   519

como também são responsáveis pela formação das regras que determinarão a sua actividade futura. Não se esqueça que esta categoria de accionistas usa de uma actividade de risco precisamente por saber que é do risco que se retiram vantagens patrimoniais. Aliás, é o que os seduz: compra e venda de acções de uma forma (mais ou menos) descomprometida com as consequências da venda para a sociedade. Há uma atitude quase de total desprendimento dos accionistas-investidores em relação interesse social, saltando de sociedade em sociedade, procurando a satisfação de interesses de lucro individual.[74]

Ainda quanto a esta matéria, devemos dizer que concordamos quando se afirma que a liberdade contratual na fase de formação do contrato não só é mais eficiente como mais justa[75]. É que teorias económicas sugerem que, na busca de capitais, as partes que tomaram a iniciativa da empresa de criação tenderão a adoptar *efficient terms*, isto é, cláusulas que maximizarão o tamanho da fatia de dividendos que a cada um dos sócios caberá e, portanto, mais atractivas. É que quem tiver a iniciativa do contrato terá sempre em conta o efeito de cada cláusula no interesse dos futuros accionistas, mesmo que eventualmente efectivas negociações nunca venham a acontecer[76]. Por outro lado, também é uma questão de justiça. Isto por duas razões. Em primeiro lugar, porque qualquer cláusula contratual deve ser vista como consentida por todas as partes envolvidas nas negociações ou as que àquelas aderiram. Depois, todas se vêem na mesma situação – qualquer uma das partes está na posição que foi tida como a mais eficiente. O que é um outro argumento que pesa no sentido de diminuir a imperatividade das normas estatais, com o contrapeso de maior atenção ser prestada às garantias de informação. É que as normas imperativas nem sequer se podem aqui justificar como garantes da justiça na distribuição contratual[77].

---

[74] Os investidores preferem cumprir uma regra de Wall Street: *"it's easier to switch than to fight"*. STEPHEN M. BAINBRIDGE, *The politics of corporate Governance: Roe's strong Managers, Weak Owners*, Research Paper no. 01-10, UCLA, pág. 6.

[75] Especialmente se confiarmos na não existência daquilo que os autores anglo-saxónicos designam por *informational imperfections and externalities*. Ou seja, na inexistência de partes com superavit de informação em relação a outras e também na de outros efeitos dos termos iniciais que não os provenientes do contrato de sociedade. BEBCHUK, op. cit., pág. 1828.

[76] Daí que se justifique a menor intervenção legal – é que muitas vezes o legislador não possuirá as mesmas informações que as partes contratuais, pelo que a intervenção estadual pode impedir que as partes efectivamente encontrem o clausulado mais eficiente. Assim BEBCHUK, op. cit., pág. 1889.

[77] Concordamos, então, com a exposição de BEBCHUK, op. cit., págs. 1887 e ss.

520 *Estudos em Comemoração do 10.º Aniversário da Licenciatura em Direito*

Esta perspectiva, porém, deverá ser atenuada quando deixamos a fase de formação da sociedade, para considerarmos a modificação estatutária. Pois aqui novos interesses e dados deverão ser tomados em conta. Não se pode aqui considerar a autonomia contratual da sociedade de forma tão abrangente, porque quando se trata da modificação do contrato já não estamos propriamente no âmbito da actuação da liberdade contratual – os mecanismos contratuais que justificam uma maior liberdade às partes já aqui não estão presentes. De facto, considerou-se que em sociedades de grande dimensão a tomada de decisão não pode ser feita por unanimidade, pois tal paralisaria a sua actividade, não lhe permitindo adaptar-se aos novos desafios que lhe sejam propostos ou a novas circunstâncias que poderão até pôr em perigo a sua existência[78]. Daí que se tenha optado por um sistema autoritário de decisão[79]. Ora, este sistema implica que a tomada de decisão se faça pelo apuramento do sentido da maioria dos votos, o que quer dizer que aquele argumento em que nos fundámos para admitir uma abrangente autonomia contratual – o livre consentimento – já aqui não vale. O que facilmente se compreende, já que se passa a poder impôr aos sócios decisões em que eles não consentiram. Além de que, depois de conquistados, a preocupação do "vendedor do produto" em torná-lo mais atraente (pela consagração das tais cláusulas de eficiência igualitária) através da informação, deixou de se fazer sentir. Pelo que se pode considerar aqui que a necessidade de proteger o investidor se torna mais premente do que na fase inicial. Assim, admitir a alteração dos estatutos no sentido de passar a permitir uma alteração organizacional da sociedade talvez deva ser considerada com maior cuidado, quer se altere a distribuição de poderes de intervenção na gestão da sociedade quer se altere a distribuição de direitos patrimoniais.

---

[78] "Corporations are long-living creatures functioning in an everchanging environment." BEBCHUCK, op. cit., pág. 1892. Continua a mesma autora fazendo notar que o estatuto inicial não é um *complete contingent contract*, isto é, um contrato (naturalmente, apenas uma construção teórica) que contenha uma lista explícita de qualquer futura circunstância, e a uma escala mundial, encontrando para cada delas a perfeita solução

[79] As duas estruturas de decisão numa sociedade anónima foram descritas por KENETH ARROW, que descreve a estrutura autoritária como uma solução altamente eficiente para os problemas relacionados com as decisões enfrentados particularmente pelas grandes sociedades. BAINBRIDGE, op. cit., pág. 5.

5. A autonomia do sócio

Como já foi adiantado, o problema da cindibilidade assume especial importância quando se trata de analisar a possibilidade de ser o sócio a negociar algum ou alguns dos direitos inerentes à sua participação social. Estando-se no âmbito, não só da autonomia privada (permitindo ao sócio contratar com outrem manifestando a sua liberdade contratual), mas também do direito de propriedade, porque não aceitar este negócio translativo? De facto, e até aqui todos concordam[80], o sócio poderá ter vários motivos para o intentar, entre os quais, por exemplo, obter um valor patrimonial líquido sem desistir de todos os direitos inerentes à participação social e reservando-se ainda alguma influência na sociedade (isto é, aproveita as potencialidades financeiras da participação sem desistir da propriedade sobre ela)[81].

Tendo por pressuposto o que já foi sendo dito quanto à unidade da participação social, vejamos alguns dos argumentos que se degladiam no cenário do princípio da proibição da cindibilidade.

Antes de avançarmos, porém, uma coisa deve ser para já entendida. Não se pode fundamentar uma posição quanto a este problema no que se decidir quanto à autonomia estatutária. É que a *lógica* não impede que a autonomia do sócio possa actuar apesar de a autonomia estatutária estar impedida de cindir direitos sociais. De facto, não é porque o sócio transmite um determinado direito que vai alterar a distribuição de direitos feita pela sociedade. Isto é, a sociedade usou da sua esfera de autonomia procedendo à determinação dos direitos sociais e estabelecendo como é que os direitos deveriam ser distribuídos entre as várias categorias de acções. Num patamar diferente estaria a autonomia do sócio que repartiria os direitos que lhe foram reconhecidos por sujeitos diversos. Não haveria aqui alteração daquela ideia que determina a correspondência entre os direitos sociais e a unidade accionária em termos objectivos sem olhar à concreta situação dos sócios[82].

Assim, os autores que se opõem à cisão justificam-no com fundamento num argumento operativo, não lógico[83]. Dizem que se a sociedade

---

[80] RAÚL VENTURA, op. cit., pág. 11.

[81] HERBERT WIEDEMANN, *Die Übertragung und Verebung von Mitgliedschaftsrechten bei Handelsgesellschaften*, pág. 276.

[82] ANGELICI, "Sulla 'inscindibilità'...", pág. 135.

[83] *Idem, ibidem.*

522   *Estudos em Comemoração do 10.º Aniversário da Licenciatura em Direito*

não olha à situação concreta dos sócios, também é verdade que, quando faz a distribuição objectiva de direitos sociais, o faz com a intenção de se salvaguardar e de apenas permitir dentro das suas fronteiras aqueles que possuem um passaporte previamente definido (i. e., a propriedade da acção). Ora, se se permitisse a um sócio transferir um dos seus direitos sociais, estaríamos a permitir que fosse o sócio a alterar os critérios estabelecidos pela sociedade sobre quem entra e como entra nela, ultrapassando a vontade societária. Consequentemente, se se admitisse a cisão, esta não poderia mexer com o esquema organizativo da sociedade, pelo que não teria nunca relevo real (efeitos perante a sociedade), mas apenas *inter partes*.[84]

Este argumento associa-se, portanto, àquele de acordo com o qual, por força das transmissões, a sociedade se veria confrontada com uma série de titulares distintos de direitos, quando apenas um deles é sócio. Mas, a verdade é que a sociedade só lida com um titular de cada direito. Depois, tal não constitui extraordinária novidade, quando se admite, e legalmente, o usufruto e o penhor, em que aparecem dois titulares de direitos sociais; sendo que só a um se reconhece a qualidade de sócio. De facto, com o usufruto, o usufrutuário torna-se titular de uma série de direitos que devem ser classificados como direitos inerentes à participação social: o direito a lucros distribuídos correspondentes ao tempo de duração do usufruto, a participar e votar na assembleia geral, a valores que caibam à acção quando da liquidação, para além de outros direitos que não os referidos nos arts. 1467.º CCv e 23.º/2 CSC[85]. E quem mantém a qualidade de sócio é o titular da participação social não o usufrutuário[86]. Na verdade, o objecto deste contrato não permite a alteração da natureza do usufruto enquanto direito real limitado ou *ius in re aliena*.

---

[84] Esta será também a opinião de MASSIMO BIONE (op. cit., pág. 35) e de ANGELICI: "compreende-se porque é que esse |o problema da alienação, por parte do sócio, de alguns direitos sociais| seja prevalentemente resolvido distinguindo entre a possibilidade de uma 'cisão' com relevância sobretudo obrigacional (porque incide apenas nas relações entre o sócio e um terceiro(...)) e a sua impossibilidade quando coenvolva o significado organizativo da participação social" ("Azioni di società", *Enciclopedia Giuridica*, Roma, 1988, vol. IV, pág. 3).

[85] Como o direito a participar em aumento de capital a realizar em dinheiro (art. 462.º CSC), o direito à informação como é descrito nos arts. 288.º e ss. CSC (art. 293.º CSC) – COUTINHO DE ABREU, op. cit., pág. 346.

[86] Assim, COUTINHO DE ABREU, op. cit., pág. 347, JOSÉ GABRIEL PINTO COELHO, "Usufruto de acções", *RLJ*, 1957, págs. 49 e ss., págs 50 e ss. Em sentido divergente, BARBOSA DE MAGALHÃES ("Usufruto de acções, de partes e de quotas sociais", *ROA*, 1952, págs. 45 e ss., págs.48 e ss.).

A *Incindibilidade da Participação Social nas Sociedades Anónimas*   523

Também são direitos inerentes à participação social aqueles que passam à titularidade do credor pignoratício quando tal é acordado entre as partes (art. 23.º/4 CSC)[87]. Assim, pode o credor ser titular do direito de voto, do direito à informação ou do direito aos lucros a distribuir durante o tempo em que permaneça nesta posição. Pelas mesmas razões adiantadas quanto ao usufruto, no caso de tal convenção existir, não se duvida de que o sócio é o autor do penhor, já que não há, pela constituição deste direito de garantia, a transmissão do direito de propriedade daquele para o credor pignoratício.

Ora, mais uma vez repetimos, porque havemos de considerar o regime jurídico do usufruto e do penhor como uma excepção ao princípio da incindibilidade[88] e não como mais um meio para provar a aceitação, por parte do legislador, da cindibilidade da acção[89]?

Parece, pois, que a cisão se deve julgar admissível, sendo ulterior o problema da eficácia dessa cisão face à sociedade. E seria necessária uma análise dos vários direitos sociais que compõem a participação social, para perceber quais deles e com que consequências podem ser isoladamente transmitidos a quem não é sócio, o que se não coaduna com os limites deste trabalho. De qualquer modo, tomemos, mais uma vez, em consideração, apenas o direito aos lucros e o direito de voto.

Tem-se afirmado a incindibilidade do direito aos lucros por vontade do sócio. Um dos argumentos neste sentido é o de que com o direito aos lucros seria necessário também transmitir o direito de defender perante a sociedade que esta procedesse à sua distribuição como estabelecido pelo contrato ou por deliberação[90]. Mas, parece-nos ser pertinente a observação feita por RAÚL VENTURA: "tais direitos continuam a pertencer ao transmitente, sendo do interesse do transmissário cuidar nos negócios de transmissão do exercício de tais direitos pelo transmitente e que, não fazendo, 'sibi imputet'."[91]

---

[87] Aliás, esta é também opinião de COUTINHO DE ABREU (op. cit., pág. 349): "Os *direitos* inerentes à participação social continuam a *pertencer e a poder ser exercidos pelo sócio-autor do penhor; o credor pignoratício* só pode *exercer* alguns desses direitos quando tal for *convencionado* entre ele e o autor do penhor (art. 23.º/4)."(sublinhado nosso)

[88] Como o faz PANTALÉON PRIETO, op. cit., pág. 22 ou Visentini, op. cit., pág. 975.

[89] Parece também ser YANN PACLOT de opinião de que o usufruto traz consigo uma cisão dos direitos sociais ("Remarques sur le Démembrement des Droits Sociaux", *La Semaine Juridique (JCP)*, 1997, n.º 30, págs. 313 e ss., pág. 317. Assim como JEAN-JACQUES DAIGRE, "Le Droit de Vote Est-il Encore un Atribut Essenciel de l'Associé?", *La Semaine Juridique (JCP)*, 1996, n.º 28, págs. 317 e ss., pág. 318.

[90] PANTALÉON PRIETO, op. cit., pág. 28.

[91] Op. cit., pág. 11.

524   *Estudos em Comemoração do 10.º Aniversário da Licenciatura em Direito*

Outra objecção estaria no facto de um adquirente da acção o fazer sem que passasse a possuir o direito aos lucros. Ora, este é mais um argumento de ordem prática, que não relacionado com a natureza do direito aos lucros e da sua ligação com a participação social, pelo que também não parece muito convincente. De qualquer forma, tal obstáculo seria transposto com a obrigatória menção no título da ausência do dirieto. Simultaneamente, recai sobre o transmitente o dever (pré-)contratual de informar o transmissário da situação em que se encontra a coisa. Em caso de incumprimento deste dever, avocar-se-iam as competentes regras do direito das obrigações.

Todavia, há um obstáculo de difícil transposição. Diz-se que para o exercício *com relevo real* de direitos patrimoniais, designadamente do direito ao lucro, será necessário encontrar índices de legitimação diferentes dos que são reconhecidos aos sócios[92]. A lei portuguesa conhece títulos representativos de direitos destacados, que são os cupões. O art. 301.º CSC considera precisamente a possibilidade de as acções serem munidas de cupões para a cobrança de dividendos (que estão fisicamente separados do título). Contudo, o exercício de direitos destacados por cupões pertence a quem seja titular em conformidade com o título (art. 55.º/2 CVM). O que significa a necessidade de exibir o título (a acção) para poder exercer o direito. O que significa que o índice de legitimação é o mesmo que para outros direitos inerentes à participação, precludindo-se o relevo real da atribuição a terceiro do direito ao lucro[93].

O facto de os direitos patrimoniais inerentes à participação social poderem sofrer uma transformação na direcção dos direitos de crédito subjectivos – transformação essa que os autonomiza e que permite a sua cessão individualizada sem, como vimos, implicar a titularização em dois sujeitos diferentes de direitos sociais – leva a que mais facilmente se aceite a sua separação da participação social[94]. O mesmo já não acontece com os direitos administrativos, que normalmente se afirmam intimamente ligados à qualidade de sócio.

De acordo com CARLO ANGELICI[95], o direito de voto não é abdicável, uma vez que o direito de voto se deve compreender no âmbito do conceito

---

[92] MASSIMO BIONE, op. cit., pág. 33; CARLO ANGELICI, *Tratatto delle Società Per Azioni – vol. 2*, Torino, 1991, pág. 125 e ss.

[93] MASSIMO BIONE, op. cit., pág. 34.

[94] Assim, MASSIMO BIONE.

[95] *Commentario...*, op. cit., pág. 145.

de *Sozialrecht*. Isto porque os interesses por tal direito e nele representados encontram a sua forma de expressão nos esquemas típicos dos *Sozialrechte*. A atribuição do direito de voto a um sujeito faz-se como consequência da participação na organização societária, em conformidade com as suas regras e exigências. Consequentemente, afirma-se a sua incindibilidade[96]. A ligação indivíduo/voto faz-se pela participação social; só quem for titular de uma participação social poderá ser titular do direito de voto[97]. Isto porque direitos patrimoniais e direitos administrativos formam um binário de direitos, com paralelismo entre uns e outros, o que estará na base da afirmação de que não são admissíveis acções sem direito a dividendo, nem acções sem direito de voto[98]. Ou, o que é o mesmo, a impossibilidade de ser separadamente transmitidos o direito de voto[99].

Porém, observemos algumas circunstâncias que tendencialmente infirmam a opinião daquele autor italiano. Como já vimos, nem sempre se pode dar a presença do sócio em assembleia para exercer este direito, pelo que se admite o recurso à representação – arts. 380.º e ss. CSC. Vimos igualmente que a representação não configura uma cisão de titularidade de direitos, mas sim uma separação entre a sua titularidade e a legitimação para o exercício. Um dos problemas levantados pelo forte abstencionismo dos accionistas está relacionado com a representação. Verificou-se que as procurações, por não conterem limites ao poder representativo (as designadas *procurações em branco*), permitiam que o verdadeiro poder de decisão sobre a administração da sociedade se transferisse, de facto, do sócio para o procurador[100]. Assim sendo, o art. 381.º CSC veio tentar corrigir esta situação, estabelecendo uma série de critérios para as representações de mais de cinco accionistas em assembleia geral. Todavia, para o que aqui nos interessa, não deixa este artigo de nos fornecer alguns dados a não

---

[96] Aliás, como outros autores. Por exemplo, PANTALÉON PRIETO, op. cit., pág. 24; WIEDEMANN, op. cit., págs. 276 e ss., MASSIMO BIONE, op. cit., pág. 33, VISENTINI, op. cit., pág. 975.

[97] Esta é afirmação comum na doutrina. Na verdade, a doutrina alemã afirma unanimemente a impossibilidade de separação entre a qualidade de sócio e a de titular do direito de voto (entre outros, MAYER-LANDRUT, op. cit., pág. 102; UWE HUFFER, *Aktiengesetz*, Munique, 2002, pág. 39; HEIDER, *Münchener Kommentar Aktiengesetz, §1-53, I*, Munique, 2000, pág. 255)

[98] PINTO COELHO, op. cit., pág. 257.

[99] Neste sentido se pronunciaram já os tribunais franceses e alemães, apesar de haver algumas vozes em sentido contrário na doutrina. *Vide*, WIEDEMANN, op. cit., pág.s. 278 e ss., e J. RAULT, op. cit., pág. 843 (4).

[100] COUTINHO DE ABREU, op. cit., pág. 249.

ignorar. Em primeiro lugar, mesmo em algumas circunstâncias, poderá o representante optar pelo sentido de voto que *ele*, embora considerando sempre os interesses do representado, considerar mais conveniente (art. 381.º/1/c), *in fine* CSC). Em segundo lugar, as condições descritas por este preceito valem apenas para a representação de mais de cinco accionistas, o que quer dizer que quando tal situação se não observe, a estatuição da norma já se não verifica, passando assim, mais uma vez, a permitir-se o mandato em branco. Se é verdade, repetimos, que não há transferência da titularidade do direito, também o é que o poder intrínseco ao direito está nas mãos de alguém que não é participante da organização. Há como que uma ultrapassagem dos motivos que justificam a incindibilidade do direito de voto[101].

Depois, não se pode dizer que a lei também não contribua para o afastamento entre a posição de sócio e o direito de voto. Olhemos, por exemplo, o art. 384.º/2/b) CSC. Este preceito permite que o contrato de sociedade estabeleça que não sejam contados votos acima de certo número, quando emitidos por um só accionista. Há aqui, pois, uma nítida limitação do direito de voto como direito social, derrogando-se claramente o princípio "uma acção, um voto". Não se pode aqui afirmar, é claro, que haja uma cisão. Mas, é inegável uma limitação do direito social – porque se coloca frente ao sócio uma barreira à sua legitimidade de expressão por meio de voto. Sendo assim, abre-se uma brecha na tal união sócio/direito de voto.[102] Outra falha é a presente no n.º 4 do mesmo artigo, que prevê a suspensão do direito de voto, quando da mora na realização das entradas de capital e enquanto esta durar, sem que seja questionada a posição de sócio. Mais uma vez: temos um sujeito a quem é reconhecida a qualidade de sócio sem ter direito de voto (ainda que temporariamente). Depois, há o regime do n.º 5 – os impedimentos de voto. Aqui observa-se a mesma situação da norma anterior, já que por um (breve) período de tempo, e sem possibilidade de derrogação, se retira ao sócio o direito de votar na assembleia.

E podemos continuar. Veja-se o art. 379.º/4 CSC. Este prevê a hipótese de o contrato de sociedade exigir um certo número de acções para

---

[101] Note-se, ainda, que o accionista pode ser representado por qualquer sujeito. Art. 380.º/1.

[102] Isto é, eles podem até vir sempre juntos. Mas, a verdade é que um (a qualidade de sócio) será sempre mais longo do que o outro (direito de voto), na medida em que haverá uma extensão da qualidade de sócio não abrangida em todo o seu cumprimento pelo direito de voto.

conferir o direito de voto. O que quer dizer que pode haver quem seja titular de uma acção, e portanto sócio, sem que tenha o direito de voto. Isto é, quem não possua um certo número de acções, não tem voto. A não ser que use do seu direito de agrupamento, de forma a que, associado com outros sócios, possa juntar o número de acções que torna possível o direito de votar.

Finalmente, também será necessário observar que faz parte da natureza das acções a sua negociabilidade, o que significa que os sócios não podem sempre controlar quem tem assento e poder de voto na assembleia geral da sociedade. Por isso, não se poderia dizer que é indiferente quem esteja a exercer o direito de voto – na verdade, com a sua transmissão para outrem, o que acontece é que o sócio apenas se fez substituir por uma outra pessoa. E a verdade também é que as razões que motivam o sentido de voto dos sócios podem ser as mais diversas, pelo que não seria assim tão excepcional que alguém (ainda que não-sócio) entrasse na sociedade e usasse o seu direito de voto num sentido totalmente incompreensível pelos sócios.

WIEDEMANN[103], considerando alguns dos argumentos aduzidos a favor da cindibilidade do direito de voto, diz ser uma das razões para a identidade entre a propriedade deste direito e o seu exercício a possibilidade de impedir que estranhos à sociedade nela se imiscuam, tendo acesso a matéria que deve permanecer reservada. O mesmo autor reconhece que mesmo para os sócios há um dever de discrição, acaba por confessar recear que a manutenção de um segredo seja muito difícil quando muitos o partilham. Este é, de facto, um ensinamento do senso comum. Contudo, existem métodos de assegurar a discrição de quem participa na actividade social, para além de que é necessário sempre o cumprimento de um dever genérico de boa fé. Outro argumento considerado pelo autor é o do parco interesse que o titular apenas de um direito administrativo terá naquelas deliberações que apenas tenham consequências para os direitos patrimoniais dos sócios, podendo assim, pela sua falta de envolvimento, vir a lesar seriamente os interesses do proprietário da participação. É claro que tal pode acontecer. Todavia, mais uma vez se afirma que este é um problema que deve ser ponderado pelo transmitente antes do negócio translativo, para além de que poderá fazer intervir aqui as suas garantias de cumprimento contratual, designadamente no que diz respeito a deveres de boa fé.

---

[103] Op. cit., pág. 280.

528 *Estudos em Comemoração do 10.° Aniversário da Licenciatura em Direito*

Fazemos, portanto, nossas, as palavras de PINTO COELHO: "isto mostra (...) que seria critério excessivamente ousado considerar de ordem pública o princípio da atribuição do voto ao accionista. Tanto mais que ele não está ligado à qualidade de accionista."[104-105]. Não há, portanto, um pacto de sangue entre o direito de voto e a socialidade, o que pode vir a ser usado como argumento no sentido de se permitir a cisão entre o direito de voto e os restantes direitos sociais.

6. *Conclusão*

Não será fácil, reconhecemos, retirar uma conclusão daquilo que foi sendo descrito até aqui. Principalmente se se procurava uma posição firme quanto ao princípio da proibição da incindibilidade. Contudo, como dissemos no início, não era nosso objectivo encontrá-la, mas sim fazer uma ponderação deste princípio. Atirar uma pedra ao charco. O que pretendíamos era que se reconhecesse a necessidade de rever algo que muitas vezes é apresentado como uma inquestionável característica da acção. E consideramos que foram apresentados argumentos suficientes, se não para o derrubar, para contribuir na tarefa de o abalar. É que reconhecer a cindibilidade da participação social seria não só um factor de flexibilização da organização societária, mas também uma forma de conceder à sociedade anónima novos espaços encontrar outros e originais modos de atrair capital. Simultaneamente, conceder-se-ia ao sócio a faculdade de explorar mais activamente todas as potencialidades da sua participação social. É claro que a abertura à cindibilidade é bastante mais ampla no que diz respeito às sociedades fechadas, onde não considerações de interesse público não se tornam mais prementes. Designadamente, no que diz respeito à informação. Já que só com uma afiada noção da importância da informação e da sua obrigatoriedade – o que exigiria algumas alterações legislativas – se poderia aceitar mais facilmente a cisão dos direitos sociais. Porém, as vantagens da transmissão isolada de direitos e da maior liberdade na conformação de acções só se concretizarão com o auxílio da jurisprudência e um mais vivaz interesse da doutrina por esta matéria. Esperemos, contudo, que este pequeno trabalho já tenha aguçado alguma curiosidade.

---

[104] PINTO COELHO, "Estudo...", op. cit., pág. 274

[105] Os *investment trusts* e a transmissão não aprovada de acções vinculadas são hipóteses consideradas por FLATTET e citadas por VISENTINI, op. cit., pág. 976 (17), como podendo ser também casos em que se pode considerar a hipótese de incindibilidade. Indicariam que o princípio da incindibilidade tem a tendência para, no plano de facto, cair.

KRAUSE:
ENTRE HUMANISMO E HUMANITARISMO

MARIA CLARA CALHEIROS

1. KRAUSE e os "krausismos"

A história das ideias de oitocentos regista o contributo de uma figura de segundo plano da filosofia alemã, Karl Christian Friedrich KRAUSE (1781-1832)[1], cujo sistema filosófico se inscreve no idealismo germânico.

---

[1] Existe uma biografia do autor elaborada com grande detalhe: UREÑA, M., *Krause, educador de la humanidad. Una biografia*, Col. LKM, UPCO, Madrid, 1991. Uma versão mais sintéctica da vida e obra do autor alemão está disponível em UREÑA, M. *Krause*, Ediciones del Orto, Madrid, 2001. Autor, de uma extensa obra, publicada em vida e também postumamente, as suas principais obras são: – *Grundlage des Naturrechts.[1] Erste Abtheilung*, Jena und Leipzig, 1803; *Grundiss der historischen Logik für Vorlesungen.* Jena, 1803; *Entwurf des Systems der Philosophie. Erste Abtheilung,* Jena und Leipzig, 1804; *Die drei ältesten Kunsturkunden der Freimaurerbrüderschaft*, Dresden, 1810; *System der Sittenlehre.* Leipzig, 1810; *Das Urbild der Menschheit. Ein Versuch.* Vorzüglich für Freimaurer, Dresden, 1811; *Tagblatt des Menschheitlebens*, Dresden, 1811; *Die drei ältesten Kunsturkunden der Freimaurerbrüderschaft.* Zweiter Band, Dresden, 1813; *Oratio de scientia humana*, Berlin, 1814; *Abriss des Systems der Logik*, Göttingen, 1825; *Abriss des Systems der Philosophie.*Göttingen, 1825; *Darstellungen aus der Geschichte der Musik*, Göttingen, 1827; *Vorlesungen über das System der Philosophie.* Göttingen, 1828; *Abrisss des Systems der Rechtsphilosophie des Rechtes.* Göttingen, 1828; *Vorlesungen über die Grundwahrheiten der Wissenschaft*, zugleich in ihrer Beziehung zu dem Leben, Göttingen, 1829; *Die absolute Religionsphilosophie*, Gotinga, I, 1834, II – 1.ª, 1836; II-2.ª, 1843; *Geist der Geschichte der Menschheit*, Gotinga, 1843; *Vorlesungen über die psychische Anthropologie*, Gotinga, 1843; *Erneute Vernunftkritik*, Praga, 1868; *System der Aesthetik*, Leipzig, 1882; *Die Wissenschaft von der Landverschönerkunst*, Leipzig, 1883; *Vorlesungen über synthetische Logik*, Leipzig, 1884; *Grundriss der Philosophie der Geschichte*, Leipzig, 1889; *Anschauungen.* Erster, Zweiterund Dritter Band, Leipzig,

530 *Estudos em Comemoração do 10.º Aniversário da Licenciatura em Direito*

Na Alemanha do séc. XIX, o pensamento de KRAUSE corresponde à defesa da ideia do direito social, em oposição ao hegelianismo. Trata-se de um sistema filosófico que se engloba numa corrente de pensamento que se caracteriza pelo que GURVITCH apelidou, de forma feliz, de "transpersonalismo não estatal"[2]. Tendo sido aluno de FICHTE (1762-1805) e de SCHELLING (1775-1854), a sua filosofia guarda especial proximidade com as ideias do primeiro destes autores, cuja amizade procurou cultivar. Com efeito, a sua filosofia do direito – a parte mais conseguida e profícua do seu pensamento – apoia-se em grande medida sobre o pensamento de FICHTE, esforçando-se por o aprofundar. As suas ideias são conotadas com a extrema esquerda, revelando ao longo da vida grande simpatia e admiração pelo movimento revolucionário francês, e por SAINT-SIMON (1760--1825) e os saint-simonianos. Uma outra ligação, com importância na difusão ulterior da sua obra, é a que o une à maçonaria, de que foi membro destacado.

A relativa pouca importância que o pensamento de KRAUSE detém no seu país natal é, no entanto, de alguma forma compensada pelo êxito assinalável da sua difusão internacional, ocorrida pela mão de alguns discípulos. Entre estes merecem especial referência AHRENS (1808-1874) e TIBERGHIEN (1819-1901), já que as suas traduções e explicitações da obra de KRAUSE tornaram acessível o seu conhecimento nos países ibéricos. Será aqui, com efeito, que o krausismo – como ficará conhecida a corrente de pensamento que recepciona as ideias de KRAUSE – logrará obter maiores repercussões. Destas interessa-nos agora, sobretudo, as que dizem respeito à concepção de direito, Estado e sociedade que os krausistas perfilharam e, há que reconhecê-lo, tentaram implementar, eventualmente com consequências na vivência histórica do século XX. Também a este nível as razões da escolha do sistema filosófico de KRAUSE em detrimento de outros, bem mais aplaudidos na própria Alemanha, como é o caso dos de HEGEL (1770-1831), FICHTE e SCHELLING, não deixa de estar ligada à idiossincrasia

---

1890-1892; *Das Eigenthümliche der Wesenlehre*, Leipzig, 1890; *Zur Sprachphilosophie*, Leipzig, 1891; *Zur Religionsphilosophie und speculativen Theologie*, Weimar, 1893; *Der Begriff der Philosophie*, Weimar, 1893; *Abhandlungen und Einzelsätze über Erziehung und Unterricht*. I. Band, Berlin, 1894; *Der Menschheitbund*, Berlim, 1900; *Der Briefwechsel Karl Christian Friedrich Krauses* [tomoI], Leipzig, 1903;*Lebenslehre oder Philosophie der Geschichte*, Leipzig, 1904.

[2] Cfr. GURVITCH, Georges, *L'idée du droit social*, reimpressão da edição de Paris 1932, Scientia Verlag AAlen, Darmstadt, 1972, pág. 407. Este transpersonalismo distingue-se quer do individualismo, quer do colectivismo.

das duas nações ibéricas e merece por isso a nossa atenção. Iremos, pois, começar por sintetizar o pensamento de KRAUSE, para de seguida fazermos uma referência breve às formas originais da sua recepção ibérica.

2. O racionalismo harmónico e a ideia de direito

O sistema filosófico de KRAUSE ficou conhecido por "racionalismo harmónico", designação que parte de duas ideias fundamentais aí presentes: a de razão humana como base de todo o conhecimento, e a do princípio de harmonia que rege a sua mundovisão. Tal como outros idealistas do seu tempo, KRAUSE procurará construir um sistema de filosofia que ambiciona firmar a base de todo o saber humano a partir de um princípio absoluto. Lança-se, pois, num projecto de construção de um sistema de ciência, alicerçando a objectividade do conhecimento científico por duas vias, a que se referem o que designa, respectivamente, por processos analítico e sintéctico. As conclusões a que chega levarão KRAUSE a adoptar uma posição panenteísta[3].

O conceito de Deus como ser supremo, único infinito absoluto, que em si engloba os infinitos relativos espírito, natureza e humanidade, jogará um papel importante na fundamentação do seu conceito de direito. Assim – respeitando a divisão estrutural do seu sistema filosófico – pela via analítica, tal conceito aparece fundado na autoconsciência individual do homem, enquanto que pela via sintéctica decorre do conceito englobante de Deus[4]. É este mesmo conceito (que para KRAUSE contem todas as condições da existência dos seres racionais) que deve abarcar também o direito[5]. Esta de-

---

[3] O panenteísmo é um conceito que KRAUSE emprega – a voz "panenteísmo" foi criada por ele – para estabelecer a distinção entre a sua visão da relação entre Deus e a criação, das visões panteístas. Enquanto que nestas últimas, se afirma, em tese, que tudo é Deus, na proposta de KRAUSE defende-se que tudo está em Deus. O autor afasta-se também da visão teísta que estabelece a separação entre Deus e o mundo. Para um estudo aprofundado sobre o panenteísmo e suas implicações, vide ORDEN JIMÉNEZ, Rafael, El sistema de la filosofía de Krause, UPCO; Madrid, 1998.

[4] Cfr. LANDAU, Peter, "La filosofía del derecho de Karl Christian Friedrich Krause", in La reivindicación de Krause, Fundación Friedrich Ebert, Madrid, 1982, pág. 75.

[5] Na opinião de LANDAU, este conceito do direito como essencialidade fundamental de Deus, e em paralelo a ideia de que este direito divino é em princípio acessível ao conhecimento do homem, demonstram que KRAUSE é tributário da tradição platónica e, simultaneamente, da teoria do direito natural de S. TOMÁS DE AQUINO (1225-1274) e da ideia de justitia universalis de LEIBNIZ (1646-1716).

dução da ideia de direito a partir da ideia de Deus tem importantes consequências na sua filosofia do direito, já que fornece a KRAUSE uma solução para os problemas da validade do direito e da coacção. Vejamos. Formando o direito parte da ordem divina, o seu carácter obrigatório resulta evidente e o próprio respeito pelo direito surge como uma obrigação directamente fundada na razão. Dito de outro modo, o fundamento da obrigação jurídica não será tanto a sua coercibilidade, ou sequer moralidade, mas a própria racionalidade do sistema jurídico.

Muito embora KRAUSE considerasse que, a partir da autoconsciência do homem, se poderia chegar ao conhecimento da ideia de direito, esta apenas em Deus encontra o seu último fundamento. Daí que KRAUSE não considerasse o estudo dos diferentes ordenamentos jurídicos positivos e históricos, e o do seu eventual núcleo comum, como base para o conhecimento da ideia de direito[6]. Por outro lado, é essa forma de fundamentação do direito que está na base da diluição do direito na ética, que opera.

O profundo anti-individualismo deste autor, combinado com a elevada importância que reconhece ao direito no seu sistema social, de que constitui o núcleo, há-de ter consequências relevantes na sua filosofia do direito, na crítica ao voluntarismo jurídico e às teses contratualistas sobre o Estado. Assim, contariamente ao que sustentam os individualistas, a função do direito não é meramente negativa ou limitativa, antes abarca também uma dimensão positiva e criativa. Por outro lado, a fonte de validade do direito positivo não reside na vontade subjectiva, mas antes deriva de factos objectivos, de comunidades reais, que criam direito[7].

KRAUSE enuncia o seu conceito de direito como totalidade das condições dependentes da liberdade próprias da vida racional do homem e da sociedade humana[8]. O direito consiste numa condição puramente objectiva para a realização de valores superiores (não só os morais, mas todos os que integrem a razão), em relação aos quais o direito é um meio. A liberdade do homem pressupõe pois, para KRAUSE, uma mediação social

---

[6] Cfr. LANDAU, Peter, "La filosofía del derecho de Karl Christian Friedrich Krause", in La reivindicación de Krause, Fundación Friedrich Ebert, Madrid, 1982, pág. 76.

[7] Cfr. GURVITCH, Georges, L'idée du droit social, reimpressão da edição de Paris 1932, Scientia Verlag AAlen, Darmstadt, 1972, pág. 407.

[8] KRAUSE utiliza, em muitas das suas obras, definições equivalentes. Outra formulação seria, por exemplo: "organização de todas as condições vitais intemporais da vida interior de Deus". KRAUSE apud FUNKE, Gerhard, Karl Christian Friedrich Krause y su fundamentación de una ciencia del vivir en el idealismo alemán, in "La reivindicación de Krause, Fundación Friedrich Ebert, Madrid, 1982, pág. 28.

adequada a garantir a cada homem uma vida racional, ou dito de outra forma, igualdade de oportunidades. De uma comparação entre o conceito de direito de KRAUSE, que ficou exposto, e o de KANT, para quem o direito era o conjunto das condições pelas quais o arbítrio de cada um pode coexistir com o arbítrio dos demais, segundo uma lei universal de liberdade, conclui-se que embora aquele se inscreva entre as concepções formais do direito que se filiam no pensamento kantiano, todavia afasta-se deste. Isto, na exacta medida em que considera que ao direito não cabe apenas tornar possível a liberdade de acção moral de cada indivíduo, mas também criar as condições para a auto-realização racional do homem, mediante a obtenção dos bens da vida, a ter lugar na sociedade, pois aquele é um ser social. Consequentemente, o ordenamento jurídico não tem só por finalidade a tutela das nossas liberdades exteriores, mas deve assegurar a totalidade das condições para a vida racional do homem, o que inclui também todas aquelas que se mostrem necessárias ao desenvolvimento harmónico das capacidades do ser humano.

Assim, daquela concepção formal de direito não deixam de derivar consequências importantes, ao nível material. Designadamente, assim se entende que este autor veja os direitos fundamentais como "direitos sociais fundamentais"[9], até aqueles que classicamente são concebidos como direitos de defesa do indivíduo face ao Estado, como por exemplo o direito à liberdade de pensamento, do qual faz derivar o direito à educação – pois, de outra forma, como poderia o homem gozar verdadeiramente a sua liberdade de pensamento? De igual modo, a KRAUSE não basta o direito formal à livre escolha de profissão, mas defende também a existência de um direito geral à formação[10]. Os seus "direitos da humanidade" (die Menschheitsrecht) acabam por configurar um catálogo de direitos fundamentais, tornando possível o desenvolvimento da condição humana.[11]

Ainda uma outra importante consequência da concepção krausista e anti-individualista de direito reside no seu necessário entendimento teleológico. Tomemos o caso do direito de propriedade: este, visto num sentido funcional, não pode ter-se por um direito absoluto, que englobe inclusivamente o *ius abutendi*, mas deve a sua extensão ser limitada pela finalidade

---

[9] LANDAU, Peter, "La filosofía del derecho de Karl Christian Friedrich Krause", *in La reivindicación de Krause*, Fundación Friedrich Ebert, Madrid, 1982, pág. 76

[10] LANDAU, Peter, "La filosofía del derecho de Karl Christian Friedrich Krause", *in La reivindicación de Krause*, Fundación Friedrich Ebert, Madrid, 1982, pág. 78.

[11] Cfr. QUEROL FERNANDEZ, Francisco, *La filosofia del derecho de K. Ch. F. Krause*, UPCO, Madrid, 2000, pág. 298 e ss.

534 *Estudos em Comemoração do 10.° Aniversário da Licenciatura em Direito*

que lhe está subjacente[12]. Com efeito, a propriedade é apenas um meio para a finalidade da realização da totalidade harmoniosa e sintéctica, onde se reconciliam os valores pessoais e transpessoais[13]. O mesmo é dizer que se reconhece ao direito de propriedade uma função também social, que exige uma limitação ao livre arbítrio do indivíduo.

Por detrás desta concepção de direito existe uma notória fundamentação ética e, em última instância, o que parece estar-lhe na base é a construção de uma utópica ordem de solidariedade que abarque toda a humanidade[14]. Diz KRAUSE: "É, pois, para mim, enquanto que à semelhança divina estou orientado para a justiça, igualmente importante e sagrado que um direito deva ser cumprido em mim ou noutro, ou que se cumpra em mim ou noutro, pois ao ser coisa de Deus o direito único e só, é também, como coisa de Deus, coisa de cada um em quem se cumpre.[15]"

Como se disse, KRAUSE concebe os direitos da humanidade com a missão de tornar possível o desenvolvimento da condição humana. Assim, o autor alarga o campo do jurídico, de tal forma que lhe permita não só constituir garantia do equilíbrio social formal, mas muito para além disso, possa estabelecer as bases para a realização da condição humana. Isso mesmo leva-o a reclamar para o direito aspectos da vida humana que foram esquecidos pela maioria das filosofias do direito do seu tempo, de que já em parte fizemos referência: o direito à igualdade de oportunidades, o direito à formação, à educação e ao trabalho, direito ao associacionismo, à liberdade de expressão, entre muitos outros[16]. Todavia, este alargamento

---

[12] LANDAU, Peter, "La filosofía del derecho de Karl Christian Friedrich Krause", *in La reivindicación de Krause*, Fundación Friedrich Ebert, Madrid, 1982, pág. 77. Este autor fornece um exemplo demonstrativo do entendimento teleológico do direito, em Krause: só poderia haver direito de propriedade sobre um campo se este fosse lavrado.

[13] Cfr. GURVITCH, Georges, *L'idée du droit social*, reimpressão da edição de Paris 1932, Scientia Verlag AAlen, Darmstadt, 1972, pág. 464.

[14] Esta é na opinião de LANDAU, Peter, ("La filosofía del derecho de Karl Christian Friedrich Krause", *in La reivindicación de Krause*, Fundación Friedrich Ebert, Madrid, 1982, pág. 85) o contributo mais actual de KRAUSE para a filosofia do direito. Embora a fundamentação do conceito de direito no valor da solidariedade humana esteja já presente no cristianismo, segundo este autor, KRAUSE desenvolveu-a pela primeira vez numa filosofia do direito sistemática.

[15] KRAUSE, *apud* LANDAU, Peter, "La filosofía del derecho de Karl Christian Friedrich Krause", *in La reivindicación de Krause*, Fundación Friedrich Ebert, Madrid, 1982, pág. 85.

[16] Cfr. QUEROL FERNANDEZ, Francisco, *La filosofia del derecho de K. Ch. F. Krause*, UPCO, Madrid, 2000, pág. 297-299.

excessivo do campo jurídico acaba também por constituir, precisamente, uma das maiores fragilidades do seu sistema filosófico.

Particularmente curiosa e importante é a filosofia jurídico-penal deste autor. Na sua teoria, o delinquente é sujeito de direito[17] e as penas têm por principal finalidade legítima a obtenção de um benefício para o delinquente: a sua reeducação. Apenas a título secundário se reconhece a legitimidade do seu efeito de prevenção geral. Ora, a teoria jurídico-penal deste filósofo só pode compreender-se verdadeiramente analisando a sua concepção do mal. Este é visto apenas como ausência do bem, o que significa que o mal em si não existe para KRAUSE: é simplesmente o resultado do desconhecimento do bem pelo homem, ou dito de outra forma, deriva das limitações que impõe a própria natureza humana. Daí a exigência de solidariedade para com o delinquente que KRAUSE expressa de forma eloquente: "Todo o delinquente deve ser considerado como um ser doente e necessitado de carinho, que, por limitação do mundo e, naturalmente, com a subsequente colaboração das suas próprias forças extraviadas, se perde e se confunde contra a sua essência".[18]

A preocupação de KRAUSE pela perfeição moral do homem, acentua um certo carácter optimista que o seu pensamento encerra e leva-o a dedicar grande atenção ao que designa por "ciência de viver". O nosso personagem salienta então que a chave deste "aperfeiçoamento" se encontra nas diferentes uniões (ou alianças) que os homens estabelecem entre si: matrimonial, de amizade, de virtude, a associação científica e, num outro plano, os grupos regionais, tribais, nacionais e, em última instância, a "aliança da humanidade" que abrange todos os homens[19].

Esta concepção tem consequências na sua visão do Estado, levando-o a afirmar o futuro advento de uma união global da humanidade sob a forma de um Estado mundial. Tratar-se-ia de uma espécie de federação ju-

---

[17] Neste aspecto o filósofo afasta-se das teorias contratualistas acerca da fundamentação do direito (entre as quais a do próprio FICHTE), que negavam ao delinquente a condição de sujeito de direito, tendo em vista a existência de uma ruptura do vínculo jurídico entre aquele e a vítima, consubstanciada no delito praticado. Cfr. QUEROL FERNANDEZ, Francisco, *La filosofia del derecho de K. Ch. F. Krause*, UPCO, Madrid, 2000, pág. 238 e ss.

[18] KRAUSE, *Vorlesungen über das Naturrecht, apud* LANDAU, Peter, "La filosofía del derecho de Karl Christian Friedrich Krause", *in La reivindicación de Krause*, Fundación Friedrich Ebert, Madrid, 1982, pág. 81.

[19] FUNKE, Gerhard, *Karl Christian Friedrich Krause y su fundamentación de una ciencia del vivir en el idealismo alemán, in* "La reivindicación de Krause, Fundación Friedrich Ebert, Madrid, 1982, pág. 28.

rídica mundial, que reuniria a vontade jurídica de todas as pessoas jurídicas. No que respeita à constituição e forma de governo a adoptar, KRAUSE não se distingue de outros jusnaturalistas do seu tempo: defende a divisão de poderes e a constituição republicana.

A construção deste utópico Estado mundial é julgado absolutamente necessário à perfeição moral do homem já que, face ao modo particular como KRAUSE concebe os direitos individuais (como atrás referimos), estes apenas estariam adquiridos por completo no dia em que a humanidade inteira se convertesse num único e harmónico Estado[20].

O carácter eventualmente utópico ou simplesmente idealista – se por isso se entender uma "cosmovisão regida e determinada por ideais elevados", generosos e dirigidos à obtenção do bem do próximo – do pensamento de KRAUSE está sobretudo presente na sua obra *Urbild der Menschheit*, "Ideal da Humanidade", onde melhor se encontra explicitada a sua doutrina da aliança da humanidade que pode ser vista como humanista ou humanitária[21]. Esta viria a ser adaptada e traduzida por SANZ DEL RIO para espanhol, tornando-se o principal meio difusor em Espanha do krausismo.

Não querendo julgar se se trata aqui de um verdadeiro humanismo, seja como for, há que reconhecer que algumas das implicações da sua filosofia do direito utópica parecem distinguir KRAUSE, pela positiva, dos mais importantes autores do seu tempo. Falamos, por exemplo, do facto de este não fazer qualquer distinção de idade, raça ou sexo no reconhecimento de cada ser humano enquanto pessoa. Daí que, encontremos no seu pensamento a defesa do direito das crianças[22] e das mulheres[23] e, inclusivamente, a condenação do racismo[24], contra o qual todos os homens teriam a obrigação de lutar.

---

[20] Cfr. LANDAU, Peter, "La filosofía del derecho de Karl Christian Friedrich Krause", *in La reivindicación de Krause*, Fundación Friedrich Ebert, Madrid, 1982, pág. 78.

[21] FUNKE, Gerhard, *Karl Christian Friedrich Krause y su fundamentación de una ciencia del vivir en el idealismo alemán*, in "La reivindicación de Krause, Fundación Friedrich Ebert, Madrid, 1982, pág. 19.

[22] KRAUSE considerava a criança como uma essência em si mesma, com valor próprio, como tal inviolável e afirmava mesmo que no futuro os pais teriam de responder perante o Estado pela sua educação.

[23] KRAUSE defende a igualdade da mulher tanto no plano jurídico, como no âmbito do próprio Estado, enfim em todos os sectores da vida.

[24] A ideia de KRAUSE de um Estado mundial tem por base a ideia de que há uma só natureza humana de que toda a raça humana partilha. Isto mesmo leva-o a considerar injusta a escravidão e que a toda a raça deve reconhecer-se um direito ao desenvolvimento adequado às suas aptidões e necessidades particulares.

Um outro aspecto, curiosamente actual, da filosofia do direito de KRAUSE é a defesa que este faz de um direito da natureza. Esta, que ele coloca no sistema filosófico ao mesmo nível do espírito, deve ser respeitada pelo homem, a quem não assiste o direito de a destruir arbitrariamente, mas antes o deve fazer dela um uso racional. Para KRAUSE a natureza não é simplesmente uma coisa, mas uma essência que está em Deus e, enquanto tal, tem valor e dignidade próprios. Esta exigência de respeito pela natureza concebe-a este autor como uma exigência jurídica, ainda que se reconheça de difícil cumprimento[25].

3. Os krausismos ibéricos

Tal como se disse, o interesse pelas ideias de KRAUSE é hoje suscitado especialmente pelo estudo das correntes de pensamento, ditas krausistas, que vingaram na Península Ibérica no século XIX. Em Espanha, as ideias krausistas[26] rapidamente granjearam a adesão de um certo meio intelectual

---

[25] Isto, sobretudo, porque engloba uma exigência de respeito pelo direito à vida dos outros animais. LANDAU, Peter, "La filosofía del derecho de Karl Christian Friedrich Krause", in *La reivindicación de Krause*, Fundación Friedrich Ebert, Madrid, 1982, pág. 80.

[26] A bibliografia sobre o krausismo espanhol é extensa. Todavia, sempre se poderá aqui referir uma bibliografia mínima, que permita traçar os aspectos gerais desta corrente de pensamento espanhola, que incluirá as seguintes obras: UREÑA, E. Menéndez, *Krause, educador de la Humanidad. Una biografia*, UPCO, Madrid, 1991; *idem, El Ideal de la Humanidad de Sanz del Río y su original alemán. Textos comparados con una introducción*, UPCO, Madrid, 2.ª ed., 1997; *idem, La actualidad del krausismo en su conexto europeo*, UPCO, Madrid, 1999; VÁSQUEZ-ROMERO, J. M., *Tradicionales y moderados ante la difusión de la filosofía krausista en España*, UPCO, Madrid, 1998; ELIAS DIAZ, *La filosofia jurídico-política del krAusismo español, in* "Vicente Ferrer Neto Paiva. No segundo centenário do seu nascimento, a convocação do krausismo", Studia Juridica, Universidade de Coimbra, Coimbra Editora, n.º 45, Coimbra, 1999, pág. 97-115; GARCÍA CUÉ, Juan Ramon, *Aproximacion al estudio del krausismo andaluz*, Fundacion Cultural Luño Peña, Tecnos, Madrid, 1985; GARCÍA Y GARCÍA DE CASTRO, Rafael, *Los "intelectuales" y la iglesia*, Madrid, 1934; GIL CREMADES, Juan José, *La dimensión política del krausismo en España, in* "Vicente Ferrer Neto Paiva. No segundo centenário do seu nascimento, a convocação do krausismo", Studia Juridica, Universidade de Coimbra, Coimbra Editora, n.º 45, Coimbra, 1999, pág. 31-56; GOMEZ MOLLEDA, Maria Dolores, *Inteligencia, poder y secularización en la España contemporanea, in* "Librepensamiento y secularización en la Europa contemporanea", obra colectiva, Pedro Álvarez Lázaro Editores, UPCO, Madrid, 1996, pág. 297-320; GUY, Alain, Historia de la filosofía española, Anthropos-Editorial del Hombre, Colec. Autores, Textos y Temas de Filosofía, Barcelona, 1985; IRIARTE, J., "La aventura krausista y su evolución en fuerza histórica nacional", *in Razón y Fe,* Revista

538 Estudos em Comemoração do 10.º Aniversário da Licenciatura em Direito

madrileno e, adquirindo um acentuado carácter prático, virão a estar na base de importantes reformas sociais e educativas, chegando a sua influência à guerra civil, já no século XX, ainda que com bastantes alterações. Por seu turno, o fenómeno krausista em Portugal surge pela mão de Vicente FERRER NETO PAIVA (1798/1886) e é, substancialmente mais limitado ao restringir-se, de certo modo, ao meio académico, sem chegar a obter as repercussões práticas que conheceu em Espanha. Apesar das diferenças entre os krausismos espanhol e português, que são muitas, estes possuem alguns paralelismos interessantes: em ambos os casos a recepção faz-se pela via da filosofia do direito e, por outro lado, os dois parecem igualmente interessados pela concepção organicista de sociedade presente no pensamento de KRAUSE.

Em Espanha, o krausismo tem em SANZ DEL RÍO (1814-1869) o seu iniciador que, depois de uma viagem à Alemanha destinada a permitir a actualização do conhecimento filosófico e científico espanhol, se rodeará de um círculo de discípulos integrantes, sobretudo, dos meios intelectuais de Madrid. Tal como se disse, o krausismo espanhol caracteriza-se pelo seu pendor prático. Sobre as razões que terão levado esses mesmos meios a adoptar o pensamento de KRAUSE em detrimento do de outros filósofos muito se tem escrito. As teses vão desde a afirmação do carácter casual da escolha, até à defesa de que esta corresponderia à preferência dos espanhóis de então por ideias que juntassem às ideias liberais e anticlericais um certo cunho espiritualista e, por outro lado, evitassem simultaneamente os perigos do excessivo individualismo e estatismo. Seja como for, é inegável que o krausismo espanhol assumiu inicialmente a ideologia liberal, angariando por isso a oposição dos sectores mais tradicionais da sociedade de então.

Subjacente ao liberalismo krausista está a sua particular compreensão da sociedade como um corpo composto por indivíduos integrados em diversos tipos de associações/organismos. Ora, numa sociedade concebida desta maneira tão organicista, em que todas as dimensões da vida do homem são

---

Hispano-Americana de Cultura, Madrid, Tomo 166, n.ºs 776-777, Set./Out., 1962, pág. 149 a 162; IRIARTE, J., "La aventura krausista y su evolución en fuerza histórica nacional. II. Entre Socrates y el Quijote", in Razón y Fé, Revista Hispano-Americana de Cultura, Madrid, Tomo 166, n.º 779, Dez. 1962, pág. 431 a 446; JIMENEZ GARCIA, Antonio, El Krausismo y la Institución Libre de Enseñanza, Editorial Cincel, Madrid, 1987; LÓPEZ-MORILLAS, J., El krausismo español, Fondo de Cultura Economica, 2.ª ed. Madrid, 1980; MENENDEZ PELAYO, Marcelino, Historia de los heterodoxos españoles, Vol. II, Biblioteca de Autores Cristianos, La Editorial Catolica, S.A., 4.ª ed., Madrid, 1987.

Krause: entre humanismo e humanitarismo

compreendidas enquanto orgãos de um só corpo – as artes, as actividades económicas, a educação, etc. – o papel de Estado é o de regulador e coordenador. Utilizando uma metáfora poder-se-ía ilustrar esta ideia com a imagem de um corpo humano, com os seus diferentes órgãos a trabalhar em sintonia, sob a coordenação do sistema nervoso central: o Estado.

O saldo final da influência desta concepção krausista de Estado – que o via como uma espécie de organismo instrumental face a uma sociedade civil forte – sobre o liberalismo espanhol há-de ser a de um Estado liberal mínimo e débil.[27] Bastantes anos mais tarde será um krausista, Adolfo POSADA, que dará a esta compreensão organicista da sociedade uma configuração que a coloca muito próxima do corporativismo.[28]

Não poderá uma tal concepção social resultar numa dissolução do homem, da sua individualidade, no todo social? SANZ DEL RÍO nega essa possibilidade afirmando que *"la sociedad no debe pesar sobre el hombre, sino facilitar su cultura humana"*, e não faltam historiadores do krausismo que aí vêem uma defesa intransigente dos direitos imprescritíveis do indivíduo e, consequentemente crêem o krausismo uma forma de humanismo[29].

No plano do direito, há que assinalar que o krausismo, convertido numa quase doutrina moral, quase identifica aquele com a própria ética. Aliás, há quem veja na visão krausista do direito uma espécie de síntese entre ética e política.[30] No plano da história das ideias poderíamos colocá-

---

[27] Neste sentido, GIL CREMADES, Juan José, *La dimensión política del krausismo en España*, *in* "Vicente Ferrer Neto Paiva. No segundo centenário do seu nascimento, a convocação do krausismo", Studia Juridica, Universidade de Coimbra, Coimbra Editora, n.º 45, Coimbra, 1999, pág. 33.

[28] Cfr. GIL CREMADES, Juan José, *La dimensión política del krausismo en España*, *in* "Vicente Ferrer Neto Paiva. No segundo centenário do seu nascimento, a convocação do krausismo", Studia Juridica, Universidade de Coimbra, Coimbra Editora, n.º 45, Coimbra, 1999, pág.53 e 54. Note-se, mais uma vez, a adaptabilidade do krausismo a diferentes influências ideológicas.

[29] Cfr. ELIAS DIAZ, *La filosofia jurídico-política del krausismo español*, *in* "Vicente Ferrer Neto Paiva. No segundo centenário do seu nascimento, a convocação do krausismo", Studia Juridica, Universidade de Coimbra, Coimbra Editora, n.º 45, Coimbra, 1999, pág. 110. Este autor não deixa, contudo, de fazer eco do perigo que este tipo de concepção pode acarretar ao poder conduzir à consolidação e até à aceitação de um modelo de sociedade que tende a minimizar o conflito real. *Idem, ibidem*, pág. 113.

[30] Neste sentido, GIL CREMADES, Juan José, *La dimensión política del krausismo en España*, *in* "Vicente Ferrer Neto Paiva. No segundo centenário do seu nascimento, a convocação do krausismo", Studia Juridica, Universidade de Coimbra, Coimbra Editora, n.º 45, Coimbra, 1999, pág. 52.

lo próximo do jusnaturalismo racionalista. Por outro lado, afirmando-se os krausistas como defensores dos direitos humanos é preciso notar que a concepção que possuem dos direitos da pessoa não coincide com uma sua definição pela negativa, i.e., como direitos de defesa contra o Estado, mas como direitos sociais, cuja real implementação cabia ao próprio Estado.[31]

A íntima ligação entre a visão krausista do direito e o seu reformismo social e político justificam todo o conjunto de posições adoptadas no campo jurídico. É o caso do acordo entre Estado e Igreja acerca das modalidades do matrimónio, da liberdade de associação (como veremos mais em detalhe), da função social da propriedade e até o próprio abandono de uma codificação excessivamente centralista de direito privado, em homenagem a uma concepção organicista de sociedade.[32]

A filosofia do direito e a filosofia moral ocuparam um lugar central nas reflexões dos krausistas espanhóis, cujo tratamento é norteado por um objectivo de ordem pragmática: a correcção do próprio liberalismo pela sua democratização (em clara reacção a tendências mais estatalistas ou individualistas, como se referiu).[33]

Alguma novidade, no contexto da sociedade espanhola de então, revestem as iniciativas dos krausistas para melhorar a posição social da mulher através da sua educação. Resultava, aliás, das próprias obras de KRAUSE, uma preocupação pela condição feminina, considerando que à mulher não era concedida a justa consideração. Como se sabe já, a concepção da relação que se estabelece entre Deus e toda a Criação no sistema filosófico deste autor tinha como resultado o entendimento de que a mulher deveria ser vista num plano de igualdade em relação ao homem. Ora, também os krausistas espanhóis receberiam, à sua maneira, esta nova visão da mulher quer através da promoção de conferências e actividades afins com o propósito de elevar a educação da mulher, quer através da cria-

---

[31] Neste sentido, ELIAS DIAZ, *La filosofia jurídico-política del krausismo español, in* "Vicente Ferrer Neto Paiva. No segundo centenário do seu nascimento, a convocação do krausismo", Studia Juridica, Universidade de Coimbra, Coimbra Editora, n.° 45, Coimbra, 1999, pág. 110 e 114.

[32] Cfr. SCHOLZ, Johannes-Michael, *La funcion sociopolítica del krausismo, in* "Reivindicacion de Krause", obra colectiva, Fundacion Friedrich Ebert, Madrid, 1982, pág. 95.

[33] GIL CREMADES, Juan José, *La dimensión política del krausismo en España, in* "Vicente Ferrer Neto Paiva. No segundo centenário do seu nascimento, a convocação do krausismo", Studia Juridica, Universidade de Coimbra, Coimbra Editora, n.° 45, Coimbra, 1999, pág. 32.

ção de instituições educativas específicas, que não deixaram de produzir – apesar de todas as suas limitações – um certo despertar de consciência para o problema da condição feminina na sociedade espanhola.

Não se pense, no entanto, que está presente no krausismo espanhol uma defesa da educação da mulher em pé de igualdade com a do homem e dirigida a superar as efectivas desigualdades entre sexos. Claramente, o objectivo das muitas iniciativas krausistas não era que a igualdade entre sexos se tornasse um pilar do sistema de ensino – porque disso dependia a mesma igualdade no exercício de diferentes papeis e funções sociais, económicas e políticas –, mas antes formar boas mães e esposas. Em suma, ao invés de procurar alterar o papel tradicional da mulher na sociedade, procurava-se preparar melhor aquela para o continuar a desempenhar.[34] Aliás, não deixa de ser significativo desta visão da educação da mulher particular aos krausistas, estes terem preferido criar instituições próprias para o seu ensino, em vez de defenderem a plena integração daquelas em instituições de ensino normais.

Uma menção especial, no âmbito desta questão da educação da mulher, merecem os congressos pedagógicos promovidos pela *Institución Libre de Enseñanza*, nos finais do século dezanove, os quais contaram com uma considerável presença de participantes portugueses e onde se debateu o problema da condição feminina.[35]

As repercussões práticas do krausismo na transformação da sociedade espanhola não se foicaram por aqui. Por esta mesma altura, sente-se em Espanha uma agudização da consciência do problema social. Os krausistas, com destaque para Gumersindo de AZCÁRATE (1840-1883), consideram que o Estado deve implementar reformas sociais que permitam apaziguar os ânimos. É como eco destas posições que o Estado Liberal acabará por criar em 1904 o *"Instituto de Reformas Sociales"*, ao qual caberá o desempenho de tarefas na área social, designadamente, a elaboração de sondagens e estatísticas sobre a habitação, conflitos sociais, preços,

---

[34] Neste sentido, MAYOBRE RODRIGUEZ, Purificación, *Krausismo español y portugués. Semejanzas y diferencias, in* "Vicente Ferrer Neto Paiva. No segundo centenário do seu nascimento, a convocação do krausismo", Studia Juridica, Universidade de Coimbra, Coimbra Editora, n.º 45, 1999, pág. 163.

[35] Sobre estas conferências e, designadamente, a importante intervenção feminina aí verificada, vide MAYOBRE RODRIGUEZ, Purificación, *Krausismo español y portugués. Semejanzas y diferencias, in* "Vicente Ferrer Neto Paiva. No segundo centenário do seu nascimento, a convocação do krausismo", Studia Juridica, Universidade de Coimbra, Coimbra Editora, n.º 45, 1999, pág. 165 a 167.

542 *Estudos em Comemoração do 10.º Aniversário da Licenciatura em Direito*

e até a elaboração de projectos legislativos. Este reformismo estendeu-se também à área política, pela mão de Adolfo GONZÁLEZ POSADA (1860-1946), com o objectivo de manter o liberalismo dentro dos seus trilhos próprios e iniciais, sem desvios portanto. A educação continuava como sempre a ser alvo de uma atenção especial, nesta época mais voltada para o problema da educação popular. E, como sempre, o direito continuava a ser visto como o instrumento adequado à prossecução das finalidades reformadoras.[36]

Em Espanha, sobretudo na fase final do século dezanove, os krausistas aproximam-se do positivismo e a sua influência na sociedade perdurou até já bem entrado o século XX. Aí é já evidente o afastamento em relação às linhas "mais puras" do seu início, mas existe uma certa unanimidade em reconhecer ainda assim a permanência de certas notas características.

De certa forma em paralelo com o que se ia passando na vizinha Espanha, assiste-se em Portugal na década de quarenta do século dezanove à introdução de um novo pensamento filosófico de cariz espiritualista: o krausismo. Este difunde-se em Portugal, não através do conhecimento directo das obras de KRAUSE, mas sim do seu discípulo AHRENS. Estas novas ideias corresponderam à necessidade, então sentida, de descobrir uma filosofia nova adaptável ao génio português, que fosse ao mesmo tempo teórica e prática, que compaginasse as novas verdades individualistas com as exigências políticas, emocionais e religiosas.

Até então eram as ideias de WOLFF (1679-1754) e MARTINI (1726-1800) – cujo compêndio foi seguido até 1843 na cadeira de direito natural na Faculdade de Direito de Coimbra – as dominantes no pensamento jurídico-filosófico português. Ora, o krausismo parece ter sido, de entre todos os sistemas filosóficos derivados do idealismo alemão, aquele que estaria destinado a obter melhor receptividade no restrito meio académico português, já que o seu espiritualismo parecia coadunar-se melhor com a tradição escolástica e católica portuguesa. Por outro lado, segundo CABRAL DE MONCADA, "pela laicização de muitos valores morais e sociais do pensamento católico-escolástico que o liberalismo individualista e materialista da nossa burguesia, tinha, por assim dizer, deixado sem base suficiente, o krausismo representou

---

[36] Cfr. GIL CREMADES, Juan José, *La dimensión política del krausismo en España*, *in* "Vicente Ferrer Neto Paiva. No segundo centenário do seu nascimento, a convocação do krausismo", Studia Juridica, Universidade de Coimbra, Coimbra Editora, n.º 45, Coimbra, 1999, pág. 52.

Krause: entre humanismo e humanitarismo 543

a salvação desses valores, fornecendo um oportuno reforço a muitas das velhas crenças que os sustentavam nos espíritos mais cultos."[37]

As coincidências entre os krausismos ibéricos não se restringem às datas[38] da recepção das ideias de KRAUSE, e à questão da sua eventual correspondência à idiossincrasia dos povos ibéricos. Com efeito, ainda um outro paralelismo é possível estabelecer, no que respeita ao modo como se processa a difusão das novas ideias: é que em ambos os casos foi pela via da filosofia do direito que aquela se fez. Com efeito, foi no domínio jurídico e na faculdade de Direito da Universidade de Coimbra que o krausismo veio a adquirir maior notoriedade. Vicente FERRER NETO PAIVA[39] procurou difundir as "novas" ideias krausistas (em detrimento da linha até aí dominante) através do ensino da cadeira de direito natural, a partir de 1844. Professor da Faculdade de Direito da Universidade de Coimbra, ocupou também um lugar destacado na acção legislativa portuguesa, sendo um dos parlamentares que mais tempo desempenhou a função representativa. Note-se que chegou a ser ministro da Justiça e dos negócios eclesiásticos em 1857. Igualmente cabe destacar o ter sido reitor da Universidade de Coimbra. O seu pensamento individualista liberal influenciou algumas das posições públicas que adoptou designadamente quanto à liberdade de imprensa, o projecto de Código Civil, as congregações religiosas, e o divórcio e o casamento civil.

O krausismo atribui especial relevo à antropologia filosófica, pois esta era um pressuposto necessário ao tratamento da problemática filosófica do Direito. A reflexão sobre o direito assentava em larga medida sobre o problema da determinação e do desenvolvimento da ideia do direito. FERRER adopta o conceito krauseano de direito, todavia dá-lhe uma interpretação kantiana, que acaba por paradoxalmente constituir uma simultâ-

---

[37] CABRAL DE MONCADA, *Estudos Filosóficos e Históricos,* 1958.

[38] Como já tivemos a oportunidade de referir, verifica-se uma coincidência no seu aparecimento no final da primeira metade do século XIX. Curiosa também é a existência de registo de uma visita de FERRER Neto Paiva (o introdutor em Portugal do krausismo) a Madrid, Cádis e Sevilha em 1852.

[39] Entre as principais obras deste autor contam-se: *Curso de Direito Natural,* 1843; *Princípios gerais de Filosofia do Direito,* 1850; *Defesa da representação dos lentes da Universidade de Coimbra contra o projecto de liberdade de imprensa,* 1850; *Reflexões sobre os sete primeiros títulos do livro úncio da parte I do projecto do Código Civil português do Sr. António Luis de Seabra,* 1859; *Relatório e projecto de lei sobre as Congregações religiosas,* 1862; *Casamento civil – colecção das cartas do Sr. Vicente Ferrer em resposta ao Sr. Visconde de Seabra,* 1866; *Elementos de Direito Natural e Philosophia do Direito,* 5.ª ed., 1873.

nea infidelidade às ideias de KRAUSE e de KANT. Assim, a sua filosofia do direito revela-se profundamente individualista, consagrando como princípio do direito o *neminem laede*. Isto mesmo haveria de ser posto em evidência pelos seus coetâneos DIAS FERREIRA (1837/1907) e RODRIGUES DE BRITO (1822/1873), que foram porventura mais krausistas do que o próprio FERRER. Apesar disso, é este autor o principal difusor das ideias de KRAUSE entre nós, que passam os muros da Faculdade e chegam aos manuais do ensino da filosofia nos liceus, e até ao Brasil onde o krausismo haveria de ter uma expressão própria.

De um modo geral pode afirmar-se que o krausismo português não teve o mesmo impacto social que teve o espanhol, nem se caracterizou pela mesma procura da fidelidade às ideias de KRAUSE, dando antes origem a um renovado ecletismo. Deixou, contudo, frutos importantes no âmbito do direito penal e direito civil português.

ALGUMAS CONSIDERAÇÕES ACERCA DA PROTECÇÃO DA MULHER NO DIREITO INTERNACIONAL HUMANITÁRIO

MARIA ASSUNÇÃO VALE PEREIRA

SUMÁRIO: 1. Noção de Direito Internacional Humanitário; 2. Principais instrumentos de Direito Internacional Humanitário; 3. A protecção das mulheres pelo Direito Internacional Humanitário: 3.1. Princípios fundamentais; 3.2. Concretização desses princípios no Direito Internacional Humanitário; 4. Problemas de implementação; 5. Questões relativas aos "crimes humanitários" contra as mulheres na jurisprudência dos tribunais internacionais penais *ad hoc*: 5.1. Tribunal Internacional Penal para o Ruanda; 5.2. Tribunal Internacional Penal para a ex-Jugoslávia; 6. Conclusão.

1. O Direito Internacional Humanitário é geralmente definido como o conjunto de normas internacionais, de origem convencional ou consuetudinária, especificamente destinado a ser aplicado em situações de conflitos armados, internacionais ou não internacionais, e que limita, por razões humanitárias, o direito das partes em conflito de escolher livremente os métodos e os meios utilizados na guerra, ou que protege as pessoas e os bens afectados, ou que possam ser afectados, pelo conflito[1]. Insere-se, portanto, no Direito Internacional e tem uma relação essencial com os direitos do homem, relação essa que tem merecido a atenção de diferentes autores e que leva Swinarski a considerar o Direito Humanitário como o Direito dos «direitos humanos em período de guerra»[2]. O direito interna-

---

[1] CHRISTOPHE SWINARSKI, *Introdução ao Direito Internacional Humanitário*, Comité Internacional da Cruz Vermelha, Instituto Interamericano de Direitos Humanos, Escopo Ed., 1988, p. 18.

[2] *Ibid.*, p. 22. Uma condensação das diferenças e similitudes entre o Direito Internacional Humanitário e os Direitos do Homem pode ver-se no documento do *Advisory Service* da

cional humanitário compreende, portanto, o conjunto de normas que, em tempo de conflito armado, busca, por um lado, proteger as pessoas que não participam ou deixaram de participar das hostilidades e, por outro lado, limitar os métodos e meios de se fazer a guerra.

2. O ano de 1864 é tradicionalmente apontado como o do nascimento do Direito Internacional Humanitário, com a aprovação da I Convenção de Genebra (Convenção de Genebra de 22 de Agosto de 1864 para melhorar a sorte dos militares feridos nos exércitos em campanha), apesar de ser correcto afirmar que muitas das suas disposições já existiam enquanto normas de direito consuetudinário[3].

A convenção referida surge na sequência da publicação de *Lembranças de Solferino*[4], de Henri Dunant, em 1862, que chama a atenção para a questão da assistência aos feridos de guerra e que tem uma enorme divulgação, e, além disso, encontra uma comunidade já preparada para estabelecer regras mínimas de protecção de feridos e doentes em campo de batalha.

A necessidade de regular também os métodos e os meios de combate leva à elaboração do chamado direito da Haia (porque consagrado nas Convenções da Haia de 1899 e 1907). A ideia orientadora é de que a guerra não deve produzir sofrimentos, nem alargar os seus efeitos para além do estritamente necessário para a prossecução do seu objectivo, nem utilizar meios e métodos proibidos pelo Direito Internacional.

A evolução entretanto ocorrida na sociedade internacional e no próprio Direito Humanitário definido na Haia levou à necessidade de actuali-

---

Cruz Vermelha intitulado «International Humanitarian Law and International Human Rights Law. Similarities and differences». Sobre este aspecto, veja-se ainda ROBERT KOLB, "the Relashionship Between International Humanitarian Law and Human Rights: A Brief History of the 1948 Universal Declaration of Human Rights and the 1949 Geneva Conventions», *IRRC*, n.° 324, p. 409 a 419.

[3] Swinarski refere mesmo que no ano 1000 a.C. já existiam regras sobre métodos de guerra, tendentes a proteger certas categorias de pessoas (cf. CHRISTOPHE SWINARSKI, *op. cit.*, p. 15).

[4] A batalha de Solferino teve lugar na localidade com esse nome, na Lombardia, em 1859, inserindo-se no processo de unificação da Itália. Henri Dunant, pretendendo avistar-se com Napoleão III que aí se encontrava, dirige-se ao local da batalha e assiste ao seu final, ficando sobretudo impressionado com a situação dos feridos recolhidos na Chiesa Maggiore, a quem faltava a mais elementar assistência.

zação e desenvolvimento da Convenção de Genebra de 1864. Assim, ela é revista e desenvolvida em 1906.

Também a 1.ª Guerra Mundial revelou a urgência de novos aprofundamentos neste âmbito, pelo que, em 1929, foi elaborada uma nova Convenção, relativa aos prisioneiros de guerra. Note-se, no entanto, que já anteriormente a preocupação com a situação dos cativos dera origem ao Regulamento Anexo às Convenções da Haia de 1899 e 1907 sobre as leis e costumes da guerra em terra, documento que conferia, pela primeira vez na história, um estatuto de direito positivo destinado a subtrair as pessoas em situação de prisioneiros de guerra à arbitrariedade da potência que as detinha.

Com a Segunda Guerra Mundial, a Humanidade deparou-se com violações dos direitos do homem com uma dimensão e uma gravidade inimagináveis, pelo que, findo o conflito, se manifestou com reforçado vigor a ideia de rejeição do recurso à força armada para resolução de diferendos. O *never again* proclamado após a Primeira Guerra Mundial é agora redobrado. Pretende-se definir uma ordem normativa capaz de *preservar as gerações vindouras do flagelo da guerra*, como se lê no Preâmbulo da Carta das Nações Unidas. Este objectivo leva a que, no âmbito do *jus ad bellum*, ou seja, das normas jurídicas que definem as condições em que é legítimo o recurso à guerra por parte do Estado, visando sobretudo reduzir o seu uso abusivo (por outras palavras, na definição das situações em que se pode falar de guerra lícita)[5], se consagre, no art. 2.º, n.º 4, da Carta, a regra da proibição da ameaça ou uso da força em termos gerais, no seguimento do fora já anteriormente definido no Pacto Briand-Kellog, de 1928[6].

---

[5] A matéria da legitimidade do uso da força é uma das que atravessa todo o Direito Internacional. Encontramos na Escolástica autores como Santo Agostinho ou S. Tomás de Aquino, preocupados com a definição das condições da «guerra justa»; e o mesmo problema continua presente ao longo da história do Direito Internacional, com autores como Francisco de Vitória, Grócio, Puffendorf, Kant, e muitos outros. Aliás, o direito da guerra era, até ao século XX, um dos dois troncos fundamentais em que se dividia o Direito Internacional, desde a sistematização do Direito Internacional proposta por Grócio em *De Jure Belli ac Pacis*. A chegada do século XX e a crescente transferência de matérias para o âmbito do Direito Internacional que a partir de então se operou acabou por tornar esta sistematização obsoleta, o que não significa que o Direito Internacional da Guerra deixe de ter importância; simplesmente, a par dele, muitas outras áreas se vão definindo.

[6] Nesta data, como se sabe, vigorava o Pacto da Sociedade das Nações, que congregava um número importante de Estados. No entanto, neste Pacto não se proibia o recurso

548 *Estudos em Comemoração do 10.º Aniversário da Licenciatura em Direito*

Portanto, o princípio da proibição geral do recurso a meios bélicos, como meio de resolução de diferendos, foi consagrado como um dos princípios que devem reger a Organização das Nações Unidas e os seus membros, admitindo-se apenas como excepções o recurso à força legitimado pelo Conselho de Segurança[7] ou em caso de legítima defesa, nos termos art. 51.º, segundo o qual é lícito o recurso ao uso da força, desde que tenha ocorrido um ataque armado contra um Estado, respeitadas que sejam as limitações consagradas na referida disposição[8-9].

à guerra, estando apenas prevista uma "moratória de guerra". Na verdade, o art. 12.º estabelecia, no seu n.º 1: «1. Acordam todos os Membros da Sociedade que, ao surgir entre eles algum diferendo susceptível de os levar a uma ruptura, se submeterão quer a um processo de arbitragem ou a uma decisão judicial, quer ao exame do Conselho. Mais acordam que, em caso algum, devem recorrer à guerra antes de expirado o prazo de três meses depois da decisão arbitral ou judicial ou do relatório do Conselho». Portanto, ficava aberto o recurso à guerra para resolver conflitos, decorrido que fosse o prazo previsto nesta disposição. Pelo contrário, o Pacto Briand-Kellog estabelecia, no seu art. I: «As Altas Partes Contratantes declaram solenemente, em nome dos seus povos respectivos, que condenam o recurso à guerra para resolução de controvérsias internacionais, e a ela renunciam como instrumento de política nacional nas suas relações recíprocas». O texto do Pacto pode ver-se em J. A. AZEREDO LOPES, *Textos Históricos do Direito e das Relações Internacionais*, Porto, UCP, 1999, p. 359-361. Note-se que, não obstante ter sido celebrado por menos de uma dezena de Estados, mereceu a adesão de 32 outros ainda antes da sua entrada em vigor, e posteriormente de mais oito, pelo que um conjunto significativo de Estados, atendendo à composição da sociedade internacional da época, ficou vinculado por essa regra.

[7] Nos termos do art. 42.º da Carta das Nações Unidas, o Conselho de Segurança pode determinar medidas que envolvam o uso da força, caso considere estar face a uma ameaça à paz, ruptura de paz ou acto de agressão, e desde que entenda que outras medidas não se revelariam adequadas, ou, tendo sido tomadas, não surtiram o efeito desejado. Na prática, tem-se tem verificado sobretudo uma delegação do CS em coligações de Estados (ou mesmo em organizações regionais), mais do que a assunção do processo pelo próprio CS. Isto deve-se, em larga medida, ao facto de os acordos previstos no art. 43.º da CNU, pelos quais os Estados membros forneceriam ao CS forças armadas, assistência e facilidades, nunca terem chegado a ser celebrados. Para maiores desenvolvimentos sobre esta "delegação", veja-se SIMON CHESTERMAN, *Just War or Just Peace?*, Oxford University Press, 2001, em especial p. 165 a 179.

[8] Nomeadamente a obrigação de comunicar ao CS as medidas adoptadas, bem como de limitar o seu exercício até ao momento em que o CS haja tomado medidas adequadas à manutenção da paz. Uma outra limitação, genericamente reconhecida embora não expressamente consagrada no preceito transcrito, é a de que o exercício da legítima defesa há-de estar subordinado ao princípio da proporcionalidade.

[9] Embora sejam estes os casos em que, à luz da Carta das Nações Unidas, o recurso à força armada é lícito, verificam-se algumas tentativas, por parte de Estados e de alguns autores, de os alargar a outras circunstâncias. Assim Governos como o norte-americano ou o israelita vêm sustentando a licitude da legítima defesa preventiva, contrariando fron-

Portanto, proibido que foi o recurso à guerra (com as excepções referidas), o direito internacional da guerra centra a sua atenção no *jus in bellum*, onde a crescente sensibilização para a matéria dos direitos humanos, levou a uma reflexão sobre os horrores verificados na 2.ª Guerra Mundial que concluiu pela necessidade de desenvolver o ordenamento jurídico que regula a situação dos indivíduos em caso de guerra, protegendo de forma mais completa as suas vítimas "clássicas" e acentuando a protecção de certas categorias de vítimas mais susceptíveis de verem os seus direitos desrespeitados. Surgem então as quatro Convenções de Genebra de 1949, pilares do actual direito humanitário, cada uma delas com o seu âmbito específico: assim, a primeira regula a protecção dos feridos e doentes em caso de conflito armado internacional terrestre; na segunda, são protegidas as mesmas classes de pessoas e também os náufragos, em situações de conflito armado internacional no mar; a terceira versa sobre a protecção e estatuto dos prisioneiros de guerra; por último, a quarta Convenção de Genebra vem regular, pela primeira vez, a situação dos civis nos territórios ocupados e dos estrangeiros em território de Estado beligerante, visando a sua protecção.

Trata-se de um conjunto normativo que mereceu o consenso do que se poderá entender como a "comunidade internacional no seu conjunto", dado que cerca de 160 Estados subscreveram estas Convenções.

A estas quatro convenções é comum uma disposição – o art. 3.º – que visa definir um conjunto de garantias mínimas para a protecção dos direitos mais básicos da pessoa humana em situação de conflito armado não internacional, impondo simultaneamente às partes em conflito o dever de tentar alargar essa protecção, por via de acordos bilaterais.

---

talmente o texto da Carta das Nações Unidas. Outros casos que, a este propósito, também merecem discussão na doutrina são os casos de apoio de Estados a grupos de libertação nacional para realização do princípio da autodeterminação dos povos (sobre esta matéria, veja-se, por todos, J. A. AZEREDO LOPES, *Entre Solidão e Intervencionismo. Direito de Autodeterminação dos Povos e Reacções de Estados Terceiros*, Porto, Publicações Universidade Católica, 2003, e a vasta bibliografia aí citada) ou o caso, profundamente controverso, da chamada intervenção humanitária (sobre a noção e problemática envolvente, veja-se, entre outros, RICHARD B LILLICH (ed), *Humanitarian Intervention and the United Nations,* Charlottesville: University Press of Virginia, 1973 ou SIMON CHESTERMAN, *op. cit.*). Para uma análise geral dos casos em que se defende o uso da força ultrapassando o paradigma definido na Carta, veja-se ANTHONY AREND e ROBERT BECK, *International Law and the Use of Force: Beyond the UN Charter Paradigm*, London: Routledge, 2000 (reimp), em especial 71 a 173.

A realidade haveria de confirmar a justeza das preocupações subjacentes à inclusão dessa disposição. Efectivamente, após o conflito de 1939-45, os conflitos armados não internacionais não têm sido menos numerosos do que os internacionais nem menos devastadores (antes pelo contrário, em muitos casos...[10]). Claro que com isto não pretendemos minimizar os conflitos internacionais, com meios bélicos cada vez mais "aperfeiçoados" em consequência da evolução técnica, ou as suas consequências. Na verdade, se a Carta das Nações Unidas estabeleceu a proibição do recurso à força armada (com as excepções assinaladas), na prática o que conseguiu evitar-se foi uma guerra generalizada (mais como consequência do "equilíbrio pelo terror" próprio da guerra fria do que por mérito da actuação da ONU, ao menos até finais dos anos 80), e não já conflitos que, apesar de envolverem dois ou grupo restrito de Estados, não deixaram de ser devastadores.

Uma vez mais, urge desenvolver o direito constante das quatro convenções estruturantes do Direito Humanitário. Por iniciativa do Comité Internacional da Cruz Vermelha, reúne-se uma conferência diplomática cujos trabalhos culminarão com a aprovação, em 1977, de dois Protocolos Adicionais àquelas convenções. O primeiro vem desenvolver o estabelecido nas Convenções de Genebra e completar alguns aspectos do direito da Haia relativamente à condução das hostilidades. Já o segundo destes protocolos, completando o referido art. 3.º comum às quatro convenções de Genebra, vem definir as regras aplicáveis aos conflitos armados não internacionais.

3. No contexto que acabámos de descrever, haverá alguma atenção particular dada às mulheres e à sua situação em caso de conflito armado?

Se pensarmos nas normas de Direito Internacional Humanitário vigentes até à 1.ª guerra mundial, não há praticamente disposições que lhes sejam especificamente dirigidas, em grande parte porque as mulheres praticamente não intervinham de forma directa no conflito, pelo não se sentia a necessidade de regular a sua situação enquanto tal; e ainda porque as consequências que sobre elas pudessem verificar-se não eram tidas por relevantes. As guerras travavam-se em campos de batalha (e aí, regra geral, não participavam mulheres), não obstante as consequências que decorriam para além dele para a parte vencido. Neste âmbito, verificavam-se muitas

---

[10] Note-se que estas guerras são levadas a cabo, em larga medida, por grupos que não têm qualquer formação militar e que se socorrem de todos os meios ao seu alcance para a prossecução da luta, meios esses que muitas vezes não são conformes ao direito da guerra.

vezes os saques, a que frequentemente estavam associadas violações das mulheres, violações essas encaradas, geralmente, como algo de incontornável (uma espécie de recompensa pelo esforço do guerreiro), e portanto, contra o qual não valia a pena reagir.

Não havia, por isso, normas de Direito Internacional Humanitário direccionadas concretamente à protecção das mulheres[11], nem se sentia especificamente a sua necessidade. Obviamente, tal não significava pura e simplesmente a sua desprotecção, uma vez que lhes eram aplicáveis as normas desse direito, do mesmo modo que aos homens. Assim, na hipótese de uma mulher ser ferida em consequência da sua participação na guerra (hipótese pouco comum), seria protegida nos termos definidos pela Convenção de Genebra de 1864 relativa aos militares feridos nos exércitos em campanha; se fosse feita prisioneira de guerra, beneficiaria das disposições do já referido Regulamento Anexo às Convenções da Haia de 1899 e 1907 sobre as leis e costumes da guerra em terra, e assim por diante.

Com a primeira guerra mundial, as coisas alteram-se. Em termos gerais, foi uma guerra diferente das anteriores, na medida em que extravasou largamente os campos de batalha e afectou, como nunca até então, a população civil. Além disso, foi uma guerra que exigiu uma mobilização total nos Estados envolvidos.

Especificamente no que toca às mulheres, também há problemas que se revelam agora de forma inelutável. Por um lado, há mulheres que participam directamente nos conflitos, embora não na chamada "linha da frente", mas apoiando os homens combatentes, desenvolvendo actividades fundamentais, como por exemplo enfermagem (na sequência, como se sabe, da acção e do exemplo de Florence Nightingale, na Guerra da

---

[11] Isto sem prejuízo de normas pontuais constantes de códigos militares nacionais em que se proibia a violação, estabelecendo-se penas graves (nomeadamente a pena capital) para os soldados que a praticassem. Estão neste caso os Códigos de Ricardo II (1385) ou de Henrique V (1419) ou, mais recentemente, as Instruções de Lieber (1863), dirigidas aos Exércitos dos Estados Unidos, em cujo art. 44.º se estabelecia: «All wanton violence committed against persons in the invaded country, all destruction of property not commanded by the authorized officer, all robbery, all pillage or sacking, even after taking a place by main force, all rape, wounding, maiming or killing of such inhabitants, are prohibited under the penalty of death, or such other severe punishment as may seen adequate for the gravity of the offense.

A soldier, officer or private, in the act of committing such violence, and disobeying a superior ordering him to abstain from it, may be lawfully killed on the spot by such superior».

552 Estudos em Comemoração do 10.º Aniversário da Licenciatura em Direito

Crimeia, ainda no séc. XIX). Além disso, e dado que os homens têm que integrar os exércitos, as mulheres vêem-se compelidas a assumir o papel de chefe de família, para o qual não estão, em muitos casos, preparadas, trabalhando em fábricas e noutros ofícios; outras ficam viúvas e quase sem recursos, tendo a seu cargo filhos menores e os idosos da família. Muitas fogem, acabando na situação de refugiadas[12]; mas muitas outras não o fazem, ou porque têm a seu cargo pessoas idosas ou doentes que não as podem acompanhar; ou porque pretendem tentar salvaguardar os seus haveres; ou ainda manter as crianças na escola. Verifica-se, portanto, uma alteração substancial do papel da mulher por força do conflito armado.

Com a segunda Guerra mundial, a situação agrava-se. Segundo Charlotte Lindsey, ela «realçou o seu [da mulher] papel, inicialmente na reserva ou em unidades de apoio (incluindo o trabalho em fábricas de munições) nas forças alemãs ou britânicas e, no caso da União Soviética, na sua participação directa nos combates, como membros de todos os serviços e unidades "constituindo 8% do total das forças armadas". Desde então, as mulheres assumiram um papel muito mais relevante, e juntaram-se às forças armadas mais frequentemente, voluntária ou involuntariamente, assumindo funções de apoio, bem como de combatentes»[13].

As mulheres tornam-se assim um alvo fácil dos excessos dos exércitos inimigos que atacam a sua terra. Como afirma Judith Gardam, «a guerra exacerba as desigualdades que existem, sob diferentes formas e em diversos graus, em todas as sociedades, e as mulheres representam 70% da população mundial que vive na pobreza. De modo geral, as mulheres são desfavorecidas em questões de educação, e têm, além disso, muito menos mobilidade do que os homens em virtude do seu papel tradicional que consiste em tomar conta dos seus próximos. Outro facto significativo (talvez de consequências mais profundas): as mulheres estão, em geral, afastadas do poder e não podem participar nas decisões relativas a um conflito armado. Elas ficam assim numa situação de incapacidade de chamar a atenção para as dificuldades particulares que as assaltam em situações de conflito e, pior ainda, elas não têm qualquer meio para recomendar esta ou aquela acção preventiva, de qualquer tipo que seja»[14].

---

[12] Actualmente, os estudos da ACNUR (que, obviamente, não existia nessa época, mas cujas conclusões nesta matéria se podem extrapolar sem grande margem de erro) revelam que a larga maioria dos refugiados são mulheres e crianças.

[13] CHARLOTTE LINDSEY, «Women and War – An Overview», *IRRC*, n.º 839, 2000, p. 562.

[14] JUDITH G. GARDAM «Woman, Human Rights and International Humanitarian Law», *IRRC*, 1998, n.º 324, p. 422.

São, por isso, vítimas de crimes abomináveis que vão da tortura aos crimes sexuais (violações, escravatura sexual, prostituição forçada, gravidez forçada, esterilização forçada). E note-se que, em muitos casos, terminada a guerra, as mulheres que foram vítimas destas violências são ostracizadas pela sua comunidade de origem por terem "servido o inimigo" (ainda que à força!!...) ou por terem assumido papéis que, nessas sociedades, estão reservados aos homens. Além disso, muitas daquelas que foram vítimas de violência sexual nem no pós guerra revelam a sua situação por receio da reacção da sociedade em que se inserem. Basta recordar que as chamadas *Comfort Women*, usadas sobretudo pelas tropas japonesas durante a Segunda Guerra Mundial, só em finais da década de 1980, aceitam falar da sua situação. Tratou-se de mulheres de diferentes nacionalidades, mas sobretudo coreanas (segundo se crê, cerca de 80%), que ficaram sujeitas a uma situação de escravatura sexual. Note-se que, segundo se pensa (porque não há dados seguros), apenas cerca de 30% sobreviveram ao final da guerra.

E esse silêncio também não ajuda a que os crimes sejam conhecidos e muito menos a que os seus autores sejam punidos[15]. Tendo em consideração que, em culturas como a coreana, o sexo pré-matrimonial é um tabu, bem se percebe que as mulheres que haviam sido sujeitas a escravatura sexual preferissem calar o seu passado, sob pena de praticamente anularem as suas hipóteses de casar, única via de terem uma vida normal, como esposas e mães. Tornou-se, portanto, preferível calar o sofrimento para poder reconstruir as suas vidas. Foi apenas em 1988, no âmbito de uma conferência internacional sobre turismo sexual, que, na Coreia, o assunto das *Comfort Women* foi discutido publicamente pela primeira vez[16]. Na verdade, os únicos casos em que militares japoneses foram acusados, no pós guerra, pelo facto de forçarem mulheres a prostituir-se foram aqueles em que a acusação partiu do governo holandês e relativamente a actuações que tiveram por vítimas mulheres holandesas, aquando da invasão japone-

---

[15] Embora não possa alegar-se, neste caso, o seu desconhecimento. O silêncio que em seu torno se gerou foi devido a factores diversos, nomeadamente à opção das próprias vítimas de calar esses factos. Mas que havia conhecimento dos mesmos, prova-o a resolução 126 do Congresso dos Estados Unidos, aprovada no pós guerra, em que se considerava ser dever dos japoneses pagar de imediato indemnizações «às mulheres que foram forçadas a escravidão sexual e denominadas pelos japoneses "mulheres de conforto"». O texto desta resolução pode ver-se em J. A. Azeredo Lopes, *Textos Históricos..., cit.*, p. 478-480.

[16] V. Chunghee Sarah Soh, *Human Rights and Humanity: The Case of "Comfort Women"*, The ICAS Lectures, n.º 98-1204-CSSb.

554 *Estudos em Comemoração do 10.º Aniversário da Licenciatura em Direito*

sas da Indonésia, então colónia holandesa. Mesmo nesse caso, a queixa não se alargou a comportamentos idênticos relativamente às nativas da Indonésia.

Portanto, a primeira e sobretudo a segunda Guerras mundiais revelam uma realidade em que a violação dos direitos do homem e, no que agora nos interessa, a violação dos direitos das mulheres, assume proporções até então desconhecidas e que apela a uma regulação jurídica. Não esqueçamos que um dos aspectos que caracteriza a sociedade internacional do pós segunda Guerra é a crescente sensibilização para as matérias relativas aos direitos do homem. Ora, se é verdade que as normas humanitárias vigentes eram aplicáveis às mulheres, torna-se premente a necessidade de normas que atendam às particularidades da sua situação, em caso de guerra. Na verdade, a Convenção de Genebra de 1929, relativa às condições dos feridos no campo de batalha, limitava-se a afirmar, no art. 3.º, que: «as mulheres são tratadas com todo o respeito devido ao seu sexo» e, no art. 4.º, a estipular que «as diferenças de tratamento entre prisioneiros não são lícitas, a não ser que se tenham por base o grau militar, o estado de saúde físico, as aptidões profissionais *ou o sexo* daqueles que delas beneficiam». Se a afirmação de tais princípios traduzia uma preocupação com a situação das mulheres, o carácter excessivamente vago e genérico de tais proposições tornava-as agora manifestamente insuficientes.

Por isso, quando se reúne a Conferência diplomática que haveria de culminar com a aprovação das quatro Convenções de Genebra de 1949, a preocupação de definir regras dirigidas especificamente à protecção da situação da mulher esteve presente. Apesar do silêncio que se gerou em torno de boa parte das gravíssimas violações dos seus direitos fundamentais e da sua dignidade, havia consciência da sua existência.

Esta mesma motivação estará presente aquando da celebração dos Protocolos Adicionais às Convenções de Genebra, em 1977.

3.1. *Princípios fundamentais*

Nas quatro Convenções de Genebra, a protecção da mulher aparece já perspectivada.

Pode dizer-se que essa protecção se faz em torno de dois eixos fundamentais, constituídos pelos princípios da não discriminação e do tratamento preferencial, vertentes essas que já se encontram espelhadas nas disposições acima transcritas da Convenção de Genebra de 1929.

O princípio da não discriminação, também muitas vezes invocado como princípio da igualdade, significa que à mulher são reconhecidos todos os direitos consagrados em termos gerais nos instrumentos jurídicos de protecção humanitária (ou seja, a mulher, pelo facto de o ser, não pode ter uma protecção menor do que o homem) e aparece consagrado nas quatro convenções de Genebra e nos dois Protocolos Adicionais[17].

Mau grado a aparente contradição sugerida entre a ideia de não discriminação (ou de igualdade) e a de tratamento preferencial, os conceitos coabitam perfeitamente e tal contradição só se manteria se se tivesse do princípio da não discriminação uma ideia absolutamente redutora, que não corresponde ao seu conteúdo. Como afirma Françoise Krill, «a proibição de discriminação não é uma proibição de diferenciação»[18], pelo que em nada impede discriminações em sentido favorável. Aliás, a igualdade poderia revelar-se injusta se aplicada a situações diferenciadas em razão da idade, do estado de saúde ou do sexo.

Portanto, se a primeira das directrizes mencionada (não discriminação) impede que as normas que visam proteger o ser humano em situação de conflito armado deixem de ser aplicadas às mulheres em virtude do seu sexo, ela não exige que sejam ignoradas as diferenças entre homem e mulher, e a maior vulnerabilidade desta. Ou seja, se o princípio da não discriminação impede o desrespeito pelo "patamar mínimo" de protecção, devido a qualquer indivíduo, há depois que atender a que alguns desses indivíduos (neste caso, as mulheres) podem ser, e são muitas vezes, alvo de formas específicas de violência e se tornam, por isso, particularmente vulneráveis, pelo que carecem de protecção diferenciada, que atenda a tais vulnerabilidades.

É assim que, por exemplo, o art. 27.° da IV Convenção de Genebra de 1949 afirma expressamente que «sem prejuízo das disposições relativas ao seu estado de saúde, idade e sexo, todas as pessoas protegidas serão tratadas pela Parte no conflito em poder de quem se encontrem com a mesma consideração, sem qualquer distinção desfavorável, especialmente de raça, religião ou opiniões políticas». Mais claramente ainda, encontramos, no art. 70.° do I Protocolo Adicional, a afirmação da legitimidade da discriminação positiva, ao estabelecer que as acções de socorro deverão ser rea-

---

[17] Nesse sentido, vejam-se os arts. 12.° da I e II Convenções de Genebra; o art. 16.° da III Convenção; o 27.° da IV Convenção; e ainda os arts. 75.° e 4.° do I e II Protocolos Adicionais, respectivamente.

[18] FRANÇOISE KRILL, «The Protection of Women in International Humanitarian Law», *IRRC*, 1985, n.° 249, p. 340.

lizadas de forma imparcial, «conduzidas sem qualquer discriminação de carácter desfavorável»[19]. São, portanto, as próprias convenções a estabelecer a possibilidade e os fundamentos da discriminação positiva, em termos abstractos (estado de saúde, idade e sexo).

É à luz desta ideia de discriminação positiva ou tratamento preferencial (relativamente às mulheres, no que agora nos interessa) que se justifica a inserção, ao longo dos textos que corporizam o actual de Direito Internacional Humanitário, de disposições dirigidas especificamente à protecção da mulher.

3.2. Vamos agora, em pinceladas largas, traçar a forma como, nos textos fundamentais do Direito Internacional Humanitário, se concretiza o princípio do tratamento preferencial conferido à mulher. Sem que caiba fazer aqui um enunciado exaustivo de todas elas, referir-nos-emos, em termos sucintos ao seu conteúdo, assinalando desde já que algumas destas disposições são de carácter genérico, enquanto que outras incidem sobre aspectos concretos das actuações devidas às pessoas do sexo feminino.

As duas primeiras Convenções de Genebra (visando melhorar a situação dos feridos e doentes em campanha e dos feridos, doentes e náufragos das forças armadas no mar, respectivamente) limitam-se a referir que «as mulheres devem ser tratadas com todo o respeito devido ao seu sexo»[20], sem haver referências a situações específicas de tratamento diferenciado.

Já na III Convenção, relativa aos prisioneiros de guerra, as especificidades de tratamento aparecem mais desenvolvidas. Além da afirmação do princípio do respeito devido ao seu sexo[21], estabelece-se, no que

---

[19] No mesmo sentido, veja-se o art. 75.º, n.º 1. do I Protocolo Adicional que afirma que as pessoas em poder de uma das partes no conflito serão tratadas com humanidade e beneficiarão pelo menos da protecção prevista no artigo em causa, «*sans aucune distinction de caractère défavorable fondée sur la race, la couleur, le sexe,...*». Na versão portuguesa, este aspecto aparece desvalorizado já que apenas se refere que o tratamento a dar às pessoas abrangidas é «...sem discriminação baseada na raça, cor, sexo....», sem especificar o carácter desfavorável da discriminação.

[20] Arts. 12.º das I e II Convenções de Genebra.

[21] Veja-se o art. 14.º, cujo texto não se limita à reprodução do constante das convenções anteriormente referidas, mas salienta também que, pelo menos, o princípio da igualdade (ou do patamar mínimo) a que já nos referimos deve ser respeitado. Nesta disposição pode ler-se: «as mulheres devem ser tratadas com todo o respeito devido ao seu sexo e beneficiar em todos os casos de um tratamento tão favorável como o concedido aos homens».

toca ao alojamento dos prisioneiros que «em todos os campos em que as prisioneiras de guerra se encontrem instaladas juntamente com prisioneiros deverão ser-lhes reservados dormitórios separados»[22]. Também no que se refere a sanções, há referências específicas às situações das prisioneiras de guerra, determinando-se que «não serão condenadas a penas mais severas ou, enquanto cumpram o seu castigo, ser tratadas mais severamente que as mulheres pertencentes às forças armadas da Potência detentora punidas por faltas análogas» e ainda que «em nenhum caso as prisioneiras de guerra poderão ser condenadas a uma pena mais severa ou, enquanto cumpram o castigo, ser tratadas mais severamente que um homem membro das forças armadas da Potência detentora punido por uma falta análoga»[23], no que se consubstancia a vertente da igualdade na protecção da mulher. Por fim, especifica-se que «as prisioneiras de guerra que estejam a cumprir pena disciplinar estarão detidas em locais distintos dos dos homens e serão colocadas sob a vigilância imediata de mulheres»[24].

Estabelece-se ainda que, na execução de sentença pronunciada por um tribunal contra prisioneiras de guerra, estas serão colocadas em locais separados e submetidas à vigilância de mulheres[25].

Além disso, a Convenção em causa prevê, no art. 110.º, a instalação em país neutro de certos grupos de pessoas, e integra um anexo (Anexo I) onde se estabelece um «Acordo-tipo relativo ao repatriamento directo e concessão de hospitalidade em país neutro aos prisioneiros de guerra feridos e doentes»[26]. Nesse acordo-tipo (ponto I – B do Anexo I) pode ler-se: «Serão indicados para instalação em país neutro: (...) 7) «Todas as prisioneiras de guerra grávidas e as prisioneiras que são mães, com os seus lactentes e crianças de pouca idade».

---

[22] Art. 25.º da III Convenção de Genebra.

[23] Art. 88.º da III Convenção de Genebra.

[24] Art. 97.º da III Convenção de Genebra.

[25] Art. 108.º da III Convenção de Genebra.

[26] Acordo este que deveria ser celebrado caso as partes (Estado beligerante e Estado neutro) ainda não tivessem concluído um acordo nesse sentido, nos termos do art. 109.º, n.º 2, que determina que «Durante a duração das hostilidades, as Partes no conflito esforçar-se-ão, com o concurso das Potências neutras interessadas, por organizar a instalação em países neutros dos prisioneiros feridos ou doentes incluídos no segundo parágrafo do artigo seguinte: poderão também concluir acordos com o fim do repatriamento directo ou do internamento em países neutros dos prisioneiros válidos que tenham sofrido um longo cativeiro».

558 Estudos em Comemoração do 10.º Aniversário da Licenciatura em Direito

A IV Convenção de Genebra, que incide sobre a protecção de civis em tempo de guerra, consagra os deveres dos Estados beligerantes relativamente às pessoas cuja protecção prevê, e atende de forma particular à situação da mulher, tentando prevenir os crimes de que ela é mais frequentemente alvo, desde logo porque o número de mulheres que integra a população civil é substancialmente mais elevado do que o de mulheres que integra os exércitos. Efectivamente, é enquanto membro da população civil que as mulheres vêem os seus direitos violados de uma forma mais generalizada. Assim, estabelece-se, no art. 27.º, que «as mulheres serão especialmente protegidas contra todo o atentado à sua honra, e nomeadamente contra a violação, prostituição forçada e todo o atentado ao seu pudor». Trata-se da primeira disposição normativa a incidir especificamente sobre a violação, o crime sobre as mulheres mais insistentemente repetido em situação de conflito armado. Apesar disso, esta disposição é objecto da censura de Judith Gardam, uma vez que «não se enquadra no regime das infracções graves ao Direito Internacional Humanitário (regime em virtude do qual os Estados têm o dever de procurar e punir as pessoas que hajam praticado actos particularmente censuráveis[27]) (...);» além disso, «considera a violação como atentado à honra da vítima, pelo que não tem em conta a gravidade da infracção que constitui a violência sexual»[28].

---

[27] Nos termos do art. 147.º, são infracções graves as «que abrangem um ou outro dos seguintes actos, se forem cometidos contra pessoas ou bens protegidos pela presente Convenção: o homicídio voluntário, a tortura ou os tratamentos desumanos, incluindo as experiências biológicas, o propósito de causar intencionalmente grandes sofrimentos ou graves lesões no corpo ou à saúde, a deportação ou transferência ilegais, a reclusão ilegal, a obrigatoriedade de uma pessoa protegida servir as forças armadas de uma Potência inimiga ou o propósito de privá-la do seu direito de ser julgada regular e imparcialmente segundo as prescrições da presente convenção, a tomada de reféns, a destruição e apropriação de bens não justificáveis pelas necessidades militares e executadas em grande escala de modo ilícito e arbitrário». E, segundo o art. 146.º, este tipo de infracções está sujeito a um regime diferente, já que se impõe aos Estados Partes na Convenção o dever de «decretar a legislação necessária para fixar sanções penais adequadas a aplicar às pessoas que tenham cometido ou ordenado alguma das graves violações»; «a obrigação de procurar as pessoa acusadas de terem cometido ou ordenado quaisquer infracções graves e entregá-las aos seus próprios tribunais, sem atender à nacionalidade. Poderá também, se o preferir e de harmonia com as determinações da sua própria legislação, enviá-las para julgamento a uma outra Parte contratante interessada, desde que esta Parte contratante tenha produzido contra as pessoas referidas suficientes provas de acusação».

[28] JUDITH G. GARDAM, «Woman, Human Rights and International Humanitarian Law», cit., p. 424.

Para além destas, são várias as disposições dirigidas à protecção de mulheres em situações particulares, nomeadamente, grávidas e parturientes. Neste sentido, o art. 14.° da IV Convenção dispõe que «desde o tempo de paz, as Partes contratantes e, depois do início das hostilidades, as Partes no conflito, poderão estabelecer no seu próprio território e, se houver necessidade, nos territórios ocupados, zonas e localidades sanitárias e segurança, organizadas de modo a proteger dos efeitos da guerra (...) as mulheres grávidas e as mães de crianças com menos de 7 anos». Também se afirma o dever das partes tentarem a celebração de acordos locais para evacuação de pessoas debilitadas, nomeadamente parturientes[29], bem como o dever de proteger e respeitar os hospitais civis, para que prestem cuidados nomeadamente a parturientes[30].

Prevê-se, ainda, que, em quaisquer circunstâncias, as mulheres grávidas e as mães de crianças de menos de sete anos beneficiarão, na mesma medida que os nacionais do Estado interessado, de todo o tratamento preferencial[31].

Ainda quanto às mulheres nestas situações mais delicadas, elas são abrangidas pelo dever das Partes no conflito se esforçarem por concluir, no decorrer das hostilidades, acordos visando a libertação, a repatriação, o regresso ao local de domicílio ou a hospitalização em país neutro de internados especialmente fragilizados (abrangendo mulheres grávidas e mães que amamentem ou mães de crianças de pouca idade)[32]. Prevê-se também, no art. 50.°, que «a Potência ocupante não deverá pôr obstáculos à aplicação de medidas preferenciais que possam ter sido adoptadas, antes da ocupação, em favor de (...) mulheres grávidas e mães de crianças com menos de 7 anos, no que respeita à alimentação, cuidados médicos e protecção contra os efeitos da guerra».

Como deixamos referido, o I Protocolo Adicional, de 1977, versa sobre a Protecção das Vítimas dos Conflitos Armados Internacionais e também aqui surgem preocupações específicas relativas às mulheres, sobretudo em situações de maior fragilidade, como acontece com grávidas ou parturientes. Assim, logo no art. 8.°, que tem por epígrafe «terminologia», se diz que, no âmbito do mesmo Protocolo, os termos «feridos» e

---

[29] Cf. art. 17.° da IV Convenção de Genebra.
[30] Cf. art. 18.° da IV Convenção de Genebra.
[31] Cf. art. 38.°, n.° 5, da IV Convenção de Genebra.
[32] Cf. art. 132 da IV Convenção de Genebra.

560 *Estudos em Comemoração do 10.º Aniversário da Licenciatura em Direito*

«doentes» abrangem, entre outros, as parturientes e também mulheres grávidas necessitadas de cuidados médicos imediatos, desde que se abstenham de qualquer acto de hostilidade. Estabelece-se ainda, no art. 70.º, que, quando houver necessidade de acções de socorro humanitárias por carência de géneros e materiais essenciais, elas deverão ser realizadas sem qualquer discriminação de carácter desfavorável, devendo ser dada prioridade, entre outros, a mulheres grávidas ou parturientes e mães que aleitem.

Também o art. 75.º, que versa sobre as garantias fundamentais das pessoas em poder de uma Parte no conflito, prevê, no seu n.º 5, que as mulheres privadas de liberdade por motivos relacionados com o conflito armado serão mantidas em locais separados dos dos homens e sob vigilância directa de mulheres. No entanto, esta regra cede face ao valor mais alto de preservar a unidade familiar pelo que, se forem detidas famílias, o seu alojamento deve, na medida do possível, preservar essa unidade.

Refira-se ainda que este protocolo contém uma disposição (art. 76.º) dirigida especificamente à protecção das mulheres, em que se pode ler: «1. As mulheres devem ser objecto de um respeito especial e protegidas nomeadamente contra a violação, a prostituição forçada e qualquer outra forma de atentado ao pudor.

2. Os casos de mulheres grávidas ou de mães de crianças de tenra idade dependentes delas e que forem presas, detidas ou internadas por razões ligadas ao conflito armado serão examinados com prioridade absoluta.

3. Na medida do possível, as Partes no conflito procurarão evitar que a pena de morte seja pronunciada contra mulheres grávidas ou mães de crianças de tenra idade que dependam delas, por infracção cometida relacionada com o conflito armado. Uma condenação à morte contra essas mulheres por uma tal infracção não será executada.».

Portanto, para além da protecção da mulher enquanto mãe (e, consequentemente, dos seus filhos de tenra idade), aparece-nos, de forma expressa, uma protecção directamente dirigida contra os crimes de natureza sexual e atentados ao pudor, não conexionados estritamente com a salvaguarda da honra.

Não queremos com isto dizer que tal preocupação não estivesse já presente nas Convenções de 1947. Se a IV Convenção se refere expressamente a este aspecto, embora vendo apenas na violação um atentado à honra (ao menos segundo o entendimento de Judith Gardam referido), também parece claro que quando, p. ex., a III Convenção estabelece o dever de instalar as mulheres em dormitórios separados dos dos homens ou sob vigilância de mulheres é esta preocupação que motiva tais disposições. No entanto, há que reconhecer que o n.° 1 do artigo que acabamos de transcrever do I Protocolo Adicional tem uma linguagem bem mais clara no que se refere ao objecto da sua protecção.

Falta-nos referir, por fim, o II Protocolo Adicional, que, como sabemos, é dirigido à Protecção das Vítimas dos Conflitos Armados Não Internacionais. As suas regras vão no mesmo sentido das que encontramos nos documentos já referidos. Assim, uma vez mais se afirma que as mulheres privadas de liberdade devem ser mantidas em locais separados dos dos homens e sob a vigilância imediata de mulheres, salvo o caso de partilha de alojamento com homens da mesma família[33]. Afirma-se ainda que se uma mulher for condenada a pena capital na sequência de acção penal, a pena não será executada caso ela esteja grávida ou seja mãe de criança de tenra idade[34].

Da recensão que acabamos de fazer das normas de Direito Humanitário dirigidas à protecção da mulher, ressalta que, se uma parte delas se dirigem à protecção da mulher em si mesma, há também uma boa fatia vocacionada para a protecção da mulher enquanto mãe, ou seja, normas que visam, em última análise, tutelar os seus direitos como meio de salvaguardar a protecção das crianças de pouca idade ou ainda os nascituros; vão nesse sentido as diversas normas que se destinam à protecção de grávidas, de mães que aleitem e de mães de crianças de pouca idade.

No entanto, a preocupação com a situação da mulher (que se enquadra no âmbito mais lato da problemática dos direitos do homem) vai continuar a intensificar-se.

Um factor não despiciendo na sensibilização para esta matéria é, sem dúvida, o do desenvolvimento dos *media*, que vem permitindo uma melhor percepção da realidade a que as mulheres ficam sujeitas em situação de guerra. Efectivamente, as imagens conseguem traduzir, de uma forma muito mais realista, esses horrores, com a agravante de permitir um conhecimento quase instantâneo e, por isso, mobilizador da opinião pública, exigindo uma reacção rápida[35].

---

[33] Art. 5.°, n.° 2, a) do II Protocolo Adicional.

[34] Art. 6.°, n.° 4 do II Protocolo Adicional.

[35] Este aspecto é também sublinhado por THEODOR MERON («Rape as a Crime under International Humanitarian Law», *AJIL*, vol. 87, 1993, p. 424). Na verdade, se o conheci-

562 *Estudos em Comemoração do 10.º Aniversário da Licenciatura em Direito*

Neste percurso de aprofundamento da protecção dos direitos das mulheres, cabe destacar a Declaração e Programa de Acção da Conferência Mundial sobre os Direitos do Homem, de Viena (Junho de 1993), onde claramente se afirma que «as violações dos direitos das mulheres em situação de conflito armado contrariam os princípios fundamentais da pessoa humana e o direito humanitário» e exigem «medidas particularmente eficazes»[36].

A nível inter-governamental, deve ainda ser sublinhada a discussão havida na Conferência de Pequim sobre a Mulher, em 1995, acerca da situação da mulher (também em caso de guerra), cuja Plataforma de Acção afirmava, no relatório que dirigiu ao Secretário-Geral das Nações Unidas: «Embora comunidades inteiras sofram as consequências dos conflitos armados e do terrorismo, as mulheres e as meninas são particularmente afectadas devido ao seu estatuto na sociedade e ao seu sexo». Esta conferência prosseguiu em 2000 (a Conferencia "Pequim+5") em Nova Iorque, em 2000. Simultaneamente, numerosas resoluções têm sido aprovadas pelos órgãos principais das Nações Unidas[37], bem como pelos seus órgãos subsidiários (como a Comissão para os Direitos Humanos ou o Alto Comissariado para os Refugiados).

Apesar de todos estes esforços, Catherine Niarchos escrevia, em 1995, que «a inevitabilidade da violação em tempo de guerra parece ser aceite pelos líderes políticos e militares e até recentemente foi largamente ignorado pelos historiadores, sociólogos, e jornalistas. (...) A violação em tempo de guerra é explorada pelo seu valor de propaganda, mas quando chega o momento de julgamentos é frequentemente encarado ou integrado

---

mento dos factos só chegar muito mais tarde, o seu impacto será certamente menor, pouco havendo a fazer para além de os lamentar e, é claro, tentar repará-los, na medida do possível e, eventualmente, tentar ainda prevenir situações idênticas. Se são certamente tarefas importantes, melhor é ter a percepção do que se vai passando no terreno para que se possam envidar esforços visando obviar a que mais violações graves dos direitos da pessoa humana ocorram. E é uma realidade que as imagens, e as imagens imediatas, são um factor particularmente mobilizador da opinião pública. Basta que nos recordemos da importância das imagens do massacre de Santa Cruz no processo de auto-determinação do povo de Timor-Leste. Há, no entanto, que ter cuidado na apreciação dos dados fornecidos pelos *media*, dado que podem ser (e são-no, não raras vezes) objecto de manipulação.

[36] JUDITH G. GARDAM, «Woman, Human Rights and International Humanitarian Law», *cit.*, p. 426.

[37] A título de exemplo, cite-se a resolução 1325 (2000) do Conselho de Segurança, de 31 de Outubro de 2000 ou a resolução 52/231, da Assembleia Geral, de 17 de Junho de 1998.

numa categoria mais ampla de crimes contra civis. Precisa ainda de ser reconhecida como um crime de género»[38].

A guerra verificada na ex-Jugoslávia na década de 1990 e as práticas então ocorridas de violação dos direitos mais básicos das mulheres tiveram, no dizer de Judith Gardam, um «efeito galvanizador»[39] sobre a comunidade internacional. Por um lado, os atentados contra os direitos das mulheres, e nomeadamente as violações maciças e outros crimes graves de natureza sexual, assumiram um carácter generalizado e sistemático, como instrumento do que se chamou "limpeza étnica"; por outro lado, estávamos numa época em que a sensibilização para as matérias dos direitos fundamentais, iniciada sobretudo após a 2.ª Guerra Mundial, tinha tornado a comunidade internacional e a opinião pública internacional especialmente sensíveis a estas questões; por fim, o facto de ter sido uma guerra com ampla cobertura mediática foi certamente um factor que trouxe a questão para as luzes da ribalta[40]. Estes vários factores pressionaram a comunidade internacional a agir, «desembocando no desenvolvimento mais sensível do direito humanitário atribuível à importância crescente dada aos direitos fundamentais das mulheres: a inclusão da violação no regime das infracções graves»[41], tal como nos surge no Estatuto do Tribunal criado para julgar os crimes mais graves então e aí ocorridos. E assim se justifica que tantas entidades e órgãos internacionais viessem pronunciar-se sobre a questão da situação da mulher no território da ex-Jugoslávia nessa época.

Merece destaque a resolução 48/143, de 20 de Dezembro de 1993, da Assembleia Geral das Nações Unidas, intitulada «Violação e abuso de mulheres nas áreas de conflito armado na ex-Jugoslávia», em que, depois de condenar as horrendas práticas de violação e abuso de mulheres e crian-

---

[38] CATHERINE NIARCHOS,.«Women, War, and Rape: Challenges Facing The International Tribunal for the Former Yugoslavia», *Human Rights Quarterly*, 1995, 17/4, p. 651.

[39] JUDITH G. GARDAM, «Woman, Human Rights and International Humanitarian Law», *cit.*, p. 429.

[40] E «não é coincidência que tenha havido uma diferença assinalável na cobertura do conflito da Jugoslávia devido ao número crescente de mulheres repórteres na guerra» (JUDITH GARDAM, «Women and the Law of Armed Conflict: Why the Silence?», *ICLQ*, vol. 46, 1997, p. 58).

[41] JUDITH G. GARDAM, «Woman, Human Rights and International Humanitarian Law», *cit.*, p. 429. Também CHARLOTTE LINDSEY afirma: «o conflito na Bósnia e Herzegovina trouxe ao mundo o reconhecimento da questão da violação das mulheres como instrumento de guerra. O mundo ficou horrorizado ao ouvir as narrações das mulheres dominadas com vista a serem violadas e engravidadas» (*op. cit.*, p. 566).

564 *Estudos em Comemoração do 10.° Aniversário da Licenciatura em Direito*

ças, «expressa a sua indignação pelo facto de a violação sistemática estar a ser usada como arma de guerra e instrumento de "limpeza étnica" contra mulheres e crianças (...)» e declara ainda «a violação como um crime hediondo», encorajando o Tribunal Internacional Penal para a ex-Jugoslávia «a dar a devida prioridade aos casos de vítimas de violação»[42].

Esta preocupação crescente no seio das Nações Unidas conduz ainda à nomeação, pela Comissão dos Direitos do Homem, em 1994, de uma Relatora Especial (Radika Coomaraswamy) encarregada da questão da violência sobre as mulheres, incluindo as ocorridas em situação de conflito armado. No relatório que apresentou, e no que toca especificamente a situação de conflitos internacionais, propõe um reexame e reavaliação das Convenções de Genebra na matéria em causa, de forma a «nelas incorporar as normas emergentes relativas à violência contra as mulheres em tempo de guerra». No ano seguinte, a sub-comissão de luta contra as medidas discriminatórias e protecção de minorias designa uma relatora especial para tratar da questão específica da violação sistemática, escravatura sexual e práticas análogas à escravatura em situação de conflito armado.

E porque as normas vocacionadas para protecção da mulher em situação de conflito armado são regras fundamentais, dirigidas a todas as partes envolvidas e a toda a sorte de conflito armado, o Secretário-Geral das Nações Unidas teve o cuidado de as relembrar numa circular dirigida às forças das Nações Unidas, afirmando inequivocamente a sujeição de tais forças ao Direito Internacional Humanitário[43]. No art. 7.°, relativo ao

---

[42] Resolução 48/143, de 20 de Dezembro de 1993, §§1, 2 e 10. Este mesmo aspecto foi sublinhado pela Comissão das Nações Unidas para a Condição das Mulheres, na sua 42.ª sessão (de Março de 1998), ao afirmar: «a Comissão reclama aos governos que modifiquem as definições e padrões legais para assegurar que os mesmos incluam a defesa de todas as mulheres e meninas que se vêem afectadas pelos conflitos armados e, em particular, para tornar explícito que a violação sistemática e a escravatura sexual nos conflitos armados constituem crimes de guerra».

[43] Note-se que foi questionada a aplicação do Direito Humanitário às forças das Nações Unidas, ainda que tivessem de usar da força armada, desde logo porque as Nações Unidas não são parte nas Convenções de Direito Humanitário, nem a elas podem aderir, já que a adesão só está aberta a Estados; também se levantou a questão de saber se a Organização das Nações Unidas podia ser considerada parte no conflito, condição, segundo alguns, para que o Direito Internacional Humanitário lhe pudesse ser aplicado. Como afirma Benvenuti, este documento vem «resolver de modo geral o problema da aplicação do Direito Humanitário às missões em que Forças actuam sob o comando e o controlo das Nações Unidas. Neste aspecto, um documento era esperado há anos para que cessem o

tratamento dos civis e das pessoas fora de combate, é afirmado que «as mulheres são especialmente protegidas contra todo o atentado à sua integridade física, em particular contra a violação, a prostituição forçada e qualquer outra forma de violência sexual»[44].

Consciente de que, se as mulheres são alvo de inúmeras violações de diferentes direitos, as de natureza sexual atingem-nas particularmente, o Comité Internacional da Cruz Vermelha, na 27.ª Conferência desta organização comprometeu-se a «assegurar que a protecção específica, a saúde e a assistência de que as mulheres e as meninas afectadas por conflitos armados necessitam (...), disseminando activamente a proibição de todas as formas de violência sexual junto das partes em conflitos armados»[45].

4. Apesar dos esforços para intensificar a protecção dos direitos da mulher corporizados nas normas e documentos de Direito Internacional Humanitário que sumariamente referimos, não pode, infelizmente, dizer-se que, na prática, tenha havido uma redução significativa de violações dos direitos das mulheres que, através deles, se pretende proteger. Aliás, a preocupação normativa crescente, se revela uma maior sensibilização para a matéria, é também resultado do facto de tais comportamentos continuarem a verificar-se e até tomarem proporções crescentes, já que, como é referido na resolução da Assembleia Geral supra mencionada, o crime mais comum (a violação) passa a ser praticado de forma sistemática e usado como arma de guerra. Supera-se, portanto, largamente a violação "tradicional", ocorrida por iniciativa de um soldado que, depois de uma batalha, se sente com "direito" a essa "recompensa", ou a esse "troféu".

---

recurso a soluções improvisadas e as incertezas relativas, muitas vezes perigosas, que delas decorrem» (PAOLO BENVENUTI, «Le respect du droit international humanitaire par les forces des Nations Unies: la Circulaire su Secrétaire-Général», *RGDIP*, t. 105/2001/2, p. 355).

[44] Circular do Secretário-Geral das Nações Unidas, ST/SGB/1999/13, de 6 de Agosto de 1999 (o texto desta circular encontra-se reproduzido na *IRRC*, n.º 836, 1999, vol. 81, p. 812 ss.). Note-se que foram conhecidos, no âmbito do conflito na ex-Jugoslávia (e também noutros contextos), casos de violações e de outros atentados contra a mulher da autoria de membros das Forças das Nações Unidas, pelo que a Circular vem reagir a esse tipo de situações, esclarecendo as regras a que essas forças ficam sujeitas. Um resumo sobre a evolução da subordinação das tropas sob comando e controlo das Nações Unidas ao Direito Internacional Humanitário pode ver-se em ANNE RYNIKER, «Respect du droit international humanitaire par les forces des Nations Unies. Quelques commentaires à propos de la Circulaire du Secrétaire Géneral des Nations Unies du 6 août 1999», *IRRC*, n.º 836, p. 795-805.

[45] Veja-se também a resolução 2 aprovada nessa Conferência, em especial o ponto B.

566 *Estudos em Comemoração do 10.º Aniversário da Licenciatura em Direito*

Continuam, portanto, a existir numerosos relatos, de todos os pontos do globo onde ocorrem conflitos armados, de práticas de violação e de outros abusos sobre as mulheres (mormente de natureza sexual, mas também, p. ex., de escravatura, que, aliás, em grande parte dos casos envolve escravatura sexual), tanto no Kuwait, como na Libéria ou em Cachemira ou em muitos outros pontos do globo[46]. Por ser um caso que a nós, portugueses, nos toca particularmente, não deixamos de referir o caso de Timor-Leste, onde, após a ocupação indonésia de 1975, numerosas violações e mortes ocorreram e onde se verificou também um largo número de esterilizações forçadas, como parte de uma política de eliminação da identidade étnica do povo timorense[47].

Além de se continuarem a repetir estas situações, também não são muitos os casos de julgamento de criminosos de guerra por tais práticas, ao menos no que se refere a julgamentos em tribunais internacionais. Efectivamente, nos julgamentos internacionais de criminosos de guerra, as violações de normas dirigidas à protecção da mulher têm sido virtualmente ignoradas, pelo que se pode afirmar, com Gabrielle McDonald, que «o julgamento de tal conduta no contexto internacional é fenómeno relativamente recente»[48].

Assim, a nível internacional, parece que o primeiro mecanismo dirigido à investigação de tais crimes ocorre após a 1.ª Guerra Mundial, quando se cria uma comissão dirigida à investigação de violações maciças de mulheres belgas e francesas por elementos de tropas estrangeiras. No entanto, a tal investigação não sucedeu qualquer actuação.

Também no final da 2.ª Guerra Mundial não havia dúvidas sobre a comissão de tais crimes. Os procuradores francês e soviético no Tribunal de Nuremberga apresentaram provas claras de casos de violações maciças, que ficaram registadas. Apesar disso, o procurador francês, com um pudor absolutamente desadequado, veio pedir especificamente desculpa ao tribunal pelo facto de não citar detalhes atrozes relativos a crimes sexuais, apesar de, curiosamente, não ter tido problemas de os relatar quanto a outros tipos de crimes[49].

---

[46] Para nos apercebermos da dimensão do fenómeno, basta lançarmos o olhar sobre os relatórios de situações de conflito armado, elaborados por diferentes organizações não governamentais, de credibilidade incontestada.

[47] Cf. CHRISTINE CHINKIN, «Rape and Sexual Abuse of Women in International Law», *EJIL*, vol. 5 (1994), n.º 3, p. 327.

[48] GABRIELLE KIRK MCDONALD, «Crimes of Sexual Violence: The Experience of the International Criminal Tribunal», *ColJTL*, n.º 39, 2000-2001, p. 9.

[49] Cf. GABRIELLE KIRK MCDONALD, *op. cit.*, p. 10.

De qualquer forma, é de sublinhar que a Lei n.° 10 do Conselho de Controlo, de 20 de Novembro de 1945, vem, pela primeira vez, taxativamente reconhecer a violação como um crime contra a humanidade[50], apesar de tal não ter dado lugar a acusações.

Já no que se refere ao Tribunal Militar do Extremo Oriente, pode dizer-se que vários dos acusados foram condenados por violação das leis e costumes de guerra, tendo em conta, entre outros comportamentos, as violações maciças ocorridas, destacando-se o caso das *Violações de Nanquim*, em que ocorreram «muitos casos de violação. A morte era frequentemente a pena para a mais leve resistência por parte da vítima ou de membros da sua família que procurassem protegê-la. Mesmo meninas de tenra idade e idosas eram violadas em grande número por toda a cidade, e ocorreram muitos casos de comportamentos anormais e sádicos em conexão com estas violações. Muitas mulheres foram mortas após o acto e os seus corpos mutilados. Aproximadamente 20.000 casos de violação ocorreram na cidade durante o primeiro mês da ocupação»[51].

No entanto, se é louvável que estas questões tenham chegado a julgamento, deve atentar-se em que muitos outros casos em que os mesmos comportamentos se verificaram nunca chegaram a qualquer tribunal ou mereceram qualquer punição. Basta recordar o que deixámos referido quanto à situação das *Comfort Women*[52].

Infelizmente, os casos de violações graves dos direitos das mulheres não se ficaram por esta fase da história. Organizações tão credíveis como a *Human Rights Watch* publicam obras e relatórios em que muitos testemunhos existem dessas constantes violações. Por exemplo, a propósito do conflito do Ruanda pode ler-se: «embora o número exacto de mulheres violadas possa nunca vir a ser conhecido, os testemunhos dos sobreviventes confirma que a violação foi extremamente vasta e que milhares de mu-

---

[50] V. art. 2.°, n.° 1, alínea *c*). O texto desta Lei pode ver-se em J. A. AZEREDO LOPES, *Textos Históricos...*, *cit.*, p. 501-503.

[51] *The Nankin Atrocities. The Post War Judgment: The Judgment of IMTFE* http://www. missouri.edu/~jschool/nanking/Tribunals/imtfe...03.htm.

[52] V. *supra*, p. 9. Só agora foi constituído um Tribunal – Women's International War Crimes Tribunal – dirigido a «apreciar a responsabilidade criminal dos mais altos líderes japoneses militares e políticos e a responsabilidade separada do Estado do Japão por violação e escravatura sexual enquanto crimes contra a humanidade decorrentes da actividade militar japonesa na região da Ásia do Pacífico nos anos 30 e 40» (CHRISTINE CHINKIN, «Toward the Tokyo Tribunal 2000», http://www.iccwomen.org/tokyo/ chinkin.htm#...ftnref15).

lheres foram individualmente violadas, violadas por grupos, violadas com objectos tais como paus afiados ou canos de armas, obrigadas a escravatura sexual (quer colectivamente quer através de "casamentos" forçados), mutiladas sexualmente. Estes crimes eram frequentemente parte de um padrão em que as mulheres tutsis eram violadas depois de terem testemunhado a tortura e assassinato dos seus familiares e a destruição e pilhagem das suas casas. De acordo com os testemunhos, muitas mulheres foram assassinadas imediatamente após a violação»[53].

Portanto, mau grado os desenvolvimentos normativos verificados, eles não têm sido acompanhados de um esforço sério de julgar os presumíveis perpetradores de tais actos, pelo que tem reinado um sentimento de impunidade que constitui também exemplo negativo para situações futuras. Além do mais, estes crimes contra as mulheres, e nomeadamente o crime de violação, revelam-se de uma enorme eficácia, pois derrotam psicologicamente (quando não fisicamente) as suas vítimas e travam qualquer reacção dos familiares das mesmas, além de que de que se repercutem em termos latos, já que a violação de uma mulher se traduz na humilhação da comunidade em que esta se insere e no sentimento de frustração e derrota dos homens dessa comunidade que se revelaram incapazes de as proteger[54]; para além de não acarretarem encargos financeiros, como acontece com a compra de armas. Como afirmam Bassiouni e Marcia Cormick, «a violência sexual desmoraliza e humilha as suas vítimas. Instila medo, raiva, ódio e pode prolongar o conflito entre as partes que se opõem. Por último, o seu poder chega, para além das suas vítimas imediatas, a destruir a família e o tecido da sociedade»[55].

5. Como referimos, o julgamento e condenação dos autores deste tipo de crimes contra as mulheres é relativamente recente, tendo os tribunais internacionais penais *ad hoc*, surgidos na década de 90 do século XX, tido grande importância nesta matéria. Como afirma Gabrielle McDonald, «a [sua] verdadeira contribuição (...) é que o próprio estabelecimento dos

---

[53] HUMAN RIGHTS WATCH, *Shattered Lives: Sexual Violence during the Rwandan Genocide and its Aftermath*, September 1996.

[54] Cf. CHRISTINE CHINKIN, «Rape and Sexual Abuse of Women in International Law», *cit.*, n.º 3, p. 328. A par desta motivação, a autora identifica outras razões conducentes à violação das mulheres em situação de guerra.

[55] BASSIOUNI / MARCIA CORMICK, «Sexual Violence: An Invisible Weapon of War in the Former Yugoslavia», Depaul Inter'l Hum. Rts. Inst Occasional Paper n.º 1 (1996), p. 3 – *cit.* por Gabrielle Kirk McDonald, *op. cit.*, p. 9.

tribunais foi o início do fim do ciclo da impunidade»[56]. Vamos, por isso, ver como é que os dois tribunais penais internacionais *ad hoc*, criados pelo Conselho de Segurança das Nações Unidas – o Tribunal Internacional Criminal para a ex-Jugoslávia e o Tribunal Internacional para o Ruanda[57] –, lidaram com situações de violações graves dos direitos das mulheres. Na impossibilidade de fazer uma análise exaustiva da sua jurisprudência (aliás muito rica na matéria que nos ocupa), vamos ao menos analisar alguns aspectos de um ou outro caso em que a violação do dever de respeito devido à mulher, nas suas formas mais graves, mereceu alguma ponderação. Também porque não é compatível com esta apresentação fazer uma descrição do tratamento dado por estes tribunais a todos os crimes de que as mulheres foram vítimas, a par de muitos homens (assassinatos, tortura, etc.), vamos sobretudo debruçar-nos sobre aqueles crimes que são dirigidos particularmente às mulheres, ou seja, os crimes de natureza sexual[58]; e, mesmo quanto a estes, não teremos oportunidade nem de descrever

---

[56] GABRIELLE KIRK MCDONALD, *op. cit.*, p. 7.

[57] Cf. resolução 827, de 25 de Maio de 1993 e resolução 995, de 8 de Novembro de 1994, do Conselho de Segurança, respectivamente.

[58] Não se retire daqui que só as mulheres têm sido vítimas de violência sexual. Basta recordar que no §6 da acusação (2.ª emenda) no caso *Tadic*, julgado pelo Tribunal para a ex-Jugoslávia, se afirmava que vários prisioneiros foram espancados e dois deles obrigados a praticar sexo oral com um outro, tendo um deles sido obrigado a mutilar o outro sexualmente, acabando este por morrer em consequência destas violências. No entanto, se é certo que também homens o foram, as mulheres são seguramente as vítimas preferenciais. Também do lado dos criminosos não se encontram exclusivamente homens, embora os casos em que são estes os acusados ou julgados culpados constituam a larguíssima maioria do acervo da jurisprudência dos dois Tribunais *ad hoc*. A única excepção pode encontrar-se no caso Pauline Nyiramasuhuko, ex-Ministra do Ruanda para a Família e Assuntos das Mulheres, que aguarda julgamento do Tribunal Internacional Penal para o Ruanda, num processo em que está acusada de violações graves do art. 3.º comum às Convenções de Genebra e do Protocolo II, de crime de genocídio e de crimes contra a humanidade, em virtude dos massacres que organizou e mandou executar contra a população tutsi. Num dos pontos em que se descrevem comportamentos que ela encorajou e ajudou e de que, nessa qualidade, foi acusada refere-se: «Durante os acontecimentos a que se refere o presente acto de acusação, violações, agressões sexuais e outros crimes de natureza sexual foram cometidos, de uma forma generalizada em todo o território do Ruanda. Estes crimes foram perpetrados, entre outros, por militares e polícias contra a população tutsi, em particular mulheres e jovens [do sexo feminino] tutsis» (§ 6.57 do acto de acusação modificado – caso ICTR-97-21-AR72). Que esta situação se revela excepcional decorre desde logo do facto de se tratar do único caso até hoje em que uma mulher é acusada perante um Tribunal internacional de guerra. E mais lamentável se torna tendo em conta a ironia de se tratar de alguém que tinha a seu cargo as matérias da Família e dos Assuntos das Mulheres.

570 *Estudos em Comemoração do 10.° Aniversário da Licenciatura em Direito*

todos os factos provados (pelo que tomaremos um ou outro a título exemplificativo), nem de fazer uma análise profunda dos diferentes enquadramentos jurídicos que lhe podem ser (e foram) dados.

No entanto, antes de nos debruçarmos sobre a análise dos casos que seleccionamos da jurisprudência daqueles tribunais, relembremos que a competência *ratione materiae* do Tribunal Internacional Criminal para a ex-Jugoslávia abrange, nos termos do seu Estatuto[59], «violações graves do direito internacional humanitário»[60], que resultam de «infracções graves às Convenções de Genebra» pela prática dos actos enumerados no art. 2.°; de «violações das leis ou costumes de guerra», enunciando-se, sem carácter exaustivo, os actos em que tais violações se podem consubstanciar[61]; também de actuações que se traduzem em actos de genocídio, de acordo com o art. 4.° (que adopta a noção do art. 2.° da Convenção sobre o Crime de Genocídio de 1948 e estabelece a responsabilidade criminal dos seus autores, nos termos do art. 3.° desta mesma Convenção); e finalmente da prática de crimes contra a humanidade, segundo o art. 5.°[62]. No que se refere especificamente à mulher, encontramos a enunciação expressa da violação como crime contra a humanidade (art. 5.°, *g)*). É evidente que todos

---

[59] O Estatuto do Tribunal foi adoptado pela resolução 827 do Conselho de Segurança, já referida, embora resoluções posteriores tenham introduzido algumas emendas, a última das quais pela resolução 1481 (2003), de 19 de Maio de 2003.

[60] Art. 1.° do Estatuto.

[61] Este artigo foi objecto de particular atenção da jurisprudência do Tribunal para a ex-Jugoslávia, deste o primeiro caso que lhe foi submetido (caso *Tadic*), desde logo para apurar o que deveria entender-se por leis e costumes da guerra e para definir a sua abrangência, dado o carácter não exaustivo dos comportamentos aí referidos. O entendimento do Tribunal foi no sentido de considerar que esta disposição «é uma cláusula geral cobrindo todas as violações do direito humanitário que não relevam do art. 2.° ou que não estão cobertas pelos artigos 4.° e 5.°, mais especificamente: i) as violações das regras da Haia sobre os Conflitos internacionais; ii) as infracções às disposições das Convenções de Genebra que não sejam por elas classificados como "infracções graves"; iii) as violações do art. 3.° comum e outras regras costumeiras relativas aos conflitos internos; iv) as violações dos acordos que liguem as partes no conflito, considerados como relevando do direito convencional»; e acrescenta: «o art. 3.° opera como uma cláusula supletiva visando que nenhuma violação grave do direito internacional humanitário escape à competência do Tribunal. O art. 3.° visa tornar essa competência inatacável e incontornável» (*caso n.° IT-94-1-AR72 – Sentença relativa ao recurso da defesa relativo à excepção prejudicial de incompetência,* 2 de Outubro de 1985, §§ 89 e 91).

[62] Sobre a noção de crimes contra a humanidade, veja-se CHERIF BASSIOUNI, *Crimes Against Humanity in International Criminal Law,* 2.ª ed.,1999.

Algumas considerações acerca da protecção da mulher no Direito Internacional 571

os outros tipos de crimes referidos podem obviamente ser dirigidos contra mulheres. Destes basta lembrarmos que o art. 2.°, alíneas *b)* e *c)*, do Estatuto desse Tribunal se refere especificamente a tratamentos desumanos ou a actos que causem intencionalmente grandes sofrimentos ou atentados graves à integridade física ou à saúde, como acontece com muitos comportamentos de violência sexual dirigidos às mulheres, que não corporizam necessariamente a violação.

No caso do Tribunal Internacional Criminal para o Ruanda, a competência *ratione materiae* é definida em termos diferentes, tendo em conta o facto de se considerar estarmos face a um conflito não internacional, embora em larga medida sejam abrangidos actos da mesma natureza. Assim, de acordo com o respectivo Estatuto[63], cabe na sua competência o julgamento de pessoas acusadas de violações graves do direito humanitário e, nomeadamente, da prática de genocídio, crimes contra a humanidade (mais uma vez aqui tipificando o caso de violação), bem como violações graves do art. 3.° comum às Convenções de Genebra (que inclui, na alínea *e)*, a referência aos atentados à dignidade da pessoa, nomeadamente os tratamentos humilhantes e degradantes, a violação, prostituição forçada e todo o atentado ao pudor) e do Protocolo II[64].

Como afirmamos, vamos reduzir a nossa análise a dois casos escolhidos, tendo em atenção a relevância que a problemática dos direitos das mulheres neles assumiu (embora certos de que não se trata de opção isenta de crítica, já que, em muitos outros casos, a matéria assumiu algum destaque), um dos quais apreciado pelo Tribunal Internacional Penal para a ex-Jugoslávia e o outro pelo Tribunal correspondente relativo ao Ruanda. Atendendo a que, dos dois casos eleitos, o primeiro a ser submetido ao Tribunal e a obter julgamento foi o apreciado pelo Tribunal para o Ruanda, será por ele que vamos começar a nossa análise, seguindo, portanto, um critério cronológico.

5.1. O Tribunal Internacional Penal para o Ruanda foi criado para julgar «as pessoas presumivelmente responsáveis por violações graves do direito internacional humanitário cometidas no território do Ruanda

---

[63] Também ele aprovado pela resolução do Conselho de Segurança que criou o Tribunal, tendo entretanto sofrido posteriores modificações, a última das quais pela resolução 1431, de 14 de Agosto de 2002.

[64] Cf. arts 2.° a 4.° do Estatuto deste Tribunal.

Estudos em Comemoração do 10.° Aniversário da Licenciatura em Direito

e os cidadãos ruandeses presumidamente responsáveis por tais violações cometidas no território de Estados vizinhos entre 1 de Janeiro e 31 de Dezembro de 1994». Estamos, como se sabe, face a um conflito não internacional, em que, como é regra neste tipo de conflitos, os combatentes são, em larga medida, pessoas sem qualquer formação militar, a quem não foram incutidas quaisquer regras ou princípios decorrentes de tal formação e que, por isso mesmo, se socorrem de quaisquer meios ao seu alcance para chegar à vitória. E a violência sobre as mulheres, nomeadamente a violência de natureza sexual, tem-se revelado um instrumento bastante eficaz nesse combate.

Escolhemos, dos casos tratados por este Tribunal, o caso *Procurador c. Jean-Paul Akayesu*, que terminou a 1 de Junho de 2001, com o acórdão da Câmara de Apelação, que, aliás, veio confirmar o que havia sido decidido pela Câmara de Primeira Instância, a 2 de Setembro de 1998. Este tem sido apontado como caso de referência por vários motivos. Desde logo, porque «foi o primeiro julgamento internacional de crimes de guerra na história a acusar e a condenar o arguido pelo crime de genocídio»[65]. No que se refere especificamente às mulheres, houve também progressos importantes neste julgamento, que não devem deixar de ser assinalados, até porque «foi o primeiro caso a visar crimes envolvendo violência sexual»[66].

Dada a impossibilidade de fazer uma análise exaustiva de um caso tão rico e complexo, vamos reduzir o nosso estudo à vertente que incide sobre os comportamentos que se traduzem em violações específicas dos direitos das mulheres e da sua possível integração no crime de genocídio, salientando, desde já, que tais comportamentos também mereceram qualificação diversa (como crimes contra a humanidade), desde que revestissem caracteres próprios de tal qualificação, aspecto que o tribunal também tratou.

Como decorre do facto de se tratar de um caso decidido pelo Tribunal Internacional Penal para o Ruanda, os factos de que Akayesu foi acusado tiveram lugar no ano de 1994, ou seja, durante o conflito que se abateu sobre o território do Ruanda, opondo hutus e tutsis.

---

[65] KELLY D. ASKIN, «Sexual Violence in Decisions and Indictments of the Yugoslav and Rwandan Tribunals: Current Status», *EJIL*, vol. 93, 1999, p.105.

[66] GABRIELLE KIRK MCDONALD, *op. cit.*, p. 11.

Akayesu foi burgomestre de Taba de Abril de 1993 a Junho de 1994, tendo a seu cargo funções executivas e de manutenção da ordem pública, sob autoridade do prefeito. Tinha ainda autoridade absoluta sobre a polícia comunal, bem como sobre os polícias postos à disposição da comuna.

No contexto do conflito e segundo afirmado na acusação (emendada[67]), muitos civis, na sua larga maioria tutsis, procuraram refúgio no escritório comunal. Desses, boa parte era constituída por mulheres, que esperavam que as autoridades as defendessem, tendo ficado surpreendidas ao constatarem que se verificava o oposto, como sustentou a testemunha JJ, uma mulher tutsi de 35 anos[68].

No que toca à situação das mulheres, foi alegado que eram «regularmente levadas pela milícia local armada e/ou pela polícia comunal e sujeitas a violência sexual e/ou espancadas nas proximidades ou no próprio edifício do escritório comunal. (…). Muitas mulheres eram forçadas a suportar múltiplos actos de violência sexual que eram, por vezes, cometidos por mais do que um atacante. Estes actos de violência sexual eram geralmente acompanhados por ameaças explícitas de morte ou de danos físicos. As mulheres civis deslocadas viviam em medo constante e a sua saúde física e psíquica deteriorou-se em resultado da violência sexual, dos espancamentos e mortes»[69]. Especifica-se ainda que, para efeitos da acusação e no seu âmbito, os «actos de violência sexual incluem

---

[67] Na verdade, o acto de acusação foi sujeita a uma emenda. Na sua primeira versão, a violação não constava das acusações formuladas contra Akayesu. O facto «de testemunhas terem atestado violências sexuais, da pressão da Juíza Pillay, a única mulher na Câmara do Tribunal, e de grupos de direitos humanos resultou em investigações subsequentes e numa acusação emendada» (DIANE MARIE AMANN, «Prosecutor v. Akayesu», *AJIL*, vol. 93, 1999, p. 196). Como refere Askin, «a sua presença [de mulheres] na tomada de decisões representa um avanço mundial sobre o papel minimizado tradicional da mulher e seu estatuto em organizações, incluindo anteriores tribunais internacionais de crimes de guerra» (KELLY D. ASKIN, *op. cit.*, p. 98). Lentamente começa-se a contrariar a tendência denunciada atrás por Gardam da falta de participação das mulheres em decisões que sobre elas se reflectem (cf. *supra*, p. 8), embora de forma ainda incipiente, se atentarmos, por exemplo, na composição dos tribunais internacionais.

[68] Caso ICTR-96-4-T, Sentença da 1.ª Câmara, § 422. A identificação através de letras visa a protecção das vítimas (e também das testemunhas), protecção essa que passa, entre outras medidas, pela ocultação da sua identidade. Nesse sentido, o art. 21.º do Estatuto do Tribunal Internacional Penal para o Ruanda estipula que este Tribunal deverá prever, no seu Regulamento, medidas de protecção das vítimas e das testemunhas, acrescentando: «As medidas de protecção compreendem, sem se limitarem a isso, audiências à porta fechada e a protecção da identidade das vítimas».

[69] Acusação (emendada), 12A.

574 *Estudos em Comemoração do 10.º Aniversário da Licenciatura em Direito*

a penetração sexual pela força na vagina, ânus ou cavidade oral, por um pénis e/ou da vagina ou ânus por qualquer outro objecto, bem como o abuso sexual, tal como a nudez forçada»[70].

Quanto ao papel de Akayesu, é afirmado na acusação que ele tinha conhecimento destes actos e que, por vezes, assistia à sua prática. Facilitou a sua ocorrência ao permiti-los no próprio edifício do escritório comunal ou nas suas imediações. Conclui-se, na acusação, que «pela sua presença durante a prática de actos de violência sexual, espancamentos e homicídios e pela sua omissão na prevenção de tais actos, Akayesu encorajou essas actividades»[71].

Por estes actos (e não só, mas agora são estes os que nos interessam), Akayesu foi acusado de genocídio[72], nomeadamente nos termos do art. 2.º, n.º 3, alínea *c)*, do Estatuto do Tribunal, onde se afirma que será punível o incitamento directo e público ao genocídio. Além disso, é acusado da prática de crimes contra a humanidade, nomeadamente violação e outros actos desumanos, e ainda de violações ao art. 3.º comum às Convenções de Genebra e de violação do II Protocolo Adicional, em virtude de ultrajes à dignidade pessoal, a saber, violação, tratamentos humilhantes e degradantes e atentados ao pudor[73].

Como referimos, vamos centrar-nos no tratamento dado pelo Tribunal a este caso, no que se refere à acusação de genocídio decorrente de violações. No julgamento feito pela câmara de primeira instância são relatados os testemunhos de diversas mulheres. Na impossibilidade de descrever todos eles, sempre se dirá que neles se atestam actos que vão da violação de crianças (uma mãe refere a violação da sua filha de seis anos e de várias meninas no escritório comunal[74]), à violação de mulheres adultas (como, p. ex., a violação dessa mesma mãe em frente a várias pessoas), ao espancamento brutal de mulheres e crianças refugiadas no escritório comunal, deixando pessoas com deficiências; tudo isto na presença de Akayesu, que ordenou que batessem nessas «pessoas más que já nem tinham o direito de refúgio»[75].

---

[70] Acusação (emendada), 10A.

[71] Acusação (emendada), 12B.

[72] Os §§ 6 e 7 do acto de acusação afirmavam respectivamente que «os alegados actos ou omissões foram cometidos com a intenção de destruir, no todo ou em parte, um grupo nacional, étnico ou racial» e que «as vítimas dos actos de cada parágrafo da acusação de genocídio eram membros de um grupo nacional, étnico, racial ou religioso».

[73] V. Acto de acusação (emendada), § 23, acusações 1, 2, 13, 14 e 15.

[74] Caso ICTR-96-4-T, Sentença da 1.ª Câmara, § 416.

[75] *Id.*, §§ 418 e 410.

As jovens e as mulheres eram frequentemente violadas. Uma testemunha conta que juntavam um grupo de cerca de 15 raparigas e mulheres e as levavam à força ao Centro Cultural onde eram violadas; uma das vezes foi levada num dos grupos a própria narradora destes factos, e foi então violada duas vezes por um homem, seguindo-se mais duas violações por outros dois; em termos gerais, afirma não estar em condições de dizer quantas vezes foi violada. Atesta também ter visto Akayesu à entrada do edifício, uma das vezes que foram levadas para o centro cultural, ouvindo-o dizer em voz alta: «nunca mais me perguntem qual o sabor de uma mulher tutsi» e «amanhã elas serão mortas», o que veio a acontecer à maioria delas[76].

A mesma testemunha encontrou a irmã antes desta morrer após ter sido violada e cortada com faca de mato[77]. Afirma nunca ter visto o acusado violar alguém, mas, como outras testemunhas, está convicta de que ele tinha meios para impedir estas barbaridades e que ele as encorajava e "supervisionava"[78].

A mesma mulher, quando chegou ao escritório comunal, confiou o seu filho de um ano a um homem e a uma mulher hutus que afirmaram ter leite para lhe dar, mas que logo depois o mataram[79].

A testemunha identificada como KK, hutu mas casada com um tutsi, conta que, depois do marido ter sido morto, se dirigiu a Akayesu pedindo-lhe um atestando que a ajudasse a manter vivos os seus filhos, ao que ele respondeu não ser da sua culpa eles terem nascido tutsis e que «se se matam ratos não se poupam ratos que ainda estão sob a forma de feto». Efectivamente, ela estava grávida mas acabou por abortar depois de ter sido espancada. Dos seus nove filhos, apenas dois sobreviveram[80].

A mesma mulher testemunhou um episódio em que Akayesu ordenou que despissem uma jovem que sabia ser ginasta (que aliás alegava ser hutu, mas Akayesu recusou essa afirmação pois sabia que o seu pai era tutsi[81]), obrigando-a a marchar nua perante numerosas pessoas, rindo-se e recomendando aos membros da Interahamwe[81-a] que «tivessem o cui-

---

[76] Cf. *id.*, § 422.
[77] Cf. *id.*, § 421.
[78] Cf. *id.*, § 422.
[79] Cf. *id.*, § 423.
[80] Cf. *id.*, § 428.
[81] E no Ruanda a pertença de alguém a um desses grupos decorre da ascendência paterna; ou seja, a ascendência materna como que é apagada da genealogia de cada um.
[81-a] Este termo designa grupos armados, constituídos por hutus, que o Tribunal considerou que, na região de Taba, estavam sob controlo de Akayesu.

dado de dormir com essa jovem»[82]. Também recordou que depois de ter saído do escritório comunal, viu na rua os despojos de um casal, em que o marido estava já morto e a mulher, tutsi, mas casada com hutu agonizava ainda quando membros do Interahamwe introduziram à força um pedaço de madeira nos seus órgãos genitais[83].

Todas as testemunhas confirmam as violações. Por exemplo, uma delas refere que após a sua casa ter sido destruída foi violada em simultâneo com uma sua irmã, assistindo cada uma à violação da outra. Um dos homens afirmou que as raparigas foram poupadas (depois do pai e irmão terem sido mortos) «a fim de serem violadas». A sua mãe rogou que matassem as suas filhas em vez de as violar à sua vista, ao que lhe foi respondido que «o princípio é de as fazer sofrer», iniciando-se a violação das meninas, dizendo a testemunha que o homem que a violou «introduziu o pénis na sua vagina de forma atroz, gozando e escarnecendo dela»[84]. Esta mesma testemunha conta como foi violada outras vezes, uma das quais por dois homens que a deixaram nua num caminho. Quatro homens encontraram-na nesse estado e dois deles violaram-na. Ficou num estado em que não era capaz de se mover, de se levantar ou vestir. A sua irmã encontrou-a e arranjou-lhe *ghee*[85] para pôr nos seus órgãos genitais a fim de acalmar as dores[86].

Muitos outros testemunhos foram relatados perante o Tribunal[87], todos eles, com requintes de maior ou menor malvadez, atestando violações e abusos sexuais sobre mulheres tutsis e também, embora em menos casos, de mulheres hutus casadas com tutsis. Dos testemunhos produzidos em julgamento resulta que «os crimes de violação e outras formas de violência sexual (...) incluíram violações por grupos, violações públicas, violações múltiplas, violações com objectos estranhos, violações de crianças com idades desde os seis anos, nudez forçada, aborto forçado, casamento forçado, violações especificamente dirigidas à humilhação, escravatura sexual, prostituição forçada, tortura sexual e escravatura sexual»[88].

---

[82] Cf. Caso ICTR-96-4-T. Sentença da 1.ª Câmara. § 429.

[83] Cf. *id.*, § 429.

[84] Cf. *id.*, § 430.

[85] Trata-se de uma manteiga feita de leite de búfalo.

[86] Cf. *id.*, § 432.

[87] Cf. *id.*, §§ 433 a 448, embora não se esgotem aí os testemunhos.

[88] KELLY D. ASKIN, *op. cit.*, p. 107.

Também foram ouvidas testemunhas de defesa que sustentaram nunca ter ouvido falar de uma única violação em Taba[89] ou então, reduzindo o homem à mais funda bestialidade, que os violadores «procuravam satisfazer as suas necessidades físicas, e que podem sentir-se desejos espontâneos, mesmo no contexto da mortandade»; além de que, como foi sublinhado, «as mulheres tutsis são muito bonitas em geral e violá-las não denotava necessariamente a intenção de destruir um grupo étnico, mas sobretudo o de possuir uma mulher bela»[90]. Só faltou dizer que, por isso mesmo, as violações deviam ser vistas como elogiosas pelas mulheres tutsis...

Perante os testemunhos e provas apresentados, e apesar das considerações da defesa, o Tribunal conclui que «...no que toca a violências sexuais (...) há suficientes elementos de prova credíveis para estabelecer, para além de qualquer dúvida razoável, que, no decurso dos acontecimentos de 1994, raparigas e mulheres tutsis foram submetidas a sevícias sexuais, espancadas e mortas no interior ou nas imediações do escritório comunal, bem como na comuna de Taba. (...) a maior parte dos casos de violação e todos os outros casos de violência sexual foram praticados pelos Interahamwe»[91]. Também considerou provado «para além de qualquer dúvida razoável, que o acusado tinha razões para saber, e de facto sabia, que actos de violência sexual eram praticados no interior ou perto do escritório comunal e que as mulheres eram levadas do escritório e sujeitas a sevícias sexuais. Não há prova de que o acusado tenha tomado medidas para impedir os actos de violência sexual ou para punir os seus autores. De facto, ficou provado que o acusado ordenou, incitou e de outra forma ajudou e encorajou a prática de violências sexuais»[92].

Como afirmamos, uma das questões que se colocava ao Tribunal era a da verificação da prática de crime de genocídio, nomeadamente pela prática de violações, já que Akayesu vinha era disso acusado e foi certamente nesta matéria que o Tribunal se mostrou mais arrojado.

Assim, o Tribunal vai, desde logo, tratar de apurar o conceito de genocídio, partindo da análise dos seus elementos constitutivos, a saber: os destinatários do crime, o *dolus specialis*, e os comportamentos em que o crime se traduz.

---

[89] Cf., por exemplo, Caso ICTR-96-4-T, Sentença da 1.ª Câmara, §§ 440, 441.
[90] *Id.*, § 442.
[91] *Id.*, §§ 449 e 450.
[92] *Id.*, § 453.

No que se refere aos destinatários, o Tribunal cuida de apurar os conceitos de grupo nacional, étnico, racial e religioso[93] (já que são estes os visados na norma que define o crime de genocídio) e, ao que parece, tem dúvidas sobre que existência de grupos diferentes de qualquer uma destas categorias no território ruandês. Efectivamente, e quanto ao que se apresentava como mais plausível – grupo étnico – o Tribunal, depois de afirmar que este se caracteriza como um grupo «cujos membros partilham uma língua ou uma cultura comum»[94], refere que «a população tutsi não possui a sua própria língua nem tem uma cultura diferente da do resto da população ruandesa»[95]. Assim, conclui que não há etnias diferentes. No entanto, nem por isso afasta a hipótese de verificação do crime de genocídio, pelo que vai fazer uma dupla abordagem do grupo vítima para o poder integrar numa categoria alvo desse crime, hesitando entre as duas, «sem que seja possível determinar com segurança qual delas foi em definitivo retida»[96]. Um dos entendimentos apoia-se na percepção dos autores dos massacres, fundada na divisão "étnica" oficial, para seleccionar as suas vítimas[97]. Efectivamente, a Câmara constata que tanto hutus como tutsis têm uma percepção nítida de pertença a um desses grupos. Como o Tribunal afirmou, «existe um certo número de factores objectivos que fazem desse grupo uma entidade dotada de uma identidade distinta»[98]. Refere também que, até 1994, cada ruandês tinha de ter uma carta de identidade em que havia uma entrada para a definição do grupo étnico a que pertencia (Hutu, Tutsi ou Twa), e que, no acervo normativo ruandês, existiam várias disposições legais em que também se previa a distinção entre "etnias"[99]. A definição da pertença a cada uma das "etnias" era estabelecida, segundo regras costumeiras, pela ascendência paterna. A Câmara constatou ainda que as testemunhas que depuseram perante ela se identificavam pelo grupo étnico e tinham a noção do grupo a que pertenciam

---

[93] Cf. *id.*, §§512-516. Uma breve análise das noções dos diferentes grupos visados a que o Tribunal chegou, pode ver-se em Roland Adjovi e Florent Mazeron, «Tribunal Pénal International pour le Rwanda: L'essentiel de la jurisprudence du TPIR depuis sa création jusqu'a septembre 2002», *ADI*, février 2002.

[94] Caso ICTR-96-4-T. Sentença da 1.ª Câmara, §513.

[95] *Id.*, § 170.

[96] Rafaëlle Maison, «Le crime de génocide dans les premiers jugements du Tribunal Pénal Internacional pour le Rwanda», *RGDIP*. 103/1999/1, p.135.

[97] Cf. Rafaëlle Maison, *op. cit.*, p.135.

[98] *Id.*, § 170.

[99] Cf. *ibid.*

amigos e vizinhos. A identificação das pessoas como pertencendo ao grupo hutu ou tutsi (ou twa) tornou-se parte integrante da cultura ruandesa»[100]. Conclui afirmando que «os tutsis eram vistos como formando um grupo étnico distinto por aqueles que os identificavam como alvo a abater»[101].

Uma outra abordagem da questão foi feita pelo Tribunal considerando que o conceito de genocídio não deve ser apurado tendo apenas em conta os grupos discriminados no art. 2.° do Estatuto (grupo nacional, étnico, racial e religioso), mas deve estender-se a qualquer grupo estável e permanente, cujos membros o integram por nascimento[102]. Nesse sentido, questiona se os grupos protegidos nos termos do art. 2.° do Estatuto se restringem aos quatro expressamente mencionados, «ou se não se deve compreender entre eles qualquer grupo que, à semelhança dos ditos quatro grupos, é caracterizado pela sua estabilidade e pela sua permanência». E afirma que «na opinião da Câmara, convém sobretudo respeitar a intenção dos autores da Convenção sobre o genocídio, que, segundo os trabalhos preparatórios, queriam assegurar a protecção de todo o grupo estável e permanente»[103].

Portanto, e apesar de considerar que não estamos face a dois grupos étnicos de acordo com o critério que elegeu para definir tais grupos, a Câmara do Tribunal entende que se trata de grupo que, a final, cabe no âmbito de protecção do crime de genocídio, sem que, como se disse, se consiga perceber se chega a essa conclusão atendendo à perspectiva dos autores da discriminação, ou ao entendimento que retira dos trabalhos preparatórios.

Note-se, no entanto, que esta segunda perspectiva não ficou sem crítica, censurando-se o alargamento do conceito para além dos seus termos

---

[100] *Id.*, § 171.

[101] Caso ICTR-96-4-T, Sentença da 1.ª Câmara, § 171.

[102] Cf. *id.*, § 516.

[103] E, segundo o Tribunal, «Parece, à luz dos trabalhos preparatórios da Convenção sobre o genocídio, que o crime de genocídio teria sido concebido como podendo apenas visar grupos "estáveis", constituídos de modo permanente e aos quais se pertence por nascimento, excluindo grupos mais "movediços", a que se adere por um compromisso voluntário individual, tais como grupos políticos e económicos. Assim, um critério comum às quatro ordens de grupos protegidas pela Convenção sobre o genocídio é o de que a pertença a tais grupos pareceria não poder ser normalmente posta em causa pelos seus membros, que a eles pertenciam independentemente da vontade, por nascimento, de modo contínuo e frequentemente irremediável» (*id.*, § 511).

580 *Estudos em Comemoração do 10.° Aniversário da Licenciatura em Direito*

explícitos, numa área do direito em que rege o princípio *nullum crimen sine lege*. Além disso, segundo Rafaëlle Maison, «o reenvio à intenção dos autores da Convenção conduz a utilizar descrições de grupos humanos hoje cientificamente reprovados»[104].

O Tribunal analisa também um outro elemento do crime de genocídio – o *dolus specialis* – que reside na «intenção de destruir, no todo ou em parte, um grupo nacional, étnico, racial ou religioso»[105], para concluir que resulta dos testemunhos apresentados perante o Tribunal, sobretudo do do próprio acusado que «são os Tutsi, enquanto membros do grupo que formavam no contexto da época, que eram visados durante esses massacres»[106]. Mesmo reconhecendo que também existiram vítimas hutus, «eles foram mortos, não por serem Hutu, mas simplesmente porque foram considerados, por uma ou outra razão, como tendo tomado o partido dos Tutsi»[107].

O Tribunal vai seguidamente debruçar-se sobre o que deva entender-se por cumplicidade no genocídio, crime de que Akayesu vinha acusado e que cabe na competência do Tribunal, nos termos do art. 2.°, n.° 3, alínea *e)*. Aliás, o art. 6.° do Estatuto do Tribunal do Ruanda, referindo-se à responsabilidade individual pela prática dos crimes que cabem na sua competência material, afirma, no n.° 1: «Aquele que planificou, incitou à perpetração, ordenou, cometeu ou de qualquer outra forma ajudou e encorajou a planificar, preparar ou executar um crime visado nos artigos 2 a 4 do presente Estatuto é individualmente responsável pelo dito crime». Lembrando que a cumplicidade fora já afirmada como crime pelo Tribunal de Nuremberga[108], e, socorrendo-se da jurisprudência do Tribunal da ex-Jugoslávia[109], afirma que a responsabilidade «pode deduzir-se de alguns elementos de facto, tratando-se do genocídio, de crime contra a humani-

---

[104] RAFAËLLE MAISON, *op. cit.*, p.137.

[105] Caso ICTR-96-4-T, Sentença da 1:ª Câmara, § 510.

[106] *Id.*, § 122.

[107] *Id.*, § 122, nota 57.

[108] Efectivamente, dos Princípios de Nuremberga, adoptados pela Comissão de Direito Internacional das Nações Unidas em 1950, consta o Princípio VII, em que se estabelece: «a cumplicidade na prática de um crime contra a paz, um crime de guerra, ou um crime contra a humanidade como previsto no Princípio VI é um crime segundo o Direito Internacional».

[109] Cf. *id.*, § 477.

Algumas considerações acerca da protecção da mulher no Direito Internacional 581

dade e de crimes de guerra, por exemplo, do seu carácter maciço e/ou sistemático ou ainda da sua atrocidade»[110].

Refere-se ainda aos comportamentos integrativos deste crime. Depois de relevar a amplitude do crime, no que toca às vítimas e aos autores, vem descrever actuações que traduzem esse carácter lato, relembrando os massacres, os milhares de prisioneiros, e a organização que se revelava por detrás de tais comportamentos, com a elaboração de listas de tutsis a matar, o treino de milícias, os apelos na rádio à perseguição de tutsis, etc.[111].

Finalmente, e no que no âmbito deste estudo mais nos interessa, o Tribunal vai analisar a possibilidade de a violação integrar um comportamento constitutivo de genocídio. Preocupando-se com apurar a noção de violação, sustenta que esta se traduz em «todo o acto de penetração física de natureza sexual na pessoa de outrem e sob o império da coacção», pelo que insere neste conceito, por exemplo, o acto supra referido de forçar a introdução, nos órgãos genitais de uma mulher moribunda, de um pedaço de madeira[112]; e considera «violência sexual, que compreende a violação, todo o acto sexual cometido sobre outrem sob o império da coacção»[113]. Acrescenta ainda que «o acto de violência sexual, longe de se limitar à penetração física do corpo humano pode comportar actos que não consistem na penetração nem mesmo em contactos físicos». Assim, integra neste conceito o acto atrás relatado em que uma jovem ginasta foi despida e obrigada a expor a sua nudez enquanto coagida a praticar ginástica perante um grupo numeroso de pessoas[114-115]; e integra os actos de violência se-

---

[110] Id., § 478.

[111] Cf. id., §§ 100, 108, 109, 112.

[112] Id., § 685 e 429.

[113] Id., § 688. Sublinha-se, aliás, que esta coerção não tem necessariamente de se traduzir numa demonstração de força física, podendo concretizar-se através de ameaças, intimidação, chantagem ou outras formas de violência que explorem o medo e o desespero.

[114] Id., §§ 688 e 429.

[115] Note-se que, já em parágrafos anteriores, o Tribunal tinha procedido ao apuramento das noções de violação e de violência sexual, mas então, enquanto crimes contra a humanidade, pelo que lhe acrescentou elementos que lhe permitissem a sua inserção nesta categoria de crimes. Assim, pode ler-se no § 598 que o tribunal entende «violação como uma invasão física de natureza sexual praticada na pessoa de outrem sob o império da coacção. A agressão sexual, de que a violação é uma manifestação, é entendida como todo o acto de natureza sexual, praticado em alguém sob o império da coacção. Este acto deve ser praticado:

a) no quadro de um ataque generalizado ou sistemático;

582 Estudos em Comemoração do 10.º Aniversário da Licenciatura em Direito

xual em «outros actos desumanos» previstos no artigo 3.º, i) do Estatuto do Tribunal, em «atentados à dignidade da pessoa» (previstos no art. 4.º, e)) e em «atentados graves à integridade física ou mental», enquanto crime de genocídio (art. 2.º, n.º 2, b))[116].

Quanto à questão de saber se a violação poderia integrar um comportamento genocida, interessa-nos em particular a análise que o Tribunal faz do art. 2.º, n.º 2, alínea d) do Estatuto, onde se referem, como comportamentos que podem corporizar o genocídio, as «medidas que visam impedir os nascimentos no seio do grupo». A este propósito, o Tribunal considera que, para além de outros comportamentos que se manifestamente aqui cabem (p. ex., mutilação sexual, prática da esterilização, utilização forçada de meios contraceptivos, separação dos sexos, interdição de casamentos), se incluem neste âmbito «a inseminação deliberada durante uma violação por um homem de um grupo diferente do da mulher violada, com vista ao nascimento de uma criança, em sociedades patriarcais, em que a pertença a um grupo é determinada pela identidade do pai»[117]. Indo mais além, considera ainda que não se pode limitar o âmbito desta disposição a medidas de carácter físico, mas ela deve também abranger medidas psicológicas. Assim, a título de exemplo, considera que podem ser aqui inseridos casos de «violação (...) se a pessoa violada se recusa posteriormente a procriar, assim como casos em que os membros de um grupo podem ser levados, através de ameaças ou traumatismos infligidos, a não mais procriar»[118].

---

b) sobre uma população civil;

c) por motivos discriminatórios, nomeadamente com fundamentos nacionais, étnicos, políticos, raciais ou religiosos». Os elementos especificados nestas três alíneas consubstanciam elementos essenciais à noção de crimes contra a humanidade. Recorde-se que estas mesmas exigências figuram no corpo do art. 3.º do Estatuto, antes de enunciar os comportamentos que podem consubstanciar crimes contra a humanidade. Neste contexto, afirma que a violação constituiu «uma forma de agressão de que uma descrição mecânica de objectos e partes do corpo não permite apreender os elementos constitutivos. A violação é perpetrada, por exemplo, para intimidar, aviltar, humilhar, punir, destruir uma pessoa, exercer uma discriminação relativamente a ela ou controlá-la. (...) Constitui um atentado à dignidade da pessoa» e pode assimilar-se à tortura «se cometida por um agente da função pública ou por qualquer outra pessoa actuando a título oficial ou sob sua instigação ou com o seu consentimento expresso ou tácito» (id.,§ 597).

[116] Idib.

[117] Ib., § 507.

[118] Id. § 508.

Porque entendeu que, na actuação de Akayesu, se reuniam os diferentes elementos do crime de genocídio (incitação a práticas ilícitas – nomeadamente violação – sobre membros de um grupo "étnico" que visavam a sua destruição, total ou parcial) considerou-o culpado do crime de genocídio. Sublinhe-se que esta condenação, na parte em que teve por base actos de violação, nem tão pouco supôs a prática pessoal desses actos, já que não ficou provado que Akayesu tivesse violado alguém. Como afirmou Patricia Viseur-Sellers a propósito de um outro caso (caso *Tadic*, julgado pelo Tribunal da ex-Jugoslávia), o efeito daqui decorrente é o de reconhecer que aqueles que não perpetraram materialmente o acto podem ser responsáveis por violência sexual segundo o Direito Internacional Criminal, numa perspectiva de ajuda e instigação. A responsabilidade é directa, ainda que ele não seja o perpetrador físico. O mesmo se diga de Akayesu, atendendo a que os seus comportamentos traduziam uma incitação directa e pública à comissão de tal crime, incitação essa dirigida directamente contra tutsis[119].

Portanto, se começamos por referir que estamos face a uma decisão histórica pelo facto de, pela primeira vez, alguém ter sido condenado pela comissão de genocídio perante um tribunal internacional, podemos agora concluir que esta pronúncia se revela também profundamente revolucionária no que concerne à própria noção de genocídio. Assim, verifica-se um alargamento dos grupos que podem ser destinatários de comportamentos genocidas[120], por um lado, e afirma-se claramente a violação, enquanto medida tendente a evitar os nascimentos no seio do grupo (portanto, comportamento genocida), desde que da sua prática resulte a inseminação de uma mulher do grupo alvo de genocídio por um homem do grupo que a leva a cabo (no caso de a definição do grupo que a criança irá integrar ser feita pela ascendência paterna) ou se acarretar traumas físicos ou psicológicos que levem a vítima da violação a não mais procriar.

---

[119] Cf. *id.*, § 627.

[120] Não necessariamente a outras categorias de grupos mas, ao menos, a uma apreciação subjectiva da existência de grupos das diferentes categorias enunciadas na norma definidora do genocídio. Pode, assim, sustentar-se que «a decisão do Tribunal de tratar os tutsis como se fossem um grupo devidamente enumerado reconhece devidamente o papel da discriminação socialmente imposta no estabelecimento da identidade do grupo» (DIANE MARIE AMANN, *op. cit.*, p. 198). Efectivamente, na doutrina é muito controversa a noção de grupo étnico, acentuando uns o papel da hereditariedade, enquanto outros sublinham a influência social.

584   *Estudos em Comemoração do 10.º Aniversário da Licenciatura em Direito*

Note-se, sem pretendermos retirar qualquer mérito à audácia do Tribunal, que, de algum modo, tinha sido aberto caminho para estas conclusões com a resolução 48/143 da Assembleia Geral das Nações Unidas a que nos referimos, pois, apesar de dirigida à situação das mulheres na ex-Jugoslávia, assume que violação sistemática pode ser usada como forma de "limpeza étnica".

5.2. O conflito ocorrido na ex-Jugoslávia, apesar de ser considerado um conflito de carácter internacional, aproxima-se, em muitos aspectos, dos conflitos não internacionais e também, por isso mesmo, do do Ruanda, como sugere a sua própria designação. Ou seja, não se reporta a um conflito travado entre este e aquele Estado, mas ao conflito da "ex-Jugoslávia". A verdade é que ocorreu entre Estados de independência recente, que anteriormente integravam a República Federativa Socialista da Jugoslávia, e onde estavam em causa muitos diferendos e oposições que aí tiveram a sua origem.

Dos casos julgados pelo Tribunal criado para «julgar pessoas responsáveis por violações graves do Direito Internacional Humanitário cometidas no território da antiga Jugoslávia desde 1991» (art. 1.º do respectivo Estatuto), iremos debruçar-nos sobre o caso *Procurador c. Dragoljub Kunarac, Radomir Kovac e Zoran Vukovic,* uma vez que nos parece ser um dos casos em que a violência sobre as mulheres surge de forma mais dramática. Nas palavras de Julie Mertus, trata-se de uma «decisão marcante que desenvolve o direito internacional humanitário relativo à violência sexual e escravatura»[121]. Os crimes de que foram acusados eram o de tortura (enquanto crime contra a humanidade e violação das leis e costumes da guerra), violação (também como crime contra a humanidade e violação das leis e costumes da guerra). Além disso, os dois primeiros foram ainda acusados de sujeição à escravatura, enquanto crime contra a humanidade. Na verdade, foi neste caso que, pela primeira vez este Tribunal se pronunciou sobre este último crime.

Os acontecimentos que estiveram na base da acusação ocorreram na cidade de Foca, situada na Bósnia-Herzegovina, a sudeste de Sarajevo. Esta cidade foi tomada por tropas regulares servo-bósnias e irregulares da Sérvia e Montenegro, em Abril de 1992. Desde então, e com a colaboração da polícia de Foca, foram presos milhares de muçulmanos e croatas,

---

[121] JULIE MERTUS, «Judgment of Trial Chamber II in the Kunarac, Kovac and Vukovic Case», *ASIL Insights,* Março 2001 http:// www.asil.org/insights/insig65.htm.

sendo os homens enviados para um dos maiores centros penitenciários da ex-Jugoslávia, enquanto as mulheres, crianças e pessoas idosas muçulmanas foram encarceradas em casas, apartamentos e motéis da cidade ou arredores ou em centros de detenção de curta ou longa duração, tais como o Liceu de Foca ou o Pavilhão Desportivo Partizan de Foca. De acordo com a acusação, «muitas das mulheres foram sujeitas a condições de vida humilhantes e degradantes, a espancamentos violentos e a violências sexuais, incluindo violações»[122].

Como referimos, todos os arguidos foram acusados do crimes de violação, conceito que o Tribunal vai apurar, socorrendo-se da sua jurisprudência anterior (uma vez que a noção de violação não surge nem no Estatuto, nem no Regulamento do Tribunal), nomeadamente do caso *Furundzija*, em que o Tribunal, depois de referir a noção de violação apurada pelo Tribunal do Ruanda no caso *Akayesu*, entendeu que, para respeitar integralmente o princípio *nullum crimen sine lege*, era necessário apurar os elementos do crime em questão, concluindo que o «elemento material (*actus reus*) do crime de violação é constituído por:

  i) penetração sexual, ainda que ligeira:
   a) da vagina ou do ânus da vítima pelo pénis ou qualquer outro objecto utilizado pelo violador, ou
   b) da boca da vítima pelo pénis do violador;
  ii) pelo emprego da força, da ameaça ou de coacção contra a vítima ou uma terceira pessoa»[123].

No caso que agora nos ocupa, podemos observar que o Tribunal, apesar de ter tomado esta noção como ponto de partida, vai, em certa medida, alargá-la[124]. Depois de uma análise do conceito de violação estabelecido em diferentes legislações nacionais, conclui que um aspecto comum às legislações dos diferentes sistemas jurídicos é a exigência da falta de consentimento da vítima. A esse propósito, entende que há diversos factores geradores da não existência de um verdadeiro consentimento, como o emprego ou a ameaça de emprego da força ou o facto de o violador se aproveitar de uma pessoa que não está em condições de resistir. O Tribunal

---

[122] Caso n.º IT-96-23-PT, Acusação (3.ª emenda) §1.3.

[123] Caso n° IT-96-23-T& IT-96-23/1-T (esta numeração "dupla" deve-se ao facto de a acusação de Vukovic ter sido formulada em acto separado da acusação de Kunarac e Kovac, tendo sido posteriormente "apensadas" e o julgamento feito conjuntamente). Sentença da Câmara de 1ª Instância, § 437.

[124] No mesmo sentido, veja-se CÉLINE RENAUT, «Tribunal Pénal International pour l'ex-Yougoslavie: 1er semestre 2001», *ADI*, Août 2001, p. 2 e 3.

afirma mesmo que «ao fazer da falta de consentimento um elemento constitutivo da violação, e ao precisar que não haveria consentimento em caso de emprego da força, de inconsciência, de incapacidade de resistir por parte da vítima, ou de falsidade por parte do autor, alguns sistemas demonstram claramente que estes factores excluem todo o consentimento verdadeiro»[125].

Por isso mesmo, considera que deve ser dado um entendimento alargado ao último dos elementos do crime definidos no caso *Furundzija*, pelo que conclui que «em Direito Internacional, o elemento material do crime de violação é constituído por: penetração sexual, ainda que ligeira: a) da vagina ou do ânus da vítima pelo pénis ou qualquer outro objecto utilizado pelo violador; ou b) da boca da vítima pelo pénis do violador, desde que essa penetração sexual tenha lugar sem o consentimento da vítima. O consentimento para este efeito tem de ser dado voluntariamente e deve resultar do exercício do livre arbítrio da vítima, avaliado tendo em atenção as circunstâncias»[126]. Além disso, define-se, como elemento moral, a intenção de proceder à penetração sexual por parte do violador, tendo consciência da falta de consentimento da vítima[127]. Portanto, em vez de definir, pela positiva, condições que materializam a falta de consentimento da vítima, opta por uma formulação negativa («sem o consentimento da vítima»), necessariamente mais abrangente.

Em consequência, o aspecto que, nesta matéria, cuida de esclarecer é o do entendimento a dar ao texto do art. 96.º do seu Regulamento, no que concerne ao consentimento aí referido. Esta disposição, inserida na secção 3 do capítulo VI, que tem por epígrafe «Da Prova», trata da questão da prova em matéria de violência sexual, conferindo-lhe algumas especificidades[128].

---

[125] Caso nº IT-96-23-T& IT-96-23/1-T. Sentença da Câmara de 1ª Instância, § 458.

[126] *Id.*, § 460.

[127] Cf. *ibid.*

[128] Nesta disposição estabelece-se: «Em caso de violências sexuais:

i) a corroboração do testemunho da vítima por testemunhas não é exigida;

ii) o consentimento não poderá ser usado como meio de defesa se a vítima:

   a) foi submetida a actos de violência ou se foi coagida, detida ou submetida a pressões psicológicas ou se ela temia sofrê-las ou estava ameaçada de tais actos, ou

   b) calculou razoavelmente que, se não se submetesse, uma outra poderia sofrer tais actos, ser deles ameaçada ou coagida pelo medo;

iii) antes de as provas do consentimento da vítima serem admitidas, o acusado deve demonstrar à Câmara de primeira instância, reunida à porta fechada, que os meios de prova produzidos são pertinentes e credíveis;

Concretamente a alínea ii) refere-se ao consentimento como meio de defesa, levando o Tribunal a esclarecer que a referência ao consentimento aí feita não se enquadra na concepção jurídica tradicional do consentimento em matéria de violação. Nos sistemas jurídicos analisados, a falta de consentimento é elemento da definição de violação. A referência, na disposição mencionada, ao consentimento como «meio de defesa» implicaria, em sentido técnico, uma inversão do ónus da prova em detrimento do acusado, o que se revela incompatível com a noção apurada de violência sexual. Conclui, por isso, que o consentimento referido no art. 96.° do Regulamento não constitui um «meio de defesa», em sentido técnico. Em seu entender, a alusão que, nessa disposição, se faz ao consentimento como meio de defesa traduz a concepção dos juízes que a elaboraram acerca dos elementos que invalidavam qualquer consentimento aparente. E estima ainda que os elementos enumerados no art. 96.° não são os únicos que invalidam o consentimento, mas a sua menção no artigo serve para reforçar a exigência de que o consentimento seja considerado inexistente nessas condições[129-130].

Note-se, no entanto, que muitos dos actos referidos no acto de acusação deram lugar a diferentes acusações em simultâneo, nomeadamente de violação e de tortura, pelo que o tribunal vai ter também de debruçar-se sobre o entendimento a dar a este conceito. Subscrevendo a afirmação, feita no caso *Furundzija*[131], de que «banindo a tortura dos conflitos armados, o direito internacional humanitário não dá uma definição da interdição», vai depois debruçar-se sobre a noção de tortura constante de diferentes instrumentos de Direito Internacional, nomeadamente do art. 1.° da Convenção contra a Tortura, de 1984. No entanto, sublinha o facto de esta se inserir no âmbito do Direito Internacional dos Direitos do Homem e não no Direito Internacional Humanitário e que a própria Convenção afirma que a noção dela constante era estabelecida «para os fins da presente Convenção» e que não prejudica a aplicação de qualquer outro instru-

---

iv) o comportamento sexual anterior da vítima não pode ser invocado como meio de defesa».

[129] Cf. Caso n° IT-96-23-T& IT-96-23/1-T. Sentença da Câmara de 1ª Instância, §§ 461 a 464.

[130] Para uma análise do art. 96.° do Regulamento do Tribunal, veja-se KATE FITZGERALD, «Problems of Prosecution and Adjudication of Rape and Other Sexual Assaults under International Law», *EJIL*, vol. 8, n.° 4, 1997, p. 639 a 647.

[131] Caso julgado pelo Tribunal penal para a ex-Jugoslávia sob o n.° IT-95-17/1

588 Estudos em Comemoração do 10.º Aniversário da Licenciatura em Direito

mento jurídico de âmbito mais vasto[132]. Apesar de reconhecer aspectos comuns entre o Direito Internacional Humanitário e o Direito Internacional dos Direitos do Homem (nomeadamente objectivos, valores e terminologia), o Tribunal não deixa de assinalar também diferenças substanciais entre eles. Ora, consciente de que «a definição de uma infracção depende largamente do contexto em que se inscreve» e de que o Direito Internacional Humanitário, se não estabelece uma noção de tortura, fornece elementos da definição importantes, vai tratar de apurar o que deve entender-se por tortura nesta área específica do Direito Internacional. Depois de identificar os elementos essenciais e os elementos controvertidos do conceito[133], conclui que «os elementos constitutivos do crime de tortura no Direito Humanitário costumeiro são os seguintes: i) o facto de infligir, por um acto ou uma omissão, uma dor ou sofrimentos agudos, físicos ou mentais; ii) o acto ou a omissão deve ser deliberado; iii) o acto ou a omissão deve ter por fim obter informações ou confissões, ou punir, intimidar ou coagir a vítima ou um terceiro, ou operar uma discriminação por qualquer motivo que seja»[134].

Um outro conceito que vai ter de apurar é o de escravatura, enquanto crime contra a humanidade, matéria em que o Estatuto é também silente, pelo que se torna necessário delimitar os seus contornos face ao direito costumeiro em vigor à data da verificação dos factos.

Reconhecendo que a luta contra escravatura foi um dos primeiros estandartes erguidos no âmbito da protecção dos direitos do homem, o Tribunal faz um périplo pelos textos jurídicos internacionais pertinentes, começando com a Convenção relativa à escravatura de 1926, e também pela jurisprudência internacional na matéria, concluindo «que o exercício sobre uma pessoa de um qualquer ou do conjunto dos atributos do direito de propriedade constitui o elemento material da infracção, enquanto que o elemento moral reside na intenção de exercer esses atributos»[135-136]. Por

---

[132] Cf. Convenção contra a Tortura e Outras Penas ou Tratamentos Cruéis, Desumanos ou Degradantes, art. 1.º, n.os 1 e 2.

[133] Cf. caso n° IT-96-23-T& IT-96-23/1-T. Sentença da Câmara de 1ª Instância, §§ 483 e 484.

[134] Cf. id., § 497. Face à noção constante da Convenção sobre a Tortura, verifica-se um manifesto alargamento do conceito, tendo em conta os fins que com ela se visam prosseguir e o facto de não se exigir que os actos em que se consubstancia sejam praticados por agentes oficiais ou por alguém a sua instigação ou com seu consentimento.

[135] Caso n° IT-96-23-T& IT-96-23/1-T. Sentença da Câmara de 1ª Instância, §540.

[136] Note-se que do Estatuto do Tribunal Penal Internacional consta uma noção de escravatura próxima da que foi apurada neste caso. Nos termos da alínea c) do n.º 2 do art.

Algumas considerações acerca da protecção da mulher no Direito Internacional 589

isso mesmo se afirma, em termos gerais, concordante com a acusação quanto aos elementos a atender para concluir (ou não) pela verificação de sujeição à escravatura. Neles se incluem «o controlo dos movimentos de um indivíduo, o controlo da envolvente física, o controlo psicológico, as medidas tomadas para impedir ou desencorajar qualquer tentativa de fuga, o recurso à força, as ameaças de recorrer à força ou à coacção, a duração, a reivindicação de direitos exclusivos, os tratamentos cruéis e as sevícias, o controlo da sexualidade e o trabalho forçado»[137].

Também no que se refere aos atentados à dignidade da pessoa (de que eram feitas acusações neste caso, fundadas no art. 3.° comum às Convenções de Genebra, nos termos do artigo 3.° do Estatuto[138]), o Tribunal conclui que este crime requer: «i) que o acusado tenha intencionalmente cometido ou participado num acto ou numa omissão geralmente entendida como gravemente humilhante, degradante ou como de outro modo gravemente atentatória à dignidade humana; e ii) que ele soubesse que o acto ou omissão poderia ter tal efeito»[139].

Apuradas estas noções[140], o Tribunal depara-se com a questão da admissibilidade da múltipla qualificação dos factos, uma vez que da acusação constavam factos que eram enquadrados simultaneamente em mais do que um tipo de crime (violação, tortura, escravatura, atentado à dignidade da pessoa) e estes eram ainda qualificados como crimes contra a humanidade ou como violações de leis e costumes da guerra[141].

7.°, «por «escravatura» entende-se o exercício, relativamente a uma pessoa, de um poder ou de um conjunto de poderes que traduzam um direito de propriedade sobre uma pessoa, incluindo o exercício desse poder no âmbito do tráfico de pessoas, em particular mulheres e crianças». No entanto, torna-se evidente neste preceito a especial referência feita ao tráfico de mulheres e crianças.

[137] Caso n° IT-96-23-T& IT-96-23/1-T. Sentença da Câmara de 1ª Instância, § 543.

[138] Recorde-se o que ficou dito sobre a interpretação desta disposição (cf. *supra*, nota 60).

[139] Caso n° IT-96-23-T& IT-96-23/1-T. Sentença da Câmara de 1.ª Instância, § 514.

[140] E não são as únicas sobre as quais o Tribunal se debruça, analisando também os elementos comuns aos crimes previstos nos arts. 3.° e 5.° do Estatuto e também do crime de ultrajes à dignidade pessoal.

[141] Como o Tribunal referiu, «o Procurador acusa Dragoljub Kunarac de tortura em virtude dos artigos 3.° e 5.° e de violação em virtude dos artigos 3.° e 5.°, com base no mesmo comportamento criminal. Dragoljub Kunarac e Radomir Kovac são também acusados de sujeição à escravatura em virtude do art. 5.°, e de atentados à dignidade da pessoa em virtude do art. 3.°, com base num mesmo comportamento, assim como Zuran Vukovic

Neste aspecto, a Câmara subscreve o entendimento que havia sido sustentado pela Câmara de Apelação no caso *Delalic*, segundo o qual, atendendo a razões de equidade face ao acusado e ao facto de que só os crimes distintos podem justificar um cúmulo de declarações de culpabilidade, «a Câmara de Apelação considera que um tal cúmulo só é possível, quanto a um mesmo facto e com base em diferentes disposições do Estatuto, se cada uma dessas disposições comportar um elemento claramente distinto que falta à outra. Um elemento é claramente distinto se exige a prova dum facto que as outras não exigem. (…) se este critério não for preenchido, a Câmara deve decidir de que infracção declarará culpado o acusado. Deve fazê-lo partindo do princípio de que deve fundar-se na disposição mais específica. Assim, se um conjunto de factos se rege por duas disposições das quais uma comporta um elemento suplementar claramente distinto, a Câmara fundar-se-á unicamente nessa última disposição para declarar o acusado culpado»[142].

Aplicando esse critério ao caso *sub judice*, o Tribunal entende poder declarar os acusados culpados pelo mesmo facto nos termos do art. 3.° e do art. 5.°, já que cada um destes crimes contém um elemento claramente distinto que não é comum ao outro. Assim, é elemento específico dos crimes consagrados no art. 3.° (violações das leis ou costumes da guerra), que não aparece no art. 5.°, a exigência de uma ligação estreita ente os actos do acusado e o conflito armado; por seu lado, também o art. 5.° contém um elemento específico, desconhecido do art. 3.°: a exigência de um ataque generalizado ou sistemático contra uma população civil[143]. Em consequência, «é possível declarar os acusados culpados com base nestes dois artigos, em virtude de um mesmo comportamento, de violação, em aplicação dos dois artigos, e de tortura igualmente com base nos dois artigos; de sujeição à escravatura, em aplicação do artigo 5.° e de atentados à dignidade da pessoa em aplicação do artigo 3; de violação e de tortura, em aplicação respectivamente dos artigos 5.° e 3.°; de violação e de tortura, em aplicação respectivamente dos artigos 3.° e 5.°, e de sujeição à escravatura e de violação, em aplicação respectivamente dos artigos 5.° e 3.°»[144].

---

deve responder, com base num mesmo comportamento, por tortura e sujeição à escravatura» (cf. Caso n° IT-96-23-T& IT-96-23/1-T. Sentença da Câmara de 1ª Instância, § 553).

[142] *Id.*, § 594, que reproduz os §§ 412 e 413 da sentença de 20 de Fevereiro da Câmara Apelação proferida no caso IT-96-21-A.

[143] Cf. *id.*, § 556.

[144] *Ibid.*

Os relatos de testemunhas que se podem enquadrar nestes conceitos são múltiplos. De acordo com o que ficou provado, Kunarac e os seus homens mantinham um quartel-general numa casa nas vizinhanças de Aladza, em Foca (Ulica Osmana Djikica n.° 16), para onde levavam, normalmente à noite, mulheres que traziam de Partizan, e onde eram violadas.

O Tribunal considerou provado que Kunarac e Vukovic «levaram FWS-75 e D.B.[145] ao n.° 16, Ulica Osmana Djikica, e que Kunarac aí violou D.B. enquanto que FWS-75 era violada por, pelo menos, 15 soldados». E ainda que «FWS-75 foi violada, no mesmo local, noutras ocasiões, por um a três soldados»[146]. Kunarac foi considerado culpado enquanto autor do crime e também por ter encorajado outros a praticá-lo. Assim, e no que se refere às testemunhas identificadas como FWS-75 e D.B., o Tribunal ficou convencido que Kunarac as conduziu pessoalmente ao referido quartel-general «para que elas aí fossem violadas. Kunarac manteve, nessa ocasião pessoalmente relações sexuais com D.B. sabendo que ela não dava do seu consentimento, e ajudou e encorajou vários dos seus soldados a violar FWS-75 ao conduzi-la à casa, consciente de que ela seria aí violada e que não dava o seu consentimento a essas relações sexuais»[147]. Portanto, nesse sentido, foi também responsável pela violação colectiva de FWS-75[148].

A falta de consentimento nessas relações (elemento do crime, como referido) decorre de muitos dos testemunhos, que revelam que a coacção era manifesta, uma vez que havia ameaças (muitas vezes explícitas[149]) ou as relações sexuais eram mesmo mantidas sob ameaça de armas[150].

---

[145] Tal como referimos a propósito do Tribunal do Ruanda, também o Estatuto do Tribunal para a ex-Jugoslávia (art. 21.°) prevê a protecção das vítimas e das testemunhas remetendo para o seu Regulamento as medidas concretas em que tal protecção pode ser corporizada. No entanto, no próprio Estatuto se prevê que essa protecção possa passar pela protecção da sua identidade.

[146] Caso n° IT-96-23-T& IT-96-23/1-T. Sentença da Câmara de 1ª Instância, § 636.

[147] Id.,§ 653.

[148] O Tribunal esgrime vários argumentos que demonstram que Kunarac estava ciente de tal situação (cf. id., §§650-651).

[149] Caso da violação de D.B. por Kunarac, em que, antes do acto, Vukovic a ameaçou de morte caso não satisfizesse os desejos do seu chefe (Kunarac). O Tribunal rejeitou a afirmação de Kunarac de que não tinha conhecimento das ameaças proferidas por Vukovic (também conhecido por «Gaga»), até porque teria sido D.B. a tomar a iniciativa nas relações sexuais. Entendeu a Câmara do Tribunal que «atendendo ao contexto de guerra e à situação particularmente difícil das raparigas muçulmanas detidas no Partizan ou noutros lugares da região de Foca nessa época, é fortemente improvável que o acusado

592 Estudos em Comemoração do 10.º Aniversário da Licenciatura em Direito

Ficou provada a violação, por Kunarac, de muitas outras mulheres que não podemos aqui referir, algumas das quais também testemunharam[151], bem como a sua conivência e incentivo para que fossem violadas pelos seus soldados[152], já que o facto de as conduzir à referida casa, entregando-as aos seus homens, sabendo que eles as violariam «constitui um acto de assistência, tendo tido um efeito importante sobre as torturas e as violações que os seus homens cometeram em seguida. Portanto, ele ajudou e encorajou a comissão dessas torturas e violações»[153].

Além disso, segundo se afirma na sentença, as vítimas eram muçulmanas e Kunarac «agiu deliberadamente e com o fim de operar uma discriminação em detrimento dos muçulmanos, especialmente das mulheres e jovens muçulmanas. O tratamento reservado por Dragoljub Kunarac às suas vítimas era motivado pelo facto de serem muçulmanas, tal como o provou ao dizer às mulheres que elas dariam à luz bebés sérvios, ou que deveriam sentir prazer quando um sérvio as beijava[154].

O Tribunal afirmou ainda que tais actos «infligiram às vítimas sofrimentos graves, físicos ou mentais. A violação é um dos piores sofrimentos que um ser humanos pode infligir a outro», e Kunarac estava disso consciente, pelo que é culpado tortura e de violação enquanto autor principal, e na medida em que auxiliou e encorajou outros soldados, enquanto autores principais[155].

Kunarac tenha podido ser «abusado» pelo comportamento de D.B.. Quanto a saber se ele tinha sido informado das ameaças proferidas por «Gaga» contra D.B., a Câmara considera que é indiferente que Kunarac tenha ou não ouvido «Gaga» repetir essas ameaças (...). Está convencida que D.B. não consentiu livremente em qualquer relação sexual com Kunarac, que ela estava em cativeiro, e temia pela sua vida, depois das ameaças proferidas por «Gaga» » (*id.*, § 646).

[150] Como no caso referido no § 162, em que é afirmado que FWS-95 foi violada enquanto lhe era apontada uma arma ou o caso referido *infra*, nota 151.

[151] Caso da violação de FWS-95 (§ 684), FWS-87 (*id.* § 664).

[152] Caso da violação, p. ex., de FWS-50, violada de modo bestial sob ameaça de uma faca (§ 664); FWS-75, FWS-50 ou FWS-87 (cf. *id.*, § 670).

[153] *Id.*, § 670.

[154] Cf. *id.*, § 654. Este aspecto constituiu um dos factores que leva Askin a sustentar que, apesar de neste caso não ter sido formulada a acusação de genocídio, «muita da violência sexual alegada na acusação podia facilmente ser construída como cabendo na definição de genocídio, incluindo a imposição de medidas visando prevenir os nascimentos no seio do grupo, transferência forçada de crianças do grupo para outro grupo, ou [medidas visando] causar dano físico ou mental» (KELLY D. ASKIN, *op. cit.*, p. 121).

[155] Cf. Caso n° IT-96-23-T& IT-96-23/1-T. Sentença da Câmara de 1.ª Instância, § 656.

Deve ainda atender-se ao tratamento dado às testemunhas FWS-191 (de 17 anos) e FWS-186 (cerca de 16 anos e meio), levadas por Kunarac para a casa de Trnovace, onde permaneceram cerca de seis meses. Kunarac reservou FWS-191 para si, violando-a constantemente, sempre que aí se deslocava. Quanto a FWS-186, ficou "ao serviço" de um outro soldado (DP 6). Provou-se que, nesse período, as duas mulheres foram escravizadas por Kunarac e DP 6. Tinham de obedecer a todas as suas ordens, realizar os trabalhos da casa e não tinham qualquer real possibilidade de fugir da casa e escapar aos seus agressores. Foram objecto de outros maus tratos, como quando Kunarac convidou um soldado para que violasse FWS-191 a troco de 100 marcos alemães ou quando a tentou violar, estando ela numa cama do hospital, perante os outros soldados. «As duas mulheres eram tratadas como bens pessoais de Kunarac e de DP 6»[156].

O Tribunal considerou Kunarac culpado do crime de escravatura, por ter criado (em concertação DP 6) as condições de vida descritas às vítimas, bem como de auxílio e encorajamento à escravatura (de FWS-186)[157].

Outros dos muitos factos narrados nesta sentença conduziram à condenação Kovac por escravatura, violação e atentados à dignidade da pessoa. É o caso do tratamento dado a FWS-75 e A.B. (esta com 12 anos), a quem sequestrou durante uma semana, e a FWS-87 e A.S., sequestradas por cerca de quatro meses no seu apartamento: «fechou-as e condicionou-as psicologicamente, privando-as da sua liberdade de movimentos. Exerceu, em todo esse período um controlo total dos seus movimentos, da sua intimidade e do seu trabalho. Obrigou-as a cozinhar, a servi-lo e a realizar serviços de casa para ele. Submeteu-as a tratamentos degradantes, nomeadamente espancamentos e outros tratamentos humilhantes»[158]. Além disso, vendeu FWS-87 e A.S. a dois montenegrinos por 500 marcos alemães cada uma, ou, segundo A.S., por um carregamento de detergente. Os compradores seguiram com elas no carro, rindo-se delas por terem sido vendidas por uma soma tão irrisória[159].

Ficou também provado que FWS-87, FWS-75, A.S. e A.B., quando se encontravam no apartamento de Kovac, foram coagidas a despir-se e a

---

[156] Cf. *id.*, § 742.

[157] Cf. *id.*, § 742. Em relação a esta situação, o Tribunal recusou a acusação de atentados à dignidade da pessoa, que constava do acto de acusação, uma vez que entendeu que essas situações estavam já cobertas por outras declarações de culpabilidade (cf. *id.*, § 743).

[158] *Id.*, § 780.

[159] Cf. *id.*, § 779.

594 *Estudos em Comemoração do 10.º Aniversário da Licenciatura em Direito*

dançar nuas enquanto Kovac e outros soldados as olhavam; e ainda que FWS-87, FWS-75 e A.B. foram mantidas nuas sobre uma mesa e depois forçadas por Kovac a andar nuas pelas ruas de Foca. O Tribunal considerou que o acusado tinha perfeita consciência que lhes impunha uma experiência dolorosa e humilhante, ainda mais grave atendendo ao facto de serem muito jovens. Esclarecendo que o Estatuto não exige que o autor tenha a intenção de humilhar, sendo suficiente que a sua actuação possa ter esse efeito, considera-o culpado de atentado à dignidade da pessoa[160].

Muitos outros testemunhos, igualmente arrepiantes foram prestados perante a Câmara de primeira instância no caso em análise. Sendo impossível, atendendo ao carácter restrito destas linhas, fazer uma recensão de todos eles limitamo-nos a atestar, com os aqui narrados, alguns casos que permitiram a condenação daqueles que haviam sido indiciados por diferentes crimes dirigidos a pessoas do sexo feminino.

6. Traçámos, da forma breve que nos permitiu um trabalho deste tipo, a evolução verificada na protecção da mulher pelo Direito Humanitário, de que pode retirar-se a existência de uma crescente sensibilização para a situação delicada e singular em que a mulher se encontra quando se vê envolvida num conflito armado, o que se tem traduzido num esforço de aprofundamento normativo nesta matéria[161] e conduzido os presumíveis autores de violações graves dessas normas a julgamento perante tribunais imparciais. Além disso, como decorre dos pequenos "salpicos" de jurisprudência referidos, a própria acção dos tribunais *ad hoc* tem sido arrojada, interpretando as normas a aplicar de uma forma a punir severamente os autores de tais crimes, não ficando agarrado à letra da norma, quando se revelou necessário ir mais além. Parece, assim, ter-se dado início ao fim da impunidade reinante nestas matérias.

Apesar destes avanços meritórios, muito há a fazer. Na verdade, a consciencialização dos efeitos devastadores dos crimes contra a mulher em situações de guerra continua a conduzir gente com mentes maquiavélicas, que elegem qualquer via desde que ela tenda para o sucesso na luta, a não hesitar em socorrer-se de tais práticas.

---

[160] Cf. *id.*, §§ 769 a 774.

[161] O que não invalida a constatação de Askin de que «há uma grande necessidade de um tratado internacional que verse directamente sobre o tratamento das mulheres em período de conflito armado internacional ou interno e que definitivamente criminalize os ilícitos fundados no género» (KELLY D. ASKIN, *op. cit.*, p.123).

Como foi afirmado por um conselheiro que trabalha com mulheres e raparigas que foram vítimas de violação e outras formas de violência sexual (citado num relatório Human Rights Watch relativo à situação no Congo), «há uma verdadeira loucura nesta ligação da violência sexual à guerra. É toda uma guerra dentro da guerra»[162].

Esperemos que o fim da impunidade que começou com os Tribunais Internacionais Penais *ad hoc* de forma limitada[163] possa ser reforçado com a actuação futura do Tribunal Penal Internacional, cujo Estatuto foi aprovado a 17 de Julho de 1998 e entrou em vigor a 1 de Julho de 2002[164]. É certo que «nenhum tribunal pode parar toda a violência, tal como a melhor das justiças criminais internas não pode atingir esse objectivo. Mas a melhor dissuasão é certamente a punição e a existência de tribunais internacionais joga seguramente um importante papel no refrear os egrégios excessos característicos dos modernos conflitos étnicos»[165].

No entanto, se à acção dos tribunais cabe garantir que os crimes violentos de natureza sexual «não se percam em afirmações amplas e vagas molduras legais usadas em tratados e nos respectivos estatutos»[166], há

---

[162] «The War Within The War. Sexual Violence Against Women and Girls in Eastern Congo» (http://www.hrw.org/reports/2002/drc/Congo0602-04.htm).

[163] Atendendo ao carácter, também ele limitado, da sua competência que só abrange os crimes praticados no contexto de dois conflitos específicos.

[164] Sublinhe-se, aliás, que na definição da competência material desse Tribunal, e concretamente no que se refere aos crimes contra a humanidade, se foi mais longe na enunciação dos comportamentos constitutivos destes crimes. Assim, enquanto que a alínea g) das disposições que nos Estatutos dos Tribunais *ad hoc* que versam sobre os crimes contra a humanidade referem a violação, a alínea g) do n.º 1 do art. 7.º do Estatuto do Tribunal Penal Internacional, que afirma a sua competência em matéria de crimes contra a humanidade, especifica, como comportamento que pode integrar esta categoria de crimes, a «violação, escravatura sexual, prostituição forçada, gravidez à força, esterilização à força ou qualquer outra forma de violência no campo sexual de gravidade comparável». Também quando refere a sua competência para julgar crimes de guerra inclui, dentro das violações graves das leis e costumes aplicáveis em conflitos armados, os «actos de violação, escravidão sexual, prostituição forçada, gravidez à força, tal como definida na alínea *f)* do n.º 2 do artigo 72.º, esterilização à força e qualquer outra forma de violência sexual que constitua também um desrespeito grave das Convenções de Genebra» (art. 8.º, n.º 2, al *b)*, xxii). Além disso, nos termos do art. 9.º do Estatuto, o Tribunal deve atender, na interpretação dos artigos que definem a sua competência *ratione materiae*, aos elementos dos crimes (documento elaborado pela Comissão de Direito Internacional, que especificam, em relação a cada um destes crimes, os elementos constitutivos.

[165] GABRIELLE KIRK MCDONALD, *op. cit.*, p. 8.

[166] KELLY D. ASKIN, *op. cit.*, p. 123.

596 *Estudos em Comemoração do 10.º Aniversário da Licenciatura em Direito*

ainda outros aspectos a atender para a protecção da mulher vítimas de tais comportamentos. Referimo-nos ao necessário apoio que lhes deve ser facultado a diferentes níveis, que vão da assistência médica (e refira-se que muitas vezes contraem doenças sexualmente transmissíveis, nomeadamente a SIDA) e psicológica às garantias de reparação[167]. Note-se que, mesmo no apoio imediato mais essencial, em concreto os cuidados de saúde, grande parte das vítimas não tem acesso a assistência médica básica, ou porque está sob controlo do inimigo que não lha faculta ou, não sendo esse o caso, porque os recursos médicos e hospitalares disponíveis estão mobilizados para a assistência aos combatentes.

Em muitos casos, as mulheres foram muitas e repetidas vezes violadas, de forma a garantir a sua inseminação por um homem de outro grupo. E durante essa gravidez não têm qualquer assistência médica; têm sim a vigilância constante de membros desse outro grupo durante o período da gestação em que poderiam provocar um aborto. E não é seguramente um comportamento motivado por qualquer convicção de defesa da vida humana, mas apenas para garantir que o desiderato do nascimento de bebé que pertence ao grupo paterno será cumprido. «Outras mulheres sofreram tais danos internamente que nunca poderão ter os filhos que queriam ter; a infertilidade e a perda da virgindade tornam inviável o casamento para a mulher em algumas sociedades. Outras ainda foram incapazes de lidar com a vergonha e cometeram suicídio»[168].

O melhor dos remédios para estas situações seria mesmo acabar com o contexto em que elas se verificam, ou seja, acabar com as situações de guerra. No entanto, tratando-se se quimera antiga nunca alcançada, siga-se ao menos o apelo de Chinkin no sentido de que, em tempo de paz, sejam aprendidas e assimiladas as obrigações de forma suficientemente profunda

---

[167] Rosalind Dixon sugere mesmo a criação de um Tribunal Internacional de Compensação das Vítimas, com características específicas e fins múltiplos, entre os quais o da reparação da vítima (que deverá atender mais à necessidade da vítima do que ao dano sofrido). Esclarece que, seguindo as orientações propostas por Theo van Boven, «o termo "reparação" é usado para descrever uma ampla resposta aos erros, que inclui a "remoção ou reparação das consequências dos actos ilícitos" e a "prevenção e dissuasão de violações, enquanto a restituição e compensação são meios monetárias conseguir a reparação» (ROSALIND DIXON, «Rape as Crime in International Humanitarian Law: Where to from Here?», *EJIL*, vol. 13, n.º 3, 2002, p. 697 e segs., em especial 714).

[168] Cf. CHRISTINE CHINKIN, «Rape and Sexual Abuse of Women in International Law», *cit.*, n.º 3, p. 4.

que permita o seu cumprimento mesmo em situações em que o tecido social é violentamente afectado, como acontece num conflito armado...

Que estas linhas, apesar de conterem uma análise tão breve do tema abordado, possam ao menos contribuir para uma consciencialização da gravidade das situações de que as mulheres são vítimas em ocasiões de guerra.

A NOVA TRAMITAÇÃO INICIAL DA ACÇÃO EXECUTIVA PARA PAGAMENTO DE QUANTIA CERTA E AS ALTERAÇÕES AO REGIME CONTIDO NO ARTIGO 825.º DO CÓDIGO DE PROCESSO CIVIL
(BREVES NOTAS)

ELIZABETH FERNANDEZ

SUMÁRIO: **I** – A nova tramitação da acção executiva para pagamento de quantia certa; 1. Introdução; 2. Citação e despacho liminar; 2.1 – A regra geral quanto à citação no processo executivo comum de forma única; 2.2 – Excepções à regra geral; 3. Citação e penhora; 3.1 – Regra geral – a regra da correspondência; 3.2 – Excepções à regra geral; 3.2.1 – Excepções nos casos em que houve lugar a despacho liminar; a) Excepções derivadas da vontade do exequente; b) Excepções derivadas da lei; 3.3 – Excepções nos casos em que não houve lugar a despacho liminar; 4. Responsabilidade do exequente. **II** – Alterações introduzidas no artigo 825.º do CPC.

I – A NOVA TRAMITAÇÃO INICIAL DA ACÇÃO EXECUTIVA PARA PAGAMENTO DE QUANTIA CERTA[1]

1. Introdução

Em matéria de tramitação da acção executiva para pagamento de quantia certa, a reforma processual encetada pelo DL 38/2003 de 8 de Março optou por estabelecer, para o processo comum de execução, a

---

[1] Analisando a reforma da acção executiva e, consequentemente esta nova tramitação ANA PAULA COSTA E SILVA, *A reforma da acção executiva*, 2.ª edição, 2003.

600 Estudos em Comemoração do 10.º Aniversário da Licenciatura em Direito

forma única. (artigo 465.º do CPC [2]). Porém, da leitura dos artigos 812.º, 812.º-A e 812.º-B do CPC rapidamente se conclui que a forma única do processo executivo comum é meramente aparente. Na realidade, a reforma processual perfilou, para o processo executivo, uma tramitação aparentemente única a qual esconde, em bom rigor, um conjunto de tramitações diversas, o que determina, consequentemente, por contraposição ao desiderato legal da simplificação, a complexificação da tramitação.

Os artigos 812.º, 812.º-A e 812.º-B do CPC estabelecem um sistema alternativo de tramitações. A explicação da fuga ao objectivo da simplificação processual em matéria de tramitação, poderá ser encontrada na necessidade de, face a um processo executivo comum de forma única, dotar a tramitação processual de uma certa dose de flexibilidade por forma a, deste modo, conseguir adaptar o processo executivo à realidade concreta, isto é, ao título executivo em causa, ao valor patrimonial da execução, bem como à necessidade concreta de adequação entre a protecção do interesse do exequente e do executado.

A alternância entre tramitações envolve três momentos processuais vitais da acção executiva, isto é, a apreciação liminar do requerimento executivo, a citação do executado e a efectivação da penhora. Da combinação destas três fases processuais resultam, tanto quanto nos foi possível detectar, quatro possíveis formas alternativas de tramitação, as quais, para facilidade de percepção, se vertem no esquema seguinte:

- Citação **sem** precedência de despacho liminar → penhora **sem** precedência de citação;
- Citação **sem** precedência de despacho liminar → penhora **com** precedência de citação;
- Citação **com** precedência de despacho liminar → penhora **com** precedência de citação;
- Citação **com** precedência de despacho liminar → penhora **sem** precedência de citação.

Para analisar cada um dos modelos de tramitação propostos pela reforma, cumpre, em primeiro lugar, examinar os casos em que a citação só pode ser efectuada por ordem judicial, isto é, precedida de apreciação liminar do requerimento executivo por parte do juiz, bem como aqueles em que o despacho liminar pode ser objecto de dispensa. Num segundo momento, serão analisados os casos em que a penhora pode e não pode preceder a citação.

---

[2] Todas as referências efectuadas, sem mais, ao CPC referem-se à nova versão derivada do DL 38/2003 de 8 de Março.

2. Citação e despacho liminar

2.1. *A regra geral quanto à citação no processo executivo comum de forma única.*

O artigo 812.° do CPC estabelece a regra geral de relacionamento entre a citação e a apreciação liminar efectuada pelo juiz relativamente ao requerimento executivo. Com efeito, refere o mencionado preceito que *"sem prejuízo do disposto no n.° 1 do artigo 812.°-A, o processo é concluso ao juiz para despacho liminar."*[3] Também o artigo 234.°, 4, e) do CPC determina que *"a citação depende, porém, de prévio despacho judicial no processo executivo, nos termos do n.° 1 do artigo 812.° e do n.° 2 do artigo 812.°-A"*.

Ao contrário do que sucedia no regime anterior, a regra da citação precedida de despacho judicial, acabada de enunciar, não assume carácter absoluto, no actual regime de tramitação do processo executivo. A regra sofre, actualmente, atenuações derivadas do artigo 812.°-A, n.° 1, alíneas a) a d). Porém, como de seguida se dará devida conta, aqueles preceitos estabelecem um conjunto tão amplo de excepções à regra geral que, em bom rigor, poucas serão as situações efectivas em que se verifique aplicação da regra geral vertida no artigo 812.°, n.° 1 do CPC, isto, os casos em que a citação carecerá de despacho liminar serão, na prática reduzidos.

Assim, a citação é sempre precedida de despacho liminar:

a) nas hipóteses que não estão contidas em nenhuma das alíneas do n.° 1 do artigo 812.°-A;

b) nas execuções que, muito embora abrangidas por alguma das alíneas do n.° 1 do artigo 812.°-A, sejam movidas apenas contra o devedor subsidiário e em que o exequente tenha requerido que a penhora seja efectuada sem prévia citação do executado;

c) nas execuções que, muito embora abrangidas por alguma das alíneas do n.° 1 do artigo 812.°-A, tenham por base obrigações sujeitas a condição suspensiva ou de prestação por parte do credor ou de terceiro e a prova do cumprimento de tal condição não puder ser levada a cabo por documentos (artigo 804.°, n.° 2)

---

[3] Recordamos que, no âmbito do direito processual anterior ao vigente, a regra da precedência do despacho liminar em relação à citação tinha, no processo executivo, carácter absoluto, nos termos do artigo 234.°, 4 e) do CPC cuja redacção foi introduzida na reforma de 1995/1996.

602 *Estudos em Comemoração do 10.° Aniversário da Licenciatura em Direito*

d) Quando, mesmo tratando-se de uma das situações contidas nas alíneas a) a d) do artigo 812.°-A, n.° 1, for requerida pelo exequente a citação urgente do executado, nos termos do artigo 478.° do CPC (234.°, n.° 4, f) do CPC)

Quando vigorar a regra geral da citação ordenada judicialmente, isto é, a citação precedida de despacho liminar, a tramitação processual subsequente poderá diversificar-se em dois tipos, conforme os casos, conforme se segue:

1.ª *tramitação – tramitação regra:*
　　Citação com precedência de despacho liminar → penhora com precedência de citação (artigo 812.°-B, n.° 1 do CPC a contrario)

2.ª *tramitação – tramitação excepcional:*
　　Citação com precedência de despacho liminar → penhora sem precedência de citação (artigo 812.°-B, n.° 2 e 3, 2.ª parte do CPC)

2.2. Excepções à regra geral

Não há lugar a despacho liminar, isto é, a citação é efectuada pela secretaria ou pelo solicitador de execução quando:
　　• O título executivo for uma decisão judicial ou arbitral, qualquer que seja o valor da dívida (812.°-A, n.° 1, a);
　　• O título executivo for um requerimento de injunção ao qual foi aposta a fórmula executória, qualquer que seja o valor da dívida[4] (812.°-A, n.° 1, b);
　　• O título executivo for um documento exarado ou autenticado por notário ou um documento particular com reconhecimento presencial da assinatura do devedor, desde que o montante da dívida não

---

[4] De notar que dada a recente revisão do regime da injunção, o valor das dívidas que podem constituir objecto deste meio processual é superior ao da alçada da Relação. Com efeito, segundo o artigo 7.° do DL 32/2003 de 17 de Fevereiro, o atraso de pagamento de transações comerciais, confere ao credor o direito a recorrer à injunção, independentemente do valor da dívida. Os requerimentos de injunção aos quais foi aposta a fórmula executória foram equiparados, pela recente reforma, à sentença ou à decisão arbitral, quando, em bom rigor, são processos que oferecem menores garantias processuais do que os processos declarativos comuns ou especiais, uma vez que, desde logo, assentam na citação postal simples do requerido.

exceda a alçada da Relação e seja apresentado; documento comprovativo da interpelação do devedor quando tal for necessário para determinar o vencimento da obrigação que se visa executar. (812.°--A, n.° 1, c, 1.ª parte);

• O título executivo for um documento exarado ou autenticado por notário ou um documento particular com reconhecimento presencial da assinatura do devedor sendo que o montante da dívida excede o valor da alçada do Tribunal da Relação, desde que o exequente mostre ter exigido o cumprimento da obrigação por notificação judicial avulsa. (812.°-A, n.° 1, c) 2.ª parte)[5];

• O título executivo for um documento particular simples de montante não superior ao valor da alçada da Relação, desde que a penhora não recaia sobre bem imóvel, estabelecimento comercial, direito real menor que sobre eles incida ou quinhão em património que os inclua. (812.°-A, n.° 1, d)).

---

[5] Apesar de a dispensa de despacho liminar operar automaticamente, em alguns casos é o exequente que tem em seu poder instrumentos para lograr a dispensa, sem que, contudo, a solicite explicitamente ao tribunal. Basta, por exemplo, para evitar o despacho liminar, que estando em causa título executivo particular com reconhecimento de assinatura do devedor que titule dívida de valor superior ao da alçada da Relação, que o exequente proceda à notificação judicial avulsa prévia do executado e instrua o seu requerimento executivo com aquela mesma notificação. Com efeito, neste caso, a matéria em causa e, designadamente, o título executivo particular foi já objecto de um despacho liminar pelo juiz a quem foi distribuída a notificação judicial avulsa, nos termos do artigo 261.°, n.° 1 do CPC. Neste caso, não há, objectivamente, uma dispensa de despacho prévio, o que se impede é que seja necessária a duplicação do acto no processo executivo. Em bom rigor, haverá sempre um juiz (o da notificação judicial avulsa ou o da execução) a ter de proferir, quando se trata de documento particular com reconhecimento presencial de assinatura do executado, com um montante de dívida que exceda o valor da alçada do Tribunal da Relação, um determinado despacho liminar, pelo que, objectivamente, não se vislumbra economia de actos para o tribunal. Julga-se, no entanto, que a notificação judicial avulsa prévia à instauração do processo executivo, ao exigir o cumprimento de obrigação de valor superior ao da alçada do tribunal, poderá ter como utilidade a sensibilização do executado para cumprir, podendo, por via disso, tornar-se desnecessária a instauração da instância executiva. Porém, também é verdade que tal atitude do credor poderá ter no notificando o efeito contrário, propiciando o desvio e a alienação do património por parte deste, em momento anterior à instauração da execução. O mesmo acontece com a possibilidade de o credor exigir o reconhecimento presencial de assinatura do devedor, pois que, ao assim proceder, está a construir os pressupostos legais exigidos para uma dispensa de despacho liminar. De referenciar que, no regime anterior, o reconhecimento presencial da assinatura em documento particular, apenas tinha, como única utilidade, permitir a concessão de um efeito suspensivo aos embargos eventualmente deduzidos pelo executado, sem que o mesmo tivesse de prestar caução (818.°, n.° 2 do CPC revisto e 818.°, n.° 1, parte final, do CPC).

604 *Estudos em Comemoração do 10.º Aniversário da Licenciatura em Direito*

É, no entanto, de ter em atenção, que estas situações só constituem excepções à regra geral (citação precedida de despacho judicial) quando não se verificarem nenhuma das situações previstas no n.º 2 do artigo 812.º-A, isto é, quando o executado corresponder ao devedor principal ou ao devedor principal e ao devedor subsidário, ou, sendo, apenas, o devedor subsidiário, o exequente não tenha requerido a dispensa de citação prévia à penhora, pois, de contrário, apesar de originalmente contida nas situações do 812.º-A, n.º 1, a citação será sempre precedida de despacho liminar (812.º-A, n.º 2 a) do CPC). Por outro lado, haverá sempre lugar a despacho liminar apesar de alguma das circunstâncias do artigo 812.º-A, n.º 1 estar preenchida desde que se trate da situação contida no artigo 804.º, n.º 2 do CPC, isto é, desde que se trate de obrigação dependente de condição resolutiva ou prestação por parte do devedor ou de terceiro, que não possa ser provado por documentos (812.º-A, n.º 2 b) do CPC).

Da análise dos pressupostos atrás enunciados, pode concluir-se, por um lado, que a dispensa de despacho liminar opera automaticamente, sem que seja necessário ou, sequer admitido, qualquer pedido do exequente nesse sentido[6] e, por outro lado, que as hipóteses de dispensa de despacho liminar (privilegiando a celeridade processual e a reserva da vocação do juiz para actos de maior relevância) foram pensadas para casos em que se combinam diferentes graus de segurança proporcionados pelos possíveis títulos executivos, o valor da execução e o possível conhecimento prévio que o executado tenha das intenções do credor relativamente à dívida.

Assim, se se tratar de sentenças judiciais ou arbitrais ou, ainda, de actos equiparados a estes, como o requerimento de injunção ao qual foi aposta a fórmula executória, a lei dispensa, sem mais, o despacho liminar, isto é, a citação é efectuada pela secretaria ou pelo solicitador de execução, excepto se a exigibilidade da obrigação exequenda depender de condição resolutiva ou da prática de um acto por parte do credor ou de terceiro ou, ainda, se o único executado for um devedor subsidiário e o exequente tiver requerido a penhora sem citação prévia. (812.º-A, n.º 1 a) e b) e n.º 2 a) e b) do CPC)

Já, porém, se o título executivo for um documento autêntico, autenticado ou particular, mas do qual conste o reconhecimento presencial da assinatura do devedor, só haverá lugar à dispensa de despacho liminar se o

---

[6] Embora, como já tivemos oportunidade de ver, o credor possa criar as condições propícias para lograr aquele objectivo.

valor da dívida for inferior ou igual à alçada do Tribunal da Relação, excepto se se verificar qualquer uma das condições excepcionais do n.° 2 do artigo 812.°-A do CPC. Para que o mesmo documento, titulando dívida de valor superior ao da alçada do Tribunal da Relação justifique a dispensa de despacho liminar é necessário, porém, o preenchimento de uma condição adicional: a notificação judicial avulsa prévia do devedor por parte do credor e a prova da mesma no processos executivo. Também nesta hipótese, não haverá dispensa se se verificar alguma das hipóteses contidas no 812.°, n.° 2 do CPC.[7]

Finalmente, se se tratar de um qualquer documento particular relativo a obrigação pecuniária vencida de montante não inferior à alçada do Tribunal da Relação a dispensa é possível, sem mais, desde que estejam afastados da penhora os bens inscritos na alínea d) do n.° 1 do artigo 812.°-A do CPC., ou seja, bens imóveis, estabelecimento comercial, direito real menor que sobre eles incida ou quinhão em património que os inclua.[8]

Nas situações em que a lei dispensa o despacho liminar antes da citação, isto é, quando a citação for ordenada directamente pela secretaria ou pelo agente de execução o processo comum pode seguir uma de duas tramitações:

---

[7] Este novo regime determinará um esforço adicional por parte dos funcionários judiciais, os quais carecerão, necessariamente, de formação específica nesta área para desempenhar, cabalmente, as novas tarefas que os aguardam. De resto, em muitos casos os esforços que se pedem aos funcionários judiciais assumem natureza quase jurisdicional. Basta pensar nas hipóteses contidas no n.° 3 do artigo 812.°-A. Com efeito, quem percorre os tribunais sabe que a esmagadora maioria dos funcionários judiciais, mesmo os escrivãos de direito, não têm formação para analisar a exequibilidade do título, a sua suficiência ou a notificação do devedor, para suspeitar de excepções dilatórias não supríveis de conhecimento oficioso, ou, no caso de execução fundada em título negocial, da inexistência de factos constitutivos ou a existência de factos impeditivos ou extintivos da obrigação exequenda. Quem conhece a realidade, sabe, também, que o funcionário judicial não pode ter dúvidas sobre se determinado litígio poderia ou não ter sido submetido a arbitragem voluntária, simplesmente porque desconhece esta matéria.

[8] De notar que, em qualquer uma destas situações, o funcionário judicial deve suscitar a intervenção do juiz nos casos previstos no n.° 3 do artigo 812.°-A do CPC, o que constitui uma válvula de protecção para o executado, desempenhado o juiz, neste caso, uma função consultiva. Porém, e em face das preocupações vertidas na nota precedente, é evidente que o juiz terá que exercer estas funções consultivas mais vezes do que aquelas que seriam convenientes em face do desiderato da desjudiciliazação e simplificação deste tipo de processos.

> **1.ª tramitação** – tramitação regra: Citação sem precedência de despacho liminar → penhora sem precedência de citação (artigo 812.°-B, n.° 1)[9];
>
> **2.ª tramitação** – tramitação excepcional: Citação sem precedência de despacho liminar → penhora com precedência de citação (812.°, n.° 7 do CPC).

3. Citação e penhora

3.1. *Regra da correspondência*

Nos termos do artigo 812.°-B, n.° 1 a penhora é efectuada sem citação prévia do executado quando não há lugar a despacho liminar. Tal significa que se há lugar a despacho liminar, a citação, por via de regra, precede a penhora. Nesta situação, será sempre necessário confirmar, previamente, quando é que se verificam situações de dispensa de despacho liminar, pois serão os critérios anteriormente enunciados que determinarão ou não a precedência da penhora sobre a citação.

3.2. *Excepções à regra da correspondência*

Podem, no entanto, verificar-se situações excepcionais a esta regra da correspondência.

3.2.1. *Excepções nos casos em que há lugar a despacho liminar*

Nos casos em há lugar a despacho liminar (quando não se verifiquem as circunstâncias referidas no artigo 812.°-A, n.° 1 a) a d) ou, verificando-

---

[9] De notar que no regime processual anterior (artigos 924.° e 925.° do CPC – regime anterior) a penhora sem precedência de citação já era admitida, sempre, por força da lei *(ope legis)* quando a execução seguia a forma sumária, isto é, quando o título executivo era constituído por sentença ou por decisão arbitral, ainda que pendente de recurso com efeito meramente devolutivo, que não carecesse de ser liquidada, nos termos do artigo 806 e segs. do CPC. Esperemos que os funcionários judiciais não desvirtuem este preceito como desvirtuaram os que se referiam à tramitação da acção executiva ao chamar o executado ao tribunal, designadamente à secção externa, em momento anterior ao da efectivação da penhora, dando-lhe conta da existência de uma execução.

se, estejam simultaneamente preenchidas alguma das situações vertidas no n.º 2 do mesmo preceito) pode a penhora não ser precedida da citação. Isto é, há situações em que por haver despacho liminar não tem de haver precedência da citação relativamente à penhora.

A quebra do princípio da correspondência pode decorrer de duas situações diversas:

a) *Excepções derivadas da vontade do exequente.*

O exequente pode alterar a regra da correspondência impedindo que, nos casos em que há lugar a despacho liminar, a citação preceda a penhora, em duas circunstâncias:

a1) Apesar de se tratar de uma situação em que, por via de regra, a citação deverá ser ordenada judicialmente, o exequente pode requerer ao juiz, nos termos do n.º 2 do artigo 812.º-B do CPC, que a penhora seja efectuada sem a citação prévia do executado, desde que alegue factos que justifiquem o receio de perda de garantia patrimonial do seu crédito e oferece, de imediato, os meios de prova.[10]

a2) O exequente pode, igualmente, nos termos do n.º 4 do artigo 812.º-B do CPC, requerer, supervenientemente, a dispensa de citação prévia, apesar de esta dever ser ordenada judicialmente, por, durante o processo, se ter verificado *especial dificuldade* em efectuar a citação do executado, designadamente por ausência do mesmo em parte certa.[11]

---

[10] Para o efeito, o exequente terá de alegar factos que justifiquem o receio de perda de garantia patrimonial do seu crédito e oferecer de imediato os meios de prova.Tal pedido constituirá uma espécie de incidente declarativo enxertado na acção executiva e, como tal, à partida, e porque não se trata de uma decisão de mero expediente ou tomada ao abrigo de poderes discricionários, julgamos que, qualquer decisão que venha a ser tomada, no contexto deste pedido, deveria poder ser objecto de recurso, o qual, será de agravo. Uma vez que o incidente foi tramitado juntamente com a causa principal, e nos termos do artigo 739.º, n.º 1 b) 2.ª parte do CPC, o mesmo deveria subir com os agravos interpostos proferidos na causa principal. Porém, parece-nos que, dada a matéria em causa, a retenção do recurso o tornaria absolutamente inútil, pelo que se deveria ponderar a hipótese de este dever subir de imediato, nos termos do artigo 734.º, n.º 2. [10]

[11] Julgámos que tal situação deveria contemplar as dificuldades em citar o executado quando este se encontra em parte incerta e não em parte certa, como consta da letra do preceito. Parece que as especiais dificuldades em citar o executado só surgem quando não se sabe do paradeiro do mesmo e não quando se sabe que ele está ausente em parta conhecida do executado, porque, nesse caso, cita-o nesse local. Curiosamente, o DL 199/2003 de 10 de Setembro não corrigiu este lapso. No sentido de que se trata de um erro do texto da lei, ABÍLIO NETO, *Código de Processo Civil Anotado*, 17.ª edição, Junho 2003, pág. 1166.

608   *Estudos em Comemoração do 10.º Aniversário da Licenciatura em Direito*

b) *Excepções que derivam da lei*

Com efeito, e nos termos do n.º 3, 2.ª parte do artigo 812.º-B do CPC, quando houver lugar a despacho liminar, a dispensa de citação prévia tem sempre lugar quando, no registo informático de execuções, conste a menção da frustração, total ou parcial, de anterior acção executiva movida contra o executado[11-a].

3.3. *Excepções nos casos em que não há despacho liminar*

Nas situações em que não há lugar a despacho liminar, isto é, nas situações do artigo 812.º-A, alíneas a) a d) do CPC a regra da correspondência vertida no n.º 1 do artigo 812.º-B, determinaria que, também a penhora, não fosse precedida de citação, isto é, que a secretaria ou o agente de execução pudesse penhorar os bens do executado sem o ter citado previamente.

A esta regra da correspondência a lei processual reserva as excepções derivadas das alíneas a) a c) do n.º 7 do aritgo 812.º. Assim, há três situações em que, nos casos em que não há lugar a despacho liminar, a citação precede a penhora:[12]

a) quando a execução for movida apenas contra o devedor subsidiário e o exequente não tiver requerido a citação prévia do mesmo.

b) quando, tratando-se de título executivo extrajudicial, a liquidação não dependa de simples cálculo aritmético. (artigo 805.º, n.º 4 do CPC)

c) nas execuções fundadas em título extrajudicial de empréstimo contraído para aquisição de habitação própria hipotecada em garantia.

4. **Responsabilidade do exequente**

Se a citação não tiver precedido a penhora e a oposição eventualmente deduzida pelo executado proceder, o exequente é responsável pelos

---

[11-a] A decisão do juiz encontra-se, neste caso, vinculada aos registos encontrados no registo informático de execuções, referentes ao executado.

[12] São situações mais delicadas do ponto de vista das garantias do executado, nas quais o legislador, por ter facilitado quanto à dispensa de despacho liminar, não quais surpreender o executado com a penhora sem a citação prévia.

A *Nova Tramitação Inicial da Acção Executiva para Pagamento de Quantia Certa* 609

danos que tiver causado ao exequente no que se refere à indisponibilidade dos bens durante o período em que os mesmos estiveram apreendidos.

O exequente só responderá, no entanto, como refere o artigo 819.º pelos danos que causar por não ter agido com uma prudência normal, ou seja, os que tiver causado culposamente. Parece-nos que o regime da responsabilidade do exequente vertido no artigo 819.º não contempla, desde logo, aquelas situações em que a citação prévia à penhora é de verificação automática, o que acontece nos casos de correspondência com o despacho liminar e nos casos em que o executado apresenta registos informáticos de execuções total ou parcialmente frustradas, pois que, nestas circunstâncias, é óbvio que o exequente não agiu com culpa, uma vez que a dispensa se produziu automaticamente, sem qualquer intervenção directa da sua parte.

5. Alterações introduzidas no artigo 825.º do CPC

Na vigência do actual CPC, e no que concerne ao preceito em análise, a doutrina criticou a falta de correspondência entre o regime substantivo das dívidas do casal e a legitimidade formal passiva aferida de um dado título executivo.

O legislador da reforma processual civil alterou, profundamente, o regime da penhorabilidade dos bens comuns do casal, tentando aproximar, no âmbito de uma execução, o regime substantivo das dívidas do casal ao regime processual das mesmas.

No entanto, a falta de correspondência entre o regime processual e o substantivo continuará a existir, por imperativo legal, quando o título executivo coincidir com uma sentença. A persistência de tal falta de correspondência entre regimes é justificada pelo respeito ao caso julgado que se formou na acção declarativa. Com efeito, se a ilegitimidade do réu não foi deduzida e apreciada na acção declarativa, o regime da comunicabilidade da dívida, eventualmente aplicável, desaparece, pois existe uma sentença que condena apenas um dos cônjuges no pagamento de uma dada quantia pelo que aquele aspecto não pode voltar a ser objecto de ulterior controvérsia.

As alterações do regime da penhorabilidade dos bens comuns do casal verificam-se nos títulos que não coincidem com sentenças judiciais. Assim, a questão coloca-se quando o título judicial em causa não é uma sentença, constando apenas um dos cônjuges do mesmo pelo que a execução é interposta apenas contra aquele, e são nomeados à penhora bens comuns do casal, sendo desconhecidos bens próprios do executado ou apresentando-se os mesmos como insuficientes para o pagamento da quantia exequenda.

No que se refere à possibilidade de o cônjuge do executado ou de o executado requerer a separação de bens o regime permanece sem alterações de grande relevância. Com efeito, nos termos do n.º 1 do artigo 825.º, o agente de execução, nos termos do artigo 864.º-A, n.º 3, a) do CPC cita o cônjuge do executado para deduzir oposição (864.º) ou para requerer separação de bens ou demonstrar que esse processo está pendente em tribunal competente. O que distingue o regime introduzido pela reforma do regime actualmente ainda em vigor, é que o exequente não tem o ónus de requerer a citação do cônjuge do executado no sentido de este vir a requerer, querendo, a separação de bens. Tal tarefa cabe, oficiosamente, ao agente da execução. Porém, para que este a possa promover será necessário que o exequente identifique o cônjuge do executado no requerimento inicial, o que, por vezes, não se afigura tarefa fácil para aquele.

A separação de bens pode ser requerida pelo executado ou pelo cônjuge do executado (825.º, n.º 5), o que, à primeira vista poderá parecer uma sobreposição ao n.º 1 do artigo 825.º, pois que sempre o cônjuge do executado será citado pelo agente de execução para aquele efeito. Porém, pode acontecer que o exequente não conheça a identificação do cônjuge do executado, sendo relevante, para estas hipóteses, a possibilidade de ser o executado ou o cônjuge deste a, tendo conhecimento da execução interposta contra o seu cônjuge, requerer a separação de bens.

Uma vez apensado o requerimento em que se pede a separação ou em se junta certidão, a execução fica suspensa até à partilha. Uma inovação importante foi introduzida no regime do artigo 825.º no que se refere aos efeitos da partilha no decurso da execução. Com efeito, se, pela partilha, os bens executados não couberem ao executado podem ser penhorados outros que lhe tenham cabido. Porém, a penhora nos bens comuns mantém-se até que se proceda a nova apreensão. Esta constitui uma alteração que vem reforçar em muito o regime processual anterior concedido com a revogação da moratória, pois que, constitui, como é do conhecimento público, prática usual e constante que, para obstar ao pagamento dos créditos, os cônjuges simulem a composição de quinhões hereditários em que, convenientemente, ao executado caibam, sempre, exclusivamente, as tornas em dinheiro, sendo o quinhão do cônjuge do executado composto, sempre, pelos bens penhorados e outros bens penhoráveis do casal.[13] A partir da entrada em vigor deste novo regime, os bens comuns não ficam automaticamente libertos da penhora. Pelo contrário, esta mantém-se até que apareçam novos bens do executado para apreender, o que significa que se os mesmos não aparecerem a penhora dos bens comuns se mantém.[14]

A novidade da reforma quanto ao preceito em causa começa quando permite que o exequente, perante um título executivo de onde conste apenas um dos cônjuges, possa fazer prosseguir a execução contra o cônjuge do executado, tentando incluir, na acção executiva em causa, os bens comuns e os próprios daquele, ao permitir-lhe a alegação de factos que integrem a comunicabilidade da dívida inscrita no título executivo.

A reforma processual em causa permite, desta forma, e de maneira a fazer coincidir o regime substantivo da responsabilidade por dívidas do casal ao regime processual da legitimidade passiva em matéria executiva, que, pela mão do exequente[15] ou do executado se amplie o âmbito subjectivo do título executivo.

O cônjuge do executado, no exercício do contraditório, será citado para, em alternativa ao pedido de separação de bens, e no mesmo prazo, declarar se aceita a comunicabilidade da dívida com base no fundamento alegado. Com efeito, se aceita a comunicabilidade da dívida[16] não tem qualquer sentido que o cônjuge do executado requeira, em simultâneo, a separação de bens, pois que em caso de comunicabilidade os bens que respondem pela dívida são os bens comuns e, caso estes não existam ou não sejam suficientes, os bens próprios de cada um do executado e do seu cônjuge.

Após a citação, o cônjuge do executado pode aceitar de forma expressa ou tácita os factos invocados pelo exequente ou pelo exe-

---

[13] Prática que é potenciada pelo facto de os credores reclamantes não poderem fiscalizar a partilha senão quanto ao valor dos bens a partilhar, quanto às dívidas relacionados e quanto ao andamento do inventário, mas não quanto à composição dos quinhões hereditários de cada um. (artigo 1406.º do CPC).

[14] O preceito não esclarece por quanto tempo, mas sendo que o processo executivo só fica suspenso até à partilha, poderá, verificando-se a situação prevista no n.º 7, continuar a execução depois de a mesma se ter verificado, contra os bens comuns até à nova apreensão.

[15] Contudo, a lei não configura esta fase processual como um incidente declarativo.

[16] De notar que o cônjuge do executado pode aceitar a comunicabilidade da dívida de forma expressa ou tácita, pois que se nada disser, após ter sido citado para o efeito, a reforma processual sanciona, este silêncio, com a cominação plena.

612 *Estudos em Comemoração do 10.º Aniversário da Licenciatura em Direito*

cutado[17] dos quais decorre a comunicabilidade da dívida ou, pelo contrário, pode negar aquela comunicabilidade.

Contudo, se o cônjuge do executado negar a comunicabilidade da dívida e, ao mesmo tempo, não requerer a separação da bens, nem apresentar certidão de que o processo de separação está a correr em tribunal competente, o n.º 4 do artigo 825.º estabelece uma sanção que é a da continuação da execução sobre os bens comuns.[18] Por outras palavras, para que a negação da comunicabilidade da dívida surta um efeito positivo para o cônjuge do executado este terá que requerer, em simultâneo, a separação ou evidenciar que a mesma está requerida. O objectivo desta norma é o de penalizar o cônjuge que, opondo-se a pretensão do exequente ou do executado de atingir bens comuns não requer a separação, impedindo o exequente de penhorar bens daquela natureza.

---

[17] Nos termos do n.º 6 do artigo 825.º quando o exequente não alegar a comunicabilidade da dívida, esta alegação pode ser introduzida, na acção executiva, pela mão do executado. Com efeito, no prazo da oposição e, enquanto o cônjuge do executado não tiver requerido a separação de bens ou evidenciado que tal processo corre os seus termos no tribunal competente, o executado pode alegar a comunicabilidade da dívida. Neste caso, o cônjuge do executado é citado para o efeito do n.º 2 do artigo 825.º, isto é, para, em alternativa à separação, declarar se aceita aquela comunicabilidade ou não, e o exequente é notificado para exercício do contraditório, aplicando-se, neste caso, por força do n.º 6, a tramitação constante do n.º 3 e 4 do artigo 825.º. Sumariamente, a faculdade do executado alegar fundamentadamente a comunicabilidade da dívida só existe se e enquanto o cônjuge do executado ou o próprio executado não tiverem, por qualquer meio, requerido a separação de bens. Tal conclusão decorre da letra do artigo 825.º, 6 o qual prescreve que o cônjuge do executado só será notificado da intenção do executado se não tiver deduzido o pedido de separação. Se o tiver feito, decorre do preceito, a contrario, que aquele pedido não será mais admissível.

[18] O cônjuge do executado só pode tomar duas atitudes lícitas: ou aceita a comunicabilidade da dívida e, nesse caso, não tem sentido requerer a separação de bens ou apresentar certidão, ou, por outro lado, não aceita a comunicabilidade da dívida e procede à separação de bens ou apresenta certidão. O que não pode fazer, porque tal prejudicada o exequente, é não aceitar a comunicabilidade da dívida e não requerer a separação de bens ou apresentar certidão. Se o fizer, a lei comina esta actuação com a continuação da execução quanto aos bens comuns.

A COMISSÃO DE SERVIÇO À LUZ
DO CÓDIGO DO TRABALHO*

IRENE FERREIRA GOMES

1. Notas explicativas

A Lei n.º 99/2003, de 27 de Agosto, aprovou o Código do Trabalho. Assim, qualquer tema de Direito do Trabalho só ganha actualidade se analisado à luz do novo diploma. Esta foi a razão para se optar por apresentar, nesta compilação de textos incluídos no Livro Comemorativo dos 10 Anos da Licenciatura em Direito, leccionada pela Escola de Direito da Universidade do Minho, alguns comentários sobre a regulamentação positiva de um tema que tem sido objecto da minha investigação nestes últimos anos – a comissão de serviço[1]. Neste contexto, o presente texto incide essencialmente sobre as alterações ocorridas no regime jurídico do trabalho exercido em comissão de serviço introduzidas pelo novo Código do Trabalho.

2. Notas de abertura

As regras laborais foram-se desenhando em função de um modelo paradigmático de prestação do trabalho com características marcadamente homogéneas – trabalhador vinculado por um contrato de trabalho sem

---

* Abreviaturas: *CJ* – Colectânea de Jurisprudência; *ESC* – Estudos Sociais e Corporativos; *PLT* – Prontuário da Legislação do Trabalho; *QL* – Questões Laborais.

[1] Cfr. MARIA IRENE GOMES, *A comissão de serviço no Direito do Trabalho*, Tese de Dissertação de Mestrado, em publicação.

termo, a tempo completo e desenvolvido de forma subordinada no seio de uma organização empresarial estável e de certa dimensão – imbuídas de um forte sentimento de protecção social do trabalhador assalariado. Todavia, dos principais traços evolutivos do Direito do Trabalho parece poder dizer-se que a imposição legal de soluções especificamente laborais nos diversos domínios da relação de trabalho, a fixação pouco flexível da forma de articulação das diferentes fontes deste sistema normativo e a progressiva redução do âmbito de actuação do princípio da autonomia negocial aplicadas de forma mais ou menos indiferenciada aos diversos tipos de trabalhadores acabaram por se traduzir numa rigidez do regime normativo da relação laboral, pouco permeável às transformações decorrentes do desenvolvimento técnico, económico e social.

Nas últimas décadas ao lado do trabalhador «tipo» surgiu o trabalhador «precário», o «temporário», o «a tempo parcial», o «de elevada qualificação técnica», o de «teletrabalho»... O referido modelo paradigmático de prestação do trabalho deixou de ser único e as mutações económicas e as inovações tecnológicas introduziram especialidades nos vínculos laborais que não se coadunam com uma aplicação indiscriminada do regime geral do trabalho subordinado[2].

Cada vez mais se torna claro que, se o ordenamento laboral ignorar tais diversidades e continuar a insistir na «imagem unitária do trabalhador subordinado»[3], a consequência será a perda da eficácia normativa do Direito do Trabalho.

A aplicação tendencialmente indistinta dos princípios da irreversibilidade da categoria profissional, da inamovibilidade do local de trabalho, da irredutibilidade da retribuição, do despedimento causal e das limitações da autonomia negocial individual e colectiva a um trabalhador «tipo», inserido num mundo laboral profundamente heterogéneo e em constante devir, revela-se inadequada, reclamando-se ao legislador a apresentação de novas composições normativas. É mesmo unânime entre os juslaboris-

---

[2] Sobre o diagnóstico dos problemas e a apresentação de algumas recomendações cfr. a recente tradução portuguesa do Relatório do chamado *Grupo de Madrid*, coordenado por ALAIN SUPIOT (*Transformações do trabalho e futuro do Direito do Trabalho na Europa*, Perspectivas Laborais 1, Associação de Estudos Laborais, Coimbra, Coimbra Editora, 2003).

[3] A expressão é de ANTÓNIO NUNES DE CARVALHO, «Ainda sobre a crise do Direito do Trabalho», *in: II Congresso Nacional de Direito do Trabalho – Memórias*, sob coordenação de ANTÓNIO MOREIRA, Coimbra, Almedina, 1999, p. 66.

tas evidenciar a *diversidade* e a *ligação ao concreto* como uma das características fundamentais do Direito do Trabalho.

O ordenamento jurídico laboral sente, pois, a necessidade de criar um maior número de respostas diferenciadas, abrindo «brechas» no enquadramento tendencialmente único da relação laboral suficientemente capazes de cobrir as alterações de uma área em profunda mutação.

Ora, disto foram tendo consciência os diversos legisladores e daí as diferentes adaptações do bloco normativo laboral comum, a definição de contratos de trabalho de regime especial e a regulamentação recente das novas formas de organização da prestação do trabalho.

Neste sentido, o Decreto-Lei n.º 404/91, de 16 de Outubro, ao permitir o exercício de certos cargos ou funções em comissão de serviço, apresentou-se como a solução do legislador laboral português a esta exigência de respostas diversificadas para os diferenciados tecidos laborais que importa regular.

O próprio legislador, depois de afirmar no preâmbulo do diploma que «o exercício de funções que pressuponham uma especial relação de confiança entre a entidade empregadora e o trabalhador não apresenta, no quadro do actual regime jurídico do contrato individual de trabalho, qualquer especialidade relativamente aos demais trabalhadores», reconhece, porém, que hoje em dia «a necessidade de assegurar níveis cada vez mais elevados de qualidade, responsabilidade e dinamismo na gestão das organizações empresariais implica soluções adequadas à salvaguarda da elevada e constante lealdade, dedicação e competência em que se traduz a confiança que o exercício de certos cargos exige».

«Por outro lado – continua o legislador –, sendo estes atributos de natureza marcadamente interpessoal, o seu desaparecimento concorre, normalmente, para o desenvolvimento de situações degradadas de relacionamento no trabalho, com consequências prejudiciais para ambas as partes e para os outros trabalhadores, dada a especial responsabilidade dos cargos em causa».

Assim – e seguindo o preâmbulo do Decreto-Lei n.º 404/91 –, «a prevenção de tais consequências, negativas quer do ponto de vista dos interesses individuais quer para a função social que a empresa desenvolve, justifica a adopção de um regime excepcional de recrutamento para o desempenho dos referidos cargos».

Ora, é precisamente este regime excepcional de recrutamento para o desempenho de cargos de direcção ou cargos de especial confiança que ocupará o presente texto, tendo em conta, como referido, as alterações in-

616 *Estudos em Comemoração do 10.º Aniversário da Licenciatura em Direito*

troduzidas com o Código do Trabalho decorridos 12 anos sobre a publicação do Decreto-Lei n.º 404/91.

3. Análise, comentários e propostas de redacção dos artigos 244.º a 248.º do Código do Trabalho (e outros dispositivos legais dispersos no Código relativos à comissão de serviço)

SECÇÃO V
Comissão de serviço

Artigo 244.º
(Objecto)

Podem ser exercidos em comissão de serviço os cargos de administração ou equivalentes, de direcção dependentes da administração e as funções de secretariado pessoal relativas aos titulares desses cargos, bem como outras, previstas em instrumento de regulamentação colectiva de trabalho, cuja natureza também suponha, quanto aos mesmos titulares, especial relação de confiança.

I – Este artigo corresponde, com modificações relevantes, ao artigo 1.º do Decreto-Lei n.º 404/91, de 16 de Outubro. Com efeito, relativamente a esse preceito consagram-se algumas novidades. Em primeiro lugar, a epígrafe do artigo 244.º fala em «objecto» em substituição da locução «comissão de serviço». Em segundo lugar, adita-se à referência «cargos de administração» a locução «ou equivalentes». Em terceiro lugar, retira-se à expressão cargos de «direcção directamente dependentes da administração» o termo «directamente». Por último, elimina-se o n.º 2 do artigo 1.º do Decreto-Lei n.º 404/91.

II – Apesar de os *títulos* das disposições legais terem um valor relativo e discutível como elementos indiciários em sede de interpretação[4], *a substituição da expressão «comissão de serviço» por «objecto» efectuada na epígrafe do artigo 244.º parece-me de aplaudir.*

---

[4] A propósito de tais considerações cfr. ANTÓNIO MONTEIRO FERNANDES, «Sobre o objecto do contrato de trabalho», Separata de *ESC*, n.º 23 (1968), Ano VII, p. 13, nota 1.

De facto, o artigo 1.º do Decreto-Lei n.º 404/91 não apresenta qualquer definição de «comissão de serviço», limitando-se a referir os cargos e as funções susceptíveis de serem exercidos ao abrigo de tal figura. A noção de «comissão de serviço» resulta, pois, do regime previsto no Decreto-Lei n.º 404/91. E de tal regime retira-se que no exercício de funções em comissão de serviço não desaparecem os elementos essenciais e caracterizadores do tipo «contrato de trabalho» – a actividade, a retribuição e a subordinação jurídica. Por outro lado, mesmo as especialidades de regime estabelecidas no Decreto-Lei n.º 404/91 confirmam a falta de autonomia da figura relativamente ao tipo «contrato de trabalho»[5-6]. A «comissão de serviço» traduz-se, então, numa cláusula acessória aposta a um contrato de trabalho, não afectando a existência do contrato de trabalho enquanto tal, mas revelando-se fundamental para que os efeitos jurídicos pretendidos pelas partes se produzam. E os efeitos jurídicos pretendidos pelas partes são os de possibilitar a cessação, livre e a qualquer

---

[5] Neste sentido, cfr. JORGE LEITE, «Despedimento por inadaptação e comissão de serviço», 1.º Colóquio Regional sobre Assuntos Laborais, Secretaria Regional da Juventude e Recursos Humanos, Universidade dos Açores, 1992, p. 55 [também publicado em *QL*, n.º 16 (2000), Ano VII, pp. 152 e ss.]. O autor escreve que inequivocamente «o facto que dá origem à relação é um contrato de trabalho, já que dele constam todos os seus elementos característicos – a prestação de trabalho, a retribuição e a subordinação». Também VÍTOR RIBEIRO, em função do regime previsto nos artigos 6.º e 4.º, n.º 3, alínea *c*), *in fine*, do Decreto-Lei n.º 404/91, defende a não autonomia da figura da comissão de serviço laboral relativamente ao tipo «contrato de trabalho» [«Dec.Lei n.º 404/91, de 16-10 – Estabelece o regime jurídico do trabalho em comissão de serviço», *PLT*, act. n.º 38 (1991), CEJ, p. 20, ponto 6].

[6] Mesmo em Espanha a doutrina tem defendido que a relação de trabalho do trabalhador dirigente, ainda que considerada especial (desde logo, por imperativo legal), não deixa materialmente de se subsumir aos elementos do tipo «contrato de trabalho» – cfr. EFRÉN BORRAJO DACRUZ, *Altos Cargos Laborales*, Madrid, Revista de Derecho Privado, 1984, p. 17. É certo que a figura da comissão de serviço não se identifica com o estatuto do pessoal dirigente espanhol, o que não permite, à partida, fazer comparações. Contudo, a verdade é que a comissão de serviço apresenta pontos de contacto significativos com tal regime, nomeadamente quanto às principais funções que podem ser objecto da figura e quanto à maior facilidade de desvinculação entre as partes, com especial destaque para a beneficiária da prestação [verificando-se, portanto, uma certa afinidade funcional dos normativos em causa (*functional approach*), ainda que sem idêntico enquadramento jurídico impeditivo da realização de uma microcomparação]. Neste contexto, se mesmo em Espanha não se afasta o tipo «contrato de trabalho» para o pessoal dirigente, não obstante o seu estatuto jurídico remeter subsidiariamente para o regime civil e comercial, o raciocínio relativamente à comissão de serviço parece-me justificável tanto mais que, entre nós, se aplica expressamente a este instituto jurídico o regime geral do contrato individual de trabalho.

618   *Estudos em Comemoração do 10.º Aniversário da Licenciatura em Direito*

momento, de um certo tipo de funções que, dada a sua especial natureza, se não coaduna com exercícios a título vitalício.

Ora, o artigo 244.º ao falar na sua epígrafe em «objecto», e não em «comissão de serviço», clarifica ao aplicador de Direito que o âmbito do preceito diz respeito apenas às funções que podem ser exercidas em comissão de serviço e não à definição legal da figura. Torna-se, assim, evidente que a comissão de serviço se associa a um contrato de trabalho, embora o círculo de funções que pode ser objecto da figura seja mais reduzido relativamente ao contrato de trabalho sem comissão de serviço. De facto, enquanto que qualquer actividade, em princípio, desde que lícita e apta à satisfação de um interesse do credor digno de tutela jurídica, pode constituir objecto de contrato de trabalho, já se estiver em causa um contrato de trabalho ao qual foi aposta a cláusula de comissão de serviço o seu objecto circunscreve-se ao estabelecido no artigo 244.º.

III – O aditamento à expressão «cargos de administração» da locução «ou cargos equivalentes», o desaparecimento do termo «directamente» quanto aos «cargos de direcção dependentes da administração» e a eliminação do n.º 2 do artigo 1.º do Decreto-Lei n.º 404/91 operados no artigo 244.º revestem decisiva importância na determinação do âmbito de aplicação do preceito e, consequentemente, na aplicação do regime jurídico específico previsto nos artigos 245.º a 248.º (e outros dispositivos legais dispersos no Código relativos à comissão de serviço). Importa, então, determinar o alcance das modificações introduzidas pelo artigo 244.º.

1. Em primeiro lugar, cumpre salientar que a estrutura da hipótese legal da norma é semelhante à do n.º 1 do artigo 1.º do Decreto-Lei n.º 404/91. Assim, o artigo 244.º é constituído, em parte, por uma enumeração taxativa, ainda que o elenco legal seja «alargado» por recurso ao conceito de «cargos equivalentes», e, noutra parte, por uma cláusula geral[7].

---

[7] Pronuncia-se neste sentido, a propósito do artigo 1.º do Decreto-Lei n.º 404/91, uma das raríssimas decisões da jurisprudência sobre a matéria, considerando que «o desempenho de cargos ou funções em comissão de serviço só é permitido nos casos taxativamente previstos no Decreto-Lei n.º 404/91, de 16 de Outubro» – Acórdão da Relação do Porto, de 29 de Novembro de 1999, *CJ*, 1999, Ano XXIV, Tomo V, p. 248; também no sentido de considerar que não estando a tarefa incluída na previsão legal, a comissão de serviço é nula, cfr.. Acórdão da Relação de Lisboa, de 3 de Outubro de 2001, *CJ*, 2001, Ano XXVI, Tomo IV, p. 162 e ss..

A *comissão de serviço à luz do Código do Trabalho* 619

2. Em segundo lugar, e no que diz respeito à enumeração taxativa, verifica-se o aditamento à expressão «cargos de administração» da locução «ou cargos equivalentes», a supressão do vocábulo «directamente» quanto aos «cargos de direcção dependentes da administração» e a eliminação do n.º 2 do artigo 1.º do Decreto-Lei n.º 404/91.

Não obstante as alterações introduzidas, julgo que o critério operacional para a qualificação do cargo enquanto «cargo de administração ou equivalente» ou de «direcção» continua a ser o mesmo que já resulta do artigo 1.º do Decreto-Lei n.º 404/91, devendo ser concretizado casuisticamente, tendo em consideração o tipo de funções inerente ao cargo e a posição ocupada pelo respectivo titular na organização empresarial.

Assim, quanto ao tipo de funções inerente ao cargo, exige-se, obviamente, que se trate de funções de especial confiança. Todavia, isto só por si não é suficiente, pois funções de confiança e de direcção não são a mesma coisa. A direcção pressupõe uma especial relação de confiança, mas, além disso, deve ainda implicar, em princípio, o exercício de poderes de direcção e de autoridade delegados pelo empregador (por exemplo, o poder de contratar e de despedir trabalhadores da empresa, o poder de determinar as funções e as remunerações dos trabalhadores, dentro, evidentemente, dos limites legais e convencionais) e o desempenho, em regra, de funções dirigidas ao complexo organizativo-geográfico da empresa.

Quanto à posição ocupada pelo trabalhador na organização empresarial, exige-se que este ocupe um cargo relevante na estrutura piramidal de organização da empresa, estando apenas sujeito, em princípio, à direcção do empregador.

2.1. Neste contexto, o aditamento à expressão «cargos de administração» da locução «ou cargos equivalentes» mais não faz do que reforçar a ideia de estarmos perante conceitos indeterminados, e como tais abertos e dinâmicos, ficando a sua «densificação» dependente das novas técnicas de organização assumidas pelo tecido empresarial. Aliás, hipoteticamente os *administradores*, os *directores*, os *gerentes*, os *directores-gerais* podem desempenhar funções de natureza distinta; alguns deles podem ter uma quase total autonomia e responsabilidade e outros não, tudo dependendo das circunstâncias concretas e da organização específica de cada empresa. Para ser qualificado como «cargo de administração ou equivalente» ou como «cargo de direcção» o relevante é, pois, o tipo de funções exercido e o grau de autonomia e responsabilidade do seu titular, independentemente de qualquer «rótulo» do cargo em causa. Daí que, por exemplo, a

620 *Estudos em Comemoração do 10.º Aniversário da Licenciatura em Direito*

estrutura e o montante da retribuição, a exigência de título académico, a presença de qualificações técnicas elevadas, a isenção de horário de trabalho sejam também pouco relevantes para a qualificação do cargo enquanto cargo de «administração» ou de «direcção». Trata-se, quanto muito, de meros indícios com importância diferente consoante o caso concreto. A introdução da expressão «cargos equivalentes» tem, pois, a vantagem de reforçar a ideia de que, não obstante a enumeração taxativa dos cargos susceptíveis de serem exercidos em comissão de serviço ao abrigo da 1.ª parte do artigo 244.º, a sua concretização é feita casuisticamente, verificando-se se o cargo em causa comunga da valoração efectuada pelo legislador, ou seja, se o cargo exige uma especial relação de confiança e se o seu conteúdo funcional implica um elevado grau de autonomia e de responsabilidade.

2.2. Já a supressão do vocábulo «directamente» quanto aos «cargos de direcção dependentes da administração» e a eliminação do n.º 2 do artigo 1.º do Decreto-Lei n.º 404/91 ampliam, parece-me, a noção de trabalhador «dirigente», uma vez que se abandona a ideia de que este, para ser qualificado como tal, tem de ocupar o lugar de «cúpula» na organização empresarial e estender a sua acção aos objectivos gerais pretendidos pelo empregador.

De facto, no regime actual, o n.º 2 do artigo 1.º apresenta-se como um critério fundamental a considerar para efeitos de «densificação» do conceito de «cargos de administração» e «cargos de direcção» referidos no n.º 1 do preceito. O legislador é, todavia, confuso e parece assentar em algum empirismo, ressentindo-se da falta de apoios dogmáticos suficientemente sólidos. Na verdade, por um lado, o legislador restringe o conceito de trabalhador dirigente identificando-o praticamente com o *alter ego* do empregador, mas permite a aplicação do regime previsto no Decreto-Lei n.º 404/91 no seu ponto mais delicado – a possibilidade de ser estabelecida a submodalidade de comissão de serviço de trabalhador «externo» sem garantia de emprego – a uma categoria de trabalhador que nada tem a ver com o chamado trabalhador «dirigente» – pense-se no caso das «funções de secretariado pessoal» também previstas na enumeração taxativa do artigo 1.º, n.º 1. Por outro lado, a excepção prevista no n.º 2 do artigo 1.º parece fundar-se no critério oposto àquele que seria de esperar. Efectivamente, a recorrer ao critério da dimensão pessoal do estabelecimento para excluir a utilização da figura, parecer-me-ia mais razoável o raciocínio contrário, ou seja, afastar do âmbito do regime da comissão

A comissão de serviço à luz do Código do Trabalho

de serviço os trabalhadores dirigentes dos estabelecimentos mais pequenos e não os dos maiores...

O desaparecimento do n.º 2 do preceito é, então, de elogiar, não só porque, como referi, a sua redacção é confusa e assente em critérios contraditórios, mas sobretudo porque a sua eliminação permite uma maior adaptação do conceito de trabalhador «administrador ou equivalente» e «dirigente» às novas formas de organização empresarial. Na verdade, cada vez mais as transformações económicas, técnicas, produtivas, fiscais, sociais, *etc.*, da sociedade actual exigem formas de organização empresarial bastante complexas – a actividade de direcção empresarial fragmenta-se, assim, por vários centros de poder e é exercida por diferentes trabalhadores; cada vez mais as funções desenvolvidas pelo trabalhador «administrador» e «dirigente» circunscrevem-se a sectores produtivos específicos ou áreas geográficas limitadas do complexo empresarial – o poder de gestão distribui-se por diferentes pessoas que não deixam, todavia, de exercer funções de direcção, justificativas de estarem sob a alçada do regime da comissão de serviço. De todo o modo, tendo em conta a dificuldade que o aplicador de Direito deparará na concretização destes conceitos, parecer-me-ia razoável adicionar um número ao artigo 244.º onde se clarificasse o critério operacional a considerar para efeitos de qualificação do cargo enquanto cargo de «administração ou equivalente» e de «direcção» [cfr. *infra* ponto V, redacção sugerida do preceito]. *Além disso, a apresentação de um critério operacional desse tipo no âmbito da comissão de serviço poderá trazer a vantagem adicional de indiciar ao aplicador de Direito que a categoria de trabalhador «dirigente» pode revestir um sentido mais amplo ou mais restrito consoante o normativo laboral em causa, obtendo-se, deste modo, uma sistematização mais coerente, uma maior interdependência lógica e uma efectiva harmonia entre os diferentes preceitos do Código.* Pense-se, por exemplo, na referência aos «cargos de administração» e «cargos de direcção» para efeitos de isenção de horário de trabalho [artigo 177.º, n.º 1, alínea *a)* e 256.º, n.º 4]; de duração do descanso semanal obrigatório (artigo 207.º, n.º 3); de licenças sem retribuição [artigo 354.º, n.º 3, alínea *e)*] de despedimento por inadaptação do trabalhador (artigo 406.º, n.º 2); de oposição pelo empregador à reintegração do trabalhador, no caso de despedimento ilícito (artigo 438.º, n.º 2); de alargamento do prazo de aviso prévio no caso de denúncia do contrato de trabalho pelo trabalhador (artigo 447.º, n.º 2).

622 *Estudos em Comemoração do 10.º Aniversário da Licenciatura em Direito*

IV – Por último, e no que diz respeito à cláusula geral consagrada na parte final do artigo 244.º, parece-me razoável voltar a entregar aos instrumentos de regulamentação colectiva de trabalho o papel de determinar as outras funções que, atendendo à especial relação de confiança que pressupõem (verdadeira pedra de toque da figura), podem ser exercidas em comissão de serviço, diferentemente do regime previsto no Anteprojecto do Código (cfr. artigo 79.º, parte final).

De facto, a medida preceituada no Anteprojecto, ainda que compreensível (uma vez que a contratação colectiva posterior ao Decreto-Lei n.º 404/91 tem remetido frequentemente o regime da comissão de serviço para a legislação aplicável, logo para o tipo de cargos apresentado na enumeração legal do artigo 1.º, n.º 1, reduzindo as potencialidades de aplicação da figura a funções que, dada a sua natureza, justificariam estar sob a sua alçada), podia, todavia, levar a uma utilização abusiva da comissão de serviço, apenas susceptível de um controle judicial posterior, nomeadamente para averiguar se as funções em causa exigiam a tal especial relação de confiança. A eliminação do papel de «controle» exercido pela contratação colectiva podia originar, pois, como referi, um recurso abusivo à figura, sobretudo se tivermos em consideração que, relativamente a novos trabalhadores, a cessação da comissão de serviço pode implicar a própria extinção do contrato de trabalho, o que torna a utilização deste instituto extremamente apelativa. Ora, no regime actual, o recurso à cláusula geral conjugado com a remissão para a contratação colectiva [*rectius* instrumentos de regulamentação colectiva de trabalho] inscreve-se numa das novas tendências do Direito do Trabalho de entregar aos parceiros sociais o papel de auto-regulamentação dos seus interesses, permitindo, deste modo, uma resposta mais flexível do sistema perante a diversidade e dinamismo do tecido laboral, sem o abandonar, porém, à mercê da vontade individual das partes.

V – Face aos comentários *supra* referidos, e a fim de evitar um acréscimo de litígios judiciais, parece-me que a redacção da lei poderia ser mais clara e completa, do tipo, por exemplo:

Artigo 244.º
(Objecto)

1. ....
2. Para efeitos de qualificação dos cargos enquanto cargos de ad-

ministração ou equivalentes e cargos de direcção nos termos do número anterior deve atender-se, no quadro de gestão da empresa, ao tipo de funções desempenhadas pelos trabalhadores e à posição ocupada por eles na organização empresarial.

Artigo 245.°
(Formalidades)

1. Do acordo para o exercício de cargos em regime de comissão de serviço devem constar as seguintes indicações:

a) Identificação dos contraentes;

b) Cargo ou funções a desempenhar, com menção expressa do regime de comissão de serviço;

c) Actividade antes exercida pelo trabalhador ou, não estando este vinculado ao empregador, aquela que vai exercer aquando da cessação da comissão de serviço, se for esse o caso.

2. Não se considera sujeito ao regime de comissão de serviço o acordo não escrito ou em que falte a menção referida na alínea b) do número anterior.

I – Este artigo corresponde, com algumas alterações, ao artigo 3.° do Decreto-Lei n.° 404/91, de 16 de Outubro. Assim, em primeiro lugar, a epígrafe do artigo 245.° fala em «formalidades» em substituição da expressão «redução a escrito». Em segundo lugar, verificam-se modificações na redacção do preceito, utilizando-se uma linguagem mais rigorosa do ponto de vista técnico-jurídico, com a vista a clarificar algumas dúvidas relativamente ao regime do Decreto-Lei n.° 404/91 e a obter uma melhor articulação com outros preceitos do Código.

Por outro lado, refira-se que o artigo 103.°, n.° 1, alínea *e)*, do Código sujeita o contrato de trabalho em comissão de serviço a forma escrita, devendo nela constar a identificação e respectiva assinatura das partes (artigo 103.°, n.° 2).

II – A substituição da expressão «redução a escrito» por «formalidades» operada na epígrafe do artigo 245.° é inteiramente de apoiar.

Na verdade, a nova epígrafe clarifica ao aplicador de Direito que nem todas as exigências formais fazem parte da «forma legal» que opera ape-

624 *Estudos em Comemoração do 10.° Aniversário da Licenciatura em Direito*

nas, como refere ANTÓNIO MENEZES CORDEIRO[8], «perante o *cerne nego-cial*», o núcleo negocial fundamental. «Forma» e «formalidades» são, pois, duas realidades diferentes, como tem sido apontado pela civilística, com consequências distintas perante a sua inobservância.

III – 1. Já quanto às consequências da inobservância da forma e for-malidades previstas no n.° 2 do preceito, parecia-me, antes da alteração da redacção do artigo 247.°, n.° 1, alínea a), segunda parte, relativamente ao correspondente artigo 82.°, n.° 1, alínea a), segunda parte, do Ante-projecto, que o âmbito de aplicação dessa norma deveria também abran-ger a preterição das formalidades consagradas na segunda parte da alínea c) do n.° 1.

É certo que, quanto à comissão de serviço de trabalhador «interno» (isto é, do trabalhador que já tem um vínculo laboral anterior com o em-pregador), a falta de referência à actividade antes exercida pelo trabalha-dor não reveste a natureza de elemento essencial das declarações constitu-tivas da comissão de serviço, sendo, pois, uma mera formalidade, cuja inobservância não afecta a validade do acordo de comissão de serviço, ha-vendo apenas lugar à aplicação de uma coima [artigo 668.°, n.° 2, que qua-lifica a violação da alínea *c)* do n.° 1 do artigo 245.° como contra-ordena-ção leve]. Além disso, a própria lei prevê o regime jurídico a aplicar na falta de referência a tal elemento [artigo 247.°, n.° 1, alínea *a)*, 1.ª parte].

Mas, quanto à comissão de serviço de trabalhador «externo» (ou seja, do trabalhador que é contratado *ab initio* em comissão de serviço)[9], as re-ferências que finda a comissão de serviço cessa o contrato de trabalho ou que o trabalhador passará a desempenhar a actividade correspondente

---

[8] *Tratado de Direito Civil Português – I Parte Geral*, Tomo I. 2.ª ed., Coimbra. Almedina, 2000, p. 385.

[9] Adere-se à terminologia utilizada por JORGE LEITE (*ob. cit.*, p. 55), uma vez que considero as designações escolhidas pelo autor muito sugestivas e indiciadoras dos princi-pais aspectos de conteúdo das diversas modalidades de comissão de serviço. De facto, a co-missão de serviço pode ser utilizada relativamente a trabalhadores que já tinham um vín-culo jurídico-laboral com o empregador, ou seja, que já eram trabalhadores do empregador. Daí a designação trabalhadores «internos». Aliás, foi a ideia de incentivar o preenchimento de certos lugares de confiança por pessoal já vinculado à entidade empregadora que esteve na base da aceitação da figura da comissão de serviço no Acordo Económico e Social de Outubro de 1990. Mas a comissão de serviço pode ainda revestir a natureza de instrumento de recrutamento de trabalhadores, ou seja, de trabalhadores que não tinham qualquer vín-culo jurídico-laboral com o empregador, justificando-se, portanto, a designação trabalha-dores «externos».

à categoria constante do acordo pareciam-me revestir a natureza de elementos formais essenciais ao acordo de comissão de serviço e não de meras estipulações acessórias susceptíveis de serem preenchidas por via da interpretação negocial ou por qualquer outro meio de prova. Relativamente a esses elementos a imposição da sua redução a escrito comungava da mesma valoração da exigência da forma – possibilitar uma maior reflexão das partes, uma formulação mais precisa e completa das declarações negociais e um maior elevado grau de certeza sobre os termos contratuais –, fazendo parte, portanto, do núcleo contratual fundamental. Assim, defendia que a ausência de referência a estes elementos na forma escrita do acordo de comissão de serviço deveria levar à mesma consequência da falta de acordo escrito ou da ausência de menção de que os cargos ou funções eram exercidos em comissão de serviço prevista no n.º 2 do artigo 245.º.

2. Todavia, sempre admiti que o âmbito de aplicação do n.º 2 do artigo 245.º seria correcto se se entendesse que, relativamente a trabalhadores «externos», a cessação da comissão de serviço implicaria automaticamente a extinção do contrato de trabalho, salvo se os contraentes acordassem em sentido diverso, estabelecendo a actividade que o trabalhador deveria exercer aquando da cessação da comissão de serviço. Neste caso, a ausência de referência a tais elementos na forma escrita do acordo para o exercício de cargos ou funções em regime de comissão de serviço não implicaria, naturalmente, a consequência prevista no n.º 2 do preceito. Contudo, esta interpretação coadunava-se mal com a redacção da segunda parte da alínea *a)* do n.º 1 do artigo 82.º do Anteprojecto do Código do Trabalho, preceito correspondente ao actual artigo 247.º, n.º 1, alínea *a)*, segunda parte. Na verdade, do referido artigo 82.º retirava-se a ideia de que, no caso de trabalhador contratado para o efeito, a cessação da comissão de serviço só levaria à extinção do contrato de trabalho se tal consequência tivesse sido convencionada pelas partes [em termos escritos, parece-me] no acordo de comissão de serviço; caso tal não tivesse sucedido, o trabalhador teria direito a exercer a actividade correspondente à categoria constante do acordo.

Ora, uma vez que a actual redacção do artigo 247.º, n.º 1, alínea *a)*, segunda parte, do Código do Trabalho torna claro que, relativamente a trabalhadores «externos», a cessação da comissão de serviço implica automaticamente a extinção do contrato de trabalho, salvo se os contraentes acordarem em sentido diverso, estabelecendo a actividade que o trabalhador exercerá aquando da cessação da comissão de serviço, penso que a omissão de tais formalidades no acordo escrito não implica, evidentemente, a consequência do n.º 2 do artigo 245.º. Assim, perante a falta de referência a tais elementos resulta automaticamente do regime jurídico que a submodalidade de comissão de serviço de trabalhador «externo» em causa é a da sem garantia de emprego, ou seja, aquela em que a cessação da comissão de serviço implica de imediato a extinção do contrato de trabalho a que anda associada.

IV – Questão diferente é a de saber se a nulidade da comissão de serviço por vício de forma, que acarreta a consequência de se considerar, como resulta do n.º 2 do artigo 245.º, que os cargos ou as funções se exercem com carácter permanente, dado que não ficam sujeitos ao regime de comissão de serviço, deverá ser susceptível de ser invocada por qualquer uma das partes ou se, pelo contrário, tal faculdade deverá restringir-se à titularidade do trabalhador. A hipótese colocada é perfeitamente plausível, sobretudo na modalidade de comissão de serviço de trabalhador «interno». Pense-se, por exemplo, nos casos em que o trabalhador só aceitou o cargo de direcção com o intuito de o exercer apenas por um determinado período de tempo (porque não pretende desempenhar *ad eternum* funções de tanta responsabilidade, porque não pode dispor indefinidamente da isenção de horário de trabalho que o cargo, em regra, exige, *etc.*). Ora, uma solução possível poderia ser a da consagração de uma nulidade mista ou atípica, afastada, pois, do regime geral previsto no artigo 286.º do Código Civil. Tratar-se-ia de uma invalidade que não poderia reconduzir-se ao modelo puro da nulidade e que se traduziria no facto de a invocação da nulidade pertencer apenas ao beneficiário do regime previsto na lei, ou seja, no caso em análise, ao trabalhador.

V – Por último, refira-se que em matéria de contra-ordenações tenho dúvidas se não seria preferível qualificar igualmente como contra-ordenação grave, além da já prevista falta de redução a escrito da menção referida na alínea *b)* do número 1 do artigo 245.º [artigo 668.º, n.º 1, alínea *a)*], a falta do acordo escrito previsto na alínea e) do número 1 do artigo 103.º. Na verdade, não vejo razões justificativas para diferenciar tais situações em matéria de contra-ordenações.

A comissão de serviço à luz do Código do Trabalho 627

Artigo 246.º
(Cessação da comissão de serviço)

Qualquer das partes pode pôr termo à prestação de trabalho em comissão de serviço, mediante comunicação escrita à outra, com a antecedência mínima de 30 ou 60 dias, consoante a prestação de trabalho em regime de comissão de serviço tenha durado, respectivamente, até dois anos ou por período superior.

I – Este artigo corresponde, com algumas alterações, aos n.ºs 1 e 2 do artigo 4.º do Decreto-Lei n.º 404/91, de 16 de Outubro. São dois os aspectos positivos a salientar relativamente ao regime anterior: em primeiro lugar, o legislador opta por tratar separadamente o modo como ocorre a cessação da comissão de serviço, previsto neste preceito, dos principais efeitos decorrentes dessa cessação, regulados no artigo seguinte, o que tecnicamente se revela mais adequado; em segundo lugar, o legislador passa a exigir a forma escrita para a exteriorização da declaração de vontade que visa pôr fim à comissão de serviço, medida que também me parece de elogiar.

II – Relativamente ao preceito em análise a única dúvida que levanto é a de saber se não deverá o legislador pronunciar-se expressamente sobre a consequência do incumprimento total ou parcial do aviso prévio. Admite-se que o problema merece uma maior reflexão e que a não previsão de qualquer consequência perante a inobservância do aviso prévio pode ser intencional, considerando o legislador que a indemnização em causa deve ser apurada de acordo com os danos efectivamente sofridos e não em função de qualquer critério previamente fixado. De todo o modo, dado que nem sempre é fácil a prova da existência de danos, poder-se-ia fixar um critério mínimo de indemnização, de valor igual à retribuição base (e diuturnidades) correspondente ao período de antecedência em falta.

Artigo 247.º
(Efeitos da cessação da comissão de serviço)

1. Cessando a comissão de serviço, o trabalhador tem direito:
a) A exercer a actividade desempenhada antes da comissão de serviço ou as funções correspondentes à categoria a que entretanto tenha

628 Estudos em Comemoração do 10.° Aniversário da Licenciatura em Direito

sido promovido ou, se contratado para o efeito, a exercer a actividade correspondente à categoria constante do acordo, se tal tiver sido convencionado pelas partes;

b) A resolver o contrato de trabalho nos 30 dias seguintes à decisão do empregador que ponha termo à comissão de serviço;

c) A uma indemnização correspondente a um mês de retribuição base auferida no desempenho da comissão de serviço, por cada ano completo de antiguidade na empresa, sendo no caso de fracção de ano o valor de referência calculado proporcionalmente, no caso previsto na alínea anterior e sempre que a extinção da comissão de serviço determine a cessação do contrato de trabalho do trabalhador contratado para o efeito.

2. Salvo acordo em contrário, o trabalhador que denuncie o contrato de trabalho na pendência da comissão de serviço não tem direito à indemnização prevista na alínea c) do número anterior.

3. A indemnização prevista na alínea c) do n.° 1 não é devida quando a cessação da comissão de serviço resultar de despedimento por facto imputável ao trabalhador.

4. Os prazos previstos no artigo anterior e o valor da indemnização previsto na alínea c) do n.° 1 podem ser aumentados por instrumento de regulamentação colectiva de trabalho ou contrato de trabalho.

I – Este artigo corresponde, com algumas alterações, aos n.°s 3 e 4 do artigo 4.° do Decreto-Lei n.° 404/91, de 16 de Outubro. Assim, em primeiro lugar, verificam-se modificações positivas na redacção do preceito, utilizando-se uma linguagem mais rigorosa do ponto de vista técnico-jurídico, obtendo-se uma melhor articulação com outros preceitos do Código. Em segundo lugar, altera-se o critério de apuramento do cálculo da indemnização, nos moldes adoptados pelo legislador noutros dispositivos deste Código. Finalmente, o legislador exceptua o direito à indemnização pela cessação da comissão de serviço, quando esta cessação resultar de denúncia do contrato de trabalho pelo próprio trabalhador, salvo se o acordo de comissão o previr, medida que me parece razoável.

II – Congratulo-me pelo facto de a expressão «denunciar» utilizada no início da alínea b) do n.° 1 do artigo 82.° do Anteprojecto ter sido substituída pelo termo «resolver» no presente artigo 247.°, n.° 1, alínea b), de acordo, aliás, com a terminologia adoptada no Código. De facto, julgo que a hipótese prevista na referida alínea configura um caso especial de resolução do contrato de trabalho com justa causa por iniciativa do traba-

A comissão de serviço à luz do Código do Trabalho   629

lhador – o legislador considera que a «denúncia» da comissão de serviço por iniciativa do empregador é facto constitutivo do direito de o trabalhador «resolver» o seu contrato de trabalho, caso em que lhe é devida uma indemnização nos termos da alínea *c)* do n.° 1 do artigo 247.°. É certo que nesta hipótese o trabalhador não carece de invocar quaisquer factos motivadores da cessação [salvo a referência que a extinção do contrato de trabalho assenta no facto de a comissão de serviço ter cessado por iniciativa do empregador], situação mais próxima da figura da «denúncia» do que da «resolução». Todavia, a cessação em causa assenta numa motivação já valorada pelo legislador, é imediata e confere o direito a uma indemnização, traços característicos da resolução do contrato de trabalho com justa causa.

Questão diferente é a de saber se este direito à indemnização se justificará em todas as situações de «resolução» do contrato de trabalho como consequência da cessação da comissão de serviço por decisão do empregador...

III – Também julgo, ainda que com dúvidas, que deveria excluir-se o direito à indemnização pela cessação da comissão de serviço de trabalhador «externo», quando esta ocorra por iniciativa do trabalhador. Na verdade, esta indemnização («compensação») resulta da perda de emprego como efeito da cessação da comissão de serviço. Ora, se essa perda de emprego deriva da própria vontade do trabalhador parece-me que deixa de existir a razão de ser lei, devendo, consequentemente, terminar o seu alcance (*cessante ratione legis cessat ius dispositio*).

IV – Refira-se, por último, que em matéria de contra-ordenações, o legislador continua a qualificar a violação das alíneas a) e c) do número 1 deste preceito como contra-ordenação grave, à semelhança do actual artigo 8.°, n.° 1, alínea b), do Decreto-Lei n.° 404/91, medida que se julga razoável.

Artigo 248.°
(Contagem do tempo de serviço)

O tempo de serviço prestado em regime de comissão de serviço conta como se tivesse sido prestado na categoria de que o trabalhador é titular.

I – Este artigo corresponde, com uma única alteração, ao artigo 5.° do Decreto-Lei n.° 404/91, de 16 de Outubro. A modificação ocorrida traduz-se na eliminação da expressão «para todos os efeitos» o que, com algumas dúvidas, me parece correcto. Depreende-se da alteração que o período

630 Estudos em Comemoração do 10.º Aniversário da Licenciatura em Direito

de prestação do trabalho em comissão de serviço conta para efeitos de antiguidade, mas não envolve necessariamente a reconstituição em todos os seus aspectos da carreira do trabalhador.

4. Notas complementares

I – A eliminação do artigo 2.º do Decreto-Lei n.º 404/91, de 16 de Outubro parece-me acertada. Na verdade, a aplicação da norma torna-se extremamente complicada, senão mesmo impossível. Assentando as funções exercidas em comissão de serviço numa profunda relação de confiança entre as partes, como é que é possível provar que há «igualdade de condições» entre diferentes trabalhadores? Por outro lado, mesmo pressupondo que é possível aferir a «igualdade de condições» entre trabalhadores deste tipo, a própria lei não apresenta qualquer consequência perante a inobservância da obrigação de preferência, tratando-se, pois, de uma norma *imperfecta* com carácter meramente programático...

II – Já a inexistência de uma qualquer norma remissiva, ainda que diferente do artigo 6.º do Decreto-Lei n.º 404/91, de 16 de Outubro, pode originar algumas dificuldades de articulação entre os diferentes preceitos do Código. É evidente que, integrando-se a regulamentação da comissão de serviço no Capítulo II do Título II do Código, que diz respeito à prestação do trabalho, torna-se claro que se aplica à figura o regime jurídico do contrato de trabalho. Todavia, é legítimo questionar se a aplicação de tal regime em «bloco» se adequa sempre à «filosofia» subjacente ao regime da comissão de serviço. É certo que, por exemplo, em matéria de período experimental o legislador resolveu o eventual problema de articulação das normas com o regime do artigo 109.º, estabelecendo que a existência de período experimental depende de estipulação expressa no respectivo acordo, não podendo exceder os cento e oitenta dias. Contudo, existem outras normas no Código de difícil harmonia com o regime da comissão de serviço. Pense-se, por exemplo, na hipótese de se pretender estipular no contrato de trabalho em comissão de serviço um pacto de permanência regulado no artigo 147.º... Ora, uma solução possível passaria pela consagração de uma norma, do tipo:

«Não se aplicam as normas deste Código que sejam incompatíveis com a especificidade do regime do trabalho prestado em comissão de serviço».

ALGUMAS REFLEXÕES EM TORNO DA CLÁUSULA DE RESERVA DE PROPRIEDADE A FAVOR DO FINANCIADOR

ISABEL MENÉRES CAMPOS

1. A cláusula de reserva de propriedade enquanto garantia das obrigações é um instituto largamente difundido no comércio jurídico actual. Na verdade, a busca de modelos alternativos às garantias reais tradicionais fez com que esta figura, inicialmente com um âmbito de aplicação quase limitado ao contrato de compra e venda, passasse a ter um interesse prático muito para além das situações às quais, em princípio, se destinaria. O aumento do consumo e a frequente utilização do mútuo para aquisição dos mais variados bens e serviços, com o pagamento fraccionado e dilatado do preço, gerou uma diversificação dos instrumentos utilizados pelas instituições financeiras com vista à garantia dos seus créditos.

Quando se trata de adquirir um bem de consumo com recurso ao crédito[1], o financiador tende a exigir uma *garantia* que, normalmente, tem por objecto a coisa que se adquire com a quantia mutuada. E, neste particular, foi-se mostrando insuficiente o leque de garantias reais tradicionais, tendo surgido outro tipo de mecanismos funcionais, que alguns designam por *garantias indirectas*[2].

---

[1] A respeito dos contratos de crédito ao consumo e sua relação com o contrato de compra e venda do bem, veja-se FERNANDO GRAVATO MORAIS, "Do regime jurídico do crédito ao consumo", *Scientia Juridica*, Jul-Dez 2000, Tomo XLIX, N.°s 286/288, págs. 375 e segs..

[2] PEDRO ROMANO MARTINEZ e PEDRO FUZETA DA PONTE, *Garantias de cumprimento*, 2ª Edição, Coimbra, Almedina, 1997, pág. 131. Sobre a insuficiência das garantias reais tradicionais, veja-se o estudo de DIOGO LEITE DE CAMPOS, "A alienação em garantia", AAVV, *Estudos em homenagem ao Banco de Portugal*, Lisboa, Banco de Portugal, 1998, págs. 7 e segs..

632 *Estudos em Comemoração do 10.º Aniversário da Licenciatura em Direito*

A reserva de propriedade é muito frequente nas chamadas *vendas a crédito*, assumindo particular relevo, pela sua peculiaridade, a reserva de propriedade constituída a favor de outra entidade que não o vendedor da coisa[3], o que sucede frequentemente no comércio automóvel. Tomemos o seguinte exemplo: o comprador adquire um bem de consumo a um comerciante; pretende pagar a crédito e pede o financiamento para a aquisição a uma instituição de crédito; convenciona-se o pagamento do preço de forma fraccionada a essa instituição e, como garantia do pagamento do preço, estipula-se uma cláusula de reserva de propriedade a favor da entidade financiadora[4].

A situação descrita põe-nos, de imediato, perante algumas perplexidades: em primeiro lugar, a instituição de crédito não é vendedora e nem está no seu objecto social a compra e venda de bens de consumo; depois, em rigor, *reservar a propriedade* significa, aparentemente, que a propriedade não se transmite de imediato para o comprador, permanecendo na esfera jurídica do vendedor, o que no caso não se verifica – a instituição financeira constitui reserva sobre um bem que nunca foi sua propriedade; acresce que a cláusula de reserva de propriedade não é estipulada a favor do vendedor, porque este, logo após a celebração do contrato de crédito, recebe a totalidade do preço do mutuante, não tendo, por isso, qualquer interesse em reservar para si a propriedade da coisa porque não assume o risco do crédito.

---

[3] O escopo de garantia é, nestes casos, determinante, pelo que a reserva de propriedade constituída a favor de terceira pessoa que não o vendedor parece apresentar evidentes analogias com a alienação fiduciária em garantia, figura não consagrada legalmente entre nós. Sobre o tema, consulte-se ALMEIDA COSTA, "Alienação fiduciária em garantia e aquisição de casa própria – Notas de direito comparado", *Direito e Justiça*, Vol. I, n.º 1, 1980, págs. 41 e segs. e ROLF SERICK, *Garantías mobiliarias en derecho alemán*, traduzido por ÁNGEL CARRASCO PERERA, Madrid, Tecnos, 1990. Alguns autores nacionais têm desenvolvido estudo a respeito do direito de propriedade com a função de garantia. Pode ler-se a interessante obra de MARIA JOÃO TOMÉ e DIOGO LEITE DE CAMPOS, *A propriedade fiduciária (Trust). Estudo para a sua consagração no Direito Português*, Coimbra, Almedina, 1999.

[4] Estes casos sucedem com frequência nas vendas de automóveis usados em que se recorre ao crédito através de uma sociedade financeira. Situações destas foram já reconhecidas em decisões jurisprudenciais. A título de exemplo, veja-se os acórdãos da Relação de Lisboa, de 18.06.1998, *in Colectânea de Jurisprudência*, 1998, Tomo III, págs. 129 e segs. e de 21.02.2002, *in Colectânea de Jurisprudência*, 2002, Tomo I, págs. 112 e segs..

Algumas reflexões em torno da cláusula de reserva de propriedade   633

A cláusula de reserva de propriedade está prevista no artigo 409.º do Código Civil[5], que estatui no seu n.º 1: "nos contratos de alienação é lícito ao alienante reservar para si a propriedade da coisa até ao cumprimento total ou parcial das obrigações da outra parte ou até à verificação de qualquer outro evento".

Conforme se retira desta disposição, a figura foi pensada para os *contratos de alienação*, como forma de o alienante se acautelar contra o não cumprimento das obrigações por parte do adquirente, mas o seu campo de aplicação é sobretudo o contrato de compra e venda, tendo a reserva uma função de garantia do pagamento do preço e, geralmente, a doutrina portuguesa trata a cláusula de reserva de propriedade como uma modalidade da compra e venda[6], embora se admita, conforme a citada disposição, que a cláusula de reserva seja igualmente aplicável a outros contratos de alienação. A venda com reserva de propriedade, como sub-tipo do contrato de compra e venda, apresenta certas características específicas: a função indirecta de financiamento do comprador, perseguida com a possibilidade de pagamento dilatado do preço; a função de garantia do vendedor e a possibilidade de gozo imediato da coisa por parte do adquirente.

Como se disse, a reserva de propriedade constituída a favor do mutuante acabou por entrar também na prática comercial, sobretudo nos contratos de crédito ao consumo[7]. Os tribunais aceitam, geralmente, a estipulação da reserva a favor do mutuante[8], mas isso não significa que os contornos da figura estejam bem delimitados, face ao regime legal. Repare-se que a previsão da lei é necessariamente insuficiente tendo em conta a crescente utilização do instituto a outro tipo de contratos para os quais não foi pensado originariamente. O vasto campo de aplicação que a reserva de propriedade veio a conhecer nos nossos dias, demonstra que são muitas as questões não resolvidas, sendo a que aqui pretendemos levantar

---

[5] As disposições legais referidas sem menção do diploma legal a que pertencem, são do Código Civil.

[6] A titulo de exemplo, RAÚL VENTURA, "O contrato de compra e venda no Código Civil", *Revista da ordem dos Advogados*, ano 43.º, III, págs. 587 e segs., PEDRO DE ALBUQUERQUE, "Compra e venda", *in Direito das Obrigações*, 2ª Edição, Vol. III, Lições coordenadas por MENEZES CORDEIRO, Lisboa, AAFDL, 1991, págs. 11 e segs., MENEZES LEITÃO, *Direito das obrigações*, Vol. III, Coimbra, Almedina, 2002, págs. 57 e segs..

[7] O Decreto-Lei n.º 359/91, de 21 de Setembro, que regula os contratos de crédito ao consumo, reconhece a possibilidade de inclusão de uma cláusula de reserva de propriedade que deverá obedecer à forma escrita, sob pena de inexigibilidade – artigos 6.º, n.º 3, al. f) e 7.º, n.º 3.

[8] Cfr. os acórdãos acima referidos.

634   *Estudos em Comemoração do 10.° Aniversário da Licenciatura em Direito*

apenas uma das muitas que tem de encontrar desenvolvimento na construção doutrinal e jurisprudencial.

2. No direito português, no que respeita aos contratos de alienação, a regra da consensualidade, plasmada no artigo 408.° do nosso Código Civil, determina que a constituição ou transferência de direitos reais sobre coisa determinada se produz por mero efeito do contrato[9]. Tais contratos designam-se por contratos com eficácia real (*quoad effectum*). A expressão "por mero efeito do contrato" significa que a transferência da propriedade não está na dependência de qualquer outro acto, designadamente a tradição da coisa ou a inscrição no registo[10]. Ou seja, o momento da transferência da propriedade é o da conclusão do contrato.

As partes podem, no entanto, estipular coisa diversa no que toca a este efeito real, pois o princípio da consensualidade não tem natureza imperativa. Assim o *vendedor* pode reservar para si a propriedade da coisa, até ao pagamento do preço ou à verificação de qualquer outro evento – é o *pactum reservati dominii*, previsto no artigo 409.°. Através da venda com reserva de propriedade as partes convencionam, assim, *diferir* a transferência da propriedade para um momento posterior ao da celebração do contrato[11].

Com a cláusula de reserva de propriedade nos contratos de alienação, o adquirente obtém imediata e plena disponibilidade material da coisa, ainda antes do pagamento integral do preço, pagamento esse que se convenciona normalmente dilatado e fraccionado no tempo; por seu lado, o

---

[9] Como diz ALMEIDA COSTA ("Alienação fiduciária em garantia...", *cit.*, pág. 49, nota 14), o princípio da consensualidade é um dos pontos em que o nosso direito não se conservou fiel à tradição romana, que era também a portuguesa, e cedeu a influências do Código Napoleónico. Sobre as origens do princípio da consensualidade no actual Código Civil, veja-se GALVÃO TELES, "Venda Obrigatória e venda real", *Revista da Faculdade de Direito da Universidade de Lisboa*, ano V, 1948, págs. 76 e segs. e "Contratos civis", *Boletim do Ministério da Justiça*, 83, págs. 113 e segs.; VAZ SERRA, "Efeitos dos contratos", *Boletim do Ministério da Justiça*, 74, págs. 333 e segs..

[10] Diferente é, por exemplo, o sistema alemão, em que o efeito real num negócio translativo depende da ocorrência de um acto posterior. *Vide* a este respeito, por todos, DIETER MEDICUS, *Bürgerliches Recht*, 19ª Edição, München, Carl Heymanns Verlag, 2002, págs. 19 e segs..

[11] MENEZES LEITÃO (*Direito das obrigações*, *cit.*, pág. 58) salienta que normalmente o evento que determina a transferência da propriedade é o pagamento do preço, que constitui a forma comum e típica, mas as partes ao abrigo da sua autonomia privada podem colocar a transferência da propriedade dependente da verificação de qualquer outro evento.

alienante, para acautelar-se eficazmente contra o risco de incumprimento da parte do adquirente, conserva a propriedade da coisa. Sendo aposta a cláusula de reserva de propriedade, isso significa que o efeito real do contrato de alienação não ocorre no momento da celebração do negócio, mas posteriormente, tendo-se em vista a função de *garantia* do pagamento do preço a favor do alienante da coisa[12]. Em caso de incumprimento, este está acautelado, pois conserva a propriedade da coisa.

A doutrina maioritária no nosso país tem sufragado que a venda com reserva de propriedade é uma alienação feita sob *condição suspensiva*: os efeitos do negócio produzem-se integralmente, apenas se suspendendo o efeito translativo[13]. Há também quem considere que o comprador é titular de uma *expectativa real de aquisição*[14]. Outros autores pensam tratar-se de uma condição resolutiva, ou de um termo resolutivo, caso em que o comprador se torna verdadeiro proprietário da coisa, logo no momento da celebração do contrato[15].

Juristas há que defendem tratar-se de uma cláusula atípica, acessória, limitando-se a restringir os efeitos do contrato e não a excluir condicionalmente que o comprador se torne verdadeiro proprietário da coisa[16]. Na doutrina italiana, há quem entenda que o negócio constitui um misto de locação imediata e venda futura ou quem prefira qualificar o contrato como um negócio de formação progressiva, no qual o pagamento da última frac-

---

[12] A função de garantia da cláusula de reserva é sublinhada pela quase totalidades dos autores nacionais. Veja-se, a título de exemplo VAZ SERRA, *in* "Efeitos dos contratos", *cit.*, pág. 356. Contudo, RAÚL VENTURA ("A compra e venda...", *cit.*, pág. 607) sustenta que se trata de uma "cautela do vendedor" e nem sempre uma garantia do vendedor quanto ao pagamento do preço porque a reserva de propriedade, entre nós, pode ser estipulada "em função de outros eventos".

[13] A este propósito pode ver-se, a título de exemplo, a posição de PIRES DE LIMA e ANTUNES VARELA, *Código Civil Anotado*, Vol. I, 4ª Edição, com a colaboração de M. HENRIQUE MESQUITA, Coimbra, Coimbra Editora, 1987, pág. 355, ANTUNES VARELA, "Anotação ao acórdão do STJ de 24.01.1985", *in RLJ*, ano 122.º, págs. 314 e segs., GALVÃO TELLES, *Direito das obrigações*, 7ª Edição, Coimbra, Coimbra Editora, 1997, pág. 83, BAPTISTA LOPES, *Do contrato de compra e venda no direito civil, comercial e fiscal*, Coimbra, Almedina, 1971, págs. 102 e segs.. Para uma crítica à tese da condição suspensiva, leia-se ANA MARIA PERALTA, *A posição jurídica do comprador na compra e venda com reserva de propriedade*, Coimbra, Almedina, 1990, págs. 22 e segs..

[14] MENEZES LEITÃO, *Direito das obrigações, cit.*, pág. 70.

[15] Para uma exposição alargada sobre as várias teses e suas críticas, veja-se ANA MARIA PERALTA, *A posição jurídica...*, *cit.*, págs. 7 e segs..

[16] Cfr. acórdão da Relação do Porto, de 04.02.1971, *in Revista dos Tribunais*, ano 89.º, págs. 270 e segs..

636 Estudos em Comemoração do 10.º Aniversário da Licenciatura em Direito

ção do preço representa mais um elemento da complexa *factispecie* contratual. Há quem fale também em *venda obrigatória* ou afirme que a reserva se reconduz a uma aquisição progressiva da propriedade da coisa. A todas estas doutrinas foram sendo apontadas críticas, mais ou menos consistentes, pelo que o problema está longe de ser pacífico[17].

Em conexão com esta questão e muito controversa é, ainda, a determinação da natureza jurídica das posições dos contraentes, alienante e adquirente, uma vez que da estrutura do contrato não resulta inequivocamente quem é o sujeito proprietário da coisa no período compreendido entre a celebração do contrato e o pagamento integral do preço ou a verificação do evento que determina a transferência da propriedade para o comprador. A lei limita-se a estabelecer que o vendedor pode reservar para si a propriedade da coisa até ao pagamento integral do preço, sem regular minimamente os direitos e obrigações que assistem a cada uma das partes nesse período intermédio.

À primeira vista, a situação do comprador apresenta-se com os riscos, os ónus, faculdades e poderes que poderíamos reconhecer ao proprietário[18], com uma ressalva que respeita à existência da reserva a favor do vendedor. Pelo contrário, se entendermos que o comprador é um mero possuidor em nome alheio, teremos de considerar o vendedor como proprietário e titular dos poderes correspondentes ao exercício de tal direito[19]. Outros autores sustentam que o vendedor mantém a propriedade da coisa, mas o seu direito está limitado à função de garantir o pagamento do preço, não podendo exercer quaisquer outros direitos ou faculdades que competem ao verdadeiro proprietário. Outros entendem, por isso, que o vendedor é titular de uma *garantia real*, sendo, consequentemente o comprador o proprietário da coisa, verificando-se o efeito translativo imediato, no momento da celebração do contrato[20]. Encontramos ainda os que defendem

---

[17] Para uma exposição de todas estas doutrinas, bem como a sua crítica, veja-se Marco Lipari, "Vendita com riserva di proprietà", *Enciclopedia del Diritto*, Vol. XLVI, págs. 526 e segs..

[18] Sobretudo para aqueles que adoptam uma concepção objectivista de posse.

[19] Neste sentido, os acórdãos da Relação do Porto, de 19.05.1981, *Colectânea de Jurisprudência*, 1981, Tomo III, págs. 127 e segs. e de de 25.10.1984, *Colectânea de Jurisprudência*, 1984, Tomo IV, págs. 236 e segs. e o acórdão do STJ, de 24.06.1982, *Boletim do Ministério da Justiça*, 318, págs. 394 e segs., este último com declaração de voto vencido em que se considera que, pelo menos nas vendas de automóveis, o adquirente torna-se, desde logo, proprietário, sendo que o negócio é celebrado sob condição resolutiva, revertendo a propriedade para o vendedor em caso de incumprimento da obrigação.

[20] Para uma exposição pormenorizada destas teorias, *vide* Ana Maria Peralta,

que o comprador é titular de um *direito de expectativa*[21], sendo o vendedor o proprietário da coisa até ao pagamento integral do preço.

Posto isto, independentemente da natureza jurídica da compra de
venda com reserva de propriedade, problema que não cabe nesta sede tratar[22], parece-nos curial procurar o enquadramento jurídico da cláusula de
reserva de propriedade a favor de terceiro que não o vendedor e as suas
consequências no caso de incumprimento do contrato.

3. Um dos aspectos que reputamos essencial na análise deste problema é a intenção com que as partes decidiram constituir a reserva de propriedade. No dizer de LIMA PINHEIRO, a venda a crédito – a prestações ou
com espera de preço – é a "aplicação socialmente típica da reserva de propriedade; apesar da amplitude da noção que se pode inferir do n.º 1 do artigo 409.º, esta relação típica está subjacente à regulamentação legal, bem
como às soluções desenvolvidas pela jurisprudência"[23]. Nestes casos, a
conservação da propriedade pelo alienante tem a exclusiva finalidade de
garantia e, consequentemente, ao comprador são atribuídos, de imediato,
poderes de gozo sobre a coisa.

Observando os poderes de gozo do comprador sobre a coisa e o risco
por ele suportado e, por outro lado, os poderes que cabem ao vendedor que
não são, de modo algum, característicos dos poderes que cabem ao proprietário mas apenas os necessários para garantia do seu crédito, não podemos deixar de pensar que o vendedor com reserva de domínio apenas
pode exercer o seu direito na medida em que esse exercício se destine a
obter a satisfação do seu crédito.

A posição jurídica..., cit., págs. 24 e segs.. RUI PINTO DUARTE (*Curso de direitos reais,*
Cascais, Principia, 2002, pág. 250) refere-se, sumariamente, à reserva de propriedade na
parte em que trata das garantias reais, afirmando que a figura interessa quanto aos seus efeitos, posto que as situações jurídicas de quem aliena e de quem adquire são, na pendência
da reserva, fonte de vários problemas jurídico-reais.

[21] LIMA PINHEIRO, *A venda com reserva de propriedade em Direito Internacional
Privado,* Lisboa, McGraw-Hill, 1991, pág. 18. Aderindo à tese deste autor, o acórdão do
STJ, de 01.02.1995 (*Boletim do Ministério da Justiça,* 444, págs. 609 e segs.).

[22] Este problema, pela sua dimensão e complexidade, não cabe no âmbito de um trabalho como este, necessariamente breve.

[23] *A venda com reserva de propriedade..., cit.,* pág. 11. Este autor faz uma análise
tipológica das situações em que se recorre à reserva de propriedade para garantia a aquisição de um determinado bem, concluindo que a maior parte dos casos se relacionam com
a aquisição de automóveis e elecrodomésticos.

638 *Estudos em Comemoração do 10.º Aniversário da Licenciatura em Direito*

Sendo o bem vendido a prestações com reserva de propriedade, o vendedor poderá resolver o contrato, nos termos do artigo 934.º, logo que se verifique a falta de pagamento de uma só prestação que exceda a oitava parte do preço ou se houver mais do que uma prestação em falta[24]. Por outro lado, a efectivação da reserva de propriedade com a recuperação do objecto pelo vendedor supõe a resolução do contrato e a restituição das prestações entretanto pagas pelo comprador. A permanência da propriedade da coisa no património do vendedor até ser paga a última prestação tem, pois, essencialmente em vista a função de garantia[25]. Mais, a oponibilidade da reserva de propriedade a terceiros[26] permite ao vendedor fazer valer os seus direitos, mesmo em relação a credores privilegiados do comprador[27].

A venda a prestações enquanto relação bilateral entre comprador e vendedor já não corresponde à realidade sócio-económica actual. Como observa GRAVATO MORAIS[28], a intervenção do financiador especializado tornou-se mais directa, sendo agora celebrados dois negócios, um contrato de crédito, concluído entre o dador de crédito e o devedor, e um contrato de compra e venda, celebrado entre o vendedor e o consumidor. Neste esquema negocial é marcada a relação de dependência ou conexão entre os contratos de compra e venda e de mútuo, exigindo-se a intervenção das partes interessadas no contrato: vendedor, comprador e financiador.

---

[24] Como nota LOBO XAVIER ("Venda a prestações – algumas notas sobre os artigos 934.º e 935.º do Código Civil", *Revista de Direito e Estudos Sociais*, ano XXI, 1974, págs. 199 e segs.) o direito de resolver o contrato não surge automaticamente: é necessário converter a mora em incumprimento definitivo.

[25] Neste sentido, PIRES DE LIMA e ANTUNES VARELA, *Código Civil Anotado,* Vol. II, 3ª Edição Coimbra, Coimbra Editora, 1986, pág. 234.

[26] Relativamente aos bens imóveis e móveis sujeitos a registo, o artigo 409.º do Código Civil refere que a reserva de propriedade, estando registada é oponível a terceiros. Quanto aos bens móveis não registáveis, a doutrina maioritária entre nós é de opinião que a reserva é oponível a terceiros de boa fé, de acordo com o princípio da consensualidade. Por todos *vide* MENEZES LEITÃO, *Obrigações, cit.,* págs. 60 e 61. Em oposição ao entendimento da doutrina maioritária, PEDRO ROMANO MARTINEZ (*Direito das Obrigações- Parte especial,* Coimbra, Almedina, 2000, págs. 38 e 39) veio a defender a inoponibilidade da reserva a terceiros de boa fé, tendo em consideração a exigência de tutela da aparência, pois, no caso do penhor, a lei exige a transferência da posse para o credor pignoratício precisamente em ordem a assegurar a sua publicidade.

[27] Neste aspecto, representa, pois, uma vantagem em relação à hipoteca que não prevalece face aos credores com privilégio creditório especial. A oponibilidade face a terceiros verifica-se mesmo nos casos de falência do comprador, nos termos do artigo 155.º, n.º 4, do Código dos Processos Especiais de Recuperação de Empresa e de Falência.

[28] "Do regime jurídico...", *cit.,* pág. 376.

Algumas reflexões em torno da cláusula de reserva de propriedade   639

Temos, pois, dois contratos relacionados. GRAVATO MORAIS[29] conclui que o fenómeno se explica dogmaticamente através da figura da união de negócios, baseada na teoria da separação jurídica dos dois contratos: os dois negócios, um de crédito e outro de consumo, são juridicamente autónomos, mas ligados por um vínculo de natureza económica e essa ligação acarreta a produção de efeitos jurídicos específicos e peculiares.

Quando o financiamento é concedido por uma terceira entidade que não o vendedor, o meio porventura mais adequado para garantir o pagamento das prestações seria a constituição de hipoteca[30]. Assim, tratando-se de bem imóvel ou móvel sujeito a registo, a propriedade transmite-se de imediato para o adquirente, mas fica desde logo onerada com a garantia hipotecária[31]. Contudo, o recurso à hipoteca não tem sido a prática corrente, preferindo as partes, na maior parte dos casos, a aposição da cláusula de reserva de propriedade. Aliás, o Decreto-Lei n.° 359/91, que disciplina o crédito ao consumo, reconhece, expressamente, a possibilidade de as partes estipularem a reserva em contratos deste tipo.

De facto, o crédito ao consumo é, geralmente, um crédito arriscado. Sendo os bens de consumo facilmente transmissíveis ou deterioráveis, as sociedades financeiras deparam-se, muitas vezes com sérias dificuldades na cobrança dos seus créditos, pelo que o recurso à figura da reserva de propriedade se apresenta como um expediente que lhes permite rapidamente recuperar o bem havendo incumprimento por parte do comprador – por exemplo, no caso dos automóveis, o credor pode recorrer à providência cautelar de apreensão de veículos[32].

---

[29] *Op. cit.*, págs. 410 e 411.

[30] Neste sentido, o acórdão da Relação de Lisboa, de 21.02.2002, acima mencionado: "seria a hipoteca o adequado direito real de garantia incidente sobre o veículo automóvel para salvaguarda do cumprimento das prestações pecuniárias decorrentes do contrato de mútuo instrumental ao pagamento do preço correspondente ao contrato de compra e venda". Mas, no caso deste aresto, as partes optaram por constituir reserva a favor do mutuante, reconhecendo o tribunal que o artigo 409.°, n.° 1, abrange no seu espírito "a hipótese de conexão entre o contrato de mútuo a prestações e o contrato de compra e venda do veículo automóvel por virtude de o objecto mediato do primeiro constituir o elemento preço do segundo".

[31] A hipoteca, como garantia real que é goza de oponibilidade *erga omnes,* prevalecendo, por isso, os direitos do credor sobre os dos demais credores do devedor, com excepção dos créditos que gozam de privilégio especial. Sobre a hipoteca pode ver-se o nosso, *Da hipoteca. Caracterização, constituição e efeitos*, Coimbra, Almedina, 2003.

[32] Prevista no artigo 15.°, do Decreto-Lei n.° 54/75, de 12 de Fevereiro.

640 *Estudos em Comemoração do 10.º Aniversário da Licenciatura em Direito*

A venda de bens de consumo com recurso a um financiamento de terceiro não se coaduna, à primeira vista com a constituição de reserva de propriedade a favor do vendedor, posto que este não assume o risco do crédito. Por outro lado, a instituição financeira não é vendedora, logo não parece poder reservar a propriedade de uma coisa que nunca teve. Mas a realidade do comércio automóvel contraria estas afirmações, uma vez que o recurso a este mecanismo, como vimos, é muito frequente. A reserva de propriedade assume, pois, um vincado carácter de garantia nestas situações, que podemos designar por *triangulares*[33], em que o risco de crédito se desloca do vendedor para o financiador, estando ambos os contratos (compra e venda e mútuo) interligados.

4. Chegados a este ponto, cumpre agora fazer o enquadramento dogmático do esquema negocial em análise. De acordo com a doutrina tradicional, a compra e venda com reserva de propriedade caracteriza-se pela aposição de uma cláusula acessória ao contrato que permite ao vendedor conservar a propriedade até ao pagamento integral do preço (ou à verificação de qualquer outro evento).

Os autores portugueses defendem que a cláusula de reserva de propriedade é incindível do contrato de alienação, isto é, tem de ser estipulada no âmbito daquele contrato, não podendo ser inserida posteriormente, dado que a propriedade, nesse caso, já foi transferida para o comprador[34]. Observa RAÚL VENTURA que "a reserva de propriedade tem de ser convencionada entre o comprador e o vendedor, constituindo objecto de uma cláusula do contrato. O artigo 409.º, n.º 1, quando diz que «é lícito ao alienante reservar para si...» exprime apenas a pessoa a quem a reserva interessa e não autoriza uma imposição unilateral, pelo alienante, da reserva de propriedade"[35]. E, sustenta o mesmo autor, que a cláusula de reserva "faz parte integrante do contrato de venda"[36]. Não se admite, pois, a cláusula de reserva de propriedade superveniente.

Neste sentido, a doutrina italiana que sustenta que o vendedor com reserva de domínio é o proprietário da coisa até ao pagamento integral do preço defende também que, consequentemente, a cláusula de reserva deve

---

[33] Ou relações tripartidas, utilizando a expressão do acórdão da Relação de Lisboa, de 11.12.1997, *in Colectânea de Jurisprudência*, 1997, Tomo V, págs. 120 e segs..

[34] Cfr. MENEZES LEITÃO, *Direito das obrigações*, *cit.*, pág. 59 e LIMA PINHEIRO, *A venda ..., cit.*, pág. 15.

[35] "O contrato de compra e venda...", *cit.*, pág. 605.

[36] *Loc. cit.*.

Algumas reflexões em torno da cláusula de reserva de propriedade   641

ser contemporânea à celebração do contrato. Pelo contrário, aqueles que sustentam que a reserva de propriedade é um direito real de garantia e que o comprador se torna logo proprietário da coisa defendem que, por essa razão, nada obsta a que a cláusula seja aposta sucessivamente à celebração do contrato[37].

Numa primeira análise, em situações como a que aqui analisamos em que a cláusula de reserva é aposta a favor do mutuante, pode questionar-se se haverá dois negócios *translativos*. Um seria o contrato de compra e venda celebrado entre comprador e vendedor; outro, o negócio através do qual o comprador e o mutuante acordam reservar a propriedade a favor deste último como contrapartida do adiantamento do preço ao comprador.

Repare-se que, tratando-se de coisas registáveis, o registo da aquisição é efectuado a favor do comprador, sendo lavrado também o encargo da reserva de propriedade a favor do mutuante, o que constrange eventuais actos de disposição ou oneração. Os posteriores adquirentes conhecerão, ou poderão conhecer, a existência da reserva a favor do mutuante e funcionará, assim, um efeito limitador. Será difícil alienar um bem com a reserva de propriedade registada a favor do mutuante.

Por agora, admitiremos que as partes podem estipular a reserva de propriedade a favor do mutuante, ao abrigo do princípio da liberdade contratual (artigo 405.º)[38], embora a resposta não nos pareça tão simples. A lei prevê, no artigo 409.º, a possibilidade de o alienante reservar para si a propriedade da coisa, mas admitamos que as partes podem convencionar constituir reserva a favor do mutuante: a cláusula faz, neste caso, parte do acordo, isto é, a financiadora concede o empréstimo, mas o mutuário aceita constituir reserva a favor daquela. A figura assim criada é, no mínimo, anómala. A instituição financeira nada vendeu; nunca teve a propriedade da coisa; mas afinal *reserva* para si a propriedade dessa mesma coisa.

---

[37] Cfr., por todos, MARCO LIPARI, "Vendita com riserva di proprietà", *cit.*, págs. 537 e segs..

[38] Este princípio compreende, evidentemente, a possibilidade de as partes, na regulamentação convencional dos seus interesses, se afastarem dos contratos típicos ou paradigmáticos ou incluírem nestes as cláusulas que entenderem e, ainda, celebrarem contratos mistos – *vide* PIRES DE LIMA e ANTUNES VARELA, *Código Civil Anotado,* Vol. I, 4ª Edição (com a colaboração de M. HENRIQUE MESQUITA), Coimbra, Coimbra Editora, 1987, pág. 355.

Observe-se, no entanto, que no financiamento de aquisições a crédito o princípio da liberdade contratual se encontra, de alguma forma, limitado pela existência de contratos-tipo, em que o comprador raramente tem possibilidade de discutir as cláusulas contratuais. Por isso, este tipo de negócios estão sujeitos às restrições constantes do Decreto-Lei n.º 446//85, de 25 de Outubro.

642 *Estudos em Comemoração do 10.º Aniversário da Licenciatura em Direito*

Aderindo à classificação proposta por PAIS DE VASCONCELOS, poderemos considerar a figura assim criada como um contrato misto[39] em que se reunem no mesmo contrato elementos de dois ou mais tipos contratuais. Na verdade, a reserva de propriedade constituída a favor do mutuante a cláusula é estipulada como garantia do cumprimento de prestações pecuniárias decorrentes do contrato de mútuo. Repare-se que o vendedor, neste tipo de contratos, recebe no momento da celebração a totalidade do preço da instituição financeira, pelo que aquele não tem qualquer interesse em reservar para si a propriedade da coisa. Nada impede, no entanto, de acordo com a posição da jurisprudência mais recente[40], que a reserva seja constituída a favor de outrem que não o vendedor: importante e determinante é que seja objecto do clausulado entre as partes. Tomando como ponto de partida a ideia de que o esquema negocial entre vendedor, comprador e financiador se baseia na existência de dois contratos conexionados – o contrato de compra e venda e o contrato de mútuo –, o acordo entre as partes assim conseguido terá de ser sempre visto como *unitário*. Mas se assim é, temos de conceder também que há dois efeitos translativos: o comprador adquire, no momento da celebração do negócio, a propriedade da coisa e, logo em seguida, estipula com o mutuante que este reserva para si esse direito até ao pagamento integral do preço. Como acima dissemos, de acordo com as regras do registo automóvel consagradas no Decreto-Lei n.º 54/75, de 12 de Fevereiro, o registo da aquisição é efectuado a favor do comprador e, simultaneamente, é registada a reserva a favor do financiador.

No direito francês, o fenómeno que estudamos é explicado através da figura da *sub-rogação*. Como escreve LIMA PINHEIRO[41], há aqui a ideia de transmissibilidade da reserva de propriedade como acessório do crédito, nos casos em que o vendedor, tendo recebido do mutuante a importância relativa ao preço, o *sub-roga expressamente* em todos os seus direitos perante o comprador. Em tais situações, "a propriedade, inicialmente *reservada*, é transferida para a instituição financeira, criando-se, assim, *a posteriori*, uma relação *tripartida* vendedor-banco-comprador, no que se assemelharia à locação financeira". Não é, todavia, uma locação financeira, visto que a instituição financeira, em rigor, não adquire a propriedade da coisa.

---

[39] *Contratos atípicos*, Coimbra, Almedina, 1995, págs. 226 e segs..

[40] Neste sentido, os acórdãos citados da Relação de Lisboa, de 11.12.1997, 18.06.1998 e de 21.02.2002.

[41] *A venda..., cit.*, pág. 27.

Algumas reflexões em torno da cláusula de reserva de propriedade 643

De acordo com esta solução, recebendo o vendedor a totalidade do preço do financiador, os seus direitos enquanto alienante, resultantes da reserva de propriedade, transmitir-se-iam para aquele, juntamente com o crédito do preço por sub-rogação, figura prevista e regulada, entre nós, nos artigos 589.° e segs.. Segundo a noção de ANTUNES VARELA[42], a sub-rogação consiste na substituição do credor, na titularidade do direito a uma prestação fungível, pelo terceiro que cumpre em lugar do devedor ou que faculta a este os meios necessários ao cumprimento. Há aqui uma transferência de créditos, baseada no cumprimento, que permite o *subingresso* ou *subentrada* do *solvens* na posição do primitivo credor[43]. Com esta transmissão, opera-se também a transferência das garantias e dos acessórios do crédito, em consequência do conhecido aforismo *acessorium sequitur principale*.

Aplicando, pois, as regras da sub-rogação ao nosso caso, temos que o financiador, quando entrega o preço ao comprador, sub-roga-se nos direitos do vendedor, transmitindo-se os créditos e seus acessórios, incluindo a cláusula de reserva de propriedade constituída a favor deste. Utilizando a terminologia proposta por LIMA PINHEIRO[44], a sub-rogação conduziria, deste modo, à transmissão da *propriedade reservada* para o financiador. A figura da sub-rogação proposta para explicar o fenómeno que aqui vimos analisando, reforça a ideia de conexão entre o contrato de compra e venda celebrado pelo vendedor e comprador e o contrato de mútuo celebrado por este último e pelo financiador.

5. Na compra em venda a prestações com reserva de propriedade, conforme acima ficou dito, o artigo 934.° determina que a falta de pagamento de uma só prestação que não exceda a oitava parte do preço não dá lugar à resolução do contrato. Ou seja, o credor terá direito a resolver o contrato se o devedor não cumprir mais do que uma prestação ou se a prestação em falta exceder a oitava parte do preço[45], embora a doutrina afirme que a resolução não ocorre automaticamente, devendo converter-se a mora

---

[42] *Direito das obrigações*, Vol. II, 7ª edição, Coimbra, Almedina, 1997, págs. 335 e segs.

[43] Terminologia de ANTUNES VARELA, obra e local citados.

[44] *A venda..., cit.*, pág. 27.

[45] O artigo 934.° é uma excepção à regra do artigo 886.° que estabelece que transmitida a propriedade da coisa e feita a sua entrega, o vendedor não pode resolver o contrato por falta de pagamento do preço.

644   *Estudos em Comemoração do 10.º Aniversário da Licenciatura em Direito*

em incumprimento definitivo, nos termos do artigo 808.º[46]. Como ensina
BAPTISTA MACHADO[47] "em se tratando de uma dívida de prestações frac-
cionadas ou repartidas, e designadamente da dívida do preço na venda a
prestações, o não pagamento de uma ou mais prestações não importa em
princípio de per si um direito de imediata resolução: este só poderá surgir
através do processo de interpelação admonitória". A resolução só operará
automaticamente, isto é, sem necessidade de interpelação admonitória, no
caso de as partes terem estipulado uma cláusula resolutiva expressa, uma
condição resolutiva ou um termo essencial[48-49].

A efectivação da reserva de propriedade, através da recuperação do
objecto pelo vendedor, supõe a resolução do contrato. Sendo exercido o direito de resolução, o vendedor obtém a restituição da coisa mas, em contrapartida, terá de restituir também as prestações entretanto pagas pelo
comprador, por a lei mandar aplicar à resolução os efeitos retroactivos e
restitutórios desencadeados pela declaração de nulidade ou anulação do
negócio jurídico[50]. De facto, apesar de no contrato de compra e venda a
prestações com estipulação de reserva de propriedade haver pagamento re-
partido ou fraccionado do preço, não estamos perante um contrato de execução continuada, pelo que não tem aplicação o disposto no n.º 2, do artigo 434.º. Ou seja, a resolução do contrato, com a subsequente restituição
da coisa vendida ao vendedor, implica necessariamente que este terá também de devolver, em contrapartida, as quantias recebidas em pagamento[51],
podendo, no entanto, pedir uma indemnização pelo incumprimento do
contrato[52].

---

[46] Neste sentido, LOBO XAVIER, "Venda a prestações...", *cit.*, pág. 203. Sobre a resolução do contrato, BRANDÃO PROENÇA, *A resolução do contrato no direito civil*, Coimbra,
Coimbra Editora, 1996, págs. 114 e segs.. Veja-se também, a título de exemplo, os acórdãos da Relação de Lisboa, de 09.04.1981, *Colectânea de Jurisprudência*, 1981, Tomo II,
págs. 119 e segs., de 09.11.1982, *Colectânea de Jurisprudência*, 1982, Tomo V, págs. 89
e segs. e de 07.05.1985, *Colectânea de Jurisprudência*, 1985, Tomo III, págs. 145 e segs..

[47] "Pressupostos da resolução por incumprimento", *Obra dispersa*, Braga, Scientia
Juridica, 1991, pág. 164.

[48] BAPTISTA MACHADO, "Pressupostos da resolução...", *cit.*, págs. 184 e segs..

[49] Normalmente, nos contratos de mútuo com pagamento fraccionado, é estipulada
uma cláusula resolutiva: o não pagamento de uma das prestações, na data do seu vencimento, confere ao credor o direito de declarar a imediata resolução do contrato, podendo
este, no entanto, optar pelo cumprimento.

[50] Artigo 433.º, que remete implicitamente para o artigo 289.º.

[51] Neste sentido, o acórdão do STJ, de 24.01.1985, *in Boletim do Ministério da
Justiça*, 343, págs. 309 e segs..

[52] Cfr. BRANDÃO PROENÇA, *A resolução...*, *cit.*, págs. 183 e segs..

Segundo ANTUNES VARELA, em anotação ao acórdão do Supremo Tribunal de Justiça, de 24.01.1985[53], só não seria assim, "se as prestações pagas pelo comprador por conta do preço estipulado pudessem ser consideradas como *correspectivo* ou a *contraprestação* do uso continuado da viatura, que a vendedora tivesse proporcionado ao *solvens*. Mas a verdade é que, no ânimo dos contraentes, as prestações pagas pelo comprador têm tudo a ver com o preço estipulado no contrato, mas nada têm a ver com o uso parcelado da viatura comprada". Partilhando da mesma opinião, ALMEIDA COSTA, em anotação ao mesmo aresto[54], observa: "Impendia sobre a vendedora, sem dúvida, a obrigação (prestação de facto negativo) de não perturbar o uso e fruição da viatura por parte do comprador. Mas isto de modo algum significa que se esteja perante um contrato de execução continuada". Mais adiante, a propósito da obrigação do vendedor de não perturbar o uso e fruição da coisa, acrescenta: "encontramo-nos perante um vínculo de natureza acessória".

Todavia, nos contratos bilaterais, a resolução não é única via de que o credor dispõe. Ele pode optar pelo cumprimento coercivo da obrigação, exigindo o pagamento das prestações em falta[55]. Ao credor é facultado o direito de optar entre a resolução do contrato ou o seu cumprimento, exigindo o pagamento das restantes prestações. Observa BAPTISTA MACHADO[56] que "o facto de o credor ter optado por exigir o cumprimento só por si não faz caducar o direito de vir depois a declarar a resolução (*ius variandi*). A hipótese inversa é que se revela inadmissível, dado não poder exigir-se o cumprimento de um contrato resolvido". LOBO XAVIER[57], pelo contrário, entende que escolhido um dos caminhos, o do cumprimento, "fica eliminada a possibilidade de o vendedor obter a restituição da coisa vendida – restituição que pressupõe necessariamente a resolução do contrato. Simplesmente, isto não significa que a reserva de propriedade se não mantenha. É que, privada embora do seu efeito principal – a possibilidade de o devedor insatisfeito conseguir a restituição da coisa vendida –, ela continua a poder de-

---

[53] *Revista de Legislação e Jurisprudência*, ano 122.º, 1989/1990, págs. 316 e segs..

[54] "Anotação ao acórdão de 24.01.1985", *in Revista de Legislação e Jurisprudência*, 118.º, págs. 335 e segs..

[55] Sobre esta questão, cfr. LOBO XAVIER, "Venda a prestações...", *cit.*, págs. 211 e segs., BRANDÃO PROENÇA, *A resolução do contrato no direito civil*, Coimbra, Coimbra Editora, 1996, págs. 76 e segs., BAPTISTA MACHADO, "Pressupostos da resolução...", *cit.*, pág. 159.

[56] BAPTISTA MACHADO, "Pressupostos da resolução...", *cit.*, pág. 193.

[57] "Venda a prestações...", *cit.*, pág. 214.

sempenhar uma função útil: a manutenção da reserva obstará, nos termos do art. 409.°, n.° 2, a que tenha lugar a válida alienação do objecto ou a sua execução por iniciativa de outrem que não o vendedor – garantindo assim a este que, quando vier eventualmente a lançar mão do processo executivo, o mesmo objecto não terá passado para o domínio de terceiro, antes se conservará como elemento do património executável do devedor".

Independentemente de optarmos por uma ou outra posição defendida pelos Ilustres Professores, temos de admitir que, em regra, o financiador, a favor de quem foi constituída a reserva, não tem qualquer interesse em reaver a propriedade da coisa. Pode fazê-lo, mas normalmente isso não lhe interessa. A reserva de propriedade foi estipulada como mera garantia do crédito, sendo que o direito do mutuante sobre a coisa está limitado por esta função. A propriedade não se destina a retirar utilidades da coisa sobre que incide, mas à garantia de créditos[58]. Ou seja, a reserva não se destina a permitir ao mutuante o gozo da coisa, apenas defendê-lo das eventuais consequências do incumprimento do contrato por parte do comprador (mutuário). O mutuante é investido de um direito de propriedade sem estar investido dos poderes de gozo que cabem ao proprietário e sem nunca ter estado, de facto, investido desses poderes[59].

Posto que o mutuante não vendeu a coisa, nem faz parte, normalmente, do seu objecto social a compra e venda de bens de consumo, não estará interessado em reaver a propriedade da coisa, sobretudo tratando-se de um bem de consumo, de rápida desvalorização. Normalmente, a resolução do contrato, com a consequente recuperação da coisa e restituição das prestações entretanto pagas, não satisfaz os interesses do financiador porque a coisa já não vale o preço que pagou por ela e, além disso, a restituição das prestações pagas pelo comprador que, em geral, compreendem capital e juros[60] acabaria por ser excessivamente onerosa, em comparação com o valor comercial do bem recuperado.

Em caso de falta de pagamento, em alternativa, poderá exigir o cumprimento do contrato, isto é, o pagamento das prestações em falta. E, na maioria dos casos, é esta solução que interessa à instituição financeira. De

---

[58] Neste sentido, MENEZES LEITÃO, *Direito das Obrigações, cit.,* pág. 62.

[59] Veja-se, no entanto a jurisprudência acima citada contra este entendimento.

[60] Eventualmente, como dissemos acima, poderá exigir uma indemnização pelo não cumprimento do contrato, mas nada mais do que isso. No sentido de o vendedor ter direito a uma indemnização, mesmo no caso de resolução do contrato, tendo em conta a desvalorização da coisa, cfr. o acórdão de 10.12.1985. *Colectânea de Jurisprudência,* 1985, Tomo V, págs. 100 e segs..

Algumas reflexões em torno da cláusula de reserva de propriedade 647

facto, associada ao contrato de mútuo celebrado está, na maior parte dos casos a subscrição de um título de crédito, uma livrança em branco, designada por livrança caução. Ao mutuante afigura-se muito mais vantajoso preencher o título de crédito pelo montante das prestações em falta e executá-lo de imediato, meio processual muito mais célere do que aquele que teria de seguir se intentasse uma acção declarativa para resolução do contrato e recuperação do bem. Ou seja, para o financiador há maior conveniência em mover logo a execução, nomear à penhora a coisa para cuja aquisição o empréstimo foi concedido e, posteriormente, sempre no âmbito do processo executivo, vendê-la e pagar-se com o produto dessa venda. Mais, a resolução de um contrato de compra e venda a prestações – neste caso, um contrato de mútuo – está sujeita às restrições constantes dos artigos 886.° e 934.°.

Feitas estas considerações, temos outro problema para resolver: pode o mutuante, na execução, nomear à penhora um bem sobre o qual incide reserva de propriedade a seu favor?

A resposta só pode ser afirmativa. Senão vejamos.

Uma vez que o financiador, ao intentar a execução demonstrou claramente que optou pelo cumprimento do contrato, não poderá, em princípio, vir a recuperar a coisa, uma vez que a via por ele escolhida não foi a resolução do contrato. E, deste modo, afirma-se vincadamente a função de garantia desempenhada pela cláusula de reserva de propriedade, porporcionando-se a manutenção da coisa no património do comprador até à efectivação da penhora e posterior venda em processo executivo, de forma a que o credor se possa pagar com o produto da venda.

A este propósito, LOBO XAVIER[61] distingue consoante a penhora vem ou não a incidir sobre a coisa reservada.

Quando a coisa objecto da reserva não é indicada à penhora, a eficácia do *pactum reservati dominii* subsistirá até à recepção, pelo vendedor (no nosso caso o financiador), da totalidade da quantia a que tem direito. Um vez recebida a totalidade da quantia, a reserva extingue-se e a propriedade transfere-se para o comprador, por se ter verificado o evento de que dependia a sua extinção.

Pelo contrário, no caso de a coisa indicada à penhora ser o objecto da reserva de propriedade, haveria aparentemente incompatibilidade entre a permanência da coisa na propriedade do exequente e a sua execução, em processo movido para pagamento do preço. Como observa LOBO XAVIER,

---

[61] *Op. cit.*, pág. 217.

648 *Estudos em Comemoração do 10.º Aniversário da Licenciatura em Direito*

parece inaceitável a possibilidade de execução da própria coisa do exequente. Sublinhe-se que pelas dívidas da execução respondem apenas os bens compreendidos no património do executado (artigos 601.º do Código Civil e 821.º do Código de Processo Civil). Há quem defenda, por isso, que a indicação à penhora da coisa sobre a qual o exequente tem reserva de domínio, implicaria uma renúncia tácita a esta reserva.

Parece ser esta, aliás, a posição da nossa jurisprudência[62]. Entende-se, assim, que quando o credor nomeia à penhora a coisa, renuncia a uma situação privilegiada que lhe é concedida pela reserva de propriedade.

Contra tal entendimento, RAÚL VENTURA[63] defende que a renúncia à cláusula de reserva de propriedade não pode ser subentendida no pedido de execução coactiva, pois a reserva de propriedade pode ter sido estipulada em benefício do vendedor, mas foi estipulada *contratualmente* e, por outro lado, ela não constitui um direito a que o vendedor possa renunciar, mas sim o diferimento contratual de um efeito do contrato. No mesmo sentido, o acórdão da Relação de Lisboa de 21.02.2002[64], considerou que a nomeação à penhora da coisa reservada não permite inferir necessariamente uma renúncia à reserva de domínio: "atenta a fonte contratual de que a reserva de propriedade deriva, não é um direito a que o vendedor possa renunciar livremente, porque se traduz no diferimento contratual de um dos efeitos do contrato de compra e venda acordado por ambas as partes. De contrário estar-se-ia perante uma situação que significaria a extinção da expectativa do comprador de adquirir o direito de propriedade por sua exclusiva vontade, o que se revela contrário ao princípio do consenso contratual".

Quanto a nós, pensamos que é possível a renúncia à reserva de propriedade. Não concordamos com a posição que defende que essa renúncia, por ter sido convencionada pelas partes, não pode operar de forma unilateral pelo credor, pois, perfilhar essa opinião, significaria admitir que ao credor não restaria outra possibilidade que não fosse resolver o contrato e exigir a restituição da coisa reservada. Ficaria arredada a opção pelo cumprimento coercivo do contrato que a lei concede ao contraente não faltoso. Ou então, o contraente não faltoso poderia exigir o cumprimento coercivo,

---

[62] Cfr. acórdãos da Relação de Évora, de 16.02.1984, *Colectânea de Jurisprudência*, 1984, Tomo I, pág. 293; da Relação de Lisboa, de 18.06.1998, *Colectânea de Jurisprudência*, 1998, Tomo III, págs. 129 e segs.;

[63] "O contrato de compra e venda...", *cit.*, pág. 613.

[64] *In Colectânea de Jurisprudência*, 2002, Tomo I, págs. 112 e segs.

mas não poderia indicar à penhora a coisa cuja aquisição, precisamente, originou o seu direito de crédito e, assim, ficaria também afastada a função de garantia que constitui a reserva de propriedade. E o que sucederia se, por hipótese, o devedor não tivesse mais património susceptível de penhora para além da coisa reservada? A reserva de propriedade pode ter sido estipulada contratualmente, mas o contrato não foi cumprido, pelo que deve admitir-se a possibilidade de o titular renunciar a esse direito.

Somos, contudo, de opinião que a renúncia à reserva de propriedade deverá ser *expressa*, sobretudo no caso dos bens registáveis. O credor ao indicar à penhora a coisa reservada deve manifestar expressamente a renúncia ao seu direito. Por outro lado, quando promove o registo da penhora deve, simultaneamente proceder ao cancelamento do registo da reserva, sem o que a execução não prosseguirá. Repare-se que, sendo registada a penhora e cancelada a reserva, haverá como que a substituição de uma "garantia" por outra. O registo da penhora torna ineficazes os posteriores actos de disposição em relação ao exequente. Parece-nos ser inteiramente de subscrever a opinião do Juiz Salazar Casanova, que votou vencido no acórdão da Relação de Lisboa, de 18.06.1998[65]: "A renúncia tácita, como qualquer outra declaração vale «quando se deduz de factos que, com toda a probabilidade, a revelam (artigo 217.º do C.Civil)». Ora, o exequente, para além de um acto, a nosso ver, incorrecto do ponto de vista processual (o pedido de penhora de veículo omitindo a declaração de existência de reserva de propriedade), não praticou nenhum acto do qual se pudesse inferir, com toda a probabilidade, que renunciava a essa reserva".

Isto é, o exequente, ao nomear à penhora a coisa reservada deve informar também que existe reserva a seu favor mas que renuncia à mesma. Quando promover o registo da penhora, deverá, simultaneamente, requerer o cancelamento do encargo da reserva para que a execução possa prosseguir.

---

[65] Citado na nota 62.

O USO OBRIGATÓRIO DA MARCA REGISTADA

Maria Miguel Carvalho

Sumário: Introdução; 1. O uso obrigatório da marca registada; 2. O uso sério; 3. O uso directo e indirecto; 4. O uso da marca de forma diferente da registada; 5. O uso parcial

INTRODUÇÃO

A aquisição do direito de marca no direito português assenta no registo que assume, por isso, natureza constitutiva[1], seguindo, aliás, a tendência europeia[2,3]. Não obstante, o uso deste sinal é também relevante nalgumas situações.

---

[1] Em sentido diverso, cfr. Oliveira Ascensão (*Direito Comercial*, Vol.II (*Direito Industrial*), Lisboa, 1994, p.180) que, referindo-se ao Código da Propriedade Industrial, aprovado pelo Decreto n.º 30 679, de 24 de Agosto de 1940 (CPI'40), concluía que "no sistema português o direito à marca resulta fundamentalmente do uso. Mas se o titular não consolidar a sua situação através do registo, sujeita-se a ver a sua situação resolvida por terceiros de boa fé que procedam ao registo, nos termos gerais do registo constitutivo". O autor citado parece ter alterado a sua opinião relativamente ao sistema de aquisição do direito de marca, já que afirma que "(…) a protecção da marca deriva do registo, e não do mero uso" («A marca comunitária», in *Direito Industrial*, vol. II, Faculdade de Direito da Lisboa/Associação Portuguesa de Direito Intelectual, Coimbra, Almedina, 2002, pp. 13 e s.).

[2] Sobre os sistemas de aquisição de direitos de marca, cfr. Fernández-Nóvoa, *Tratado sobre Derecho de Marcas*, Madrid, Marcial Pons, 2001, pp.69 e ss. e, entre nós, Luís Couto Gonçalves, *Direito de Marcas*, 2.ª edição revista e actualizada, Coimbra, Almedina, 2003, pp.13 e ss..

[3] Nos países da *Common Law* – onde o uso da marca era um requisito necessário para a aquisição de direitos sobre aquela –, como refere De La Fuente Garcia (*El uso de la marca y sus efectos jurídicos*, Madrid, Marcial Pons, 1999, p.80), foi necessário introduzir um sistema complementar de registo da marca que não exigisse o uso prévio. Daí

652 *Estudos em Comemoração do 10.º Aniversário da Licenciatura em Direito*

Por um lado, é conferida tutela à marca de facto (ou marca livre). O art. 227.º do Código da Propriedade Industrial (CPI)[4], na esteira dos CPI'40 e CPI'95, confere um direito de prioridade para efectuar o registo àquele que usar marca livre ou não registada por prazo não superior a seis meses[5].

Por outro lado, é concedida uma protecção especial às marcas notórias (art. 241.º, n.ºs 1 e 2), embora sujeita ao pedido de registo em Portugal (art. 266.º, n.º 2).

Outra hipótese em que o uso do sinal é relevante, para efeitos de aquisição de direitos sobre o mesmo, é a de um sinal desprovido de carácter distintivo, descritivo ou usual adquirir capacidade distintiva pelo uso que dele seja feito (*secondary meaning*) – art. 238.º, n.º 3.

---

que, p.e., o Reino Unido não o exija, bastando, desde 1905, que as marcas se destinem a ser usadas (*proposed to be used*). Cfr., neste sentido, WHITE/JACOB (*Kerly's Law of Trade Marks and Trade Names*, 12.ª ed., London, Sweet & Maxwell, 1986, §2.04, p.7) e ainda CORNISH (*Intellectual Property: Patents, Copyright, Trade Marks and Allied Rights*, 3.ª ed., London, Sweet & Maxwell, 1996, §17-03, p.572) que sublinha que, ao abrigo do *Trade Marks Act* (1994), apenas se exige a intenção de usar a marca de boa fé, e que, se se demonstrar que não existe tal intenção, o requerimento considera-se efectuado de má fé e pode, por essa razão, ser recusado ou eliminado depois do registo.

Nos EUA, mesmo quando era exigido o uso prévio para a aquisição de direitos sobre a marca, os tribunais reconheceram a prática do *token use*, i.e., consideravam que, em certos casos, o investimento em publicidade, etiquetagem, etc., constituía uso suficiente da marca para a sua inscrição. Cfr. MCCARTHY, *Trademarks and Unfair Competition*, 4.ª ed., Vol.II, New York, Clark Boardman Callaghan, 1996, §16:16 e ss., pp.16-25 e ss., e DE LA FUENTE GARCIA, *op.cit.*, p.81.

Esta linha jurisprudencial acabou por determinar a reforma do *Lanham Act*, em 1988, no sentido de se permitir, a partir de 16 de Novembro de 1989 (data da entrada em vigor da alteração), o pedido de inscrição de uma marca mediante uma declaração, de boa fé, de que o requerente tem a intenção de a usar (*intent to use*). Assim, o uso da marca deixou de ser necessário para a concessão do pedido de inscrição, embora continue a ser necessário quer para o registo, quer para a sua conservação (aliás, o uso da marca tem de ser provado no terceiro ano de vida da marca).

[4] O CPI actualmente em vigor em Portugal foi aprovado pelo DL n.º 36/2003, de 5 de Março. A referência a artigos sem indicação de diploma deve entender-se feita a este CPI. Referimo-nos ainda ao anterior, aprovado pelo DL n.º 16/95, de 24 de Janeiro, como CPI'95.

[5] Ultrapassado este prazo a única defesa possível será, eventualmente, pelo recurso às normas relativas à concorrência desleal (arts. 24.º, n.º 1, al.ª d) e 266.º, n.º 1, al.ª b)). No que respeita à hipótese, introduzida pelo novo Código, de anulabilidade do registo de uma marca conflituante com uma marca usada anteriormente, embora não registada, v. *infra* nota seguinte.

Mas é sobretudo no que respeita à manutenção do direito de marca, ou se preferirmos à sua não extinção, que o uso (pelo titular da marca e mesmo por terceiros) maior relevo assume[6].

A este propósito, o novo CPI consagra pela primeira vez, aproveitando a faculdade prevista no art. 3.º, n.º 3, da 1.ª Directiva (89/104/CEE) do Conselho, de 21 de Dezembro de 1988, que harmoniza as legislações dos Estados-membros em matéria de marcas (DM)[7], a relevância do *secondary meaning* para o efeito de impedir a declaração de nulidade do registo de uma marca constituída por um sinal que, embora desprovido de capacidade distintiva no momento em que foi registada, o adquiriu pelo uso que, entretanto, daquele foi feito (art. 265.º, n.º 2).

Por outro lado, a utilização da marca assume também inequívoco relevo em sede de caducidade do registo.

Assim, o uso da marca que conduza à sua vulgarização pode provocar a caducidade do registo[8]. Tal como acontece quando o uso que for feito da marca for enganoso[9].

---

[6] Para além das situações referidas no texto, ainda no plano da extinção do direito de marca, não podemos deixar de salientar que o novo CPI introduziu uma nova causa de anulabilidade do registo que privilegia inequivocamente, embora de forma criticável, o uso feito da marca. Referimo-nos ao art. 266.º, n.º 1, al.b) ("(…) o registo da marca é anulável: b) quando se reconheça que o titular do registo pretende fazer concorrência desleal, ou que esta é possível independentemente da sua intenção").

Como Luís Couto Gonçalves (*Direito de Marcas, cit.*, p.166) refere, "o titular de uma marca de facto acaba por ter um direito tão forte ou mesmo, na medida em que o possa vir a anular, um direito mais forte que o do titular de uma marca registada. Por esta "janela" acaba por *cair* (com *fracturas* graves) o sistema de aquisição do direito baseado no registo que havia entrado pela "porta" *aberta* pelo disposto no art. 224.º. Tudo agravado pela circunstância de o interessado na invalidade nem sequer ter de provar que o titular da marca registada tem intenção em fazer concorrência desleal (…)".

O autor citado, não obstante, reconhece que a conduta daquele que pretenda servir-se do registo para prejudicar terceiro merece ser sancionada. Por isso, propõe a possibilidade de invalidar o registo de uma marca efectuado de má fé, "em circunstâncias particularmente graves e chocantes, reveladoras de uma actuação consistente e intencional do titular da marca em prejudicar terceiros" (*ibidem*).

[7] *JO L* 40/1, de 11 de Fevereiro de 1989, pp.1 e ss..

[8] O art. 269.º, n.º 2, al.ª a), correspondente ao art. 12.º, n.º 2, al.ª a), da DM, preceitua que "deve ainda ser declarada a caducidade do registo se, após a data em que o mesmo foi efectuado: a) a marca se tiver transformado na designação usual no comércio do produto ou serviço para que foi registada, como consequência da actividade, ou inactividade, do titular". Para maiores desenvolvimentos, cfr., entre nós, Nogueira Serens, «A «vulgarização» da marca na directiva 89/104/CEE, de 21 de Dezembro de 1988 (*id est*, no nosso direito futuro)», in: *Separata do número especial do Boletim da Faculdade de*

654 Estudos em Comemoração do 10.º Aniversário da Licenciatura em Direito

E o legislador prevê ainda, no art. 269.º, n.º 1, que se a marca não tiver sido objecto de uso sério, durante cinco anos consecutivos, salvo justo motivo e sem prejuízo do disposto no n.º 4 e no art. 268.º (que *infra* teremos oportunidade de analisar), o registo caduca. É precisamente sobre o uso obrigatório da marca que nos vamos debruçar.

O princípio de que uma marca registada deve ser efectivamente usada corresponde à natureza e à função da marca[10/11]. A marca, enquanto sinal distintivo de produtos (ou serviços), só conseguirá realizar a (principal) função jurídica que lhe é atribuída – função de indicação de origem ou proveniência empresarial – se for efectivamente usada. A marca só conseguirá realizar a função jurídica que lhe é atribuída se, efectivamente, for aposta em produtos (ou usada em serviços), de forma que o público consumidor saiba que aquele produto (ou serviço) provém de uma determinada empresa[12].

Direito de Coimbra – «Estudos em homenagem ao Prof. Doutor António de Arruda Ferrer Correia», 1984, Coimbra, 1995, *passim*.

[9] O art. 269.º, n.º 2, al.ª b), correspondente ao art. 12.º, n.º 2, al.ª b), da DM, estipula que "deve ainda ser declarada a caducidade do registo se, após a data em que o mesmo foi efectuado: b) a marca se tornar susceptível de induzir o público em erro (...), no seguimento do uso feito pelo titular da marca, ou por terceiro com o seu consentimento, para os produtos ou serviços para que foi registada".

Sobre o uso enganoso da marca, cfr., entre nós, Luís Couto Gonçalves, *Função Distintiva da Marca*, 1999, Coimbra, Almedina, pp.220 e ss..

[10] Mathély, *Le Nouveau Droit Français des Marques*, Paris, Éditions du J.N.A., 1994, p.243.

Cfr., ainda, Saiz Garcia (*El uso obligatorio de la marca (nacional y comunitaria)*, Valencia, Tirant Lo Blanch, 1997, p.37 e s.) que sublinha que o uso obrigatório é uma expressão da moderna concepção do direito de propriedade, integrando a sua função social.

[11] Alguns autores sublinham que o uso obrigatório da marca registada é um instrumento que contribui para a sua consolidação enquanto bem imaterial. Neste sentido, cfr. Fernández-Nóvoa (*Tratado, cit.*, p.454) que sustenta que ao usar a marca registada o seu titular difunde-a entre o público dos consumidores que, dessa forma, participa no processo de formação da marca como bem imaterial. Cfr., no mesmo sentido, De La Fuente Garcia, *op.cit.*, pp.21 e ss., esp.29 e ss..

[12] Quanto ao significado da indicação de origem, cfr., entre nós, Luís Couto Gonçalves (*Função Distintiva, cit.*, p.224) que defende que "a marca, para além de indicar, em grande parte dos casos, que os produtos ou serviços provêm sempre de uma empresa ou de uma empresa sucessiva que tenha elementos consideráveis de continuidade com a primeira (...) ou ainda que mantenha com ela relações actuais de natureza contratual e económica (...), também indica, sempre, que os produtos ou serviços se reportam a um sujeito que assume em relação aos mesmos o ónus pelo seu uso não enganoso".

O Uso Obrigatório da Marca Registada

Por outro lado, o fundamento substancial do princípio do uso obrigatório da marca registada encontra-se no princípio geral da lealdade da concorrência[13] e é confirmado pelos interesses por este tutelados.

Num plano funcional, a obrigatoriedade do uso das marcas registadas está, generalizadamente, instituída porque é necessário aproximar, na maior medida possível, a realidade formal do registo de marcas à realidade viva da utilização das marcas no mercado[14], o que tem fortes implicações práticas.

Reduzindo o número de marcas registadas[15], permite-se, por um lado, que seja possível registar aqueles sinais por outros interessados em usá-los *efectivamente* como marcas. Isto é tanto mais importante quanto é certo que o registo está tão saturado que, nalguns casos (pensamos, especialmente, nas marcas sugestivas[16]), é quase impossível registar uma nova marca[17].

---

[13] MAYR, *L'onere di utilizzazione del marchio d'impresa*, Padova, CEDAM, 1991, p.118.

O referido autor nega que o ónus [v. *infra* 1., esp. nota 31] de utilização da marca registada seja um elemento constitutivo do direito de marca.

Na verdade, salienta MAYR, a falta de utilização da marca registada não comporta automaticamente nada de contrário à finalidade da normativa em matéria de marcas, pois não gera confusão quanto à proveniência dos produtos (*op.cit.*, pp.91 e ss.).

Por isso, sustenta que o ónus de utilização é um *limite* ao direito de marca "(…) «externo» aos elementos da marca aptos a caracterizá-la como sinal distintivo" (*op.cit.*, p.103), e que apresenta finalidades autónomas que devem ser encontradas no princípio geral da lealdade da concorrência.

[14] FERNÁNDEZ-NÓVOA, *Tratado, cit.*, p.454.

[15] Evitando os "cimiteri e fantasmi di marchi" (de que falava FRANCESCHELLI, «Cimiteri e fantasmi di marchi», in: *Rivista di Diritto Industriale*, 1974, I, pp.5 e ss.) e obstando às chamadas marcas defensivas ou de reserva (marcas registadas, semelhantes a outra (principal) já registada pelo titular, com vista ao alargamento da esfera de protecção desta). No entanto, o regime jurídico instituído em Itália consagra uma excepção à caducidade por falta de uso em relação, precisamente, às marcas de defesa (v. art. 42.°, n.° 4, *Regio Decreto* 21 *giugno* 1942, n.929, com as alterações introduzidas pelos *Decretos Legislativos* 4 *dicembre* 1992, n.480, 19 *marzo* 1996, n.169, e 8 *ottobre* 1999, n.447).

Sobre as marcas defensivas, cfr. SENA, *Il nuovo diritto dei marchi. Marchio nazionale e marchio comunitario*, 3.ª ed., Milano, Giuffrè Editore, 2001, pp.209 e ss..

[16] Para maiores desenvolvimentos, cfr. MCCARTHY, *op.cit.*, §11:62 e ss., pp. 11-105 e ss..

[17] Possibilita-se, assim, a resolução de problemas que se colocam a propósito da determinação do risco de confusão entre um sinal para o qual é solicitado o registo como marca e uma marca anteriormente registada (v. art. 239.°, al.ª m)). Cfr. FERNÁNDEZ-NÓVOA, *Tratado, cit.*, p.454.

Mas, da mesma forma, evita-se que sejam intentadas acções de anulabilidade de registos de marcas com fundamento na imitação de marcas anteriormente registadas (v. art. 266.°, n.° 1, al.ª a)).

656 *Estudos em Comemoração do 10.º Aniversário da Licenciatura em Direito*

Por outro lado, como é destacado por FERNÁNDEZ-NÓVOA, esta obrigatoriedade de uso desempenha uma outra finalidade em relação às marcas comunitárias: facilitar a operatividade de um sistema que, pelo menos no início, pode ser gravemente ameaçado pelas oposições intentadas pelos titulares de marcas anteriormente registadas nos Estados-membros[18].

Do exposto resulta que o interesse do titular da marca registada (mas que não a use), na tutela mais ampla possível, é sacrificado em prol de outros interesses[19]: os dos concorrentes (que vêem os obstáculos ao uso e registo de novas marcas ser removidos), os dos consumidores (que são também potenciais concorrentes[20/21]) e do sistema económico em geral (que assenta, como é sabido, na liberdade de concorrência).

---

[18] Cfr. FERNÁNDEZ-NÓVOA, *Tratado, cit.*, p.455.

Parece, no entanto, que os resultados do sistema comunitário de marcas são positivos e terão mesmo superado as expectativas. Cfr., a este propósito, CASADO CERVIÑO, «El sistema comunitario de marcas: cuatro años de funcionamento», in: *Actas de Derecho Industrial*, XX, 1999, pp.79 e ss., com abundante informação estatística relativa aos anos de 1996-1999. As estatísticas actualizadas relativas à marca comunitária podem consultar-se em http://oami.eu.int/es/mark/stats.htm..

[19] Como muito bem realça SAIZ GARCIA (*op.cit.*, p.51), "a decisão de usar ou não a própria marca é algo que não pode ficar ao livre arbítrio do seu titular pelo simples facto de que, paralelamente ao seu direito, coexistem (…) interesses que também devem ser protegidos".

[20] NOGUEIRA SERENS (*op.cit.*, p.43) sublinha, precisamente, esta possibilidade referindo-se não á questão que estamos a abordar, mas à inadmissibilidade da hipótese de registo de um sinal sem capacidade distintiva e em relação ao qual não se afirme a necessidade da sua preservação.

[21] Alguns autores, a propósito da tutela dos interesses dos consumidores na instituição do uso obrigatório da marca registada, destacam que estes estarão protegidos, pois, assim, será possível que realizem as suas escolhas com base nas reais características dos produtos (ou serviços) e já não pelo maior poder intrínseco de atracção da sua marca. Cfr., neste sentido, MAYR, *op.cit.*, pp.109 e s..

Não podemos concordar com esta opinião. Por um lado, parece-nos que ela assenta num modelo de concorrência perfeita, ideal, mas que não é possível. Por outro, não conseguimos perceber como é que esse "perigo" desaparece se o sinal que constituía a marca A (que estava registada, embora não fosse usada e, por isso, viu o seu registo caducar) passa a estar "livre" para ser registado, como marca, por outro interessado em usá-la, desempenhando, uma vez mais, aquela atracção sobre os mesmos produtos (ou afins)...

Outros autores sublinham que há protecção dos interesses dos consumidores porque, apesar de o ordenamento jurídico não poder influir na mente daqueles, pode e deve intervir, e é o que faz, impondo o ónus de uso da marca registada, já que, assim, obriga-os a participar no processo de formação da marca enquanto bem imaterial. Cfr. SAIZ GARCIA, *op. cit.*, p.27, que adere à posição de FERNÁNDEZ-NÓVOA («El uso obligatorio de la marca registada», in: *Actas de Derecho Industrial*, 1976, p.19). Discordamos, igualmente,

A instituição do uso obrigatório da marca registada teve início em finais do séc. XIX[22] e hoje está consagrada na generalidade dos ordenamentos jurídicos, incluindo o comunitário.

Na verdade, a DM considera que esta é uma das matérias em que é indispensável proceder à harmonização das legislações dos Estados-membros[23]. É, por esse motivo, natural que, desde os seus trabalhos preparatórios, tenha estado sempre prevista, embora com algumas alterações[24].

---

desta posição. Compreendemos que este argumento seja avançado como uma das finalidades da consagração legal da obrigatoriedade do uso da marca registada, mas isso não pode levar, inevitavelmente, à conclusão de que, por isso, os interesses dos consumidores estão tutelados *directamente*.

Pensamos que, na medida em que a imposição da obrigatoriedade do uso da marca registada deriva do princípio da lealdade da concorrência (como *supra* defendemos), os interesses dos consumidores serão, indirectamente, protegidos. Como FERREIRA DE ALMEIDA refere, "(…) os regimes jurídicos precursores [a defesa da concorrência e a concorrência desleal] foram ditados sem referência aos interesses dos consumidores. Não restam dúvidas contudo de que, em economia de mercado, a situação dos consumidores resultará tanto mais débil quanto maiores forem os atropelos ao quadro geral de funcionamento das regras da concorrência. Estas constituem portanto uma forma indirecta de protecção" (*Os direitos dos consumidores*, Coimbra, Almedina, 1982, p.72).

[22] No art. 10.º da lei Suiça, de 19 de Dezembro de 1879. Sobre a evolução histórica do uso obrigatório da marca registada, cfr., por todos, MAYR, *op.cit.*, pp.1 e ss..

[23] No sétimo considerando afirma que "(…) a realização dos objectivos prosseguidos pela aproximação pressupõe que a aquisição e a conservação do direito sobre a marca registada sejam, em princípio, subordinadas às mesmas condições em todos os Estados-membros (…)" e, no oitavo considerando, reconhece, expressamente, "(…) que, a fim de reduzir o número total de marcas registadas e protegidas na Comunidade e, por conseguinte, o número de conflitos que surgem entre elas, importa exigir que as marcas registadas sejam efectivamente usadas sob pena de caducidade; (…)".

[24] Neste ponto, cumpre lembrar, antes de mais, que os trabalhos preparatórios do Regulamento da Marca Comunitária (RMC) [n.º 40/94, de 20 de Dezembro de 1993, in: *JO L*, 11, de 14 de Janeiro de 1994], como observa FERNÁNDEZ-NÓVOA (*Tratado, cit.*, pp.455 e s.), influenciaram fortemente a DM.

Dos trabalhos preparatórios da marca europeia, bem como do *Memorandum* de 1976 e da Proposta de Regulamento de 1980, constava um sistema misto de instituição do uso obrigatório da marca.

Habitualmente, o uso obrigatório é regulado de acordo com um de dois sistemas possíveis. Um assenta no princípio da intervenção administrativa *ex officio*, o outro baseia-se no controlo do uso por terceiros interessados.

Esclareça-se, porém, que não se trata aqui de sistemas puros. Significa isto que, em qualquer destes modelos, há intervenção dos dois tipos de entidades referidas, a diferença reside na determinação da intervenção que é mais importante.

O sistema assente na intervenção administrativa *ex officio* é, por excelência, o norte--americano. De acordo com este, a entidade administrativa (*Patent and Trademark Office*

658 *Estudos em Comemoração do 10.º Aniversário da Licenciatura em Direito*

Na versão que, finalmente, foi aprovada está consagrada em normas imperativas (v. arts. 10.º, n.ºs 1-3, 11.º, n.ºs 1 e 4, e 12.º, n.º 1) e facultativas (v. art. 11.º, n.ºs 2 e 3) que *infra* teremos oportunidade de abordar.

– *PTO*) controla, após o registo, se a marca foi (e é) usada em dois momentos: (1) até ao final do 6.º ano de vida do registo, o titular da marca tem de entregar no *PTO* uma declaração jurada – *affidavit* – em que demonstre (apresentando as provas pertinentes) o uso da sua marca ou as causas justificativas da falta de uso (§ 8 (a)(b) *Lanham Act*), e (2) no 10.º ano de vida da marca – na renovação do registo – o titular tem de demonstrar a utilização efectiva daquela (§ 9 *Lanham Act*).

O sistema assente no controlo pelos interessados foi o adoptado, p.e., na lei alemã, de 4 de Setembro de 1967, que instituiu pela primeira vez, naquele país, o uso obrigatório da marca registada, de forma muito complexa, alterando a *Warenzeichengesetz* de 1936.

A opção por um destes sistemas tem subjacente a valoração dos interesses em causa no direito de marcas e, em especial, na instituição do uso obrigatório da marca registada. Neste ponto, atendendo ao que *supra* afirmamos em relação aos interesses tutelados pela obrigatoriedade do uso da marca registada, concordamos com FERNÁNDEZ-NÓVOA («Diversos sistemas de regulacion del uso obligatorio de la marca registrada», in: *Actas de Derecho Industrial*, 4, 1977, p.213) que sustenta que "(...) deve valorar-se positivamente o predomínio da intervenção administrativa *ex officio* sobre a livre iniciativa das partes no sistema norte-americano de uso obrigatório de marca. Com efeito, existe um inegável interesse geral em conseguir a mais perfeita concordância possível entre a realidade formal do registo de marcas e a realidade viva da utilização efectiva das marcas no mercado. E este interesse geral justifica plenamente a intervenção administrativa *ex officio* para eliminar do registo as marcas não usadas".

Sobre a valoração geral do sistema de comprovação do uso *ex officio*, cfr., ainda, DE LA FUENTE GARCIA, *op.cit.*, pp.106 e ss..

Para maiores desenvolvimentos sobre os sistemas de uso obrigatório da marca registada, cfr. FERNÁNDEZ-NÓVOA, «Diversos sistemas...», *cit.*, pp.195 e ss..

Como dizíamos, dos trabalhos preparatórios do RMC (e da DM) constava um sistema que assentava no controlo da obrigatoriedade de usar a marca registada por parte dos interessados e pelo Instituto de Harmonização do Mercado Interno (IHMI). Este último interviria no momento em que fosse apresentado o pedido de renovação do registo da marca comunitária. Estava, então, prevista a obrigatoriedade de apresentar uma declaração de uso, que indicasse os produtos (ou serviços) em relação aos quais a marca fora utilizada nos cinco anos que precederam o termo do prazo do seu registo. V. *Memorandum* de 1976 (Suplemento 81/76, n.º 112) e o art. 37.º da Proposta de Regulamento de 1980 (Suplemento 5/80, p.69), segundo informação colhida em FERNÁNDEZ-NÓVOA, *Tratado, cit.*,p.456, nota 11.

No entanto, esta proposta acabou por ser suprimida (v. Proposta de Modificação da DM, apresentada ao Conselho, COM (85) 793 final, de 17 de Dezembro de 1985, p.VI), pois, de acordo com o Parecer sobre a Proposta da DM e do RMC do Comité Económico e Social (in: *JO C* 310, de 30 de Novembro de 1981, p.24), era duvidoso que as despesas e custos administrativos inerentes a esta obrigação fossem compensados pelo efeito real que se pretendia obter com a referida declaração.

O sistema instituído na versão definitiva do RMC e da DM consagra o controlo do uso obrigatório efectuado pelos interessados, demonstrando uma visível influência da lei alemã. Neste sentido, cfr. FERNÁNDEZ-NÓVOA, *Tratado, cit.*, p.458.

O Uso Obrigatório da Marca Registada

E também o RMC institui o princípio da obrigatoriedade do uso das marcas comunitárias registadas[25] (v. arts. 15.°, 43.°, n.°s 2-3, 50.°, n.°s 1, al.ª a) e 2, e 56.°, n.°s 2-3).

Para além destes, está também previsto na Convenção da União de Paris (CUP)[26] e no Acordo sobre os Aspectos dos Direitos de Propriedade Intelectual relacionados com o Comércio[27] (ADPIC)[28].

---

[25] O nono considerando do RMC dispõe que "(...) apenas se justifica proteger as marcas comunitárias e, contra elas, as marcas registadas anteriores, na medida em que essas marcas sejam efectivamente usadas".

[26] Convenção da União de Paris para a protecção da propriedade industrial, de 20 de Março de 1883.

A previsão na CUP de uma norma respeitante à obrigatoriedade do uso da marca registada foi determinada por vários factores. Desde logo, pela ênfase dada ao tema pela redacção da revista *Propriété Industrielle* (1921, pp.133 e ss.), pela *Association Internationale pour la Protection de la Propriété Industrielle* (*AIPPI*) e pela Câmara de Comércio Internacional.

E, por outro lado, pelo facto de entre os países membros da CUP existirem grandes disparidades nesta matéria. Uns não previam a obrigatoriedade do uso da marca registada. Outros, embora estipulassem o princípio, faziam-no de forma diversa.

Por isso, na Conferência de Haia (1925) esta questão foi analisada e daqui resultou não a imposição da obrigatoriedade do uso, mas uma solução de compromisso perante as diferenças existentes entre os membros, *supra* referidas. O art. 5.°C da CUP passou a estabelecer dois limites muito vagos à obrigatoriedade do uso nos países que a consagrassem: "1) Se num país o uso da marca registada for obrigatório, o registo só poderá ser anulado depois de decorrido um prazo razoável e se o interessado não justificar a sua inacção".

Mais tarde, foi notado que nalguns países as marcas eram empregadas de forma ligeiramente diferente da que estava registada – situação que analisaremos *infra*, v. 4. - por razões de necessidade de adaptações linguísticas e fonéticas e para modernizar as marcas.

Por isso, foi proposta a introdução na CUP de uma norma que regulasse esta questão, o que veio a suceder na Conferência de Londres (1934), que introduziu o n.° 2 do art. 5.°C da CUP que preceitua que "o uso, pelo proprietário, de uma marca de fábrica ou de comércio por forma que difere, quanto a elementos que não alteram o carácter distintivo da marca, da forma por que esta foi registada num dos países da União não implicará a anulação do registo nem diminuirá a protecção que lhe foi concedida".

Para maiores desenvolvimentos sobre o art. 5.°C da CUP, cfr. CASADO CERVIÑO, «La genesis de las normas unionistas relativas al uso obligatorio de la marca registrada», in: *Actas de Derecho Industrial*, 1976, pp.213 e ss. e MAYR, *op.cit.*, pp.17 e ss..

[27] Anexo IC ao Acordo que cria a Organização Mundial do Comércio, ratificado pelo Decreto do Presidente da República n.° 82-B/94, de 27 de Dezembro.

O ADPIC aborda a questão do uso para efeitos de manutenção do registo no art. 19.°. Estipula o n.° 1 que "caso a utilização de uma marca seja exigida como condição para a manutenção do registo, o registo só poderá ser anulado após um período ininterrupto de não utilização de pelo menos três anos, a não ser que o titular da marca apresente razões válidas baseadas na existência de obstáculos a essa utilização. As circunstâncias independen-

660 *Estudos em Comemoração do 10.° Aniversário da Licenciatura em Direito*

tes da vontade do titular que constituam um obstáculo à utilização da marca, como por exemplo restrições à importação ou outras medidas impostas pelos poderes públicos em relação aos produtos ou serviços protegidos ao abrigo da marca, serão reconhecidas como razões válidas para a não utilização". E o n.° 2, que teremos oportunidade de analisar *infra* (v. 3.), estabelece as condições concernentes à relevância do indirecto para estes efeitos.

Do regime exposto conclui-se que o ADPIC, tal como a CUP (embora de forma mais detalhada do que esta, uma vez que é explicitado o prazo de *non usus* relevante para acarretar sanções), não impõe aos membros a obrigatoriedade do uso da marca registada. No mesmo sentido, cfr. ANNETTE KUR, «TRIPs and Trademark Law», in: *From GATT to TRIPs – The Agreement on Trade-Related Aspects of Intellectual Property Rights*, IIC Studies in Industrial Property and Copyright Law, Vol.18, Munich,VCH, p.109, BOTANA AGRA, «Las normas sustantivas del A-ADPIC (TRIPS) sobre los derechos de propiedad intelectual», in: *Actas de Derecho Industrial y Derecho de Autor*, XVI, 1994-95, p.130 e DANIEL GERVAIS, *The TRIPS Agreement – Drafting History and Analysis*, London, Sweet & Maxwell, 1998, p.114.

Mas se estes o estipularem terão de observar os limites previstos no ADPIC, a saber: (1) o período de não uso não poderá ser inferior a três anos ininterruptos; (2) ainda que a marca registada não seja usada ininterruptamente durante um período superior a três anos, o registo manter-se-á se o seu titular apresentar razões válidas que tenham constituído um obstáculo à sua utilização.

[28] Não podemos deixar de referir brevemente, já que Portugal não é Parte Contratante, o Tratado sobre Direito de Marcas (*TLT*), de 1994, pois, na matéria de que nos ocupamos e seguindo a tendência geral, estipula no art. 13.° (duração e renovação do registo), n.° 4 (proibições de outros requisitos), que "nenhuma Parte Contratante poderá exigir que se cumpram requisitos diferentes dos mencionados nos parágrafos 1) e 3) em relação ao pedido de renovação.

Em particular, não se poderá exigir:

iii) que se apresente uma declaração e/ou se apresentem provas em relação ao uso da marca".

Esta disposição é, todavia, atenuada pelo art. 22.°, n.° 5 (apresentação, no momento da renovação, de declaração e/ou provas relativas ao uso), que preceitua que "qualquer Estado ou organização intergovernamental poderá declarar que, não obstante o disposto no art. 13.°, n.° 4, iii) requererá, no momento da renovação, que se apresente uma declaração e/ou prova relativas ao uso da marca".

O *TLT* foi subscrito, até agora, por apenas 31 países (mas, entre estes, contam-se os EUA, Grã-Bretanha, Suiça, Irlanda, Japão, Federação Russa e Espanha), sabendo nós que nalguns destes o referido uso é exigido para efeitos, pelo menos, de renovação. Por isso, alguns usaram a possibilidade prevista no art. 22.°, n.° 5. Foi o que sucedeu com Espanha que, na vigência da lei de marcas anterior, exigia para a renovação do registo a apresentação de uma declaração em documento público de uso da mesma (art. 7.°, n.° 2, da *Ley 32/1988, de 10 de noviembre, de marcas*) e, para manter esta disposição transitoriamente em vigor, incluiu no instrumento de ratificação do *TLT* essa reserva. Mas a nova lei de marcas espanhola (*Ley 17/2001, de 7 diciembre*), obedecendo ao art. 13.°, n.° 4, do *TLT*, deixou de exigir a apresentação da declaração de uso.

O Uso Obrigatório da Marca Registada

Constitui, por isso, como refere Fernández-Nóvoa, uma das peças básicas do direito de marcas[29].

1. O uso obrigatório da marca registada

O registo da marca confere ao seu titular o direito exclusivo sobre aquela para os produtos (ou serviços) a que a mesma se destina, compreendendo o direito ao seu uso (directo ou indirecto) e o direito de impedir terceiros, sem o seu consentimento, de a usar em produtos (ou serviços) idênticos ou afins àqueles para os quais a marca foi registada, e que, em consequência da semelhança entre os sinais e da afinidade dos produtos ou serviços, possa causar um risco de confusão, ou associação, no espírito do consumidor (arts. 224.° e 258.° do CPI)[30].

Todavia, mais do que um direito de usar a marca, o nosso ordenamento jurídico, impõe ao seu titular uma obrigação nesse sentido[31].

A obrigatoriedade do uso da marca registada assumiu sempre uma formulação negativa, i.e., nunca foi objecto de uma disposição que preceituasse que a marca registada tem de ser usada, mas antes de normas que sancionam a falta de uso em determinadas condições.

Era assim no CPI'40[32], da mesma forma continuou no CPI'95[33], e agora no Código vigente[34], tal como, de resto, sucede com a DM e com o RMC (v. arts. 10.°, n.° 1, da DM e 15.°, n.° 1, do RMC)[35].

---

[29] Fernández-Nóvoa, *Tratado, cit.*, p.453.

[30] Sem prejuízo da protecção ultramerceológica conferida às marcas de prestígio. Cfr. o nosso *Merchandising de Marcas (A Comercialização do Valor Sugestivo das Marcas)*, Coimbra, Almedina, 2003, pp.177 e ss..

[31] No sentido de não se tratar aqui de uma obrigação, mas de um ónus, cfr., por todos, Schricker, «Benutzungszwang in Markenrecht», in: *GRUR Int.*, 1969, p.15 (*apud* Saiz Garcia, *op.cit.*, p.38, nota 29).

[32] O CPI'40 dispunha, no art. 124.°, 3.°, que "caduca[va] o registo da marca se a marca não (...) [fosse] usada durante três anos consecutivos, salvo caso de força maior devidamente justificado".

[33] O art. 216.°, n.° 1, al.ª a), do CPI'95 preceituava que o registo caducava "se a marca não (...) [tivesse] sido objecto de uso sério durante cinco anos consecutivos, salvo justo motivo e sem prejuízo do disposto nos n.°s 5 a 9".

[34] V. *infra* 2.. O art. 269.°, n.° 1, estabelece que se uma marca não tiver sido objecto de uso sério durante cinco anos consecutivos, salvo justo motivo, deve ser declarada a caducidade do registo correspondente. Mas se tiver sido iniciado ou reatado o uso sério da marca – nos três meses imediatamente anteriores à apresentação do pedido de declaração de caducidade, contados a partir do fim do período ininterrupto de cinco anos de não uso –, o seu

662   *Estudos em Comemoração do 10.º Aniversário da Licenciatura em Direito*

Talvez por isso e pela ineficácia do sistema instituído, ainda na vigência do CPI'40, sentiu-se necessidade de alterar este *status quo*. Daí que o DL n.º 176/80, de 30 de Maio, assumindo expressamente no preâmbulo esta inoperância, tenha estipulado a obrigação de "de cinco em cinco anos, salvo quando forem devidas as taxas relativas à renovação do registo, os titulares dos registos de marcas (...) [apresentarem] uma declaração de intenção de uso da sua marca, sem a qual esta se presumirá não usada" (art. 1.º)[36/37].

---

registo não será declarado caduco, a não ser que as diligências para o início ou reatamento do uso só tenham ocorrido depois de o titular ter tomado conhecimento de que poderia vir a ser efectuado esse pedido de declaração de caducidade (arts. 268.º, n.º 4 e 269.º, n.º 4).

[35] A DM dispõe no art. 10.º, n.º 1, que "se, num prazo de cinco anos a contar da data do encerramento do processo de registo, a marca não tiver sido objecto de uso sério pelo seu titular, no Estado-membro em questão, para os produtos ou serviços para que foi registada, ou se tal uso tiver sido suspenso durante um período ininterrupto de cinco anos, a marca fica sujeita às sanções previstas na presente directiva, salvo motivo para a falta de uso". A estatuição do art. 15.º, n.º 1, do RMC é semelhante.

[36] O art. 2.º do DL n.º 176/80 estipulava ainda que "a partir da publicação do aviso de caducidade por falta de declaração de intenção de uso, o titular do registo terá o prazo de um ano para pedir a revalidação do registo, fazendo prova do uso da marca".

[37] Pensamos que esta declaração de intenção de uso pode ter-se baseado na declaração de uso que, então, constava dos trabalhos preparatórios da DM e do RMC e/ou na declaração de uso exigida pelo § 9 *Lanham Act* – ambas referidas *supra* na nota 24 -, embora nos inclinemos mais para a segunda hipótese, uma vez que, como é sabido, essa declaração foi omitida nas versões definitivas da DM e do RMC e, posteriormente, aquando da elaboração da legislação nacional em 1995 e agora em 2003, não se aproveitou para harmonizar a nossa lei com as disposições comunitárias, suprimindo esta norma.

Em qualquer dos casos, sublinhamos uma diferença infeliz e marcante da exigência do sistema português em relação àquelas declarações. Como vimos, em ambas procura(va)-se demonstrar o uso efectivo (que, no caso da declaração constante dos trabalhos preparatórios da DM e do RMC, era feito através de uma declaração de uso, que indicasse os produtos (ou serviços) em relação aos quais a marca tinha sido usada nos cinco anos anteriores), o que não sucede com a declaração introduzida, entre nós, em 1980 e que se mantém até hoje.

Aliás, por isso, como OLIVEIRA ASCENSÃO sublinhava, este sistema "é verdadeiramente bizarro. Em vez da exigência do uso, surge uma nova burocracia. Não é sequer a declaração que usou, que como sai de graça toda a gente estaria disposta a fazer, é a declaração de que tenciona usar! E daí a 5 anos declara de novo que tenciona, e assim se perpetua a titularidade da marca não usada!". E acrescenta que "(...) se porventura se omite semelhante declaração, a consequência é igualmente espantosa: presume-se o não uso da marca. Quer dizer, do facto de não se declarar que se pretende usar de futuro, presume-se que a marca não foi usada no passado!" (OLIVEIRA ASCENSÃO, *Direito Comercial, cit.*, pp.182-183). Cfr., ainda, OLIVEIRA ASCENSÃO, «A marca comunitária», *cit.*, p.17.

Registe-se, todavia, que esta presunção, felizmente, desapareceu do actual CPI, v. *infra* nota 41.

O Uso Obrigatório da Marca Registada

No entanto, parece que não foi este o expediente acertado para tornar operacional o sistema.

Esta declaração de intenção de uso foi, não obstante, mantida no CPI'95 (art. 195.°) com algumas diferenças. De entre estas destacamos o alargamento do prazo necessário para a falta de uso ser relevante (passou de três para cinco anos, por influência da DM), a precisão do prazo em que devia ser apresentada a declaração (n.°s 2, 6 e 7[38]), a previsão das consequências da falta de apresentação da declaração de intenção de uso (n.° 3[39]), a possibilidade de revalidação da marca se não tivesse sido pedido nem declarada a caducidade (n.° 4) e a hipótese de renovação do registo mesmo sem prova do uso (n.° 5[40]).

E a solução no novo CPI é a mesma (v. arts. 256.° e 269.°, n.° 1) com algumas alterações[41/42].

---

[38] De acordo com o disposto no n.° 2 do mesmo artigo a declaração de intenção de uso da marca devia ser apresentada no prazo de um ano, que se iniciava seis meses antes e terminava seis meses após o termo do período de cinco anos a que respeitasse.

No caso de registo internacional, o n.° 6 dispunha que os prazos de apresentação da declaração contavam-se da data do registo internacional. E, o n.° 7, acrescentava que se houvesse uma extensão posterior ao registo, a declaração não seria exigida antes de completados cinco anos a partir da data da extensão.

[39] A marca que não tivesse sido objecto de declaração de intenção de uso não seria oponível a terceiros, sendo declarada a caducidade do respectivo registo a requerimento de qualquer interessado, ou quando se verificasse prejuízo de direitos de terceiros no momento da concessão de outros registos.

[40] Estranhamente, se não fosse pedida, nem declarada a caducidade do registo da marca este seria novamente considerado "em pleno vigor" se o titular fizesse prova de uso da mesma (art. 195.°, n.° 10, do CPI'95). Mas, mesmo que esta prova não fosse efectuada, a renovação do registo poderia ser deferida, continuando aquele sujeito à aplicação dos n.°s 3 e 4 (n.° 5 do art. 195.° do CPI'95). Por isso, o Supremo Tribunal de Justiça (STJ) entendeu que a presunção de não uso da marca, por não ter sido apresentada a declaração de intenção (do seu uso), só podia ser ilidida se e enquanto não fosse pedida ou declarada a caducidade do respectivo registo, cfr. Acórdão do STJ, de 24 de Outubro de 2002, relativo ao registo da marca *Tavar*, in: *http://www.dgsi.pt/jstj.nsf.*

[41] Por um lado, desapareceu a criticada presunção de não uso do n.° 1. Sobre esta crítica v. *supra* nota 37.

Por outro, foi introduzida a obrigatoriedade de notificação do titular do registo sempre que seja pedida a caducidade do registo (v. n.° 6), procurando, na nossa opinião, estabelecer, nesta matéria, o princípio do contraditório. Cfr., a este propósito, o Acórdão do STJ, de 24 de Outubro de 2002, *cit.*, caso «Tavar», onde, em relação ao regime estabelecido no CPI'95 que, como vimos, não o estipulava, referia tratar-se "(...) sem dúvida, de um regime duro, de consequências draconianas, que lança mão (...), de uma presunção bizarra (da omissão declarativa de um projectado uso futuro presume-se um não uso passado) e que posterga o contraditório na declaração de caducidade". Registe-se, no entanto,

Das normas analisadas decorre que no nosso ordenamento jurídico o registo da marca ficará sujeito, entre outras sanções[43], a ser declarado caduco se: (1) a marca não tiver sido objecto de uso sério pelo seu titular num prazo de cinco anos a contar da data da concessão do registo, ou se (2) tal uso tiver sido suspenso durante um período ininterrupto de cinco anos.

O *non usus* só não acarretará estas consequências se (1) existir justo motivo, ou se (2) o uso (sério) da marca tiver sido iniciado ou reatado, nos três meses imediatamente anteriores à apresentação do período ininterrupto de cinco anos de não uso. Mas o registo será declarado caduco se as diligências para o início ou reatamento do uso só tiverem ocorrido depois de o titular ter tomado conhecimento de que poderia vir a ser efectuado esse pedido de declaração de caducidade (arts. 268.°, n.° 4 e 269.°, n.° 4).

São muitas as questões suscitadas pelo uso obrigatório da marca registada, por exemplo, a noção (e requisitos) de uso sério; as causas que possam justificar a falta de uso[44]; as consequências jurídicas da falta de uso da marca registada[45]. Atenta a dimensão do tema, optamos por aflorar apenas a primeira e cingindo-a às marcas individuais.

---

como salienta LUÍS COUTO GONÇALVES, que, apesar de não existir norma idêntica ao actual art. 256.°, n.° 6, alguns tribunais não aceitavam a declaração imediata da caducidade, aplicando analogicamente o art. 100.° do Código de Procedimento Administrativo (*Direito de Marcas, cit.*, p.177, nota 388, com indicações jurisprudenciais).

Para além destas alterações foi precisado, no n.° 3, que a declaração de caducidade é feita pelo Instituto Nacional da Propriedade Industrial (INPI) e, no n.° 7, esclarece-se agora que o pagamento do suplemento de taxas ao fim do primeiro período de dez anos é considerado, para os efeitos a que se refere o n.° 1, como uma renovação do registo.

Por fim, destacamos que o legislador procedeu a uma alteração respeitante à sistematização. No CPI'95 o art. 195.° surgia na Secção II (Processo de Registo), Subsecção I (Registo nacional), do Cap. IV (Marcas). No CPI vigente esta matéria passou a estar regulada na Secção III (Efeitos do registo).

[42] Teremos oportunidade de destacar alguns aspectos que decorrem da exigência da declaração de intenção de uso, *infra* na nota 45.

[43] V. *infra* nota 45.

[44] A fim de atenuar o rigor da obrigatoriedade do uso da marca registada, foi consagrada a possibilidade de a falta de uso da marca não dar lugar à aplicação das sanções que lhe estão, normalmente, associadas, quando existissem causas justificativas da falta de uso.

Esta previsão consta do art. 5.°C, n.° 1, da CUP [cfr., sobre esta previsão, CASADO CERVIÑO, «La genesis…», *cit.*, pp.230 e ss.], dos arts. 10.°, n.° 1, e 12.°, n.° 1, da DM, dos arts. 15.°, n.° 1, 43.°, n.° 2, 50.°, n.° 1, al.ª e) e 56.°, n.° 2, do RMC [quanto à evolução destas previsões desde os trabalhos preparatórios da DM até à formulação definitiva, cfr. FERNÁNDEZ-NÓVOA, *Tratado, cit.*, p.491 e SAIZ GARCIA, *op.cit.*, pp.156 e s.] e do art. 19.°, n.° 1, do ADPIC [cfr. STEFANO SANDRI, *La nuova disciplina della proprietà industrialle dopo i GATT-TRIPs*, 2.ª ed., Padova, CEDAM, 1999, p.68, que se refere aos potenciais interesses que subjazem à previsão dos motivos que possam justificar a falta de uso].

No nosso ordenamento, o art. 269.°, n.° 1, prevê, em consonância com a DM e com o ADPIC, a possibilidade de existir justo motivo para a não utilização da marca. Mas nada adianta quanto às hipóteses que o integram. Aliás, à excepção do ADPIC (que enumera, exemplificativamente, duas situações), normalmente, o legislador não indica o que considera justo motivo ou causas justificativas da falta de uso.

A doutrina tem considerado que existe justo motivo para a não utilização da marca quando ocorrer um acontecimento não imputável ao titular do registo que impeça ou dificulte extraordinariamente a utilização da marca no mercado (cfr. FERNÁNDEZ-NÓVOA, *Tratado, cit.*, pp.491 e s.).

Assim, constituem causas justificativas do não uso os casos de força maior (guerras, catástrofes naturais, como incêndios, inundações e terramotos), a existência de disposições legais que, p.e., impossibilitem a importação de matérias-primas necessárias à produção do produto marcado, bem como medidas administrativas, p.e., a falta de autorização de comercialização de produtos farmacêuticos. Em relação aos produtos farmacêuticos, cfr. FERNÁNDEZ-NÓVOA (*Tratado, cit.*, pp.493 e ss.) que defende a relevância do atraso nas autorizações administrativas necessárias como causas justificativas da falta de uso e não como uso relevante em sede de preparação da comercialização dos produtos. V. *infra* 2..

Por outro lado, não parecem subsumíveis às causas justificativas da falta de uso as hipóteses de falta de meios financeiros e de falência. Cfr., neste sentido, CHAVANNE/BURST, *op.cit.*, p.593, DI CATALDO, *op.cit.*, p.143, FERNÁNDEZ-NÓVOA, *Tratado, cit.*, p.495.

Hipóteses duvidosas são, p.e., as relativas à política empresarial (que são, em geral, aceites por VANZETTI/DI CATALDO, *op.cit.*, p.228), e, especificamente, as que respeitam a eventuais situações de contrafacção particularmente relevantes, são admitidas por parte da doutrina. Cfr., neste sentido, DE LA FUENTE GARCIA, *op.cit.*, p.244 e SENA, *op.cit.*, p.207. Também a saturação prolongada do mercado que conduza à cessação das vendas ou a uma redução considerável destas, segundo FERNÁNDEZ-NÓVOA (*Tratado, cit.*, p.493), pode ser relevante, pois, apesar de não operar como causa justificativa *per se*, é inegável que uma diminuição sensível das vendas imputável à saturação do mercado constitui, em princípio, um factor a considerar aquando da determinação da relevância da cifra de vendas para efeitos do uso efectivo da marca. V. *infra* 2..

Mas alguns autores, com os quais concordamos, têm defendido que não basta a verificação *per se* destas causas. "Para desculpar a falta de uso da marca é preciso que o empresário tenha cumprido o dever de diligência próprio da natureza da sua obrigação: o uso do seu sinal distintivo. (...) É preciso que o titular da marca tenha tomado todas as medidas oportunas para cumprir com a obrigação de uso (...)" (DE LA FUENTE GARCIA, *op.cit.*, p.244), embora não sejam exigíveis ao titular da marca prestações exorbitantes (cfr. SAIZ GARCIA, *op.cit.*, p.162). Aproximando-se desta solução, cfr. Resolução do Comité Executivo da *AIPPI*, relativa à questão Q92A, adoptada na reunião de Sidney, que decorreu nos dias 10-15 de Abril de 1988, in: *http://www.aippi.org/reports/re.PDF*, p.6, ponto G.

Relativamente à questão do ónus da prova, parece-nos que este incumbe ao titular da marca registada, uma vez que substitui a prova do uso sério da marca (no mesmo sentido, cfr. Fernández-Nóvoa, *Tratado, cit.*, p.492) e, nesta matéria, como referimos na nota seguinte, o legislador procedeu à inversão do ónus da prova. V. art. 270.°, n.° 6.

Para terminar, cumpre explicitar os efeitos da invocação de uma causa justificativa da falta de uso. Pretende-se saber se a ocorrência de uma causa justificativa da não utilização da marca registada interrompe o prazo de cinco anos previsto na lei para a declaração de caducidade, correndo um novo prazo de cinco anos a partir do momento em que cessar a causa justificativa, ou se apenas se suspende o prazo, de forma que, quando cessar a causa justificativa, seja retomada a contagem do prazo.

Parece-nos evidente que se a causa justificativa existir no momento da concessão do registo (momento a partir do qual deveria ter início a contagem), o prazo só começará a contar quando cessar a causa justificativa. Cfr., neste sentido, Mathély, *op.cit.*, p.259.

Todavia, em relação à outra possibilidade, i.e., de a causa justificativa ocorrer durante o decurso do prazo de cinco anos, Mathély (*op.cit.*, pp.259 e s.) defende que, à partida, da aplicação da regra geral resultaria que a solução deveria ser a suspensão do prazo. Mas o autor citado duvida desta, pois, ficaria por preencher o requisito legal para a caducidade: a não utilização da marca por cinco anos ininterruptos. Já Fernández-Nóvoa (*Tratado, cit.*, p.496) defende que a causa justificativa tem efeitos suspensivos, dado que, apesar de esta solução não favorecer os interesses do titular da marca, é a que melhor permite cumprir as finalidades perseguidas pela figura do uso obrigatório da marca. Parece-nos, por isso, que a causa justificativa deve ter efeitos suspensivos.

Do exposto podemos concluir que "(…) as causas justificativas da falta de uso serão causas excepcionais que deverão julgar-se à luz de todas as circunstâncias do caso concreto. Mas estas devem ser observadas de uma maneira restritiva, já que uma flexibilização dos critérios colocaria em perigo a finalidade da introdução do ónus do uso e ficariam abertas as portas para iludir por esta via a obrigatoriedade legal, sem sequer fazer o esforço de efectuar um uso aparente" (Saiz Garcia, *op.cit.*, p.161).

[45] O *non usus* da marca registada suscita várias consequências que, por razões que se prendem com a economia do presente trabalho, serão brevemente referidas. A principal é, como vimos, a possibilidade de o registo da marca ser declarado caduco. [Sobre a questão de a consequência da falta de apresentação da declaração de intenção de uso exigida pelo direito português corresponder à caducidade, cfr. Oliveira Ascensão, «Marca comunitária», *cit.*, p.17, que responde negativamente porque o efeito extintivo não é consequência fatal do decurso do tempo]. Mas existem outras sanções possíveis.

De acordo com o disposto no CPI, em princípio, o titular de uma marca registada tem o direito de anular o registo (posterior) de uma marca que contenha, em todos ou alguns dos seus elementos, "reprodução ou imitação, no todo ou em parte, (…) [da sua marca] para produtos ou serviços idênticos ou afins que possa induzir em erro ou confusão o consumidor ou que compreenda o risco de associação com a marca registada" (arts. 239.°, al.m) e 266.°, n.° 1, al.a)). Mas o registo não pode ser anulado se a marca anterior, invocada em oposição, não satisfizer a condição de uso sério, nos termos do art. 268.° (art. 266.°, n.° 3).

Nesta matéria, não podemos deixar de destacar uma importante novidade introduzida pelo novo Código relativa ao ónus da prova.

No CPI'95 essa matéria não era abordada, aplicando-se, por isso, a regra geral, ou seja, era o titular da marca registada em último lugar que tinha de provar que o titular da marca anterior não a tinha usado, com todos os problemas que este tipo de prova (justamente apelidada de diabólica) acarretava.

O novo CPI introduziu um preceito – o art. 270.º – e, no n.º 6, procedeu à inversão do ónus da prova ("cumpre ao titular do registo ou a seu licenciado, se o houver, provar o uso da marca, sem o que esta se presume não usada"). Assim, se o titular de uma marca registada quiser anular o registo de uma marca idêntica ou semelhante para produtos iguais ou afins aos que a primeira distingue, intentará a correspondente acção. Se o réu (titular da marca posterior) pedir, em reconvenção, a declaração da caducidade da marca anterior por falta de uso, caberá, nos termos do disposto no n.º 6 do art. 270.º, ao autor (titular da marca anterior) provar o uso da marca.

Ainda no plano das sanções da não utilização da marca registada cumpre referir que, apesar de o pedido de registo de uma marca que contiver, em todos ou alguns dos seus elementos, "reprodução ou imitação, no todo ou em parte, de marca anteriormente registada por outrem para produtos ou serviços idênticos ou afins que possa induzir em erro ou confusão o consumidor ou que compreenda o risco de associação com a marca registada" (art. 239.º, al.m)), dever ser recusado pelo INPI (*ex officio* ou a pedido do titular da marca registada anteriormente - arts. 17.º, n.º 1 e 237.º, n.ºs 1, 4 e 5), no caso de o titular da marca anteriormente registada não ter apresentado a declaração de intenção de uso prevista no art. 256.º, esta oposição ao pedido de registo posterior de marca conflituante não obterá êxito, pois o requerente do registo pedirá, em reconvenção, a declaração de caducidade da marca (arts. 256.º, n.º 3, 269.º, n.º 1 e 37.º, n.º 2).

Com o novo Código foi, ainda, introduzida uma norma que poderá ser útil ao requerente do registo de marca igual ou semelhante a outra anteriormente registada para produtos (ou serviços) semelhantes ou afins. Referimo-nos ao art. 270.º que consagra a possibilidade de ser pedida a declaração de caducidade de uma marca fundamentando-se em motivos que indiciem a falta de uso da marca (v. n.º 2 do art. 270.º).

E uma última sanção decorre do disposto no art. 256.º, n.º 3 que preceitua que se não for apresentada, atempadamente, a declaração de intenção de uso da marca registada, esta não é oponível a terceiros e a caducidade do respectivo registo é declarada pelo INPI a requerimento de qualquer interessado.

Significa isto que na hipótese de existir registada uma marca A para determinado produto e de essa marca não ser usada de forma séria, se o seu titular não tiver apresentado a declaração de intenção de uso, pode acontecer que um terceiro requeira o registo da marca A para o mesmo tipo de produtos ou afins e o mesmo seja concedido (hipótese pouco provável, já que o INPI ao proceder ao exame deste pedido, provavelmente, detectaria a identidade com marca anterior e passaríamos à situação prevista anteriormente, pedido de caducidade da marca anterior em reconvenção pelo requerente do registo).

Supondo que o titular da marca anterior queira exercer os seus direitos no âmbito de uma acção de contrafacção não irá ter êxito, pois invocará direitos contra terceiros que não lhes são oponíveis ("as marcas para as quais essa declaração não foi apresentada não são oponíveis a terceiros (...)" – art. 256.º, n.º 3), inclusivamente arrisca-se a que seja pedida,

668   *Estudos em Comemoração do 10.° Aniversário da Licenciatura em Direito*

2. O uso sério

O uso relevante para o efeito de permitir a manutenção do registo da marca é, de acordo com o disposto nos arts. 269.°, n.° 1, e 268.°, n.° 1, o uso *sério*.

Aliás, também a DM e o RMC exigem uma utilização *séria* da marca[46]. E na maior parte dos Estados-membros é usada a mesma expressão, ressalvados os casos de Espanha em que é referido o *uso efectivo y real*, e de Itália que exige o *uso effettivo*[47].

Reputamos que, apesar de existirem diferenças terminológicas entre as legislações dos Estados-membros, e até entre as diversas versões linguísticas da DM e do RMC, a concretização do uso relevante deverá ser entendida da mesma forma, já que é isso que resulta da exigência da aplicação uniforme do direito comunitário[48].

---

em reconvenção, a declaração de caducidade da marca (art. 270.°, n.° 2, com fundamento na inoponibilidade em relação a terceiros e/ou em indícios de não uso).

[46] Todavia, nos oitavo e nono considerandos da DM e do RMC, respectivamente, é referido o uso efectivo.

[47] A *Markengesetz* (§26) utiliza a expressão *ernsthafte Benutzung*. O *Code de la Propriété Intellectuelle* (art. 714-5) fala de *usage sérieux*. No *Trade Marks Act* 1994 (§46) é mencionado expressamente o *genuine use* (ligeiramente diferente, mas interpretado no mesmo sentido, cfr. CORNISH, *op.cit.*, §17-69, pp.606 e ss.).

O Protocolo de Modificação da Lei Uniforme do Benelux, de 19 de Março de 1962, aprovado pelo Comité de Ministros da União Económica do Benelux, em 2 de Dezembro de 1992, fala de *normaal gebruik* (uso normal). Mas este conceito é entendido sem diferenças em relação ao uso sério da DM. Cfr., neste sentido, GIELEN, «Harmonisation of trade mark law in Europe», in: *EIPR*, 8,1992, p.268, e ainda o Acórdão do Tribunal de Primeira Instância (TPI) (Segunda Secção), de 12 de Março de 2003, proferido no âmbito do processo T-141/01 (IHMI v. *Redcats S.A.*), caso *Cocoon*, ponto 21., in: *http://curia.eu.int/jurisp/cgi-bin/form.pl?lang=pt*.

Sobre a interpretação do *uso effettivo* referido no *Regio Decreto 21 giugno 1942*, *n.929*, art. 42.°, n.° 1, cfr. VANZETTI/GALLI, *La Nuova Legge Marchi*, 2.ª ed., Milano, Giuffrè Editore, 2001, p.222, que defendem que o conceito é entendido sem diferenças em relação à expressão da DM.

Quanto ao *uso efectivo y real* referido na *Ley 17/2001, de 7 de diciembre, de marcas* (art. 39.°, n.° 1), cfr. FERNÁNDEZ-NÓVOA (*Tratado, cit.*, p.465) que defende – ainda em relação ao *uso efectivo y real* já exigido pela anterior lei de marcas espanhola – ser equivalente ao uso da DM.

[48] Neste sentido, cfr. o Acórdão do Tribunal de Justiça da União Europeia (TJUE), de 11 de Março de 2003, proferido no âmbito do processo C-40/01 (*Ansul BV* v. *Ajax Brandbeveiliging BV*), caso *Minimax*, in: *http://curia.eu.int/jurisp/cgi-bin/form.pl?lang=pt*, ponto 26.. Cfr., ainda, UBERTAZZI, «Spunti sull'onere di usare il marchio comunitário», in:

Por outro lado, e atendendo ao facto de se tratar de um conceito jurídico indeterminado, é de esperar (e é isso que tem, efectivamente, acontecido) que a jurisprudência e a doutrina prestem um contributo importante para a sua concretização. É sobre a interpretação e aplicação deste conceito que nos vamos deter.

O uso sério é, desde logo, aquele que for real, efectivo[49], i.e., aquele que não é meramente simbólico, aparente, fictício, destinado meramente a evitar a declaração de caducidade do registo[50], mas apto a permitir que a marca desenvolva a sua função[51/52]. E, como é sabido, a função jurídica primordial da marca, ou pelo menos uma das suas funções, é a de distinguir produtos ou serviços provenientes de uma determinada empresa, possibilitando, desta forma, a sua aquisição pelo público consumidor[53].

Significa isto que o uso relevante é aquele que se traduz na venda de produtos (ou na prestação de serviços) marcados[54], incluindo o uso na pu-

---

RDI, XLIV, 1, 1995, parte I, p.5, nota 6 (ou «Apuntes sobre la carga de uso de la marca comunitária», in: *Marca y Diseño Comunitarios* (coord. ALBERTO BERCOVITZ), Pamplona, Aranzadi, 1996, p. 111, nota 6).

[49] No sentido de o uso sério ser equivalente ao uso efectivo, cfr. FERNÁNDEZ-NÓVOA, *Tratado, cit.*, p.465, embora o autor defenda que a referência ao uso efectivo alude ao requisito de determinada intensidade do uso exigido. V. ainda o Acórdão do TPI, de 12 de Março de 2003, *cit.*, caso *Coccon*, ponto 37..

[50] Nos EUA este objectivo foi realçado pela reforma, em 1988, do conceito de uso do §45 *Lanham Act* (15 USC §1127). O uso significa "the bona fide use of a mark in the ordinary course of trade, and not made merely to reserve a right in a mark".

[51] Neste sentido, v. Acórdão do TJUE, de 11 de Março de 2003, *cit.*, caso *Minimax*, ponto 43.. Cfr. ainda LUÍS COUTO GONÇALVES, *Direito de Marcas, cit.*, p.177, nota 389, CHAVANNE/BURST, *Droit de la Propriété Industrielle*, 4.ª ed., Paris, Dalloz, 1993, pp.584 e ss., MATHÉLY, *op.cit.*, p.246, NICCOLÒ ABRIANI, *Diritto Industriale* (ABRIANI/COTTINO/RICOLFI), PADOVA, CEDAM, 2001, p.116.

[52] Aliás, CHAVANNE/BURST (*op.cit.*, p.589 e s.) afirmam que "a exploração não deve ser *equívoca*, quer dizer que ela deve ter lugar a título de marca e não a título de nome comercial ou de insígnia, o que nem sempre é facilmente diferenciado quando se está em presença de marcas de serviço". No mesmo sentido, cfr. MATHÉLY, *op.cit.*, p.246.

[53] Sobre a função distintiva da marca, cfr., entre nós, LUÍS GONÇALVES, *Função Distintiva, cit., passim.*

[54] Este é o uso genericamente referido pela doutrina e jurisprudência. Cfr., entre outros, FERNÁNDEZ-NÓVOA, *Tratado, cit.*, p.466 e CHAVANNE/BURST, *op.cit.*, pp.588 e s..

O uso da marca não tem, necessariamente, de se referir a produtos novos oferecidos no mercado. Pode, como foi recentemente defendido pelo TJUE, respeitar a "(...) peças sobressalentes que entram na composição ou na estrutura destes produtos ou para produtos ou serviços directamente relacionados com os produtos já comercializados e que visam satisfazer as necessidades da clientela destes". Acórdão *cit.*, caso *Minimax*, ponto 43., parte final.

670 *Estudos em Comemoração do 10.º Aniversário da Licenciatura em Direito*

blicidade, a não ser que este não preceda a sua comercialização efectiva[55], e o uso na Internet[56]. E tem de respeitar aos produtos (ou serviços) para os quais a marca se encontra registada[57].

Por outro lado, realçando outras hipóteses de uso relevante, por exemplo, o aluguer de um produto (ou serviço) marcado ou uma doação, cfr. DE LA FUENTE GARCIA, *op.cit.*, pp.202 e s..

[55] No mesmo sentido, cfr. FERNÁNDEZ-NÓVOA (*Tratado, cit.*, pp.469 e ss.) que destaca quatro razões que justificam a relevância do uso da marca em publicidade e com as quais concordamos. A primeira, respeita ao facto, inegável, de a introdução efectiva dos artigos no mercado ser, muitas vezes, precedida (e acompanhada) de intensas campanhas publicitárias. A segunda, é a consideração de que a publicidade é, frequentemente, o mecanismo que com mais eficácia contribui para o processo de difusão e reconhecimento da marca por parte dos consumidores. A terceira, assenta no reconhecimento da função jurídica publicitária da marca. E, por fim, o facto de a lei de marcas espanhola (à data a de 1988, hoje, como é referido *supra* na nota 47, a de 2001) ao delimitar as dimensões positiva e negativa do direito subjectivo sobre a marca, mencionar expressamente a utilização da marca para efeitos publicitários.

Diferenciando três sistemas a propósito do uso da marca na publicidade, DE LA FUENTE GARCIA (*op.cit.*, pp.229 e ss.) distingue entre sistemas positivos e negativos, consoante a legislação atribua relevo, expressamente, ao uso da marca na publicidade (no primeiro caso), ou exija que as marcas sejam usadas fisicamente em relação aos produtos que identificam (no segundo caso), e refere ainda um sistema eclético respeitante a países em que a legislação não resolve o problema, embora admita a relevância do uso da marca em publicidade em determinadas circunstâncias.

Um exemplo do primeiro sistema é o italiano. Cfr., sobre o regime italiano, DI CATALDO, *I Segni Distintivi*, 2.ª ed., Milano, Giuffrè Editore, 1993, pp.46 e ss.

Os EUA integram-se no sistema negativo. Cfr. MCCARTHY (*op.cit.*, §16:28, pp.16-35 e s.) que refere como exemplo de uso irrelevante, por ser considerado mero uso publicitário, o que é feito de um nome de motel em artigos como sabonetes e toalhas.

A França representa um exemplo do sistema eclético. Cfr., a este propósito, CHAVANNE/BURST, *op.cit.*, p.588 e MATHÉLY, *op.cit.*, pp. 246 e ss..

Também Portugal parece caber nos sistemas ecléticos, pois, por um lado, não resulta do CPI que a marca tenha de ser usada fisicamente nos produtos que visa distinguir, bastando que seja apta a distingui-los dos que provenham de outras empresas (art. 222.º, n.º 1). Por outro, resulta de algumas disposições do Código a relevância do uso na publicidade (*v.g.*, art. 258.º donde se extrai o conteúdo do direito conferido pelo registo da marca e que tem sido interpretado no sentido de admitir o uso da marca em publicidade).

No que respeita ao caso alemão, cfr. FERNÁNDEZ-NÓVOA («El uso obligatorio...», *cit.*, pp.29 e ss.) que procede à análise das três posições (*infra* referidas) assumidas pela doutrina alemã a este respeito.

Na verdade, alguns autores (como é o caso de HEYDT) adoptam uma tese que propugna um amplo reconhecimento do emprego publicitário da marca: (1) se os produtos que aquela visa distinguir se encontrarem no mercado ou se a sua comercialização estiver eminente; ou (2) se, apesar de não ter sido sequer iniciada a sua produção, existir o propósito concreto de o fazer. Outros (como sucede com FEZER) estabelecem, em relação às hipó-

O Uso Obrigatório da Marca Registada

teses de uso da marca exclusivamente na publicidade, critérios muito rigorosos para determinar se esse uso é relevante para o efeito de evitar a caducidade, sugerindo que se distinga consoante se trate de marcas que assinalam produtos de consumo massivo ou, ao invés, de produtos de consumo especializado que só se fabriquem por encomenda, e reservando apenas a estes últimos a relevância deste tipo de uso.

Outros autores são partidários de uma posição muito restritiva, recusando relevo jurídico ao uso da marca na publicidade, mesmo nas hipóteses de *Hinweiswerbung* (publicidade alusiva e que preceda a comercialização dos produtos), invocando a insegurança jurídica que daqui resultaria para os concorrentes do titular da marca. Esta é a opinião de BOEKEL e de TIETGEN.

Finalmente, há autores (KRAFT e SCHRICKER) que perfilham uma posição intermédia. Sem recusar, em termos gerais, relevo jurídico ao emprego publicitário da marca, postulam critérios restritivos para a sua valoração. Assim, só consideram relevante o uso publicitário da marca se for seguido da comercialização efectiva, embora admitam que esta possa ser iniciada já depois de expirado o prazo legal para o uso da marca.

SAIZ GARCIA (*op.cit.*, p.152) refere ainda que, actualmente, na Alemanha tem prevalecido o critério restritivo, à excepção dos artigos altamente especializados que, geralmente, só se fabriquem por encomenda.

Contrastando com esta posição, a *AIPPI* admite que "o uso da marca em publicidade anunciando uma venda futura preenche as condições para o uso requerido desde que o processo de colocação dos bens no mercado ou de prestação de serviços tenha começado e que o cliente os possa obter num futuro próximo" (Resolução do Comité Executivo, adoptada na reunião de Sidney, *cit.*, p.3, ponto 3, al.ª b)).

Como já tivemos oportunidade de referir, julgamos que o uso na publicidade será relevante desde que seja acompanhado ou, pelo menos, seguido da comercialização efectiva dos produtos marcados. Mas a valoração desse tipo de uso deve ser efectuado com grande rigor, a fim de garantir que o escopo prosseguido pelo legislador ao estabelecer a obrigatoriedade do uso da marca registada não seja desvirtuado. Concordamos, por isso, com os autores que procedem à distinção entre marcas que diferenciem produtos de consumo massivo (onde nos parece que, em princípio, não relevará o uso publicitário sem a sua comercialização efectiva) e as que distinguem produtos de consumo altamente especializado, fabricados por encomenda.

[56] Neste sentido, v. o art. 5.º da Recomendação Conjunta, relativa às normas de protecção de marcas e de outros direitos privativos industriais sobre sinais, na Internet (adoptada pela Assembleia da União de Paris para a Protecção da Propriedade Industrial e pela Assembleia Geral da Organização Mundial da Propriedade Intelectual (OMPI), na 36.ª série de reuniões de assembleias dos Estados-membros da OMPI, que teve lugar nos dias 24 de Setembro-3 de Outubro de 2001, in: *http://www.ompi.org/about-ip/en/development_iplaw/pdf/pub845.pdf*, p.11) que dispõe que "o uso de um sinal na Internet num Estado-membro, incluindo as formas de uso que sejam possíveis pelos avanços tecnológicos, devem, em todos os casos, ser tomadas em consideração para determinar se os requisitos, aplicáveis sob a lei do Estado-membro, para a aquisição ou manutenção do direito sobre o sinal se encontram preenchidos".

672   *Estudos em Comemoração do 10.º Aniversário da Licenciatura em Direito*

Pelas mesmas razões tem-se considerado que não é suficiente o uso interno da marca[58/59], nem o estritamente privado[60], sendo indispensável a sua comercialização no mercado ou, pelo menos, a preparação séria desta comercialização[61/62]. Não é, por isso, suficiente a colocação da marca em

---

Esta Recomendação foi apoiada pela *AIPPI*, na reunião do seu Comité Executivo que decorreu em Lisboa, em 21 de Junho de 2002 (in: *http://www.aippi.org/reports/resolutions(Q168_E.pdf*, p.2).

Sobre o uso da marca na Internet neste contexto, cfr., GARCIA VIDAL, «A Recomendação Conjunta da União de Paris e da OMPI sobre a protecção das marcas e outros direitos de propriedade industrial sobre sinais na Internet» (traduzido por LUÍS COUTO GONÇALVES), in: *Scientia Ivridica*, Tomo LII, pp.317 e ss., e, entre nós, OLIVEIRA ASCENSÃO, «As funções da marca e os descritores (*metatags*) na Internet», in: Direito Industrial, Vol.III, Faculdade de Direito de Lisboa/Associação Portuguesa de Direito Intelectual, Coimbra, Almedina, 2003, pp.17 e ss..

[57] Neste sentido, cfr. MATHÉLY, *op.cit.*, p.250 e s.. Quanto à hipótese de uso parcial, v. *infra* 5..

[58] Cfr., a este propósito, o Acórdão do TPI, *cit.*, caso *Cocoon*, ponto 39., que refere expressamente que "(...) há que considerar que a condição relativa à utilização séria da marca exige que esta (...) seja utilizada publicamente e com relevância exterior, para se obter um lugar no mercado para os produtos ou os serviços que representa (v., neste sentido, conclusões do advogado-geral Ruiz Jarabo-Colomer, no processo Ansul, C-40/01, ainda não publicado na Colectânea, n.º 58)".

No mesmo sentido, cfr. ainda FERNÁNDEZ-NÓVOA («El uso obligatorio...», *cit.*, p.21) e LUÍS COUTO GONÇALVES, *Direito de Marcas*, *cit.*, p.177, nota 389.

[59] Por isso, não são relevantes as vendas que ocorram em âmbitos fechados, p.e., embaixadas. Mas já relevará a comercialização em bases militares, zonas francas, lojas livres de impostos, etc., porque, embora correspondam a zonas de acesso restringido, a comercialização incorpora os produtos dentro de determinado circuito comercial. Cfr. DE LA FUENTE GARCIA, *op.cit.*, p.246.

[60] Por exemplo, a distribuição de produtos na esfera interna da empresa ou entre empresas do mesmo grupo, cfr. DE LA FUENTE GARCIA, *op.cit.*, p.245, e ainda SAIZ GARCIA, *op.cit.*, p.141.

[61] No mesmo sentido, v. Acórdão do TJUE, *cit.*, caso *Minimax*, ponto 37., Cfr. ainda FERNÁNDEZ-NÓVOA, *Tratado*, *cit.*, p.470.

Defendendo ser esta a interpretação mais adequada à DM, cfr. MATHÉLY, *op.cit.*, p.248.

[62] Por este motivo, em princípio, não serão relevantes as chamadas vendas experimentais (*tests sales*), i.e., as vendas que se destinam a testar a reacção do público consumidor à introdução de um produto no mercado, a fim de auxiliar na decisão sobre a sua comercialização efectiva. [Sobre a noção de vendas experimentais, cfr. DE LA FUENTE GARCIA (*op.cit.*, pp.246 e ss.) que diferencia dois casos: um respeita às *tests sales*, o outro refere-se aos produtos cuja comercialização dependa de determinadas autorizações]. Só relevarão se forem seguidas de uma exploração regular. Cfr. MATHÉLY, *op.cit.*, p.248.

No sentido de não serem suficientes, em regra, estes actos de uso da marca registada

O Uso Obrigatório da Marca Registada 673

embalagens ou etiquetas de produtos armazenados[63/64], bem como, geralmente, as vendas a que não tenham livre acesso a totalidade dos consumidores[65].

Por outro lado, só relevará o uso traduzido em repetidos actos e não o uso casual, esporádico[66], embora possa ser descontínuo (p.e., uma marca

---

para evitar a caducidade, cfr. CHAVANNE/BURST, *op. cit.*, p.588 e, entre nós, LUÍS COUTO GONÇALVES, *Direito de Marcas, cit.*, p.177, nota 389.

Em sentido contrário, cfr. FERNÁNDEZ-NÓVOA (*Tratado, cit.*, pp.470 e ss.) que defende a sua relevância sempre que estejam amparadas por uma campanha publicitária adequada que mostre, claramente, que as vendas experimentais não são um subterfúgio tendente a evitar as sanções decorrentes da inobservância do uso da marca.

Cfr. ainda SAIZ GARCIA (*op.cit.*, p.144) que estabelece como requisitos para a relevância deste tipo de uso: (1) integrarem-se nos usos do sector económico a que pertencem os produtos objecto da venda experimental; (2) sempre que através delas se alcance uma cifra de vendas concordante com a índole do artigo de marca e com o número de pessoas que participaram no teste; (3) a consideração da duração temporal, bem como da extensão espacial das vendas, e (4) dos custos dessas vendas.

A citada autora defende, por outro lado, que a intenção do titular quanto ao uso não deve influenciar esta valoração se os requisitos indicados estiverem clara e suficientemente preenchidos (*op.cit.*, p.146).

Também a *AIPPI* admite que o uso experimental é, normalmente, suficiente. Cfr. Resolução do Comité Executivo, adoptada na reunião de Sidney, *cit.*, p.3, ponto 4, al.ª b).

[63] Sem prejuízo da sua relevância se respeitar a produtos que se destinem exclusivamente a ser exportados. V. *infra* neste ponto.

[64] Mas, como é destacado por MATHÉLY (*op. cit.*, p.246), "para ser utilizado a título de marca, não é exigido que o sinal seja materialmente aposto sobre o objecto designado ou sua embalagem: é suficiente que o sinal seja empregue para apresentar ou acompanhar a oferta ou a venda do produto ou a oferta ou prestação do serviço". De forma diferente, nos EUA é, normalmente, exigida essa afixação. Cfr. MCCARTHY, *op.cit.*, §16:27 e ss., pp.16-33 e ss..

[65] É o que sucede nos "economatos". Neste sentido, cfr. SAIZ GARCIA (*op.cit.*, pp.142 e s.) que diferencia os casos de venda de artigos de marca no "economato" da empresa titular da marca e em "economatos" ou cooperativas de acesso restrito, pois, ao contrário do que acontece no primeiro caso, nestes, apesar de se dirigirem a um público mais ou menos reduzido, os artigos marcados entram em directa concorrência com produtos idênticos ou similares por se tratar de uma oferta conjunta que permite uma escolha ao público, não constituindo uso meramente interno.

Em sentido algo diverso, cfr. DE LA FUENTE GARCIA (*op.cit.*, p.246) que sustenta que "(…) [as vendas em "economatos"] podem constituir actos de uso relevante da marca se os sujeitos a quem se dirigem os produtos marcados constituirem um sector importante de consumidores dentro do mercado. Neste caso, não é tão importante que os produtos marcados se destinem a todos os consumidores potenciais dos mesmos, como que a marca tenha uma difusão apropriada para desempenhar as funções para que nasceu".

[66] Como CHAVANNE/BURST afirmam (*op. cit.*, pp.590 e s.), "tão breve e pouco importante em relação ao mercado e à dimensão do estabelecimento".

674   *Estudos em Comemoração do 10.º Aniversário da Licenciatura em Direito*

de chocolates pode não ser comercializada durante os meses de Verão). E, também não se exige, como veremos mais adiante, o uso em todo o território nacional, admite-se, por isso, a relevância do uso não generalizado ou local, desde que seja suficiente para cumprir a finalidade da sua obrigatoriedade ou, se se preferir, se não tiver por objectivo iludir a aplicação da caducidade por falta de uso sério[67].

Como se aprecia a seriedade do uso em concreto?

A propósito da interpretação uniforme do conceito de uso sério, o TJUE refere que " (...) a apreciação do carácter sério do uso da marca deve assentar na totalidade dos factos e das circunstâncias adequados para provar a existência da exploração comercial da mesma[68], em especial, nos

---

[67] Cfr., neste sentido, VANZETTI/DI CATALDO (*Manuale di Diritto Industriale*, 2.ª ed., Milano, Giuffrè Editore, 1996, p.227) e ainda MATHÉLY, *op.cit.*, p.252.

Sobre o uso não generalizado na hipótese de marca comunitária, cfr. *infra* neste ponto.

[68] Em relação às vendas por catálogo coloca-se a questão de determinar se o uso sério pode resultar do facto de a marca figurar simplesmente do catálogo.

CHAVANNE/BURST (*op.cit.*, p.588) respondem afirmativamente. No entanto, atendendo à finalidade da obrigatoriedade do uso da marca registada e, consequentemente, aos critérios utilizados para aferir dessa utilização (*séria*), não podemos subscrever esta opinião.

O uso relevante será o que demonstrar a existência de exploração comercial, i.e., o uso que se traduza na *venda* de produtos marcados. O facto de uma marca constar de um catálogo de venda por correspondência não comprova, por si só, essa utilização. É preciso demonstrar que foram efectuadas vendas, *in casu* por correspondência, e para a sua valoração será ainda necessário atender, entre outros factores, à sua quantificação, de acordo com o que *supra* é referido no texto.

Não concordamos, por isso, com a decisão do TPI, no Acórdão relativo ao caso *Cocoon, cit.*, que se pronunciou sobre esta questão (v. pontos 36. e ss.), confirmando a interpretação defendida pela (terceira) Câmara de Recurso do IHMI, segundo a qual "(...) em geral, deve entender-se por utilização séria (...), a utilização real da marca no mercado por forma a chamar a atenção dos potenciais clientes para os produtos ou serviços efectivamente oferecidos sob essa marca (...). No caso concreto (...) a Câmara de Recurso considerou, designadamente, que a interveniente indicou que tanto ela como o seu catálogo gozavam de notoriedade evidente no domínio da venda por correspondência, que vários milhões de exemplares do mesmo catálogo são distribuídos em numerosos países europeus (...)" (ponto 20. do Acórdão *cit.*), sem cuidar da importância da utilização.

Não nos parece que a notoriedade da marca determine o uso sério, embora seja um factor a atender, designadamente, para, em conjunto com o facto relativo à natureza do produto marcado, se proceder à quantificação das vendas na aferição do uso sério.

Reconhecemos, todavia, que a decisão devia ter sido no sentido de reconhecer o uso sério da marca em questão, se fosse possível em termos processuais (e não era) atender à prova apresentada (tardiamente) pelo titular da marca registada em litígio. Na verdade, este apresentou provas da distribuição de vários milhões de exemplares do catálogo em muitos

O Uso Obrigatório da Marca Registada

usos considerados justificados no sector económico em questão para manter ou criar partes de mercado em benefício dos produtos ou serviços protegidos pela marca, na natureza destes produtos ou serviços, nas características do mercado, na extensão e na frequência do uso da marca (...)"[69].

No que respeita à quantificação das vendas, que parece ser um dos factores a apreciar de acordo com os critérios formulados pelo TJUE, cumpre sublinhar alguns aspectos[70].

Desde logo, é preciso não esquecer que este parece impor-se, naturalmente, atentas as razões que justificam a obrigatoriedade do uso da marca registada e que foram referidas na Introdução[71].

Para além disso, é certo que esta quantificação terá de ser sempre relativizada por outros dados. Concordamos, pois com FERNÁNDEZ-NÓVOA que propõe a conjugação deste critério com dois factores: a natureza e as características dos produtos diferenciados pela marca, por um lado, e a dimensão da empresa titular da marca, por outro.

O autor citado procede a uma diferenciação consoante estejamos a tratar de produtos de consumo massivo, hipótese em que deve ser exigido um maior número de vendas, ou de produtos de consumo especializado ou de preço elevado, caso em que deve ser considerado suficiente um número de vendas mais baixo.

No que respeita à dimensão da empresa, FERNÁNDEZ-NÓVOA, inspirado na doutrina alemã[72], defende que se devem diferenciar as pequenas e

---

países europeus e de que as vendas feitas na sequência de encomendas por correspondência atingem vários milhares de milhões de francos franceses (v. ponto 13. do Acórdão *cit.*).

[69] Acórdão do TJUE, de 11 de Março de 2003, relativo ao caso *Minimax*, *cit.*, ponto 43..

[70] Em sentido contrário, cfr. MATHÉLY que defende que, em princípio, o uso exigido para a manutenção do direito sobre a marca deve ser independente do volume de exploração (*op.cit.*, p.251). Aliás, admite que "(...) ela pode ser limitada na massa e no valor dos objectos vendidos e a uma difusão local", pois "(...) exigir que a exploração, para ser reconhecida como suficiente, atinja um certo volume e uma certa extensão, conduziria a condenar as pequenas empresas, o que é contrário ao princípio da igualdade perante a lei" (*op.cit.*, pp.252 e s.).

Mas reconhece que "é necessário admitir que uma exploração, reduzida ao ponto de ser irrisória, não pode ser considerada real: se tendo em conta a capacidade e os meios de uma empresa por um lado, e as necessidades do mercado por outro, a exploração for insignificante, parece que ela é simplesmente de fachada" (*op. cit.*, p.253).

[71] Aliás, estas impõem que na apreciação do uso que é feito da marca se atenda a todos os interesses em jogo. No sentido que defendemos, cfr. DE LA FUENTE GARCIA, *op.cit.*, p.197.

[72] Cfr. HEISEKE, «Einige materielle Fragen zum Warenzeichen – und Benutzungszwang», in: *Wettbewerb in Recht und Praxis*, 1973, pp.186-187 e SHRICKER, «Der

676 Estudos em Comemoração do 10.º Aniversário da Licenciatura em Direito

médias empresas das grandes empresas titulares dos registos de marcas[73], uma vez que um determinado número de vendas que pode ser considerado suficiente para uma pequena ou média empresa pode não o ser para uma grande empresa.

Mas, como Saiz Garcia refere, o facto de a cifra de vendas ser muito reduzida "(…) em função dos dois factores assinalados anteriormente, suporá, apenas, uma presunção de uso aparente dirigido exclusivamente a manter o direito formal de marca, mas nunca será factor exclusivo e excludente de um uso efectivo. Ficará sempre nas mãos do titular da marca o fornecimento de outros dados que justifiquem que a marca foi, efectivamente, utilizada"[74].

Num outro plano, o uso relevante é o que é realizado em Portugal. Trata-se da aplicação do princípio da territorialidade.

No entanto, devemos atender a duas situações particulares.

O legislador atribui, excepcionalmente, relevância ao uso que é feito da marca pela sua aposição nos produtos, ou nas embalagens, em Portugal, mas que não são introduzidos no mercado nacional, destinando-se apenas a exportação (v. al.ª b) do n.º 1 do art. 268.º).

Esta excepção, de resto, está prevista na generalidade dos ordenamentos jurídicos que estabelecem o princípio da obrigatoriedade do uso da marca registada, incluindo a DM (art. 10.º, n.º 2, al.ª b)) e o RMC (art. 15.º, n.º 2, al.ª b)), e é justificada pela tutela do comércio de exportação, bem como pela necessidade de evitar práticas obstrucionistas daquele.

Como Fernández-Nóvoa sublinha, se este tipo de uso fosse considerado irrelevante qualquer terceiro podia registar o sinal correspondente à marca registada pela empresa exportadora e impedir esta de a afixar no território nacional sobre os produtos objecto de exportação[75].

Uma outra hipótese em que o uso relevante pode não coincidir com o que é feito em território português respeita às marcas comunitárias[76].

Benutzungszwang in Markenrecht», in: *GRUR Int.*, 1969, p. 21, *apud* Fernández-Nóvoa, *Tratado, cit.*, p.469.

[73] Este facto parece-nos excluir o receio de violação do princípio da igualdade que Mathély refere (v. *supra* nota 70), já que as situações não são iguais e, por isso mesmo, devem ter um tratamento diferenciado.

[74] Saiz Garcia, *op.cit.*, pp.149 e s..

[75] Fernández-Nóvoa, *Tratado, cit.*, p.477.

[76] Para maiores desenvolvimentos, cfr. Ubertazzi, *op.cit.*, pp.8 e ss., que destaca, neste ponto, uma vantagem da marca comunitária relativamente às marcas nacionais e

O *Uso Obrigatório da Marca Registada*

677

Na verdade, o art. 15.°, n.° 1, do RMC dispõe sobre o uso da marca comunitária na *Comunidade*, não indicando um mínimo de Estados-membros em que tenha de se verificar a utilização. A doutrina tem, maioritariamente, interpretado esta exigência num sentido amplo, i.e., de forma a não obrigar ao uso da marca comunitária em toda a Comunidade, nem sequer em vários dos Estados-membros, bastando o uso num deles[77/78].

UBERTAZZI invoca vários argumentos a favor desta interpretação[79], com os quais concordamos.

Desde logo, um argumento sistemático oferecido pela função complexa do sistema de marca comunitária. Refere o autor citado que este sistema foi pensado de forma a não excluir as pequenas e médias empresas e, por isso, a obrigação de uso não poderia estender-se a uma pluralidade de Estados-membros, sob pena de arredar àquelas empresas a hipótese de conseguirem registar (e manter os seus direitos sobre) marcas comunitárias.

Por outro lado, UBERTAZZI, recorrendo a um argumento de ordem histórica, relembra os trabalhos preparatórios do RMC que revelam expressamente, e em diversos momentos, a vontade de excluir a exigência do uso numa pluralidade de Estados-membros e até mesmo numa parte substancial da Comunidade, e que, inclusivamente, salientam o paradoxo que seria aquela exigência com a vontade de superar as barreiras entre as diferentes fronteiras nacionais.

---

internacionais ("um registo internacional relativo a uma pluralidade de ou a todos os Estados-membros da União Europeia imporia usar a marca em todos e cada um desses Estados, enquanto segundo o Regulamento 40/94 o uso da marca comunitária num só Estado é tendencialmente suficiente para evitar a caducidade", *op.cit.*, p.13). No mesmo sentido, cfr. CASADO CERVIÑO, «Uso de la marca comunitaria», in: *Comentarios a los Reglamentos sobre la Marca Comunitaria* (CASADO CERVIÑO/LLOBREGAT HURTADO), Vol.I, Alicante, Universidad de Alicante, 1996, p.200.

[77] No sentido de exigir que o uso seja efectuado em, pelo menos, dois Estados-membros, cfr. FERNÁNDEZ-NÓVOA, *El sistema comunitario de marcas*, Madrid, Editorial Montecorvo, 1995, pp.372 e ss., e CORNISH, *op.cit.*, §17-71, p.608.

[78] Em sentido ligeiramente diferente, cfr. SAIZ GARCIA (*op.cit.*, p.110) que afirma que nalgumas situações a utilização num só Estado-membro é motivo suficiente para a caducidade. Aliás, acrescenta que "em qualquer caso, o titular da referida marca deverá provar que a sua intenção inicial, de utilizá-la em mais de um dos mercados nacionais, foi frustrada por uma série de circunstâncias, entre as quais a diferença de critérios tão estritos a ter em conta em sede de causas justificativas da falta de uso a nível nacional (...)".

[79] UBERTAZZI, *op.cit.*, pp.9 e ss. Cfr., ainda, CASADO CERVIÑO, *ult.op.cit.*, p.200 e SENA, *op.cit.*, p.206.

678   *Estudos em Comemoração do 10.° Aniversário da Licenciatura em Direito*

Este paradoxo existiria também em relação a outras normas do RMC, designadamente, com a que reputa suficiente o uso que se traduz na aposição da marca a produtos que se destinem, exclusivamente, à exportação.

Finalmente, procede a uma interpretação do disposto no art. 108.°, n.° 2, al.ª a), do RMC[80] em harmonia com a tese defendida e invocando, inclusivamente, o testemunho de participantes nos trabalhos preparatórios do RMC, que parecem concordar em excluir que o legislador comunitário tenha querido expressar, com o disposto no art. 108.°, um sinal no sentido de ser necessário o uso da marca numa pluralidade de Estados[81].

O autor citado refere ainda que, em regra, a obrigação de uso da marca comunitária será cumprida pelo uso circunscrito a uma parte do território de um Estado-membro[82].

3. O uso directo e indirecto

O uso relevante para o efeito de evitar a caducidade é, desde logo, o que é realizado directamente pelo titular do registo. Mas do disposto no art. 268.° decorre que também é possível o uso indirecto.

A al.ª a) do n.° 1 da norma citada refere-se ao uso por um licenciado, com a licença devidamente averbada[83] e a al.ª c) menciona expressamente

---

[80] O art. 108.°, n.° 2, al.ª a), do RMC, na hipótese de o titular de uma marca comunitária requerer a sua transformação em pedido de marca nacional, prevê que "a transformação não ocorre: quando o titular da marca comunitária tenha perdido os seus direitos por falta de uso dessa marca, a não ser que no Estado-membro para o qual a transformação foi pedida a marca comunitária tenha sido utilizada em condições que constituam uso real nos termos da legislação do referido Estado-membro".

[81] Cfr. UBERTAZZI (*op.cit.*, p.12) que, na nota 22, esclarece que se está a referir, em especial, aos testemunhos de Alexander Von Mühlendahl e de José Mota Maia.

[82] UBERTAZZI, *op.cit.*, p.13. Embora o autor exclua essa possibilidade no caso de uso em parte do território de um Estado muito pequeno (refere como exemplo, se aderissem à União Europeia, os casos dos Principados do Mónaco e do Liechenstein e da República de Andorra).

SAIZ GARCIA (*op.cit.*, p.217) destaca o fenómeno inverso, i.e., que se o uso da marca se realizar numa parte do território de um Estado-membro, mas corresponder a uma zona extensa ou de grande influência económica, podemos entender que tal uso pode impedir a caducidade da marca comunitária.

[83] O art. 268.°, n.° 1, al.ª a), dispõe que "considera-se uso sério da marca o uso tal como está registada ou que dela não difira senão em elementos que não alterem o seu carácter distintivo, de harmonia com o disposto no artigo 261.°, feito pelo titular do registo, ou por seu licenciado, com licença devidamente averbada". Esta alínea abarca dois pro-

a utilização da marca por um terceiro, desde que o seja sob controlo do titular e para efeitos da manutenção do registo.

A possibilidade aberta pela al.ª c) do n.º 1 do art. 268.º é uma novidade introduzida pelo actual CPI e parece ter sido inspirada pelo disposto no art. 19.º, n.º 2, do ADPIC, sendo essencial que o uso feito por terceiro seja efectuado sob controlo do titular do registo[84]. O legislador nacional aproveitou bem a oportunidade para cumprir esta obrigação que tinha assumido.

Todavia, à primeira vista, parece-nos que podem existir alguns problemas na conciliação das duas alíneas (a) e c)) do art. 268.º: a exigência do controlo prevista, expressamente, para a utilização indirecta na al.ª c) quererá significar que no caso de o uso indirecto ser efectuado através de um licenciado o titular da marca fica dispensado dessa obrigação de controlar o uso?

Pensamos que a resposta a esta questão não poderá deixar de ser negativa, pois, por um lado, como foi referido *supra*, Portugal vinculou-se a estabelecer que o uso por terceiro autorizado pelo titular da marca só lhe aproveitará, para efeitos de manutenção do registo (i.e., para evitar a caducidade por não uso directo da marca registada), se este uso for efectuado sob controlo do titular do registo (art. 19.º, n.º 2, do ADPIC) e esta disposição aplicar-se-á a *qualquer terceiro* autorizado.

O caso mais frequente de uso indirecto é, precisamente, o que é efectuado por licenciados[85]. Mas existem outras situações[86]. Pense-se, p.e., no

---

blemas distintos: na parte final, o referido no texto, i.e., a relevância do uso indirecto da marca, e, na primeira parte, a questão respeitante ao uso da marca de forma diferente da registada que iremos abordar *infra*, v. 4..

[84] Neste sentido, cfr. Luís Couto Gonçalves, *op.cit.*, p.176, nota 387.

[85] O contrato de licença é o acordo pelo qual o licenciante (titular da marca) autoriza um terceiro (licenciado) a utilizar a marca nos seus produtos ou serviços. Na licença não há transmissão da titularidade, é apenas conferida autorização para a utilizar.

De acordo com o disposto no art. 32.º, n.º 1, a licença pode ser total ou parcial, a título gratuito ou oneroso, para certa zona ou para todo o território nacional, por todo o tempo da sua duração ou por prazo inferior.

Por outro lado, a licença pode ser exclusiva ou não e, se nada for estipulado pelas partes, o n.º 5 do art. 32.º dispõe, supletivamente, no sentido de se presumir a não exclusividade.

Relativamente às licenças parciais, cfr. Fernández-Nóvoa (*Tratado, cit.*, pp.474 e s.) que levanta a possibilidade de uma licença parcial poder desembocar no uso parcial da marca e dessa forma não evitar totalmente a caducidade. Sobre o uso parcial da marca, v. *infra* 5..

[86] Ubertazzi (*op.cit.*, p.7) refere ainda que a obrigação de usar a marca nacional está vinculada aos princípios do Tratado CE relativos à livre circulação de produtos no interior do território da União Europeia e, entre outras, à regra do esgotamento comunitário

680 Estudos em Comemoração do 10.º Aniversário da Licenciatura em Direito

caso de usufruto da marca[87]. Nestas, para o uso indirecto ser relevante, é indispensável que seja objecto de controlo pelo titular do registo (al.ª c) do n.º 1 do art. 268.º).

Ora, parece-nos que não existem diferenças entre a utilização indirecta por terceiros nestes casos e a utilização (indirecta) por terceiros quando estes tenham celebrado um contrato de licença com o titular da marca. Consequentemente, defendemos que também este uso indirecto só poderá aproveitar ao titular da marca se for objecto de controlo por parte deste. É esta a solução que decorre do princípio da igualdade de tratamento e é a mais consentânea com a obrigação assumida pelo nosso país internacionalmente.

Por outro lado, julgamos que, apesar de o legislador ter previsto noutra alínea a relevância do uso indirecto da marca por licenciado, não significa necessariamente que não seja exigida a obrigação de controlo deste uso pelo titular do registo.

Na verdade, essa opção pode ter sido determinada pelo facto de o legislador assumir, implicitamente, que a obrigação de controlo de uso por

---

do direito de marca. E salienta que "esta regra [refere-se ao art. 10.º, n.º 3, da DM] respeita naturalmente ao caso típico do uso da marca a cargo do licenciado que marca e vende os próprios produtos directamente no Estado. A formulação do art. 10.º, n.º 3 da Directiva (…) é todavia suficientemente ampla para cobrir ainda uma outra hipótese: que é precisamente a que se verifica quando um sujeito que não esteja directamente autorizado pelo titular da marca importe no Estado produtos cobertos pelo esgotamento comunitário e desenvolva assim uma actividade que é comummente legitimada por causa e na origem pelo «consentimento do titular» do sinal".

[87] Cfr., neste sentido, MATHÉLY, op.cit., pp.253 e ss. e FERNÁNDEZ-NÓVOA, Tratado, cit., p.474, nota 86, entre outros.

Porém, nem todos os autores admitem o usufruto, dependendo essa aceitação, em grande parte, da posição assumida relativamente à natureza jurídica dos direitos privativos industriais, em especial do direito sobre a marca. De qualquer forma, julgamos que a premissa em que assenta a posição dos autores que criticam a qualificação destes direitos como direito de propriedade – a pretensa restrição do art. 1302.º do Código Civil – não afasta, definitivamente, a admissibilidade da constituição de direitos de usufruto sobre a marca. Cfr., neste sentido, ORLANDO DE CARVALHO (Direito das Coisas (em geral), Coimbra, Centelha, 1977, p.197) que afirma que "de resto, a restrição do art. 1302.º, valeria, se valesse ((…)), apenas para o direito de propriedade: não já assim para o usufruto (art. 1439.º: «uma coisa ou direito alheio») (…)".

Na nossa opinião os direitos de propriedade industrial são direitos de propriedade sui generis e admitimos a hipótese de constituição de usufruto sobre direitos de marca. Para maiores desenvolvimentos sobre a natureza jurídica do direito de marca, cfr. o nosso, Merchandising de Marcas, cit., pp.233 e ss..

O *Uso Obrigatório da Marca Registada*

parte do licenciado já decorre de outras normas[88], pelo que não seria necessário referi-la, e a menção específica à licença, na al.ª a), seria justificada pelo facto de o legislador exigir, além do controlo por parte do titular, que se trate de uma licença não apenas válida, mas plenamente eficaz[89], o que também não nos parece merecer aplausos[90].

---

[88] Julgamos que o uso por licenciado só aproveitará ao licenciante se for objecto de controlo por parte deste último. Entre nós, até agora, não existia propriamente uma obrigação legal de controlo do uso da marca pelo licenciado, mas, da conjugação do disposto nos arts. 269.°, n.° 2, al.b) e 268.°, n.° 1, al.c), é o que parece resultar do novo Código. Por outro lado, o art. 264.° refere a hipótese de o controlo constituir uma obrigação contratual.

Um outro fundamento para a existência da obrigação de controlo resulta da natureza jurídica do contrato de licença de marca: locação. Neste sentido, cfr. Luís Couto Gonçalves, *Função Distintiva, cit.*, pp.205-206.

Para maiores desenvolvimentos sobre a obrigação de controlo e a natureza jurídica do contrato de licença de marca, cfr. o nosso *Merchandising de Marcas, cit.*, pp.270 e ss. e 322 e ss., respectivamente.

[89] O CPI estipula que o contrato de licença está sujeito a forma escrita (art. 32.°, n.° 3) e o art. 30.°, n.° 1, al.ª b) e n.°s 2 e 4, exige o seu averbamento no INPI, a requerimento de qualquer dos interessados, sob pena de inoponibilidade a terceiros.

[90] A exigência de validade da licença e, por maioria de razão, a de eficácia parece contrária ao disposto no art. 10.°, n.° 3, da DM ("o uso da marca com o consentimento do titular (…) será considerado feito pelo titular"). Defendemos, por isso, que o art. 268.°, n.° 1, al.a), parte final, deve ser interpretado restritivamente, de forma que seja considerado relevante o uso da marca por licenciado, desde que sob controlo do titular, e quer a autorização do titular seja expressa ou implícita. Esta interpretação não só corresponde à norma da DM, como também respeita a obrigação assumida por Portugal no âmbito do ADPIC.

Cfr. ainda, a propósito do requisito de eficácia *supra* referido, Fernández-Nóvoa (*Tratado, cit.*, p.475), com quem concordamos neste ponto, que, referindo-se à lei de marcas espanhola anterior, mais concretamente, à exigência de inscrição da licença no registo de marcas, defendia que não era essencial, para a relevância deste tipo de uso indirecto, que a licença estivesse inscrita, porque "(…) no momento de valorar o uso efectuado por um licenciado não inscrito, não se pretende determinar se o licenciado pode invocar face a terceiros os direitos resultantes do registo da marca. O problema colocado pelo art. 4.°, n.° 3 [da lei de marcas de 1988] é muito diferente: trata-se de decidir se o uso da marca por parte de um licenciado pode substituir o uso directo por parte do titular no momento de fixar o grau de difusão efectiva da marca no mercado. Claramente se adverte que sobre esta questão não deve influir de modo algum o facto de o contrato de licença estar ou não inscrito no registo de marcas. Deve indicar-se, além disso, que na hipótese de se invocar o uso da marca por parte de um licenciado, para ajuizar a efectividade do uso e ponderar o factor concernente à dimensão da empresa haverá que ter em conta a dimensão real da empresa do licenciado da marca".

Posição mais liberal é a assumida pela *AIPPI*. Com efeito, o Comité Executivo, na reunião de Sidney, relativa à questão Q92A, *cit.*, na p.5, relativamente ao ponto D., al.ª b), refere que "deve ser suficiente que o terceiro esteja efectivamente e genuinamente auto-

682   *Estudos em Comemoração do 10.º Aniversário da Licenciatura em Direito*

Independentemente de se verificar ou não esta situação, parece-nos que teria sido preferível prever genericamente numa única alínea a exigência do controlo por parte do titular do registo do uso indirecto da marca para efeitos de manutenção do registo. Aliás, a referência ao uso por licenciado no âmbito da previsão da al.ª a) parece ser uma especificidade do direito português.

Resta, pois salientar, uma vez mais, que requisitos essenciais para a relevância do uso indirecto são, por um lado, o uso consentido (i.e, o titular da marca tem de autorizar, não pode simplesmente tolerar o uso por terceiro[91]) e, por outro lado, o uso controlado pelo titular da marca.

Ainda em relação ao uso indirecto autorizado, impõe-se uma breve nota que respeita ao momento em que o consentimento deve ser prestado: antes do uso[92], pois só assim se garante a efectividade do sistema de obrigatoriedade de uso da marca.

4. O uso da marca de forma diferente da registada

Vigora, entre nós, o chamado princípio da imutabilidade (ou da inalterabilidade) da marca registada, consagrado no art. 261.º. De acordo com este, "a marca deve conservar-se inalterada, ficando qualquer mudança nos seus elementos sujeita a novo registo" (n.º 1)[93].

Como é sublinhado por ANXO TATO PLAZA, "a plena vigência do princípio da imutabilidade da marca registada (…) acarreta óbvias consequências no âmbito do uso obrigatório da marca. Se o titular da marca registada tem o ónus de usá-la, e a marca registada é imutável, é claro que, em prin-

---

rizado a usar a marca em nome do titular da marca, independentemente de o acordo ser legalmente válido ou registado ou possa dar azo a críticas sob a lei da concorrência desleal".

[91] Cfr., no sentido defendido, FERNÁNDEZ-NÓVOA, *Tratado, cit.*, p.474. Cfr., ainda, DE LA FUENTE GARCIA, *op.cit.*, pp.166 e ss.. Sobre a irrelevância do uso não consentido, cfr. também SAIZ GARCIA, *op.cit.*, p.57, UBBERTAZZI, *op.cit.*, p.61.

[92] Neste sentido, cfr. FERNÁNDEZ-NÓVOA, *Tratado, cit.*, p.474.

Em sentido diferente, cfr. a Resolução do Comité Executivo da *AIPPI*, adoptada na reunião de Sidney, relativa à questão Q92A, *cit.*, ponto D, al.ª a), que defende que o consentimento pode ser posterior ao uso, embora este uso indirecto possa não surtir efeito se o registo tiver sido posto em causa (por não uso) antes.

[93] Porém, não se trata de um princípio absoluto, ele sofre desvios. V. n.ºs 2-4 do art. 261.º. Por isso, alguns autores defendem que este princípio é mais aparente do que real. Cfr. DE LA FUENTE GARCIA, *op.cit.*, p.224.

O *Uso Obrigatório da Marca Registada*   683

cípio, a marca registada há-de ser usada na mesma forma sob a qual foi registada (…)"[94].

Todavia, para atender ao interesse do titular da marca registada em modernizar o sinal usado como marca, torná-lo mais atractivo ou perceptível nalguns mercados, dar a conhecer mudanças na empresa, etc., acabou-se por admitir que o uso da marca possa ser feito de forma diferente daquela que está registada.

Esta necessidade foi objecto de atenção por parte da União de Paris que, na revisão da CUP de Londres, em 1934, acabou por a admitir expressamente[95], e o mesmo sucedeu com a DM e com o RMC[96].

Entre nós, o art. 268.º, n.º 1, al.ª a), estabelece que "considera-se uso sério da marca o uso da marca tal como está registada ou que dela não difira senão em elementos que não alterem o seu carácter distintivo, de harmonia com o disposto no art. 261.º, feito pelo titular do registo, ou por seu licenciado, com licença devidamente averbada". Como tivemos ocasião de referir *supra*, parece-nos que o legislador misturou duas questões diferentes num único preceito: uma relativa à utilização da marca de forma diferente da registada (que, como qualquer outra, pode ser efectuada directamente pelo seu titular ou por terceiro autorizado por este, desde que sob o seu controlo) e outra respeitante à questão da relevância do uso indirecto, já abordada[97]. Vamos, por isso, limitar-nos à primeira.

A redacção do art. 268.º, n.º 1, al.ª a), difere, literalmente, do preceito da DM[98], mas o conteúdo é idêntico e nem um, nem outro adiantam critérios para a aferição do uso em concreto.

FERNÁNDEZ-NÓVOA defende que para se proceder à valoração deste uso é preciso, em primeiro lugar, determinar qual é o elemento preponderante da marca que lhe confere carácter distintivo e, em seguida, verificar

---

[94] ANXO TATO PLAZA, «Sobre el uso de la marca en forma distinta de aquella bajo la cual fue registrada (Comentario a la Sentencia del Tribunal Supremo de 22 de Septiembre de 1999, «Nike»)», in: *Actas de Derecho Industrial*, XX, 1999, p.537 e s..

[95] V. *supra* nota 26. Para maiores desenvolvimentos, cfr. CASADO CERVIÑO, «La genesis…», *cit.*, pp.232 e ss. e MAYR, *op.cit.*, pp. 26 e ss. e 184 e ss..

[96] O art. 10.º da DM preceitua que "2. São igualmente considerados como uso para efeitos do n.º 1: a) o uso da marca por modo que difira em elementos que não alterem o carácter distintivo da marca na forma sob a qual foi registada". E, em relação à marca comunitária, o art. 15.º, n.º 2, al.ª a), do RMC estabelece uma norma idêntica.

[97] V. *supra* 3..

[98] Criticando a redacção da norma da DM, por ser anfibológica, cfr. FERNÁNDEZ-NÓVOA, *Tratado*, *cit.*, p.479.

684 Estudos em Comemoração do 10.º Aniversário da Licenciatura em Direito

se ele foi alterado de forma que o carácter distintivo da marca tenha sido afectado[99]/[100]. Mas como é que em concreto podemos dizer se houve ou não alteração *substancial* do carácter distintivo da marca?

A doutrina maioritária nesta matéria é a da *commercial impression*[101]/[102]. De acordo com esta tese, desde que não se altere substancialmente a impressão comercial que o consumidor médio tenha da marca que consta do registo o uso é considerado sério, evitando as consequências associadas ao não uso da marca registada[103]. A impressão comercial em causa é, como referimos, a que é aferida pelo público consumidor (médio), i.e., o que importa é que o público veja a marca registada e a nova versão desta que é utilizada como uma mesma e única marca[104], por isso, nesta apreciação não se deve proceder a uma dissecação analítica dos sinais, mas apreciá-los no seu conjunto[105]/[106].

---

[99] FERNÁNDEZ-NÓVOA, *Tratado, cit.*, p.479.

[100] Mas, como SAIZ GARCIA (*op.cit.*, p.68) sublinha, "o tipo de marca de que se trate condiciona inevitavelmente a amplitude ou restringibilidade da mudança nela operável. Uma marca excessivamente simplificada raramente permitirá alterações; pelo contrário, uma marca complexa em cuja configuração se plasme uma multiplicidade de elementos será mais facilmente modificável sem que a alteração seja percebida pelo público".

[101] Para maiores desenvolvimentos, cfr. McCARTHY, *op.cit.*, §17:25 e ss. (esp. §17:26), pp.17-39 e ss..

[102] Na doutrina alemã, como refere ANXO TATO PLAZA (*op.cit.*, p.540, nota 10), a tese da *commercial impression* coincide substancialmente com a *Identitätsbereichstheorie*, e acrescenta que um sector minoritário da doutrina sustenta uma posição diferente (*Schutzbereichstheorie*), de acordo com a qual o uso da marca de forma diferente daquela sob a qual está registada supõe o cumprimento da obrigatoriedade do uso da marca registada quando o âmbito de protecção desta e do sinal realmente utilizado sejam o mesmo.

[103] Como ANXO TATO PLAZA (*op.cit.*, p.540) refere, "podemos concluir afirmando (...) que o uso da marca de uma forma distinta daquela sob a qual foi registada, suporá o cumprimento do ónus do uso da marca quando entre a marca registada e o sinal utilizado medeie uma identidade substancial, de modo que no tráfico ambos os sinais sejam percebidos como uma única marca".

À mesma solução se chega se ponderarmos sobre a *ratio* da obrigatoriedade do uso da marca registada. Cfr., a este propósito, MAYR (*op.cit.*, pp.200 e s.) que afirma que "a *ratio* do ónus de utilização (...) consente apenas diferenças mínimas entre a marca registada e a forma diferente usada na prática, de forma a fazer pensar que o objecto da protecção permanece inalterado; e se um certo âmbito protector deve permanecer invariável também na configuração da marca adoptada na prática, esta última não deve consentir ao titular o exercício de um *ius excludendi* diferente nos confrontos com os concorrentes" (*op.cit.*, p.201).

[104] SAIZ GARCIA, *op.cit.*, p.69.

[105] SAIZ GARCIA, *op.cit.*, pp.71 e ss..

[106] Por isso, como FERNÁNDEZ-NÓVOA (*Tratado, cit.*, p.481), entre outros, destaca, há aqui "um relativo paralelismo entre as operações tendentes a medir o alcance da alte-

5. O uso parcial

É prática corrente registar uma marca para vários produtos ou serviços que estão agrupados, como é sabido, em classes[107]. Ora, pode acontecer que a marca seja usada apenas para parte desses[108]. Importa então esclarecer se esse uso parcial estende os seus efeitos aos produtos (ou serviços) não usados, de forma a evitar que o registo seja declarado caduco em relação a estes.

Teoricamente são concebíveis várias soluções[109].

Uma consiste em defender que o registo só será válido para os produtos (ou serviços) efectivamente usados. Esta é a posição mais restritiva.

Outra defende que a caducidade só é evitada para a classe em que estão inseridos os produtos (ou serviços) para os quais a marca é realmente usada.

Uma terceira sustenta que a caducidade não abrange os produtos (ou serviços) da classe em que a marca está inscrita, nem os produtos (ou serviços) semelhantes aos produtos (ou serviços) efectivamente usados[110].

---

ração da forma da marca e, por outro lado, as operações que visam determinar se existe risco de confusão entre uma marca prioritária e uma marca posterior".

[107] V. Acordo de Nice, de 15 de Junho de 1957, relativo à Classificação Internacional dos Produtos e Serviços detentores de Marcas de Fábrica ou de Comércio, revisto em Estocolmo, em 14 de Julho de 1967, e em Genebra, em 13 de Maio de 1977.

[108] Como FERNÁNDEZ-NÓVOA destaca isto pode acontecer em dois tipos de situações. Por um lado, um sinal pode estar registado como marca para uma classe de produtos (ou serviços) e ser usada apenas para uma parte destes. Por outro, um sinal pode estar registado como marca para várias classes (uma marca única que compreenda todas as classes (sistema multiclasse) ou tantas marcas independentes quantas as classes para as quais são registadas (sistema uniclasse)), FERNÁNDEZ-NÓVOA, «El uso parcial de la marca registrada (Comentario a la Sentencia de la Sección Primera de la Audiência Provincial de Pamplona de 5 de julio de 1996)», in: *Actas de Derecho Industrial*, XVII, 1996, p.268.

[109] Cfr., neste sentido, DE LA FUENTE GARCIA, *op.cit.*, p.233, que seguimos de perto.

[110] No que respeita aos produtos (ou serviços) afins, como FRANZOSI («Decadenza per mancata attuazione. Uso effetivo. Decadenza «Mickey Mouse»?», in: *Rivista di Diritto Industriale*, LI, 2002, 6, parte I, pp.368 e s.) defende, a estes não deve aproveitar o uso parcial que for feito da marca, pois a não ser assim a esfera de protecção da marca não seria circular, compreendendo ao centro os produtos para os quais a marca foi registada (p.e., A) e na periferia os produtos afins (p.e., B e C), passando a assumir uma configuração de rato Mickey (o rosto) protegendo também os produtos D e E, afins de B e C, mas não afins de A.

Aliás, como o autor destaca, o problema da manutenção do registo não respeita ao da extensão da protecção: uma marca registada para os produtos A cobre também os produtos afins B e C, mesmo que não esteja registada em relação a estes.

Sobre esta questão, cfr. ainda a decisão do *High Court of Justice*, de 13 de Novembro de 2000, relativa ao caso *Decon* (in: *IIC*, vol.32, 6/2001, pp.696 e ss.), onde se afirma "que

686 *Estudos em Comemoração do 10.º Aniversário da Licenciatura em Direito*

Por fim, uma teoria mais liberal, defende que o uso parcial da marca evita a caducidade em relação aos produtos (ou serviços) referidos pela tese anteriormente exposta e ainda para os produtos (ou serviços) em relação aos quais a utilização da marca por um terceiro possa originar um risco de associação por parte dos consumidores[111].

Como é fácil intuir, a primeira tese é a que melhor protege os interesses dos concorrentes do titular da marca (pois permite-lhes o registo da marca para os produtos (ou serviços) em relação aos quais a marca não tenha sido efectivamente usada), e este interesse vai sendo preterido, gradualmente, à medida que nos aproximamos da última teoria referida, em prol da tutela dos interesses do titular da marca e mesmo dos consumidores (já que diminui o risco de confusão e de associação)[112].

A DM, a este propósito, estabelece duas disposições[113] em que demonstra aderir à solução mais restritiva, tal como, de resto, sucedia com a lei alemã de 1967 e continua a ser defendido na *Markengesetz* (§49, n.º 3).

---

o ponto de partida correcto, como princípio, consiste em listar os artigos para os quais o proprietário usou efectivamente a marca. Alcançando uma especificação justa em vista do uso efectuado pelo proprietário, também é necessário não esquecer que o efeito da secção 10 (2) (e da 10 (3), em circunstâncias limitadas) é conferir ao proprietário tutela fora da especificação dos seus produtos, mas em áreas em que ele possa demonstrar o risco de confusão em sentido amplo, isto é, confusão quanto à origem que conduza à associação pelo público relevante. Consequentemente, não há necessidade de pressões para conferir ao proprietário uma protecção mais alargada do que a que o seu uso garante, estendendo indevidamente a especificação dos produtos. Há um balanço que tem de ser feito entre o proprietário, os outros comerciantes e o público tendo em vista o uso que, efectivamente, foi feito" (decisão *cit.*, p.698).

[111] A anterior lei de marcas espanhola (1988) consagrava esta solução. Neste sentido, cfr., entre outros, SAIZ GARCIA, *op.cit.*, pp.171 e s.. Mas a doutrina e alguma jurisprudência sustentavam uma interpretação em conformidade com a DM. Cfr. SAIZ GARCIA, *op.cit.*, pp.177 e ss. e ainda FERNÁNDEZ-NÓVOA, «El uso parcial...», *cit.*, pp.270 e ss..

[112] Cfr., no mesmo sentido, SAIZ GARCIA, *op.cit.*, p.173.

[113] Por um lado, afirma que "se a marca anterior apenas tiver sido utilizada para uma parte dos produtos ou serviços para os quais foi registada, considera-se que, para efeitos de aplicação dos números precedentes, está registada apenas para essa parte dos produtos ou serviços" (art. 11.º, n.º 4). Por outro, no art. 13.º, preceitua que "quando existam motivos para recusa do registo de uma marca ou para a sua caducidade ou nulidade apenas no que respeita a alguns dos produtos ou serviços para que o registo de marca foi pedido ou efectuado, a recusa do registo, a sua caducidade ou nulidade abrangerão apenas esses produtos ou serviços". No que concerne à marca comunitária, v. arts. 43.º, n.º 2, e 56.º, n.º 2, do RMC, no mesmo sentido.

O Uso Obrigatório da Marca Registada

Isto significa que o uso parcial só será suficiente para evitar a caducidade em relação aos produtos (ou serviços) que sejam, efectivamente, usados[114].

Para evitar esta solução radical derivada da aplicação rígida do sistema, alguma doutrina e jurisprudência alemãs defendem uma solução minimalista *lato sensu* (a chamada *erweiterte Minimallösung*). O registo da marca deve ser mantido não apenas em relação aos produtos (ou serviços) para os quais a marca é, efectivamente, usada, mas também no que respeita aos produtos (ou serviços) que de acordo com as concepções do público pertençam à mesma categoria. No entanto, o uso parcial nunca estenderá os seus efeitos aos produtos (ou serviços) semelhantes àqueles em relação aos quais a marca é, concretamente, usada[115/116].

O nosso Código segue, neste ponto, a DM, estipulando no art. 269.º, n.º 6, que "quando existam motivos para a caducidade do registo de uma marca, apenas no que respeita a alguns dos produtos ou serviços para que este foi efectuado, a caducidade abrange apenas esses produtos ou serviços". Parece-nos, no entanto, que é necessário flexibilizar esta disposição, procedendo à sua interpretação de acordo com a teoria minimalista *lato sensu supra* exposta.

---

[114] Esta interpretação correspondia à chamada solução minimalista *stricto sensu*. Cfr. Saiz Garcia, *op.cit.*, pp.173 e s., nota 278.

[115] Fernández-Nóvoa, «El uso parcial...», *cit.*, p.273. Cfr. também Saiz Garcia, *op.cit.*, pp.174 e ss., que destaca que esta interpretação assenta em dois pilares: as características intrínsecas e a função dos produtos em confronto.

[116] Cfr. *supra* nota 110.

Em sentido algo diverso, cfr. a Resolução do Comité Executivo da *AIPPI*, adoptada na reunião de Sidney, *cit.*, relativa à questão Q92A, p.4, onde se afirma que "(...) a consideração dos efeitos do uso limitado deve atender ao escopo da protecção da marca registada que deve sempre estender-se aos produtos ou serviços similares e não necessariamente aos produtos ou serviços incluídos na mesma classe ou em relação aos quais a marca tenha sido registada" e "que, o caso de marcas registadas para produtos ou serviços identificados por um termo genérico da classificação oficial (p.e., cosméticos), o uso que seja limitado a produtos ou serviços específicos (p.e., máscara) é suficiente, na maior parte dos países, para manter o registo para o termo genérico".

DA AUTONOMIA CONSTITUCIONAL DO DIREITO PENAL NACIONAL À NECESSIDADE DE UM DIREITO PENAL EUROPEU

MÁRIO FERREIRA MONTE

Num momento em que a União europeia se prepara para instituir a Constituição europeia, o direito de cidadania não pode deixar de ser exercido. A Universidade não pode ficar indiferente. Os vários saberes entrecruzam-se e são chamados a dizer de sua justiça. A Escola de Direito da Universidade do Minho, *que desta forma homenageamos pelo 10.° aniversário do curso de Direito, não tem ficado indiferente a tais questões. Este modesto trabalho visa em primeiro lugar homenagear a* Escola de Direito *e todos os docentes que ao longo destes dez anos têm contribuído com o seu saber para o bom nome desta instituição, sem esquecer o labor dos funcionários que com desvelo e carinho a têm servido e os alunos sem os quais nada seria como é. Mas também tem a humilde pretensão de contribuir para um debate sobre tais questões. O futuro do Direito na União europeia já começou a desenhar-se; o do Direito penal não ficará fora da tela. Não acreditamos que o futuro da Europa será aquilo que os «eurocratas» quiserem; que não vale a pena discuti-lo porque lá, não se sabe bem em que corredor, já está tudo decidido. Será o cidadão co-criador do projecto que o deverá discutir; serão as Universidades lugares privilegiados para o fazerem.* A Escola de Direito, *apesar da sua juventude, tem sido um fórum por excelência.*

1. Introdução

Um dos problemas que se coloca ao Direito penal – sobretudo no que concerne ao crime económico – é o da sua dimensão internacional ou, pelo

690 Estudos em Comemoração do 10.º Aniversário da Licenciatura em Direito

menos, comunitária, quando pensamos em termos de espaço europeu. Cada vez mais as barreiras físicas entre Estados vão desaparecendo e cedendo lugar a uma sociedade globalizada. As culturas mesclam-se, o «ir e vir» de pessoas intensifica-se, o crime, consequentemente, internacionaliza-se. Dá-se o fenómeno da integração supranacional, avolumam as redes de crime organizado. O sentimento de insegurança comunitária cresce. Os meios de comunicação social, também eles sem barreiras, exasperam tal tipo de sentimentos. Em evidência ficam as fragilidades do sistema permitidas pelo desconserto legislativo e pela heterogeneidade das soluções. Certos conceitos, sobretudo no domínio do económico, tornam-se cada vez mais familiares. Fala-se em fraude internacional[1], em fraude comunitária[2], novos conceitos estranhos aos arquétipos tradicionais em que a lei penal obedecia quase somente e sempre às necessidades de uma política criminal nacional. Mas é claro que as coisas têm vindo a mudar significativamente. Desde formas de cooperação internacional até à tentativa de legislar em matéria penal para um espaço mais abrangente que o que se confinava ao nacional, várias são as manifestações de uma certa necessidade de unificação. Tudo isto requer um estudo atinente às medidas a tomar, num espaço tão vasto e tão diverso, onde, como é consabido, cada Estado tem que casar a legitimidade e possibilidade de definir a sua própria ordem jurídica com a aceitação de um Direito originariamente comunitário.

Adivinha-se, pois, que estamos perante um problema interessante mas não fácil de resolver: como harmonizar os vários ordenamentos jurídicos nacionais entre si e com a ordem jurídica comunitária, de molde a que também desta forma se logre o impedimento, ou pelo menos a minimização, do crime, *maxime* da fraude comunitária, e até mesmo com isso impedir outros tantos fenómenos a ela associados, como é o caso do branqueamento de capitais. Não que o problema não se deva colocar também para outro tipo de criminalidade mais clássica, sobretudo relativamente aos crimes contra bens jurídicos pessoais. Mas seguramente, como se verá, que é no domínio do chamado Direito penal económico que tal questão ganha maior acuidade.

---

[1] Nesse sentido, JEAN-JACQUES NEUER, *Fraude Fiscale Internationale et Répression*, Paris, 1986, p. 11 e ss.

[2] Nesse sentido, ADÁN NIETO MARTÍN, *Fraudes Comunitarios (Derecho Penal Económico Europeu)*, Barcelona, 1996, p. 3 e ss.

Da Autonomia Constitucional do Direito Penal Nacional 691

Existindo por sobre tudo uma relação de mútua referência entre a ordem axiológica constitucional e a ordem dos bens jurídicos, o problema que se pretende cotejar passa não só pela harmonização ou unificação das normas penais europeias, mas pela estreita relação entre Constituição e Direito penal que num primeiro momento se colocará numa perspectiva do Direito interno, mas que logo convocará a sua relação mais complexa com o Direito comunitário.

2. O problema da substancial constitucionalidade do Direito Penal, enquanto problema prévio em relação à tentativa de unificação

2.1. A relação Constituição/Direito penal

A relação Constituição/Direito penal ou, *rectius*, Direito constitucional/Direito penal é, como nos diz TIEDEMANN, «desde há muito tempo um dos problemas de maior interesse científico e relevância política»[3]. Se a Constituição é «o estatuto fundamental da ordem jurídica geral»[4], então ela enforma também o Direito penal, sendo prova disso o facto de as Constituições dos diferentes Estados terem vindo sucessivamente a adoptar postulados e decisões básicas sobre os assuntos político-criminais[5]. Donde é legítimo concluir que tais decisões, tais soluções penais, vêm a estar imanadas no próprio Estado, hão-de ser aquilo que o Estado for, a tal ponto que hão-de estar «condicionadas por uma mudança no tipo de Estado»[6]. Não é por acaso que MIR PUIG[7] fala a este propósito, acertada-

---

[3] TIEDEMANN, *Lecciones de Derecho Penal Económico (Comunitário, Español, Alemán)*, Barcelona, 1993, p. 123.

[4] Quem o afirma é GOMES CANOTILHO e VITAL MOREIRA, *Constituição da República Portuguesa (Anotada)*, 2ª edição, Vol. II, Coimbra, 1984, p. 163.

[5] TIEDEMANN, *Lecciones de Derecho Penal Económico*, p. 123.

[6] Nesse sentido, CONCEIÇÃO CUNHA, *"Constituição e Crime". Uma Perspectiva da Criminalização e da Descriminalização*, Porto, 1995, p. 131.

[7] MIR PUIG, «El sistema del Derecho penal en la Europa actual», in *Fundamentos de un Sistema Europeo del Derecho Penal, Libro-homenaje a Claus Roxin*, Barcelona, p. 28. Aliás, essa relação entre Direito penal e Estado é defendida estoicamente por este autor, *op. cit.*, p. 28, para quem «o Direito penal tem de constituir-se a partir da função do Direito penal no Estado Social e Democrático de Direito». Para MIR PUIG, *op. cit.*, p. 28,

692 Estudos em Comemoração do 10.º Aniversário da Licenciatura em Direito

mente, numa cadeia de funções – «função do Estado, função do Direito Penal, função da teoria do delito» – em torno da ideia de Estado hodierno.

Ora, os Estados não são todos exactamente iguais, e muitas vezes nem sequer semelhantes nas suas características. Além da possibilidade de se surpreenderem distinções tão profundas como as que tradicionalmente se alude quando se fala em Estados totalitários e Estados democráticos ou em Estados de Direito material e Estados de Direito formal[8], é fácil, mesmo entre Estados de feição idêntica, como é o caso daqueles que compõem actualmente a União europeia[9], surpreender diferenças importantes,

---

tal relação é tão fortemente condicionadora que as «funções próprias do Estado Social e Democrático de Direito têm de condicionar a função a assinalar ao Direito penal».

[8] Cfr. CONCEIÇÃO CUNHA, op. cit., p. 131 e ss., ao fazer uma abordagem dos vários tipos de Estado, realçando, por exemplo, que num Estado totalitário são impostos «padrões de comportamento mesmo a nível ideológico e moral», enquanto que num Estado democrático «a palavra de ordem será o máximo de pluralismo e tolerância compatíveis com a preservação das condições essenciais de sobrevivência social (e de desenvolvimento digno da pessoa humana)», bem assim como o facto de num Estado de Direito formal haver a tendência para o Direito penal «proteger penalmente uma liberdade e uma igualdade meramente formais», ao contrário dos Estados de Direito material, onde claramente está em causa «dar um conteúdo material a estes valores». E tal conteúdo material vem a viabilizar-se, como lembra muito bem CONCEIÇÃO CUNHA, op. cit., p. 131, por «considerações axiológicas de justiça na promoção e realização de todas as condições – sociais, culturais e económicas – de livre desenvolvimento da personalidade de cada homem», sublinhando assim as expressivas palavras de FIGUEIREDO DIAS, «Direito Penal e Estado-de-Direito Material (sobre o método, a constatação e sentido da doutrina geral do crime)», in Revista de Direito Penal, n.º 31, Janeiro-Junho, 1981, Forense Rio de Janeiro, 1982, p. 39. VIVES ANTÓN, «Introducción: Estado de Derecho y Derecho Penal», in Derecho Penal y Constitución, Comentários a la Legislación Penal, Revista de Derecho Publico, Tomo I, Madrid, 1982, p. 24, fala a propósito do Estado de Direito democrático de «uma ordem de coexistência de liberdades».

[9] Falar-se aqui em União europeia tem sobretudo como objectivo partir de uma realidade juridicamente definida em termos institucionais, parecendo-nos por isso mais fácil e mais útil esta abordagem. Porém, não seria despicienda, pelo contrário – e só não o fazemos brevitatis causa – uma abordagem um tanto mais ampla, embora com claras sobreposições, se se tivesse em atenção aquilo que SILVA SÁNCHEZ, «Sobre las Posibilidades y Límites de una Dogmática Supranacional del Derecho Penal», in Fundamentos de un Sistema Europeu del Derecho Penal, Libro-Homenaje a Claus Roxin, Barcelona, 1995, p. 12 e ss., apelida de «ocidental», para significar justamente um espaço, no qual nos inserimos, composto por países «que pertencem a um mesmo âmbito de cultura: a ocidental, no nosso caso». Naquele mesmo sentido, ou seja, no do reconhecimento da existência das chamadas «sociedades ocidentais», vai SCHÜNEMANN, «La política criminal y el sistema del Derecho penal», in Anuario de Derecho Penal y Ciencias Penales, 1991, p. 712 e ss.

Da Autonomia Constitucional do Direito Penal Nacional

por vezes até profundas, mercê de vicissitudes diversas, a começar desde logo numa história – a história de cada Estado –, com toda a carga axiológico-normativa impostada numa diferenciação sociocultural, em que cada sociedade, apesar da quebra de barreiras jurídicas, continua a manter a sua própria identidade cultural.

É pois fácil constatar diferenças estatísticas no que ao crime importa, como também é fácil encontrar soluções constitucionais e de Direito ordinário diferentes, sendo de destacar as diferentes molduras penais para os diversos tipos legais de crime. Esta diferenciação é um dado indesmentível, pese embora todo o esforço que se tem vindo a fazer no sentido da sua harmonização. Porventura – e isto não significa qualquer cepticismo relativamente àquela tarefa – o Direito penal venha a traduzir-se num dos últimos redutos da memória de cada Estado, falando-se mesmo, a este propósito, numa espécie de «nacionalismo penal»[10]. Aliás, não é por acaso que o sistema jurídico comunitário tem vindo a ser construído com exclusão do Direito penal, como o demonstram quer o tratado de Roma, quer o de Maastricht, exclusão atenuada, como se verá adiante, pelos Tratados de Amesterdão e de Nice, ainda assim longe de se poder falar numa inclusão, o que levou mesmo a considerar-se Direito penal e Europa como realidades antinómicas[11].

De facto, o *Ius puniendi* de cada Estado reflecte bem as diferenças socioculturais dos mesmos. As soluções vertidas nos códigos penais e nas leis penais em geral são, muitas vezes, a resposta dada a exigências comunitárias, sociais. Se *ubi societas ibi ius*, então o Direito penal há--de nessa relação ocupar lugar de parte indispensável. Mas como é que

---

[10] Quem explica muito bem essa ideia de «nacionalismo penal» é QUINTERO OLIVARES, «La unificación de la Justicia penal en Europa», in *Revista Penal*, n.º 2, 1998, p. 52, referindo-se às posições que entendem que «o *Ius puniendi* do Estado é indeclinável, irrenunciável e incompartilhável com qualquer outro poder extra-nacional». Tais posições chegam mesmo a afirmar que «o que caracteriza a soberania mesma, para além das notas que correspondem à personalidade jurídica internacional, é, entre outras coisas – moeda, forças armadas, etc. –, a capacidade exclusiva e excludente para ditar leis penais que rejam plenamente no próprio território e que, com as limitações que correspondam, possam estender-se a factos cometidos incluso fora do próprio espaço territorial (os pressupostos de extraterritorialidade por razões reais ou pessoais)».

[11] A esse propósito, veja-se MIREILLE DELMAS-MARTY, «Verso un Diritto penale comune europeo», in *Rivista Italiana di Diritto e Procedura Penale*, n.º 2, 1997, p. 543, bem como TERADILLOS BASOCO, «Política y Derecho Penal en Europa», in *Revista Penal*, n.º 3, 1998, p. 61.

694   Estudos em Comemoração do 10.° Aniversário da Licenciatura em Direito

se equaciona, de modo geral, aquela relação entre a Constituição e o Direito penal?[12]

Sem querer correr o risco de alguma iconolatria, é desde logo possível traçar uma certa relação entre Direito constitucional e Direito penal, longe de uma preocupação explicativa jurídico-dogmática, mas ilustrativa de uma visão empírica muito presente: a de que o Direito constitucional definiria os grandes valores, os grandes princípios, cabendo ao Direito penal utilizar o seu arsenal repressivo para os fazer respeitar. Assim, este último funcionaria um pouco como Direito de medo, Direito de terror, para garantir a preservação do que o primeiro define.

Esta ilustração é dada de forma eloquente e expressiva por PAULO CUNHA[13], que aqui não resistimos citar na íntegra: «O Direito Constitucional apresenta o Estado nas grandes avenidas da pompa e da circunstância do poder triunfante: é narração do conto doirado de reis e rainhas (ou do mito republicano de presidentes sábios, ponderados e rectíssimos), de parlamentares demofílicos e eloquentes, de grandes declamações de princípios e objectivos nacionais, ao som de hinos que fazem flutuar bandeiras e comover patriotas até às lágrimas. E, apesar da corrupção, da inépcia e da traição que eventualmente ensombrem o quadro, nesta ou naquela época, tal como as tragédias clássicas, nunca (de facto: raramente) se mostra o sangue e a morte em cena. Sabemos como esta imagem fisiológica e civilizada do principal Direito do político pode bem encobrir os seus aspectos psicologicamente inconscientes, míticos, vio-

---

[12] A relação entre o Direito constitucional e o Direito penal é tanto mais importante quanto é certo que, mesmo historicamente, há quem – PAULO CUNHA, *A Constituição do crime. Da Substancial Constitucionalidade do Direito Penal*, Coimbra, 1998, p. 88 –, perante a existência de «uma História Constitucional do Direito, diversa e mais lata que a História do Direito Constitucional (sobretudo moderno e preso aos textos)», questione: «porque não considerar o Direito Penal como uma espécie do género "História Constitucional Contemporânea", *mutatis mutandis*, sublinhando a sua diferença face ao Direito Constitucional, que é muito mais especificamente político-institucional?». Não nos espanta mesmo que certos autores, como PIERRETE PONCELA, *Droit de la Peine*, Paris, 1995, p. 438, relativamente à sanção, fale em «direito constitucional da sanção».

Ora, o certo é que se pensarmos no Direito penal *lato sensu*, fazendo nele compreender o Direito processual penal, nos é possível fazer uma aproximação tão forte entre este último e o Direito constitucional, que justifica a denominação ao Direito processual penal de «Direito constitucional aplicado», o que legitima a célebre máxima de EXNER «anderer Staat, andere Strafprozess» – cfr. FIGUEIREDO DIAS, *Direito Processual Penal*, Coimbra, 1988-9, p. 35 e ss., quem, de resto, ilustra perfeitamente a conformação jurídico-constitucional do processo penal.

[13] PAULO CUNHA, *op. cit.*, p. 92.

Da Autonomia Constitucional do Direito Penal Nacional

lentos, e até "criminosos", em boa medida recobertos com a assepcia da utopia constitucional.

Em contrapartida, o Direito Penal, direito de morte, direito de pobreza, direito de desvio social, direito de peso e de pecado, mostra-nos o lado negro da sociedade e do Estado: as mãos sujas e as mãos manchadas».

É claro que as coisas não são sempre exactamente assim. Escusado será dizer que o Direito penal é Direito nobre, que visa proteger os valores mais valiosos e dignos daquele que é a *ultima ratio* na protecção desses valores. E disso nos dá conta precisamente PAULO CUNHA[14] ao tranquilizar qualquer «caloiro» que adira àquela primeira imagem: «Neste jogo surrealista de polícias e ladrões, apesar de tudo ainda aí estão os penalistas – dos poucos, confessamos, que apaziguam os nossos medos no Direito Penal».

A Constituição funciona como referente axiológico-normativo do Direito penal[15], mas quer o Direito constitucional, quer o Direito penal constituem um conjunto de normas fragmentárias, no sentido de que não protegem todos os bens, nem os protegem todos com a mesma intensidade (sobretudo, nesta última nota, o Direito penal)[16]. O que significa, só por isto, que não são ordens jurídicas cerradas, mas antes abertas, dotadas de uma certa complementaridade.

É certo que a Constituição de cada país há-de ser a ordem jurídica hierarquicamente superior, nela estando constelados os valores, os bens considerados de maior relevo para a sociedade, constituindo pois um referente inultrapassável. Mas a questão está em saber se existe, por um lado, uma obrigação *de facere* do legislador penal ordinário, e se, por outro lado, pode este legislador tipificar condutas que protejam bens jurídicos não contidos na Constituição, pelo menos expressamente. E sobre isto há, pelo menos, três asserções a fazer.

Primeiro, o Direito penal não tem que proteger todos os bens jurídicos tutelados na Constituição. O mesmo é dizer, por outras palavras, que apelando ao princípio da intervenção penal mínima, o Direito penal só deve intervir quando outros meios se tenham revelado ineficazes para

---

[14] *Idem*, p. 94.

[15] Nesse sentido estão muitos autores, entre outros, FRANCESCO ANTOLISEI, *Manuale de Diritto Penale*, Parte Generale, 12ª ed., aggiornata e integrata, a cura di Luigi Conti, Milão, 1991, p. 5 e ss., ou, na literatura anglo-saxónica, CHARLES THOMAS/DONNA BISHOP, *Criminal Law. Understanding Basic Principles*, Vol. 8, Law and Criminal Justice Series, Londres, 1987, p. 88 e ss.

[16] Nesse sentido, FARIA COSTA, *O Perigo em Direito Penal*, Coimbra, 1992, p. 189.

696 Estudos em Comemoração do 10.º Aniversário da Licenciatura em Direito

a protecção de determinado bem; e o contrário também é verdade, ou seja, sempre que outros meios sejam eficazes para tal protecção, por mais dignos que esses bens sejam, o Direito penal não deve intervir – não há pois obrigação *de facere* do legislador penal face à Constituição. Sobretudo neste caso está um problema de falta de *dignidade penal* dos bens jurídicos.

Segundo, o Direito penal pode proteger certos bens jurídicos não previstos constitucionalmente, ou pelo menos não previstos no texto da Constituição. A Constituição não é estática, não é cerrada, é inspirada numa certa ordem jurídico-comunitária, ordem essa que, sujeita ao devir histórico, pode em determinadas circunstâncias impor a tutela de interesses que não estão expressamente previstos no texto constitucional – não há pois uma proibição de criminalização ou de penalização da Constituição em relação ao legislador penal ordinário. Esta asserção funda-se de certa forma na clara assunção da ideia de que também existe uma «consideração jusconstitucional baseada numa ordem de valores, acima do simples texto constitucional, isto é, uma consideração da Constituição material e não apenas da Constituição formal, pode legitimar as opções valorativas do Direito Penal»[17]. Ou seja, na busca de um critério que enuncie os bens jurídicos dignos de tutela penal – função primeira do Direito penal –, o penalista terá em conta não só o que está expresso no texto da Constituição, na própria Constituição formal, mas também o que está implícito[18], ou que de todo em todo não está expresso, mas decorre do seu sentido. É preciso ter em conta que a própria Constituição, *ab initio*, busca a fundamentação para a positivação de certos valores na sociedade, onde se move o seu principal protagonista – o Homem –, para quem a protecção de certos bens – os bens jurídicos – é fundamental, enquanto condição essencial para a sua convivência. É dessa mesma consciência que comunga o legislador penal ao criminalizar condutas violadoras de bens jurídicos não expressamente previstos na Constituição[19].

---

[17] PAULO CUNHA, *op. cit.*, p. 95.

[18] GIOVANNI FIANDACA/ENZO MUSCO, *Diritto Penale. Parte Generale*, Zanichelli, Bologna, 1990, p. 3 e ss., defendem claramente que a Constituição é tanto referência expressa como implícita para o Direito penal.

[19] Já o dissemos numa fase inicial dos nossos estudos – no nosso *Da Protecção Penal do Consumidor. O Problema da (Des)criminalização no Incitamento ao Consumo*, Almedina, 1996, p. 276, n. 395 –, cujo texto, embora evidenciando a precariedade dos conhecimentos, materialmente reflecte bem o sentido que agora não hesitamos em apontar com mais clareza: «A própria Constituição – não o esqueçamos – é a constelação de tais valores, mas não é obra da criação de um ente superior e supra-natural capaz de aí prever

Terceiro, e mais complexo, é o problema semelhante ao primeiro, de saber se pode o Direito penal descriminalizar ou despenalizar bens jurídicos previstos na Constituição, tidos como *altamente valiosos*, dignos de tutela penal. Dizemos que é apenas semelhante, porque o problema parece ser o mesmo, mas a verdade é que o ângulo é diferente. Ali tratava-se de uma obrigação genérica: tudo o que está previsto na Constituição deve ser criminalizado? A resposta foi «não», sobretudo por homenagem ao princípio da intervenção penal mínima. Agora, pergunta-se: mesmo quando se trata de bens altamente valiosos, dignos de tutela penal, pode o Direito penal não os criminalizar?[20]

Julgamos que relativamente a esta questão a resposta só pode ser no sentido de que o legislador penal ordinário pode não criminalizar ou não penalizar bens jurídicos, tidos mesmo como valiosos, dignos de tutela penal, pela simples razão de que – e voltamos à questão inicial – não existe,

---

todos esses valores de forma perfeita. A Constituição é obra do Homem, de um poder constituinte e, como tal, sujeita às contingências impostas pela vida. Ao plasmar-se os valores ditos mais valiosos na Constituição, há que proceder a um juízo sobre a selecção de tais valores. Esses, nesse momento, ainda não estão na Constituição, porque esta não existe. Daí que o critério terá que estar tanto na importância e dignidade do Homem, como na situação deste na sociedade. É a partir daqui que se elegem os valores fundamentais, como sendo os indispensáveis para a vida daquele na sociedade. Se a Constituição segue aquele critério, ao legislador penal mais não resta do que seguir a Constituição, mas, também, seguir o critério que a própria Constituição seguiu». Hoje acrescentaríamos, numa visão onto-axiológico-jurídica, que a Constituição e o legislador penal bebem ambos duma mesma fonte: a fonte de uma suprema ordem de valores ético-jurídicos, supostamente repousados na sociedade, onde (con)vive o Homem. É nesse sentido – julgamos – que se diz que existe uma «analogia substancial entre a ordem axiológica constitucional e a ordem legal dos bens jurídicos protegidos pelo direito penal» – cfr. FIGUEIREDO DIAS, *Direito Penal Português. As Consequências Jurídicas do Crime*, Lisboa, 1993, p. 72.

[20] Esta última questão poderia colocar-se tanto relativamente ao legislador penal ordinário nacional como ao legislador penal europeu, numa hipotética atribuição daquele poder a uma instância europeia para legislar naquela matéria. Neste último caso ganharia relevo o problema de saber se o legislador penal europeu poderia não reconhecer como digno de tutela penal certos bens jurídicos previstos na Constituição nacional. Tendo em conta que os órgãos legislativos europeus não estão sujeitos às normas nacionais de cada Estado, incluindo a Constituição, mas antes aos Tratados respectivos, parece óbvio que não teriam qualquer obrigação de legislar em matéria penal quando a Constituição de cada Estado assim o indicasse. Porém, já ganhará relevo a questão de saber que fazer se uma hipotética Constituição europeia estabelecer sobre matéria susceptível de corporizar verdadeiros bens jurídicos «europeus», questão que a nosso ver deveria ter o mesmo tratamento que terá a relação entre o legislador ordinário e a Constituição nacional, pelo que remetemos para o que dizemos no texto a esse propósito.

698 *Estudos em Comemoração do 10.° Aniversário da Licenciatura em Direito*

nem mesmo aí, uma imposição *de facere*, ou uma proibição de criminalizar[21]. Uma coisa é a dignidade penal (*Strafwürdigkeit*), outra coisa é a necessidade de pena ou carência de tutela penal (*Strafbedürftigkeit*)[22]. Pode haver lugar, ainda assim, à intervenção não penal, não judicial, tendo em atenção a natureza subsidiária do Direito penal. Neste caso, como se vê, para além da dignidade penal dos bens jurídicos, está um problema de *necessidade de pena*[23].

Será, no entanto, assim tão fácil? É claro que não. A questão que colocamos tem que ser habilmente compreendida. Quer a Constituição, quer o Direito penal comungam ambos de uma certa consciência axiológico-normativa, da qual, após ponderação, resulta uma coincidência, por vezes mesmo sobreposição, óbvia.

Tal explicação é dada por FARIA COSTA[24] de forma assim expressiva: «Seríamos até tentados a considerar que a eventual coincidência na protecção de bens jurídicos entre a ordem constitucional e a ordem penal, no caso da sua efectiva e real concretização, acontece porque se processaram ponderações jurídicas, resultantes de uma autónoma e fundante consciência axiológico-jurídica, que através de critérios próprios moldaram certos

---

[21] FIGUEIREDO DIAS, *Direito Penal Português*, p. 65 e 66, partindo do pressuposto de que «o direito penal só pode intervir onde se verifiquem lesões insuportáveis das condições comunitárias essenciais de livre desenvolvimento e realização da personalidade de cada homem», estima que «mesmo quando uma conduta viole um bem jurídico, ainda os instrumentos jurídico-penais devem ficar fora de questão sempre que a violação possa ser suficientemente controlada ou contrariada por instrumentos não criminais de política social: a "necessidade social" torna-se em critério decisivo de intervenção do direito penal, assim arvorado em *ultima* ou *extrema ratio* da política social».

[22] Assim o explica COSTA ANDRADE, «Contributo para o conceito de contra-ordenação (A experiência alemã)», in *Revista de Direito e Economia*, Anos VI/VII, 1980/81, p. 118, baseando-se na doutrina alemã, sobretudo de MÜLLER-DIETZ, critério aquele da dignidade penal e da carência penal que se encontra na Constituição. Veja-se igualmente PAULO CUNHA, *op. cit.*, p. 46 e ss., definindo a dignidade penal como sendo a dimensão axiológica ou de legitimidade e a necessidade ou oportunidade penal como sendo a dimensão pragmática, utilitarista ou da eficácia da punição.

[23] Assim o explica CONCEIÇÃO CUNHA, *op. cit.*, p. 218 e ss., ao referir: «A dignidade, caracterizada, segundo a posição por nós sustentada, pela ofensa a um bem com o seu reflexo em princípios ou valores constitucionais, constitui apenas o primeiro passo para a legitimação penal. O segundo passo terá de se encontrar na necessidade ou carência de tutela penal». Baseado no princípio da subsidariedade do Direito penal, sobretudo na ideia de que «a criminalização não cria mais custos do que benefícios», aquela autora conclui que o Direito penal «só deverá ser utilizado quando tal se apresente como *indispensável*».

[24] Cfr. FARIA COSTA, *op. cit.*, p. 227.

Da Autonomia Constitucional do Direito Penal Nacional

valores, dando-lhes, por mediação de específicos bens jurídicos, vivência comunitária. Vale por dizer: de um comum étimo de natureza ética dificilmente se conceberiam, no caso de se proceder a autónomas valorações sobre o que deve ou não ser protegido, disparidades normativas»[25]. Nesse sentido compreendemos, pois, que se diga que «os bens jurídico-penais acabam por ser aqueles que os penalistas retiram como pedra de toque do conjunto da ordem constitucional vigente, já que, não podendo pautar-se, numa sociedade pluralista e a rondar o anómico, por autónomos valores de pura axiologia, têm de arrimar-se ao apoio constitucional: isto é, terão de ver tais valores pelo óculo ou pelo filtro da sua recepção ético-jurídica na Constituição»[26].

Dito isto, importa sublinhar que a Constituição é uma referência axiológico-normativa para o Direito penal, um «quadro abstracto de referência e, ao mesmo tempo, o critério regulador da actividade punitiva do Estado – nas expressivas palavras de FIGUEIREDO DIAS –, não constituindo apesar disso uma obrigação *de facere* para o legislador ordinário. E não implica tal obrigação porque o Direito penal se rege por princípios que, indo ao encontro da ordem axiológico-constitucional, podem recomendar uma intervenção não penal. Assim, à guisa de exemplo, se a Constituição disser que não se pode falsificar documentos, não se pode prestar falsas declarações, não se pode apresentar facturas falsas para efeitos de dedução fiscal e uma lei ordinária proclamar todas aquelas actividades como lícitas, como admissíveis, como quer que se imagine, essa lei seria inconstitucional. Porém, se o Direito penal não for chamado a intervir, tal opção não pode ser vista como inconstitucional, nem por omissão, porque o Direito penal pode não ser o meio mais adequado para o fazer e, por isso, aquelas condutas não têm que ser tuteladas penalmente. Podem e devem sê-lo, nesse caso, pelo Direito de mera ordenação social ou pelo Direito

---

[25] Essa relação, entre Constituição e Direito penal, fundada num «comum étimo de natureza ética», a que se refere FARIA COSTA, *op. cit.*, p. 227, explica que se diga – neste caso PAULO CUNHA, *op. cit.*, p. 89 e 90 – o seguinte: «o Direito Penal acaba por ser tão absolutamente fundamental que de algum modo se eleva ao topo da pirâmide normativa, qual braço armado da Constituição. Não armado para a servir a ela, mas para, imbuído dos seus princípios, servir a sociedade. Ou seja: não é direito de duplicação, mas direito que fundamentalmente estrutura a ordem jurídica e lhe dá uma especial feição. Isto é: não se trata apenas do conhecido fenómeno de constitucionalização do Direito Penal, mas do reconhecimento do mesmo como matéria que, não sendo de Direito Constitucional *proprio sensu*, é juridicamente *constitucional*, ou fundante».

[26] *Vide* PAULO CUNHA, *op. cit.*, p. 89.

700 *Estudos em Comemoração do 10.° Aniversário da Licenciatura em Direito*

civil, mas não têm necessariamente que o ser pelo Direito penal. A suceder uma intervenção jurídico-penal, em termos concretos isso só pode traduzir-se, por um lado, na assunção pelo legislador ordinário daquela referência axiológico-jurídico-constitucional e, por outro, na ideia de que tais interesses são dignos de tutela penal e de que o aparato penal se revela adequado e indispensável para tutela dos mesmos.

Ainda completando o nosso raciocínio, mesmo que aquelas condutas não estejam previstas na Constituição, o Direito penal pode criminalizá-las, se se entender que em causa estão bens jurídicos dignos de tutela penal, e que o Direito penal é efectivamente o meio adequado para as proteger, apesar de não estarem consagradas formalmente na Constituição. E isso pela aparentemente simples razão da existência de uma consideração jusconstitucional, fundada axiologicamente, acima do texto constitucional e que justifica a dicotomia Constituição material/Constituição formal[27]. É essa consideração acima do simples texto constitucional que legitima a intervenção penal em certos casos.

Assim, se interpretamos correctamente o sentido de algumas propostas de certos autores[28], podemos em jeito de conclusão provisória dizer que entre a Constituição e o Direito penal existe uma relação de «mútua referência»; relação essa que se funda num «comum étimo de natureza ética»; que implica, senão uma obrigação *de facere* atentos os princípios do Direito penal, mormente o da intervenção penal mínima, dado ser um Direito fragmentário e subsidiário, pelo menos a ideia de que a ordem axiológico-constitucional, tanto a versada no texto constitucional, como aquela que se liga à noção de Constituição material, é juridico-penalmente fundante.

Existindo, por isso, uma analogia substancial entre a ordem axiológico-constitucional e a ordem legal dos bens jurídicos tutelados pelo Direito penal[29] ou uma substancial constitucionalidade do Direito penal, nos termos acabados de expor, então qualquer tentativa de superação da ordem interna punitiva, há-de passar também pela superação da ordem constitucional de cada Estado. Do mesmo modo que a harmonização ou unificação de normas penais europeias terá que passar sempre, em grande

---

[27] Como já explicámos e como decorre do pensamento de PAULO CUNHA, *op. cit.,* p. 95.

[28] Baseamo-nos sobretudo ao nível da doutrina nacional nos ensinamentos que, cada um à sua maneira e com diversos alcances, têm manifestado PAULO CUNHA, FARIA COSTA e FIGUEIREDO DIAS, de acordo com as alusões que fizemos ao longo do texto, respectivamente.

[29] FIGUEIREDO DIAS, *Direito Penal Português*, p. 72.

Da Autonomia Constitucional do Direito Penal Nacional   701

medida, pela harmonização constitucional. Tal problema ganha tanto mais relevo quanto é certo que a União europeia vive um momento decisivo da sua história quando se prepara para criar a Constituição europeia. Que ela há-de ser fundamento axiológico-normativo para uma pretensa unificação das normas penais europeia, parece-nos evidente. Que só por si o problema pode não ficar resolvido, é algo que falta analisar.

2.2. A relação Constituição/Direito penal tomando como referência os interesses económico-financeiros no Direito português

Vejamos, agora, a título exemplificativo, tomando como farol o Direito português, como se processa aquela relação entre Constituição e Direito penal, relativamente aos interesses económico-financeiros, nomeadamente no que à fraude concerne.

Uma primeira nota digna de registo é a de que no que tange à criminalidade económico-financeira valem inteiramente as considerações acabadas de fazer, o mesmo é dizer que o Direito penal secundário tem a Constituição como referente axiológico-normativo[30], sem que isso signifique impossibilidade de se descortinarem bens jurídicos dignos de tutela penal sem estarem expressamente previstos na Constituição. É aliás essa referência axiológico-normativa da Constituição que permite defender a existência de uma autonomia do Direito penal secundário, face ao Direito penal clássico[31]. Aqui tal ideia ainda ganha corpo, na medida em que falamos de um domínio mais *dinâmico, conjuntural, instável e evolutivo*, sendo de realçar que nesta matéria as Constituições optam não raras vezes por efectuar enunciados muito vagos se comparados com o que o legislador penal acaba por criar.

É hoje patente nas Constituições uma certa «neutralidade» económica, bem como soluções de compromisso entre uma feição interventora do Estado social e os direitos económicos, liberais e clássicos, compromisso esse expresso na chamada economia mista[32]. Essa relativa neutralidade confere ao legislador penal uma maior liberdade na definição dos

---

[30] Nesse sentido, claramente no que concerne à criminalidade económica, está CARLO PATERNITTI, *Diritto Penale Dell'Economia*, Torino, 1998, p. 39.

[31] Como explica FIGUEIREDO DIAS, «Para uma dogmática do Direito penal secundário», in *Revista de Legislação e Jurisprudência*, n.° 3717, Ano 1981, p. 367.

[32] Nesse sentido, ARROYO ZAPATERO, «Derecho penal económico y Constitución», in *Revista Penal*, n.° 1, 1998, p. 3.

702 *Estudos em Comemoração do 10.º Aniversário da Licenciatura em Direito*

bens jurídicos a proteger, maior, diga-se, do que a que se pode constatar relativamente aos bens jurídicos clássicos, como a vida, a integridade física ou moral, a liberdade, etc.

Várias ilações se retiram desta situação. Desde logo, este fenómeno pode traduzir-se efectivamente numa certa expansão do Direito penal, *rectius*, do Direito penal económico[33]. Com efeito, apesar de sempre haver uma referência axológico-constitucional para além do texto constitucional, temos que aceitar que quanto mais relativa for a definição expressa naquele texto, tanto maior será a liberdade de definição quer dos bens jurídicos a proteger, quer do modo concreto como essa protecção se deve efectuar, donde maior será a possibilidade de expansão do Direito penal[34]. Essa expansão é contrária a um certo discurso bem presente nos últimos anos, justamente no sentido da restrição da aplicação do Direito penal por homenagem ao princípio da *intervenção penal mínima*[35]. Mas mais

---

[33] De facto, não só se deve falar de expansão do Direito penal, provocada pelo aparecimento do Direito penal económico, ocupando domínios novos onde o Direito penal clássico não entrara, mas também de um fenómeno de expansão do conteúdo do próprio Direito penal económico. Como refere TIEDEMANN, *Lecciones de Derecho Penal Económico*, p. 31, até certo ponto considerou-se Direito penal económico «só aquela pequena parte do Direito penal que reforçava com a intimidação penal *o Direito económico administrativo*, ou seja, o direito de direcção e controlo estatal da economia. Isto implica uma reduzida matéria especial fora do Código penal. Hoje na Alemanha entende-se o Direito penal económico num sentido mais amplo, como consequência do progresso do *Direito económico sobre uma disciplina autónoma* amplamente separada do Direito administrativo (...)».

[34] Ao falarmos em *expansão* não confundimos o termo com a *globalização* ou fenómenos similares. Expansão nada tem a ver, no contexto, com alargamento em termos de vigência espacial. Ou seja, a globalização leva ao fenómeno da homogeneização das normas, sendo que tal fenómeno consequentemente leva a uma maior aplicação espacial das mesmas normas. A expansão do Direito penal é um fenómeno intra-sistemático, de alargamento do próprio Direito penal, dos limites da sua intervenção em razão dos bens jurídicos protegidos. A expansão compreende pois movimentos de (sobre)criminalização, ao contrário de uma eventual retracção que pressupõe a descriminalização. Seguindo uma proposta de MARTÍNEZ-BUJÁN PÉREZ, «Algunas reflexiones sobre la moderna teoría del *Big Crunch* en la selección de bienes jurídico-penales (especial referencia al ámbito económico)», in DÍEZ RIPOLLÉS *et al.* (Editores), *La Ciencia del Derecho Penal Ante el Nuevo Siglo. Libro homenaje al Profesor Doctor Don José Cerezo Mir*, Madrid, 2002, p. 396 e ss., também poderíamos falar de *Big bang* e de *Big crunch* como fenómenos aplicáveis ao Direito penal. No primeiro caso, alargamento da criminalização, no segundo, retracção até a um núcleo reduzido de intervenção jurídico-penal. Sobre a expansão do Direito penal, por todos, veja-se SILVA SÁNCHEZ, *A Expansão do Direito penal. Aspectos da Política Criminal nas Sociedades Pós-industriais*, Trad. de Oliveira Rocha, São Paulo, 2002, p. 19 e ss.

[35] SILVA SÁNCHEZ, *A Expansão*, p. 19.

do que isso, esse maior desprendimento da Constituição pode implicar o risco de permitir a instrumentalização do Direito penal (económico), na medida em que pode ser visto como meio para viabilizar a aplicação de certas medidas políticas, sem corresponder à preocupação principal de proteger bens jurídicos[36].

De facto, a este respeito fala-se mesmo no carácter artificial dos crimes económicos, uma vez que o que se almeja é o atingir de certos objectivos políticos à custa da aplicação de normas intimidatório-repressivas. O exemplo é dado por ARROYO ZAPATERO[37], relativamente aos crimes monetários, que só fazem sentido, depois da livre circulação de moeda e da preparação para a moeda única europeia, não para proteger o regime de controlo de câmbios, mas para, a pretexto de uma aparente protecção do sistema de controlo de câmbios, se evitar crimes fiscais ou de branqueamento de capitais.

Relativamente a estes dois problemas – o da expansão e o da instrumentalização do Direito penal – entendemos que, apesar de preocupantes, não devem constituir qualquer óbice ao desenvolvimento do Direito penal económico. Bem pelo contrário, sobretudo porque a eles se junta uma vantagem a que aludiremos de imediato.

O fenómeno da expansão é até desejável quando justificado. Esse fenómeno estará, de resto, na base do aparecimento do Direito penal secundário, uma vez que este foi determinado pelo aparecimento, em parte, de bens jurídicos novos ou por diferentes e novas formas de protecção de certos bens jurídicos. Foi um fenómeno de adequação, de maior *eficácia* do Direito penal, tendo em conta que o termo *eficácia* será sempre em ordem a exigências político-criminais e não de outro tipo. Ou seja, desde que esse fenómeno de expansão não seja justificado apenas por razões meramente políticas, no sentido estrito do termo, como mero instrumento dos governos na prossecução dos seus programas políticos, desprovidos de qualquer justificação relativamente à sua função e natureza, sem fundamentação político-criminal, não nos sugere qualquer tipo de crítica. E, por isso, o que é de repudiar é a instrumentalização do Direito penal pela mão dos governos. O que não é o mesmo que a aplicação do Direito penal com uma maior *eficácia* na prossecução de certa política criminal. Mas neste caso, como se compreenderá, verificar-se-á apenas o cumprimento da função de protecção subsidiária dos bens jurídicos inerente ao Direito penal.

---

[36] A crítica é sugerida por ARROYO ZAPATERO, *op.cit.*, p. 3
[37] ARROYO ZAPATERO, *op.cit.*, p. 3.

704 *Estudos em Comemoração do 10.º Aniversário da Licenciatura em Direito*

De resto, não podemos esquecer – e sobretudo os governos não podem esquecer – que o Direito penal económico é ainda Direito penal. Este, por sua vez, é regido por princípios gerais, fundamentais, aplicáveis a todo o Direito penal, independentemente do grau de definição dos bens jurídicos e do grau de protecção dos mesmos previstos nas Constituições. Queremos com esta ideia significar algo muito importante nesta matéria. Aquela aparente neutralidade da Constituição em matéria económico-penal, aquela relativa menor conformação expressa dos bens jurídicos na Constituição, não significa uma total e incondicional liberdade atribuída ao legislador ordinário. Este, além de se dever guiar por uma ordem axiológico-normativa, ditada por um *ethos* comum tanto ao Direito constitucional como ao Direito penal, como já vimos, também está sujeito aos princípios constitucionais do Direito penal, quer se trate de Direito penal clássico, quer se trate de Direito penal especial.

Assim, princípios da subsidariedade, da proporcionalidade (idoneidade, necessidade e proporcionalidade *stricto sensu*), da legalidade, da culpabilidade, da intervenção penal mínima, etc. – para referirmos apenas aqueles que podem directamente ter a ver com a questão que colocamos – continuam a ser válidos, a funcionar como limites negativos ao legislador ordinário que não resista à tentação de instrumentalizar o Direito penal.

Visando o Direito penal económico a protecção de certos bens jurídicos com determinados contornos distintos dos bens jurídicos clássicos, individuais – referimo-nos aos bens jurídicos supra-individuais –, o Direito penal deve evoluir no sentido de corresponder às exigências da política criminal, tendo em conta os novos fenómenos criminógenos – e por isso deve estar atento à própria criminologia. Nesse caso o Direito penal não pode continuar a ser aplicado com total indiferença a fenómenos de globalização, de integração supranacional, fenómenos a desencadear situações como as de crime organizado, transfronteiriço, internacional, etc., que impõem ao penalista respostas diferentes. Por isso sublinhamos a vantagem de que há pouco falávamos sobre aquele relativo «desprendimento» constitucional do Direito penal.

Certo, contudo, é que no Direito penal económico essa possibilidade de harmonização e até de unificação, que corresponde a uma necessidade justificada, é mais fácil de atingir que no Direito penal clássico, não só por se tratar de um núcleo novo e mais flexível, mas por a sua conformação constitucional explícita ser mais ténue do que no Direito penal clássico. Razão pela qual existem já várias tentativas de unificação do Direito penal e todas ou praticamente todas se cingirem

Da Autonomia Constitucional do Direito Penal Nacional   705

ao Direito penal económico[38]. Dir-se-á: porque é também nesse domínio que tal necessidade mais se faz sentir. Muito bem. Mas também é aí que mais facilmente se pode operar, justamente porque aquela necessidade impõe e aquela relativa menor conformação constitucional viabiliza. As duas realidades relacionam-se salutarmente[39].

2.3. Da condicionalidade constitucional para a vigência de normas penais na ordem interna

Posto isto, compreendida que está a relação entre Constituição e Direito penal, como é que um processo de unificação se viabilizará, em caso de conflitos entre um pretenso Direito penal europeu e o Direito in-

---

[38] Só recentemente são vários os exemplos: o Regulamento (CE) n.° 1383/2003 do Conselho de 22 de Julho de 2003, relativo à intervenção das autoridades em relação às mercadorias aduaneiras, *e em relação às mercadorias suspeitas de violarem certos direitos de propriedade intelectual e a medidas contra mercadorias que violem direitos*; a Directiva do Parlamento europeu e do Conselho *relativa à protecção penal dos interesses financeiros da Comunidade* [2001/0115(COD)]; a Decisão do Conselho de 22 de Julho de 2002 que estabelece um programa-quadro de cooperação policial e judiciária em matéria penal (AGIS); A Decisão-quadro do Conselho, de 26 de Junho de 2001, *relativa ao branqueamento de capitais, à identificação, detecção, congelamento, apreensão e perda dos instrumentos e produtos do crime (JO L 182, de 05.07.2001)*; a Decisão-quadro do Conselho, de 28 de Maio de 2001, *relativa ao combate à fraude e à contrafacção de meios de pagamento que não em numerário (JO L 149, de 10.07.2001)*; a Decisão-quadro do Conselho, de 29 de Maio de 2000, *relativo ao reforço da protecção contra a contrafacção de moeda na prespectiva da introdução do euro, através de sanções penais e outras (JO L 140, de 14.06.2000)*, alterado pela Decisão-quadro do Conselho, de 6 de Dezembro de 2001 (*JO L 329, de 14.12.2001*).

[39] À guisa de exemplo, é fácil constatar que as normas atinentes ao sistema fiscal, na Constituição portuguesa, encontram-se sinteticamente formuladas na chamada Constituição económica, na parte onde se regula os direitos sociais e económicos. Não existe nos artigos 106.° e 107.° qualquer referência à possibilidade, necessidade, obrigatoriedade ou proibição de criminalizar condutas relativas às relações jurídico-fiscais. O que significa que uma norma como a do artigo 103.° da Lei n.° 15/2001, de 5 de Junho, relativa ao crime de fraude fiscal, não resulta de uma obrigação *de facere* da Constituição em relação ao legislador ordinário, apesar, diga-se em abono da verdade, de qualquer incriminação de condutas jurídico-fiscais em última instância contribuir para a garantia da «satisfação das necessidades financeiras do Estado e outras entidades públicas e uma repartição justa dos rendimentos e da riqueza» – objectivos proclamados no artigo 106.° da CRP –. Significa a existência de uma certa liberdade de criação do próprio legislador penal, tendo, no entanto, como referente axiológico-normativo a própria Constituição.

706 Estudos em Comemoração do 10.º Aniversário da Licenciatura em Direito

terno de cada Estado?[40] Dito de outra forma: existindo, como vimos, uma substancial constitucionalidade do Direito penal, poderá afirmar-se uma *substancial autonomia constitucional do Direito penal nacional*; pelo que o problema se colocará relativamente ao Direito europeu, nomeadamente numa hipotética existência de uma Constituição europeia que igualmente legitime a autonomia de um eventual Direito penal europeu. O problema ganhará relevância porque agora a referência constitucional de que eventualmente carecia um pretenso *Ius puniendi* europeu, encontrando-se satisfeita, relança o problema da própria autonomia jurídico-penal nacional, quando as normas internas manifestamente colidam com as europeias. Isto, claro, considerando que outras condições para a criação de um Direito penal europeu estivessem preenchidas, o que, como veremos, não é por enquanto tão óbvio.

Ora, até ao presente momento, em que apenas se caminhou no sentido da harmonização, através de um processo de transposição de directivas ou de recepção não automática dos tratados, o processo de unificação não tem sido tarefa fácil, quando em causa esteja justamente a aferição daquele processo através das normas constitucionais nacionais. O que em última instância significa dizer que as normas da União europeia entrarão no Direito interno de cada Estado tal como o Tratado da União europeia prevê, mas antes disso, tal como as Constituições de cada Estado estatuírem.

Assim, no caso português, a questão está simplificada, porque a Constituição portuguesa a simplificou, ao proclamar, no seu artigo 8.º, n.º 3, que *as normas emanadas dos órgãos competentes das organizações internacionais de que Portugal seja parte vigoram directamente na ordem interna, desde que tal se encontre estabelecido nos respectivos tratados constitutivos*. É a Constituição, por sobre tudo, que legitima o modo como o Direito comunitário vigora na ordem interna, ao devolver ao Tratado constitutivo a definição concreta do critério para a vigência directa daquelas normas emanadas pelos órgãos *competentes*. O que significa que relativamente a Portugal, desde que o Tratado constitutivo preveja a entrada de normas penais, e desde que cumprido o formalismo previsto no Tratado

---

[40] É bom ter-se presente que a relação de tensão entre Direito interno de cada Estado e um eventual Direito penal europeu, é acima de tudo, *prima facie*, entre o próprio Direito constitucional de cada Estado e o Direito europeu, de tal forma que vem a ser de certa forma o próprio Direito europeu que reforça a relação de co-determinação entre o Direito constitucional e o Direito penal de cada Estado, fenómeno que é visível pelas decisões dos Tribunais europeus. Razão tem, pois, PAULO CUNHA, *op. cit.*, p. 91, por leitura *a contrario sensu*, quando afirma: «Não será apenas pelas decisões dos tribunais constitucionais e europeus sobre matéria penal que o Direito Penal se liga ao Direito Constitucional».

Da Autonomia Constitucional do Direito Penal Nacional   707

para a sua vigência na ordem interna portuguesa, essas normas passam a vincular o Estado português. O que convoca outro problema, que aqui *brevitatis causa* não aprofundaremos, de saber se passam a vincular mesmo que conflituem com o texto constitucional, ou seja, mesmo que não respeitem as normas constitucionais relativamente à matéria respectiva, porquanto, cumprido aquele artigo 8.° da Constituição, elas prevaleceriam sobre as demais, porque estariam legitimadas pela própria Constituição. Trata-se afinal de dar cumprimento ao chamado princípio do *primado do Direito comunitário*[41]. O problema é complexo, é politicamente discutível, mas nem é intransponível, nem é exclusivamente português.

Em termos semelhantes se refere QUINTERO OLIVARES ao Direito espanhol[42], uma vez cumprido o artigo 96.° da Constituição, quando questiona o que se passaria se em certo momento a União europeia acordasse através de um novo tratado conferir ao Parlamento europeu o poder de ditar uma «lei penal». O autor responde peremptoriamente: «se isso em último extremo derivasse de um Tratado da União e este fosse devidamente ratificado, havia-se produzido uma modificação material do sistema de fontes do Direito estabelecido pela Constituição, até ao ponto de que não só poderia um Tratado ou o Parlamento europeu criar figuras de delito, mas também que estaria vedado ao Parlamento nacional a possibilidade de modificar essas leis penais»[43].

É claro que só pela análise das Constituições espanhola e portuguesa chegamos a duas interessantes conclusões: primeiro, as Constituições ao prescreverem o modo como as normas comunitárias vigoram na ordem interna, não excluem as normas penais; segundo, acaba por ser o Tratado constitutivo que vem a definir esse modo, mas no que ao Direito penal concerne, essa viabilidade. Isso não significa, longe disso, a possibilidade

---

[41] Sobre o seu conteúdo, mas também sobre as suas delimitações, material e metodológica, veja-se DUARTE D'ALMEIDA, *Direito Penal e Direito Comunitário. O Ordenamento Comunitário e os Sistemas Juscriminais dos Estados-Membros*, Coimbra, 2001, p. 45 e 50.

[42] Não falando já em outros ordenamentos, como o alemão, relativamente ao qual RAINER ARNOLD, *La Unificación Alemana. Estudios sobre Derecho Alemán y Europeo*, Madrid, 1993, p. 115 e ss., faz uma interessante análise da importância do Direito das Comunidades para o Direito alemão, nomeadamente para o Tribunal Constitucional alemão. Nesse estudo alcança-se, a dado ponto – p. 123 –, o seguinte: «O Tribunal Constitucional alemão reconheceu não só a validade imediata do Direito comunitário, mas também a sua proeminência sobre o Direito interno alemão. Na sua opinião, o Direito comunitário desfruta da chamada proeminência de aplicação. Isto significa que em caso de conflito entre uma lei alemã e uma norma comunitária, o juiz ou a autoridade administrativa competente deve dar prioridade à última e não aplicar a disposição alemã».

[43] QUINTERO OLIVARES, *op. cit.*, p. 54.

708   *Estudos em Comemoração do 10.º Aniversário da Licenciatura em Direito*

de unificar o Direito penal europeu, uma vez que faltará, nomeadamente, a nível europeu, órgãos com poder para criar esse Direito, poder esse que será conferido pelos próprios Estados-membros. E estes, ao terem que o fazer, poderão introduzir reservas para impedir a imposição de normas penais europeias contrárias à própria Constituição[44], ou seja, «para evitar uma norma recusada pelos seus cidadãos de modo maioritário»[45].

Em suma, formalmente parece fácil lograr aquela unificação. Basta que as Constituições prevejam e que, alterado ou ampliado o Tratado da União, se passe a prever a faculdade de um órgão europeu, como por exemplo o Parlamento, criar normas penais, para que tal se verifique. O problema, no entanto, é a reunião daqueles dois requisitos, ou seja, é a verdadeira unificação material que vem a estar em causa. Na verdade, enquanto não houver legitimação orgânica para a produção de um Direito penal europeu que produza efeitos directos e automáticos no espaço interno de cada Estado, a possibilidade de um Direito penal europeu é ainda uma hipótese.

Com efeito, há muito que se afirma a inexistência de um poder legiferante da União em matéria penal. Neste sentido vão, nomeadamente, PEDRO CAEIRO[46] e DUARTE D'ALMEIDA[47]. E ainda que se concorde com

---

[44] Na verdade, não podemos esquecer que quando falamos de União europeia, não falamos de uma entidade abstracta e distinta dos próprios Estados-membros. Concordando em certa parte com DUARTE D'ALMEIDA, *op. cit.*, p. 30, «a actuação da Comunidade é sempre actuação dos Estados-membros: *com* (e não *contra*) os Estados-membros, e por meio destes». Ora, analisando as diversas formas de decisão das instituições da União, nomeadamente o *processo comum de decisão* (art. 250 do T.C.E.), o *processo de cooperação* (art. 252 do T.C.E.) e o *processo de co-decisão* (art. 251 do T.C.E.) – veja-se sobre os mesmos DUARTE D'ALMEIDA, *op. cit.*, p. 29, n. 54 –, facilmente se verifica que muito dificilmente os Estados-membros abririam mão de um certo poder –neste caso o *Ius puniendi* – se isso implicasse verdadeira derrogação das normas constitucionais de cada um. Não existindo efectivamente um poder legiferante da União europeia em matéria penal – veja-se PEDRO CAEIRO, «Perspectivas de formação de um Direito penal da União europeia», in *Revista Portuguesa de Ciência Criminal*, p. 523, e DUARTE D'ALMEIDA, *op. cit.*, p. 25 e ss., embora este autor entenda que «uma *coisa* é o que é, e *outra* o que deverá ser» –, os processos actualmente existentes permitem aos Estados-membros uma certa salvaguarda dos seus interesses em matéria penal.

[45] QUINTERO OLIVARES, *op. cit.*, p. 55.

[46] PEDRO CAEIRO, «Perspectivas..», p. 523. Mais recentemente este autor reafirma a sua posição em "A Decisão-quadro do Conselho, de 26 de Junho de 2001, e a relação entre a punição do braqueamento e o facto precedente: necessidade e oportunidade de uma reforma legislativa", in *Liber Discipulorum para Figueiredo Dias*, Coimbra, 2003, p. 1072, apontando diversos autores, tais como MÁRIO TENREIRO, FIGUEIREDO DIAS/COSTA ANDRADE, DUARTE D'ALMEIDA e ANABELA RODRIGUES/LOPES DA MOTA, que vão no mesmo sentido. Em divergência aponta, entre outros, DANIEL GETZIK (cfr., *op. cit.*, p. 1072, n. 16).

este último autor quando afirma que vem sendo «notório o alargamento deste âmbito [criminal] de avanço»[48], a provar pelo número de directivas, decisões-quadro que têm vindo a ser tomadas em matérias penais, bem como sucessivas alterações nos Tratados, com expressivas fórmulas ligadas a estas matérias, a verdade é que não deixa de ser indiscutível que, vigorando, por força do artigo 5.° do T.C.E., o *princípio da especialidade*, segundo o qual a «Comunidade actuará nos limites das atribuições que lhe são conferidas e dos objectivos que lhe são cometidos» por aquele Tratado, são muito limitados os espaços em que tal poder de criação é permitido. Serão seguramente relevantes certas referências nos Tratados, como as do art. 2.° do T.U.E., quando indica a tomada de medidas de «prevenção e combate à criminalidade» como um dos objectivos da União; ou ainda mais expressivamente de todo o Título VI daquele Tratado, alusivo às «Disposições relativas à cooperação policial e judiciária em matéria penal», onde hoje mais que nunca, sobretudo depois dos Tratados de Amesterdão e de Nice, as normas tendentes a uma aproximação das disposições de Direito penal dos Estados-membros e até mesmo tendentes a uma certa criação de normas penais são uma realidade; como igualmente relevantes serão certas normas do T.C.E., sendo exemplo o artigo 280.°, onde se prevê a adopção de medidas, para além do Direito penal nacional, para a proibição dos interesses financeiros da Comunidade. Mas tudo isso, como se verá adiante[49], através de processos harmonização que não permitem afirmar a existência de um poder legiferante sem reservas em matéria penal. Motivo pelo qual, ainda hoje não se pode esperar uma unificação do Direito penal europeu.

Mas importa ver que passos já foram dados e que outros se avizinham. É o que vamos analisar de seguida.

---

[47] DUARTE D'ALMEIDA, *Direito Penal e Direito Comunitário*, p. 25 e ss. Veja-se contudo o que dizemos na nota 44, a propósito da posição deste autor.

[48] DUARTE D'ALMEIDA, *op. cit.*, p. 25.

[49] Veja-se o apartado 3.2.

710   *Estudos em Comemoração do 10.º Aniversário da Licenciatura em Direito*

3. Da indiscutível necessidade de harmonização à almejada unificação do Direito penal

3.1. *Fundamentos para a harmonização e/ou unificação do Direito penal na Europa*

a) *Da universalidade da ciência penal e das especificidades socioculturais de cada Estado*

Por mais paradoxal que possa parecer, o Direito penal, ante a necessidade de uma certa harmonização supranacional, encontra-se imbricado em duas posições que são aparentemente antagónicas: por um lado, a afirmação em geral de que o Direito penal enquanto ciência tem acima de tudo carácter supranacional e até universal; por outro lado, a clara e inultrapassável, até hoje, existência de distintos ordenamentos jurídico-penais, nacionais, diferentes, ainda que em alguns aspectos semelhantes, com tendência, apesar de tudo, para esta semelhança se reforçar.

De facto, é inegável a pretensão universalista do Direito penal. Desde logo dogmaticamente. A similitude com que os diversos Códigos Penais tratam a dogmática do Direito penal é inegável. A ideia de crime assente nos conceitos de acção, tipicidade, ilicitude, culpa e punibilidade, bem como certos princípios básicos como os da legalidade, culpabilidade e proporcionalidade, são disso exemplo[50]. O facto, talvez mais relevante, de o Direito penal proteger aqueles valores que numa sociedade são os mais relevantes, indispensáveis para a vida em comum, valores, alguns dos quais, sempre vitais e sempre tutelados penalmente em qualquer parte, como é o caso da vida, da integridade física, da integridade moral, da liberdade, da

---

[50] Como, aliás, refere TIEDEMANN, «Exigencias fundamentales de la parte general y propuesta legislativa para un Derecho penal europeo», in *Revista Penal*, n.º 3, 1998, p. 77, o projecto de «Corpus iuris», de que adiante trataremos, «para a criação de um espaço penal europeu comum em torno da protecção dos interesses financeiros da comunidade (...), sublinha expressamente que os princípios da legalidade, da culpabilidade e proporcionalidade das penas e medidas de segurança são princípios básicos do direito penal europeu». Repare-se que TIEDEMANN não só não tem dúvidas em vincar o carácter fundamental de tais princípios, como, numa clara alusão à sua universalidade, os considera já como europeus, no sentido de pertencentes enquanto tais, em comum, a um espaço que é o europeu. Disso nos dá conta claramente ao acrescentar que tal afirmação «corresponde a uma *valoração internacional*, ainda que em cada país subsistam inúmeras restrições e reservas a respeito dos três princípios fundamentais mencionados» – o itálico é nosso.

Da Autonomia Constitucional do Direito Penal Nacional

segurança, do património, etc. Por último, a sua própria existência como *ultima ratio* do sistema jurídico-sancionatório.

Mas também é um facto, como adverte SILVA SÁNCHEZ, que «a relação entre raciocínio de princípios e raciocínio utilitarista, assim como a articulação da relação indivíduo-sociedade, entre outras questões, têm lugar em uns e outros âmbitos culturais de modo substancialmente distinto»[51], o que significa que aquela pretensão universalista do Direito penal não subsiste sem a clara consciência destas diferenças «terrenas», concretas.

Daí que se tenha já proposto a construção de um sistema penal supranacional com base em pressupostos ontológicos, cujo conteúdo estaria definido teleologicamente, através de finalidades político-criminais[52]. Ora, aqui está verdadeiramente o *punctum crucis* da questão: qualquer tentativa de harmonização, de unificação do sistema penal deve ser orientada por finalidades político-criminais, diríamos mesmo que a elas deve obedecer, mais do que por razões dogmáticas, sobretudo quando nestas estejam em causa apenas estruturas lógico-objectivas. Isso, obviamente, sem prejuízo de se intentar previamente aquilo que seria a universalização do Direito penal através das estruturas lógico-objectivas e de se elaborar «sistemas de problemas e estruturas formais de imputação»[53].

É evidente que não se espera qualquer espécie de facilidade[54]. Desde diferentes concepções nacionais, reflectidas nos diversos sistemas nacionais, impostadas em diferentes culturas e vivências sociais, que contrastam com aquelas analogias supra-referidas – diversidade de concepções que

---

[51] SILVA SÁNCHEZ, «Sobre las Posibilidades...», p. 13.

[52] *Idem*, p. 12. SILVA SÁNCHEZ adverte, no entanto, que tais finalidades político-criminais devem compreender considerações valorativas derivadas de um princípio de respeito pela dignidade humana e pelas garantias fundamentais do indivíduo.

[53] Aliás, SILVA SÁNCHEZ, «Sobre las Posibilidades...», p. 13 e ss., sugere duas ideias que a este propósito são de assinalar: primeiro, uma ciência do Direito penal baseada exclusivamente em estruturas lógico-objectivas, ou que se limite a construir o sistema de problemas ou de estruturas de imputação, pode ser universal; segundo, essa possibilidade não é suficiente, não é satisfatória. Alcança-se tal ideia do facto de SILVA SÁNCHEZ «lançar o desafio» ao penalista de, quando pretender, para além daquilo, construir um concreto sistema de proposições (de soluções para os problemas), então dever mover-se num contexto valorativo determinado, o que seria, afinal um verdadeiro sistema teleológico – cfr. *op. cit.*, p. 13 e ss.

[54] Às dificuldades com que se depara já chama a atenção MIR PUIG, *op. cit.*, p. 25, sem, no entanto, deixar de apontar, na sua conferência, os caminhos a seguir para a unificação do Direito penal europeu.

712   *Estudos em Comemoração do 10.º Aniversário da Licenciatura em Direito*

suscitam mesmo críticas[55] ao intento de se construir um sistema penal harmonizado –, até ao facto de por essa via o Direito penal ser menos científico e mais teleológico, ou, *rectius*, menos dogmático e mais político-criminalmente fundamentado. Mas também não é menos certo que a política criminal vem sendo apontada nas últimas três décadas como fundamento para a ciência jurídico-penal[56] e por isso não deixará de ser uma via certa para a unificação do Direito penal, com todos os riscos que tal empreendimento importar[57].

E sem querer cair no risco a que chama a atenção MIR PUIG, de apelar à «política criminal ou às necessidades político-criminais, como se se tratasse de algo em si mesmo evidente»[58], a verdade é que já se desencadeou um processo político prévio, o da unificação europeia, que, apesar das suas dificuldades, já está em curso e não é apenas um utópico projecto. Processo esse que ademais implica toda uma transformação jurídica a diversos níveis. Transformação essa que, por um lado, é imposta por razões socioculturais, mas, por outro, tem reflexos na sociedade, pretendendo também nivelá-la. Longe vão, efectivamente, os dias em que muitas famílias viviam exclusivamente de um certo comércio feito nas fronteiras dos diversos países, mercê de um apertado sistema de transferências, levando muitas vezes ao tão conhecido contrabando de bens. Como já é hoje realidade o sonho de uma moeda única nos diferentes países da União europeia.

Dizer isto significa apelar efectivamente à necessidade, em muitos aspectos, da harmonização do Direito penal europeu. É tomar esse partido. É tomar consciência das razões que levam a essa necessidade[59]. Desde

---

[55] De facto, há quem entenda que o sistema teleológico tem um carácter nacional que se opõe às pretensões transnacionais da dogmática – veja-se nesse sentido, HIRSCH, «Die Entwicklung der Strafrechtsdogmatik nach Welzel», in *Festschrift der rechtswissenchaftlichen Fakultät zur 600-jahr-feierr der Universität zu Köln*, Köln, 1988, p. 416.

[56] Há quem, como FIGUEIREDO DIAS, *Questões Fundamentais do Direito Penal Revisitadas*, São Paulo, 1999, p. 41, fale, em relação à política criminal, de posição de domínio e de transcêndencia em relação à dogmática. SILVA SÁNCHEZ, «Reflexiones sobre las bases de la política criminal», in *El Nuevo Código Penal: Presupuestos y Fundamentos, Libro Homenaje al Prof. Dr. D. Ángel Torío López*, Granada, 1999, p. 213, é igualmente claro ao referir que o «Direito penal *é* expressão de *uma* Política criminal», chegando mesmo a afirmar (*op. cit.*, p. 213, n. 25), que «a própria existência do Direito penal estatal expressa uma opção político-criminal (...)»

[57] E sobre esses riscos pronuncia-se MIR PUIG, *op. cit.*, p. 26: tanto o risco de absolutizar e ontologizar a política criminal, como o risco de diluí-la em arbitrariedade.

[58] MIR PUIG, *op. cit.*, p. 26.

[59] Razões essas muito bem apresentadas numa síntese de QUINTERO OLIVARES, *op. cit.*, p. 51, e que aqui nos serve de referência.

Da Autonomia Constitucional do Direito Penal Nacional   713

logo, a existência da chamada «consciência europeia», responsável pelo desenvolvimento da ideia de uma comunidade europeia, cujo projecto inicial, sendo meramente económico, posto à prova, ditou a necessidade da sua expansão, transformando-se num verdadeiro projecto político-social. De facto, tudo se pretende ver pela óptica do comum: não só a economia, como também a educação, a segurança, a justiça, a política, etc. Foi essa consciência que levou ao aparecimento do Tratado da União europeia, após longos anos de experiência comunitária.

Num espaço assim, em que é pressuposto todos serem dadores mas também beneficiários, há necessidade de defender os interesses hodiernamente denominados comuns. Os cidadãos de certo país estarão agora legitimamente atentos à política de cada Estado relativamente à defesa dos interesses europeus e não apenas preocupados com a defesa dos interesses no seu próprio país. O mesmo é dizer que a chamada «consciência jurídica comunitária», elemento tão importante na definição das finalidades das reacções criminais, alarga o seu campo a um espaço europeu e não apenas estatal.

Esta última asserção decorre, desde logo, do aparecimento de bens jurídicos que, se não inteiramente novos, pelo menos aparecem com um outro figurino, uma vez que emergem de políticas comuns e por isso bens jurídicos europeus ou de feição europeia[60]. Ora, essa nova matriz dos bens jurídicos impõe uma protecção igualitária quanto possível em todos os países da União europeia[61]. Essa igualação processar-se-á através da harmonização dos diversos Direitos internos dos Estados-membros, mas o grau de exigência em muitos casos imporá mesmo a sua unificação, ou seja, a existência de normas jurídico-penais únicas, aplicáveis em todos os Estados. Como causa e simultaneamente consequência, a existência daquelas normas penais comuns implica a existência de uma harmonização de órgãos judiciais e policiais, para melhor interpretação e aplicação de tais normas, bem como para tornar o exercício da investigação criminal eficaz.

Finalmente, embora esta razão já seja uma consequência das anteriores, impõe-se uma produção legislativa comum e, por isso, se questiona mesmo a necessidade de um órgão europeu com competência legislativa

---

[60] Há quem fale mesmo a este propósito dos chamados *eurodelitos* – cfr. MORALES PRATS, «Los modelos de unificación del Derecho Penal en la Unión Europea: Reflexiones a propósito del "Corpus Iuris"», in *Revista Penal*, n.° 3, 1998, p. 33.

[61] Estamos, pois, de acordo com DUARTE D'ALMEIDA, *op. cit.*, p. 20, quando afirma que «existe, de facto, ao menos no domínio financeiro no qual a Comunidade mais exposta se encontra à fraude nacional e transnacional, uma absoluta necessidade de providenciar no sentido da intervenção criminal: é indispensável um mínimo de harmonização nesta matéria».

714 *Estudos em Comemoração do 10.° Aniversário da Licenciatura em Direito*

em matéria penal, como seja o Parlamento europeu[62]. Questão que, como se verá, não é de fácil resolução, desde logo porque os Estados-membros resistirão até ao último reduto à ideia de abrirem mão do seu *Ius puniendi*. E tudo isto, como já dissemos, porque se acredita num único espaço europeu onde pessoas e bens circulam livremente, onde os interesses são comuns e carecem da tutela, nomeadamente, do Direito penal.

---

[62] Dizemos Parlamento europeu considerando aqui a necessidade de obediência ao princípio da legalidade. Tal como nos Estados é ao Parlamento que cabe legislar sobre matéria penal, assim deveria ser na União se se mantiver o mesmo entendimento do que seja o princípio da legalidade. Porém, existem autores, como é o caso de DUARTE D'ALMEIDA, *op. cit.*, p. 27 e ss., que assim não entendem, considerando ao invés que o eventual défice democrático apontado como argumento contra um pretenso poder legiferante da União, leva implícita uma determinada concepção de democracia o que considera incorrecto. O autor é, por isso, expressivo: «Fazendo-se o elogio da juridicidade *material*, não o da mera legalidade, dar-se-á parecer *jurídico* favorável ao abandono do *legalismo* formal remetendo-se a questão para o exclusivo campo da *política*». Ainda que a tese deste autor se apresente coerente tanto nos seus fundamentos, quanto nas suas conclusões, o certo é que se é verdade que *ab initio* não terá que ser um conceito de legalidade, de democracia tal como é visto tradicionalmente em cada Estado, o que deve vincular um novo figurino europeu, também não vemos por que razão se deva abandonar tal concepção. Simplificando, diremos apenas que não vemos objectivamente razão para abandonarmos uma ideia há muito defendida, segundo a qual é ao parlamento, porque legitimado popularmente por sufrágio, que cabe o poder de legislar em matéria penal, dando assim cumprimento ao princípio da legalidade. Admitir que o Conselho ou a Comissão, órgãos compostos por membros dos governos nacionais ou nomeados, possam legislar em matéria penal é objectivamente admitir um modelo que não corresponde ao tradicional modelo e que para nós significa expressão intangível da democracia. Tal como entendemos a democracia, só o parlamento estará legitimado popularmente para legislar sobre matéria penal. Parece-nos que a nível europeu deveria ser seguido tal modelo. Nesse sentido vai FILIPPO SGUBI, «Derecho penal comunitario», in *Cuadernos de Política Criminal*, n.° 58, 1996, p. 115, que, na senda de BRICOLA, entende que é uma utopia *de iure condendo* uma atribuição de poder punitivo à Comunidade europeia já que «uma tal eventualidade contrasta inevitavelmente com o princípio de reserva absoluta de Lei em matéria penal sancionado nas Constituições dos vários Estados-membros». Outra coisa seria admitir que a matéria penal não tem por que carecer de uma tal legitimação. Mas como não é hipótese que julgamos configurável, não nos debruçaremos sobre a mesma.

b) *O Direito penal económico como ponto de partida e a relevância da experiência comum (jurisprudencial e legal) para um eventual processo de unificação*

Trata-se incontornavelmente de um fenómeno historicamente situado, conjuntural, mas concreto e inadiável, onde também os penalistas são chamados a contribuir. A unificação europeia não passa ao lado da ciência do Direito penal. Pelo contrário, como diz MIR PUIG, aos «penalistas corresponde a responsabilidade de colaborar nessa reflexão buscando as linhas básicas que, em vista da evolução da ciência jurídico-penal, hoje parecem capazes de orientar a unificação do Direito penal europeu»[63].

Como já dissemos, o domínio por excelência onde tal unificação se poderá materializar é o da criminalidade económico-financeira. Domínio abrangido pelo Direito penal económico (secundário). Ora, não podemos esquecer neste momento o que caracteriza o Direito penal económico (secundário). Trata-se de um ramo do Direito caracteristicamente *precário, contingente, conjuntural e pontual e, por isso também, instável, dinâmico, histórico e evolutivo* – e isto é tão importante quanto é certo que tratamos agora de um fenómeno que é historicamente situado, tanto espácio como temporalmente. A análise na perspectiva do Direito penal económico é tanto mais importante quanto é certo que, como lembra RABE[64], mais de 80 % do Direito económico dos países membros tem origem comunitária, o que mais justifica que qualquer tentativa de harmonização ou unificação do Direito penal deve começar pelo Direito penal económico.

Parece-nos que tal tarefa não poderá, contudo, desprender-se do Direito penal comum, mais concretamente daquilo que geralmente incorpora a parte geral do Direito penal, traduzida nas partes gerais dos diversos códigos penais, onde estão vertidos os grandes princípios ou regras que constituem o chamado «núcleo duro» do Direito penal[65]. E posto isto, ocioso será dizer que deveremos estar estribados, por um lado, na legislação nacional de cada país e, por outro, na jurisprudência dos tribunais europeus, com a vantagem, neste último caso, de tal jurisprudência versar em grande parte sobre o correcto entendimento das regras penais de cada país, harmonizando-as com o entendimento «europeu». É claro que essa visão

---

[63] MIR PUIG, *op. cit.*, p. 25.

[64] Cfr. RABE, «Europäische Gesetzgebung-das unbekannte wesen», in *NJW*, 1993, 1, p. 1.

[65] Na expressão acabada e feliz de TIEDEMANN, «Exigencias fundamentales...», p. 77.

há-de ser não raras vezes de tensão. De facto, o recurso aos tribunais europeus parte muitas vezes de diversas concepções sobre o próprio Direito positivado. Ou seja, numa tentativa de harmonização, tentativa essa que, partindo da existência de duas posições – a do Estado ou do julgador nacional e a do recorrente –, há-de ter que optar apenas por uma e por isso ela própria nem sempre se revela consensual – fenómeno, de resto, natural na justiça, mesmo nacional.

Significa, o que acabamos de dizer, que da análise dos Direitos nacionais e da jurisprudência europeia há-de resultar, por um lado, uma necessidade de respeitar aqueles ordenamentos, mas, por outro, tal respeito não há-de ser travão para a construção de um Direito europeu inovador.

Nesse sentido, TIEDEMANN[66], com vista à criação de um Direito penal europeu, propõe o seguinte caminho: por um lado, a formulação comum dos princípios da parte geral, formulação essa em que «só se deve admitir excepções aos Direitos penais nacionais na zona mais marginal a respeito dos princípios fundamentais»; por outro lado, deverá prevalecer o princípio da simplificação da construção de «regras básicas», devendo respeitar-se as tradições nacionais, mas sem que estas impeçam inovações ou melhorias razoáveis. Curiosamente, TIEDEMANN entende que o apelo aos ordenamentos jurídico-penais nacionais e à jurisprudência europeia há-de verificar-se sobretudo nas suas diferenças e que hão-de ficar contempladas, pelo menos na formulação de excepções aos princípios[67]. Trata-se, a nosso ver, de uma clara preocupação de harmonizar os diversos ordenamentos nacionais, respeitando-os, reveladora de uma consciência clara de que não é possível, ou pelo menos recomendável, formular um Direito penal europeu inteiramente novo, em que os Direitos nacionais apenas sirvam de objecto de estudo. De modo algum. Ao invés, o Direito penal europeu há-de respeitar as diferenças existentes nos diversos Direitos nacionais, pois essas diferenças traduzem as realidades socioculturais muito importantes de cada país. Respeito, sem o qual, diga-se em abono da verdade, o projecto europeu pode estar ameaçado.

c) *Em jeito de síntese*

Posto o que acabamos de ver, importa responder a uma outra questão: justificada que perece estar a harmonização e, em grande parte, a unificação do Direito penal europeu, haverá condições para isso?

---

[66] TIEDEMANN, «Exigencias fundamentales...», p. 78.
[67] *Idem.*

Da Autonomia Constitucional do Direito Penal Nacional

QUINTERO OLIVARES, ao analisar a necessidade da revisão do chamado «tradicionalismo europeu», invoca diversas razões que de certa forma respondem à questão por nós levantada[68]. Assim, por um lado, a «convicção de que os países da U.E. têm produzido e assumido uma importante quantidade de valores e princípios comuns», traduzidos na «jurisprudência do Tribunal Europeu de Direitos Humanos», assim como na «crescente força da legalidade e da justiça comunitárias», bem como na «visível proximidade entre os sistemas constitucionais (...) e, simultaneamente uma linha de proximidade nas jurisprudências constitucionais em relação com os problemas penais» e, por outro lado, a «evidente existência de uma *linguagem dogmática cada vez mais comum*»[69], são condições para se apostar na unificação.

Donde, uma vez mais, à guisa de síntese podemos sublinhar: é na criminalidade económico-financeira, área peculiar do Direito penal económico, que mais facilmente se pode caminhar no sentido da unificação; processo este, contudo, que deve atender à experiência comum sentida sobretudo ao nível da jurisprudência.

No entanto, a questão que se terá ainda que colocar é a de saber qual o grau de unificação. Ou seja, até onde deve ir a unificação: até à construção de um único código penal europeu, ou apenas relativamente a infracções financeiras com relevância europeia, ou um *tertium genus* que seria a relevância de bens jurídicos ditos fundamentais para os cidadãos europeus?

3.2. *A pretensão de um Código Penal europeu: o sinuoso percurso da utopia à realidade*

a) *A pretensão de um Código Penal tipo europeu*

Apesar das limitações sobejamente reconhecidas impostas à ideia de unificação do Direito penal europeu, a verdade é que tem vindo a ser defendida, ao ponto de já se ter falado num autêntico Código Penal europeu. Já em 1971 o Conselho da Europa examinou a possibilidade de elaborar um Código Penal tipo europeu. Tal como nos relata ULRICH SIEBER[70],

---

[68] Cfr. QUINTERO OLIVARES, *op. cit.*, p. 53.

[69] *Ibidem.*

[70] ULRICH SIEBER, «À propos du Code Pénal type européen», in *Revue de Droit Pénal et de Criminologie*, Ano 79, Janeiro, 1999, p. 3.

718 *Estudos em Comemoração do 10.º Aniversário da Licenciatura em Direito*

o exame foi negativo: não se via vantagens na harmonização das normas penais. Posteriormente, em 1996, o Conselho da Europa voltou à ideia, designando uma comissão para elaborar um Código Penal modelo europeu e um Código modelo europeu de processo penal, mas também sem êxito, pelo menos até ao momento[71].

Por iniciativa do Parlamento europeu elaborou-se então o projecto do chamado «Corpus iuris» para a tutela penal dos interesses financeiros da União europeia, numa clara concretização de uma política de unificação do Direito penal europeu em matéria de protecção dos interesses financeiros, matéria onde mais facilmente se poderia lograr tal unificação. Também aí, como se verá, os resultados não foram os esperados. Convém que se diga, no entanto, que esta iniciativa, longe de ser a primeira experiência, pelo menos no âmbito da harmonização, também não encerra tal tarefa. As dificuldades estão patentes, desde logo, no próprio caminho, um tanto sinuoso, que até agora se percorreu e que vale a pena aqui lembrar.

b) *O percurso*

Podemos dizer que o projecto do «Corpus Iuris» corresponde já a uma terceira fase ou terceira geração, no que ao processo de unificação concerne. Antes, decorreram duas fases, ainda que não se possam dizer perfeitamente sucedâneas no tempo, mercê em grande parte também do grau de unificação da própria União europeia. Essas duas fases terão consistido, uma, na existência de modelos *primários* ou *primitivos* com vista a uma certa harmonização do Direito comunitário e, outra, na implementação de Tratados com vista a aprofundar aquela harmonização.

Podemos pormenorizar um pouco mais aquela evolução e, seguindo de perto outros esquemas[72], podemos surpreender, se não verdadeiras fases, pelo menos etapas que, caracterizadas pelos mecanismos empregues, marcaram aquela evolução. Sistematizando, diríamos pois que houve através de mecanismos diversos, momentos que se podem caracterizar desta forma: o da *remissão*, o da *assimilação*, o da *harmonização*,

---

[71] ULRICH SIEBER, *op. cit.*, p. 3, dá-nos conta de que foi um dos autores a quem o Conselho solicitou a participação na redacção do Código. Porém, não só ainda tal projecto não produziu resultados, como, segundo aquele autor (p. 34), o «Código penal tipo europeu (...) não representa senão uma opção entre muitas outras».

[72] Seguindo, nomeadamente, os contributos de TERRADILLOS BASOCO, *op. cit.*, p. 62 e ss., e de MORALES PRATS, *op. cit.*, p. 29 e ss.

Da Autonomia Constitucional do Direito Penal Nacional

que constituíram uma primeira etapa, o da *cooperação*, que surge numa segunda etapa, e agora, finalmente, o da (tentativa de) *unificação*, que encerra esta terceira fase.

Com efeito, numa primeira fase, tivemos modelos primitivos, traduzidos sobretudo na «submissão dos ordenamentos penais estatais ao que se consigna nas Directivas próprias do Direito Comunitário»[73], com vista à *harmonização* das normas nacionais, antecedido quer pelo fenómeno da *remissão*, quer pelo da *assimilação*.

A *remissão* foi um mecanismo utilizado antes mesmo de outros reconhecidamente institucionalizados com o objectivo de uma certa harmonização, mecanismo aquele a maior parte das vezes implícito, que remetia das normas penais nacionais para normas comunitárias[74]. Tal fenómeno significou a assunção pelos Estados da importância do Direito comunitário e da necessidade do Direito de cada Estado se pautar pelos princípios do Direito comunitário. Na verdade, manifestou-se desde cedo aquela tendência para os Estados-membros remeterem para normas comunitárias, ainda que extra-penais, alguns aspectos que seriam tidos em conta no Direito penal de cada Estado. Foi sobretudo dominado pela técnica das *normas penais em branco*, através da qual o legislador nacional remetia para as normas comunitárias a integração de certos conceitos[75]. Levantava no entanto problemas, sobretudo de conciliação com o princípio da *legalidade*[76].

A *assimilação* permite estender a tutela a bens jurídicos não nacionais daquilo que inicialmente é objecto da tutela nacional. Existirá assim uma norma nacional que tutelando bens jurídicos nacionais é aplicável a interesses comunitários, por força de medidas impostas por directivas[77], mas também e sobretudo por força dos artigos 10.° e 280.°, n.° 2, do T.C.E.[78]. Esta

---

[73] MORALES PRATS, *op. cit.*, p. 29.

[74] Nesse sentido, claramente, TERRADILLOS BASOCO, *op. cit.*, p. 62, bem como DANNECKER, «Armonizzazione del Diritto Penale all'interno della Comunitá Europea», *in Rivista Trimestrale di Diritto Penale Del'economia*, 1993, n.°4, pp. 974 e ss. e G. GRASSO, *Comunidades Europeias y Derecho penal*, Cuenca, 1993, p. 53 e ss.

[75] Veja-se DUARTE D'ALMEIDA, *op. cit.*, p. 60 e 61, que fala de *reenvio* para as normas comunitárias, através da lei penal em branco, técnica que no entanto o autor reputa discutível, porque, entre outras razões, esse conceito «está desenvolvido para as relações entre disposições preceptivas e sancionatórias no âmbito de um *mesmo* ordenamento jurídico».

[76] Mais desenvolvidamente, veja-se TERRADILLOS BASOCO, *op. cit.*, p. 62.

[77] DUARTE D'ALMEIDA, *op. cit.*, p. 56.

[78] Sobretudo o artigo 280.°, n.° 2, do T.C.E., é claro a este respeito: «Para combater as fraudes lesivas dos interesses financeiros da Comunidade, os Estados-membros tomarão

720 Estudos em Comemoração do 10.º Aniversário da Licenciatura em Direito

técnica, permitindo assimilar os interesses comunitários aos dos Estados-
-membros, torna-se paradigmática na resolução de certos problemas, como
sugere PEDRO CAEIRO[79], levantados pela fraude contra os interesses financeiros. E, na verdade, em Portugal tal tem sucedido, como é exemplo a incriminação da fraude na obtenção de subsídio ou subvenção e de desvio de
subvenção, subsídio ou crédito bonificado, matéria relativamente à qual se
tem partido do pressuposto da aplicabilidade dos tipos incriminadores nacionais aos interesses comunitários[80].

A *harmonização* é uma técnica que visa a aproximação de regras nacionais diversas, tendo como denominador comum os interesses da União.
Pelo que serão muitas vezes as directivas que efectuarão essa aproximação
«compatibilizadora»[81] o que, como refere FILIPPO SGUBI[81-a], deixa nas
mãos dos Estados o modo concreto de execução, sobretudo ao nível das
sanções, não ficando por isso isento de dificuldades.

O processo de transposição de directivas tem efectivamente os seus limites. Por um lado, ao Estado-membro sempre fica uma larga margem de
concretização, uma vez que o que passa a vincular no Direito interno são
ainda as normas deste, resultantes daquelas directivas, e tais normas, se
comparadas com as próprias directivas ou com normas similares, resultantes do mesmo processo, em outros países, evidenciam algumas diferenças.
Por outro lado, em todo esse processo utiliza-se muitas vezes a via interpretativa para aplicação daquele Direito comunitário, o que, como se sabe, implica algumas diferenças de aplicação. A esse propósito MORALES PRATS fala
mesmo de um modelo «tortuoso e angustiante, submetido a múltiplas transformações jurídicas, como por exemplo a colocação de questões de prejudicialidade no Tribunal de Justiça das Comunidades Europeias (...)»[82].

---

medidas análogas às que tomarem para combater as fraudes lesivas dos seus próprios interesses financeiros».

[79] PEDRO CAEIRO, «Perspectivas..», p. 531. Também QUINTERO OLIVARES, *op. cit.*,
p. 58, aponta a *«assimilação* com a infracção análoga que contemple o Direito interno»,
como uma das vias a seguir na harmonização do Direito penal europeu.

[80] O exemplo é sugerido por DUARTE D'ALMEIDA, *op. cit.*, p. 55, n. 121, relativamente ao Decreto-lei n.º 28/84, de 20 de Janeiro, através do qual a tutela dos interesses protegidos nos artigos 36.º e 37.º se estenderia aos interesses comunitários, conforme o defendem FIGUEIREDO DIAS/COSTA ANDRADE, «Sobre os crimes de fraude na obtenção de
subsídio ou subvenção e de desvio de subvenção, subsídio ou crédito bonificado», in *Direito Penal Económico Europeu: Textos Doutrinários*, Vol. II, Coimbra, 1999, p. 327.

[81] Cfr. DUARTE D'ALMEIDA, *op. cit.*, p. 15, n. 14.

[81-a] FILIPPO SGUBI, "Derecho penal...", p. 115.

[82] MORALES PRATS, *op. cit.*, p. 30.

Da Autonomia Constitucional do Direito Penal Nacional

Uma segunda fase, pelo menos mais recentemente iniciada, ainda que aqueles primitivos modelos subsistam, foi a que se deu com o aparecimento de certos tratados especialmente vocacionados para harmonizar o Direito penal dos diversos Estados e, ao mesmo tempo, ir introduzindo normas novas de Direito originariamente europeu. Trata-se da fase da *cooperação*. O exemplo mais paradigmático, na matéria que curamos, é efectivamente o Convénio internacional europeu relativo à protecção dos interesses financeiros das Comunidades Europeias, de 26 de Julho de 1995, estipulando um conjunto de normas comuns, aplicáveis aos diversos Estados, em matéria financeira.

Note-se porém que, pese embora o esforço notável na aproximação dos diversos ordenamentos internos e, sobretudo, na tentativa de criação de um único Direito penal europeu, tal tarefa ainda envolve alguns problemas. Desde o facto de se continuar a conceder uma certa flexibilização na concretização daqueles tratados nos respectivos Direitos internos, até ao facto de os Estados, no desenvolvimento das ideias e dos princípios estabelecidos nos mesmos, adoptarem outras posições nem sempre inteiramente coincidentes com as anteriores, correndo-se mesmo o risco de algum desfasamento e até alguma incoerência. O exemplo[83] vem-nos do Convénio de 26 de Julho de 1995, relativamente à matéria tributária. De facto, não prevendo aquele Convénio a relevância da regularização da dívida e da infracção, para efeitos da extinção da pena, implicaria que nos ordenamentos internos as infracções, ainda que leves, continuassem a ser punidas, quando em causa estivessem interesses comunitários, quando tal poderia não suceder, mesmo que de infracções graves se tratasse, quando em causa estivessem interesses internos, pelo simples facto de neste último caso estar prevista, nos ordenamentos internos, a possibilidade de o infractor regularizar a sua situação voluntariamente e antes da prossecução penal[84].

É por isso que se torna pertinente passar agora àquela que foi chamada terceira fase, ou terceira geração[85], encarnada no projecto do «Corpus iuris» para a protecção penal dos interesses financeiros da União europeia, que corresponde já a uma tentativa de *unificação*. Há quem não tenha dúvidas em afirmar que aquele projecto «constitui uma proposta de

---

[83] Exemplo que nos é dado por MORALES PRATS, *op. cit.*, p. 31.

[84] Assim sucede efectivamente em diversos ordenamentos, tais como o alemão, o espanhol, o português, etc.

[85] MORALES PRATS, *op. cit.*, p. 31.

722 Estudos em Comemoração do 10.º Aniversário da Licenciatura em Direito

unificação de Direito penal substantivo e processual, para os países membros da União Europeia, em matéria de Protecção dos interesses financeiros da União Europeia»[86].

Estamos em crer, no entanto, que tal unificação passaria pela resposta a certas questões. Por exemplo, ficaria o Parlamento europeu, relativamente às matérias objecto do «Corpus iuris», com reserva legal, ou pelo menos com a possibilidade de legislar sobre as mesmas, ou continuaria a prevalecer o *Ius puniendi* de cada Estado? Seriam as normas do «Corpus iuris» aplicadas e interpretadas por tribunais europeus ou por tribunais nacionais de cada Estado? Seriam as normas de processo também unificadas, para viabilizarem a aplicação do Direito substantivo europeu ou, ao invés, as normas processuais continuariam as de cada Estado, ou conferindo a cada Estado a possibilidade de prosseguir penalmente? Finalmente, seriam suficientes os tipos legais de crime previstos no «Corpus iuris», ficando a restante matéria não prevista ali a ser tutelada por cada Estado, ou o «Corpus iuris» seria suficientemente abrangente? Na resposta a estas questões estaria encontrado também o grau de satisfação da pretendida unificação do Direito penal.

O projecto em apreço só teria sido um passo decisivo no sentido da unificação se àquelas questões fossem dadas respostas nesse sentido. Acontece, porém, que no actual estado das coisas tal não é possível. Desde logo, ainda não existe no parlamento europeu um poder de legislar sobre matéria penal. O que significa que os Estados-membros continuam a ter tal poder, sendo que constitucionalmente está geralmente entregue aos parlamentos nacionais, com reserva. Quer isto significar que o princípio da legalidade, tomado na sua feição formal, não só nega essa possibilidade ao parlamento europeu, como a entrega aos parlamentos nacionais. Assim sendo, coloca-se o problema da recepção do Direito europeu no ordenamento interno, desde logo implicando um de dois caminhos: ou os Estados-membros prevêem a possibilidade de o parlamento europeu passar a ter aquele poder; ou então terão que ratificar, através dos seus parlamentos, aquela matéria, nomeadamente através dos mecanismos até agora existentes, o que, como já se viu, não garante total fidelidade e uniformidade.

Mas mesmo que esse desiderato fosse ultrapassado, a matéria a legislar deveria sê-lo o mais completa e perfeitamente possível para evitar o

---

[86] Cfr. MORALES PRATS, *op. cit.*, p. 31, não sem que sobre tal projecto de unificação teça algumas críticas, parte das quais tomaremos como referência no texto.

Da Autonomia Constitucional do Direito Penal Nacional

mais que se puder o recurso à integração, no caso de normas ou matérias lacunosas. Ora, quanto a esta questão, é MORALES PRATS quem desde logo denuncia, por um lado, a incompletude das matérias tratadas e, por outro, a previsão do recurso ao Direito nacional de cada Estado quando aquela matéria não estiver devidamente prevista no «Corpus iuris». Tal solução que bem se poderá dizer tratar-se de um mal menor – pois pior seria não haver possibilidade de integração –, sempre terá um grau de incerteza e de oscilação muito grande, consoante o Direito interno de cada Estado. E isso é tanto mais importante quanto é certo que aos tribunais de cada Estado-membro caberá aplicar (e interpretar) o «Corpus iuris», isso apesar de, através do recurso prejudicial, o Tribunal das comunidades poder apreciar questões de interpretação.

Esta situação não está isenta de potenciar problemas, sobretudo de desarticulação dos vários Estados-membros. Pense-se, por exemplo, nos diferentes regimes existentes a nível processual, com soluções bem distintas. Tais opções fazem variar a intervenção do ministério público e do juiz, de instrução ou de julgamento[87], implicações tão relevantes quanto é certo que nelas estão também implicadas as actividades dos órgãos de polícia criminal, matéria que como se sabe em sede de cooperação internacional é da mais elementar importância[88].

Poder-se-á dizer por isto tudo que o «Corpus iuris» ainda não responde às exigências de unificação do Direito penal europeu? Não. Longe disso, a nossa opinião vai até no sentido contrário. O «Corpus iuris» encerra um projecto muito arrojado, havendo mesmo quem fale em «modelo

---

[87] MORALES PRATS, *op. cit.*, p. 32, chama-nos a atenção para isso ao referir que o «C.I. parte da criação de um Ministério público europeu, com autoridade na Comunidade Europeia, que assuma a responsabilidade da investigação instrutória, o exercício da acção pública e a execução das sentenças relativas aos delitos definidos no C.I. (art. 18, C.I.)». E, no entanto, como refere, «este modelo instrutório, relativo à fase de investigação e preparação própria do procedimento penal, não tem comparação no nosso ordenamento processual-penal da L.E.C.R.I.M., na qual a direcção de tal fase processual queda conferida ao Juiz de instrução, de modo que o Ministério Público tão só exerce a acusação pública (...)».

[88] Esta questão é de facto muito importante e sobre ela já tivemos o cuidado de nos debruçar – cfr. o *nosso*, «A relevância da actuação dos agentes infiltrados ou provocadores no processo penal», in *Scientia Ivridica*, Janeiro-Junho, n.ºs 265/267, 1997, p. 183 e ss. –, a propósito justamente da intervenção da Comissão Europeia dos Direitos do Homem num caso – o processo n.º 25829, contra Portugal – em que em causa estava a actuação dos agentes infiltrados ou provocadores no processo penal, e onde se colocava o entendimento do julgador nacional *versus* o entendimento daquela Comissão, numa questão controvertida, apelativa de concepções diversas do Direito europeu e do Direito português.

724 *Estudos em Comemoração do 10.º Aniversário da Licenciatura em Direito*

de utopia legal»[89], cujo êxito depende mais da vontade dos Estados-membros em pretender de facto ultrapassar aquelas questões antes postas, do que das próprias soluções ali consubstanciadas.

Com efeito, como primeiro passo no âmbito dos interesses financeiros da União europeia é um passo decisivo. A sua eficácia e o seu desenvolvimento ficam a dever-se à vontade (política) dos Estados, como aliás todo o processo de unificação europeia.

c) *O resultado*

Sucede, porém, que em vez disso surge a proposta de uma Directiva do Parlamento europeu e do Conselho relativa à protecção penal dos interesses financeiros da Comunidade [2001/0115(COD)]. As diferenças em relação ao projecto do «Corpus Iuris» são significativas. *Brevitatis causa* não vamos aqui elencá-las, mas não deixaremos de num relance genérico, para além das questões que já colocámos relativamente ao projecto do «Corpus Iuris», apontar agora que a parte processual foi suprimida, que as infracções são em menor número e que fica reservada a cada Estado a possibilidade de adoptar ou manter no domínio da Directiva disposições de Direito interno mais estritas para assegurar uma protecção mais eficaz dos interesses financeiros das Comunidades europeias. Pretende-se assim uma certa harmonização das normas de cada Estado com as dos restantes membros, através de um conjunto comum de normas, e até de uma certa unificação no que concerne às infracções especificamente referidas naquela directiva.

Mas é evidente que o passo que se esperava, no sentido de uma unificação em matéria de interesses financeiros da União europeia, não correspondeu ao resultado alcançado. O que mais uma vez reforça a ideia de que o Direito penal há-de constituir o último reduto na soberania de cada Estado. Com efeito, pese embora a comprovada necessidade da unificação do Direito penal nessa matéria concreta, como de resto o traduz toda a motivação da Directiva, a verdade é que subjaze em larga medida ainda um amplo campo para aplicação de normas internas que reflecte o quão longínqua se encontra a efectiva unificação. E assim se compreende que a ideia de um Código penal europeu neste momento ainda não passa de uma pretensão utópica à espera de melhores dias, pelo menos à espera de uma

---

[89] MORALES PRATS, *op. cit.*, p. 35.

Da Autonomia Constitucional do Direito Penal Nacional

mais expressiva vontade dos Estados-membros em quererem abdicar do seu soberano *Ius puniendi*.

4. Reflexões sobre o futuro do Direito penal na Europa. Breve alusão ao projecto da Constituição europeia

Diríamos que já existem razões para apontar no sentido da unificação do Direito penal europeu, mas que não deixam de assistir razões aos chamados *eurocépticos* que continuam a acreditar que sempre haverá um conjunto de normas penais estritamente nacionais. Continuando a acreditar que a protecção subsidiária de bens jurídicos continuará a ser função do Direito penal e que a Constituição perdurará como a referência axiológico-normativa para o legislador penal, entendemos, contudo, que a unificação jurídico-penal supõe a compreensão prévia de alguns níveis de interesses através dos quais se pode graduar o processo de unificação, que resumiríamos do seguinte modo.

Primeiro nível: corresponderia aos interesses da União europeia enquanto tal. Existem apenas porque existe aquela União. Não têm autonomia em cada Estado. São comuns a todos os Estados e como tal específicos da União. Por exemplo, os fundos comunitários e o acesso aos mesmos são algo que interessa à União enquanto tal.

Segundo nível: diria respeito aos interesses de todos os Estados da União europeia, sendo por consequência interesses da União enquanto tal. São postos em causa em cada Estado por causa das características da União europeia. Por exemplo, o branqueamento de capitais ou a fraude fiscal internacional são fenómenos facilmente potenciados pelo facto de a União europeia não permitir fronteiras entre Estados, facilitando a prática daquelas actividades entre Estados de forma diferente daquela que seria se existissem fronteiras.

Terceiro nível: inscreveria os interesses dos Estados-membros *qua tale*, ainda que indirecta e reflexamente afectem toda a Comunidade europeia. Por exemplo, a fraude fiscal dentro de cada Estado é um problema que afecta o interesse desse Estado, nomeadamente a política orçamental desse Estado, mas não é indiferente aos critérios de convergência impostos pela União europeia aos Estados, considerando que uma apertada repressão da fraude fiscal pode permitir o aumento de receita fiscal e consequentemente a diminuição do défice público.

726 *Estudos em Comemoração do 10.° Aniversário da Licenciatura em Direito*

Ora, se relativamente aos interesses do primeiro nível é fácil advogar uma unificação das normas penais, diríamos mesmo, uma criação dessas normas a nível europeu, já quanto aos interesses do segundo nível se compreenderá uma harmonização das normas dos vários Estados, seguindo critérios da União, sendo a remissão, a assimilação e a harmonização técnicas adequadas. Destarte, parece claro que relativamente aos interesses do terceiro nível, ainda que também se possa falar numa certa harmonização, teremos que compreender que ainda estamos num domínio em que devem ser os Estados a definir a sua própria política criminal. São vários os factores que a isso levam, entre os quais está a conformação constitucional do Direito penal. Aqui, parece-nos claro que o Direito penal não pode deixar de ter como referência a Constituição de cada Estado.

O futuro do Direito penal na União europeia passa inevitavelmente pelo futuro desta. Quanto mais crescer a União europeia, em detrimento da perda de soberania de cada Estado, mais necessidade haverá de estabelecer um corpo de normas que sancione as actividades violadores daquelas normas. A efectivação das políticas da União passará em boa medida pelo cumprimento das medidas a implementar. E o cumprimento dessas normas, tratando-se de uma ordem jurídica, passa pelo sancionamento do incumprimento. Esse sancionamento, quando em causa estiverem bens jurídicos, poderá ter que ser através do Direito penal. Esta eventualidade não nos oferece dúvidas.

O problema está em saber como e quando se dará essa autonomização do Direito penal. Haverá um Direito penal europeu para punir crimes que contendem directamente com normas da União europeia (*v.g.*, crimes de fraude na obtenção de subsídios comunitários) e um Direito penal nacional para punir crimes que directamente contendem com interesses do Estado? E qual o limite para definir onde começa e onde termina o interesse estatal e o interesse europeu? Haverá apenas normas que harmonizem em alguns aspectos as nacionais para certos e determinados factos tidos como mais relevantes para a União europeia enquanto tal?

Seja como for, numa sociedade cada vez mais globalizada, onde as barreiras físicas e jurídicas vão cedendo, onde cada cidadão europeu contribui para finalidades públicas de toda a União, onde se tende a substituir elementos específicos da identidade de cada Estado por outros comuns (veja-se o caso da moeda única), torna-se cada vez mais necessária uma harmonização, senão mesmo unificação do Direito penal. Quiçá o Direito penal figure aqui como último reduto da soberania de cada Estado. Mesmo

Da Autonomia Constitucional do Direito Penal Nacional

numa era em que virá a Constituição europeia a superar afinal aquele que seria um dos obstáculos à unificação, porquanto tal Constituição, sendo ela referente axiológico-normativo, poderia fundamentar de igual modo o aparecimento de normas penais europeias. Mesmo assim, haverá sempre que atender a peculiaridades seculares, socioculturais, de cada Estado que têm expressão no Direito penal.

Foi apresentado ao Conselho europeu reunido em Salónica, a 20 de Junho de 2003, o *Projecto de Tratado que institui uma Constituição para a Europa*. É prematuro discorrer sobre tal projecto, porque é ainda muito incerto o seu futuro. Mas não resistimos a deixar aqui brevíssimas palavras sobre o mesmo que poderão ajudar numa possível reflexão sobre o futuro do Direito penal na Europa. Desde logo, o facto de, à semelhança dos textos constitucionais nacionais, este projecto também levar à conta de uma referência axiológica para futura legislação todo um conjunto de bens jurídicos, alguns dos quais com indiscutível dignidade penal. Falamos, entre outros, do art. 7.° (Direitos fundamentais) e sobretudo da Parte II, sob a epígrafe «Carta dos Direitos fundamentais». É clara também a tomada de posição sobre determinados princípios fundamentais do Direito e processo penal, tais como os dos artigos II-48.° (Presunção de inocência e Direitos de defesa), II-49.° (Da legalidade e da proporcionalidade dos delitos e das penas) e II-50.° (Direito de não ser julgado ou punido penalmente mais do que uma vez pelo mesmo delito). Só por estes exemplos, sem adentrar em outros aspectos do texto – como sejam o de outros domínios onde estão previstos certos valores a defender, o do alargamento das competências dos órgãos da União, o da ampliação e definição dos actos jurídicos –, facilmente concluímos que, se faltava uma referência axiológico-normativa fundante para um pretenso Direito penal europeu, ela aí está. Entendemos, contudo, que o problema verdadeiramente não era esse. O problema, mais de natureza político, era o de saber até onde estão dispostos os Estados-membros a levar por diante uma unificação do Direito penal, sabendo que isso significará em certa parte abdicar da sua soberania nessa matéria. Ora, parte da resposta estará no texto da Constituição europeia. Mas ficamos com a impressão, e apenas de impressão se trata neste momento, de que por muita ambiciosa que seja uma política de unificação, ao ponto de já ter justificado, como vimos, a pretensão de um Código Penal tipo europeu, haverá sempre uma área de interesses que deverá ser tutelada por cada Estado, não só por atender às especificidades de cada um, mas também porque dessa forma permitirá uma maior protecção dos interesses da Comunidade vista no seu todo.

728   *Estudos em Comemoração do 10.º Aniversário da Licenciatura em Direito*

5. Reflexão conclusiva

A inevitabilidade de uma certa harmonização do Direito penal na União europeia não é uma fatalidade. O Direito não é uma ordem de necessidade, antes uma ordem de liberdade, ainda que necessária. Daí que a harmonização das normas há-de servir sobretudo para garantir valores comuns e fundamentais em todo o espaço europeu, entre os quais avulta o da liberdade. O pluralismo democrático que caracteriza os Estados europeus implica, por sua vez, que a construção da União europeia não pode deixar de ter em conta as diferenças socioculturais, seculares, existentes entre os diversos Estados, reflectidas nas respectivas Constituições. Existindo uma mútua referência entre a ordem axiológico-constitucional e a ordem jurídico-penal dos bens jurídicos, sendo que a Constituição constitui uma referência para o Direito penal, dificilmente se poderá pensar numa unificação absoluta do Direito penal, enquanto subsistirem tais diferenças jurídico-constitucionalmente consagradas. E sendo que tais diferenças dificilmente desaparecem por *Decreto*, parece-nos que nem mesmo com uma Constituição europeia, ela igualmente referência fundante para um pretenso Direito penal europeu, se alcançará uma unificação absoluta. Haverá, isso sim, interesses com um recorte tipicamente europeu que carecem de tal unificação ao nível da tutela penal – oferecendo-se a área da criminalidade económico-financeira como a mais adequada –, mas outros subsistirão que emergem da própria jaez de cada Estado e que justificam uma protecção penal específica. Nessa atitude estará também uma marca indelével que caracteriza a sociedade europeia, e que se traduz no respeito pelo pluralismo democrático e livre dos vários povos.

EM TEMA DE REDUÇÃO OFICIOSA
DA PENA CONVENCIONAL*

NUNO MANUEL PINTO OLIVEIRA

SUMÁRIO: I. O problema da redução oficiosa da pena convencional. II. O argumento da autonomia. III. O argumento da conexão sistemática entre a redução da pena, o regime dos negócios usurários (arts. 282.°-283.° do Código Civil) e o regime da resolução ou modificação do contrato por alteração anormal das circunstâncias (arts. 437.°-439.° do Código Civil). IV. Crítica do argumento da autonomia. V. Crítica do argumento da autonomia (continuação). Interpretação conforme à Constituição do art. 812.° do Código Civil? VI. Crítica do argumento da conexão sistemática entre a redução da pena, o regime dos negócios usurários (arts. 282.°-283.° do Código Civil) e o regime da resolução ou modificação do contrato por alteração anormal das circunstâncias (arts. 437.°-439.° do Código Civil).

I. O problema da redução oficiosa da pena convencional.

Os contraentes estipulam uma pena para o caso de o devedor não cumprir, ou não cumprir perfeitamente, a obrigação (cf. art. 810.°, n.° 1, do Código Civil). O devedor não cumpre: o credor exige o pagamento da pena estipulada; o devedor nem a paga, nem pede a sua redução. O tribunal disporá da faculdade de a reduzir "de acordo com a equidade, se [ela] for manifestamente excessiva" (cf. art. 812.°, n.° 1, do Cód. Civ.)?

---

* O trabalho que aqui se apresenta desenvolve (e em alguns aspectos rectifica) ideias expostas na intervenção subordinada ao tema "Cláusulas acessórias ao contrato", proferida na sessão do dia 31 de Janeiro de 2003 do módulo "Problemas gerais dos contratos" do Curso de Pós-Graduação em Direito dos Contratos organizado pela Universidade Católica Portuguesa (Centro Regional do Porto).

730 *Estudos em Comemoração do 10.º Aniversário da Licenciatura em Direito*

O segundo parágrafo do art. 1152.° do Código Civil francês permite a redução oficiosa da pena convencional manifestamente excessiva, o § 343 do Código Civil alemão *(Bürgerliches Gesetzbuch* – BGB) proíbe-a[1]; o art. 1384.° do Código Civil italiano e o art. 812.° do Código Civil português remetem o problema para a doutrina e para a jurisprudência[2]: a fórmula "a cláusula penal pode ser reduzida pelo tribunal" não esclarece se a redução *oficiosa* da pena é permitida ou proibida. O articulado de Vaz Serra consagrava a tese da admissibilidade da redução oficiosa, estabelecendo que "as penas convencionais *devem* ser reduzidas pelo juiz, de acordo com a equidade, se forem evidentemente excessivas [...], excepto se o devedor, pelo seu comportamento, no processo ou fora dele, revelar que não deseja a redução ou se a pena tiver sido cumprida"[3]; o art. 812.° do Código Civil escusa-se a optar pela tese da admissibilidade ou pela tese da inadmissibilidade: "a nossa lei [deixa] em aberto o problema de saber quem pode (ou deve) accionar o mecanismo da redução", pelo que "as opiniões se dividem entre os que exigem que seja o devedor a pedi-la e os que consideram tratar-se aqui de um ponto duvidoso, indo no sentido de admitir o conhecimento *ex officio* pelo tribunal, em certas circunstâncias, do carácter manifestamente excessivo da cláusula penal e sua consequente redução"[4].

---

[1] REINHARD ZIMMERMANN dá conta de que *"[t]his judicial power to modify a contratual term was clearly recognized as highly exceptional and was accepted only after much toing and froing in the final draft of the BGB. It was also in conflict with pandectist doctrine, which faithfully supported the liberal Roman principle of literal enforcement of penalty clauses" (The Law of Obligations,* Juta – Kluwer, Cape Town – Deventer – Boston, 1992, pág. 108).

[2] Empregando a classificação das lacunas de KARL LARENZ, dir-se-á que existe uma lacuna inicial conhecida do legislador [cf. *Metodologia da ciência do direito* (título original: *Methodenlehre der Rechtswissenschaft),* 3.ª ed., Fundação Calouste Gulbenkian, Lisboa, 1997, pág. 536: "Existe uma lacuna conhecida do legislador quando este deixou uma questão por resolver, deixando a sua solução à jurisprudência e à ciência [do direito]"].

[3] "Pena convencional", in: *Boletim do Ministério da Justiça,* n.° 67 (Junho de 1967), págs. 185-253 (253).

[4] Cf. RUI MANUEL MOURA RAMOS – MARIA ÂNGELA BENTO SOARES, "Cláusulas penais em contratos internacionais – Análise das Regras Uniformes da CNUCDI de 1983 (relativas às cláusulas contratuais estipulando o pagamento de uma quantia em caso de incumprimento) e das disposições pertinentes do direito português", in: *Contratos internacionais,* Livraria Almedina, Coimbra, 1986, págs. 275-324 (310-311); no sentido da admissibilidade da redução oficiosa, *vide* ADRIANO VAZ SERRA, "Pena convencional", cit., págs. 224-226; e ANA PRATA, *Cláusulas de exclusão e de limitação da responsabilidade*

Em Tema de Redução Oficiosa da Pena Convencional 731

Esforçando-se por evitar a desvalorização da autonomia e da auto-responsabilidade individuais, os adeptos da tese da admissibilidade da redução oficiosa entendem que o juiz não deve efectuá-la "se o devedor, pelo seu comportamento no processo ou fora dele, revelar que não deseja a redução"; esforçando-se por evitar a sobrevalorização dessa autonomia e dessa auto-responsabilidade, os adeptos da tese da inadmissibilidade da redução oficiosa equiparam: (i) o pedido *explícito* de redução da pena – seja ele deduzido por via de acção (ou de reconvenção), seja ele deduzido por via de excepção[5] – e (ii) o pedido *implícito* de redução da pena: i. e., qualquer "atitude do devedor que deixe perceber [...] um desacordo relativamente ao montante exigido, em razão do excesso do mesmo, ainda que não haja formulado um pedido formal"[6]. Embora atenuado, o inte-

---

contratual, Livraria Almedina, Coimbra, 1985, pág. 642, nota n.° 1157; no sentido da inadmissibilidade da redução oficiosa, *vide* FERNANDO ANDRADE PIRES DE LIMA – JOÃO DE MATOS ANTUNES VARELA, *Código Civil anotado*, vol. II, 3.ª ed., Coimbra Editora, Coimbra, 1986, pág. 81 (anotação ao texto originário do art. 812.°); INOCÊNCIO GALVÃO TELLES, *Direito das obrigações*, 7.ª ed., Coimbra Editora, Coimbra, 1997, pág. 441; MÁRIO JÚLIO DE ALMEIDA COSTA, *Direito das obrigações*, 8.ª ed., Livraria Almedina, Coimbra, 2000, pág. 734; ANTÓNIO MENEZES CORDEIRO, *Tratado de direito civil português*, vol. I *(Parte geral)*, tomo I, Livraria Almedina, Coimbra, 1999, pág. 466; ANTÓNIO PINTO MONTEIRO, *Cláusula penal e indemnização*, Livraria Almedina, Coimbra, 1990, págs. 735--737; e JOÃO CALVÃO DA SILVA, *Cumprimento e sanção pecuniária compulsória*, 2ª ed., separata do vol. XXX do Suplemento ao *Boletim da Faculdade de Direito* (da Universidade de Coimbra), Coimbra, 1997, págs. 275-276, nota n.° 502 [no vol. I de *Das obrigações em geral*, ANTUNES VARELA enquadra o princípio da "justiça comutativa" ou da "equivalência das prestações" entre os princípios fundamentais "por que se rege a disciplina legislativa dos contratos" e escreve (algo surpreendentemente) que "[o] princípio da *justiça comutativa* (ou da *equivalência das prestações*) [se] encontra latente em várias disposições importantes do nosso direito constituído, entre as quais podem salientar-se as seguintes: [...] b) a possibilidade de redução oficiosa da cláusula penal excessiva (art. 812.°)" (pág. 227 da 10.ª ed.). A palavra "oficiosa" exprimirá uma rectificação da tese sufragada no *Código Civil anotado*?]

5 Cf. ADRIANO VAZ SERRA, "Pena convencional", cit., pág. 226; FERNANDO ANDRADE PIRES DE LIMA – JOÃO DE MATOS ANTUNES VARELA, *Código Civil anotado*, vol. II, cit., pág. 81: "[o] pedido pode [...] ser formulado tanto por via de acção ou reconvenção, como por meio de excepção" (com o assentimento de ANTÓNIO PINTO MONTEIRO, *Cláusula penal e indemnização*, cit., pág. 736, nota n.° 1654).

6 ANTÓNIO PINTO MONTEIRO, *Cláusula penal e indemnização*, cit., pág. 736, nota n.° 1654; cf. também OTTO VON PALANDT – HELMUT HEINRICHS, anotação ao § 343 do BGB, in: *Bürgerliches Gesetzbuch*, 61.ª ed., C. H. Beck, München, 2002, pág. 453 (n. m. 6); e PETER GOTTWALD, anotação ao § 343 do BGB, in: *Münchener Kommentar zum Bürgerlichen Gesetzbuch*, vol. 2 (§§ 241 – 432), 3.ª ed., C. H. Beck, München, 1994, pág. 1383 (n. m. 10).

732 Estudos em Comemoração do 10.° Aniversário da Licenciatura em Direito

resse prático da opção entre as duas teses não é eliminado: assim, por exemplo, na hipótese de revelia do réu, não haverá nem um pedido explícito e formal, nem um pedido implícito e informal de redução da pena desproporcionada, pelo que as duas teses em confronto conduzirão a conclusões diferentes[7].

II. O argumento da autonomia.

O primeiro argumento convocado para fundamentar a tese da inadmissibilidade da redução oficiosa da pena convencional é extraído do princípio da autonomia privada. O acórdão do Tribunal da Relação do Porto de 26 de Janeiro de 2000 (relatado pelo Desembargador Moreira Alves) enuncia-o nestes termos: "a possibilidade legal da redução oficiosa da cláusula penal, porque obviamente limita o princípio geral da liberdade das partes na fixação do conteúdo dos seus negócios, tem de ser ponderada e cuidadosamente exercida, sob pena de inutilizar a sua própria função e razão de ser. [...] [U]ma vez que foi livremente estipulada pelas partes, a lógica e os princípios gerais apontam para que se torne necessário que o devedor alegue ser manifestamente excessiva a cláusula fixada no contrato, disponibilizando os factos concretos que conduzam a tal conclusão"[8].

O acórdão coloca, pelo menos, dois problemas: o primeiro consiste em indicar os "princípios gerais" que "apontam para que se torne necessário que o devedor alegue ser manifestamente excessiva a cláusula fixada no contrato", o segundo em explicar a diferença entre a redução da pena convencional *por iniciativa do devedor* e a redução da pena convencional *por iniciativa do juiz* para a preservação do "princípio geral da liberdade das partes na fixação do conteúdo dos seus negócios".

Os princípios gerais em causa concretizam-se, por certo, no princípio (material) da autonomia privada e no princípio (processual) da auto-responsabilidade das partes. O direito civil atribui às partes a faculdade de conformarem as suas relações de direito material (princípio da autonomia privada); o direito processual civil atribui-lhes a faculdade de conformarem as suas relações de direito processual (princípio dispositivo): "[a]s partes *dispõem* do processo como da relação material. O processo é coisa

---

[7] Adriano Vaz Serra, "Pena convencional", cit., pág. 226.
[8] In: *Colectânea de Jurisprudência (CJ)*, 2000, tomo I, págs. 204-210 (209).

ou negócio das partes"[9]. Entre as consequências da concepção do processo civil como "coisa ou negócio das partes" encontra-se o princípio da auto-responsabilidade: "[a]s partes é que conduzem o processo a seu próprio risco. [...] A negligência ou inépcia das partes redunda inevitavelmente em prejuízo delas porque não pode ser suprida pela iniciativa e actividade do juiz"[10]. A redução oficiosa da pena convencional conflitua evidentemente com o princípio (processual) da auto-responsabilidade das partes: o princípio da auto-responsabilidade exige que "a negligência ou inépcia [do devedor] redund[e] inevitavelmente em prejuízo del[e] porque não pode ser suprida pela iniciativa e actividade do juiz", a redução oficiosa implica que a negligência ou inépcia do devedor na condução do processo não redunde, ou pelo menos não redunde *inevitavelmente*, em prejuízo dele porque *pode* (e deve?) *ser suprida pela iniciativa e actividade do juiz*.

Estabelecida a incompatibilidade entre o princípio (processual) da auto-responsabilidade das partes e a redução da pena convencional *por iniciativa do juiz*, o aplicador do direito não pode porém, deixar de ter em conta a instrumentalidade do direito processual: "o direito processual [...] é, como direito formal, um simples instrumento ao serviço do direito material"[11].

Os argumentos extraídos do princípio da auto-responsabilidade das partes não implicam, *por si só*, a inadmissibilidade da redução oficiosa da pena convencional: o direito processual "[s]erve para a realização das normas do direito objectivo material e [d]os interesses ou direitos nele fundados"[12]; a redução oficiosa deverá considerar-se *admissível* se servir "para a realização das normas do direito objectivo material e [d]os interesses ou direitos nele fundados" e deverá considerar-se *inadmissível* se, *mas só se*, não servir para a realização dessas normas, desses interesses e desses direitos.

Estando a redução da pena por iniciativa do devedor consagrada de forma inequívoca no art. 812.° do Código Civil, o intérprete deverá interrogar-se sobre a diferença axiológica ou valorativa entre a redução da pena *por iniciativa do devedor* e a redução da pena *por iniciativa do juiz*.

O acórdão do Tribunal da Relação do Porto de 26 de Janeiro de 2000 entende que a redução equitativa da pena *por iniciativa do devedor* é com-

---

[9] MANUEL DE ANDRADE (com a colaboração de ANTUNES VARELA), *Noções elementares de processo civil*, Coimbra Editora, Coimbra, 1963, pág. 347.

[10] Ob. cit., pág. 352.

[11] HEINRICH EWALD HÖRSTER, *A Parte Geral do Código Civil português – Teoria geral do direito civil*, Livraria Almedina, Coimbra, 1992, pág. 43 (n. m. 68).

[12] *Ibidem.*

734 Estudos em Comemoração do 10.º Aniversário da Licenciatura em Direito

patível com o "princípio geral da liberdade das partes na fixação do conteúdo dos seus negócios" e que a redução da pena *por iniciativa do juiz* não o é. O problema em aberto consiste em esclarecer *por que* é a redução da pena por iniciativa do devedor compatível com o "princípio geral da liberdade das partes na fixação do conteúdo dos seus negócios" e *por que* não o é a redução da pena por iniciativa do juiz. O Tribunal da Relação do Porto declara tão somente que "a possibilidade legal da redução oficiosa da cláusula penal [...] tem de ser ponderada e cuidadosamente exercida, sob pena de inutilizar a sua própria função e razão de ser" e que a cláusula penal foi "livremente estipulada pelas partes". Os dois argumentos procedem por igual para a redução da pena *por iniciativa do devedor* e para a redução da pena *por iniciativa do juiz*, pelo que não explicitam a *diferença* entre as duas espécies de redução capaz de fundamentar a admissibilidade da primeira e a inadmissibilidade da segunda: se toda a redução da pena colide com o princípio da estabilidade do contrato, e em especial com princípio da intangibilidade do conteúdo[13], se toda a redução da pena há-de ser "ponderada e cuidadosamente exercida", se toda a redução da pena implica a correcção de uma cláusula "livremente estipulada pelas partes", não pode invocar-se, ou pelo menos não pode invocar-se *sem mais*, o "princípio geral da liberdade das partes na fixação do conteúdo dos seus negócios" para concluir pela inadmissibilidade da redução oficiosa.

Evitando as objecções e as obscuridades expostas, Pinto Monteiro escreve: "[s]e, exigida a pena, o devedor não solicitar a sua redução, nem reagir ou reclamar de algum modo contra a sua manifesta excessividade, isso significará que ele não acha abusiva a atitude do credor, pese eventual montante elevado da [pena], circunstância esta que não basta, de per si, para legitimar a intervenção do juiz"[14]. O excerto transcrito relaciona a redução por iniciativa do devedor e a redução por iniciativa do juiz com duas concepções opostas da justiça do contrato e do princípio da equivalência entre a prestação e a contraprestação; a redução da pena *por iniciativa do devedor* associar-se-á a uma concepção *formal* (i. e.: dirigida ao procedimento) de justiça do contrato e a uma concepção *subjectiva* de equivalência entre prestação e contraprestação, a redução da pena *por iniciativa do juiz*, essa, ligar-se-á a uma concepção *material* (i. e.: dirigida ao conteúdo) da justiça do contrato a uma concepção *objectiva* da equivalência entre a prestação e a contraprestação. O conteúdo de sentido dos termos "concepção formal" e "concepção material" de justiça e dos termos "concepção

---

[13] Cf. MÁRIO JÚLIO DE ALMEIDA COSTA, *Direito das obrigações*, cit., págs. 275-279.
[14] *Cláusula penal e indemnização*, cit., pág. 736.

Em Tema de Redução Oficiosa da Pena Convencional 735

objectiva" e "concepção subjectiva" de equivalência entre a prestação e a contraprestação carece de esclarecimento: se a concepção formal de justiça e a concepção subjectiva de equivalência atribuem *aos indivíduos* a faculdade de determinarem o conteúdo do contrato e impõem *ao Estado* o dever de respeitar esse conteúdo, a concepção material de justiça e a concepção objectiva de equivalência entre a prestação e a contraprestação concedem *ao Estado* a faculdade de determinar (ou de co-determinar) através de actos legislativos e/ou de actos jurisdicionais o conteúdo do contrato, *e de o determinar (ou co-determinar) independentemente da vontade das partes*, e impõem *aos indivíduos* o dever de respeitar essa determinação (ou co-determinação)[15]. Em Estados democráticos, empenhados em garantir a autonomia da pessoa humana, "através da legitimidade, conferida a cada um, para a regulação autónoma e privada das suas relações com os outros"[16], a justiça do contrato é em princípio uma justiça *formal* e a equivalência entre a prestação e a contraprestação, uma equivalência *subjectiva*[17]. O perigo da redução da pena por iniciativa do juiz estaria em atribuir ao Estado a faculdade de determinar (ou de co-determinar) através de actos jurisdicionais o conteúdo do contrato, *e de o determinar (ou co-determinar) independentemente da vontade das partes*: se a redução da pena *por iniciativa do devedor* respeita uma cláusula penal consonante com as concepções de equilíbrio e de razoabilidade dos contraentes expressas antes do processo e/ou durante o processo, a redução da pena *por iniciativa do juiz* não respeita, ou não respeita *sempre*, essa cláusula penal, *essa cláusula penal consonante com as concepções de equilíbrio e de razoabilidade dos contraentes expressas antes do processo e/ou durante o processo*: e não a respeita, ou não a respeita *sempre*, por considerar *indisponíveis* uma concepção *material* da justiça do contrato e uma concepção *objectiva* de equivalência ou de equilíbrio[18].

---

[15] Cf. CLAUS-WILHELM CANARIS, "Wandlungen des Schuldvertragsrechts – Tendenzen zu seiner Materialisierung", in: *Archiv für die civilistische Praxis*, 2000, págs. 273-374 (283).

[16] CLAUS-WILHELM CANARIS, *Pensamento sistemático e conceito de sistema na ciência do direito* (título original: *Systemdenken und Systembegriff in der Jurisprudenz*), Fundação Calouste Gulbenkian, Lisboa, 1989, pág. 87.

[17] Cf. CLAUS-WILHELM CANARIS, "Wandlungen des Schuldvertragsrechts", cit., pág. 283: *"nicht nur das Äquivalenzprinzip, sondern darüber hinaus auch das Vertragsgerechtigkeit als solche in einer Rechtsordnung, zu deren Fundamenten die Vertragsfreiheit gehört, grundsätzlich primär prozeduralen Charakter hat"*.

[18] ESSER – SCHMIDT escrevem que a correcção do contrato há-de empregar-se, em exclusivo, para evitar consequências jurídicas insustentáveis, e não para colocar a "razão do juiz" no lugar da "razão das partes": *"nur der Unzuträglichkeit ist entgegenzuwirken,*

736 *Estudos em Comemoração do 10.° Aniversário da Licenciatura em Direito*

III. O argumento da conexão sistemática entre a redução da pena, o regime dos negócios usurários (arts. 282.°-283.° do Código Civil) e o regime da resolução ou modificação do contrato por alteração anormal das circunstâncias (arts. 437.°-439.° do Código Civil).

O segundo argumento convocado para fundamentar a tese da inadmissibilidade da redução oficiosa da pena convencional – confirmando o argumento extraído do princípio da autonomia privada – é o argumento *sistemático* retirado dos arts. 282.°-283.° e 437.°-439.° do Código Civil: se a desproporção entre a pena e os prejuízos fosse *originária*, o princípio da inadmissibilidade da redução oficiosa relacionar-se-ia com o regime da anulabilidade ou modificabilidade dos negócios usurários; se a desproporção entre a pena e o prejuízo fosse *superveniente*, o princípio da inadmissibilidade da redução oficiosa relacionar-se-ia com o regime da resolubilidade ou modificabilidade dos contratos por alteração anormal das circunstâncias.

A conexão sistemática entre a redutibilidade da pena por desproporção *originária* entre a pena e o prejuízo previsível e o regime dos negócios usurários decorreria da *coincidência* entre as decisões legislativas contidas nos arts. 282.° e 812.°: nas palavras de Pires de Lima e de Antunes Varela, "[p]or ser usurária a pena, é que a lei permite uma redução equitativa"[19].

A conexão sistemática entre a redutibilidade da pena por desproporção *superveniente* e o regime da resolução do contrato por alteração anormal das circunstâncias, essa, emergiria da *coincidência* entre as decisões legislativas encerradas no art. 437.° e do segmento final da primeira parte do n.° 1 do art. 812.° ("ainda que por causa superveniente"): Pires de Lima e Antunes Varela afirmam que "a relevância da causa superveniente [se justifica] em face dos princípios admitidos pelo Código, quanto à resolução ou modificação dos contratos por alteração das circunstâncias"[20],

---

nicht jedoch die 'höhere' richerliche Vernunft an die Stelle der Parteivernunft zu setzen" [*Schuldrecht*, vol. I *(Allgemeiner Teil)*, 1ª parte *(Entstehung, Inhalt und Beendigung von Schuldverhältnissen)*, 8ª ed., C. F. Müller, Heidelberg, 1995, pág. 170 (§ 10, III)].

Identificando a concepção material de justiça e a concepção objectiva de equivalência com concepções *políticas*, ROBERTO CALVO exprime o receio da aniquilação da imparcialidade do juiz em consequência do seu envolvimento em "perigosas funções ideológico-promocionais" [cf. "Il controllo della penale eccessiva tra autonomia privata e paternalismo giudiziale", in: *Rivista trimestrale di diritto e procedura civile*, 2002, págs. 297-343 (343)].

[19] *Código Civil anotado*, vol. II, cit., pág. 80.

[20] Ob. cit., pág. 80.

Menezes Cordeiro entende que "o art. 812.° deve ser interpretado [...] aproximando-o do art. 437.°, n.° 1, do Código Civil, de tal forma que a redução da cláusula penal só seja possível quando a sua exigência atente gravemente contra os princípios da boa fé e não faça parte da própria álea do contrato"[21].

Exprimindo decisões legislativas coincidentes, os arts. 282.°-283.°, 437.°-439.° e 812.° do Código Civil deveriam interpretar-se de forma a obter-se uma disciplina jurídica consonante: se, "[e]ntre várias interpretações possíveis segundo o sentido literal, deve [...] ter prevalência aquela que possibilita a [...] concordância material com outra disposição"[22], entre várias interpretações possíveis segundo o sentido literal do art. 812.°, deveria ter prevalência aquela que possibilitasse a concordância material com as disposições sobre os negócios usurários (arts. 282.°-283.°) e/ou sobre a alteração anormal das circunstâncias em que as partes fundaram a decisão de contratar (cf. arts. 437.°-439.°).

Os adeptos da tese da inadmissibilidade da redução oficiosa afirmam que o tribunal não dispõe da faculdade de anular ou de modificar oficiosamente os negócios usurários – a *anulação* dos negócios usurários há-de ser pedida "pelas pessoas em cujo interesse a lei [...] estabelece [a invalidade]" (arts. 282.° e 287.°), a *modificação* dos negócios usurários há-de ser requerida pela parte lesada (art. 283.°, n.° 1) ou pela "parte contrária" (art. 283.°, n.° 2) –; se o tribunal não dispõe da faculdade de anular ou de modificar *oficiosamente* os negócios usurários, não deve ter a faculdade de reduzir *oficiosamente* a pena convencional que é desproporcionada ou excessiva, e que o é já no momento da conclusão do contrato: "a redução ter[ia] que ser pedida pelo devedor, visto que para os negócios usurários, em geral, se prescreve o regime da anulabilidade, e não o da nulidade"[23].

O acórdão do Tribunal da Relação do Porto de 26 de Janeiro de 2000 explicita o argumento do enlace entre a redutibilidade da pena convencional e o regime dos negócios usurários dizendo que "a razão de ser da redução é, evidentemente, a preocupação de evitar abusos ou exageros do

---

[21] *Direito das obrigações*, vol. II, AAFDUL, Lisboa, 1999 (reimpressão), pág. 428.

Entre o problema da alteração das circunstâncias e o problema da redução da pena convencional existiria, em todo o caso, uma diferença fundamental: "desde o início a cláusula em questão é [ou pode ser?] reputada injusta" [cf. *Da boa fé no direito civil*, Livraria Almedina, Coimbra, 1997 (reimpressão), pág. 966, nota n.° 241].

[22] Karl Larenz, *Metodologia da ciência do direito*, cit., pág. 458.

[23] Fernando Andrade Pires de Lima – João de Matos Antunes Varela, *Código Civil anotado*, vol. II, cit., pág. 81.

738 Estudos em Comemoração do 10.° Aniversário da Licenciatura em Direito

credor, que poderá estipular cláusulas sancionatórias verdadeiramente leoninas ou usurárias. Assim, surpreende[r]-se[-ia] aqui a lógica e os mesmos pressupostos que determinam a anulabilidade dos negócios usurários (art. 282.° do C[ód.] C[iv.]). Ora, se tais negócios são simplesmente anuláveis, necessitando por isso de ser alegado o vício pela pessoa em cujo interesse a lei estabelece a anulabilidade do negócio, parece não haver qualquer razão de fundo para ser diferente o regime da [redução] da cláusula penal fixada livremente pelas partes"[24].

Existindo desproporção superveniente o raciocínio dos defensores da tese da inadmissibilidade da redução oficiosa é semelhante: o tribunal não dispõe da faculdade de modificar ou resolver oficiosamente os contratos afectados pela alteração anormal das circunstâncias – a *modificação* ou a *resolução* há-de ser requerida pela parte lesada[25]; a parte contrária "pode opor-se à resolução, quando seja pedida, declarando que aceita a modificação do contrato segundo juízos de equidade"[26] –; se o tribunal não deve ter a faculdade de modificar ou de resolver *oficiosamente* os contratos perturbados pelo desaparecimento da base negocial, não deve ter a faculdade de reduzir *oficiosamente* a pena convencional que é excessiva, mas que só o é por causa superveniente.

O princípio da coerência entre o direito material e o direito processual – o princípio de que o direito processual "apenas adquire sentido a partir do direito material em função do qual deve ser lido e aplicado"[27] – obrigaria o aplicador do direito a optar pela tese da *inadmissibilidade* da redução da pena convencional *por iniciativa do juiz* para proteger o princípio ético-jurídico da autonomia privada – através de uma concepção *formal* de justiça do contrato e de uma concepção *subjectiva* da equivalência entre a prestação e a contraprestação – e o princípio/projecto de adequação

---

[24] *CJ*, 2000, tomo I, pág. 209.

[25] A admissibilidade ou inadmissibilidade da resolução extrajudicial do contrato por alteração anormal das circunstâncias é controversa: no sentido da admissibilidade, *vide*, por exemplo, Luís Manuel Teles de Menezes Leitão, *Direito das obrigações*, vol. II, Livraria Almedina, Coimbra, 2002, pág. 134; no sentido da inadmissibilidade – i. e.: no sentido de que "a resolução ou a modificão do contrato tem de ser requerida em juízo" – *vide*, por exemplo, Mário Júlio de Almeida Costa, *Direito das obrigações*, cit., pág. 308, nota n.° 2; e José Carlos Brandão Proença, *A resolução do contrato no direito civil*, Coimbra Editora, Coimbra, 1996 (reimpressão), págs 153-154 (esp. nota n.° 442).

[26] Fernando Andrade Pires de Lima – João de Matos Antunes Varela (com a colaboração de Manuel Henrique Mesquita), *Código Civil anotado*, vol. I, 4.ª ed., Coimbra Editora, Coimbra, 1987, pág. 414.

[27] Heinrich Ewald Hörster, *A Parte Geral do Código Civil português*, pág. 43 (n. m. 68).

Em Tema de Redução Oficiosa da Pena Convencional 739

valorativa e de unidade interior do sistema jurídico[28] – através da garantia de concordância material entre as disposições sobre os negócios usurários, sobre a resolução do contrato por alteração anormal das circunstâncias e sobre a redução da pena convencional desproporcionada ou excessiva.

IV. Crítica do argumento da autonomia.

O primeiro argumento invocado para excluir a redução *oficiosa* da pena convencional desproporcionada ou excessiva – o argumento da autonomia – deverá considerar-se procedente se o art. 812.° do Código Civil proteger essencial ou exclusivamente interesses privados (disponíveis), deverá considerar-se improcedente se o art. 812.° do Código Civil proteger interesses públicos (indisponíveis). Ora a cláusula de redução equitativa da pena convencional escora-se no princípio da boa fé, como critério de controlo do exercício dos direitos subjectivos: "[n]ão se trata […] de uma questão de boa fé na estipulação da cláusula penal […], mas, fundamentalmente, de averiguar se o credor, ao *exercer* o seu direito à pena, *age* de acordo com aquele princípio. O art. 812.° surge, assim, como uma concretização específica do dever de agir de boa fé, previsto no n.° 2 do art. 762.° [do Código Civil]"[29]. Enquanto o princípio da autonomia privada se associa a uma concepção formal de correcção ou de justiça do contrato e a uma concepção subjectiva do princípio da equivalência entre a prestação e a contraprestação, o princípio da boa fé – concretizado no princípio do equilíbrio no exercício das posições jurídicas[30] – liga-se a uma concepção material de correcção ou de justiça do contrato e a uma concepção objectiva de equivalência entre a prestação e a contraprestação. A concepção formal de correcção do contrato e a concepção subjectiva do princípio da equivalência conflituam com a redução oficiosa, a concepção material de correcção do contrato e a concepção objectiva do princípio da equivalência harmonizam-se com essa redução oficiosa[31]. O problema da admissi-

---

[28] Cf. CLAUS-WILHELM CANARIS, *Pensamento sistemático e conceito de sistema na ciência do direito*, cit., págs. 9-23.

[29] ANTÓNIO PINTO MONTEIRO, *Cláusula penal e indemnização*, cit., pág. 732.

[30] Cf. ANTÓNIO MENEZES CORDEIRO, *Da boa fé no direito civil*, cit., págs. 1253--1254; e *Tratado de direito civil português*, vol. I *(Parte geral)*, cit., págs. 189-190.

[31] Cf. FRANCESCO GALGANO, "La categoria del contratto alle soglie del texto milenio", in: *Contratto e impresa*, 2000, págs. 918-929 (925): o acórdão da 1.ª secção da *Corte di Cassazione* de 24 de Setembro de 1999 (n.° 10 511), pronunciando-se pela *admissibilidade* da redução oficiosa, seria *"um picolo trattato di storia del contratto, di storia recente*

740   Estudos em Comemoração do 10.º Aniversário da Licenciatura em Direito

bilidade ou da inadmissibilidade da redução oficiosa da pena convencional é, por isso, o problema da prioridade, *em concreto*, da concepção *formal* ou da concepção *material* de correcção do contrato, da concepção *subjectiva* ou da concepção *objectiva* do princípio de equivalência.

a) O enlace entre a cláusula de redução da pena desproporcionada ou excessiva e os "princípios fundamentais, subjacentes ao sistema jurídico, que o Estado e a sociedade estão substancialmente interessados em que prevaleçam e que têm uma acuidade tão forte que devem prevalecer sobre as convenções privadas"[32] encontra-se consagrado na segunda parte do n.º 1 do art. 812.º do Código Civil ("é nula qualquer estipulação em contrário [da redução da pena]"[33]). Explicando a decisão do legislador, Pires de Lima e Antunes Varela escrevem que a cláusula de redução do art. 812.º "não pode ser afastad[a] pela convenção das partes", e não pode sê-lo por encerrar "uma norma de ordem pública", "inspirad[a] em fortes razões de ordem moral e social"[34].

aa) Os adeptos da tese da *admissibilidade* da redução oficiosa colocam em destaque a *analogia* ou *semelhança* entre o problema *resolvido* na segunda parte do n.º 1 do art. 812.º – o problema da admissibilidade ou inadmissibilidade das cláusulas de renúncia antecipada à protecção proporcionada pela cláusula de redução – e o problema *por resolver* – o problema da admissibilidade ou da inadmissibilidade da redução oficiosa da pena manifestamente excessiva –: as razões "de ordem moral e social" por que se atribui ao juiz o poder-dever de declarar oficiosamente a nulidade

---

del contratto, dell'evoluzione del contratto dalle concezione soggettivistiche, basate sul dogma della volontà, alle concezioni attuali, oggettivistiche, basate sulla congruità dello scambio contrattuale. Questa vicenda dottrinale è ricostruita in modo sintetico, ovviamente, però molto preciso e rigoroso. E questa ricostruzione è fatta per giustificare la ragione per la quale la Cassazione sul punto specifico modificava il proprio precedente orientamento consolidato: questo orientamento era legato ad una fase di evoluzione della dottrina e della giurisprudenza oggi superata; perciò si poteva modificare l'antico orientamento alla luce dei più generali principi emersi nella sucessiva giurisprudenza della Cassazione".

[32] CARLOS ALBERTO DA MOTA PINTO, *Teoria geral do direito civil*, 3.ª ed., Coimbra Editora, Coimbra, 1991 (reimpressão), pág. 551.

[33] Em 1978-1979, CASTRO MENDES considerava "excessivo o *favor debitoris* do art. 812.º; deve[ndo] a prática ser ao menos temperada com o uso da faculdade prevista na parte final do art. 811.º, n.º 2" ("salvo se outra for a convenção das partes") [*Teoria geral do direito civil*, vol. II, AAFDUL, Lisboa, 1999 (reimpressão), pág. 362]. O Decreto-Lei n.º 200-C/80, de 24 de Junho, consagrando a segunda parte do n.º 1 do art. 812.º, exclui expressamente a "convenção das partes" contrária à redução equitativa da pena.

[34] *Código Civil anotado*, vol. II, cit., pág. 81.

Em Tema de Redução Oficiosa da Pena Convencional

das cláusulas de renúncia antecipada à redução da pena (cf. art. 286.° do Cód. Civ.: "[a] nulidade [...] pode ser declarada oficiosamente pelo tribunal") confundir-se-iam com as razões por que se atribui – por que haveria de atribuir-se – ao juiz o poder-dever de reduzir oficiosamente a pena desproporcionada; as razões justificativas da regulamentação do caso previsto na segunda parte do n.° 1 do art. 812.° procederiam no caso omisso[35]. Escolhendo-se a tese da *admissibilidade* da redução oficiosa obter-se-ia uma solução *mais coerente* com a regra da segunda parte do n.° 1 do art. 812.° do Código Civil; escolhendo-se a tese da *inadmissibilidade* da redução oficiosa obter-se-ia uma solução *menos coerente* com essa regra.

O princípio/projecto de adequação e de unidade do sistema jurídico obrigaria o intérprete a optar pela solução mais coerente com a regra da segunda parte do n.° 1 do art. 812.°: se "[o] juiz está adstrito a retomar 'consequentemente' os valores encontrados, 'pensando-os, até ao fim', em todas as consequências singulares"[36], se o juiz está obrigado a retomar consequentemente os valores – "de ordem moral e social" – em que se inspira a segunda parte do n.° 1 do art. 812.°, "pensando-os, até ao fim, em todas as consequências singulares", deveria optar pela tese da admissibilidade da redução oficiosa da pena desproporcionada.

Esforçando-se por demonstrar a existência de um dever de correcção judicial da pena desproporcionada *independentemente da iniciativa do devedor*, o acórdão do Supremo Tribunal de Justiça de 9 de Fevereiro de 1999 (relatado pelo Conselheiro Lopes Pinto) invoca dois argumentos: o primeiro – de alcance mais restrito, cingindo-se à redução das penas *indemnizatórias* – é o de que "a fixação da justa indemnização é matéria de direito, [pelo que] 'pode[ria] também admitir-se que é da mesma natureza decidir se uma pena convencional é ou não manifestamente excessiva em relação ao dano que visa prevenir'", o segundo – de alcance mais amplo compreendendo a redução das penas *indemnizatórias* e a redução das penas *compulsórias*[37] – é o de que "[o] carácter imperativo da norma do

---

[35] Cf. ANA PRATA, *Cláusulas de exclusão e de limitação da responsabilidade contratual*, cit., pág. 642, nota n.° 1157: "[c]onstituindo a redutibilidade da pena uma medida com fundamento em princípios de ordem pública, ela deve ser actuada oficiosamente pelo tribunal, com independência, pois, de pedido do devedor".

[36] CLAUS-WILHELM CANARIS, *Pensamento sistemático e conceito de sistema na ciência do direito*, cit., pág. 18.

[37] O art. 812.° aplica-se *directamente* às cláusulas penais indemnizatórias (cláusulas de fixação prévia da indemnização) e *indirectamente (por analogia)* às cláusulas penais compulsórias (cláusulas exclusivamente compulsivo-sancionatórias e cláusulas penais em

742 Estudos em Comemoração do 10.° Aniversário da Licenciatura em Direito

art. 812.°, [n.° 1], [do] C[ódigo] C[ivil] onde se fere de nulidade qualquer estipulação em contrário da redutibilidade da cláusula penal" constitui o juiz "[n]o dever de, face [à] lei aplicável e [aos] factos dados como assentes [...], 'decidir acerca daquela desproporção ou excesso se entender ser esse o caso'"[38].

bb) Os adeptos da tese da *inadmissibilidade* da redução oficiosa, esses, colocam em evidência a *dissemelhança* entre os dois problemas: o primeiro – o problema resolvido pela segunda parte do n.° 1 do art. 812.° do Código Civil – consistiria em determinar se o devedor pode, ou se o devedor não pode, renunciar *antecipada* ou *preventivamente* à protecção proporcionada pela cláusula de redução equitativa, o segundo – o problema por resolver: o problema da admissibilidade ou inadmissibilidade da redução da pena por iniciativa do juiz – consistiria em determinar se a inércia ou silêncio do devedor exprime, ou não exprime a decisão de renunciar *sucessivamente* a essa protecção.

Pinto Monteiro escreve que "[s]er [o art. 812.° do Código Civil] norma de ordem pública significa [...] não ser permitida convenção das pertes que afaste esse poder de redução judicial. Mas daí não se retira[ria], *ipso facto*, que o tribunal p[udesse] intervir oficiosamente". Estando em causa a ordem pública *de protecção*, o legislador haveria de cingir-se a consagrar as disposições convenientes à correcção do desequilíbrio estrutural entre os contraentes[39]. O art. 812.° constituiria "uma norma de protecção do devedor, é certo, mas – *et pour cause* – a este compete decidir sobre a atitude a tomar. A proibição de uma renúncia antecipada ao pedido de redução judicial destina[r]-se[-ia] a tutelá-lo contra a sua própria fraqueza e precipitação. Mas, se, exigida a pena, o devedor não solicita[sse]

---

sentido estrito). A aplicação analógica do art. 812.° às cláusulas penais compulsórias explica-se por enunciar um princípio de alcance geral, "destinado a corrigir excessos ou abusos, decorrentes do exercício da liberdade contratual, ao nível da fixação das consequências do não cumprimento das obrigações" [ANTÓNIO PINTO MONTEIRO, *Cláusula penal e indemnização*, cit., pág. 730; em sentido diferente, inclinando-se para a aplicação directa do art. 812.° às cláusulas penais compulsórias, ANTÓNIO FERRER CORREIA – MANUEL HENRIQUE MESQUITA, "Anotação [ao acórdão do Supremo Tribunal de Justiça de 3 de Novembro de 1983]", in: *Revista da Ordem dos Advogados*, ano 45 (1985), págs. 129-158 (155-156)].

[38] In: *Colectânea de Jurisprudência – Acórdãos do Supremo Tribunal de Justiça (CJ-STJ)*, 1999, tomo I, págs. 97-100 (99).

[39] FRANÇOIS TERRÉ/PHILIPPE SIMLER – YVES LEQUETTE, *Droit civil – Les obligations*, 7.ª ed., Dalloz, Paris, 1999, pág. 355.

a sua redução, nem reclama[sse] ou reagi[sse] de algum modo quanto à sua manifesta excessividade, isso significa[ria] que ele não acha[va] abusiva a atitude do credor"[40].

cc) Embora concordemos com a distinção entre os dois problemas – com a distinção *estrita* entre o problema da admissibilidade ou inadmissibilidade das cláusulas de renúncia antecipada à protecção concedida pelo art. 812.° do Código Civil e o problema da admissibilidade ou inadmissibilidade da redução oficiosa da pena convencional –, o excerto citado causa-nos duas dificuldades: a primeira decorre de Pinto Monteiro extrair da inércia ou silêncio do devedor a ilação de que "ele não acha abusiva a atitude do credor", equiparando essa inércia ou esse silêncio a uma declaração tácita de renúncia *sucessiva* à protecção proporcionada pelo art. 812.° do Código Civil; a segunda decorre esse autor relacionar a inadmissibilidade da redução da pena convencional desproporcionada ou excessiva *por iniciativa do juiz* com a liberdade do devedor de "decidir sobre a atitude a tomar". Entre a iniciativa do juiz e a liberdade do devedor de "decidir sobre a atitude a tomar" existiria um conflito: a iniciativa do juiz "comprimiria", ou excluiria mesmo, a liberdade do devedor, a liberdade do devedor excluiria a iniciativa do juiz.

(i) O argumento de que se, "exigida a pena, o devedor não solicitar a sua redução, nem reclamar ou reagir de algum modo quanto à sua manifesta excessividade, isso significará que ele não acha abusiva a atitude do credor" não colhe, por colidir com "[a]s *máximas de experiência, os juízos correntes de probabilidade* [...] ou [com] [o]s próprios dados da intuição humana"[41]: a inércia do devedor não exprime, ou não exprime *necessariamente*, a aceitação de uma pena desproporcionada; o silêncio do devedor não exprime, ou não exprime *normalmente*, uma declaração de renúncia sucessiva à correcção judicial da pena. O contraste entre o argumento em causa e os dados da experiência ou da intuição humanas é evidente nos casos de revelia (art. 484.°, n.° 1, do Código de Processo Civil): o devedor/réu revel não se pronuncia sobre se a pena é ou não abusiva, sobre se a pena é ou não desproporcionada, pura e simplesmente *por não intervir no processo*, pelo que atribuir à sua inércia ou ao seu silêncio o significado de uma concordância ou de uma discordância com a correcção

---

[40] *Cláusula penal e indemnização*, cit., págs. 736-737.

[41] Fernando Andrade Pires de Lima – João de Matos Antunes Varela (com a colaboração de Manuel Henrique Mesquita), *Código Civil anotado*, vol. I, cit., pág. 312 (anotação ao art. 349.°).

744   Estudos em Comemoração do 10.º Aniversário da Licenciatura em Direito

judicial do conteúdo do contrato é, apenas e só, uma ficção[42]. O princípio de que "[o] silêncio é, em si mesmo, insignificativo e quem cala pode comportar-se desse modo pelas mais diversas causas, pelo que deve considerar-se irrelevante – *sem querer dizer sim, nem não* – um comportamento omissivo"[43], aplica-se, *tem de aplicar-se*, à apreciação das consequências jurídicas da atitude do devedor que não reclama ou reage em relação à excessividade da pena[44].

(ii) O princípio da admissibilidade da redução oficiosa da pena convencional é compatível com a admissibilidade ou com a inadmissibilidade

---

[42] MIGUEL TEIXEIRA DE SOUSA acentua que a consequência específica da revelia – a confissão dos factos articulados pelo autor (art. 484.º, n.º 1, do Cód. proc. Civ.) – "se produz *ex lege* e não *ex voluntate*" (*Estudos sobre o novo processo civil*, Lex, Lisboa, 1997, pág. 210); em termos semelhantes, LEBRE DE FREITAS repudia a concepção das consequências da revelia como efeitos de uma "inexistente manifestação de vontade (tácita) do réu": "[a] lei faz tábua rasa dos motivos que possam ter levado à omissão da parte: ela pode ter aceitado o facto como real, mas também pode tê-lo suposto não concludente ou ter ponderado que uma defesa lhe acarretaria maiores inconvenientes que a perda da acção [...]; pode ainda o réu, sem compreender bem o alcance das cominações a que está sujeito, ter pura e simplesmente confiado na justiça, ou pode ainda ter incorrido incúria sua ou do seu mandatário de que resulte a perda do prazo para contestar" (*A acção declarativa comum à luz do Código revisto*, Coimbra Editora, Coimbra, 2000, págs. 76, nota n.º 12, e 78, nota n.º 19). Excluída a relação entre revelia e vontade do réu, a "presunção inilidível" do art. 494.º do Código de Processo Civil poderá "repousa[r] na regra de experiência segundo a qual, na generalidade dos casos, quem não contesta não tem razão a opor à pretensão do autor" (LEBRE DE FREITAS, ob. cit., págs. 78-79, nota n.º 19); a presunção de que a inércia ou o silêncio do devedor exprime concordância com uma pena desproporcionada ou excessiva, e mais: *manifestamente excessiva*, não poderá repousar em nenhuma "regra de experiência".

[43] Cf. CARLOS ALBERTO DA MOTA PINTO, *Teoria geral do direito civil*, cit., pág. 427.

[44] Enquadrando o "acto postulativo" (i. e.: o "acto através do qual a parte formula um pedido ao tribunal"), PAULA COSTA E SILVA aproxima-o do negócio jurídico: "não obstante os efeitos que o acto desencadeia no procedimento não dependerem de a parte manifestar qualquer vontade no sentido dessa produção, o acto postulativo é claramente um acto de auto-regulação. Toda a actuação processual da parte será destinada a conseguir que o tribunal profira uma decisão, cujos efeitos se confundem com a solução que a parte, se pudesse impor a sua vontade directamente à parte contrária, ditaria para o caso concreto. [...] [A] solução final apenas pode decretar os efeitos nos exactos termos em que a parte os pede, porque é assim que os quer" (*Acto e processo – O dogma da irrelevância da vontade na interpretação e nos vícios do acto postulativo*, Coimbra Editora, Coimbra, 2003, pág. 319). Face à aproximação entre a disciplina jurídica do acto postulativo e a do negócio jurídico, o uso do art. 218.º do Código Civil para estabelecer a regra da irrelevância da omissão de um acto postulativo – da omissão do pedido de redução da pena – é, pelo menos, *plausível*.

da renúncia sucessiva à protecção proporcionada pelo art. 812.º do Código Civil: optando-se pela *admissibilidade* da renúncia sucessiva à protecção do art. 812.º, a iniciativa do juiz não excluirá a liberdade do devedor; optando-se pela *inadmissibilidade* da renúncia sucessiva, excluí-la-á. O argumento do conflito entre a autonomia do devedor e a iniciativa do juiz procederá, *e só procederá*, no caso de adopção concomitante dos *princípios da admissibilidade* da redução oficiosa da pena e da *inadmissibilidade* da renúncia sucessiva à protecção proporcionada pelo art. 812.º. do Código Civil. Esta inadmissibilidade da renúncia sucessiva, expressa ou tácita, à protecção proporcionada pelo art. 812.º é, porém, insustentável: "se o devedor, pelo seu comportamento no processo ou fora dele, revela que não deseja a redução da pena, [...] ela não deve ser reduzida, por não haver motivo para que a vontade do juiz prevaleça sobre a do devedor"[45]. Estabelecida a admissibilidade de renúncia *sucessiva* à protecção proporcionada pelo art. 812.º, há-de concluir-se o princípio da admissibilidade e o princípio da inadmissibilidade da redução oficiosa conciliam-se *ambos* com a autonomia do devedor de "decidir sobre a atitude a tomar": na primeira hipótese – na hipótese de se acolher a tese da *admissibilidade* da redução oficiosa – o devedor decidir-se-á sobre a atitude a tomar através da renúncia, na segunda hipótese – na hipótese de se acolher a tese da *inadmissibilidade* da redução oficiosa – o devedor decidir-se-á através do pedido[46].

---

[45] Cf. ADRIANO VAZ SERRA, "Pena convencional", cit., pág. 226.

[46] CLAUS-WILHELM CANARIS distingue a função de controlo da compatibilidade dos *actos* do Estado com as normas de direitos fundamentais ("proibições de intervenção") e a função de controlo da compatibilidade das *omissões* do Estado com as normas de direitos fundamentais ("imperativos de tutela") [*Direitos fundamentais e direito privado* (título original: *Grundrechte und Privatrecht*), Livraria Almedina, Coimbra, 2003, pág. 115]: "enquanto [no caso da função de proibições de intervenção] se trata simplesmente de controlar segundo os direitos fundamentais uma disciplina já existente – i. e.: uma norma, um acto da administração ou similar –, no caso da função de imperativos de tutela está em causa justamente o contrário, i. e., a *ausência* de uma tal disciplina – ou seja, uma omissão estatal, em contraposição a uma intervenção –, com a consequência de que existem diversas possibilidades alternativas de regime a considerar, as quais se situam, em princípio, entre os extremos de uma total negação de protecção e da necessidade de aprovação de normas penais" (ob. cit., págs. 115-116). Estabelecendo uma *analogia* ou *paralelismo* entre a legislação e a jurisprudência em tema de vinculação aos princípios e regras de direitos fundamentais, CANARIS declara que os critérios de controlo das normas legais e os critérios das normas judiciais ("normas do caso") devem ser em ampla medida semelhantes: "as proposições em que os tribunais fundamentam as suas decisões devem [...] ser apreciadas, em princípio *imediatamente*, segundo os direitos fundamentais" (ob. cit., pág. 42). O controlo da conformidade dos contratos com os direitos fundamentais seria constitucionalmente exigido em, pelo menos, dois grupos de casos. O primeiro seria o de indisponibilidade dos di

reitos fundamentais; o segundo, o de perturbação da possibilidade *fáctica* de auto-determinação individual: "a autonomia privada – constitucionalmente garantida – não pode ser entendida apenas num sentido formal, mas antes também materialmente e [...], portanto, uma concreta parte pode carecer, em determinadas condições, de ser protegida perante a vinculação a um contrato que lhe é desvantajoso, na medida em que, por ocasião da sua conclusão, estivesse consideravelmente afectada a sua possibilidade fáctica de auto-determinação, no exercício da autonomia privada" (ob. cit., pág. 73). O problema da admissibilidade ou inadmissibilidade da redução *oficiosa* da pena não se encontrará em princípio relacionado com o primeiro grupo de casos: os bens jurídicos protegidos pela cláusula de redução da pena desproporcionada não são normalmente bens jurídicos pessoais, pelo que a inadmissibilidade da redução oficiosa não implicará a insuficiência da protecção proporcionada pelo art. 812.° do Código Civil. Excluída a relação entre a admissibilidade ou inadmissibilidade da redução oficiosa e o imperativo de tutela de "direitos pessoalíssimos" ou de "direitos especialmente sensíveis à restrição", há-de considerar-se a relação entre a admissibilidade ou inadmissibilidade da redução oficiosa e o imperativo de tutela da autonomia privada como autonomia *efectiva* ou *material*. O dever de protecção da autonomia privada como autonomia *efectiva* ou *material* não exigirá a redução *oficiosa* da pena em caso de perturbação da possibilidade *fáctica* de auto-determinação do devedor? Em relação a isso, devem fazer-se duas observações. Em primeiro lugar, o princípio da protecção de uma parte "perante a vinculação a um contrato que lhe é desvantajoso, na medida em que, por ocasião da sua conclusão, estivesse consideravelmente afectada a sua possibilidade fáctica de auto-determinação, no exercício da autonomia privada", é insuficiente para explicar ou para justificar a redução da pena convencional em todos os casos de desproporção ou de excesso: a desproporção *originária* entre a pena e o prejuízo previsível pode resultar de uma perturbação da possibilidade *fáctica* de auto-determinação (contemporânea da conclusão do contrato), a desproporção *superveniente* não resulta – não pode, por definição, resultar – da perturbação dessa possibilidade *fáctica*. Em segundo lugar, existindo desproporção originária entre a pena e o prejuízo previsível provocado por uma perturbação da possibilidade fáctica de auto-determinação, o contrato – ou (só) a cláusula penal – poderá ser anulável – por aplicação dos arts. 282.° e 283.° – ou nulo – por aplicação do n.° 2 do art. 280.° do Código Civil (contrariedade aos bons costumes). Heinrich Ewald Hörster observa que um negócio jurídico "com as características aparentes de um negócio usurário" é, frequentemente, nulo, por causa da sua incompatibilidade com os bons costumes [cf. *A Parte Geral do Código Civil português – Teoria geral do direito civil*, cit., pág. 555 (n. m. 923)], pelo que devem distinguir-se duas hipóteses: se a cláusula penal explora a perturbação da possibilidade fáctica de auto-determinação de forma ofensiva os bons costumes, o juiz deverá declará-la nula e desaplicá-la oficiosamente (art. 286.° do Cód. Civ.); se, porém, a cláusula penal não explora a perturbação da possibilidade fáctica de auto-determinação ou, explorando-a, não o faz de forma ofensiva dos bons costumes, o juiz não pode declará-la nula e desaplicá-la oficiosamente – a protecção do devedor há-de conseguir-se por intermédio dos arts. 282.° e 812.° do Código Civil, e só por seu intermédio. A exigência de iniciativa do interessado para anular (ou modificar) o negócio usurário ou para reduzir a pena convencional desproporcionada ou excessiva não deve considerar-se *inferior* ao *mínimo de protecção* exigido pelo princípio constitucional da autonomia privada.

Em Tema de Redução Oficiosa da Pena Convencional   747

V. Crítica do argumento da autonomia (continuação). Interpretação conforme à Constituição do art. 812.° do Código Civil?

a) O acórdão da 1.ª secção da *Corte di Cassazione* italiana de 24 de Setembro de 1999 (n.° 10 511) alicerça a admissibilidade da redução oficiosa da pena na interpretação conforme à constituição do art. 1384.° do Código Civil italiano. O controlo das cláusulas penais excessivas exigiria a ponderação entre os princípios constitucionais da liberdade de iniciativa económica e da solidariedade: o princípio da liberdade de iniciativa económica projectar-se-ia nas relações jurídico-privadas por intermédio do princípio da liberdade contratual; o princípio da solidariedade, por intermédio dos princípios da boa fé e da inexigibilidade das prestações excessivamente onerosas.

> "[O controlo das cláusulas penais desproporcionadas] no [...] contexto de uma constitucionalização das relações jurídico-privadas, não pode deixar de implicar também uma ponderação de 'valores' de igual dignidade constitucional, dada a confluência na relação contratual – ao lado do valor constitucional da iniciativa económica privada (art. 41.° [da Constituição italiana]) que se exprime através do instrumento contratual – de um concorrente 'dever de solidariedade' nas relações intersubjectivas. Do qual a *Corte Costituzionale* já fez derivar a existência de um princípio de inexigibilidade como limite das pretensões creditórias"[47].

Entre uma interpretação *compatível* com uma adequada ponderação dos princípios constitucionais da autonomia privada e da solidariedade e uma interpretação *incompatível* com essa adequada ponderação, o tribunal haveria de optar pela primeira. Ora a tese da *admissibilidade* da redução oficiosa da pena convencional asseguraria o equilíbrio entre esses dois princípios constitucionais; a tese da *inadmissibilidade*, não: a *afirmação* do princípio da autonomia envolveria, ou poderia envolver, a *negação* do princípio da solidariedade. O preceito da interpretação das leis em conformidade com a Constituição implicaria a preferência do intérprete pela tese da admissibilidade da redução oficiosa da pena, por ser essa a tese "que melhor concord[a] com os princípios da Constituição"[48].

---

[47] O excerto citado do acórdão da *Corte di Cassazione* de 29 de Setembro de 1999 (n.° 10511) é reconstruído com base em GIOVANNI MERUZZI, "Funzione nomofilattica della Suprema Corte e criterio di buona fede", in: *Contratto e impresa*, 2000, págs. 25-54 (30).

[48] KARL LARENZ, *Metodologia da ciência do direito*, cit., pág. 480.

748 *Estudos em Comemoração do 10.° Aniversário da Licenciatura em Direito*

O acórdão em apreço desvia-se dos critérios estabelecidos em arestos anteriores da *Corte di Cassazione* por entender que "a questão, neles correctamente resolvida para o seu tempo, tem que ser hoje resolvida de outro modo, por causa de uma mudança na situação normativa ou da ordem jurídica no seu conjunto"[49]: a passagem de uma concepção subjectivista de contrato, assente no "dogma da vontade", para uma concepção objectivista de contrato, assente nos princípios da boa fé e da solidariedade, exigiria a reapreciação do precedente[50]. Estando a redução equitativa da pena dirigida à realização de princípios e valores fundamentais do direito civil e do direito constitucional, o poder de redução equitativa da pena convencional desproporcionada ou excessiva configurar-se-ia como um poder-dever ou um poder-funcional[51]. O exercício de um poder-dever ou de um poder funcional do juiz não deveria, em caso nenhum, depender da iniciativa das partes na relação material e na relação processual: "[o] poder do juiz de reduzir segundo juízos de equidade a pena manifestamente excessiva estabelecido do art. 1384.° do Código Civil [italiano], correspondendo a uma função objectiva de controlo da autonomia privada em consonância com o dever constitucional de solidariedade [...] e com a cláusula geral da boa fé, [...] deve[ria] ser [...] exercido oficiosamente, mesmo na ausência de um pedido do devedor, para a realização de um interesse objectivo do ordenamento [jurídico]"[52-53].

---

[49] KARL LARENZ, *Metodologia da ciência do direito*, cit., pág. 612.

[50] FRANCESCO GALGANO, "L'efficacia vincolante des precedente di Cassazione", in: *Contratto e impresa*, 1999, págs. 889-896 (895, nota n.° 11); IDEM "La categoria del contratto alle soglie del texto milenio", cit., pág. 925; ROBERTO CALVO, "Il controllo della penale eccessiva tra autonomia privata e paternalismo giudiziale", cit., esp. págs. 301-315.

[51] Cf. GIOVANNI MERUZZI, "Funzione nomofilattica della Suprema Corte e criterio di buona fede", cit., pág. 31: "não pode[ria] pôr-se em questão [...] que o poder, [...] previsto [no art. 1384.° do Código Civil italiano] de redução equitativa da pena h[ouvesse] de exercer-se *ex officio*, independentemente de um acto de iniciativa do devedor, configurando-se assim como poder-dever, atribuído ao juiz para a realização de um interesse objectivo do ordenamento".

[52] O excerto citado do acórdão da *Corte di Cassazione* é reconstruído com base em ANGELO RICCIO, "È dunque venuta meno l'intangibilità del contratto: il caso della penale manifestamente eccessiva", in: *Contratto e impresa*, 2000, págs. 95-103 (102).

[53] Entre a 1.ª e a 3.ª secções civis da *Corte di Cassazione* italiana há hoje um conflito em relação à admissibilidade ou inadmissibilidade da redução oficiosa: se o acórdão da 1.ª secção da *Corte di Cassazione* de 24 de Setembro de 1999 associa o problema da admissibilidade ou inadmissibilidade da redução oficiosa ao princípio constitucional da solidariedade, o acórdão da 3.ª secção da *Corte di Cassazione* de 27 de Outubro de 2000 dissocia-os, por sustentar que "a possibilidade de redução [foi] prevista pela lei no exclusivo

Em Tema de Redução Oficiosa da Pena Convencional 749

b) Entre a consagração constitucional do princípio da solidariedade no direito constitucional italiano e no direito constitucional português não há diferenças essenciais: se a Constituição italiana alude a "deveres inderrogáveis de solidariedade", a Constituição portuguesa consagra o princípio/projecto de "construção de uma sociedade livre, justa *e solidária*"[54].

O confronto entre o acórdão da *Corte di Cassazione* de 24 de Setembro de 1999 e o direito português exigirá a apreciação de dois problemas: o primeiro consiste em determinar se o princípio constitucional da solidariedade é aplicável às relações entre o credor e o devedor[55], o segundo consiste em estabelecer se a ponderação entre os princípios (constitucionais) da autonomia privada e da solidariedade implica, ou não implica, a preferência pela tese da admissibilidade da redução oficiosa da pena convencional[56].

---

interesse do devedor, a quem está reservada [...] a apreciação da excessividade da pena"; se o acórdão de 24 de Setembro de 1999 atribui ao art. 1384.° do Código Civil italiano a função de proteger interesses públicos – "interesse[s] objectivo[s] do ordenamento [jurídico]" –, o acórdão de 27 de Outubro de 2000 atribui-lhe a função de proteger interesses privados; se o acórdão de 24 de Setembro de 1999 considera que a função do art. 1384.° – de proteger interesses *públicos* – obsta à *aplicação* (ou pelo menos à aplicação estrita) do princípio da auto-responsabilidade das partes, o acórdão de 27 de Outubro de 2000 entende que a função do art. 1384.° – de proteger interesses (exclusivamente) *privados* – obsta à *derrogação* do princípio da auto-responsabilidade [cf. ANGELO RICCIO, "Un *obiter dictum* della Cassazione in materia di clausole penali", in: *Contratto e impresa*, 2001, págs. 550-555 (esp. pág. 552)].

[54] CARLOS FERREIRA DE ALMEIDA, *Texto e enunciado na teoria do negócio jurídico*, vol. II, Livraria Almedina, Coimbra, 1992, págs. 985-986.

[55] Cf. CLAUS-WILHELM CANARIS, *Direitos fundamentais e direito privado*, cit., pág. 104 ("um imperativo de tutela só é de considerar se [o princípio constitucional em causa] for aplicável à sua [previsão] normativa") e pág. 106 ("Só após uma resposta à questão da aplicabilidade da [previsão] normativa de um direito fundamental se pode tratar verdadeiramente da pergunta em torno da existência de um dever de protecção").

[56] O problema da eficácia das normas constitucionais, em especial das normas relativas aos direitos, liberdades e garantias, nas relações jurídico-privadas é – e provavelmente permanecerá – um problema controverso: para a tese da eficácia *imediata*, os sujeitos de *direito privado* são destinatários dos deveres decorrentes das normas de constitucionais, para a tese da eficácia *mediata*, só os sujeitos de *direito público* – i. e.: só o Estado e os seus órgãos – são destinatários desses deveres; para a tese da eficácia *imediata* as normas constitucionais são invocáveis como fundamento *autónomo* de direitos e de deveres relevantes nas relações jurídico-privadas, para a tese da eficácia *mediata* as normas constitucionais não são invocáveis como fundamento *autónomo* de direitos e de deveres relevantes nas relações jurídico-privadas, cumprindo em exclusivo a função de contribuirem para a interpretação e a integração das disposições de direito civil, de direito comercial e de direito do trabalho, em especial das disposições em que o legislador usa cláusulas gerais ou

Ferreira de Almeida concebe a solidariedade como "um *modo de relação entre todas as pessoas*, que cabe ao Estado – mas não só ao Estado – promover em múltiplas situações"[57]. Interpretado nestes termos, o princípio da solidariedade constituirá, sem dúvida, os órgãos legislativos e jurisdicionais do Estado no dever de protegerem o devedor pela criação e/ou pelo desenvolvimento de critérios de controlo da correcção ou do equilíbrio do contrato, impedindo o credor de exigir o cumprimento de uma cláusula penal desproporcionada ou excessiva – de uma cláusula "que, mais do que as funções de prevenção e de reparação assacadas a esse esquema negocial, promov[esse] o enriquecimento de uma parte e a ruína da outra"[58].

Firmada a aplicabilidade da previsão do princípio constitucional da solidariedade às relações entre credor e devedor, o intérprete deve interrogar-se sobre o enlace entre a ponderação de princípios constitucionais e o problema da admissibilidade ou da inadmissibilidade da redução da pena *por iniciativa do juiz*. Canaris escreve que a concepção dos princípios constitucionais como imperativos de tutela *(Schutzpflichten)* "apenas se torna […] plenamente compreensível se se acrescentar que a Constituição [só] proíbe que [se fique] abaixo de um certo *mínimo de protecção*" (proibição de insuficiência)[59]. Exigindo a protecção do devedor, o princípio constitucional da solidariedade há-de considerar-se compatível com a liberdade do legislador de optar pela tese da admissibilidade ou pela tese da inadmissibilidade: a primeira fica *acima*, mas a segunda não fica *abaixo* desse *mínimo de protecção*.

O princípio da interpretação das leis em conformidade com a Constituição constituiria um critério decisivo para a resolução do problema se a tese da admissibilidade da redução oficiosa fosse *compatível* e a tese da inadmissibilidade da redução oficiosa fosse *incompatível* com os princí-

---

conveitos indeterminados (no sentido da eficácia mediata do princípio constitucional da solidariedade, *vide* Carlos Ferreira de Almeida, *Texto e enunciado na teoria do negócio jurídico*, vol. II, cit., pág. 986). Em todo o caso, a preferência pela tese da eficácia *imediata* ou pela tese da eficácia *mediata* não prejudica a apreciação dos argumentos do acórdão de 24 de Setembro de 1999: a 1.ª secção da *Corte di Cassazione* emprega o princípio constitucional da solidariedade com a função *exclusiva* de contribuir para interpretar a cláusula geral da boa fé e para integrar a lacuna emergente da ausência de uma decisão do legislador sobre a admissibilidade ou inadmissibilidade da redução da pena convencional *por iniciativa do juiz*, não excedendo ou ultrapassando as fronteiras da tese da eficácia *mediata* dos princípios e das regras constitucionais nas relações jurídico-privadas.

[57] *Texto e enunciado na teoria do negócio jurídico*, vol. II, cit., pág. 986.

[58] António Menezes Cordeiro, *Da boa fé no direito civil*, cit., pág. 966, nota n.º 241.

[59] *Direitos fundamentais e direito privado*, cit., págs. 59-60.

Em Tema de Redução Oficiosa da Pena Convencional 751

pios constitucionais: se a primeira condição está preenchida – se a tese da admissibilidade é compatível com os princípios constitucionais –, a segunda condição não o está – a tese da inadmissibilidade não é incompatível com a adequada ponderação entre os princípios da autonomia e da solidariedade.

V. Crítica do argumento da conexão sistemática entre a redução da pena, o regime dos negócios usurários (arts. 282.º-283.º do Código Civil) e o regime da resolução ou modificação do contrato por alteração anormal das circunstâncias (arts. 437.º-439.º do Código Civil).

O segundo argumento invocado para excluir a redução oficiosa da pena desproporcionada – o argumento da conexão sistemática entre a redução da pena, o regime dos negócios usurários e o regime da resolução ou modificação do contrato por alteração anormal das circunstâncias – deverá considerar-se procedente se o princípio/projecto da adequação valorativa e da unidade interior do sistema jurídico excluir a iniciativa do juiz na redução da pena e deverá considerar-se improcedente se não a excluir.

O princípio/projecto de *adequação valorativa* obriga o aplicador do direito "a retomar 'consequentemente' os valores encontrados, 'pensando-os até ao fim' em todas as consequências singulares e afastando-o apenas justificadamente, i. e., por razões materiais"; o princípio/projecto de *unidade interior* obriga-o a prevenir as contradições de valores (componente negativa) e a reduzir os "aspectos relevantes no caso concreto a uns poucos princípios abstractos e gerais" (componente positiva): "[a]través deste último [ou seja]: através do princípio da unidade interior] garante-se que a 'ordem' do direito não se disperse numa multiplicidade de valores singulares desconexos, antes se deixando reconduzir a critérios gerais relativamente pouco numerosos"[60]. O critério exposto pode por isso reformular-se: o argumento da conexão sistemática entre a redução da pena, o regime dos negócios usurários e o regime da resolução ou modificação do contrato por alteração anormal das circunstâncias procederá se a admissibilidade da redução *oficiosa* da pena convencional desproporcionada ou excessiva conduzir a uma contradição ou incoerência valorativa entre os arts.

---

[60] CLAUS-WILHELM CANARIS, *Pensamento sistemático e conceito de sistema na ciência do direito*, cit., págs. 20.

282.°, 437.° e 812.° do Código Civil, não procederá se a admissibilidade da redução *oficiosa* da pena convencional desproporcionada ou excessiva não conduzir a uma contradição ou incoerência valorativa entre as disposições legais indicadas.

a) O argumento da conexão sistemática escora-se na coincidência parcial entre as previsões normativas e entre as consequências jurídicas dos arts. 282.°, 437.° e 812.° do Código Civil: existindo uma desproporção *originária* entre a pena e o prejuízo, encontrar-se-á uma coincidência *parcial* entre as previsões normativas e as consequências jurídicas do art. 282.° e do art. 812.°; existindo uma desproporção *superveniente* entre a pena e o prejuízo (efectivo), encontrar-se-á uma coincidência *parcial* entre as previsões normativas e as consequências jurídicas do art. 437.° e do art. 812.°.

Em caso de desproporção originária – de concurso eventual entre os arts. 282.° e 812.° –, o alcance do art. 282.° é *mais amplo*, por se aplicar a todos os contratos – ou, em termos mais exactos e precisos, a todos os negócios jurídicos –, o alcance do art. 812.° é *mais restrito*, por se aplicar, *por só se aplicar* aos contratos integrados por cláusulas penais.

O art. 282.° exige o preenchimento de pressupostos *objectivos* e de pressupostos *subjectivos* para que o contrato deva considerar-se usurário: os pressupostos *objectivos* analisam-se na obtenção ou na promessa de "benefícios excessivos ou injustificados", os pressupostos *subjectivos* analisam-se "no aproveitamento consciente, [por] parte do usurário, de pelo menos uma das seis sitações de inferioridade descritas": de uma "situação de [i] necessidade, [ii] inexperiência, [iii] ligeireza, [iv] dependência, [v] estado mental ou [vi] fraqueza de carácter"[61]. O art. 812.° exige exclusivamente o preenchimento de pressupostos *objectivos* para que a pena convencional deva considerar-se "manifestamente excessiva": empregando os termos de Pinto Monteiro, dir-se-á que "pode não ter havido, ao ser estipulada a pena, qualquer aproveitamento de uma eventual situação de necessidade do devedor, ou exploração alguma de qualquer ligeireza, inexperiência ou dependência deste, e, todavia, a pena ser excessiva, em termos de se justificar a sua redução"[62].

---

[61] HEINRICH EWALD HÖRSTER, *A Parte Geral do Código Civil português – Teoria geral do direito civil*, cit., pág. 559 (n. m. 927).

[62] *Cláusula penal e indemnização*, cit., pág. 732.

Em caso de desproporção superveniente – de concurso entre os arts 437.º e 812.º do Código Civil –, o alcance do art. 437.º é *mais amplo*, por se aplicar a todos os contratos afectados pela alteração anormal das circunstâncias, o alcance do art. 812.º é *mais restrito*, por se aplicar, *por só se aplicar*, aos contratos integrados por cláusulas penais. Entre a fórmula usada no art. 437.º ("desde que a exigência das obrigações por ela [i. e.: pela parte lesada] assumidas afecte gravemente os princípios da boa fé e não esteja coberta pelos riscos próprios do contrato") e a fórmula usada no art. 812.º ("cláusula penal [= pena] manifestamente excessiva") não existem diferenças fundamentais: a exigência das obrigações decorrentes de uma cláusula penal desproporcionada "afect[a] gravemente os princípios da boa fé e não est[á] coberta pelos riscos próprios do contrato"[63].

A coincidência parcial entre as previsões normativas dos arts. 282.º--283.º e 812.º e dos arts. 437.º e 812.º do Código Civil é completada por uma coincidência parcial entre as consequências jurídicas das três disposições legais. Os arts. 282.º e 283.º prevêem a possibilidade de anulação ou de modificação do negócio jurídico: o n.º 1 do art. 283.º do determina que, "[e]m lugar da anulação, o lesado pode requerer a modificação do negócio segundo juízos de equidade", o n.º 2 estabelece que, "[r]equerida a resolução, a parte contrária tem a faculdade de opor-se ao pedido, declarando aceitar a modificação do negócio nos termos do número anterior"[64]. O art. 437.º prevê a possibilidade de resolução ou de modificação do contrato: o n.º 1 do art. 437.º determina que "a parte lesada [tem] direito à resolução do contrato ou à modificação dele segundo juízos de equidade", o n.º 2 estabelece que, "[r]equerida a resolução, a parte contrária pode opor--se ao pedido, declarando aceitar a modificação do contrato nos termos do número anterior". O art. 812.º concretiza as proposições jurídicas dos arts. 283.º e do n.º 1 do art. 437.º: a redução da pena convencional desproporcionada ou excessiva constitui uma espécie do género "modificação do contrato".

b) A admissibilidade da redução oficiosa harmonizar-se-á com a decisão legislativa de associar à previsão do art. 282.º a consequência jurídica

---

[63] Cf. ANTÓNIO MENEZES CORDEIRO, *Direito das obrigações*, vol. II, cit., pág. 428.

[64] Cf. HEINRICH EWALD HÖRSTER, *A Parte Geral do Código Civil português – Teoria geral do direito civil*, cit., pág. 560 (n. m. 929): a anulação e a modificação excluem-se reciprocamente – "a anulação pressupõe a invalidade, a modificação a validade do respectivo negócio".

754 *Estudos em Comemoração do 10.º Aniversário da Licenciatura em Direito*

"anulabilidade" e à previsão do art. 437.º a consequência jurídica "resolubilidade do contrato". Canaris esclarece que há uma contradição de valores nos casos em que "a ordem jurídica associou numa norma à previsão P_1 a consequência C e noutra norma a uma previsão P_2, valorativamente semelhante, no essencial, a consequência jurídica não-C"[65]. Entre a admissibilidade da redução oficiosa da pena convencional manifestamente excessiva e a anulabilidade dos contratos usurários não existe nenhuma contradição: em primeiro lugar, as previsões normativas do art. 282.º e do art. 812.º não constituem previsões normativas "valorativamente semelhante[s], no essencial" – se o art. 282.º pressupõe o aproveitamento consciente de uma situação de inferioridade, o art. 812.º não o pressupõe –; em segundo lugar, a necessidade de uma acção de anulação explicar-se-á pela maior gravidade das suas consequências (cf. arts 289.º ss. do Cód. Civ.), a desnecessidade de um pedido de redução da pena explicar-se-ia pela menor gravidade dos seus efeitos (cf. art. 812.º do Cód. Civ.). Entre a admissibilidade da redução oficiosa e a resolubilidade do contrato afectado pela alteração anormal das circunstâncias, não existe, *também não existe*, nenhuma contradição: a necessidade de uma acção ou de uma declaração de resolução explicar-se-á pela maior gravidade das suas consequências (cf. arts. 289.º, 433.º e 434.º do Cód. Civ.), a desnecessidade de um pedido de redução explicar-se-ia pela menor gravidade dos seus efeitos: adaptação ou modificação da cláusula.

Excluída a contradição – de princípios ou de valores – entre a admissibilidade da redução oficiosa e as decisões legislativas sobre a *anulabilidade* e a *resolubilidade* do contrato, o intérprete há-de apreciar a coerência ou incoerência entre a admissibilidade da redução oficiosa e a decisão legislativa sobre a *modificabilidade* dos contratos afectados pela alteração anormal das circunstâncias e dos negócios usurários.

aa) O argumento da conexão sistemática entre os arts. 283.º, 437.º e 812.º do Código Civil pressupõe a inadmissibilidade da modificação oficiosa do contrato afectado pela alteração anormal das circunstâncias e do negócio usurário: caso o juiz não possa modificar, por iniciativa própria, o contrato afectado pela alteração anormal das circunstâncias e o negócio usurário, a conexão sistemática entre os arts. 283.º, 437.º e 812.º constituirá um argumento *desfavorável* à redução oficiosa da pena convencional;

---

[65] *Pensamento sistemático e conceito de sistema na ciência do direito*, cit., pág. 209.

Em Tema de Redução Oficiosa da Pena Convencional   755

caso o juiz possa fazê-lo, caso o juiz possa notificar oficiosamente esses negócios jurídicos, a conexão sistemática entre os arts. 283.º, 437.º e 812.º constituirá um argumento *favorável* à redução oficiosa da pena convencional.

O problema da admissibilidade ou inadmissibilidade da adaptação ou
modificação do contrato *por iniciativa do juiz* divide-se em duas questões:
a primeira consiste em estabelecer se o juiz pode "alterar *oficiosamente* o
pedido de [anulação ou o pedido de] resolução [da parte lesada], substituindo-se [à parte contrária] na opção pela modificação do contrato"[66];
a segunda consiste em estabelecer se o juiz pode modificar *oficiosamente*
esse contrato ou negócio, suprindo a inépcia ou negligência da parte
lesada.

bb) Enneccerus e Nipperdey distinguem três casos de confluência ou
de concurso entre proposições jurídicas: o concurso cumulativo, o concurso alternativo (ou electivo) e o concurso consumptivo (ou excludente).

No primeiro caso – no caso de concurso cumulativo –, as consequências jurídicas das proposições cuja previsão normativa está preenchida podem produzir-se em simultâneo, sem restrição recíproca; no segundo e no terceiro casos – nos casos de concurso alternativo ou electivo
e de concurso consumptivo ou excludente –, as consequências jurídicas
das proposições cuja previsão normativa está preenchida não podem produzir-se em simultâneo: se o concurso deve considerar-se alternativo ou
electivo, cabe ao interessado escolher qual das proposições jurídicas há-de
aplicar-se; se, porém, esse concurso deve considerar-se consumptivo ou
excludente, cabe ao aplicador do direito estabelecer qual das proposições
jurídicas há-de preferir ou prevalecer, em consonância com as decisões do
legislador[67].

---

[66] FERNANDO ANDRADE PIRES DE LIMA – JOÃO DE MATOS ANTUNES VARELA (com a
colaboração de MANUEL HENRIQUE MESQUITA), *Código Civil anotado*, vol. I, cit., pág. 414.

[67] LUDWIG ENNECCERUS – HANS-CARL NIPPERDEY, *Tratado de derecho civil – Parte
general*, vol. I, tomo I, Bosch, Barcelona, s/d., págs. 225-226 (§ 54a); cf. também KARL
LARENZ, *Metodologia da ciência do direito* cit., págs. 372-379; JOÃO BAPTISTA MACHADO,
Âmbito de eficácia e âmbito de competência das leis, Livraria Almedina, Coimbra, 1998
(reimpressão), págs. 214-217; e MIGUEL TEIXEIRA DE SOUSA, *O concurso de títulos de aquisição da prestação*, Livraria Almedina, Coimbra, 1988, esp. págs. 101 ss..

[68] HEINRICH EWALD HÖRSTER, *A Parte Geral do Código Civil português – Teoria
geral do direito civil*, cit., pág. 581 (n. m. 967).

756 *Estudos em Comemoração do 10.° Aniversário da Licenciatura em Direito*

Os textos dos arts. 282.°, 283.° e 437.° do Código Civil exprimem a preferência do legislador pela conservação ou continuação do contrato, "embora de uma maneira adaptada ou actualizada ou modificada"[68].

Face à preferência do legislador pela adaptação, actualização ou modificação do contrato, a relação entre as proposições jurídicas por que se permite a anulação do negócio jurídico ou a resolução do contrato (arts. 282.° e 437.°, n.° 1, 1:ª alternativa) e as proposições jurídicas por que se permite a modificação do negócio jurídico (arts. 283.°, n.°s 1 e 2, e 437.°, n.° 1, 2:ª alternativa) há-de qualificar-se como uma relação de alternatividade ou como uma relação de consumpção (relação de subsidiariedade)[69]?

O texto da lei define os limites da interpretação: "aquilo que está para além do sentido possível e que já não é com ele compatível, mesmo na 'mais ampla' das interpretações, não pode valer como conteúdo da lei"[70].

O texto do art. 283.° consagra expressamente uma relação de *alternatividade* entre a anulação e a modificação do negócio: se a parte lesada não possuir interesse na conservação do negócio, optará por pedir a anulação (art. 282.° e art. 283.°, n.° 1, 1.ª parte do Cód. Civ.); se a parte lesada possuir interesse na continuação do negócio, optará por pedir a modificação (art. 283.°, n.° 1, do Cód. Civ.), confirmando o negócio anulável "nos precisos termos em que ficou modificado"[71-72]. O texto do art. 437.°, todavia, não consagra expressamente nem uma relação de alternatividade,

---

[69] Sobre as relações de subsidiariedade entre proposições jurídicas, *vide* JOÃO BAPTISTA MACHADO, *Âmbito de eficácia e âmbito de competência das leis*, cit., págs. 217 ss..

[70] KARL LARENZ, *Metodologia da ciência do direito*, cit., pág. 485.

[71] HEINRICH EWALD HÖRSTER, *A Parte Geral do Código Civil português – Teoria geral do direito civil*, cit., pág. 560 (n. m. 929).

[72] O n.° 2 do art. 3.10 dos Princípios relativos aos contratos comerciais internacionais compilados pelo Instituto Internacional para a Unificação do Direito Privado (UNIDROIT) e o n.° 2 do art. 4:109 dos Princípios de Direito Europeu dos Contratos elaborados pela Comissão de Direito Europeu dos Contratos (dirigida por OLE LANDO) declaram que, "*[a] pedido da parte lesada,* o tribunal pode modificar o contrato ou a cláusula [por que se atribuem benefícios excessivos ou injustificados] a fim de os tornar conformes às exigências da boa fé em matéria comercial", o n.° 3 do art. 3.10 dos Princípios UNIDROIT e o n.° 3 do art. 4:109 dos Princípios de Direito Europeu dos Contratos dizem que "[o] tribunal pode igualmente modificar o contrato ou a cláusula *a pedido da parte que tenha recebido a notificação de anulação* desde que o notificante seja informado prontamente e não tenha ainda agido em consequência" [cf. Instituto Internacional para a Unificação do Direito Privado (UNIDROIT), *Princípios relativos aos Contratos Comerciais Internacionais* (versão provisória em língua portuguesa), s/e., Roma, 1995, pág. 99; OLE LANDO – HUGH BEALE (org.), *Principles of European Contract Law (Parts I and II)*, Kluwer, The Hague – London – Boston, 2000, pág. 261].

Em Tema de Redução Oficiosa da Pena Convencional 757

nem uma relação de subsidiaridade entre a resolução e a modificação do negócio: a fórmula "a parte lesada [tem] direito à resolução do contrato, ou à modificação dele, segundo juízos de equidade" não exclui nem a tese da relação de alternatividade, nem a tese da relação de subsidiaridade. Interpretando-se a relação entre os dois instrumentos – entre a resolução e a modificação do negócio – como relação de *alternatividade*, cabe ao interessado escolher qual das proposições jurídicas há-de aplicar-se: se a proposição jurídica por que se permite a resolução, se a proposição jurídica por que se permite a modificação do negócio jurídico[73]. Os termos "a parte lesada [tem] direito à resolução do contrato, ou à modificação dele ", significariam que "a parte lesada [tem] [a faculdade de optar pelo] direito à resolução do contrato, ou [pelo direito] à modificação dele ". Interpretando-se a relação entre os dois instrumentos – entre a resolução e a modificação do negócio – como relação de *subsidiaridade*, cabe ao aplicador do direito estabelecer qual das proposições jurídicas há-de preferir ou prevalecer, em consonância com as decisões do legislador: se a modificação do contrato, segundo juízos de equidade, fosse adequada para assegurar a conformidade do seu conteúdo com os princípios da boa fé, haveria de preferir ou prevalecer a proposição jurídica por que se permite a modificação (cf. art. 437.º, n.º 1, 2.ª alternativa); se a modificação do contrato, segundo juízos de equidade, fosse inadequada para assegurar a conformidade do seu conteúdo com os princípios da boa fé, haveria de prevalecer a proposição jurídica por que se permite a resolução (cf. art. 437.º, n.º 1, 1.ª alternativa)[74]. Os termos "a parte lesada [tem] direito à resolução do contrato, ou à modificação dele" significariam que "a parte lesada [ou] [tem] direito à resolução do contrato, ou [tem direito] à modificação dele". Estando preenchidos os pressupostos da adaptação ou modificação, não estariam preenchidos os pressupostos da resolução; estando preenchidos os pressupostos da resolução, não estariam, *não poderiam estar*, preenchidos os pressupostos da adaptação ou modificação.

Entendendo-se – como entende Heinrich Hörster – que "a finalidade dos arts. 437.º a 439.º do Código Civil é, em atenção ao princípio da es-

---

[73] Cf. FERNANDO ANDRADE PIRES DE LIMA – JOÃO DE MATOS ANTUNES VARELA (com a colaboração de MANUEL HENRIQUE MESQUITA), *Código Civil anotado*, vol. I, cit., pág. 414; e MÁRIO JÚLIO DE ALMEIDA COSTA, *Direito das obrigações*, cit., pág. 307.

[74] Cf. MÁRIO JÚLIO DE ALMEIDA COSTA, *Direito das obrigações*, cit., pág. 309: "Quando o tribunal [...] se encontre em face da alternativa da resolução ou da revisão, caberá optar pelo primeiro caminho, sempre que, diante da alteração das circunstâncias, o contrato tenha perdido a sua razão de ser ou não possa restabelecer-se um equilíbrio justo".

758   *Estudos em Comemoração do 10.° Aniversário da Licenciatura em Direito*

tabilidade dos contratos, em última análise ainda a manutenção do contrato, embora de uma maneira forma adaptada ou actualizada ou modificada"[75], há-de concluir-se pela conveniência político-legislativa de uma relação de subsidiaridade entre a adaptação ou modificação e a resolução do contrato. O art. 6:111 dos Princípios de Direito Europeu dos Contratos consagra-a de forma implícita[76], o § 313 do Código Civil alemão (BGB) consagra-a de forma explícita: a resolução *(Rücktritt* ou *Kündigung)* pressupõe a impossibilidade ou inexigibilidade *(Unzumutbarkeit)* da adaptação ou da modificação[77].

O critério desejável de uma perspectiva de política legislativa não pode, porém, usar-se, por não estar em consonância com a decisão legislativa encerrada nos n.°s 1 e 2 do art. 437.° do Código Civil Português de conformar a relação entre a adaptação ou modificação e a resolução do contrato como uma relação de alternatividade imperfeita: como uma relação *de alternatividade*, por conceder à parte lesada a faculdade de optar pela aplicação ao caso da proposição jurídica por que se permite a resolução ou da proposição jurídica por que se permite a modificação do contrato; como uma relação de alternatividade *imperfeita*, por se conceder à parte contrária a faculdade de se opor ao pedido de resolução, declarando aceitar a modificação do contrato segundo juízos de equidade[78-79].

---

[75] *A Parte Geral do Código Civil português – Teoria geral do direito civil*, cit., pág. 560 (n. m. 929); em sentido concordante, *vide* MÁRIO JÚLIO DE ALMEIDA COSTA, *Direito das obrigações*, cit., pág. 307: "[s]e possível, [...] deverá salvar-se o contrato, através da revisão do seu conteúdo segundo juízos de equidade".

[76] O n. 3 do art. 6:111 estabelece: *"If the parties fail to reach an agreement within a reasonable period, the court may: (a) end the contract at a date and on terms to be determined by the court; or (b) adapt the contract in order to distribute between the parties in a just and equitable manner the losses and the gains resulting from the change of cirumstances"*. Os comentários esclarecem que. *"[i]n accordance with the purpose of the provision, its first aim should be to preserve the contract"* [OLE LANDO – HUGH BEALE (org.), *Principles of European Contract Law (Parts I and II)*, cit., pág. 366].

[77] Cf. GUNDULA MARIA PEER, "Die Rechtsfolgen von Störungen der Geschäftsgrundlage – Ein Vergleich zwischen § 313 RegE eines Schuldrechtsmodernisierungsgesetzes und dem geltendem deutschen und österreichischen Recht sowie modernen Regelwerken", in: *Jahrbuch der Jünger Zivilrechtswissenschaftler*, 2001, págs. 61-83; OTTO VON PALANDT – HELMUT HEINRICHS, anotação ao § 313 do BGB, in: *Gesetz zur Modernisierung des Schuldrechts – Ergänzungsband zu Palandt, BGB – 61. Auflage*, C. H. Beck, München, 2002, pág. 200 (n. m. 28-30); e VOLKER EMMERICH, *Das Recht der Leistungsstörungen*, 5.ª ed., C. H. Beck, München, 2003, págs. 458-462.

[78] OLIVEIRA ASCENSÃO entende que a parte não lesada pode opor-se ao pedido de modificação pedido a resolução do contrato: "O art. 437.°, n.° 2, não o contempla. Mas

Em Tema de Redução Oficiosa da Pena Convencional 759

A relação de alternatividade entre (i) a anulação ou a resolução e (ii) a modificação do negócio jurídico afasta a possibilidade de o juiz "alterar *oficiosamente* o pedido de [anulação ou o pedido de] resolução [da parte lesada], substituindo-se [às partes] na opção pela modificação do contrato".

cc) Esclarecida a primeira questão, estudar-se-á a segunda: a admissibilidade ou inadmissibilidade da adaptação ou modificação oficiosa do conteúdo do contrato afectado pela alteração anormal das circunstâncias ou do negócio usurário. O intérprete há-de distinguir dois grupos de casos: o primeiro compreende as situações em que o credor incorre em *abuso do direito*, por exceder manifestamente os limites impostos pela boa fé, pelos bons costumes ou pelo fim social ou económico [do] direito"; o segundo, as situações em que o credor não infringe o art. 334.º do Código Civil.

Os argumentos em favor da adaptação ou modificação oficiosa do conteúdo do contrato serão menos fortes se não houver abuso do direito, serão mais fortes se esse abuso existir. Ora a existência de concurso entre as proposições jurídicas dos arts. 282.º-283.º ou do art. 437.º e o princípio da proibição do abuso do direito constituirá a situação *mais comum, mais frequente*, a inexistência de concurso entre as proposições jurídicas dos arts. 282.º-283.º ou do art. 437.º e o princípio da proibição do abuso do direito constituirá a situação *menos comum, menos usual*: o credor que exige "benefícios excessivos ou injustificados" obtidos pelo aproveitamento consciente de uma situação de inferioridade do devedor ou o cumprimento de obrigações por forma que "afect[a] gravemente os princípios da boa fé" excederá e, não raro, excederá *manifestamente* os "limites impostos pela boa fé [ou] pelos bons costumes". Os dois grupos de casos devem ser objecto de uma distinção estrita: se não existir abuso do direito – se não houver concurso ou de confluência entre as proposições jurídicas contidas nos

---

temos de entender que é admitido. Não pode ser imposto a ninguém um contrato alterado, quando esteja substancialmente fora daquilo que aceitou. Nem sendo o contrato inválido isso acontece: a lei baseia-se então na vontade tendencial das partes, nos arts. 292.º e 293.º. Também aqui, se a outra parte não aceitar uma modificação substancial, terá de ser decretada a resolução" [*Direito civil – Teoria geral*, vol. III *(Relações e situações jurídicas)*, Coimbra Editora, Coimbra, 2002, pág. 204; em sentido diferente, LUÍS MANUEL TELES DE MENEZES LEITÃO, *Direito das obrigações*, vol. II, cit., pág. 134, nota n.º 260].

[79] Em abono da tese da relação de alternatividade imperfeita entre a modificação e a resolução do contrato há-de invocar-se a "manifesta proximidade" entre os regimes do erro sobre a base do negócio e do negócio usurário (cf. LUÍS CARVALHO FERNANDES, – *Teoria geral do direito civil*, vol. II, Universidade Católica Editora, Lisboa, 2001, pág. 197].

760 *Estudos em Comemoração do 10.º Aniversário da Licenciatura em Direito*

arts. 282.º-283.º ou no art. 437.º e no art. 334.º do Código Civil –, a questão não provocará dúvidas de maior – a modificação oficiosa do contrato afectado pelo desaparecimento da base negocial e do negócio usurário há--de ser pedida pela parte lesada –; se, porém, existir abuso do direito – se houver concurso ou confluência entre as proposições jurídicas encerradas nos arts. 282.º-283.º ou no art. 437.º e no art. 334.º do Código Civil –, a questão suscita-nos sérias dúvidas. Existindo abuso do direito, a admissibilidade da modificação *oficiosa* do conteúdo do contrato não constituirá uma consequência (quase) inevitável da "marcada intenção de realizar em todo o domínio contratual uma juridicidade social e materialmente fundada"[80] característica do direito privado contemporâneo?

O problema da admissibilidade ou inadmissibilidade da modificação oficiosa do negócio cruza-se, por isso, com o problema da admissibilidade ou inadmissibilidade do conhecimento oficioso do abuso do direito. Optando-se pela tese da admissibilidade do conhecimento oficioso do abuso do direito, deverá preferir-se a tese da admissibilidade da modificação oficiosa do contrato (ou, de forma mais ampla e rigorosa, do negócio jurídico); optando-se pela tese da inadmissibilidade do conhecimento oficioso do abuso do direito, deverá porventura preferir-se a tese da inadmissibilidade da modificação oficiosa, *dessa modificação oficiosa*, do negócio jurídico.

Inspirando-se em Esser – Schmidt, Heinrich Hörster contrapõe o abuso institucional e o abuso individual do direito subjectivo: no primeiro, no *abuso institucional*, "o direito subjectivo é invocado para fins que estão fora dos objectivos ou funções para os quais ele foi atribuído pela norma"; no segundo, no *abuso individual*, "o exercício do direito, a invocação da norma, incorre em contradição com a ideia da justiça", colidindo com a boa fé ou com os bons costumes[81]. O abuso institucional "deve[ria] ser

---

[80] ANTÓNIO CASTANHEIRA NEVES, *Questão-de-facto – questão-de-direito ou o problema metodológico da juridicidade (Ensaio de uma reposição crítica)*, vol. I *(A crise)*, Livraria Almedina, Coimbra, 1967, pág. 530, nota n.º 59 (acrescentando: "controlam-se as condições reais do acordo, impõem-se vínculos contratuais determinados, ampliam-se e restringem-se as obrigações contratuais para além do que poderia verdadeiramente imputar-se à 'vontade das partes', revêem-se as cláusulas do contrato e modifica-se-lhe a duração acordada, ao princípio *pacta sunt servanda* opõe-se, compensando-o, o princípio *rebus sic standibus*").

[81] *A Parte Geral do Código Civil português – Teoria geral do direito civil*, cit., pág. 285 (n. m. 667). MENEZES CORDEIRO critica a distinção estabelecida, indicando como grupos de casos típicos de actos abusivos a *exceptio doli*, o *venire contra factum proprium*, as inalegabilidades formais, a *suppressio* e a *surrectio*, o *tu quoque* e o desequilíbrio no exercício jurídico [cf. *Da boa fé no direito civil*, cit., págs. 661 ss., esp. 719-860 e 882-884; e *Tratado de direito civil português*, vol. I *(Parte geral)*, tomo I, cit., págs. 191 ss., esp. 198-213].

Em Tema de Redução Oficiosa da Pena Convencional 761

apreciado oficiosamente pelo tribunal, uma vez que lhe compete verificar os limites imanentes a um direito subjectivo que acaba de ser invocado, para poder decidir da justeza dessa mesma invocação"[82]; o abuso individual nem sempre deveria sê-lo: nos casos de "falta de um interesse protegido", o autor inclina-se para o conhecimento oficioso, por causa da proximidade com o abuso institucional; sobre os demais casos, o autor não se pronuncia, pelo menos de uma forma inequívoca, sugerindo a conveniência de uma ponderação dos interesses e dos valores envolvidos em cada grupos de casos.

Estudada a configuração específica da conduta do credor que exige "benefícios excessivos ou injustificados" obtidos pelo aproveitamento consciente de uma situação de inferioridade do devedor ou o cumprimento de obrigações por forma que "afect[a] gravemente os princípios da boa fé", a ponderação entre os interesses e valores envolvidos conduz-nos a optar pela tese da admissibilidade do conhecimento oficioso do abuso (individual) do direito eventualmente existente em tais circunstâncias[83] e, por isso, pela admissibilidade da modificação oficiosa do negócio jurídico: o juiz deve *conhecer* oficiosamente o abuso do direito e *corrigi-lo*, modificando o contrato afectado pela alteração anormal das circunstâncias ou o negócio usurário; "pedido um certo efeito e constando, do processo, os factos necessários, pode o juiz optar pelo abuso do direito, mesmo que este não tivesse sido expressamente invocado"[84-85].

---

[82] Ob. cit., págs. 283-284 (n. m. 461].

[83] Cf. ADRIANO VAZ SERRA, "Abuso do direito (em matéria de responsabilidade civil)", in: *Boletim do Ministério da Justiça*, n.° 85 (Abril de 1959), págs. 243-342 (334 e 335-336); ANTÓNIO MENEZES CORDEIRO, *Tratado de direito civil português*, vol. I *(Parte geral)*, tomo I, cit., págs. 196-197; JORGE FERREIRA SINDE MONTEIRO, *Responsabilidade por conselhos, recomendações ou informações*, Livraria Almedina, Coimbra, 1989, pág. 548, nota n.° 328; e, por último, mas de forma muito impressiva, JOÃO CALVÃO DA SILVA, "Anotação [ao acórdão do Supremo Tribunal de Justiça de 12 de Novembro de 1998]", in: *Revista de Legislação e de Jurisprudência*, ano 132.° (1999-2000), págs. 259-274 (272-273) (declarando que "o abuso ou exercício ilegítimo de um direito pode ser arguido pelas partes e deve ser suscitado oficiosamente pelo tribunal em qualquer estado do processo, enquanto não hover sentença com trânsito em julgado proferida sobre o fundo da causa").

[84] ANTÓNIO MENEZES CORDEIRO, *Tratado de direito civil português*, vol. I *(Parte geral)*, tomo I, cit., pág. 197.

[85] HEINRICH EWALD HÖRSTER critica, por "inadequada", a sanção estabelecida no art. 282.°: por um lado, por causa da conexão sistemática entre os negócios usurários e os negócios com conteúdo desaprovado pela ordem jurídica (arts. 280.° e 281.° do Cód. Civ.) e, por outro lado, por causa da finalidade de "protecção de pessoas caracterizadas ou afectadas por certas situações de inferioridade contra quem pretenda daí tirar benefícios excessivos e injustificados" do art. 282.° do Código Civil. HÖRSTER escreve que "a protecção

762   *Estudos em Comemoração do 10.º Aniversário da Licenciatura em Direito*

c) O enlace entre a cláusula de redução do art. 812.º do Código Civil e o princípio da proibição do abuso do direito é amplamente consensual: Pinto Monteiro declara que a função do art. 812.º é "evitar [...] um exercício abusivo do direito à pena"[86], que os fundamentos da cláusula de redução da pena convencional desproporcionada ou excessiva se encontram "[no] dever de agir de boa fé (art. 762.º, n.º 2) e [na] proibição do abuso do direito (art. 334.º)"[87] e que a doutrina do abuso do direito "levaria já, por si só, [...] a idêntico resultado ao que esta norma [scl.: o art. 812.º] explicitamente consagra"[88]; Menezes Cordeiro escreve que "a redução equitativa da cláusula penal, permitida pelo art. 812.º, [...] seria inculcada pelo art. 334.º"[89]. Estabelecida a conexão sistemática entre os arts. 282.º, 437.º e 812.º, o dever de "retomar 'consequentemente' os valores encontrados, 'pensando-os até ao fim' em todas as consequências singulares e afastando-os apenas justificadamente, i. e., por razões materiais", obriga o intérprete a associar a admissibilidade do conhecimento oficioso do abuso do direito à admissibilidade da redução oficiosa da pena desproporcionada ou excessiva: se o juiz deve conhecer oficiosamente o abuso (individual) do direito de exigir "benefícios excessivos ou injustificados" ou o cumprimento de obrigações de forma que "afect[a] gravemente os princípios da boa fé", deverá conhecer oficiosamente o abuso (individual) do direito de exigir uma pena desproporcionada ou excessiva – manifesta-

---

obtida por meio do art. 282.º é, em parte, meramente aparente: quem for vítima de um negócio usurário não é propriamente a pessoa mais indicada para anular o negócio lesivo, embora seja a pessoa em cujo interesse a lei estabelece a anulabilidade. Teria sido melhor (re-)admitir o negócio usurário em termos menos latos, mas ferindo-o de nulidade, exactamente como sucede com os restantes negócios cujo conteúdo é desprovado pela ordem jurídica. Assim, a protecção seria, pelo menos, eficaz" [*A Parte Geral do Código Civil português – Teoria geral do direito civil*, cit., pág. 557 (n. m. 926)]. Menezes Cordeiro considera a solução da anulabilidade do negócio usurário como uma "má saída": "o regime é pouco favorável; além disso, obriga o próprio lesado a invocar o vício, o que é sempre uma *deminutio*" (*Tratado de direito civil português*, vol. I *(Parte geral)*, tomo I, cit., págs. 197).

Nos casos mais graves, o uso do princípio da proibição do abuso do direito como cláusula de correcção ou modificação *oficiosa* do conteúdo do contrato contribuirá para atenuar ou corrigir as deficiências das disposições encerradas nos arts. 282.º e 283.º do Código Civil.

[86] *Cláusula penal e indemnização*, cit., pág. 733.
[87] Ob. cit., pág. 734.
[88] Ob. cit., pág. 733, nota n.º 1648.
[89] *Tratado de direito civil português*, vol. I *(Parte geral)*, tomo I, cit., pág. 197.

Em Tema de Redução Oficiosa da Pena Convencional 763

mente desproporcionada, manifestamente excessiva –; se, existindo abuso (individual) do direito, o juiz deve modificar oficiosamente o contrário afectado pela alteração anormal das circunstâncias ou o negócio usurário, deverá modificar oficiosamente, *deverá reduzir oficiosamente*, uma pena desproporcionada ou excessiva – manifestamente desproporcionada, manifestamente excessiva –; e, por isso, a conexão sistemática entre os arts. 282.°, 437.° e 812.° há-de considerar-se como um argumento favorável à admissibilidade da redução oficiosa da pena convencional.

O argumento *dogmático* extraído do princípio da proibição do abuso do direito é confirmado pelo argumento *pragmático* extraído da regra da equiparação entre o pedido *explícito* e o pedido *implícito* de redução da pena: a tese da admissibilidade da redução oficiosa dispensa o juiz do encargo de percorrer as peças processuais procurando indícios de uma "atitude do devedor que deixe perceber, ainda que só de modo *implícito*, um desacordo relativamente ao montante exigido, em razão do excesso do mesmo" – nos termos de Jacques Mestre: dispensa-o *"d'avoir à lire entre (et parfois au delà) les lignes des conclusions des parties pour corriger les excès manifestes"*[90] –; a tese da inadmissibilidade da redução oficiosa força-o a isso.

---

[90] *Apud* Geneviève Viney, *La responsabilité: effets*, in: Jacques Ghestin, *Traité de droit civil*, LGDJ, Paris, 1988, pág. 353.

ONDE PÁRA A FRONTEIRA?

NOTA SOBRE A INFLUÊNCIA DO DIREITO COMUNITÁRIO NA DETERMINAÇÃO DO ÂMBITO DE APLICAÇÃO DA CONVENÇÃO DE VALÊNCIA

NUNO VENADE

1. Introdução

A recente *Convenção entre Portugal e Espanha sobre cooperação transfronteiriça entre instâncias e entidades territoriais*[1], assinada em Valência, em 3 de Outubro 2002, pretende constituir um novo marco para a cooperação transfronteiriça luso-espanhola e visa, através de uma 'disciplina jurídica apropriada,' facilitar, harmonizar e desenvolver a cooperação transfronteiriça entre 'instâncias e entidades territoriais' de um lado e outro da fronteira[2].

Esta Convenção enquadra-se jurídica e formalmente no âmbito da Convenção-quadro sobre cooperação transfronteiriça, adoptada em 21 de Maio de 1980, sob a égide do Conselho da Europa e insere-se no 'processo de construção europeia' que tem motivado as 'instâncias e entidades territoriais da fronteira luso-espanhola' a 'cooperar de forma crescente'

---

[1] Convenção aprovada e ratificada por Portugal e Espanha, publicada, respectivamente, no D.R. n.º 51, I-A Série, de 1 de Março 2003 e no *BOE* n.º 219, de 12 de Setembro de 2003, pg. 33937 (seguidamente *a Convenção* ou *Convenção de Valência*). De acordo com a informação complementar do *BOE*, a Convenção de Valência entrará em vigor no próximo dia 30 de Janeiro de 2004, seis meses após a data da recepção da última notificação de ratificação, em conformidade com o previsto no art. 14.º da Convenção.

[2] Do preâmbulo da Convenção (parágrafo 5.º).

766 *Estudos em Comemoração do 10.° Aniversário da Licenciatura em Direito*

nos últimos anos, designadamente através dos programas de iniciativa comunitária INTERREG.[3]

A presente nota visa um aspecto particular desta Convenção: descobrir qual o seu âmbito de aplicação geográfico e de que modo o direito comunitário[4] contribuiu para essa escolha das partes, designadamente através das referências recorrentes à nomenclatura das unidades territoriais estatísticas (NUTS)[5] e ao programa de iniciativa comunitária INTERREG III-A. O objectivo desta breve nota é, assim, analisar qual o impacto concreto do direito comunitário, e das políticas da UE, como condicionantes e como determinantes da própria Convenção e saber se o facto de Portugal e Espanha, como membros da União que se submetem ao direito e às políticas comunitárias, teve alguma relevância concreta nas escolhas operadas na Convenção de Valência sobre cooperação transfronteiriça luso--espanhola.

2. A Convenção de Valência e a União Europeia

É incontroverso que União Europeia (UE)[6] e o direito comunitário tiveram – e têm – um enorme impacto na Europa nos últimos 50 anos. Uma

---

[3] *Idem* (parágrafo 3.°).

[4] Utilizaremos o termo 'Direito comunitário' num sentido amplo e comum que é frequentemente utilizado pela doutrina especializada portuguesa e estrangeira. Assim, embora em rigor a expressão 'direito comunitário' se devesse aplicar apenas ao direito das Comunidades Europeias (o 'primeiro pilar' da UE), aqui engloba também o restante direito da União Europeia.

[5] NUTS é a abreviatura geralmente utilizada para 'Nomenclatura comum de unidades territoriais para fins estatísticos', da respectiva sigla em francês, e constitui a terminologia utilizada pelo sistema europeu de estatística (Eurostat). O regime jurídico das NUTS encontra-se actualmente previsto no Regulamento (CE) n.° 1059 do Parlamento e do Conselho, de 26 de Maio de 2003, (*JOCE* L 154-1, de 21.6.2003) que contém a lista oficial das NUTS 1, 2 e 3 de toda a UE no seu anexo 1. Uma nomenclatura de unidades estatísticas pressupõe a sua compatibilidade e agregabilidade, pelo que uma NUTS 1 representa um conjunto de NUTS 2, que por sua vez são conjuntos de NUTS 3. Note-se que não é obrigatória a coincidência entre as NUTS e as divisões administrativas ou outras formas de organização territorial dos Estados-membros; as NUTS existem para fins estatísticos, embora sejam também utilizadas como referência para outros objectivos, por exemplo, como matriz territorial para a aplicação da política regional comunitária.

[6] Utilizamos aqui o termo 'União Europeia' (e UE) num sentido comum e impróprio. Em rigor, só se pode falar de UE a partir da consagração formal do termo pelo Tratado de Maastricht ou Tratado da *União Europeia* (TUE – assinado naquela cidade dos Países

Onde pára a fronteira? 767

parte importante da dinâmica do processo de integração passou, e passa ainda, pelas chamadas medidas de 'integração negativas', entre as quais avulta a abolição das 'fronteiras internas' entre os Estados-membros da União, como instrumento para a construção de um espaço único de liberdade de circulação dos factores de produção. Complementarmente à abolição das fronteiras internas, surgiu uma nova realidade que passou pela definição de políticas comuns, que se traduziram em medidas de integração positiva em diversas áreas, incluindo a política regional. Neste âmbito, foi sempre concedida uma atenção especial às regiões fronteiriças, identificadas tradicionalmente como as regiões onde mais fortemente se sentia o impacto da abolição das fronteiras internas. Paralelamente, assistiu-se também à criação de uma fronteira externa comum, uma política comercial comum, bem como ao desenvolvimento de competências externas da União em diversos domínios onde esta já tinha competências internas.

A UE, para além de contribuir com a sua acção em termos gerais para a alteração da realidade, em todos os Estados- membros, tem também tido uma política de integração positiva, pró-activa, para as regiões fronteiriças, encorajando directamente a cooperação transfronteiriça através de programas Europeus especializados – como, por exemplo, o Programa IN-TERREG[7] – que têm como propósito tornar os espaços transfronteiriços espaços de integração e de novas oportunidades, em vez de zonas de separação e afrontamento entre europeus.

Esta acção voluntarista da União Europeia contribuiu fortemente para a alteração da realidade das regiões fronteiriças. Aquelas que eram vistas como regiões de periferia, de 'confins', tornaram-se em muitos casos regiões charneira, de ligação, entre países e entre populações. Essa modificação da realidade implicou também uma profunda modificação do próprio conceito de 'fronteira', do ponto de vista económico, histórico, sociológico e até jurídico[8] – o que importa discutir neste contexto.

Baixos em 7.2.1992 e que só entrou em vigor em 1.11.1993); antes do TUE, devemos referir-nos a 'Comunidades Europeias.'

[7] A 'Iniciativa Comunitária' INTERREG encontra-se prevista no art. 20.º do Regulamento (CE) 1260/1999, que estabelece as disposições gerais sobre os Fundos Estruturais comunitários. Trata-se da 3ª geração de programas de iniciativa comunitária especificamente vocacionados para a cooperação transfronteiriça.

[8] Sobre os vários conceitos de 'fronteira' (fronteira-limite, fronteira-zona, etc) cf, por todos, Wladimir Brito, *A Convenção-quadro europeia sobre cooperação transfronteiriça entre colectividades e autoridades territoriais*, Boletim da Fac. Direito de Coimbra, Studia Iuridica n.º 47, ed. Coimbra, 2000. Vd igualmente Kiss, A Charles – *La frontière-coopération*, in 'La frontière', Colloque de Poitiers, ed. Pédone, Paris, 1988.

768 *Estudos em Comemoração do 10.° Aniversário da Licenciãtura em Direito*

Também em Portugal e Espanha o processo de integração europeia teve profundos reflexos no modo como os dois países se relacionaram entre si nos últimos anos[9], com a multiplicação exponencial das relações económicas que resultaram num aprofundamento assinalável da interdependência económica ibérica. Quanto ao impacto directo das políticas comunitárias de integração pró-activa das regiões fronteiriças, refira-se como exemplo, que o programa de iniciativa comunitária '(PIC) INTER-REG III A Portugal/Espanha'– cooperação transfronteiriça luso-espanhola – é o programa deste género de maior dotação financeira em toda a UE[10].

3. O âmbito de aplicação da Convenção – o art. 3.°

O âmbito de aplicação da Convenção aparece expressa e taxativamente determinado no seu art. 3.°. Segundo esta disposição, estão envolvidas, do lado português, as Comissões de Coordenação das Regiões[11] Norte, Centro, Alentejo e Algarve, as associações de municípios e outras *estruturas* que integrem municípios com intervenção nas áreas das NUTS 3 de Minho-Lima, Cávado, Alto Trás-os-Montes, Douro, Beira Interior Norte, Beira Interior Sul, Alto Alentejo, Alentejo Central, Baixo Alentejo e Algarve, bem como os municípios incluídos naquelas NUTS 3. No lado espanhol, a Convenção aplica-se às Comunidades Autónomas (CA's) da Galiza, Castela e Leão, Extremadura e Andaluzia, às províncias de Pontevedra, Ourense, Zamora, Salamanca, Cáceres, Badajoz e Huelva bem como aos municípios, às comarcas e outras entidades que agrupem municípios nas referidas províncias, desde que instituídas pelas referidas Comunidades Autónomas.

Esta disposição, aparentemente clara, precisa e incondicional, utiliza *duas* referências territoriais diferentes o que dificulta, à partida, a determi-

---

[9] Recorde-se que Portugal e Espanha aderiram simultaneamente às comunidades europeias em 1986.

[10] Programa de Iniciativa Comunitária (PIC) 'Portugal/Espanha', aprovado pela Decisão da Comissão n.° C2001/4127, de 19.12.2001, prevê 806.915 milhões de euros de contribuição dos Fundos Comunitários.

[11] Abreviadamente conhecidas como 'CCR'; com a recente revisão da respectiva lei-orgânica (DL 104/2003, de 23 de Maio) passaram a designar-se 'Comissões de Coordenação e *Desenvolvimento* Regional', abreviadamente, 'CCDR' – sigla que passaremos a utilizar a partir deste momento.

[11] Cf DL 104/2003, art. 1.° e art. 2.°.

Onde pára a fronteira? 769

nação do âmbito geográfico de aplicação da Convenção. Com efeito, o art. 3.° refere-se tanto às CCDR's portuguesas e as CA's espanholas, 'instâncias e entidades' que têm como âmbito geográfico as NUTS 2 das mesmas designações, como se refere expressamente a uma parte das NUTS 3 que as compõe.[12]

O âmbito de aplicação da Convenção assim definido torna patente que não existe uma correspondência geográfica exacta do âmbito de competências territoriais de todas as 'instâncias e entidades' referidas no art. 3.°, visto que o âmbito territorial de competências das CCDR's e das CA's é mais extenso que o das NUTS 3 que são expressamente enunciadas naquela disposição e, portanto, inclui áreas (NUTS 3) cujos municípios não estão abrangidos pela Convenção.

Por interpretação *a contrario sensu* do art. 3.°, as áreas que seriam *prima facie* excluídas do âmbito de aplicação da Convenção (mas que fazem parte das NUTS 2 cujas referências territoriais são as CCDR's portuguesas e as CA's espanholas) são as seguintes: *Ave, Grande Porto, Dão-Lafões, Serra da Estrela, Cova da Beira, Pinhal Interior Sul, Tâmega*, Entre Douro e Vouga, Baixo Vouga, Baixo Mondego, Pinhal Litoral, Pinhal Interior Norte, Oeste, Médio Tejo, Lezíria do Tejo e Alentejo Litoral, em Portugal e *A Coruña, Lugo, León, Valladolid, Ávila, Córdoba, Sevilla, Cádiz*, Burgos, Palência, Segóvia, Sória, Almeria, Granada, Jaén e Málaga, em Espanha.[13-14]

---

[12] Ver tabela comparativa de NUTS em anexo.

[13] Para Portugal, a Convenção utiliza directamente como referências territoriais as designações das NUTS 3 portuguesas; já para o território espanhol a Convenção utiliza os nomes das províncias, mas como há uma coincidência entre estes e as NUTS 3 correspondentes, o critério continua a ser o mesmo, ou seja, o das NUTS 3.

[14] Nesta Nota utilizamos as designações das NUTS 3 portuguesas tal como resultam da recente alteração pelo Decreto-Lei 244/2003, de 5.11.2002, que foi, por sua vez, aceite pelo EUROSTAT e usada já no Reg. (CE) 1059/2003, de 26.5.2003, (*JOCE* L-154 21.6.2003). A Convenção, embora seja posterior, provavelmente teve em consideração a anterior nomenclatura portuguesa, atendendo ao período da negociação e porque a publicação do Regulamento comunitário foi posterior à assinatura da Convenção. Note-se que este facto – talvez por mero acaso – não tem influência directa na determinação das NUTS *incluídas* no âmbito da Convenção, todavia já tem consequências quando computamos as NUTS 3 *excluídas*, visto que houve 'transferências' de NUTS 3 da (antiga) NUTS 2 Lisboa e Vale do Tejo para as NUTS 2 do Centro (Oeste e Médio Tejo) e do Alentejo (Lezíria do Tejo). Em *itálico* as NUTS 3 que estão abrangidas pelo n.° 2 do art. 13.° da Convenção (ver infra).

770 *Estudos em Comemoração do 10.º Aniversário da Licenciatura em Direito*

Podemos, então, fazer desde já uma distinção básica entre *duas* áreas geográficas distintas: uma primeira onde a Convenção se aplica 'integralmente', porque tanto as 'instâncias e entidades territoriais' de carácter regional como as de carácter municipal podem ser outorgantes de protocolos de cooperação. Esta área coincide com a das NUTS 3 raianas identificadas no art. 3.º da Convenção. E existe uma outra área onde os municípios estão excluídos da aplicabilidade da Convenção e, portanto, onde *apenas* 'instâncias e entidades territoriais' com competências regionais (as CCDR's, em Portugal e as CA's, em Espanha) podem concretizar actividades de cooperação. Esta área é definida por exclusão de partes e abrange o remanescente das NUTS 2 referidas no art. 3.º.

Esta constatação justifica que se analise o âmbito de aplicação da Convenção sob, por um lado, uma perspectiva *institucional* e sob uma perspectiva *geográfica*, por outro. Assim, de uma perspectiva *institucional* podemos descortinar *que instituições,* que 'instâncias e entidades territoriais', podem realizar actividades de cooperação transfronteiriça, como tal consideradas pela Convenção. E de uma perspectiva *geográfica* podemos traçar as áreas *onde* essas actividades se vão concretizar e distinguir matizes diversos conforme as instituições que podem cooperar e o perfil dessas actividades de cooperação.

4. O âmbito de aplicação da Convenção (cont.) – o art. 13.º n.º 2

Existe, no entanto, um outro elemento perturbador que vem complicar mais a determinação do âmbito de aplicação da Convenção. Referimo-nos à 'disposição transitória' do n.º 2 do art. 13.º que – algo estranhamente – vem 'complementar' o art. 3.º da Convenção. Esta 'disposição transitória' alarga o âmbito de aplicação da Convenção a todas as instâncias e entidades territoriais localizadas na área de intervenção do Programa de Iniciativa Comunitária (PIC) 'Portugal/Espanha' ao abrigo do INTERREG III A. Na prática, isto corresponde a alargar o âmbito de aplicação da Convenção a mais quinze NUTS 3, sete em Portugal e oito em Espanha.[15]

Por efeito desta disposição, a área de intervenção do PIC 'Portugal/Espanha' do INTERREG III-A torna-se o principal ponto de referência para a definição do âmbito de aplicação da própria Convenção.

---

[15] As NUTS 3 em causa são: Ave, Grande Porto, Tâmega, Dão-Lafões, Serra da Estrela, Cova da Beira, Pinhal Interior Sul, em Portugal, e A Coruña, Lugo, León, Valladolid, Ávila, Córdoba, Sevilha e Cádiz em Espanha. Ver discussão aprofundada infra.

Onde pára a fronteira? 771

Esta escolha das partes levanta alguns problemas difíceis de interpretação do âmbito de aplicação da Convenção no espaço e no tempo porque, como veremos adiante, a área de intervenção do PIC INTERREG III-A 'Portugal/Espanha' também não coincide exactamente com o âmbito geográfico de aplicação da Convenção desenhado no seu art. 3.º, e porque a vigência do PIC INTERREG está balizada pelas regras próprias dos Fundos Estruturais comunitários[16].

A Convenção de Valência, por esta (aparentemente) simples referência ao direito comunitário, torna-se para o intérprete numa complexa encruzilhada entre direito internacional, direito interno (português e espanhol) e, ainda, o direito comunitário. Este facto, inédito no contexto dos tratados europeus sobre cooperação transfronteiriça – pelo menos desta forma tão explícita –, torna a Convenção de Valência ainda mais interessante: para além de um acordo de direito internacional de inegável potencial para as regiões fronteiriças portuguesas e espanholas, pode também ser visto como um laboratório de direito internacional, onde aflora uma complexa e sofisticada relação entre (quatro) ordenamentos jurídicos: o internacional, o comunitário e os dois internos (o português e o espanhol).

5. O INTERREG III-A 'Portugal/Espanha'

A Iniciativa Comunitária (IC) INTERREG está prevista no art. 20.º do Regulamento do Parlamento e do Conselho n.º 1260/1999, esta disposição é complementada e desenvolvida através da Comunicação da Comissão aos Estados-membros C(2000) 1101, que estabelece as orientações relativas à IC INTERREG, designadamente a sua organização em três vertentes, respectivamente, a que se destina a promover e apoiar a 'coope-

---

[16] A data-limite para a vigência do INTERREG é 31.12.2006 ou 31.12.2008 conforme consideremos, respectivamente, a data-limite para a assunção de compromissos financiáveis pelos Fundos estruturais, ou a data-limite para a elegibilidade das despesas. Julgamos ser preferível considerar este última data (31.12.2008) visto que é a referida no art. 5.º da Decisão da Comissão n.º C2001/4127, de 19.12.2001 (não publicada), aplicável por força do Reg. (CE) 1260/1999 do Conselho, art.s 20.º, 30.º n.º 2. Ainda assim, mesmo que consideremos a data de 31.12.2008, os protocolos que tiverem por objecto acções financiadas pelo INTERREG, devem necessariamente ser assinados e os projectos aprovados antes de 31.12.2006, visto que depois desta data não é possível comprometer Fundos estruturais.

772 *Estudos em Comemoração do 10.º Aniversário da Licenciatura em Direito*

ração transfronteiriça' (vertente A), a 'cooperação transnacional' (vertente B) e a 'cooperação interregional' (vertente C).[17]

O Programa 'Portugal/Espanha' da Iniciativa Comunitária (PIC) INTERREG III, vertente A, aprovado pela Decisão da Comissão n.º C 2001/4127, de 19.12.2001, conforme disposto no seu art. 1.º, 'consiste em intervenções estruturais comunitárias na região ou regiões seguintes: Alentejo Central, Algarve, Alto Alentejo, Alto Trás-os-Montes, Baixo Alentejo, Beira Interior Norte, Beira Interior Sul, Cávado, Douro e Minho-Lima de Portugal e Badajoz, Cáceres, Huelva, Ourense, Pontevedra, Salamanca e Zamora de Espanha.' Estas NUTS 3 coincidem, de um lado e outro da fronteira com o âmbito de aplicação da Convenção de Valência tal como definido no seu art. 3.º.

A área de intervenção do PIC foi definida em função do critério referido no ponto 8 da Comunicação da Comissão sobre as orientações para a IC INTERREG, ou seja, 'as zonas ao longo das fronteiras terrestres internas da Comunidade definidas ao nível de NUTS 3 constante no anexo 1' da mesma Comunicação.

Todavia, estas orientações prevêem ainda – no segundo parágrafo do ponto 10 – que em 'casos especiais' possam também ser concedidos financiamentos em NUTS 3 situadas em 'zonas adjacentes' às NUTS 3 constantes da referida lista do anexo 1 da Comunicação da Comissão, desde que os financiamentos em causa não ultrapassem os 20% previstos no programa em questão.

Deste modo, as zonas (NUTS 3) que aproveitam a mencionada 'flexibilidade' e que, por isso, se devem considerar incluídas na área de intervenção do PIC INTERREG 'Portugal/Espanha', são as seguintes: Ave, Grande Porto, Tâmega, Dão-Lafões, Serra da Estrela, Cova da Beira, Pinhal Interior Sul, em Portugal, e A Coruña, Lugo, León, Valladolid, Ávila, Córdoba, Sevilha e Cádiz em Espanha[18].

É precisamente em relação a estas 'zonas adjacentes' que se colocam os maiores problemas de interpretação quanto ao âmbito de aplicação da Convenção de Valência suscitados pelo n.º 2 do seu art. 13.º. Devem estas 'zonas adjacentes' – que estão incluídas na área de intervenção do PIC IN-

---

[17] IC INTERREG prevista na al. a) do n.º 1 do art. 20.º do Regulamento (CE) n.º 1260/1999 do Conselho, de 21 de Junho de 1999, que estabelece disposições gerais sobre os Fundos estruturais (*JOCE* L 161-1, de 26.6.1999) e desenvolvida na Comunicação da Comissão aos Estados-membros C (2000) 1101 – que estabelece as orientações relativas à iniciativa comunitária INTERREG, ponto 9 e seguintes.

[18] N.º 2 art. 1 da Decisão da Comissão n.º C2001/4127, de 19.12.2001 (não publicada),

Onde pára a fronteira? 773

TERREG graças à flexibilidade do ponto 10 da Comunicação da Comissão – ser também consideradas incluídas no âmbito de aplicação da Convenção de Valência, por força do disposto no seu art. 13.° n.° 2?

A resposta a esta questão deve ser positiva porque é o único modo de retirar algum efeito útil à 'disposição transitória' prevista no n.° 2 do art. 13.° da Convenção. Atendendo a que a base territorial do PIC INTERREG e da Convenção (art. 3.°) é a mesma, isto é, foi definida através do critério das NUTS 3 que se situam ao longo da fronteira terrestre luso-espanhola, a referência do art. 13.° n.° 2 da Convenção 'às instâncias e entidades territoriais incluídas na área de intervenção do programa Portugal/ /Espanha da Iniciativa Comunitária INTERREG III-A *que não estejam incluídas no âmbito previsto no art. 3.°*'[19], só pode ser entendida como referindo-se àquelas 'zonas adjacentes' que também estão incluídas na área de intervenção do PIC INTERREG e aos municípios e outras estruturas em que estes participem, visto que as CCDR's e as CA's já estão habilitadas a prosseguir actividades de cooperação naquelas áreas.

Um outro problema diferente, mas que se encontra relacionado, diz respeito às consequências ou limitações que podem decorrer do facto deste âmbito 'alargado' de aplicação da Convenção poder ter um carácter 'transitório', ou seja, limitado à vigência do PIC INTERREG.

Com efeito, a disposição controvertida encontra-se sob a epígrafe *'disposições transitórias'* o que, neste contexto, parece significar que esta norma se aplicará apenas durante a vigência do actual Programa Portugal/ /Espanha da iniciativa comunitária INTERREG III A, ou seja, até 31 de Dezembro de 2008.[20] Este entendimento é reforçado pelo facto desta disposição não fazer referência aos eventuais programas que substituam o actual INTERREG III A, ao contrário do que acontece, por exemplo, na al. e) do n.° 4 do art. 10.° ou al. c) do n.° 6 do art. 11.° da Convenção, respectivamente, sobre as finalidades do organismos sem e com personalidade jurídica.[21] Assim, quanto à limitação temporal das actividades de

---

[19] N.° 2 art. 13.° Convenção de Valência 'Disposições transitórias' (sublinhado nosso).

[20] Cf. art. 5.° da Decisão comunitária que aprova o programa Portugal/Espanha da IC INTERREG III A (Dec. COM 2001/4127, de 19.12.2001, não publicada), esta data refere-se ao limite para a realização das despesas financiados pelo Programa, como parece mais correcto. No entanto, a data limite para a aprovação de acções e projectos financiados pelo IC INTERREG é o dia 31 de Dezembro de 2006.

[21] 'O desenvolvimento das acções que lhes permitam beneficiar do Programa Portugal-Espanha da Iniciativa Comunitária INTERREG III-A, *ou de outros instrumentos aceites pelas Partes que o substituam'*, a inclusão desta frase nas citadas disposições sobre as finalidades dos organismos de cooperação com e sem personalidade jurídica pode causar

774 Estudos em Comemoração do 10.º Aniversário da Licenciatura em Direito

cooperação das instâncias e entidades territoriais situadas nas NUTS 3 'adjacentes', não poderão, em princípio, ir além de 31 de Dezembro de 2008.[22]

Já quanto ao objecto, poderia discutir-se se as instâncias e entidades territoriais localizadas nas NUTS 3 'adjacentes' estão autorizadas a envolver-se em todo o género de actividades de cooperação ou estão limitadas àquelas estritamente conexas com o aproveitamento dos financiamentos do PIC INTERREG que, no fundo, representam a *ratio legis* daquela disposição excepcional. Nenhuma das respostas possíveis parece inteiramente satisfatória.

Como já foi assinalado, embora a escolha das partes para as NUTS 3 de base ou directamente abrangidas pela Convenção – através do seu art. 3.º – seja *absolutamente* coincidente com o elenco de base das NUTS 3 de base ou directamente elegíveis à vertente A da IC INTERREG,[23] já as 'zonas adjacentes' retidas no PIC 'Portugal/Espanha' foram definidas *ad hoc,* por decisão da Comissão, mediante proposta e acordo dos Estados-membros interessados, Portugal e Espanha. Com efeito, foram escolhidas aquelas NUTS 3 como poderiam ter sido outras,[24] desde que cumprissem – bem entendido – o critério da 'adjacência' às NUTS 3 directamente abrangidas e que a programação dos financiamentos para aquelas zonas não excedesse a margem de

---

alguma confusão adicional na definição do âmbito de aplicação da Convenção. O seu objectivo é, provavelmente, libertar os organismos de cooperação do espartilho temporal do período de vigência da actual IC INTERREG (até 31.12.2008 se considerarmos a data limite para as elegibilidade das despesas dos actuais Fundos Estruturais), prevendo que outros *instrumentos* (*sic*) a possam substituir (o que, já por si mesmo, levantaria alguns problemas de interpretação: que tipo de 'instrumentos'?, que significa 'substituir' neste contexto? A partir de quando? *etc*). Mas pode ter ainda, como consequência imprevista, um alargamento *suplementar indirecto* do âmbito de aplicação da Convenção, uma vez que aqueles organismos de cooperação que envolvam instâncias e entidades abrangidas pelo n.º 2 art. 13.º, por essa via, poderiam superar as limitações temporais implícitas naquela disposição transitória.

[22] Art. 5.º da Decisão da Comissão n.º C2001/4127, de 19.12.2001 (não publicada).

[23] O critério parece ser o mesmo referido no n.º 10 das 'orientações' INTERREG: abrange *todas as zonas ao longo das fronteiras terrestres, definidas ao nível administrativo 3 da Nomenclatura das Unidades Territoriais Estatísticas (NUTS 3)* – constantes da lista do Anexo 1 da Comunicação da Comissão C(2000) 1101, de 28.4.2000.

[24] As negociações entre a Comissão e os Estados-membros (Portugal e Espanha) sobre as 'zonas adjacentes' foram particularmente renhidas. Por exemplo, a Espanha pretendia, numa fase inicial, que o PIC abrangesse também as províncias (NUTS 3) de Toledo e Ciudad Real, que já se situam em Castilla la Mancha, mas estão adjacentes às NUTS 3 de Cáceres e Badajoz

Onde pára a fronteira? 775

flexibilidade referida nas 'orientações' da Comissão. Assim, se a sua inclusão no âmbito de aplicação da Convenção, através do n.º 2 do seu art. 13.º, só se justificasse na estrita medida em que estão abrangidas pelo PIC INTERREG III-A 'Portugal/Espanha', poderia aceitar-se a interpretação que também quanto ao âmbito material da cooperação as instâncias e entidades territoriais localizadas naquelas NUTS 3 estariam limitadas a acções ou projectos co-financiados pelos Fundos estruturais através do INTERREG.

Acontece, porém, que nada na letra da Convenção nos autoriza a fazer distinções entre instâncias e entidades territoriais e, portanto, a interpretar restritivamente o âmbito *material* de aplicação da Convenção[25]. De outro modo estaríamos a criar duas 'categorias' de instâncias e entidades territoriais: por um lado, as expressamente abrangidas pelo art. 3.º que tudo poderiam, e as abrangidas 'indirectamente' através da cláusula de 'flexibilidade' das orientações da IC INTERREG, por força do n.º 2 art. 13.º da Convenção. E estas últimas estariam sujeitas a uma espécie de *capitis deminutio* explicável apenas pela 'precariedade' sua inclusão no elenco das instâncias e entidades abrangidas pela Convenção.[26]

Contudo, essa interpretação causaria dúvidas e graves problemas de aplicação da Convenção[27] e não seria propícia à estabilidade e segurança jurídica das actividades de cooperação, pelo que é de afastar. Assim, julgamos ser preferível considerar incluídas no âmbito de aplicação da Convenção de Valência, para todos os efeitos, todas instâncias e entidades territoriais localizadas nas NUTS 3 elegíveis ao PIC INTERREG III-A 'Portugal/Espanha' 2000-2006 – incluindo, portanto, as consideradas por virtude da margem de flexibilidade do segundo parágrafo do n.º 10 da Comunicação sobre o INTERREG. Estamos a referir-nos às seguintes NUTS 3: Ave, Grande Porto, Tâmega, Dão-Lafões, Serra da Estrela, Cova da Beira, Pinhal Interior Sul, em Portugal, e A Coruña, Lugo, León, Valladolid, Ávila, Córdoba, Sevilha e Cádiz em Espanha. Esta interpretação tem ainda o mérito de tornar mais coincidente e, portanto, mais coerente (se bem que apenas 'transitoriamente')

---

[25] *Ubi lex non distinguit...*

[26] Forçoso é reconhecer que aquelas instâncias e entidades territoriais não foram directamente visadas pela norma que define o âmbito de aplicação da Convenção

[27] Pense-se, por exemplo, em algumas situações problemáticas: 1) e se apenas algumas das instâncias ou entidades se localizassem nas NUTS 3 'adjacentes'? 2) os protocolos poderiam ser assinados antes da aprovação do projecto INTERREG? 3) ficavam condicionados à sua aprovação? 4) e se os projectos candidatados ao INTERREG não fossem aprovados não por não serem elegíveis, mas apenas porque já estavam esgotados os Fundos? etc.

776 Estudos em Comemoração do 10.° Aniversário da Licenciatura em Direito

o âmbito geográfico de aplicação da Convenção e o seu âmbito de aplicação institucional, visto que diminui de 32 para 15[28] o número de NUTS 3 excluídas da aplicação da Convenção[29], mas fazem parte das NUTS 2 das CCDR's e CA's abrangidas por esta.

Esta inclusão estaria, como já referido, limitada ao período de vigência do PIC, ou seja, até 31 de Dezembro de 2008.

No mapa do âmbito de aplicação da Convenção de Valência haveria, então, que desenhar não duas mas *três* zonas distintas: uma primeira com as NUTS 3 previstas directamente no art. 3.° da Convenção; uma segunda zona com as NUTS 3 abrangidas pela 'flexibilidade' do n.° 10 das 'orientações' do INTERREG e, finalmente, uma terceira zona coincidente com a totalidade das NUTS 2 previstas no art. 3.°.[30]

6. Observações conclusivas

A Convenção de Valência constitui um instrumento de direito internacional clássico, na medida em que traduz um acordo de vontades soberanas entre dois sujeitos de direito internacional e é regulado pelo direito internacional, contudo é também largamente tributária do facto dos dois Estados signatários, Portugal e Espanha, serem ambos membros da União Europeia.

É-o, desde logo, porque as próprias partes reconhecem que as oportunidades de cooperação transfronteiriça se multiplicaram exponencialmente nos últimos anos fruto desse processo de integração europeia que é, também, um poderoso processo de integração 'ibérica'. Essa motivação acrescida para cooperar caracteriza-se tanto pelo aproveitamento das condições propiciadas pelas medidas integradoras de carácter negativo – a

---

[28] São sete em dezassete em Portugal: incluídas *Ave, Grande Porto, Dão-Lafões, Serra da Estrela, Cova da Beira, Pinhal Interior Sul, Tâmega*, excluídas: Entre Douro e Vouga, Baixo Vouga, Baixo Mondego, Pinhal Litoral, Pinhal Interior Norte, Oeste, Médio Tejo, Lezíria do Tejo e Alentejo Litoral. Em Espanha são oito em quinze: incluídas *A Coruña, Lugo, León, Valladolid, Ávila, Córdoba, Sevilla e Cádiz,* e excluídas: Burgos, Palência, Segóvia, Sória, Almeria, Granada, Jaén e Málaga

[29] Mas que fazem fazem parte das NUTS 2 que correspondem às CCDR's portuguesas e às CA's espanholas.

[30] Nesta última zona, coincidente com o âmbito de competências das CCDR's e CA's estariam incluídas NUTS 3 (já referidas supra, nt anterior) onde as instâncias e entidades territoriais municipais e assimiladas não poderiam beneficiar da aplicação Convenção.

Onde pára a fronteira? 777

abolição das fronteiras internas da União, de harmonização de legislações, etc. – como por ser uma resposta apropriada a medidas integradoras de carácter positivo, como a iniciativa comunitária INTERREG, que carreia importantes Fundos estruturais comunitários para a Península Ibérica. Recorde-se, a propósito, que o Programa 'Portugal/Espanha' do INTERREG III-A é o maior beneficiário a título individual deste tipo de programas comunitários, com mais de 806 milhões de euros.

Para além da justificação proporcionada por este enquadramento particular, as partes da Convenção de Valência, Portugal e Espanha, foram ainda mais longe na importância que quiseram atribuir ao direito comunitário na economia da Convenção, visto que lhe confiaram um papel relativamente insubstituível na definição de elementos essenciais da sua aplicação, como é o caso da determinação do seu âmbito de aplicação.

Com efeito, a Convenção de Valência faz duas referências ao direito comunitário com importância decisiva na determinação do seu âmbito de aplicação. A primeira referência diz respeito à utilização das NUTS – a nomenclatura das unidades estatísticas territoriais[31], que invoca directamente o sistema europeu de estatísticas regionais e, assim, foi escolhido pelas partes na Convenção como principal matriz territorial para a definição do seu âmbito de aplicação[32]. A segunda referência, ao PIC INTERREG, remete directamente para uma decisão comunitária a determinação parcial uma zona de aplicação da própria Convenção[33], ainda que a título 'transitório'.

Este recurso ao direito comunitário constitui uma das mais significativas inovações aportada pela Convenção de Valência em relação aos outros tratados sobre cooperação transfronteiriça na Europa assinados sob

---

[31] O regime jurídico das NUTS recorde-se, está estipulado no Regulamento (CE) n.º 1059 do Parlamento e do Conselho, de 26 de Maio de 2003, (*JOCE* L 154-1, de 21.6.2003) que contém a lista oficial das NUTS 1, 2 e 3 de toda a UE no anexo 1. Note-se que a referência expressa da Convenção às NUTS, como foi assinalado, é feita apenas em relação ao território português e não ao território espanhol mas, como em Espanha existe uma correspondência entre o nível 3 das NUTS espanholas e as províncias, aquela referência era dispensável, porque desnecessária. Regista-se, assim, uma coincidência territorial absoluta entre as províncias espanholas referidas no art. 3.º da Convenção e as NUTS 3 incluídas da área de intervenção do PIC INTERREG Portugal/Espanha. Já a referência expressa às NUTS 3 em Portugal justifica-se – e era relativamente incontornável – porque não existe correspondência entre as NUTS 3 portuguesas e um nível orgânico de autoridades portuguesas territoriais ou, sequer, administrativas.

[32] Vd anexo com tabelas de NUTS art. 3.º e art. 13.º n.º 2.

[33] Decisão da Comissão n.º C2001/4127, de 19.12.2001 (não publicada).

778 Estudos em Comemoração do 10.º Aniversário da Licenciatura em Direito

a égide da Convenção-quadro de 1980, na medida em que se trata do primeiro tratado de aplicação da citada Convenção-quadro[34], que faz directamente referência ao direito comunitário (NUTS) para a definição do seu âmbito de aplicação.

Pode mesmo defender-se que o direito comunitário constitui, *neste ponto em especial*, um verdadeiro direito supletivo da própria Convenção de Valência, na medida em que esta faz referência a regras e conceitos essenciais à economia da Convenção – NUTS e INTERREG – que se encontram definidos, em primeira linha, no direito comunitário. Se preferirmos, adaptando *mutatis mutandis* uma conhecida formulação proposta por Triepel, o direito comunitário constitui 'direito suposto'[35] pela Convenção.

As duas referências ao direito comunitário acrescentam certamente algumas dificuldades de interpretação da Convenção e podem levantar problemas novos na relação entre ordens jurídicas. Essas dificuldades surgem, desde logo, quanto à sua aplicação no espaço e no tempo, dada a natureza temporária dos programas comunitários dos Fundos Estruturais e ao enquadramento sistemático nas 'disposições transitórias' da Convenção de uma das principais referências ao programa INTERREG (logo, ao direito comunitário), com relevância decisiva para a definição do âmbito de aplicação da própria Convenção.

A falta de coincidência geográfica do âmbito territorial de competências das instâncias e entidades previstas no artigo 3.º da Convenção

---

[34] Referimo-nos aos seguintes tratados ou convenções celebrados no âmbito da Convenção-quadro do Conselho da Europa: o Convénio BENELUX sobre cooperação transfronteiriça entre colectividades ou autoridades territoriais, assinada 12.9.1986, entrou em vigor em 1991; Acordo entre Países Baixos, RFA e os *Länder* da Baixa Saxónia e Renânia do Norte-Vestefália sobre cooperação transfronteiriça entre colectividades territoriais e outras entidades públicas, assinado em 23.5.1991 e entrou em vigor em 1993; o Tratado franco-italiano de 1993, entrou em vigor em 1995; em 1996 foi assinado o 'Acordo de Karlsruhe entre a França, Luxemburgo, RFA e a Suíça (em representação de alguns cantões suíços), o Tratado de Baiona entre França e Espanha de 10.3.1995; e, ainda, o recente Tratado entre a França e a Bélgica (e as comunidades belgas) assinado 2002, mas que ainda não foi ratificado pelas partes.

[35] Carl Heinrich Triepel, *Les rapports entre le droit interne et le droit international*, Reccueil des Cours de l'Académie de Droit International, n.º 1, pag. 75, 1923, pag. 107 Triepel referia-se ao 'direito interno internacionalmente suposto'; sem querer entrar aqui na velha querela sobre se o direito comunitário é direito interno ou internacional, basta-nos afirmar neste momento que não é, certamente, direito interno português nem espanhol, nem é também direito internacional 'clássico'.

e da disposição 'transitória' do n.º 2 do art. 13.º e a remissão directa para o direito comunitário, tornam complexa – e mesmo algo problemática – a tarefa de saber onde se deve colocar a 'fronteira' para efeitos da cooperação transfronteiriça entre Portugal e Espanha prevista na Convenção de Valência.

780 Estudos em Comemoração do 10.º Aniversário da Licenciatura em Direito

ANEXO 1 - Âmbito de aplicação da Convenção de Valência (CV)

A.1 - Âmbito geográfico de aplicação da CV em Portugal:

Art. 3.º CV		Art 13.º n.º 2 CV		NUTS 3 não incluídas
NUTS 2[36]	NUTS 3	NUTS 3 - § 8.º INTERREG	NUTS 3 'Flexibilidade' §10.º/2 INTERREG	
Norte	Minho-Lima Cávado Alto Trás-os-Montes Douro	Minho-Lima Cávado Alto Trás-os-Montes Douro	Ave Grande Porto Tâmega	*Entre Douro e Vouga*
Centro	Beira Interior Norte Beira Interior Sul	Beira Interior Norte Beira Interior Sul	Dão-Lafões Serra da Estrela Cova da Beira Pinhal Interior Norte	*Baixo Vouga Baixo Mondego Pinhal Litoral Pinhal Interior Sul Oeste Médio Tejo*
Alentejo	Alto Alentejo Alentejo Central Baixo Alentejo	Alto Alentejo Alentejo Central Baixo Alentejo	n.a.	*Lezíria do Tejo Alentejo Litoral*
Algarve	Algarve	Algarve	n.a.	n.a.

'n.a.' : 'não aplicável' (Por já estarem todas as NUTS 3 incluídas ou por não se lhes aplicar a 'flexibilidade' prevista no segundo parágrafo do n.º 10 das orientações INTERREG)

A.2 - Âmbito institucional de aplicação da CV em Portugal:

Comissões de Coordenação e Desenvolvimento das Regiões – CCDR's[37]	associações de municípios e outras estruturas que integrem municípios com intervenção na área geográfica das NUTS 3	municípios localizados nas referidas NUTS 3

---

[36] NUTS é a abreviatura geralmente utilizada para 'Nomenclatura comum de unidades territoriais para fins estatísticos', da respectiva sigla em francês, e constitui a terminologia utilizada pelo sistema europeu de estatística (Eurostat). O regime jurídico das NUTS encontra-se no Regulamento (CE) n.º 1059 do Parlamento e do Conselho, de 26 de Maio de 2003, (*JOCE* L 154-1, de 21.6.2003) e a lista de NUTS 1, 2 e 3 encontra-se no anexo 1 do referido regulamento. Uma nomenclatura de unidades estatísticas pressupõe a sua compatibilidade e agregabilidade, pelo que uma NUTS 1 representa um conjunto de NUTS 2, que por sua vez são conjuntos de NUTS 3.

[37] De acordo com o art. 2.º do DL 104/2003, de 23 de Maio, 'a área de actuação de cada CCDR corresponde ao nível 2 da Nomenclatura das Unidades Territoriais para Fins Estatísticos (NUTS) do Continente'.

Onde pára a fronteira?

B.1 - Âmbito geográfico de aplicação da CV em Espanha:

Art. 3.º CV		Art 13.º n.º 2 CV		NUTS 3 não incluídas
NUTS 2	NUTS 3	NUTS 3 -§ 8.º INTERREG	'Flexibilidade' §10/2 INTERREG[38]	
Galiza	Pontevedra Ourense	Pontevedra. Ourense	A Coruña Lugo	n.a.
Castela e Leão	Zamora Salamanca	Zamora Salamanca	León Valladolid Ávila	*Burgos Palência Segóvia Sória*
Extremadura	Cáceres Badajoz	Cáceres Badajoz	n.a.	n.a.
Andaluzia	Huelva	Huelva	Córdoba Sevilla Cádiz	*Almeria Granada Jaén Málaga*

'n.a.' : 'não aplicável' (Por já estarem todas as NUTS 3 incluídas)

B.2 - Âmbito institucional de aplicação da CV em Espanha:

Comunidades Autónomas (CA's)	Províncias	municípios pertencentes às províncias indicadas	Comarcas e outras entidades instituídas pelas CA's que agrupem vários municípios. Áreas metropolitanas Mancomunidades

---

[38] Durante as discussões do PIC INTERREG a Comissão rejeitou a proposta espanhola de incluir como 'zonas adjacentes' beneficiárias da flexibilidade referida no parágrafo segundo do ponto 10 das 'orientações', as NUTS 3 de *Toledo e Ciudad Real* (pertencentes à NUTS 2 – e CA de Castilla la Mancha) mas que são, 'adjacentes' às NUTS 3 de Cáceres e Badajoz (CA Extremadura).

ANEXO II

INTERREG III A

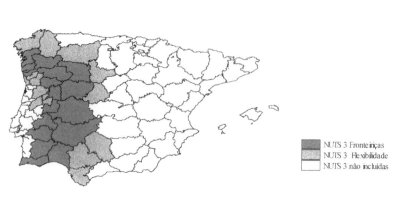

NOTAS SOBRE A DISCRIMINAÇÃO RACIAL E O SEU LUGAR ENTRE OS CRIMES CONTRA A HUMANIDADE*

PATRÍCIA JERÓNIMO

Apesar de todas as declarações, convenções, resoluções e cimeiras, da criação de observatórios e do empenho dos activistas dos direitos humanos, o racismo continua a figurar entre os mais sérios problemas com que se debate a comunidade internacional. Está na origem de inúmeras perseguições e conflitos um pouco por todo o mundo, faz temer «choques civilizacionais»[1] e, ao mesmo tempo, permanece insidiosamente quotidiano.

De pouco ou nada vale convocar os dados da ciência. A aceitação da unidade humana e a negação de cientificidade ao conceito de raça e às hierarquias raciais já vêm a ser afirmadas pelos senhores da Biologia – e divulgadas sob o alto patrocínio da UNESCO[2] – desde a década de 40[3]. A descodificação do Genoma Humano veio apenas confirmar o que já se sabia – que o conceito de raça, há muito carente de objecto real, é "ab-

---

* O presente texto corresponde, com mínimas alterações de forma, ao relatório apresentado, em Setembro de 2002, no âmbito do Seminário de Direito Penal do 4.º Curso de Doutoramento da Faculdade de Direito da Universidade Nova de Lisboa.

[1] Cfr. Samuel P. HUNTINGTON – *The Clash of Civilizations and the Remaking of World Order*, Nova Iorque, Simon & Schuster, 1996.

[2] Cfr. Óscar BARATA – *Racismo*, in *Polis. Enciclopédia Verbo da Sociedade e do Estado*, Lisboa, Editorial Verbo, 1987, p. 24.

[3] Cfr. João Filipe MARQUES – *O Neo-Racismo Europeu e as Responsabilidades da Antropologia*, in "Revista Crítica de Ciências Sociais", n.º 56, 2000, pp. 36 e 42.

784   *Estudos em Comemoração do 10.º Aniversário da Licenciatura em Direito*

solutamente desprovido de sentido"[4]; uma construção social entre outras[5], um produto ideológico[6], mais nada.

E, no entanto, o racismo persiste. Não necessita de uma qualquer "ciência das raças" para se legitimar[7]. Determinante é a percepção pelo senso comum da existência de diferenças somáticas e culturais entre as pessoas[8]. "Monsieur Tout-le-Monde n'a pas recours à des notions scientifiques pour décider qu'un individu n'appartient pas à la même race que lui et que, par conséquent, il possède des qualités différentes. Il pourra dès lors être tenté de le traiter différemment ou de l'agresser, bien que scientifiquement, pour peu que cela puisse être déterminé, ils soient tous deux de la même race, simplement parce qu'il ressent une différence, parce que selon ses critères propres, cet individu n'appartient pas au même groupe «racial» que lui"[9].

Assente em construções pouco elaboradas, generalizações grosseiras, estereotipadas, o racismo tem conseguido fazer o seu caminho entre o "saber popular", transmitido de geração em geração[10], adquirindo sempre renovado vigor em tempos de crise e insegurança. São esses os tempos que vivemos hoje na Europa, sob o impacto do crescente afluxo de imigrantes extra-comunitários. O temor provocado pela presença destes indivíduos, tão diferentes nos seus modos e tão ameaçadores para a nossa estabilidade económica, alimenta o racismo e também a xenofobia – forma mais lata de aversão pelo outro, porque dirigida contra todo e qualquer estrangeiro[11] –, servindo a contento os desígnios de uma extrema-direita ufana na sua enorme popularidade.

A associação à imigração constitui um dos traços característicos das actuais formas de racismo. Outro é o seu substracto culturalista e diferencialista[12]. Este "novo" racismo é um racismo sem raças, dissociado do an-

---

[4] Cfr. João Filipe MARQUES – *Racismo, Etnicidade e Nacionalismo. Que Articulação?*, in "Revista Crítica de Ciências Sociais", n.º 61, 2001, p. 105.

[5] Cfr. João Filipe MARQUES, *op. ult. cit.*, p. 104.

[6] Cfr. Marcella Delle DONNE – *Convivenza Civile e Xenofobia*, Milão, Feltrinelli, 2000, p. 43.

[7] Cfr. João Filipe MARQUES – *O Neo-Racismo Europeu, op. cit.*, p. 42.

[8] Cfr. João Filipe MARQUES – *Racismo, Etnicidade e Nacionalismo, op. cit.*, p. 105.

[9] Cfr. Alexandre GUYAZ – *L'Incrimination de la Discrimination Raciale*, Berna, Éditions Stæmpfli, 1996, p. 23.

[10] Cfr. Óscar BARATA, *op. cit.*, p. 22.

[11] Cfr. António Marques BESSA – *Xenofobia*, in *Polis. Enciclopédia Verbo da Sociedade e do Estado*, Lisboa, Editorial Verbo, 1987, p. 1553.

[12] Cfr. Javier de LUCAS – *El Desafío de las Fronteras. Derechos Humanos y Xenofobia frente a una Sociedad Plural*, Madrid, Ediciones Temas de Hoy, 1994, p. 195.

Notas sobre a discriminação racial e o seu lugar entre os crimes contra a humanidade 785

terior fundamento biológico para passar a estribar-se nas diferenças – tidas por irredutíveis – que separam as culturas[13]. Diz-se novo, mas não o é substancialmente. Na verdade, concebida de forma "naturalizadora, fixista e essencialista"[14], a cultura de que falam os discursos neo-racistas acaba por mais não ser do que uma "segunda raça"[15], continuando a servir para inferiorizar (além de separar) como antes.

Aqueles que agora rejeitamos identificamo-los pela sua pertença a grupos culturais minoritários. Os imigrantes já não são apenas estrangeiros ou *gastarbeiter*, são membros de minorias étnicas[16], cujos hábitos, idioma e religião originam enormes dificuldades no relacionamento connosco. Dificuldades tanto maiores quanto é certo serem esses indivíduos, precisamente em virtude daquelas idiossincrasias, inteiramente inassimiláveis. No recontro com eles, não podemos deixar de temer pela nossa identidade cultural ameaçada[17].

Estas preocupações têm tido um eco muito considerável ao nível das políticas legislativas dos Estados europeus em matéria de imigração, asilo e refugiados – o que Javier de Lucas considera ser uma institucionalização da xenofobia[18] – e também ao nível do discurso de líderes políticos, académicos e *opinion-makers*. Atente-se, por exemplo, no alarme de Maria Filomena Mónica ao constatar que "os bárbaros estão entre nós"[19] e no tom apreensivo com que José Pacheco Pereira observa a invasão árabe do seu bairro, a partir "da janela da sua casa belga"[20]. Atente-se ainda, para continuar a acompanhar manifestações nacionais desta tendência, nos termos em que o Presidente da República, Jorge Sampaio, no seu discurso de 10 de Junho, invocou os "nossos valores", fazendo depender do seu respeito a concessão de direitos políticos às minorias[21].

Parece existir um tremendo consenso em torno do carácter indesejável destes outros – teremos voltado a ser "aberta e alegremente racistas"

---

[13] Cfr. Immanuel Wallerstein, *apud* Marcella Delle DONNE, *op. cit.*, p. 50.

[14] Cfr. João Filipe MARQUES – *O Neo-Racismo Europeu, op. cit.*, p. 44.

[15] Cfr. De Rudder, *apud* João Filipe MARQUES, *op. ult. cit.*, p. 44.

[16] Cfr. João Filipe MARQUES – *Racismo, Etnicidade e Nacionalismo, op. cit.*, p. 129.

[17] Cfr. Giovanni SARTORI – *Pluralismo, Multiculturalismo e Estranei. Saggio sulla Società Multietnica*, Milão, Rizzoli, 2000.

[18] Cfr. Javier de LUCAS, *op. cit.*, pp. 152 e ss..

[19] Texto publicado no jornal "Público", edição de 10 de Maio de 2002.

[20] Texto publicado no jornal "Público", edição de 6 de Junho de 2002.

[21] Cfr. notícia publicada pelo jornal "Público", edição de 11 de Junho de 2002.

786 *Estudos em Comemoração do 10.º Aniversário da Licenciatura em Direito*

como em 1945[22] –, mas a luta contra o racismo e a xenofobia continua a ocupar um lugar prioritário na agenda política das democracias europeias. Em nome da igualdade e da tolerância organizam-se campanhas de esclarecimento, conformam-se os *curricula* a um desenho multicultural e adoptam-se medidas repressivas da discriminação racial. Esta é mesmo erigida à categoria mais grave dos ilícitos, os ilícitos penais, e entre eles figura até (como sucede no ordenamento jurídico português) como crime de lesa humanidade.

As notas que se seguem têm por objecto precisamente a tutela penal contra a discriminação racial. Analisá-la-emos, quer nas soluções consagradas pelo Estado português, quer no tratamento que a esta matéria tem vindo a ser dado pela ordem jurídica internacional, sobretudo no quadro da perseguição dos crimes contra a humanidade. Primeiro, porém, um olhar sobre os conceitos.

I

1. Presente nos mais importantes documentos internacionais de Direitos Humanos – desde a Carta das Nações Unidas até à recente Carta de Direitos Fundamentais da União Europeia, passando pela Declaração Universal dos Direitos Humanos, o Pacto Internacional de Direitos Civis e Políticos e a Convenção Europeia dos Direitos do Homem –, enquanto correlato necessário da igual dignidade de todos os homens, a proibição da discriminação racial é objecto de uma Convenção própria, a Convenção Internacional sobre Eliminação de Todas as Formas de Discriminação Racial, adoptada pela Assembleia Geral das Nações Unidas em 21 de Dezembro de 1965.

Aí se define discriminação racial como "qualquer distinção, exclusão, restrição ou preferência fundada na raça, cor, ascendência na origem nacional ou étnica que tenha como objectivo ou como efeito destruir ou comprometer o reconhecimento, o gozo ou o exercício, em condições de igualdade, dos direitos do homem e das liberdades fundamentais nos domínios político, económico, social e cultural ou em qualquer outro domínio da vida pública" (art. 1.º, n.º 1).

---

[22] Cfr. Immanuel WALLERSTEIN – *O Albatroz Racista: a Ciência Social, Jörg Haider e a Resistência*, in "Revista Crítica de Ciências Sociais", n.º 56, 2000, p. 13.

Sensíveis ao carácter complexo e multimodal das formas sociais de rejeição da alteridade – conscientes de que as perseguições por motivos raciais se podem dirigir contra qualquer grupo que se defina ou seja definido pelos outros grupos como diferente em virtude de características físicas e/ou culturais que lhe são próprias e se têm por congénitas[23] –, os autores da Convenção procuraram elaborar um elenco exaustivo de factores de discriminação, por isso incluindo, a par da raça, a cor, a ascendência, a origem étnica e a origem nacional.

Quanto ao significado de cada um dos termos empregues, diremos – acompanhando a lição de Alexandre Guyaz – que "raça" refere os grupos definidos com base em critérios antropológicos ou genéticos; "ascendência" remete essencialmente para a noção de casta, não visando a pertença a uma classe social a não ser que esta tenha uma componente étnica; "origem étnica" refere os grupos que se distinguem por um conjunto de características objectivas como a cultura, a história, o idioma, os costumes ou a religião, desde que estas características tenham uma influência tal sobre cada um dos membros do grupo que estes se considerem ou sejam considerados como profundamente diferentes; e "origem nacional" refere a nacionalidade, a cidadania de um Estado, ainda que não implique uma completa igualdade de tratamento entre nacionais e estrangeiros, como é ressalvado nos números 2 e 3 do art. 1.º. A menção da "cor", finalmente, justifica-se sobretudo por esta ser o aspecto mais imediatamente perceptível nas relações sociais[24].

2. O mandato de não discriminação tem por objecto actos que consubstanciem uma diferença de tratamento, traduza-se esta numa distinção, exclusão, restrição ou privilégio. A diferença de tratamento que se pretende combater não é, bem entendido, uma diferença qualquer[25]. Tem de tratar-se de uma diferença infundada, arbitrária, que constitua uma violação do princípio da igualdade.

---

[23] Cfr. Alexandre Guyaz, *op. cit.*, p. 24.

[24] Cfr. Alexandre Guyaz, *op. cit.*, pp. 25-28.

[25] Cfr. Marc Bossuyt – *Article 14*, in Louis Edmond Pettiti, Emmanuel Decaux e Pierre-Henri Imbert (eds.), *La Convention Européenne des Droits de l'Homme. Commentaire Article par Article*, Paris, Economica, 1995, p. 476.

788 *Estudos em Comemoração do 10.º Aniversário da Licenciatura em Direito*

Ora, o princípio da igualdade exige que o igual seja tratado igualmente e o desigual, desigualmente, na medida exacta da diferença[26]. Não nega as diferenças objectivas entre os homens[27], garante-as[28].

O que importa, por isso, é aferir o que seja igual e o que seja diferente, para proceder em conformidade. Tratando-se, como se trata, de estabelecer juízos comparativos, determinante é identificar o *tertium comparationis*, o critério que há-de servir de termo de comparação[29]. Este, porque muito variável, não pode achar-se senão em concreto, caso a caso. Impossibilitado de prever todos os critérios com base nos quais é admissível estabelecer similitudes e dessemelhanças entre seres humanos, o que o legislador pode fazer, e faz, é – interpretando a consciência jurídica da comunidade[30] – identificar um conjunto de critérios que considera ilegítimos e que expressamente proíbe[31].

A raça figura tradicionalmente entre esses critérios. Com a seguinte especificidade, sublinhada por Alexandre Guyaz – a sua presença num juízo comparativo entre seres humanos significa sempre uma diferenciação arbitrária. Enquanto que as comparações fundadas num dos outros critérios "tradicionais" (o sexo, as convicções políticas ou ideológicas, a religião, a instrução, a situação económica ou a condição social), apenas se presumem ilegítimas, restando ainda averiguar se entre o motivo e o direito em causa existe um nexo objectivo e razoável[32], nada justifica que se opere uma distinção com base na raça. "(…) en aucun cas, une distinction fondée sur la race n'est légitime, parce qu'elle ne présente jamais de lien suffisant entre le motif et le droit de l'homme en question, quel qu'il soit. En d'autres termes, une telle distinction est toujours arbitraire, et représente en soi une discrimination"[33]. Daqui decorre, ainda segundo Guyaz,

---

[26] Cfr. Maria da Glória Ferreira PINTO – *Princípio da Igualdade: Fórmula Vazia ou Fórmula "Carregada" de sentido*, Separata do "Boletim do Ministério da Justiça", n.º 358, 1987, p. 17.

[27] Cfr. Martim de ALBUQUERQUE – *Da Igualdade: Introdução à Jurisprudência*, Coimbra, Almedina, 1993, p. 332.

[28] Cfr. LAURENZO COPELLO – *A Discriminação em Razão do Sexo na Legislação Penal*, in "Revista do Ministério Público", n.º 78, ano 20, Abril-Junho, 1999, p. 65.

[29] Cfr. Maria da Glória Ferreira PINTO, *op. cit.*, pp. 22-23.

[30] Cfr. Jorge MIRANDA – *Manual de Direito Constitucional*, IV, 3.ª ed. rev. e act., Coimbra, Coimbra Editora, 2000, p. 239.

[31] Cfr. Alexandre GUYAZ, *op. cit.*, p. 32.

[32] Cfr. Marc BOSSUYT, *op. cit.*, pp. 477 e 481.

[33] Cfr. Alexandre GUYAZ, *op. cit.*, pp. 37-38.

Notas sobre a discriminação racial e o seu lugar entre os crimes contra a humanidade 789

uma inestimável consequência de ordem processual, a presunção inilidível da ilegitimidade de qualquer distinção motivada pela raça – "la distinction fondée sur la race est présumée illégitime, de façon *irréfragable*. Il n'est donc pas possible pour l'auteur de cette distinction de prouver qu'elle est raisonnable"[34].

Não vai tão longe quanto este autor a Directiva 2000/43/CE do Conselho Europeu, de 29 de Junho de 2000, que aplica o princípio da igualdade de tratamento entre as pessoas, sem distinção de origem racial ou étnica[35]. Aí se admite, no art. 4.º, a possibilidade de os Estados Membros preverem que "uma diferença de tratamento baseada numa característica relacionada com a origem racial ou étnica não constitua discriminação sempre que, em virtude da natureza das actividades profissionais específicas em causa ou do contexto da sua execução, essa característica constitua um requisito genuíno e determinante para o exercício da actividade profissional, na condição de o objectivo ser legítimo e o requisito proporcional". Duvidamos do acerto desta ressalva, por nos ser muito difícil descortinar uma situação em que a raça possa constituir um motivo pertinente e legítimo para o exercício ou o não exercício de uma qualquer actividade profissional.

Esta Directiva não deixa, no entanto, de reconhecer uma presunção (ilidível) de discriminação e de lhe atribuir relevância em matéria de prova. O art. 8.º, n.º 1, impõe precisamente aos Estados Membros que adoptem as "medidas necessárias, de acordo com os respectivos sistemas judiciais, para assegurar que, quando uma pessoa que se considere lesada pela não aplicação no que lhe diz respeito do princípio da igualdade de tratamento apresentar, perante um tribunal ou outra instância competente, elementos de facto constitutivos da presunção de discriminação directa ou indirecta, incumba à parte demandada provar que não houve violação do princípio da igualdade de tratamento". Esta inversão do ónus da prova não se comunica, porém, ao processo penal – como estabelece o n.º 3 do art. 8.º –, pela sua incompatibilidade com o princípio da presunção da inocência do arguido, caro aos sistemas constitucionais dos países que integram a União Europeia.

Mesmo Guyaz, entretanto, admite a excepção representada pela discriminação positiva[36]. Como já atrás ficou dito, o princípio da igualdade

---

[34] Cfr. Alexandre GUYAZ, *op. cit.*, p. 38.

[35] Cfr. Jornal Oficial das Comunidades Europeias, de 19 de Julho de 2000.

[36] Cfr. Alexandre GUYAZ, *op. cit.*, p. 38.

790 Estudos em Comemoração do 10.º Aniversário da Licenciatura em Direito

não é incompatível com a diferença. Pode até exigi-la, para – como é frequentemente o caso quando a questão é a raça – "contrabalançar discriminações vindas do passado e com grande carga tradicional"[37]. A Convenção sobre Eliminação de Todas as Formas de Discriminação Racial esclarece isso mesmo, afastando da noção de discriminação as "medidas especiais adoptadas com a finalidade única de assegurar convenientemente o progresso de certos grupos raciais ou étnicos ou de indivíduos que precisem da protecção eventualmente necessária para lhes garantir o gozo e o exercício dos direitos do homem e das liberdades fundamentais em condições de igualdade" (art. 1.º, n.º 4) e impondo aos Estados Partes a adopção de "medidas especiais e concretas para assegurar convenientemente o desenvolvimento ou a protecção de certos grupos raciais ou de indivíduos pertencentes a esses grupos, a fim de lhes garantir, em condições de igualdade, o pleno exercício dos direitos do homem e das liberdades fundamentais" (art. 2.º, n.º 2). De qualquer modo, como aquelas disposições não deixam de ressalvar, estas medidas especiais têm um carácter necessariamente provisório e não podem servir para manter as diferenças entre os grupos raciais e respectivos direitos[38]. Menos ambiciosa, a Directiva 2000/43/CE limita-se a não se opor a que os Estados Membros, a fim de assegurarem, na prática, a plena igualdade, "mantenham ou aprovem medidas específicas destinadas a prevenir ou compensar desvantagens relacionadas com a origem racial ou étnica" (art. 5.º).

3. As distinções arbitrárias proibidas pelo mandato de não discriminação são apenas aquelas que neguem ou prejudiquem o reconhecimento, gozo ou exercício de direitos humanos e liberdades fundamentais. Tem de ser posto em causa um direito subjectivo[39] ou, pelo menos, um interesse juridicamente protegido[40]. Escapam, compreensivelmente, à tutela dos instrumentos jurídicos internacionais e nacionais de luta contra a discriminação racial as distinções arbitrárias operadas em domínios, como o dos afectos, que se situam fora do alcance do Direito[41].

Em tudo o que seja abrangido pela ordem jurídica, a proibição da discriminação racial é vinculativa. Isto, quer se trate de relações entre o

---

[37] Cfr. Martim de ALBUQUERQUE, op. cit., p. 336.
[38] Cfr. Alexandre GUYAZ, op. cit., p. 38.
[39] Cfr. Marc BOSSUYT, op. cit., p. 478.
[40] Cfr. Alexandre GUYAZ, op. cit., p. 39.
[41] Cfr. Alexandre GUYAZ, op. cit., pp. 39-40.

Estado e os particulares, quer de relações mantidas pelos particulares entre si. Não obsta a esta afirmação o facto de o texto do art. 1.°, n.° 1 da Convenção Internacional sobre Eliminação de Todas as Formas de Discriminação Racial omitir, entre os domínios em que pode dar-se o prejuízo de direitos e liberdades por actos discriminatórios, o domínio privado. Nem tão pouco o facto de essa mesma norma fazer referência unicamente a "qualquer outro domínio da vida pública". Aquela ausência é tida, pela generalidade da doutrina, como um simples lapso, inconsequente, atento o teor do art. 5.° do mesmo documento, onde (alíneas a), b) e d)) expressamente se mencionam vários "direitos civis"[42]. A referência à vida pública deve, entretanto, ser interpretada no sentido de compreender a totalidade dos sectores da vida comunitária susceptíveis de ser regulados pelo Direito, independentemente de caberem no domínio público ou no domínio privado. Esta interpretação é autorizada pelo disposto nos artigos 2.°, n.° 1, al. d) e 4.°, alíneas a) e b) – que impõem aos Estados a adopção de medidas contra actos de discriminação racial levados a cabo por particulares (pessoas, grupos ou organizações) – e no art. 5.°, sobretudo a sua alínea f) onde se consagra o direito de acesso a todos os locais e serviços destinados a uso público, tais como meios de transporte, hotéis, restaurantes, cafés, espectáculos e parques[43]. Apesar de se estender às relações entre particulares, a proibição da discriminação não vai, no entanto, ao ponto de se imiscuir no domínio já estritamente privado da vida das pessoas, aquele domínio protegido pelo direito à reserva da intimidade da vida privada. Por isso mesmo, explica Alexandre Guyaz, os domínios abrangidos pelo mandato de não discriminação são o público e o "quase-público"[44].

4. Da noção de discriminação racial dada pelo art. 1.°, n.° 1 da Convenção resulta ainda ser necessário que os actos discriminatórios sejam adoptados tendo por fim ou efeito a violação do princípio da igualdade de tratamento. Esta exigência é entendida por Alexandre Guyaz como redundante, uma vez que o desrespeito pela igualdade decorre necessária e automaticamente da simples circunstância de estarmos perante uma distinção arbitrária, discriminatória – "selon nous, *la notion même d'atteinte à l'égalité de traitement découle automatiquement de celle de distinction arbitraire. Dès lors, il suffit qu'une décision, une norme ou une mesure conte-*

---

[42] Cfr. Alexandre GUYAZ, *op. cit.*, p. 41.
[43] Cfr. Alexandre GUYAZ, *op. cit.*, pp. 42-43.
[44] Cfr. Alexandre GUYAZ, *op. cit.*, p. 43.

792 Estudos em Comemoração do 10.º Aniversário da Licenciatura em Direito

nant une telle distinction soit prise ou édictée pour qu'immédiatement se produise l'effet dont il est question"[45].

Isto implica duas consequências extremamente importantes. A primeira resulta no carácter praticamente irrelevante dos motivos de quem cometa distinções arbitrárias. "En effet, la doctrine s'accorde à dire que, l'effet d'inégalité une fois constaté, l'intention de l'auteur de la distinction incriminée n'a plus aucune importance, même s'il s'avère que celui-ci n'a jamais eu la volonté de créer un désavantage pour la personne discriminée"[46]. A segunda traduz-se na desnecessidade da verificação de consequências práticas para que o efeito discriminatório, consequente a qualquer distinção arbitrária, se produza. "Le terme «d'effet» n'exige donc en aucun cas la présence d'un préjudice extérieur et concret dans la jouissance d'un droit ou d'une liberté pour qu'une discrimination soit réalisée"[47].

A referência à finalidade e aos efeitos das distinções arbitrárias, ainda que irrelevante nos termos que acabam de ser expostos, não deixa de ter significado, na medida em que alarga o horizonte da tutela do princípio da igualdade aos actos que, não sendo em si imediatamente discriminatórios – sendo, aliás, formalmente obedientes àquele princípio – tenham por efeito estabelecer diferenças de tratamento entre os grupos raciais. "La Convention ne cherche en effet pas seulement à garantir une égalité *formelle* entre les races, mais également une égalité *matérielle*, dans ce sens où elle prohibe non seulement les distinctions fondées sur la race, mais aussi celles qui ont pour résultat une différence de traitement fondée essentiellement sur la race"[48]. Este entendimento compreensivo do mandato de não discriminação é também acolhido na Directiva 2000/43/CE que distingue, no seu art. 2.º, n.º 2, discriminação directa de discriminação indirecta, considerando que esta se verifica sempre que "uma disposição, critério ou prática aparentemente neutra coloque pessoas de uma dada origem racial ou étnica numa situação de desvantagem comparativamente com outras pessoas". Tem sido, de resto, esta a leitura das normas anti-discriminação nos Estados Unidos da América, com a autonomização de duas

---

[45] Cfr. Alexandre GUYAZ, *op. cit.*, p. 44.
[46] Cfr. Alexandre GUYAZ, *op. cit.*, p. 44.
[47] Cfr. Alexandre GUYAZ, *op. cit.*, pp. 44-45.
[48] Cfr. Alexandre GUYAZ, *op. cit.*, pp. 46-47.

Notas sobre a discriminação racial e o seu lugar entre os crimes contra a humanidade 793

formas de responsabilidade por tratamentos discriminatórios, a "disparate treatment liability" e a "disparate impact liability"[49].

Entendida nestes termos a proibição de discriminação, justifica-se que, com Alexandre Guyaz, façamos um juízo muito crítico sobre as medidas políticas e legislativas adoptadas pela generalidade dos Estados europeus em matéria de imigração extra-comunitária. Pronunciando-se concretamente sobre a política do Conselho federal suíço, este autor considera estarmos perante medidas violadoras do princípio da igualdade material entre as raças e, com isso, perante um desrespeito pelo compromisso internacional assumido no âmbito da Convenção[50].

II

5. A comunidade internacional já antes se pronunciara contra o intolerável[51] invocando as "leis da humanidade" – fizera-o, em 1868, com a Declaração de S. Petersburgo e depois em 1899, com a Cláusula Martens, adoptada no âmbito da primeira Conferência de Paz da Haia e incluída no preâmbulo da Convenção respeitante às leis e costumes dos conflitos terrestres[52]. Já denunciara – através da declaração conjunta feita em 1915 pelos governos francês, inglês e russo – a prática de "crimes contra a humanidade e a civilização", referindo-se ao massacre de arménios pela Turquia[53]. Até já se propusera, ainda que sem sucesso, julgar os responsáveis por semelhantes atrocidades – decidindo, no Tratado de Versalhes de 1919, a responsabilização do ex-imperador da Alemanha, Guilherme II, por "ofensa suprema contra a moral internacional e a autoridade sagrada

---

[49] Cfr. Christine JOLLS – *Antidiscrimination and Accommodation*, in "Harvard Law Review", vol. 115, 2001, p. 647.

[50] Cfr. Alexandre GUYAZ, *op. cit.*, p. 47.

[51] Cfr. Anabela Miranda RODRIGUES – *Princípio da Jurisdição Penal Universal e Tribunal Penal Internacional – Exclusão ou Complementaridade?*, in "Sub Judice. Justiça e Sociedade", n.º 19, 2000, p. 22.

[52] Cfr. Otto TRIFFTERER – *Commentary on the Rome Statute of the International Criminal Court. Observers' Notes, Article by Article*, Baden-Baden, Nomos Verlagsgesellschaft, 1999, p. 117; Maria Leonor ASSUNÇÃO – *Apontamento sobre o Crime Contra a Humanidade*, in *Estudos em Homenagem a Cunha Rodrigues*, Coimbra, Coimbra Editora, 2001, pp. 82-83.

[53] Cfr. Otto TRIFFTERER, *op. cit.*, p. 117; Maria Leonor ASSUNÇÃO, *op. cit.*, pp. 82-83.

794 Estudos em Comemoração do 10.º Aniversário da Licenciatura em Direito

dos tratados"[54] e, no Tratado de Sévres de 1920, a responsabilização dos membros do governo turco implicados no extermínio da minoria arménia[55]. Mas foi só em 1945, com a Carta do Tribunal Militar Internacional – anexa ao Acordo de Londres, firmado a 8 de Agosto pelas potências vencedoras do segundo conflito mundial, os Estados Unidos, a União Soviética, o Reino Unido e a França –, que os crimes contra a humanidade surgiram pela primeira vez enquanto categoria distinta de crimes internacionais[56].

Ao lado dos crimes de guerra e dos crimes contra a paz – os outros "clássicos crimes de Nuremberga"[57] –, os crimes contra a humanidade foram identificados, pelo art. 6.º, alínea c) da Carta, com o homicídio, o extermínio, a escravidão, a deportação e outros actos desumanos cometidos contra qualquer população civil, antes ou durante a guerra, e com perseguições por motivos políticos, raciais ou religiosos em execução ou em relação com algum dos crimes da competência do Tribunal, independentemente de tais práticas violarem o Direito interno dos Estados onde haviam sido adoptadas. Idêntica formulação, ainda que mais restrita por omitir a perseguição religiosa, foi adoptada pela Carta do Tribunal Militar Internacional para o Extremo Oriente, de 19 de Janeiro de 1946, no seu art. 5.º, alínea c)[58]. Inicialmente entendidos como uma categoria subsidiária de crimes[59] – puníveis apenas quando praticados em relação com crimes contra a paz ou crimes de guerra[60] – os crimes contra a humanidade acabaram por ganhar autonomia no texto da Lei n.º 10 do Conselho de Controlo Aliado, de 20 de Dezembro de 1945, e não mais a perderam, ape-

---

[54] *Apud* Ana Luísa Riquito – *Do Pirata ao General: Velhos e Novos* Hostes Humani Generis *(Do Princípio da Jurisdição Universal, em Direito Internacional Penal)*, in "Boletim da Faculdade de Direito", n.º 76, 2000, p. 528.

[55] Cfr. Otto Trifterer, *op. cit.*, pp. 117-118; Maria Leonor Assunção, *op. cit.*, pp. 82-83.

[56] Cfr. M. Cherif Bassiouni – *"Crimes Against Humanity": The Need for a Specialized Convention*, in "Columbia Journal of Transnational Law", vol. 31, n.º 1, 1994, p. 463.

[57] Cfr. Otto Trifterer, *op. cit.*, p. 30.

[58] Cfr. M. Cherif Bassiouni, *op. cit.*, p. 463.

[59] Cfr. Maria Leonor Assunção, *op. cit.*, p. 94.

[60] Cfr. Benjamin B. Ferencz – *Crimes Against Humanity*, in R. Bernhardt (ed.), *Encyclopedia of Public International Law*, vol. I, 1992, p. 870. Cfr., igualmente, a opinião de Schwelb, *apud* Leslie C. Green – *Group Rights, War Crimes and Crimes Against Humanity*, in "International Journal of Group Rights", vol. I, 1993, p. 131.

Notas sobre a discriminação racial e o seu lugar entre os crimes contra a humanidade 795

sar do retrocesso entretanto representado pelo art. 5.° do Estatuto do Tribunal Penal Internacional Especial para a Ex-Jugoslávia[61].

Ao contrário do que sucedeu com os crimes de guerra, já positivados em vários instrumentos de Direito Internacional, discutiu-se a propósito dos crimes contra a humanidade se estes eram uma criação da Carta de Londres ou se não seriam antes a tradução de normas de Direito Internacional costumeiro pré-existente. A discussão mantém-se[62], mas podemos dizer, com Bassiouni, que o art. 6.°, alínea c), representou mais uma declaração do que uma genuína inovação[63]. Nesse mesmo sentido se manifestaram os Tribunais Militares de Nuremberga e de Tóquio, afirmando ser as respectivas Cartas a expressão do Direito internacional ao tempo existente e não um mero exercício de autoridade, empreendido arbitrariamente pelos "vencedores"[64]. Numa tentativa de confirmar as normas consagradoras destes crimes e a jurisprudência de Nuremberga como parte do Direito internacional comummente aceite, a Assembleia Geral das Nações Unidas adoptaria, a 11 de Dezembro de 1946, uma Resolução reafirmando os Princípios de Nuremberga[65]. Um gesto simbólico que, no entanto, segundo Jescheck, não dotou aquelas normas de carácter juridicamente vinculativo – "this Resolution merely recognizes the action taken by the four Allied Powers against the former German leadership as being in harmony with a criminal law corresponding to justice and whose application was appropriate in the circumstances. (…) the criminal law of the Nuremberg Charter did not, by virtue of this Resolution, become generally binding"[66].

Porque o enfoque de Nuremberga havia sido mais pragmático do que dogmático[67] – porque haviam sido os factos a conduzir o Direito[68] –, nas décadas que se seguiram foram envidados inúmeros esforços no sentido de obter uma noção consensual e dogmaticamente sustentada de crimes contra a humanidade. Parte desse esforço foi empreendido pela Comissão de

---

[61] Cfr. Maria Leonor ASSUNÇÃO, *op. cit.*, pp. 81-82 e 85-86.

[62] Cfr. Darryl ROBINSON – *Defining "Crimes Against Humanity" at the Rome Conference*, in "American Journal of International Law", vol. 93, n.° 1, 1999, p. 44.

[63] Cfr. M. Cherif BASSIOUNI, *op. cit.*, p. 466.

[64] Cfr. M. Cherif BASSIOUNI, *op. cit.*, pp. 465-467.

[65] Cfr. Benjamin B. FERENCZ, *op. cit.*, p. 870.

[66] Cfr. H. H. JESCHECK – *Development, Present State and Future Prospects of International Criminal Law*, in "Revue Internationale de Droit Pénal", vol. 52, 1981, pp. 340-341.

[67] Cfr. Kai AMBOS – *Responsabilidad Penal Individual en el Derecho Penal Supranacional. Un Análisis Jurisprudencial. De Nuremberg a La Haya*, in "Revista Penal", n.° 7, 2001, p. 7.

[68] Cfr. M. Cherif BASSIOUNI, *op. cit.*, p. 472.

796   Estudos em Comemoração do 10.º Aniversário da Licenciatura em Direito

Direito Internacional das Nações Unidas, no âmbito do Projecto de Código de Crimes contra a Paz e a Segurança da Humanidade, mas sem resultados satisfatórios[69]. Os Estatutos dos Tribunais Penais Internacionais Especiais para a Ex-Jugoslávia e para o Ruanda, de 1993 e de 1994 respectivamente, não deixaram de espelhar esta indefinição ao configurar de forma diferente os crimes contra a humanidade, um pressupondo o nexo a um conflito armado e o outro exigindo uma motivação discriminatória[70].

6. A fórmula mais rigorosa[71] – e também aquela que beneficia de maior legitimidade[72] – é a do art. 7.º do Estatuto de Roma do Tribunal Penal Internacional, aprovado a 17 de Julho de 1998, data que é considerada um marco histórico na evolução para a nova ordem jurídica internacional[73]. O n.º 1 do art. 7.º integra um elenco de actos desumanos – em que figuram, nomeadamente, e a par dos crimes já presentes em Nuremberga, a tortura (al. f), a violação (al. g), o desaparecimento forçado de pessoas (al. i) e o *apartheid* (al. j) –, antecedido de um proémio onde são fixadas as condições para que estes actos ascendam ao nível dos crimes contra a humanidade e assim caibam na jurisdição do Tribunal. A saber, o serem cometidos no quadro de um ataque, generalizado ou sistemático, contra qualquer população civil, havendo conhecimento desse ataque.

O que seja um ataque contra uma população civil é esclarecido pela alínea a) do n.º 2 do mesmo artigo. Trata-se de "qualquer conduta que envolva a prática múltipla de actos referidos no n.º 1 contra uma população civil, de acordo com a política de um Estado ou de uma organização de praticar esses actos ou tendo em vista a prossecução dessa política". É fundamental, portanto, um elevado nível de planeamento e que este seja desenvolvido no âmbito de um projecto político ou ideológico[74] levado a

---

[69] Cfr. M. Cherif BASSIOUNI, *op. cit.*, pp. 483-486; João Mota de CAMPOS – *A Justiça Criminal Internacional. Avanços e Perspectivas*, Lisboa, Instituto Superior de Ciências Sociais e Políticas, 1996, pp. 10-11.

[70] Cfr. Darryl ROBINSON, *op. cit.*, p. 45.

[71] Cfr. Maria Leonor ASSUNÇÃO, *op. cit.*, p. 93.

[72] Cfr. Darryl ROBINSON, *op. cit.*, p. 43; Nasser ZAKR – *Approche Analytique du Crime Contre l'Humanité en Droit International*, in "Revue Générale de Droit International Public", n.º 2, 2001, p. 295.

[73] Cfr. Paula ESCARAMEIA – *Quando o Mundo das Soberanias se Transforma no Mundo das Pessoas: o Estatuto do Tribunal Penal Internacional e as Constituições Nacionais*, in "Themis", ano II, n.º 3, 2001, p. 144.

[74] Cfr. Kai AMBOS, *op. cit.*, p. 13.

Notas sobre a discriminação racial e o seu lugar entre os crimes contra a humanidade 797

cabo por uma estrutura organizativa dotada de poder[75]. Na relação de poder existente entre "autor" e vítimas reside, precisamente, o especial desvalor daquelas condutas[76]. "É, com efeito, na compreensão da especial relação de poder que se estabelece entre os órgãos do Estado e a população, ou, *mutatis mutandis*, na especial relação de poder que se estabelece entre uma organização e a população sobre a qual aquela exerce um domínio de facto, que poderá encontrar-se a fundamentação e a legitimidade para a qualificação de uma conduta como crime contra a humanidade com a índole de crime internacional. (…) Tais crimes realizam o inadmissível abuso da relação de poder que torna os actos a que se referem ilegítimos e penalmente ilícitos, por traduzir uma ofensa, intolerável para a comunidade internacional, do respeito pelos limites colocados ao poder instituído, na relação necessariamente comunicacional com o cidadão, limites inscritos na compreensão da dimensão humana do cidadão que surge, assim, munido de uma dignidade intangível"[77].

As referências feitas no proémio ao carácter generalizado ou sistemático do ataque articulam-se com esta exigência de que exista um plano político em execução e significam que o ataque deve ser feito em larga escala, provocando um grande número de vítimas, ou obedecer a um elevado nível de organização e planeamento[78]. Excluídos ficam, deste modo, os actos isolados, dispersos ou ocasionais, o que não significa que a prática de um único dos crimes previstos no art. 7.º, n.º 1, não possa constituir um crime contra a humanidade, uma vez verificada a sua relação com um ataque mais vasto – "the individual's actions themselves need not be widespread or systematic, providing that they form part of such an attack. Indeed, the commission of a single act, such as one murder, in the context of a broader campaign against the civilian population, can constitute a crime against humanity"[79].

Não se exige, entretanto, que o ataque tenha carácter militar ou sequer que empregue meios violentos. Está definitivamente ultrapassada a

---

[75] Cfr. Darryl ROBINSON, *op. cit.*, pp. 47-51.

[76] Cfr. Maria Fernanda PALMA – *Tribunal Penal Internacional e Constituição Penal*, in "Revista Portuguesa de Ciência Criminal", n.º 11, 2001, p. 9; José Souto de MOURA – *Direito e Processo Penal Actuais e Consagração dos Direitos do Homem*, in "Revista Portuguesa de Ciência Criminal", n.º 4, 1991, p. 576.

[77] Cfr. Maria Leonor ASSUNÇÃO, *op. cit.*, pp. 96 e 87.

[78] Cfr. Darryl ROBINSON, *op. cit.*, p. 47.

[79] Cfr. Otto TRIFFTERER, *op. cit.*, p. 121.

798 *Estudos em Comemoração do 10.º Aniversário da Licenciatura em Direito*

conexão entre os crimes contra a humanidade e os conflitos armados[80]. Isso mesmo é confirmado pelo facto de as vítimas poderem ser quaisquer populações civis, compreendidas as da mesma nacionalidade do agressor, e não apenas as populações inimigas – "crimes against humanity cover a broader range of potential victims than war crimes. In addition to not requiring a nexus to armed conflict, in respect of crimes against humanity it is unnecessary to demonstrate that the victims are linked to any particular side in the attack against the civilian population, even if this occurs during armed conflict"[81].

Importante é que o autor dos crimes actue com conhecimento do ataque. Não é necessário um conhecimento pormenorizado dos termos em que o ataque esteja a ser executado, mas apenas a noção de que existe um ataque em curso e de que os actos individuais, de algum modo, se relacionam com ele[82]. A necessidade da verificação deste elemento subjectivo do crime justifica-se à luz dos princípios fundamentais do Direito Penal e não tem por que dificultar sobremaneira a prova, atenta a visibilidade dos ataques "generalizados ou sistemáticos". "Given the inescapable notoriety of any widespread or systematic attack against a civilian population, it is difficult to imagine a situation where a person could commit a murder (for example) as part of such an attack while credibly claiming to have been completely unaware of that attack"[83].

7. Apesar de poder ser considerada uma antecâmara do genocídio[84] – a ofensa contra a humanidade por antonomásia[85] – a discriminação racial não se encontra directamente consagrada no elenco que destes crimes é feito pelo art. 7.º do Estatuto de Roma. Discutiu-se, aquando da elaboração desta norma, se seria de exigir que os crimes contra a humanidade tivessem uma motivação discriminatória, de índole racial, mas também política e religiosa[86]. Uma tal exigência fora avançada pela versão de 1954

---

[80] Cfr. Otto TRIFFTERER, *op. cit.*, pp. 120-121.

[81] Cfr. Otto TRIFFTERER, *op. cit.*, p. 123.

[82] Cfr. Nasser ZAKR, *op. cit.*, p. 290.

[83] Cfr. Darryl ROBINSON, *op. cit.*, p. 52.

[84] Cfr. Alexandre GUYAZ, *op. cit.*, p. 155.

[85] Cfr. Carlota Pizarro de ALMEIDA – *Um Exemplo de Jurisprudência Penal Internacional: o Caso Pinochet*, in Maria Fernanda Palma, Carlota Pizarro de Almeida e José Manuel Vilalonga (coords.), *Casos e Materiais de Direito Penal*, Coimbra, Almedina, 2000, p. 261.

[86] Cfr. Darryl ROBINSON, *op. cit.*, p. 46; Kai AMBOS, *op. cit.*, pp. 13-14.

do Projeto de Código de Ofensas contra a Paz e a Segurança da Humanidade[87] e, apesar das duras críticas que então mereceu, acabou por ver-se acolhida no texto do art. 3.º do Estatuto do Tribunal Penal Internacional para o Ruanda e na jurisprudência do Tribunal Penal Internacional para a Ex-Jugoslávia, concretamente na decisão *Tadic*[88].

Os delegados em Roma optaram por omitir a referência à motivação discriminatória – considerada excessivamente onerosa para efeitos de prova e susceptível de excluir do campo de aplicação do art. 7.º ofensas muito graves contra a humanidade[89] –, reconhecendo-lhe relevância apenas enquanto elemento constitutivo dos crimes de perseguição e de *apartheid*, previstos nas alíneas h) e j) do n.º 1 daquele artigo[90].

Só as formas mais extremas de discriminação racial cabem na categoria dos crimes contra a humanidade – a "privação intencional e grave de direitos fundamentais em violação do direito internacional por motivos relacionados com a identidade do grupo ou da colectividade em causa" (art. 7.º, n.º 2, al. g), a institucionalização da opressão e do domínio sistemático de um grupo rácico sobre um ou outros grupos (art. 7.º, n.º 2, al. h), e "outros actos desumanos de carácter semelhante" (art. 7.º, n.º 1, al. k). Compreende-se que assim seja, em vista daquele que é o sentido específico do Estatuto de Roma, o da instituição de um tribunal "com jurisdição sobre os crimes de maior gravidade que afectem a comunidade internacional no seu conjunto", como se lê no seu texto preambular. Afinal, esta não é apenas mais uma instância internacional de protecção dos direitos humanos, como fizeram questão de sublinhar os delegados presentes em Roma aquando do debate sobre o crime de perseguição. "(...) many delegations were deeply concerned about the inclusion of this crime for fear that any discriminatory practices could be characterized as «crimes against humanity» by an activist court. All delegations agreed that the court's jurisdiction relates to serious violations of international criminal law, not international human rights law. To address the concerns raised about this crime, it was emphasized that, while discrimination may not be criminal, extreme forms amounting to deliberate persecution clearly are criminal"[91].

De qualquer modo, atenta a amplitude dos conceitos de perseguição por motivos raciais e de *apartheid* – a interpretar, segundo Triffterer, por

---

[87] Cfr. Maria Leonor ASSUNÇÃO, *op. cit.*, p. 94.
[88] Cfr. Darryl ROBINSON, *op. cit.*, p. 46; Otto TRIFFTERER, *op. cit.*, p. 142.
[89] Cfr. Darryl ROBINSON, *op. cit.*, pp. 46-47.
[90] Cfr. Maria Leonor ASSUNÇÃO, *op. cit.*, pp. 94-95.
[91] Cfr. Darryl ROBINSON, *op. cit.*, p. 53.

800 *Estudos em Comemoração do 10.º Aniversário da Licenciatura em Direito*

remissão para a Convenção Internacional sobre Eliminação de Todas as Formas de Discriminação Racial[92] –, podemos dizer, com este autor, que o tribunal tem competência para conhecer de um muito grande número de comportamentos discriminatórios. "The wide number of acts which constitute «the crime of apartheid», the broad definition of racial discrimination under international law as including discrimination based on «race, colour, descent, or national or ethnic origin» (...) coupled with the crime of persecution, give the Court potential jurisdiction over a large number of discriminatory acts as crimes against humanity"[93].

III

8. O ordenamento jurídico português criminalizou a discriminação racial em 1982, dando cumprimento aos compromissos internacionais entretanto assumidos com a adesão de Portugal à Convenção Internacional sobre a Eliminação de Todas as Formas de Discriminação Racial[94] – adesão aprovada pela Assembleia da República em reunião plenária de 28 de Janeiro desse mesmo ano[95], no que veio a ser a Lei n.º 7/82, de 29 de Abril.

A Convenção começa por formular em termos genéricos o dever dos Estados Partes de, "por todos os meios apropriados, incluindo, se as circunstâncias o exigirem, medidas legislativas, proibir a discriminação racial praticada por pessoas, grupos ou organizações e pôr-lhe termo" (art. 2.º, n.º 1, al. d). Discutiu-se e discute-se ainda hoje se as medidas legislativas a que esta norma faz referência devem necessariamente ser de carácter penal ou se podem assumir outra natureza. Consideramos, com Guyaz, atenta a letra do preceito – designadamente, o facto de este admitir "todos os meios apropriados" e de configurar as medidas legislativas como uma hipótese a justificar-se apenas quando as circunstâncias o exijam –, ser preferível esta segunda leitura do problema. Cabe aos Estados, por isso, no âmbito do art. 2.º, n.º 1, al. d), a decisão sobre quais os meios em concreto adequados a proibir comportamentos discriminatórios, não sendo as medidas legislativas de natureza penal senão uma entre várias soluções possí-

---

[92] Cfr. Otto TRIFFTERER, *op. cit.*, pp. 143 e 163.
[93] Cfr. Otto TRIFFTERER, *op. cit.*, pp. 148 e 163.
[94] Cfr. Maria João ANTUNES – *Comentário Conimbricense do Código Penal. Parte Espacial.* Tomo II. Coimbra, Coimbra Editora, 1999, p. 575.
[95] Cfr. Diário da Assembleia da República n.º 43, de 29 de Janeiro de 1982, pp. 1753 e ss..

veis. "S'agissant de la discrimination en général, dont il est question ici, le principe du libre choix des Etats parties à propos des moyens qu'ils souhaitent utiliser pour remplir leurs obligations internationales s'applique également et se manifeste à l'article 2 paragraphe 1 lettre d) par les mots *«par tous les moyens appropriés»*. (...) la nature d'une législation interne importe peu, dans la mesure où elle respecte ces conditions, et une interdiction *civile* satisfait sans aucune doute aux exigences de l'article qui nous occupe"[96]. Em idêntico sentido se pronunciara já Partsch, em 1977: "L'Etat peut se demander, avant de prendre ces mesures, s'il y a lieu de devenir actif et dans quelle forme. Il peut, par exemple, préférer des mesures éducatives ou de conciliation au lieu de mesures répressives contre les actes directs de discrimination"[97].

O dever de incriminar comportamentos discriminatórios vem imposto unicamente pela norma do art. 4.°, alíneas a) e b) da Convenção. Aí se lê que os Estados se obrigam a adoptar imediatamente medidas positivas destinadas a eliminar os incitamentos à discriminação racial e, para este efeito, a "declarar delitos puníveis pela lei a difusão de ideias fundadas na superioridade ou no ódio racial, os incitamentos à discriminação racial, os actos de violência, ou a provocação a estes actos, dirigidos contra qualquer raça ou grupo de pessoas de outra cor ou de outra origem étnica, assim como a assistência prestada a actividades racistas, incluindo o seu financiamento" (al. a) e a "declarar ilegais e a proibir as organizações, assim como as actividades de propaganda organizada e qualquer outro tipo de actividade de propaganda, que incitem à discriminação racial e que a encorajem e a declarar delito punível pela lei a participação nessas organizações ou nessas actividades" (al. b).

Conforme a esta imposição, o Código Penal português de 1982 instituiu no seu art. 189.° – a par do genocídio – o crime de discriminação racial, prevendo como tal os seguintes comportamentos: 1. a difamação ou injúria de uma pessoa ou de um grupo de pessoas ou a exposição das mesmas a desprezo público por causa da sua raça, da sua cor ou da sua origem étnica, quando feitas em reunião pública, por escrito destinado a divulgação ou através de qualquer meio de comunicação social (art. 189.°, n.° 2, al. a); 2. a provocação de actos de violência contra pessoa ou grupos de

---

[96] Cfr. Alexandre GUYAZ, *op. cit.*, p. 65.

[97] Cfr. Karl Josef PARTSCH – *L'Incrimination de la Discrimination Raciale dans les Législations Pénales Nationales*, in "Revue de Science Criminelle et de Droit Pénal Comparé", n.° 1, Janeiro-Março, 1977, p. 21.

802 Estudos em Comemoração do 10.º Aniversário da Licenciatura em Direito

pessoas de outra raça, de outra cor ou de outra origem étnica, quando feita em reunião pública, por escrito destinado a divulgação ou através de qualquer meio de comunicação social (art. 189.º, n.º 2, al. b); 3. a fundação ou constituição de organizações ou o desenvolvimento de actividades de propaganda organizada que incitem à discriminação, ao ódio ou à violência raciais ou os encorajem (art. 189.º, n.º 3, al. a); 4. a participação nas organizações ou nas actividades referidas em 3 ou a prestação de assistência a quaisquer actividades racistas, incluindo o seu financiamento (art. 189.º, n.º 3, al. b). Empenhado numa clara censura dos comportamentos de etiologia racista, o nosso legislador penal fez ainda figurar entre os indicadores[98] de especial censurabilidade ou perversidade dos agentes – no quadro da muito criticada[99] fórmula de qualificação do homicídio (e, desde 1995, das ofensas à integridade física, art. 146.º) através de *exemplos padrão*[100] – o facto de estes serem determinados por ódio racial ou religioso (art. 132.º, n.º 2, al. d; desde 1998, al. e).

Posteriormente, aquando da primeira grande revisão do Código Penal de 1982, em 1995 (Decreto-Lei n.º 48/95, de 15 de Março), o crime de discriminação racial ganhou autonomia face ao crime de genocídio – passando a figurar no art. 240.º – e conheceu algumas alterações consideradas necessárias para um mais completo respeito pelos deveres decorrentes da Convenção[101]. Convocando a síntese de Francisca Van-Dunem, diremos que estas "alterações não só reduziram o conteúdo da acção típica (deixou de integrar o quadro típico a exposição a desprezo público), como fizeram acrescer a exigência de dolo específico, consubstanciado na intenção de incitamento ou encorajamento da discriminação, exigência que anteriormente se circunscrevia ao genocídio"[102]. Em 1998 (Lei n.º 65/98,

---

[98] Cfr. Maria Margarida Silva PEREIRA – *Direito Penal II. Os Homicídios*, apontamentos de aulas teóricas dadas ao 5.º ano no ano lectivo de 1996/97, Lisboa, 1998, p. 40.

[99] Cfr. Teresa Pizarro BELEZA – *A Revisão da Parte Especial na Reforma do Código Penal: Legitimação, Reequilíbrio, Privatização, "Individualismo"*, in Maria Fernanda Palma e Teresa Pizarro Beleza (org.), *Jornadas sobre a Revisão do Código Penal*, Lisboa, Associação Académica da Faculdade de Direito de Lisboa, pp. 93 e 105-106; Maria Fernanda PALMA – *Direito Penal Parte Especial. Crimes Contra as Pessoas*, ed. policop., Lisboa, 1983, p. 45.

[100] Cfr. Teresa SERRA – *Homicídio Qualificado. Tipo de Culpa e Medida da Pena*, 2.ª reimp., Coimbra, Almedina, 1998.

[101] Cfr. M. Maia GONÇALVES – *Código Penal Português Anotado e Comentado*, 15.ª ed., Coimbra, Almedina, 2002, pp. 769 e 772.

[102] Cfr. Francisca VAN-DUNEM – *A Discriminação em Função da Raça na Lei Penal*, in *Estudos em Homenagem a Cunha Rodrigues*, Coimbra, Coimbra Editora, 2001, p. 948.

de 2 de Setembro), e no cumprimento de ainda outro compromisso internacional – desta feita, a Acção Comum de 15 de Julho de 1996, adoptada pelo Conselho da União Europeia –, o art. 240.º foi alterado para passar a incluir entre os motivos de discriminação os factores religiosos e para prever hipóteses de negacionismo[103].

Actualmente, sob a epígrafe de discriminação racial ou religiosa, são previstos os seguintes comportamentos: 1. fundação ou constituição de organização ou desenvolvimento de actividades de propaganda organizada que incitem à discriminação, ao ódio ou à violência raciais ou religiosas, ou a encorajem (art. 240.º, n.º 1, al. a); 2. participação na organização ou nas actividades referidas em 1 ou prestação de assistência a essas actividades, incluindo o seu financiamento (art. 240.º, n.º 1, al. b); 3. provocação de actos de violência contra pessoa ou grupo de pessoas por causa da sua raça, cor ou origem étnica ou nacional ou religião, em reunião pública, por escrito destinado a divulgação ou através de qualquer meio de comunicação social, com intenção de incitar à discriminação racial ou de a encorajar (art. 240.º, n.º 2, al. a); 4. difamação ou injúria de pessoa ou grupo de pessoas por causa da sua raça, cor ou origem étnica ou nacional ou religião, nomeadamente através da negação de crimes de guerra ou contra a paz e a Humanidade, em reunião pública, por escrito destinado a divulgação ou através de qualquer meio de comunicação social, com intenção de incitar à discriminação racial ou de a encorajar (art. 240.º, n.º 2, al. b).

9. A adesão portuguesa à Convenção Internacional sobre Eliminação de Todas as Formas de Discriminação Racial foi aprovada por unanimidade e entre manifestações de profundo regozijo por parte dos nossos parlamentares, comovidos que estavam com o facto de verem Portugal finalmente reconciliado com os princípios humanistas que sempre o haviam caracterizado. "As doutrinas da superioridade fundadas nas diferenças entre raças, responsáveis, no nosso século por guerras e extermínios, tal como as políticas governamentais de segregação, sempre tiveram no povo português um inimigo natural" – afirmaria, na ocasião, Fernando Condesso, deputado pelo PSD, para depois adiantar que "o regime possibilitou agora o que já era património da conduta do povo português visto estar de acordo com o seu sentido e querer, com a sua natureza e princí-

---

[103] Cfr. Francisca VAN-DUNEM, *op. cit.*, pp. 948-949.

804 *Estudos em Comemoração do 10.º Aniversário da Licenciatura em Direito*

pios civilizacionais"[104]. Em idêntico sentido se pronunciariam João Cravinho, Magalhães Mota, Carlos Robalo e Borges de Carvalho, deputados pelo PS, pela ADSI, pelo CDS e pelo PPM, respectivamente. As suas palavras – "Hoje Portugal pode orgulhar-se de ter retomado a sua tradição secular; o Portugal de hoje é de novo o Portugal da convivência aberta a todas as raças. (...) Hoje esta Assembleia foi bem o espelho da fraternidade, símbolo do Portugal de Abril, grande traço de identidade de união de todos os portugueses" (Cravinho, p. 1756); "este momento é (...) o retomar de uma tradição universal portuguesa desde a Idade Média, tradição onde nós nos encontramos connosco próprios quanto mais universalistas e enraizados no mundo nos sentimos" (Mota, p. 1756); "esta aprovação unanime é o epílogo do comportamento da grande maioria dos portugueses ao longo de muitos séculos. Nós portugueses não podemos, nem devemos, esquecer os nossos erros, mas também não devemos esquecer o nosso exemplo universal de capacidade de solidariedade humana e de convivência internacional com todas as raças do mundo" (Robalo, pp. 1756-1757); "Tem esta convenção um espírito que Portugal desde sempre, através da sua história, foi assumindo: um espírito universalista, cristão, que Portugal soube assumir pela História fora e de que hoje, aqui, mais uma vez, seremos intérpretes" (Carvalho, p. 1757).

No meio da emoção, os nossos parlamentares acabaram por ignorar algumas das muito sérias implicações que esta adesão trazia para o ordenamento jurídico português, designadamente em matéria penal. Era sua convicção, de resto, que nada de substancialmente novo adviria daqui para o nosso ordenamento jurídico, já enformado a nível constitucional pelo principio da igualdade e correlativa proibição da discriminação racial. Esse o sentido das palavras proferidas pelos deputados Fernando Condesso, do PS, e Alda Nogueira, do PCP – "A adesão de Portugal à convenção pelo que fica dito e no que respeita ao ordenamento jurídico português não trará nada de novo para os cidadãos portugueses mas significa o empenhamento de Portugal na manutenção escrupulosa dos princípios que sendo da convenção são nossos pela natureza e direito positivo"; "São princípios que se enquadram em toda a filosofia subjacente à revolução do 25 de Abril, princípios que são queridos a todos os democratas, e que se encontram em total consonância com o princípio da igualdade de todos os

---

[104] Cfr. Diário da Assembleia da República n.º 43, de 29 de Janeiro de 1982, pp. 1753-1754; são igualmente desta edição os números de página que se indicam em texto a par da transcrição de algumas das intervenções no debate parlamentar.

seres humanos, independentemente da sua cor, raça ou sexo, bem expresso no art. 13.º da Constituição da República Portuguesa e ao longo de todo o texto constitucional no sentido da realização da igualdade humana no campo económico, social e cultural" (p. 1754).

Este orgulho na nossa tradição humanista[105] e a convicção de que o racismo não é um problema que afecte realmente a sociedade portuguesa – já que os portugueses não são racistas[106] – explicam a leveza com que a questão foi tratada pela Assembleia da República. Importa, porém, ter presente que os compromissos decorrentes da adesão à Convenção não se limitam a respeitar – e reforçar[107] – o princípio da igualdade tal como o temos constitucionalmente consagrado; colidem também, potencialmente, com outros valores muito caros à nossa ordem jurídica constitucional, como sejam a liberdade de expressão e de associação, para além de – na medida em que impõem a criminalização de certas condutas – sempre representarem uma restrição de direitos e liberdades dos cidadãos, o que exige as maiores cautelas[108]. Atenta a tensão inelutável que existe entre liberdade e igualdade – dado que, "levado às últimas consequências, um princípio radical de liberdade oblitera a igualdade da condição humana e, em contrapartida, um princípio de igualdade igualitária esmaga a autonomia pessoal"[109] – ter-se-ia justificado plenamente um mais sério debate sobre esta matéria. "En effet, au plan législatif, la lutte contre la discrimination raciale, qui procède du principe de l'égalité entre individus, entraîne immanquablement des aménagements restrictifs de certaines libertés publiques. (...) De ces inévitables conflits entre libertés publiques naissent les limites inhérentes à toute répression de la discrimination raciale, qui se manifestent quel que soit le champ d'application des textes. En effet, tout texte ayant cet objet doit être soigneusement pesé, sous peine de faire naître l'effet contraire de celui escompté"[110].

---

[105] Cfr. Teresa Pizarro BELEZA – *Hostilidades (Sobre a Pena Acessória de Expulsão de Estrangeiros do Território Nacional)*, in *Estudos em Homenagem a Cunha Rodrigues*, Coimbra, Coimbra Editora, 2001, p. 148.

[106] Cfr. Manuel Carlos SILVA – *Racismo e Conflito Interétnico: Elementos para uma Investigação*, in "Revista Crítica de Ciências Sociais", n.º 56, 2000, p. 62.

[107] Cfr. Francisco MUÑOZ CONDE – *Derecho Penal. Parte Especial*, 12.ª ed. rev. e act., Valencia, Tirant lo Blanch, 1999, p. 780.

[108] Cfr. José de Sousa e BRITO – *A Lei Penal na Constituição*, in vv. aa., *Textos de Apoio de Direito Penal*, Tomo II, Lisboa, Associação Académica da Faculdade de Direito, 1983, p. 26; LAURENZO COPELLO, *op. cit.*, p. 59.

[109] Cfr. Jorge MIRANDA, *op. cit.*, p. 224.

[110] Cfr. Jean-Pierre BRILL – *La Lutte Contre la Discrimination Raciale dans le*

806 Estudos em Comemoração do 10.º Aniversário da Licenciatura em Direito

Noutros países, esse debate aconteceu. Conheceu até momentos exaltados e justificou a formulação de reservas por parte de alguns dos Estados (entre os quais, a França e o Reino Unido) signatários da Convenção[111]. Dependendo da "mentalidade constitucional"[112] dominante, assim foi dada prioridade a uma perseguição vigorosa dos comportamentos discriminatórios ou à salvaguarda das liberdades de expressão e associação. Neste confronto, assumiu grande importância a cláusula "due regard" – incluída no proémio do art. 4.º já com manifestos propósitos conciliatórios[113] – segundo a qual os Estados, ao adoptarem as medidas positivas destinadas a eliminar os incitamentos à discriminação racial, devem ter "devidamente em conta os princípios formulados na Declaração Universal dos Direitos do Homem e os direitos expressamente enunciados no art. 5.º da presente Convenção". O sentido específico desta cláusula é o de evitar que uma severa repressão da discriminação racial, em cumprimento dos comandos das alíneas a) e b) do art. 4.º, atente de forma intolerável contra as liberdades de expressão e de associação[114]. Não pode, no entanto, como pretenderam alguns Estados, significar uma completa desoneração destes perante o art. 4.º/ a) e b). Até porque, da Declaração Universal dos Direitos do Homem, não constam apenas as liberdades de opinião e de expressão (art. 19.º), de reunião e de associação (art. 20.º); fazem igualmente parte a proibição da discriminação por motivos raciais (art. 2.º) e o princípio da igualdade perante a lei (art. 7.º)[115]. As normas da Declaração Universal dos Direitos do Homem que acabam por desempenhar um papel decisivo – negando às liberdades de expressão e de associação um carácter absoluto e, simultaneamente, recusando aos Estados legitimidade para se eximirem às obrigações do art. 4.º/ a) e b) – são as dos artigos 29.º, n.º 2 e 30.º, onde se estabelece a admissibilidade de restrições ao exercício de direitos e liberdades reconhecidos pela Declaração quando estas se revelem necessárias ao reconhecimento e respeito dos direitos e liberdades dos outros e se afasta a possibilidade de interpretar qualquer disposição da Declaração de modo a autorizar os Estados, agru-

---

Cadre de l'Article 416 du Code Pénal, in "Revue de Science Criminelle et de Droit Pénal Comparé", n.º 1, Janeiro-Março, 1977, p. 38.

[111] Cfr. Karl Josef PARTSCH, *op. cit.*, p. 22.
[112] Cfr. Karl Josef PARTSCH, *op. cit.*, p. 23.
[113] Cfr. Alexandre GUYAZ, *op. cit.*, p. 66.
[114] Cfr. Alexandre GUYAZ, *op. cit.*, pp. 66 e 70.
[115] Cfr. Alexandre GUYAZ, *op. cit.*, pp. 67-68.

pamentos ou indivíduos a praticar actos susceptíveis de destruir os direitos e liberdades que aí se enunciam[116].

Apesar de o debate parecer não ter existido em Portugal, o certo é que a ponderação dos interesses não deixou de fazer-se, traduzindo-se muito particularmente na forma como o legislador de 1995 configurou o crime de discriminação racial nas suas dimensões de provocação à violência e difamação ou injúrias (art. 240.°, n.° 2). Para que caibam na(s) hipótese(s) desta norma, é necessário que os actos provocadores de violência e os actos difamatórios ou injuriosos em razão da raça assumam um carácter público[117] – sejam adoptados em reunião pública, por escrito destinado a divulgação ou através de qualquer meio de comunicação social – e, mais importante, que sejam determinados pela intenção de incitar à discriminação racial ou de a encorajar. A imposição deste "elemento subjectivo especial da ilicitude"[118] – considerado o principal motivo das dificuldades verificadas na condenação pela prática do crime de discriminação racial – não é exigida pela Convenção. Partsch considera-a, no entanto, indispensável a uma justa salvaguarda da liberdade de expressão[119] e tudo indica que o nosso legislador penal também. Guyaz – na linha, de resto, do entendimento que sustenta sobre o que seja a discriminação racial no âmbito da Convenção[120] – considera uma tal imposição inteiramente desnecessária e um subterfúgio lamentável de Estados demasiado ciosos das "suas liberdades". "Ces conditions vont selon nous trop loin dans l'application de la clause «due regard» et enlèvent à l'article 4 une grande partie de sa raison d'être, sans que la protection de la liberté d'expression ne l'exige. (...) La répression de la diffusion sans dessein ou mobile particulier de propos racistes ne signifie pas la suppression de la liberté d'expression, mais amène les citoyens à mesurer toute la portée de leurs paroles, car l'exercice de cette liberté comporte des devoirs et des responsabilités, comme le prévoient d'ailleurs expressément l'article 10 paragraphe 2 de la Convention européenne des droits de l'homme et l'article 19 paragraphe 3 du Pacte international relatif aux droits civils et politiques"[121]. Em nosso entender, é esta a perspectiva mais correcta.

---

[116] Cfr. Alexandre GUYAZ, op. cit., pp. 68-70; Karl Josef PARTSCH, op. cit., pp. 22-23.

[117] Cfr. Alexandre GUYAZ, op. cit., pp. 160-162.

[118] Cfr. Teresa Pizarro BELEZA – Maus Tratos Conjugais: o art. 153.°, 3 do Código Penal, Lisboa, Associação Académica da Faculdade de Direito de Lisboa, 1989, pp. 25-26.

[119] Cfr. Karl Josef PARTSCH, op. cit., pp. 26-28.

[120] Cfr., supra, ponto 4.

[121] Cfr. Alexandre GUYAZ, op. cit., p. 76.

808   *Estudos em Comemoração do 10.º Aniversário da Licenciatura em Direito*

Parece-nos redundante e, como afirma Guyaz noutra passagem do seu texto, uma redução inútil da protecção do bem jurídico[122] – que no ordenamento jurídico português é "a igualdade entre todos os cidadãos do mundo"[123] –, exigir a prova de que quem provoca publicamente actos de violência contra pessoa ou grupo de pessoas por causa da sua raça, cor, origem étnica ou nacional ou religião, o faça com a intenção de incitar à discriminação racial ou religiosa ou de a encorajar. Não vemos como possa ser de outro modo. Menos evidente será a intenção subjacente a actos difamatórios ou injuriosos contra pessoa ou grupo de pessoas por aqueles motivos, mas, ainda aqui, atento o carácter necessariamente público destes actos, nos parece ser de concluir em idêntico sentido. O facto de – não se conseguindo provar esta intenção – sempre se poder abranger a "emissão de juízos públicos de desvalor ou de menor dignidade social de pessoas ou grupos com fundamento em preconceito racial (...) pelas disposições gerais referentes aos crimes contra a honra, desde que seja subsumível à respectiva previsão"[124], afigura-se-nos fraco consolo e argumento inconsequente no plano da estrita dogmática jurídico-penal.

10. Apesar deste "desvio" face à norma do art. 4.º, al. a) da Convenção, pode dizer-se que o nosso país satisfez no essencial as exigências decorrentes deste seu compromisso internacional[125]. Mas não fez mais do que isso. E podia tê-lo feito, criminalizando, designadamente, a recusa de fornecimento de bens ou serviços ou o entrave ao normal exercício de uma actividade económica por motivos raciais, formas de "discriminação efectiva"[126] que conhecem uma tutela jurídico-penal em muitos ordenamentos jurídicos estrangeiros[127]. Não que a criminalização seja sempre a melhor solução, longe disso[128]. É bem sabido, de resto, que uma qualquer vitória sobre a "natural tendência discriminatória dos seres humanos" depende muito mais de um esforço de educação do que da imposição de sanções repressivas[129]. Simplesmente, atento o carácter quotidiano deste tipo de

---

[122] Cfr. Alexandre GUYAZ, *op. cit.*, p. 258.

[123] Cfr. Maria João ANTUNES, *op. cit.*, p. 575.

[124] Cfr. Francisca VAN-DUNEM, *op. cit.*, p. 950.

[125] Cfr. Francisca VAN-DUNEM, *op. cit.*, p. 950.

[126] Cfr. Francisco MUÑOZ CONDE, *op. cit.*, pp. 780-781.

[127] Cfr. Francisca VAN-DUNEM, *op. cit.*, p. 950.

[128] Cfr. Maria Fernanda PALMA – *Constituição e Direito Penal. As Questões Inevitáveis*, in Maria Fernanda Palma, Carlota Pizarro de Almeida e José Manuel Vilalonga (coords.), *Casos e Materiais de Direito Penal*, Coimbra, Almedina, 2000, p. 25.

[129] Cfr. Jean-Pierre BRILL, *op. cit.*, pp. 55 e 57.

Notas sobre a discriminação racial e o seu lugar entre os crimes contra a humanidade 809

ofensas e as suas extraordinárias repercussões para a vida e o sentimento de dignidade daqueles que as sofrem[130], julgamos ser essa a forma mais adequada de enfrentar o problema. Nesse mesmo sentido se pronunciou Jean-Pierre Brill a pretexto do antigo art. 416.º do Código Penal francês (hoje, art. 225.º) – "ce texte, par le fait qu'il permet de sanctionner certains actes de la vie courante à caractère discriminatoire commis par des particuliers, sans pour autant exiger une manifestation d'un racisme exacerbé, du type provocation, injure ou diffamation, constitue certainement une des meilleures armes juridiques de lutte contre la discrimination raciale"[131].

Não ignoramos as dificuldades – de formulação normativa[132] e, sobretudo, de aplicação prática – sentidas nesses outros ordenamentos jurídicos onde a recusa de fornecimento de bens ou serviços ou o entrave ao normal exercício de uma actividade económica por motivos raciais constituem crimes. Entendemos, porém, que elas dificilmente serão minoradas pela solução adoptada pelo legislador português – com a Lei n.º 134/99, de 28 de Agosto – de oferecer àquele tipo de condutas uma cobertura meramente contra-ordenacional. Também aqui sempre será difícil fazer prova de que a recusa do bem ou serviço tem uma motivação discriminatória, especialmente quando essa recusa seja expressa oralmente, sem testemunhas, sem explicação ou escudada num qualquer outro motivo que não a raça. "En effet, nombreux sont les cas où les prévenus se défendent d'avoir voulu agir en raison de la race ou de l'appartenance ethnique d'autrui et invoquent une multitude de motifs, dont il est très difficile de démontrer la fausseté. Ceci sera plus ardu encore dans les domaines où le refus n'est que rarement motivé, ou uniquement par oral et sans témoins, comme notamment en matière de logement ou d'emploi, domaines où la discrimination semble particulièrement répandue et lourde de conséquences pour la victime"[133]. Ao controlo – seja ele de natureza penal ou contra-ordenacional – sempre escaparão as cada vez mais subtis e insidiosas formas veladas de racismo[134].

Incluir a recusa de fornecimento de bens ou serviços ou o entrave ao normal exercício de uma actividade económica por motivos raciais entre os comportamentos que figuram sob a epígrafe do art. 240.º não faria, no

---

[130] Cfr. Alexandre GUYAZ, op. cit., pp. 165 e 286.

[131] Cfr. Jean-Pierre BRILL, op. cit., p. 38.

[132] Cfr. Francisco MUÑOZ CONDE, op. cit., pp. 782-783.

[133] Cfr. Alexandre GUYAZ, op. cit., p. 135.

[134] Cfr. Jean-Pierre BRILL, op. cit., p. 42; Michel VÉRON – Droit Pénal Spécial, 7.ª ed., Paris, Armand Colin, 1999, p. 104.

810 *Estudos em Comemoração do 10.º Aniversário da Licenciatura em Direito*

entanto, qualquer sentido, atenta a inserção sistemática desta norma no Código Penal português. Diferentemente do que sucede noutros ordenamentos jurídicos, a discriminação racial surge aqui, não como uma ofensa contra as pessoas, mas como um crime contra a humanidade, o que explica que só integrem o tipo aqueles comportamentos que, pela sua potencial repercussão, façam perigar a subsistência da comunidade internacional, violando valores que esta reputa de essenciais ao seu desenvolvimento[135].

Pensamos que, em face desta configuração do crime de discriminação racial, melhor se adequaria a epígrafe "incitamento ao ódio / à discriminação racial". Sancionadas pelo art. 240.º, n.º 1, são a fundação ou constituição de organizações e o desenvolvimento de actividades – bem como a participação e prestação de assistência (al. b) – na medida em que estas *incitem à discriminação, ao ódio ou à violência raciais*, ou religiosas, ou que a encorajem (al. a). E, como vimos *supra*, o n.º 2 deste artigo só pune os actos de violência e os actos difamatórios ou injuriosos contra pessoa ou grupo de pessoas por causa da sua raça quando estes sejam adoptados com a intenção de *incitar à discriminação racial* ou religiosa ou de a encorajar. Uma tal alteração permitiria obstar ao frequente equívoco de pretender da norma do art. 240.º tutela contra comportamentos que constituem claramente, à luz da noção dada pela Convenção, actos de discriminação racial e ofensas muito graves à dignidade das pessoas, mas que não possuem a "índole internacional" requerida para a específica categoria de crimes em que esta norma se integra e, por isso, caem fora do seu âmbito de protecção. Essas ofensas muito graves – em que incluímos recusa de fornecimento de bens ou serviços e o entrave ao normal exercício de uma actividade económica por motivos raciais, para além da provocação de violência, a difamação e as injúrias contra pessoa ou grupo de pessoas por motivos raciais, independentemente da intenção que lhes subjaza – passariam a constituir o crime de discriminação racial *proprio sensu*, a integrar na categoria dos crimes contra as pessoas e tendo como bem jurídico protegido a dignidade humana[136].

---

[135] Cfr. Maria João ANTUNES, *op. cit.*, p. 559.
[136] Cfr. Alexandre GUYAZ, *op. cit.*, pp. 174-180 e 197-219.

DIREITO EM TEMPO DE GUERRA*

PEDRO CARLOS BACELAR DE VASCONCELOS

I

1. Profundas transformações têm vindo a trabalhar a ordem jurídica internacional. É um processo longo que começou pela tentativa de assegurar a protecção das populações civis e dos combatentes feridos em conflitos armados e que levou à criação e desenvolvimento do Direito Humanitário Internacional basicamente condensado nas Convenções de Genebra de 1949 e nos protocolos adicionais adoptados desde a década de setenta. Da aplicação destes acordos e do desenvolvimento dos seus princípios, materializados na acção valiosa da Cruz Vermelha internacional, resultou a interdição de certas armas, a contenção no uso de outras e a observação de procedimentos que pouparam vidas e evitaram sofrimentos inúteis. Mas para além da efectiva limitação da violência no mais improvável dos contextos, o Direito Humanitário exprime a consciência de que não há considerações de excepcionalidade que dispensem o respeito pelos direitos fundamentais.

2. O sentido dominante desta mudança vai acentuar-se, especialmente, após a queda do muro de Berlim, em 1989, com o fim da guerra-fria. E revela-se no afloramento cauteloso de um imperativo humanitário de ingerência militar, invocado a propósito do Kosovo, na criação do Tribunal Penal Internacional que institucionaliza e legitima uma forma de in-

---

* Texto da comunicação apresentada ao Seminário, *"Direito/Direitos em Tempo de Guerra"*, realizado na Faculdade de Direito da Universidade Nova de Lisboa, em 28 de Abril de 2003.

812   *Estudos em Comemoração do 10.° Aniversário da Licenciatura em Direito*

gerência jurisdicional, e na intensificação das missões de manutenção da paz e prevenção de conflitos das Nações Unidas, de que foi supremo exemplo a independência de Timor-Leste.

3. Para responder aos novos desafios e suprir a insuficiência de meios disponíveis foi em vão reclamada a reforma urgente do sistema das Nações Unidas, deplorou-se a composição obsoleta do seu Conselho de Segurança e advogou-se o reforço do papel das organizações internacionais. Porque se entendia que finalmente libertada do "equilíbrio do terror", a comunidade internacional perdera os álibis que lhe permitiram ignorar durante tanto tempo a multiplicação de violações graves dos direitos humanos, a instabilidade social e política de Estados crescentemente fragilizados pela globalização económica, as fomes, as epidemias e as catástrofes ecológicas. Por fim, a desproporção do poderio militar agora concentrado nas mãos de uma democracia constitucional – os Estados Unidos da América – parecia dissuasão suficiente para tentações aventureiras de tiranos sem escrúpulos como, entre outros, Sadam Hussein.

II

4. Por tudo isso, é no mínimo surpreendente que, de entre as múltiplas justificações da acção contra o Iraque, se tenham agora lembrado de invocar a decadência da ordem jurídica internacional. Não se entende que quem tem a força para fazer a guerra não tenha força para reformar as Nações Unidas. Neste sentido, a notória decrepitude da velha ordem internacional não pode servir de justificação para o recurso à força.

5. A intervenção militar anglo-americana no Iraque conduziu à ocupação armada do território de um Estado soberano, interrompeu a tentativa de resolução pacífica do conflito que os inspectores das Nações Unidas executavam no terreno, mandatados por uma resolução do Conselho de Segurança e viria a confirmar, até pela previsível facilidade da vitória alcançada, que não existia afinal qualquer ameaça iminente capaz de legitimar o uso da força. Ainda que as alegadas armas de destruição maciça existissem, o que todavia ainda não se demonstrou, a verdade é que não foram utilizadas, tão pouco no estertor final do regime, desmentindo os anúncios dramáticos que davam por iminente a utilização de armas químicas, à medida que se apertava o cerco a Bagdad.

Direito em Tempo de Guerra   813

6. Com efeito, a denúncia da velha ordem internacional serve apenas de tema introdutório à ideologia emergente de uma nova ordem planetária, dominada por uma potência hegemónica no plano militar que procura perpetuar a sua superioridade pela exportação forçada de fórmulas de organização democrática aferidas pelas suas próprias instituições políticas. Cumprida com êxito a ocupação de uma área geo-estratégica nevrálgica e expeditamente ensaiada a instauração de um governo amistoso, a riqueza e a liberdade derrama-se em redor para felicidade dos indígenas, para edificação dos seus vizinhos e garantia de abundância universal dos recursos energéticos. Se por acaso um tal cenário idílico tardar a concretizar-se, repita-se a experiência seguindo a rota do "eixo do mal", com os aditamentos que, porventura, as circunstâncias aconselhem e que a teoria da guerra preventiva recomende.

7. Estes factos violam clara e ostensivamente o Direito Internacional. Estes factos demonstram que a maioria dos Estados membros do Conselho de Segurança tinha boas razões para acreditar que o desarmamento pacífico do Iraque era ainda viável quando a decisão unilateral de fazer a guerra foi imposta como um facto consumado. É por isso espantoso que tendo sido os argumentos dos fautores da guerra logo desmentidos pelo seu próprio sucesso militar, pretendam agora substituir a razão que não tinham pela força de que abusaram.

8. Em boa hora, recusou o Conselho de Segurança das Nações Unidas admitir a "legítima defesa" contra uma ameaça inexistente, porque não se provou que houvesse ligação entre o Iraque e o atentado terrorista de 11 de Setembro, porque não se provou que a ONU não pudesse desarmar o Iraque pacificamente e, por fim, como penosamente se provará mais uma vez, porque as democracias não fecundam nas crateras abertas pelos bombardeamentos, com governantes recrutados no exílio e transportados às costas de exércitos invasores.

III

9. A "guerra preventiva" não é um instrumento adequado de combate ao terrorismo internacional. As redes terroristas seguem uma estratégia de "deslocalização": sustentam-se da miséria e da humilhação, instalam-se segundo critérios conjunturais, circulam pelos interstícios legais do sistema fi-

814   *Estudos em Comemoração do 10.° Aniversário da Licenciatura em Direito*

nanceiro internacional, promovem-se onde lhes facultarem maior visibilidade. São um fenómeno que se reprime com o cruzamento de informações, acção policial e cooperação judiciária. São uma ameaça que em definitivo se previne com sanções implacáveis contra quem quer que lhes dê acolhimento, com a solidariedade internacional, a cooperação para o desenvolvimento e com a promoção da democracia e dos direitos humanos.

10. É por isso essencial prestar a maior atenção ao processo de reconstrução e à transição política que se apresta no Iraque. Temos aqui uma última oportunidade para superar a crise internacional provocada pela acção militar unilateral, se as Nações Unidas, com as suas organizações e os Estados membros, com destaque para os povos vizinhos, puderem desempenhar o papel de arbitragem que só elas estão em condições de exercer com a experiência adquirida em inúmeras intervenções post-conflito e com a neutralidade indispensável ao reconhecimento e legitimação de um procedimento constituinte justo.

11. Uma "consciência internacional" começa a crescer e já se exprime e condiciona os governantes das democracias. À luz da opinião pública internacional, à luz do Direito e de uma ética mínima dos povos, a condenação da guerra apenas deve ceder perante situações limite, depois de esgotados todos os meios para a evitar. A guerra só é admissível como derradeiro recurso para restaurar a paz. A sofisticação das armas atingiu tal precisão, cada disparo é tão personalizado e cada dano colateral tão aberrante que entre a guerra e o terrorismo dificilmente subsiste uma fronteira antropológica reconhecível. O que prevalece é uma continuidade semântica: o homicídio. O terrorismo não se combate com exibições simétricas de "choque e pavor", nem a democracia floresce no rasto dos exércitos invasores. O que distingue hoje a guerra do terrorismo, dominados pela mesma sede de exibição, produzindo o mesmo espectáculo de sangue e ruína, é apenas "a intenção de provocar vítimas civis". Uma "intenção" tão frágil quanto o seu fatal subjectivismo e tão relativa quanto os valores intraduzíveis dos universos em confronto.

IV

12. Apesar do Afeganistão e do Iraque, a actual situação internacional autoriza algum optimismo voluntarista. A nova ordem internacional

que todavia se esboça, reconhecendo embora a hegemonia militar da potência sobrante da guerra-fria, deverá impor uma repartição das responsabilidades internacionais mais deferente para com as democracias constitucionais. Mas não poderá admitir cedências na esfera de protecção dos Direitos Humanos, como vergonhosamente está a acontecer nesse limbo jurídico que é a base militar de Guantánamo. É ainda possível uma ordem internacional que queira preservar a centralidade da importância reconhecida aos seres humanos e que trate as pessoas como sujeitos e não como súbditos de potências alheias.

13. É missão irrenunciável dos juristas analisar, debater e denunciar com rigor e profundidade os graves riscos que implica a vasta reconfiguração em curso de todo o Direito Internacional. Há que fazê-lo também com a necessária abertura porque a mudança é imparável e apenas nos é dado tentar influir no seu curso. Mas é vocação do Direito domesticar a força e quando uma nova barbárie ameaça o património de humanismo e tolerância que arduamente construímos, a defesa de alguns valores essenciais fica, exclusivamente, à nossa responsabilidade.

SINAIS DE MUDANÇA NO DIREITO DA CONCORRÊNCIA (COMUNITÁRIO)? – ALGUNS TÓPICOS DE DISCUSSÃO

PEDRO FROUFE

SUMÁRIO: 1. Concorrência e *Transnacionalização* (notas de enquadramento). 2. A propósito do princípio concorrencial. 3. Rumo a uma *ordem concorrencial mundial?*; 4. Rumo a uma *ordem concorrencial mundial?* (cont.). 5. *Efeito-rede*, *monopólios naturais* e integração europeia. 6. Objectivos do sistema comunitário: da *integração negativa* à *eficiência económica*? 7. Sistema comunitário e Direito *Anti-trust* norte-americano: sinais de uma aproximação, quanto aos objectivos?. 8. Notas relativas à jurisprudência comunitária (a propósito do Acórdão do T.J.C.E. de 20/9/2001 – Acórdão *Courage*). 9. O novo Regulamento do Conselho (CE) n.º 1/2003.

1. O fenómeno da concorrência tem vindo a merecer, cada vez mais, a atenção do Direito; no entanto, ele sempre suscitou o interesse de vários "ramos" do conhecimento, mesmo para além daqueles que gravitam directamente em torno das Ciências Económicas, como a própria Filosofia e Ciência Política.

Hoje em dia, no dealbar do século XXI e no centro de um assumido processo de *transnacionalização*, não só económica, mas também cultural e social, a discussão sobre a concorrência acompanha o debate relativo à emergência de manifestações de um "novo" capitalismo – ou, talvez simplesmente, de diferentes respostas do sistema capitalista, interpelado por novas realidades económicas e políticas.

Alguns autores, como ALAIN MINC, tentam mesmo teorizar um "novo capitalismo dito patrimonial" ou *www.capitalismo*, resultante de uma ver-

818 *Estudos em Comemoração do 10.° Aniversário da Licenciatura em Direito*

dadeira "revolução/economia digital" que porventura terá originado um novo ciclo de Kondratiev. Tal "novo capitalismo", caracterizado pelo facto de nele existir um número cada vez maior de pequenos accionistas e ser fortemente condicionado pela evolução e vicissitudes do mercado bolsista, sucederia àquele outro que enquadrou as relações económicas e sociais de grande parte do século XX: o "capitalismo empresarial".[1] Atentando nas ideias de MINC, a consequência que este retira do advento do enunciado "capitalismo patrimonial" é o fim inevitável do "binómio *Mercado em concorrência vs. Estado* como elemento estruturador de toda a sociedade" – até mesmo porque a concorrência *mundializar-se-á* de facto, independentemente dos actuais enquadramentos jurídicos assentes na territorialidade e/ou nos limites dos ordenamentos nacionais. Neste contexto e a propósito do denominado caso *Microsoft*, este autor, ilustrando as suas reflexões, afirma que "a globalização e a revolução tecnológica transformaram a *FTC (Federal Trade Commission)* e o Departamento de Justiça norte-americanos, em jurisdições cujo alcance se tornou mundial"[2].

Independentemente da fiabilidade da prognose de MINC[3], o facto é

---

[1] ALAIN MINC, *www.capitalismo*, 2001 (Ed. portuguesa, Difel), págs. 22 e 23: "Com a electricidade, o automóvel e o *taylorismo*, realizou-se a profecia de Galbraith: instalou--se um capitalismo empresarial. (...) Triunfante durante os «trinta gloriosos», o capitalismo empresarial tentou sobreviver aos abalos das crises petrolíferas e da recessão e à irresistível ascensão do desemprego maciço. Mas as suas dificuldades para superar estes problemas e a ausência de alternativas tornaram-se visíveis, para muitos, na confusão dos anos 80. Uma dezena de anos depois, manifestaram-se, nos Estados Unidos naturalmente em primeiro lugar, os indícios de uma nova era do capitalismo. (...) Á revolução nascida da mundialização e da emergência de uma nova era tecnológica, corresponde outro capitalismo (...) dominado pelos accionistas".

[2] ALAIN MINC, *ob. cit.*, pág. 51. O "Caso Microsoft" tem sido uma referência na evolução recente do Direito da Concorrência, desde logo, porque – entre outros aspectos – veio salientar o problema da *localização/deslocalização* dos efeitos das práticas anti-concorrenciais. Na realidade, sob o ponto de vista geográfico e no decurso deste processo, assumiu-se o facto de o mercado relevante no qual os efeitos dos comportamentos comerciais da *Microsoft* se faziam sentir ser o mercado mundial. Para consulta dos principais actos processuais *do United States vs. Microsof currente case*: http://http://www.usdoj.gov/atr/cases/ms_index.htm.

[3] O texto a que aludimos – *www. Capitalismo (http://www.capitalisme.fr* – na versão original) – foi escrito tomando ainda em consideração uma fase de euforia bolsista, sobretudo nos Estados-Unidos e relativamente aos títulos das empresas tecnológicas e da denominada *economia virtual*. Ora, a história recente – o abrandamento da economia norte-americana, a falência de um número significativo de "gigantes" da economia virtual nos Estado-Unidos e a consequente retracção bolsista, assim como o "11 de Setembro de 2001" – fragilizou as observações e as previsões de Alain Minc.

Sinais de Mudança no Direito da Concorrência (Comunitário)? 819

que, cada vez mais, os quadros tradicionais do sistema capitalista são discutidos e reequacionados.

A proclamação do "fim da História", feita por FRANCIS FUKUYAMA logo após a "queda do muro de Berlim"[4], tem-se revelado, afinal, não tanto como uma verificação incontestada, mas sobretudo como um tópico de uma discussão sempre em aberto sobre o resultado possível a que nos conduzirá a dinâmica capitalista. E discutir o capitalismo e a economia de mercado pressupõe, desde logo, numa perspectiva jurídica, repensar-se a concorrência e os pressupostos que têm, até agora, suportado a sua juridicização. Aparentemente, de um modo geral, a *transnacionalização* da economia tem sido o elemento catalisador (directa ou indirectamente) dos sinais de mudança que se vislumbram no Direito da Concorrência.

No entanto, também a propósito de tal mudança – desde logo, sentida no Direito Comunitário (da Concorrência) – podemos pensar que "num momento em que alguns julgam visualizar uma transição de era, proporcionada pelas verdadeiras revoluções que condicionaram as últimas décadas do século XX, a ponderação sobre os vários desfasamentos entre a concepção do direito e o objecto da sua aplicação tem uma importância fundacional"[5]. E, na realidade, no domínio da ordenação jurídica dos mercados e da concorrência, algumas dessas mudanças já empreendidas em vários quadrantes geográficos e culturais (com destaque, repita-se, para o espaço Europeu comunitário[6]) conduzem-nos à necessidade de aprofunda-

---

[4] FRANCIS FUKUYAMA, *The end of History and the Last Man*, 1992. Edição portuguesa: *O Fim da História e o último Homem*, Gradiva, 1999. No entanto, o texto base que deu origem à obra referida, foi um artigo publicado por FUKUYAMA no jornal *The National Interest*, ainda em 1989, expressivamente intitulado em forma de interrogação: *The End of History?*

Ver, a este propósito – http://marxists.org/reference/subject/philosophy/works/us/fukuyama.htm"»

[5] CARLOS DE ABREU AMORIM, *Direito Administrativo e Sistema Jurídico Autopoiético – Breves Reflexões, in SCIENTIA SURIDICA*, Setembro-Dezembro de 2002, T. LI; n.° 294, pág. 483.

[6] Com efeito, no âmbito comunitário, desde a publicação do LIVRO BRANCO da *Comissão para a Modernização das Regras de Aplicação dos Artigos 81.° e 82.°*, de 28 de Abril de 1999 – J.O.C.E. n.° C 132, de 12.05.1999, pág. 1-, surgiram, sob o ponto de vista da produção normativa e jurisprudencial, alguns dados reveladores de uma mudança de rumo, em matéria de Política e Direito da Concorrência: publicação do novo Regulamento (CE) do Conselho n.° 1/2003, de 16 de Dezembro de 2002, relativo á execução das regras de concorrência aplicáveis às empresas e previstas nos artigos 81.° e 82.° do Tratado CE – J.O.C.E. n.° L 001, de 4.01.2003, pág. 1; Acórdão do Tribunal de Justiça de 20.09.2001, proferido no Proc. n.° C-453/99 (Acórdão *Courage*), entre outros. Abordaremos, *infra*, em 8. e 9., respectivamente, alguns tópicos relativamente a estas duas últimas referências.

820   Estudos em Comemoração do 10.º Aniversário da Licenciatura em Direito

mento de tal ponderação; ponderação aprofundada essa que deverá tomar em consideração diferentes, mas inter-relacionados contributos, fornecidos por variados sectores do conhecimento e da análise científica, mesmo para além do Direito e da Economia.

Além disso, tais mudanças levantam-nos ainda a interrogação sobre se, de facto, estaremos na antecâmara de uma "transição de era" (qual *revolução pré-anunciada* na juridicização até agora empreendida da concorrência), ou se, pelo contrário, assistimos *apenas* a uma evolução ancorada ainda nos princípios jurídicos e nos objectivos do Direito e das Políticas de Concorrência que conhecemos. No fundo, perante uma realidade nova que surge no horizonte deste Direito (desde logo, resultante do aludido processo de *transnacionalização* intensiva e acelerada que marca o início deste século XXI) e face aos sinais de mudança que se vão já manifestando (*v.g.* e como já referimos, no âmbito europeu comunitário[7]), perguntar-se se estará – ou não – em curso o início de um processo de mudança *re-fundacional* do próprio Direito da Concorrência.

Nestas breves reflexões, procuraremos esboçar alguns tópicos de análise e de discussão a propósito das mudanças (evolução ou "transição de era"?) que se vislumbram ou se reclamam, actualmente, no Direito da Concorrência. Anotaremos alguns dos sinais de mudança já verificados, tendo em atenção, principalmente, os Direitos Comunitário e Português[8]. No entanto, não temos outro objectivo que não seja o de registar algumas interrogações (possíveis tópicos de reflexão) para futuras análises e debates mais ambiciosos e maturados que, com o tempo necessário e já com o benefício da experiência resultante da aplicação concreta dos novos regimes recentemente introduzidos no âmbito comunitário e nacional, por certo, serão produzidos, enriquecendo a nossa literatura.

---

[7] Culminando tal mudança, até agora e em termos normativos, na publicação do novo Regulamento (CE) do Conselho n.º 1/2003, de 16 de Dezembro de 2002 – ver, *supra*, nota precedente

[8] Na ordem jurídica portuguesa importa, aqui e neste contexto, não perder de vista a introdução do novo *Regime Jurídico da Concorrência*, constante da Lei n.º 18/2003, de 11 de Junho (Diário da República, Série I-A, n.º 134, de 11 de Junho de 2003, pág. 3450 a 3461), assim como o Decreto-Lei n.º 10/2003, de 18 de Janeiro (Diário da República, Série I-A, n.º 15, de 18 de Janeiro de 2003, págs. 251 a 259) que, no uso da autorização legislativa concedida pela Lei n.º 24/2002, de 31 de Outubro, cria a também nóvel *Autoridade da Concorrência*.

2. Uma primeira nota resulta do caracter estruturante e constitucional da preservação do livre jogo da concorrência, nos sistemas de economia de mercado. Centrando-nos na ideia de *constituição económica*, no papel que o *princípio concorrencial* aí ocupa e nas suas implicações ao nível das soluções normativas dos ordenamentos jurídico-económicos, podem levantar-se algumas interrogações.

A dimensão marcadamente *globalizada* das relações económicas contemporâneas leva-nos, cada vez mais, a pensar o Direito e a sua acção para além dos quadros do Estado. A *transancionalização* e a *supranacionalidade* são dados incontornáveis do Direito nos dias que correm e que influenciam a própria conformação concreta das ordens jurídicas nacionais. O primado do Estado e a sua consideração como a "unidade de conta" do Direito, cada vez mais perdem sentido face à realidade dos factos, sobretudo, no campo económico. As soluções técnicas tradicionalmente consagradas nos Direitos nacionais, pressupondo e reflectindo tal visão jurídica eminentemente estadualista (*intra-etadualista*), terão que ser novamente discutidas e reavaliadas, sobretudo, face a uma realidade económica marcadamente *globalizada*.

Como resulta, por exemplo, do já mencionado *Caso Microsoft* [9], cada vez mais os efeitos resultantes de práticas anti-concorrenciais fazem-se sentir em mercados e espaços geográficos que extravasam os limites das jurisdições nacionais. Consequentemente, o próprio *princípio concorrencial* – princípio superior de ordenação económica e com consagração constitucional na generalidade das ordens jurídicas da União Europeia [10]

---

[9] Ver, *supra*, nota 2.

[10] No que concerne à *Constituição económica* portuguesa, esta, propugnando pela garantia de um sistema de organização e de controlo democrático da economia, pressupõe o funcionamento eficiente dos mercados, a defesa da concorrência, assume reticências relativamente aos monopólios e proscreve os denominados abusos de posição dominante (sem, contudo, proibir, por princípio, a própria posição dominante em si mesma considerada). Com efeito, nos termos dos artigos 81.º, *e)* da CRP, estas são "incumbências prioritárias do Estado", no "âmbito económico e social". Por outro lado, o artigo 99.º, *a)*, da CRP, elege, desde logo, a "concorrência salutar entre os agentes económicos" como sendo um dos objectivos da "política comercial". Ver, designadamente, J. J. Gomes Canotilho e Vital Moreira, *Constituição da República portuguesa anotada*, 3ª. Ed. revista, 1993, págs. 394 e 398; *id*, *Fundamentos da Constituição*, 1991, pág. 159 e ss.; J.P.F. Mariano Pego, *A Posição Dominante Relativa no Direito da Concorrência*, 2001, págs. 9 a 11. Ver, ainda, a propósito do *princípio da subordinação do poder económico ao poder político democrático* e das suas relações/tensões com a *liberdade económica* e com o *princípio do respeito pela iniciativa económica privada*, A. L. Sousa Franco e G. d'Oliveira Martins, *A Constituição económica portuguesa. Ensaio interpretativo*, 1993, págs. 211-212.

822 *Estudos em Comemoração do 10.º Aniversário da Licenciatura em Direito*

– talvez mereça ser também reequacionado à luz das novas realidades que se vão afirmando.

No caso português (como nos demais Estados-membros) a consagração constitucional de tal princípio articula-se já e necessariamente com uma possível *Constituição Económica material* da União Europeia; no entanto, mesmo na perspectiva constitucional, na medida em que as características que conferem tal dignidade ao referido princípio serão as mesmas que lhe permitem ser compaginável com diferentes tipos de interpretação e de aplicação (designadamente, a abertura e a *plasticidade* típica de um princípio/"quadro institucional"), bem assim como, consequentemente, com diferentes axiologias, importará testar e discutir tal *princípio concorrencial* e respectivos postulados, a pretexto das novas realidades económicas.

No fundo, a discussão sobre os próprios objectivos do Direito da Concorrência – seja nacional, seja comunitário – integra-se também, necessariamente, no debate em torno das possíveis configurações de Constituição Económica e, ainda, como refere MIGUEL MOURA E SILVA, no contexto de "um conflito mais amplo sobre o próprio *sentido da interpretação constitucional* ("tendência interpretativista" e "não-interpretativista")[11].

3. O processo de *transnacionalização* que temos vivido com mais intensidade na última década, impõe, portanto, um repensar do Direito da Concorrência. Outro tópico importante, no contexto da discussão relativa aos desafios que, actualmente, se colocam a este Direito, diz respeito à eventualidade/necessidade de uma efectiva "ordem concorrencial mundial"[12].

---

[11] Citando J.J. GOMES CANOTILHO, *Direito Constitucional*, (6ª Ed.), 1996, MIGUEL MOURA E SILVA, sintetiza também topicamente tal conflito de perspectivas sobre a interpretação constitucional, referindo que para a "tendência interpretativista" «os juizes, ao interpretarem a Constituição, devem limitar-se a captar o sentido dos preceitos expressos na constituição, ou, pelo menos, nela claramente implícitos», inserindo-se, nesta corrente, autores da "Escola de Chicago", como ROBERT H. BORK e RICHARD A. POSNER. "Do outro lado, encontramos um conjunto de posições «não interpretativistas» nas quais se destacam RONALD DWORKIN, HERBERT WECHESLER e JONH HART ELY que, ainda segundo J.J. GOMES CANOTILHO, «defendem a possibilidade e a necessidade de os juizes invocarem e aplicarem valores e princípios substantivos – princípio da liberdade e da justiça – contra actos da responsabilidade do legislativo em desconformidade com o 'projecto da Constituição'» – M. MOURA E SILVA, *Inovação, Transferência de Tecnologia e Concorrência. Estudo Comparado do Direito da Concorrência dos Estados Unidos e da União Europeia*, 2003, pág. 116, sobretudo, em nota 263.

[12] DOMINIQUE BRAULT – *Droit de la Concurrence Comparé – Vers un Ordre Concurrentiel Mondial?*, Paris, 1995, em particular, pág. 118 e ss.

Sinais de Mudança no Direito da Concorrência (Comunitário)? 823

Assim, recorrentemente, sobressai a discussão sobre a necessidade (para alguns autores, uma verdadeira inevitabilidade) de a comunidade internacional desenvolver os fundamentos de uma efectiva ordenação mundial da concorrência, de base convencional, através de instituições como a OMC, a CNUCED e a própria ONU[13].

A globalização do comércio, da produção e dos mercados, suportada pela evolução/revolução técnica (principalmente, ao nível das *novas tecnologias da informação*), provocou uma internacionalização (com mais propriedade, *transnacionalização*) dos obstáculos à concorrência. A dimensão internacional/transnacional de tais entraves assume manifestações de diversos tipos. Para ULRICH IMMENGA[14], é possível sistematizar tais manifestações da seguinte forma:

– práticas colectivas de empresas situadas em países diferentes e tendo efeitos, simultaneamente, sobre o jogo da concorrência interna nesses diferentes países em causa e no comércio internacional (*v.g.*, os cartéis internacionais);

– práticas colectivas levadas a cabo por empresas de um mesmo país e produzindo efeitos sobre a capacidade de penetração de empresas estrangeiras nos mercados desse país em causa. A este propósito, IMMENGA salienta que poderemos estar perante práticas anticoncorrenciais proibidas à luz da ordem jurídica nacional considerada (*v.g.*, cartéis), mas também, por outro lado, perante práticas que não entravam necessariamente a concorrência nos mercados nacio-

---

[13] M. RAINELLI – *Rumo a uma ordem concorrencial mundial ?*, in *Filosofia do Direito e Direito Económico. Que Diálogo? Miscelâneas em honra de Gérard Farjat*, 2001 (Ed. portuguesa, Instituto Piaget). A este respeito, Rainelli, pronunciando-se sobre a importância do estudo das regulamentações da concorrência (regulamentações jurídicas essas, de base estadual), afirma, contudo, que "o movimento de liberalização das trocas iniciado desde o fim da Segunda Guerra Mundial, no seio do GATT, depois da OMC, leva a uma mudança de natureza do problema (que modelos que regulamentação da concorrência?): (...) para lá das tentativas de constituição de uma ordem concorrencial nacional, com as suas características próprias, a questão que está hoje em debate é a da elaboração de uma ordem concorrencial mundial. Neste movimento, a OMC, e em particular o mecanismo de regulação dos diferendos instituído pelo *acordo de Marraquexe*, ocupa um lugar central". Rainelli, *ob. cit.*, pág. 533. Ver, ainda na mesma obra colectiva, ULRICH IMMENGA, *O Direito da Concorrência na Economia Global*, in *Filosofia do Direito e Direito Económico...*, pág. 439. DOMINIQUE BRAULT – *ob.cit.*, antecedente nota 12.
Relativamente a uma abordagem assente numa rede de múltiplos acordos bilaterais, reforçando a cooperação entre as várias autoridades nacionais da concorrência, PETER MORZET, *Internationale Zusammenarbeit der Kartellbehorden*, 1991.

[14] ULRICH IMMENGA, *ob. cit. in Filosofia do Direito e Direito Económico...*, pág. 440.

824 *Estudos em Comemoração do 10.° Aniversário da Licenciatura em Direito*

nais ou não são proibidas pelo sistema nacional em causa (*v.g.*, certas práticas verticais entre produtor e distribuidor);

– praticas anti-concorrenciais que são adoptadas por empresas de um mesmo país, porém, restringindo o jogo da concorrência, desde logo, num outro, ou em diversos outros países (*v.g.*, alianças à exportação ou certos tipos de abusos de posição dominante a respeito dos quais, em particular, servirá novamente de ilustração paradigmática o caso *Microsoft*[15]).

4. Ampliando o efeito da *transnacionalização* dos obstáculos à concorrência, ponderam-se também problemas que se prendem directamente com a revolução técnica que tem suportado tal movimento de globalização. Ou seja, os factores que são habitualmente apontados como ferramentas ou instrumentos de suporte de todas as modificações verificadas e vividas na última década e meia (designadamente, *as novas tecnologias de informação*, *v.g.*, a Internet) assumem-se, também eles, como fonte de novos problemas, contribuindo para reforçar as teses que apontam para a necessidade de uma diferente abordagem jurídica – numa perspectiva internacional – do fenómeno da concorrência (a criação ou a juridicização de uma efectiva "Ordem Concorrencial Mundial" – adoptando a expressão de BRAULT).

Há, assim, novas áreas do relacionamento económico, cuja génese e desenvolvimento decorre da "revolução" vivida nas tecnologias de informação e que reclamam uma abordagem específica do Direito da Concorrência. Os domínios da Internet, com todas as formas de relacionamento electrónico no âmbito das relações económica e comerciais, constituem-se, por excelência, como novos desafios ao Direito da Concorrência e, simultaneamente, como factores determinantes da sua reformulação, designadamente, numa perspectiva global. Mais ainda, o desenvolvimento das tecnologias informáticas e digitais, o advento da Internet, potenciaram, na perspectiva concorrencial, novas problemáticas que se assumem também como pontos de confluência de várias disciplinas jurídicas: tal será o caso, por exemplo, do "comércio electrónico" (sector de confluência interdisciplinar, entre outros, do Direito Comercial, do Direito Internacional Privado e da Protecção dos Consumidores) e o "comércio internacional de

---

[15] Ver, *supra*, nota 2 – *United States vs. Microsoft Current Case*: http:// http://www.usdoj.gov/atr/cases/ms_index.htm" ».

Sinais de Mudança no Direito da Concorrência (Comunitário)? 825

transferência de tecnologia"[16] (onde o Direito da Propriedade Intelectual, o Direito do Comércio Internacional e a Arbitragem se misturam e interagem, por exemplo, com o Direito dos Contratos).

5. Outro tópico com atinências à *transnacionalização* económica e também ilustrativo da evolução que o Direito da Concorrência tem vindo a sentir (designadamente, no que diz respeito aos seus pressupostos e paradigmas tradicionais) é aquele que envolve o denominado "efeito-rede" (*network effect*). MARIA MANUEL LEITÃO MARQUES, referindo-se a tal efeito, salienta que "na indústria tradicional, um produto perde valor na proporção da sua utilização. Em indústrias como as telecomunicações ou a informática passa-se o contrário. A importância de um produto fornecido por uma empresa depende, em grande parte, do número de consumidores que compra esse ou outros produtos (complementares) da mesma empresa. Assim, o produto torna-se tanto mais valioso quanto maior é o seu número de utilizadores. Este fenómeno é designado por *efeito-rede,* sendo especialmente visível na Internet. O *efeito-rede*, foi, aliás, um dos aspectos principais na análise do Caso *Microsoft*"[17].

Inicialmente, este tipo de fenómeno cada vez mais emergente nas sociedades industriais e tecnológicas contemporâneas, contribuiu para reforçar a convicção de que os quadros jurídicos clássicos do Direito da Concorrência (mais propriamente, do *Direito de Defesa da Concorrência*), seriam inadequados, designadamente, em confronto com os *monopólios naturais*. Ora, estes monopólios são habitualmente identificados com determinados processos produtivos, simultaneamente resultantes e potenciadores de tal efeito (*indústrias-rede*). A abordagem que o Direito Comunitário foi desenvolvendo relativamente a esta questão é particularmente demonstrativa da mudança de perspectivas e de objectivos que norteiam o Direito (e a teoria e doutrina económicas) da Concorrência.

Os *monopólios naturais* – formas de organização dos mercados, pelo lado da oferta, em que o próprio funcionamento do livre jogo da concorrência e, consequentemente, as próprias características intrínsecas desse mercado, dificilmente permitem o aparecimento de mais do que um único

---

[16] Ver, na literatura portuguesa, ANTÓNIO MARQUES DOS SANTOS, *Transferência internacional de tecnologia, economia e direito – alguns problemas gerais, in Cadernos de Ciência e Técnica Fiscal*, n.° 132, Centro de Estudos Fiscais, 1984 e MIGUEL MOURA E SILVA, *ob. cit..*

[17] MARIA MANUEL LEITÃO MARQUES, *Um Curso de Direito da Concorrência, 2002*, pág. 28.

operador ou ofertante[18] –, assim como a figura dos "serviços de interesse económico geral" (que tinham como substracto tais monopólios), constituíram-se como excepção à ordem concorrencial tradicional, postulada pelo Tratado de Roma. A regra era tratar-se de serviços "fora do mercado" e portanto excluídos da aplicação das regras de concorrência.[19]

O caracter instrumental que, no âmbito do processo de integração europeia, as regras de concorrência (o sistema normativo de *defesa da concorrência*) assumiram, justifica, em parte, a mudança de perspectiva das Instituições comunitárias relativamente aos "serviços de interesse económico geral". Tal mudança de perspectiva foi-se manifestando no âmbito comunitário, por exemplo, na política de progressiva liberalização de sectores como o dos transportes aéreos, das telecomunicações[20] e da energia.

---

[18] MARIA MANUEL LEITÃO MARQUES e VITAL MOREIRA, a propósito do movimento regulador dos mercados e, reflexamente, ilustrando a passagem da concepção tradicional, liberal clássica de economia de mercado que pressupunha o paradigma da "concorrência pura e perfeita", apontam como exemplos de "falhas" ou limites do mercado o caso dos *monopólios naturais*. De resto, tais *monopólios naturais*, encarados como "falhas" do mercado e de acordo com os autores em causa, são uma das razões justificativas da regulação nas contemporâneas economias capitalistas: "A segunda razão (da regulação) está ligada aos *limites* e «falhas» do mercado, isto é, às situações em que o mercado não pode funcionar. É o caso dos *monopólios naturais*, em que, por razões de racionalidade económica e ambiental, não se pode estabelecer concorrência entre uma pluralidade de operadores, tendo de aceitar-se um único operador. Tal sucede, nomeadamente no caso das chamadas indústria de rede, como as redes de transporte e distribuição de electricidade, de gás, de água, (…)". MARIA MANUEL LEITÃO MARQUES e VITAL MOREIRA, *Economia de Mercado e Regulação, in A Mão Visível. Mercado e Regulação*, 2003, pág. 14.

[19] VITAL MOREIRA, *"Serviços de interesse económico geral" e Mercado, in* MARIA MANUEL LEITÃO MARQUES e VITAL MOREIRA, A Mão Visível…, 2003, pág. 64. Para este autor, os "serviços de interesse económico geral" são essencialmente "a nova versão dos tradicionais «serviços públicos», mediante os quais os poderes públicos (Estado e municípios) garantiam a todos os cidadãos um núcleo de serviços essenciais à vida, como água, energia, transportes colectivos, telecomunicações, etc. (…) tais serviços públicos estavam em geral sujeitos a um regime de exclusivo ou de monopólio, com regulação pública das tarifas e demais condições de prestação do serviço em causa" – *id, ob. cit.*, ainda pág. 64.

[20] BAVASSO, ANTÓNIO, *Communications in EU Antitrust Law: Market Power and Public Interest*, (European Monographs), Kluwer Law International, 2003 – sobretudo, para uma análise da regulação sectorial das telecomunicações e sua consideração como *serviço público*, numa perspectiva de *interesse público europeu*. Ver, também, a propósito do Direito da Concorrência Comunitário e o "serviço público de televisão", MARIA LUÍSA DUARTE, *A União Europeia e o Financiamento do serviço público de televisão – Enquadramento comunitário e Competências dos Estados-membros, in Estudos de Direito da União e das Comunidades Europeias. Direito Comunitário Institucional. União Europeia e Constituição. Direito Comunitário Material.*, 2000, pág. 181 e s..

Sinais de Mudança no Direito da Concorrência (Comunitário)? 827

É certo que com o aprofundamento da integração resultante da conclusão do Mercado Único, no final de 1992, as regras de *defesa da concorrência* deixaram de poder ser encaradas como tendo por objectivo primordial a construção da integração económica. Assim sendo, a instrumentalização destas regras comunitária, no âmbito do Direito da Integração, face a tal objectivo (a integração económica), começa, a partir de então, a perder vigor – tendo, mesmo, podido legitimamente pensar-se que a interpretação jurisprudencial e institucional (sobretudo, da Comissão) daquelas normas do Tratado CE passaria a concentrar-se quase exclusivamente no clássico objectivo económico da manutenção de um grau de concorrência efectiva nos mercados comunitários. No entanto, como observa MOURA E SILVA[21], o que se notou foi ainda a configuração do Direito da Concorrência como instrumento de *integração negativa*, como alavanca para a abertura e liberalização de um conjunto de sectores económicos (e dos respectivos mercados), até então tradicionalmente dominados por monopólios estatais ou empresas a quem foram atribuídos legalmente direitos exclusivos.

Na realidade, houve uma (outra) instrumentalização das regras de concorrência "de forma a abrir à concorrência mercados ineficientes que respondeu a modificações tecnológicas que eliminaram algumas características daqueles sectores que as qualificavam como monopólios naturais. A concorrência surge assim, em primeiro lugar por efeito de transformações tecnológicas. Mas tal não diminui o papel da política da concorrência num duplo vector de liberalização e de garante da manutenção dessa concorrência, combinada com um movimento de desregulamentação e re-regulamentação desses sectores"[22-23].

6. Outra questão que, de um modo cada vez mais frequente, é também colocada a propósito do Direito da Concorrência – e, em particular,

---

[21] MIGEL MOURA E SILVA, *ob. cit.*, pág. 133.

[22] MIGUEL MOURA E SILVA, *ob.cit*, ainda pág. 133 e em nota 311. Ver também na nossa literatura, ANA MARIA GUERRA MARTINS, *Estudos de Direito Público – vol. I – Direito da União Europeia; Direito Internacional Público; Direito Constitucional*, 2003, (em particular, o estudo *A concessão de serviços públicos – a emergência de um novo direito comunitário da concorrência*, pág. 203).

[23] "A questão fundamental dos "serviços de interesse económico geral" consiste no compromisso entre as "obrigações de serviço público" e a implementação de um mercado concorrencial (…)" – VITAL MOREIRA, *"Serviços de interesse económico geral" e Mercado, in* A Mão Visível…, pág. 66.

828   *Estudos em Comemoração do 10.º Aniversário da Licenciatura em Direito*

do Direito Comunitário –, diz respeito à perspectiva que, tendencialmente, deverá nortear e reflectir-se no concreto enquadramento normativo do fenómeno da concorrência. Dito de outro modo, dever-se-á privilegiar uma abordagem eminentemente económica ou, em alternativa, dever-se-á seguir uma perspectiva mais jurídico-formal? Com efeito, a velha "ideia--força" de que "a concorrência é um fenómeno jurídico, ainda que os mo-biles sejam económicos"[24] parece ser, hoje em dia, cada vez mais discutí-vel – ou, pelo menos, pouco linear.

A este propósito e no âmbito do processo de integração europeia, é de salientar que a doutrina comunitária tem vindo, por vezes, a criticar a Comissão, acusando-a de sobrevalorizar uma abordagem marcadamente formal dos casos sujeitos à sua apreciação/decisão, desvalorizando, por conseguinte, uma perspectiva mais económica[25-26].

Em parte, no âmbito da construção comunitária, esta discussão não poderá ser desligada daquela que se prende com a (re)definição dos pró-prios objectivos da Política da Concorrência. Como voltaremos a aflorar *infra* (ponto 7.), o sistema normativo comunitário de *defesa da concor-rência* foi originariamente pensado para servir (ou pelo menos e em sede da respectiva aplicação, para ser também aproveitado) como instrumento da integração económica (em particular, da *integração negativa*), no âm-bito da realização do mercado comum (*Mercado Interno*). Houve uma quase secundarização dos objectivos económicos e de defesa da própria concorrência em si mesma considerada, face a outro tipo de objectivos de carácter mais político-funcional – em suma, face ao objectivo *integração* e às suas necessidades concretas e circunstanciais. Daí, uma relativa aber-tura da Política seguida pelas Instituições – designadamente, pela Comissão – a outros valores e interesses não directamente relacionados com aquilo que, em abstracto, poderá ser enunciado como a preocupação central do Direito da Concorrência: a defesa da estrutura concorrencial dos

---

[24] J. GUARRIDES – *Curso de Derecho Mercantil I*, 6ª Ed., 1974, citado, desde então, por vários autores.

[25] A este propósito, MARIA MANUEL LEITÃO MARQUES considera que "(…) Inicial-mente muito mais influenciado pela abordagem jurídica do que pela económica, o direito comunitário da concorrência tem vindo a dar sinais de inversão desta tendência, nomeada-mente *a partir do momento em que a integração deixou de ser um dos seus objectivos prin-cipais*" – M.M. LEITÃO MARQUES – *Um Curso…*, 2002, pág. 60.

[26] MANUEL CARLOS LOPES PORTO – *Teoria da Integração e Políticas Comunitárias*, 2001.

mercados, de acordo com a concepção (actual) de "concorrência possível" (*workable competition*).

Pensando nessa abertura da Política da Concorrência a valores e interesses "não económicos", seguida pelas Instituições comunitárias, poderemos compreender, por exemplo, a preocupação de, através da aplicação das regras do Tratado (sobretudo, do actual n.º 3, do artigo 81.º do Tratado CE, ex-n.º 3, do art.º 85.º – ou seja, através da utilização do denominado *juízo de balanço económico* e da concessão das denominadas *decisões de isenção individual*) ser tentada a criação de condições propícias para a protecção das *PME's*, assim como a consideração, com uma acuidade especial, dos interesses dos consumidores.

Naturalmente, neste contexto, compreende-se que tenha existido, da parte da Comissão, uma tendência de aplicação centralizada e tendencialmente uniformizadora, eminentemente formal (logo, não *puramente económica* e nada aberta a um certo casuísmo), das regras de *defesa da concorrência* comunitárias.

Desta relativa instrumentalização das regras e da Política da Concorrência comunitárias ao objectivo da integração, terão resultado, segundo MIGUEL MOURA E SILVA, "diversas peculiaridades do sistema comunitário, que o distinguem do Direito *Antitrust* dos Estados Unidos (...)" tais como "a hostilidade manifesta a quaisquer restrições da concorrência que tendam a compartimentar o mercado único em torno das fronteiras nacionais" (...) sendo "particularmente penalizadas as restrições verticais. Embora de um ponto de vista económico elas sejam, em geral, menos gravosas para a economia e, pelo contrário, tendam a gerar amplos ganhos de eficiência, o direito comunitário continuava até muito recentemente a encará-las com desconfiança. Apesar do reconhecimento das transformações económicas e tecnológicas em curso na área da distribuição, a Comissão mantinha uma postura de desconfiança em relação a este tipo de restrições."[27]

Ora, dissemos atrás que a discussão sobre que tipo de abordagem – mais *jurídico-formal* ou de pendor *mais económico?* – deverá ser privilegiada no âmbito da interpretação e aplicação do Direito da Concorrência (em especial, no âmbito do Direito Comunitário) dependeria, em parte significativa, de uma discussão e de uma eventual redefinição de objectivos da própria Política e Direito da Concorrência Comunitários. Com efeito, se tais objectivos passarem, essencialmente, pelo reforço da integração

---

[27] MIGUEL MOURA E SILVA, *ob. cit.*, págs. 132 e 133.

830   *Estudos em Comemoração do 10.° Aniversário da Licenciatura em Direito*

(política e económica), *instrumentalizando-se* e *funcionalizando-se*, consequentemente, tal Política da Concorrência, então, compreender-se-á que a prática das Instituições seja sobretudo formal, regida por critérios prédeterminados e pouco dada a um certo casuísmo que, necessariamente, uma abordagem e sensibilidade marcadamente económicas implicaria. No entanto, tal perspectiva essencialmente formal pode também implicar, por outro lado e ainda que a Política da Concorrência seja assumida como um mero instrumento ao serviço do objectivo *reforço da integração*, uma perda de eficácia do próprio sistema normativo instituído – e isto, com implicações ao nível da eficiência económica que a aplicação de tal sistema normativo pretende garantir.

Na realidade, esta discussão agora topicamente enunciada, enlaça-se, portanto, com a necessidade (inadiável, no âmbito comunitário) de serem efectuadas certas opções, no que diz respeito à Política da Concorrência: em síntese, as palavras-chave de tais opções que, no horizonte da Política e do Direito da Concorrência Comunitários se colocam, serão, por um lado, o objectivo *garantia dos efeitos da integração* que poderá não ser despiciendo, sobretudo, face a uma União, brevemente alargada a 25 novos Estados-membros e, por outro lado, *eficiência económica*, reforçando as potencialidades do mercado em concorrência, enquanto principal factor de racionalidade económica capitalista.

7. No espaço europeu, o impulso dado à juridicização da (*defesa da*) concorrência deveu-se, em medida significativa, ao próprio processo de integração europeu e ao Direito Comunitário. Podemos dizer que o Direito da Concorrência no "Velho Continente" é praticamente tributário das regras do Tratado de Roma de 1957 quanto ao respectivo impulso genético decisivo.

Excepcionando a posição do direito alemão – que originariamente influenciou o sistema comunitário de "defesa da concorrência" – são as regras do Tratado que, pela primeira vez e precedendo os ordenamentos nacionais, instituíram, no espaço europeu, normas e princípios jurídicos tendentes à preservação das estruturas concorrenciais dos mercados. A necessidade de garantir à institucionalização das denominadas "quatro liberdades económicas" do Mercado Comum o respectivo efeito útil, justificou (e ainda justifica) a atenção e a importância dispensadas pelo Tratado de Roma à então inovadora matéria normativa introduzida nos seus artigos 85.°, 86.° e 92.° (actualmente, 81.°, 82.° e 87.°, respectivamente, do Tratado CE). "Com efeito, é já um lugar comum (…) afirmar que uma das

Sinais de Mudança no Direito da Concorrência (Comunitário)? 831

funções essenciais das regras comunitárias de concorrência aplicáveis às empresas consiste em evitar que acordos, práticas concertadas ou abusos de posição dominante mantenham os obstáculos ao comércio entre os Estados-membros eliminados por força das regras sobre as quatro liberdades (liberdade de circulação de mercadorias, serviços, pessoas e capitais)"[28]. Ou seja, como referimos precedentemente em **6.**, uma das funções essenciais de tais regras, era a de servirem de instrumento à *integração económica negativa*.

Na Europa, portanto, os primeiros sinais da criação de um Direito da Concorrência surgem ligados à integração económica, mais de meio século depois de o processo de positivação e de aplicação de regras de *defesa da concorrência* (*anti-trust*) ter sido iniciado na América do Norte, com o *Sherman Act* de 1890[29]. Desde os primórdios, o Direito da Concorrência (de *defesa da concorrência*) no Continente Europeu, surgindo impulsionado pelo processo de integração comunitário, apresenta-se, consequentemente, com uma estrutura de objectivos imediatos diferente e mais instrumentalizada em função de interesses "não económicos", comparativamente com o seu congénere Direito *Anti-trust* norte americano.

Esta diferença quer temporal, quer de objectivos, entre o Continente Norte Americano e a Europa, no que diz respeito à emergência e consolidação jurídica de um sistema de *defesa da concorrência*, reflecte, de modo não negligenciável, diferentes percursos históricos, políticos e económicos. Tradicionalmente, sempre foi possível detectar diferenças de objectivos e de Políticas da Concorrência, quando comparados os Direitos e os sistemas norte-americano e europeu. "Mesmo que o direito europeu da concorrência não seja imune à influência americana, a verdade é que ele tem a sua própria história, a qual está indissociavelmente ligada à história económica e política da Europa de antes e de depois da II Guerra Mundial"[30].

---

[28] MIGUEL MORA E SILVA, *ob. cit.*, pág. 131, remetendo também para autores como BARRY E. HAWK, *La révolution antitrust américaine: une leçon pour la Communauté économique européenne?*, in *Révue Trimestrielle de Droit Européen*, vol. 25, n.º 1, 1989, pág. 5 e s., que é já uma referência clássica no tratamento desta questão em particular.

[29] A primeira lei *anti-trust* foi, contudo, a Canadiana de 1889, antecipando-se, portanto, ao *Sherman Act*. No entanto, "tratou-se de uma resposta puramente política, sem efeitos práticos, nem sequência, às críticas à concentração, promovida pela *National Policy* do Primeiro-Ministro Sir J.A.Macdonald" – MARIA MANUEL LEITÃO MARQUES, *Um Curso....*, pág. 20 (em nota 3), citando G. BRUCE DOERN e STEPHEN WILKS (org.), *Comparative Competition Policy*, 1966.

[30] MARIA MANUEL LEITÃO MARQUES, *Um Curso....*, pág. 29.

No espaço europeu comunitário a génese e a finalidade primeira, numa perspectiva histórica, do Direito da Concorrência acabou, portanto, por se imbricar com a integração económica, pretendendo servir-lhe de instrumento potenciador. Nos Estados Unidos, embora o impulso criador originário do respectivo Direito *Anti-trust* tenha, nos finais do século XIX, servido os objectivos estratégicos de desenvolvimento de uma economia de escala, de dimensão continental, ele acabou também e por outro lado, por se configurar como uma reacção aos efeitos de um processo de integração espontânea que, no respectivo tecido empresarial, já existia[31].

No entanto, próprio Direito Comunitário da Concorrência (até agora, sobretudo um sistema de *defesa da concorrência* instituído para o *mercado interno*) e a respectiva Política, encontram-se também (e no contexto *supra* referido em 1. a 4.), num processo de mudança.

Vivemos, de resto, presentemente, um momento decisivo no que diz respeito à construção comunitária europeia. Perante o desafio do próximo alargamento e em véspera de decisão em Conferência Inter-Governamental sobre o projecto de "Constituição" Europeia, o desafio (para alguns, quase refundador) que, hoje em dia, se coloca à integração europeia e à construção do seu futuro, é também consequência das mudanças geopolíticas, sociais e culturais sentidas no decurso dos últimos anos.

Importará dotar a União de uma estrutura institucional, de mecanismos de funcionamento e de processos de decisão eficazes e adequados a uma Comunidade de (pelo menos) 25 Estados-membros. É fundamental encontrar-se uma estrutura de funcionamento da "nova" União, agora dotada de uma amplitude geográfica praticamente continental (pela primeira vez na sua história), que consiga harmonizar-se com os interesses político – estratégicos de um grupo alargado e heterogéneo de Estados-membros. Porém, importa, também e sobretudo, encontrar um rumo político-estratégico para a União Europeia que possa nortear a construção comunitária num mundo "pós-queda do muro de Berlin", *globalizado* e, cada vez mais, dinamicamente *globalizador*. Dito de outro modo, está, assim, em aberto o debate sobre a redefinição das políticas materiais comunitárias, incluindo a Política da Concorrência.

---

[31] Sobre os objectivos da Política e do Direito da Concorrência comunitários, sua evolução e comparação com a Política e sistema *anti-trust* norte americano, ver, na nossa literatura, as sínteses expostas por MIGUEL MOURA E SILVA, *ob. cit.*, págs. 115 a 144 e MARIA MANUEL LEITÃO MARQUES, *Um Curso...*, pág. 19 a 40.

Sinais de Mudança no Direito da Concorrência (Comunitário)? 833

O facto é que após várias décadas de consolidação do sistema normativo comunitário da concorrência, assiste-se a um processo de mudança que tenderá a superar algumas das características até agora classicamente estruturantes desse sistema. MARIA MANUEL LEITÃO MARQUES – citando D. J. GERBER[32] – refere que, até agora, o sistema comunitário de *defesa da concorrência* (note-se, ainda não um verdadeiro Direito Comunitário da Concorrência), tendo sido pensado em função do objectivo da integração europeia, caracteriza-se por dois traços fundamentais: a *transnacionalidade* (como, de resto, todo o *direito de integração*) e a tensão permanente entre estabilidade e mudança ("à medida que o processo de integração avança, muda a «Constituição» da Comunidade e o papel relativo das diferentes instituições, o que conduz a tensões constantes entre o modelo da fundação da Comunidade e o actual")[33].

Será que a evolução (sinais de mudança?) que se nota existir já na prática interpretativa e na aplicação das regras comunitárias da concorrência acabará por redefinir uma nova Política da Concorrência, na União Europeia? Será que o eventual novo Tratado refundador/Tratado de "caracter constitucional" (preferimos esta designação, apesar de tudo, à de "Constituição" Europeia) que se pretende aprovar e ratificar em todos os Estados-membros até 1 de Maio de 2004, propiciará, com a sua futura vigência, um novo ambiente favorável a um redireccionar da Política da Concorrência Comunitária – reflectindo-se tal eventual redireccionamento, por exemplo, numa aproximação dos objectivos do sistema normativo comunitário com os do sistema *anti-trust* norte americano? Dito de outro modo – e retornando novamente aos tópicos de discussão esboçados *supra*, em **6**. – será previsível que as mudanças esperadas em termos do Direito Comunitário originário consolidarão, definitivamente, uma "nova era" na integração comunitária, apontando-a agora, sob o ponto de vista económico, para um cada vez maior (e qualitativamente diferente) aprofundamento da sua vertente *integração positiva*. Será que, consequentemente, a Política e o Direito da Concorrência Comunitários se concentrarão principalmente na busca da *eficiência económica*?

8. Sob o ponto de vista da aplicação/interpretação jurisprudêncial do sistema comunitário de *defesa da concorrência*, têm-se manifestado já alguns sinais de mudança.

---

[32] DAVID J. GERBER – *Law and Competition in twentieth Century Europe: Protecting Prometheus*, Oxford, 1998.

[33] M. M. LEITÃO MARQUES, *Um Curso...*, pág. 34.

834   *Estudos em Comemoração do 10.° Aniversário da Licenciatura em Direito*

A título ilustrativo, o Acórdão do T.J.C.E. de 20/09/2001[34], proferido no âmbito de um *recurso prejudicial*[35] (Processo n.° C-453/99 – Acórdão *Courage*), acaba por quebrar a *ideia-chave* de que o Direito Comunitário, preocupando-se apenas com as denominadas "práticas colectivas restritivas da concorrência", garante unicamente a defesa da estrutura concorrencial do Mercado Interno – sendo, consequentemente, um Direito de *intervenção mínima* e qualificável, á luz da dogmática do direito nacional, como um típico Direito Económico (no sentido de *Direito Publico da Economia*).

Nesse Acórdão, o T.J.C.E. ao tentar estender a garantia que a "teoria da reparação"[36] oferece aos particulares – afirmando que a plena eficácia

---

[34] Consultar o texto integral do Acórdão em http://europa.eu.int/cj/index.htm ou, a partir de http://www.curia.eu.int.

[35] Artigo 234.° do Tratado CE.

[36] A "teoria da reparação" deve ser equacionada sobretudo à luz do reforço garantia da tutela dos direitos dos particulares derivados da ordem jurídica comunitária. Através desta linha jurisprudencial, afirmada e desenvolvida pelo T.J.C.E., haverá como que uma garantia em segunda linha da protecção dos interesses dos particulares, na medida em que se considera ser obrigação comunitária dos Estados-membros proporcionarem, nas respectivas ordens jurídicas internas, meios e condições processuais idóneos e razoáveis que permitam a um particular lesado directa e individualmente pela violação do Direito Comunitário, poder obter as correspectivas e justas indemnizações ou compensações da parte do Estado-membro em incumprimento. E isto, independentemente de o particular ter (ou não) desencadeado outros meios judiciais de garantia dos seus direitos subjectivos (*v.g.*, ter ou não invocado previamente, diante dos tribunais nacionais, os eventuais "efeitos directos" de tais normas comunitárias violadas), ou de o Estado-membro em causa ter sido, ou não, condenado pelo T.J.C.E. no âmbito de uma "acção por incumprimento", nos termos dos artigos 226.° (ou, eventualmente, 227.°), ambos do Tratado CE. Ainda a propósito da protecção dos interesses dos particulares decorrentes do Direito Comunitário, ver, na nossa literatura e quanto à possibilidade de utilização de "medidas provisórias" para garantia dos direitos subjectivos afectados pela situação de incumprimento, LUIS DUARTE D'ALMEIDA, *A Tutela de Direitos Subjectivos Derivados do Direito Comunitário: Medidas Provisórias nos Tribunais Nacionais*, 2000.

Sobre esta denominada "teoria da reparação" – criada e desenvolvida pela jurisprudência do T.J.C.E a partir do início dos anos 90 do século XX, designadamente, com os Acórdãos do T.J.C.E. de 19 de Novembro de 1991, nos Processos número, respectivamente, C-6/90 (Caso *Francovich*) e C- 9/90 (Caso *Bonifaci*), Col., ano 1991, pág. I-5403 – ver, na nossa literatura, entre outros, J. MOTA DE CAMPOS, *Manual de Direito Comunitário. – O Sistema Institucional. – A Ordem Jurídica. – O Ordenamento Económico da União Europeia*, 2000, pág. 437 e 438; FAUSTO DE QUADROS e ANA MARIA GUERRA MARTINS, *Contencioso Comunitário*, 2002, págs. 212 e 213. Consultar ainda alguns Acórdãos mais recentes do T.J.C.E. que desenvolvem e clarificam as implicações de tal teoria, como, *v.g.*, Acórdão do T.J.C.E. de 5 de Março de 1996 (Caso *Brasserie du Pêcheur*), Proc. n.° C-46793 e

Sinais de Mudança no Direito da Concorrência (Comunitário)? 835

das normas comunitárias ver-se-ía questionada e a protecção dos direitos que essas normas reconhecem debilitar-se-ía se os particulares não tivessem a possibilidade de, junto dos seus tribunais nacionais, *obterem uma reparação quando os seus direitos são lesados, designadamente, por violação de uma norma comunitária da concorrência* (no caso, artigo 81.° do Tratado CE) – acaba por *interconexionar* definitivamente e sob o ponto de vista material, o sistema comunitário e os sistemas nacionais. Mais ainda: implícita e indirectamente, abre caminho, paralelamento, ao reconhecimento de uma figura (ou, pelo menos, dos efeitos jurídicos por ela pretendidos) que, de um modo geral, os ordenamentos nacionais já consagram expressamente, em sede de "práticas individuais restritivas": o "abuso de dependência económica" ou "abuso de posição dominante relativa[37].

9. A Proposta de Regulamento do Conselho, de 27 de Setembro de 2000[38], bem assim como o "Livro Branco de 28 de Abril de 1999", sobre a Modernização das Regras Comunitárias da Concorrência[39] – no seguimento do qual tal proposta foi adoptada – começaram a reflectir a necessidade de ser desencadeada a mudança/modernização, no que respeita ao Direito Comunitário da Concorrência.

Tais (primeiros) sinais de mudança estão já materializados no acto normativo que, na sequência de tal proposta e do mencionado "Livro Branco", foi adoptado em finais de 2002: o Regulamento (CE) n.° 1/2003, de 16 de Dezembro de 2002, *relativo à execução das regras de concorrência estabelecidas nos artigos 81.° e 82.° do Tratado[40].*

C-48/93, Col. 1996, págs. I-1 029 e Acórdão do T.J.C.E. de 10 de Julho de 1997 (Caso *Rosalba Palmisani*), Processo n.° C-261/95. Para todos os Acórdãos do T.J.C.E. – http://europa.eu.int/cj/index.htm.

[37] Sobre este Acórdão do T.J.C.E. de 20/09/2001, Proc. C-453/99, ver, por exemplo, Fernández/Moreno-Tapia – *La aplicacion del Derecho de la Compatencia Comunitário por los jueces nacionais: un paso hacia delante, in Derecho de la Competencia Europeo y Español*, Madrid, 2002. Sobre o "abuso de dependência económica" (ou "posição dominante relativa") – designadamente, sobre a posição do T.J.C.E., a partir de alguns Acórdãos relevantes nesta sede – ver, também e entre nós, J.P.F. Mariano Pego – *ob. cit.*, 2001.

[38] Proposta de Regulamento do Conselho relativo à execução das regras de concorrência aplicáveis às empresas previstas nos artigos 81.° e 82.° do Tratado e que altera os Regulamentos (CEE) n.° 1017/68, (CEE) n.° 2988/74, (CEE) n.° 4056/86 e (CEE) n.° 3975/87 («Regulamento de execução dos artigo 81.° e 82.° do Tratado CE»), apresentada pela Comissão – COM/2000/0582 final – CNS 2000/0243. Jornal Oficial n.° C 365 E de 19/12/2000 págs. 0284-0296

[39] Jornal Oficial n.° C 132, de 12/05/1999.

[40] Jornal Oficial n.° L 001, de 4 de Janeiro de 2003, págs. 1-25.

836 *Estudos em Comemoração do 10.º Aniversário da Licenciatura em Direito*

O mencionado Regulamento (CE) n.º 1/2003, de 16 de Dezembro de 2002, pretende reformar não só o Regulamento n.º 17/62 do Conselho, de 6 de Fevereiro de 1962 (o primeiro Regulamento de aplicação dos artigos 81.º e 82.º do Tratado – *ex*-artigos 85.º e 86.º), mas também os Regulamentos ainda vigentes em matéria de aplicação daqueles normativos de *defesa da concorrência*, ao sector dos transportes.

Ora, nos termos do seu artigo 45.º, o novo Regulamento (CE) n.º 1/2003 será aplicável a partir de 1 de Maio de 2004. Deste modo, tal reforma coincidirá com o alargamento da União, permitindo, assim, que os próximos Estados-membros adaptem já os seus ordenamentos jurídicos a este novo regime de aplicação do sistema comunitário de "defesa da concorrência".

Podemos enunciar sinteticamente alguns dos principais elementos característicos da configuração do novo regime introduzido pelo Regulamento (CE) n.º 1/2003:

– a extinção do actual sistema de "notificação prévia" dos acordos entre empresas, restritivos da concorrência;

– a tentativa de criação de um sistema de *aplicação descentralizada* (pelas próprias autoridades e tribunais nacionais) do n.º 3, do artigo 81.º do tratado (o "juízo de balanço económico");

– o reforço dos poderes de investigação da Comissão;

– uma alteração do sistema de multas e sanções, bem assim como das "medidas cautelares" que poderão ser impostas provisoriamente pela autoridade comunitária (a Comissão), às empresas;

– uma maior atenção e ênfase colocado no princípio do "primado do direito comunitário".

Este novo regime de aplicação dos artigos 81.º e 82.º do Tratado CE, introduzido pelo Regulamento n.º 1/2003, tenta corresponder a um primeiro passo no sentido de uma mudança de rumo do próprio sistema comunitário. Poderá ser, muito provavelmente, o elemento desencadeador da busca de uma *nova configuração/função* do sistema de *defesa da concorrência*, servindo de alavanca para o aparecimento de uma nova Política Comunitária da Concorrência (ou, para uma redefinição dos seus objectivos – como já foi referido *supra*, em **6.** e, sobretudo, em **7.**).

Após 45 anos de vigência e de solidificação do actual sistema, torna-se, com efeito, necessário repensar – no âmbito das novas realidades e desafios político-económicos da Europa e do mundo, e no contexto

Sinais de Mudança no Direito da Concorrência (Comunitário)? 837

de um processo quase refundador da União – *este* sistema comunitário de defesa da concorrência.

A necessidade de reformular o sistema actual terá, por seu turno, que ter em linha de conta não só tais novas realidades políticas, económicas e sociais que se têm desencadeado, mas também os mais recentes elementos e "conquistas" jurídicas comunitárias (um significativamente "novo" *acquis communautaire*).

A este propósito (a consideração de um novo *acquis communautaire*), deverá também merecer uma atenção redobrada o equacionar de um novo sistema/método de aplicação deste tipo de normativos, à luz quer das implicações efectivas do "princípio da subsidiariedade", quer ainda da *comunitarização* dos "direitos fundamentais".

Na realidade, pensamos que sob o ponto de vista da busca de uma nova configuração técnico-jurídica para o sistema comunitário de "defesa da concorrência" – quiçá, para a construção de um efectivo Direito da Concorrência Comunitário – estes dois temas são fundamentais, entrecruzando-se com alguns dos objectivos assumidos logo a partir do "Livro Branco de 1999": a *descentralização/nacionalização* da aplicação das normas comunitárias da concorrência e o *reposicionamento/reforço do papel da Comissão, sobretudo ao nível dos poderes de investigação*[41].

---

[41] Esta discussão, no entanto, tem já algumas raízes antigas na doutrina, antecedendo mesmo a *comunitariazação* dos "direitos fundamentais". Assim, a título de mero exemplo, *cfr.*, já em 1987, ASTERIS PLIAKOS, *Les Droits de la Défense et le Droit Communautaire de la Concurren*ce.

DAS REVISTAS AOS TRABALHADORES
E AOS SEUS BENS EM CONTEXTO LABORAL*

TERESA COELHO MOREIRA

1 Considerações prévias

1. O poder directivo do empregador é irradiação essencial da liberdade de empresa[1] e, como tal, deve constar das faculdades que permitem levar a cabo a iniciativa económica, sendo a subordinação jurídica, ele-

---

* Este texto corresponde a uma análise, ainda que um pouco distinta, de uma parte da nossa dissertação de mestrado, *Da esfera privada do trabalhador e o controlo do empregador*, objecto de provas públicas na Faculdade de Direito da Universidade de Coimbra em 26 de Junho de 2003.

As abreviaturas utilizadas são: A.L. – *Actualidad Laboral*; Cf. – Confrontar, conferir; Cit. – Citado; C.P.P. – Código de Processo Penal; C.T. – *Code du Travail*; D.R. – Diário da República; D.S. – *Droit Social*; E.T. – *Estatuto de los Trabajadores*; L.C.C.T. – Regime Jurídico da Cessação do Contrato Individual de Trabalho e da Celebração e Caducidade do Contrato de Trabalho a Termo, aprovado pelo D.L. n.º 64-A/89, de 27 de Fevereiro; L.C.T. – Regime Jurídico do Contrato Individual de Trabalho, aprovado pelo D.L. n.º 49 408, de 24 de Novembro de 1969; Mass Giur. Lav. – *Massimario di Giurisprudenza del Lavoro*; N.º – Número; *Op*. Cit. – Obra citada; Pp. – Páginas; R.D.E.S. – Revista de Direito e de Estudos Sociais; R.E.D.T. – *Revista Española de Derecho del Trabajo*; Reimp. – Reimpressão; R.I.T. – *Revue Internationale du Travail*; R.L. – *Relaciones Laborales*; S.L. – *Statuto dei Lavoratori*; Vd. – *Vide*, veja; *V.g.* – *Verbi gratia*, por exemplo.

[1] PALOMEQUE LÓPEZ E ÁLVAREZ DE LA ROSA, *Derecho del Trabajo*, 9.ª edição, Editorial Centro de Estúdios Ramón Areces, S.A., Madrid, 2001, p. 703, defendem que "trabalhar dentro do âmbito de organização e direcção do empresário [...] supõe [...] obrigar-se a realizar o trabalho acordado «segundo a direcção do empresário ou pessoa em quem este delegue» [...] Esta realidade normativa é complemento obrigatório de uma ordem económica fundada na liberdade de empresa".

840   *Estudos em Comemoração do 10.º Aniversário da Licenciatura em Direito*

mento caracterizador do contrato de trabalho, o seu reverso[2]. Assim, parece que o contrato de trabalho é o fundamento deste poder e, se atentarmos ao previsto nos arts. 1.º da L.C.T. e 10.º do Código do Trabalho, aprovado pela Lei n.º 99/2003 de 27 de Agosto, deparamos com uma definição donde é possível retirar a existência de um poder de direcção na esfera jurídica do sujeito activo da relação laboral[3].

Para JORGE LEITE[4], o poder directivo do empregador consiste basicamente no poder de organizar e de gerir a mão de obra colocada à sua disposição, tendo em atenção os limites decorrentes da ordem jurídica e do contrato. Consubstancia-se não só em funções de direcção propriamente ditas, como é o caso de dar ordens e instruções, abrangendo, também, fun-

---

[2] PEDRO ROMANO MARTINEZ, *Direito do Trabalho*, Almedina, Coimbra, 2002, pp. 574-575, e "Poder de direcção: âmbito. Poder disciplinar: desrespeito de ordens. Comentário ao Acórdão do S.T.J. de 20 de Outubro de 1999", *in R.D.E.S.*, n.ºs 3 e 4, 2000, p. 400. No mesmo sentido, também, BERNARDO LOBO XAVIER, *Curso de Direito do Trabalho*, 2.ª edição, Verbo, Lisboa, 1996, p. 325. MARIA DOLORES ROMÁN, *Poder de dirección y contrato de trabajo*, Ediciones Grapheus, Valladolid, 1992, p. 105, defende que "o poder de direcção define a nota de dependência no seu âmbito mais característico, como é o contrato de trabalho" e JEAN-EMMANUEL RAY, "Nouvelles technologies et nouvelles formes de subordination", *in D.S.*, n.º 6, 1992, p. 531, considera que o controlo realizado pelo empregador não é algo de novo; ele é legítimo na medida em que o critério do contrato de trabalho é a subordinação. Também MOLERO MANGLANO, SANCHÉS-CERVERA VALDÉS, LÓPEZ ÁLVAREZ E DÍAZ-CANEJA, *Manual de Derecho del Trabajo*, 2.ª edição, Civitas, Madrid, 2002, pp. 234-235, referem que a existência deste poder corresponde à própria noção de dependência.

[3] Neste sentido *vd.* MENEZES CORDEIRO, *Manual de Direito do Trabalho*, 1.ª edição, reimp., Almedina, Coimbra, 1999, pp. 517-518, referindo que a legislação portuguesa, contrariamente ao que se verifica noutros ordenamentos, define de modo expresso o contrato de trabalho, e se "as definições legais não são vinculativas para o intérprete no que toca a fórmulas científicas", "elas devem, no entanto, ser consideradas, na medida em que se lhe abriguem elementos úteis, do ponto de vista da formação de comandos normativos, através da interpretação". E acrescenta que a definição tem sido, de um modo geral, acolhida pela doutrina que nela encontra "traços importantes do contrato em jogo". JEAN RIVERO E JEAN SAVATIER, *Droit du Travail*, 12.º edição, PUF, Paris, 1991, pp. 170 e ss., traduzindo a ideia de que os poderes patronais são uma decorrência do contrato de trabalho escrevem: "De todo o modo, continua a ser verdade que, para cada trabalhador, é, regra geral, o contrato de trabalho que o coloca sob a autoridade do chefe da empresa; é, portanto, do contrato que deriva, para cada um deles, a obrigação de se submeter ao poder directivo [...] Se, no seu princípio, as prerrogativas patronais são inerentes à qualidade de chefe da empresa, é somente pelos contratos de trabalho que elas se individualizam: é do contrato que decorre, para o patrão, a possibilidade de as exercer em relação a cada assalariado".

[4] *Direito do Trabalho*, vol. II, reimp., Serviços de Acção Social da Universidade de Coimbra, Coimbra, 1999, pp. 108-109.

ções de controlo e vigilância. Este poder inclui vários aspectos, desde a definição do organigrama da empresa, à classificação dos postos de trabalho, especificando as tarefas correspondentes a cada um e estabelecendo uma disciplina. O poder directivo configura-se, assim, como um poder claramente contratual que se identifica com a posição de "credor da prestação laboral" do empregador em relação aos trabalhadores que trabalham por conta e risco dele[5]. Em palavras de MONTOYA MELGAR[6], o poder directivo é "o conjunto de faculdades jurídicas através de cujo exercício o empregador dispõe do trabalho realizado por sua conta e risco, ordenando as singulares prestações laborais e organizando o trabalho na empresa". Inclinase, assim, para uma visão ampla do poder directivo que parece abranger, na opinião de CASTRO ARGÜELLES[7], "a faculdade de decisão executiva, de ditar ordens e instruções, as de controlo e vigilância e as disciplinares. Para esta visão, o poder directivo e o disciplinar são "fases de uma mesma realidade", traduzindo-se na faculdade de impor sanções no último momento do poder directivo[8].

Há autores que perfilham uma visão mais extensa e absorvente do poder directivo. Esta posição foi defendida por uma parte da doutrina italiana, tendo MAZZONI por *caput scholae*[9], fazendo uma aproximação do poder organizativo ao poder regulamentar e integrando o poder determi-

---

[5] Como referem PALOMEQUE LÓPEZ E ÁLVAREZ DE LA ROSA, *op.* cit., pp. 703-704, "o contrato de trabalho está imerso num âmbito onde uma das partes, o empresário, tem a faculdade de organizar o sistema de produção de bens e serviços que livremente decidiu instalar; esta capacidade organizativa concretiza-se na ordenação das singulares prestações laborais". Também SANTORO-PASSARELLI, *Nozioni di Diritto del Lavoro*, 35.º edição, Casa Editrice Dott. Eugénio Jovene, Nápoles, 1991, p. 200, defende que o poder directivo do empregador constitui uma típica exigência da organização de trabalho sobretudo na empresa, constituindo uma característica do contrato de trabalho.

[6] *El Poder de Dirección del Empresario*, Madrid, 1965, p. 44, e *Derecho del Trabajo*, 23.ª edição, Tecnos, Madrid, 2002, p. 363.

[7] *El Regimen Disciplinario en la Empresa – infracciones y sanciones Laborales*, Editorial Aranzadi, Pamplona, 1993, p. 20.

[8] JEAN RIVERO E JEAN SAVATIER, *op.* cit., p. 179, sustentam que o poder disciplinar é o corolário do poder directivo: "Se as ordens individuais ou o regulamento interior não forem respeitados, uma sanção pode intervir; doutro modo a regra não teria qualquer eficácia". Também ALONSO OLEA E M.ª EMÍLIA CASAS BAAMONDE, *Derecho del Trabajo*, 16.ª edição, Civitas, Madrid, 1998, p. 357, afirmam que o poder disciplinar é fundamental para o poder directivo já que este sem aquele "seria uma autoridade moral sem sanção jurídica eficaz".

[9] "Contenuto e limiti del potere disciplinare dell'imprenditore", *in Mass. Giur. Lav.*, VI Série, 1965, pp. 152 e ss. e nas sucessivas edições do *Manuale di Diritto del Lavoro*.

842   *Estudos em Comemoração do 10.º Aniversário da Licenciatura em Direito*

nativo, o poder conformativo, o poder de controlo e o poder disciplinar dentro do conceito de poder directivo. Esta posição foi adoptada por Monteiro Fernandes[10] que distingue entre um *poder determinativo da função* e um *poder conformativo da prestação*, sendo que através do primeiro é atribuído ao trabalhador um certo posto de trabalho na organização concreta da empresa, "definido por um conjunto de tarefas que se pauta pelas necessidades da mesma empresa e pelas aptidões (ou qualificação) do trabalhador" e através do segundo determina-se o "modo de agir do trabalhador, mas cujo exercício tem como limites os próprios contornos da função previamente determinada".

O poder directivo, por outro lado, tem como característica fundamental, não o facto de através dele ser possível a conformação da prestação contratual segundo os planos e exigências organizativas do empregador, pois esta característica não o separa substancialmente de faculdades similares que podem exercer-se noutro tipo de contratos onde também existe um certo grau de direcção no desenvolvimento da obrigação assumida pelo devedor, mas sim o facto de que através dele se regula toda a fase de execução do contrato de trabalho, exercendo-se com carácter imperativo. Através desta característica conseguem garantir-se plenamente os objectivos da organização empresarial, gerando um verdadeiro dever de obediência por parte do trabalhador. Na verdade, por força da celebração do contrato de trabalho, o trabalhador fica obrigado a obedecer às ordens e instruções do empregador no que concerne à execução e disciplina do trabalho. Como menciona Maria Dolores Román[11], este dever de obediência "não é uma simples instrução técnica, de forma que aquele dever adquire entidade própria indo ao ponto de definir e analisar a dependência laboral, sendo esta uma das suas perspectivas mais relevantes".

Para que haja obediência é necessário que a ordem dada cumpra certos requisitos. Assim, para além de ter de emanar da autoridade competente, deverá ter em atenção as atribuições do trabalhador, sendo compatível com as cláusulas do contrato ou com a natureza do trabalho a prestar e não ser ilícita, imoral ou vexatória, atentando contra a sua dignidade. Desta forma, o poder directivo, como qualquer outro, tem limites[12], não

---

[10] Monteiro Fernandes, *Direito do Trabalho*, 11.ª edição, Almedina, Coimbra, 1999, pp. 250-251.

[11] *Op.* cit., p. 109.

[12] Como refere Montoya Melgar, *El Poder...*, cit., p. 246, "nem o poder do empresário é absoluto nem o dever de obediência é ilimitado".

Das Revistas aos Trabalhadores e aos seus Bens em Contexto Laboral 843

devendo o trabalhador obediência sempre que as ordens ou instruções se mostrem contrárias aos seus direitos e garantias, nomeadamente quando contrariem alguma das previsões constantes do art. 21.º da L.C.T. e do art. 122.º do Código do Trabalho, ou quando forem contrárias a regras gerais, como acontece em relação aos direitos de personalidade – arts. 70.º e ss. do C.C.[13]. O trabalhador poderá legitimamente desrespeitar a ordem recebida desde que seja contrária às garantias que a lei lhe atribui, com os seus direitos de personalidade, ou na eventualidade do seu cumprimento envolver perigo para a sua saúde ou vida e ainda quando implicar a prática de um acto ilícito[14].

No âmbito da possibilidade da desobediência legítima, expressamente consagrada na legislação portuguesa, parece particularmente acertada a posição de MONTOYA MELGAR[15]: "como princípio moderador dos perigos que, inevitavelmente, suporia a concessão de um direito absoluto à desobediência, o qual encerraria um grave risco de anarquia para a empresa, reiteramos a já anunciada ideia de que, como norma geral, a desobediência só estará justificada no caso da ordem impor uma conduta manifestamente ilícita ou danosa"[16].

O poder directivo pode decompor-se em várias faculdades destinadas a garantir a satisfação do interesse empresarial: faculdade de dar ordens ou

---

[13] Em sede de Direito do trabalho podemos encontrar nos arts. 15.º e ss. do Código do Trabalho a regulação de certos direitos de personalidade.

[14] Vide PEDRO ROMANO MARTINEZ, "Poder de direcção...", cit., p. 402. No mesmo sentido, ALICE MONTEIRO DE BARROS, "A revista como função de controle do poder directivo", in http://www.genedit.com.br/2rdt/rdt66/estud-66/alice.htm, p. 2, defende que o dever de obediência diz respeito às ordens lícitas e não contrárias à saúde, à vida ou dignidade do trabalhador. PALOMEQUE LÓPEZ E ÁLVAREZ DE LA ROSA, op. cit., pp. 704-709, indicam os limites fundamentais que devem ser assinalados às ordens dos empregadores: respeito pela esfera privada dos trabalhadores, respeito pelos direitos irrenunciáveis; as ordens não podem implicar perigosidade ou prejuízos graves. À obediência devida contrapõe-se o limite à capacidade de dar ordens. E a indisciplina deixa de o ser aparecendo o ius resistentiae quando o empregador não actua dentro dos limites impostos.

[15] Última op. cit., pp. 253-254.

[16] Um caso interessante de desobediência legítima é o levantado pela objecção de consciência. A este respeito podem ver-se, a título meramente exemplificativo, LOUSADA AROCHENA, "La objeción de conciencia en la relación laboral", in R.L., I, 1997, pp. 1446-1454, MENEZES CORDEIRO, "Contrato de trabalho e objecção de consciência", in V Congresso Nacional de Direito do Trabalho – Memórias, (coord. ANTÓNIO MOREIRA), Almedina, Coimbra, 2003, pp. 23-46, e PALOMINO LOZANO, "Objeción de conciencia y relaciones laborales en el Derecho de los Estados Unidos", in R.E.D.T., n.º 50, 1991, pp. 901-930.

844 *Estudos em Comemoração do 10.° Aniversário da Licenciatura em Direito*

instruções sobre o conteúdo e as circunstâncias do trabalho, faculdade de controlo e vigilância do cumprimento da prestação laboral e conformação ou modificação das tarefas designadas inicialmente ao trabalhador em função das necessidades do processo produtivo e a de melhorar as condições de trabalho aplicáveis[17]. Tendo em atenção estas faculdades, e relembrando a posição de dependência do trabalhador, o risco potencial de violação dos seus direitos pessoais é manifesto.

2. A faculdade de vigilância e controlo é necessária para a organização laboral da empresa, representando um instrumento fundamental para a valoração das formas de execução do contrato de trabalho[18]. Na verdade, esta faculdade é a que se encontra mais intimamente ligada com o poder directivo na medida em que é necessária à sua efectivação, havendo quem a tenha considerado como sua parte integrante[19]. Como MONTOYA MELGAR defende[20], "a vigilância é um aspecto do poder directivo tendo com ele a relação como a parte face ao todo; refere-se ao controlo fiscalizador que o empresário exerce sobre o cumprimento da prestação laboral e é o necessário complemento do poder ordenador do empresário".

O poder directivo tem uma série de instrumentos jurídicos de apoio que garantem a sua eficácia, não podendo imaginar-se que o empregador, legitimado para dar uma determinada ordem, não o esteja para verificar se tal ordem foi ou não cumprida e executada correctamente. Assim, na esteira do defendido por alguns autores[21], a faculdade de vigilância não se

---

[17] Divisão realizada por MARTINEZ ROCAMORA, *Decisiones Empresariales y Principio de Igualdad*, Cedecs Editorial, Barcelona, 1998, p. 41. Para MONTOYA MELGAR, *apud* VICENTE PACHÉS, *El derecho del trabajador al respeto de su intimidad*, CES, Madrid, 1998, p. 299, este poder é integrado por três grandes faculdades: a faculdade de decidir executivamente, a faculdade de ditar ordens e instruções e a faculdade de controlo e vigilância.

[18] Neste sentido MARTÍNEZ FONS, *El poder de control empresarial en la relación de trabajo*, CES, Madrid, 2002, p. 27. Veja-se, ainda, GIUSEPPE PERA, *Diritto del Lavoro*, Giuffrè Editore, 1990, p. 189, mencionando que o empregador tem o direito de vigiar a execução da prestação e, em geral, o comportamento do trabalhador. Adverte, porém, que este poder tem no *Statuto dei Lavoratori* muitos limites com o fim de garantir a liberdade e a dignidade do trabalhador.

[19] O Tribunal Superior de Murcia, em 6 de Fevereiro de 1998, indicou que "a faculdade de controlo deriva do poder de direcção mais genérico cuja titularidade e exercício são atribuídos ao empregador por diversos artigos do próprio *Estatuto de los Trabajadores*". MARTÍNEZ FONS, *op. cit.*, p. 28, nota n.° 17.

[20] *Apud* MARIA DOLORES ROMÁN, *op. cit.*, p. 118.

[21] GARCÍA NINET, *apud* VICENTE PACHÉS, *op. cit.*, p. 299, nota n.° 11, defende que "este poder de controlo é mais amplo que o mero verificar se se executam ou não cada uma

Das Revistas aos Trabalhadores e aos seus Bens em Contexto Laboral 845

dirige unicamente a comprovar o cumprimento das ordens dadas abrangendo, duma maneira constante e com especial intensidade, o conjunto da prestação.

Actualmente, as transformações na organização da empresa e na estrutura produtiva e as mudanças na organização do trabalho, originadas pela introdução das novas tecnologias, estão a afectar o poder directivo e a exigir novas formas de racionalização e gestão dos recursos humanos, assim como a favorecer o aparecimento de novas formas de controlo e vigilância. Se o controlo por parte do empregador não é novo nem proibido, a novidade provém do facto de surgirem novas tecnologias que têm maior efectividade de controlo e com uma capacidade de recolher dados que, por vezes, parecem não ter limites. Assim, o controlo sobre a actividade do trabalhador não lesa a sua dignidade e os direitos fundamentais. O que os pode lesar são determinadas formas de controlo que permitam ultrapassar os limites do contrato de trabalho e pretendam sujeitar a própria pessoa do trabalhador[22]. Face a esta situação afirma-se que a faculdade de controlo e vigilância do trabalhador tem limites.

3. Tendo em atenção estas considerações será que o poder directivo do empregador na vertente de controlo abarcará a possibilidade de realizar revistas aos trabalhadores ou aos seus bens? Na realização destas há dois interesses em causa: a propriedade privada do empregador, ou a ideia de tutela do património empresarial, e o respeito pelos direitos fundamentais dos primeiros e, neste caso, o direito à sua intimidade na vertente de intimidade corporal. Não se partirá de uma ideia de desconfiança em relação

---

das ordens ou instruções emanadas. Trata-se de controlar o cumprimento total das obrigações, ou melhor, a prestação de trabalho de todos e cada um dos trabalhadores em todas e cada uma das suas fases de execução". Também GOÑI SEIN, *El respeto a la esfera privada del trabajador – un estúdio sobre los limites del poder de control empresarial*, Civitas, Madrid, 1988, pp. 110-111, embora defenda que este poder se dirige a comprovar o efectivo cumprimento por parte do trabalhador da prestação devida nos termos estabelecidos pelo empregador, refere que "a actividade de vigilância alimenta uma ideia diferente que se sustenta numa maior e mais constante atenção à execução da prestação, e no fornecimento dos elementos comuns de vigilância contrastáveis em qualquer relação contratual, o que faz sem dúvida do poder de controlo empresarial uma faculdade muito mais intensa, penetrante, contínua e «minuciosa»". No mesmo sentido, MARIA DOLORES ROMÁN, *op. cit.*, p. 118, e VICENTE PACHÉS, *op. cit.*, p. 299.

[22] Neste sentido MARTÍNEZ FONS, *op.* cit., p. 33, e CATAUDELLA, "Dignità e riservatezza del lavoratore (tutela della) ", *in Enciclopedia Giuridica Treccani*, vol. XI, Roma, Itália, 1989, p. 4.

846 *Estudos em Comemoração do 10.º Aniversário da Licenciatura em Direito*

aos trabalhadores quando elas são realizadas? A serem possíveis, serão de admitir em relação a todos, independentemente do posto de trabalho ou das circunstâncias concretas? Poderá uma mera suspeita legitimar a realização de revistas? Outra questão que é suscitada é a de saber quais os efeitos jurídicos da sua realização ou da eventual recusa do trabalhador em se lhes submeter. Não seria preferível, e até desejável, que se regulasse expressamente esta matéria, à semelhança do que sucede, por exemplo, no ordenamento jurídico italiano?

2. Revistas aos trabalhadores e aos seus bens

No ordenamento jurídico português não existe disposição legal expressa que proíba a inspecção e revista individual dos trabalhadores nem que a legitime, ao contrário do que acontece nos ordenamentos jurídicos espanhol e italiano[23].

As revistas podem ser realizadas quer aos trabalhadores quer aos seus bens compreendendo, como menciona GOÑI SEIN[24], a observação cuidadosa, o exame fiscalizador e minucioso da pessoa na parte física que permanece oculta, ou de certos espaços físicos reservados à sua própria intimidade e onde os trabalhadores conservam os seus haveres. As revistas representam sempre uma intromissão na esfera privada das pessoas e partem de uma presunção de suspeita perante o revistado. A noção de revistas e buscas do Direito processual penal, prevista nos arts. 174.º a 177.º do C.P.P., prevê, como requisito para a sua realização a existência de indícios de que alguém oculte quaisquer objectos relacionados com um crime, ou que possam servir de prova, e indícios de que estes se encontrem em lugares reservados ou não livremente acessíveis ao público[25]. O n.º 2 do art.

---

[23] Parece-nos que, em tempo de reformas, teria sido preferível a consagração no Código do Trabalho de uma norma legal a regular a realização de revistas, a exemplo do que se passa noutros ordenamentos jurídicos. Ganhar-se-ia em termos de protecção dos direitos fundamentais dos trabalhadores, assim como em relação aos direitos dos empregadores, favorecendo-se a certeza e a segurança das situações jurídicas.

[24] *Op.* cit., p. 167.

[25] Os n.ºs 1 e 2 do art. 174.º, relativos aos pressupostos para que possam efectuar-se as revistas e as buscas, determinam que: "Quando houver indícios de que alguém oculta na sua pessoa quaisquer objectos relacionados com um crime ou que possam servir de prova, é ordenada revista. Quando houver indícios de que os objectos referidos no número anterior, ou o arguido ou outra pessoa que deva ser detida, se encontram em lugar reservado ou não livremente acessível ao público, é ordenada busca".

Das Revistas aos Trabalhadores e aos seus Bens em Contexto Laboral   847

175.º dispõe que a "revista deve respeitar a dignidade pessoal e, na medida do possível, o pudor do visado". Assim, são aplicáveis às revistas aos trabalhadores e aos seus bens, *mutatis mutandis*, a noção e o conceito de revistas do Direito processual penal, salvas as devidas diferenças, pois em vez de se ter em atenção a protecção do interesse público e a necessidade de um despacho prévio realizado pela autoridade judiciária, nos termos do art. 174.º, n.º 3, realizam-se em benefício do interesse patrimonial do empregador contra o risco de diminuição de bens por actos dos trabalhadores, e sem necessidade da existência de um despacho prévio judicial a autorizá-las.

As revistas efectuadas aos trabalhadores e aos seus bens são justificadas pelos empregadores sob a ideia de protecção do património empresarial e dos restantes trabalhadores, em detrimento dos seus direitos à intimidade, dignidade e respeito pela esfera privada. Na verdade, as revistas afectam grande parte da intimidade da pessoa, como o corpo e o pudor, ou elementos conexos com a esfera de intimidade para além do estritamente corporal, como é o caso das fotografias, agendas pessoais, medicamentos, bilhetes pessoais, entre muitos outros elementos que podem estar nas carteiras e bolsos dos trabalhadores e que fazem parte do núcleo central da sua intimidade.

Como defende ICHINO[26], faz parte do poder contratual típico do empregador a organização e o controlo da prestação do trabalhador desde que o faça nos limites do *agere licitum* para evitar ou reduzir a possibilidade de furto ou de subtracção de documentos secretos. Porém, não pode fazer-se uso desses poderes para tentá-lo controlar fora dos limites da prestação, quer seja antes do seu início quer depois do seu termo. Ao empregador é exigido que actue de boa fé em todo o tipo de decisões inerentes à sua condição de organizador da prestação laboral. Esta delimita os direitos e os poderes do empregador na medida em que deve respeitar o ordenamento jurídico e, neste sentido, os direitos dos trabalhadores. Como defende MONTOYA MELGAR[27], o dever de boa fé obsta a que o empregador possa adoptar decisões "abusivas ou fraudulentas que lesem direitos dos trabalhadores" por não respeitarem a dignidade destes, como pode acontecer com as revistas.

---

[26] *Diritto alla riservatezza e Diritto al segreto nel rapporto di lavoro – La disciplina giuridica della circulazione delle información nell'impresa*, Giuffré Editore, Milão, 1979, pp. 76-77.

[27] *La buena fe en el Derecho del Trabajo*, Tecnos, Madrid, 2001, p. 80.

848   *Estudos em Comemoração do 10.º Aniversário da Licenciatura em Direito*

2.1. *Direito de propriedade e respeito pela esfera privada do trabalhador*

Na realização das revistas há sempre que ter em atenção dois interesses contrapostos: por um lado, a propriedade privada ou a tutela do património empresarial[28]; e, por outro, o respeito pelos direitos fundamentais da pessoa do trabalhador, especialmente o seu direito à intimidade. Este é, como defende GOÑI SEIN[29], o bem jurídico primordialmente lesado com a realização de revistas já que existe uma intromissão na esfera privada das pessoas. Na esteira do defendido por R. CAPELO DE SOUSA[30], nas relações negociais duradouras, como é, tendencialmente, o caso da relação de trabalho, embora possam existir certos limites ou compressões ao exercício dos direitos de personalidade, eles "não apagam nem diminuem entre as respectivas partes a generalidade dos direitos de personalidade, enquanto fautores de relações jurídicas absolutas, válidas *erga omnes*, mesmo no circunstancialismo de dependência ou interdependência em que as pessoas se colocam em determinados negócios jurídicos", dando como exemplo o art. 19.º alínea a) da L.C.T. que prescreve como dever do empregador "tratar e respeitar o trabalhador como seu colaborador", o que proscreve a realização de fiscalizações opressoras ou humilhantes.

2.1.1. A legitimidade da prática das revistas fica subordinada, em nosso entender, em última instância, à salvaguarda da dignidade e intimidade do trabalhador no sentido de que, embora a realização de revistas possa conduzir a um constrangimento de alguns dos seus direitos fundamentais, o sacrifício destes terá de ser limitado ao necessário dentro do princípio da proporcionalidade. Há determinadas situações que representam-

---

[28] No ordenamento jurídico espanhol MOLERO MANGLANO, "Inviolabilidad de la persona del trabajador (en torno al artículo 18)", *in R.E.D.T.*, n.º 100, 2000, pp. 547-548, defende, contrariamente à opinião de DURÁN LÓPEZ E DEL VALLE, que o art. 18.º do E.T., relativo à possibilidade de realização de revistas, não está a defender imediatamente nem a propriedade privada do empregador, entendendo por tal a pessoal e a empresarial não relacionada com a actividade, nem somente o património afecto de tal maneira à actividade empresarial. O que protege é o património institucional da empresa que, por o ser, serve directa ou indirectamente a sua actividade. Trata-se do património afecto à actividade empresarial mas num sentido amplo, incluindo o que se encontra directamente vinculado à produção de bens ou serviços.

[29] *Op.* cit., p. 163.

[30] *O Direito Geral de Personalidade*, Coimbra Editora, Coimbra, 1995, p. 450.

Das Revistas aos Trabalhadores e aos seus Bens em Contexto Laboral 849

tam um sacrifício especialmente intenso de alguns bens essenciais da pessoa, como acontece no caso das revistas que imponham o despojo total ou parcial das roupas do trabalhador ou o contacto físico com a sua pessoa. Na doutrina espanhola, por exemplo, defendeu-se que as medidas que imponham estas situações constituem um "atentado contra o pudor natural da pessoa e é sempre lesivo da dignidade e intimidade do trabalhador [...] a nudez da figura física da pessoa é a primeira realidade sobre a qual se projecta a personalidade do sujeito e o interesse em mantê-la oculta dos olhos de estranhos constitui para muitas pessoas a manifestação máxima do conteúdo essencial e por isso menos indisponível e inderrogável do direito à intimidade." Consequentemente, deve pugnar-se pela total proibição do despojo de roupas como conteúdo da modalidade de revistas sobre as pessoas[31]. O mesmo é defendido na doutrina italiana onde a revista realizada ao trabalhador exigindo-se-lhe, *v.g.*, que se desnude, total ou parcialmente, não se ajusta às prescrições que impõem a dignidade da pessoa, sendo que a prática do contacto físico apenas se admite de maneira muito excepcional[32]. Propendemos para considerar que a revista que pressupõe inspecção directa sobre o corpo do trabalhador suspeito de furto de pequenos objectos de grande valor é atentatória da sua esfera privada se lhe exigir que se desnude completamente, ainda que perante pessoas do mesmo sexo, e se submeta a exame minucioso, detalhado, prolongado ou em presença de outras pessoas[33].

---

[31] GOÑI SEIN, *op.* cit., pp. 196-197.

[32] Cf. ICHINO, *op.* cit., p. 116. Em sentido contrário, admitindo que em certas circunstâncias excepcionais poderão realizar-se este tipo de revistas, BELLAVISTA, *apud* MARTÍNEZ FONS, *op.* cit., p. 335, nota n.° 98, para os casos onde o trabalhador entra em contacto com matérias primas ou bens minúsculos mas de elevado valor económico, como é o caso dos diamantes.

[33] ALICE MONTEIRO DE BARROS, *op.* cit., p. 4, refere uma decisão da 2.ª Turma do Tribunal Regional do Trabalho da 3.ª Região, de que a autora foi relatora e que defendeu: "A circunstância de a empresa trabalhar com drogas valiosas, muito visadas pelo comércio ilegal, justifica a utilização de fiscalização rigorosa, inclusive a revista, até porque o empregador está obrigado a zelar para que esses medicamentos não sejam objecto de tráfico ilícito, evitando a sua comercialização indiscriminada. Sucede que a revista deverá ser admitida como último recurso para defender o património empresarial e salvaguardar a segurança dentro da empresa, à falta de outras medidas preventivas; mesmo assim, quando utilizada, deverá respeitar a dignidade do trabalhador, evitando ferir-lhe o direito à intimidade. Se a revista implica no facto de o empregado desnudar-se completamente e ainda ter que caminhar por pequeno percurso, a fiscalização atenta contra o direito à intimidade e autoriza o pagamento de indemnização por dano moral. Outro caso referido é o da 37.ª Vara Criminal do Rio de Janeiro onde se condenou o proprietário de uma empresa a uma

850   *Estudos em Comemoração do 10.º Aniversário da Licenciatura em Direito*

Na conciliação dos dois interesses contrapostos aquando da realização das revistas é ainda necessário ter em atenção que há que atender a determinadas proibições concretas, ou seja, a determinadas circunstâncias fácticas em que a medida da revista deva ser considerada como degradante. Há que atender-se sempre à necessidade de existir uma estreita relação de causalidade entre a finalidade pretendida com a revista e o modo como esta é realizada atendendo-se ao princípio da proporcionalidade, devendo ter-se sempre em atenção as circunstâncias próprias do fim do registo que auxiliam a contextualizar a sua prática e a respectiva necessidade, como acontece analisando a natureza dos bens subtraídos e a facilidade para serem ocultados.

Para proteger a esfera privada dos trabalhadores perante a realização de revistas há algumas circunstâncias que a asseguram ou tendem a assegurar. Assim, em primeiro lugar, deve propugnar-se pela necessidade de que a revista seja realizada perante pessoas do mesmo sexo quando esta medida possa implicar algum tipo de contacto físico ou despojo de roupas, devendo igualmente defender-se que a presença de terceiros aquando da sua realização se reduza aos sujeitos que constituem garantia da mesma, podendo o trabalhador opor-se a que estas revistas se façam na presença de outros trabalhadores, ainda que se trate de outros afectados pela medida[34].

Assim, a revista só pode ser justificada quando traduza não um *comodismo* do empregador para defender o seu direito de propriedade e o seu património mas apenas quando constitua o último recurso para satisfazer o interesse empresarial, na falta de outras medidas preventivas, na medida em que a sua possível realização visa a protecção do património do empregador e a salvaguarda da segurança das pessoas. Contudo, não cremos que baste a tutela geral da propriedade para que possa legitimar-se a realização de revistas sendo necessária ainda a concorrência de circunstâncias concretas que a justifiquem. É o caso da existência na empresa de bens

---

elevada multa "por incorrer na prática de constrangimento ilegal, ao submeter 3000 empregadas do sector de produção a revistas periódicas no final do expediente. As operárias eram encaminhadas a cabines sem cortina, em grupos de trinta, e recebiam instruções para levantar as saias e blusas ou baixar as calças compridas, a fim de que fossem examinadas as etiquetas das peças íntimas e, quando menstruadas, deveriam mostrar a ponta do absorvente higiénico para provar que não havia peças escondidas no local". São dois exemplos claramente atentatórios dos direitos à dignidade e intimidade dos trabalhadores e que têm de ser proibidos.

[34] Veja-se, com mais desenvolvimento, Martínez Fons, *op.* cit., p. 336.

Das Revistas aos Trabalhadores e aos seus Bens em Contexto Laboral 851

susceptíveis de subtracção ou ocultação com valor material ou que tenham relevância para o funcionamento da actividade empresarial. Pode ainda acontecer que a própria tecnologia seja utilizada para evitar ou reduzir os efeitos das revistas na esfera privada das pessoas. Assim, a título de exemplo, a colocação de etiquetas magnéticas em livros e roupas torna desnecessária a inspecção das pessoas ou dos bens dos trabalhadores.

2.1.2. Nos ordenamentos jurídicos espanhol e italiano a questão da conciliação dos dois interesses referidos colocou-se chegando, em Espanha, a abordar-se o problema da inconstitucionalidade do art. 18.° do *E.T.*. Este estabelece o princípio geral da proibição das revistas, admitindo-as somente em determinadas circunstâncias excepcionais. A finalidade pretendida pela norma é, no entender de DURÁN LOPEZ[35], "de garantia do património empresarial e do dos restantes trabalhadores: é a propriedade privada a que se considera merecedora de tutela, na medida em que o direito à mesma vem garantido constitucionalmente. Estamos perante uma perspectiva claramente empresarial onde a propriedade privada assume valor de grande relevância até ao ponto de a sua tutela permitir a atribuição de faculdades de polícia a sujeitos privados, com a consequente diminuição, quando não afastamento, de direitos individuais e de liberdades constitucionalmente consagradas". Sendo assim, se o bem jurídico que primeiramente deveria ser protegido era o direito à intimidade enquanto direito lesado com a prática das revistas, é a propriedade privada, a protecção do património do empregador e dos trabalhadores, o valor prevalecente, sendo esta a finalidade pretendida pela norma. Contudo, apesar desta aparente inversão de valores, sendo a norma essencialmente ampliadora do poder de controlo do empregador em detrimento do respeito pela esfera privada dos trabalhadores, estabelecem-se alguns limites à possibilidade da sua realização[36].

A inspiração directa do art. 18.° do *E.T.* espanhol é o art. 6.° do *Statuto dei Lavoratori* cujo conteúdo principal estabelece a proibição geral de efectuar revistas, a não ser nos casos em que seja indispensável para a protecção do património empresarial mas em relação às matérias-primas e aos produtos, sendo que as causas justificativas deverão ser pactuadas e,

---

[35] *Apud* VICENTE PACHÉS, *op.* cit., p. 234.
[36] Estes condicionalismos serão analisados no número seguinte.

852 *Estudos em Comemoração do 10.º Aniversário da Licenciatura em Direito*

na ausência de acordo, o conflito é resolvido pela Inspecção do Trabalho[37]. Neste preceito, embora se permitam as revistas sobre as pessoas, elas não visam proteger apenas o património empresarial tendo também em consideração "a qualidade dos instrumentos de trabalho ou de matérias-primas ou de produtos", referindo-se vários autores, como é o caso de M.ª JOSÉ NEVADO FERNÁNDEZ e VICENTE PACHÉS[38], a uma má tradução deste preceito pelo legislador espanhol.

2.2. *Requisitos para a realização de revistas e respectivos efeitos jurídicos*

No ordenamento jurídico português não existe, como referimos, qualquer regulamentação sobre a legitimidade ou ilegitimidade da realização de revistas nem sobre os requisitos necessários caso se aceite a sua efectivação. O Direito comparado, porém, parece ser esclarecedor a nível legal e jurisprudencial.

2.2.1. Na ordem jurídica americana o Supremo Tribunal tem defendido que embora os trabalhadores tenham direito à privacidade no local de trabalho ele não é absoluto e a questão básica é a de saber se as revistas violam a legítima expectativa do trabalhador à sua privacidade. A interpretação judicial da IV Emenda da Constituição dos E.U.A., embora não seja de aplicação directa ao contexto laboral e não possa ser imediatamente aplicada para proteger os trabalhadores do sector privado, tem determinado que os juízes tenham em atenção os princípios nela previstos para limitar o direito do empregador a estabelecer revistas aos trabalhadores e aos seus bens. Por outro lado, os trabalhadores que foram despedidos no seguimento de uma revista começaram a intentar processos nos tribunais com base na violação da sua intimidade. Estes, de uma maneira geral, reconhecem a possibilidade de os empregadores realizarem revistas nos bens dos trabalhadores desde que seja na sua presença e em determinadas circunstâncias. Assim, tem de aferir-se se a revista está justificada, ou seja,

---

[37] Também no ordenamento jurídico alemão é necessária a autorização do *Comité de empresa – Betriebsrat –* para que se possam realizar revistas e buscas, de acordo com o § 87.I da BetrVG. Cf. JOSÉ JOÃO ABRANTES, *Contrat de travail...*, cit., p. 173.

[38] *El ejercicio del derecho al honor (por el trabajador) en el contrato de trabajo*, Tirant lo Blanch, Valencia, 1999, pp. 53, e *op. cit.*, p. 236, respectivamente.

Das Revistas aos Trabalhadores e aos seus Bens em Contexto Laboral 853

se foi realizada no seguimento de circunstâncias que tornaram necessária esta ingerência no direito do trabalhador ao respeito pela sua esfera privada; se o empregador conferiu garantias aos trabalhadores de que as revistas seriam realizadas com as necessárias condições de legalidade ou se o trabalhador teve a possibilidade de estar presente no momento da revista; se existe uma prática empresarial continuada ou reiterada de realizar revistas; e a forma, tempo e lugar onde foi feita. Satisfeitos estes requisitos a revista está justificada não podendo o trabalhador negar-se à sua realização. Se houver um despedimento sem a sua observância o empresário será considerado responsável[39].

A jurisprudência é fértil existindo vários casos sobre revistas efectivadas, distinguindo-se, desde logo, as feitas aos trabalhadores ou aos seus bens. De uma forma geral defende-se a sua proibição se obrigarem os trabalhadores a desnudarem-se. Também se procede à distinção entre os trabalhadores estatais ou governamentais e os privados.

No caso *O'Connor v. Ortega*, o trabalhador – chefe de psiquiatria do *Napa State Hospital* na Califórnia –, viu as suas gavetas e ficheiros revistados enquanto estava de férias e o conteúdo encontrado serviu de base para o despedir. O trabalhador intentou um processo judicial tendo o Supremo Tribunal defendido que as revistas e buscas efectuadas por empregadores públicos sobre a propriedade dos seus trabalhadores estão restringidas pelos condicionalismos da IV Emenda. Tendo em atenção os factos o Tribunal entendeu que o trabalhador tinha direito *a uma legítima expectativa de privacidade* em relação às suas gavetas, ficheiros e gabinete, embora o Tribunal também tenha propugnado que não era necessário um mandato judicial para a concretização das revistas. Para a sua legalidade basta que sejam *razoáveis na sua realização* e *no seu fim*.

Em relação aos trabalhadores do sector privado, no caso *K-Mart Corp. v Trotti*, uma trabalhadora processou o empregador por ter invadido a sua privacidade na medida em que revistou os seus armários e os bens aí encontrados. O Tribunal do Texas defendeu que os armários eram propriedade do empregador e, por isso, sujeitos a revistas legítimas enquanto não estivessem trancados. Contudo, neste caso, o empregador permitia aos trabalhadores, incluindo a autora, que comprassem e usassem as suas próprias fechaduras ou loquetes. Assim, *in casu*, a trabalhadora tinha demonstrado e o empregador reconhecido que aquela tinha uma "legítima

---

[39] Ver YOLANDA CANO GALÁN, *El despido libre y sus límites en el derecho norteamericano*, CES, Madrid, 2000, pp. 124-125.

854 *Estudos em Comemoração do 10.° Aniversário da Licenciatura em Direito*

expectativa de que o armário e o seu conteúdo estariam livres de qualquer intrusão ou interferência". O mero facto de existirem suspeitas de que um trabalhador não identificado tinha furtado bens do empregador não é suficiente para justificar a revista[40].

2.2.2. No ordenamento jurídico espanhol, como já referimos, existe o art. 18.° do *E.T.* que regula a possibilidade de realização de revistas nos trabalhadores e nos seus bens. Segundo esta disposição legal, as revistas tanto podem abranger o trabalhador, armários e seus bens, devendo entender-se por estes todos os seus pertences, como carteiras e bolsos, *inter alia*, bem como os veículos que ele tenha introduzido no recinto empresarial[41], estando completamente vedada a entrada no domicílio particular.[42] En-

---

[40] Casos referidos em POTEET, "Employee Privacy in the Public Sector", *in Findlaw for legal professionals*, http://findlaw.com, pp. 3-5.

[41] A este propósito pode referir-se a sentença do Supremo Tribunal espanhol de 11 de Junho de 1990, *in Estatuto de los trabajadores – concordato com la Jurisprudencia de los Tribunales Constitucional y Supremo*, 2.ª edição, Tirant lo Blanch, Valência, 2001, p. 207, segundo a qual se decidiu que "as próprias características do veículo a motor e a sua susceptibilidade para a ocultação de bens derivados de uma actuação fraudulenta obriga a adoptar a exigência legal estabelecida no art. 18.° do *Estatuto de los Trabajadores*, no que concerne às revistas nos seus bens dentro do próprio centro de trabalho, às necessidades impostas por aquelas características".

[42] Neste sentido MARTÍNEZ FONS, *op.* cit., pp. 335-336, e SALA FRANCO, "El derecho a la intimidad y a la propria imagen y las nuevas tecnologias de control laboral", *in Trabajo y Libertades Publicas*, (coord. EFRÉN BORRAJO DACRUZ), La Ley, Madrid, 1999, p. 223. Em relação a este preceito há a referir que a maior parte da doutrina, como DEL VALLE, "El derecho a la intimidad del trabajador durante la relación de trabajo", *in A.L.*, n.° 39, 1991, pp. 504-505, GOÑI SEIN, *op.* cit., pp. 172-184, MARTÍNEZ RANDULFE, *op.* cit., p. 56, e VICENTE PACHÉS, *op.* cit., p. 237, considera-o inconstitucional devido ao teor dos arts. 14.° e 18.° da Constituição pois carece do carácter de Lei Orgânica na medida em que restringe o direito à intimidade ao seu núcleo essencial, permite a vulneração da intimidade em defesa da propriedade do empregador no qual se delega grosseiramente um poder de polícia privado e por estabelecer uma desigualdade do trabalhador em relação aos outros cidadãos por estar submetido às faculdades gerais das autoridades competentes sendo este poder delegado no empregador. Contudo, MOLERO MANGLANO, *op.* cit., pp. 550-551, não defende de uma forma tão veemente a ideia de inconstitucionalidade já que considera que nem sempre que se aborda um direito fundamental é necessário uma Lei Orgânica. Há que diferenciar entre o que é a regulação do direito em questão e as regulações que possam afectar um direito. A possibilidade de se realizarem revistas não tem que revestir o carácter de Lei Orgânica já que está a tratar-se um aspecto incidental da questão e não uma regulamentação básica do direito à intimidade. Por outro lado, a permissão de revistas é excepcional, sendo que a regra geral é proibitiva, exigindo-se garantias máximas para a sua realização

globa também, para além dos veículos, as cartas e encomendas que o trabalhador tenha recebido na medida em que são bens que passam a estar na posse do trabalhador na empresa, com independência de terem sido introduzidos nesta pelo próprio ou por um terceiro.

Com base nesta ideia o Supremo Tribunal espanhol qualificou de despedimento procedente o de um trabalhador de um Casino que tinha recebido um pacote fechado que continha cocaína e cujo conteúdo ele conhecia, constituindo assim, segundo este Tribunal, uma transgressão da boa fé contratual. Contudo, noutra decisão, em que também o trabalhador tinha recebido uma embalagem fechada que continha cocaína, o Tribunal entendeu que a ordem empresarial da sua abertura era ilegítima por incumprimento dos requisitos procedimentais estabelecidos no art. 18.º do E.T., já que não estava presente um representante legal do trabalhador ou um companheiro por si escolhido e nem na sua realização se respeitou ao máximo a dignidade e intimidade do trabalhador uma vez que não se efectuou do modo mais discreto possível.

O Tribunal Superior de Andaluzia considerou tratar-se de um despedimento improcedente o caso de um trabalhador *croupier* de um Casino ao qual foram apreendidas, durante uma revista, 0.02 gramas de cocaína para seu próprio consumo, não tendo esta situação provocado qualquer repercussão no desempenho do seu trabalho nem originado transtornos na ordem laboral, nem intenção alguma de traficar a quantidade apreendida[43]. Tendo em atenção estes casos, consideramos, na esteira de VICENTE PACHÉS, que a mera suspeita por parte do empregador de que o trabalhador detém nos armários ou nos seus bens algum tipo de droga ou que sobre ele recai outro tipo de suspeita sobre tráfico de droga, não são suficientes para legitimar a realização da revista, sendo que a entidade competente para a sua efectivação é a autoridade policial. A defenderem-se estas revistas, confere-se ao empregador o exercício de uma actividade de verdadeira *polícia privada* na empresa com um direito de auto-tutela para defesa do seu património que mais nenhum sujeito privado detém.

A realização de revistas aos trabalhadores e seus bens representa, em princípio, um atentado ao direito do respeito pela sua esfera privada pois consiste numa perscrutação sobre o mais íntimo de uma pessoa – a sua própria pessoa física, os espaços físicos a si reservados e os seus bens –,

---

e concorrendo outros valores jurídicos para a excepção: a propriedade privada, a responsabilidade *in vigilando* do empregador e a liberdade de empresa.

[43] Casos referidos por VICENTE PACHÉS, *op.* cit., pp. 245-246.

856 *Estudos em Comemoração do 10.º Aniversário da Licenciatura em Direito*

e poderá, em certos casos, configurar verdadeiras situações de abuso por parte do empregador. Para as evitar o art. 18.º do *E.T.* exige certos condicionalismos para que sejam legítimas. Assim, o poder de actuação do empregador vem limitado pelo requisito da necessidade para a protecção do património, tendo em atenção o elevado valor económico das coisas susceptíveis de apropriação indevida e a relevância para a segurança das pessoas e instalações da empresa, e sempre com base em critérios objectivos. A revista deverá ser a *ultima ratio*, dando-se sempre prevalência a outras formas de defesa do património empresarial.

O Tribunal Constitucional, no processo n.º 57/1994, decidiu que no caso da revista realizada a um preso,"se bem que por razões ou motivos de segurança o funcionário está autorizado em casos isolados e excepcionalmente a proceder a uma revista pessoal e corporal dos reclusos quando existam indícios fundados que o justifiquem, o que não sucedia no presente caso, tais revistas têm de efectuar-se utilizando para o efeito os meios mecânicos necessários – detector de metais e aparelhos de raios X – mas, em nenhum caso, pode o tratamento dado a um recluso ser vexatório, degradante e contrário à intimidade pessoal, como é o ordenar que se desnude completamente e obrigá-lo a realizar flexões de modo reiterado"[44].

A possibilidade de actuação empresarial está também limitada pela subordinação ao princípio constitucional de respeito pelos direitos invioláveis da pessoa e, por isso, na realização de revistas terá que tomar-se em consideração o respeito pela dignidade e intimidade do trabalhador. Assim, tem-se defendido que a revista deve ser realizada, sempre que possível, através de sistemas automáticos de controlo, adoptando-se um *sistema automático de selecção dos trabalhadores* quando não sejam todos objecto do controlo, defendendo-se que os critérios de selecção não podem ser discriminatórios. Quando se realize a revista esta tem de ser motivada em suspeitas graves e razões suficientes e justificadas. Se não for o caso, o trabalhador pode legitimamente recusar-se a submeter-se-lhe[45]. Este tipo de revistas deverá ser efectuado da forma mais discreta possível evitando-

---

[44] Ver VICENTE PACHÉS, *op.* cit., pp. 249-250.

[45] Não pode esquecer-se que uma das circunstâncias mais relevantes na efectivação de revistas consiste na proibição da sua realização coactiva, através da força física. Qualquer medida de revista imposta coactivamente contra a vontade do afectado, com o uso da *vis physica*, representa uma restrição da liberdade do indivíduo. Neste sentido MARTÍNEZ FONS, *op.* cit., p. 336.

-se a maior publicidade do facto, devendo realizar-se numa área não acessível ao conjunto de trabalhadores[46].

O último pressuposto ou garantia que é conferido pelo art. 18.º é o da necessidade de estar presente um representante legal do trabalhador para a apreciação efectiva e objectiva dos anteriores pressupostos. A sua presença tem uma dupla finalidade: por um lado, servem de testemunha do resultado da revista que se efectua e, por outro, contribuem para certificar o respeito pelo trabalhador no momento da sua concretização. Contudo, tendo em atenção o princípio do respeito pela livre vontade da pessoa, o trabalhador que vai ser alvo da revista pode recusar a presença do representante do trabalhador ou de outro companheiro de trabalho[47].

Além destes pressupostos, o ordenamento jurídico espanhol exige também algumas condições temporais e espaciais, na medida em que as revistas só poderão ser realizadas dentro do centro de trabalho e em horas de trabalho.

Em relação ao âmbito espacial significa que qualquer registo fora das actividades da empresa e do centro de trabalho carece de legitimidade, devendo somente admitir-se a possibilidade de revistas aos trabalhadores e aos seus bens fora do âmbito empresarial se resultar de intervenção policial. Deverá pugnar-se pela possibilidade da realização de revistas no local de trabalho sempre que respeite os restantes pressupostos, em particular o elemento temporal e a intimidade e dignidade do trabalhador.

Em relação ao elemento temporal significa que a revista deverá ser efectuada durante o tempo compreendido entre a entrada e a saída do trabalho e não depois da jornada de trabalho ter terminado[48].

---

[46] PLÁ RODRÍGUEZ, "La protection de la intimidad del trabajador", *in Congreso Americano de Derecho del Trabajo y de la Seguridad Social*, Les Éditions Yvon Blais Inc., Québec, 1995, pp. 336-337 e "La protección de la vie privée du salarié: la situation dans les Amériques", *in R.I.T.*, vol. 134, n.º 3, 1995, pp. 48-53, refere que em vários países do continente americano as revistas deverão ser efectuadas com discrição para evitar ofender as pessoas e não criar suspeitas em relação a alguns trabalhadores concretos, defendendo-se a ideia da salvaguarda da dignidade do trabalhador. É fundamental efectuar as revistas de uma maneira geral sobre todos os trabalhadores ou de maneira selectiva sobre um grupo de trabalhadores escolhidos objectivamente. No ordenamento jurídico peruano, por exemplo, se a revista não se limita aos porta-documentos, ou aos sacos que os trabalhadores têm à saída do trabalho, visando verificar que o trabalhador não tem nada escondido no seu vestuário, a intervenção da polícia é necessária.

[47] Veja-se sobre esta matéria GOÑI SEIN, *op. cit.*, pp. 185-200, MARTÍNEZ FONS, *op. cit.*, pp. 315-340, e VICENTE PACHÉS, *op. cit.*, pp. 249-259.

[48] No ordenamento jurídico alemão prevê-se a possibilidade da realização de revistas à saída do trabalho desde que tenham por base acordos colectivos.

858 *Estudos em Comemoração do 10.º Aniversário da Licenciatura em Direito*

No que concerne aos efeitos jurídicos da realização de revistas o art. 18.º nada diz, nomeadamente na questão de saber o que acontece se o trabalhador a recusar, ou qual a responsabilidade do empregador que a realiza indevidamente. Para Goñi Sein[49] a falta de regulamentação não é tão negativa como à partida poderia pensar-se já que é uma matéria que pode ser tratada pela autonomia colectiva onde as organizações de trabalhadores podem tentar restringir os efeitos nefastos do artigo.

A recusa do trabalhador em submeter-se a uma revista não pode ser interpretada como o reconhecimento da imputação do facto nem traduz uma presunção da transgressão da boa fé[50]. No entanto, não pode perder-se de vista que a sua recusa pode vir a ser sancionada e que poderão existir alternativas, nomeadamente o recurso à autoridade pública.

O incumprimento pelo empregador dos pressupostos de legitimidade e condições de exercício previstos no art. 18.º dará lugar à sua responsabilidade civil e penal.

2.2.3. No ordenamento jurídico francês há que ter em conta o art. 9.º do Código Civil que estabelece que todos "têm direito ao respeito pela sua vida privada", e, assim, o trabalhador tem direito à intimidade, ao segredo da vida pessoal, que não desaparecem pela mera celebração do contrato de trabalho, o que significa que ao nível das revistas aos trabalhadores ou aos seus bens aqueles direitos têm de ser respeitados. Tem-se vindo a aceitar que, em certos casos, possam verificar-se restrições a este direito fundamental mas sempre tendo em atenção que as revistas só deverão ocorrer em situações excepcionais[51]. Assim, tem-se admitido a realização de revistas a título preventivo se a actividade da empresa o justificar, mas, antes, deve recorrer-se a certos aparelhos de detecção para evitar a entrada de certos metais ou a saída de produtos perigosos. Não se discute, também, a admissibilidade da realização de revistas quando ocorrem subtracções frequentes de objectos ou bens pertencentes à empresa, tolerando-se que os trabalhadores sejam convidados a apresentar o conteúdo dos seus bens.

---

[49] *Op.* cit., p. 205.

[50] No ordenamento jurídico brasileiro entende-se que a recusa de um trabalhador em realizar uma revista permite a presunção de que esta viria comprovar a suspeita que a determinou, legitimando o reconhecimento de justa causa. Cf. Alice Monteiro de Barros, *op.* cit., p. 3.

[51] Ver Camerlynck, *Le contrat de travail, in Droit du Travail*, tomo I, (coord. Camerlynck), 2.ª edição, Dalloz, Paris, actualizada em 1988, p. 192.

Das Revistas aos Trabalhadores e aos seus Bens em Contexto Laboral   859

Contudo, é-lhes sempre garantido o direito de recusa e as revistas só poderão ser efectuadas com o respeito devido pela dignidade e intimidade da pessoa.

No caso particular dos vestiários, o Conselho de Estado defendeu que ao abrigo do art. L. 122-35 do *C.T.* é possível o seu controlo mas a abertura só pode ser praticada se tiver ocorrido informação prévia dos trabalhadores e por razões de higiene e de segurança. Também no caso *AS Comptoir Lyon, Allemand, Louyot*, de 8 de Julho de 1988, o Conselho de Estado decidiu que o facto de uma sociedade ser especializada na produção de metais preciosos não justificava a revista pelo serviço de segurança dos sacos ou outros bens ou os veículos dos trabalhadores, sendo possível o recurso a aparelhos de detecção. Para que uma cláusula do regulamento interno seja lícita, nos termos do art. L. 122-35 do *C.T.*, é necessário que preveja que a revista só ocorrerá em caso de necessidade, nomeadamente após o desaparecimento de material e se existirem riscos particulares de furto, tendo o trabalhador de ser advertido de que pode opor-se a tal controlo e exigir a presença de uma testemunha, devendo ser realizado dentro de condições que preservem a dignidade e a intimidade dos trabalhadores.

A *Cour de Cassation* decidiu, em 19 de Dezembro de 1973, que "a revista efectuada ao pessoal feminino por uma pessoa do sexo masculino, pode conduzir à sua recusa por ser contrária à mais elementar decência, independentemente dos termos que possam estar previstos no regulamento interno". Este Tribunal decidiu ainda, em 9 de Abril de 1987, que o trabalhador de um grande armazém pode recusar o controlo efectuado à saída do trabalho sobre o seu veículo, estacionado na via pública, fundando-se na ideia de que "este controlo é exorbitante do direito comum na medida em que confere ao empregador prerrogativas superiores às conferidas pela lei a um oficial de polícia judiciária"[52].

2.2.4. No ordenamento jurídico italiano o art. 6.º do *Statuto dei Lavoratori* rege sobre a realização de revistas dispondo que "As revistas ao trabalhador estão proibidas a não ser nos casos em que sejam indispensáveis para a tutela do património empresarial em relação à qualidade dos instrumentos de trabalho ou das matérias-primas ou dos produtos. Em tais casos, poderão ser efectuadas desde que se concretizem à saída dos locais

---

[52] Cf. DENIS GATUMEL, *Le Droit du Travail en France*, 12.ª edição, Editions Francis Lefebvre, Lavallois-Perret, 2001, p. 400, e JEAN SAVATIER, "La liberté dans le travail", *in D.S.*, n.º 1, 1990, pp. 57-58.

860 *Estudos em Comemoração do 10.º Aniversário da Licenciatura em Direito*

de trabalho, que sejam salvaguardadas a dignidade e a esfera privada do trabalhador e que tenham lugar com aplicação de sistemas de selecção automática referidos à colectividade ou a grupos de trabalhadores. Estes meios de controlo devem ser negociados com as representações sindicais da empresa ou, na sua falta, com a comissão interna. Na falta de acordo, e a instância do empregador, pode recorrer-se à Inspecção do Trabalho com admissibilidade de recurso ministerial.

Assim, e de acordo com o art. 6.º do *S.L.*, as revistas realizadas na pessoa do trabalhador são em princípio proibidas. Porém, quando indispensáveis à tutela do património da empresa, podem ser lícitas. O requisito da indispensabilidade pressupõe, nomeadamente, a impossibilidade do empregador utilizar outros meios de controlo, como é o caso de aparelhos técnicos de detecção de certos produtos, ou a utilização de etiquetas magnéticas. Não basta a abstracta possibilidade de comportamentos desleais do trabalhador, sendo necessária a sua repercussão negativa sobre o património da empresa tendo em conta o valor intrínseco dos bens furtados ou o carácter reiterado da subtracção, realçando-se, ainda, a sua facilidade de ocultação. Os bens em causa têm que se integrar nalguma das três categorias do art. 6.º, I parte, cuja indicação tem carácter taxativo[53].

Este ordenamento jurídico não se limita a exigir um requisito substancial para a legitimidade do comportamento do empregador postulando, ainda, um requisito procedimental. É necessário que a existência de um motivo justificado seja precedida de uma discussão com a representação sindical e que seja obtido um acordo nesta matéria. Nos casos excepcionais onde se reconheça a sua existência é necessário que estejam previstos determinados requisitos. O primeiro é o de que as revistas se realizem à saída do local de trabalho, interditando-se, assim, a sua efectivação no local de trabalho e durante a execução deste. O legislador entende que o trabalhador tem direito a uma tranquilidade, a ser *deixado em paz* no seu local de trabalho.

É ainda necessária a existência de um sistema de selecção automática do trabalhador sobre o qual a revista vai ser efectuada[54].

Um outro requisito, e talvez o mais importante, é o da proibição de qualquer forma de revista que possa lesar a intimidade ou a dignidade do

---

[53] *Vide* TATARELLI, *I poteri del datore di lavoro privato e publico*, CEDAM, Padova, 1996, p. 175.

[54] Ver sobre esta matéria ICHINO, *op. cit.*, pp. 113-115, e CATAUDELLA, *op. cit.*, pp. 6-7.

Das Revistas aos Trabalhadores e aos seus Bens em Contexto Laboral 861

trabalhador. Para ICHINO[55] o termo *riservatezza* é usado num sentido bastante restrito. Deve ser interpretado no sentido de indicador de uma esfera *"riservatissima"*, mais restrita do que a que as pessoas normalmente têm de excluir estranhos. É consentido que se realizem revistas sobre o conteúdo de bolsas, sacos, malas, do automóvel e de "outros espaços reservados" que acompanham a pessoa do trabalhador como "uma espécie de prolongamento do seu domicílio". Não é consentido que o trabalhador se despoje da sua roupa nem a revista ao seu corpo.

Nos últimos tempos tem-se assistido a um debate sobre o âmbito da revista previsto no art. 6.º do *S.L.*. Esta norma não alude à possibilidade de se efectuarem revistas sobre bens ou lugares. Assim, a doutrina, socorrendo-se das normas processuais, civis e penais, tem vindo a defender a sua abrangência no seu âmbito objectivo. Muito mais ampla foi a interpretação judicial nos primeiros anos que se seguiram à entrada em vigor do *Statuto* que estendia o âmbito de aplicação do artigo aos bens dos trabalhadores que não constituíam os seus bens em sentido restrito. Contudo, nos últimos anos, quer a interpretação extensiva quer a mais restritiva têm sido objecto de reconsideração pela jurisprudência situando o âmbito do art. 6.º no seu sentido literal. Assim, a mais alta instância italiana, por sentença de 10 de Fevereiro de 1988, decidiu que as coisas do trabalhador não integram o conceito de *pessoa do trabalhador* ínsito no art. 6.º. Em última instância, a consequência desta orientação jurisprudencial é a de não considerar que fazem parte do âmbito da referida norma as revistas sobre os objectos dos trabalhadores, o que poderá originar a inspecção destes sem a submissão às regras procedimentais contidas no preceito estatutário. Porém, esta orientação não conseguiu concitar a unanimidade da doutrina, parecendo-nos que reduz bastante a protecção dos direitos dos trabalhadores[56].

Em relação aos possíveis efeitos jurídicos da revista, GIUGNI[57] defende que a recusa do trabalhador em se lhe submeter constitui um acto de insubordinação punível com sanções disciplinares. Posição substancialmente diferente é a de BUCALO[58] para quem a presença de uma possível sanção disciplinar coarcta a liberdade e livre vontade do trabalhador já que

---

[55] *Op.* cit., p. 115.

[56] Veja-se MARTÍNEZ FONS, *op.* cit., pp. 300-301, e TATARELLI, *op.* cit., p. 176, para quem o âmbito do art. 6.º se estende aos objectos que fazem parte dos bens do trabalhador.

[57] *Apud* GOÑI SEIN, *op.* cit., pp. 205-206.

[58] *Apud* GOÑI SEIN, *op.* cit., p. 206.

862 *Estudos em Comemoração do 10.º Aniversário da Licenciatura em Direito*

se sentirá "obrigado" a aceitar a revista. ROMAGNOLI[59], por seu turno, defende que se a recusa dá lugar a uma sanção disciplinar, o consentimento não pode ser livre. E coloca a questão assinalando que o problema não consiste em saber se o empregador está legitimado a compelir o trabalhador que recusa a revista mas sim em saber se a disposição em causa comprime directa ou indirectamente a liberdade de comportamento do trabalhador.

2.2.5. No ordenamento jurídico português não existe qualquer disciplina jurídica nesta matéria, muito embora a realização de revistas seja uma prática frequente nalgumas empresas[60].

Defendemos que, em geral, as revistas efectuadas aos trabalhadores ou aos seus bens devem ser proibidas, salvo em certas situações excepcionais e por razões de segurança dos próprios trabalhadores e, até, do empregador (figure-se o caso de mineiros, ou de trabalhadores de um empresa nuclear ou que trabalhem com materiais perigosos e altamente inflamáveis), ou por razões atinentes aos próprios bens em causa para defesa do património do empregador, como é o caso de certos bens com elevado valor (imagine-se o caso de uma empresa de extracção de diamantes) em relação aos quais existe grande facilidade de ocultação, embora se parta neste caso da desconfiança dos trabalhadores, suspeita de que estes poderão atentar contra o direito de propriedade do empregador, presunção que não nos parece justa. Propendemos também para considerar que estas situações excepcionais têm de ser avaliadas perante critérios objectivos e, quando realizadas, terão de respeitar sempre a esfera privada dos trabalhadores e a sua dignidade. Num eventual confronto estes terão de prevalecer.

Parece-nos razoável a disciplina jurídica consagrada no art. 6.º do *S.L.*, seguido pelo art. 18.º do *E.T.*, embora este último com algumas incorrecções. Afigura-se-nos que é possível uma transposição dos critérios previstos nestes artigos para o nosso ordenamento jurídico, aplicando-se os requisitos para a legitimidade das revistas: o da sua necessidade para a protecção do património tendo em atenção que serão a *ultima ratio*; o respeito pela dignidade e intimidade do trabalhador, com a assistência de um

---

[59] *Apud* GOÑI SEIN, *op.* cit., p. 206.

[60] Tendo em atenção este argumento mais uma vez reiteramos a ideia de que o Código do Trabalho deveria ter regulado expressamente esta situação, estipulando as situações em que as revistas seriam possíveis e enumerando os pressupostos necessários para a sua legitimidade.

Das Revistas aos Trabalhadores e aos seus Bens em Contexto Laboral 863

seu representante para assegurar que todos os requisitos serão preenchidos e os seus direitos assegurados. As revistas deverão ser realizadas num local próprio, diferente do local onde o trabalhador exerce a sua função, e o mais discretamente possível. Não pode esquecer-se que as revistas implicam, em princípio, um atentado ao direito do respeito pela esfera privada dos trabalhadores, podendo o exercício desta faculdade empresarial gerar abusos. Em qualquer momento, e sob o pretexto da protecção do património, o empregador pode ordenar a realização de revistas individualizadas sobre determinado(s) trabalhador(es), na medida em que é ele quem decide quanto à existência da necessidade de protecção do património, sendo também ele quem determina qual a modalidade concreta de revista que se deve aplicar. Por estas razões torna-se necessário introduzir limites, não nos chocando, bem pelo contrário, a admissão de um preceito similar ao italiano, que oferece garantias substanciais e processuais uma vez que qualquer possibilidade de realização de revistas terá de ter sido acordada previamente com os representantes dos trabalhadores e, na falta de acordo, com a Inspecção do Trabalho. Assim a revista só poderá ser realizada se existirem circunstâncias concretas que impliquem a sua efectivação, devendo revestir carácter geral e impessoal para evitar suspeitas, com observância de critérios objectivos e após acordo prévio dos representantes dos trabalhadores.

A revista deverá ser realizada não no local de trabalho mas, preferencialmente, à saída da empresa, já que será aí que as possíveis razões para a sua realização mais se farão sentir. Contudo, podemos prefigurar algumas situações em que se torne necessária a revista à entrada como acontece, a título de exemplo, numa mina, onde, por razões de segurança, convém averiguar se os trabalhadores não levam nada que seja perigoso, o mesmo acontecendo com locais onde se lide com materiais inflamáveis. Mas, mesmo nestas situações, e para maior defesa da dignidade dos trabalhadores, é preferível a instalação de meios técnicos de detecção de objectos, só se realizando uma revista individual no caso de o sinal de alarme ter funcionado, sempre com a maior discrição possível e por pessoa do mesmo sexo do trabalhador em causa[61]. Nas restantes situações propendemos para considerar, tal como o previsto no art. 6.° do *S.L.*, ser preferível a realização de revistas à saída.

---

[61] A Lei do contrato de trabalho argentina, no art. 70.°, prevê que o controlo das trabalhadoras deverá ser reservado, exclusivamente, a pessoas do mesmo sexo. Cf. ALICE MONTEIRO DE BARROS, *op.* cit., p. 10, nota n.° 20.

864   *Estudos em Comemoração do 10.º Aniversário da Licenciatura em Direito*

A revista individual só será justificada em situações extremamente excepcionais, sob pena de se criarem verdadeiras suspeitas e estigmas sobre um determinado trabalhador. Propendemos para considerar proibidas as revistas que pressuponham inspecção directa sobre o corpo das pessoas e que impliquem o despojo total ou parcial das roupas, prática que traduzirá um atentado contra o pudor natural da pessoa. No que concerne às revistas realizadas sobre os bens dos trabalhadores, como bolsas, carteiras, papéis, ficheiros, secretárias, armários ou outros espaços a eles reservados, também deverão ficar abrangidos pelos limites referidos. A partir do momento em que o empregador faculta aos trabalhadores espaços exclusivos obriga-se, ainda que implicitamente, a respeitá-los. Assim, as revistas realizadas a estes bens implicam violação da esfera privada dos trabalhadores, a não ser nos casos limite já referidos. Mais uma vez se defende que estas revistas deverão realizar-se à saída do trabalho, através de critérios objectivos e mediante certas garantias, como a presença de um representante dos trabalhadores ou de um colega por ele escolhido, para evitar abusos[62].

Quanto aos possíveis efeitos jurídicos das revistas propendemos para considerar, tal como GOÑI SEIN[63], que a recusa do trabalhador em submeter-se-lhes não pode originar qualquer presunção de culpabilidade. O empregador poderá, no entanto, socorrer-se do poder disciplinar quando seja caso disso. E poderá requerer a intervenção de uma autoridade pública para que esta realize a revista, quando os bens ou valores em causa o justificarem.

Por outro lado, a comprovação de que os objectos subtraídos estão na posse de um trabalhador que foi revistado dará origem a uma sanção disciplinar, que poderá, inclusive, ser a de despedimento, nos termos do art. 9.º da L.C.C.T. e art. 396.º do Código do Trabalho. Há que analisar casuisticamente as situações e aferir da gravidade do comportamento, da culpa do trabalhador e da manifesta impossibilidade de subsistência da relação laboral. Figure-se o caso de um trabalhador dirigente, cujo grau de confiança é fundamental para a subsistência da relação de trabalho, a quem num processo rotineiro de revista lhe são detectados documentos confidenciais da empresa, quando este comportamento estava proibido.

Se for o empregador a realizar ilegitimamente revistas sobre o trabalhador, há, desde logo, uma dificuldade de prova, não existindo regula-

---

[62] No mesmo sentido, mas para o ordenamento jurídico brasileiro, *vd.* ALICE MONTEIRO DE BARROS, *op.* cit., pp. 3-6.

[63] *Op.* cit., pp. 208-209.

Das Revistas aos Trabalhadores e aos seus Bens em Contexto Laboral   865

mentação específica sobre a matéria. Mas, ainda assim, quando aquele agir violando o direito à reserva da vida privada dos trabalhadores e atentando contra a sua dignidade poderá incorrer em responsabilidade penal, na medida em que poderá praticar o crime de devassa da vida privada, previsto e punido no art. 192.º do C.P.. Poderá, também e principalmente, incorrer em responsabilidade civil, já que viola os artigos 70.º e 80.º do C.C., devendo reconhecer-se a ilicitude das provas obtidas por ter havido violação dos direitos de personalidade consagrados nestas normas.

3. Conclusões

1. As revistas efectuadas pelos empregadores podem incidir sobre os trabalhadores e os seus bens, sendo justificadas pela ideia de protecção do património empresarial e dos próprios trabalhadores bem como por razões de segurança, assim se vulnerando o direito à intimidade.

2. Em princípio, as revistas devem ser consideradas proibidas, salvo em certas circunstâncias excepcionais ligadas a razões de segurança ou directamente conexas com o tipo de bens em causa, para defesa do património do empregador e onde exista manifesta facilidade de ocultação. Diga-se que a sua realização parte da ideia, reprovável, da desconfiança e suspeita do trabalhador. As situações excepcionais têm de ser avaliadas objectivamente, atendendo-se ao tipo de tarefa em causa, à natureza dos bens em concreto, ao posto de trabalho ocupado pelos trabalhadores e às demais circunstâncias do caso. A sua legitimidade fica subordinada, desde logo, aos princípios da excepcionalidade e da salvaguarda da dignidade e intimidade do trabalhador, devendo a actuação do empregador pautar-se, ainda, pelo princípio da proporcionalidade. Ficam proibidas certas formas de revistas, como a inspecção directa sobre o corpo com o despojo total de roupas. Terá de existir uma relação estreita de causalidade entre a finalidade pretendida com a revista e o modo como esta é realizada, afirmando-se, uma vez mais, o seu carácter de *ultima ratio*. Serão as circunstâncias concretas que a poderão impor, devendo revestir carácter geral e impessoal, para evitar suspeitas, e mediante acordo prévio com os representantes dos trabalhadores. A revista individual só será de admitir em casos contados, de excepcional gravidade, evitando-se a criação de estigmas sobre um trabalhador.

3. Deveria levar-se em conta, também, a disciplina jurídica do Direito penal para enquadrar alguns princípios limitadores da sua legiti-

midade, atendendo às especificidades do Direito do trabalho, já que a possibilidade de realização das revistas confere ao empregador um autêntico poder de *polícia privada* que não é consagrado em relação a mais nenhum ente privado.

4. A recusa do trabalhador em submeter-se-lhes não pode determinar qualquer presunção de culpabilidade, embora subsista a hipótese de aplicabilidade de sanções disciplinares. E os factos revelados pela revista, quando legítima, poderão servir de suporte à reacção disciplinar do empregador.

5. A adopção pelo ordenamento jurídico português de uma previsão específica em matéria de revistas, semelhante à consagrada no art. 6.º do *Statuto dei Lavoratori*, parece ser uma solução razoável para conciliar os interesses do empregador e do trabalhador. E o Anteprojecto, assim como o Projecto do Código do Trabalho e o Código do Trabalho poderiam ter tido uma previsão deste tipo.

A ACÇÃO DE CONDENAÇÃO À PRÁTICA DE ACTO DEVIDO NO CÓDIGO DE PROCESSO NOS TRIBUNAIS ADMINISTRATIVOS E FISCAIS

WLADIMIR BRITO

1. Introdução

a) A Secção II do Capítulo III do novo Código de Processo nos Tribunais Administrativos e Fiscais consagra um novo e importante poder jurisdicional, quando no seu artigo 66.°[1] permite aos Tribunais Administrativos condenar a Administração à prática de acto ilegalmente omitido ou recusado. Com esta disposição legal o Código não só assegura a tutela jurisdicional efectiva, como a plenitude de jurisdição, ao mesmo tempo que elimina do nosso ordenamento jurídico a figura do acto tácito[2] que durante décadas muita tinta fez correr na doutrina e na jurisprudência[3].

A este propósito importa dizer que, na verdade, tendo a Constituição no n.° 4 do seu artigo 268.° garantido ao cidadão *"a determinação da prática de actos administrativos legalmente devidos (...)"*, urgia criar os mecanismos judiciários capazes de assegurarem a efectivação dessa garantia, o que teria de ser feito através de meios processuais. Contudo, a questão que se colocava era a de saber que meio deveria ser adoptado e, escolhido o meio, se deveria ser constitucionalmente consagrado ou deixar-se ao le-

---

[1] A partir de agora todos artigos citados sem indicação do diploma a que pertencem são do Código do Processo nos Tribunais Administrativos e Fiscais.

[2] Figura juridicamente ficcionada que, como veremos, contribui decisivamente a partir da doutrina francesa e alemã para a consagração doutrinal, jurisprudencial e legislativa da acção de condenação à prática de acto devido.

[3] Revogação que, diga-se, BARBOSA DE MELO (2000: 311) já reclamava, exactamente porque considera que com tal figura se instituiu *"uma forma, porventura, ínvia de lidar com a antijuridicidade da inércia equiparando o silêncio a uma decisão implícita"*.

868 *Estudos em Comemoração do 10.° Aniversário da Licenciatura em Direito*

gislador ordinário a tarefa de escolher e de consagrar legislativamente o adequado meio processual. É esta preocupação que vai animar o debate na Comissão Eventual de Revisão da Constituição no ano de 1997. Segundo Barbosa de Melo (2000: 307) nessa discussão, a questão base era a de saber se *"a providência jurisdicional contra a não-prática ou omissão de um acto administrativo requerido devia compreender uma pronúncia declarativa, uma pronúncia condenatória ou uma pronúncia substitutiva"* e, ainda, se o meio processual que deveria ser o tradicional *"recurso de anulação, ou outro meio processual-regra, ou se devia criar-se para o efeito uma forma de acção própria e autónoma – acção de obrigação? acção de cumprimento? acção por inactividade? acção para prática de acto devido?"*.

Entendeu-se que nem o meio, nem a forma de pronúncia deviam ser objecto de regulamentação constitucional, devendo antes ser a lei ordinária a tratar esta questão, o que veio agora a acontecer com a consagração desta acção de condenação à prática de acto devido, na esteira da legislação alemã onde se afirmou sob a forma de *Verpflichtungsklage*. Por outro lado, a introdução dessa acção no nosso ordenamento jurídico-processual administrativo, acabou por compatibilizar o nosso direito interno com o comunitário[4].

Consagrado o meio processual de se reagir contra a omissão da Administração, lesiva dos direitos[5] e interesses legítimos do cidadão, o Tribunal, agora, com fundamento no artigo 66.° do Código pode condenar a entidade administrativa silente a praticar o acto devido e, se assim entender, pode condenar em sanção pecuniária compulsória destinada a prevenir o incumprimento. Constata-se assim que a solução adoptada pela nossa lei seguiu a consagrada na legislação alemã, e com ela protege-se mais eficazmente o cidadão das violações dos seus direitos, indo assim mais longe do que a adoptada pelo Tratado de Roma, que se limita a autorizar o Tribunal a declarar verificada a violação do dever de pronúncia em prazo razoável[6].

Importa frisar finalmente que essa acção só é admissível naqueles casos em que a Administração efectivamente se mantém inactiva e silente

---

[4] Cfr. artigo 232.° do Tratado de Roma.

[5] Entende BARBOSA DE MELO (2000: 309) que se trata de um direito fundamental do cidadão requerente de providência administrativa, e que há um dever de pronúncia (dever de agir) imposto à Administração, de cuja violação decorre inércia administrativa.

[6] Cfr. n.° 1 do artigo 232.° do Tratado de Roma e o artigo 40 e segs. da Verwaltungsgesetzordnung.

face a uma pretensão do cidadão impetrante, violando o seu dever de agir. Assim, havendo pronúncia da Administração de que resulte o cumprimento desse dever não pode o particular recorrer a esse meio processual para fazer valer os seus direitos, caso entenda que tal pronúncia lhe não é favorável ou que viola os seus direitos[7].

Decorre desta posição que entendemos que, se é certo que tal acção pode ser usada mesmo naqueles casos em que tenha sido recusada liminarmente a apreciação da pretensão ou tenha sido expressa ou tacitamente recusada a prática de acto devido, já não nos parece admissível que possa ser usada, como defendem Freitas do Amaral e Mário Aroso de Almeida, na esteira da tese de Barbosa de Melo[8], "*independentemente da questão de saber (...) que atitude adoptou a Administração em relação à pretensão que lhe foi apresentada – ou seja se (...) se respondeu, e se respondeu apreciando o fundo da pretensão (...)*". Como teremos oportunidade de ver a amplitude que estes ilustres administrativas pretendem reconhecer a acção não só não resulta da lei, como doutrinariamente não é defensável.

---

[7] Embora a opção do Código, e dizemo-lo com Freitas do Amaral e Mário Aroso de Almeida (2002:56), tenha sido no sentido de, "*à luz do modelo da Verpflichtunsklage alemã, (...) instituir, no âmbito da acção administrativa especial, o processo de condenação à prática de actos devidos como sede adequada à tutela contenciosa das posições subjectivas de conteúdo pretensivo, que se dirijam à emissão de actos administrativos (...)*". Com esta posição manifestamos a nossa discordância relativamente à proposta de BARBOSA DE MELO (2000: 312) que nos parece ser a de defender a possibilidade de se utilizar este meio para reagir contra indeferimento de mérito. Com tal proposta deturpa-se o objectivo específico deste meio processual, dado que no indeferimento de mérito sempre há uma pronúncia, embora no sentido de não satisfazer a pretensão do impetrante, mas mesmo assim com ela a Administração cumpre o seu dever de agir. Assim, não só com tal pronúncia o pressuposto de admissibilidade dessa acção deixa de existir, como seria sempre inviável a procedência do pedido, visto que neste caso, *rectius*, neste tipo de acção o pressuposto de admissibilidade – omissão da prática de acto devido – confunde-se com as condições de procedência do pedido – prova da inexistência pronúncia da Administração.

De qualquer forma, em sede processual, o importante aqui é a verificação prévia do preenchimento dos pressupostos de admissibilidade da acção, visto que se não estiverem preenchidos, no momento da propositura da acção, esta deve ser liminarmente indeferida. E sempre não estarão preenchidos tais pressupostos se, naquele momento, tiver havido pronúncia sobre o mérito do pedido de que decorra o cumprimento do dever de agir, qualquer que seja o seu sentido.

[8] Veja a nota anterior.

870   *Estudos em Comemoração do 10.º Aniversário da Licenciatura em Direito*

Posto isto, e antes de entrarmos no estudo do regime jurídico dessa acção no ordenamento jurídico-processual administrativo, parece-nos interessante dar notícia brevíssima da sua presença noutros ordenamentos jurídicos europeus que influenciaram o nosso legislador.

b) Na Alemanha, como se sabe, o sistema de justiça administrativa de cariz subjectivista surge na Constituição de Weimar, onde se acolhe a ideia de que a jurisdição administrativa deve ser uma jurisdição de direitos subjectivos, ideia que vem a ser abandonada pelo nacional socialismo com a adopção de um contencioso de natureza objectivista e com a redução dos poderes dos Tribunais Administrativos.

É com a ocupação anglo-americana, depois da Segunda Gurerra, que surge o instrumento jurídico que vai permitir aos Tribunais agir eficazmente sobre a Administração. Trata-se da acção directa para obter a condenação da Administração à prática de acto devido criada pelo artigo 24.º da Verordnung n.º 165, da Britischen Militärregierung, que vai permitir ao particular requerer tal condenação sempre que a Administração não responda à pretensão por ele requerida no prazo de dois meses a contar da data da sua apresentação.

Na verdade, apesar da elaboração doutrinal do conceito de acto tácito[9] com vista a, com essa ficção jurídica, assegurar a plena garantia dos direitos do cidadão face à Administração, através da tutela jurisdicional (anulação do acto) em tudo idêntica àquele que era dispensada aos actos expressos ilegais, até 1945, portanto, na legislação alemã não figurava a Verpflitchungklage (acção de condenação à prática de acto), nela se consagrando apenas a acção de anulação (Anfechtungklage). A afirmação doutrinal e legal do acto tácito e da sua impugnabilidade judicial abriu as portas ao reconhecimento legal da acção de condenação da Administração, que veio a ser consagrada com a Verordnung n.º 165. Cria-se, assim, uma acção (de condenação) para se obter a prática do acto devido pela Administração se esta não reagir à pretensão do cidadão no prazo de dois meses acima referido.

Com a Constituição de 1949 a concepção subjectivista da jurisdição administrativa – cfr. artigos 19/IV e 95.º/I da Constituição e artigo 40.º da Verwaltungsgerichtordnung – afirma-se no ordenamento jurídico alemão,

---

   [9] Ainda a propósito dos acto tácito e sobre a origem e evolução histórica do conceito do indeferimento tácito, veja-se, ALEXANDRE ALBUQUERQUE (1993: v: 212 e segs.).

A Acção de Condenação à Prática de Acto Devido no CPTAF 871

e, em consequência, aos Tribunais Administrativos são conferidos os poderes necessários para assegurar a tutela efectiva dos direitos subjectivos.

Esta concepção é acolhida na Verwaltungsgerichtsordnung (Lei de Processo Administrativo) de 1960, que concretiza a acção de condenação, com a consagração da Verpflitchungklage como uma acção de condenação[10] ao lado de outras duas então instituídas: acção constitutiva e a acção declarativa. Com essa acção de condenação, que é a que nos interessa, o particular pode pedir e obter a condenação judicial da Administração à prática de acto devido, quando esta fica inactiva, ou a condenação da Administração em sanção pecuniária, quando esta se recusa expressamente a praticar acto administrativo devido. Pode, ainda, nessa acção o particular requerer e obter a condenação da Administração na abstenção de prática de acto quando esteja em curso a execução de acto administrativo já produzido.

É com esta grande amplitude que a legislação e a doutrina alemãs acolhem a partir de 1960 a acção de condenação à prática de acto devido[11].

c) Em Espanha, a Lei espanhola de jurisdição contenciosa – Ley de la Jurisidicción Contencioso-Administrativa, de 13 de Julho de 1998 – que, como se sabe, influenciou o nosso legislador, também consagra uma acção contra a inactividade da Administração, mas com um âmbito mais restrito no que se refere aos pressupostos e aos poderes do Tribunal. De facto, nos casos previstos nos artigos 25.º, 29.º e 30.º dessa Ley, os poderes que nela se conferem ao Tribunal são os de impor a realização de prestações concreta, sempre que para tanto não seja necessária a prática de actos de aplicação.

Contudo, a doutrina tem vindo a discutir o que são *"actos de aplicacción"* e entende que esta será uma das questões delicadas que os Tribunais terão de enfrentar, tanto mais que também se discute se a expressão realizar uma *prestação concreta* quer significar somente a realização de actividades materiais ou se também recobre actividades jurídico-formais, como a de emitir actos administrativos, o que é importante para se determinar se o Tribunal pode ou não impor a realização desses actos[12].

---

[10] De acordo com Luigi Tarantino (2001:54), a doutrina alemã entende que Verpflitchungklage tem a natureza de uma acção de condenação. Cfr., ainda, S. J. Gonzalez-Varas Ibañez (1993: 187 e segs.).

[11] Para maior desenvolvimento, veja-se, entre outros, Scmitt Glaeser (1997: 186 e segs.).

[12] Para maior desenvolvimento, veja-se, entre outros, Tomás de la Quadra-Salcedo (1998: 294 e segs.) e Vicente Conde Martín de Hijas (1998: 69 e segs.) e Juan José

872 *Estudos em Comemoração do 10.º Aniversário da Licenciatura em Direito*

De acordo com Tomás de La Quadra-Salcedo (1998: 294), o conceito de *"actos de aplicación"* introduz a primeira grande dificuldade de interpretação do sentido e alcance do artigo 29.º da *Ley Reguladora de la Jurisidicción Contencioso-Administrativo* que os Tribunais terão de enfrentar e de resolver. Na verdade, entende este administrativista espanhol (1998: 303) que se for dada *"una interpretación muy retritiva al concepto de actos de aplicación puede hacer de esta acción algo casi inútil o irrelevante, puesto que non son muchos, y en todo caso poco transcendentes, los supuestos en los que, tratándose de una obligación de la Administración a favor de un particular, non existía algún elemento de intermediación de aplicación por parte de aquélla".*

Mas, de acordo com a disposição do n.º 1 do artigo 29 da *Ley Reguladora de la Jurisidicción Contencioso*-Administrativo o Tribunal não poderá impor a prática de outro acto devido que não seja o de aplicação ou de concretização de direitos ou de obrigações decorrentes de acto administrativo já praticado ou de contrato ou convénio administrativo pré--existente, não podendo, portanto, decretar a prática de um novo acto administrativo. Deste modo, o acto devido que o Tribunal poderá exigir que a Administração pratique mais não é do que o do cumprimento dos direitos e obrigações já estabelecidos nos contratos, convénios ou actos administrativos, devendo, para o efeito, determinar quais são esses direitos ou obrigações[13].

De qualquer forma, na opinião de Tomás de La Quadra-Salcedo (1998: 294), *"el articulo 29 de la nueva Ley reguladora de la Jurisidicción Contencioso-Administratuivo (LCAJ) introduce una importante novedad en el proceso contencioso-administrativo. Novedad que ha de valorarse positivamente, pese a las dificultades que pueda presentar en su aplicación"*, dificuldades que, em nossa opinião, os nossos Tribunais irão enfrentar e que terão de superar.

Lavilla Rubira (1998: 555 e segs.), José Maria Álvarez-Cienfuegos Suárez, Juan José González Rivas e Gloria Sancho Mayo (2003: 165 e segs.).

[13] Nesse sentido diz Tomás de la Quadra-Sacedo (1998-304) que *"no tiene sentido seguir la vía de forzar a un nuevo acto, expreso o presunto, que es que habría de ser objeto del proceso; nuevo acto que consistiría en que la Administración declare si está o no obligada a algo o en que declare si va a cumplir o no con su obligación"* e *"no tiene sentido, porque de lo que se trata no es de hacer un juicio a ese nuevo acto, sino de juzgar con arreglo a los instrumentos ya existentes (acto, contrato o convenio administrativo), que contiene la determinación de los derechos y obligaciones y con arreglo a los cuales el juez o Tribunal puede ya decidir si el derecho u obligación existe o nó".*

A Acção de Condenação à Prática de Acto Devido no CPTAF   873

c) Na Itália, a Lei n.° 205/2000, de 21 de Julho introduziu no ordenamento jurídico-administrativo a acção de condenação da Administração à prática de acto devido – "*ricorso averso il silenzio dell'amministratzione*" para usarmos a epígrafe do artigo 21-bis introduzida na Lei 1034/1971, de 6 de Dezembro pela Lei 205/2000 – sempre que esta se remeta ao silêncio – "*silenzio-rifuto*" –, violando o seu dever de prover.

Apesar da discussão doutrinal suscitada por esta norma, o ponto é que hoje aceita-se que o processo administrativo italiano é de cariz subjectivista – "processo de parti", na expressão de Luigi Tarantino (2001: 84) –, e que a tutela efectiva dos direitos e interesses legítimos dos particulares deve passar pela possibilidade de estes requererem ao Tribunal Administrativo a condenação à prática de acto devido.

No que se refere aos poderes do Tribunal, a doutrina distingue os casos em que o poder da Administração é vinculado daqueles em que é discricionário, e aceita que no primeiro caso – poderes vinculados da Administração – o Tribunal pode condená-la à prática do acto devido – ou transcrevendo a disposição do artigo "*in caso di totale o parziale accoglimento del ricorso di primo grado, il giudice amministrativo ordina all'amministratzione di provvedere ...*"; contudo, no caso de poder discricionário da Administração, já se discute se, de acordo com a norma do artigo 21-bis, o Tribunal tem ou não poder de a condenar, sendo que, para Luigi Tarantino (2001: 91), a reposta a esta questão deve partir do concreto pedido deduzido pelo particular. Assim sendo, a questão que se coloca de imediato é a de saber se o particular, nesses casos, pode pedir uma genérica e abstracta condenação da Administração a cumprir o seu dever de prover ou se lhe é lícito pedir ao Tribunal que declare que a Administração não se pronunciou sobre o seu pedido e que, em consequência, a condene a pronunciar-se sobre a pretensão do recorrente[14].

d) Em França, a reforma legislativa de 2000 não foi capaz de levar tão longe os poderes do Juiz, como aconteceu entre nós, na Alemanha e em Espanha, consagrando um recurso por inactividade e concedendo ao Juiz poderes para condenar a Administração à prática de acto devido.

Na verdade, apesar de a reforma de 2000 ter derrogado a velha e tradicional proibição da injunção e da aplicação de multas à Administração de ter conferido aos Juízes poderes de para esses efeitos e de ter criado *ex*

---

[14] Para maior desenvolvimento, veja-se, por todos, LUIGI TARANTINO (2001. 71 e segs.).

874   *Estudos em Comemoração do 10.° Aniversário da Licenciatura em Direito*

novo três processos urgentes, o *"référé-suspension"*, *"référé-sauvegarde"* e o *"référé-conservatoire"*, o ponto é que, com a atribuição desses poderes e com esses novos processos urgentes, o que se teve em vista foi a instituição de um instrumento jurídico-processual capaz de assegurar a efectiva execução de decisões judiciais, não se permitindo assim ao Juiz condenar a Administração à prática de actos[15].

Posto isto podemos agora passar ao estudo do figurino legal desta acção no nosso ordenamento jurídico-processual.

2. Objecto da Acção de Condenação

O artigo 66.° do Código tem por epígrafe *"objecto"* da acção, mas na realidade no seu n.° 1 nada diz sobre o objecto, pois limita-se a esclarecer que *"a acção administrativa especial pode ser utilizada para obter a condenação à prática, dentro de determinado prazo, de um acto administrativo omitido ou recusado"*, isto é, mais do que indicar o objecto desta disposição legal, a norma daquele artigo refere-se ao efeito que com a acção se pretende obter. Mas, no seu n.° 2 acaba por confirmar a confusão que o legislador tem feito reiteradamente neste Código entre objecto da acção e pedido, quando ali se diz que *"ainda que a prática do acto devido tenha sido expressamente recusada, o objecto do processo é a pretensão do interessado[16] e não o acto de indeferimento, cuja eliminação da ordem jurídica resulta directamente da pronúncia condenatória"*. Objecto do processo é, portanto, a pretensão ou pedido, e não o litígio que decorre da ralação material controvertida.

Na verdade, em nossa opinião, aqui, nesta acção, o objecto do processo condensa-se, se assim nos podemos exprimir, na omissão ou na recusa de pronúncia pela Administração[17], na exacta medida em que são

---

[15] Para maior desenvolvimento, veja-se, entre outros, RENÉ CHAPUS (2000: 146 a 151 e 867 e segs.) e 2000: 929 e segs.), CHARLES DEBBASCH e JEAN-CLAUDE RICCI (2001: 618 e segs.), CHRISTNE LEPAGE e CHRISTIAN HUGLO (2002: 221), SUSANA DE LA SIERRA (2002:557), MARIE-AIMÉE LATOURNERIE (2000: 927 e segs.), SOPHIE OVERNEY (2001:714) e os artigos L 911 números 1, 2 e 3 do Code de Justice Administrative.

[16] Sublinhado nosso.

[17] No direito espanhol sectores da doutrina entendem que o objecto do processo é o pedido deduzido pelo recorrente e não inactividade da Administração. Isto apesar de o artigo 29.° dizer que, nesses casos, deve o interessado interpor *"recurso contencioso-administrativo contra la inactividad de la Administración"* – Cfr. TOMÁS DE LA QUADRA-SALCEDO (1998: 298) e JESÚS GONZÁLEZ PÉREZ (1998:711).

A Acção de Condenação à Prática de Acto Devido no CPTAF   875

estas condutas que, no quadro da relação material entre a Administração e o particular (ou mais genericamente e o interessado), dão causa ao conflito cuja resolução implica o recurso a esta acção para nela se pedir a condenação da Administração na prática de acto devido. Disto decorre que é a falta do acto requerido (seja por inércia, seja por recusa da Administração) que gera um conflito entre esta e o impetrante, conflito que, a não ser resolvido pela própria Administração, tem de ser transformado em objecto de um meio processual especifico legalmente consagrado para ser judicialmente resolvido[18].

3. Pressupostos

No que se refere aos pressupostos, estes estão taxativamente indicados no n.º 1 do artigo 67.º do Código e são os seguintes: omissão de pronuncia dentro do prazo legalmente estabelecido, recusa da prática de acto devido e recusa de apreciação do requerimento dirigido a Administração. São estes os requisitos que as alíneas a) a c) do n.º 1 deste artigo consagram de forma taxativa, repita-se, sendo certo que todos são *condições de admissibilidade da acção.*

Esclareça-se que tais pressupostos não são cumulativos, ou seja, não é necessário que todos estejam preenchidos, posto que o preenchimento de qualquer um deles pode determinar a admissibilidade da acção, que terá de

---

A posição desse sector doutrinal confunde objecto da acção com a pretensão ou o pedido deduzido pelo recorrente, que, como temos defendido, mais não é do que o efeito que se pretende obter com a acção (ou o recurso, no caso do direito espanhol). Se na verdade, o que o recorrente pretende obter com a acção (recurso) é o cumprimento da obrigação e, para tanto, pede, e dizemo-lo com QUADRA-SALCEDO (1998:295/296), que "*se condene a la Administración al cumplimiento de sus obligaciones en los concretos términos en que estén establecidas*" este pedido decorre do conflito entre a Administração e o recorrente provocado pela inactividade desta por um prazo superior ao legalmente tolerado. É essa *inactividade* (e não a pretensão do recorrente) que dá causa à acção, que é o seu objecto. Por essa razão e sem pretender entrar na discussão doutrinal, entendemos que a norma do artigo 29.º tem razão quando constitui a inactividade em objecto do processo.

[18] Objecto que se manifesta sob a forma de omissão ou de recusa da pratica do acto devido. É claro que o facto de todos os processos terem por objecto um litígio não significa nem pode ser entendido, esclareça-se, que tal litígio em todas elas tenha a mesma natureza. Pelo contrário, em cada processo (ou acção) o litígio que lhe está na base tem a sua própria (e especifica) natureza, que o diferencia dos litígios objectos de outros processos ou acções e justifica que as pretensões (ou os pedidos) sejam também diversificados, isto é, que cada acção postule um dado tipo de pedido.

876   *Estudos em Comemoração do 10.º Aniversário da Licenciatura em Direito*

ser configurada de acordo com o pressuposto alegado pelo Autor. Significa isso que o Autor pode invocar qualquer um dos pressupostos, e que a causa de pedir e o pedido têm de corresponder ao pressuposto alegado.

Importa assim ver mais de perto cada um desses pressupostos, tanto mais que interessa saber – e este é o momento adequado para o efeito – se se é ou não correcta a doutrina defendida por Barbosa de Melo, Freitas do Amaral e Mário Aroso de Almeida, segundo a qual é possível o recurso a este meio processual mesmo quando a Administração respondeu, apreciando o fundo ou o mérito da pretensão.

Pensamos ser útil relembrar que com esta acção o que o legislador pretende é investir os Tribunais administrativos no poder de condenar a Administração a exercer as suas competências sempre que lhe seja requerida qualquer providência e ela se mantenha inerte. Trata-se, portanto, relembre-se, de uma acção de condenação à prática de acto devido, isto é, com ela visa-se obrigar a Administração a abandonar a sua atitude inactiva revelada pela não pronúncia dentro do prazo legalmente estabelecido ou através de um acto de recusa da prática do acto requerido.

Entendemos ainda que a verificação de cada um dos pressupostos decorre da violação pela Administração de um dos seus deveres típicos em que se decompõe o *dever de agir* e que são, como sabemos[19], o *dever de proceder*, o *dever de prover* e o *dever de resolver*[20].

---

[19] De acordo com GIANNINI (1998: Vol. II, 72) "*il dovere si presenta, anche in diritto pubblico, invari odi: pur essendi sempre una situazione passiva contrassegnata della necessitá di un comportamento per realizzare interessi altrui, tavolta gli interessi altrui sono interessi generali della colettivitá (…)*". Pensamos, portanto, ser útil relembrar que em Direito Público "*dever*" é uma figura complexa, por plurisignificativa e por (em concreto) se manifestar de várias formas, ou melhor, com distintos conteúdos e intensidades.

[20] BARBOSA DE MELO (2000:308), relacionou – e muito bem – a inércia da Administração com a violação desses deveres. Contudo, este ilustre Administrativista de Coimbra, fala de um dever de deferir que, em nossa opinião, parece excessivo, visto que de acordo com o conceito de deferir e de deferimento na doutrina portuguesa, dele resultaria necessariamente a imposição à Administração de uma obrigação de decidir no sentido de satisfazer a pretensão do requerente. Pensamos que melhor será falar em *dever de resolver* no sentido que lhe é atribuído no texto, de que não resulta a obrigação de deferir a pretensão, mas somente de sobre ela proferir decisão que a resolva, deferindo-a ou indeferindo-a. Na verdade, para BARBOSA DE MELO (que, nesta sede, segue a doutrina italiana) o dever de deferir consiste na "*necessidade de emanação do acto administrativo requerido*" – cfr. BARBOSA DE MELO (2000: 308, Nota 20) –, o que não se coaduna com o conceito de deferir (ou de deferimento) dominante na doutrina portuguesa, onde deferir significa a prolação pela autoridade administrativa competente de decisão expressa pela qual satisfaz a pretensão do pedido ou dos pedidos formulados pelo interessado – cfr. Dicionário Jurídico da Admi-

A Acção de Condenação à Prática de Acto Devido no CPTAF 877

a) Omissão de pronúncia dentro do prazo legalmente estabelecido: Violação do dever de proceder

Nos termos da alínea a) do n.° 1 do artigo 67.° pode recorrer-se à acção de condenação quando, *"tendo sido apresentado requerimento que constitua o órgão competente no dever de decidir, não tenha sido proferida decisão dentro do prazo legalmente estabelecido"*. Aqui, o impetrante tem de alegar e provar que, tendo requerido algo à Administração, esta, embora sabendo que com tal requerimento ficou constituído no dever de considerar o caso para o resolver, não o apreciou, mantendo-se absolutamente inactiva e silente[21], violando, assim, o seu o *dever de proceder*, isto é, de considerar a pretensão no sentido de a decidir.

Por seu lado, cabe ao Juiz verificar o preenchimento desse pressuposto, em especial a omissão da Administração, traduzida *na absoluta ausência de acto*, para decidir se admite ou não a acção[21-a].

b) Recusa da pratica de acto devido: Violação do dever de resolver

Aqui, na alínea b) – *"tenha sido recusada à prática do acto devido"* –, o preenchimento do pressuposto implica uma acção da Administração traduzida num *acto negativo*[22], isto é, numa recusa da prática de acto ou numa decisão em que recusa alterar a situação jurídica existente. Importa assim começar por recortar o conceito de *acto devido* por forma a melhor compreender este pressuposto.

Começaremos por esclarecer que acto devido tem de ser um *acto legalmente devido*, e que por *acto (legalmente) devido* entendemos *aquele que a Administração, no exercício dos poderes vinculados ou discricionários que lhe são conferidos por lei e no cumprimento do seu dever de agir, está legalmente obrigado a praticar no âmbito do adequado procedimento administrativa com vista a resolver pretensão submetida*

---

nistração Pública, Vol. III, Lisboa 1990, entrada "Deferimento", p. 416. Assim, com vista a evitar confusões, entendemos que é preferível falar em *dever de resolver*.

[21] Sobre o silêncio como comportamento omissivo, veja-se, GIANNI (1993: II: 336 e segs.).

[21-a] Ou talvez, na absoluta ausência de adequado procedimento administrativo tendente a permitir a prática do acto.

[22] ROGÉRIO SOARES (1978: 97) ensina que *"sempre que a Administração, provocada a praticar um acto com um determinado conteúdo, se recue a fazê-lo, e positiva e expressamente manifeste a sua decisão de não alterar as situações jurídicas existentes"* há *recusa de acto* ou *acto negativo*.

878   *Estudos em Comemoração do 10.º Aniversário da Licenciatura em Direito*

à sua apreciação com decisão final definidora de situação jurídica sub-jectiva ou de uma dada coisa[23].

Assim, a recusa da prática de acto devido corresponde a (de)negação de decisão que ponha fim ao procedimento desencadeado pela pretensão do impetrante, decidindo (favorável ou desfavoravelmente) sobre tal pretensão. A recusa é, portanto, um acto formal da Administração de conteúdo negativo que tem efeitos na situação jurídica do requerente[24].

Na verdade, a recusa de acto devido implica apreciação pela Administração da pretensão do requerente, dentro do prazo legalmente estabelecido e no quadro do adequado procedimento, e decisão final que *não define a situação jurídica do impetrante*. A Administração *pronuncia-se expressamente, praticando um acto formal de conteúdo negativo*, pelo que embora essa pronúncia *cumpra os seus deveres e de proceder, não cumpre o seu dever de resolver*, positiva ou negativamente, a pretensão submetida à sua apreciação. Essa conduta consubstancia violação desse *dever de resolver*, o que traduz num comportamento juridicamente reprovável, na exacta medida em que, com ela, a Administração decide expressamente que não quer produzir decisão que altere a situação jurídica existente. Pratica uma acto (expresso) de *"congelação procedimental"*, não deferindo nem indeferindo a pretensão, mas congelando o seu dever de resolver.

Decorre do que acabámos de afirmar que a recusa da prática de acto devido não pode ser entendido como recusa de deferir ou como indeferimento de mérito, e não comporta violação do dever de deferir (entendemos que a Administração não tem o dever genérico de deferir ou de indeferir), mas sim a violação do *dever de resolver*, em prazo legalmente estabelecido ou em prazo razoável, uma pretensão, mesmo que essa resolução seja no sentido de indeferir de mérito tal pretensão[25].

---

[23] Como pode ver-se do conceito o acto devido impõe necessariamente à Administração o dever de agir (lato sensu). Assim, a emanação do acto administrativo devido não consubstancia exclusivamente o dever de deferir, como nos parece ser a posição de Barbosa de Melo (2000: 308, Nota 20), mas sim qualquer um dos deveres acima indicados – de proceder, de prover e de resolver.

[24] Em sentido idêntico, Rogério Soares (1978: 97) quando diz que *"a negação é um acto com o conteúdo de não fazer ou não produzir os efeitos pretendidos, e com tal vai alterar as situações jurídicas dos pretendentes"*. Sobre o *"provvedimento negativo"* veja--se, por todos, Giannini (1993: II: 264 e segs.).

[25] De acordo com esta nossa posição, acto devido não se confunde, nem é sinónimo, de deferimento da pretensão, pois também pode ser de indeferimento, nomeadamente quando a prática do acto devido decorre do exercício de poderes discricionários. Por essa razão, não concordamos com a posição que sobre esta questão defende Barbosa de Melo (2000: 312).

A Acção de Condenação à Prática de Acto Devido no CPTAF

De acordo com o entendimento deste pressuposto aqui defendido, o que se tem de impugnar judicialmente com base nele é o *acto negativo expresso de recusa da prática de acto devido* (e não qualquer omissão), visto que aqui a Administração pratica um acto administrativo[26] e notifica o impetrante desse acto, ao contrário do que acontece com o pressuposto da alínea a) do artigo 67.º em que não há acto, mas sim omissão absoluta de procedimento e de prática de acto. Deve, portanto, o autor pedir a anulação, declaração de nulidade ou a inexistência do acto impugnado e cumulativamente a condenação da Administração na prática de acto devido[27]. Parece-nos ter sido esta a opção do legislador quando no artigo 70.º admite a cumulação (objectiva) de pedidos, isto é, do pedido de anulação (de declaração de nulidade ou de inexistência) do acto negativo com o a impugnação de acto formal que não satisfaça a pretensão do impugnante, como teremos oportunidade de ver mais à frente quando analisarmos o artigo 70.º e 71.º do Código.

c) Recusa de apreciação do requerimento dirigido a Administração: Violação do dever de prover

Este pressuposto implica também a prática pela Administração de um acto, mas desta vez de um acto que rejeita liminarmente a apreciação da pretensão. A Administração não defere, nem indefere a pretensão, mas recusa, a iniciar e a concluir o procedimento com vista a decidir o caso. Não toma, portanto, qualquer decisão, limitando-se a declarar que se recusa a apreciar a pretensão do requerente. Viola assim o seu *dever de prover*.

Aqui, também há um acto administrativo expresso e formal de negação de abertura de procedimento para nele se apreciar a pretensão com vista a decidi-lo.

Entendemos, contudo, que não se trata de um verdadeiro indeferimento liminar da pretensão, dado que, com a recusa de apreciação da pre-

---

Em sentido próximo do por nós defendido, veja-se TOMÁS DE LA QUADRA SALCEDO (1988:296).

[26] Dizendo, por exemplo, *"analisada a pretensão do requerente, decide-se ordenar que os autos fiquem a aguardar melhor oportunidade"*.

[27] Parece-nos ser esta a tese defendida por SÉRVULO CORREIA (2000: 128) quando, relativamente ao artigo 12.º do Anteprojecto do Código, diz que *"se deveria inserir um preceito que estabelecesse a faculdade de cumular com o pedido de anulação do acto administrativo (ou de declaração da sua nulidade ou inexistência) o pedido de condenação na realização da prática do acto administrativo com o conteúdo legalmente devido e das operações materiais necessárias à reposição da situação actual hipotética"*.

880 *Estudos em Comemoração do 10.º Aniversário da Licenciatura em Direito*

tensão, a Administração não está a rejeita-la[28], mas somente a interromper o procedimento desencadeado pela apresentação da pretensão no exacto momento em que se inicia, recusando assim entrar na sua apreciação. Por isso mesmo, e como muito bem defende Barbosa de Melo (2000: 312) neste caso "*a acção para determinação da prática de acto devido terminará, naturalmente, em caso de procedência, com uma sentença de decisão; o tribunal ordenará à autoridade administrativa demandada que aprecie o requerimento e o decida no sentido que melhor entender, com respeito pelos critérios do poder discricionário e da hermenêutica dos conceitos indeterminados*". Como pode ver-se, o Tribunal, em última análise, ordena o prosseguimento do procedimento (cuja marcha a Administração entendeu interromper) com vista a uma decisão resolutória da pretensão, impondo assim que seja cumprido o *dever de prover*.

d) Em Conclusão

Podemos agora concluir, dizendo que os três pressupostos aqui analisados são manifestações de violação dos deveres de ofício da Administração, embora com diferentes intensidades. De facto, o *primeiro pressuposto* corresponde a uma situação em que a Administração nem sequer considera a pretensão, enquanto o *segundo* e o *terceiro* correspondem a situações em que o caso é considerado, mas não resolvido, embora em ambos haja acto expresso, sendo que no *segundo* a marcha procedimental vai até ao fim, para ser concluído com um acto que o não resolve e no *terceiro* o procedimento é *ab initio* interrompido por expressa recusa da apreciação da pretensão do requerente.

Posto isto, podemos agora passar à análise das demais disposições legais reguladoras desta acção.

4. Legitimidade: Artigo 68.º do Código. Remissão

No que se refere à legitimidade para pedir a condenação à prática de acto devido, pensamos que esta disposição do artigo 68.º não traz nada de

---

[28] A Administração não diz no seu despacho "*indefere-se liminarmente a pretensão do requerente*", mas sim "*analisada a pretensão do requerente, decide-se que não será agora apreciada*" ou "*analisada a pretensão do requerente decide-se que a Administração não deve, para já, tomar qualquer decisão*".

A Acção de Condenação à Prática de Acto Devido no CPTAF   881

novo relativamente ao que se encontra estabelecido nos artigos 9.º, 10.º e 55.º do Código de Processo nos Tribunais Administrativos e Fiscais[29]. Chamamos, contudo a atenção para o facto de o n.º 2 do artigo 68.º para a obrigatoriedade de demandar *"os contra-interessados a quem a prática do acto omitido possa directamente prejudicar ou que tenha legítimo interesse em que ele não seja praticado e que possam ser identificados em função da relação material em causa ou dos documentos contidos no processo administrativo"*. Esta disposição que se refere à legitimidade passiva vem resolver os casos em que há falta de acto, isto é, os previstos na alínea a) do n.º 1 do artigo 67.º, que não foram contemplados nos artigos 9.º. 10.º e 55.º deste Código, que só prevêem os caso em que há acto administrativo expresso.

5. Prazos – Artigo 69.º do Código.

A lei distingue o prazo para a propositura da acção de condenação nos casos em que há inércia da Administração, isto é, em que esta não emitiu nenhum acto (casos da alínea a) do artigo 67.º) daqueles em que houve acto, mas que se entende não ser o legalmente devido.

No primeiro caso, que só diz respeito à situação prevista na alínea a) do n.º 1 do artigo 69.º, o lesado tem um prazo de um ano contado do termo do prazo legalmente estabelecido para a emissão do acto legalmente devido, ou seja, para a Administração decidir pretensão que tenha sido submetida à sua apreciação. Nesses casos teremos de recorrer ao Código do Procedimento Administrativo para fazer a contagem desse prazo.

Sempre que tenha havido acto expresso, o que acontece nos casos previstos nas alíneas b) e c) do n.º 1 do artigo 67.º do Código, acto que a lei, incorrectamente[30], denomina de indeferimento, o prazo para a propositura da acção é de três meses, contados da notificação do acto ao interessado.

Findo o decurso dos prazos acima referidos para a propositura da acção caduca o direito do autor, não podendo, portanto, ser admitida tal acção.

---

[29] Sobre esta matéria – legitimidade – e para maior desenvolvimento veja-se WLADIMIR BRITO (2003: Vol. II:). Na legislação espanhola é parte legítima a pessoa que tem direito à prestação. Cfr. TOMÁS DE LA QUADRA-SALCEDO (1998: 298).

[30] Incorrectamente, pois como tivemos a ocasião de ver, os actos expressos nesses casos das alíneas b) e c) do n.º 1 do artigo 67.º não são necessariamente actos de indeferimento.

882 *Estudos em Comemoração do 10.° Aniversário da Licenciatura em Direito*

6. Alteração da Instância – Artigo 70.° do Código.

Limitaremos a estudar as causas de modificação objectiva consagradas no artigo 70.°, remetendo para as nossa Lições[31] o estudo da questão de modificação objectiva da instância nelas feito a propósito da acção impugnatória (artigo 63.° do Código).

A modificação objectiva da instância é possível, nos termos dos números 1 e 2 do artigo 70.°, *"quando a pretensão do interessado seja indeferida pela Administração na pendência do processo"* ou quando *"o indeferimento seja anterior, mas só tenha sido notificado ao autor após a propositura da acção"*, situações em que o autor pode alterar a causa de pedir, alegando novos factos (a lei fala de novos fundamentos) que obviamente terão de ser provados por novos meios de prova que, entendemos nós, tanto podem ser apresentadas no momento em que se oferecem as novas alegações como posteriormente na fase da instrução do processo (artigo 90.°).

Curiosamente, os números 1 e 2 do artigo 70.° não admitem a modificação do pedido, mas somente da causa de pedir (os *"novos fundamentos"* de que nos fala esta disposição legal), o que significa que se mantém inalterado o pedido de condenação da Administração nos exactos termos em que foi formulado na petição inicial, o que nos parece estranho. Na verdade, o autor, nesta acção, pede a condenação da Administração à prática de acto legalmente devido, por entender (alegando) que não houve acto ou que há omissão de decisão – alínea a) do n.° 1 do artigo 67.° – que houve recusa da prática de acto devido – alínea b) do n.° 1 do artigo 67.° – ou que foi recusada a apreciação da sua pretensão – alínea c) do n.° 1 do artigo 67.°.

Significa isso que nesses três casos a acção tem como causa de pedir a violação pela Administração (de um) dos seus deveres de ofício, sendo que no primeiro caso a nenhum acto se referirá a causa de pedir porquanto foi exactamente por causa da omissão da prática de acto é que o autor pede a condenação da Administração, e nos outros dois casos há acto, mas este mais não é do que o elemento (escrito) de prova documental da violação pela Administração do seu dever de agir.

De acordo com a redacção do artigo 70.°, parece-nos ser possível configurar dois distintos tipos de situações que o legislador pretende ver reguladas por essa disposição legal.

---

[31] Para maior desenvolvimento, veja-se o nosso Direito Administrativo II – Direito Processual Administrativo, Ed. AAEDUM, Braga, 2003.

A *Acção de Condenação à Prática de Acto Devido no CPTAF*   883

1) A primeira situação é a de o artigo 70.° ter pretendido recobrir exclusivamente as três hipóteses previstas nas alíneas a), b) e c) do artigo 67.°, admitindo a possibilidade de, após ter sido proposta acção de condenação à prática de acto devido com base na omissão prevista na alínea a) do artigo 67.°, venha a ocorrer a hipótese da alínea b) ou c) do mesmo artigo, isto é, recusa da prática do acto devido pela Administração ou recusa de apreciação da pretensão, recusas estas consubstanciadas em acto expresso notificado ao requerente.

Nesses casos, que alguns autores consideram de indeferimento[32], seria aplicável as disposições dos números 1 ou 2 do citado artigo 70.°, de acordo com o momento em que o requerente, autor na acção de condenação, viesse a tomar conhecimento do acto. Nesta situação justifica-se que o autor possa manter o pedido de condenação da Administração à prática de acto devido embora agora com fundamento no acto expresso de recusa

---

[32] Interessa esclarecer que, em nossa opinião, o n.° 1 do artigo 70.° utiliza erradamente a expressão indeferimento na exacta medida em que com ela não quer significar uma decisão de fundo que rejeita o pedido feito pelo particular, mas sim um acto negativo ou recusa de acto – cfr. ROGÉRIO SOARES (1978: e segs.). Este nosso entendimento da norma do n.° 1 do artigo 70.° é, desde logo, apoiada pela inserção sistemática da norma do n.° 1 do artigo 70.° na parte (Secção II do Capítulo II do Título III do Código) relativa à acção de condenação à prática de acto devido; de seguida, parece-nos que, se o indeferimento fosse entendido como expressa rejeição de um pedido e não como recusa de acto, a questão da alteração da instância a que se refere o artigo em análise teria de implicar não só a alegação de novos factos (alteração da causa de pedir) como também a alteração do próprio pedido, que teria de ser substituído por outro em que se teria de solicitar a anulação, declaração de nulidade ou de inexistência do acto de indeferimento.

Mas, exactamente porque a norma só permite ao autor alegar novos factos e oferecer novos meios de provas, somos forçados a aceitar que o indeferimento a que se refere a norma em apreço só pode ser entendido como recusa de acto ou de prática de acto devido e nunca como decisão de fundo rejeitando o pedido, exactamente porque só aquela recusa se compagina com a manutenção do pedido de condenação à prática de acto devido com alteração da causa de pedir e oferecimento de novos meios de prova consagrada no aqui citado n.° 1 do artigo 70.°.

De facto, se o indeferimento fosse aqui entendido no seu sentido técnico-jurídico acima referido, o legislador, em respeito pelos princípios de economia e de celeridade processual, sempre deveria permitir ao autor a alteração não só da causa de pedir como do pedido, posto que, tendo havido uma decisão de mérito rejeitadora da pretensão do impetrante, houve prática de acto devido, tornando-se assim inútil pedir a condenação da Administração à prática de acto devido. O que, nesta situação de indeferimento, deverá ser pedido é a anulação, declaração de nulidade ou de inexistência do acto de indeferimento com recurso às normas dos artigos 63.° e 64.° do Código, e nunca a condenação à prática de acto devido.

884 Estudos em Comemoração do 10.º Aniversário da Licenciatura em Direito

e já não só na absoluta ausência de acto referida na alínea a) aqui citada, sendo portanto aceitável que se admita a alteração da causa de pedir, mantendo o pedido inalterável.

Para além desta hipótese, não conseguimos visualizar uma situação que justifique a modificação objectiva da instância pela via da cumulação de pedido de condenação à prática de acto devido e o de anulação ou de declaração de nulidade ou de inexistência de acto administrativo que não satisfaça integralmente a pretensão do interessado.

Mas, mesmo que fosse admitida a alteração da causa de pedir e do pedido, na acção de condenação à prática de acto devido, não nos parece desejável, nem mesmo admissível, a cumulação de pedidos, excepto nos casos – e só nesses – em que estão em causa exclusivamente manifestações de recusa da administração, por uma das formas previstas nas alíneas a), b) e c) do artigo 69.º a prática de acto legalmente devido e nos termos acima referidos. Talvez por isso mesmo o artigo tem por epígrafe *"Alteração da instância"*.

2) A segunda situação é aquela em que, estando já proposta a acção com fundamento numa das três hipóteses previstas nas alíneas a) a c) do n.º 1 do artigo 69.º e tendo sido nessa acção, naturalmente, formulado pedido de condenação à prática de acto devido – genericamente, de deferimento ou de indeferimento –, a Administração, na pendência da acção, venha a praticar acto de indeferimento da pretensão do autor, que não integre nenhuma das três situações previstas nas alíneas a) a c) do n.º 1 do artigo 69.º.

Neste caso, a Administração, na pendência da acção pratica o acto legalmente devido, acto que se traduz no indeferimento fundamentado da pretensão do impetrante e que é praticado depois de uma regular apreciação dessa pretensão. Com este acto de indeferimento, que rejeita o pedido do requerente e que vem a ser por este conhecido já na pendência da acção o efeito pretendido pelo autor com a acção – prática de acto devido – foi satisfeito pela Administração.

Por essa razão, não se entende que se permita ao autor, depois de ser notificado do acto de indeferimento, alterar a causa de pedir, alegando novos fundamentos, que são necessariamente o indeferimento e a motivação que o sustenta, mas já não o pedido inicial (ou que altere este), deduzindo novo pedido de anulação do acto de indeferimento, alteração que, nas acções fundadas na alínea a) do n.º 1 do artigo 67.º, sempre seria indispensável para que a disposição do n.º 1 e 2 do artigo 70.º possa produzir efeito útil. E não se entende porque, tendo a Administração cumprido o seu dever de resolver não se justifica que na acção de condenação ao cumprimento desse dever, com fundamento no facto de o dever ter sido

A Acção de Condenação à Prática de Acto Devido no CPTAF   885

cumprido mas de forma que não satisfaz a pretensão do Autor (novo fundamento que altera a causa de pedir nos termos do n.º 1 e 2 do artigo 70.º, relembre-se), se venha a obrigar a Administração a cumprir um dever que já cumpriu, isto é, a praticar acto que já praticou, mesmo que esse acto esteja inquinado de vícios.

É que, na verdade, o que se pretende com esta acção é, através de uma condenação, levar a Administração a agir e não obrigar a Administração a agir a favor do (ou contra o) requerente ou em conformidade com a lei. O requerente, caso entenda que o acto de indeferimento é susceptível de impugnação, deverá lançar mão da acção impugnatória para requerer a anulação, a declaração de nulidade ou de inexistência do acto regulada no artigo 51.º e seguintes do Código.

Para além disso, não se entende também que neste artigo 70.º se regule de forma distinta situações processualmente idênticas que, em última análise, são as previstas nos seus três primeiros números. De facto, tanto é desfavorável um acto de indeferimento total, como parcial, e em ambos os casos o que se sindica é sempre o indeferimento. Assim, não encontramos justificação para o facto de, no caso de indeferimento referido nos números 1 e 2 do artigo 70.º, não ser necessário apresentar novo articulado (nova petição, leiase) no prazo de trinta dias, bastando alegar no mesmo articulado inicial os novos fundamentos e apresentar novas provas, enquanto no caso previsto no n.º 3 do mesmo artigo que, por configurar um indeferimento parcial, já se exigir novo articulado (nova petição) num curto prazo de trinta dias.

De qualquer forma, pensamos que nestas situações é absurdo admitir a alteração da instância neste tipo de acção, nos termos em que está consagrada no artigo 70.º do Código. E pensamos assim porque estamos perante uma acção em que se pretende pôr fim à inércia da Administração, obrigando-a a agir, para levá-la a praticar acto devido (e não para a obrigar a satisfazer a pretensão do requerente). Se assim é, porque razão, tendo a Administração agido na pendência da acção, embora para não satisfazer a pretensão do autor, se permite que na mesma acção de condenação, a cumulação de pedido de anulação, declaração de nulidade ou de inexistência do acto, ainda por cima obrigando o autor a apresentar nova petição num prazo mais curto do que aquele que ele poderia propor autonomamente acção de impugnação desse mesmo acto? Estamos a falar já da disposição do n.º 3 do artigo 70.º[33].

---

[33] A redacção da última parte desta norma – *"(…), o conhecimento, obtido no processo, do autor, da data, do sentido e dos fundamentos da decisão"* – é manifesta má. Não

886 *Estudos em Comemoração do 10.º Aniversário da Licenciatura em Direito*

Na verdade, se a Administração agiu, cumprindo o seu dever de resolver, já nada justifica a cumulação, nem o prosseguimento dos autos, dado que a desfavorabilidade ou a ilegalidade do acto não significa que com ele se continua a não agir, a violar o dever de agir, *lato sensu*, mas somente que se resolveu embora contra a pretensão do requerente e, porventura, de forma ilegal[34]. Aliás, sempre seria absurda uma decisão proferida num processo em que está provado a prática de acto legalmente devido, que até pode nem sequer estar ferido de qualquer ilegalidade, (embora produzido em momento posterior ao da propositura da acção) que viesse a condenar a Administração a praticar um acto devido, que já praticou[35].

Acresce até que neste caso a cumulação do pedido (que em boa verdade nem chega a haver) acaba por ser mais desfavorável para o autor que tem somente trinta dias para apresentar nova petição, quando, se abdicar da faculdade de cumular novo pedido que lhe é conferida por este número 3 do artigo 70.º, acabará por beneficiar dos prazos muito mais amplos estabelecidos no artigo 58.º do Código, ou seja, três meses se o acto for anulável e no caso do acto ser nulo a todos o tempo.

Entendemos ainda que nem sequer se pode falar de cumulação, visto que o pedido inicial uma vez satisfeito deixa de ter objecto, esgota-se, sendo inútil qualquer acção judicial, pelo que esgotado o pedido o que há (ou deve haver) é uma nova acção com novo pedido. Exactamente porque é assim é que a lei não diz que o autor pode deduzir novo pedido, mas sim que o autor deve apresentar novo articulado, o que na prática quer dizer nova petição[36].

Finalmente, importa esclarecer que, em nossa opinião, uma coisa é a cumulação de pedidos em acção impugnatória (no caso do artigo 4.º do Código), em que se cumula ao pedido inicial de anulação, declaração de nulidade ou de inexistência de um acto um pedido de condenação da prática de acto devido, o que aceitamos, e outra é a da cumulação de pedido

---

seria preferível escrever ""(…), o conhecimento pelo autor, obtido no processo, da data, do sentido e dos fundamentos da decisão"?

[34] No mesmo sentido veja-se TOMÁS DE LA QUADRA SALCEDO (1988: 296).

[35] Nesses casos em que a Administração pratica o acto devido depois da propositura da acção, o autor deveria ficar isento do pagamento de custas, devendo o pagamento destas, por decisão judicial, ficar a cargo da Administração.

[36] Basta ver que é bem diferente da redacção dos artigos 63.º e 64.º do Código para se compreender que o que se pretende no n.º 3 deste artigo 70.º é uma nova petição com novo pedido e não uma cumulação de pedidos.

A Acção de Condenação à Prática de Acto Devido no CPTAF   887

nas acções de condenação à prática de acto devido com o de anulação, declaração de nulidade ou de inexistência de um acto, que entendemos não ser correcto.

Na verdade, na acção impugnatória ao se pedir que o acto seja anulado, declarado nulo ou de inexistente, o Autor pode correr o risco de, após a pronúncia judicial que declare, por exemplo, anulado o acto, a Administração se recusar a praticar o acto legalmente devido, (nos termos referidos nas alíneas a) a c) do artigo 67.º do Código. Se tal vier a acontecer, o autor teria de voltar a propor nova acção, agora a de condenação à prática de acto devido, para ver resolvida a sua pretensão. Neste caso, justifica-se, em nome da economia processual e até do princípio da tutela efectiva, que se permita que numa única acção fiquem resolvidas estas duas questões, obtendo-se assim sentença que obrigue a Administração a não se manter inerte.

Já no que se refere à nossa acção de condenação, parece-nos que tal solução não é de aplaudir. De facto, aqui, na situação a que nos referimos no ponto 1), com a cumulação de pedidos e alteração da causa de pedir, ao Autor, após ter sido indeferida a sua pretensão, seria permitido pedir duas vezes a mesma coisa, e, mais absurdo ainda, a mesma coisa que já lhe foi concedida. Explicando melhor. O Autor (nos termos do artigo 66.º) pediu a condenação à prática de acto devido (1.º pedido), mas antes de ser julgada a acção a Administração praticou o acto devido, não satisfazendo (indeferindo, portanto) a pretensão do Autor. Este tomou conhecimento do indeferimento e, de imediato, com base no n.º 3 do artigo 70.º, alterou a causa de pedir e o pedido, para cumular com o primeiro pedido um novo pedido (o segundo) de anulação, declaração de nulidade ou inexistência do acto praticado pela Administração e (por força da cumulação e da manutenção do 1.º pedido) de condenação da Administração à prática de novo acto, mas agora já não com o fundamento na recusa de prática de acto, mas sim no facto de se ter praticado acto que lhe é desfavorável. Assim, passamos a ter um pedido de condenação à prática de acto com fundamento numa das alíneas do n.º 1 do artigo 69.º – recusa de prática de acto – e um pedido de condenação à prática de acto agora com o fundamento, imagine-se!, no facto de o acto ter sido praticado, mas ser de conteúdo desfavorável ao Autor (n.º 3 do artigo 70.º), mesmo que esse acto seja absolutamente legal e inatacável.

3) Queremos desta forma chamar atenção para o facto de a redacção do artigo 70.º não ser clara e de ser necessário interpretar restritivamente a norma desse artigo por forma a circunscrever a sua aplicação às situa-

888 *Estudos em Comemoração do 10.º Aniversário da Licenciatura em Direito*

ções previstas nas alíneas a) b) e c) do artigo 69.º nos termos acima expostos (ponto 1). Queremos ainda dizer que é de afastar qualquer interpretação de que resulte a possibilidade de aplicação desse artigo às situações a que nos referimos aqui no ponto 2), que a ser aceite e aplicada levaria longe demais o princípio da livre cumulação de pedidos, a admissibilidade de alteração da causa de pedir e o princípio da economia processual, e contribuiria (com a redução do prazo de apresentação de nova petição) para a efectiva redução das garantia processuais do particular[37].

7. Poderes de Pronúncia do Tribunal – Artigo 71.º do Código.

O Código, consagrando o princípio da tutela efectiva e da plena jurisdição, veio a conceder ao Tribunal poder para condenar a Administração a praticar acto devido, o que, nos temos do artigo 71.º[38], terá de fazer na sentença tendo em conta a natureza – vinculada ou discricionária – do acto devido. Assim:

a) Sendo o acto devido um acto vinculado, pode o Tribunal impor à Administração a prática do acto a que por lei está vinculado a produzir. Pensamos ser esta a solução contida no n.º 1 do artigo 71.º quando aí se prescreve que o Tribunal deve pronunciar-se sobre a pretensão material do interessado, *"impondo a prática do acto"*. Exactamente porque o poder da Administração para a prática do acto é vinculado e o seu exercício está, portanto, regulado por lei, esta solução leva a pensar que o Tribunal encontra na lei a completa regulação e configuração do acto devido[39], tor-

---

[37] Sobre a cumulação no direito espanhol veja-se os artigos 34.º a 39.º do Ley de la Jurisidicción Contencioso-Administrativa (Ley n.º 29/98, de 13 de Julho) e os comentários a estes artigos feitos por EDUARDO ORTEGA MARTIN (1988: 571 a 599). Em nossa opinião, tendo em conta o âmbito desse recurso (mais restrito do que o admitido pelo nosso Código, relembre-se) e os limitados poderes do Tribunal – só pode, nos termos do artigo 31, n.º 2 da citada Ley, condenar a *"la Administración 'en los concretos términos en que ésten estabelecidos' sus obligaciones"* diz-nos MARIA GARCÍA PEREZ (2000:200) –, haverá certamente situações em que a *"incompatibilidad por exclusión o contrariedad de acciones"*, para usarmos as expressões da doutrina espanhola, impedirá a cumulação dessa acção com outras.

[38] Sobre os poderes do Tribunal no direito espanhol, veja-se TOMÁS DE LA QUADRA--SALCEDO (1998: 294 e segs.).

[39] Como diria MACELLO CAETANO (1988:I:486) *"no que toca àquilo que no acto resultou do exercício de poderes vinculados, trata-se de aplicar a um caso concreto a vontade objectivada na lei, vontade de que o órgão administrativo foi mero instrumento"*. Para mais desenvolvimento, veja-se MACELLO CAETANO (1988:I: 213 e segs).

A Acção de Condenação à Prática de Acto Devido no CPTAF   889

nando-se assim possível, sem interferir no exercício dos poderes discricionários da Administração e sem violar a separação dos poderes, impor à Administração a prática do acto devido[40].

b) Nos casos em que a Administração, no quadro dos seus poderes discricionários, pode escolher uma das várias soluções possíveis para a resolução do caso, o Tribunal não pode substituir-se à Administração, escolhendo e impondo-lhe uma das soluções e a prática do concreto acto que a consagre[41], exactamente por estar em causa o exercício de poderes discricionários. Nesses, casos, o Tribunal não poderá, portanto, determinar o conteúdo do acto, mas já pode explicitar *"as vinculações a observar pela Administração na emissão do acto devido"*.

Resulta disto que o Tribunal, deparando-se com essa situação em que a Administração, legalmente, para a resolução do caso concreto pode usar os seus poderes discricionários, deverá distinguir e delimitar, com clareza e precisão, a zona de vinculação e a da discricionariedade e, uma vez feita a delimitação, deverá manter-se dentro da zona vinculada para aí identificar também com rigor o as elementos típicos da vinculação, o seu conteúdo, obrigando a Administração a observá-lo na prática do acto devido, com o objectivo de evitar a violação da causa do acto.

---

[40] A Ley espanhola – artigo 71.º –, nos limitados casos em que admite os recursos por inactividade – artigo 29 –, adopta uma posição muito próxima da estabelecida no nosso Código. Cfr., José Maria Alvarez-cienfuegos Suáres (1988: 803 e segs.) e Fernando Ramón Fernández (1988: 513 e segs.).

[41] A legislação processual espanhola adopta uma solução semelhante no seu artigo 71.º n.º 2, que não permite aos órgãos jurisdicionais *"determinar la forma en que han de quedar redactados preceptos de una disposición general en sustitución de los que anularen ni poderán determinar el contenido discricional de los actos anulados"*. A importância dessa limitação dos poderes do Tribunal é realçada logo no Preâmbulo da Ley onde se diz que *"claro está que este remedio no permite a los órganos judiciales sustituir a la Administración en aspectos de su actividad no prefigurados por el Derecho, incluida la discrecionalidad en el quando de una decisión o de una actuación material, ni les faculta para traducir en mandatos precisos las genéricas e indeterminadas habilitaciones u obligaciones legales de creación de servicios o realización de actividades, pues en tal caso estarían invadiendo las funciones propias de aquélla. De ahí que la Ley se refiera siempre a prestaciones concretas y actos que tengan un plazo legal para su adopción y de ahí que la eventual sentencia de condena haya de ordenar estrictamente el cumplimiento de las obligaciones administrativas en los concretos términos en que están establecidas. El recurso contencioso-administrativo, por su naturaleza, no puede poner remedio a todos los casos de indolencia, lentitud o ineficacia administrativas, sino tan solo garantizar el exacto cumplimiento de la legalidad"*. Essa limitação é aceite pacificamente pela doutrina espanhola. Cfr. entre outros, José Maria Alvarez-Cienfuegos Suáres (1988: 803 e segs.) e Fernando Ramón Fernández (1988: 502 e segs.).

890   *Estudos em Comemoração do 10.º Aniversário da Licenciatura em Direito*

c) Pensamos que este será uma das mais difíceis tarefa do Tribunal no momento da prolacção da decisão.

De facto, tendo em atenção que, com esta norma do n.º 2, se entra num dos mais intricados domínios do Direito Administrativo substantivo, o da discricionariedade, os Juízes dos Tribunais Administrativos não só terão de ter um completo domínio técnico dessa matéria, como, por isso mesmo, terão de fazer opções entre as, pelo menos, três mais importantes correntes doutrinais nacionais que a têm por objecto, que podem conduzir a diferentes soluções técnico-jurídicas.

Com efeito, sabemos já que a questão da discricionariedade não encontrou entre nós uma solução unânime, existindo, ainda hoje, na doutrina nacional três distintas posições, a saber:

1) A primeira, defendida por Marcello Caetano[42], entende, como se sabe, que a única vinculação é a (obrigatória) prossecução do fim legal, podendo, portanto, o agente escolher os pressupostos que entender, dado que estes não são vinculados. Aqui, a vinculação que o Tribunal terá de explicitar para serem observadas pela Administração é o *fim a prosseguir*.

2) A segunda, de Rodrigues Queiró[43], defende que a Administração está vinculada não só ao fim, mas também aos pressupostos contidos na lei, por entender que "*a causa é sempre explícita ou implicitamente prevista pelo legislador, é objecto da previsão legislativa, e previsão legislativa se pode mesmo chamar*", cabendo ao agente somente escolher de entre esses pressupostos aquele ou aqueles que melhor satisfaçam as necessidades públicas. Aqui a vinculação que o Tribunal terá de explicitar para serem observadas pela Administração, é não só o *fim a prosseguir*, mas também as *condições de facto*.

3) E, finalmente, a terceira posição defendida por Gonçalves Pereira[44] entende que a Administração, no exercício dos poderes discricionários, está vinculada ao fim, mas já não quanto aos pressupostos, dado que é exactamente na livre escolha destes que se manifesta a discricionariedade ou, nas palavras deste Professor de Lisboa, "*é mesmo nessa escolha que reside a discricionariedade*". Contudo, o facto de o poder discricionário não estar limitado quanto às condições de facto, por os pres-

---

[42] Cfr. Manual de Direito Administrativo, Vol. I, p. 213 e segs e 483 e segs.

[43] Cfr. O Poder Discricionário da Administração, Coimbra Editora, 1944, p. 268 e segs.

[44] Cfr. Erro e Ilegalidade no Acto Administrativo, Coimbra Editora, Coimbra, p. 213 e segs.

A Acção de Condenação à Prática de Acto Devido no CPTAF   891

supostos não estarem contidos na lei, não significa que não seja possível ao agente agir erroneamente sobre os pressupostos dando causa a erro de facto juridicamente relevante. Disto resulta que, para Gonçalves Pereira, a causa ou os pressupostos devem estar no acto e não na lei e devem ser exactos, isto é, têm de existir realmente. Aqui, a vinculação que o Tribunal terá de explicitar para serem observadas pela Administração é simultaneamente o *fim a prosseguir* e a *conformidade entre a fundamentação do acto e a realidade*, dado que a falta dessa conformidade sempre será causa de anulação do acto por erro de facto sobre os pressupostos[45].

d) Compreende-se agora a complexidade da norma do n.° 2 do artigo 71.° e as dificuldades que os Juízes terão de enfrentar para a aplicar nas suas decisões e para, nestas, tomarem posição sobre esta questão. Certamente que durante algum tempo predominará a diversidade jurisprudencial, o que, a prazo, forçará a necessidade da sua uniformização.

BIBLIOGRAFIA GERAL

ALBUQUERQUE, Alexandre, 1993 – Indeferimento Tácito, in Dicionário Jurídico da Administração Pública, Vol. V, Coimbra Editora

AMARAL, Diogo Freitas do/ALMEIDA, Mário Aroso de, 2002 – Grandes Linhas da Reforma do Contencioso Administrativo, Ed. Almedina, Coimbra

BÁRRIO, Javier Delgador, 1998 – Lições de Direito Administrativo II – Direito Processual Administrativo, Ed. AAEDUM, Braga

BRITO, Wladimir, 2003 – Lições de Direito Administrativo II – Direito Processual Administrativo, Ed. AAEDUM, Braga

CHAPUS, René, 2000 – Droit du Contentieux Administratif, (9ª Edição),Ed. Montchréstien, Paris
   – Lecture du Code de Justice Administrative, in Révue Française de Droit Administratif, n.° 5, Sept-Octubre, 2000

DEBBASCH, Charles/RICCI, Jean-Claude, 2001 – Contentieux Administratif (8ª Edição),Ed. Dalloz, Paris

FERNÁNDEZ, Fernando Ramón, 1998 – Comentarios a la Ley de la Jurisdicción Contencisos-Administrativa de 1998, in Revista Española de Derecho Administrativo, n.° 100, Octubre-Deciembre, Ed. Civitas, Madrid

GLAESER, Walter Schmitt, 1997 – Verwaltungsprozessrecht, Kurlehrbuch (14ª Edição), Ed. Richard Boorbeg Verlag, Berlin

---

[45] Para uma visão mais pormenorizada da doutrina nacional, veja-se, WLADIMIR BRITO A Convenção-Quadro Europeia sobre a Cooperação Transfronteiriça entre as Colectividades ou Autoridades Territoriais, Coimbra Editora, Coimbra 2000, p. 234, nota 345.

892 *Estudos em Comemoração do 10.º Aniversário da Licenciatura em Direito*

HIJAS, Vicente Conde Martín de, 1998 – La Dimensión Constitucional de la Jurisdicción Contencioso-Administrativa, in Jurisdicción Contencioso-Administrativa, Comentarios a la Ley 29/1998, de 13 de Julio, Reguladora de la Jurisdicción Contenciosos-Administrativa, Ed. El Consultor de los Ayuntamientos y del los Juzgados, Madrid

IBAÑEZ, S. J. Gonzalez-Varas, 1993 – La jurisdicción Contencioso-Administrativa en Alemania, Ed. Civitas, Madrid

LEPAGE, Corine/CHRISTIAN, Huglo, 2002 – Code de Justice Administrative, Textes Commentaires Jurisprudence, Ed. Litec, Paris

LATOURNERIE, Marie-Ainée – Refléxion sur l'Évolution de la jurisdiction Administrative Française, in Révue Française de Droit Administratif, n.º 5, Sept.-Octobre, 2000

MELO, António Barbosa de, 2000 – Parâmetros Constitucionais da Justiça Administrativa, in Reforma do Contencioso Administrativo, Trabalhos Preparatórios, O Debate Universitário, Vol. I, Lisboa

GIANNINI, Maximo Severo, 1993 – Diritto Amministrativo, Vols. I e II, Giuffrè Editore, Milano

OVERNEY, Sophie – Le Référé – Suspension et le Pouvoir de Régulation du juge, in L'Actualité Juridique, Droit Administratif, n.º 9, Septembre, 2001

PÉREZ, Jesús González, 1998 – Comentarios a la Ley de la Jurisdicción Contencioso-Administrativa de 1998, in Revista Española de Derecho Administrativo, n.º 100, Octubre-Deciembre, Ed. Civitas, Madrid

PÉREZ, Marta Garcia, 2000 – La Ley de la Jurisdicción Contenciosos-Administrativa, in Reforma do Contencioso Administrativo, Trabalhos Preparatórios, O Debate Universitário, Vol. I, Lisboa.

QUADRA-SALCEDO, Tomás de la, 1998 – Comentarios a la Ley de la Jurisdicción Contencisos-Administrativa de 1998, in Revista Española de Derecho Administrativo, n.º 100, Octubre-Diciembre, Ed. Civitas, Madrid

RUBIRA, Juan josé Lavilla, 1998 – Objeto del Recurso Contencioso-Administativo, Actividad Administrativa Impugnable, in Jurisdicción Contencioso-Administrativa, Comentarios a la Ley 29/1998, de 13 de Julio, Reguladora de la Jurisdicción Contenciosos-Administrativa, Ed. El Consultor de los Ayuntamientos y del los Juzgados, Madrid, 1998 – Objeto del Recurso Contencioso-Administativo, Pretensiones de las Partes, in Jurisdicción Contencioso-Administrativa, Comentarios a la Ley 29//1998, de 13 de Julio, Reguladora de la Jurisdicción Contenciosos-Administrativa, Ed. El Consultor de los Ayuntamientos y del los Juzgados, Madrid

SIERRA, Susana de la, 2002 – En busca del tiempo perdido. Breves apuntes sobre la reciente reforma de la justicia administrativa en Francia, in Revista Española de Derecho Administrativo, n.º 116, Outubro-Deciembre, 2002

SOARES, Rogério Erhardt, 1978 – Direito Administrativo, Coimbra

SUÁREZ, José Maria Alvares-Cienfuegos, 1998 – Sentencia, in Jurisdicción Contencioso-Administrativa, Comentarios a la Ley 29/1998, de 13 de Julio, Reguladora de la Jurisdicción Contenciosos-Administrativa, Ed. El Consultor de los Ayuntamientos y del los Juzgados, Madrid

SUÁREZ, José Maria Alvares-Cienfuegos/RIVAS, Juan José González/MAYO, Maria da Gloria Sancho, 2003 – Análisis Teórico y Jurisprudencial de la Ley de la Jurisdicción Contenciosos-Administrativa, Ley 29/1998, de 3 de Julio, Ed. Aranzadi, Navarra

TARANTINO, Luigi, 2001 – Giudizio Amministrativoe Silenzio della Publica Amministratzione (art.2), in Il Nuovo Processo Amministrativo, Org Francesco Caringella e Mariano Protto, Ed. Giuffrè Editore, Milano

ÍNDICE DE COLABORADORES

ALESSANDRA Aparecida Souza da SILVEIRA – Assistente convidada

Américo Fernando GRAVATO MORAIS – Professor auxiliar

ANABELA Susana de Sousa GONÇALVES – Assistente

ANDREIA SOFIA PINTO OLIVEIRA – Assistente convidada

ANTÓNIO CÂNDIDO Macedo DE OLIVEIRA- Professor associado com agregação

ANTÓNIO Rui Braga LEMOS SOARES – Assistente estagiário

BENEDITA Ferreira da Silva MAC CRORIE – Assistente estagiária

CARLOS Eduardo A. de ABREU AMORIM – Assistente

CATARINA Isabel da Silva Santos SERRA – Assistente

CRISTINA Manuela Araújo DIAS – Assistente

DÁRIO MOURA VICENTE – Professor auxiliar da Faculdade de Direito de Lisboa (em colaboração)

Eva SÓNIA MOREIRA da Silva – Assistente

FRANCISCO António CARNEIRO PACHECO ANDRADE – Assistente

HEINRICH EWALD HÖRSTER – Professor associado convidado

ISABEL Celeste Monteiro FONSECA – Assistente

JOANA Maria Madeira AGUIAR E SILVA – Assistente

JOÃO SÉRGIO Feio Antunes RIBEIRO – Assistente estagiário

JOAQUIM Manuel Freitas da ROCHA – Assistente convidado

LUÍS Manuel COUTO GONÇALVES – Professor associado

MARGARIDA Manuel Barroso DA COSTA ANDRADE – Assistente estagiária

MARIA CLARA da Cunha CALHEIROS de Carvalho – Assistente

MARIA da ASSUNÇÃO André C. D. VALE PEREIRA – Assistente

Maria ELIZABETH Moreira FERNANDEZ – Assistente convidada

Maria IRENE da Silva FERREIRA GOMES – Assistente

Maria ISABEL Helbling MENÉRES CAMPOS – Assistente

Maria Miguel Rocha Morais de Carvalho Martins – Assistente
Mário João Ferreira Monte – Professor auxiliar
Nuno Manuel Pinto Oliveira – Professor auxiliar
Nuno Ribeiro de Matos Venade – Assistente estagiário
Patrícia Penélope Mendes Jerónimo – Assistente
Pedro Carlos Bacelar de Vasconcelos – Professor auxiliar
Serafim Pedro Madeira Froufe – Assistente
Teresa Alexandra Coelho Moreira – Assistente
Wladimir Augusto Correia Brito – Professor auxiliar

ÍNDICE GERAL

Abertura – LUÍS COUTO GONÇALVES	5
Apresentação – ANTÓNIO CÂNDIDO DE OLIVEIRA	7
Notas sobre o constitucionalismo europeu – ALESSANDRA SILVEIRA	11
A utilização fraudulenta de cartões de crédito na contratação à distância – GRAVATO MORAIS	27
Ordem pública positiva e ordem pública negativa no contrato de trabalho internacional – ANABELA GONÇALVES	49
A recusa de pedidos de asilo por "inadmissibilidade" – ANDREIA SOFIA PINTO OLIVEIRA	79
A difícil democracia local e o contributo do direito – ANTÓNIO CÂNDIDO DE OLIVEIRA	95
A Restauração Portuguesa de 1640 no contexto das "Liberdades Ibéricas Tradicionais" – ANTÓNIO LEMOS SOARES	115
O recurso ao princípio da dignidade da pessoa humana na jurisprudência do Tribunal Constitucional – BENEDITA MAC CRORIE	151
Direito e Estado no Pensamento de Anthony de Jasay – CARLOS DE ABREU AMORIM	175
As novas tendências do direito português da insolvência – Comentário ao regime dos efeitos da insolvência sobre o devedor no Projecto de Código da Insolvência – CATARINA SERRA	203
Da acessão no âmbito da titularidade dos bens no regime de comunhão de adquiridos: bens adquiridos por virtude da titularidade de bens próprios – CRISTINA DIAS	229
Cooperação judiciária em matéria civil na comunidade europeia – DÁRIO MOURA VICENTE	251
O ónus da prova na responsabilidade pré-contratual por violação de deveres de informação – SÓNIA MOREIRA	281

898 Estudos em Comemoração do 10.º Aniversário da Licenciatura em Direito

A celebração de contratos por EDI – Intercâmbio Electrónico de Dados
– FRANCISCO CARNEIRO PACHECO ANDRADE 297

Esboço esquemático sobre a responsabilidade civil de acordo com as regras
do Código Civil – HEINRICH EWALD HÖRSTER 323

Do novo contencioso administrativo e do direito à justiça em prazo razoá-
vel – ISABEL FONSECA 339

A ciência jurídica medieval: mais do que a passagem de um testemunho
– JOANA AGUIAR E SILVA 385

Justiça distributiva através dos impostos. Perspectiva comparada e comunitária – JOÃO SÉRGIO RIBEIRO 423

A caminho de um federalismo fiscal? Contributo para um estudo das relações financeiras e tributárias entre sujeitos públicos nos ordenamen-
tos compostos – JOAQUIM ROCHA 455

Direito industrial: objecto e estudo – LUÍS COUTO GONÇALVES 481

A incindibilidade da participação social nas sociedades anónimas – MAR-
GARIDA COSTA ANDRADE 495

Krause: entre humanismo e humanitarismo – MARIA CLARA CALHEIROS ... 529

Algumas considerações acerca da protecção da mulher no Direito Internacional Humanitário – MARIA ASSUNÇÃO VALE PEREIRA 545

A nova tramitação inicial da acção executiva para pagamento de quantia
certa e as alterações ao regime contido no artigo 825.º do Código de
Processo Civil (breves notas) – ELIZABETH FERNANDEZ..................... 599

A comissão de serviço à luz do Código do Trabalho – IRENE FERREIRA GOMES 613

Algumas reflexões em torno da cláusula de reserva de propriedade a favor
do financiador – ISABEL MENÉRES CAMPOS 631

O Uso Obrigatório da Marca Registada – MARIA MIGUEL CARVALHO 651

Da autonomia constitucional do direito penal nacional à necessidade de um
direito penal europeu – MÁRIO FERREIRA MONTE 689

Em tema de redução oficiosa da pena convencional – NUNO MANUEL PINTO
OLIVEIRA 729

Onde pára a fronteira? Nota sobre a influência do Direito Comunitário
na determinação do âmbito de aplicação da Convenção de Valência
– NUNO VENADE 765

Notas sobre a discriminação racial e o seu lugar entre os crimes contra a
humanidade – PATRÍCIA JERÓNIMO.. 783

Índice Geral

Direito em Tempo de Guerra – Pedro Carlos Bacelar de Vasconcelos 811

Sinais de Mudança no Direito da Concorrência (Comunitário)? – Alguns tópicos de discussão – Pedro Froufe 817

Das revistas aos trabalhadores e aos seus bens em contexto laboral – Teresa Coelho Moreira 839

A Acção de Condenação à Prática de Acto Devido no Código de Processo nos Tribunais administrativos e Fiscais – Wladimir Brito 867

Índice de Colaboradores 895

Índice Geral 897